3. Auflage

des von Dr. Heinrich Klang
begründeten Kommentars
zum Allgemeinen Bürgerlichen Gesetzbuch

ABGB
§§ 531 bis 551

herausgegeben von

em. o. Univ.-Prof. Dr. Attila Fenyves
Univ.-Prof. iR Dr. Ferdinand Kerschner
Univ.-Prof. Dr. Andreas Vonkilch

bearbeitet von

Univ.-Prof. DDr. Herbert Kalb
Univ.-Ass. Dr. Gabriel Kogler
Dr. Gundula Maria Likar-Peer
Dr. Christoph Mondel, mbl
Univ.-Ass. Mag. Bernhard Motal, ll.m.
Univ.-Prof. Dr. Martin Schauer
OR DDr. Helga Sprohar-Heimlich

Wien 2016

Bibliografische Information der Deutschen Nationalbibliothek.

Die Deutsche Nationalbibliothek verzeichnet diese Publikation in der Deutschen Nationalbibliografie; detaillierte bibliografische Daten sind im Internet über http://www.d-nb.de/ abrufbar.

Zitierhinweis:
Kalb in Fenyves/Kerschner/Vonkilch, ABGB³ (Klang) § 538 Rz 1
Kogler in Fenyves/Kerschner/Vonkilch, ABGB³ (Klang) § 551 Rz 1
Likar-Peer in Fenyves/Kerschner/Vonkilch, ABGB³ (Klang) § 540 Rz 1
Mondel in Fenyves/Kerschner/Vonkilch, ABGB³ (Klang) § 532 Rz 1
Schauer in Fenyves/Kerschner/Vonkilch, ABGB³ (Klang) § 531 Rz 1
Schauer/Motal in Fenyves/Kerschner/Vonkilch, ABGB³ (Klang) § 535 Rz 1
Sprohar-Heimlich in Fenyves/Kerschner/Vonkilch, ABGB³ (Klang) § 547 Rz 1

Alle Rechte vorbehalten.

Alle Angaben in diesem Fachbuch erfolgen
trotz sorgfältiger Bearbeitung ohne Gewähr. Eine Haftung der Autorinnen und
Autoren bzw der Herausgeber oder des Verlages ist ausgeschlossen.

ISBN: 978-3-7046-6413-6

© Verlag Österreich GmbH 2016
1010 Wien, Bäckerstraße 1
Tel. (++431) 610 77-333, Fax (++431) 610 77-502
e-mail: order@verlagoesterreich.at
http://www.verlagoesterreich.at

Druckformenherstellung: Reemers Publishing Services GmbH,
47799 Krefeld, Deutschland

Vorwort

Das ambitionierte Projekt der dritten Auflage des Großkommentars zum ABGB nähert sich langsam, aber unaufhaltsam seiner Fertigstellung. Die Herausgeber freuen sich, das Erscheinen von drei weiteren Bänden des Kommentars ankündigen zu können, sodass sich die Zahl der mittlerweile erschienenen Teilbände auf 16 erhöht.

Die nun vorliegenden Bände betreffen das Erbrecht, Teilbereiche des Sachenrechts und das Verbraucherkreditrecht. Im ersten Band zum Erbrecht (§§ 531–551), für den *Kalb, Kogler, Likar-Peer, Mondel, Motal, Schauer* und *Sprohar-Heimlich* gewonnen werden konnten, wird erstmals die neue und alte Rechtslage wissenschaftlich vertieft und praxisgerecht dargestellt. Ein zweiter erbrechtlicher Band, der vor dem Abschluss steht (*Fischer-Czermak, Pierer, Sailer* und *Tschugguel*), wird die §§ 552–646 behandeln. Der Band zum Pfand-, Zurückbehaltungs- und Servitutsrecht (§§ 447–530), dessen praktische Bedeutung nicht hoch genug eingeschätzt werden kann, wurde von *Bittner, Eliskases, Fidler, Polster, Winkler* und *Wolkerstorfer* gestaltet. Schließlich kommentieren *Foglar-Deinhardstein, Laimer, Nemeth, Pesek, Schopper, Schurr* und *Skarics* im dritten Band umfassend das Verbraucherkreditrecht und berücksichtigen dabei auch das neue Immobilien- und HypothekarkreditG.

Zusätzlich zum zweiten Erbrechtsband sollen im Jahr 2016 noch die Bände zum Kauf- und Tauschvertrag, zum Werkvertrag und zur Gesellschaft bürgerlichen Rechts sowie ein aktualisierter Band zum Allgemeinen Vertragsrecht (ZVG und VRUG) folgen. Wenn das gelingt, wovon wir ausgehen, wird man mit Fug und Recht sagen können, dass der größte Teil der Wegstrecke bis zur Vollendung des Großkommentars hinter uns liegt.

Allen AutorInnen aus Praxis und Wissenschaft, die viel Zeit, Energie und juristische Leidenschaft in den Großkommentar investiert haben und noch investieren werden, schulden wir größten Dank.

Wien, im Sommer 2016

Attila Fenyves
Ferdinand Kerschner
Andreas Vonkilch

Inhaltsverzeichnis

Vorwort. 3
Abkürzungsverzeichnis 7

Achtes Hauptstück.
Von dem Erbrechte.

Vorbemerkungen § 531 15
Verlassenschaft. § 531. 36
Erbrecht und Erbschaft. § 532. 96
Titel zu dem Erbrechte. § 533. 110
§ 534. 120
Unterschied zwischen Erbschaft und Vermächtnis. § 535. 128
Zeitpunkt des Erbanfalls. § 536. 156
§ 537. 182
Eingetragene Partner im Erbrecht § 537a. 215
Fähigkeit zu erben. § 538. 222
§ 539. 227
Ursachen der Unfähigkeit. § 540. 236
§ 541. 304
§ 542. 327
§ 543 aF. 367
§ 544. 371
Nach welchem Zeitpunkt die Fähigkeit zu beurteilen. §§ 545, 546. 376
Wirkung der Annahme der Erbschaft. § 547. 387
§ 548. 400
§ 549. 407
§ 550. 418
Verzicht auf das Erbrecht. § 551. 435

Abkürzungsverzeichnis

aA	anderer Ansicht
aaO	am angeführten Ort
ABG	Allgemeines Berggesetz RGBl 1854/146
ABGB	Allgemeines Bürgerliches Gesetzbuch JGS 1811/946
abl	ablehnend
Abs	Absatz
AC	Sammlung von Entscheidungen zum Handelsgesetzbuch, hrsg von Adler und Clemens
AcP	Archiv für civilistische Praxis (Zeitschrift)
aE	am Ende
aF	alte Fassung
AG	Aktiengesellschaft; Amtsgericht
AGB	Allgemeine Geschäftsbedingungen
AHGB	Allgemeines Handelsgesetzbuch RGBl 1863/1
AJZ	Allgemeine Juristen-Zeitung
allg	allgemein
ALR	Preußisches Allgemeines Landrecht
AnfO	Anfechtungsordnung RGBl 1914/337
Anm	Anmerkung
AnwBl	Anwaltsblatt
ArchBürgR	Archiv für bürgerliches Recht (Zeitschrift)
ARD	ARD-Betriebsdienst (Zeitschrift)
arg	argumento (folgt aus)
Art	Artikel
ASG	Arbeits- und Sozialgericht
ASVG	Allgemeines Sozialversicherungsgesetz BGBl 1955/189
ausf	ausführlich
AußStrG	Außerstreitgesetz BGBl I 2003/111
Bd	Band
Begr	Begründer
BFH	(deutscher) Bundesfinanzhof
BG	Bundesgesetz
BGB	(deutsches) Bürgerliches Gesetzbuch
BGE	Entscheidungen des Schweizerischen Bundesgerichts
BGH	(deutscher) Bundesgerichtshof
BGHZ	Entscheidungen des (deutschen) Bundesgerichtshofs in Zivilsachen
bgld	burgenländisch
BKA	Bundeskanzleramt
B-KUVG	Beamten-Kranken- und Unfallversicherungsgesetz BGBl 1967/200
Blg	Beilage
BlgBR	Beilagen zu den stenographischen Protokollen des Bundesrates
BlgHH	Beilagen zu den stenographischen Protokollen des Herrenhauses
BlgLT	Beilagen zu den stenographischen Protokollen des Landtages
BlgNR	Beilagen zu den stenographischen Protokollen des Nationalrates

Abkürzungsverzeichnis

BMJ	Bundesministerium für Justiz
BPG	Betriebspensionsgesetz BGBl 1990/282
BRBG	(Erstes) Bundesrechtsbereinigungsgesetz BGBl I 1999/191
Bsp	Beispiel
bspw	beispielsweise
BSVG	Bauern-Sozialversicherungsgesetz BGBl 1978/559
BT	Besonderer Teil
BVerwG	(deutsches) Bundesverwaltungsgericht
BWG	Bankwesengesetz BGBl 1993/532
bzw	beziehungsweise
CTher	Codex Theresianus
d	deutsch
DB	Der Betrieb (Zeitschrift)
ders	derselbe
dies	dieselbe
Diss	Dissertation
DJZ	Deutsche Juristen-Zeitung
DRdA	Das Recht der Arbeit (Zeitschrift)
DREvBl	Evidenzblatt der Rechtsmittelentscheidungen als Beilage zum Deutschen Recht (C) 1938–1944
dt	deutsch
DVBl	Deutsches Verwaltungsblatt
E	Entscheidung
EB	Erläuternde Bemerkungen
EBG	Eidgenössisches Bundesgericht
EB RV	Erläuterungen zur Regierungsvorlage
ecolex	ecolex – Fachzeitschrift für Wirtschaftsrecht
EFSlg	Ehe- und familienrechtliche Entscheidungen (Sammlung)
EF-Z	Zeitschrift für Ehe- und Familienrecht
EGEO	Einführungsgesetz zur Exekutionsordnung BGBl 1953/6
EGZPO	Einführungsgesetz zur Zivilprozessordnung RGBl 1895/112
EO	Exekutionsordnung RGBl 1896/79
EP	eingetragene/r Partner/in
Ergbd	Ergänzungsband
EStG	Einkommensteuergesetz BGBl 1988/400
EuGH	Europäischer Gerichtshof
EuGRZ	Europäische Grundrechte-Zeitschrift
EvBl	Evidenzblatt der Rechtsmittelentscheidungen
EVHGB	(Vierte) Verordnung zur Einführung handelsrechtlicher Vorschriften im Lande Österreich dRGBl I 1938/1999
EWS	Europäisches Wirtschafts- und Steuerrecht (Zeitschrift)
FJ	Finanz Journal
FJ-GVR	Finanz Journal – Gebühren- und Verkehrssteuern-Rundschau
FN	Fußnote

Abkürzungsverzeichnis

FS	Festschrift
G	Gesetz
GBG	Allgemeines Grundbuchsgesetz BGBl 1955/39
GebG	Gebührengesetz BGBl 1957/267
GesBR	Gesellschaft Bürgerlichen Rechts
GewArch	Gewerbearchiv (Zeitschrift)
GewRÄG	Gewährleistungsrechts-Änderungsgesetz BGBl I 2001/48
GH	Gerichtshalle (Zeitschrift)
GlU	Sammlung von zivilrechtlichen Entscheidungen des k.k. Obersten Gerichtshofes, hrsg von Glaser und Unger
GlUNF	Sammlung von zivilrechtlichen Entscheidungen des k.k. Obersten Gerichtshofes, Neue Folge, begonnen von Glaser und Unger, fortgeführt von Pfaff, Schey, Krupsky, Schrutka und Stepan
GmbH	Gesellschaft mit beschränkter Haftung
GP	Gesetzgebungsperiode
GrünhutsZ	Zeitschrift für das Privat- und öffentliche Recht der Gegenwart, begründet von Grünhut
GS	Gedenkschrift; Gedächtnisschrift
GSpG	Glücksspielgesetz BGBl 1989/620
GSVG	Gewerbliches Sozialversicherungsgesetz BGBl 1978/560
GuG	Grundstücksmarkt und Grundstückswert (Zeitschrift)
GZ	Österreichische Allgemeine Gerichts-Zeitung
H	Heft
hA	herrschende Ansicht
HaRÄG	Handelsrechts-Änderungsgesetz BGBl I 2005/120
HfD	Hofdekret
HG	Handelsgericht
HGB	Handelsgesetzbuch dRGBl 1897, 219
HHB	Herrenhausbericht
hL	herrschende Lehre
hM	herrschende Meinung
HptSt	Hauptstück
Hrsg	Herausgeber
HS	a) Handelsrechtliche Entscheidungen b) Halbsatz
idF	in der Fassung
idgF	in der geltenden Fassung
idS	in diesem Sinne
ieS	im engeren Sinne
iFamZ	Interdisziplinäre Zeitschrift für Familienrecht
immolex	Neues Miet- und Wohnrecht (Zeitschrift)
insb	insbesondere
IO	Insolvenzordnung BGBl I 2010/29
iS	im Sinne
iSd	im Sinne des, der

Abkürzungsverzeichnis

iVm	in Verbindung mit
iwS	im weiteren Sinne
JA	Juristische Arbeitsblätter (Zeitschrift)
JAB	Justizausschussbericht
JAP	Juristische Ausbildung und Praxisvorbereitung (Zeitschrift)
JB	Judikatenbuch des Obersten Gerichtshofes
JBl	Juristische Blätter
JEV	Journal für Erbrecht und Vermögensnachfolge
JGS	Justizgesetzessammlung
JMVBl	Verordnungsblatt des Justizministeriums
JR	Juristische Rundschau (Zeitschrift)
Jura	Juristische Ausbildung (Zeitschrift)
JuS	Juristische Schulung (Zeitschrift)
Jus-extra	Zeitschrift für Gesetzgebung, Jud & Literatur
JusGuide	Jus Guide (Entscheidungssammlung)
JW	Juristische Wochenschrift
Jurist	Der Jurist – Eine Zeitschrift vorzüglich für die Praxis des gesammten österr. Rechts
JZ	Juristenzeitung
KEG	Kraftloserklärungsgesetz BGBl 1951/86
KG	Kreisgericht; Kammergericht
KH	Plenarbeschlüsse und Entscheidungen des k.k. Obersten Gerichts- als Kassationshofes (Sammlung)
KHVG	Kraftfahrzeug-Haftpflichtversicherungsgesetz BGBl 1994/651
KRES	Konsumentenrecht-Entscheidungssammlung
krit	kritisch
KSchG	Konsumentenschutzgesetz BGBl 1979/140
Lfg	Lieferung
LG	Landesgericht; Landesgesetz
LGBl	Landesgesetzblatt
LGZ	Landesgericht für Zivilrechtssachen
Lit	Literatur
lit	litera (Buchstabe)
Mat	Materialien
MDR	Monatsschrift für Deutsches Recht
MinE	Ministerialentwurf
MietSlg	Mietrechtliche Entscheidungen (Sammlung)
MMR	Multi Media & Recht (Zeitschrift)
MR	Medien und Recht (Zeitschrift)
MRA	Medien und Recht, Archiv (Zeitschrift)
MR-Int	Medien und Recht International (Zeitschrift)
mwH	mit weiteren Hinweisen
mwN	mit weiteren Nachweisen

Abkürzungsverzeichnis

NF	neue Folge
nF	neue Fassung
NJ	Neue Justiz (Zeitschrift)
NJW	Neue Juristische Wochenschrift
NJW-RR	Neue Juristische Wochenschrift – Rsprs-Report Zivilrecht
N.N.	nomen nescio
NotAktsG	Notariatsaktsgesetz RGBl 1871/76
nö	niederösterreichisch
Nov	Novelle
NRsp	Neue Rspr des OGH (in ÖJZ)
NZ	Österreichische Notariatszeitung
öarr	Österreichisches Archiv für Recht und Religion (Zeitschrift)
ÖBA	Österreichisches Bank-Archiv (Zeitschrift)
ÖBl	Österreichische Blätter für gewerblichen Rechtsschutz und Urheberrecht
ÖffSicherheit	Öffentliche Sicherheit (Zeitschrift)
OGH	Oberster Gerichtshof
ÖGZ	Österreichische Gemeinde-Zeitung
ÖJT	Österreichischer Juristentag
ÖJZ	Österreichische Juristenzeitung
OLG	Oberlandesgericht
OR	(schweizerisches) Obligationenrecht
ÖStZ	Österreichische Steuer-Zeitung
ÖStZB	Die finanzrechtlichen Erkenntnisse des VwGH und des VfGH, Beilage zur Österreichischen Steuer-Zeitung
OVG	Oberverwaltungsgericht
ÖZW	Österreichische Zeitschrift für Wirtschaftsrecht
PKG	Pensionskassengesetz BGBl 1990/281
Pkt	Punkt
RdU	Recht der Umwelt (Zeitschrift)
RdW	Österreichisches Recht der Wirtschaft (Zeitschrift)
RG	(deutsches) Reichsgericht
RGBl	Reichsgesetzblatt
RGRKomm	Das Bürgerliche Gesetzbuch mit besonderer Berücksichtigung der Rspr des Reichsgerichts und des Bundesgerichtshofes (Reichsgerichtsrätekommentar)
RGZ	Entscheidungen des (deutschen) Reichsgerichts in Zivilsachen (Sammlung)
RIS-Justiz	Rechtsinformationssystem-Justiz
RPflSlgA	Sammelmappe für die Rechtspfleger-Besprechungen
Rsp	Rspr (Jud); Rspr (Zeitschrift)
RV	Regierungsvorlage
Rz	Randzahl
RZ	Österreichische Richterzeitung

Abkürzungsverzeichnis

S	Satz; Seite
s	s
SchR	Schuldrecht
SchRAT	Schuldrecht Allgemeiner Teil
Schw	Schweizer
SpR	Spruchrepertorium des Obersten Gerichtshofes
StGB	Strafgesetzbuch BGBl 1974/60
StGBl	Staatsgesetzblatt
stmk	steiermärkisch
StProtNR	Stenographische Protokolle des Nationalrates
SVSlg	Sozialversicherungsrechtliche Entscheidungen (Sammlung)
SWK	Österreichische Steuer- und Wirtschaftskartei (Zeitschrift)
SZ	Entscheidungen des österreichischen Obersten Gerichtshofes in Zivil- (und Justizverwaltungs)-sachen (Sammlung)
taxlex	Zeitschrift für Steuer und Beratung
tir	tiroler
TN	Teilnovelle
TP	Tarifpost
ua	und andere; unter anderem
UFS	Unabhängiger Finanzsenat
UFSjournal	Zeitschrift zu den Entscheidungen des UFS
UGB	Unternehmensgesetzbuch BGBl I 2005/120
UrhG	Urheberrechtsgesetz BGBl 1936/111
uva	und viele andere
UVS	Unabhängiger Verwaltungssenat
UWG	Bundesgesetz gegen den unlauteren Wettbewerb BGBl 1984/448
VAG	Versicherungsaufsichtsgesetz BGBl 1978/569
VersR	Versicherungsrecht (Zeitschrift)
verst	verstärkt
VersVG	Versicherungsvertragsgesetz BGBl 1959/2
VerVVers	Veröffentlichungen des Bundesministeriums für Finanzen betreffend die Vertragsversicherung
VfGH	Verfassungsgerichtshof
VfSlg	Sammlung der Erkenntnisse und wichtigsten Beschlüsse des Verfassungsgerichtshofes
VG	Verwaltungsgericht
vgl	vergleiche
VJSchr	Vierteljahresschrift für Rechts- und Staatswissenschaft
VKrG	Verbraucherkreditgesetz BGBl I 2010/28
vlbg	vorarlberger
VO	Verordnung
VR	Versicherungsrundschau
VVG	(deutsches) Versicherungsvertragsgesetz
VwGH	Verwaltungsgerichtshof
VwSlg	Erkenntnisse und Beschlüsse des Verwaltungsgerichtshofes (Sammlung)

VWT	Der Wirtschaftstreuhänder (Zeitschrift)
WAG	Wertpapieraufsichtsgesetz BGBl I 2007/107
WagnersZ	Wagners Zeitschrift (Zeitschrift für österreichische Rechtsgelehrsamkeit und politische Gesetzeskunde [später: Österreichische Zeitschrift für wissenschaftliche Rechts- und Staatskunde])
wbl	wirtschaftsrechtliche Blätter
WM	Zeitschrift für Wirtschafts- und Bankrecht – Wertpapiermitteilungen
wr	Wiener
WRG	Wasserrechtsgesetz BGBl 1959/215
WRP	Wettbewerb in Recht und Praxis (Zeitschrift)
WT	Der Wirtschaftstreuhänder (Zeitschrift, deutsch)
Z	Zahl
Zak	Zivilrecht aktuell (Zeitschrift)
ZAS	Zeitschrift für Arbeits- und Sozialrecht
zB	zum Beispiel
ZBl	Zentralblatt für die juristische Praxis
ZfB	Zeitschrift für Bergrecht
ZfRV	Zeitschrift für Rechtsvergleichung
ZfV	Zeitschrift für Verwaltung
ZfVB	Die administrativrechtlichen Entscheidungen des VwGH und die verwaltungsrechtlich relevanten Entscheidungen des VfGH in lückenloser Reichenfolge (Beilage zur ZfV)
ZfWG	Zeitschrift für Wett- und Glücksspielrecht
ZGB	(Schweizer) Zivilgesetzbuch
ZHR	Zeitschrift für das gesamte Handelsrecht und Wirtschaftsrecht
ZIK	Zeitschrift für Insolvenzrecht und Kreditschutz
ZLB	Österreichische Zeitschrift für Liegenschaftsbewertung
ZPO	Zivilprozessordnung RGBl 1895/113
ZStW	Zeitschrift für die gesamte Strafrechtswissenschaft
ZUS	Zeitschrift für Unternehmensnachfolge & Steuerplanung
zust	zustimmend
zutr	zutreffend
ZVB	Zeitschrift für Vergaberecht und Beschaffungspraxis
ZVersWiss	Zeitschrift für die gesamte Versicherungswissenschaft

Vorbemerkungen zu § 531

Lit: *Zeiller*, Commentar über das allgemeine bürgerliche Gesetzbuch II/2 (1812); *Fenyves*, Erbenhaftung und Dauerschuldverhältnis (1979); *Eccher*, Antizipierte Erbfolge (1980); *Kralik*, Erbrecht (1983); *F. Bydlinski*, Sonderprivatrechte – was ist das?, in FS Kastner zum 90. Geburtstag (1992) 71; *Rebhahn*, Familie und Gleichheitssatz, in Harrer/Zitta (Hrsg), Familie und Recht (1992) 145; *F. Bydlinski*, System und Prinzipien des Privatrechts (1996); *Holzner*, Ehevermögen bei Scheidung und bei Tod (1998); *Schauer*, Privatstiftung und Erbrecht, in Gassner/Göth/Gröhs/Lang (Hrsg), Privatstiftungen – Gestaltungsmöglichkeiten in der Praxis (2000) 15; *Henrich/Schwab* (Hrsg), Familienerbrecht und Testierfreiheit im europäischen Vergleich (2001); *Lange/Kuchinke*, Erbrecht[5] (2001); *Beckert*, Unverdientes Vermögen (2004); *Trulsen*, Pflichtteilsrecht und englische family provision im Vergleich (2004); *de Waal*, Comparative Succession Law, in Reimann/Zimmermann (eds.), The Oxford Handbook of Comparative Law (2006); Basedow/Hopt/Zimmermann (Hrsg), Handwörterbuch des Europäischen Privatrechts (2009); *Aichberger-Beig*, Erbrechtliche und pflichtteilsrechtliche Konsequenzen der vorweggenommenen Erbfolge, in Gruber/Kalss/Müller/Schauer (Hrsg), Erbrecht und Vermögensnachfolge (2010) § 4; *Fischer-Czermak*, Mehrseitige Planung von der Nachfolge von Todes wegen, in Gruber/Kalss/Müller/Schauer (Hrsg), Erbrecht und Vermögensnachfolge (2010) § 20; *Gernhuber/Coester-Waltjen*, Familienrecht[6] (2010); *Muscheler*, Erbrecht (2010); *Probst*, Anerben- und Höferecht, in Gruber/Kalss/Müller/Schauer (Hrsg), Erbrecht und Vermögensnachfolge (2010) § 6; *M. Gruber*, Der grundrechtliche Schutz des Erbrechts, in GedS Mayer-Maly (2011) 207; *Kucsko-Stadlmayer*, Familien- und Erbrecht im Lichte des Verfassungsrechts, in FS 200 Jahre ABGB (2011) 1587; *Welser*, Die Entwicklung des Erbrechts, in FS 200 Jahre ABGB (2011) 713; *Cooke*, Testamentary Freedom: A Study of Choice and Obligation in England and Wales, in Zimmermann (ed.), Freedom of Testation – Testierfreiheit (2012) 125; *Kaulbach*, Gestaltungsfreiheit im Erbrecht (2012); Schauer/Scheuba (Hrsg), Europäische Erbrechtsverordnung (2012); *Wolf/Neuner*, Allgemeiner Teil des Bürgerlichen Rechts[10] (2012); L. Smith (ed.), The Worlds of the Trust (2013); *Cohen*, Drittbegünstigungen auf den Todesfall und Nachlassinteressen (Diss Uni Wien 2014); *Dutta*, Warum Erbrecht? (2014); *S. Reiter*, Die Aufteilung des ehelichen Vermögens nach Billigkeit, ÖJZ 2014/126, 851; *J. P. Schmidt*, Der Erwerb der Erbschaft in grenzüberschreitenden Sachverhalten unter besonderer Berücksichtigung der EuErbVO, ZEV 2014, 455; *N. Arnold*, Privatstiftung und Pflichtteilsrecht, GesRZ 2015, 346; *Deixler-Hübner*, Aufteilung des Ehevermögens, in Deixler-Hübner (Hrsg), Handbuch Familienrecht (2015) 861; Deixler-Hübner/Schauer (Hrsg), Kommentar zur EU-Erbrechtsverordnung (2015); Deixler-Hübner/Schauer (Hrsg), Erbrecht NEU (2015); *Hochhauser*, Menschenrechtskonvention und Erbrecht, ÖJZ 2015/139, 1069; *Kathrein*, Die Reform des österreichischen Erbrechts 2015 – Rechtspolitische Ziele, in Deixler-Hübner/Schauer (Hrsg), Erbrecht NEU (2015) 1; *Kerridge*, Intestate Succession in England and Wales, in Reid/de Waal/Zimmermann (eds.) Instestate Succession (2015) 323; *Klampfl*, Privatstiftung und Pflichtteilsrecht nach der Erbrechtsreform 2015, JEV 2015, 120; *Odersky*, Großbritannien: England und Wales, in Süß (Hrsg), Erbrecht in Europa[3] (2015) 585; Rabl/Zöchling-Jud (Hrsg), Das neue Erbrecht (2015); *Rüfner*, Intestate Succession in Roman Law, in Reid/de Waal/Zimmermann (eds.) Instestate Succession (2015) 1; Rechberger/Zöchling-Jud (Hrsg), Die EU-Erbrechtsverordnung in Österreich (2015); *Schauer*, EuErb-

Vor § 531

VO: Pflichtteilslose Rechtsordnung und ordre public, EF-Z 2016/5, 33; *Christandl*, Die Lebensgemeinschaft im gesetzlichen Erbrecht, JBl 2016, 21; *Zollner/Pitscheider*, Pflichtteilsrechtliche Aspekte einer Begünstigtenstellung, PSR 2016/3, 8; Barth/Pesendorfer (Hrsg), Praxishandbuch des neuen Erbrechts (2016); A. Braun/Röthel (eds), Passing Wealth on Death – Will-Substitutes in Comparative Perspective (in Druck); *Fischer-Czermak*, Ehegattenerbrecht, Rechte des Lebensgefährten und Abgeltung von Pflegeleistungen in Rabl/Zöchling-Jud (Hrsg), Das neue Erbrecht (2015) 27; *Schauer*, Hinzu- und Anrechnung von Schenkungen, in Barth/Pesendorfer (Hrsg), Praxishandbuch des neuen Erbrechts (2016) 193.

Übersicht

I.	Begriff und Funktion des Erbrechts	1–7
	1. Allgemeines	1–3
	2. Erbrecht und Funktionsäquivalente	4–7
II.	Prinzipien und Rechtsnatur des Erbrechts	8–31
	1. Materiell-rechtliche Prinzipien	8–20
	a) Allgemeines	8
	b) Testierfreiheit und Privatautonomie im Erbrecht	9–10
	c) Familienerbfolge als Grundlage der Intestaterbfolge und des Pflichtteilsrechts	11–12
	d) Verwirklichung der Prinzipien in der Rechtsordnung	13–14
	e) Öffentliche Interessen (Allgemeininteressen)	15–20
	2. Verfahrensrechtliches Prinzip	21–23
	3. Rechtsnatur und systematische Einordnung des Erbrechts	24–31
	a) Allgemeines	24–26
	b) Berührungspunkte zu anderen Rechtsmaterien	27–31
III.	Rechtsquellen des Erbrechts	32–36
IV.	Entwicklung des Erbrechts	37–42
	1. Vor dem ErbRÄG 2015	37–39
	2. ErbRÄG 2015	40–42
V.	Internationales Erbrecht	43–45

I. Begriff und Funktion des Erbrechts

1. Allgemeines

1 Aus rechtsdogmatischer Sicht wird das Erbrecht üblicherweise definiert als die **Summe aller Normen, die das Schicksal der Rechte, Verbindlichkeiten und Rechtsverhältnisse eines Menschen nach seinem Tod** regeln. Maßgeblich ist somit der Tod, weshalb das Erbrecht auf die Rechtsnachfolge nach natürlichen Personen beschränkt ist. Die Bestimmungen über das Schicksal des Vermögens bei Auflösung und Abwicklung von juristischen Personen oder eingetragenen Personengesellschaften gehören nicht zum Erbrecht.[1]

---

[1] *Kralik*, Erbrecht 1.

Wendet man eine funktionale Perspektive an, so lässt sich das Erbrecht als **2** das **Recht des generationenübergreifenden Vermögenstransfers** beschreiben. Aus diesem Blickwinkel betrachtet dient das Erbrecht im Wesentlichen der Regelung von drei zentralen Ordnungsfragen. Es geht – erstens – um seine Verwendung als Gestaltungsinstrument, durch das ein Mensch die Zuordnung seines Vermögens nach seinem Tod privatautonom regeln kann. Das Erbrecht hält – zweitens – *default rules* als Reserveordnung für jene Fälle bereit, in denen ein Verstorbener von seinen Gestaltungsmöglichkeiten keinen Gebrauch gemacht hat. Und drittens regelt es, ob und in welchem Umfang bestimmte Personen – nahe Angehörige des Verstorbenen – ein grundsätzlich unentziehbares Recht auf Teilhabe am hinterlassenen Vermögen haben.

Eine gebräuchliche Unterscheidung ist jene zwischen Erbrecht im objektiven Sinn und Erbrecht in subjektivem Sinn.[2] Unter dem **Erbrecht im objektiven Sinn** wird das in der Rechtsordnung enthaltene Normengeflecht verstanden, das erbrechtliche Themen zum Gegenstand hat. Das **Erbrecht im subjektiven Sinn** bezeichnet das Recht einer konkreten Person auf Rechtsnachfolge nach dem Tod eines bestimmten Verstorbenen. Eine Definition des Erbrechts im subjektiven Sinn ist in § 531 S 1 ABGB (idF ErbRÄG 2015) enthalten: „Das ausschließende Recht, die ganze Verlassenschaft, oder einen in Beziehung auf das Ganze bestimmten Teil derselben (zB die Hälfte, ein Drittteil) in Besitz zu nehmen, heißt Erbrecht." Der mit dieser Unterscheidung verbundene Erkenntnisgewinn ist jedoch gering. Er ist nicht größer als jener, der mit dem Begriffspaar objektives und subjektives Recht im Allgemeinen verbunden wird:[3] Objektives Recht sind die aus den abstrakten Rechtsnormen abgeleiteten Rechtssätze, die unabhängig vom konkreten Anwendungsfall gelten. Ein subjektives Recht ist die aus dem objektiven Recht abgeleitete Befugnis, die im konkreten Fall einer bestimmten Person zusteht. Hinter der Unterscheidung verbirgt sich somit lediglich ein Hinweis auf verschiedene Facetten des mit dem Begriff „Recht" verbundenen Bedeutungsgehalts. **3**

2. Erbrecht und Funktionsäquivalente

Aus einer anderen Perspektive empfiehlt es sich, zwischen dem Erbrecht **4** ieS und dem Erbrecht iwS zu unterscheiden. Der Differenzierung liegt ein rechtskonstruktives oder instrumentales Merkmal zugrunde, das für die Systembildung im Erbrecht von entscheidender Bedeutung ist. Das Vermögen, das der Verstorbene hinterlässt, bildet seine Verlassenschaft (früher: Nachlass). Der Übergang dieses Vermögens auf die Rechtsnachfolger und sein weiteres Schicksal sowie die allfälligen Interventionsrechte Dritter, namentlich der Gläubiger, sind der Gegenstand des **Erbrechts ieS**. Wenn vom Erbrecht die Rede ist, ist idR dieser Kernbereich des Erbrechts gemeint.[4]

---

[2] Dazu zB *Kralik*, Erbrecht 1, 30 ff.
[3] Zum Folgenden etwa *Wolf/Neuner*, Allgemeiner Teil[10] § 3 Rz 6.
[4] Vgl etwa zum Nachlass als dem Grundbegriff des Erbrechts *F. Bydlinski*, System und Prinzipien 402.

5   Dabei sollte jedoch nicht aus dem Blickfeld geraten, dass ein Mensch auch die Möglichkeit hat, seine Vermögensangelegenheiten von Todes wegen außerhalb der Verlassenschaft und somit jenseits des Regelungssystems des Erbrechts ieS zu regeln. Bezieht man die hierdurch eröffneten Gestaltungsmöglichkeiten in die Betrachtung ein, so empfiehlt es sich, von einem **Erbrecht iwS** zu sprechen. Rechtstechnisch erfolgt der Vermögensübergang in diesem Bereich in der Weise, dass bestimmte Vermögenswerte noch zu Lebzeiten auf Dritte übertragen werden, die nach dem Tod des Verfügenden damit planmäßig verfahren. Dafür stehen verschiedene Gestaltungsinstrumente zur Verfügung, die als Funktionsäquivalente zu den Planungswerkzeugen des Erbrechts ieS, wie etwa Testamente oder sonstige letztwillige Verfügungen verstanden werden können. Für diese hat im Englischen das treffende Wort „will-substitutes" Verbreitung gefunden.[5] Aus der Sicht des österreichischen Rechts sind hier namentlich die Lebensversicherung mit Drittbegünstigung und die Privatstiftung zu nennen. In Betracht kommen auch andere Verträge zugunsten Dritter auf den Todesfall sowie die – heute jedoch nahezu bedeutungslose – Gütergemeinschaft auf den Todesfall. Eine Alternative hierzu bildet der vor allem im angloamerikanischen Recht, zunehmend aber auch in den kontinentaleuropäischen Rechtsordnungen anerkannte Trust.[6] Man kann möglicherweise auch die Sozialversicherung, soweit sie der Versorgung von Angehörigen des Verstorbenen dient, hierher zählen. Zwar ist die Verfügung über sozialrechtliche Ansprüche durch den Verstorbenen in der Regel ausgeschlossen; doch kann die Existenz solcher Ansprüche zugunsten dritter Personen auf die Verteilung des übrigen Vermögens Einfluss haben. Nicht selten geht es bei der generationenübergreifenden Vermögensplanung aber nicht nur darum, die Wirkungen des Vermögenstransfers gleichsam punktgenau auf den Zeitpunkt des Todes zu beziehen, sondern auch darum, dass die entsprechenden Wirkungen bereits zu Lebzeiten herbeigeführt werden sollen. Regelmäßig geschieht dies durch ganz oder teilweise unentgeltliche Übertragungen von Vermögensstücken auf den oder die auserkorenen Nachfolger. Zivilrechtsdogmatisch handelt es sich dabei um Schenkungen, allenfalls gemischte Schenkungen, die gelegentlich mit dem Vorbehalt von fortbestehenden Nutzungsrechten, wie etwa einem Fruchtgenussrecht zugunsten des Schenkers, verbunden werden. In einem weit verstandenen Sinn sind auch diese Vorgänge der sogenannten „vorweggenommenen" oder „antizipierten Erbfolge"[7] dem Erbrecht iwS zuzuordnen.

6   Zwischen dem Erbrecht ieS und dem Erbrecht iwS besteht ein **beträchtliches Spannungsverhältnis**. Es beruht auf dem Umstand, dass die Regelungssysteme, die einer Ausbalancierung der Interessen der am Vermögenstransfer beteiligten Personen dienen, ganz überwiegend auf das Erbrecht ieS beschränkt sind. Hierdurch eröffnen sich dem Verfügenden, der sich der außerhalb des Erbrechts ieS vorgesehenen Gestaltungsinstrumente bedient, mehr oder weniger große Spielräume, die bisweilen massive Wertungswidersprüche innerhalb

---

[5] Vgl dazu etwa A. Braun/Röthel (eds), Passing Wealth on Death – Will-Substitutes in Comparative Perspective (in Druck).

[6] Vgl dazu etwa *de Waal*, Comparative Succession Law, in Reimann/Zimmermann (eds), Oxford Handbook 1089 ff; ferner die Beiträge in L. Smith (ed.), The Worlds of the Trust.

[7] Grundlegend dazu *Eccher*, Antizipierte Erbfolge.

des Gesamtsystems hervorrufen. Sie schwächen die Legitimationskraft der Rechtsinstitute des Erbrechts ieS und können zu einer Erosion seiner praktischen Bedeutung führen. Die Unterschiede zwischen dem Erbrecht ieS und dem Erbrecht iwS werden vom Gesetzgeber zum Teil bewusst vorgesehen und müssen dann vom Rechtsanwender in Kauf genommen werden. Zum Teil beruhen sie auch auf dem Umstand, dass bestimmte Ordnungsprobleme im Erbrecht iwS nicht reguliert werden, was den Rechtsanwender vor die methodische Herausforderung stellen kann, ob und inwieweit analoge Rechtsanwendung in den dem Erbrecht iwS zuzuordnenden Rechtsinstituten geboten ist. Ein Beispiel für die erste Fallgruppe – bewusst herbeigeführte oder zumindest in Kauf genommene Abweichungen – ist das Verhältnis zwischen dem Erbvertrag und der Privatstiftung.[8] Der Erbvertrag ist mannigfachen Restriktionen unterworfen:[9] Er kann nur zwischen Ehegatten/eP oder Verlobten abgeschlossen werden; dem Verfügenden muss zumindest ein Viertel seines Vermögens für eine letztwillige Verfügung frei bleiben; eine bindende Einsetzung Dritter ist nicht möglich. Durch eine Privatstiftung können die Wirkungen eines Erbvertrags vollständig nachgebildet werden, ohne dass die für den Erbvertrag geltenden Beschränkungen bestehen. Zwei beliebige Personen können als Stifter fungieren; sie können ihr gesamtes Vermögen in die Stiftung einbringen; und sie können einander wechselseitig oder mit bindender Wirkung auch einen Dritten zum Begünstigten einsetzen, der nach dem Tod eines Stifters das von diesem eingebrachte Vermögen erhalten soll. Ein Beispiel für die zweite Gruppe – unterlassene Regelung im Bereich der Erbfolge iwS – ist das bekannte Spannungsverhältnis zwischen der Privatstiftung und dem Pflichtteilsrecht.[10] Aus der Perspektive des Verfügenden geht es dabei gelegentlich um den Versuch, das Pflichtteilsrecht mithilfe der Zwischenschaltung einer Privatstiftung zu umgehen. Es bedarf methodischer Anstrengungen erheblichen Umfangs, um die Regeln über die Hinzurechnung und Anrechnung von Schenkungen für die Vermögenswidmungen an Privatstiftungen fruchtbar zu machen. Die präzisen Grenzen des Pflichtteilsschutzes gegenüber Privatstiftungen sind bis heute nicht restlos geklärt, woran auch die erstmalige Regelung des Themas in § 781 Abs 2 Z 4 und 5 ABGB idF ErbRÄG 2015 nichts geändert hat.[11]

Mit diesen Beobachtungen einher geht ein Appell zur **Überwindung der Systemgrenzen** und zu einer **gesamthaften Betrachtung erbrechtlicher Gestaltung**. Dieser Appell hat zwei Adressaten. Er richtet sich zunächst an den Gesetzgeber, der dazu aufgerufen ist, für mehr Kohärenz zwischen dem Erbrecht ieS und dem Erbrecht iwS zu sorgen, um hierdurch die Gefahr von Wertungswidersprüchen innerhalb des Gesamtsystems gering zu halten. Der Appell richtet sich aber 7

---

[8] Zu weiteren Spannungsverhältnissen vgl *Schauer*, Privatstiftung und Erbrecht, in Gassner/Göth/Gröhs/Lang (Hrsg), Privatstiftungen 19 ff.

[9] Vgl nur *Fischer-Czermak* in Gruber/Kalss/Müller/Schauer, Erbrecht und Vermögensnachfolge § 20 Rz 48, 53 ff.

[10] Dazu im Überblick *Aichberger-Beig* in Gruber/Kalss/Müller/Schauer, Erbrecht und Vermögensnachfolge 4 Rz 74 ff.

[11] Zur Neufassung etwa *Schauer*, Hinzu- und Anrechnung, in Barth/Pesendorfer (Hrsg), Praxishandbuch 199 ff.; *N. Arnold*, GesRZ 2015, 346 ff; *Klampfl*, JEV 2015, 120 ff; *Zollner/Pitscheider*, PSR 2016/3, 8 ff.

auch an den Rechtsanwender, der durch teleologische oder analoge Anwendung des erbrechtlichen Normenmaterials dafür Sorge tragen sollte, dass der Schutz von Interessen, den das Erbrecht ieS bereithält, nicht durch die Verlagerung des Vermögenstransfers in den Bereich des Erbrechts iwS unterlaufen wird.

II. Prinzipien und Rechtsnatur des Erbrechts

3. Materiell-rechtliche Prinzipien

a) Allgemeines

8   Das Erbrecht beruht vor allem auf dem Zusammenspiel zweier gegenläufiger Prinzipien: der **Testierfreiheit** (Rz 9) und der **Familienerbfolge** (Rz 11 f).[12] Schließlich ist das Erbrecht auch dem Einfluss von **öffentlichen Interessen** (Allgemeininteressen) ausgesetzt (Rz 15 ff).

b) Testierfreiheit und Privatautonomie im Erbrecht

9   Unter **Testierfreiheit** kann die Befugnis verstanden werden, mit Wirkung auf den Todesfall über das Vermögen zu disponieren und dabei festzulegen, wer welche Vermögenswerte erhalten soll. Die Testierfreiheit bezeichnet einen Teilbereich der Privatautonomie und lässt sich zugleich als Ausfluss des grundrechtlich geschützten Eigentumsrechts begreifen. Mit der Testierfreiheit wird vielfach der Gedanke in Verbindung gebracht, dass auf den Todesfall bezogene Verfügungen zu Lebzeiten des Errichtenden stets frei widerrufen werden können.[13] So betrachtet kann Testierfreiheit auch als Bindungslosigkeit verstanden werden. Tatsächlich handelt es sich bei der freien Widerruflichkeit erbrechtlicher Rechtsgeschäfte jedoch um kein notwendiges Merkmal der Testierfreiheit.[14] Im Vertragsrecht wird die Privatautonomie in der Regel gerade dadurch ausgeschöpft, dass vertragliche Bindungen zu anderen Personen eingegangen werden. Auch das Erbrecht iwS (Rz 5) lässt auf den Todesfall bezogene Bindungen zu. Beispiele hierfür sind die unwiderrufliche Begünstigung bei der Todesfallversicherung (vgl § 166 VersVG) sowie die ohne Widerrufsvorbehalt begründete Privatstiftung, durch die der Stifter andere Personen nach seinem Tod begünstigen möchte. Warum es sich diesbezüglich im Erbrecht ieS anders verhalten sollte, ist nicht einzusehen. Richtig ist lediglich, dass die lex lata in diesem Bereich vertraglichen Bindungen verhältnismäßig reserviert gegenübersteht. Zulässig sind nur der Erbvertrag, für den jedoch erhebliche Beschränkungen bestehen (vgl Rz 6), und die Schenkung auf den Todesfall, die seit dem ErbRÄG 2015 wie der Erbvertrag nur noch in dem durch das sogenannte „freie Viertel" beschränkten Umfang zulässig ist (§ 603 iVm § 1253 ABGB idF ErbRÄG 2015). Entgegen immer wieder geäußerter Meinungen können die Restriktionen bezüglich der Bindungswirkung im Bereich erbrechtlicher Rechtsgeschäfte de lege ferenda nicht

---

[12] Vgl dazu auch *F. Bydlinski*, System und Prinzipien 403 f.
[13] Vgl *F. Bydlinski*, System und Prinzipien 404.
[14] So zutreffend auch *Cohen*, Drittbegünstigungen 9, 12.

mit der Testierfreiheit begründet werden.¹⁵ Erfahrungen aus der Praxis zeigen, dass auch ein Bedarf nach einer Vermögensplanung besteht, die auf einer für alle Beteiligten verlässlichen Rechtsgrundlage erfolgt. Das Prinzip der Testierfreiheit kann insofern nicht als Argument ins Treffen geführt werden, um solche Bedürfnisse unbefriedigt zu lassen.

Die Testierfreiheit hat ihr Gegenstück in der **Selbstbestimmung des Rechtsnachfolgers:**¹⁶ Niemand kann gegen seinen Willen dazu angehalten werden, Erbe oder Vermächtnisnehmer zu werden; der erbrechtliche Erwerb kann stets ausgeschlagen werden. Dies gründet zunächst auf der einfachen Überlegung, dass sich niemand selbst Vorteile aufdrängen lassen muss. Gegen die Belastung mit Schulden, die der erbrechtliche Gesamtrechtsnachfolger übernehmen muss, schützt zwar grundsätzlich die Möglichkeit der Haftungsbeschränkung (§ 802 ABGB). Diese wirkt aber, weil sie auf Altschulden beschränkt ist, nicht lückenlos. Denn der vollständige Übergang aller vererblichen Rechtsverhältnisse führt auch zum Eintritt des Erben in bestehende Dauerschuldverhältnisse. Daraus können sich weitere, laufend entstehende Verbindlichkeiten ergeben, die die Privatautonomie des Erben auch mit Wirkung für die Zukunft belasten. Zwar kann hier unter Umständen mit der Möglichkeit einer vorzeitigen Kündigung des Dauerschuldverhältnisses aus wichtigem Grund Abhilfe geschaffen werden (vgl. dazu auch § 531 Rz 27);¹⁷ doch kann ein vollständiger Schutz nur durch die Ausschlagung erreicht werden. 10

c) Familienerbfolge als Grundlage der Intestaterbfolge und des Pflichtteilsrechts

Das Prinzip der **Familienerbfolge** besagt, dass das hinterlassene Vermögen den nächsten Angehörigen des Verstorbenen – also den Verwandten und dem Ehegatten/eP – zukommen soll. Es spielt in zweifacher Hinsicht eine Rolle: Erstens gilt, dass die nächsten Angehörigen zum Zug kommen, wenn der Verstorbene keine letztwillige Verfügung hinterlassen hat (*Intestaterbfolge*). Zweitens bestimmt das Prinzip der Familienerbfolge das *Pflichtteilsrecht*. Das Pflichtteilsrecht ist zwingendes Recht und kann im Regelfall durch eine letztwillige Verfügung nicht ausgeschaltet werden. 11

Innerhalb des Pflichtteilsrechts lassen sich zwei Gestaltungsformen unterscheiden: Das Pflichtteilsrecht kann ein echtes Erbrecht sein, sodass der Pflichtteilsberechtigte wie jeder andere Erbe an der Rechtsnachfolge in die Verlassenschaft teilnimmt (**materielles Noterbrecht**). Möglich ist aber auch, dass der Pflichtteilsberechtigte lediglich einen Geldanspruch hat, dessen Höhe sich nach dem auf ihn entfallenden Anteil vom Wert der Verlassenschaft bestimmt (**Geldpflichtteil**). Beide Systeme haben Vor- und Nachteile: Beim materiellen Noterbrecht besteht die Gefahr, dass Konflikte, die zwischen einem auf Pflichtteil gesetzten Familienangehörigen und den übrigen Erben nicht 12

---

15 So aber beispielsweise im Zusammenhang mit dem ErbRÄG *Kathrein*, Reform, in Deixler-Hübner/Schauer (Hrsg), Erbrecht NEU 16.
16 *F. Bydlinski*, System und Prinzipien 404 f; vgl dazu auch *Dutta*, Warum Erbrecht? 322 ff.
17 Grundlegend dazu *Fenyves*, Erbenhaftung und Dauerschuldverhältnis.

selten bestehen, in die Erbengemeinschaft hineingetragen werden und die Verwaltung und die Aufteilung des Nachlasses belasten. Zudem wird die Freiheit bei der Errichtung letztwilliger Verfügungen in besonderer Weise geschmälert, weil der Errichter nicht einmal über die Verlassenschaftsgegenstände unbeschränkt disponieren kann. Das System des Geldpflichtteils vermeidet diese Nachteile: Es hält den Pflichtteilsberechtigten von der Verwaltung und Teilung des Nachlasses frei und beeinträchtigt den Verfügenden nicht bei seiner letztwilligen Disposition über die Gegenstände des hinterlassenen Vermögens. Damit verbunden ist jedoch ein Liquiditätsbedarf von möglicherweise erheblichem Umfang, der mit den Mitteln der Verlassenschaft vielfach nicht befriedigt werden kann und den Erben zur Veräußerung von Verlassenschaftsgegenständen nötigen kann. Diesen Nachteil vermeidet das System des materiellen Noterbrechts. Dem Gesetzgeber des ErbRÄG 2015 ist zugute zu halten, dass er die sich aus dem Geldpflichtteil ergebenden Liquiditätsprobleme erkannt und durch die Stundungsregeln in §§ 766 f ABGB zu lindern versucht hat.

d) Verwirklichung der Prinzipien in der Rechtsordnung

13 Die Rechtsgeschichte und Rechtsvergleichung[18] bieten einiges Anschauungsmaterial für **Extrembeispiele**, in denen das jeweils eine Prinzip ganz oder überwiegend zu Lasten des anderen Prinzips verwirklicht worden ist. Eine starke Prävalenz der Testierfreiheit kennzeichnet das römische Recht, in dem sich Ansätze eines Noterbrechts nur schrittweise und ohne ganz klare Konturen in Gestalt der *querela inofficiosi testamenti* entwickelt haben.[19] Ganz im Gegensatz dazu wurde das germanische Recht von der Familiengebundenheit des Vermögens beherrscht, gegenüber welcher sich die Möglichkeit, von Todes wegen verfügen zu können, nur langsam etablieren konnte.[20] Gestützt vor allem auf Gleichheitserwägungen wurde die Testierfreiheit in Frankreich zur Zeit der Revolution vollkommen abgeschafft: Kein Kind des Verstorbenen sollte gegenüber einem anderen bevorzugt werden.[21] Im 19. und 20. Jahrhundert bildete die Aufhebung der Fideikommisse einen wichtigen Baustein bei der Abschwächung der Familienbindung des Vermögens[22]. Blickt man auf die modernen Rechtsordnungen, so ist die Dominanz der Testierfreiheit vor allem im angloamerikanischen Rechtskreis verwirklicht. Bemerkenswert ist freilich, dass auch das englische Recht, das oftmals als Beispiel für eine pflichtteilsfreie Rechtsordnung angeführt wird, im Laufe seiner Geschichte durch eine zwingende Familienerbfolge gekennzeichnet gewesen war,

---

[18] Rechtshistorischer und rechtsvergleichender Überblick bei *Kroppenberg*, Stichworte „Pflichtteilsrecht" und „Testierfreiheit", in Basedow/Hopt/Zimmermann (Hrsg), Handwörterbuch 1158 ff, 1481 ff.
[19] Dazu *Kaser*, Römisches Privatrecht[2] I 703 ff, 709 ff.
[20] *Floßmann*, Österreichische Privatrechtsgeschichte[6] 338 ff, 343 ff; vgl auch *Kaulbach*, Gestaltungsfreiheit 28 ff.
[21] Ausführlich dazu *Beckert*, Unverdientes Vermögen 44 ff, 50 f; vgl auch *Muscheler*, Erbrecht Rz 360 ff.
[22] Vgl dazu etwa *Dutta*, Warum Erbrecht? 53 ff; *Beckert*, Unverdientes Vermögen 139 ff.

die erst im 18. Jahrhundert vollständig entfiel.[23] Seit Einführung der *family provisions* im Jahr 1938[24] kennt auch das englische Recht wieder ein pflichtteilsähnliches Rechtsinstitut zugunsten naher Angehöriger des Verstorbenen, das im Wesentlichen der finanziellen Versorgung oder der Deckung eines Unterhaltsbedarfs dient. Bei der Festsetzung der Höhe der family provisions hat das Gericht jedoch einen großen Ermessensspielraum.[25] Im Bereich der Intestaterbfolge folgen jedoch auch jene Rechtsordnungen, die im Allgemeinen der Testierfreiheit einen großen Stellenwert einräumen, dem Prinzip der Familienerbfolge.[26]

Die meisten Rechtsordnungen beruhen jedoch auf einem stärker ausgewogenen **Ausgleich** zwischen den Prinzipien der Testierfreiheit und der (zwingenden) Familienerbfolge.[27] Dies gilt auch für das **österreichische Recht**. Zwar anerkennt das österreichische Recht die Möglichkeit zu auf den Todesfall bezogenen Verfügungen über das Vermögen; doch werden bestimmten nahen Angehörigen Pflichtteilsrechte eingeräumt. Da die Pflichtteilsquoten grundsätzlich die Hälfte der gesetzlichen Erbquote ausmachen, kann man bei einer typischen Familienstruktur, bei der der Verstorbene den Ehegatten und Kinder hinterlässt, von der Pflichtteilsbindung von etwa 50 % des Werts der Verlassenschaft ausgehen. Dies ist freilich nur ein Durchschnittswert, weil die tatsächliche Bindung im Einzelfall – wegen zu Lebzeiten vorgenommener Schenkungen oder wegen eines Pflichtteilsverzichts – nach oben oder nach unten abweichen kann. Da der Pflichtteil in der letztwilligen Verfügung auf beliebige Weise abgedeckt werden kann (§ 761 Abs 1, § 780 ABGB) und nur bei unzureichender Deckung ein Geldanspruch entsteht, trifft der früher in der L pointiert formulierte Befund, es handle sich um einen „Wertanspruch mit Erblasserwahl",[28] immer noch zu.

14

e) Öffentliche Interessen (Allgemeininteressen)

Wenngleich das Erbrecht vorwiegend durch das Spannungsverhältnis zwischen der Testierfreiheit und der Familienerbfolge geprägt wird, so sollte doch nicht übersehen werden, dass es auch durch den Einfluss öffentlicher Interessen determiniert wird. Solche Einfallspforten öffentlicher Interessen in das

15

---

[23] Vgl zur Entwicklung des englischen Erbrechts im Überblick *Trulsen*, Pflichtteilsrecht 13 ff (zur Erreichung vollständiger Testierfreiheit 21).

[24] Eingeführt durch Inheritance (Family Provision) Act 1938 (zur Entstehung und zu den wesentlichen Inhalten *Trulsen*, Pflichtteilsrecht 21 ff; vgl auch *Cooke*, England and Wales, in Zimmermann [ed.], Freedom of Testation 128 f); heute geregelt im Inheritance (Provision for Family and Dependants) Act 1975 (abrufbar über http://www.legislation.gov.uk/ukpga/1975/63 – commentary-c7190801; abgefragt am 31.3.2016).

[25] Zu den *family provisions* ausführlich *Trulsen*, Pflichtteilsrecht 21 ff; ferner *Odersky* in Süß (Hrsg), Erbrecht in Europa³ 603 ff (Rz 51 ff); *Cooke*, England and Wales, in Zimmermann (ed.). Freedom of Testation 129 ff.

[26] Für das römische Recht ausführlich *Rüfner*, Roman Law, in Reid/de Waal/Zimmermann (eds.), Instestate Succession 5 ff; vgl auch *Kaser*, Das römische Privatrecht² 695 ff; für das englische Recht *Odersky* in Süß (Hrsg), Erbrecht in Europa³ 597 ff (Rz 31 ff); vgl auch *Kerridge*, England and Wales, in Reid/de Waal/Zimmermann (eds.), Instestate Succession 323 ff.

[27] Vgl dazu im Überblick die Beiträge in Henrich/Schwab (Hrsg), Familienerbrecht und Testierfreiheit im europäischen Vergleich.

[28] *Kralik*, Erbrecht 309.

Erbrecht bestehen jedoch nur punktuell und **ohne** dass ein **einheitliches Konzept** dahinter erkennbar wird. Im Wesentlichen kommt der Schutz öffentlicher Interessen durch die folgenden Wertungsgesichtspunkte zum Ausdruck.

16 Wenngleich über das Schicksal der hinterlassenen Vermögensgegenstände – im Rahmen der durch das Pflichtteilsrecht gezogenen Grenzen – grundsätzlich frei verfügt werden kann, so sind dem Willen des Verstorbenen **zeitliche Grenzen** gesetzt. Dies kommt namentlich in § 612 ABGB zum Ausdruck, wonach die Einsetzung ungeborener Nacherben bei beweglichen Sachen auf zwei Nacherbfälle, bei unbeweglichen Sachen auf einen Nacherbfall beschränkt ist. Ganz ähnlich sieht § 35 Abs 2 Z 3 PSG vor, dass eine nicht gemeinnützige Privatstiftung, die überwiegend der Versorgung natürlicher Personen dient, auf 100 Jahre befristet ist. Hinter diesen Beschränkungen könnte man den Gedanken sehen, dass der Wille des Verstorbenen umso weniger schutzwürdig erscheint, je mehr Zeit verstrichen ist. Es verblasst dann die Erinnerung an seine Person, sodass es nicht mehr sachgerecht erscheint, die dann lebenden Personen immer an seinen Willen zu binden. Tatsächlich liegt der Grund für diese Beschränkungen jedoch in dem Umstand, dass Verfügungsbeschränkungen, durch die ein Gut dem Markt entzogen wird, tunlichst hintangehalten werden sollen.[29] Der Gesetzgeber musste daher abwägen zwischen dem Interesse des Verfügenden, für einen möglichst langen Zeitraum über das Schicksal seines Vermögens bestimmen zu können, und dem öffentlichen Interesse an der Funktionsfähigkeit eines Marktes, der eine optimale Allokation von Gütern ermöglichen soll. Insoweit liegen die genannten Beschränkungen im Interesse der Allgemeinheit.

17 Der Wille des Erblassers unterliegt diesen Beschränkungen jedoch nicht, soweit er auf die Förderung der **Gemeinnützigkeit** gerichtet ist. Der Grund liegt darin, dass die Verwirklichung gemeinnütziger Zwecke auch im öffentlichen Interesse liegt. Die Privilegierung der Gemeinnützigkeit kommt bei der letztwilligen Vermögensplanung in zweifacher Hinsicht zum Ausdruck: Die Vermögenswidmung zu gemeinnützigen Zwecken unterliegt keinen zeitlichen Schranken. Dies zeigt sich daran, dass gemeinnützige Stiftungen sowohl in der Rechtsform der Privatstiftung als auch nach dem BStFG 2015 auf unbestimmte Zeit und ohne zeitliche Schranken errichtet werden können. Ferner sind Schenkungen unter Lebenden – zu denen nunmehr auch die Schenkung auf den Todesfall zählt (§ 603 S 1 ABGB idF ErbRÄG 2015) – der Hinzu- und Anrechnung von Schenkungen entzogen. Der Gesetzgeber bewertet hierbei die Förderung gemeinnütziger Zwecke höher als den Schutz der Pflichtteilsberechtigten.

18 Die durch das Pflichtteilsrecht angestrebte Teilhabe an der Verlassenschaft geht mit einer Verteilung der hinterlassenen Vermögenswerte einher. Dies bereitet bei teilbarem Vermögen keine Probleme. Anders verhält es sich jedoch bei Vermögensgegenständen, die nicht oder nur mit erheblichem Wertverlust teilbar sind. Dies gilt namentlich für Unternehmen. Der letztwillig Verfügende ist dann

---

[29] Vgl dazu bereits *Zeiller*, Commentar II/2, 508 (zu § 612 ABGB): „Obschon die Meinungen über den Nutzen oder Schädlichkeit fortwährender, auf die Nachkommen übergehender Fideikommisse, wodurch die Güter auf immer oder doch auf sehr lange Zeit dem allgemeinen, freyen Verkehre entzogen werden, sehr getheilt sind, so kommt man doch wenigstens darin überein, daß sie nicht nach Willkür vervielfältiget werden sollen, Daraus erklärt sich die hier vorkommende Beschränkung" (Hervorhebung durch gesperrten Druck im Original).

vor die Wahl gestellt, entweder die Zersplitterung der unternehmerischen Einflussrechte oder – beim Geldpflichtteil – die durch den Liquiditätsabfluss geschaffene Gefahr für den Fortbestand des Unternehmens in Kauf zu nehmen. Das Erbrecht enthält jedoch auch Bestimmungen, die den **Schutz des Unternehmens** höher bewerten als die Interessen der Pflichtteilsberechtigten. Die Sicherung des Fortbestands des Unternehmens im Erbgang dient ebenfalls dem öffentlichen Interesse. Namentlich sind hier zwei Bereiche zu erwähnen: Das auf einer langen Tradition beruhende Anerbenrecht sichert die Fortführung des Erbhofs durch den ungeteilten Übergang auf den berufenen Anerben. Der Anerbe muss zwar zum Ausgleich einen Übernahmepreis in die Verlassenschaft leisten, der jedoch begünstigt ist, weil er sich am Ertragswert des Hofs orientiert und somit aus dem Unternehmen erwirtschaftet werden kann.[30] Für andere Unternehmen als Erbhöfe gilt dieses Modell jedoch nicht. Für sie ist seit dem ErbRÄG 2015 ein anderer Schutz gewährleistet: Auf Verlangen des Pflichtteilsschuldners kann das Gericht nach Maßgabe einer Interessenabwägung den Pflichtteilsanspruch auf fünf Jahre, in Ausnahmefällen sogar auf zehn Jahre stunden oder für einen solchen Zeitraum Ratenzahlungen anordnen, wenn andernfalls durch die sofortige Entrichtung der Fortbestand des Unternehmens gefährdet wäre (§ 767 Abs 1 S 3 ABGB). Wenngleich die Methode des Schutzes anders ausfällt als im Anerbenrecht, so stimmt doch das Ziel überein: die im öffentlichen Interesse gelegene Erhaltung des Unternehmens. Insofern stimmt die Teleologie im Erbrecht mit jener im Scheidungsrecht überein, wo es ebenfalls darum geht, dass der Bestand des Unternehmens nicht durch das nacheheliche Aufteilungsverfahren gefährdet werden soll (§ 82 Abs 1 Z 3 und 4, § 91 Abs 2 letzter S EheG; § 25 Abs 1 Z 3 und 4, § 34 Abs 2 letzter S EPG).

Dem öffentlichen Interesse dient auch das **Aneignungsrecht** des Bundes (§ 750 ABGB). Wenngleich der Bund nicht Erbe im technischen Sinn ist, so kommt er doch gleichsam als Erbe letzter Ordnung zum Zug. Mag das Aneignungsrecht auch eine Rechtsfriedensfunktion haben, durch die Konflikte um die Aneignung herrenloser Verlassenschaften verhindert werden sollen, so kann es im Einzelfall auch den Vermögensinteressen des Bundes dienen.

Schließlich können öffentliche Interessen im Erbgang unmittelbar durch die Einhebung von **Erbschaftssteuer** gefördert werden. Der Staat partizipiert dadurch an jedem Erbgang[31]. Insofern hat die Erbschaftssteuer aus der Sicht des Verfügenden eine ähnliche Wirkung wie der Pflichtteil, weil sie die zur Disposition stehende Vermögensmasse verringert. Im österreichischen Recht ist derzeit zwar keine Erbschaftssteuer vorgesehen; ihre Wiedereinführung wird jedoch von manchen politischen Kräften immer wieder gefordert.

2. Verfahrensrechtliches Prinzip

Im Erbgang geht das gesamte vererbliche Vermögen des Verstorbenen durch einen einzigen Rechtsakt auf den/die Erben über. Regelmäßig geschieht dies

---

[30] Zur Bemessung des Übernahmepreises ausführlich *Probst* in Gruber/Kalss/Müller/Schauer, Erbrecht und Vermögensnachfolge § 6 Rz 88 ff.

[31] Vgl dazu etwa *Dutta*, Warum Erbrecht? 194 ff und passim; *Beckert*, Unverdientes Vermögen 199 ff.

durch eine vom Verlassenschaftsgericht vorgenommene Einantwortung. Der Erbe erwirbt somit durch **Gesamtrechtsnachfolge (Universalsukzession)**.[32] Der Erbe übernimmt hierdurch nicht nur die Aktiven, sondern auch die Verbindlichkeiten des Verstorbenen und tritt in die laufenden Rechtsverhältnisse ein. Dabei handelt es sich um eine rechtstechnische Vereinfachung, die den Verzicht von auf die einzelne Sache bezogenen Verfügungsgeschäften bedeutet. Auf die individuelle Übergabe oder auf die Inbesitznahme der Verlassenschaftsgegenstände durch den Erben kommt es nicht an. Die Gesamtrechtsnachfolge hat auch die Wirkung, dass ein „Rosinenpicken" durch den Erben verhindert wird. Es gilt das Alles-oder-Nichts-Prinzip: Der Erbe kann die Erbschaft so antreten wie sie ist, oder er kann sie ausschlagen. Einen dritten Weg gibt es nicht.

22 Aus der Sicht eines Dritten, der mit dem Verstorbenen in einem Rechtsverhältnis stand, wie etwa ein Gläubiger, kann die erbrechtliche Gesamtrechtsnachfolge dieselben Gefahren erzeugen wie dies bei einem Schuldnerwechsel oder einer Vertragsübernahme der Fall ist: Der Dritte erhält in der Person des Erben einen neuen Schuldner oder einen neuen Vertragspartner. Anders als im Schuldrecht kann der Dritte den Rechtsübergang jedoch nicht verhindern, weil die Rechtspersönlichkeit des Verstorbenen erloschen ist. Zum **Schutz des Dritten** hält das Erbrecht jedoch andere Instrumente bereit; namentlich das Recht auf Absonderung der Verlassenschaft (§ 812 ABGB).

23 Die Gesamtrechtsnachfolge ist **zwingendes Recht**.[33] Sie kann durch letztwillige Verfügung nicht ausgeschaltet werden. Nach dem Tod eines jeden Menschen gibt es deshalb im Regelfall einen oder mehrere Gesamtrechtsnachfolger. Gleichwohl darf nicht übersehen werden, dass die Gesamtrechtsnachfolge nicht die einzige Modalität des Vermögenserwerbs von Todes wegen ist. Der Vermächtnisnehmer erwirbt durch Titel und Modus als Einzelrechtsnachfolger (§ 647 Abs 1, § 684 Abs 2 ABGB). Insofern besteht eine gewisse Wahlfreiheit des letztwillig Verfügenden, ob er einen Rechtsnachfolger als Gesamtrechtsnachfolger oder als Einzelrechtsnachfolger berufen möchte. In bestimmten Fällen kommt es zur Sonderrechtsnachfolge außerhalb der Verlassenschaft (vgl § 531 Rz 16); auch diese beruht auf Einzelrechtsnachfolge. Eine rechtsgeschäftliche Abbedingung der Gesamtrechtsnachfolge ist jedoch nicht möglich.

3. Rechtsnatur und systematische Einordnung des Erbrechts

a) Allgemeines

24 Das Erbrecht ist Teil des **Privatrechts**. Es ist zugleich einer der fünf Teile des Pandektensystems und gehört deshalb auch zum **bürgerlichen Recht** als der privatrechtlichen Kernmaterie.[34] In der vorpandektistischen Systematik des ABGB ist das Erbrecht als eines der dinglichen Sachenrechte ein Teil des Vermögensrechts.

---

[32] Zur historischen Entwicklung etwa *Lange/Kuchinke*, Erbrecht[5] 85 f.
[33] Dazu zum deutschen Recht *Muscheler*, Erbrecht Rz 848 ff.
[34] Zur Abgrenzung von Bürgerlichem Recht und den Sonderprivatrechten vor allem *F. Bydlinski* in FS Kastner zum 90. Geburtstag 76 ff; vgl auch *Kerschner/Kehrer* in Fenyves/Kerschner/Vonkilch, ABGB[3] (Klang) § 1 Rz 32 ff; *Schauer* in Kletečka/Schauer, ABGB-ON 1.01 § 1 Rz 3.

Entgegen der bis zum ErbRÄG 2015 enthaltenen Qualifikation in § 308 **25**
ABGB wird das Erbrecht heute **nicht** zu den **dinglichen Rechten** gezählt.[35] Unter einem dinglichen Recht wird in moderner Terminologie ein Herrschaftsrecht verstanden, das unmittelbar zu Einwirkungen auf körperliche Sachen berechtigt und gegen jedermann durchgesetzt werden kann.[36] Dies trifft auf das Erbrecht nicht zu. Denn nach der – aus der Perspektive des Erben formulierten – Definition des Erbrechts in § 532 ABGB (idF ErbRÄG 2015) handelt es sich dabei um das Recht, „die ganze Verlassenschaft oder einen bestimmten Teil davon zu erwerben". Das Erbrecht als solches gewährt kein Recht auf eine unmittelbare Sachherrschaft; es handelt sich lediglich um das Recht auf den Erwerb der hinterlassenen Vermögensgegenstände oder – mit Blick auf die Universalsukzession – präziser um das Recht auf den Eintritt in die vererblichen Rechtspositionen des Erblassers. Da das Recht auf den Erwerb der Verlassenschaft gerichtet ist, kann man auch von einem spezifischen Aneignungsrecht sprechen.

Wesentlich erscheint dagegen, dass das Erbrecht gegen jedermann durch- **26**
gesetzt werden kann. Dies geschieht gegenüber schlechter berechtigten Erbansprechern und erfolgt entweder während des Verlassenschaftsverfahrens bei Abgabe einander widersprechender Erbantrittserklärungen im sogenannten „Verfahren über das Erbrecht" (§§ 161 ff AußStrG) oder nach der Einantwortung durch die Erbschaftsklage (§§ 823 f ABGB). In Hinblick auf diese Außenwirkung des Erbrechts ist es ein **absolutes Recht**, was nunmehr auch in § 532 S 1 ABGB (idF ErbRÄG 2015) zum Ausdruck gebracht wird.

b) Berührungspunkte zu anderen Rechtsmaterien

Obwohl das Erbrecht im Sinne des Pandektensystems ein eigenständiges Teil- **27**
gebiet des bürgerlichen Rechts ist (Rz 24), weist es Berührungspunkte zu anderen Materien des Privatrechts auf. Dies gilt zunächst für das **Sachenrecht**. Zwar ist das Sachenrecht primär das Recht der Zuordnung von Gütern und ihrer Übertragung unter Lebenden; gleichwohl kann die Befugnis, über eine Sache von Todes wegen zu verfügen, auch als eine Teilfunktion des Eigentumsrechts verstanden werden (vgl auch die Definition des Eigentums in § 354 ABGB: „... Befugnis, mit der Substanz und den Nutzungen nach Willkür zu schalten"); dieser Zusammenhang spielt auch für den grundrechtlichen Schutz des Erbrechts eine Rolle (Rz 36).

Enge Funktionszusammenhänge bestehen auch zwischen dem Erbrecht und **28**
dem **Familienrecht**. Dies ist nicht überraschend, weil das Erbrecht, soweit es der Familienerbfolge dient (Rz 11), zum Übergang von Vermögenswerten und zu ihrer Zuordnung unter den Angehörigen des Verstorbenen führt, wodurch deren Vermögensinteressen befriedigt werden. Den Vermögensinteressen innerhalb der Familie dient jedoch auch das Familienrecht, wodurch Berührungspunkte und gelegentliche Überschneidungen hervorgerufen werden. Ein Beispiel hierfür sind die – grundsätzlich im Familienrecht verankerten – Unterhaltsan-

---

[35] Vgl nur *Kisslinger* in Fenyves/Kerschner/Vonkilch, ABGB³ (Klang) § 308 Rz 7; *Helmich* in Kletečka/Schauer, ABGB-ON 1.02 § 308 Rz 4.
[36] Vgl ähnlich die Definitionen bei *Kisslinger* in Fenyves/Kerschner/Vonkilch, ABGB³ (Klang) § 307 Rz 4; *N. Hofmann* in Schwimann/Kodek⁴ II § 307 Rz 2.

sprüche zwischen Eltern und Kindern (§ 231 f ABGB) oder zwischen Ehegatten/ eP (§ 94 ABGB, § 12 EPG). Mit dem Tod des Unterhaltsschuldners erlischt die Verbindlichkeit jedoch nicht, sondern ist sodann von den Erben zu erfüllen (§ 233, § 747 ABGB idF ErbRÄG 2015). Da es jedoch beim **Unterhalt** um eine Befriedung der materiellen Bedürfnisse des Unterhaltsberechtigten geht, ist es – zur Vermeidung einer Doppelversorgung – konsequent, dass in den Unterhaltsanspruch alles eingerechnet wird, was der Berechtigte anlässlich des Erbfalls aus der Verlassenschaft oder gegebenenfalls von dritter Seite erhält.

29 Ein enger Zusammenhang besteht ferner zwischen dem Erbrecht und dem ehelichen **Güterrecht**, weil die Gütergemeinschaft auch die Vermögensverteilung nach dem Tod beeinflusst[37] und als Gütergemeinschaft auf den Todesfall geradezu als Planungsinstrument für diesen Fall eingesetzt werden kann.[38] Hervorhebung verdient dabei der Umstand, dass die Vermögensverteilung zwischen Ehegatten/eP, für die der gesetzliche Güterstand der Gütertrennung besteht, gänzlich unterschiedlich erfolgt, wenn die Ehe/eP durch Tod eines Partners oder durch Scheidung/Auflösung beendet wird. Im Fall des Todes bildet das Vermögen des Verstorbenen dessen Verlassenschaft, an der der überlebende Partner als gesetzlicher Erbe oder als Pflichtteilsberechtigter nach Maßgabe einer festen Quote partizipiert. Das eigene Vermögen des überlebenden Teils bleibt hierdurch unberührt, sodass der Tod des Ehegatten/eP regelmäßig zu einem Vermögenszuwachs beim überlebenden Teil führt. Gänzlich anders verhält es sich bei einer Scheidung der Ehe (Auflösung der eP). Aufbauend auf dem Modell der Zugewinngemeinschaft[39] kommt es zu einer Aufteilung des während der Ehe/eP erwirtschafteten Vermögens (Gebrauchsvermögen und Ersparnisse), die auf feste Quoten verzichtet und dem Gericht ein ganz erhebliches Ermessen einräumt (§§ 81 ff EheG, § 24 ff EPG). Oberste Maxime ist dabei die Verwirklichung von Billigkeit, die anhand verschiedener Elemente, insbesondere der Beitragsleistung der Ehegatten/eP, zu konkretisieren ist.[40] Am erbrechtlichen Modell wird zutreffend kritisiert, dass der Zugewinnausgleich dem überlebenden Ehegatte/eP bei Beendigung der Ehe/eP durch Tod vorenthalten wird.[41] Anders als etwa im deutschen Recht, das einen Zugewinnausgleich auch bei Auflösung der Ehe durch Tod vorsieht (§ 1371 BGB),[42] ist der österreichische Gesetzgeber diesem Vorschlag bisher nicht gefolgt. Wegen der Verschiedenbehandlung der beiden Fälle könnten gegen die bestehende Rechtslage sogar verfassungsrechtliche Bedenken bestehen. Gleichwohl sollte eine Neuregelung nicht einfach das Modell der nachehelichen Vermögensaufteilung unverändert auf das Erbrecht übertragen. Denn im Scheidungsfolgenrecht geht es um andere Ziele, weil beide Ehegatten/eP ihr Leben – nunmehr getrennt – fortsetzen, was bei der Vermögensaufteilung zu berücksichtigen ist (vgl § 84 EheG, § 27 EPG). Bei der

---

[37] Vgl dazu *Jesser-Huß* in Schwimann/Kodek[4] V § 1234 Rz 9.
[38] Ausführlich dazu *Fischer-Czermak* in Gruber/Kalss/Müller/Schauer, Erbrecht und Vermögensnachfolge § 20 Rz 89 ff (Rz 96 f).
[39] Zu dieser allgemein etwa *Gernhuber/Coester-Waltjen*, Familienrecht[6] § 34 Rz 1 ff.
[40] Ausführlich dazu *Deixler-Hübner*, Aufteilung, in Deixler-Hübner (Hrsg), Familienrecht 863 f, 886 ff; zur Billigkeit auch *S. Reiter*, ÖJZ 2014/126, 851 ff.
[41] Näher *Holzner*, Ehevermögen bei Scheidung und bei Tod 167 ff.
[42] Ausführlich dazu *Muscheler*, Erbrecht Rz 1476 ff.

erbrechtlichen Vermögensnachfolge spielt dieser Gedanke keine Rolle, sodass möglicherweise mit einer pauschalen Quote für den Zugewinnausgleich das Auslangen gefunden werden kann (so das deutsche Modell in § 1371 Abs 1 BGB).

Wie kaum ein anderes Rechtsgebiet des materiellen Rechts ist das Erbrecht mit dem **Verfahrensrecht** verflochten. Dies erscheint wenig überraschend, da es im Erbrecht um einen Vermögenstransfer geht. Da der Verstorbene seine Interessen nicht mehr wahren kann und das Verhältnis zwischen mehreren Erbansprechern konfliktträchtig sein kann, liegt der Bedarf nach einem geordneten Verfahren nahe. Aus diesem Grund sieht die österreichische Rechtsordnung ein zwingendes Verlassenschaftsverfahren vor (§ 143 ff AußStrG), das – außer bei geringfügigen Verlassenschaften – nach dem Todesfall von Amts wegen durchgeführt werden muss. Es wird vom Gericht im außerstreitigen Verfahren betrieben, wobei dem zum Gerichtskommissär bestellten Notar eine kaum zu überschätzende Rolle zukommt (sogleich Rz 31). Die hauptsächlichen Verfahrensschritte sind die Erbantrittserklärung oder Ausschlagung, durch die der Erbe erklärt, ob er das Erbrecht für sich in Anspruch nimmt, sowie die gerichtliche Einweisung in die Verlassenschaft (Einantwortung), durch die das Verfahren abgeschlossen wird und die Verlassenschaft auf den Erben übergeht. Gleichwohl stellt ein Verlassenschaftserwerb durch eine zwingende Einweisung durch das Gericht in rechtsvergleichender Perspektive ein Unikat dar[43]. Insgesamt sind in anderen Rechtsordnungen folgende Systeme für den Erwerb von Nachlässen verbreitet:[44] das Prinzip des Vonselbsterwerbs, bei dem der Erbe den Nachlass ohne weiteres Zutun erwirbt und lediglich die Möglichkeit der Ausschlagung hat (zB Deutschland, Frankreich); das Prinzip des Antrittserwerbs, bei dem der Nachlass durch die Antretung der Erbschaft erworben wird (zB Italien); sowie das Treuhändermodell des englischen Rechts, bei dem der Nachlass auf einen Treuhänder übergeht, der ihn nach Begleichung der Verbindlichkeiten an die *beneficiaries* verteilt. In bestimmten Fällen kennt auch das englische Recht einen automatischen Vermögensübergang.

Keines dieser Modelle hat bisher in der österreichischen Diskussion einen beachtlichen Widerhall gefunden. Umgekehrt hat auch die gerichtliche Einweisung des österreichischen Rechts keinen erkennbaren Einfluss auf andere Rechtsordnungen ausgeübt und ruft bei ausländischen Juristen vielfach Erstaunen und Verwunderung hervor. Deshalb erscheint es fraglich, ob das österreichische Verlassenschaftsverfahren den Erwerbsmodellen der anderen Rechtsordnungen überlegen ist. Im Einzelnen dürfte das österreichische Modell folgende **Vor- und Nachteile** aufweisen: Negativ schlagen jedenfalls die Kosten zu Buche, die mit der Durchführung eines solchen Verfahrens verbunden sind. Sie könnten ohne ein zwingendes Verfahren in konfliktfreien Fällen vermieden werden. Ein ganz erheblicher Vorteil des Verlassenschaftsverfahrens ist seine Rechtsfriedensfunktion. Sie beschränkt sich nicht auf den Umstand, dass das Gericht die Berechtigung des jeweiligen Erbansprechers überprüft, sodass seine Entscheidung über

---

43 Sie kommt außer in Österreich nur im Fürstentum Liechtenstein vor, wo jedoch wegen der Rezeption des österreichischen ABGB und neuerdings auch des österreichischen AußStrG (LGBl 2010 Nr. 454) eine im Wesentlichen übereinstimmende Rechtslage besteht.

44 Zum Folgenden *Wenckstern*, Erbschaftsannahme/-ausschlagung, in Basedow/Hopt/Zimmermann, Handwörterbuch des europäischen Privatrechts (2009) 425 (425 ff); *J. P. Schmidt*, ZEV 2014, 456 f.

die Einantwortung in der Regel mit einer nicht unerheblichen Richtigkeitsgewähr ausgestattet ist. Beinahe noch mehr fällt die Rolle des Gerichtskommissärs ins Gewicht, der in der Regel – ohne dass dies im Verfahrensrecht in dieser Deutlichkeit vorgesehen ist – versuchen wird, erkennbare Konflikte zwischen den Erben und anderen Verfahrensbeteiligten zu entschärfen und einvernehmliche Regelungen, beispielsweise über die Erbteilung, herbeizuführen (vgl § 181 AußStrG). Dass im österreichischen Recht gerichtlich ausgetragene Konflikte über das Erbrecht eher selten zu sein scheinen, dürfte auch auf diese Tätigkeit des Gerichtskommissärs zurückzuführen sein, die gelegentlich der eines Mediators ähnlich ist. Freilich hat das Zwangsmodell des österreichischen Rechts wiederum den Nachteil, dass dieses Verfahren zur Konfliktvermeidung auch jenen Parteien aufgedrängt wird, zwischen denen kein Konflikt besteht. Aus ökonomischer Sicht lässt sich insofern sagen, dass mit den Verfahrensgebühren der konfliktfreien Fälle jene Verfahren mitfinanziert werden, in denen ein Bedarf nach einer Konfliktregelung besteht. Wenn man jedoch bedenkt, dass der Erbgang nicht nur wegen der Vermögenswerte, die im Spiel sind, sondern auch wegen des Aufbrechens zum Teil weit zurückliegender Streitigkeiten tendenziell konfliktanfällig ist, erscheint das österreichische Modell aus rechtspolitischer Sicht durchaus vertretbar. Ein weniger paternalistischer Ansatz könnte darin bestehen, das Verfahren von seinem obligatorischen Charakter zu befreien und nur auf Antrag eines Verfahrensbeteiligten durchzuführen. Bei einem solchen Modell bliebe es den Parteien selbst überlassen zu entscheiden, ob sie sich hinsichtlich des Erwerbs und der Teilung der Verlassenschaft einigen können oder ob sie zur Schlichtung oder Entscheidung des Streits ein Verfahren in Anspruch nehmen möchten.

III. Rechtsquellen des Erbrechts

32   Das Kernstück der **materiell-rechtlichen Rechtsquellen** des Erbrechts befindet sich in den Hauptstücken 8–15 (§§ 531–824) des zweiten Teils („Von dem Sachenrechte") des ABGB. Im ABGB sind jedoch noch an anderen Stellen Bestimmungen zu erbrechtlichen Themen vorhanden. Dazu zählen §§ 1249–1262 über den Erbvertrag, §§ 1278–1283 über den Erbschaftskauf sowie § 199 über das gesetzliche Erbrecht bei Adoption. Für bestimmte Aspekte des Erbrechts gibt es eigene Gesetze; dies gilt beispielsweise für die Sondererbfolge bei land- und forstwirtschaftlichen Gütern, die im Anerbengesetz[45] geregelt ist; in Tirol und in Kärnten gelten abweichend hiervon das Tiroler Höfegesetz[46] bzw das Kärntner Erbhöfegesetz[47]. Vereinzelte Bestimmungen mit erbrechtlichem Bezug sind auch in anderen Gesetzen enthalten, wie etwa der Sonderhaftungstatbestand in § 40 UGB und diverse Sonderrechtsnachfolgen, darunter die wohnrechtlichen Bestimmungen in § 14 MRG und § 14 WEG (zur Sonderrechtsnachfolge auch § 531 Rz 16).

---

[45] BGBl 1958/106.
[46] Gesetz vom 12.6.1900, betreffend die besonderen Rechtsverhältnisse geschlossener Höfe, wirksam für die gefürstete Grafschaft Tirol, GVBlTirVbg 1900/47.
[47] Kärntner Erbhöfegesetz 1990, BGBl 1989/658.

Das **Verlassenschaftsverfahren** ist in §§ 143 ff AußStrG geregelt; ergänzend kommen die Bestimmungen des Gerichtskommissärsgesetzes (GKG)[48] und des Gerichtskommissionstarifgesetzes (GKTG)[49] hinzu. Für streitige Angelegenheiten ist eine Gerichtsstandsregelung in § 77 JN vorgesehen.

Auch das **öffentliche Recht** enthält einige Bestimmungen, die sich speziell auf die Rechtsnachfolge nach dem Tod eines Menschen beziehen. Zu erwähnen ist etwa der für Steuern und Abgaben geltende Haftungstatbestand in § 19 Abs 1 BAO; ferner die – wenngleich nicht dem Erbrecht im technischen Sinn zugehörigen – Regeln über die Fortführungsrechte in der GewO und nach manchen berufsrechtlichen Bestimmungen für freie Berufe (näher § 531 Rz 86 ff).

Rechtsquelle für das **Internationale Erbrecht** ist die Europäische Erbrechtsverordnung (vgl auch Rz 43 ff).[50] Flankierende Bestimmungen zu ihrer Anwendung im österreichischen Recht sind vor allem im AußStrG enthalten. Ferner gelten für Österreich das Haager Testamentsrechtsübereinkommen[51] sowie diverse bilaterale Übereinkommen, die Anwendungsvorrang gegenüber der Europäischen Erbrechtsverordnung haben.[52] Österreich ist hingegen nicht Mitglied des Haager Trustrechtsübereinkommens.[53]

Eine ausdrückliche Verankerung des Erbrechts im **Verfassungsrecht** ist nicht vorgesehen. Gleichwohl ist das Erbrecht ein für die Grundrechteordnung relevanter Topos. Als verfassungsrechtliche Grundlage ist bei Art 5 StGG und Art 1 des 1. ZPMRK anzusetzen. Diese Bestimmungen haben zwar unmittelbar nur den Schutz des Eigentums zum Gegenstand; allerdings lässt sich das Rechtsinstitut des Erbrechts als eine Teilfunktion des Eigentums begreifen (vgl bereits Rz 27).[54] So hat etwa der EGMR in der E *Marckx* ausgesprochen, dass das durch das Eigentum begründete Recht, über eine Sache zu verfügen, auch das Erbrecht einschließe.[55] Damit ist klargestellt, dass die Testierfreiheit grundrechtlichen Schutz genießt. Das Pflichtteilsrecht bedarf als Einschränkung der Testierfreiheit hingegen einer Rechtfertigung.[56] Dagegen ist aus der Sicht des Erben festzuhalten, dass die bloße Erbaussicht nicht durch die Grundrechte geschützt wird; lediglich das bereits erworbene Erbrecht fällt in den Schutzbereich der Eigentumsgarantie. Dasselbe gilt für den Pflichtteil, sodass

---

[48] BGBl 1970/343 idgF.
[49] BGBl 1971/108.
[50] VO (EU) 650/2012 des Europäischen Parlaments und des Rates vom 4.7.2012 über die Zuständigkeit, das anzuwendende Recht, die Anerkennung und Vollstreckung von Entscheidungen und die Annahme und Vollstreckung öffentlicher Urkunden in Erbsachen sowie zur Einführung eines Europäischen Nachlasszeugnisses, ABl 2012/201, 107.
[51] Übereinkommen über das auf die Form letztwilliger Verfügungen anzuwendende Recht, BGBl 1963/295.
[52] Dazu *Fucik* in Deixler-Hübner/Schauer, EuErbVO Art 75 Rz 6 ff.
[53] Übereinkommen vom 1. Juli 1985 über das auf Trusts anzuwendende Recht und über ihre Anerkennung (abrufbar über https://assets.hcch.net/docs/c0dbec70-d0a6-4f66-ace4-83f465485035.pdf; abgefragt am 23.3.2016).
[54] EGMR 13.6.1979, NJW 1979, 2449 (2454, Rz 63).
[55] Ausführlicher zuletzt *Hochhauser*, ÖJZ 2015/139, 1070 ff; vgl auch *Rebhahn*, Familie und Gleichheitssatz, in Harrer/Zitta, Familie und Recht 161; *M. Gruber* in GedS Mayer-Maly 207 ff.
[56] Dazu *Hochhauser*, ÖJZ 2015/139, 1071 ff.

sich aus den Grundrechten keine Institutionengarantie zugunsten des Pflichtteils herleiten lässt.[57]

IV. Entwicklung des Erbrechts

1. Vor dem ErbRÄG 2015

37   Das Erbrecht ist ein verhältnismäßig **stabiles Rechtsgebiet**. In den ersten hundert Jahren seiner Geltung nach dem Inkrafttreten des ABGB bestand es nahezu unverändert. Lediglich durch einige Hofdekrete bemühte sich der Gesetzgeber um eine Klärung aufgetretener Streitfragen. Die 1. TN zum ABGB[58] brachte einige Änderungen, vorwiegend im Bereich der gesetzlichen Erbfolge. Eine gewisse Reformdynamik – die freilich deutlich hinter der Häufigkeit von Novellierungen in anderen Teilgebieten des bürgerlichen Rechts zurückbleibt – setzte ab den 1970er-Jahren ein. Eine genaue Beschreibung sämtlicher Reformschritte kann in diesem Rahmen nicht erfolgen.[59] Lediglich ein zusammenfassender Überblick ist hier möglich. Dabei fällt auf, dass ein erheblicher Teil der **Änderungen das gesetzliche Erbrecht** und als Folge hiervon auch das **Pflichtteilsrecht** betreffen. Im Einzelnen wurde das gesetzliche Erbrecht des Ehegatten/eP schrittweise ausgebaut, wobei die Erweiterungen zu Lasten des gesetzlichen Erbrechts der Seitenverwandten und der Vorfahren des Verstorbenen gingen. Ferner wurde ebenfalls schrittweise ein gesetzliches Erbrecht des unehelichen Kindes gegenüber dem Vater eingeführt, das den ehelichen Kindern vollkommen gleichgestellt ist. Als gesetzliche Erben sind sowohl der Ehegatte/eP als auch das uneheliche Kind pflichtteilsberechtigt. Schließlich wurde zuletzt ein – wenn auch nur außerordentliches[60] – Erbrecht des Lebensgefährten eingeführt, ohne dass diesem ein Pflichtteil zusteht.

38   Bei diesen Änderungen fällt zunächst auf, dass die Zurückdrängung der Seitenverwandten und Vorfahren des Verstorbenen zugunsten des Ehegatten/eP auf eine Abschwächung der Familienbindung des Vermögens hinausläuft. Dies dürfte jedoch nur eine Folgewirkung, aber nicht das eigentliche Anliegen des Gesetzgebers sein. Das rechtspolitische Ziel dieser Entwicklungen im Erbrecht dürfte sich durch zwei Wertungsgesichtspunkte beschreiben lassen. Erstens geht es darum, der **sozialen Realität** verstärkt Rechnung zu tragen, die mehr durch persönliche Nähe als durch Blutsverwandtschaft geprägt wird. Das Naheverhältnis zum Ehegatten, das typischerweise enger ist als zu Seitenverwandten oder auch zu Vorfahren, vermag die schrittweise Besserstellung des Ehegatten zu erklären. Ein zweites Anliegen des Gesetzgebers ist der **Schutz vor Diskriminierung**, der das hauptsächliche Motiv für die erbrechtliche

---

[57] Näher *Hochhauser*, ÖJZ 2015/139, 1073 ff; ebenso *Schauer*, EF-Z 2016/7, 35; anders zum deutschen Recht grundlegend BVerfG 1 BvR 1644/00, NJW 2005, 1561.
[58] RGBl 1914/276.
[59] Ausführlich dazu *Welser* in FS 200 Jahre ABGB 713 ff; aus verfassungsrechtlicher Perspektive auch *Kucsko-Stadlmayer* in FS 200 Jahre ABGB 1600 ff.
[60] Die gesetzliche Qualifikation als außerordentliches Erbrecht wird in der Lit kritisiert, weil der Lebensgefährte in Wahrheit als gesetzlicher Erbe im letzten Rang zum Zug kommt, hierzu etwa *Fischer-Czermak* in Rabl/Zöchling-Jud 35.

Gleichstellung unehelicher und ehelicher Kinder darstellt. Daran wird zugleich sichtbar, dass die beiden Wertungsgesichtspunkte – nämlich die Anerkennung der sozialen Realität und der Schutz vor Diskriminierung – auch gegenläufig sein können, weil es für das Erbrecht eines unehelichen wie auch eines ehelichen Kindes nicht darauf ankommt, ob eine persönliche Verbundenheit zum Verstorbenen bestand. Gleichwohl bleibt die soziale Realität auch hier nicht ganz unbeachtlich, weil beim langfristigen Fehlen eines Naheverhältnisses eine Minderung des Pflichtteils möglich ist. Beim außerordentlichen Erbrecht des Lebensgefährten dürfte ebenfalls die Anerkennung der sozialen Realität maßgeblich sein, die in der persönlichen Verbundenheit der Lebensgefährten zum Ausdruck kommt.[61] Von einem Schutz der Lebensgemeinschaft als Form des Zusammenlebens vor Diskriminierung gegenüber der Ehe kann jedoch in Anbetracht des gegenüber allen gesetzlichen Erben nachrangigen Erbrechts des Lebensgefährten derzeit keine Rede sein. Die Anerkennung der sozialen Realität als Wertungsgesichtspunkt könnte auch ein scheinbares Paradoxon in der Rechtsentwicklung erklären: Einerseits wurde die erbrechtliche Stellung des Ehegatten schrittweise gestärkt, obwohl die Auflösung der Ehe im selben Zeitraum durch mehrere Novellen erleichtert wurde. Noch deutlicher zeigt sich die Entwicklung beim Lebensgefährten: Ihm wurde erstmals eine erbrechtliche Vermögensteilhabe gewährt, obwohl die Lebensgemeinschaft als solche jederzeit und formlos beendet werden kann. Eine Erklärung könnte darin liegen, dass auch insoweit der sozialen Realität Rechnung getragen wird: Solange die persönliche Verbundenheit vorhanden ist, die die Grundlage der Ehe/eP und der Lebensgemeinschaft darstellt, soll auch ein Erbrecht bestehen. Wenn die persönliche Verbundenheit erlischt und Zerrüttung eintritt, sollen die Ehe und die Lebensgemeinschaft beendet werden können und entfällt die Rechtfertigung für das Erbrecht.

39 Zusammenfassend lässt sich somit sagen, dass sich die **Wertungsgesichtspunkte** innerhalb des Systems der **Familienerbfolge verschoben** haben. Nach wie vor spielt die Blutsverwandtschaft eine erhebliche Rolle. Durch die stete Erweiterung des Erbrechts des Ehegatten/eP bei gleichzeitiger Erleichterung der Möglichkeiten für die Beendigung der Ehe/eP, durch die Einführung eines außerordentlichen Erbrechts für den Lebensgefährten sowie durch die Möglichkeit der Pflichtteilsminderung bei fehlendem Naheverhältnis wird jedoch auch der sozialen Realität, die in persönlicher Verbundenheit ihren Ausdruck findet, eine stärkere Beachtung geschenkt. Die Gleichstellung unehelicher und ehelicher Kinder im Erbrecht ist nicht allein durch das Element der Blutsverwandtschaft zu begründen, sondern dient auch dem Schutz vor Diskriminierung.

2. ErbRÄG 2015

40 Die weitaus umfangreichste Reform des österreichischen Erbrechts beruht auf dem Erbrechts-Änderungsgesetz (ErbRÄG) 2015.[62] Nahezu sämtliche Bestimmungen des österreichischen Erbrechts wurden neu gestaltet. Dabei wurde

---

61 Vgl auch *Christandl*, Die Lebensgemeinschaft im gesetzlichen Erbrecht, JBl 2016, 21 (28).
62 BGBl I 2015/87; vgl dazu Rabl/Zöchling-Jud, Das neue Erbrecht; Deixler-Hübner/Schauer, Erbrecht NEU (2015); Barth/Pesendorfer, Praxishandbuch des neuen Erbrechts (2016).

jedoch die Systematik des Gesetzes, insbesondere die Gliederung in die einzelnen Hauptstücke, und in erheblichem Umfang auch die Nummerierung der Paragraphen beibehalten. Der Umfang der Novellierung täuscht jedoch über das inhaltliche Ausmaß der Reform hinweg. Ganz überwiegend beschränkte sich der Reformgesetzgeber auf eine Neuformulierung des bestehenden Gesetzesrechts, das in eine **zeitgemäße Sprache übertragen** wurde. Insofern geht es vor allem um eine Verbesserung der Transparenz der Rechtslage und um eine Rechtsbereinigung als um eine materielle Neugestaltung. Der Aufbau des Gesetzes und vielfach auch die Nummerierung der Paragraphen sind gleich geblieben. Dies erleichtert dem Rechtsanwender den Umgang mit dem neuen Recht. Manche Änderungen sind rein terminologischer Natur. So wurde der Begriff „Nachlass" durch den Ausdruck „Verlassenschaft" ersetzt; jener des „Noterben" durch den „Pflichtteilsberechtigten". Die Bezeichnung „Erblasser" für die Person, um deren Verlassenschaft es geht, gibt es nicht mehr. Stattdessen heißt es jetzt in kontextbezogener Differenzierung zumeist der „Verstorbene"; soweit es um die Errichtung einer letztwilligen Verfügung geht, ist vom „letztwillig Verfügende(n)" die Rede. Das Heimfallsrecht des Bundes bei erblosen Verlassenschaften ist nunmehr das Recht zur „Aneignung". Kodizille sind jetzt „sonstige letztwillige Verfügungen".

41 Gleichwohl gab es auch **inhaltliche Neuerungen**. Sie betreffen vor allem das Pflichtteilsrecht, das in vielen Punkten neu gestaltet wurde. Hervorzuheben ist die weitreichende Gestaltungsfreiheit bei der Pflichtteilsdeckung (§ 762 iVm §§ 780 f ABGB), die Möglichkeiten der Stundung und der Ratenzahlung des Pflichtteils (§§ 766 ff ABGB) sowie die neuen Bestimmungen über die Hinzu- und Anrechnung von Schenkungen. Eine andere Neuerung, die zwar im Erbrecht angesiedelt wurde, aber nicht unbedingt erbrechtlicher Natur ist, ist das sogenannte Pflegevermächtnis, das nahestehenden Personen, die den Verstorbenen vor seinem Tod gepflegt haben, unter bestimmten Voraussetzungen einen Anspruch auf Abgeltung ihrer Leistungen gewährt (§§ 677 f ABGB). Weitere Änderungen beziehen sich auf eine Erweiterung des gesetzlichen Erbrechts des Ehegatten und die Einführung eines außerordentlichen Erbrechts für den Lebensgefährten. Ferner gab es Modifikationen bei der Schenkung auf den Todesfall und im Recht der letztwilligen Verfügungen. Gelegentlich nutzte der Gesetzgeber die Gelegenheit zur Klärung von Streitfragen.

42 Die Reform des Erbrechts durch das ErbRÄG tritt am **1. 1. 2017** in Kraft. Das neue Recht ist im Wesentlichen auf Todesfälle ab diesem Tag anzuwenden. Gleichwohl behält die alte Rechtslage auch nach diesem Zeitpunkt in mancherlei Hinsicht noch ihre Bedeutung. So sind beispielsweise letztwillige Verfügungen, die vor dem Inkrafttreten des Gesetzes errichtet wurden, nach der alten Rechtslage zu beurteilen, auch wenn der Errichter nach dem Inkrafttreten verstirbt (§ 1503 Abs 7 Z 5 ABGB).

V. Internationales Erbrecht

43 Die erbrechtliche Nachfolgeplanung und der Erbfall können einen grenzüberschreitenden Bezug aufweisen; beispielsweise weil der Verstorbene ausländischer Staatsbürger war, oder weil Erben ihren Wohnsitz im Ausland haben, oder weil sich Teile des Vermögens im Ausland befinden. In diesem Fall stellt sich die Frage der internationalen Zuständigkeit der mit Erbsachen befassten Gerichte und nach dem auf die Rechtsnachfolge von Todes wegen anzuwendenden Recht. Hierfür bildet die **Europäische Erbrechtsverordnung**[63] seit dem 17. 8. 2015 die maßgebliche Rechtsgrundlage.[64] Sie wird durch das Prinzip der Anknüpfung an den letzten gewöhnlichen Aufenthalt geprägt, der sowohl die internationale Zuständigkeit (Art 4) als auch das anzuwendende Recht beherrscht (Art 21). Anstelle des Rechts des letzten gewöhnlichen Aufenthalts kann der Verstorbene das Recht seiner Staatsbürgerschaft wählen; die Wahlmöglichkeit bezieht sich auf die Staatsbürgerschaft im Zeitpunkt der letztwilligen Verfügung, oder auf die Staatsbürgerschaft im Zeitpunkt des Todes (Art 22). Das hiernach anwendbare Recht kann das Recht eines jeden Staates sein; nicht nur das Recht eines Mitgliedstaats der EU.[65] Die Verordnung enthält zahlreiche Sonderanknüpfungen; beispielsweise für die Zulässigkeit und die materielle Wirksamkeit einer letztwilligen Verfügung (Art 24) und eines Erbvertrags (Art 25) sowie für erblose Nachlässe (Art 33).

Ist ein Gericht oder eine Behörde eines Mitgliedstaates international zuständig, so gilt das **Prinzip der globalen Nachlasseinheit**: Die Zuständigkeit bezieht sich auf alle Erbsachen, gleichgültig, ob streitig oder außerstreitig und auf das gesamte Vermögen, gleichgültig, ob es sich in einem Mitgliedstaat der EU oder außerhalb eines solchen befindet.[66] Nur ausnahmsweise kann sich ein Gericht eines Mitgliedstaats hinsichtlich eines Vermögenswerts, der in einem Drittstaat belegen ist, für unzuständig erklären. **44**

Weist der Erbfall einen grenzüberschreitenden Bezug auf, so kann eine Behörde des international zuständigen Mitgliedstaats ein **europäisches Nachlasszeugnis** ausstellen. Das Zeugnis dient nach den Erwägungsgründen dazu, die Erben, Vermächtnisnehmer, Testamentsvollstrecker und Nachlassverwalter in die Lage zu versetzen, ihren Status und ihre Rechte und Befugnisse in einem anderen Mitgliedstaat einfach nachweisen zu können[67] (vgl auch Art 63). Praktische Bedeutung kann es vor allem bei der Herbeiführung von Registereintragungen in einem anderen Mitgliedstaat erlangen (vgl Art 69 Abs 5). Das Zeugnis weist eine Funktionsverwandtschaft mit der Einantwortungsurkunde auf. Anders als diese hat es jedoch keine konstitutive Wirkung zur Herbeiführung des Rechtsübergangs, sondern wirkt lediglich deklarativ in Bezug auf die ausgewiesene Rechtsstellung. Gleichwohl ist es mit einem der Einantwortungsurkunde vergleichbaren Vertrauensschutz zugunsten eines gutgläubigen Dritten ausgestattet (Art 69).[68] **45**

---

[63] VO (EU) 650/2012 des Europäischen Parlaments und des Rates vom 4.7.2012 über die Zuständigkeit, das anzuwendende Recht, die Anerkennung und Vollstreckung von Entscheidungen und die Annahme und Vollstreckung öffentlicher Urkunden in Erbsachen sowie zur Einführung eines Europäischen Nachlasszeugnisses, ABl 2012/201, 107.

[64] Dazu *Deixler-Hübner/Schauer*, Kommentar zur EU-Erbrechtsverordnung; *Rechberger/Zöchling-Jud*, Die EU-Erbrechtsverordnung in Österreich; *Schauer/Scheuba*, Europäische Erbrechtsverordnung.

[65] Die Verordnung gilt nicht für das Vereinigte Königreich, Irland und Dänemark (ErwGr 83); diese Staaten sind für die Zwecke der Verordnung nicht als Mitgliedstaaten zu betrachten.

[66] *Deixler-Hübner/Schauer* in Deixler-Hübner/Schauer, EuErbVO Art 3 EuErbVO Rz 6.

[67] 67. Erwägungsgrund.

[68] Dazu *Schauer* in Deixler-Hübner/Schauer, EuErbVO Art 69 Rz 15 ff, Rz 39 ff.

Achtes Hauptstück.
Von dem Erbrechte.
Verlassenschaft

§ 531. Der Inbegriff der Rechte und Verbindlichkeiten eines Verstorbenen, insofern sie nicht in bloß persönlichen Verhältnissen gegründet sind, heißt desselben Verlassenschaft oder Nachlaß.

Stammfassung JGS 1811/946.

Achtes Hauptstück

Vom Erbrecht allgemein

I. Begriffe

Verlassenschaft

§ 531. Die Rechte und Verbindlichkeiten eines Verstorbenen bilden, soweit sie nicht höchstpersönlicher Art sind, dessen Verlassenschaft.

IdF BGBl Nr I 2015/87 (ErbRÄG 2015), in Kraft ab 1. 1. 2017. Mat: EB RV 688 BlgNR 25. GP.

Lit: *Winiwarter*, Das österreichische bürgerliche Recht[2] III (1841); *Bartsch*, Erbrecht[2] (1944); *Sabaditsch*, Verschollenheit, Todeserklärung und Beweisführung des Todes (1946); *Edlbacher*, Die Entnahme von Leichenteilen zu medizinischen Zwecken aus zivilrechtlicher Sicht, ÖJZ 1965, 449; *R. Doralt*, Der Schutz des Lebensbildes, ÖJZ 1973, 645; *Fenyves*, Der Einfluß des Todes auf das Versicherungsverhältnis, in: Wertung und Interessenausgleich im Recht. Walter Wilburg zum 30. September 1975 (1975) 43; *Steininger*, Erbhaftung beim Dauerschuldverhältnis, in FS Wilburg II (1975) 369; *Apathy*, Der Auftrag auf den Todesfall, JBl 1976, 393; *Holler*, Der Abfertigungsanspruch bei Beendigung des Arbeitsverhältnisses durch den Tod des Arbeitnehmers, ÖJZ 1980, 372; *Fenyves*, Erbhaftung und Dauerschuldverhältnis (1982); *Kralik*, Buchbesprechung, ÖJZ 1983, 474; *Kralik*, Erbrecht (1983); *Littbarski*, Besprechung zu Fenyves, Erbhaftung und Dauerschuldverhältnis, AcP 183 (1983) 191; *Gschnitzer/Faistenberger*, Erbrecht[2] (1984); *F. Bydlinski*, Vorzeitige Gewährung von Heiratsgut oder Ausstattung und Tod des Dotierungspflichtigen, JBl 1985, 79; *Zankl*, Lebensversicherung und Nachlaß, NZ 1985, 81; *Schwind*, Grenzen der Universalsukzession, in FS Kralik (1986) 515; *Welser*, Zur Berücksichtigung von Schenkungen im Pflichtteilsrecht, in FS Kralik (1986) 583; *Fenyves*, Gutachten Haftung der Erben für langdauernde Verbindlichkeiten und Dokumentation der Fachveranstaltungen des 3. Österreichischen Notariatskongresses 1986, „175 Jahre ABGB", in: Veröffentlichungen des Ludwig Boltzmann-Instituts für Rechtsvorsorge und Urkundenwesen III/2 (1987) 7; *P. Bydlinski*, Offene Fragen der Substitution auf den Überrest, NZ 1988, 241; *Apathy*, Heimfall und Transmission, JBl 1990, 399; *Bonimaier*, Zur Vererblichkeit der

Urlaubsabfindung gem § 10 Abs 2 Bauarbeiter-Urlaubs- und Abfertigungsgesetz, NZ 1990, 63; *Oettinghaus*, Das rechtliche Schicksal von Dauerschuldverhältnissen beim Tod des Verpflichteten (1990); *Swoboda*, Transmission bei Heimfall hinfällig?, JBl 1990, 298; *Dietzel*, Untergang statt Fortbestand – Zur Abgrenzung der unvererblichen Rechtsbeziehungen im Schuldrecht (1991); *Ferrari-Hofmann-Wellenhof*, Die Erbschaftsklage (1991); *Kropiunig*, Ausgewählte Probleme der Nachlass-Separation (1993); *Schauer*, Erbrechtliche Aspekte des Entwurfs eines Privatrechtsstiftungsgesetzes, RdW 1993, 170; *Oetker*, Das Dauerschuldverhältnis und seine Beendigung (1994); *Prietl*, Die ärztliche Schweigepflicht nach dem Tod des Patienten, RdM 1995, 6; *Angst*, Rechtsfrage des rechtsgeschäftlichen Veräußerungs- und Belastungsverbotes, GedS Hofmeister (1996) I; *Dauner-Lieb*, Unternehmen in Sondervermögen (1998); *B. Jud*, Der Erbschaftskauf (1998); *Schumacher*, Inventarisierung durch Lebensversicherung?, NZ 1998, 381; *Windel*, Über die Modi der Nachfolge in das Vermögen einer natürlichen Person beim Todesfall (1998); *F. Bydlinski*, Paradoxer Geheimnisschutz post mortem?, JBl 1999, 553; *Hopf/Stabentheiner*, Das Eherechts-Änderungsgesetz 1999 (Teil II), ÖJZ 1999, 861; *Kletečka*, Ersatz- und Nacherbschaft (1999); *Ch. Rabl*, Das Nachlaßinventar – Inhalt und Zweck, NZ 1999, 129; *Schauer*, Rechtsprobleme der erbrechtlichen Nachfolge bei Personenhandelsgesellschaften (1999); *Fischer-Czermak*, Zum Unterhalt nach Scheidung bei gleichem und ohne Verschulden, NZ 2001, 256; *Lange/Kuchinke*, Erbrecht[5] (2001); *Bartsch/Pollak/Buchegger* (Hrsg), Österreichisches Insolvenzrecht[4] III (2002); *P. Böhm/L. Fuchs*, Zum Eintritt der Rechtskraft und der zivilrechtlichen Wirkungen des Ehescheidungsbeschlusses, ÖJZ 2002, 628; *E. Thiele/Waß*, Urheberrecht post mortem – Rechtsnachfolge bei Werkschöpfern, NZ 2002/38; *Aichhorn*, Das Recht der Lebenspartnerschaften (2003); *F. Bydlinski*, Die „Person" in der Sicht der Jurisprudenz, in Kanzian/Quitterer/Runggaldier (Hrsg), Persons. An Interdisciplinary Approach (2003) 332; *Karner/Koziol*, Der Ersatz ideellen Schadens im österreichischen Recht und seine Reform, Gutachten zum 15. Österreichischen Juristentag II/1 (2003); *Schauer*, Die Eigentümergemeinschaft und das Gesellschaftsrecht – Grundlagen und Entwicklungsperspektiven, in Gutknecht/Amann, Zukunftsperspektiven zum Wohnrecht (2003) 25; *Spitzer*, Verlust des Ehegattenerbrechts durch Eröffnung eines Scheidungsverfahrens?, JBl 2003, 837; *Hattenhauer*, Europäische Rechtsgeschichte[4] (2004); *Prölss/Martin*, Versicherungsvertragsgesetz: VVG[27] (2004); *Schauer*, Die GmbH in der Unternehmensnachfolge – der Geschäftsanteil im Spannungsfeld zwischen erbrechtlicher Nachfolge und gesellschaftsvertraglicher Steuerung, GesRZ-Spezial 2006 – 100 Jahre GmbH, 33; *Ferrari/Likar-Peer*, Erbrecht (2007); *A. Hofmann*, Der mittelbare Beteiligungserwerb durch eine beherrschte Privatstiftung im Übernahmegesetz (ÜbG) nach dem Übernahmerechtsänderungsgesetz 2006 (ÜbRÄG), GesRZ 2007, 190; *P. Huber*, Übernahmegesetz (2007); *Aigner*, Organersatz – Ökonomie und Allokation, RdM 2008/64, 100; *Handler*, Der Schutz von Persönlichkeitsrechten (2008); *Kalss/Nowotny/Schauer*, Österreichisches Gesellschaftsrecht (2008); *Krejci/S. Bydlinski/Rauscher/Weber-Schallauer*, Vereinsgesetz 2002[2] (2009); *Bernat*, Medizinische Eingriffe in den Leichnam, in Knoblauch/Esser/Groß/Tag/Kahl (Hrsg), Der Tod, der tote Körper und die klinische Sektion (2010) 209; *Bittner/Hawel*, Verlassenschaftsverfahren, in Gruber/Kalss/Müller/Schauer, Erbrecht und Vermögensnachfolge (2010) § 10; *Böhsner*, Digitale Verlassenschaft – Tod im „Social Network", Zak 2010/635, 368; *Kalss*, Nachfolge im Kapitalgesellschaftsrecht, in Gruber/Kalss/Müller/Schauer (Hrsg), Erbrecht und Vermögensnachfolge (2010) § 32; *Kalss*, Verschmelzung – Spaltung – Umwandlung[2] (2010); *Schauer*, Vertrag zugunsten Dritter auf den Todesfall, in Gruber/Kalss/Müller/Schauer (Hrsg), Erbrecht und Vermögensnachfolge (2010) § 22; *Schauer*, Nachfolge im Recht der Personengesellschaften, in Gruber/Kalss/Müller/

§ 531

Schauer (Hrsg), Erbrecht und Vermögensnachfolge (2010) § 31; *Scheuba*, Pflichtteilsrecht, in Gruber/Kalss/Müller/Schauer (Hrsg), Erbrecht und Vermögensnachfolge (2010) § 9; *Ch. Schneider*, Öffentlich-rechtliche Verhältnisse, in Gruber/Kalss/Müller/Schauer (Hrsg), Erbrecht und Vermögensnachfolge (2010) § 35; *Thiele*, Der digitale Nachlass – Erbrechtliches zum Internet und seinen Diensten, jusIT 2010/79, 167; *Gerschpacher*, Das Pflichtangebot im Übernahmegesetz (2011); *Gitschthaler/Höllwerth* (Hrsg), Ehe- und Partnerschaftsrecht (2011); *Wolf/Neuner*, Allgemeiner Teil des Bürgerlichen Rechts[10] (2012); *Hausmann/Vonkilch*, Wohnrecht[3] (2013); *Holoubek/Potacs*, Öffentliches Wirtschaftsrecht[3] I (2013); *Kalss/Probst*, Familienunternehmen (2013); *Mondel*, Kuratoren im österreichischen Recht[2] (2013); *Kucsko/Schumacher* (Hrsg), marken.schutz[2] (2013); *Cohen*, Drittbegünstigungen auf den Todesfall und Nachlassinteressen (2014); *Eccher*, Erbrecht[5] (2014); *Floßmann/Kalb/Neuwirth*, Österreichische Privatrechtsgeschichte[7] (2014); *Hopf/Kathrein*, Eherecht[3] (2014); *Schweda*, Zur Transmission an den Fiskus, NZ 2014/12, 37; *Volgger*, Antritt und Auschlagung der Erbschaft (2014); *Deixler-Hübner/Schauer* (Hrsg), Kommentar zur Europäischen Erbrechtsverordnung (2015); *Granner*, Erb- und gesellschaftsrechtliche Gesamtrechtsnachfolge im öffentlichen Wirtschaftsrecht, JBl 2015, 157; *Frodl/Kieweler*, Historische Entwicklung und Anwendungsbereich der Verordnung, in Rechberger/Zöchling-Jud (Hrsg), Die EU-Erbrechtsverordnung in Österreich (2015) 1; *Rudolf/Zöchling-Jud/Kogler*, Kollisionsrecht, in Rechberger/Zöchling-Jud (Hrsg), Die EU-Erbrechtsverordnung in Österreich (2015) 115; *Schauer*, Familie und Unternehmen, in Deixler-Hübner (Hrsg), Handbuch Familienrecht (2015); *Granner*, Öffentlich-rechtliche Aspekte erbrechtlicher Gesamtrechtsnachfolge, ZaK 2016/344, 184; *Melzer*, BStFG 2015 – Grundelemente und Gründungsverfahren, in Deixler-Hübner/Grabenwarter/Schauer (Hrsg), Gemeinnützigkeitsrecht neu (2016) 3; *A. Bayer*, Zivilrechtliche Aspekte der Forschung an Humansubstanzen (2016).

Lit zur Rechtslage ab 1. 1. 2017: *P. Bydlinski*, Zur sprachlichen Modernisierung des Erbrechts im ABGB, in Rabl/Zöchling-Jud (Hrsg), Das neue Erbrecht (2015) 13; *Fischer-Czermak*, Die Reform des Erbrechts aus der Sicht der Wissenschaft, in Deixler-Hübner/Schauer (Hrsg), Erbrecht NEU (2015) 19; *Kathrein*, Die Reform des österreichischen Erbrechts – Rechtspolitische Ziele, in Deixler-Hübner/Schauer (Hrsg), Erbrecht neu (2015) 1; *Rabl*, Das Erbrechts-Änderungsgesetz 2015, in Rabl/Zöchling-Jud (Hrsg), Das neue Erbrecht (2015) 1.

Übersicht

Teil A: Erbrecht bis 31. 12. 2016

I.	Entstehungsgeschichte und Normzweck	1–3
II.	Nachlass (Verlassenschaft)	4–18
	1. Terminologie	4
	2. Bedeutung des Begriffs	5–11
	3. Einheit und Spaltung des Nachlasses	12–13
	4. Tod des Erblassers	14–15
	5. Vermögenserwerb außerhalb des Nachlasses	16–18
III.	Inbegriff der Rechte und Verbindlichkeiten	19–98
	1. Allgemeines	19–29
	2. Privatrechtliche Rechtsverhältnisse	30–86

a) Allgemeiner Teil	30–42
aa) Personenrechtliche Rechtsverhältnisse	30–56
aaa) Persönlichkeitsrechte und postmortaler Persönlichkeitsschutz	30–33
bbb) Exkurs: Leichnam und Totenfürsorge	34–39
ccc) Gesetzliche Vertretung	40
bb) Allgemeines Vertragsrecht	41–42
b) Verjährung	43
c) Schuldrecht	44–57
aa) Vertragliche Schuldverhältnisse	44 56
bb) Gesetzliche Schuldverhältnisse	57
d) Sachenrecht	58–61
e) Familienrecht	62–71
aa) Nichtvermögensrechtliche Rechtsverhältnisse	62–65
bb) Vermögensrechtliche Rechtsverhältnisse	66–71
f) Erbrechtliche Rechtsverhältnisse	72–77
aa) Erbrecht	72–74
bb) Andere erbrechtliche Ansprüche	76–77
g) Unternehmen	78
h) Gesellschafts- und Stiftungsrecht	79–84
aa) Übernahmerecht	81–82
bb) Privatstiftung	83–84
i) Immaterialgüterrecht	85
j) Rechtsschein	86
3. Öffentlich-rechtliche Rechtsverhältnisse	87–98
a) Gewerbeberechtigung und andere Berufsbefugnisse	87–89
b) Sozialversicherung	90
c) Verfahrensrechtliche Rechtsverhältnisse	91–94
d) Sonstiges	95–98

Teil B: Erbrecht ab 1. 1. 2017

IV. ErbRÄG 2015   99–101

Teil A: Erbrecht bis 31. 12. 2016

I. Entstehungsgeschichte und Normzweck

Der Nachlass (Verlassenschaft) ist ein **Schlüsselbegriff des Erbrechts**. Er 1
bezeichnet die Summe der vom Erblasser auf den oder die Erben übergehenden Rechtsverhältnisse. Mit dem Nachlass wird zugleich der Gegenstand des erbrechtlichen Vermögenstransfers beschrieben. Insoweit steht der Begriff auch mit der erbrechtlichen Gesamtrechtsnachfolge in einem unmittelbaren Zusammenhang: Nachlass (Verlassenschaft) ist jedoch nur als Sammelbezeichnung für die Gesamtheit der vom Erblasser hinterlassenen und auf den Erben übergangsfähigen Rechtsverhältnisse zu verstehen (näher Rz 5). Der Begriff sagt nichts darüber aus, was im Einzelfall zum Nachlass gehört. Dies kann lediglich aufgrund des hinterlassenen Vermögens und unter Berücksichtigung einer allfälligen Übergangsfähigkeit ermittelt werden.

2 § 531 beruhte bis zum ErbRÄG 2015 (dazu unten Rz 100 f) auf der **ursprünglichen Fassung** des ABGB.

3 § 531 enthält keine Sollensanordnung als Rechtsfolge, sondern ist eine bloße **Legaldefinition**. Sie regelt, was unter dem Begriff des Nachlasses (Verlassenschaft) zu verstehen ist. Als Legaldefinition gibt sie den Begriffsinhalt in verbindlicher Weise vor und steht dem Rückgriff auf einen abweichenden Sprachgebrauch entgegen. Sie ist insofern lex specialis gegenüber § 6 ABGB.[1]

II. Nachlass (Verlassenschaft)

1. Terminologie

4 § 531 verwendet die Begriffe **Nachlass** und **Verlassenschaft** gleichbedeutend; es handelt sich also um **Synonyme**.[2] In der Gesetzessprache werden beide Ausdrücke alternierend verwendet, ohne dass ein klares System erkennbar ist (vgl beispielsweise „Verlassenschaft" in den §§ 142, 532, 602, 692, 726, 784, 786, 796, 1250; „Nachlass" in den §§ 535, 556, 557, 610, 690, 707, 710, 711, 785 Abs 1 und 2, 822, 824, 1249); manchmal werden sogar in ein und derselben Bestimmung unterschiedliche Bezeichnungen herangezogen (vgl §§ 554, 787 Abs 1 und 2). § 532 letzter S fügt einen dritten Begriff hinzu, in dem die Verlassenschaft „in Beziehung auf den Erben", also aus der Perspektive des Erben betrachtet, auch **Erbschaft** genannt wird.[3] Hieraus erklärt sich, dass im 15. Hauptstück, der von der „Besitznehmung der Erbschaft", also vom Übergang der vererblichen Rechtspositionen auf den Erben, handelt (§§ 797 ff) und im Zusammenhang mit dem Kauf einer Erbschaft (§§ 1278 ff) überwiegend dieser Begriff verwendet wird; bisweilen auch an anderen Stellen, wobei es – systematisch konsequent – überwiegend um eine erwerbsbezogene Betrachtung geht (vgl auch §§ 436, 547, 560, 604, 726, 760). Dass im Recht der gesetzlichen Erbfolge beim Erbrecht der Verwandten der Ausdruck „Erbschaft" verwendet wird (§§ 732, 734 ff) und beim Erbrecht des Ehegatten hingegen vom „Nachlass" die Rede ist (§ 757 Abs 1), ist wohl darauf zurückzuführen, dass die Bestimmungen in ihrer Entstehung zeitlich weit auseinanderliegenden Rechtsschichten angehörten und der Gesetzgeber diesen terminologischen Aspekten keine Beachtung geschenkt haben dürfte. Im Ergebnis meinen alle drei Begriffe dasselbe. Vereinzelt verwendet das Gesetz, ohne eigene Legaldefinition, auch andere Ausdrücke in derselben Bedeutung, zB „Masse" (§§ 690, 692, 784), „Erbschaftsmasse" (§§ 689, 821) oder „Verlassenschaftsmasse" (§§ 690, 691). Diese Ausdrücke werden offenbar vor allem im Zusammenhang mit Rechtsverhältnissen zu Dritten (Legatare, Pflichtteilsberechtigte, sonstige Gläubiger) herangezogen; freilich ist auch hier kein durchgängiges Muster erkennbar. Im Einklang mit der im neueren Schrifttum vorzugsweise verwendeten Terminologie wird hier vorwiegend die Bezeichnung „Nachlass" verwendet. Im Auß-

---

[1] Dazu *Schauer* in Kletečka/Schauer, ABGB-ON 1.02 § 6 Rz 9; *Posch* in Schwimann/Kodek[4] I § 6 Rz 10.

[2] Vgl zum Sprachgebrauch des ABGB auch *Weiß* in Klang[2] III 3.

[3] Das ABGB folgt in der Verwendung der Begriffe „Verlassenschaft" und „Nachlass" den weitgehend übereinstimmenden Begriffen in ALR I 2 §§ 34, 35 (vgl auch *Weiß* in Klang[2] III 5).

StrG, welches die verfahrensrechtlichen Aspekte des Erwerbs durch den Erben regelt, ist dagegen fast ausnahmslos[4] von der „Verlassenschaft" die Rede. Bereits an dieser Stelle ist darauf hinzuweisen, dass der Gesetzgeber im ErbRÄG 2015 auch im ABGB den Begriff des Nachlasses durch jenen der Verlassenschaft ersetzt hat (unten Rz 100 f).

2. Bedeutung des Begriffs

Der Nachlass erfüllt als Rechtsbegriff verschiedene Funktionen. Er ist zunächst, wie sich aus § 531 ABGB ergibt, eine **Sammelbezeichnung** („Inbegriff") für die vom Erblasser hinterlassenen **Rechte und Verbindlichkeiten**.[5] Aus dieser Bezeichnung folgt zweierlei: Erstens ergibt sich aus der gleichrangigen Erwähnung von Rechten und Verbindlichkeiten, dass der Nachlass nicht notwendigerweise Aktivvermögen voraussetzt, geschweige denn, dass die Aktiven in ihrem Wert die Passiven überwiegen. Noch weniger würde es zutreffen, wenn man den Begriff des Nachlasses überhaupt auf die Aktiven beschränken wollte.[6] Zweitens enthält die Definition des Nachlasses keine Beschränkung auf vermögensrechtliche Rechte und Verbindlichkeiten. Dies ist deshalb hervorzuheben, weil im Schrifttum bisweilen eine Beschränkung des Nachlasses auf vermögensrechtliche Rechte und Pflichten vorgenommen wird.[7] Daran trifft nur zu, dass das Vermögen als Gegenstand der Gesamtrechtsnachfolge praktisch im Vordergrund steht. Ferner kann der vermögensrechtliche Charakter eines Rechtsverhältnisses für die Beurteilung der Vererblichkeit relevant sein (unten Rz 25). Eine allgemeine Regel, wonach der Nachlass allein vermögensrechtliche Rechte und Verbindlichkeiten umfasst, findet im Gesetz jedoch keine Deckung.[8] Grundsätzlich bilden also alle Rechtspositionen des Erblassers, sofern sie vererblich sind (unten Rz 21 ff) und sofern für sie keine Sondernachfolge vorgesehen ist (unten Rz 16), den Gegenstand des Nachlasses. Richtig ist allerdings, dass der vermögensrechtliche Charakter eines Rechts oder einer Verbindlichkeit in Zweifelsfällen für die Vererblichkeit spricht (unten Rz 25).

5

Der Nachlass ist **keine Gesamtsache** iSd § 302. Daran vermag auch der Umstand nichts zu ändern, dass er – ebenso wie die Gesamtsache – als „Inbe-

---

4 Lediglich § 166 Abs 3 AußStrG spricht von der „Nachlasszugehörigkeit".
5 Vgl *Kralik*, Erbrecht 8; *Eccher*, Erbrecht[5] Rz 1/1 f; *Stubenrauch*, Commentar[8] I 739.
6 So bereits *Zeiller*, Commentar II/2, 380.
7 *Ehrenzweig*, System II/2[2], 356; *Koziol/Welser/Zöchling-Jud*[14] II Rz 1842; *Bartsch*, Erbrecht[2] Rz 13; ähnlich *Weiß* in Klang[2] III 8 (Nachlass als Vermögen des Verstorbenen); vgl auch *Zeiller*, Commentar II/2, 379 (Erlöschen der Personenrechte gemäß § 15 ABGB). Der Grund für diese Formulierung liegt möglicherweise in § 1922 BGB, der ausdrücklich das „Vermögen" zum Gegenstand der erbrechtlichen Nachfolge erklärt. Auch im deutschen Recht ist heute aber anerkannt, dass der Begriff des Vermögens für die erbrechtliche Nachfolge keine abschließende Bedeutung hat, weil durch zahlreiche Sondervorschriften auch nicht eindeutig vermögensrechtliche Positionen auf den Erben übergehen (*Marotzke* in Staudinger, BGB [2008] § 1922 Rz 113; *Leipold* in MüKoBGB[6] § 1922 Rz 16; *Dietzel*, Untergang statt Fortbestand – Zur Abgrenzung der unvererblichen Rechtsbeziehungen im Schuldrecht 17 ff). Die Erbschaft iSd § 1922 BGB wird demnach auch als „Gesamtheit der vererbbaren Rechtsverhältnisse jeweils mit Einschluß der Verbindlichkeiten" beschrieben (*Leipold* in MüKoBGB[6] § 1922 Rz 17).
8 So ausdrücklich auch *Kralik*, Erbrecht 12.

griff" bezeichnet wird. Von einer Gesamtsache unterscheidet ihn, dass er nicht nur solche Sachen vereinigt,[9] die nach der Verkehrsanschauung ein einheitliches Ganzes ergeben, und dass ihm auch Verbindlichkeiten zugeordnet sind.[10] Freilich kann eine Gesamtsache Bestandteil des Nachlasses sein.[11]

6 Beim Nachlass handelt es sich vielmehr um eine **besondere rechtliche Einheit** („ruhender Nachlass"), die zwischen dem Tod des Erblassers und der Einantwortung an den Erben die Qualität einer **juristischen Person** besitzt.[12] Seine Anerkennung als Rechtsperson lässt sich allein durch das rechtskonstruktive Erfordernis erklären, dass zwischen dem Tod des Erblassers und der Nachfolge durch den Erben ein Zuordnungspunkt für die vererblichen Rechtspositionen benötigt wird.[13] Insofern trifft es auch zu, wenn der Nachlass illustrativ als die fortgesetzt gedachte Rechtspersönlichkeit des Erblassers bezeichnet wird.[14] Als juristische Person lässt sich der ruhende Nachlass nicht in die herkömmliche Systematik[15] einordnen. Trotz seines unmittelbar auf dem Gesetz beruhenden Entstehungsgrundes ist er als juristische Person des Privatrechts zu betrachten.[16] Der Unterschied zu den Körperschaften besteht darin, dass der Nachlass keine Mitglieder hat. Von Stiftungen unterscheidet er sich dadurch, dass er Eigentümerinteressen nicht vollkommen entrückt ist, sondern dazu bestimmt ist, auf den Erben überzugehen. Insofern weist er auch die Züge einer ansprüchigen Sache auf. Der Nachlass ist deshalb stets ein auf vorübergehende Zeit angelegtes Zweckvermögen. Ein weiterer Unterschied sowohl zu den Körperschaften als auch zu den Stiftungen besteht darin, dass seine Entstehung und sein Zweck nicht privatautonom begründet sind, sondern unmittelbar auf dem Gesetz beruhen.

7 Ein Teil der L betont den hybriden Charakter des Nachlasses, der nicht nur Rechtspersönlichkeit besitze, sondern zugleich auch **Rechtsobjekt** sei. Es handle sich um eine unkörperliche Sache. Diese Konstruktion ermögliche es

---

9 Vgl zur Gesamtsache *Spielbüchler* in Rummel[3] I § 302 Rz 2.
10 So mit Recht *Kralik*, Erbrecht 8; ebenso *Eccher*, Erbrecht[5] Rz 1/1.
11 *Eccher*, Erbrecht[5] Rz 1/1.
12 *Benke/Steindl* in Fenyves/Kerschner/Vonkilch, ABGB[3] (Klang) §§ 26, 27 Rz 20, 36; *Welser* in Rummel/Lukas[4] § 547 Rz 2; *Aicher* in Rummel[3] I § 26 Rz 11; *Eccher* in Schwimann/Kodek[4] III § 547 Rz 1; *ders*, Erbrecht[5] Rz 1/5; *Ehrenzweig*, System II/2[2], 364; *Kralik*, Erbrecht 26; *Koziol/Welser/Kletečka*[14] I Rz 246; *Koziol/Welser/Zöchling-Jud*[14] II Rz 2419, 2387; *Stubenrauch*, Commentar[8] I 753; vgl auch *Weiß* in Klang[2] III 11, 123 f, der zwar die Rechtspersönlichkeit anerkennt, aber die Eigenschaft einer juristischen Person verneint; ähnlich zuvor bereits *Handl* in Klang II/1, 64 ff; OGH 2 Ob 641/90, SZ 64/19 („parteifähiges Rechtssubjekt"); 5 Ob 543/95, SZ 69/193 („zumindest beschänkte Rechtssubjektivität"); aA *Bartsch*, Erbrecht[2] Rz 357 f (der den Nachlass noch der fortgesetzt gedachten Rechtspersönlichkeit des Erblassers zuordnet); *Wolff* in Klang[2] I/1, 196; OGH 5 Ob 83/70 NZ 1972, 93 („kein selbständiger Rechtsträger"); wohl auch OGH 4 Ob 37/97p, NZ 1997, 245 („durch § 21 ABGB geschützte Vermögensmasse").
13 Vgl auch *Ehrenzweig*, System II/2[2], 364; *Eccher*, Erbrecht[5] Rz 1/5.
14 Vgl *Kralik*, Erbrecht 9.
15 Zu Körperschaft und Stiftung als Grundformen der juristischen Person *Flume*, Die juristische Person (1983) 85 ff; *Wolff/Neuner*, Allgemeiner Teil[10] § 9 Rz 2; vgl auch *Koziol/Welser/Kletečka*[14] I Rz 242 ff; *Benke/Steindl* in Fenyves/Kerschner/Vonkilch, ABGB[3] (Klang) §§ 26, 27 Rz 30 f.
16 Vgl dazu *Schauer* in Gutknecht/Amann, Zukunftsperspektiven zum Wohnrecht 26 f; *ders* in Kletečka/Schauer, ABGB-ON 1.01 § 26 Rz 7.

etwa, den Erwerb des Nachlasses nach sachenrechtlichen Grundsätzen, nämlich aufgrund von Titel (§ 533) und Modus (§§ 532, 797) einzurichten.[17] An dieser Ansicht ist zwar richtig, dass der erbrechtliche Erwerb auf einem Titel und der „Besitznahme" beruht. Wenn in der Überschrift zum 15. Hauptstück von der „Besitznehmung der Erbschaft" die Rede ist, dann ist dort aber nicht der Nachlass als besondere rechtliche Einheit gemeint, dessen Rechtssubjektivität durch die Einantwortung erlischt, sondern die Summe der vererblichen Rechte und Verbindlichkeiten. Der Gedanke, der Nachlass sei **auch** Rechtsobjekt, trägt in dieser Hinsicht nicht zum Erkenntnisgewinn bei. Gegen eine Doppelnatur des Nachlasses ist auch einzuwenden, dass dieser kein Gegenstand selbstständiger Verfügung ist. Dies gilt jedenfalls dann, wenn man mit der heute herrschenden Meinung annimmt, dass Gegenstand der Veräußerung beim Erbschaftskauf nicht der Nachlass, sondern das Erbrecht ist;[18] dafür spricht, dass der Erbe vor der Einantwortung kein Recht am Nachlass, sondern kraft seines Erbrechts nur das Recht auf dessen Erwerb hat.

Gleichwohl lässt sich der Objektcharakter des Nachlasses nicht vollkommen leugnen. Er zeigt sich zunächst daran, dass Gegenstand der Erbschaftsklage der Nachlass als solcher – und nicht etwa die einzelnen Stücke der Verlassenschaft – ist.[19] Besonders deutlich tritt er mitunter nach der Einantwortung hervor, wenn der Nachlass als Rechtsperson erloschen ist. Denn in bestimmten Fällen bleibt der Nachlass im Vermögen des Erben als **Sondervermögen** erhalten. Der Terminus „Sondervermögen" ist kein Begriff des Privatrechtsgesetzgebers, sondern ein Systembegriff der L. Sehr allgemein ausgedrückt bezeichnet er einen Inbegriff von Rechten, Verbindlichkeiten und Rechtsverhältnissen, der zwar nicht die Qualität einer juristischen Person aufweist, aber innerhalb des Gesamtvermögens des Zuordnungssubjekts als einheitliches Ganzes betrachtet und einem besonderen rechtlichen Schicksal unterworfen wird.[20] Ein Sondervermögen in diesem Sinn ist die Substitutionsmasse,[21] weil die Rechtszuständigkeit hinsichtlich der Nachlassgegenstände zwischen dem Vorerben und dem Nacherben funktional in der Weise geteilt ist, dass sie beide gemeinsam die Rechte eines freien Eigentümers haben[22] und für die nachlassbezogenen Ver- **8**

---

17 *Kralik*, Erbrecht Rz 8 f; *Eccher*, Erbrecht[5] Rz 1/2.
18 Ausführlich *B. Jud*, Der Erbschaftskauf 4 ff; ebenso *Ehrenzweig*, System II/2[2], 604; *Kralik*, Erbrecht 53; *Welser* in Rummel[3] II §§ 1278–1281 Rz 1; *Koziol/Welser/Zöchling-Jud*[14] II Rz 2444; *Eccher*, Erbrecht[5] Rz 2/41 f; OGH 1 Ob 630/94, NZ 1996, 183 (*Kletečka*).
19 Vgl etwa *Nemeth* in Schwimann/Kodek[4] III § 823 Rz 1; *Welser* in Rummel/Lukas[4] §§ 823, 824 Rz 1.
20 Ausführlich zur Diskussion um das Sondervermögen *Dauner-Lieb*, Unternehmen in Sondervermögen 37 ff; vgl auch *Wolf/Neuner*, Allgemeiner Teil[10] § 26 Rz 30 ff; *Marotzke* in Staudinger, BGB (2008) § 1922 Rz 89 ff.
21 *Kletečka*, Ersatz- und Nacherbschaft 330 und passim; *Schauer*, Rechtsprobleme der erbrechtlichen Nachfolge bei Personenhandelsgesellschaften 430 ff; vgl auch *Welser* in Rummel/Lukas[4] § 613 Rz 4 ff; *Eccher* in Schwimann/Kodek[4] III § 613 Rz 3 ff; grundsätzlich anders *Kralik*, Erbrecht 189 ff.
22 Ausführlich *Kletečka*, Ersatz- und Nacherbschaft 202 ff (mit terminologischer Kritik 271); ebenso *Welser* in Rummel/Lukas[4] § 613 Rz 3; *Ehrenzweig*, System II/2[2], 462; *Weiß* in Klang[2] III 407, 417; *Eccher* in Schwimann/Kodek[4] III § 613 Rz 7; *Koziol/Welser/Zöchling-Jud*[14] II Rz 2184; *Gschnitzer/Faistenberger*, Erbrecht[2] 87; OGH 17.3.1914, GlUNF 6852; 5.12.1956,

bindlichkeiten eine eigene Haftungsordnung gilt.²³ Der Nachlass stellt ferner dann ein Sondervermögen im Vermögen des Erben dar, wenn eine Nachlassseparation die Einantwortung überdauert;²⁴ er steht dann zwar im Eigentum des Erben, ist seiner freien Verfügung aber bis zur Aufhebung der Absonderung entzogen. In abgeschwächter Weise zeigt sich der Charakter des Nachlasses als Sondervermögen auch bei der Erbteilung: Gegenstand der Erbteilung ist stets der Nachlass als Ganzes, nicht die einzelnen zum Nachlass gehörigen Gegenstände. Vielmehr liegt der Erbteilung zumeist das Ziel zugrunde, den Nachlass in der Weise zu verteilen, dass die zum Nachlass gehörigen Gegenstände in einem möglichst den Erbquoten entsprechenden Verhältnis in das Alleineigentum der einzelnen Miterben übertragen werden. Die ganzheitliche Betrachtung des Nachlasses besteht auch noch dann fort, wenn die Erbteilung erst nach der Einantwortung erfolgt: Obwohl die Nachlassgegenstände bereits entsprechend den Erbquoten in das Miteigentum der Erben übergegangen sind, bleibt der Nachlass als Ganzes Gegenstand der Erbteilung. Die Relevanz dieses Umstands zeigt sich vor allem bei der gerichtlichen Erbteilung, weil es für die Realteilung nicht auf die Teilbarkeit der einzelnen Sache, sondern der zum Nachlass gehörenden Vermögenswerte in ihrer Gesamtheit ankommt.²⁵

9   Das zum Nachlass gehörige Vermögen kann während der Dauer seines Bestands Veränderungen unterliegen. Rechte des Nachlassvermögens können erlöschen oder neu begründet werden; es können bestehende Schulden getilgt oder neue Verbindlichkeiten begründet werden. Forderungen, die dem Nachlass zustehen, können eingehoben werden; der Erlös steht unmittelbar dem Nachlass zu. Dies ergibt sich vor der Einantwortung bereits aus dem Umstand, dass der Nachlass als Rechtsperson, vertreten durch den Erben (§ 810) oder durch einen Kurator (insb Verlassenschaftskurator [§ 156 Abs 2 AußStrG])²⁶, am rechtsgeschäftlichen Verkehr teilnehmen kann, wenngleich die Ausübung der Verwaltung dabei der Kontrolle des Verlassenschaftsgerichts unterliegt (§ 145 Abs 1 AußStrG). Bleibt der Nachlass nach der Einantwortung als Sondervermögen erhalten, so gilt der Grundsatz der **Surrogation**.²⁷ Fraglich ist, ob die Surrogation **dinglich** oder **obligatorisch** wirkt.²⁸ Dingliche Surrogation liegt vor, wenn der Ersatzgegenstand, der an die Stelle des ausgeschiedenen

---

7 Ob 612/56 JBl 1957, 421; 7.4.1965, 6 Ob 75/76 SZ 38/58; 14.11.1968, 1 Ob 210/68 SZ 41/151; 8.11.1972, 1 Ob 243,244/72 SZ 45/118; 14.5.1974, 4 Ob 529/74 SZ 47/62.

23   Vgl *Welser* in Rummel³, § 613 Rz 10 f; *Schauer*, Rechtsprobleme der erbrechtlichen Nachfolge bei Personenhandelsgesellschaften 465 ff; zu Einzelfragen ausführlich *Klečeka*, Ersatz- und Nacherbschaft 320 ff, 327 ff.

24   Näher *Kropiunig*, Ausgewählte Probleme der Nachlass-Separation 165 ff; vgl auch *Schauer*, Rechtsprobleme der erbrechtlichen Nachfolge bei Personenhandelsgesellschaften 502 f; *Welser* in Rummel/Lukas⁴ § 812 Rz 1; *Eccher* in Schwimann/Kodek⁴ III § 812 Rz 15; *Ehrenzweig*, System II/2², 533.

25   Vgl zur Nachlassteilung durch das Gericht *Weiß* in Klang² III 169 f; vgl auch *Schell* in Klang II/1, 831 f.

26   Gegebenenfalls auch durch den Separationskurator; vgl zu diesem *Mondel*, Kuratoren im österreichischen Recht² Rz 7/140 ff (insb 7/142).

27   Zur Surrogation allgemein *Wolff/Neuner*, Allgemeiner Teil¹⁰ § 26 Rz 39 ff; vgl auch *Dauner-Lieb*, Unternehmen in Sondervermögen 52 ff.

28   Für dingliche Surrogation allgemein *Handl* in Klang II/1, 21; *Weiß* in Klang² III 9.

Vermögenswerts tritt, unmittelbar zum Bestandteil des Sondervermögens wird. Wirkt die Surrogation nur obligatorisch, so besteht gegen den jeweiligen Verwalter des Vermögens nur ein schuldrechtlicher Herausgabeanspruch. Nimmt man beispielsweise an, dass der Vorerbe aus den Mitteln des Substitutionsnachlasses eine Sache erwirbt, so hat die dingliche Surrogation zur Folge, dass das Eigentum an der Sache in den Nachlass fällt und der Nacherbe nach dem Substitutionsfall unmittelbar Eigentümer wird, während er bei Annahme schuldrechtlicher Substitution nur einen Herausgabeanspruch hätte. Die hA[29] nimmt bei der Nacherbschaft dingliche Surrogation an, was mit dem besonderen Schutz des Nacherben zu begründen ist.[30] Bei der die Einantwortung überdauernden Nachlassseparation ist ebenso eine dinglich wirkende Surrogation anzunehmen. Sie ergibt sich aus dem Schutz der Gläubigerinteressen, dem die Separation dient. Hingegen wird im Falle der Einantwortung an den Scheinerben die dingliche Surrogation abgelehnt;[31] im Verhältnis zwischen dem siegreichen Erbschaftskläger und dem Erbschaftsbesitzer kommen die Regeln über den redlichen und unredlichen Besitz zur Anwendung (§ 824 S 1).

Da jeder Mensch zumindest potenziell vererbliche Rechtspositionen hinterlässt, entsteht nach dem Tod eines Menschen **stets ein Nachlass**. Ein Nachlass, der tatsächlich kein Vermögen enthält, ist deshalb rechtsdogmatisch vorstellbar. Der Sinn einer solchen Annahme besteht freilich nicht darin, die Rechtspersönlichkeit von Nachlässen vermögensloser Erblasser, bei denen es regelmäßig auch nicht zur Einantwortung kommt (§§ 153 ff AußStrG), um ihrer selbst willen auf unbestimmte Zeit zu perpetuieren. Vielmehr geht es darum, die Chancen einer Rechtsdurchsetzung Dritter nicht zu beeinträchtigen. Will ein Dritter gegen den Nachlass ein gerichtliches Verfahren einleiten, so kann sein darauf gerichtetes Begehren nicht mit dem Argument als unzulässig zurückgewiesen werden, dass ein Nachlass mangels Vermögens gar nicht existiere.

Der Nachlass erfüllt nicht nur eine rechtskonstruktive Funktion, in dem er die Zeitspanne zwischen dem Tod des Erblassers und der Einantwortung überbrückt. Als Vermögenssammelbecken ist der Nachlass auch ein **juristischer Wertbegriff**, der dem Schutz der Interessen Dritter dient. Namentlich geht es um die Interessen der Gläubiger und der Pflichtteilsberechtigten. Für die Gläubiger ist die Konzentration des erblasserischen Vermögens im Nachlass wichtig, weil es sich dabei um ihren Befriedigungsfonds handelt. Ihre Interessen an einem vorrangigen Zugriff auf den Nachlass werden geschützt, wenn durch den faktischen Zugriff des Erben oder durch die Verschmelzung mit seinem Vermögen Gefahr für die Einbringlichkeit der Forderungen droht: Dann können die Gläubiger durch die Herbeiführung einer Nachlassabsonderung die Wirkungen

---

[29] Ausführlich *Kletečka*, Ersatz- und Nacherbschaft 296 ff; ebenso *Welser* in Rummel/Lukas⁴ § 613 Rz 4; *Eccher* in Schwimann/Kodek⁴ III § 613 Rz 3; *ders*, Erbrecht⁵ Rz 4/113; *Kralik*, Erbrecht 192 f, 196; *Weiß* in Klang² III 407, 419 f, 434; *P. Bydlinski*, NZ 1988, 245 f; OGH 7 Ob 196/68, SZ 41/136; wohl ebenso *Gschnitzer/Faistenberger*, Erbrecht² 89.

[30] *Kletečka*, Ersatz- und Nacherbschaft 303 f.

[31] *Ferrari-Hofmann-Wellenhof*, Die Erbschaftsklage 259 f, 281 FN 809; *Welser* in Rummel/Lukas⁴ § 824 Rz 17; *Ehrenzweig*, System II/2², 617; *Schell* in Klang II/1, 845 FN 36; differenzierend *Gschnitzer/Faistenberger*, Erbrecht² 113; aA *Weiß* in Klang² III 1067 f, 1076 f; *Stubenrauch*, Commentar⁸ I 1013 FN 3.

der Universalsukzession so lange hinauszögern, wie es zum Schutz ihrer Befriedigungsinteressen erforderlich ist. Durch die Nachlassinsolvenz können die im Nachlass enthaltenen Vermögenswerte dauerhaft vom Vermögen des Erben ferngehalten werden. Für die Pflichtteilsberechtigten ist der Nachlass gleich in doppelter Hinsicht ein Instrument zum Schutz ihrer Interessen: Erstens ist der reine Nachlass (§ 786 ABGB) – also der um die Verbindlichkeiten verminderte Wert der Aktiven – die Berechnungsgrundlage für den Wert des Pflichtteils. Sind die Pflichtteilsberechtigten nicht zugleich Erben mit hinreichender Pflichtteilsdeckung, so befinden sie sich – zweitens – zugleich in der Rechtsstellung von Gläubigern, sodass der Nachlass ebenso wie bei anderen Gläubigern ihrem im Verhältnis zum Erben vorrangigen Zugriff offen stehen soll.

3. Einheit und Spaltung des Nachlasses

12   Grundsätzlich besteht **Nachlasseinheit**: Jeder Erblasser hinterlässt nur **einen** Nachlass, der einheitlichen Bestimmungen unterworfen ist.[32] Nur ausnahmsweise kommt es dazu, dass nicht für alle Gegenstände des Nachlasses dieselben Regeln gelten. So wird beispielsweise darauf hingewiesen, dass bei der Nacherbschaft hinsichtlich der Dauer der zulässigen Bindung zwischen beweglichen und unbeweglichen Sachen zu unterscheiden ist (§ 612);[33] ob man dies bereits als eine „Nachlassspaltung" bezeichnen will, ist freilich nur eine begriffliche Frage und kein sachliches Problem. Zu einer Nachlassspaltung soll es auch bei der Erbfolge nach einem Adoptivkind kommen, wenn Einzelannahme vorliegt:[34] Der Einzelannehmende verdeckt als Erbe der zweiten Parentel nur den leiblichen Elternteil gleichen Geschlechts und erbt gemeinsam mit dem anderen leiblichen Elternteil je zur Hälfte (§ 199 Abs 3). Dabei handelt es sich jedoch nur um eine besondere Erbfolgeregelung, die für den gesamten Nachlass gilt, sodass die Bezeichnung Nachlassspaltung unangebracht erscheint.

13   Eine **Spaltung des Nachlasses** kann jedoch durch das Internationale Privatrecht eintreten. Manche Kollisionsrechte sehen ein gespaltenes Erbstatut vor:[35] Für die Erbfolge in bewegliche Sachen gilt das Personalstatut des Erblassers, bei Grundstücken wird die lex rei sitae herangezogen. Die europäische Erbrechtsverordnung[36] sieht zwar im Allgemeinen ein einheitliches Erbstatut vor,[37] das in der Regel auf den gewöhnlichen Aufenthalt des Erblassers im Zeitpunkt des Todes (Art 21 Abs 1 leg cit) oder auf das gewählte Recht (Art 22 leg cit) verweist. Wegen der ausnahmsweisen Beachtlichkeit der lex rei sitae

---

[32] *Kralik*, Erbrecht 22; *Eccher*, Erbrecht[5] Rz 1/10; *Handl* in Klang II/1, 24.
[33] *Kralik*, Erbrecht 22; *Eccher*, Erbrecht[5] Rz 1/10; *Handl* in Klang II/1, 24.
[34] *Eccher*, Erbrecht[5] Rz 1/10, 3/13.
[35] Zur Nachlassspaltung allgemein *Dörner* in Staudinger, BGB (2000) Art 25 EGBGB Rz 723 ff; vgl auch *Schwimann* in Rummel[3] II § 28 IPRG Rz 6.
[36] Verordnung (EU) 650/2012 des Europäischen Parlaments und des Rates vom 4. Juli 2012 über die Zuständigkeit, das anzuwendende Recht, die Anerkennung und Vollstreckung von Entscheidungen und die Annahme und Vollstreckung öffentlicher Urkunden in Erbsachen sowie zur Einführung eines Europäischen Nachlasszeugnisses, ABl vom 27.7.2012, L 201/107.
[37] Zur Nachlasseinheit in der EuErbVO *Deixler-Hübner* in Deixler-Hübner/Schauer, EuErbVO Vor Art 4 ff Rz 21 ff; *Schauer* in Deixler-Hübner/Schauer, EuErbVO Art 21 Rz 2; *Frodl/Kieweler* in Rechberger/Zöchling-Jud, Die EU-Erbrechtsverordnung in Österreich Rz 27 f.

bei bestimmten Vermögenswerten (Art 30,[38] Art 33 leg cit[39]) und wegen der Möglichkeit einer Weiterverweisung auf das Kollisionsrecht von Drittstaaten (Art 34 leg cit)[40] kann es jedoch in bestimmten Fällen zu einer kollisionsrechtlichen Nachlassspaltung kommen. Auch der Vorrang internationaler Übereinkommen mit Drittstaaten kann unter Umständen zu einer Nachlassspaltung führen.[41] Ein ähnlicher Befund gilt für die internationale Zuständigkeit: Die EuErbVO ist auch insoweit vom Grundsatz der Nachlasseinheit geprägt,[42] als die Gerichte des zuständigen Mitgliedstaats eine unbeschränkte Jurisdiktionsbefugnis über den gesamten beweglichen und unbeweglichen Nachlass haben; dies gilt ohne Rücksicht darauf, ob sich die einzelnen Vermögensstücke in einem Mitgliedstaat oder einem Drittstaat befinden. Aber auch hierbei bestehen einige Ausnahmen, die zu einer zuständigkeitsrechtlichen Spaltung des Nachlasses führen.[43] In diesem Zusammenhang ist namentlich Art 12 leg cit anzuführen, wonach das Gericht in bestimmten Fällen beschließen kann, über Vermögensgegenstände, die in einem Drittstaat belegen sind, nicht zu befinden. Umgekehrt kann bei einem Erblasser, der seinen gewöhnlichen Aufenthalt nicht in einem Mitgliedstaat hatte, gleichwohl die internationale Zuständigkeit der Gerichte eines Mitgliedstaats bestehen, die sich jedoch auf das in diesem Mitgliedstaat befindliche Vermögen beschränkt (Art 10 Abs 2 leg cit).[44]

4. Tod des Erblassers

§ 531 bezeichnet als Nachlass den Inbegriff der Rechte und Verbindlichkeiten **eines Verstorbenen**. Den Verstorbenen, um dessen Nachlass es geht, bezeichnet das Gesetz sonst durchwegs als den Erblasser. Aus dem Tatbestandsmerkmal ergibt sich zunächst, dass die Entstehung des Nachlasses notwendigerweise den Tod des Erblassers voraussetzt.[45] Damit steht in Einklang, dass ein Erbrecht erst mit dem Tod des Erblassers entsteht (§ 536). Dies korrespondiert mit dem Verlust seiner Rechtsfähigkeit und erscheint aus heutiger Sicht selbstverständlich. Durch die Bestimmung wird klargestellt, dass das ABGB den „bürgerlichen Tod" (mors civilis), also die mit dem Vermögensverlust verbundene erbrechtliche Nachfolge nach einem noch lebenden Menschen, nicht kennt.[46] Ferner ist daraus zu ersehen, dass die Übergabe von Ver-

14

---

38 Dazu *Schwartze* in Deixler-Hübner/Schauer, EuErbVO Art 30 Rz 3.
39 *Cohen* in Deixler-Hübner/Schauer, EuErbVO Art 33 Rz 17; *Rudolf/Zöchling-Jud/Kogler* in Rechberger/Zöchling-Jud, Die EU-Erbrechtsverordnung in Österreich Rz 275.
40 *Schwartze* in Deixler-Hübner/Schauer, EuErbVO Art 34 Rz 16; *Rudolf/Zöchling-Jud/Kogler* in Rechberger/Zöchling-Jud, Die EU-Erbrechtsverordnung in Österreich Rz 292.
41 *Frodl/Kieweler* in Rechberger/Zöchling-Jud, Die EU-Erbrechtsverordnung in Österreich Rz 34.
42 *Deixler-Hübner* in Deixler-Hübner/Schauer, EuErbVO Vor Art 4 ff Rz 21ff, Art 4 Rz 2.
43 Vgl dazu *Deixler-Hübner* in Deixler-Hübner/Schauer, EuErbVO Vor Art 4 ff Rz 27; *Gitschthaler* in Deixler-Hübner/Schauer, EuErbVO Art 12 Rz 8.
44 Zur Nachlassspaltung in diesem Fall *Gitschthaler* in Deixler-Hübner/Schauer, EuErbVO Art 10 Rz 27.
45 *Stubenrauch*, Commentar[8] I 739; *Bartsch*, Erbrecht[2] Rz 10; *Eccher*, Erbrecht[5] Rz 1/4.
46 Vgl *Kralik*, Erbrecht 9; zu den Ordenspersonen auch *Ehrenzweig*, System II/2[2], 356; aus der älteren österreichischen Lit *Winiwarter*, Das österreichische bürgerliche Recht[2] III 2 f; vgl

mögensgegenständen, die noch zu Lebzeiten des Erblassers durch diesen selbst erfolgt (vorweggenommen Erbfolge), keinen erbrechtlichen Vorgang darstellt.[47] Schließlich versteht es sich von selbst, dass es nur nach natürlichen Personen zur Erbfolge kommt.[48] Die Auflösung juristischer Personen führt zur Abwicklung nach den für die jeweilige Rechtsform vorgesehenen Regeln (vgl insb §§ 145 ff UGB, §§ 205 ff AktG, §§ 89 ff GmbHG, § 30 VerG 2002, § 36 PSG, § 27 BStFG 2015). Das Gesellschaftsrecht kennt jedoch in bestimmten Fällen einen rechtstechnisch dem Erbrecht vergleichbaren Übergang des Vermögens durch Gesamtrechtsnachfolge. Sie ersetzt die Abwicklung und dient vor allem bei Umgründungen der erleichterten Vermögensübertragung von einem Rechtsträger auf einen anderen. Anwendungsfälle sind vor allem die Verschmelzung (§ 225a Abs 3 Z 1 AktG, § 5 Abs 1 GenVerschmG),[49] die Spaltung (§ 14 Abs 2 Z 1 SpaltG),[50] die Umwandlung (§ 2 Abs 2 Z 1 UmwG)[51] sowie der Vermögensübergang auf den letzten Gesellschafter einer eingetragenen Personengesellschaft (§ 142 UGB) und einer Gesellschaft bürgerlichen Rechts (§ 1215 Abs 1).

15   Die **Todeserklärung** begründet die Vermutung des Todes und seines Zeitpunkts (§ 9 Abs 1 TEG).[52] Sie erübrigt also nur einen anderen Beweis des Todes des Erblassers, kann aber – in Bezug auf das materielle Erbrecht – selbstverständlich nicht den Tod als solchen ersetzen.[53] Kraft ihrer Vermutungswirkung reicht die Todeserklärung hin, um ein Verlassenschaftsverfahren durchzuführen (§ 143 Abs 1 AußStrG)[54] und die Einantwortung vorzunehmen. Die materiellrechtliche Wirksamkeit der erbrechtlichen Nachfolge steht jedoch stets unter dem Vorbehalt, dass die Vermutung nicht widerlegt wird. Sollte dies der Fall sein, so werden die Ergebnisse des Verlassenschaftsverfahrens korrigiert: Wenn der für tot Erklärte noch am Leben ist, so ist er durch das für das Verlassenschaftsverfahren zuständige Gericht wieder in seinen Besitz einzuführen (§ 24 Abs 2 TEG).[55] Materiellrechtliche Grundlage der Herausgabe-

---

ferner *Marotzke* in Staudinger, BGB (2008) § 1922 Rz 2; *Leipold* in MüKoBGB[6] § 1922 Rz 11; *Lange/Kuchinke*, Erbrecht[5] 75; aus rechtshistorischer Sicht ausführlicher Überblick über die Fälle des „bürgerlichen Todes" bei *Boehmer* in Staudinger, BGB[11] § 1922 Rz 13 ff, *Hattenhauer*, Europäische Rechtsgeschichte[4] Rz 1863.

47   *Kralik*, Erbrecht 10; *Bartsch*, Erbrecht[2] Rz 11; vgl auch *Marotzke* in Staudinger, BGB (2008) § 1922 Rz 10.

48   Vgl *Bartsch*, Erbrecht[2] Rz 9; *Gschnitzer/Faistenberger*, Erbrecht[2] 3; *Marotzke* in Staudinger, BGB (2008) § 1922 Rz 3; *Leipold* in MüKoBGB[6] § 1922 Rz 6; *Lange/Kuchinke*, Erbrecht[5] 76.

49   Zur Gesamtrechtsnachfolge bei Verschmelzung *Kalss*, Verschmelzung – Spaltung – Umwandlung[2] § 225a AktG Rz 36 ff.

50   Zur Gesamtrechtsnachfolge bei Spaltung *Kalss*, Verschmelzung – Spaltung – Umwandlung[2] § 14 SpaltG Rz 14.

51   Zur Gesamtrechtsnachfolge bei Umwandlung *Kalss*, Verschmelzung – Spaltung – Umwandlung[2] § 2 UmwG Rz 129 ff.

52   Vgl *Posch* in Schwimann/Kodek[4] I § 9 TEG Rz 2; *Kralik*, Erbrecht 9 f, 31; *Eccher*, Erbrecht[5] Rz 1/4; *Bartsch*, Erbrecht[2] Rz 10.

53   Insoweit missverständlich *Stubenrauch*, Commentar[8] I 739.

54   Zu den in dieser Bestimmung genannten „öffentlichen Urkunden" ist auch der Gerichtsbeschluss über die Todeserklärung zu zählen.

55   Vgl dazu *Posch* in Schwimann/Kodek[4] I § 24 TEG Rz 3; *Ferrari-Hofmann-Wellenhof*, Die Erbschaftsklage 84.

pflicht desjenigen, dem zu Unrecht eingeantwortet wurde, sind – seit der Aufhebung des § 278[56] durch das SWRÄG[57] – die Bestimmungen der §§ 366, 326 ff.[58] Wenn die Vermutung des Todes zwar zutrifft, aber der Zeitpunkt des Todes unrichtig festgestellt wurde, so kann es sein, dass einer unrichtigen Person als Erbe eingeantwortet wurde. In einem solchen Fall kann der wahre Erbe zunächst die Berichtigung des Zeitpunkts des vermuteten Todes gemäß § 25 iVm §§ 23 f TEG herbeiführen; wegen seines rechtlichen Interesses ist er zur Antragstellung berechtigt (vgl § 23 Abs 1 TEG). Er kann aber auch sogleich die Herausgabe verlangen und die Vermutung des Todeszeitpunkts in dem hierüber geführten Verfahren widerlegen.[59] Der Herausgabeanspruch ist in diesem Fall auf die Erbschaftsklage gemäß § 823 f zu stützen.[60] Für den Umfang der Herausgabepflicht des Erben, dem zu Unrecht eingeantwortet wurde, ist die Redlichkeit oder Unredlichkeit maßgeblich. Bei der Konkretisierung der Sorgfaltspflichten wird der Herausgabepflichtige zu seinen Gunsten in Rechnung stellen dürfen, dass das Gericht im Verfahren über die Todeserklärung die Umstände, die die Todesvermutung begründen, genau erhoben und geprüft hat. Besitzt der Herausgabepflichtige aber konkrete Informationen, die gegen die Richtigkeit der Todesvermutung sprechen, so muss er ihnen nachgehen, wenn er Grund zur Annahme hat, dass sie im gerichtlichen Verfahren unberücksichtigt geblieben sind.

5. Vermögenserwerb außerhalb des Nachlasses

Die Kanalisierung des Vermögenstransfers vom Erblasser auf den Erben mit Hilfe des Nachlasses bildet den Regelfall. Hiervon bestehen jedoch zahlreiche Ausnahmen. Denn in bestimmten Fällen ist im Gesetz ausdrücklich vorgesehen, dass einzelne Rechtspositionen auf einen bestimmten Dritten übergehen sollen. Dieser Erwerb vollzieht sich zumeist auf direktem Weg, sodass die jeweilige Rechtsposition nicht in den Nachlass fällt (vgl § 14 Abs 2 MRG, § 14 Abs 1 Z 1 WEG). Derartige Fälle werden als **Sondernachfolge** (Sonderrechtsnachfolge) bezeichnet.[61] Der Gesetzgeber wählt diesen Weg zumeist dann, wenn er sicherstellen will, dass eine spezifische Rechtsposition unter Durch-

16

---

56 Zur Maßgeblichkeit dieser Bestimmung nach alter Rechtslage *Pisko* in Klang I/1, 257; wohl ebenso *Wentzel/Piegler* in Klang[2] I/2, 532.
57 Sachwalterrechts-Änderungsgesetz 2006, BGBl I 2006/92.
58 EB RV 1420 BlgNR 22. GP 12; so bereits zuvor *Stabentheiner* in Rummel[3] I § 278 Rz 3.
59 So ausdrücklich *Ehrenzweig*, System I/1[2], 164; *Sabaditsch*, Verschollenheit, Todeserklärung und Beweisführung des Todes 34 FN 5; wohl ebenso *Wolff* in Klang[2] I 177; OGH 12.3.1964, 5 Ob 62/64 SZ 37/39.
60 So auch die nahezu einhellige Ansicht: *Ehrenzweig* System I/1[2], 165 (wonach es sich um eine „gewöhnliche Erbschaftsklage" handle); *Posch* in Schwimann/Kodek[4] I § 24 TEG Rz 3; *Welser* in Rummel/Lukas[4] §§ 823 f Rz 5; *Kralik*, Erbrecht 32; *Ferrari-Hofmann-Wellenhof*, Die Erbschaftsklage 176 FN 542 aE; RIS-Justiz RS0008378; OGH 16.1.1923, 3 Ob III 12/23 SZ 5/10; 5 Ob 62/64 SZ 37/39; grundsätzlich anders *Weiß* in Klang[2] III 1069, nach dessen Ansicht die durch die Einantwortung veranlasste, unrichtige Vermögensüberlassung bereits im Verfahren über die Berichtigung des Todeszeitpunkts zu korrigieren ist (gegen diesen zu Recht *Ferrari-Hofmann-Wellenhof*, Die Erbschaftsklage 176 FN 542).
61 Zum Begriff der Sonderrechtsnachfolge (auch: Sondernachfolge) *Kralik*, Erbrecht 16 ff; *Weiß/Ferrari* in Ferrari/Likar-Peer, Erbrecht 5; *Schauer*, RdW 1993, 170; vgl aus der deutschen L

brechung der allgemeinen Regeln über die Erbfolge einer bestimmten Person zukommen soll. Da es zumeist um ein besonderes Schutzanliegen geht, benötigt der Begünstigte keinen erbrechtlichen Berufungsgrund. Gegenstand der Sondernachfolge sind regelmäßig bestimmte Rechtsverhältnisse oder einzelne Gegenstände, aber wohl niemals bloße Verbindlichkeiten. Durch die Exemtion der jeweiligen Rechtsposition gegenüber dem Nachlass wird sie zugleich gegenüber dem Zugriff durch andere Nachlassbeteiligte, insbesondere der Gläubiger, immunisiert, sodass der vom Gesetzgeber angestrebte Rechtsübergang hierdurch nicht vereitelt werden kann. Freilich führt diese Rechtstechnik dazu, dass der Nachlass um die betreffende Rechtsposition vermindert und die Interessen der Nachlassbeteiligten beeinträchtigt werden. Aus diesem Grund ist in manchen Fällen ein Interessenausgleich dadurch vorgesehen, dass der begünstigte Dritte hinsichtlich des erworbenen Vermögensgegenstands einen Wertausgleich zu leisten hat. Der darauf gerichtete Anspruch fällt als Surrogat in den Nachlass (vgl § 14 Abs 2 WEG) oder steht ausnahmsweise bestimmten Dritten unmittelbar zu (vgl § 14 Abs 3 WEG). Rechtssystematisch stellen Normen, die eine Sondernachfolge anordnen, leges speciales gegenüber § 531 dar. Hiervon ist die **Sondererbfolge** zu unterscheiden, wie sie vor allem im Anerbenrecht geregelt ist. Hier geht es lediglich darum, dass ein in den Nachlass fallender Vermögenswert – der Erbhof – dem Anerben im Zuge der Erbteilung zugewiesen wird, der hierfür einen Übernahmepreis in den Nachlass zu erstatten hat. Der Anerbe erwirbt also aus dem Nachlass und nicht, wie bei der Sondernachfolge, am Nachlass vorbei.

17 Vermögenswerte können dem Nachlass auch durch **rechtsgeschäftliche Gestaltungen** entzogen werden. Dies geschieht meist unter Einschaltung eines Dritten, der dabei im Interesse des Erblassers tätig wird. Ein wichtiges Beispiel hierfür ist die Lebensversicherung auf den Todesfall mit Drittbegünstigung, bei der der Anspruch auf Leistung der Versicherungssumme nicht in den Nachlass fällt, sondern unmittelbar dem Dritten zusteht (Rz 56). Dasselbe gilt auch für andere Verträge zugunsten Dritter, denen im Valutaverhältnis (Verhältnis zwischen Erblasser und Schuldner) ein Auftrag zugrunde liegt,[62] wie beispielsweise bei Verträgen über Bankkonten oder Wertpapierdepots, die nach dem Tod des Bankkunden vereinbarungsgemäß unmittelbar einer dritten Person zustehen sollen. Schließlich gehören auch die Privatstiftung und bestimmte gesellschaftsrechtliche Konstruktionen hierher, die ebenfalls dazu eingesetzt werden können, über Vermögenswerte von Todes wegen zu verfügen und sie gleichwohl am Nachlass vorbeizuschleusen. Es liegt auf der Hand, dass die speziell erbrechtlichen Instrumente zum Schutz der Interessen der Gläubiger und Pflichtteilsberechtigten in derartigen Fällen ins Leere gehen müssen. Daraus folgt aber nicht, dass diese Gestaltungsformen unzulässig wären, da sie doch von der Rechtsord-

---

auch *Marotzke* in Staudinger, BGB (2008) Einl zum ErbR Rz 3; § 1922 Rz 54; *Leipold* in MüKoBGB⁶ § 1922 Rz 131f.

[62] Zum Auftrag auf den Todesfall grundlegend *Apathy*, JBl 1976, 393; zuletzt eingehend *Cohen*, Drittbegünstigungen auf den Todesfall und Nachlassinteressen; vgl auch *Ertl* in Fenyves/Kerschner/Vonkilch, ABGB³ (Klang) § 965 Rz 27 ff; *Schauer*, Rechtsprobleme der erbrechtlichen Nachfolge bei Personenhandelsgesellschaften 625 ff; *ders* in Gruber/Kalss/Müller/Schauer, Erbrecht und Vermögensnachfolge § 22 Rz 1 ff.

nung ausdrücklich zur Verfügung gestellt werden (zB Lebensversicherung mit Drittbegünstigung, Privatstiftung). Zum Schutz der Gläubiger und Pflichtteilsberechtigten kann freilich nur auf Instrumente zurückgegriffen werden, die die Rechtsordnung zum Schutz gegen schädliche Verfügungen unter Lebenden zur Verfügung stellt; wie namentlich das **Anfechtungsrecht** zugunsten der Gläubiger und die **Pflichtteilserhöhung wegen Schenkungen** (§ 785) zugunsten der Pflichtteilsberechtigten. Freilich bereitet die Anwendung dieser Instrumente auf Verfügungen, die erst auf den Todesfall wirksam werden, manche Probleme und ermöglicht nicht stets das gleiche Schutzniveau wie beim Vermögenstransfer durch den Nachlass. Soweit verbleibende Unstimmigkeiten nicht im Wege der Auslegung bereinigt werden können, können sie in Hinblick auf den Gleichbehandlungsgrundsatz Bedenken hervorrufen.[63]

Der Tod des Erblassers kann zur Folge haben, dass es bei Dritten zu einem **18** **originären Rechtserwerb** kommt. Von der Sondernachfolge (soeben Rz 16) unterscheiden sich diese Fälle dadurch, dass die betreffenden Rechtspositionen nicht bereits dem Erblasser zugestanden haben und sodann auf den jeweiligen Rechtsnachfolger übergeleitet werden (derivativer Erwerb), sondern in der Person des Berechtigten neu entstehen.[64] Ein Beispiel bilden die Schadenersatzansprüche der nach dem getöteten Erblasser unterhaltsberechtigten Personen gemäß § 1327. Auch der originäre Rechtserwerb vollzieht sich außerhalb des Erbrechts. Die jeweiligen Rechtspositionen stehen den Berechtigten unmittelbar zu; sie sind nicht Bestandteil des Nachlasses. Rechtssystematisch stehen die Regeln über den originären Rechtserwerb neben dem erbrechtlichen Erwerb; sie sind keine leges speciales gegenüber § 531, weil sie nicht von Rechtspositionen handeln, die bereits dem Erblasser zugestanden haben.

III. Inbegriff der Rechte und Verbindlichkeiten

1. Allgemeines

Aufgrund der Legaldefinition der vorliegenden Bestimmung ist der Nach- **19** lass der Inbegriff der Rechte und Verbindlichkeiten eines Verstorbenen. Die Tatbestandsmerkmale sind weit zu verstehen: Der Nachlass besteht aus der Summe sämtlicher vererblicher **Rechtsverhältnisse** schlechthin. Der Begriff des Rechtsverhältnisses ist **im weitesten Sinn** zu verstehen.[65] Er umfasst nicht nur die in § 531 ausdrücklich erwähnten Rechte und Verbindlichkeiten, sondern schließt komplexere Rechtsverhältnisse ein, die ihrerseits aus einem Bündel von Rechten und Pflichten bestehen. Dies gilt auch für Dauerschuldverhältnisse, die in die Zukunft reichen und für den Erben und den Dritten die Grundlage erst künftig entstehender Ansprüche bilden können. Er bezieht sich ferner auch auf Rechtsverhältnisse, deren Tatbestand noch nicht vollkommen verwirklicht ist („unfertige", „werdende" Rechtsverhältnisse), aus denen aber

---
[63] Vgl dazu *Scheuba* in Gruber/Kalss/Müller/Schauer, Erbrecht und Vermögensnachfolge § 9 Rz 78.
[64] Vgl *Otte* in Staudinger, BGB (2008) Einl zu §§ 1922 ff Rz 4.
[65] Ebenso *Welser* in Rummel/Lukas⁴ § 531 Rz 1.

Rechte und Verbindlichkeiten künftig entstehen können.⁶⁶ Zum Nachlass gehören deshalb beispielsweise Anwartschaften und sonstige bedingte Rechte; ferner schwebende Rechtsverhältnisse, also etwa der von einem *falsus procurator* geschlossene Vertrag, und Rechtsscheinlagen (unten Rz 86).

20 Nur solche Rechtsverhältnisse gehören zum Nachlass, die **nicht in bloß persönlichen Verhältnissen gegründet sind**. Hierdurch bringt § 531 den selbstverständlichen Gedanken zum Ausdruck, dass Rechtsverhältnisse unvererblich sein können. Diese werden nicht Bestandteil des Nachlasses und gehen nicht auf die Erben über. Die Vererblichkeit eines Rechtsverhältnisses kann unter Umständen davon abhängig sein, in welcher Rolle der Erblasser hieran beteiligt war. Fällt ein Recht des Erblassers in den Nachlass, so spricht man von **aktiver Vererblichkeit**, im Falle des Erlöschens von aktiver Unvererblichkeit. Geht eine Verbindlichkeit des Erblassers auf seinen Nachlass über, so liegt **passive Vererblichkeit** vor; andernfalls passive Unvererblichkeit.⁶⁷

21 **Welche Rechtsverhältnisse vererblich** oder **unvererblich** sind, ist in § 531 nicht geregelt. Die Vererblichkeit wird in dieser Bestimmung also nicht angeordnet, sondern vorausgesetzt. In ganz ähnlicher Weise sieht § 1448 vor, dass durch den Tod nur solche Rechte und Verbindlichkeiten erlöschen, welche auf die Person eingeschränkt sind, oder die bloß persönliche Handlungen des Verstorbenen betreffen.⁶⁸ Die Bestimmung erklärt also nur den Tod eines Beteiligten zum möglichen Grund für das Erlöschen von Rechten und Pflichten und stellt hierfür im Wesentlichen auf dieselben Tatbestandsmerkmale wie § 531 ab. Eine ausdrückliche Gleichsetzung von bloß persönlichen und nicht vererblichen Pflichten ist auch in § 904 enthalten; freilich beschränkt sich die Rechtsfolgeanordnung darauf, dass der Richter bei solchen Verbindlichkeiten die Fälligkeit nach Billigkeit festsetzen kann, wenn der Schuldner die Erfüllungszeit seiner Willkür vorbehalten hat. Auch sonst existiert in der Rechtsordnung keine Aufzählung, die über die Vererblichkeit oder Unvererblichkeit eines Rechtsverhältnisses Auskunft geben würde. In Anbetracht der unüberschaubaren Vielzahl von Rechtsverhältnissen wäre dies auch gar nicht möglich.⁶⁹ Der normative Gehalt des § 531 reduziert sich also auf die Anordnung, dass das, was vererblich ist, zum Bestandteil des Nachlasses wird.

22 Um eine Aussage über die Nachlasszugehörigkeit eines Rechtsverhältnisses machen zu können, muss die Vererblichkeit oder Unvererblichkeit also bereits feststehen. Bei der Beurteilung der Vererblichkeit handelt es sich daher um eine dem § 531 logisch vorgeschaltete Frage. Die hierfür maßgebenden Rechtsgrundlagen sind dem Erbrecht nur ausnahmsweise zu entnehmen (vgl zB § 548 S 2). In aller Regel ergeben sich sie aus der jeweiligen Sachmaterie,

---

66 *Welser* in Rummel/Lukas⁴ § 531 Rz 1; *Kralik*, Erbrecht 10; *Handl* in Klang II/1, 15; vgl auch *Leipold* in MüKoBGB⁶ § 1922 Rz 41; *Lange/Kuchinke*, Erbrecht⁵ 97 ff.

67 Vgl *Kralik*, Erbrecht 11; *Koziol/WelserZöchling-Jud*¹⁴ II Rz 1836; *Eccher*, Erbrecht⁵ Rz 1/12.

68 Auf § 1448 verweisen auch *Eccher* in Schwimann/Kodek⁴ III § 531 Rz 4 und *Weiß* in Klang² III 35.

69 So auch *Welser* in Rummel/Lukas⁴ § 531 Rz 1; *Weiß* in Klang² III 11.

der das Rechtsverhältnis angehört.[70] Anders ausgedrückt: Das Erbrecht regelt nur das rechtliche Schicksal der bereits als vererblich feststehenden Rechtsverhältnisse; das „Ob" der Vererblichkeit ist nach den dem jeweiligen Rechtsverhältnis immanenten Wertungen zu beurteilen. Insofern lässt sich § 531 auch als Verweisungsnorm auf die Regelungen verstehen, die über das Schicksal eines Rechtsverhältnisses beim Tod eines Beteiligten Auskunft geben. Was die materiellrechtliche Beurteilung betrifft, kommt diesen Feststellungen mehr systematischer als praktischer Erkenntniswert zu. Sie ist aber für die kollisionsrechtliche Anknüpfung von unmittelbarer Relevanz: Die Vererblichkeit eines Rechtsverhältnisses ist hiernach nicht nach dem Erbstatut zu beurteilen, sondern nach dem Statut des jeweiligen Rechtsverhältnisses.[71] So entscheidet beispielsweise über die Vererblichkeit eines Werkvertrags nicht das Erbstatut des Werkunternehmers oder des Werkbestellers, sondern das Vertragsstatut.

Über die **Abgrenzung** von vererblichen und unvererblichen Rechtsverhältnissen lassen sich folgende Aussagen machen: Zunächst ist zu prüfen, ob der rechtserzeugende Tatbestand eine ausdrückliche Regelung enthält. Eine solche Regelung kann sich unmittelbar aus dem **Gesetz** ergeben, das die Vererblichkeit (zB § 1116a, § 1337 ABGB, § 52 Abs 3 UGB) oder die Unvererblichkeit des Rechtsverhältnisses (zB §§ 364c S 1, 529, 1022, 1068, 1073) anordnen kann. In manchen Fällen ist die Vererblichkeit von bestimmten Rechtshandlungen vor dem Tod des Gläubigers abhängig, beispielsweise von der gerichtlichen Geltendmachung des Rechts oder von einem Vergleich oder Anerkenntnis durch den Schuldner (§ 99 ABGB, § 96 EheG).

Beruht das Verhältnis auf einem Rechtsgeschäft, so kann eine **Vereinbarung** der Beteiligten vorliegen. Besteht zugleich eine gesetzliche Anordnung über die Vererblichkeit und weicht die vertragliche Vereinbarung hiervon ab, so muss geprüft werden, ob die gesetzliche Regelung zwingendes oder nachgiebiges Recht enthält.[72] So wäre beispielsweise eine Vereinbarung, wonach eine dem Anwendungsbereich des MRG unterworfene Wohnungsmiete mit dem Tod einer Vertragspartei erlöschen soll, mit dem Wortlaut des § 14 MRG und der auf Bestandschutz des Vertrags gerichteten ratio legis nicht vereinbar. Hingegen ist die vertragliche Vereinbarung über die Vererblichkeit eines Fruchtgenussrechts wirksam, weil die gesetzliche Regelung, wonach das Recht mit dem Tod erlischt, dispositiv ist (§ 529 S 1 und 2). Zu beachten ist auch, dass eine Vereinbarung, wonach ein Recht auf den Todesfall erlischt, ein Verfügungsgeschäft von Todes wegen darstellen kann, das eine Umgehung des Verbots des Vindikationslegats darstellt und deshalb unwirksam ist.[73] Wenn beispielsweise der Gläubiger dem Schuldner ein Darlehen mit der Vereinbarung gewährt hat, wonach die Verpflich-

---

[70] Näher *Windel*, Über die Modi der Nachfolge in das Vermögen einer natürlichen Person beim Todesfall 6 f; ebenso *Kralik*, Erbrecht 11.

[71] *Dutta* in MüKoBGB[6] Art 23 EuErbVO Rz 22; vgl auch *Mankowski* in Deixler-Hübner/Schauer, EuErbVO Art 23 Rz 52.

[72] Vgl auch *Weiß* in Klang[2] III 35; *Handl* in Klang II/1, 8; *Kralik*, Erbrecht 11; *Gschnitzer/Faistenberger*, Erbrecht[2] 9.

[73] Vgl dazu *Kralik*, Erbrecht 228; *Welser* in Rummel/Lukas[4] § 663 Rz 1; *Apathy* in KBB[4] § 663 Rz 1; *Koziol/Welser/Zöchling-Jud*[14] II Rz 2259, 2239; wohl ebenso *Eccher* in Schwimann/Kodek[4] III § 663 Rz 1; zur Unzulässigkeit von Rechtsgeschäften auf den Todesfall mit verfügungs-

tung zur Rückzahlung entfällt, wenn der Schuldner vor einem bestimmten Zeitpunkt stirbt, so würde die Verbindlichkeit bei Eintritt der Bedingung nicht *ipso iure* erlöschen, sondern dem Nachlass nur ein schuldrechtlicher Anspruch auf Abgabe der Verzichtserklärung durch den Gläubiger erwachsen. Soll der Verzicht unentgeltlich gewährt werden, dann wäre für die Wirksamkeit des Titelgeschäfts überdies eine formwirksame Schenkung auf den Todesfall oder ein formwirksames Vermächtnis erforderlich.

25 Fehlt es an ausdrücklichen Regelungen, so ist das Schicksal eines Rechtsverhältnisses beim Tod eines Beteiligten im Wege der **Auslegung** zu klären. Dafür lässt sich aus §§ 531, 1448 der maßgebende Wertungsgesichtspunkt entnehmen: Rechtsverhältnisse, die in den persönlichen Verhältnissen gegründet sind, sind in der Regel unvererblich. Maßgebend ist also, dass sie durch die Persönlichkeit eines Beteiligten geprägt sind. Dies trifft vor allem dann zu, wenn sie den höchstpersönlichen Lebensbereich berühren, sodass etwa familienrechtliche Rechtsverhältnisse regelmäßig unvererblich sind. Ebenso ist zugunsten der Unvererblichkeit zu entscheiden, wenn ein Rechtsverhältnis in besonderer Weise auf persönlichem Vertrauen beruht. Vermögensrechtliche Rechtsverhältnisse weisen einen solchen persönlichen Bezug zumeist nicht auf. Deshalb sind vermögensrechtliche Rechte und Pflichten im Allgemeinen vererblich.[74] Dabei ist freilich zu beachten, dass es auch bei vermögensrechtlichen Rechtsverhältnissen vorkommen kann, dass sie durch die Individualität eines Beteiligten in einem solchen Maße beherrscht werden, dass sie mit dessen Tod „stehen und fallen" sollen.[75] Trifft dies zu, so sind auch sie unvererblich. Eine solche Verknüpfung mit einer bestimmten Person ist etwa dann anzunehmen, wenn das Rechtsverhältnis in besonderem Maße durch persönliches Vertrauen geprägt ist.[76] Dasselbe gilt, wenn die Leistung in besonderem Maße auf die persönlichen Bedürfnisse des Gläubigers zugeschnitten ist[77] (aktive Unvererblichkeit) oder wenn es für die Erbringung der Leistung gerade auf die höchstpersönlichen Fähigkeiten und Kenntnisse des Schuldners ankommt (passive Unvererblichkeit). Die Unübertragbarkeit eines Rechts kann allenfalls als Indiz für die Unvererblichkeit verstanden werden; keinesfalls berechtigt sie zu einem zwingenden Schluss hierauf.[78] Aus § 1393 S 2, der den umgekehrten Fall regelt (Unübertragbarkeit unvererblicher Rechte), kann in-

---

rechtlicher Wirkung allgemein *Ch. Rabl*, NZ 1999, 138 ff; *Schauer*, GesRZ-Spezial 2006 – 100 Jahre GmbH, 37.

[74] *Welser* in Rummel/Lukas⁴ § 531 Rz 5; *Ehrenzweig*, System II/2², 356; *Handl* in Klang II/1, 14; *Koziol/Welser/Zöchling-Jud*¹⁴ II Rz 1836, 1842; *Gschnitzer/Faistenberger*, Erbrecht² 9; vgl auch OGH 7 Ob 18/84, SZ 57/73; 6 Ob 2068/96b, JBl 1997, 40; 6 Ob 263/03z, NZ 2004/92, 348.

[75] Vgl zu den möglichen Kriterien detaillierter *Dietzel*, Untergang statt Fortbestand – Zur Abgrenzung der unvererblichen Rechtsbeziehungen im Schuldrecht 29 ff.

[76] *Dietzel*, Untergang statt Fortbestand – Zur Abgrenzung der unvererblichen Rechtsbeziehungen im Schuldrecht 36 f; vgl auch *Marotzke* in Staudinger, BGB (2008) § 1922 Rz 276, 280.

[77] *Marotzke* in Staudinger, BGB (2008) § 1922 Rz 115; vgl auch *Leipold* in MüKoBGB⁶ § 1922 Rz 20.

[78] *Leipold* in MüKoBGB⁶ § 1922 Rz 20; *Marotzke* in Staudinger, BGB (2000) § 1922 Rz 115; *Dietzel*, Untergang statt Fortbestand – Zur Abgrenzung der unvererblichen Rechtsbeziehungen im Schuldrecht 38.

soweit nichts für die Lösung gewonnen werden.⁷⁹ Wenngleich es zutrifft, dass es auf das Überwiegen des persönlichen oder des vermögensrechtlichen Elements ankommt,⁸⁰ so wird bei einem vermögensrechtlichen Bezug der Rechtsposition in Zweifelsfällen eher für die Vererblichkeit zu entscheiden sein.⁸¹ Vielmehr ist stets aufgrund des Zwecks des Übertragungsausschlusses zu prüfen, ob dieser auch für die Vererbung gilt. Auch unvertretbare Handlungen⁸² sowie Unterlassungs- und Duldungspflichten⁸³ können vererblich sein.

Zu beachten ist ferner eine mögliche Differenzierung: Auch wenn der rechtserzeugende Tatbestand durch den Tod eines Beteiligten erlischt, können Rechte und Pflichten, die vor diesem Zeitpunkt bereits entstanden sind, auf den Rechtsnachfolger übergehen. Dieser Grundsatz wird in § 548 für Verbindlichkeiten des Erblassers zum Ausdruck gebracht; er gilt sinngemäß für Rechte des Erblassers, die sich bereits hinreichend konkretisiert haben.⁸⁴ Der Grund besteht darin, dass der **rechtserzeugende Tatbestand** einen **höchstpersönlichen Bezug** aufweisen kann, während die **hiervon abzuleitenden Ansprüche vermögensrechtlich zu qualifizieren** sind. Deshalb erlischt beispielsweise das Arbeitsverhältnis durch den Tod des Arbeitnehmers, während der Anspruch auf noch nicht bezahltes Entgelt vererblich ist (Rz 52).

26

Bei in die Zukunft gerichteten **Dauerrechtsverhältnissen** ist zwischen der Vererblichkeit und der Unvererblichkeit noch eine dritte Möglichkeit denkbar. Sie besteht darin, dass das Rechtsverhältnis zwar grundsätzlich vererblich ist und deshalb auch zum Nachlassbestandteil wird, aber aus Anlass des Todes eines Beteiligten vom Erben oder vom Dritten **aus wichtigem Grund** vorzeitig **gekündigt** werden kann.⁸⁵ Solche Kündigungsrechte sind im Gesetz manchmal ausdrücklich verankert (§§ 1116a S 2, 1205 Abs 2 ABGB, § 139 UGB, früher auch § 33 Abs 3 SchSpG⁸⁶). Sie finden ihre Rechtfertigung in dem Umstand, dass die erbrechtliche Nachfolge den Wechsel eines Vertragspartners zur Folge hat, der die Interessen sowohl des Dritten als auch des Erben beeinträchtigen kann. Der Dritte erhält einen neuen Vertragspartner, den er nicht ausgewählt hat und gegen dessen Fähigkeit oder Bereitschaft zu ordnungsgemäßer Pflichterfüllung begründete Bedenken bestehen können. Der Erbe wird durch den Eintritt in das Dauerrechtsverhältnis mit künftig entstehenden Pflichten belastet. Hieraus ergibt sich eine massive Beein-

27

---

79 So mit Recht *Kralik*, Erbrecht 15.
80 So *Handl* in Klang II/1, 9.
81 In diese Richtung auch *Marotzke* in Staudinger, BGB (2008) § 1922 Rz 115.
82 *Kralik*, Erbrecht 15; *Gschnitzer/Faistenberger*, Erbrecht² 9.
83 *Kralik*, Erbrecht 15; *Gschnitzer/Faistenberger*, Erbrecht² 9; für die Unterlassung auch *Lange/Kuchinke*, Erbrecht⁵ 91.
84 *Kralik*, Erbrecht 13 f.
85 Grundlegend *Steininger* in FS Wilburg II 376 ff; *Fenyves*, Erbenhaftung und Dauerschuldverhältnis 275 ff; *ders* in Veröffentlichungen des Ludwig-Boltzmann-Instituts für Rechtsvorsorge und Urkundenwesen III/2, 18 ff; zustimmend *Welser* in Rummel/Lukas⁴ § 531 Rz 5; *Weiß/Ferrari* in Ferrari/Likar-Peer, Erbrecht 11; *Kralik*, ÖJZ 1983, 475; zum deutschen Recht ebenso *Marotzke* in Staudinger, BGB (20008) § 1922 Rz 284; *Oetker*, Das Dauerschuldverhältnis und seine Beendigung 208 ff, 635 ff; *Oettinghaus*, Das rechtliche Schicksal von Dauerschuldverhältnissen beim Tod des Verpflichteten 167 ff; zuvor bereits ähnlich *Boehmer* in Staudinger, BGB¹¹ § 1922 Rz 200; ohne Stellungnahme *Lange/Kuchinke*, Erbrecht⁵ 92; aA *Littbarski*, AcP 183, 194, 199 f.
86 Aufgehoben durch § 46 Abs 2 TAG (Theaterarbeitsgesetz, BGBl I 2010/100).

trächtigung seiner Privatautonomie, die auch nicht mit der erbrechtlichen Haftungsbeschränkung ausgeglichen werden kann, weil es sich bei dieser um eine reine Altschuldenhaftung handelt.[87] Gegenleistungen, die der Erbe aufgrund des Dauerschuldverhältnisses vom Dritten erhält, vermögen diesen Nachteil nicht aufzuwiegen, weil sie möglicherweise nicht seinen Bedürfnissen entsprechen; dies zeigt das Beispiel des Erben eines Mieters, der das Bestandobjekt möglicherweise nicht benötigt. Die Rechtsordnung berücksichtigt in den ausdrücklich geregelten Fällen also, dass ein schutzwürdiges Auflösungsinteresse eines Beteiligten vorhanden sein kann, das jedoch nicht so zwangsläufig erscheint, dass das Rechtsverhältnis durch den Tod jedenfalls erlöschen soll. Sie überlässt es deshalb den Beteiligten, über die Beendigung des Rechtsverhältnisses durch Erklärung einer Kündigung privatautonom zu entscheiden. Da eine solche Interessenlage auch außerhalb der ausdrücklich geregelten Fälle bestehen kann, ist die außerordentliche Kündigung auch bei anderen Dauerschuldverhältnissen zuzulassen. Der Umstand, dass die Universalsukzession den nahtlosen Übergang sämtlicher vererblicher Rechtsverhältnisse herbeiführen möchte, steht dem nicht entgegen, weil das Vorhandensein eines wichtigen Grundes nach den jeweils aktuellen Gegebenheiten zu beurteilen ist.[88] Dabei sind die Auflösungsinteressen des kündigungswilligen Teils und die Bestandsinteressen des Kündigungsgegners stets sorgfältig gegeneinander abzuwiegen. Das Ergebnis kann ein Recht zur Kündigung mit sofortiger Wirkung, ein Recht zur Kündigung unter Einhaltung einer bestimmten Frist oder die Pflicht zur Fortführung des Rechtsverhältnisses sein.

28 **Öffentlich-rechtliche Rechtsverhältnisse:** Die Grundlage des Rechtsverhältnisses ist gleichgültig, sodass sowohl öffentlich-rechtliche als auch privatrechtliche Verhältnisse zum Nachlass zählen können. Nach einer neueren L soll die erbrechtliche Gesamtrechtsnachfolge, soweit keine besonderen Bestimmungen vorhanden sind, auf öffentlich-rechtliche Ansprüche und Verbindlichkeiten nur analog anzuwenden sein.[89] Damit wird jedoch der relevante Punkt verkannt: Es geht im öffentlichen wie auch im privaten Recht um die Frage, ob die jeweiligen Rechte und Verbindlichkeiten überhaupt vererblich sind. Wie bereits ausgeführt (Rz 22), kann das Erbrecht als solches zur Beantwortung dieser Frage nichts beitragen, weil die Lösung dem jeweiligen Rechtsverhältnis als solchem entnommen werden muss. Nur wenn die Vererblichkeit besteht, ist das Prozedere des Rechtsübergangs den relevanten Bestimmungen des Erbrechts zu entnehmen. Warum dies nicht auch für öffentlich-rechtliche Rechtsverhältnisse, deren Vererblichkeit feststeht, gelten soll, ist nicht einzusehen.

29 Entscheidend ist also die Frage, ob und unter welchen Voraussetzungen öffentlich-rechtliche Rechtsverhältnisse vererblich sind. Nach einer verbreiteten Ansicht sollen solche Rechtsverhältnisse schlechthin[90] oder zumindest im Zwei-

---

[87] *Fenyves*, Erbenhaftung und Dauerschuldverhältnis 163 ff, 280 ff; *Steininger* in FS Wilburg II 372 f.

[88] Vgl dazu *Oettinghaus*, Das rechtliche Schicksal von Dauerschuldverhältnissen beim Tod des Verpflichteten 178 ff.

[89] *Granner*, JBl 2015, 160 ff; *ders*, ZaK 2016/344, 86.

[90] *Handl* in Klang II/1, 8 (der freilich bei Realgewerben einen Übergang auf die Rechtsnachfolger anerkennt); für „grundsätzliche" Unvererblichkeit auch *Gschnitzer/Faistenberger*, Erbrecht² 4 (die in der Vererblichkeit sogar ein Abgrenzungsmerkmal des Privatrechts gegenüber

fel⁹¹ unvererblich sein. Eine solche Regel gibt es jedoch nicht.⁹² Auch hier ist zunächst zu prüfen, ob eine ausdrückliche Regelung für denTodesfall vorhanden ist. Fehlt es an einer solchen, so ist auch bei öffentlich-rechtlichen Rechtsverhältnissen im Wege der Auslegung zu klären, ob sie vererblich oder unvererblich sind. Dabei erscheint es zweckmäßig, auf den bereits oben (Rz 25) entwickelten Gedanken zurückzugreifen: Ist das jeweilige Rechtsverhältnis stärker auf die einzelne Person zugeschnitten, so ist es **unvererblich**. Fehlt es an einem solchen Bezug, was auch hier vor allem bei vermögensrechtlichen Rechtsverhältnissen der Fall ist, so ist **Vererblichkeit** anzunehmen.⁹³ Vollkommen zu Recht anerkennt die Rechtsprechung⁹⁴ beispielsweise die passive Vererblichkeit von Sozialversicherungsschulden und wendet die §§ 531, 801 auf den Übergang auf den Erben unmittelbar an.

2. Privatrechtliche Rechtsverhältnisse

a) Allgemeiner Teil

aa) Personenrechtliche Rechtsverhältnisse

aaa) Persönlichkeitsrechte und postmortaler Persönlichkeitsschutz

Mit dem Tod des Menschen erlischt seine Rechtssubjektivität. Unvererblich sind die **Persönlichkeitsrechte** des Verstorbenen, wie etwa das **Namensrecht**.⁹⁵ Der vermögenswerte Bestandteil des Namensrechts geht freilich nicht notwendigerweise mit dem Tod des Namensträgers unter,⁹⁶ weshalb ein Vertrag, durch den einem Anderen die Verwendung des Namens gestattet wird, auch für Rechtsnachfolger bindend ist.⁹⁷ **30**

Aus der Unvererblichkeit der Persönlichkeitsrechte folgt freilich nicht, dass auch der Schutz der Persönlichkeit des Verstorbenen gänzlich dahin fiele. Für bestimmte Teilbereiche bestehen **ausdrückliche Regelungen**: § 190 StGB dient der Sicherung der Totenruhe. Der Schutz vertraulicher Aufzeichnungen und von Bildnissen verstorbener Personen wird durch §§ 77 f UrhG gewähr- **31**

---

dem öffentlichen Recht sehen); ähnlich *Weiß* in Klang² III 13 und *Bartsch*, Erbrecht² Rz 13 (Unvererblichkeit aller aus dem öffentlichen Recht herzuleitenden Befugnisse).

91 *Welser* in Rummel/Lukas⁴ § 531 Rz 2; *Koziol/Welser/Zöchling-Jud*¹⁴ II Rz 1837.
92 So auch *Kralik*, Erbrecht 11 f; wohl ebenso *Eccher* in Schwimann/Kodek⁴ III § 531 Rz 24; vgl *dens*, Erbrecht⁵ Rz 1/11; vorsichtig auch *Weiß/Ferrari* in Ferrari/Likar-Peer, Erbrecht 7; vgl ferner *Ch. Schneider* in Gruber/Kalss/Müller/Schauer, Erbrecht und Vermögensnachfolge § 35 Rz 40; *Granner*, JBl 2015, 158 ff; ausführlich zum deutschen Recht *Marotzke* in Staudinger, BGB (2008) § 1922 Rz 351 f; für eine analoge Anwendung der erbrechtlichen Bestimmungen (in Ermangelung öffentlich-rechtlicher Sonderregeln); *Lange/Kuchinke*, Erbrecht⁵ 94 f.
93 Einschränkend *Granner*, JBl 2015, 164 f; vgl. *dens*, ZaK/344, 84f.
94 OGH 13.02.1969, 2 Ob 21/69, SZ 42/29.
95 OGH 17 Ob 2/10h, ecolex 2010/438; *Faber* in Fenyves/Kerschner/Vonkilch, ABGB³ (Klang) § 43 Rz 57 f; *E. Wagner* in Kletečka/Schauer, ABGB-ON 1.02 § 43 Rz 57; *Werkusch-Christ* in Kletečka/Schauer, ABGB-ON 1.03 § 531 Rz 3.
96 OGH 17 Ob 2/10h, ecolex 2010/438; *Faber* in Fenyves/Kerschner/Vonkilch, ABGB³ (Klang) § 43 Rz 59; *E. Wagner* in Kletečka/Schauer, ABGB-ON 1.02 § 43 Rz 57.
97 OGH 4 Ob 85/00d, JBl 2001, 54; 17 Ob 2/10h, ecolex 2010/438; näher *Faber* in Fenyves/Kerschner/Vonkilch, ABGB³ (Klang) § 43 Rz 62, 149 f; vgl auch *Werkusch-Christ* in Kletečka/Schauer, ABGB-ON 1.03 § 531 Rz 3.

leistet.[98] Zu Bestimmungen über Obduktion und Organentnahme beim Verstorbenen Rz 35 f. Im Übrigen fehlt es an klaren Rechtsgrundlagen. Gleichwohl ist der **Bestand eines postmortalen Persönlichkeitsschutzes** heute in Lehre[99] und Rechtsprechung[100] **grundsätzlich anerkannt**. Er folgt aus dem umfassenden Schutz der Person gemäß § 16 und findet seine Rechtfertigung in dem Gedanken, dass die hierdurch angestrebte Freiheit bei der Entfaltung der Persönlichkeit nur gewährleistet ist, wenn auch nach dem Tod ein gewisser Schutz besteht.[101] Freilich kann sich ein postmortaler Schutz nur auf solche Rechtsgüter beziehen, deren Beeinträchtigung nach dem Tod überhaupt noch möglich ist. Von Bedeutung sind in diesem Zusammenhang die Ehre[101a] sowie das Recht auf Wahrung des Privatlebens, als dessen Ausfluss Geheimhaltungspflichten bestehen können,[102] während das Recht auf Leben und Freiheit naturgemäß ins Leere gehen.[103] Die Reichweite des postmortalen Persönlichkeitsschutzes muss stets durch Interessenabwägungen konkretisiert werden. So hängt nach Ansicht der Rsp das Recht eines Krankenhausträgers, den Erben oder Angehörigen eines Verstorbenen die Einsichtnahme in die Krankengeschichte zu verweigern, vom tatsächlichen oder mutmaßlichen Willen des Betroffenen ab. Bei der Ermittlung des mutmaßlichen Willens müsse auch das Anliegen der die Einsichtnahme begehrenden Personen berücksichtigt werden; beispielsweise die mögliche Geltendmachung von Ersatzansprüchen.[104] Der Verlassenschaftskurator kann nach höchstgerichtlicher Rsp das Recht auf Einsichtnahme in die Krankengeschichte nicht ausüben und ist auch nicht in der Lage, die Ärzte von Verschwiegenheitspflichten zu entbinden.[105] Auch eine Einsichtnahme in den Sachwalterschaftsakt der Verstorbenen ist in der Regel nur hinsichtlich der vermögensrechtlichen Teile möglich.[105a] Eine vom Erblas-

---

[98] Zum postmortalen Bildnisschutz OGH 4 Ob 203/13a, EvBl 2014/86.

[99] *Aicher* in Rummel³ I § 16 Rz 28; *Posch* in Schwimann/Kodek⁴ I § 16 Rz 48; *Eccher* in Schwimann/Kodek⁴ III § 531 Rz 57; *Koch* in KBB⁴ § 16 Rz 5; *Koziol*, Haftpflichtrecht² II 16 ff; *Karner/Koziol*, Gutachten zum 15. ÖJT II/1, 106 f; *Koziol/Welser/Kletečka*¹⁴ I Rz 300; *F. Bydlinski*, JBl 1999, 553 ff; *ders* in Kanzian/Quitterer/Runggaldier, Persons 350; *Kralik*, Erbrecht 16 f; *Prietl*, RdM 1995, 6; *Handler*, Der Schutz von Persönlichkeitsrechten 62 ff; *A. Bayer*, Forschung an Humansubstanzen 23 ff; vgl bereits früher *R. Doralt*, ÖJZ 1973, 645 ff.

[100] OGH 1 Ob 550/84, SZ 57/98; 6 Ob 283/01p, SZ 2002/107; vgl auch 1 Ob 341/99z, SZ 73/87; 6 Ob 182/15f.

[101] Ganz ähnlich im Anschluss an die „Mephisto"-Entscheidung des BGH I ZR 44/66, BGHZ 50, 133 (139) für das österreichische Recht *Koziol*, Haftpflichtrecht² II 16; *Karner/Koziol*, Gutachten zum 15. ÖJT II/1, 106; *Posch* in Schwimann/Kodek⁴ I § 16 Rz 48; *Spielbüchler* in Rummel³ I § 364c Rz 25; ebenso OGH 1 Ob 550/84, SZ 57/98; 6 Ob 283/01p, SZ 2002/107.

[101a] Vgl OGH 6 Ob 186/15f; 4 Ob 224/13f; 4 Ob 112/101i.

[102] Vgl *F. Bydlinski* in Kanzian/Quitterer/Runggaldier, Persons 350; *Posch* in Schwimann/Kodek⁴ I § 16 Rz 48; *Eccher* in Schwimann/Kodek⁴ III § 531 Rz 57; *Weiß/Ferrari* in Ferrari/Likar-Peer, Erbrecht 26; OGH 1 Ob 550/84, SZ 57/98.

[103] Vgl *F. Bydlinski*, JBl 1999, 555; *Koziol*, Haftpflichtrecht² II 16; *Weiß/Ferrari* in Ferrari/Likar-Peer, Erbrecht 26.

[104] OGH 1 Ob 550/84, SZ 57/98; zustimmend *Aicher* in Rummel³ I § 16 Rz 28; *Posch* in Schwimann/Kodek⁴ I § 16 Rz 49; *Eccher* in Schwimann/Kodek⁴ III § 531 Rz 16; *Werkusch-Christ* in Kletečka/Schauer, ABGB-ON 1.03 § 531 Rz 2; *Prietl*, RdM 1995, 10f; ausführlich dazu auch *F. Bydlinski*, JBl 1999, 555 ff.

[105] OGH 1 Ob 341/99z, SZ 73/87.

[105a] Vgl OGH 3 Ob 17/10m; 2 Ob 194/14i.

ser erteilte Einwilligung in die Verwendung des Namens durch einen Dritten bindet auch seine Rechtsnachfolger.[106] Auch beim sogenannten „digitalen Nachlass", also bei der Frage, ob Angehörige Zugang zum Nutzerprofil des Verstorbenen oder seine Löschung verlangen können, sind Interessenabwägungen erforderlich; die damit verbundenen Rechtsfragen bedürfen jedoch noch einer genauen Aufarbeitung.[107]

Bezüglich der rechtsdogmatischen Einordnung des postmortalen Persönlichkeitsschutzes hat sich die Ansicht durchgesetzt, dass es sich nicht um die Beeinträchtigung eines eigenen Rechts der Angehörigen auf den Schutz des Rufs und anderer Persönlichkeitsmerkmale des Verstorbenen handelt, sondern dass die Angehörigen die Rechte des Verstorbenen geltend machen.[108] Gleichwohl handelt es sich nicht um Erbfolge im technischen Sinn.[109] Es bestehen vor allem zwei Unterschiede: Erstens müssen die Rechte aus dem Persönlichkeitsschutz nicht notwendigerweise von den **Erben** geltend gemacht werden; die betreffenden Ansprüche können auch von **Angehörigen**[110] und von den vom Verstorbenen besonders ermächtigten Personen[111] erhoben werden. Zweitens wird häufig auf die **treuhänderische Tätigkeit** der zur Geltendmachung berechtigten Personen hingewiesen.[112] Damit soll zum Ausdruck gebracht werden, dass die Erben oder Angehörigen bei der Ausübung der Rechte nicht nur im eigenen Interesse, sondern auch zur Wahrung der Interessen des Verstorbenen tätig werden.[113] Hinsichtlich der Dauer des Schutzes wird eine analoge Anwendung des § 77 Abs 2 UrhG empfohlen.[114]

32

---

106 OGH 4 Ob 85/00d, JBl 2001, 54.

107 Vgl dazu etwa *Böhsner*, Zak 2010/635, 368 ff; *Thiele*, jusIT 2010/79, 167 ff.

108 *Aicher* in Rummel³ I § 16 Rz 28; *Posch* in Schwimann/Kodek⁴ I § 16 Rz 48; *Koziol*, Haftpflichtrecht² II 17; *Karner/Koziol*, Gutachten zum 15. ÖJT II/1, 106; *Kralik*, Erbrecht 17; vgl auch *F. Bydlinski*, JBl 1999, 555; *Weiß/Ferrari* in Ferrari/Likar-Peer, Erbrecht 24; *Handler*, Der Schutz von Persönlichkeitsrechten 75 ff.

109 *F. Bydlinski*, JBl 1999, 555; *Kralik*, Erbrecht 17; *Weiß/Ferrari* in Ferrari/Likar-Peer, Erbrecht 25; vgl auch OGH 3 Ob 298/05b, FamZ 2006/11, wonach Persönlichkeitsrechte des Erblassers nicht auf die Erben übergehen.

110 OGH 6 Ob 182/15 f; 4 Ob 224/13i; 4 Ob 112/10i; 6 Ob 283/01p, SZ 2002/107; vgl auch 1 Ob 550/84, SZ 57/98, wo regelmäßig von „Erben oder Angehörigen" die Rede ist; für eine Analogie zu § 77 f UrhG plädieren *R. Doralt*, ÖJZ 1973, 649 f; *Prietl*, RdM 1995, 11; *Handler*, Der Schutz von Persönlichkeitsrechten 77; für schadenersatzrechtliche Ansprüche auch *Koziol*, Haftpflichtrecht² II 17; vgl auch *F. Bydlinski*, JBl 1999, 555; *Weiß/Ferrari* in Ferrari/Likar-Peer, Erbrecht 25 f; *Eccher* in Schwimann/Kodek⁴ III § 531 Rz 3.

111 *R. Doralt*, ÖJZ 1973, 650; *Koziol*, Haftpflichtrecht² II 17; *Weiß/Ferrari* in Ferrari/Likar-Peer, Erbrecht 26; *Handler*, Der Schutz von Persönlichkeitsrechten 77; zustimmend wohl auch *Prietl*, RdM 1995, 11.

112 *Koziol*, Haftpflichtrecht² II 17; *Karner/Koziol*, Gutachten zum 15. ÖJT II/1, 106 f; *Posch* in Schwimann/Kodek⁴ I § 16 Rz 48: vgl auch OGH 1 Ob 550/84, SZ 57/98 („treuhänderische Nachfolge"); 4 Ob 203/13a, EvBl 2014/86; kritisch gegenüber der Formulierung *F. Bydlinski*, JBl 1999, 555; *ders* in Kanzian/Quitterer/Runggaldier, Persons 350.

113 So deutlich *F. Bydlinski*, JBl 1999, 555 f; vgl *dens* in Kanzian/Quitterer/Runggaldier, Persons 350; zust *A. Bayer*, Forschung an Humansubstanzen 28.

114 *R. Doralt*, ÖJZ 1973, 649; *Koziol*, Haftpflichtrecht² II 17; *Aicher* in Rummel³ I § 16 Rz 28; offen lassend OGH 6 Ob 283/01p, SZ 2002/107; für ein Abstellen auf die Umstände des Einzelfalls *Prietl*, RdM 1995, 12; wohl ebenso *Handler*, Der Schutz von Persönlichkeitsrechten 78.

33   Als **Rechtsfolgen** der postmortalen Verletzung eines Persönlichkeitsrechts kommen Ansprüche auf Unterlassung,[115] Beseitigung und Schadenersatz in Betracht.[116] Soweit es um den Ersatz des ideellen Schadens geht, soll nach einer Ansicht in der L nur Naturalrestitution, in der Regel also Widerruf in Betracht kommen; Geldersatz scheide aus, weil derjenige, dessen Rechte verletzt wurden, bereits verstorben ist und die klageberechtigten Personen keinen Schaden erlitten haben.[117]

bbb) Exkurs: Leichnam und Totenfürsorge

34   Die **Rechtsnatur** des Leichnams ist strittig. Während er zum Teil als Sache angesehen wird,[118] wird die Sachqualität von anderen nur anerkannt, wenn sich die gedankliche Verbindung zu einer bestimmten Person gelöst hat und sein Charakter als Präparat oder Demonstrationsobjekt überwiegt[119] oder wenn die Leiche ein archäologisches Fundstück ist.[120] Solange dies nicht der Fall ist, wird er als fortgesetzte Persönlichkeit des Verstorbenen betrachtet[121]. Nach einer weiteren Ansicht handelt es sich weder um eine Person noch um eine Sache.[122] Dabei ist gewiss, dass es sich beim Leichnam nicht um ein Subjekt, sondern um ein Objekt der Rechtsordnung handelt, was für seine Einordnung als Sache (§ 285) spricht. Zugleich steht aber fest, dass die auf ihn bezogenen Rechtsverhältnisse besonderen Regeln unterworfen sind, die auf einem Geflecht öffentlich-rechtlicher und privatrechtlicher Normen und Prinzipien beruhen. Hierfür sind Gründe der Pietät maßgeblich, deren rechtliche Anerkennung auf dem postmortalen Schutz der Persönlichkeit beruht. Im Ergebnis dürfte die Frage nach der Rechtsnatur des Leichnams deshalb von geringer Bedeutung sein.[123]

35   Die **Obduktion** kann vom Staatsanwalt angeordnet werden, wenn nicht ausgeschlossen werden kann, dass der Tod einer Person durch eine Straftat verursacht worden ist (§ 128 Abs 2 StPO). Bei einem in einer öffentlichen Krankenanstalt verstorbenen Patienten ist die Obduktion zulässig, wenn sie sanitätspolizeilich oder strafprozessual angeordnet worden ist, oder wenn sie zur Wahrung

---

[115] Vgl OGH 6 Ob 283/01p, SZ 2002/107; 6 Ob 182/15f.
[116] Vgl *R. Doralt*, ÖJZ 1973, 648.
[117] *Karner/Koziol*, Gutachten zum 15. ÖJT II/1, 106 f.
[118] *Edlbacher*, ÖJZ 1965, 450; *Spielbüchler* in Rummel³ I § 285 Rz 3; *Eccher* in Schwimann/Kodek⁴ III § 531 Rz 58; *Eccher/Riss* in KBB⁴ § 285 Rz 2; *A. Bayer*, Forschung an Humansubstanzen 44 ff.
[119] *F. Bydlinski* in Kanzian/Quitterer/Runggaldier, Persons 349; *Hofmann* in Schwimann/Kodek⁴ II § 285 Rz 4; *Aichhorn*, Das Recht der Lebenspartnerschaften 367 f; gegen die Einordnung des Leichnams als Sache auch OGH 7 Ob 225/99k, JBl 2000, 110.
[120] Vgl *Stabentheiner* in Fenyves/Kerschner/Vonkilch, ABGB³ (Klang) § 285 Rz 9 mit dem Hinweis auf Moorleichen.
[121] OGH 1 Ob 257/72, SZ 45/133; OLG Wien 5 R 129/78, EFSlg 31.434; 17 R 169/92, EFSlg 68.951; *Aichhorn*, Das Recht der Lebenspartnerschaften 368.
[122] *Apathy* in KBB⁴ § 531 Rz 8; zustimmend *Stabentheiner* in Fenyves/Kerschner/Vonkilch, ABGB³ (Klang) § 285 Rz 8.
[123] So auch *Weiß/Ferrari* in Ferrari/Likar-Peer, Erbrecht 27; vgl ferner *Welser* in Rummel/Lukas⁴ § 531 Rz 14, für den es sich um eine „Konstruktionsfrage" handelt; zustimmend *Stabentheiner* in Fenyves/Kerschner/Vonkilch, ABGB³ (Klang) § 285 Rz 8; ähnlich *Bernat* in Knoblauch/Esser/Groß/Tag/Kahl, Der Tod, der tote Körper und die klinische Sektion 209.

anderer öffentlicher oder wissenschaftlicher Interessen[124] erforderlich ist (§ 25 Abs 1 KaKUG). Sie kann ferner stets dann vorgenommen werden, wenn der Verstorbene zu Lebzeiten oder sonst die nächsten Angehörigen zugestimmt haben (§ 25 Abs 2 KaKUG). Weitere Bestimmungen sind in den Bestattungsgesetzen der Länder[125] und in sanitätspolizeilichen Regelungen[126] enthalten.

Für die **Organentnahme** besteht eine Regelung, die die grundsätzliche Zulässigkeit mit einem „Opting-out"-Modell verbindet:[127] Hiernach dürfen einem Verstorbenen in Krankenanstalten Organe oder Organteile entnommen werden, um das Leben eines anderen Menschen zu retten oder seine Gesundheit wiederherzustellen. Die Entnahme ist jedoch nicht zulässig, wenn der Verstorbene oder vor seinem Tod sein gesetzlicher Vertreter eine Organspende ausdrücklich abgelehnt hat (§ 5 OTPG[128]). Die Ablehnung kann in einem besonderen „Widerspruchsregister" eingetragen werden (§ 6 OTPG). Eine Ablehnung durch die Angehörigen der verstorbenen Person ist nicht vorgesehen.[129] Organe dürfen nicht Gegenstand von auf Gewinn gerichteten Rechtsgeschäften sein (§ 4 Abs 5 OTPG).[130]

36

Zu den wesentlichen Rechtsfragen des Leichnams gehört das **Recht der Totenfürsorge**. Da der Leichnam so lange, wie er die Erinnerung an eine bestimmte Person verkörpert, nicht zum Gegenstand von Vermögensrechten gemacht werden kann,[131] fällt er nicht in den Nachlass.[132] Das Recht der Totenfürsorge meint die Verfügung über den Körper des Verstorbenen[133] und bezieht sich vor allem auf den Ort und die Art der Bestattung. Es wird von der hA in Ermangelung ausdrücklicher Rechtsnormen aus den natürlichen Rechtsgrundsätzen (§ 7) abgeleitet.[134] Hiernach kommt es primär auf den Willen des Verstorbenen an.[135] Der Wille des Verstorbenen muss nicht in einer bestimmten Form

37

---

124 Dazu *Bernat* in Knoblauch/Esser/Groß/Tag/Kahl, Der Tod, der tote Körper und die klinische Sektion 215 f
125 §§ 12 ff Bgld LBWG; §§ 10 ff K-BStG; §§ 9 f NÖ BstG; §§ 10 ff OÖ LbstG; §§ 8, 13 Sbg LBstG; §§ 12 ff Stmk LbstG; § 31 Tir GsdG; §§ 12 ff Vbg BstG; §§ 11 ff WLBG.
126 § 5 Epidemiegesetz iVm VO RGBl 1914/263; vgl dazu *Bernat* in Knoblauch/Esser/Groß/Tag/Kahl, Der Tod, der tote Körper und die klinische Sektion 213 f.
127 Rechtspolitisch befürwortend *F. Bydlinski* in Kanzian/Quitterer/Runggaldier, Persons 349.
128 Organtransplantationsgesetz, BGBl I 2012/108.
129 Deshalb rechtspolitisch kritisch *Posch* in Schwimann/Kodek[4] I § 16 Rz 50; vgl auch *Handler*, Der Schutz von Persönlichkeitsrechten 74.
130 Zur Unterscheidung von „Gewinn" und „Entgelt" *Aigner*, RdM 2008/64, 101.
131 Ohne die im Text vorgenommene Einschränkung auch *Spielbüchler* in Rummel[3] I § 531 Rz 3.
132 Im Ergebnis ebenso *Weiß/Ferrari* in Ferrari/Likar-Peer, Erbrecht 27; *Welser* in Rummel/Lukas[4] § 531 Rz 14; *Hofmann* in Schwimann/Kodek[4] II § 285 Rz 4; *Eccher* in Schwimann/Kodek[4] III § 531 Rz 58; *Apathy* in KBB[4] § 531 Rz 8; *Aichhorn*, Das Recht der Lebenspartnerschaften 368; *Edlbacher*, ÖJZ 1965, 450; OGH 1 Ob 257/72, SZ 45/133; OLG Wien 5 R 129/78, EFSlg 31.434; 17 R 169/92, EFSlg 68.951 (alle: „kein Verlassenschaftsstück").
133 Vgl OGH 1 Ob 257/72, SZ 45/133; LGZ Wien 45 R 490/80, EFSlg 36.081; *Weiß/Ferrari* in Ferrari/Likar-Peer, Erbrecht 27.
134 So vor allem *F. Bydlinski* in Rummel[3] I § 7 Rz 13; vgl *dens* in Kanzian/Quitterer/Runggaldier, Persons 349; ferner *Aichhorn*, Das Recht der Lebenspartnerschaften 367; OGH 7 Ob 225/99k, JBl 2000, 110; dagegen spricht *Edlbacher*, ÖJZ 1965, 451, 452 f von Gewohnheitsrecht.
135 OGH 1 Ob 257/72, SZ 45/133; 7 Ob 225/99k, JBl 2000, 110; OLG Wien 17 R 169/92, EFSlg 68.951; *Aichhorn*, Das Recht der Lebenspartnerschaften 368; *Eccher* in Schwimann/Kodek[4] III § 531 Rz 58; *Weiß/Ferrari* in Ferrari/Likar-Peer, Erbrecht 27; vgl auch *Welser* in Rummel/Lukas[4] § 531 Rz 14; *Apathy* in KBB[4] § 531 Rz 8; *Koziol/Welser/Zöchling-Jud*[14] II Rz 1864; *Edl-*

zum Ausdruck gebracht worden sein.¹³⁶ Es genügt auch der mutmaßliche¹³⁷ oder hypothetische Wille.¹³⁸ Aus dem Willen des Verstorbenen kann sich auch ergeben, dass ein bestimmter Angehöriger nicht berechtigt sein soll, über die Bestattung zu bestimmen.¹³⁹ Subsidiär entscheiden die nächsten Angehörigen.¹⁴⁰ Dabei wird in der Regel dem überlebenden Ehegatten der Vorrang vor anderen Angehörigen eingeräumt.¹⁴¹ Maßgeblich ist aber stets das wirkliche Naheverhältnis, sodass jeweils die Verhältnisse des Einzelfalls entscheiden.¹⁴² Auf die Erbeneigenschaft der betreffenden Person kommt es nach hA nicht an.¹⁴³ Dem ist nur mit der Einschränkung zuzustimmen, dass das Vorliegen einer Erbunwürdigkeit oder eine Enterbung in der Regel auf den Willen des Verstorbenen schließen lassen, dass die betreffende Person kein Recht zur Totenfürsorge haben soll. Sowohl der Wille des Verstorbenen als auch der Wille der Angehörigen sind nur innerhalb der öffentlich-rechtlichen Rahmenbedingungen zum Friedhofs- und Bestattungswesen beachtlich.¹⁴⁴ Auch über Umbettung oder Exhumierung entscheidet primär der Wille des Verstorbenen.¹⁴⁵ Ist ein Wille nicht feststellbar, so

---

bacher, ÖJZ 1965, 453; zur Überlassung des Leichnams an ein anatomisches Institut OGH 7 Ob 62/00v; 1 Ob 222/12x, iFamZ 2013/97 (*Reiter*) („Vermächtnis der Körperspende"); *Stabentheiner* in Fenyves/Kerschner/Vonkilch, ABGB³ (Klang) § 285 Rz 8; vgl dazu auch *Bernat*, in Knoblauch/ Esser/Groß/Tag/Kahl, Der Tod, der tote Körper und klinische Sektion 217 ff.

¹³⁶ OGH 1 Ob 257/72, SZ 45/133; 7 Ob 225/99k, JBl 2000, 110; 1 Ob 222/12x, iFamZ 2013/97 (*Reiter*); OLG Wien 17 R 169/92, EFSlg 68.951; *Aichhorn*, Das Recht der Lebenspartnerschaften 368; *Apathy* in KBB⁴ § 531 Rz 8.

¹³⁷ OGH 1 Ob 257/72, SZ 45/133; OLG Wien 5 R 129/78, EFSlg 31.434.

¹³⁸ OGH 1 Ob 257/72, SZ 45/133; 7 Ob 225/99k, JBl 2000, 110; 1 Ob 222/12x, iFamZ 2013/97 (*Reiter*); vgl auch OLG Wien 17 R 169/92, EFSlg 68.951 (mit dem Hinweis auf § 914); *Aichhorn*, Das Recht der Lebenspartnerschaften 368 f; *Welser* in Rummel/Lukas⁴ § 531 Rz 14; *Eccher* in Schwimann/Kodek⁴ III § 531 Rz 58; *Apathy* in KBB⁴ § 531 Rz 8; *Weiß/Ferrari* in Ferrari/Likar-Peer, Erbrecht 27; *Koziol/Welser/Zöchling-Jud*¹⁴ II Rz 1864.

¹³⁹ OGH 1 Ob 257/72, SZ 45/133; OLG Wien 5 R 129/78, EFSlg 31.434; 17 R 169/92, EFSlg 68.951.

¹⁴⁰ OGH 1 Ob 257/72, SZ 45/133; 7 Ob 62/00v; 1 Ob 222/12x, iFamZ 2013/97 (*Reiter*); OLG Wien 5 R 129/78, EFSlg 31.434; 17 R 169/92, EFSlg 68.951; LGZ Wien 45 R 490/80, EFSlg 36.081; *Aichhorn*, Das Recht der Lebenspartnerschaften 369; *Welser* in Rummel/Lukas⁴ § 531 Rz 14; *Eccher* in Schwimann/Kodek⁴ III § 531 Rz 58; *Apathy* in KBB⁴ § 531 Rz 8; *Weiß/Ferrari* in Ferrari/Likar-Peer, Erbrecht 27; *Koziol/Welser/Zöchling-Jud*¹⁴ II Rz 1864; vgl auch *Edlbacher*, ÖJZ 1965, 453 f; *Stabentheiner* in Fenyves/Kerschner/Vonkilch, ABGB³ (Klang) § 285 Rz 8.

¹⁴¹ OGH 1 Ob 257/72, SZ 45/133; 7 Ob 225/99k, JBl 2000, 110; OLG Wien 5 R 129/78, EFSlg 31.434; LGZ Wien 45 R 490/80, EFSlg 36.081; *Aichhorn*, Das Recht der Lebenspartnerschaften 369; *Eccher* in Schwimann/Kodek⁴ III § 531 Rz 58; *Apathy* in KBB⁴ § 531 Rz 8; vgl auch *Welser* in Rummel/Lukas⁴ § 531 Rz 14; *Edlbacher*, ÖJZ 1965, 454.

¹⁴² OGH 7 Ob 225/99k, JBl 2000, 110; *Aichhorn*, Das Recht der Lebenspartnerschaften 369; *Welser* in Rummel/Lukas⁴ § 531 Rz 14; vgl auch *Edlbacher*, ÖJZ 1965, 454.

¹⁴³ OGH 1 Ob 257/72, SZ 45/133; 7 Ob 225/99k, JBl 2000, 110; OLG Wien 17 R 169/92, EFSlg 68.951; LGZ Wien, 45 R 490/80 EFSlg 36.081; *Aichhorn*, Das Recht der Lebenspartnerschaften 368 f; *Stabentheiner* in Fenyves/Kerschner/Vonkilch, ABGB³ (Klang) § 285 Rz 8; *Welser* in Rummel/Lukas⁴ § 531 Rz 14; *Eccher* in Schwimann/Kodek⁴ III § 531 Rz 58; *Apathy* in KBB⁴ § 531 Rz 8; *Koziol/Welser/Zöchling-Jud*¹⁴ II Rz 1864; vgl auch *Edlbacher*, ÖJZ 1965, 453.

¹⁴⁴ Vgl OGH 1 Ob 257/72, SZ 45/133; 7 Ob 225/99k, JBl 2000, 110; LGZ Wien 45 R 490/80, EFSlg 36.081; OLG Wien 5 R 129/78, EFSlg 31.434; 17 R 169/92, EFSlg 68.951; *Aichhorn*, Das Recht der Lebenspartnerschaften 368.

¹⁴⁵ OGH 7 Ob 225/99k, JBl 2000, 110; *Apathy* in KBB⁴ § 531 Rz 8.

kommt die Umbettung einer beigesetzten Leiche aus Respekt vor der Ruhe des Toten nur bei Vorliegen besonderer Gründe in Betracht.[146] Der Wunsch des überlebenden Ehegatten, das Grab mit dem Verstorbenen zu teilen, ist dafür in der Regel ausreichend, sofern die Ehegatten nicht in Feindschaft zueinander standen oder sich entfremdet hatten.[147]

Die Grundsätze werden freilich zum Teil durch Bestimmungen in den **Bestattungsgesetzen der Länder** überlagert.[148] Sie regeln die Art der Bestattung und entsprechen insoweit zwar grundsätzlich den aus § 7 abgeleiteten Regeln (soeben Rz 37); sie präzisieren oder modifizieren diese Regeln jedoch. Grundsätzlich ist auch in den Landesgesetzen anerkannt, dass die Art der Bestattung in der Regel nach dem Willen des Verstorbenen vorzunehmen ist.[149] Subsidiär entscheiden die nahen Angehörigen[150] oder auch die Personen, die mit dem Verstorbenen vor dem Tod im gemeinsamen Haushalt gelebt haben.[151] Gelegentlich wird die Entscheidung über die Bestattungsart auch demjenigen eingeräumt, der die Bestattung „beauftragt" hat.[152] Gegen die Gesetzgebungszuständigkeit der Länder für diese Fragen werden mit plausiblen Erwägungen verfassungsrechtliche Bedenken erhoben.[153] 38

Das Benützungsrecht an der **Grabstätte** wird überwiegend in den Bestattungsgesetzen der Länder oder in den Friedhofsordnungen[154] geregelt. Nach manchen Gesetzen handelt es sich um ein privates Recht,[155] nach anderen um ein öffentliches Recht.[156] Dementsprechend entsteht es bei privatrechtlicher Einordnung durch Vertrag,[157] sonst durch Verwaltungsakt.[158] Nach hA ist das Benützungsrecht nicht Gegenstand der Verlassenschaftsabhandlung.[159] Der Rechtsübergang auf die Erben des Benützungsberechtigten ist zum Teil aus- 39

---

146 OGH 1 Ob 257/72, SZ 45/133; OLG Wien 5 R 129/78, EFSlg 31.434; *Welser* in Rummel/Lukas⁴ § 531 Rz 14; *Apathy* in KBB⁴ § 531 Rz 8; vgl zur gemeinsamen Verfügung durch die Witwe und die über die Familiengruft verfügungsberechtigten Personen OGH 1 Ob 445/54, SZ 27/179.

147 Vgl dazu OGH 1 Ob 257/72, SZ 45/133; OLG Wien 5 R 129/78, EFSlg 31.434; zustimmend *Eccher* in Schwimann/Kodek⁴ III § 531 Rz 58.

148 Vgl auch *Weiß/Ferrari* in Ferrari/Likar-Peer, Erbrecht 28.

149 § 20 Abs 2 Bgld LBWG; § 12 Abs 2 NÖ BstG; § 17 Abs 2 OÖ LbstG; § 15 Abs 1 Sbg LBstG; § 17 Abs 1 Stmk LbstG; § 3 Abs 2 Vbg BstG; § 28 Abs 2 WLBG.

150 § 20 Abs 2 Bgld LBWG; § 12 Abs 2 NÖ BstG; § 17 Abs 2 OÖ LbstG; § 15 Abs 1 Sbg LBstG; § 17 Abs 1 Stmk LbstG; § 3 Abs 2 Vbg BstG; ebenso § 14 Abs 2 K-BStG, der den Willen des Verstorbenen nicht ausdrücklich erwähnt.

151 § 14 Abs 2 K-BStG.

152 § 28 Abs 2 WLBG.

153 *Aichhorn*, Das Recht der Lebenspartnerschaften 370.

154 Vgl die Verweisung auf die Friedhofsordnungen in § 26 K-BStG, § 24 Abs 2 NÖ BstG sowie § 34 Abs 2 OÖ LbstG.

155 § 34 Abs 3 OÖ LbstG; § 27 Abs 1 WLBG.

156 § 35 Abs 1 Bgld LBWG; § 27 Abs 1 NÖ BstG; § 29 Abs 1 Sbg LBstG.

157 Undifferenziert für Rechtsbegründung durch Vertragsschluss OGH 6 Ob 165/66, EvBl 1966/470.

158 § 35 Abs 1 Bgld LBWG; § 29 Abs 1 Sbg LBstG; vgl auch § 26 Abs 3 NÖ BstG sowie § 38 Abs 1 Vbg BstG (Entstehung durch Bescheid).

159 OGH 6 Ob 165/66, EvBl 1966/470; *Welser* in Rummel/Lukas⁴ § 531 Rz 17; *Apathy* in KBB⁴ § 531 Rz 7; *Weiß/Ferrari* in Ferrari/Likar-Peer, Erbrecht 29; *Koziol/Welser/Zöchling-Jud*¹⁴ II Rz 1865.

drücklich vorgesehen;¹⁶⁰ manchmal wird nahen Angehörigen ein Eintrittsrecht gewährt.¹⁶¹ Die Übertragung unter Lebenden ist meist auf nahe Angehörige beschränkt¹⁶² oder Zustimmungsvorbehalten unterworfen.¹⁶³ Subsidiär können nach der Rsp Pietätsrücksichten maßgebend sein.¹⁶⁴

ccc) Gesetzliche Vertretung

40 Unvererblich sind die aufgrund des Gesetzes bestehenden Vertretungsverhältnisse, die wegen der vollständigen oder teilweisen Geschäftsunfähigkeit bestehen; dies gilt sowohl für den Tod der geschäftsunfähigen Person als auch für den Tod des Vertreters. Im Einzelnen gilt die Unvererblichkeit für die **Obsorge** der Eltern für ihre Kinder (vgl § 178 Abs 1), für die Obsorge durch eine andere Person (vgl § 226 aE)¹⁶⁵ und für die **Sachwalterschaft** (vgl § 278 Abs 1 und Abs 2 S 3).¹⁶⁶ Auch die **gesetzliche Vertretung** einer volljährigen Person **durch einen nächsten Angehörigen** ist für beide Teile unvererblich, weil sie auf einem typisierten Naheverhältnis zwischen den Beteiligten beruht (zur Vorsorgevollmacht Rz 42). Durch den Tod erlöschen nicht nur die Vertretungsbefugnis als solche, sondern auch die übrigen Rechtsbeziehungen im Innenverhältnis. Aus dieser Rechtslage folgt beispielsweise, dass die Eltern, der Sachwalter oder ein nächster Angehöriger nach dem Tod des Kindes oder der sonst vertretenen Person keine rechtswirksamen Handlungen für den Nachlass vornehmen können.¹⁶⁷ Vermögensrechtliche Ansprüche, die sich aus diesen Rechtsverhältnissen ergeben, wie beispielsweise Ansprüche des Vertreters auf Entschädigung und Aufwanderstz (§§ 266 f, 276) oder Ansprüche der vertretenen Person auf Schadenersatz (vgl §§ 264 f, 277) sind aktiv und passiv vererblich. Deshalb ist es konsequent, wenn die Rsp dem Erben der betroffenen Person auch das Recht einräumt, in die Rechnung des Sachwalters Einsicht zu

---

¹⁶⁰ § 37 Abs 2 Bgld LBWG; § 39 Abs 2 Vbg BstG; § 27 Abs 2 WLBG; vgl auch § 31 Abs 2 Sbg LBstG.

¹⁶¹ § 28 Abs 2 NÖ BstG.

¹⁶² § 27 Abs 3 WLBG.

¹⁶³ § 37 Abs 1 Bgld LBWG; § 28 Abs 1 NÖ BstG; 31 Abs 1 Sbg LBstG; vgl auch § 39 Abs 1 Vbg BstG.

¹⁶⁴ OGH 6 Ob 165/66, EvBl 1966/470; zustimmend *Welser* in Rummel/Lukas⁴ § 531 Rz 17; *Koziol/Welser/Zöchling-Jud*¹⁴ II Rz 1865; zur Widmung einer Grabstätte als „Verfügung familienrechtlicher Natur" OGH 1 Ob 158/67, EvBl 1968/190.

¹⁶⁵ Vgl *Kathrein* in Fenyves/Kerschner/Vonkilch, ABGB³ (Klang) § 253 Rz 11.

¹⁶⁶ Zum Erlöschen der Sachwalterschaft durch den Tod der betroffenen Person *Barth/Ganner*, Grundlagen des materiellen Sachwalterrechts, in Barth/Ganner (Hrsg), Handbuch des Sachwalterrechts² (2010) 137; *Weitzenböck* in Schwimann/Kodek Ia § 278 Rz 9; *Apathy* in Schwimann/Kodek⁴ IV § 1022 Rz 6; ebenso zu § 283 iVm § 249 ABGB aF OGH 3 Ob 177/01b, EFSlg 96.859; 1 Ob 2316/96h, EFSlg 96.860.

¹⁶⁷ Zutreffend deshalb der Hinweis bei *Weitzenböck* in Schwimann/Kodek Ia § 278 Rz 9, dass der Sachwalter nach dem Tod der pflegebefohlenen Person nicht mehr über deren Konten verfügen darf; zustimmend *Barth/Ganner*, Grundlagen des materiellen Sachwalterrechts, in Barth/Ganner (Hrsg), Handbuch des Sachwalterrechts² (2010) 137 FN 620; ebenso OGH 3 Ob 177/01b, EFSlg 96.859.

nehmen,[168] weil es sich dabei um ein Hilfsrecht zur Informationsgewinnung und Überprüfung solcher Ansprüche handelt.

bb) Allgemeines Vertragsrecht

Eine **Offerte** (Anbot) erlischt weder durch den Tod des Offerenten noch durch den Tod des Oblaten; anderes gilt nur, wenn „ein anderer Wille des Antragstellers aus den Umständen hervorgeht" (§ 862 S 4). **41**

Wegen des Vertrauensverhältnisses zwischen den Beteiligten erlischt eine **Vollmacht** in der Regel durch den Tod sowohl des Vollmachtgebers als auch des Bevollmächtigten (§ 1020). Dieser Grundsatz gilt jedoch nur „in der Regel", weshalb eine Bevollmächtigung über den Tod hinaus möglich ist[169] (vgl auch zum Auftrag unten Rz 47). Auch eine Vorsorgevollmacht (§§ 284f ff) kann in der Weise erteilt werden, dass sie auch noch nach dem Tod des Vollmachtgebers wirkt.[170] Für bestimmte Vollmachten ergibt sich der Fortbestand nach dem Tod bereits unmittelbar aus dem Gesetz: Dies gilt namentlich für die Prokura (§ 54 Abs 3 UGB) und die Handlungsvollmacht (§ 58 Abs 3 UGB), die jeweils den Tod des Vollmachtgebers (Unternehmer bzw Klient), nicht aber den Tod des Bevollmächtigten überdauern.[171] Zur Prozessvollmacht Rz 91. **42**

b) Verjährung

Der Tod des Erblassers unterbricht die Verjährung nicht; gleichgültig, ob der Erblasser Gläubiger oder Schuldner war. Eine für oder gegen den Erblasser laufende Verjährungsfrist wird vom Erben grundsätzlich nahtlos fortgesetzt (§ 1493 S 2).[172] Die herrschende, wenngleich umstrittene Ansicht, die vor allem in der Rsp vertreten wird, wendet aber **§ 1494** auf den **unvertretenen Nachlass** analog an.[173] Hiernach ist die zu Lasten des Nachlasses laufende Verjährungsfrist gehemmt, solange für diesen kein Vertreter vorhanden ist. Zumindest für die üblichen Verjährungsfristen in der Dauer von drei Jahren und **43**

---

[168] OGH 4 Ob 2316/96h, EFSlg 96.860; zum Rechnungslegungsanspruch gegen den rechtsgeschäftlich Beauftragten 6 Ob 222/13k, NZ 2015/25 (mit dem Hinweis auf die Schranke der Rechnungslegungspflicht, die durch Tatsachen höchstpersönlicher Natur gezogen wird).

[169] Vgl etwa OGH 3 Ob 508/91, SZ 64/13; 1 Ob 28/02b, RdW 2002/539, 595; *Strasser* in Rummel[3] I §§ 1020–1026 Rz 21; zum Fortbestand der Vollmacht eines berufsmäßigen Hausverwalters 7 Ob 129/68, SZ 41/75.

[170] Vgl auch den Fall OGH 3 Ob 154/08f, iFamZ 2009/116, 155 (*Schauer*), wo der OGH jedoch gerade umgekehrt eine auf den Todesfall erteilte Vollmacht nicht als wirksame Vorsorgevollmacht gelten ließ.

[171] Zum Erlöschen der Prokura durch den Tod des Prokuristen *Schinko* in Straube, UGB[4] I § 52 Rz 7; *Jabornegg/Strasser* in Jabornegg/Artmann, UGB[2] I § 52 Rz 36.

[172] Vgl *Mader/Janisch* in Schwimann[3] VI § 1493 Rz 5; *Dehn* in KBB[4] § 1493 Rz 1.

[173] OGH 5 Ob 606/89, SZ 62/143; 4 Ob 258/98i, SZ 71/87; 5 Ob 212/04v, EvBl 2005/86; in der L vor allem *Ch. Huber*, JBl 1985, 474 f; zustimmend *Vollmaier* in Fenyves/Kerschner/Vonkilch, ABGB[3] (Klang) § 1494 Rz 7; *Dehn* in KBB[4] § 1494 Rz 2; aA *Eypeltauer*, Entscheidungsanmerkung zu 5 Ob 606/89, JBl 1990, 117 ff; *Graf*, Wider die Anwendung des § 1494 ABGB auf den unvertretenen Nachlaß!, JBl 1997, 562 ff; wohl auch *Mader/Janisch* in Schwimann[3] VI § 1494 Rz 1; ohne eigene Stellungnahme *M. Bydlinski* in Rummel[3] II § 1494 Rz 1.

von dreißig Jahren wendet die Jud zugunsten des Nachlasses auch die in § 1494 S 2 vorgesehene Zweijahresfrist an.[174] Zur besonderen Präklusivfrist für die Inanspruchnahme der Erben eines Bürgen Rz 45.

c) Schuldrecht

aa) Vertragliche Schuldverhältnisse

44 Vertragliche Schuldverhältnisse und die daraus entspringenden Forderungen und Verbindlichkeiten sind in der Regel **vererblich**. Der Erbe übernimmt den Vertrag so wie er für den Erblasser bestanden hat; er kann nicht nur auf Erfüllung bestehen, sondern auch vertragsbezogene Gestaltungsrechte ausüben (Rücktritt, Anfechtung, Widerruf, Kündigung).[175] Umgekehrt sind die vom Erblasser eingegangenen Pflichten vom Erben zu erfüllen, sofern er sich nicht auf die erbrechtliche Haftungsbeschränkung berufen kann. Die Vererblichkeit gilt gleichermaßen für Zielschuldverhältnisse wie Dauerschuldverhältnisse[176] (zur erleichterten Auflösung von Dauerschuldverhältnissen jedoch Rz 27). Ein vertragliches Schuldverhältnis ist ausnahmsweise **unvererblich**, wenn es in besonderer Weise auf die Person eines Beteiligten zugeschnitten ist, sodass nach dem Parteiwillen eine Erfüllung nur durch ihn oder nur an ihn und nicht durch oder an die Erben gewollt ist (vgl zB § 955). Vor allem in Hinblick auf einen verstärkten Personenbezug des Schuldverhältnisses sind die folgenden Besonderheiten zu verstehen.

45 Die Rechte aus einem **Bürgschaftsvertrag** sind aktiv und passiv vererblich.[177] Die Möglichkeit der erbrechtlichen Haftungsbeschränkung bezieht sich auch auf Bürgschaftsverpflichtungen. War die Bürgschaft nicht durch ein Pfand oder eine Hypothek befestigt, so erlischt sie jedoch, wenn der Gläubiger innerhalb von drei Jahren nach dem Tod des Bürgen eine gerichtliche oder außergerichtliche Einmahnung unterlassen hat (§ 1367). War die Verbindlichkeit beim Tod des Bürgen noch nicht fällig, so beginnt die Frist nach hA bei Fälligkeit.[178] Die Frist ist eine Präklusivfrist;[179] die rechtzeitige Mahnung sichert die Haftung des Bürgen während der gesamten Frist, die für die Inanspruchnahme des Bürgen aus verjährungsrechtlicher Sicht offensteht.[180]

---

[174] OGH 5 Ob 212/04v, EvBl 2005/86; ebenso *Vollmaier* in Fenyves/Kerschner/Vonkilch, ABGB³ (Klang) § 1494 Rz 16; anders dagegen im Zusammenhang mit § 569 ZPO 4 Ob 258/98i, SZ 71/87; vgl auch 2 Ob 276/98x, EFSlg 90.241.

[175] *Werkusch-Christ* in Kletečka/Schauer, ABGB-ON 1.03 § 531 Rz 2; *Weiß/Ferrari* in Ferrari/Likar-Peer, Erbrecht 11.

[176] *Welser* in Rummel/Lukas⁴ § 531 Rz 5; *Weiß/Ferrari* in Ferrari/Likar-Peer, Erbrecht 11.

[177] Vgl allgemein zur passiven Vererblichkeit *Gamerith* in Rummel³ II § 1367 Rz 1; *Mader/W. Faber* in Schwimann³ VI § 1367 Rz 1.

[178] *Gamerith* in Rummel³ II § 1367 Rz 1; *Mader/W. Faber* in Schwimann³ VI § 1367 Rz 2; *P. Bydlinski/Koch* in KBB⁴ § 1367 Rz 1; *Koziol/Welser/Zöchling-Jud*¹⁴ II Rz 679.

[179] *Gamerith* in Rummel³ II § 1367 Rz 1; *Mader/W. Faber* in Schwimann³ VI § 1367 Rz 1; vgl auch OGH 3 Ob 549/80, SZ 53/91; kritisch *P. Bydlinski/Koch* in KBB⁴ § 1367 Rz 2.

[180] *Gamerith* in Rummel³ II § 1367 Rz 2; *Mader/W. Faber* in Schwimann³ VI § 1367 Rz 3; vgl auch OGH 3 Ob 549/80, SZ 53/91; zur Verjährung der Bürgenhaftung im Allgemeinen *Gamerith* in Rummel³ II § 1363 Rz 2 f; *Mader/W. Faber* in Schwimann³ VI § 1363 Rz 2 f.

§ 1367 ist nicht auf die Haftung des Mitschuldners[181] und die Wechselbürgschaft[182] anzuwenden.

Das **Wiederkaufsrecht** ist auf Lebenszeit des Verkäufers (Wiederkaufsberechtigter) beschränkt (§ 1070). Auch das **Vorkaufsrecht** kann höchstens auf die Lebenszeit des Berechtigten erstreckt werden. Dies gilt sowohl bei bloß schuldrechtlicher Bindung als auch bei Verbücherung des jeweiligen Rechts. Durch die Beschränkungen sollen ewige Vermögensbindungen verhindert werden. Aus den genannten Bestimmungen ergibt sich jedoch nur eine aktive Unvererblichkeit; beim Tod des Käufers (Wiederverkäufer) bzw des Eigentümers der mit dem Vorkaufsrecht belasteten Sache gehen die Gestaltungsbefugnisse, die sich aus dem jeweiligen Recht ergeben, auf die Erben über.[183]

46

Der **Auftrag** (Geschäftsbesorgung) erlischt in der Regel sowohl durch den Tod des Auftraggebers als auch durch den Tod des Beauftragten. Dies beruht auf dem Vertrauensverhältnis, das zwischen den Beteiligten typischerweise besteht. Hiervon unberührt bleibt jedoch die Verpflichtung des Beauftragten, das angefangene Geschäft fortzusetzen, wenn es sich ohne offenbaren Nachteil für die Erben nicht unterbrechen lässt.[184] Rechtsgrundlage für die Beendigung ist der auch für die Vollmacht geltende § 1022 (dazu bereits Rz 42). Die Bestimmung ist jedoch nicht zwingend. Deshalb kann ein Auftragsvertrag vereinbarungsgemäß auch den Tod einer Vertragspartei überdauern[185] oder gerade auf den Tod des Auftraggebers erteilt werden (mandatum post mortem).[186] Ein Auftrag auf den Todesfall liegt regelmäßig der Testamentsvollstreckung zugrunde.[187] Eine analoge Anwendung des § 52 Abs 3 und des § 58 Abs 3 UGB rechtfertigt die Annahme, dass der Tod des Unternehmers ein mit dem Prokuristen oder mit dem Handlungsbevollmächtigten geschlossenes Auftragsverhältnis unberührt lässt.[188] Vererblich sind einzelne dem Auftragsverhältnis entspringende Ansprüche, wie zB der Anspruch des Beauftragten auf Entlohnung, und der Anspruch auf Rechnungslegung.[189]

47

Mietverträge sind nach dem Tod des Vermieters und des Mieters vererblich (§ 1116a S 1). Ein verbüchertes Bestandrecht kann deshalb nach dem Tod

48

---

181 *Gamerith* in Rummel³ II § 1367 Rz 4; *Mader/W. Faber* in Schwimann³ VI § 1367 Rz 4; für die Anwendbarkeit der Bestimmung auf den Bürgen und Zahler wegen des Außerkrafttretens des HfD durch das 1. BRBG (BGBl I 1999/191) *Mader/W. Faber* in Schwimann³ VI § 1367 Rz 4; vgl auch *P. Bydlinski/Koch* in KBB⁴ § 1367 Rz 3; aA offenbar *Gamerith* in Rummel³ II § 1367 Rz 4 und ebenso noch OGH 3 Ob 549/80, SZ 53/91.
182 OGH 3 Ob 549/80, SZ 53/91; *Gamerith* in Rummel³ II § 1367 Rz 4; *Mader/W. Faber* in Schwimann³ VI § 1367 Rz 4; zweifelnd *P. Bydlinski/Koch* in KBB⁴ § 1367 Rz 3.
183 Vgl auch *Weiß/Ferrari* in Ferrari/Likar-Peer, Erbrecht 6, 19.
184 Vgl *Apathy* in Schwimann/Kodek⁴ IV § 1022 Rz 3.
185 OGH 3 Ob 508/91, SZ 64/13; 1 Ob 28/02b, RdW 2002/539, 595; *Strasser* in Rummel³ I §§ 1020–1026 Rz 26; vgl zum Fortbestand des Auftrags eines berufsmäßigen Hausverwalters 7 Ob 129/68, SZ 41/75.
186 Näher *Strasser* in Rummel³ I §§ 1020–1026 Rz 27; vgl auch OGH 3 Ob 508/91, SZ 64/13; 5 Ob 28/69, SZ 42/51; *Weiß/Ferrari* in Ferrari/Likar-Peer, Erbrecht 20 f.
187 *Weiß/Ferrari* in Ferrari/Likar-Peer, Erbrecht 21; vgl auch *Strasser* in Rummel³ I §§ 1020–1026 Rz 27; *Apathy* in Schwimann/Kodek⁴ IV § 1022 Rz 4.
188 *S. Bydlinski* in Krejci, Reformkommentar UGB § 52 Rz 1, § 58 Rz 3.
189 OGH 6 Ob 222/13k, NZ 2015/25.

des Mieters nicht gelöscht werden[190]. Auch ein vertraglich begründetes Präsentationsrecht, durch das dem Mieter das Recht eingeräumt wird, vom Vermieter den Vertragsabschluss mit einem von ihm namhaft gemachten Dritten zu verlangen, ist mangels einer gegenteiligen Vereinbarung vererblich.[191] Bei einer Wohnungsmiete können jedoch nach dem Tod des Mieters sowohl der Vermieter als auch die Erben des Mieters ohne Rücksicht auf die vereinbarte Dauer unter Einhaltung der gesetzlichen Kündigungsfrist aufgelöst werden (§ 1116a S 2). Das Kündigungsrecht des Vermieters beruht auf dem verstärkten Personenbezug des Mietvertrags auf Mieterseite, weil die Erben des Mieters mit dem Mietgegenstand möglicherweise weniger pfleglich umgehen als der Mieter.[192] Durch das Kündigungsrecht der Erben trägt das Gesetz dem möglicherweise fehlenden Bedarf dieser Personen Rechnung, weshalb die fortdauernde Bindung an den Mietvertrag einen unverhältnismäßigen Eingriff in ihre Privatautonomie darstellt[193] (vgl bereits Rz 27).

49 Unterliegt der Mietvertrag dem **MRG**, so ist zu unterscheiden: Handelt es sich um einen Vertrag über eine Wohnungsmiete und sind eintrittsberechtigte Personen mit dringendem Wohnbedürfnis vorhanden, so geht der Vertrag durch Sonderrechtsnachfolge auf sie über (§ 14 MRG). Gibt es keine eintrittsberechtigten Personen, so kann der Vermieter den Vertrag kündigen (§ 30 Abs 2 Z 5 MRG[194]); die Kündigung ist gegen den ruhenden Nachlass bzw die Erben zu richten. Freilich steht auch den Erben das außerordentliche Kündigungsrecht gemäß § 1116a zu. Auch bei der Geschäftsraummiete hat der Tod des Mieters keine unmittelbaren Auswirkungen auf das Mietverhältnis. Der Vermieter kann den Vertrag jedoch kündigen, wenn die vermieteten Räumlichkeiten nicht mehr zur vertraglich vereinbarten oder einer gleichwertigen Tätigkeit regelmäßig verwendet werden (§ 30 Abs 2 Z 7 MRG). Der Tod des Vermieters stellt bei Verträgen im Anwendungsbereich des MRG niemals einen ipso iure wirkenden Kündigungsgrund dar. Ein Eigenbedarf, der bei den Erben besteht, könnte jedoch eine Kündigung gemäß § 30 Abs 2 Z 8–10 MRG rechtfertigen. Die zehnjährige Sperrfrist, die bei einer auf § 30 Abs 2 Z 8 MRG gestützten Eigenbedarfskündigung seit dem Erwerb des Miethauses durch den kündigungswilligen Vermieter verstrichen sein muss (§ 30 Abs 3 MRG), gilt beim Erwerb von Todes wegen nicht. Unterliegt der Vertrag auch dem WGG, so hat der Erbe des verstorbenen Nutzungsberechtigten keinen Anspruch auf den Baukostenbeitrag; vielmehr muss der gem § 14 MRG in den Vertrag Eintretende dem Nachlass bzw den Erben den noch nicht abgewohnten Beitragsteil ersetzen (§ 1042 analog)[194a]. Der Erbe ist berechtigt, sich die Besitzzeit des Erblassers anzurechnen.[195]

---

[190] OGH 5 Ob 258/08i.
[191] OGH 8 Ob 504/92, EvBl 1992/113; *Welser* in Rummel/Lukas⁴ § 531 Rz 5.
[192] Vgl *Fenyves*, Erbenhaftung und Dauerschuldverhältnis 311.
[193] Auch dazu *Fenyves*, Erbenhaftung und Dauerschuldverhältnis 311.
[194] Die Berufung auf andere Kündigungsgründe wird hierdurch nicht ausgeschlossen: OGH 8 Ob 504/86, MietSlg 38.197/19; 7 Ob 552/91, EvBl 1991/152 (zu § 30 Abs 2 Z 6 MRG).
[194a] OGH 6 Ob 103/15p.
[195] OGH 6 Ob 542/91, MietSlg 43.279; vgl auch für den Erwerb aufgrund eines Erbteilungsübereinkommens 4 Ob 105/98i, MietSlg 50.444/17; zustimmend *T. Hausmann* in Hausmann/Vonkilch, Wohnrecht³ § 30 MRG Rz 68; *Würth* in Rummel³ II § 30 MRG Rz 38.

Im **Kleingartenrecht** wird der Unterpachtvertrag nach dem Tod des Unter- **50** pächters (Bewirtschafter des Kleingartens) grundsätzlich aufgelöst. Es besteht jedoch ein Eintrittsrecht, das dem § 14 MRG nachgebildet ist (§ 15 KlGG)[195a]. Eintrittsberechtigt sind der Ehegatte und der eingetragene Partner (§ 43 Z 7 EPG), Verwandte in gerader Linie oder Wahlkinder des Verstorbenen sowie eine andere Person, die an der Bewirtschaftung des Kleingartens in den letzten fünf Jahren maßgeblich mitgewirkt hat. Wenn mehrere Personen vorhanden sind, die zum Kreis der eintrittsberechtigten Personen zählen, so besteht eine Hierarchie der Eintrittsrechte, bei der zunächst der Ehegatte und die Kinder[196] zum Zug kommen; innerhalb dieser Personen werden jene bevorzugt, die den Kleingarten bewirtschaftet haben. Wenn auch dann noch mehrere Personen in Betracht kommen, entscheidet der Generalpächter nach seiner Wahl, sodass der Vertrag regelmäßig nur mit einer Person fortgesetzt wird. Bei einer gemeinsamen Unterpacht durch Ehegatten, eingetragene Partner oder Lebensgefährten wird der Vertrag beim Tod eines von ihnen vom anderen Teil alleine fortgesetzt. Bei Personen, die bereits einen Kleingarten innehaben, und bei Eisenbahngrundstücken bestehen Beschränkungen des Eintrittsrechts (§ 15 Abs 3 und 4 KlGG). Auch beim Eintrittsrecht nach § 15 KlGG handelt es sich um eine Sonderrechtsnachfolge, weshalb der Unterpachtvertrag nicht in den Nachlass fällt. Freilich muss der in den Vertrag eintretende Nachfolger an den Nachlass Ersatz für die vom Erblasser getätigten Aufwendungen leisten (erforderliche Aufwendungen für die kleingärtnerische Nutzung sowie für Baulichkeiten, die den Bauvorschriften entsprechen). Die Ersatzpflicht besteht im Umfang des Aufwandersatzes, den der Unterpächter hätte ansprechen können, wenn der Vertrag im Zeitpunkt seines Todes aufgelöst worden wäre (vgl § 15 Abs 2 iVm § 16 Abs 1 KlGG). § 15 Abs 2 verweist bezüglich des Aufwandersatzes zwar nur auf § 16 Abs 1 erster S KlGG und nicht auch auf § 16 Abs 1 zweiter S KlGG, wonach der Ersatz nach dem gegenwärtigen Wert gebührt, insofern er den wirklich gemachten Aufwand nicht übersteigt. Es muss jedoch angenommen werden, dass auch diese Regel über die Höhe des Anspruchs für die Ausgleichspflicht des eintretenden Nachfolgers gilt, weil andernfalls eine Regel für die Bestimmung des Anspruchsumfangs fehlen würde. Zugleich dient die Pflicht zum Aufwandersatz dem Ausgleich der dem eintretenden Nachfolger zugeflossenen Bereicherung, deren Höhe durch § 16 Abs 1 zweiter S KlGG in sachgerechter Weise festgelegt wird. Deshalb ist auch diese Bestimmung auf die Ausgleichspflicht gemäß § 15 Abs 2 KlGG anzuwenden. Das Eintrittsrecht und die Ausgleichspflicht des Nachfolgers gelten auch für Einzelverträge, die unmittelbar zwischen dem Grundeigentümer und dem Kleingärtner geschlossen wurden (§ 18 KlGG).

Werkverträge sind in der Regel vererblich. Der Tod des Werkunterneh- **51** mers beendet jedoch den Vertrag, wenn er eine Arbeit zum Gegenstand hat, bei der es auf die besonderen persönlichen Eigenschaften des Unternehmers ankommt (§ 1171 S 1). Dies trifft zu, wenn zur Erbringung der Werkleistung spezifische Fachkenntnisse (zB Erstellung eines Gutachtens) oder künstleri-

---

[195a] Vgl jüngst OGH 6 Ob 2/14h.
[196] Zum Begriff „Kinder" OGH 1 Ob 87/10s, wobl 2011/152.

sche Fähigkeiten (zB Komposition einer Oper) erforderlich sind,[197] sodass die Leistung durch den Rechtsnachfolger nicht dem – zumindest vermuteten – Parteiwillen entspricht. Der Personenbezug des Vertrags tritt jedoch in den Hintergrund, wenn der Vertrag tendenziell auf „das Unternehmen" des Werkunternehmers zielt, sodass der Besteller mit einer persönlichen Erbringung der Werkleistung ohnehin nicht rechnen durfte. Dies trifft umso eher zu, je größer das Unternehmen des Werkunternehmers ist und je komplexer die Arbeitsteilung ausfällt, auf der seine Organisation beruht. Liegen derartige Indizien vor, so ist regelmäßig von einer Vererblichkeit des Werkvertrags auszugehen. Wenn der Werkvertrag durch den Tod des Werkunternehmers erlischt, so steht den Erben nur ein anteiliger Entgeltsanspruch zu, dessen Höhe sich nach dem Wert der erbrachten Teilleistung bemisst.[198] Durch den Tod des Werkbestellers erlischt der Werkvertrag nicht (§ 1171 S 2). Unter Umständen ist die Leistung indes so sehr auf die Person des Bestellers zugeschnitten, dass die Leistung nach seinem Tod nicht mehr erbracht werden kann (zB Anfertigung eines Portraits des Werkbestellers) oder wenigstens ihren Zweck verliert. Dabei handelt es sich um einen in der Sphäre des Bestellers liegenden Umstand, sodass nach § 1168 Abs 1 vorzugehen ist.[199] Der Werkunternehmer behält somit seinen Anspruch auf das Entgelt und muss sich eine Kürzung aus den in der Bestimmung genannten Gründen gefallen lassen.

52 **Dienstverträge** erlöschen durch den Tod des Dienstnehmers, in der Regel aber nicht durch den Tod des Dienstgebers.[200] Ist die Dienstleistung aber auf die Person des Dienstgebers zugeschnitten, wie beispielsweise bei Pflegedienstleistungen, so löst auch der Tod des Dienstgebers das Rechtsverhältnis auf.[201] Eine ausdrückliche Vereinbarung hierüber ist nach hA zulässig.[202] Vermögenswerte Ansprüche, die vor dem Tod des Dienstnehmers entstanden sind, beispielsweise Ansprüche auf Entgelt oder Abfertigung,[203] unterliegen der Erbfolge. Wird das Dienstverhältnis durch den Tod des Dienstnehmers aufgelöst, so beträgt die Abfertigung nach dem Angestelltengesetz nur die Hälfte des regulären Betrags. Der Anspruch hierauf steht den gesetzlichen Erben zu, zu deren Erhaltung der Erblasser gesetzlich verpflichtet war (§ 23 Abs 6 AngG,

---

[197] Vgl auch *Krejci* in Rummel³ I § 1171 Rz 4; *M. Bydlinski* in KBB⁴ § 1171 Rz 2.

[198] Vgl dazu *Krejci* in Rummel³ I § 1171 Rz 5; *Rebhahn/Kietaibl* in Schwimann/Kodek⁴ V § 1171 Rz 5; *M. Bydlinski* in KBB⁴ § 1171 Rz 2.

[199] *Krejci* in Rummel³ I § 1171 Rz 8; *Rebhahn/Kietaibl* in Schwimann/Kodek⁴ V § 1171 Rz 6; vgl auch *M. Bydlinski* in KBB⁴ § 1171 Rz 1.

[200] OGH 4 Ob 91/77, SZ 50/103; *Weiß/Ferrari* in Ferrari/Likar-Peer, Erbrecht 15; vgl auch *Welser* in Rummel/Lukas⁴ § 531 Rz 10; *Eccher* in Schwimann/Kodek⁴ III § 531 Rz 27; *Pfeil* in Schwimann/Kodek⁴ V § 1158 Rz 33; *Heidinger* in Schwimann³ VI § 1448 Rz 3.

[201] Vgl OGH 4 Ob 91/77, SZ 50/103; *Krejci* in Rummel³ I §§ 1158–1159c Rz 115 ff; *Eccher* in Schwimann/Kodek⁴ III § 531 Rz 27; *Werkusch-Christ* in Klete čka/Schauer, ABGB-ON 1.03 § 531 Rz 8; *Weiß/Ferrari* in Ferrari/Likar-Peer, Erbrecht 15; *Koziol/Welser/Zöchling-Jud*¹⁴ II Rz 1853; ferner *Pfeil* in Schwimann/Kodek⁴ V § 1158 Rz 33, der in diesem Fall den Eintritt einer auflösenden Bedingung annimmt.

[202] *Weiß/Ferrari* in Ferrari/Likar-Peer, Erbrecht 15; vgl auch *Krejci* in Rummel³ I §§ 1158–1159c Rz 116.

[203] *Eccher* in Schwimann/Kodek⁴ III § 531 Rz 30.

ebenso § 22 Abs 6 GAngG, § 17 Abs 4 HGHAngG).[204] Dabei handelt es sich um eine Sonderrechtsnachfolge, durch die die Nachlasszugehörigkeit der Abfertigung vermieden wird.[205] Ähnliche Sonderrechtsnachfolgen sind für die Abfertigung nach dem Betrieblichen Mitarbeitervorsorgegesetz (§ 14 Abs 5 BMSVG[206]) und für den Todfallsbeitrag der Pharmazeutischen Gehaltskasse (§ 34 Gehaltskassengesetz 2002[207]) vorgesehen. Ein Urlaubsanspruch erlischt, wenn das Arbeitsverhältnis durch den Tod des Arbeitnehmers endet;[208] der Anspruch auf die entsprechende Ersatzleistung geht jedoch auf die Erben über (§ 10 Abs 5 UrlG; vgl auch § 10 Abs 2 BUAG). Dies geschieht durch erbrechtliche Gesamtrechtsnachfolge, sodass der Anspruch auch Nachlassbestandteil ist.[209]

Das Bezugsrecht aufgrund einer **Leibrente** ist regelmäßig mit der Lebenszeit des Gläubigers befristet; die Bezugsdauer kann durch Vereinbarung auch auf das Leben eines Dritten bezogen werden (§ 1285). Ansprüche auf Einzelleistungen, die vor dem Tod des Berechtigten entstanden sind, sind vererblich. Auf der Seite des Schuldners ist die Leibrente vererblich. 53

Auch für die Vererblichkeit von **Versicherungsverträgen** bestehen keine besonderen Bestimmungen. Vertragliche Regelungen sind grundsätzlich möglich.[210] In ihrer Ermangelung muss das Schicksal des Vertrags aus allgemeineren Grundsätzen abgeleitet werden. Hiernach gilt Folgendes:[211] Personenversicherungen (Lebens-, Unfall- und Krankenversicherungen) erlöschen mit dem Tod des Risikoträgers (§ 68 Abs 5 VersVG); eine Kündigung ist nicht erforderlich. Bei der Haftpflichtversicherung unterscheidet die hA nach dem Personenbezug und dem Sachbezug des versicherten Risikos. Personenbezogene Haftpflichtversicherungen, wie beispielsweise die Berufshaftpflichtversicherung, erlöschen mit dem Tod der versicherten Person; sachbezogene Haftpflichtversicherungen, zu denen etwa die Kfz-Haftpflichtversicherung und die Betriebshaftpflichtversicherung zählen, sind wegen des Übergangs der Gefahrenquelle als vererblich zu betrachten. Sachversicherungsverträge gehen regelmäßig auf die Erben über. Ob ein auf die Erben übergeleiteter Versicherungsvertrag vorzeitig gekündigt werden kann, ist strittig.[212] Richtigerweise ist dem Versicherer ein Kündigungsrecht in Analogie zu § 70 VersVG einzuräumen, weil für ihn eine Interessenlage besteht, die der in §§ 69 ff VersVG geregelten Konstel- 54

---

[204] Zu den Anspruchsberechtigten ausführlich *Holler*, ÖJZ 1980, 374 ff.
[205] Vgl *Welser* in Rummel/Lukas⁴ § 531 Rz 10; *Eccher* in Schwimann/Kodek⁴ III § 531 Rz 30; *Kralik*, Erbrecht 18; *Holler*, ÖJZ 1980, 373 f; vgl auch *Heidinger* in Schwimann³ VI § 1448 Rz 3; *Koziol/Welser/Zöchling-Jud*¹⁴ II Rz 1854.
[206] BGBl I 2002/100.
[207] BGBl I 2001/154.
[208] *Apathy* in KBB⁴ § 531 Rz 4; vgl auch *Welser* in Rummel/Lukas⁴ § 531 Rz 10; *Eccher* in Schwimann/Kodek⁴ III § 531 Rz 29; *Kralik*, Erbrecht 14.
[209] So zu § 10 Abs 2 BUAG *Bonimaier*, NZ 1990, 63.
[210] Vgl *Fenyves* in Wertung und Interessenausgleich im Recht 68; *Weiß/Ferrari* in Ferrari/Likar-Peer, Erbrecht 13.
[211] Dazu näher *Fenyves* in Wertung und Interessenausgleich im Recht 69 ff; vgl auch *Schauer*, Versicherungsvertragsrecht³ 308 f; *Werkusch-Christ* in Kletečka/Schauer, ABGB-ON 1.03 § 531 Rz 9; *Weiß/Ferrari* in Ferrari/Likar-Peer, Erbrecht 13 f; *Koziol/Welser/Zöchling-Jud*¹⁴ II Rz 1855 ff.
[212] Dazu näher *Schauer*, Das österreichische Versicherungsvertragsrecht³ (1995) 309 f; aA *Fenyves* in Wertung und Interessenausgleich im Recht 79 ff, 87 ff; gegen jegliches Kündigungsrecht *Palten* in Fenyves/Schauer, VersVG § 69 Rz 18.

lation vergleichbar ist: Wie bei der Veräußerung der versicherten Sache erhält der Versicherer auch hier aufgrund des erbrechtlichen Übergangs des versicherten Risikos einen neuen Vertragspartner, den er durch die Kündigung des Vertrags zurückweisen kann. Dem Erben ist dagegen kein Kündigungsrecht in Analogie zu § 70 VersVG einzuräumen, weil er den Vertrag als Gesamtrechtsnachfolger des Erblassers fortsetzt.

55 Ein Anspruch aus einem Versicherungsvertrag wegen eines bereits zu Lebzeiten des Erblassers **eingetretenen Versicherungsfalls** ist stets vererblich und fällt in den Nachlass.[213]

56 Bei der **Lebensversicherung** und der Unfallversicherung ist die Einsetzung eines **Bezugsberechtigten** möglich (§§ 166 f, 180 VersVG). Dadurch wird ein Vertrag zugunsten Dritter begründet. Die Einsetzung des Dritten kann bereits anlässlich des Vertragsabschlusses erfolgen (arg § 166 Abs 1 S 2 VersVG). Sie kann aber auch zu einem späteren Zeitpunkt bis zum Versicherungsfall vorgenommen werden und geschieht dann durch ein einseitiges empfangsbedürftiges Rechtsgeschäft gegenüber dem Versicherer.[214] Die hA lässt aber die Einräumung des Bezugsrechts auch auf andere Weise zu, beispielsweise eine Anordnung in der letztwilligen Verfügung.[215] Das Bezugsrecht kann widerruflich oder unwiderruflich zugewendet werden. Im Zweifel ist Widerruflichkeit anzunehmen (§ 166 Abs 1 VersVG).[216] Sind mehrere Personen als Bezugsberechtigte eingesetzt, so sind sie zu gleichen Teilen berechtigt (§ 167 Abs 1 VersVG). Nach hA erwirbt der Dritte das Recht bei widerruflicher Bezugsberechtigung erst durch den Eintritt des Versicherungsfalls; mangels einer abweichenden Vereinbarung kann er es nicht vererben, wenn er vor dem Versicherungsnehmer stirbt (§ 166 Abs 2 VersVG).[217] Die besseren Gründe sprechen indes dafür, dass der Rechtserwerb auch bei unwiderruflicher Bezugsberechtigung erst durch den Tod des Versicherungsnehmers erfolgt.[218] Bei einer Er- und Ablebensversicherung kann die Bezugsberechtigung auf den Todesfall beschränkt werden, was in der Praxis den Regelfall darstellt. Hat der Dritte das Recht erworben, so fällt der Anspruch auf Leistung der Versicherungssumme nicht in den Nachlass des Versicherungsnehmers, sondern steht dem Dritten

---

[213] *Weiß/Ferrari* in Ferrari/Likar-Peer, Erbrecht 12; vgl auch *Welser* in Rummel/Lukas⁴ § 531 Rz 11; *Koziol/Welser/Zöchling-Jud*¹⁴ II Rz 1855.

[214] *Kollhosser* in Prölss/Martin, VVG²⁷ § 166 Rz 3; *Schwintowski* in Berliner Kommentar zum Versicherungsvertragsgesetz (2012) § 166 Rz 6; *Schauer*, Das österreichische Versicherungsvertragsrecht³ (1995) 470.

[215] OGH 7 Ob 18/84, SZ 57/73; *Zankl*, NZ 1985, 82 f; *Schauer*, Das österreichische Versicherungsvertragsrecht³ (1995) 470; *Koziol/Welser/Zöchling-Jud*¹⁴ II Rz 1855; vgl auch 7 Ob 19/94, SZ 67/88; 7 Ob 622, 623/95, JBl 1997, 46 (*Eccher*); *Eccher* in Schwimann/Kodek⁴ III § 531 Rz 32.

[216] Zum Widerruf der Bezugsberechtigung durch Verpfändung der Versicherungsforderung OGH 7 Ob 304/99b, SZ 73/19; 7 Ob 105/06a, JBl 2007, 243; 2 Ob 3/10w.

[217] OGH 7 Ob 21/76, SZ 49/41; 1 Ob 555/86, SZ 59/114; 7 Ob 254/99z, SZ 72/171; *Heidinger* in Schwimann³ VI § 1448 Rz 7; *Werkusch-Christ* in Kletečka/Schauer, ABGB-ON 1.03 § 531 Rz 9.

[218] *Zankl*, NZ 1985, 85 f; *Schauer*, Das österreichische Versicherungsvertragsrecht³ (1995) 471; *Koziol/Welser/Zöchling-Jud*¹⁴ II Rz 1855; anders die hA (OGH 7 Ob 21/76, SZ 49/41; 7 Ob 254/99z, SZ 72/171; *Eccher* in Schwimann/Kodek⁴ III § 531 Rz 33).

unmittelbar zu.[219] Fällt die Versicherungssumme nicht in den Nachlass, dann ist sie auch nicht zu inventarisieren.[220] Nur wenn die Einsetzung eines Bezugsberechtigten unterbleibt, wird der Anspruch auf die Versicherungssumme Nachlassbestandteil.[221] An einer wirksamen Einsetzung fehlt es auch dann, wenn die Polizze auf den Inhaber oder Überbringer lautet und der Versicherungsnehmer es unterlassen hat, unter Lebenden oder von Todes wegen über den Anspruch aus dem Versicherungsvertrag zu verfügen.[222] Trotz einer wirksamen Einsetzung eines Bezugsberechtigten fällt der Anspruch auf die Versicherungsleistung in den Nachlass, wenn der Versicherungsnehmer und der Bezugsberechtigte gleichzeitig verstorben sind.[223]

bb) Gesetzliche Schuldverhältnisse

Auch gesetzliche Schuldverhältnisse sind in der Regel **vererblich**. Dies gilt etwa für Schadenersatzansprüche (§ 1337);[224] und zwar auch dann, wenn zu Lebzeiten des Erblassers nur der Haftungsgrund verwirklicht wurde, aber der Schadenersatzanspruch noch nicht vollständig entstanden ist. Deshalb haften die Erben, wenn eine sorgfaltswidrige Handlung des Erblassers erst nach seinem Tod zum Eintritt eines Schadens führt oder wenn der Erblasser zu Lebzeiten ein fehlerhaftes Produkt in den Verkehr gebracht hat, wodurch dritte Personen später einen Schaden erleiden.[225] Passiv vererblich ist auch die schadenersatzrechtliche Pflicht zur Naturalrestitution.[226] In neuerer Zeit ist einhellig anerkannt, dass auch der Anspruch auf Schmerzengeld gemäß § 1325 ohne weitere Voraussetzungen aktiv vererblich ist.[227] Vererblich sind ferner Ansprüche aus ungerechtfertigter Bereicherung sowie aus Geschäftsführung ohne Auftrag.

57

---

[219] OGH 7 Ob 622, 623/95, JBl 1997, 46 (*Eccher*); *Welser* in Rummel/Lukas⁴ § 531 Rz 11; *Eccher* in Schwimann/Kodek⁴ III § 531 Rz 5, 32; *Werkusch-Christ* in Kletečka/Schauer, ABGB-ON 1.03 § 531 Rz 9; *Weiß/Ferrari* in Ferrari/Likar-Peer, Erbrecht 12; *Koziol/Welser/Zöchling-Jud*¹⁴ II Rz 1855; *Zankl*, NZ 1985, 83 f; vgl auch 7 Ob 647, 648/86, NZ 1987, 331 (*Zankl*); 4 Ob 136/97x, JBl 1997, 663; 7 Ob 158/98f, NZ 2000, 116.

[220] OGH 7 Ob 622, 623/95, JBl 1997, 46 (*Eccher*), dazu ausführlich auch *Schumacher*, NZ 1997, 381 (beide noch auf der Grundlage des AußStrG 1854; gemäß § 166 AußStrG 2005 wäre jedoch ebenso zu entscheiden).

[221] OGH 7 Ob 18/84, SZ 57/73; 7 Ob 19/94, SZ 67/88; 7 Ob 158/98f, NZ 2000, 116; 7 Ob 254/99z, SZ 72/171; 6 Ob 181/02i, EvBl 2003/135; *Welser* in Rummel/Lukas⁴ § 531 Rz 11; *Eccher* in Schwimann/Kodek⁴ III § 531 Rz 31; *Werkusch-Christ* in Kletečka/Schauer, ABGB-ON 1.03 § 531 Rz 9; *Weiß/Ferrari* in Ferrari/Likar-Peer, Erbrecht 13; vgl auch 7 Ob 622, 623/95, JBl 1997, 46 (*Eccher*).

[222] OGH 6 Ob 181/02i, EvBl 2003/135; 2 Ob 199/05m; 1 Ob 61/15z, EF-Z 2015/140 (Überlassung der Polizze an einen Dritten zum Zweck der Verwahrung).

[223] OGH 7 Ob 254/99z, SZ 72/171.

[224] *Welser* in Rummel/Lukas⁴ § 531 Rz 8; *Eccher* in Schwimann/Kodek⁴ III § 531 Rz 23; *Reischauer* in Rummel³ II § 1337 Rz 1; *Harrer* in Schwimann³ VI § 1337 Rz 1; *Werkusch-Christ* in Kletečka/Schauer, ABGB-ON 1.03 § 531 Rz 6; *Weiß/Ferrari* in Ferrari/Likar-Peer, Erbrecht 19; *Koziol/Welser/Zöchling-Jud*¹⁴ II Rz 1852.

[225] Vgl nur *Kralik*, Erbrecht 10.

[226] OGH 2 Ob 281/00p, SZ 73/167.

[227] Grundlegend in der Rsp OGH 6 Ob 2068/96b, SZ 69/217; ebenso *Welser* in Rummel/Lukas⁴ § 531 Rz 8; *Eccher* in Schwimann/Kodek⁴ III § 531 Rz 23; *Werkusch-Christ* in Kletečka/Schauer, ABGB-ON 1.03 § 531 Rz 6; *Apathy* in KBB⁴ § 531 Rz 1; *Reischauer* in Rummel³ II

d) Sachenrecht

58 Das **Eigentumsrecht** ist wegen seiner zentralen Funktion der Zuweisung von Vermögen vererblich.[228] Dasselbe gilt für die meisten **beschränkten dinglichen Rechte**, wie beispielsweise das Pfandrecht, das Baurecht und die Realservituten, die aktiv und passiv vererblich sind. Auch der **Besitz** ist vererblich.[229] Entgegen einer im Schrifttum geäußerten Ansicht kommt es für die Nachlasszugehörigkeit außerbücherlich übergebener Liegenschaften auf die Eigentumsverhältnisse und nicht auf die durch die Übergabe geschaffenen Umstände an.[230] Hat der Erblasser eine Liegenschaft veräußert und außerbücherlich übergeben, so zählt sie noch zum Nachlass; dies zeigt sich etwa daran, dass sie noch Vollstreckungsgegenstand für die Gläubiger des Erblassers ist. Der schuldrechtliche Vertrag, der die Übereignungsverpflichtung begründet, ist freilich von den Erben zu erfüllen.[231] Wurde umgekehrt dem Erblasser eine Liegenschaft vor seinem Tod außerbücherlich übergeben, so fällt nicht sie, sondern der Anspruch auf Übereignung in den Nachlass.

---

§ 1325 Rz 51; *Harrer* in Schwimann³ VI § 1325 Rz 91; *Koziol/Welser/Zöchling-Jud*¹⁴ II Rz 1852; vgl zuvor bereits *Jelinek*, Die Persönlichkeit des Verletzten und die Entstehung des Schmerzengeldanspruchs, JBl 1977, 13 ff; diesem folgend *Koziol*, Haftpflichtrecht² II 142; *Kralik*, Erbrecht 14 f; zur Vererblichkeit des Anspruchs nach den §§ 12 f EKHG *Schauer* in Schwimann³ VII §§ 11–13 EKHG Rz 7; 8 Ob 73/81, ZVR 1982/34; 2 Ob 149/82, ZVR 1983/327; offenbar anders für die Entschädigungsansprüche nach den §§ 6 ff MedienG 1 Ob 194/98f.

[228] Zur passiven Vererblichkeit eines aus der actio negatoria abgeleiteten Beseitigungsanspruchs OGH 2 Ob 281/00p, SZ 73/167; zustimmend *Koziol/Welser/Zöchling-Jud*¹⁴ II Rz 1852.

[229] *Welser* in Rummel/Lukas⁴ § 531 Rz 5; *Werkusch-Christ* in Kletečka/Schauer, ABGB-ON 1.03 § 531 Rz 2; *Weiß/Ferrari* in Ferrari/Likar-Peer, Erbrecht 21; *Koziol/Welser/Zöchling-Jud*¹⁴ II Rz 1843; vgl auch *Kodek* in Fenyves/Kerschner/Vonkilch, ABGB³ (Klang) § 309 Rz 35, § 315 Rz 6.

[230] In diesem Sinn *Eccher* in Schwimann/Kodek⁴ III § 531 Rz 14 unter Berufung auf die stRsp. Tatsächlich kann man in manchen Entscheidungen des OGH ähnliche Formulierungen finden; zB OGH 3 Ob 250/49, SZ 22/152; 4 Ob 519/68, JBl 1970, 39; 3 Ob 151/74, EvBl 1975/75; 3 Ob 542/94, NZ 1995, 112; 8 Ob 10/99z, JBl 2000, 31 (keine Einbeziehung der außerbücherlich übergebenen Liegenschaft in die Verlassenschaft bzw in den Nachlass des Übergebers). In den meisten dieser Entscheidungen ging es jedoch um die Frage, ob die Liegenschaft in das Inventar nach dem Erblasser aufzunehmen seien (1 Ob 7/48, SZ 21/76; 4 Ob 519/68, JBl 1970, 39; 3 Ob 542/94, NZ 1995, 112; 8 Ob 10/99z, JBl 2000, 31; vgl auch 3 Ob 151/74, EvBl 1975/75); hierfür kam es nach alter Rechtslage (§ 97 AußStrG aF) auf den Besitz des Erblassers an (vgl nunmehr aber § 166 AußStrG 2005). In einer anderen Entscheidung (3 Ob 250/49, SZ 22/152) ging es um das Erfordernis einer abhandlungsbehördlichen Genehmigung der grundbücherlichen Durchführung eines vor dem Tod des Erblassers geschlossenen Übergabsvertrags, was der OGH unter Berufung auf die fehlende Nachlasszugehörigkeit der außerbücherlich übergebenen Liegenschaft verneinte. Diese Umstände legen die Annahme nahe, dass die entsprechenden Aussagen des OGH nicht in einem materiellrechtlichem Sinn, sondern als verfahrensrechtliche Aussagen zu verstehen sind (vgl auch 1 Ob 7/48, SZ 21/76: keine Einbeziehung der außerbücherlich übergebenen Liegenschaft in das Verlassenschaftsverfahren; vgl auch 3 Ob 151/74, EvBl 1975/75 und 3 Ob 542/94, NZ 1995, 112 ohne scharfe Unterscheidungen zwischen der Zugehörigkeit zur Verlassenschaft und der Einbeziehung in das Verlassenschaftsverfahren), die auf Zugehörigkeit der Sachen zum Nachlass iSd § 531 keine Rückschlüsse zulassen.

[231] So auch *Eccher* in Schwimann/Kodek⁴ III § 531 Rz 14; vgl auch OGH 3 Ob 151/74, EvBl 1975/75.

Aktiv unvererblich sind gemäß § 529 die **Personalservituten** (Fruchtgenussrecht, Gebrauchsrecht, Wohnrecht; § 478). Stirbt der Eigentümer der belasteten Sache, so gehen sie auf dessen Erben über. Von der Unvererblichkeit bei Tod des Servitutsberechtigten kann durch vertragliche Vereinbarung abgegangen werden. Bei Realservituten bestehen keine gesetzlichen Beschränkungen; sie sind aktiv und passiv vererblich. Fischereirechte sind nach hA unregelmäßige persönliche Dienstbarkeiten, die kraft Gewohnheitsrechts frei veräußerlich und vererblich sind.[232] Das Ausgedinge[233] ist ein höchstpersönliches und nicht übertragbares Recht.[234] Wenngleich es mit dem Tod des Berechtigten erlischt, können rückständige Leistungen auch von dessen Rechtsnachfolgern eingefordert werden.[235]

Das **Veräußerungs-** und **Belastungsverbot** erlischt spätestens mit dem Tod des Eigentümers der belasteten Sache (§ 364c S 1);[236] auf die Einantwortung kommt es nicht an.[237] Dies gilt ohne Rücksicht darauf, ob es nur schuldrechtlich besteht oder verbüchert wurde.[238] Durch die zeitliche Beschränkung sollen ewige Vermögensbindungen verhindert werden (vgl zum übereinstimmenden Zweck beim Wiederkaufsrecht und Vorkaufsrecht Rz 46). Nach hA steht das Verbot weder einer letztwilligen Verfügung des Belasteten noch einer Schenkung auf den Todesfall entgegen.[239] Ohne ausdrückliche Regelung im Gesetz nimmt die hA an, dass das Verbot auch durch den Tod des Verbotsberechtigten erlischt.[240]

59

60

---

[232] OGH 6 Ob 111/63, SZ 36/82; 1 Ob 44/95, SZ 69/144; 5 Ob 250/98, ecolex 1999/295, 759; zustimmend *Spielbüchler* in Rummel[3] § 383 Rz 4; *Klicka/Reidinger* in Schwimann/Kodek[4] II § 383 Rz 6; *Welser* in Rummel/Lukas[4] § 531 Rz 6; *Weiß/Ferrari* in Ferrari/Likar-Peer, Erbrecht 22.

[233] Zu dessen Rechtsnatur OGH 10 ObS 2/93, SZ 66/60; *Hofmann* in Rummel[3] I § 530 Rz 5; *Koziol/Welser/Zöchling-Jud*[14] I Rz 1381 ff.

[234] OGH 5 Ob 55/94, SZ 67/109.

[235] OGH 1 Ob 59/52, SZ 25/19.

[236] OGH 3 Ob 28/87, SZ 60/39 (Eintragung eines Zwangspfandrechts nach dem Tod des Verpflichteten); 5 Ob 51/88, SZ 61/151 = NZ 1988, 335 (abl *Hofmeister*) (grundbücherliche Durchführung eines Kaufvertrags); 5 Ob 42/89, NZ 1990, 99; 2 Ob 598/92, SZ 66/31; 1 Ob 11/95, NZ 1996, 274; 1 Ob 233/98s, NZ 2000, 70; 1 Ob 195/03p, NZ 2005/60, 231; 5 Ob 55/05g, MietSlg 57.030; näher auch *Fischer-Czermak*, Veräußerungsverbot und Besitznachfolgerechte, in GedS Hofmeister (1996) 171; ebenso *Leupold* in Fenyves/Kerschner/Vonkilch, ABGB[3] (Klang) § 364c Rz 21; *Spielbüchler* in Rummel[3] I § 364c Rz 15; *Oberhammer* in Schwimann/Kodek[4] § 364c Rz 8; *Eccher* in KBB[4] § 364c Rz 3; *Angst*, Rechtsfragen des rechtsgeschäftlichen Veräußerungs- und Belastungsverbotes, in GedS Hofmeister (1996) 10 f.

[237] *Leupold* in Fenyves/Kerschner/Vonkilch, ABGB[3] (Klang) § 364c Rz 100; aA *Hofmeister*, NZ 1988, 338 in seiner krit Anm zu OGH 5 Ob 51/88, SZ 61/151 = NZ 1988, 335.

[238] Ebenso *Angst*, Rechtsfragen des rechtsgeschäftlichen Veräußerungs- und Belastungsverbotes, in GedS Hofmeister (1996) 11; *Leupold* in Fenyves/Kerschner/Vonkilch, ABGB[3] (Klang) § 364c Rz 100; vgl auch *Eccher/Riss* in KBB[4] § 364c Rz 3.

[239] OGH 5 Ob 1066/91, NZ 1992, 79; *Eccher* in Schwimann/Kodek[4] III § 531 Rz 15; aA 2 Ob 572/91, EFSlg 68.971/3.

[240] OGH 1 Ob 233/98s, NZ 2000, 70; 1 Ob 195/03p, NZ 2005/60, 231; 5 Ob 55/05g, MietSlg 57.030; vgl auch 1 Ob 11/95, NZ 1996, 274; *Leupold* in Fenyves/Kerschner/Vonkilch, ABGB[3] (Klang) § 364c Rz 22, 100; *Spielbüchler* in Rummel[3] I § 364c Rz 15; *Oberhammer* in Schwimann/Kodek[4] II § 364c Rz 9; *Eccher* in Schwimann/Kodek[4] III § 531 Rz 15; *Eccher/Riss* in KBB[4] § 364c Rz 3; aA *Angst*, Rechtsfragen des rechtsgeschäftlichen Veräußerungs- und Belastungsverbotes, in GedS Hofmeister (1996) 11; *Kralik*, Erbrecht 11.

§ 531

61   Vererblich sind auch die sich aus der laufenden **Ersitzung** ergebenden Rechtsverhältnisse. Wäre der Erblasser zur eigentlichen oder zur uneigentlichen Ersitzung in der Lage gewesen, so kann der Erbe die Ersitzung fortsetzen; die bereits verstrichene Ersitzungszeit wird ihm angerechnet (§ 1493 S 1).[241] Voraussetzung ist freilich ein entsprechend qualifizierter Besitz des Erben während der verbleibenden Ersitzungszeit, der bei der uneigentlichen Ersitzung Redlichkeit sowie Echtheit und bei der eigentlichen Ersitzung überdies die Rechtmäßigkeit des Besitzes erfordert.[242] Daraus folgt vor allem, dass auch beim Erben Redlichkeit bis zum Ende der Ersitzungszeit bestehen muss. Ob ein Rechtserwerb des Erben eines unechten Besitzers wenigstens durch uneigentliche Ersitzung möglich ist, ist zweifelhaft, aber wohl zu verneinen (§ 1464).[243]

e) Familienrecht

aa) Nichtvermögensrechtliche Rechtsverhältnisse

62   Familienrechtliche Rechtsverhältnisse sind wegen ihres höchstpersönlichen Charakters zumeist unvererblich. Paradigma hierfür sind die **Ehe** und die **eingetragene Partnerschaft**. Der Tod des Ehegatten beendet die Ehe ipso iure; dasselbe gilt für die eingetragene Partnerschaft (§ 13 EPG). Dies gilt auch, wenn der Ehegatte bzw eingetragene Partner während eines anhängigen Verfahrens über die Scheidung (Aufhebung, Nichtigkeit) der Ehe (Auflösung der eingetragenen Partnerschaft) verstirbt. Die Vermögensverteilung erfolgt dann nicht nach den §§ 81 ff EheG (§§ 24 ff EPG), sondern nach erbrechtlichen Grundsätzen. Dabei ist jedoch zu beachten, dass die Berechtigung des Scheidungsbegehrens wegen § 759 Abs 2 zum Verlust des gesetzlichen Erbrechts (§§ 757 f) und des ehelichen Unterhalts (§ 796) führen kann (vgl auch Rz 66). Hierüber wird freilich nicht in einem fortgesetzten Scheidungsverfahren (zu den verfahrensrechtlichen Folgen des Todes Rz 92), sondern im Verfahren über das Erbrecht oder in einem Unterhaltsprozess entschieden.[244] Auch dies muss sinngemäß für die eingetragene Partnerschaft gelten (§ 537a).

63   Die **Obsorge** erlischt durch den Tod eines Beteiligten.[245] Dies gilt ohne Rücksicht darauf, ob die Rechtsbeziehungen aus der Obsorge auf Abstammung (§§ 140 ff) oder Adoption (§§ 191 ff) beruhen. Auch die Pflegeelternschaft (§§ 184 f) und die Obsorge durch eine andere Person (§§ 204 ff) sind durch den Tod eines Beteiligten beendet. Das Erlöschen bezieht sich jedoch nur auf das familienrechtliche Dauerrechtsverhältnis. Vermögensrechtliche Ansprüche, die eine Folge dieses Rechtsverhältnisses darstellen, wie beispielsweise Ansprüche

---

[241] Näher dazu *Gusenleitner-Helm* in Fenyves/Kerschner/Vonkilch, ABGB³ (Klang) § 1493 Rz 2; *Mader/Janisch* in Schwimann³ VI § 1493 Rz 3 (sub b).

[242] Vgl nur *Koziol/Welser/Zöchling-Jud*¹⁴ I Rz 1036; *Gusenleitner-Helm* in Fenyves/Kerschner/Vonkilch, ABGB³ (Klang) § 1493 Rz 5.

[243] Dazu *Gusenleitner-Helm* in Fenyves/Kerschner/Vonkilch, ABGB³ (Klang) § 1493 Rz 8; *Mader/Janisch* in Schwimann³ VI § 1464 Rz 2.

[244] *Simotta* in Fasching/Konecny² III § 460 ZPO Rz 136; *Hopf/Kathrein*, Eherecht³ § 759 Rz 2, § 460 ZPO Rz 11 aE; vgl auch OGH 7 Ob 526/87, NZ 1987, 283.

[245] Vgl auch *Weiß/Ferrari* in Ferrari/Likar-Peer, Erbrecht 29.

auf Schadenersatz und Herausgabe, auf Entlohnung und Aufwandersatz, und Hilfsansprüche, die der Vorbereitung der Geltendmachung solcher Ansprüche dienen, wie vor allem das Recht auf Rechnungslegung, bleiben auch nach dem Tod eines Beteiligten aufrecht.[246] Wenn nach dem Tod der Eltern die Großeltern als zur Obsorge berechtigte Personen zum Zug kommen (§ 178), so beruht dies nicht auf Rechtsnachfolge, sondern auf der originären Begründung dieser Rechtsstellung durch gerichtliche Entscheidung.

Vererblich ist dagegen das Recht auf **Feststellung der Abstammung**, deren **Änderung** sowie auf **Feststellung der Nichtabstammung**; es kann nach dem Tod der betroffenen Person von den Rechtsnachfolgern oder gegen die Rechtsnachfolger begehrt werden (§ 142).[247] Ist die zweijährige Frist, die dem Ehemann der Mutter zur Einleitung eines Verfahrens über die Feststellung der Nichtabstammung zusteht (§ 153 Abs 2), bei seinem Tod bereits verstrichen, so sind seine Erben an die Abstammung gebunden, auch wenn sie selbst erst später von den für die Nichtabstammung sprechenden Umständen Kenntnis erlangen.[248] Auch das Anerkenntnis der Vaterschaft kann von den Rechtsnachfolgern vorgenommen werden.[249] Dagegen ist das Recht der Mutter, einem Vaterschaftsanerkenntnis zu widersprechen (§ 146 Abs 1) oder den Vater zu bezeichnen (§ 147 Abs 2) als höchstpersönliches Recht unvererblich.[250]

64

Der wirksam geschlossene **Adoptionsvertrag** kann noch nach dem Tod des Annehmenden bewilligt werden; die Bewilligung wirkt auf den Zeitpunkt des Vertragsschlusses zurück (§ 192 Abs 1). Bei Tod des Wahlkindes nach dem Abschluss des Adoptionsvertrags kommt eine Bewilligung nicht mehr in Betracht.[251]

65

bb) Vermögensrechtliche Rechtsverhältnisse

Vermögensrechtliche Beziehungen, die sich aus familienrechtlichen Rechtsverhältnissen ergeben, sind jedoch zum Teil vererblich. Dies gilt zuvörderst für das **Unterhaltsrecht**. Ansprüche auf einzelne Unterhaltsleistungen, die bereits entstanden, aber noch nicht erfüllt worden sind, sind nach dem Tod des Unter-

66

---

[246] So für den Rechnungslegungsanspruch auch *Eccher* in Schwimann/Kodek⁴ III § 531 Rz 20.

[247] Vgl auch *Fischer-Czermak* in Kletečka/Schauer, ABGB-ON 1.03 § 142 Rz 1 ff; *Hopf* in KBB⁴ § 142 Rz 1; *Werkusch-Christ* in Kletečka/Schauer, ABGB-ON 1.03 § 531 Rz 3; *Weiß/Ferrari* in Ferrari/Likar-Peer, Erbrecht 7.

[248] EB RV 471 BlgNR 22. GP 15; *Fischer-Czermak* in Kletečka/Schauer, ABGB-ON 1.03 § 142 Rz 2, § 153 Rz 4; *Bernat* in Schwimann/Kodek Ia § 153 Rz 8; *Hopf* in KBB⁴ § 142 Rz 1; zur fehlenden Legitimation des Erben vor der Einantwortung OGH 7 Ob 38/06y, FamZ 2006/64.

[249] So ausdrücklich auch für die Rechtslage nach dem KindNamRÄG 2013 *Fischer-Czermak* in Kletečka/Schauer, ABGB-ON 1.03 § 142 Rz 3; zur früheren Rechtslage EB RV 471 BlgNR 22. GP 15; *Stormann* in Schwimann³ I § 138a Rz 2; ebenso *Schwimann* in Schwimann³ I § 163c Rz 7; *Hopf* in KBB² § 138b Rz 2.

[250] EB RV 471 BlgNR 22. GP 15; *Fischer-Czermak* in Kletečka/Schauer, ABGB-ON 1.03 § 142 Rz 1; *Stormann* in Schwimann/Kodek Ia § 142 Rz 2; *Werkusch-Christ* in Kletečka/Schauer, ABGB-ON 1.03 § 531 Rz 3; *Hopf* in KBB⁴ § 142 Rz 1; *Weiß/Ferrari* in Ferrari/Likar-Peer, Erbrecht 30; für den Widerspruch auch *Bernat* in Schwimann/Kodek Ia § 146 Rz 1.

[251] *Barth/Neumayr* in Fenyves/Kerschner/Vonkilch, ABGB³ (Klang) § 179a Rz 29.

haltsgläubigers und des Unterhaltsschuldners vererblich.[252] Für den Monat, in dem der Unterhaltsberechtigte stirbt, gebührt der volle Unterhalt (§ 1418 S 2 und 3).[253] Das Rechtsverhältnis zur Leistung von Unterhalt als solches ist beim **Kindesunterhalt** und beim **Ehegattenunterhalt** passiv vererblich. Stirbt der Unterhaltsschuldner, so kann der Unterhalt vom Erben begehrt werden (§ 233, § 796). Es kommt freilich zu einer umfänglichen Modifikation des Unterhaltsanspruchs, weil der Erbe stets – ohne Rücksicht auf die Art der Erbantrittserklärung[254] oder das Vorhandensein eines Inventars – nur bis zum Wert der Verlassenschaft haftet. Überdies müssen sich das Kind und der Ehegatte alle Vermögenswerte privatrechtlicher und öffentlich-rechtlicher Natur, die sie anlässlich des Erbfalls erlangt haben, in den Unterhaltsanspruch einrechnen lassen. Dazu zählen neben dem Erbteil, einem Vermächtnis oder dem Pflichtteil, die in § 233 und § 796 ausdrücklich erwähnt werden, auch Leistungen, die von Dritten erbracht werden; beispielsweise aufgrund einer Lebensversicherung oder einer Waisenpension.[255] Beim Ehegatten werden überdies eigenes Vermögen und die Erträgnisse der tatsächlichen oder einer nach den Umständen zu erwartenden Erwerbstätigkeit eingerechnet. Der Unterhaltsanspruch des Ehegatten entfällt, wenn der Erblasser zu Lebzeiten eine Klage auf Scheidung oder Aufhebung der Ehe eingebracht hat und das Begehren als gerechtfertigt anzusehen wäre (§ 796 iVm § 759 Abs 2);[256] auf das Verschulden des überlebenden Ehegatten kommt es nach zutreffender Ansicht nicht an.[257] Der Anspruch der Eltern auf Unterhalt gegenüber dem Kind (§ 234) erlischt mit dessen Tod;[258] § 233 ist auf diese Konstellation nicht anwendbar. Die Regeln über den Ehegattenunterhalt gelten sinngemäß auch für den **eingetragenen Partner** (§ 537a iVm § 796).

67 Aktiv und passiv unvererblich ist ferner der Anspruch des Ehegatten oder des eingetragenen Partners auf **Sicherung seines Wohnbedürfnisses** (§ 97

---

[252] Vgl *Welser* in Rummel/Lukas[4] § 531 Rz 9; *Eccher* in Schwimann/Kodek[4] III § 531 Rz 5; *Heidinger* in Schwimann[3] VI § 1448 Rz 8; *Werkusch-Christ* in Kletečka/Schauer, ABGB-ON 1.03 § 531 Rz 4; *Weiß/Ferrari* in Ferrari/Likar-Peer, Erbrecht 31; *Koziol/Welser/Zöchling-Jud*[14] II Rz 1850; OGH 1 Ob 617/54, SZ 27/247.

[253] Dies gilt abweichend vom missverständlichen Wortlaut des § 1418 S 3, der nur die bereicherungsrechtliche Rückforderung auszuschließen scheint: *Reischauer* in Rummel[3] II § 1418 Rz 3; vgl auch *Heidinger* in Schwimann[3] VI § 1418 Rz 14.

[254] OGH 5 Ob 647/81, SZ 54/107; 4 Ob 523/87, SZ 60/246; 7 Ob 290/00y, ÖA 2001, 303; 6 Ob 131/01k, EFSlg 100.183; *Neuhauser* in Schwimann/Kodek Ia § 233 Rz 2; *Welser* in Rummel/Lukas[4] § 796 Rz 7; *Hopf/Kathrein*, Eherecht[3] § 796 ABGB Rz 7; *Weiß/Ferrari* in Ferrari/Likar-Peer, Erbrecht 34; *Koziol/Welser/Zöchling-Jud*[14] II Rz 1957.

[255] OGH 7 Ob 290/00y, JBl 2001, 511; *Neuhauser* in Schwimann/Kodek Ia § 233 Rz 6; *Hopf* in KBB[4] § 233 Rz 4; *Weiß/Ferrari* in Ferrari/Likar-Peer, Erbrecht 32.

[256] *Weiß/Ferrari* in Ferrari/Likar-Peer, Erbrecht 32 f; vgl auch *Welser* in Rummel/Lukas[4] § 796 Rz 3; *Eccher* in Schwimann/Kodek III § 796 Rz 3, zur Unabhängigkeit der Rechtsfolgen des § 759 Abs 2 von der Fortsetzung des Scheidungsverfahrens wegen der Kosten (§ 460 Z 8 ZPO) OGH 7 Ob 526/87, NZ 1987, 283; zustimmend *Welser* in Rummel/Lukas[4] § 759 Rz 3.

[257] *Spitzer*, JBl 2003, 845 ff; zustimmend *Eccher* in Schwimann/Kodek[4] III § 759 Rz 3; *Apathy* in KBB[4] § 759 Rz 2; *Koziol/Welser/Zöchling-Jud*[14] II Rz 1961; offen lassend *Ferrari* in Ferrari/Likar-Peer, Erbrecht 95; *Hopf/Kathrein*, Eherecht[3] § 759 ABGB Rz 2.

[258] Vgl *Eccher* in Schwimann/Kodek[4] III § 531 Rz 5.

ABGB, § 9 EPG).²⁵⁹ Einen Anspruch auf Benützungsentgelt haben die Erben nach hA erst nach einem Räumungsbegehren.²⁶⁰ Freilich kann die weitere Benützung der Wohnung durch den überlebenden Ehegatten oder eingetragenen Partner aus einem anderen Rechtsgrund gerechtfertigt sein (§ 14 MRG, § 14 WEG, § 758 ABGB; § 537a ABGB, § 43 Abs 1 Z 10 EPG); in einem solchen Fall besteht kein Anspruch der Erben.

Auch der **Unterhaltsanspruch des geschiedenen Ehegatten** kann nach dem Tod des Unterhaltsschuldners gegen den Erben geltend gemacht werden; der Erbe kann jedoch eine Herabsetzung nach Billigkeit unter Berücksichtigung seiner Verhältnisse und der Ertragsfähigkeit des Nachlasses geltend machen (§ 78 Abs 2 EheG). Abweichend vom Wortlaut des Gesetzes wird der Erbe freilich erst durch die Einantwortung zum persönlichen Unterhaltsschuldner; davor besteht der Anspruch gegen den Nachlass.²⁶¹ Aus einem Analogieschluss zu § 796 ist abzuleiten, dass auch der geschiedene Ehegatte die in dieser Bestimmung vorgesehene Einrechnungsregel gegen sich gelten lassen muss;²⁶² dasselbe gilt für die Haftungsbeschränkung auf den Wert der Verlassenschaft.²⁶³ Eine vertragliche Unterhaltsvereinbarung, die sich auf eine Konkretisierung des gesetzlichen Unterhaltsanspruchs beschränkt, steht dem gesetzlichen Unterhalt gleich; § 78 EheG ist anwendbar.²⁶⁴ Ein vertraglicher Unterhaltsanspruch, der ohne gesetzliche Unterhaltsverpflichtung oder der Höhe nach bewusst abweichend vom Gesetz festgesetzt wurde („rein vertraglicher Unterhaltsanspruch"), ist zwar passiv vererblich;²⁶⁵ die Herabsetzungsmöglichkeit gemäß § 78 Abs 2 EheG wird auf ihn jedoch nicht angewendet.²⁶⁶

68

---

259 *Schwimann/Ferrari* in Schwimann/Kodek⁴ I § 97 Rz 19; zum Erlöschen beim Tod des Verpflichteten OGH 1 Ob 733/83, JBl 1984, 552; 4 Ob 523/87, SZ 60/246; 8 Ob 513/94, JBl 1994, 750; *Hinteregger* in Fenyves/Kerschner/Vonkilch, ABGB³ (Klang) § 97 Rz 27; *Stabentheiner* in Rummel³ I § 97 Rz 3; *Hopf/Kathrein*, Eherecht³ § 97 ABGB Rz 10; vgl auch *Smutny* in Kletečka/Schauer, ABGB-ON 1.02 § 97 Rz 14.

260 OGH 4 Ob 523/87, SZ 60/246; *Hinteregger* in Fenyves/Kerschner/Vonkilch, ABGB³ (Klang) § 97 Rz 27; *Stabentheiner* in Rummel³ I § 97 Rz 3; *Schwimann/Ferrari* in Schwimann/Kodek⁴ I § 97 Rz 19; *Hopf/Kathrein*, Eherecht³ § 97 ABGB Rz 10.

261 OGH 5 Ob 620/88, EvBl 1989/66; *Stabentheiner* in Rummel³ II § 78 EheG Rz 1; *Zankl/Mondel* in Schwimann/Kodek⁴ I § 78 EheG Rz 1; *Koch* in KBB⁴ § 78 EheG Rz 1; *Weiß/Ferrari* in Ferrari/Likar-Peer, Erbrecht 35.

262 OGH 1 Ob 592/82, SZ 55/54; *Eccher* in Schwimann/Kodek⁴ III § 796 Rz 2; *Bittner/Hawel* in Kletečka/Schauer, ABGB-ON 1.03 § 796 Rz 4; *Apathy* in KBB⁴ § 796 Rz 4; *Stabentheiner* in Rummel³ II § 78 EheG Rz 3; *Zankl/Mondel* in Schwimann/Kodek⁴ I § 78 EheG Rz 8; *Koch* in KBB⁴ § 78 EheG Rz 1; *Hopf/Kathrein*, Eherecht³ § 78 EheG Rz 3; *Weiß/Ferrari* in Ferrari/Likar-Peer, Erbrecht 36; *Fischer-Czermak*, Zum Unterhalt nach Scheidung bei gleichem und ohne Verschulden, NZ 2001, 256.

263 *Stabentheiner* in Rummel³ II § 78 EheG Rz 1; *Zankl/Mondel* in Schwimann/Kodek⁴ I § 78 EheG Rz 5; *Koch* in KBB⁴ § 78 EheG Rz 1; *Bittner/Hawel* in Kletečka/Schauer, ABGB-ON 1.03 § 796 Rz 4; *Weiß/Ferrari* in Ferrari/Likar-Peer, Erbrecht 36; *Fischer-Czermak*, Zum Unterhalt nach Scheidung bei gleichem und ohne Verschulden, NZ 2001, 256.

264 Vgl dazu auch OGH 1 Ob 592/82, SZ 55/54; 5 Ob 620/88, EvBl 1989/66; *Stabentheiner* in Rummel³ II § 80 EheG Rz 2; *Weiß/Ferrari* in Ferrari/Likar-Peer, Erbrecht 35.

265 OGH 3 Ob 60/65, EFSlg 5252; *Weiß/Ferrari* in Ferrari/Likar-Peer, Erbrecht 35; vgl auch *Welser* in Rummel/Lukas⁴ § 531 Rz 9.

266 OGH 3 Ob 60/65, EFSlg 5252; *Stabentheiner* in Rummel³ II § 80 EheG Rz 5; *Hopf/Kathrein*, Eherecht³ § 80 EheG Rz 3; vgl aber auch *Zankl/Mondel* in Schwimann/Kodek⁴ I § 78 EheG Rz 3, der sich für eine Anpassung aufgrund ergänzender Vertragsauslegung und nach den

Der Anspruch auf einen Beitrag zum Unterhalt, der einem Ehegatten bei gleichteiligem Verschulden nach Billigkeit gewährt werden kann (§ 78 Abs 3 iVm § 68 EheG), erlischt jedenfalls mit dem Tod des Unterhaltsschuldners.[267] Der Tod des Unterhaltsgläubigers führt stets zum Erlöschen des Rechtsverhältnisses auf Bezug von Unterhalt; Ansprüche auf Leistungen, die beim Tod des Berechtigten bereits fällig waren, bleiben hiervon unberührt (§ 77 EheG). Für den Monat, in dem der Berechtigte stirbt, gebührt der volle Unterhalt (§ 70 Abs 3 EheG). Zur Rechtslage bei **eingetragener Partnerschaft** § 23 Abs 2 und 3 EPG.

69 Der Anspruch auf **Ausstattung** (§ 1220) ist nach hA passiv vererblich, wenn er zu Lebzeiten des Schuldners bereits entstanden und vom Gläubiger gerichtlich geltend gemacht oder vom Schuldner zugesagt worden ist.[268] Der Anspruch entsteht bereits mit dem Verlöbnis; nur die Fälligkeit ist bis zur Verehelichung aufgeschoben.[269] Stirbt der Berechtigte, so erlischt der Anspruch grundsätzlich ebenfalls;[270] hiervon wird eine Ausnahme bei Zusicherung durch den Schuldner gemacht.[271]

70 Der Anspruch auf **Abgeltung der Mitwirkung im Erwerb** ist aktiv vererblich, wenn er durch Vertrag oder Vergleich anerkannt oder gerichtlich geltend gemacht worden ist (§ 99). Die passive Vererblichkeit besteht unbeschränkt.[272]

71 Auch der Anspruch auf **Aufteilung des ehelichen Gebrauchsvermögens und der ehelichen Ersparnisse** (§§ 81 ff EheG, §§ 24 ff EPG) ist aktiv vererblich, wenn er vor dem Tod des geschiedenen Ehegatten bereits durch Vertrag oder Vergleich anerkannt oder gerichtlich geltend gemacht wurde (§ 96 EheG,

---

Grundsätzen der clausula rebus sic stantibus ausspricht (*diesem* folgend *Weiß/Ferrari* in Ferrari/Likar-Peer, Erbrecht 35).

[267] De lege ferenda kritisch *Fischer-Czermak*, Zum Unterhalt nach Scheidung bei gleichem und ohne Verschulden, NZ 2001, 256 f; zur Vererblichkeit bereits entstandener Ansprüche *Kralik*, Erbrecht 13.

[268] OGH 1 Ob 617/54, SZ 27/247 (Geltendmachung); 6 Ob 89/68, SZ 41/38; 7 Ob 137/10p, EF-Z 2011/17 (Zusage); 8 Ob 582/92, EFSlg 69.071 (Geltendmachung und Zusage); allgemein dazu auch *Welser* in Rummel/Lukas[4] § 531 Rz 9 ; *Eccher* in Schwimann/Kodek[4] III § 531 Rz 6; *Fucik* in Kletečka/Schauer, ABGB-ON 1.02 § 1220 Rz 4; *Koziol/Welser/Kletečka*[14] I Rz 1774; *Weiß/Ferrari* in Ferrari/Likar-Peer, Erbrecht 30; *Koziol/Welser/Zöchling-Jud*[14] II Rz 1850; *F. Bydlinski*, JBl 1985, 82; *Jesser-Huß* in Schwimann[4] V § 1221 Rz 18; *Hopf/Kathrein*, Eherecht[3] § 1220 ABGB Rz 3 (*Jesser-Huß* sowie *Hopf/Kathrein* auch für die Vererblichkeit bei außergerichtlicher Geltendmachung); offenbar für passive Vererblichkeit ohne weitere Voraussetzungen *Eccher* in Schwimann/Kodek[4] III § 531 Rz 6.

[269] OGH 3 Ob 524/79, EFSlg 36.119; *F. Bydlinski*, JBl 1985, 80 f; *M. Bydlinski* in Rummel[3] II § 1220 Rz 3; *Jesser-Huß* in Schwimann/Kodek[4] V § 1221 Rz 5; *Hopf/Kathrein*, Eherecht[3] § 1220 ABGB Rz 2; *Koziol/Welser/Kletečka*[14] I Rz 1773; zur Fälligkeit auch OGH 7 Ob 691/83, SZ 56/169.

[270] Vgl etwa *Fucik* in Kletečka/Schauer, ABGB-ON 1.02 § 1220 Rz 5; *Koch* in KBB[4] § 1220-1221 Rz 7; *Hopf/Kathrein*, Eherecht[3] § 1220 ABGB Rz 3; OGH 7 Ob 137/10p, EF-Z 2011/17.

[271] *Jesser-Huß* in Schwimann/Kodek[4] V § 1221 Rz 18; offenbar weiter gehend *Hopf/Kathrein*, Eherecht[3] § 1220 ABGB, die wohl auch die Geltendmachung durch den Berechtigten für die aktive Vererblichkeit genügen lassen wollen.

[272] *Hinteregger* in Fenyves/Kerschner/Vonkilch, ABGB[3] (Klang) § 99 Rz 1 aE; *Stabentheiner* in Rummel[3] I § 99 Rz 1; *Schwimann/Ferrari* in Schwimann/Kodek[4] I § 99 Rz 1; *Koch* in KBB[4] § 99 Rz 1; *Hopf/Kathrein*, Eherecht[3] § 99 ABGB Rz 1; *Weiß/Ferrari* in Ferrari/Likar-Peer, Erbrecht 30.

§ 39 EPG). Voraussetzung für die Vererblichkeit ist ferner, dass die Ehe bereits durch Scheidung (Aufhebung, Nichtigkeit) rechtskräftig beendet (bzw die eingetragene Partnerschaft rechtskräftig aufgelöst) war, weil der Anspruch erst hierdurch entsteht. Bei gerichtlicher Geltendmachung kommt es für die Vererblichkeit nicht darauf an, ob der Antrag gemäß den §§ 81 ff EheG, §§ 24 ff EPG vom verstorbenen oder vom überlebenden Teil gestellt worden ist.[273] Wurde der Anspruch noch nicht gerichtlich geltend gemacht, so kann das Verfahren gegen die Verlassenschaft eingeleitet werden.[274] Der Tod des geschiedenen Ehegatten (eingetragenen Partners) ist bei der Entscheidung des Gerichts im Rahmen der Billigkeitserwägungen zu berücksichtigen.[275] Da ein Wohnbedürfnis des verstorbenen Ehegatten (eingetragenen Partners) durch seinen Tod weggefallen ist, kommt eine Zuweisung der Ehewohnung (partnerschaftlichen Wohnung) an die Verlassenschaft oder die Erben nicht in Betracht.[276] Für die passive Vererblichkeit des Aufteilungsanspruchs bestehen keine besonderen Schranken.

f) Erbrechtliche Rechtsverhältnisse

aa) Erbrecht

Das Erbrecht ist vererblich. Verstirbt der Erbe nach dem Tod des Erblassers **72** und vor der Einantwortung, so kommt es zur **Transmission** (§ 537, § 809).[277] Das Erbrecht des Erben (Transmittent) fällt in seinen Nachlass, an dem das Erbrecht des Erbeserben besteht. Es finden zwei erbrechtliche Universalsukzessionen statt, die grundsätzlich voneinander unabhängig sind. So wird beispielsweise Erbfähigkeit des Erben gegenüber dem Erblasser und des Erbeserben gegenüber dem Erben vorausgesetzt.[278] Obwohl der Erbeserbe kein unmittelbares Erbrecht gegenüber dem Erblasser hat,[279] muss er nach hA auch gegenüber dem Erblasser erbfähig sein.[280] In der L wird zwischen der Transmis-

---

273 *Stabentheiner* in Rummel³ II § 96 EheG Rz 1; wohl ebenso *Koch* in KBB⁴ § 96 EheG Rz 1.
274 OGH 6 Ob 719/81, SZ 54/166; ebenso *Deixler-Hübner* in Gitschthaler/Höllwerth, EuPR § 96 EheG Rz 4; *Gitschthaler* in Schwimann/Kodek⁴ I § 96 EheG Rz 4; *Stabentheiner* in Rummel³ II § 96 EheG Rz 1; *Koch* in KBB⁴ § 96 EheG Rz 1; *Hopf/Kathrein*, Eherecht³ § 96 EheG Rz 2.
275 LGZ Wien 44 R 1026/96z, EFSlg 84.716; *Deixler-Hübner* in Gitschthaler/Höllwerth, EuPR § 96 EheG Rz 4; *Stabentheiner* in Rummel³ II § 96 EheG Rz 1; *Hopf/Kathrein*, Eherecht³ § 96 EheG Rz 2.
276 OGH 5 Ob 52/87, SZ 61/68.
277 Dazu allgemein *Fritsch* in Ferrari/Likar-Peer, Erbrecht 47 ff; *Kralik*, Erbrecht 57 ff.
278 *Welser* in Rummel/Lukas⁴ § 537 Rz 6; *Eccher* in Schwimann/Kodek⁴ III § 537 Rz 3; *Fritsch* in Ferrari/Likar-Peer, Erbrecht 49.
279 OGH 7 Ob 176/70, SZ 43/191; *Werkusch-Christ* in Kletečka/Schauer, ABGB-ON 1.03 § 537 Rz 3; *Apathy* in KBB⁴ § 537 Rz 3; vgl auch *Welser* in Rummel/Lukas⁴ § 537 Rz 6; *Eccher* in Schwimann/Kodek⁴ III § 537 Rz 2.
280 *Welser* in Rummel/Lukas⁴ § 537 Rz 6; *Eccher* in Schwimann/Kodek⁴ III § 537 Rz 3; *Werkusch-Christ* in Kletečka/Schauer, ABGB-ON 1.03 § 537 Rz 3; *Fritsch* in Ferrari/Likar-Peer, Erbrecht 50; *Koziol/Welser/Zöchling-Jud*¹⁴ II Rz 1900. § 543 (aufgehoben durch das FamRÄG 2009) war nach hA im Verhältnis zwischen dem Erblasser und dem Transmissar nicht anzuwenden (*Welser* in Rummel/Lukas⁴ § 537 Rz 6; *Eccher* in Schwimann/Kodek⁴ III § 537 Rz 3; *Kralik*, Erbrecht 60).

sion ieS und der Transmission iwS unterschieden:[281] Bei der Transmission ieS kommt es zur Vererbung des Erbrechts bevor der Erbe die Erbantrittserklärung abgegeben hat (§ 809). Von der Transmission iwS spricht man, wenn der Erbe nach der Erbantrittserklärung, aber vor der Einantwortung an ihn verstirbt. Die Unterscheidung ist bei der Ersatzerbschaft relevant (sogleich Rz 73). Gegenstand der Transmission ist nach neuerer Ansicht auch das Recht des Anerben auf Erwerb des Erbhofs, sofern der Transmissar selbst zum Hofübernehmer berufen ist (dazu § 537 Rz 40).[282] Ist der Nachlass nach dem Erben erblos, so ist nach herrschender Ansicht der Übergang des Erbrechts auf den Staat ausgeschlossen (§ 537 Rz 22 ff).[283]

73 Voraussetzung für die Vererbung des Erbrechts ist freilich, dass es **bereits angefallen** ist. Der Erbanfall ist regelmäßig der Tod des Erblassers.[284] Wer vor dem Erblasser stirbt, hat nur eine Erbaussicht, die nicht vererbt werden kann (§ 536 S 2). Ist der Erbe unter einer aufschiebenden Bedingung eingesetzt, so fällt das Erbrecht erst mit Bedingungseintritt an (§ 703).[285] Verstirbt der Erbe vor Bedingungseintritt, so kommt es nicht zur Transmission.[286] Auch ein unter einer aufschiebenden Bedingung berufener Nacherbe kann das Erbrecht nicht vererben, wenn er vor dem Eintritt der Bedingung verstirbt.[287] Das Erbrecht eines betagt eingesetzten Erben kann ohne Beschränkungen vererbt werden.[288] Wenn eine Ersatzerbschaft angeordnet ist, so entscheidet die Erbantrittserklärung des erstberufenen Erben über die Vererblichkeit des Erbrechts: Verstirbt dieser vor der Erbantrittserklärung, so kommt der Ersatzerbe zum Zug (§ 615 Abs 1, § 809).[289] Wenn der erstberufene Erbe nach der Erbantrittserklärung verstirbt, so erlischt die Ersatzerbschaft (§ 615 Abs 1); das Erbrecht geht auf die Rechtsnachfolger des erstberufenen Erben über.[290]

---

[281] Vgl etwa *Welser* in Rummel/Lukas⁴ § 537 Rz 2; *Eccher* in Schwimann/Kodek⁴ III § 537 Rz 1; *Werkusch-Christ* in Kletečka/Schauer, ABGB-ON 1.03 § 537 Rz 2; *Apathy* in KBB⁴ § 537 Rz 2; *Kralik*, Erbrecht 59; *Fritsch* in Ferrari/Likar-Peer, Erbrecht 50; *Koziol/Welser/Zöchling-Jud*¹⁴ II Rz 1900.

[282] OGH 6 Ob 212/07f, EvBl 2008/8; anders für den Fall, dass der Anerbe noch nicht bestimmt ist 6 Ob 218/06m, NZ 2007/102, 396; vgl auch *Eccher* in Schwimann/Kodek⁴ III § 10 AnerbenG Rz 4; *Kralik*, Erbrecht 387.

[283] Grundlegend GlUNF 80; ebenso OGH 5 Ob 93/66, JBl 1967, 261; 5 Ob 554/84, NZ 1985, 132; *Welser* in Rummel/Lukas⁴ § 537 Rz 9; *Eccher* in Schwimann/Kodek⁴ III § 537 Rz 5; *Werkusch-Christ* in Kletečka/Schauer, ABGB-ON 1.03 § 537 Rz 6; *Apathy*, JBl 1990, 399 ff; *ders* in KBB⁴ § 537 Rz 4; aA *Kralik*, Erbrecht 60; *Swoboda*, JBl 1990, 302; *Schweda*, NZ 2014/12, 37 ff; für Pflichtteilsansprüche offen lassend 6 Ob 813/83, SZ 57/12.

[284] *Welser* in Rummel/Lukas⁴ § 536 Rz 1; *Koziol/Welser/Zöchling-Jud*¹⁴ II Rz 1899; vgl auch *Apathy* in KBB⁴ § 536 Rz 1 f.

[285] *Welser* in Rummel/Lukas⁴ § 536 Rz 1; *Werkusch-Christ* in Kletečka/Schauer, ABGB-ON 1.03 § 536 Rz 1; *Koziol/Welser/Zöchling-Jud*¹⁴ II Rz 1833, 1877.

[286] *Welser* in Rummel/Lukas⁴ § 537 Rz 1.

[287] *Koziol/Welser/Zöchling-Jud*¹⁴ II Rz 1899.

[288] *Welser* in Rummel/Lukas⁴ § 537 Rz 1.

[289] Ausführlich dazu *Kletečka*, Ersatz- und Nacherbschaft 55 ff; ebenso *Welser* in Rummel/Lukas⁴ § 537 Rz 2; *Apathy* in KBB⁴ § 537 Rz 2; *Kralik*, Erbrecht 59; *Fritsch* in Ferrari/Likar-Peer, Erbrecht 51; *Koziol/Welser/Zöchling-Jud*¹⁴ II Rz 1900; OGH 1 Ob 119/68, SZ 42/94.

[290] *Welser* in Rummel/Lukas⁴ § 537 Rz 2; *Apathy* in KBB⁴ § 537 Rz 2; vgl auch *Kralik*, Erbrecht 59.

Das Verlassenschaftsverfahren nach dem Erblasser wird fortgeführt. Da **74** auch der Nachlass des Erben abgehandelt wird, kann es zur gleichzeitigen Führung zweier Verlassenschaftsverfahren kommen. Das **Verlassenschaftsverfahren nach dem Erblasser** wird vom Nachlass nach dem Erben bzw vom Erbeserben mit jener Rechtslage weitergeführt, die beim Tod des Erben bestanden hat. Sie müssen die verfahrensrechtlichen Handlungen des Erben gegen sich gelten lassen.[291] Hat beispielsweise der Erbe vor seinem Tod bereits eine bedingte oder unbedingte Erbantrittserklärung abgegeben (Transmission iwS), so sind dessen Nachlass bzw der Erbeserbe grundsätzlich daran gebunden (§ 806)[292] und können sie nur in derselben Weise abändern, wie dies auch dem Erben möglich gewesen wäre.[293] Wurde im Verlassenschaftsverfahren nach dem Erblasser noch keine Erbantrittserklärung abgegeben (Transmission ieS), so obliegt die Erklärung dem Nachlass nach dem Erben[294] bzw nach der Einantwortung dieses Nachlasses dem Erbeserben. Auch eine Ausschlagung durch den Erbennachlass[295] oder den Erbeserben ist möglich; durch sie wird die Transmission verhindert. Im Verlassenschaftsverfahren nach dem Erblasser kann der Erbeserbe als Vertreter des Erbennachlasses handeln,[296] wofür freilich die Antretung des Erbennachlasses (§ 810) regelmäßig Voraussetzung ist. Andernfalls erfolgt die Vertretung durch einen Verlassenschaftskurator.[297] Wegen der Vererblichkeit des Erbrechts kann auch die Erbschaftsklage (§ 824) hinsichtlich des Nachlasses des Erblassers vom Nachlass des Erben und nach der Einantwortung vom Erbeserben erhoben werden.[298]

Hiervon unabhängig ist das **Verlassenschaftsverfahren nach dem Er-** **75** **ben**, in dem der Erbeserbe im eigenen Namen handelt; beispielsweise bei Abgabe der Erbantrittserklärung. Der Erbeserbe kann nicht den Nachlass des Erben ausschlagen und den Nachlass des Erblassers annehmen, weil die Ausschlagung des Erbennachlasses den Erwerb des Erbrechts nach dem Erblasser beseitigt.[299] Wird das Verlassenschaftsverfahren nach dem Erblasser früher als das Verlassenschaftsverfahren nach dem Erben abgeschlossen, so wird der Nachlass nach dem Erblasser dem ruhenden Nachlass nach dem Erben ein-

---

[291] Vgl *Welser* in Rummel/Lukas[4] § 537 Rz 2; *Werkusch-Christ* in Kletečka/Schauer, ABGB-ON 1.03 § 537 Rz 4.

[292] Vgl *Welser* in Rummel/Lukas[4] § 537 Rz 8; *Werkusch-Christ* in Kletečka/Schauer, ABGB-ON 1.03 § 537 Rz 4; *Kralik*, Erbrecht 59; *Fritsch* in Ferrari/Likar-Peer, Erbrecht 51.

[293] Ausführlich dazu *Volgger*, Antritt und Ausschlagung 104 ff; vgl auch *Bittner/Hawel* in Gruber/Kalss/Müller/Schauer, Erbrecht und Vermögensnachfolge § 10 Rz 80.

[294] Vgl OGH 7 Ob 176/70, SZ 43/191.

[295] Vgl OGH 5 Ob 554/84, NZ 1985, 132; *Kralik*, Erbrecht 58; vgl auch *Werkusch-Christ* in Kletečka/Schauer, ABGB-ON 1.03 § 537 Rz 4.

[296] Für die Abgabe der Erbantrittserklärung OGH 5 Ob 2/67, EvBl 1967/321; vgl auch *Welser* in Rummel/Lukas[4] § 537 Rz 7; *Eccher* in Schwimann/Kodek[4] III § 537 Rz 4; *Apathy* in KBB[4] § 537 Rz 3; *Kralik*, Erbrecht 58.

[297] Zur Abgabe der Erbantrittserklärung durch den Verlassenschaftskurator etwa OGH 5 Ob 554/84, NZ 1985, 132; vgl auch *Kralik*, Erbrecht 58.

[298] Zur Testamentsanfechtung durch den Erbeserben OGH 1 Ob 217/48, SZ 21/115; vgl auch *Welser* in Rummel/Lukas[4] § 537 Rz 8; *Eccher* in Schwimann/Kodek[4] III § 531 Rz 10; *Apathy* in KBB[4] § 537 Rz 1.

[299] Vgl *Welser* in Rummel/Lukas[4] § 537 Rz 7; *Eccher* in Schwimann/Kodek[4] III § 537 Rz 2; *Fritsch* in Ferrari/Likar-Peer, Erbrecht 50.

geantwortet. Hierdurch verliert der Nachlass nach dem Erblasser seine rechtliche Selbstständigkeit und geht im Erbennachlass auf. Durch die Einantwortung des Erbennachlasses erlangt der Erbeserbe auch die darin enthaltenen Aktiva und Passiva des früheren Nachlasses nach dem Erblasser.[300] Wenn das Verlassenschaftsverfahren nach dem Erben durch Einantwortung an den Erbeserben als erstes abgeschlossen wird, so erlangt der Erbeserbe auch das im Erbennachlass enthaltene Erbrecht nach dem Erblasser. Der Erbeserbe nimmt dann die weiteren Verfahrenshandlungen im Verlassenschaftsverfahren nach dem Erblasser im eigenen Namen vor;[301] die Einantwortung des Nachlasses nach dem Erblasser erfolgt dann unmittelbar an ihn.[302]

bb) Andere erbrechtliche Ansprüche

76 Der Anspruch auf ein **Vermächtnis** ist grundsätzlich vererblich.[303] Ob es bereits fällig ist (§ 685), ist nicht relevant. Erforderlich ist freilich auch hier, dass das Vermächtnis bereits angefallen ist. Der Anfall des Vermächtnisses erfolgt wie der Erbanfall (Rz 73) regelmäßig durch den Tod des Erblassers (§ 684 S 1); bei bedingter Zuwendung mit dem Eintritt der Bedingung.[304] Verstirbt der Vermächtnisnehmer vor dem Erblasser, so besteht noch kein Recht auf das Vermächtnis, das vererbt werden könnte. Bei bedingter Einsetzung muss der Legatar auch den Bedingungseintritt erlebt haben, um den Legatsanspruch vererben zu können.

77 Auch der **Pflichtteilsanspruch** als Geldanspruch entsteht durch den Tod des Erblassers und ist dann ohne weitere Voraussetzungen vererblich.[305] Auf die gerichtliche Geltendmachung des Anspruchs durch den Pflichtteilsberechtigten kommt es nicht an.[306] Die Vererblichkeit schließt die Befugnis zur Geltendmachung der Rechte gemäß den §§ 785, 951 ein.[307] Ist der Beschenkte verstorben, so kann der Anspruch auf Herausgabe des Fehlbetrags gegen seine Erben gerichtet werden.[308]

---

[300] Für die Erbantrittserklärung OGH 7 Ob 176/70, SZ 43/191; vgl auch *Kralik*, Erbrecht 58.

[301] Vgl *Welser* in Rummel/Lukas⁴ § 537 Rz 7; *Eccher* in Schwimann/Kodek⁴ III § 537 Rz 4; *Kralik*, Erbrecht 58; *Fritsch* in Ferrari/Likar-Peer, Erbrecht 50.

[302] *Werkusch-Christ* in Kletečka/Schauer, ABGB-ON 1.03 § 537 Rz 4; *Kralik*, Erbrecht 58 f.

[303] *Welser* in Rummel/Lukas⁴ § 537 Rz 3; *Werkusch-Christ* in Kletečka/Schauer, ABGB-ON 1.03 § 537 Rz 5; *Fritsch* in Ferrari/Likar-Peer, Erbrecht 48; *Koziol/Welser/Zöchling-Jud*¹⁴ II Rz 1901.

[304] *Welser* in Rummel/Lukas⁴ § 684 Rz 1; *Eccher* in Schwimann/Kodek⁴ III § 684 Rz 2; *Spruzina* in Kletečka/Schauer, ABGB-ON 1.01 § 684 Rz 5.

[305] *Welser* in Rummel/Lukas⁴ § 537 Rz 3; *Eccher* in Schwimann/Kodek⁴ III § 531 Rz 9; *Werkusch-Christ* in Kletečka/Schauer, ABGB-ON 1.03 § 531 Rz 5; *Fritsch* in Ferrari/Likar-Peer, Erbrecht 48; *Koziol/Welser/Zöchling-Jud*¹⁴ II Rz 1901; vgl auch OGH 2 Ob 60/99h, NZ 1999, 378; zur Geltendmachung des Pflichtteilsanspruchs durch den Verlassenschaftskurator für den Nachlass des nachverstorbenen Pflichtteilsberechtigten 6 Ob 813/83, SZ 57/12.

[306] OGH 7 Ob 105–110/72, EvBl 1972/317; *Welser* in Rummel/Lukas⁴ § 537 Rz 3; *Eccher* in Schwimann/Kodek⁴ III § 531 Rz 9; *Fritsch* in Ferrari/Likar-Peer, Erbrecht 48.

[307] OGH 7 Ob 105–110/72, EvBl 1972/317; 6 Ob 263/03z, NZ 2004/92, 348; *Welser* in Rummel/Lukas⁴ § 537 Rz 3; *Eccher* in Schwimann/Kodek⁴ III § 531 Rz 9; *Werkusch-Christ* in Kletečka/Schauer, ABGB-ON 1.03 § 531 Rz 5; *Kralik*, Erbrecht 15; *Fritsch* in Ferrari/Likar-Peer, Erbrecht 48.

[308] OGH 6 Ob 263/03z, NZ 2004/92, 348; *Welser* in FS Kralik 591 ff; *Kralik*, Erbrecht 308; aA *Schwind* in FS Kralik 517 ff.

g) Unternehmen

Ein Unternehmen ist grundsätzlich frei **vererblich**. Es fällt nach dem Tod des Erblassers in den Nachlass. Die Unternehmereigenschaft endet nicht mit dem Tod des Unternehmers; der Nachlass tritt insoweit an die Stelle des Verstorbenen.[309] Ob und inwieweit bei freien Berufen eine Ausnahme vom Grundsatz der Vererblichkeit zu machen ist, erscheint fraglich; die auch in neuerer Zeit vertretene Ansicht, eine Rechtsanwaltskanzlei sei kein in die Verlassenschaft gehöriger Vermögensgegenstand,[310] ist zweifelhaft. Durch die Einantwortung geht das Unternehmen auf die Erben über. Wer als Erbe zum Zug kommt, bestimmt sich nach den allgemeinen Regeln. Eine Ausnahme besteht diesbezüglich nur für landwirtschaftliche Güter nach dem Anerbenrecht. Für den Unternehmenserwerb im Erbgang bestehen nur wenige Besonderheiten. Wenn ein Unternehmen zum Nachlass gehört, so benötigt der minderjährige Erbe sogar für eine bedingte Erbantrittserklärung eine gerichtliche Genehmigung (§ 167 Abs 3). War der Erblasser ein im Firmenbuch eingetragener Unternehmer, so kann während des Verlassenschaftsverfahrens auf Antrag[311] im Firmenbuch eingetragen werden, wer berechtigt ist, die Verlassenschaft zu vertreten (§ 32 Abs 2 UGB). Unabhängig hiervon ist auch die Vertretung durch einen Prokuristen oder einen Handlungsbevollmächtigten möglich, weil diese Vertretungsbefugnisse durch den Tod des Einzelunternehmers nicht erlöschen (§ 52 Abs 3, § 58 Abs 3 UGB). Der Erbe haftet für die unternehmensbezogenen Verbindlichkeiten erbrechtlich; er kann überdies einer unbeschränkten Haftung nach § 40 UGB ausgesetzt sein. Diese Haftung setzt keine Eintragung des Erblassers im Firmenbuch voraus; sie besteht bei Land- und Forstwirten sowie bei den Angehörigen freier Berufe jedoch nur dann, wenn eine – freiwillige (§ 4 Abs 2 UGB) – Eintragung im Firmenbuch bestand. Zum rechtlichen Schicksal von Gewerbeberechtigungen Rz 87 f.

78

h) Gesellschafts- und Stiftungsrecht

Die **Mitgliedschaft eines Gesellschafters** in einer Gesellschaft (Gesellschaftsanteil) ist in der Regel **vererblich**. Dies gilt für Kapitalgesellschaften[312] und – entgegen einer gebräuchlichen Formulierung[313] – auch für eingetragene Personengesellschaften sowie für Gesellschaften bürgerlichen Rechts, bei denen der Tod eines Gesellschafters zur Auflösung der Gesellschaft führt (§ 131 Z 4 UGB, § 1208 Z 5 ABGB). Dies ergibt sich aus dem Umstand, dass der Nachlass des verstorbenen Mitglieds als Gesellschafter an der Liquidationsgesellschaft beteiligt ist. Die überlebenden Gesellschafter haben jedoch die Möglichkeit, die

79

---

[309] Vgl OGH 4 Ob 78/10i, JBl 2011, 108.
[310] OGH 6 Ob 277/00d; *Welser* in Rummel/Lukas⁴ § 531 Rz 35 FN 81; *Koziol/Welser/Zöchling-Jud*¹⁴ II Rz 1844.
[311] Zur Antragsbedürftigkeit der Eintragung *Enzinger* in Zib/Dellinger, § 32 UGB Rz 10; *Herda* in Jabornegg/Artmann², § 32 UGB Rz 17; *Dehn* in Krejci, RK § 32 UGB Rz 1.
[312] Zur Vererblichkeit der Gründerstellung bei einer Aktiengesellschaft *Doralt/Diregger* in MünchKommAktG³ § 41 Rz 202.
[313] *Kastner/Doralt/Nowotny*, Gesellschaftsrecht⁵ 123; OGH 8 Ob 534/91 GesRZ 1993, 40; wie hier *Jabornegg* in Jabornegg § 131 Rz 38; *Schauer*, Erbrechtliche Nachfolge 151 ff mwN FN 333 ff.

§ 531

Fortsetzung der Gesellschaft ohne die Beteiligung des Nachlasses bzw der Erben zu beschließen (§ 141 Abs 1 UGB, § 1214 Abs 1 ABGB). Von Gesetzes wegen ist die Unvererblichkeit der Mitgliedschaft nur ausnahmsweise vorgesehen: Dies gilt namentlich in der Regel für die Mitgliedschaft in einer EWIV (Art 28 EWIV-VO),[314] in einer Genossenschaft mit unbeschränkter Haftung (§ 54 Abs 2 GenG) und nach hA auch beim Idealverein.[315] Die Rechtsfolge der Unvererblichkeit ist das Ausscheiden des Erblassers mit seinem Tod. Je nach Rechtsform des Verbandes kann dem Nachlass ein Anspruch auf Leistung eines Abfindungsguthabens zustehen (vgl § 137 Abs 2 UGB, Art 33 EWIV-VO, § 55 Abs 3 GenG).

80 Die Vererblichkeit der Mitgliedschaft ist teilweise **privatautonomer Gestaltung im Gesellschaftsvertrag** zugänglich. So kann beispielsweise bei eingetragenen Personengesellschaften und bei Gesellschaften bürgerlichen Rechts vorgesehen werden, dass die Gesellschaft nach dem Tod eines Mitglieds unter Ausschluss der Erben von den übrigen Gesellschaftern fortgeführt wird (Fortsetzungsklausel). Ebenso kann vereinbart werden, dass die Gesellschaft mit den Erben (Nachfolgeklausel) oder mit einem oder mehreren bestimmten Erben (qualifizierte Nachfolgeklausel) fortgeführt wird. Sieht der Vertrag die Fortführung mit den Erben vor, so haben diese das Recht, die Umwandlung der Beteiligung des Erblassers in eine Kommanditbeteiligung (§ 139 UGB) oder die Errichtung einer Kommanditgesellschaft zu verlangen (§ 1205 ABGB); bei fehlender Zustimmung der übrigen Gesellschafter können die Erben aus der Gesellschaft ausscheiden[316]. Bei Kapitalgesellschaften kann die Vererblichkeit des Anteils zwar nicht vertraglich ausgeschlossen werden; es sind aber andere Gestaltungsformen möglich (zB Aufgriffsrechte), die die Fortführung der Gesellschaft ohne die Erben eines verstorbenen Mitglieds erleichtern[317].

aa) Übernahmerecht

81 Die **Rechtsstellung eines Bieters** nach dem Übernahmegesetz ist **vererblich**. Stirbt der Kernaktionär einer börsenotierten Gesellschaft, so kann der Übergang der Beteiligung auf den Erben einen Kontrollwechsel in der Gesellschaft herbeiführen. Gleichwohl besteht für den **Erwerb im Erbgang keine Angebotspflicht**, sondern nur eine Pflicht zur Anzeige des Sachverhalts an die Übernahmekommission (§ 25 Abs 1 Z 4 ÜbG). Die Übernahmekommission kann Auflagen aussprechen, die erforderlich sind, um eine Gefährdung von Vermögensinteressen anderer an der Gesellschaft beteiligter Personen zu vermeiden. Zu diesem Zweck kann sie ein Verbot des Hinzuerwerbs weiterer Anteile, den Verkauf von Anteilen, das Ruhen von Stimmrechten oder andere, im Gesetz näher geregelte Maßnahmen anordnen (§ 25 Abs 3 iVm Abs 2 ÜbG). Wenn der

---

314 *Schauer* in Kalss/Nowotny/Schauer, Gesellschaftsrecht Rz 2/678.
315 *Krejci/S. Bydlinski/Rauscher/Weber-Schallauer*, Vereinsgesetz 2002² § 3 Rz 73.
316 Zu den möglichen Gestaltungen bei Personengesellschaften ausführlich *Schauer* in Gruber/Kalss/Müller/Schauer, Erbrecht und Vermögensnachfolge § 31 Rz 18 ff; *ders* in Deixler-Hübner, Handbuch Familienrecht (2015) 1040 ff; *Kalss/Probst*, Familienunternehmen Rz 20/27 ff.
317 Dazu ausführlich *Kalss* in Gruber/Kalss/Müller/Schauer, Erbrecht und Vermögensnachfolge § 32 Rz 19 ff; *Kalss/Probst*, Familienunternehmen Rz 20/44 ff; vgl auch *Schauer* in Deixler-Hübner, Handbuch Familienrecht (2015) 1040 ff.

Erbe, der durch den Erbgang eine kontrollierende Beteiligung erlangt hat, später weitere Anteile hinzuerwirbt, so ergibt sich aus einer analogen Anwendung des § 22b Abs 2 S 2 ÜbG, dass die Angebotspflicht hierdurch ausgelöst wird. Für die Analogie spricht, dass der Grund für das Privileg wegfällt, weshalb sich der Erwerber bei der Vergrößerung der Beteiligung durch aktives Handeln nicht mehr auf den Grund der ursprünglichen Befreiung berufen können soll.[318]

Fraglich ist, ob die **Befreiung von der Angebotspflicht** auch dem **Legatar** zugutekommt. Der Wortlaut des Gesetzes ist nicht ganz eindeutig, weil dort vom „Erbgang" die Rede ist, was man in einem weiteren Sinn auch auf den Erwerb durch Vermächtnis beziehen kann. Aus den Materialien zum Übernahmegesetz ergibt sich, dass der Tatbestand, der überdies noch die Schenkung unter nahen Angehörigen und die Teilung von Vermögen im Zuge einer Scheidung von der Angebotspflicht befreit, den Aktienerwerb aufgrund familienrechtlicher und erbrechtlicher Tatbestände erfassen soll.[319] Es sei nämlich anzunehmen, dass der neue kontrollierende Aktionär in diesen Fällen keine andere Geschäftspolitik verfolgt und daher kein Schutzbedürfnis für Minderheitsaktionäre besteht. Ohne Rücksicht darauf, ob man diese optimistische Einschätzung teilt, ist einzuräumen, dass die Gefahren für Minderheitsaktionäre beim Kontrollerwerb durch das Vermächtnis nicht höher sind als beim erbrechtlichen Erwerb. Deshalb ist die Befreiung von der Angebotspflicht auch auf den Erwerb durch Vermächtnis zu erstrecken.[320] Nach hA gilt dies auch für die Erbenauseinandersetzung.[321] **82**

bb) Privatstiftung

Die vom **Stifter** vorbehaltenen Gestaltungsrechte gehen nicht auf Rechtsnachfolger über (§ 3 Abs 3 PSG); sie sind also unvererblich. Damit ist vor allem das Recht auf Änderung der Stiftungserklärung und auf Widerruf der Privatstiftung gemeint. Andere Rechte des Stifters können vererblich gestaltet werden[322]. Hingegen ist bei gemeinnützigen oder mildtätigen Stiftungen und Fonds nach dem BStFG davon auszugehen, dass die von den Gründern (Stifter) vorbehaltenen Rechte auf die jeweiligen Rechtsnachfolger übergehen können (vgl § 4 Abs 2, § 7 Abs 2 Z 8 BStFG 2015)[323]. **83**

---

318 Vgl die EB RV zum ÜbRÄG 2006 (1334 BlgNR 22. GP 14) zu § 22b ÜbG, der in seinem unmittelbaren Anwendungsbereich die passive Kontrollerlangung regelt: Der kontrollierende Aktionär ist bei einem Ausbau einer Beteiligung anbotspflichtig, weil er in diesem Fall „nicht mehr als passiv anzusehen ist".

319 EB RV 1276 BlgNR 22. GP 44.

320 Ebenso *P. Huber* in P. Huber, ÜbG § 25 Rz 63; *Gerschpacher*, Das Pflichtangebot im Übernahmegesetz 155; vgl auch *A. Hofmann*, Der mittelbare Beteiligungserwerb durch eine beherrschte Privatstiftung im Übernahmegesetz (ÜbG) nach dem Übernahmerechts-Änderungsgesetz 2006 (ÜbRÄG), GesRZ 2007, 190, der vom Übergang der Beteiligung „auf erbrechtlicher Grundlage" spricht und den Tatbestand – freilich ohne Begründung – auf den Erwerb durch den Erben und den Legatar bezieht.

321 *P. Huber* in P. Huber, ÜbG § 25 Rz 63; *Gerschpacher*, Das Pflichtangebot im Übernahmegesetz 155.

322 *N. Arnold*, PSG³ § 3 Rz 46.

323 Vgl dazu auch *Melzer* in Deixler-Hübner/Grabenwarter/Schauer, Gemeinnützigkeitsrecht NEU 14 f.

84 Bezüglich der Rechte der **Begünstigten** ist bei der Privatstiftung zu unterscheiden: Steht dem Begünstigten ein klagbarer Anspruch auf Leistung gegen die Stiftung zu[324], so ist dieser Anspruch auch vererblich[325]. Die Begünstigtenstellung als solche ist grundsätzlich nicht vererblich[326]. Die Vererblichkeit der Begünstigtenstellung kann jedoch in der Stiftungserklärung angeordnet werden[327]. Die Rechtsstellung als Begünstigter fällt dann nach dem Tod des Begünstigten in dessen Nachlass und geht im Erbweg auf den Rechtsnachfolger über. Hiervon ist die Konstellation zu unterscheiden, dass der Nachfolger eines verstorbenen Begünstigten bereits in der Stiftungserklärung festgelegt wird[328]. Dies kann durch namentliche Bezeichnung oder durch generell-abstrakte Regeln, zB durch eine Verweisung auf die gesetzliche Erbfolge geschehen. In diesem Fall fehlt es an einer Vererblichkeit der Begünstigtenstellung im technischen Sinn. Die Begünstigtenstellung erlischt in diesem Fall durch den Tod der zuerst Begünstigten, sodass sie nicht in seinen Nachlass fällt. In der Person des nächstberufenen Begünstigten entsteht sie neu, wenngleich mit demselben Inhalt wie sie zugunsten des verstorbenen Begünstigten bestand.

i) Immaterialgüterrecht

85 Immaterialgüterrechte sind **vererblich**. Dies gilt namentlich für das Urheberrecht im weitesten Sinn (§ 19 Abs 1, § 23 Abs 1, § 27 Abs 1, § 40 Abs 1, § 67 Abs 1 § 74 Abs 2 und 5 UrhG),[329] für das Markenrecht (§ 11 Abs 1 MarkSchG),[330] das Musterrecht (§ 10 Abs 1 MuSchG), das Patentrecht (§ 33 Abs 1 PatG) und das Gebrauchsmuster (§ 10 Abs 1 GMG). Wenn es nach dem Tod eines Urhebers weder zur Erbfolge noch zur Heimfälligkeit des Nachlasses kommt, dann geht das Urheberrecht auf allfällige Miturheber über (§ 23 Abs 2 UrhG). Beim Musterrecht, Patentrecht und Gebrauchsmusterrecht ist ein Heimfallsrecht ausgeschlossen (§ 10 Abs 2 MuSchG, § 33 Abs 1 PatG, § 10 Abs 2 GMG). Die Vererblichkeit schließt beim Urheberrecht auch die persönlichkeitsrechtliche Komponente ein:[331] Die Erben sind berechtigt, die „Urhe-

---

[324] Zu den Voraussetzungen der Klagbarkeit *N. Arnold*, PSG³ § 5 Rz 47 ff.
[325] *N. Arnold*, PSG³ § 5 Rz 55.
[326] *Löffler* in Doralt/Nowotny/Kalss, PSG § 5 Rz 22; *N. Arnold*, PSG² § 5 Rz 54.
[327] *Löffler* in Doralt/Nowotny/Kalss, PSG § 5 Rz 22; *Schauer*, Privatstiftung und Erbrecht, in Doralt/Kalss (Hrsg), Aktuelle Fragen des Privatstiftungsrechts (2001) II. 2. b; offenbar aA *N. Arnold*, PSG³ § 5 Rz 54 f, der nur Bestimmungen in der Stiftungserklärung zulassen will, die einer „Vererblichkeit gleichkommen"; dazu sogleich; vgl auch *Zollner*, Die eigennützige Privatstiftung aus dem Blickwinkel der Stiftungsbeteiligten (2011) 268 f mit dem zutreffenden Hinweis, dass eine Vererbung nur an solche Rechtsnachfolger möglich ist, deren Begünstigung durch den Stiftungszweck gedeckt ist.
[328] Vgl dazu *Schauer*, Privatstiftung und Erbrecht, in Doralt/Kalss (Hrsg), Aktuelle Fragen des Privatstiftungsrechts (2001) II. 2. b; offenbar auf diese Möglichkeit beschränkend *N. Arnold*, PSG³ 54 f.
[329] Vgl dazu *Thiele/Waß*, NZ 2002/38, 97; *Th. Wallentin/Reis*, Gewerblicher Rechtsschutz, Urheberrecht und Erbrecht in Gruber/Kalss/Müller/Schauer, Erbrecht und Vermögensnachfolge (2010) § 33 Rz 46 ff.
[330] Zur Übertragung der Marke im Erbgang *Engin-Deniz*, MSchG² § 11 Rz 2.2; *Salomonowitz* in Kucsko/Schumacher, marken.schutz² § 11 Rz 20.
[331] Vgl dazu *Thiele/Waß*, NZ 2002/38, 98.

berschaft des Schöpfers zu wahren" (§ 19 Abs 1 S 2 UrhG). Hingegen ist beim Patentrecht und beim Gebrauchsmusterrecht das Recht, als Erfinder genannt zu werden, nicht vererblich (§ 20 Abs 2 PatG, § 8 Abs 2 GMG).

j) Rechtsschein

Auch Rechtsscheinlagen sind grundsätzlich **vererblich**. Dies gilt etwa im Zusammenhang mit § 15 UGB.[332] Hat beispielsweise der Erblasser eine Prokura widerrufen, ohne dass der Widerruf in das Firmenbuch eingetragen und bekanntgemacht worden ist (§ 53 Abs 3 iVm § 15 Abs 1 UGB), so muss der Erbe den dadurch erzeugten Rechtsschein gegen sich gelten lassen. Dies gilt auch dann, wenn der Erbe nicht in das Firmenbuch eingetragen ist. Dasselbe gilt, wenn der Erblasser durch seinen Tod aus einer eingetragenen Personengesellschaft ausgeschieden ist, aber die Eintragung im Firmenbuch und deren Bekanntmachung unterblieben sind (§ 143 Abs 2 iVm § 15 Abs 1 UGB). Dies kann zur Haftung des Erben für Verbindlichkeiten der Gesellschaft führen, die erst nach dem Tod des Erblassers entstanden sind. Allerdings wird dem Erben das Recht zuzugestehen sein, die Inanspruchnahme aus der Rechtsscheinhaftung erbrechtlich zu beschränken.[333]

86

3. Öffentlich-rechtliche Rechtsverhältnisse

a) Gewerbeberechtigung und andere Berufsbefugnisse

Gewerbeberechtigung: Die Gewerbeberechtigung ist grundsätzlich ein persönliches Recht, das nicht übertragen werden kann (§ 38 Abs 1 GewO). Sie erlischt durch den Tod des Berechtigten und ist nicht Gegenstand der Verlassenschaftsabhandlung.[334] Um die Kontinuität des betriebenen Unternehmens gleichwohl zu sichern, sieht das Gewerberecht bestimmte Fortbetriebsrechte vor (§§ 41 ff GewO). Sie gewähren dieselben Rechte, die auch dem Gewerbeinhaber zugestanden haben.[335] Das Fortbetriebsrecht steht zeitlich aufeinanderfolgend zunächst der Verlassenschaft und dann bestimmten Angehörigen zu. Das **Fortbetriebsrecht der Verlassenschaft** entsteht mit dem Ableben des Gewerbeinhabers. Der Fortbetrieb ist vom Vertreter der Verlassenschaft der Bezirksverwaltungsbehörde anzuzeigen (§ 42 Abs 1 GewO). Der Vertreter der Verlassenschaft tritt sodann in die Funktion des Geschäftsführers ein. Wenn mit der Ausübung des Gewerbes Gefahren für das Leben oder die Gesundheit von Menschen verbunden sind, so muss eine andere Person zum Geschäftsführer bestellt werden (§ 41 Abs 5 GewO). Das Fortbetriebsrecht der Verlassen-

87

---

[332] Vgl dazu auch *Marotzke* in Staudinger, BGB (2008) § 1922 Rz 264.

[333] Vgl dazu *Schauer*, Rechtsprobleme der erbrechtlichen Nachfolge bei Personenhandelsgesellschaften 270 ff; *ders* in Kalss/Nowotny/Schauer, Österreichisches Gesellschaftsrecht (2008) Rz 2/576.

[334] OGH 5 Ob 214/66, EvBl 1967/84; *Welser* in Rummel/Lukas[4] § 531 Rz 2; *Weiß/Ferrari* in Ferrari/Likar-Peer, Erbrecht 8; *Koziol/Welser/Zöchling-Jud*[14] II Rz 1838.

[335] *Potacs*, Gewerberecht, in Holoubek/Potacs, Öffentliches Wirtschaftsrecht[3] I 73 f; *Granner*, JBl 2015, 159; *ders* ZaK 2016/344, 185; *Weiß/Ferrari* in Ferrari/Likar-Peer, Erbrecht 8.

schaft endet in der Regel mit der Einantwortung, einer anderen Art der Beendigung des Verlassenschaftsverfahrens oder mit der Übernahme des Gewerbebetriebs an den Vermächtnisnehmer oder den Beschenkten auf den Todesfall (näher § 42 Abs 2 GewO).

88 An das Fortbetriebsrecht der Verlassenschaft kann sich ein entsprechendes Recht des **Ehegatten** (bzw des **eingetragenen Partners**) und der **Kinder** des Gewerbeinhabers vor der Vollendung des 24. Lebensjahres nahtlos anschließen (§ 43 Abs 1 GewO). Voraussetzung hierfür ist, dass der rechtliche Besitz am Gewerbebetrieb ganz oder teilweise auf die zum Fortbetrieb berechtigten Personen übergeht (§ 41 Abs 1 Z 2 GewO). Der Erwerb kann durch Erbfolge, Vermächtnis oder Schenkung auf den Todesfall erfolgen.[336] Da es also auf die Erbenqualität nicht ankommt, handelt es sich beim Fortbetriebsrecht um eine öffentlich-rechtliche Sonderrechtsnachfolge.[337] Sind mehrere Personen zum Fortbetrieb berechtigt, so steht ihnen das Recht gemeinsam zu (§ 43 Abs 2 GewO). Der Fortbetrieb ist ohne unnötigen Aufschub der Bezirksverwaltungsbehörde anzuzeigen (§ 43 Abs 1 GewO). Möglich ist auch ein Verzicht innerhalb eines Monats (§ 43 Abs 3 GewO). Wenn der zur Fortführung berechtigte Angehörige die persönlichen Voraussetzungen für die Ausübung des Gewerbes nicht nachweist, so ist die Bestellung eines geeigneten Geschäftsführers gemäß § 39 GewO erforderlich. Von diesem Erfordernis kann eine Nachsicht erteilt werden, wenn mit der Ausübung des Gewerbes keine Gefahren für das Leben oder die Gesundheit von Menschen verbunden sind. Das Fortbetriebsrecht der Kinder des Gewerbeinhabers erlischt mit der Vollendung des 24. Lebensjahres. Das Fortbetriebsrecht des Ehegatten (eingetragenen Partners) ist an keine Altersgrenze gebunden;[338] eine dauerhafte Perpetuierung wird jedoch verhindert, weil ein aufgrund eines Fortbetriebsrechts geführter Gewerbebetrieb nach dem Tod des überlebenden Ehegatten (eingetragenen Partners) nicht neuerlich fortgeführt werden darf (§ 41 Abs 2 GewO e contrario). Wenn keine Fortbetriebsrechte der Angehörigen bestehen, so kann der Erwerber, der mehr als die Hälfte des Gewerbebetriebs durch Rechtsnachfolge von Todes wegen oder durch Schenkung auf den Todesfall erlangt hat, vor der Vollendung des 24. Lebensjahres das Gewerbe unter erleichterten Bedingungen anmelden (näher § 8 Abs 2 GewO). Ähnliche Fortbetriebsrechte sind für Apotheken (§ 15 Abs 2 ApothekenG), für den Kraftfahrlinienverkehr (§ 28 KflG), für die gewerbsmäßige Ausübung der Schifffahrt (§ 85 Abs 2 SchFG) und für Postdienste (§ 30 Abs 2 PMG) vorgesehen.

89 Vergleichbare Bestimmungen bestehen für den Fall des Todes einer **freiberuflich tätigen Person**. Die Berechtigung zur Rechtsanwaltschaft erlischt durch den Tod; vom Ausschuss der zuständigen Rechtsanwaltskammer ist ein mittlerweiliger Stellvertreter zu bestellen (§ 34 Abs 1 und 4 RAO). Der überlebende

---

[336] Vgl *Ch. Schneider* in Gruber/Kalss/Müller/Schauer, Erbrecht und Vermögensnachfolge § 35 Rz 26; *Potacs*, Gewerberecht, in Holoubek/Potacs, Öffentliches Wirtschaftsrecht³ I 75; *Weiß/Ferrari* in Ferrari/Likar-Peer, Erbrecht 9.

[337] Für die Einordnung als Sonderrechtsnachfolge auch *Kralik*, Erbrecht 19; *Weiß/Ferrari* in Ferrari/Likar-Peer, Erbrecht 8.

[338] Vgl auch *Ch. Schneider* in Gruber/Kalss/Müller/Schauer, Erbrecht und Vermögensnachfolge § 35 Rz 26; *Potacs*, Gewerberecht, in Holoubek/Potacs, Öffentliches Wirtschaftsrecht³ I 75.

Ehegatte (eingetragene Partner) und die Kinder eines verstorbenen Rechtsanwalts dürfen an einer Rechtsanwaltsgesellschaft beteiligt sein (§ 21c Z 1 lit d RAO, § 43 Abs 1 Z 15 EPG). Ebenso erlischt das Amt des Notars durch den Tod (§ 19 Abs 1 lit i NO). Dasselbe gilt für die Berufsberechtigung eines Wirtschaftstreuhänders (§ 102 Z 4 WTBG); zugunsten des überlebenden Ehegatten (eingetragenen Partners) und der Kinder bestehen jedoch Fortführungsrechte (§ 108 ff WTBG). Ferner sind der überlebende Ehegatte (eingetragene Partner) bis zu einer allfälligen Wiederverehelichung (Eingehung einer eingetragenen Partnerschaft) und Kinder bis zur Vollendung des 35. Lebensjahres berechtigt, von Todes wegen erworbene Anteile an einer Wirtschaftstreuhandgesellschaft zu halten, an der der berufsberechtigte Erblasser beteiligt war (§ 68 Abs 8 WTBG). Keine besonderen Bestimmungen sind im Ärztegesetz und im Zivilteichnikergesetz enthalten; selbst das Erlöschen der Berufsbefugnis durch den Tod ist nicht ausdrücklich geregelt und kann wohl nur aus einem Analogieschluss zum Erlöschen durch den Verlust der Eigenberechtigung abgeleitet werden (§ 4 Abs 2 Z 1 iVm§ 59 Abs 1 Z 1 ÄrzteG; § 17 Abs 1 Z 3 ZTG).

b) Sozialversicherung

90 Das sozialversicherungsrechtliche Verhältnis endet durch den Tod der versicherten Person. Für Geldleistungen, die beim Tod des Anspruchsberechtigten bereits fällig, aber noch nicht ausbezahlt worden sind, besteht eine **Sondernachfolge** zugunsten bestimmter **Angehöriger**, die mit dem Versicherten im Zeitpunkt seines Todes in häuslicher Gemeinschaft gelebt haben. Nur wenn keine bezugsberechtigten Angehörigen vorhanden sind, erwerben die Verlassenschaft und die Erben den Anspruch (§ 107a Abs 1 ASVG, § 77 Abs 1 GSVG, § 50 Abs 1 B-KUVG, § 73 Abs 1 BSVG).[339] Wurde die Leistung vor dem Tod des Versicherten bereits erbracht, so kommen ihre unverbrauchten Teile dagegen stets den Erben zugute.[340] Die Ansprüche auf die Erstattung von Kosten der Krankenbehandlung (§ 131 Abs 1 und 3 ASVG, § 85 Abs 2 lit b und c GSVG, § 59 Abs 1 und 3, § 69 Abs 6 B-KUVG, § 80 Abs 2 BSVG), auf den Pflegekostenzuschuss (§ 150 ASVG, § 98a GSVG, § 68a B-KUVG, § 93 BSVG) sowie auf einen Teilersatz für Ersatzarbeitskräfte (§ 148u, § 148y Abs 2 Z 2 BSVG) stehen nach dem Tod der versicherten Person bestimmten Angehörigen oder denjenigen Personen zu, die die Kosten an Stelle des Versicherten getragen haben (§ 107a Abs 2 ASVG, § 77 Abs 2 GSVG, § 50 Abs 2 B-KUVG, § 73 Abs 2 BSVG). Der Kostenersatz und der Pflegekostenzuschuss können von diesen Personen auch nach dem Tod des Anspruchsberechtigten beantragt werden (§ 361 Abs 2 ASVG). Das Wochengeld ist beim Tod einer Wöchnerin an denjenigen weiterzuzahlen, der für den Unterhalt des Kindes sorgt (§ 167 ASVG, § 102a Abs 8 GSVG, § 98 Abs 9 BSVG). Beitragsverbindlichkeiten, die zu Lebzeiten des Erblassers bereits entstanden sind, unterliegen der erbrechtlichen Gesamt-

---

339 Zur Fortsetzung eines laufenden Verfahrens OGH 10 ObS 163/87, SZ 61/203.
340 Kritisch wegen der Unterschiedlichkeit zur Sondernachfolge bei nicht ausbezahlten Leistungen *Kralik*, Erbrecht 18; vgl auch *Weiß/Ferrari* in Ferrari/Likar-Peer, Erbrecht 11 f.

rechtsnachfolge[341] und müssen vom Erben beglichen werden. Besondere Bestimmungen bestehen dagegen für die Rückforderung zu Unrecht erbrachter Leistungen nach dem Tod des Anspruchsberechtigten (§ 107 Abs 5 ASVG, § 76 Abs 5 GSVG, § 49 Abs 5 B-KUVG, § 72 Abs 5 BSVG).

c) Verfahrensrechtliche Rechtsverhältnisse

91 **Zivilprozess**: Wenn eine Partei, die nicht durch einen Prozessbevollmächtigten vertreten war, während eines Zivilprozesses verstirbt, so wird das Verfahren unterbrochen. Die Unterbrechung dauert bis zur Aufnahme des Verfahrens durch den Rechtsnachfolger oder durch den Kurator der Verlassenschaft,[342] dessen Einsetzung vom Prozessgegner beantragt werden kann (§ 155 ZPO). Mehrere Erben sind nach ihrem Eintritt in das Verfahren nach hA als einheitliche Streitgenossen zu betrachten.[343] Mit wem ein Verfahren nach der Überlassung des Nachlasses an Zahlungs Statt fortzuführen ist, ist strittig.[344] Hatte die verstorbene Partei einen Prozessbevollmächtigten bestellt, so wird das Verfahren nicht unterbrochen. Die Prozessvollmacht bleibt beim Tod des Vollmachtgebers aufrecht (§ 35 Abs 1 ZPO); nach hA handelt es sich dabei um zwingendes Recht.[345] Nach überwiegender Meinung, vor allem in der Rsp, soll der Fortbestand der Prozessvollmacht nach dem Tod des Vollmachtgebers indes nur gelten, wenn ein Verfahren bereits eingeleitet wurde; andernfalls bleibt es nach dieser Ansicht beim Erlöschen gemäß § 1022[346] (zur Vollmacht allgemein Rz 42).

92 In streitigen **Ehesachen** ist das Verfahren durch den Tod eines Ehegatten vor der Rechtskraft des Urteils in der Hauptsache erledigt. Es kann nur wegen der Kosten fortgesetzt werden (§ 460 Z 8 ZPO). Auch ein außerstreitiges Verfahren über eine Scheidung im Einvernehmen wird durch den Tod eines Ehegatten beendet; ein bereits ergangener aber noch nicht rechtskräftiger Scheidungsbeschluss ist wirkungslos (§ 94 Abs 3 S 3 AußStrG). Dies ist die Konsequenz der aufgrund des Todes ipso iure eintretenden Auflösung der Ehe,[347] die in jeder Lage des Verfahrens, auch durch das Rechtsmittelgericht,[348] wahrzu-

---

[341] OGH 2 Ob 21/69, SZ 42/29; zustimmend *Welser* in Rummel/Lukas⁴ § 531 Rz 3; *Weiß/Ferrari* in Ferrari/Likar-Peer, Erbrecht 7; *Koziol/Welser/Zöchling-Jud*¹⁴ II Rz 1840.

[342] Vgl *Fink* in Fasching/Konecny² II/2 § 155 ZPO Rz 65.

[343] So *Gitschthaler* in Rechberger, ZPO⁴ §§ 155–157 Rz 5.

[344] Für die Fortsetzung des Verfahrens mit der ruhenden Verlassenschaft OGH 10 ObS 133/92, EvBl 1993/112; für die Fortsetzung des Verfahrens mit jenen Nachlassgläubigern, die die das Verfahren betreffenden Gegenstände übernommen haben *Gitschthaler* in Rechberger, ZPO⁴ §§ 155–157 Rz 5 sowie *Fink* in Fasching/Konecny² II/2 § 155 ZPO Rz 58.

[345] *Zib* in Fasching/Konecny³ II/1 § 35 ZPO Rz 4; *Kralik*, Erbrecht 11.

[346] OGH 3 Ob 23/53, SZ 26/164; 3 Ob 2/67, EvBl 1967/267; 7 Ob 23/01k; zustimmend *Strasser* in Rummel³ I §§ 1020–1026 Rz 21a; *Apathy* in Schwimann/Kodek⁴ IV § 1022 Rz 1, 3; *Fucik* in Rechberger, ZPO⁴ § 35 Rz 1; einschränkend *Zib* in Fasching/Konecny³ II/1 § 35 ZPO Rz 17 ff.

[347] *Simotta* in Fasching/Konecny² III § 460 ZPO Rz 105; vgl auch OGH 1 Ob 408/54, SZ 27/186; 2 Ob 362/54, SZ 27/210; 5 Ob 185/59, RZ 1959, 142.

[348] Dazu *Simotta* in Fasching/Konecny² III § 460 ZPO Rz 144 f; vgl *Fucik* in Rechberger, ZPO⁴ § 460 Rz 10.

nehmen ist. Maßgeblich ist die materielle Rechtskraft der Entscheidung.[349] Dies ist vor allem in jenen Fällen relevant, in denen ein Ehegatte nach dem von beiden Teilen nach mündlicher Verhandlung erklärtem Rechtsmittelverzicht, aber vor der Zustellung der Entscheidung verstirbt: Da das Eheband erst durch die Zustellung an beide Ehegatten aufgelöst wird, war die Ehe im Zeitpunkt des Todes noch aufrecht.[350] § 460 Z 8 ZPO ist bei einem vom Staatsanwalt zu Lebzeiten der Ehegatten eingeleiteten Ehenichtigkeitsverfahren nicht anzuwenden (§ 84 der 1. DVEheG). § 460 ZPO sowie die §§ 93 ff AußStrG sind sinngemäß auf eingetragene Partner anzuwenden (§ 43 Abs 1 Z 2, Z 5 EPG).

Exekutionsverfahren: Wenn der Verpflichtete nach der Bewilligung der 93 Exekution verstirbt,[351] so kann die Vollstreckung nach einer Erbantrittserklärung oder nach der Bestellung eines Verlassenschaftskurators ohne neuerliche Bewilligung in Vollzug gesetzt oder fortgeführt werden. Der betreibende Gläubiger hat zu diesem Zweck auch das Recht, die Bestellung eines Verlassenschaftskurators zu beantragen (§ 34 Abs 1 EO). Stirbt der Verpflichtete vor der Bewilligung der Exekution, so kann der betreibende Gläubiger ebenfalls die Bestellung eines Nachlasskurators herbeiführen.[352] Zuständig für die Bestellung ist das Verlassenschaftsgericht.[353] Der Tod des betreibenden Gläubigers hat auf das Exekutionsverfahren keinen Einfluss.[354] Der Fortbestand der Prozessvollmacht gilt auch für das Exekutionsverfahren (§ 35 iVm § 31 Abs 1 Z 3 ZPO), sodass der Rechtsvertreter des betreibenden Gläubigers die Einleitung oder Fortführung des Exekutionsverfahrens auch für den ruhenden Nachlass vornehmen kann.[355]

Insolvenzverfahren: Der Tod des Schuldners führt nicht zu einer Unter- 94 brechung des Verfahrens; es wird mit dem ruhenden Nachlass fortgeführt.[356] Das Amt des Insolvenzverwalters endet durch seinen Tod.[357] Die Rechnungslegungspflicht gemäß § 121 IO ist nicht von den Erben zu erfüllen, sondern geht auf den neuen Insolvenzverwalter über; die Erben schulden jedoch die Herausgabe aller Unterlagen und Belege, die die Masse betreffen.[358]

---

[349] Dazu näher *Hopf/Stabentheiner*, ÖJZ 1999, 875; vgl auch *Hopf/Kathrein*, Eherecht³ § 460 ZPO Rz 11; *Simotta* in Fasching/Konency² III § 460 ZPO Rz 134; zum außerstreitigen Verfahren *Schrott* in Maurer/Schrott/Schütz, AußStrG § 94 Rz 10.

[350] OGH 6 Ob 259/02k, JBl 2003, 530; *Hopf/Stabentheiner*, ÖJZ 1999, 875; vgl auch *Fucik* in Rechberger, ZPO⁴ § 460 Rz 10; OGH 1 Ob 411/97s, EFSlg 88.146; aA *P. Böhm/L. Fuchs*, ÖJZ 2002, 633 ff; *de lege ferenda* kritisch *Spitzer*, JBl 2003, 839 ff.

[351] Vgl *Jakusch* in Angst, EO² § 34 Rz 1.

[352] OGH 2 Ob 79/52, SZ 25/35 unter Berufung auf eine analoge Anwendung des § 34 EO und die in § 811 S 3 ABGB enthaltene Wertung.

[353] *Jakusch* in Angst, EO² § 34 Rz 7a.

[354] *Jakusch* in Angst, EO² § 34 Rz 8.

[355] Vgl auch OGH 3 Ob 177/06k, JBl 2007, 460; *Jakusch* in Angst, EO² § 34 Rz 8.

[356] OGH 5 Ob 87/63, SZ 36/85; vgl auch *Buchegger* in Bartsch/Pollak/Buchegger, Österreichisches Insolvenzrecht⁴ I § 1 KO Rz 170.

[357] *Hierzenberger/Riel* in Konecny/Schubert, Insolvenzgesetze § 80 KO Rz 6 (1.10.1997); *Chalupsky/Duursma-Kepplinger* in Bartsch/Pollak/Buchegger, Österreichisches Insolvenzrecht⁴ III § 80 KO Rz 50.

[358] OGH 8 Ob 2014/96a, SZ 69/213; zustimmend *Riel* in Konecny/Schubert, Insolvenzgesetze § 121 KO Rz 12 (Stand 1.3.2006); *Kodek* in Bartsch/Pollak/Buchegger, Österreichisches Insolvenzrecht⁴ III §§ 121, 122 KO Rz 8 f.

d) Sonstiges

95 **Steuern und Abgaben**: Die Rechtsverhältnisse, die sich aus steuer- und abgabenrechtlichen Bestimmungen ergeben, gehen bei Gesamtrechtsnachfolge auf den Rechtsnachfolger über. Für den Umfang der Inanspruchnahme gelten die Bestimmungen des bürgerlichen Rechts (§ 19 Abs 1 BAO). Daraus folgt, dass die erbrechtliche Haftungsbeschränkung auch für Steuer- und Abgabenschulden gilt.

96 Vererblich ist der Anspruch auf Rückübereignung **nach dem Bundesstraßengesetz** (§ 20a Abs 1 BStG).[359]

97 **Strafen**: Da die Strafe eine Reaktion auf individuelle Schuld ist, erlischt der Strafanspruch des Staates durch den Tod des Täters. Dieser Grundsatz wird für Geldstrafen in § 548 S 2 bestätigt. Aus der Bestimmung würde sich im Umkehrschluss ergeben, dass eine bereits verhängte Geldstrafe auf den Nachlass und die Erben übergeht. Diese Regel wird freilich durch später erlassene leges speciales verdrängt, wonach Geldstrafen, zu denen der Erblasser zu Lebzeiten vom Gericht oder von einer Verwaltungsbehörde verurteilt wurde, nach seinem Tod nicht mehr beglichen werden müssen (§ 411 StPO, § 173 S 2 FinStrG) bzw nicht mehr vollstreckt werden können (§ 14 Abs 2 VStG).[360] Die Befreiung gilt jedoch nicht für den Verfall und den erweiterten Verfall (§ 20 ff StGB) und die Einziehung (§ 26 StGB).[361] Für diese Rechtsfolgen ist jedoch anzunehmen, dass dem Erben die Möglichkeit der Haftungsbeschränkung zur Verfügung steht. Die Pflicht zum Kostenersatz des rechtskräftig Verurteilten im Strafverfahren geht nicht auf die Erben über (§ 389 Abs 3 StPO).[362]

98 **Nichtvermögensrechtliche Rechtsverhältnisse** gehen in der Regel nicht auf den Erben über (dazu bereits Rz 4). Dies gilt beispielsweise für das Wahlrecht und für das Recht zur Führung akademischer Grade.[363]

Teil B. Erbrecht ab 1. 1. 2017

IV. ErbRÄG 2015

99 **Änderungen durch das ErbRÄG 2015**: Die Erläuterungen zur Regierungsvorlage beschränken sich bei § 531 auf einen lapidaren Satz: „Die Änderungen sind sprachlicher Natur." § 531 gehört somit zu jenen ca 180 Bestimmungen[364] innerhalb des neu gestalteten Erbrechts, deren Änderung nicht mit inhaltlichen Erwägungen, sondern lediglich mit **sprachlicher Modernisierung** erklärt wird. Dieser Befund trifft in der Tat zu: Der – offenbar als veraltet betrachtete –

---

[359] Vgl dazu *Granner*, JBl 2015, 159 f, *ders*, ZaK 2306/344, 18.
[360] Für eine sinngemäße Anwendung auf Disziplinarstrafen *Reischauer* in Rummel³ II § 1337 Rz 2.
[361] *Lässig* in Fuchs/Ratz, WK-StPO § 411 Rz 2 (Stand 1.11.2012).
[362] Zur Kostentragung beim Tod des Beschuldigten vor der Rechtskraft des Schuldspruchs *Lendl* in Fuchs/Ratz, WK-StPO § 389 Rz 8 (Stand 1.9.2014).
[363] *Welser* in Rummel/Lukas⁴ § 531 Rz 2; *Koziol/Welser/Zöchling-Jud*¹⁴ II Rz 1838; *Weiß/Ferrari* in Ferrari/Likar-Peer, Erbrecht 11.
[364] Zahlenangabe bei *Rabl* in Rabl/Zöchling-Jud, Das neue Erbrecht 5, 7.

Ausdruck „Inbegriff" ist entfallen;³⁶⁵ aus den „nicht persönlichen Verhältnissen" wurde „nicht höchstpersönlicher Art".³⁶⁶ Hinzuweisen ist schließlich darauf, dass anstelle der in der alten Fassung noch synonym verwendeten Ausdrücke „Verlassenschaft" und „Nachlass" jetzt nur noch der Begriff „Verlassenschaft" enthalten ist. Diese durch eine terminologische Übereinstimmung mit dem Verfahrensrecht motivierte³⁶⁷ Änderung, die nunmehr das materielle Erbrecht in seiner Gesamtheit prägt, zählt – worauf im Schrifttum bereits mehrfach hingewiesen wurde³⁶⁸ – zu den weniger glücklichen Entscheidungen des Gesetzgebers bei der sprachlichen Überarbeitung des Erbrechts. Dies hat zunächst mit dem Umstand zu tun, dass auch das deutsche BGB nur den Begriff des Nachlasses verwendet und die „Verlassenschaft" in dem in Deutschland gepflogenen Sprachgebrauch vollkommen unbekannt ist. Dem lässt sich zwar entgegenhalten, dass die österreichische Rechtssprache auch sonst einige „Austriazismen" aufweist; gleichwohl bleibt fraglich, ob die Unterschiede in der Rechtssprache – in Anbetracht eines immer stärker grenzüberschreitenden Bezugs juristischer Tätigkeit – noch verschärft werden sollen. Noch mehr fällt ins Gewicht, dass auch das europäische Unionsrecht – namentlich die Europäische Erbrechtsverordnung – lediglich den Begriff „Nachlass" und „Nachlasszeugnis" kennt.³⁶⁹ Zur Verständlichkeit und Widerspruchsfreiheit der Rechtssprache trägt diese Wortwahl nicht bei. Es kommt hinzu, dass die Beschränkung auf den Begriff „Verlassenschaft" nicht ganz konsequent durchgehalten wurde. § 532 S 3 aF sieht vor, dass die Verlassenschaft, „in Beziehung auf den Erben, Erbschaft genannt" wird (vgl dazu bereits Rz 4). Obwohl § 532 S 3 im neuen Erbrecht nicht mehr enthalten ist, kommt der Begriff „Erbschaft" weiterhin an zahlreichen Stellen vor. Besonders deutlich wird dies im 15. Hauptstück, das die Überschrift „Erwerb einer Erbschaft" trägt. An den meisten Stellen³⁷⁰ im 15. Hauptstück dürfte mit „Erbschaft" schlicht „Verlassenschaft" gemeint sein (vgl zB § 797 Abs 1: „Niemand darf eine Erbschaft eigenmächtig in Besitz nehmen. Der Erwerb einer Erbschaft erfolgt in der Regel nach Durchführung des Verlassenschaftsverfahrens ... ").

Inhaltliche Änderungen sind mit der Neufassung des § 531 nicht verbunden. Nach wie vor regelt die Bestimmung nicht, was vererblich ist. Sie besagt lediglich, dass das, was vererblich ist, die Verlassenschaft ausmacht (oben Rz 22). Der Umstand, dass die Verlassenschaft eine juristische Person ist, ist jetzt in § 546 klargestellt. **100**

---

365 Vgl *P. Bydlinski* in Rabl/Zöchling-Jud, Das neue Erbrecht 20.
366 Für eine weitere sprachliche Vereinfachung durch Weglassung des eingeschobenen Nebensatzes *P. Bydlinski* in Rabl/Zöchling-Jud, Das neue Erbrecht 21, 24. Vom Gesetzgeber wurde dieser Vorschlag jedoch nicht aufgegriffen.
367 EBRV 688 BlgNR 25. GP 1.
368 *Rabl* in Rabl/Zöchling-Jud, Das neue Erbrecht 6; *P. Bydlinski* in Rabl/Zöchling-Jud, Das neue Erbrecht 16 FN 13; *Fischer-Czermak* in Deixler-Hübner/Schauer, Erbrecht neu (2015) 22; vgl auch *Kathrein* in Deixler-Hübner/Schauer, Erbrecht neu (2015) 11.
369 So bereits *Rabl* in Rabl/Zöchling-Jud, Das neue Erbrecht 6; *P. Bydlinski* in Rabl/Zöchling-Jud, Das neue Erbrecht 16 FN 13; *Fischer-Czermak* in Deixler-Hübner/Schauer, Erbrecht neu (2015) 22.
370 Der Begriff ist jedoch unscharf und offenbar mehrdeutig, weil er an anderen Stellen eher im Sinn von „Erbrecht" oder „Berufung zum Erben" zu verstehen ist; zB im Zusammenhang mit der Ausschlagung der Erbschaft in § 537 Abs 1, § 647 Abs 2 etc. Er würde sich deshalb nicht durchwegs durch den Ausdruck „Verlassenschaft" ersetzen lassen.

101 Im Vorfeld des ErbRÄG 2015 wurde eine Bestimmung diskutiert, wonach **Leistungen privater Versicherungen**, die aufgrund des Todes des Verstorbenen erfolgten, in der Höhe der geleisteten Prämien bis höchstens zur Versicherungssumme in die Verlassenschaft fallen. Begünstigte sollten hiernach als Vermächtnisnehmer gelten. Diese Bestimmung wurde offenbar wegen des Widerstands der Versicherungswirtschaft nicht Gesetz.[371] Es bleibt deshalb bei der Rechtslage, wie sie oben (Rz 56) im Zusammenhang mit den Lebensversicherungen dargestellt wurde.

Erbrecht und Erbschaft.

§ 532. Das ausschließende Recht, die ganze Verlassenschaft, oder einen in Beziehung auf das Ganze bestimmten Teil derselben (z. B. die Hälfte, ein Drittel) in Besitz zu nehmen, heißt Erbrecht. Es ist ein dingliches Recht, welches gegen einen jeden, der sich der Verlassenschaft anmaßen will, wirksam ist. Derjenige, dem das Erbrecht gebührt, wird Erbe, und die Verlassenschaft in Beziehung auf den Erben, Erbschaft genannt.

Stammfassung JGS 1811/946.

Erbrecht

§ 532. Das Erbrecht ist das absolute Recht, die ganze Verlassenschaft oder einen bestimmten Teil davon zu erwerben. Diejenige Person, der das Erbrecht gebührt, wird Erbe genannt.

IdF BGBl Nr I 2015/87 (ErbRÄG 2015), in Kraft ab 1. 1. 2017. Mat: EB RV 688 BlgNR 25. GP.

Lit: *Steinwenter*, Erbrechtliche Miszellen, JBl 1955, 157; *Eccher*, Antizipierte Erbfolge (1980); *Apathy*, Die Ersitzung „pro herede" im österreichischen Recht, in FS Strasser (1983) 947; *Schwind*, Grenzen der Universalsukzession, in FS Kralik (1986) 515; *Grabenwarter*, Schenkung auf den Todesfall und Abhandlungspflege, ÖJZ 1988, 558; *Ferrari-Hofmann-Wellenhof*, Die Erbschaftsklage – zugleich ein Beitrag zur Erbrechtsklage und Einantwortung (1991); *Jud*, Der Erbschaftskauf (1998); *Kletečka*, Die Drittwirkung des Nacherbrechts, NZ 2001, 21; *Apathy*, Teilungsanordnung und Erbeinsetzung, JBl 2006, 137; *Bruckner*, Erbteilungsübereinkommen (2007); *Schauer*, Nachlass und vererbliche Rechtsverhältnisse, in Gruber/Kalss/Müller/Schauer (Hrsg), Erbrecht und Vermögensnachfolge (2010) 383.

---

[371] *Kathrein* in Deixler-Hübner/Schauer, Erbrecht NEU (2015) 15.

Übersicht

Teil A: Erbrecht bis 31. 12. 2016

I.	Einleitung	1–3
II.	Das Erbrecht im objektiven und im subjektiven Sinn	4–9
III.	Das Erbrecht als absolutes Recht	10
IV.	Die Erlangung des Erbrechts	11–25
	1. Zwingender Charakter der Gesamtrechtsnachfolge	11–12
	2. Inbesitznahme des Nachlasses	13–17
	3. Mehrzahl von Erben	18–19
	4. Zeitpunkt des Eintritts der Gesamtrechtsnachfolge	20–25
V.	Pfändbarkeit und Verpfändbarkeit des Erbrechts	26–29
VI.	Verjährung des Erbrechts	30

Teil B: Erbrecht ab 1. 1. 2017

VII.	ErbRÄG 2015	31

Teil A: Erbrecht bis 31. 12. 2016

I. Einleitung

Das ABGB enthält anlässlich des Beginns eines neuen Rechtsbereiches **1** häufig Begriffsbestimmungen (Definitionen). Dies ist auch bei § 532 – als zweitem Paragraf zum Erbrecht – der Fall.[1] Die Bestimmung erläutert drei Begriffe, und zwar

    a. den des Erbrechts,

    b. den des Erben und

    c. den der Erbschaft.

Es handelt sich jeweils um grundlegende Begriffe des Erbrechts – der substanzielle Gehalt der Begriffsbestimmungen des § 532 ist aber unterschiedlich: Während § 532 die Begriffe „Erbrecht" und „Erbe" eigenständig erfasst und ihnen einen normativen Gehalt verleiht, ist der Ausdruck „Erbschaft" lediglich als Hinweis auf § 531 zu verstehen, und zwar in dem Sinne, dass die Verlassenschaft in Beziehung auf den Erben Erbschaft heißt.[2] Die „Erbschaft" ist also bloß ein Synonym für „Verlassenschaft" bzw „Nachlass", es kann daher uneingeschränkt auf die Kommentierung zu § 531 verwiesen werden. Eine nochmalige Befassung an dieser Stelle ist entbehrlich.

Die Lektüre des Gesetzestextes und die vorstehenden einleitenden Worte **2** lassen erkennen, dass eine **zentrale Funktion des § 532** die einer **Begriffsbestimmungsnorm** ist.[3] Die dogmatische Relevanz von Begriffsbestimmungs-

---

    [1] Sinngemäß *Zeiller*, Commentar III 381.
    [2] Dies wurde bereits von *Zeiller*, Commentar III 382, ausdrücklich erwähnt und in der Folge – soweit überschaubar – nicht angezweifelt. Vgl in diesem Sinne auch *Weiß* in Klang[2] III 57.
    [3] Auch die Kommentarliteratur sieht die Begriffsbestimmungsfunktion mehr oder wenig explizit als zentrale Aufgabe des § 532; vgl die jeweils einführenden Worte anlässlich der Kommentierungen von *Eccher* in Schwimann/Kodek[4] III § 532 Rz 3 und *Apathy* in KBB[4] § 532 Rz 1.

normen ist mitunter enden wollend[4]. Zu § 532 kann einer solchen Behauptung aber nur bedingt zugestimmt werden, manifestiert unsere Bestimmung doch grundlegende Prinzipien des Erbrechts. Diese Grundsätze werden, wie es im ABGB häufig der Fall ist (umso mehr, als es sich nach wie vor um die Stammfassung handelt), nur an Hand weniger Worte aufgestellt. Es liegt daher auf der Hand, dass es zum einen Aufgabe von L und Rsp der letzten beiden Jahrhunderte war, eine genauere Umschreibung zu erarbeiten, und zum anderen eine isolierte Betrachtung des § 532 oftmals ins Leere geht, sondern dieser mit vielen anderen erbrechtlichen Bestimmungen im Zusammenhang zu sehen ist, um auf diese Weise verschiedene Kreise zu schließen.

3 **Neben** seiner **Funktion als** reine **Begriffsbestimmung** hat aber § 532 auch insofern einen **normativen Ansatz**, als er den **Erben zum Gesamtrechtsnachfolger** erklärt.[5] Die „Erlangung des Erbrechts" im Wege der Gesamtrechtsnachfolge bildet somit einen weiteren wesentlichen Kern der nachfolgenden Kommentierung; auf verfahrensrechtliche Einzelheiten kann hier freilich nur hingewiesen werden.

II. Das Erbrecht im objektiven und im subjektiven Sinn

4 Zwecks dogmatischer Erfassung des Begriffes „Erbrecht" hat die L im Laufe der Zeit die Begriffe „Erbrecht im objektiven Sinn" (oder auch: objektives Erbrecht) und „Erbrecht im subjektiven Sinn" (auch: „subjektives Erbrecht") geprägt, auf die in der Folge einzugehen ist.

5 „Erbrecht im objektiven Sinn" ist ein Überbegriff für sämtliche erbrechtliche Vorschriften; basierend auf dem Umstand des Todes einer natürlichen Person (der Untergang einer juristischen Person ist nicht Gegenstand des Erbrechts) meint er die Summe aller Vorschriften, die die Übertragung bzw Überbindung der Rechte und Pflichten des Verstorbenen auf andere Personen zum Gegenstand haben.[6] Von *Welser*[7] wird dieser Begriff nochmals unterteilt in objektives Erbrecht im weiteren Sinn, welches dieser wie soeben beschrieben versteht, und in objektives Erbrecht im engeren Sinn. Bei Letzterem handelt es sich um die Summe der Normen, die den Übergang der Verlassenschaft im Wege der Universalsukzession auf einen Nachfolger des Erblassers ordnen.

6 Das „**Erbrecht im subjektiven Sinn**" ist das Recht einer oder mehrerer Personen, dem Erblasser in die Summe seiner rechtlichen Positionen zur Gänze oder quotenmäßig nachzufolgen.[8] Von *Welser*[9] wird das subjektive Erbrecht ebenfalls untergliedert. Demnach sei unter subjektivem Erbrecht im engeren Sinne die bereits genannte Definition zu verstehen; weiters verstehe man unter subjektivem Erbrecht im weiteren Sinne das Recht, auf Grund des Todes des

---

[4] So sind auch keinerlei juristische Beiträge vorhanden, die ausschließlich eine dogmatische Betrachtung des § 532 zum Inhalt haben.
[5] IdS bereits *Weiß* in Klang² III 49.
[6] *Kralik*, Erbrecht 1; *Ferrari* in Ferrari/Likar-Peer, Erbrecht 1.
[7] In Rummel⁴ I Vor § 531 Rz 3.
[8] *Kralik*, Erbrecht 30; *Ferrari* in Ferrari/Likar-Peer, Erbrecht 1; *Koziol/Welser*¹³ II 441; *Eccher*, Erbrecht 2/1; *Werkusch-Christ* in Kletečka/Schauer, ABGB-ON 1.02 § 532 Rz 1.
[9] In Rummel⁴ I Vor § 531 Rz 4.

Erblassers etwas aus seinem Nachlass zu erlangen, wozu auch relative Rechte, wie jene der Noterben oder der Legatare, gehören.

Legt man nun die vorgenannten Begriffe auf den Gesetzeswortlaut des § 532 um, so lässt sich erkennen, dass § 532 stets das subjektive Erbrecht[10] im Auge hat, oder umgekehrt, gleichzeitig § 532 aufwertend, formuliert: § 532 ist die Grundlage dafür, dass der Begriff des Erbrechts im subjektiven Sinn gebildet werden konnte. In der Folge wird daher **ausschließlich dem Erbrecht im subjektiven Sinn** Beachtung geschenkt.[11]

Gegenstand des Erbrechts ist „die Verlassenschaft" (der Nachlass) oder eben, in Bezug auf den Erben, die Erbschaft. Im Wesentlichen werden unter „der Verlassenschaft" nicht die einzelnen Rechte und Verbindlichkeiten des Verstorbenen, sondern die Rechtsposition des Erblassers, aus der sich dann erst mittelbar die rechtliche Stellung des Erben zu dessen Rechten und Verbindlichkeiten ergibt, verstanden. Die entsprechende Begriffsbestimmung findet sich, s bereits Rz 1, in § 531, auf dessen ausführliche Kommentierung verwiesen werden kann. § 532 beschreibt also nicht den Gegenstand des Erbrechts, sondern setzt dessen abschließende Erfassung vielmehr voraus und bildet im Anschluss daran die **Grundlage für den Übergang der Rechtsposition des Erblassers**. Im Einzelnen kann der Übergang zwar auf mehrere Erben erfolgen, wofür das Gesetz im Klammerausdruck gar Beispiele nennt (und damit die Aliquotierung auf die Erben meint), die Rechtsposition an sich ist aber stets in ihrer Gesamtheit zu sehen, es gibt also keinen „geteilten Nachlass". § 532 schafft damit eine klare Abgrenzung zu solchen Rechten, die lediglich auf den Erwerb einzelner Sachen oder Rechte abzielen. Jene Rechtsfigur ist die des Vermächtnisses[12], zur Abgrenzung s ausführlich § 535.[13]

Das Erbrecht iSd § 532 ist daher das subjektive Recht, in die Rechtsposition des Erblassers einzutreten, also Gesamtrechtsnachfolger zu werden. Es ist damit (zeitlich gesehen: noch) nicht die Summe der sich aus der Gesamtrechtsnachfolge ergebenden Rechte, sondern der aus dem Titel der Berufung entspringende Anspruch, die Stellung eines Gesamtrechtsnachfolgers zu erwerben.[14]

III. Das Erbrecht als absolutes Recht

§ 308 und im Anschluss daran § 532 bezeichnen das Erbrecht als dingliches Recht, das gegen einen jeden, der sich der Verlassenschaft anmaßen will,

---

[10] Die vorgenannte Unterscheidung von subjektivem Erbrecht im engeren und im weiteren Sinne wird in der Folge nicht fortgeführt. Gemäß der Unterscheidung *Welsers* ist das subjektive Erbrecht im weiteren Sinn gemeint.

[11] Vgl dazu etwa *Eccher*, Erbrecht 2/1 ff, der vollkommen selbstverständlich von der ausschließlichen Relevanz des subjektiven Erbrechts ausgeht.

[12] Auf die Abgrenzung verweist bereits *Zeiller*, Commentar III 382.

[13] In diesem Rahmen sei lediglich schon vorweggenommen, dass es bei der Unterscheidung nicht auf die verwendeten Worte, sondern auf den erklärten Willen des Testators ankommt; vgl bereits *Kralik*, Erbrecht 172.

[14] *Kralik*, Erbrecht 30. Diesem folgend *Likar-Peer* in Ferrari/Likar-Peer, Erbrecht 37; sinngemäß OGH 4 Ob 130/30, SZ 12/70; 6 Ob 307/62, EvBl 1963/103 = ImmZ 1963, 171; 3 Ob 501/81; 5 Ob 620/88, NZ 1989, 99 = EFSlg 25/2; 9 ObA 28/03p; LG Salzburg 21 R 379/07t, EFSlg 117.175.

wirksam ist. Diese Einordnung in das System der dinglichen Rechte schafft heute Schwierigkeiten,[15] denn im Allgemeinen werden als dingliche Rechte solche Herrschaftsrechte bezeichnet, die unmittelbar körperliche Sachen zum Gegenstand haben.[16] Das Erbrecht ist aber kein Herrschaftsrecht am Nachlass, sondern das Recht, die Herrschaft über den Nachlass zu erlangen. Mit „dinglichem Recht" war vielmehr gemeint, dass es sich um ein Recht handelt, das nicht nur gegenüber einer bestimmten Person zusteht, sondern gegenüber jedermann „der sich die Verlassenschaft anmaßen will".[17] Ein solches Recht wird im heutigen Rechtsverständnis als absolutes Recht angesehen. Unter absoluten Rechten versteht man – im Gegensatz zu den relativen Rechten – jene Rechte, die dem Berechtigten die Macht verleihen, die Achtung seines Rechtes von jedermann zu verlangen und gegen jedermann durchzusetzen.[18] In dieser allgemeinen Begriffsbestimmung findet der Begriff des Erbrechts uneingeschränkt Platz; insbesondere das von § 532 selbst gebrauchte Wort „ausschließend" ist dafür ein unmissverständliches Indiz. Das **Erbrecht ist** somit ein **absolutes Recht.**[19]

IV. Die Erlangung des Erbrechts

1. Zwingender Charakter der Gesamtrechtsnachfolge

11 Der **Charakter** der erbrechtlichen Nachfolge als **Gesamtrechtsnachfolge ist zwingend**. Der Erblasser ist außerstande, den Übergang seines Vermögens als Ganzes auszuschließen. So ist es etwa nicht möglich, eine Erbantrittserklärung auf bestimmte Teile des Nachlassvermögens zu beschränken.[20] Dies steht auch nicht in Widerspruch mit § 726 S 3, der das verhältnismäßige Erbrecht des Legatars behandelt: Die Legatare behalten nach jener Bestimmung nicht ihre Position als solche bei, sondern werden zu Erben und sind damit Gesamtrechtsnachfolger; das Verhältnis der Werte der Legate untereinander bestimmt sodann die Quote iSd § 532. Ebenso ist der Charakter als Gesamtrechtsnach-

---

[15] Zum Zeitpunkt der Erlassung des ABGB war die Einteilung als dingliches Recht noch stimmig, dazu *Zeiller*, Commentar III 382.
[16] *Koziol/Welser/Kletečka*[14] I Rz 164.
[17] Vgl *Kralik*, Erbrecht 30; idS auch *Helmich* in Kletečka/Schauer, ABGB-ON 1.02 § 308 Rz 4.
[18] Dazu etwa *Koziol/Welser/Kletečka*[14] I Rz 163 mwN oder *Likar-Peer* in Ferrari/Likar-Peer, Erbrecht 37.
[19] Dies entspricht der einhelligen Auffassung, so bereits *Weiß* in Klang[2] III 48; weiters *Kletečka*, NZ 2001, 23; *Koziol/Welser*[13] II 442; *Kralik*, Erbrecht 30; *Likar-Peer* in Ferrari/Likar-Peer, Erbrecht 37; *Eccher*, Erbrecht 2/1; *Kisslinger* in Fenyves/Kerschner/Vonkilch, AGBG[3] (Klang) § 308 Rz 7; *Helmich* in Kletečka/Schauer, ABGB-ON 1.02 § 308 Rz 4; *Werkusch-Christ* in Kletečka/Schauer, ABGB-ON 1.02 § 532 Rz 1; *Welser* in Rummel[4] I Vor § 531 Rz 4; *Apathy* in KBB[4] § 532 Rz 1; *Eccher* in Schwimann/Kodek[4] III § 532 Rz 3. Auf dieses Verständnis weist bereits die E OGH 1 Ob 67/71, NZ 1973, 25 = SZ 44/38 hin, nach der auf Grund des Bestehens „eines Rechtes, das zufolge besonderer Bestimmungen einem dinglichen Recht gleichzuhalten ist" eine Streitanmerkung gegen den Erbberechtigten (dort: Inanspruchnahme durch Klage nach § 823) möglich ist.
[20] OGH 1 Ob 317/55. Die seinerzeitige Terminologie lautete „Erbserklärung" statt „Erbantrittserklärung".

folge zwingend, wenn der Nachlass erblos ist und der Republik anheim fällt (§ 760). Wenn der Heimfall nach überwiegender Ansicht auch kein echtes Erbrecht des Staates, sondern nur ein dem gesetzlichen Erbrecht ähnliches Recht auf Aneignung des reinen Überschusses eines erblosen Nachlasses ist, bleibt dennoch unbestritten, dass auch der Heimfall zur Gesamtrechtsnachfolge führt.[21] Dafür sprechen auch der Wortlaut des § 760 und des § 184 Abs 1 AußStrG, wonach „die Verlassenschaft" (somit der Nachlass mit all seinen Rechten und Pflichten) der Republik zu übergeben ist. Das Heimfallsrecht steht auch insofern mit dem Erbrecht iSd § 532 in keinem Widerspruch, als es sich dabei um ein Recht für die Republik und nicht eine Verpflichtung der Republik handelt.

Das Erbrecht ist vom „Recht an der Erbschaft", oder auch Erbenrecht, begrifflich zu trennen.[22] Gegenstand eines Rechtes an der Erbschaft können naturgemäß nur die Nachlassaktiven sein, nicht aber die Nachlassverbindlichkeiten, da ein Recht keine Verbindlichkeit sein kann. Im Erbrecht gibt es auch keinen sich auf die Nachlassverbindlichkeiten erstreckenden Übernahmsakt, wie er beispielsweise aus der Schuldübernahme gemäß § 1405 bekannt ist. Vielmehr bildet im Erbrecht § 548 die Verpflichtung der Übernahme der Verbindlichkeiten. § 548 ist damit einer der Bestandteile im stimmigen System der Universalsukzession, dies vollkommen losgelöst von der Frage einer eventuellen Haftungsbeschränkung (insbesondere durch eine Inventarisierung des Nachlasses, dazu § 802). So sind auch sämtliche Fragen zu den Nachlassverbindlichkeiten im Kontext der „Gesamtrechtsnachfolge" zu sehen. Die Frage zum „Recht an der Erbschaft" ist hingegen bloß theoretischer Natur und daher nicht weiter zu erörtern. **12**

2. Inbesitznahme des Nachlasses

§ 532 stellt die Regel auf, dass der Nachlass und damit die Rechtsposition des Erblassers durch **Besitz** erworben wird. Der Besitzer des Nachlasses hat also die Rechtsstellung des Erblassers und ist damit Rechtssubjekt aller vererblichen Rechte und Verbindlichkeiten. Sie bedürfen daher keiner weiteren Übertragung, sondern bleiben grundsätzlich weiterhin so bestehen, als hätte sich ihr Rechtssubjekt nicht geändert.[23] Nun geht das Gesetz in § 547 und § 1462 so weit, dass es eine Personenidentität zwischen Erblasser und Erbe vermuten ließe; Erblasser und Erbe als Träger derselben vermögensrechtlichen Beziehungen gälten somit gleichsam als ein und dieselbe Person.[24] Über weite Strecken hat dieser Grundsatz wohl seine Richtigkeit; schließlich setzt der Erbe schuldrechtliche Verbindungen mit demselben rechtlichen Inhalt und **13**

---

21 OGH 5 Ob 554/84, 1 Ob 600/85, EFSlg 48.518; 7 Ob 583/89, SZ 62/92; 3 Ob 523/95, JBl 1997, 241 (*Auckenthaler*); 5 Ob 116/12p, JBl 2013, 175 (*Holzner*) = EvBl 2013/57 = iFamZ 2013/114 = NZ 2013/47 = RZ 2013/103; *Kralik*, Erbrecht 84 f; *Swoboda*, JBl 1990, 300; *Scheuba* in Kletečka/Schauer, ABGB-ON 1.02 § 760 Rz 2 mwN; *Eccher* in Schwimann/Kodek[4] III § 760 Rz 1; *Sailer* in Gitschthaler/Höllwerth, AußStrG § 184 Rz 1.

22 S eine entsprechende Erörterung dieses Themas bei *Weiß* in Klang[2] III 52 f.

23 *Kralik*, Erbrecht 321.

24 So früher *Unger*, Erbrecht 8.

§ 532

Entwicklungsstand[25] fort, wie er im Augenblick des Erbfalls vorhanden war.[26] Auf der anderen Seite ist stets zu beachten, dass ausschließlich der **Nachlass Gegenstand des Erbrechts** ist. Wie zu § 531 bereits dargelegt wurde, beinhaltet der Nachlass nicht sämtliche Rechte und Pflichten, wie sie dem Erblasser zugestanden haben. Es sei bloß auf die Unvererblichkeit höchstpersönlicher Rechte oder die verschiedenen Konstellationen einer Sonderrechtsnachfolge hingewiesen. Es ist daher die **Personengleichstellung**, wie sie die §§ 547 und 1462 vermuten ließen, insofern zu relativieren, als sie sich **bloß auf den Nachlass bezieht**.

14 § 532 erster S würde bei bloß wörtlicher Interpretation normieren, dass der Erbe befugt sei, die Erbschaft eigenmächtig in Besitz zu nehmen. Eine solche **eigenmächtige Inbesitznahme wird** allerdings schon **durch das Gesetz selbst**, konkret § 797, **unterbunden**. Letztgenannte Bestimmung sieht ausdrücklich vor, dass es eines gerichtlichen Verfahrens bedarf, welches durch Einantwortung endet.[27] Die **Einantwortung** stellt den **Modus** dar, durch den der Erbe Besitzer des Nachlasses wird. Das fünfzehnte Hauptstück des zweiten Teils des ABGB mit dem Titel „Von Besitznehmung der Erbschaft" sieht dafür ausführliche Vorschriften vor, welche in verfahrensrechtlicher Hinsicht durch das dritte Hauptstück des AußStrG über das Verlassenschaftsverfahren ergänzt werden. Auf diese Vorschriften sei an dieser Stelle verwiesen. Außerhalb der ausschließlichen Betrachtung im Lichte des § 532 gilt es freilich auch den höchst relevanten Umstand zu beachten, dass mit der Einantwortung nicht bloß Besitz verschafft wird, sondern gegebenenfalls **mit der Einantwortung** auch das **Eigentumsrecht auf den Erben übergeht**[28]; vgl § 819. Insofern ist eine bloße Betrachtung unter dem besitzrechtlichen Aspekt nach § 532 mE zu eng.

15 Mit der Einantwortung geht das gesamte Nachlassvermögen über, unabhängig davon, ob es sich um bewegliche oder unbewegliche Sachen handelt.[29] Da mit der Einantwortung dem Erben auch das aus dem Nachlass zugefallene Liegenschaftsvermögen zukommt, ist es unerheblich, ob das Eigentumsrecht des Erben bereits einverleibt ist. Es liegt einer der Fälle der **Durchbrechung des Eintragungsgrundsatzes** vor.[30] Folgende Auswirkungen sind idZ mit einer Insolvenz des Erben oder einer Exekutionsführung gegen den Erben zu beachten:

---

[25] Ein Beispiel dafür ist der Umstand, dass der Tod eine Verjährungsfrist nicht unterbricht. So lange allerdings der Nachlass nicht vertreten ist, wird die Verjährung in analoger Anwendung des § 1494 gehemmt; vgl OGH 5 Ob 606/89, JBl 1990, 115 (krit *Eypeltauer*) = SZ 62/143 = EvBl 1990/14; 1 Ob 412/97p, SZ 71/87 = EvBl 1998/177 = wobl 1999/118 (krit *Graf*); 8 Ob 41/06x und 1 Ob 3/10p, ecolex 2010, 748; *Vollmaier* in Fenyves/Kerschner/Vonkilch, ABGB³ (Klang) § 1494 Rz 7 samt Darlegung des Meinungsstandes.

[26] Vgl bereits *Weiß* in Klang² III 55.

[27] IdS etwa auch *Eccher* in Schwimann/Kodek⁴ III § 532 Rz 5.

[28] *Ferrari* in Ferrari/Likar-Peer, Erbrecht, 490; *Spruzina* in Kletečka/Schauer, ABGB-ON 1.01 § 819 Rz 4; *Nemeth* in Schwimann/Kodek¹ III § 819 Rz 0;

[29] OGH 7 Ob 24/58, EvBl 1958/186 = SZ 31/17.

[30] OGH 4 Ob 130/30, SZ 12/70; 6 Ob 307/62, EvBl 1963/103 = ImmZ 1963, 171; 5 Ob 529/81, NZ 1981, 109 = MietSlg 33.461; *Ehrenzweig*, System II/2², 503 f; *Ferrari* in Ferrari/Likar-Peer, Erbrecht 490; *Spielbüchler* in Rummel³ I § 436 Rz 4; *Welser* in Rummel⁴ I §§ 797–798a Rz 5; *Nemeth* in Schwimann/Kodek⁴ III § 819 Rz 13. Allgemein zur Durchbrechung des Eintragungsprinzips *Koziol/Welser/Kletečka*¹⁴ I Rz 1140 f.

1. Eine bereits angefallene, aber noch nicht eingeantwortete Erbschaft ist bereits ein vermögenswertes Recht, das der Erbe (Schuldner) dem Insolvenzgericht und dem Treuhänder bekannt zu geben hat.[31] Eine im Hinblick auf die Bestimmung des § 21 GBG in § 77 IO (vormals: § 76 KO) vorgesehene Anmerkung der Eröffnung des Insolvenzverfahrens bei den Liegenschaften, die zwar dem Erben eingeantwortet sind, auf denen aber sein Eigentumsrecht noch nicht einverleibt ist, kann allerdings nicht angeordnet und, wenn bereits verfügt, nicht vollzogen werden.[32]

2. *Im Zuge eines Exekutionsverfahrens kann der Erbengläubiger vor Verbücherung seines Eigentumsrechtes auf die dem Erben durch die Einantwortung zugefallene Liegenschaft nur durch Pfändung und Verwertung der Gesamtrechte des Erben Exekution führen.*[33]

Sonderfragen zur Besitznahme bzw zum Eigentumserwerb ergeben sich dann, **wenn das gerichtliche Verfahren nicht durch Einantwortung endet**. Dies ist bei

a. *einem Unterbleiben der Abhandlung nach § 153 AußStrG*[34],

b. *der Überlassung an Zahlungs statt nach §§ 154 f AußStrG*[35]*, oder*

c. *einem Verlassenschaftsinsolvenzverfahren*

der Fall. Gemeinsam ist diesen Verfahrensergebnissen, dass kein Erbrecht iSd § 532 geltend gemacht wird und keine Gesamtrechtsnachfolge eintritt. Insbesondere bei der Überlassung an Zahlungs statt als quantitativ relevante Erledigungsart, verbunden mit der Übergabe an Vermögenswerten (hier: an den Überlassungsgläubiger), hat der Vermögenserwerb zu Schwierigkeiten geführt; man behalf sich mit einem Rechtserwerb auf originäre Weise durch Ersitzung.[36] Dem hat der Gesetzgeber des FamErbRÄG 2004[37] durch die Einfügung des § 798a, wonach der Überlassungsbeschluss einen Titel zum Erwerb bildet, Abhilfe geschaffen.[38] In dogmatischer Hinsicht ändert dies freilich nichts daran, dass § 798a bloß einen Vermögensübergang im Wege einer Einzelrechtsnachfolge, nicht hingegen eine Gesamtrechtsnachfolge bildet. Für die Fälle einer Ermächtigung nach § 153 Abs 2 ist § 798a nach hM nicht analog heranzuziehen[39], womit nach wie vor bloß der originäre Rechtserwerb durch Ersitzung verbleibt.[40]

16

---

[31] OGH 8 Ob 124/12m, NZ 2013/87 = ÖBA 2013/1951 = RdW 2013/411 = ZIK 2013/283; *Welser* in Rummel⁴ I § 532 Rz 3.

[32] OGH 7 Ob 24/58, EvBl 1958/186 = SZ 31/17; *Kodek* in Kodek, Grundbuchsrecht 1.01 § 21 GBG Rz 15; *Katzmayr* in Konecny, IO § 77 Rz 13.

[33] OGH 3 Ob 98/84, SZ 57/177; *Welser* in Rummel⁴ I §§ 797–798a Rz 5.

[34] Vor dem Inkrafttreten des AußStrG 2003 war § 72 AußStrG 1854 die maßgebliche Bestimmung.

[35] Vor dem AußStrG 2003: § 73 AußStrG 1854.

[36] S etwa die beträchtliche Kritik von *Bajons*, JBl 1970, 169; in der Rsp zuletzt OGH 6 Ob 716/85, NZ 1986, 259.

[37] IdF BGBl I 2004/58.

[38] S dazu die EB RV 471 BlgNR 22. GP 31.

[39] *Obermeier*, ÖJZ 2008, 131; diesem folgend *Spruzina* in Kletečka/Schauer, ABGB-ON 1.01 § 798a Rz 4; aA offenbar *Nemeth* in Schwimann/Kodek⁴ III §§ 798, 798a Rz 3.

[40] Ebenso *Spruzina* in Kletečka/Schauer, ABGB-ON 1.01 § 798a Rz 4.

17 Inwieweit es zu einer **Ersitzung „*pro herede*"** – sei es eine Ersitzung des Erbrechts, der Erbschaft oder einzelner Sachen – kommen kann, wurde von *Apathy*[41] ausführlich untersucht. In seinem Beitrag verweist er vorab auf die beinahe einhellige Ansicht, wonach eine Ersitzung innerhalb der kurzen Ersitzungsfrist von drei Jahren nicht möglich sei, hinterfragt diese jedoch kritisch. Die Ersitzung des Erbrechts oder auch nur einzelner Erbschaftssachen durch einen Besitzer, der nicht zur Erbschaft berufen ist, wird von *Apathy* abgelehnt. Weiters widmet er sich der Frage der Ersitzung fremder Sachen durch den Erben, wenn also der wahre Erbe eine Sache in Besitz nimmt, von welcher er annimmt, sie gehöre zur Erbschaft, während sie tatsächlich dem Erblasser nicht gehört hat. Die Zulässigkeit einer solchen Ersitzung bejaht er iW mit der Begründung, dass der Erbe ja nicht nur als Gesamtrechtsnachfolger in die Rechtsstellung des Erblassers eintrete, sondern auch noch eigene Rechte geltend machen könne. Zu diesen eigenen Rechten des Erben gehöre etwa das Erbrecht; ebenso gehöre aber auch eine eventuelle Ersitzung „*pro herede*" hierher, da diese ja einen originären Erwerb begründe. Die Überlegungen zum Erbschaftserwerb ohne Einantwortung und Ersitzung[42] sind auf Grund der (späteren) Erlassung des § 798a iW obsolet.

3. Mehrzahl von Erben

18 Sind mehrere Erben vorhanden, so teilen sie nicht nach einzelnen Vermögensmassen (wie etwa im alten deutschen Recht), sondern **nach aliquoten**, dh in Bezug auf das Ganze bestimmten, **Teilen** (Bruchteilen).[43] Es liegt auf der Hand, dass die Bruchteile miteinander in Einklang stehen, in Summe also die Zahl eins ergeben müssen. Die Ermittlung der jeweiligen Quoten ist stets eine verfahrensrechtliche Frage: Im Zuge der Abgabe von Erbantrittserklärungen im Verlassenschaftsverfahren ist ein allfälliger Widerspruch derselben zu überprüfen.[44] Gegebenenfalls hat gemäß § 160 AußStrG der Gerichtskommissär einen Einigungsversuch zu unternehmen; misslingt dieser, ist ein Verfahren zur Entscheidung über das Erbrecht gemäß §§ 161 ff AußStrG einzuleiten. Widersprüche der Erbantrittserklärungen können nicht nur hinsichtlich der Quote vorliegen, sondern etwa auch hinsichtlich der Erbrechtstitel; vgl dazu § 534 Rz 8.

19 Sind mehrere Erben vorhanden, so erlangen die Miterben entsprechend den testamentarischen oder gesetzlichen Erbquoten **Miteigentum** an den Sachen, die dem Erblasser gehört haben. Fraglich ist, ob eine vorgenommene **Erbteilung** dieses Prinzip durchbricht: Im Allgemeinen hat die Einantwortung ohne Rücksicht auf das Vorliegen einer Erbteilung zu erfolgen, weil es volljährigen eigenberechtigten Erben freisteht, die Erbteilung vor oder auch nach der Einantwortung vorzunehmen, da streitig gebliebene Fragen der Erbteilung –

---

[41] In FS Strasser (1983) 947.
[42] *Apathy* in FS Strasser (1983) 957. Die Überlegungen beziehen sich zwar auf § 72 AußStrG (nunmehr § 153 AußStrG), sind aber quantitativ deutlich relevanter in Bezug auf die Überlassung an Zahlungs statt.
[43] *Weiß* in Klang² III 49; *Welser* in Rummel⁴ I § 532 Rz 2.
[44] Vgl dazu die EB RV 224 BlgNR 22. GP 104.

auch nach der Einantwortung – im Rechtsweg auszutragen sind.[45] Eine Erbteilung kann also nicht erzwungen werden, Ausnahmen (in einem weiteren Sinne) bilden gegebenenfalls § 12 Abs 2 WEG und § 176 AußStrG.[46] Erfolgt dessen ungeachtet dennoch eine Erbteilung **vor der Einantwortung**, bewirkt letztere, dass jeder Miterbe die ihm so zukommende Sache als unmittelbare Folge des Erbschaftserwerbes und daher als unmittelbarer Gesamtrechtsnachfolger des Erblassers so erwirbt, wie es die Erbteilung vorsieht.[47] Da das Miteigentum mit der Einantwortung entsteht, vermag eine **nach** Einantwortung vorgenommene Erbteilung diese Rechtsfolgen freilich nicht herbeizuführen.

4. Zeitpunkt des Eintritts der Gesamtrechtsnachfolge

Der **Zeitpunkt des Erbanfalls** richtet sich nach § 536, wonach das Erbrecht erst nach dem Tod des Erblassers eintritt. Aus diesem Grund besteht vor dem Tod des Erblassers zu dessen Nachlass kein Recht oder Rechtsverhältnis, auf dessen Feststellung geklagt werden könnte, und zwar auch dann nicht, wenn sich Parteien des Rechtsstreits als künftige Erben ausgäben.[48] Im Übrigen ist auf die Ausführungen zu § 536 zu verweisen. 20

Im Zusammenhang mit § 532 interessiert jedoch in zeitlicher Hinsicht, **zu welchem Zeitpunkt** die **Universalsukzession eintritt**. Folgende Zeitpunkte kommen dafür in Frage: 21

1. Der Erbanfall

2. *Die Abgabe der Erbantrittserklärung*

3. *Die Einantwortung*

Gschnitzer[49] bezeichnet diese Fälle als germanistische (Fall 1), romanistische (Fall 2) sowie austriazistische (Fall 3) Theorien. Die erste Theorie könne sich auf § 537 berufen, wonach das Recht schon mit dem Erbfall entstehe, die Einantwortung verschaffe nur den Besitz. Die zweite Theorie könne sich auf § 547 berufen. Die dritte Theorie könne sich auf § 797 in Verbindung mit § 425 und § 308 (L vom *titulus* und *modus*, angewandt auf das Erbrecht, welches das ABGB als dingliches Sachenrecht ansieht: Übergabe in den Besitz ist notwendig zum Erwerb des Rechtes) berufen. *Gschnitzer* favorisiert im Lichte dieser Theorien einen stufenweisen Erwerb, bezeichnet aber letztlich den dritten Fall als hL. Dieser letzte Fall, **Eintritt der Universalsukzession mit der Einantwortung**, ist im modernen Recht tatsächlich die herrschende und in letzter Zeit

---

[45] OGH 6 Ob 120/67; 1 Ob 623/93, EFSlg 76.603 = EvBl 1994/155, 740 = Rz 1995/24; 5 Ob 127/94, NZ 1996, 207 = EFSlg 79.768; 3 Ob 168/13x, EFSlg 140.732 = iFamZ 2014/112 = NZ 2014/42.

[46] Dies betrifft Fälle, in welchen eine Sicherstellung zu Gunsten Pflegebefohlener ohne eine Erbteilung nicht möglich ist.

[47] OGH 5 Ob 127/94, NZ 1996, 207 = EFSlg 79.768; *Kralik*, Erbrecht 339; *Apathy*, JBl 2006, 137 (samt ausführlicher Befassung mit den wechselseitigen Ansprüchen der Miterben bei Festlegung einer Teilungsanordnung durch den Testator); differenzierend *Bruckner*, Erbteilungsübereinkommen 41 ff.

[48] OGH 7 Ob 237/65, EFSlg 4554.

[49] Erbrecht 57 f; diesem in der zweiten Auflage folgend *Faistenberger*, Erbrecht² 67 f.

auch nicht mehr angezweifelte Lösung.⁵⁰ Dieser Ansicht ist mE uneingeschränkt zu folgen, vermögen doch die Gegenansichten kein stichhaltiges Argument gegen den zweifelsfreien Wortlaut des § 797 und sämtlicher von diesem abgeleiteter Bestimmungen vorzubringen.

22 In Entsprechung dieser Überlegungen haftet vor der Einantwortung des Nachlasses für Nachlassverbindlichkeiten ohne Rücksicht auf abgegebene Erbantrittserklärungen nur der ruhende Nachlass, nicht aber der (antrittserklärte) Erbe.⁵¹

23 Geht man iSd herrschenden Ansicht von der Prämisse aus, dass die Gesamtrechtsnachfolge mit der Einantwortung eintritt, stellt sich in einem weiteren Schritt die Frage, **ob** die **Gesamtrechtsnachfolge** *ex nunc* oder *ex tunc* wirkt. Der Meinungsstand dazu stellt sich wie folgt dar:

  1. *Nach Krainz-Pfaff*⁵² *tritt der Erbschaftserwerb erst mit der Einantwortung ein, wirkt aber auf den Erbfall zurück.*

  2. *Nach Kralik*⁵³ *sind, unter Berufung auf § 547, Erblasser und ruhender Nachlass für jeden Dritten, der an einem Rechtsverhältnis beteiligt ist, das zum Nachlass gehört, als eine Person anzusehen; der ruhende Nachlass sei nicht als eine Person mit dem Erben anzusehen; dennoch erwerbe der Erbe zwar nicht zeitlich, aber persönlich unmittelbar und unverändert vom Erblasser. Daraus ergibt sich, wenn von Kralik auch nicht expressis verbis ausgesprochen, dass er wohl den ex nunc-Übergang als richtigen Ansatz ansieht.*

  3. *Nach Welser*⁵⁴ *tritt die Universalsukzession direkt nach dem Erblasser ein, wenngleich bis zur Einantwortung der ruhende Nachlass selbst wie ein Rechtssubjekt behandelt werde.*

  4. *Die weitaus umfassendste Untersuchung zu diesem Themenkreis stammt von Ferrari-Hofmann-Wellenhof*⁵⁵. *Nach dieser ist sowohl im Verhältnis gegenüber Dritten als auch im Verhältnis zum Erblasser von einem ex nunc-Erwerb auszugehen; dafür spreche insbesondere der Umstand, dass Rechtsgeschäfte des ruhenden Nachlasses – seien sie von einem Verlassenschaftskurator oder den antrittserklärten Erben im Rahmen des § 810 abgeschlossen worden – gültig bleiben müssen. Was die seit dem Tod des Erblassers hinzugekommenen Rechte und Pflichten betrifft, sei der Erbe nicht Rechtsnachfolger des Erblassers, sondern des ruhenden Nachlasses.*

---

50 IdS *Steinwenter*, JBl 1955, 157 f; *Eccher*, Antizipierte Erbfolge 58 f; *Ferrari-Hofmann-Wellenhof*, Erbschaftsklage 52; *Likar-Peer* in Ferrari/Likar-Peer, Erbrecht 39; *Koziol/Welser*¹³ II 442; *Eccher*, Erbrecht 1/2; *Werkusch-Christ* in Kletečka/Schauer, ABGB-ON 1.02 § 532 Rz 2; *Eccher* in Schwimann/Kodek⁴ III § 532 Rz 3; *Apathy* in KBB § 532 Rz 2; *Welser* in Rummel⁴ I § 532 Rz 3. In der Rsp idS bereits OGH 4 Ob 130/30 SZ 12/70; weiters 6 Ob 307/62, EvBl 1903/103 = ImmZ 1963, 171; 3 Ob 501/01; 5 Ob 620/88, NZ 1989, 99 = EFSlg 25/2; 9 ObA 28/03p; LG Salzburg 21 R 379/07t, EFSlg 117.175.

51 OGH 5 Ob 620/88, NZ 1989, 99 = EFSlg 25/2 (Gegenstand der Nachlassverbindlichkeit war die nach § 78 Abs 1 EheG auf die Erben übergehende Unterhaltspflicht).

52 In System² II 563.
53 In Erbrecht 26 ff.
54 In Rummel⁴ I § 532 Rz 2.
55 In Erbschaftsklage 55 ff.

Im Ergebnis ist der Unterschied dieser Theorien (mit Ausnahme von Punkt 1.) marginal, letztendlich haben sie auch etwas Verbindendes. Letztlich ist der schlüssig begründeten Ansicht von *Ferrari-Hofmann-Wellenhof* durchaus zu folgen. Denn es verbleibt mE als Succus stets die Erkenntnis, dass der Erbe zwar in die Position des Erblassers eintritt, aber die Zeit der Durchführung der Verlassenschaftsabhandlung nicht ungeschehen gemacht werden kann. Die in diesem Zeitraum erfolgten Änderungen im Nachlassbestand sind vom Erben zu tragen und er **kann den Nachlass** freilich **nur so übernehmen, wie er sich im Zeitpunkt der (rechtskräftigen) Einantwortung darstellt.** Verfahrensrechtliche Überlegungen, etwa die Bewertung des Besitzstandes des Erblassers bei der Inventarerrichtung[56], können hierbei keine Rolle spielen.

Eine „Änderung im Stand des Nachlasses" in einem weiteren Sinne (weil sich nicht der Nachlass, sondern der Berechtigte ändert) ergibt sich auch insofern, als das Erbrecht zwischen Erbanfall und Einantwortung veräußert werden kann. Dies ist gemäß § 1278, welcher den Erbschaftskauf zum Inhalt hat, möglich. Nach einhelliger Ansicht[57] ist die Veräußerung aber auch aus jeder anderen causa, die zur Übertragung eines Rechtes geeignet ist, möglich, wie etwa Schenkung oder Tausch.

24

Sobald der Erbe den Nachlass erworben hat, ist sein Erbrecht befriedigt und damit untergegangen.[58] Das **Erbrecht im subjektiven Sinn erlischt** daher **mit der Einantwortung.**[59] Eine Besonderheit hinsichtlich der Wirkung der Einantwortung bildet die Nachlassseparation gemäß § 812, da diese die Einantwortung überdauern kann.[60]

25

V. Pfändbarkeit und Verpfändbarkeit des Erbrechts

Eine **Pfändung** des Erbrechts war nach dem Hofdekret HfD/JGS 968[61] nicht möglich, wobei die Stimmigkeit bereits von *Weiß*[62] angezweifelt wurde, mit Verweis darauf, dass das Erbrecht sowohl vererblich als auch veräußerlich sei. Mittlerweile wurde das genannte Hofdekret mit der EO-Novelle 2000[63] aufgehoben, weshalb der Zulässigkeit der Pfändung des Erbrechts mE nichts mehr im Wege steht.[64]

26

---

56 Dazu *Spruzina* in Gitschthaler/Höllwerth, AußStrG § 166 Rz 9 und *Grün* in Rechberger, AußStrG § 166 Rz 8.
57 *Ehrenzweig*, System II/2², 603; *Kralik*, Erbrecht 53; *Jud*, Erbschaftskauf 32.
58 *Kralik*, Erbrecht 30.
59 *Likar-Peer* in Ferrari/Likar-Peer, Erbrecht 39, teilweise im Anschluss an *Kralik*, Erbrecht 30.
60 OGH 1 Ob 503/82, EFSlg 41.009; 8 Ob 244/02v, NZ 2003/73 = ecolex 2003/197 = JBl 2003, 943; 7 Ob 49/04p, EFSlg 108.055 = NZ 2005/28; *Kralik*, Erbrecht 359 ff; Koziol/Welser¹³ II 578; *Ferrari* in Ferrari/Likar-Peer, Erbrecht 461; *Eccher*, Erbrecht 8/16; *Nemeth* in Schwimann/Kodek⁴ III § 812 Rz 10.
61 Hofdekret 3.6.1846 an alle Appel-Gerichte (JGS nF Nr. 968; Hofkanzleidekret 27.6.1846 an alle Landesstellen).
62 In Klang² III 1063. Dessen Überlegungen iW folgend *Jud*, Erbschaftskauf 32 f.
63 Art II Z 3 BGBl I 2000/59.
64 Ebenso *Likar-Peer* in Ferrari/Likar-Peer, Erbrecht 40; aA *Eccher*, Erbrecht 2/46.

27 Strittig ist, ob das Erbrecht auch **verpfändbar** ist. Die überwiegende Ansicht[65] spricht sich dagegen aus, im Wesentlichen mit der Begründung, dass die Verlassenschaftsabhandlung von Amts wegen voranzutreiben sei und die Verpfändung dem im Pfandrecht geltenden Spezialitätsgrundsatz widerspreche. *Jud*[66] hält dem in einer ausführlichen Untersuchung entgegen, dass der Spezialitätsgrundsatz deshalb nicht durchbrochen sei, weil nicht alle im Nachlassvermögen befindlichen Erbschaftsstücke als „Gesamtvermögen" (also die „Erbschaft") verpfändet werden sollen, sondern das Erbrecht selbst; dass aber die Verpfändung eines Rechts zulässig ist, sei unstrittig. Weiters sei das Recht, das verpfändet werden soll, inhaltlich nicht vollständig unbestimmt, insoweit ein Inventar errichtet wurde, welches den Inhalt des Erbrechts klarstelle; doch selbst ohne Inventarerrichtung stehe die Erbrechtsverpfändung nicht im Widerspruch zum Spezialitätsgrundsatz, da nach hA auch ein künftiges Recht verpfändet werden könne, sofern nur der Rechtsgrund und die Subjekte des Schuldverhältnisses ausreichend bestimmt seien. Ein Feststehen der Höhe sei hingegen nicht erforderlich; umso mehr müsse dieser Grundsatz im Hinblick auf das Erbrecht als schon gegenwärtiges, aber der Höhe bzw dem Wert nach noch unbestimmtes Recht nicht dem Spezialitätsgrundsatz widersprechen.

28 Weitergehende, beiden Ansichten zu Grunde liegenden Erwägungen über eine allfällige Verzögerung des Verlassenschaftsverfahrens brauchen nicht erörtert werden, da sich sämtliche Überlegungen auf den Rechtsbestand des AußStrG 1854 beziehen. Unter dem Blickwinkel des AußStrG 2003 spricht nichts für einen (bewussten oder unbewussten) Eingriff der verfahrensrechtlichen Normen in diese materiell-rechtliche Frage: Zwar ist das Verlassenschaftsverfahren grundsätzlich unverändert von Amts wegen voranzutreiben, doch kommen den potenziellen oder antrittserklärten Erben durchaus Möglichkeiten zu, das Abhandlungsverfahren (und damit die Einantwortung) zu verzögern, so etwa (bei Vorliegen erheblicher Gründe) durch die Einräumung einer Bedenkzeit zur Abgabe einer Erbantrittserklärung von bis zu einem Jahr (§ 157 Abs 2 AußStrG).[67]

29 Im Ergebnis ist mE der überzeugenden Ansicht *Jud*s der Vorzug zu geben, da nicht geleugnet werden kann, dass es sich beim Nachlass um die Gesamtheit, und eben nicht Gesamtsache, der vererblichen Rechte und Verbindlichkeiten des Verstorbenen handelt. Richtigerweise ist das **Erbrecht daher verpfändbar**.

---

[65] *Ehrenzweig*, System II/2², 602; *Kralik*, Erbrecht 57; *Weiß* in Klang² III 1063; *Welser* in Rummel⁴ I § 532 Rz 4; *Werkusch-Christ* in Kletečka/Schauer, ABGB-ON 1.02 § 532 Rz 1; *Eccher* in Schwimann/Kodek⁴ § 532 Rz 6; *ders*, Erbrecht 2/46.

[66] Erbschaftskauf, 32 ff. Dieser folgend *Likar-Peer* in Ferrari/Likar-Peer, Erbrecht 40, welche zu Recht darauf verweist, dass die Ansicht *Jud*s durch die Aufhebung des Hofdekrets HfD/JGS 968 (dazu sogleich im Text) noch eine zusätzliche Stütze erfahren habe.

[67] Dazu EB RV 224 BlgNR 22. GP 102 f und *Sailer* in Gitschthaler/Höllwerth, AußStrG § 157 Rz 3.

VI. Verjährung des Erbrechts

Das (subjektive) Erbrecht als solches unterliegt keiner Verjährung. Dies ergibt sich aus seinem Zweck, die Rechtsstellung des Erblassers auf einen Gesamtrechtsnachfolger überzuleiten. Auch wenn der Tod einer Person erst nach mehr als 30 Jahren bekannt oder durch Todeserklärung und Beweis des Todes beweisbar wird oder erst nach dieser Zeit Nachlassvermögen auftaucht, kann der zum Erben Berufene sein Erbrecht geltend machen und zB die Einantwortung des Nachlasses begehren. Andernfalls bliebe nach Ablauf der Verjährungsfrist entweder die *hereditas iacens* bestehen oder jeder Nachlass würde heimfällig. Demgemäß kann zwar eine Reihe von mit dem Erbrecht im Zusammenhang stehenden Ansprüchen verjähren, so etwa die Erbschaftsklage[68] oder

- die in § 1487 erster und zweiter Halbsatz ABGB genannten Ansprüche;[69]
- weiters kann der redliche Scheinerbe entsprechend § 1477 in 30 Jahren in Besitz genommene Nachlasssachen (nicht aber das Erbrecht) ersitzen,[70]

das **Erbrecht selbst kann** aber **nie verjähren**.[71]

Teil B: Erbrecht ab 1. 1. 2017

VII. ErbRÄG

Mit dem ErbRÄG 2015 geht eine auf den ersten Blick umfassende Änderung des § 532 einher. Bei näherer Betrachtung zeigt sich jedoch, dass die Änderungen in erster Linie sprachlicher Natur sind. Wie an vielen anderen Stellen auch, erfolgte eine Kürzung. So wurden die ersten beiden Sätze der alten Fassung zu einem S zusammengeführt. Im bisherigen dritten S (nunmehr: S 2) wurde die erste Begriffsbestimmung, wonach demjenigen, dem das Erbrecht gebührt, Erbe genannt wird, beibehalten. Die zweite Begriffsbestimmung, wonach die Verlassenschaft in Beziehung auf den Erben Erbschaft genannt wird, wurde ersatzlos gestrichen. Aus den Materialen ist eine Begründung dafür nicht ersichtlich, of-

---

[68] OGH 9 Ob 228/98i, EFSlg 87.162 = NZ 1999, 167; 5 Ob 116/12p, JBl 2013, 175 (*Holzner*) = EvBl 2013/57 = iFamZ 2013/114 = NZ 2013/47 = RZ 2013/103; *Ehrenzweig*, System II/2², 620; *Ferrari* in Ferrari/Likar-Peer, Erbrecht 497; *Ferrari-Hoffmann-Wellenhof*, Erbschaftsklage 392; *Welser* in Rummel⁴ I §§ 823, 824 ABGB Rz 25; *M. Bydlinski* in Rummel³ II § 1478 Rz 5; aA *Kralik*, Erbrecht 337 f und *Vollmaier*, Verjährung und Verfall 133 f. Zur Differenzierung der dreijährigen Frist nach § 1487 zur 30-jährigen Frist nach § 1478 je nach Formulierung durch den Testator s im Übrigen ausführlich *Mondel*, iFamZ 2014, 35.

[69] Dies steht auf Grund der ausdrücklichen Formulierung in § 1487 außer Frage. Ausführlich dazu *Vollmaier* in Fenyves/Kerschner/Vonkilch, ABGB³ (Klang) § 1487 Rz 6–14.

[70] *Apathy* in FS Strasser (1983) 950 f.

[71] Die Begründung entstammt iW den weitläufigen Ausführungen der E OGH 9 Ob 228/98i, EFSlg 87.162 = NZ 1999, 167; dieser folgend 1 Ob 67/07w und 5 Ob 116/12p, JBl 2013, 175 (*Holzner*) = EvBl 2013/57 = iFamZ 2013/114 = NZ 2013/47 = RZ 2013/103; in der Lit ebenso *Klang* in Klang² VI 607; *Kralik*, Erbrecht 60 f; *Likar-Peer* in Ferrari/Likar-Peer, Erbrecht 39; *Vollmaier*, Verjährung und Verfall 132 f; *Eccher* in Schwimann/Kodek⁴ III § 532 Rz 6; *Nemeth* in Schwimann/Kodek⁴ III § 823 Rz 12; *Werkusch-Christ* in Kletečka/Schauer, ABGB-ON 1.02 § 532 Rz 1; *M. Bydlinski* in Rummel³ II/3 § 1479 ABGB Rz 1; *Vollmaier* in Fenyves/Kerschner/Vonkilch, ABGB³ (Klang) § 1479 Rz 18; aA *Anders*, Grundriss des Erbrechts² 91, sowie (jeweils ohne Begründung) *Apathy* in KBB⁴ § 532 Rz 1 und *Welser* in Rummel⁴ I §§ 823, 824 Rz 25.

fenbar war dieser Umstand für den Gesetzgeber von einer solchen Selbstverständlichkeit, dass er nicht mehr im Gesetzestext Platz finden müsse.

Eine inhaltliche Anpassung erfuhr § 532 lediglich dahingehend, als das Erbrecht nunmehr als „absolutes Recht" und nicht mehr als „dingliches Recht" bezeichnet wird. Hier ist der Gesetzgeber der schon bisher vollkommen hA gefolgt[72] und hat – in § 532 ebenso wie bereits in § 308 – insofern den Gesetzestext „richtiggestellt"[73].

Titel zu dem Erbrechte.

§ 533. Das Erbrecht gründet sich auf den nach gesetzlicher Vorschrift erklärten Willen des Erblassers; auf einen nach dem Gesetze zulässigen Erbvertrag (§ 602), oder auf das Gesetz.

Stammfassung JGS 1811/946.

Erbrechtstitel

§ 533. Das Erbrecht gründet sich auf einen Erbvertrag, auf den letzten Willen des Verstorbenen oder auf das Gesetz.

IdF BGBl Nr I 2015/87 (ErbRÄG 2015), in Kraft ab 1. 1. 2017. Mat: EB RV 688 BlgNR 25. GP.

Lit: *Bolla,* Beiträge zur Lehre vom Zusammentreffen mehrerer Berufungsgründe im Erbrecht, ÖJZ 1947, 88; *Zemen,* Die gesetzliche Erbfolge nach der Familienrechtsreform (1981).

Übersicht

Teil A: Erbrecht bis 31. 12. 2016

I.	Der Erbrechtstitel im Allgemeinen	1–5
II.	Sonderfragen zum Berufungsgrund „auf Grund des Gesetzes"	6–9
III.	Das „Gesetz" als Grundlage bei der gewillkürten Erbfolge und beim Erbvertrag	10
IV.	Abschließende Aufzählung des § 533	11–12
V.	Berufung gegen den Willen des Erblassers?	13–14
VI.	Berufung beim außerordentlichen Erbrecht der Legatare	15–16
VII.	Das negative Testament im Lichte des Erbrechtstitels	17–18
VIII.	Konkurrenz der Berufungsgründe	19–24

---

[72] S oben Rz 10.
[73] Ebenso die EB RV ErbRÄG 2015, 4.

Teil B: Erbrecht ab 1. 1. 2017

IX. ErbRÄG 2015   25

Teil A: Erbrecht bis 31. 12. 2016

I. Der Erbrechtstitel im Allgemeinen

Wie zu § 532 ausführlich dargelegt, erfasst dieser die Begriffe „Erbrecht" **1**
und „Erbe". Daran knüpft nun – systematisch stimmig – § 533 an und legt fest,
wie ein Erbe das Erbrecht erwirbt. Ein solcher Erwerb basiert auf einem „**Erbrechtstitel**", diesen Terminus trägt die Überschrift zu § 533. So bilden der Wille des Erblassers, der Erbvertrag und das Gesetz die Erbrechtstitel. Der Erbrechtstitel bildet damit die Grundlage des materiellen Rechts des Erben auf die Verlassenschaft als Ganzes oder zu einem Bruchteil.[1]

Das römische Recht kannte als Berufungsgründe nur das Testament und in **2**
dessen Ermangelung die Verwandtschaft oder Ehe (Intestaterbfolge). Im deutschen Recht entwickelte sich als dritter Berufungsgrund der mit dem Erblasser geschlossene Erbvertrag und diesem folgend kennt das österreichische Recht drei Berufungsgründe.[2] Doch nicht nur in der Anzahl der Berufungsgründe ist der historische Gesetzgeber des ABGB dem deutschen Recht gefolgt, sondern auch im Verhältnis der Berufungsgründe zueinander: Das römische Recht legte als hauptsächlichen Berufungsgrund eine letztwillige Anordnung fest und sah den Blutsverwandten bloß als unerwünschten Notbehelf vor. Dies kam darin zum Ausdruck, dass der Erbe allen Verwandten vorging, auch wenn er nicht zum gesamten Nachlass berufen war („*Nemo pro parte testatus, pro parte intestatus decedere potest*"). Nach älterem deutschen Recht war dagegen der nächste Verwandte der eigentliche Erbe; das Testament legte ihm nur Vermächtnisse auf. Wenn das ABGB auch dem letztgenannten Weg nicht gänzlich gefolgt ist,[3] so hat es sich doch deutlich vom genannten Prinzip des römischen Rechts getrennt. Dies kommt insbesondere in § 534 zum Ausdruck, wonach Berufungsgründe nebeneinander bestehen können.[4]

Die **Terminologie** erscheint dann etwas verwirrend, wenn man in § 534 – **3**
die Paragrafen 533 und 534 stehen schließlich in einem engen Zusammenhang[5] – über die erwähnten drei „Arten" des Erbrechts liest. Diese Ausdrucksweise ist insofern nicht zielführend, als das Recht des Testamentserben, des

---

[1] OGH 3 Ob 85/78, teilweise unter Berufung auf *Gschnitzer*, Erbrecht 58.

[2] *Ehrenzweig*, System II/2², 344; weiters dazu *Weiß* in Klang² III 60.

[3] *Zeiller*, Commentar III 384 tritt noch für die gesetzliche Erbfolge als für sich „leitende" Erbfolge ein; dieser Grundsatz ist jedoch mittlerweile überholt.

[4] Zum historischen Kontext s *Zeiller*, Commentar III 384 f; *Pfaff/Hofmann*, Komm II 680; *Ehrenzweig*, System II/2², 344 f; *Weiß* in Klang² III 60; *Bolla*, ÖJZ 1947, 88

[5] Der enge Zusammenhang zeigt sich bereits am Wortlaut und der wechselseitigen Abhängigkeit der beiden Bestimmungen. Sie werden deshalb auch gerne gemeinsam behandelt, und zwar sowohl in der Rsp als auch in der Lit. In der Kommentarliteratur ist dies bei *Welser* in Rummel sowie bei *Weiß* in Klang der Fall. Für die vorliegende Kommentierung wurde eine Trennung der beiden Bestimmungen gewählt, um einerseits in erhöhtem Maße auf die jeweiligen Besonderheiten eingehen zu können und um andererseits den Überblick zu verbessern.

Vertragserben und des gesetzlichen Erben vollkommen gleichartig ist. Das „Erbrecht" bleibt immer das gleiche und kann daher nicht auf mehrerlei Arten bestehen, sondern es handelt sich in § 533 ausschließlich um verschiedene Berufungsgründe, die sich in dem jeweiligen Titel manifestieren.[6]

4 Der **Titel** als Überbegriff ist im Sinne des historischen Gesetzgebers insofern stimmig, als das Erbrecht als dingliches Recht angesehen wurde. Demnach bedarf es eines rechtmäßigen Titels zum Erwerb einer Sache, wie es § 380 für das Eigentum, § 449 für das Pfandrecht und § 480 für die Dienstbarkeiten vorsieht. Zu § 532 wurde bereits ausführlich dargelegt, dass der Begriff „dingliches Recht" in Bezug auf das Erbrecht überholt ist.[7] Dennoch ist die Terminologie „Erbrechtstitel" auch heute noch passend. Das Erbrecht wird durch Inbesitznahme erworben; da es zum Besitzerwerb eines Titels und eines Modus bedarf, stellt zum Erwerb des Erbrechts der „Erbrechtstitel" den Titel dar.

5 Im Zusammenhang mit den drei Erbrechtstiteln des § 533 wird regelmäßig auch der Begriff „Berufungsgründe" verwendet. Es handelt sich um den Tatbestand, an den das Gesetz die Folge knüpft, dass die in jener tatsächlichen Beziehung, wie es der Berufungsgrund erfordert, stehende Person Erbe des Verstorbenen werden kann.[8] ME ist unter Berufungsgrund nichts anderes als der „individualisierte" bzw „personifizierte" Erbrechtstitel zu verstehen. Letztlich ist der Unterschied derart marginal, dass es wohl auch dogmatisch nicht verfehlt ist, die **Begriffe „Erbrechtstitel" und „Berufungsgrund"** als **Synonyme** anzusehen bzw zu verwenden.

II. Sonderfragen zum Berufungsgrund „auf Grund des Gesetzes"

6 Der Gesetzeswortlaut, der einen Erbrechtstitel „auf Grund des Gesetzes" vorsieht, ist *prima vista* als etwas salopp anzusehen. Dies vor allem deshalb, da die anderen Erbrechtstitel sich derselben Terminologie bedienen, wenn der erklärte Wille „nach gesetzlicher Vorschrift" manifestiert sein und der Erbvertrag „nach dem Gesetz zulässig" abgeschlossen werden muss. Schließlich könnte der Leser zur (beinahe provokanten) Frage geneigt sein, welches Gesetz etwa gemeint sei.

7 Wenn auch die Formulierung mitunter gar knapp erscheinen mag, ging der historische Gesetzgeber von einer gewissen Selbstverständlichkeit aus:[9] **Mit „Gesetz" ist ausschließlich das ABGB gemeint**. Wenn das ABGB die Berufung „auf Grund des Gesetzes" normiert, dann meint es „auf Grund dieses Gesetzes", da dieses Gesetz die umfassenden erbrechtlichen Grundlagen in unserer Rechtsordnung festschreibt. Dass dessen ungeachtet gewisse Sondererbfolgen bestehen, die ihre Grundlage in anderen Gesetzen haben, hat mit der Frage des Berufungsgrundes nichts zu tun. So hat der OGH etwa ausgesprochen, dass das Tiroler HöfeG keine Grundlage für eine Erbantritts-

---

[6] *Bolla*, ÖJZ 1947, 89; ebenso *Weiß* in Klang[2] III 59; *Kralik*, Erbrecht 32 und *Apathy* in KBB[4] § 534 Rz 1.
[7] S dazu die Kommentierung bei § 532 Rz 10.
[8] *Weiß* in Klang[2] III 59; davor bereits *Binder*, Erbrecht 5.
[9] So schon *Zeiller*, Commentar III 383.

erklärung bilde, sondern bloß Erbteilungsvorschriften enthalte.[10] Gleiches gilt für das AnerbenG und das Kärntner Erbhöfegesetz.[11]

Grundlage für eine Berufung „auf Grund des Gesetzes" ist in erster Linie[12] das dreizehnte Hauptstück mit dem Titel „Von der gesetzlichen Erbfolge" (§§ 727 ff). In der Person des Erbanwärters muss ein bestimmter Tatbestand vorliegen, kraft dessen er zur Erbschaft gelangt.[13] Wenn der Berufungsgrund unmittelbar auf dem ABGB fußen muss, bedeutet dies *in concreto* aber nicht für jeden einzelnen Sachverhalt, dass die maßgebliche Bestimmung als Grundlage für den Berufungsgrund anzugeben ist; vielmehr ist die Berufung nur ganz allgemein „auf Grund des Gesetzes" anzugeben und die Richtigkeit des Berufungsgrundes gemäß dem Prinzip „*iura novit curia*" dem Gericht[14] zur Überprüfung zu überlassen. So gibt das einzige Kind des Erblassers (bei Nichtvorhandensein eines Ehegatten oder eingetragenen Partners) eine Erbantrittserklärung zum gesamten Nachlass nicht „auf Grund § 732 ABGB", sondern eben bloß „auf Grund des Gesetzes" ab. **8**

Nach einer älteren E des OGH ist von gesetzlicher Erbfolge dann zu sprechen, wenn der Erbe nach den Kriterien und Gesichtspunkten ausgewählt und berufen wird, die dem Gesetzgeber sachgerecht erscheinen.[15] Als eigenständige Definition ist dies freilich nicht ausreichend, mag aber allenfalls als Ergänzung zur soeben erörterten Begriffsfestlegung dienen. **9**

III. Das „Gesetz" als Grundlage bei der gewillkürten Erbfolge und beim Erbvertrag

Im Anschluss an die zu II. getroffene Feststellung, dass mit „Gesetz" stets das ABGB gemeint ist, ist darauf hinzuweisen, dass sich die Ausschließlichkeit des ABGB auch auf die beiden anderen Berufungsgründe des § 533 bezieht: Nur letztwillige Anordnungen und Erbverträge, welchen die Rechtsquelle ABGB zu Grunde liegt, sind von den Berufungsgründen des § 533 erfasst,[16] s weiterführend unten Rz 12. **10**

---

[10] OGH 1 Ob 4/70, EvBl 1970/225; auf diese E verweisend *Welser* in Rummel[4] I §§ 533, 534 Rz 1, *Eccher* in Schwimann/Kodek[4] III § 533 Rz 7, *Werkusch-Christ* in Kletečka/Schauer, ABGB-ON 1.02 § 533 Rz 1 und *Apathy* in KBB[4] § 533 Rz 1.

[11] IdS auch *Kralik*, Erbrecht 386. Der Anspruch des Übernehmers auf Zuweisung des Hofes stellt nach *Kralik* ein Vermächtnis dar.

[12] Hier besteht nicht das Prinzip der Ausschließlichkeit. So normiert etwa § 199 die erbrechtliche Verbindung zwischen dem Wahlkind und den Wahleltern sowie deren jeweils nächsten Verwandten.

[13] So bereits *Weiß* in Klang[2] III 62.

[14] Unter Gericht ist hier auch der Gerichtskommissär zu verstehen; vgl bloß § 1 GKG. Denn es unterliegt in (zeitlich) erster Linie seiner Beurteilung, ob eine Erbantrittserklärung „auf Grund des Gesetzes" tatsächlich in jenem ihre Grundlage hat. Widrigenfalls hat er mit der Aufforderung weiterer Erbantrittserklärungen nach § 157 AußStrG vorzugehen; vgl *Eccher* in Schwimann/Kodek[4] III § 533 Rz 2. Er hat ebenso zu beurteilen, ob ein Widerstreit der Erbantrittserklärungen vorliegt und deshalb ein Einigungsversuch iSd § 160 AußStrG vorzunehmen ist; vgl *Höllwerth* in Gitschthaler/Höllwerth, AußStrG § 160 Rz 8. Erst nach erfolgloser Abhaltung eines solchen ist der Verlassenschaftsakt dem Gericht vorzulegen.

[15] OGH 1 Ob 67/71, NZ 1973, 25 = SZ 44/38; auf diese verweisend *Eccher* in Schwimann/Kodek[4] III § 533 Rz 3.

[16] In concreto bilden § 552 für die testamentarische Erbfolge und § 1249 für den Erbvertrag die Grundlagen.

IV. Abschließende Aufzählung des § 533

11 **Die in § 533 genannten Gründe**, aus denen das Erbrecht entstehen kann, sind nach einhelliger Ansicht **taxativ**.[17] Dies ist ein normativer Gehalt des § 533, welcher der Bestimmung nicht abgesprochen werden kann. Daran ändert auch der Umstand nichts, dass Anerkenntnis, Verzicht und Vergleich über das Erbrecht als Rechtsgeschäfte möglich sind,[18] da es letztlich für den jeweils Begünstigten bei einem der Berufungsgründe bleibt. Das Heimfallsrecht des Staates ist kein Erbrecht; daher ist ihm auch kein Berufungsgrund zuzuordnen;[19] s weiterführend dazu § 760.

12 § 533 legt das Gesetz als Grundlage des erklärten Willens des Erblassers sowie des Erbvertrages fest. Ausgangspunkt aller Berufungsgründe ist somit immer das Bestehen einer gesetzlichen Anordnung. Für den erklärten Willen ist eine solche Grundlage § 552, für den Erbvertrag § 1249. Der Unterschied zur gesetzlichen Erbfolge als drittem Berufungsgrund liegt darin, dass durch die Person des Erblassers eine bestimmte Handlung zu setzen ist, die eine Erbfolge auf Grund des erklärten Willens des Erblassers oder auf Grund eines Erbvertrages eintreten lässt; es wird also der in der letztwilligen Verfügung zum Ausdruck gebrachte Wille des Erblassers vom Gesetz anerkannt. Die **Erbfolge beruht** also entweder **mittelbar** (bei einem Testament oder bei einem Erbvertrag) **oder unmittelbar auf dem Gesetz.**[20] Da die mittelbare Berufung auf das Gesetz einerseits durch das Testament, andererseits durch den Erbvertrag erfüllt wird, wurde mitunter vertreten, dass es sich nicht um zwei verschiedene Berufungsgründe, sondern nur verschiedene Erscheinungsformen des gleichen Berufungsgrundes handle.[21] Diese Ansicht gründet darauf, dass es bei beiden Berufungsgründen eines gesonderten Aktes durch den Erblasser bedarf: Beim „erklärten Willen des Erblassers" ist dies die Errichtung eines Testaments. Zur Gültigkeit eines Erbvertrages muss dieser schriftlich mit allen Erfordernissen eines schriftlichen Testaments errichtet werden (§ 1249 S 2). Beide Fälle werden daher bisweilen auch als „gewillkürte Erbfolge" zusammengefasst.[22] Dem ist aber die strukturelle Unterscheidung des Gesetzes vom Testament als einseitige und zugleich widerrufliche Berufung durch den

---

[17] OGH 1 Ob 4/70, EvBl 1970/225; 3 Ob 200/10y, EF-Z 2011/45 = EFSlg 127.088 = iFamZ 2011/82; *Bolla*, ÖJZ 1947, 89; *Weiß* in Klang² III 59; *Likar-Peer* in Ferrari/Likar-Peer, Erbrecht 40; *Welser* in Rummel⁴ I §§ 533, 534 Rz 1; *Eccher* in Schwimann/Kodek⁴ III § 533 Rz 7; *Werkusch-Christ* in Kletečka/Schauer, ABGB-ON 1.02 § 533 Rz 1; *Apathy* in KBB⁴ § 533 Rz 1. Auch in steuerlicher Hinsicht wurde die Ausschließlichkeit der Berufungsgründe des § 533 als Tatbestand des Erwerbes durch Erbanfall vertreten, s VwGH 2751/76 (verst Senat), NZ 1980, 171.

[18] OGH 3 Ob 34/03a, NZ 2004/81; dieser folgend 3 Ob 200/10y, EF-Z 2011/45 = EFSlg 127.088 = iFamZ 2011/82; *Ferrari-Hofmann-Wellenhof*, Erbschaftsklage 153 ff; *Welser* in Rummel⁴ I §§ 533, 534 Rz 1; *Apathy* in KBB⁴ § 533 Rz 1.

[19] *Eccher* in Schwimann/Kodek⁴ § 533 Rz 7; *Werkusch-Christ* in Kletečka/Schauer, ABGB-ON 1.02 § 533 Rz 1.

[20] *Bolla*, ÖJZ 1947, 89; *Weiß* in Klang² III 59.

[21] *Bolla*, ÖJZ 1947, 89. Abgeschwächt, da nur als „in einem gewissen Sinn" gleichhaltend, *Weiß* in Klang² III 60.

[22] Vgl etwa *Kralik*, Erbrecht 62; *Eccher*, Erbrecht 2/2; *ders* in Schwimann/Kodek⁴ III § 533 Rz 4

Testator zum Erbvertrag als vertragliche und daher unwiderrufliche Berufung durch die Vertragspartei entgegenzuhalten. So wurde auch von der Rsp festgehalten, dass sich Testament und Erbvertrag durch die Eingehung einer vertraglichen Verbindlichkeit unterscheiden.[23] Ein bloßes Bestehen gewisser Symbiosen vermag keineswegs deren einschlägige Gleichartigkeit zu begründen. Es ist also mE die Zusammenfassung der Berufungsgründe „nach dem erklärten Willen des Erblassers" und des Erbvertrages zu bloß einem Berufungsgrund abzulehnen; vielmehr **muss es bei den von § 533 genannten drei „echten" Berufungsgründen bleiben**, die überdies in § 534 nochmals manifestiert sind. Dies wird auch von der Praxis als vollkommen selbstverständlich angesehen, wird doch bei Vorliegen eines Erbvertrages stets eine Erbantrittserklärung „auf Grund des Erbvertrages", und nicht „auf Grund des Testaments" abgegeben.[24]

V. Berufung gegen den Willen des Erblassers?

Ein Berufungsgrund, der „gegen den Willen" des Erblassers besteht, existiert im österreichischen Recht[25] nicht. Gemeint sind solche Fälle, in denen der Erblasser unzweifelhaft zum Ausdruck bringt, einen Erben zu bestimmen und eine andere Person nicht zur Erbschaft gelangen lassen zu wollen. Dies ist dann der Fall, wenn letztere Person zum Kreis der Pflichtteilsberechtigten gehört. Pflichtteilsberechtigte (Noterben) stehen – sofern kein Enterbungsgrund vorliegt – durchaus Ansprüche zu, welche aus dem Erbrecht erwachsen, und zwar sollen sie mit einem bestimmten wertmäßigen Mindestanteil am Nachlass partizipieren.[26] Der an einigen Stellen im ABGB (s etwa § 766 oder die Überschrift vor § 775 samt mehrfacher Nennung in den nachfolgenden Paragrafen) gebrauchte Begriff „Noterbe" meint kein zwangsweises Erbrecht im Sinne einer Berufung iSd § 533.[27] 13

Im Übrigen sind zwei Regelungen im ABGB als Grundlage für eine Berufung „gegen den Willen des Erblassers" denkbar, auf die daher einzugehen ist: 14
1. Die Irrtumsregeln nach §§ 777 f können grundsätzlich zu einer Erbfolge führen. Insofern wäre es denkbar, hier eine Erbfolge „gegen den Willen des Erblassers" anzunehmen. Es gilt jedoch zu beachten, dass es in diesem Fall nicht gegen den Willen des Erblassers zu einer Berufung kommt, sondern auf Grund eines Willensmangels des Erblassers,

---

23 OGH 6 Ob 571/77, NZ 1979, 29.

24 Ein einschlägiger Sachverhalt lag im Übrigen der E OGH 6 Ob 571/77, NZ 1979, 29 zu Grunde: Eine Partei berief sich auf die Wirkung eines Erbvertrages, obwohl bloß ein Testament vorlag. Das Höchstgericht wies im ersten Absatz seiner Entscheidungsgründe ausdrücklich auf die hier vertretene Unterscheidung zwischen Erbvertrag und Testament hin.

25 Vgl hingegen das System der Reserve etwa in den romanischen Rechtsordnungen.

26 *Likar-Peer* in Ferrari/Likar-Peer, Erbrecht 335; *Koziol/Welser*[13] II 545; *Eccher*, Erbrecht 11/1.

27 Dies wurde durch das Hofdekret vom 31.1.1844, JGS 781, bekräftigt. Mit Ablauf des 31.12.1999 wurde das genannte Hofdekret durch das Bundesgesetz „zur Bereinigung der vor dem 1. 1. 1946 kundgemachten einfachen Bundesgesetze und Verordnungen" (Erstes Bundesrechtsbereinigungsgesetz – 1. BRBG, BGBl I 1999/191) außer Kraft gesetzt. Dennoch ist nach wie vor unbestritten, dass der Pflichtteilsanspruch letztlich ein bloßer Geldanspruch ist; vgl OGH 7 Ob 202/00g, JBl 2001, 521 = ZfRV 2001/43; ebenso *Kralik*, Erbrecht 62.

welchen der Gesetzgeber (als Zweifelsregel) durch die genannten Bestimmungen „korrigieren" möchte. Eine Erbeinsetzung ist in diesen Fällen unter den Berufungsgrund des erklärten letzten Willens oder des Gesetzes zu subsumieren.[28]

2. *Gemäß § 808 Satz 3 steht dem testamentarischen Erben die Möglichkeit zu, die Erbschaft mit Vorbehalt seines Pflichtteiles auszuschlagen. Offene Fragen zu dieser Bestimmung, inwieweit der Ausschlagende sich auf einen reinen Geldanspruch (als Pflichtteilsanspruch) zurückziehen kann, sollen an dieser Stelle nicht geklärt werden, hier interessiert ausschließlich der Berufungsgrund: Dies ist mE derart zu lösen, als das Gesetz keinen dahingehenden Unterschied macht, ob einer Person unmittelbar aus der letztwilligen Anordnung ein Pflichtteil zusteht oder die betreffende Person sich freiwillig auf einen solchen zurückgezogen hat; es gibt nicht „mehrere Arten" des Pflichtteils. Daher kann § 808 auch nicht die Grundlage für einen Berufungsgrund iSd § 533 sein.*

VI. Berufung beim außerordentlichen Erbrecht der Legatare

15 Auf den Unterschied der Gesamtrechtsnachfolge bei der Erbschaft zur Einzelrechtsnachfolge beim Vermächtnis wurde bereits zu § 532 hingewiesen; zur Abgrenzung s ausführlich § 535. Im Zusammenhalt mit Fragen zum Vermächtnis interessiert hier aber noch § 726 S 3, wonach die Legatare verhältnismäßig als Erben betrachtet werden, wenn sich auch die gesetzlichen Erben der Erbschaft entsagen. Man spricht vom **„außerordentlichen Erbrecht der Legatare".**[29] Die vordergründige Vermischung von Einzel- und Gesamtrechtsnachfolge ist jedenfalls keine, da die Legatare auf Grund der gesetzlichen Fiktion zu Erben werden. Offen bleibt freilich, ob als Berufungsgrund iSd § 533 das Gesetz oder die letztwillige Anordnung anzusehen ist: Für Ersteres wird ins Treffen geführt, dass sich nur die Berufung zum Legatar auf den Willen des Erblassers stützt, nicht aber die Berufung zum Erben;[30] für Zweiteres, dass darin in gewissem Maße doch eine letztwillige Erbfolge zu sehen sei.[31] Meines Erachtens sprechen mehrere Argumente für die zweite Variante: Den dritten Berufungsgrund des § 533 „auf Grund des Gesetzes" versteht das ABGB als starre Regelung, welche ausschließlich auf das Verwandtschaftsverhältnis und das Vorhandensein der verschiedenen Verwandten abstellt. Der erste Berufungsgrund „nach dem erklärten Willen des Erblassers" stellt auf letztwillige Anordnungen ab, welche regelmäßig einer bestimmten Auslegung bedürfen und – je nach Ergebnis dieser Auslegung – unterschiedliche Ergebnisse zutage treten können. Dabei kann das Gesetz durchaus korrigierend eingreifen, wie etwa bei den Rege-

---

[28] In diesem Sinne bereits *Weiß* in Klang² III 60.

[29] Dazu *Fritsch* in Ferrari/Likar-Peer, Erbrecht 273 f; *Koziol/Welser*[13] II 540 f; *Eccher*, Erbrecht 3/18 f.

[30] *Zemen*, Die gesetzliche Erbfolge nach der Familienrechtsreform, 135; *Kralik*, Erbrecht 82.

[31] *Weiß* in Klang² III 731. Ebenso war Gegenstand einer solchen Konstellation die E OGH 3 Ob 518, 519/91, NZ 1992, 131 = EFSlg 66.249, in welcher gegenständliches Thema allerdings nicht weiter reveliert wurde.

lungen über die Akkreszenz (§ 560) oder der – bereits genannten – irrtümlichen Übergehung von Noterben (§§ 777 f). In ähnlicher Weise verhält es sich mit § 726 S 3, wo das Gesetz zu einer Erbeinsetzung zu Gunsten einer Person gelangt, die andernfalls bloß Legatar wäre. Das Gesetz ist hier aber mitnichten die Stütze für ein starres Korsett (wie bei der gesetzlichen Erbfolge), sondern ein Hilfsmittel, um der letztwilligen Anordnung einen weiteren Spielraum zu überlassen. Dementsprechend erscheint es mir schlüssiger, das außerordentliche Erbrecht der Legatare als ein solches „auf Grund des erklärten Willens des Erblassers" iSd ersten Alternative des § 533 anzusehen.[32]

Im Rahmen eines konkreten Verlassenschaftsverfahrens ist es in diesen Fällen die Regel, dass die Legatare ihre Erbantrittserklärung vorerst ohne Nennung einer Quote abgeben (was gemäß § 159 Abs 1 AußStrG auch nicht erforderlich ist) und erst nach erfolgter Inventarisierung und damit verbundener exakter Kenntnis des Vermögensstandes (und somit des Wertes der Vermächtnisse untereinander) die Quote festgelegt wird.[33] Dies ist idR Ausfluss des Sachverhaltes und damit auch nicht als plausibles Gegenargument zur im vorigen Absatz vertretenen Ansicht anzusehen. **16**

VII. Das negative Testament im Lichte des Erbrechstitels

Nach übereinstimmender Ansicht in Literatur[34] und Rsp[35] ist eine letztwillige Verfügung, die als Inhalt den Ausschluss eines oder mehrerer gesetzlicher Erben vom ganzen oder von einem Teil des Nachlasses enthält, zulässig. Es wird dafür der Terminus „**negatives Testament**" verwendet. Nach hA wird die letztwillige Verfügung in einem solchen Fall, weil sie keine positive Erbeinsetzung enthält, kraft der gesetzlichen Definition des § 553 ABGB als Kodizill angesehen.[36] Die Umlegung der herrschenden Ansicht auf § 533 bedeutet damit, dass das negative Testament (im Übrigen schon im Hinblick auf seinen Wortlaut) keinen „positiven" Erbrechtstitel zu begründen vermag. Es ist also **ausschließlich** vom Vorliegen des **Berufungsgrundes „auf Grund des Gesetzes"** auszugehen. **17**

---

32 Derselben Ansicht, allerdings ohne jegliche weitere Begründung, ist *Eccher* in Schwimann/Kodek[4] III § 533 Rz 7. Unscharf *Werkusch-Christ* in Kletečka/Schauer, ABGB-ON 1.02 § 533 Rz 1 unter Hinweis auf OGH 3 Ob 227/04k, NZ 2005/40: In dieser E ließ der OGH offen, ob der Berufungsgrund das Gesetz oder das Testament darstellt. Er verwies lediglich darauf, dass Legatare wie eingesetzte Erben zu behandeln sind, was per se unstrittig ist.

33 Ein solcher Sachverhalt lag auch der E OGH 3 Ob 518, 519/91, NZ 1992, 131 = EFSlg 66.249 zu Grunde. Die dortige spätere Inanspruchnahme einer Erbquote, die dem Wert des Vermächtnisses nicht entspricht, war in weiterer Folge freilich unzulässig (wobei zu beachten gilt, dass diese E unter dem Regime des AußStrG 1854 erging).

34 *Ehrenzweig*, System II/2[2], 348 f; *Weiß* in Klang[2] III 212; *Kralik*, Erbrecht 202 f; *Rabl*, NZ 2003, 257; *Eccher*, Erbrecht[5] 4/80; *Apathy* in KBB[4] § 552 Rz 1; *Weiß/Likar-Peer* in Ferrari/Likar-Peer, Erbrecht 107.

35 OGH 1 Ob 600/89, EFSlg 59.904 = JBl 1990, 51; 6 Ob 10/14k, EvBl 2014/166 = EF-Z 2014/168

36 OGH 1 Ob 600/89, EFSlg 59.904 = JBl 1990, 51; 6 Ob 10/14k, EvBl 2014/166 = EF-Z 2014/168; *Weiß* in Klang[2] III 212; *Rabl*, NZ 2003, 257; *Apathy* in KBB[4] § 552 Rz 1; *Weiß/Likar-Peer* in Ferrari/Likar-Peer, Erbrecht 107; aA *Eccher*, Erbrecht[5] 4/80 und *Kralik*, Erbrecht 203.

18 In verfahrensrechtlicher Hinsicht bedarf es mE dazu einer Ergänzung: Gemäß § 178 Abs 1 Z 3 AußStrG hat der Einantwortungsbeschluss unter anderem den Erbrechtstitel zu enthalten. Gemäß der hier vertretenen Ansicht stellt den Titel im vorliegenden Fall zwar ausschließlich das Gesetz dar. Dennoch bedarf es – im Sinne des Telos des § 178 AußStrG, die Grundlagen der Erbfolge vollständig darzulegen – mE zwingend einer Erwähnung des negativen Testaments im Einantwortungsbeschluss.

VIII. Konkurrenz der Berufungsgründe

19 Die Berufungsgründe des § 533 sind insofern gleichwertig, als sie dem dadurch die Erbschaft erlangenden Erben kein „besseres" oder „schlechteres" Erbrecht verschaffen können – das Erbrecht als solches ist stets ident.[37] Sie können auch nebeneinander bestehen; dies wird in § 534 gezeigt. **Inhaltlich aber unterscheiden sich die Berufungsgründe nach ihrer Stärke.** Es gewährt zwar jeder Berufungsgrund ein Erbrecht, aber letzteres kann, einem anderen Erbrecht gegenübergestellt, das auf einem anderen Berufungsgrund beruht, relativ stärker oder schwächer sein, obwohl an und für sich beide Berufungsgründe den gleichen, in § 532 umschriebenen Inhalt haben.[38] **Es schließt also der jeweils stärkere Berufungsgrund den schwächeren aus.** Den stärksten Berufungsgrund bildet der Erbvertrag, s §§ 1253 f, welcher der testamentarischen und der gesetzlichen Erbfolge vorgeht. Die testamentarische Erbfolge geht schließlich gemäß § 727 der gesetzlichen Erbfolge vor.[39]

20 Was die **Häufigkeit der Berufungsgründe** betrifft, so sind diese exakt **nach ihrer Stärke umgekehrt**: Weitaus häufigster Berufungsgrund ist das Gesetz, seltener das Testament und am Seltensten der Erbvertrag.[40]

21 Es ist eine Konsequenz der verschiedenen Stärke der Berufungsgründe, dass der stärkere Titel den schwächeren nur insoweit verdrängt, als in ihm **über denselben (ideellen) Nachlassteil verfügt** ist. Gibt der stärkere Berufungsgrund nur ein Erbrecht zu einer Quote des Nachlasses, so fällt der Rest demjenigen zu, der den nächst stärkeren Titel hat, sodass derselbe Erblasser teils aus einem Erbvertrag, teils aus einem Testament und teils aus dem Gesetz beerbt werden kann[41]; s dazu weiterführend § 534.

---

[37] In diesem Sinne auch *Bolla*, ÖJZ 1947, 89 f. Dieser folgend *Welser* in Rummel[4] I §§ 533, 534 Rz 1, *Eccher* in Schwimann/Kodek[4] § 533 Rz 5 und *Werkusch-Christ* in Kletečka/Schauer, ABGB-ON 1.02 § 533 Rz 2; ebenso *Kralik*, Erbrecht 32 und *Likar-Peer* in Ferrari/Likar-Peer, Erbrecht 40.

[38] Diese Definition entspringt *Steinlechner*, NZ 1910, 116 ff; diesem folgend *Weiß* in Klang[2] III 65.

[39] Die genannte Abstufung wird nicht angezweifelt, s diese bei *Ehrenzweig*, System II/2[2], 345; *Gschnitzer/Faistenberger*, Erbrecht[2] 12; *Koziol/Welser*[13] II 454; *Eccher*, Erbrecht 2/2; *Likar-Peer* in Ferrari/Likar-Peer, Erbrecht 41; *Eccher* in Schwimann/Kodek[4] § 533 Rz 1; *Werkusch-Christ* in Kletečka/Schauer, ABGB-ON 1.02 § 533 Rz 2 und *Apathy* in KBB[4] § 533 Rz 2.

[40] Ebenso *Gschnitzer/Faistenberger*, Erbrecht[2] 12; *Koziol/Welser*[13] II 454 und *Likar-Peer* in Ferrari/Likar-Peer, Erbrecht 41.

[41] *Kralik*, Erbrecht 32.

Daneben können die **Berufungsgründe** auch **untereinander „kollidieren"**;[42] **22**
dies ist in der Praxis insbesondere im Rahmen der testamentarischen Berufung der
Fall. Denn jedem, dem bei Hinfälligkeit einer strittigen letztwilligen Verfügung
Ansprüche auf die Verlassenschaft oder Teile von ihr zustünden, kommt ein eigener, nur seine Interessen berührender Anspruch auf Klärung der Rechtswirksamkeit der letztwilligen Verfügung gegen diejenigen zu, die aus der strittigen Verfügung Ansprüche für sich ableiten. Dieser Anspruch entsteht mit der Aktualisierung
des konkreten Interessenwiderspruches zwischen den individuellen Trägern dieser
widersetzlichen Interessen.[43] Wenn derlei Fragen auch von hoher (dogmatischer[44]
und praktischer[45]) Relevanz sind, sind sie doch nach anderen Bezug habenden
Gesetzesstellen; vgl etwa § 717 über den Widerruf, und nicht nach § 533 oder
§ 534 zu beurteilen. Die **Beurteilung, welche Erbansprecher innerhalb derselben Berufungsgründe zum Zug kommen,** ist also **nicht Gegenstand der vorliegenden Gesetzesstelle**.

In verfahrensrechtlicher Hinsicht finden sowohl die Frage der „Stärke" der **23**
Berufungsgründe als auch die Frage der Konkurrenz der Berufungsgründe untereinander bei der Vorgangsweise bei widersprechenden Erbantrittserklärungen (§ 160 AußStrG) sowie im allenfalls daran anschließenden Verfahren zur
Entscheidung über das Erbrecht (§§ 161 ff AußStrG)[46] ihre Berücksichtigung.

Weiters ist auf den verfahrensrechtlichen Umstand zu verweisen, wonach **24**
sich der Erbe auf einen Erbrechtstitel und – für den Fall der Ungültigkeit –
eventualiter auf einen anderen Erbrechtstitel berufen kann.[47]

Teil B: Erbrecht ab 1. 1. 2017

IX. ErbRÄG 2015

Die Änderungen durch das ErbRÄG 2015 sind rein sprachlicher Natur[48]. **25**
Die Berufungsgründe wurden nunmehr ihrer Stärke nach neu gereiht, begin-

---

42 Kursorisch dazu *Kralik*, Erbrecht 32.

43 Ausführlich OGH 6 Ob 598/86, SZ 60/239 = ÖJZ 1988/29. Dieser folgend 8 Ob 537/91, EvBl 1991/147 = JBl 1991, 656 (*Binder*) = SZ 64/41 und 5 Ob 127/94.

44 Vgl exemplarisch die Monographie von *Rabl*, Altes Testament – Neues Testament (2001).

45 Dies findet in verfahrensrechtlicher Hinsicht insbesondere in § 152 Abs 2 AußStrG Ausfluss, wonach den Parteien und jenen, die nach der Aktenlage auf Grund des Gesetzes zur Erbfolge berufen wären, Kopien der erbrechtsbezogenen Urkunden zuzustellen sind. So soll das rechtliche Gehör jener gewahrt werden, die gegen ein Testament vorgehen wollen. Ergänzend sei in diesem Zusammenhang die weite Auslegung dieser Bestimmung erwähnt, wonach nicht bloß gesetzlichen Erben, sondern – bei Vorhandensein früherer letztwilliger Anordnungen – auch Begünstigten aus denselben Kopien zuzustellen sind. Denn für den Fall der Ungültigkeit des neuesten Testaments würde das (gültige) ältere Testament der gesetzlichen Erbfolge vorgehen. S zu diesem Themenkreis *Schatzl/Spruzina* in Gitschthaler/Höllwerth, AußStrG § 152 Rz 11 f und *A. Tschuggel*, EF-Z 2014, 259.

46 Das AußStrG 2003, BGBl I 2003/111 hat den aus dem AußStrG 1854, RGBl 1854/208 bekannten Erbrechtsstreit vom streitigen Verfahren in das außerstreitige Verfahren verschoben, s dazu *Höllwerth* in Gitschthaler/Höllwerth, AußStrG § 160 Rz 1 ff.

47 OGH 1 Ob 285/46, JBl 1947, 154; 3 Ob 840/54, EvBl 1955/144 = NZ 1955, 92; 3 Ob 141/12z, EFSlg 134.689 = iFamZ 2013/74 = JBl 2013, 319 = NZ 2013/106; *Eccher* in Schwimann/Kodek[4] § 799 Rz 5; *Sailer* in KBB[4] § 806 Rz 3.

48 Vgl die EB RV ErbRÄG 2015, 4.

nend mit dem Erbvertrag als stärkstem Berufungsgrund, im Anschluss daran der testamentarischen Erbfolge als zweitstärkstem Berufungsgrund und schließlich der gesetzlichen Erbfolge als schwächstem Berufungsgrund[49].

§ 534. Die erwähnten drei Arten des Erbrechtes können auch neben einander bestehen, so daß einem Erben ein in Beziehung auf das Ganze bestimmter Teil aus dem letzten Willen, dem andern aus dem Vertrage, und einem dritten aus dem Gesetze gebührt.

Stammfassung JGS 1811/946.

Mehrere Berufungsgründe

§ 534. Die angeführten Erbrechtstitel können auch nebeneinander bestehen, sodass einem Erben ein bestimmter Teil der Verlassenschaft aus dem letzten Willen, einem anderen ein Teil aus dem Erbvertrag und einem dritten ein Teil aus dem Gesetz gebühren können.

IdF BGBl Nr I 2015/87 (ErbRÄG 2015), in Kraft ab 1. 1. 2017. Mat: EB RV 688 BlgNR 25. GP.

Lit: *Bolla*, Beiträge zur Lehre vom Zusammentreffen mehrerer Berufungsgründe im Erbrecht, ÖJZ 1947, 88; *Zemen*, Die gesetzliche Erbfolge nach der Familienrechtsreform (1981); *Welser*, Einsetzung auf bestimmte Teile und gesetzliches Erbrecht, NZ 1997, 345; *Jud*, Schenkung auf den Todesfall und Berechnung des „freien Viertels" beim Erbvertrag, NZ 1999, 268; *Apathy*, Teilungsanordnung und Erbeinsetzung, JBl 2006, 137; *Tschugguel*, Ein besonderer Fall „gemischter" Erbfolge, iFamZ 2008, 48; *Höllwerth*, Der Gerichtskommissär im Verfahren über das Erbrecht, NZ 2014, 73.

Übersicht
Teil A: Erbrecht bis 31. 12. 2016

I.	Allgemeines	1
II.	Gemischte Erbfolge	2–3
III.	Zusammentreffen von Berufungsgründen in der Person eines Erben	4–8
IV.	Bäuerliche Erbteilungsvorschriften	9
V.	Behandlung des Nebeneinanderbestehens von Berufungsgründen im Verlassenschaftsverfahren	10–13

Teil B: Erbrecht ab 1. 1. 2017

VI.	ErbRÄG 2015	14

---

[49] S bereits oben Rz 19.

Teil A: Erbrecht bis 31. 12. 2016
I. Allgemeines

Wie bereits zu § 533 gezeigt, lag dem römischen Recht der Grundsatz 1 *„nemo pro parte testatus, pro parte intestatus decedere potest"* zu Grunde, welcher im österreichischen Recht gänzlich beseitigt ist.[1] Alle Berufungsgründe stehen gleichwertig nebeneinander, was § 534 zweifelsfrei zum Ausdruck bringt.[2] Auch die §§ 556 und 562 sind unmissverständliche Beweise für diese Festlegung des historischen Gesetzgebers. Es können also alle drei Berufungsgründe des § 533 auch nebeneinander bestehen.[3]

II. Gemischte Erbfolge

Ein mögliches Nebeneinanderbestehen hängt in erster Linie von der Stärke 2 des jeweiligen Berufungsgrundes ab, beginnend mit dem Erbvertrag als stärkstem Titel über die testamentarische Erbfolge als nächststärkstem Titel bis zur gesetzlichen Erbfolge als schwächstem Titel. Insoweit der stärkere Titel nur ein Erbrecht zu einer Quote des Nachlasses gibt, fällt der Rest demjenigen zu, der den nächst stärkeren Titel hat, sodass derselbe Erblasser teils aus einem Erbvertrag, teils aus einem Testament und teils auf Grund des Gesetzes beerbt werden kann.[4] Man spricht hier von der sogenannten **„gemischten Erbfolge"**.[5] Das ABGB nennt Fälle einer gemischten Erbfolge an verschiedenen Stellen sogar ausdrücklich:

1.) Die §§ 1249 ff sind die Grundlagen zum Abschluss eines Erbvertrages. Dieser bildet, wie bereits mehrfach dargelegt, den stärksten Berufungstitel. § 1253 schränkt den Umfang der Berufung allerdings dahingehend ein, dass sich der Erbvertrag nur auf **maximal drei Viertel des Vermögens** beziehen kann. Das freibleibende Viertel, welches der Erbvertrag nicht erfassen kann, wird idR als „reines Viertel" oder „freies Viertel" bezeichnet.[6] Vereinzelt wurde die Ansicht vertreten, dass ungeachtet dessen sich die Berufung auf den Erbvertrag auch auf den gesamten Nachlass beziehen könne, und zwar dann, wenn der Erblasser das Viertel durch Vermächtnisse an Dritte ausgeschöpft hat.[7] Dem widerspricht allerdings der klare Gesetzeswortlaut des § 1253, der

---

[1] Dieser Grundsatz war *Zeiller* offenbar ein wichtiges Anliegen, da er auf ihn (in Commentar III 384) ausdrücklich hinweist.
[2] *Bolla,* ÖJZ 1947, 89; *Weiß* in Klang[2] III 62; *Kralik,* Erbrecht 32, 62.
[3] *Zeiller,* Commentar III 386.
[4] *Kralik,* Erbrecht 32.
[5] S diesen Terminus bei *Zemen,* Die gesetzliche Erbfolge nach der Familienrechtsreform 51; *Kralik,* Erbrecht 62; *Eccher,* Erbrecht 2/3; *Likar-Peer* in Ferrari/Likar-Peer, Erbrecht 41; *Welser* in Rummel[4] I §§ 533, 534 Rz 2; *Eccher* in Schwimann/Kodek[4] III § 534 Rz 1; *Werkusch-Christ* in Kletečka/Schauer, ABGB-ON 1.01 § 534 Rz 1; *Apathy* in KBB[4] § 534 Rz 1; *Tschugguel,* iFamZ 2008, 48.
[6] Exklusiv zu Fragen des freien Viertels s etwa *Zankl,* NZ 1997, 311; *Waldhör,* NZ 1998, 189 und *Jud,* NZ 1999, 268.
[7] *Ehrenzweig,* System II/2[2], 486; offenbar auch *Weiß* in Klang[2] V 935; anders aber *ders* in Klang[2] III 62.

ausdrücklich vorsieht, dass in Bezug auf den verbleibenden Teil dem Erblasser eine letztwillige Anordnung vorbehalten ist und mangels Vorliegen einer solchen es zur gesetzlichen Erbfolge kommt.[8] Die **Berufung** (und dieser in verfahrensrechtlicher Hinsicht folgend die Quote einer abgegebenen Erbantrittserklärung) kann sich daher auf **höchstens drei Viertel des Nachlasses beziehen**.[9] So wird auch in der Praxis regelmäßig anlässlich der Errichtung eines Erbvertrages eine letztwillige Anordnung errichtet (welche freilich, im Gegensatz zum Erbvertrag, jederzeit einseitig widerruflich ist).[10]

2.) Eine gemischte Erbfolge kann sich weiters daraus ergeben, dass der Nachlass durch die in bestimmten Quoten vorgenommene testamentarische Erbeinsetzung nicht ausgeschöpft wurde. Dogmatisch einfacher ist dies bei § 554 (für einen Erben) und § 556 (für mehrere Erben), insoweit der Erblasser nur über einen bestimmten Teil verfügt hat. Etwas komplexer zeigt sich § 713: Nach dieser Bestimmung hebt ein späteres Testament ein früheres Testament auf, wenn ein anderer Wille nicht zu erkennen ist. Dies gilt auch dann, wenn der Erblasser in dem späteren Testament nur über einen Teil seines Nachlasses verfügt; für den verbleibenden Teil tritt dann die gesetzliche Erbfolge ein. Ungeachtet vieler offener Fragen zum Aufrechterhaltungswillen und zum Verhältnis verschiedener letztwilliger Anordnungen untereinander[11] verbleibt jedenfalls die Erkenntnis, dass (in allen genannten Fällen) ausdrücklich ein Nebeneinanderbestehen des ersten und des dritten Berufungsgrundes des § 533 vorgesehen ist.[12]

3.) Gemäß § 562 gebührt einem bestimmt eingesetzten Erben in keinem Falle das Zuwachsrecht;[13] ein solcherart erledigter Erbteil fällt dem gesetzlichen Erben zu. § 562 behandelt die für den juristischen Laien immer wieder überraschende und bisweilen mit Recht als „juristische Spitzfindigkeit"[14] titulierte dahingehende Unterscheidung, ob jemand seine Erben „zu gleichen Teilen" oder „zur Hälfte/zu einem Drittel [...]" einsetzt.[15] Es handelt sich bei § 562 um eine gleichermaßen unerwartete wie auch (als Ausfluss dessen) quantitativ sehr maßgebliche Variante einer gemischten Erbfolge.[16]

---

8   Ebenso *Jud*, NZ 1999, 269; *Brauneder* in Schwimann[3] VI § 1253 Rz 6; *Fucik* in Kletečka/Schauer, ABGB-ON 1.01 § 1253 Rz 1.

9   *Koziol/Welser*[13] II 454; *Likar-Peer* in Ferrari/Likar-Peer, Erbrecht 41; *Eccher*, Erbrecht 2/3; *ders* in Schwimann/Kodek[4] III § 534 Rz 1; *Werkusch-Christ* in Kletečka/Schauer, ABGB-ON 1.01 § 534 Rz 1; *Apathy* in KBB[4] § 534 Rz 1.

10 Ebenso darauf hinweisend *Fritsch* in Ferrari/Likar-Peer, Erbrecht 254; weiters *Koch* in KBB[4] § 1253 Rz 1.

11 Dazu ausführlich *Rabl*, „Altes Testament – Neues Testament" (2001); *Knechtel* in Kletečka/Schauer, ABGB-ON 1.02 § 713 und *Welser* in Rummel[4] I § 713.

12 Ebenso *Eccher* in Schwimann/Kodek[4] III § 534 Rz 1; *Werkusch-Christ* in Kletečka/Schauer, ABGB-ON 1.01 § 534 Rz 1.

13 Zur Akkreszenz nach den §§ 560 ff in der neueren Lehrbuchliteratur allgemein *Kralik*, Erbrecht,176 ff, *Likar-Peer* in Ferrari/Likar-Peer, Erbrecht 233 ff; *Eccher*, Erbrecht 4/76 ff und *Koziol/Welser*[13] II 525 f.

14 So *Welser*, NZ 1997, 346.

15 Ausführlich dazu *Welser*, NZ 1997, 345, anlehnend an die E OGH 4 Ob 88/97p, EFSlg 84.300 = NZ 1997, 363; ebenso *Tschugguel*, iFamZ 2008, 48.

16 Vgl idS auch das Beispiel von *Tschugguel*, iFamZ 2008, 48: Der Erblasser hatte seine Frau zu drei Viertel erbvertraglich und zu einem Viertel testamentarisch eingesetzt; die Ehe wurde

Aus den vorherigen Ausführungen ergibt sich zwangsläufig, dass die Berufung des Erben zu ein und demselben Anteil nur auf Grund eines Berufungsgrundes möglich ist, die verschiedenen Berufungsgründe beziehen sich selbstverständlich auch stets auf verschiedene Anteile.[17]

III. Zusammentreffen von Berufungsgründen in der Person eines Erben

Die Frage, welche Folgen es nach sich zieht, wenn **mehrere Berufungsgründe in der Person eines Erben zusammentreffen**, wurde in der Lit erstmals von *Bolla*[18] sowie gleichlautend von *Weiß*[19] behandelt und wie folgt beurteilt: Diese Frage sei insbesondere dann von erheblicher Bedeutung, wenn Vorausempfänge der Kinder in Anrechnung gebracht werden, weil diese Anrechnung verschieden erfolgen müsse, je nachdem, ob testamentarische oder gesetzliche Erbfolge zum Zug kommt. Erbe nun ein Kind auf Grund eines nicht über den ganzen Nachlass verfügenden Testaments und gleichzeitig kraft Gesetzes, ohne dass der Erblasser sich über die Anrechnungspflicht geäußert hätte, so erwerbe es den Anteil aus der testamentarischen Verfügung ohne Anrechnung des Vorausempfanges. Nach § 792 müsse aber bei gesetzlicher Erbfolge die Anrechnung stattfinden, es sei denn, der Erblasser hätte sie ausdrücklich erlassen.

Diese Ansicht ist unter dem Blickwinkel der Berufung zur Erbschaft mE nicht weiters maßgeblich, da die Anrechnung ausschließlich über den Wertausgleich und die entsprechenden Methoden dazu abspricht.[20] Der Berufungsgrund als solches kann aber durch Fragen zur Anrechnung nicht verändert werden. So bleibt es beispielsweise bei Vorhandensein von zwei Kindern als nächste Verwandte mangels Vorliegen einer letztwilligen Anordnung bei der jeweiligen Berufung auf Grund des Gesetzes (zur Hälfte), auch wenn eines der Kinder namhafte einrechnungspflichtige Vorempfänge erhalten hat. Noch weniger stehen offene Fragen, inwieweit anrechnungspflichtige Vorgänge den Pflichtteil eines der Betroffenen verletzen, in irgendeinem Zusammenhang mit den Berufungsgründen.

Letztlich bejahen aber auch die zuvor zitierten Autoren die entsprechende Möglichkeit und es entspricht der heute vollkommen einhelligen Ansicht, dass **mehrere Berufungsgründe in der Person eines Erben zusammentreffen können**.[21] Insofern ist der Gesetzestext also nicht eng auszulegen.

---

später geschieden, der Erbvertrag aufgehoben, das Testament aber nicht widerrufen; Erblasser und geschiedene Frau haben wieder geheiratet. Hier ist die Witwe zu einem Viertel auf Grund des Testaments berufen und hinsichtlich der verbleibenden drei Viertel tritt die gesetzliche Erbfolge ein (an welcher die Witwe auch partizipiert).

17   Ebenso *Koziol/Welser*[13] II 454; *Likar-Peer* in Ferrari/Likar-Peer, Erbrecht 42; *Werkusch-Christ* in Kletečka/Schauer, ABGB-ON 1.01 § 534 Rz 2 und *Apathy* in KBB[4] § 534 Rz 2.

18   In ÖJZ 1947, 90.

19   In Klang[2] III 63 f. Es ist idZ festzustellen, dass *Weiß* im einige Jahre später erschienenen Kommentar die früheren Gedanken *Bolla*s vollständig und über weite Strecken sogar wortgleich übernimmt, gleichzeitig aber darauf hinweist, dass sich in der Rechtswissenschaft noch niemand mit diesem Themenkreis beschäftigt hätte.

20   Dementsprechend hat *Jud*, NZ 1999, 268 ff dies dogmatisch in die Frage der Berufung und in jene, welche Werte den Beteiligten zuzukommen sind, untergliedert.

21   *Bolla*, ÖJZ 1947, 90; *Weiß* in Klang[2] III 63 f; *Kralik*, Erbrecht 32; *Eccher*, Erbrecht 2/3.

7 Zur Frage, ob der Erbe den einen Erbteil annehmen und den anderen Erbteil ausschlagen kann, enthält das ABGB keine ausdrückliche Vorschrift darüber; anders das deutsche BGB, dessen § 1951 wie folgt lautet:

„**§ 1951**
Mehrere Erbteile

(1) Wer zu mehreren Erbteilen berufen ist, kann, wenn die Berufung auf verschiedenen Gründen beruht, den einen Erbteil annehmen und den anderen ausschlagen.

(2) Beruht die Berufung auf demselben Grund, so gilt die Annahme oder Ausschlagung des einen Erbteils auch für den anderen, selbst wenn der andere erst später anfällt. Die Berufung beruht auf demselben Grund auch dann, wenn sie in verschiedenen Testamenten oder vertragsmäßig in verschiedenen zwischen denselben Personen geschlossenen Erbverträgen angeordnet ist.

(3) Setzt der Erblasser einen Erben auf mehrere Erbteile ein, so kann er ihm durch Verfügung von Todes wegen gestatten, den einen Erbteil anzunehmen und den anderen auszuschlagen."

Ungeachtet der tiefen strukturellen Unterschiede zwischen dem deutschen und dem österreichischen Recht, was den Erbschaftserwerb betrifft, wurde bereits oben[22] dargelegt, dass das österreichische Recht dem (damaligen) deutschen Recht gefolgt ist. Das BGB ist diesen Strukturen treu geblieben und hat sie – ausführlicher als das ABGB – normiert. Der gesamte Gesetzestext des § 1951 BGB wurde deshalb wiedergegeben, weil er – mit Ausnahme des Abs 3 – über weite Strecken die (heute) zu § 534 herrschende Auffassung enthält, welche wiederum ihren Ursprung zum Teil in der deutschen Bestimmung hat. Es kann also auch im österreichischen Recht der Erbe die ihm angefallenen Erbteile verschieden behandeln, und zwar den einen antreten, den anderen aber nicht.[23] Dies ist damit zu begründen, dass es der Berufungsgrund des § 533 ist, der die Berufung und damit das in der Person des einzelnen Erbanwärters durch die Antretung entstandene Erbrecht individualisiert. Liegen nun verschiedene Berufungsgründe bei den einem einzelnen Erbanwärter zustehenden Erbteilen vor, so besteht kein Grund, ihn zu nötigen, alle Erbteile zu erwerben.[24] **Dem Erben ist es also möglich, bei Berufung auf Grund verschiedener Titel die eine Erbschaft auszuschlagen und die andere anzunehmen.**[25]

8 Die Einheitlichkeit des Berufungsgrundes ist allerdings auch unter dem Lichte zu sehen, dass es nur eine einheitliche testamentarische Berufung sowie allenfalls auch eine Berufung auf Grund des Gesetzes (und zwar dann, wenn jemand als mehrfacher Verwandter oder als Verwandter und zugleich Ehegat-

---

[22] S § 533 Rz 2.
[23] *Bolla*, ÖJZ 1947, 90; *Weiß* in Klang[2] III 64 f.
[24] *Bolla*, ÖJZ 1947, 90; *Weiß* in Klang[2] III 63.
[25] Ebenso *Bolla*, ÖJZ 1947, 90; *Weiß* in Klang[2] III 64 f; *Welser* in Rummel[4] I §§ 533, 534 Rz 2 und §§ 799, 800 Rz 8; *Eccher* in Schwimann/Kodek[4] III § 534 Rz 2; *Werkusch-Christ* in Kletečka/Schauer, ABGB-ON 1.01 § 534 Rz 2.

te²⁶ berufen ist) geben kann.²⁷ So ist die Berufung auf ein älteres und ein jüngeres Testament (freilich unter der Prämisse der Beachtung des § 713) nur in ihrer Gesamtheit möglich, es kann jedoch nicht die Berufung hinsichtlich des neueren Testaments in Anspruch genommen und jene hinsichtlich des älteren Testaments ausgeschlagen werden. Denn es liegt ein einheitlicher Wille des Erblassers vor, wenn die Berufung durch verschiedene Testamente (oder allenfalls verschiedene Erbverträge) erfolgt.²⁸ Die Berufung auf den Willen des Erblassers findet bei der gesetzlichen Erbfolge naturgemäß nicht statt. Dennoch gelangt man auch hier zum Ergebnis des einheitlichen Berufungsgrundes (und der damit verbundenen nicht vorhandenen Möglichkeit zur teilweisen Ausschlagung und teilweisen Annahme)²⁹, und zwar mit der Begründung, dass die Familienerbfolge des ABGB als Einheit anzusehen ist, die sich ein Erbe durch seine Antrittshandlung nicht zum Teil zu eigen machen und zum anderen Teil ablehnen kann.³⁰ Es muss also bei sämtlichen Berufungsgründen dabei bleiben, dass **innerhalb eines Berufungsgrundes keine teilweise Entschlagung möglich** ist.³¹

IV. Bäuerliche Erbteilungsvorschriften

Sind auf einen Nachlass die **bäuerlichen Erbteilungsvorschriften** (AnerbenG, Tiroler HöfeG, Kärntner ErbhöfeG) anwendbar, so regeln die einschlägigen Gesetze, wer unter mehreren gesetzlichen Erben zur Hofübernahme berufen ist. Diese Regeln **gelten auch bei gemischter Erbfolge iSd § 534**, soweit der Erblasser nicht einen Miterben oder einen Legatar zum Hofübernehmer bestimmt hat.³²

9

---

26 Zum letzteren Fall vgl § 6 EheG. Die Mehrfachverwandtschaft ebenfalls erwähnend *Werkusch-Christ* in Klete čka/Schauer, ABGB-ON 1.01 § 534 Rz 2.
27 Der Abschluss mehrerer Erbverträge wäre schließlich auch denkbar, erscheint mir jedoch in höchstem Maße irrelevant.
28 *Bolla*, ÖJZ 1947, 90; *Weiß* in Klang² III 64.
29 Dieser Fall mag durchaus als völlig denkunmöglich gelten. Denn während es bei der gewillkürten Erbfolge plausibel sein kann, die Unannehmlichkeiten einer früheren letztwilligen Anordnung nicht zu haben und die Berufung auf jenes Testament daher hintanstellen zu wollen, besteht bei der gesetzlichen Erbfolge letztlich kein Grund, warum das „eine" gesetzliche Erbrecht einen Unterschied zum „anderen" gesetzlichen Erbrecht machen sollte.
30 *Weiß* in Klang² III 65.
31 *Bolla*, ÖJZ 1947, 90; *Weiß* in Klang² III 64 f; *Welser* in Rummel⁴ I §§ 799, 800 Rz 8 und § 808 Rz 2, anders bei §§ 533, 534 Rz 2 und § 750 Rz 3; aA *Koziol/Welser*¹³ II 454; *Zemen*, Die gesetzliche Erbfolge nach der Familienrechtsreform 57 und *Kralik*, Erbrecht 50; offen lassend *Nemeth* in Schwimann/Kodek⁴ III§ 808 Rz 5; *Spruzina* in Klete čka/Schauer, ABGB-ON 1.01 § 808 Rz 7 und *Eccher* in Schwimann/Kodek⁴ III § 534 Rz 2, FN 2.
32 *Kralik*, Erbrecht 378; ebenso *Eccher* in Schwimann/Kodek⁴ III § 534 Rz 3 und *Werkusch-Christ* in Klete čka/Schauer, ABGB-ON 1.01 § 534 Rz 1 (diese unter Bezugnahme auf § 7 AnerbenG).

V. Behandlung des Nebeneinanderbestehens von Berufungsgründen im Verlassenschaftsverfahren

10 Auch außerhalb des Konzepts des § 534 können Berufungsgründe nebeneinander bestehen, und zwar dann, wenn verschiedene Erbansprecher sich auf unterschiedliche Erbrechtstitel beziehen, deren Widerspruch *prima vista* offen ist. Zur Verdeutlichung möge folgendes Beispiel dienen:

Der Erblasser verstirbt unter Hinterlassung zweier Kinder. Es liegt eine letztwillige Anordnung vor, von welcher fraglich ist, ob sie eine Erbeinsetzung oder bloß Legate an die Kinder (so etwa Hineinvermächtnisse mit dem Zweck, einer – wenn auch nur teilweisen – Teilungsanordnung[33]) enthält. Im Zuge der Durchführung der Verlassenschaftsabhandlung beruft sich eines der Kinder auf die letztwillige Anordnung (§ 533 erster Fall) und gibt dementsprechend eine Erbantrittserklärung auf Grund der letztwilligen Anordnung zur Hälfte des Nachlasses ab; das andere Kind beruft sich auf das Gesetz (§ 533 dritter Fall) und gibt eine Erbantrittserklärung auf Grund des Gesetzes zur Hälfte des Nachlasses ab.

11 Diese Konstellation betrifft augenscheinlich nicht einen „vorhergesehenen Fall" des § 534 und kann daher auch nicht (allein) durch Auslegung dieser Bestimmung gelöst werden. Die Antwort findet sich mE vielmehr auf der verfahrensrechtlichen Ebene, konkret durch dahingehende Klärung, ob widerstreitende Erbantrittserklärungen iSd § 160 AußStrG vorliegen und eine anschließende Einantwortung (§§ 177 f AußStrG) gehindert wird. Der Meinungsstand dazu stellt sich wie folgt dar:

1. Nach *Ferrari*[34] liegen einander widersprechende Erbantrittserklärungen dann vor, wenn die von den Erbanwärtern geltend gemachten Erbquoten insgesamt mehr als ein Ganzes betragen, also von vornherein klar ist, dass der Nachlassumfang nicht ausreicht, um allen Erbanwärtern die von ihnen beanspruchte Quote zukommen zu lassen.
2. *Nach Höllwerth*[35] *kann eine Kollision der abgegebenen Erbantrittserklärungen auch (bloß) den Erbrechtstitel betreffen.*

Beide Ansichten führen nur zu einem Teil weiter. Während die Untersuchung *Höllwerths* die gegenständliche Frage nur beiläufig (in Form des oben angeführten Satzes) umfasst, betrifft die Untersuchung *Ferraris* primär Fragen zur Unvereinbarkeit der Quote und nicht des Titels. Dennoch kann nach meinem Dafürhalten auf den Überlegungen *Ferraris* aufgebaut bzw können diese fortgesetzt werden: Um beim Eingangsbeispiel zu bleiben: Die Erbantrittserklärungen stehen in keinem Widerspruch, da sie „im Ergebnis zusammenpassen"; ebenso wenig sind aus der letztwilligen Anordnung entspringende Lasten gefährdet, denn an diese hat sich derjenige, der sich auf das gesetzliche Erbrecht berufen hat, in gleichem Maße zu halten und kann sie nicht umgehen.[36]

---

[33] Zur Unterscheidung von Teilungsanordnung zu Vermächtnis s ausführlich *Apathy*, JBl 2006, 137.

[34] In Ferrari/Likar-Peer, Erbrecht 463; dort im Anschluss an *Ferrari-Hofmann-Wellenhof*, Erbschaftsklage 114 ff, welche sich allerdings auf die Rechtslage nach dem AußStrG 1854 bezieht.

[35] In Gitschthaler/Höllwerth, AußStrG § 160 Rz 10. Er verweist dabei auf die EB RV 224 BlgNR 22. GP 104, die diese Ansicht allerdings nicht tragen. Zur Vorgangsweise bei Vorliegen widerstreitender Erbantrittserklärungen s im Übrigen ausführlich *Höllwerth*, NZ 2014, 73.

[36] So sind etwa Bedingungen oder Auflagen nicht zwingend mit einer Erbeinsetzung verbunden.

Bloß aus Formalgründen ein Verfahren über das Erbrecht gemäß §§ 161 ff AußStrG einzuleiten, widerspricht jedem Zweckmäßigkeitsgedanken des AußStrG.[37] Gleiches gilt unter dem Aspekt des § 178 AußStrG, welcher die Voraussetzungen zur Erlassung sowie den Inhalt des Einantwortungsbeschlusses nennt. Telos des § 178 AußStrG[38] ist es (in unserem Zusammenhang), darauf abzustellen, ob das Erbrecht in seiner Gesamtheit erworben werden kann; wenn die mit den Erbantrittserklärungen abgegebenen Quoten im mathematischen Ergebnis die Ziffer 1 (eins) ergeben, ist dies der Fall. Es liegt also kein Einantwortungshindernis vor.

Allgemein und damit abseits des Eingangsbeispiels zeigt sich, dass die Unvereinbarkeit der Quote und die des Titels letztlich wiederum eng beisammen liegen. Denn die unterschiedlichen Ansichten der Erbansprecher zu Auslegungsfragen sind so lange unbeachtlich, als keine Erbantrittserklärungen über denselben (ideellen) Erbanteil abgegeben werden. **Insoweit** also **dahingehender Konsens** vorliegt, dass die **Summe der abgegebenen Erbantrittserklärungen** den **gesamten Nachlass abdeckt** und die **Summe der Quoten** exakt die **Summe eins** erreicht, besteht **kein Widerspruch** der Erbantrittserklärungen. Die hier vertretene Ansicht wird im Übrigen zu einem gewissen Teil durch jene Rsp gestützt, wonach ein Erbansprecher den von ihm in Anspruch genommenen Erbrechtstitel bis zur Rechtskraft der Einantwortung ändern kann,[39] untermauert sie schließlich, dass es keines Verfahrens über das Erbrecht gemäß §§ 161 ff AußStrG bedarf, bloß weil der Erbrechtstitel nicht „passt". 12

Die Erbantrittserklärung als verfahrensrechtliches Pendant zur Berufung muss dieser freilich insofern genau entsprechen, als sie sich nur auf die angefallene Erbschaft oder den angefallenen Teil, nicht aber auf Bruchteile davon beziehen kann.[40] 13

Teil B: Erbrecht ab 1. 1. 2017

VI. ErbRÄG 2015

Die Änderungen durch das ErbRÄG 2015 sind rein sprachlicher Natur[41]. Sinnvollerweise wurde der Begriff der „Arten" des Erbrechts durch den der Erbrechtstitel ersetzt, da das „Erbrecht" immer das gleiche bleibt und nicht auf mehrerlei Arten bestehen kann[42]. 14

---

37 Vgl insbesondere § 13 AußStrG.
38 Ähnliches s bereits zu § 533 Rz 18 iZm dem negativen Testament.
39 OGH 6 Ob 548/83, NZ 1984, 192; 3 Ob 227/04k, SZ 2004/170; 6 Ob 55/06s, jeweils zur alten Rechtslage nach dem AußStrG 1854; ebenso zur Rechtslage zum AußStrG 2003 3 Ob 1/13p, EF-Z 2013/146 = EFSlg 138.769.
40 *Ehrenzweig*, System II/2², 492; *Welser* in Rummel⁴ I §§ 799, 800 Rz 8; aA *Zemen*, Die gesetzliche Erbfolge nach der Familienrechtsreform 57 und *Kralik*, Erbrecht 50, welche sich im Sinne der obigen Ausführungen zu Unrecht über die Einheitlichkeit des Berufungsgrundes hinwegsetzen.
41 Vgl die EB RV ErbRÄG 2015, 4.
42 S die Kommentierung bei § 533 Rz 3.

§ 535

Unterschied zwischen Erbschaft und Vermächtnis

§ 535. Wird jemanden kein solcher Erbteil, der sich auf den ganzen Nachlass bezieht, sondern nur eine einzelne Sache, eine oder mehrere Sachen von gewisser Gattung; eine Summe; oder ein Recht zugedacht; so heißt das Zugedachte, obschon dessen Wert den größten Teil der Verlassenschaft ausmacht, ein Vermächtnis (Legat), und derjenige, dem es hinterlassen worden, ist nicht als ein Erbe, sondern nur als ein Vermächtnisnehmer (Legatar) zu betrachten.

Stammfassung JGS 1811/946.

Unterschied zwischen Erbschaft und Vermächtnis

§ 535. Wird einer Person nicht ein Erbteil, der sich auf die ganze Verlassenschaft bezieht, sondern eine bestimmte Sache, eine oder mehrere Sachen einer Gattung, ein Betrag oder ein Recht zugedacht, so ist das Zugedachte, auch wenn sein Wert einen erheblichen Teil der Verlassenschaft ausmacht, ein Vermächtnis. Diejenige Person, der es hinterlassen wurde, ist nicht Erbe, sondern Vermächtnisnehmer genannt.

IdF BGBl Nr I 2015/87 (ErbRÄG 2015), in Kraft ab 1. 1. 2017. Mat: EB RV 688 BlgNR 25. GP.

Lit: *Arndts*, Lehrbuch der Pandekten, 6. Aufl (1868); *Arndts*, Die Lehre von den Vermächtnissen I (1869); *Hartmann*, Über Begriff und Natur der Vermächtnisse im Römischen Recht (1872); *Schiffner*, Der Vermächtnisbegriff (1873); *Schiffner*, Der Vermächtnisvertrag (1891); *Wilhelm*, Übergang des Bestandverhältnisses durch Vermächtnis?, JBl 1972, 79; *Wilhelm*, Übergang des Bestandverhältnisses durch Vermächtnis – noch immer?, JBl 1984, 594; *Schauer*, Geschäftsraummiete und Unternehmensübertragung, GesRZ 1994, 28; *Zankl*, Schenkung auf den Todesfall, Vermächtnisvertrag und „reines Viertel", NZ 1997, 312; *Welser*, Berufung zu Erbquoten und Zuweisung einzelner Sachen, in FS Rechberger (2005) 709; *Hofmann*, Neuerungen für die Unternehmensnachfolge durch das Handelsrechts-Änderungsgesetz (HaRÄG), NZ 2006, 163; *Gruber/Sprohar-Heimlich/Scheuba*, Erbeinsetzung und Vermächtnis, in Gruber/Kalss/Müller/Schauer (Hrsg), Erbrecht und Vermögensnachfolge (2010) 489; *Motal*, Die Reform des Erbrechts in Liechtenstein – Vorbild für Österreich, NZ 2013, 321; *Pesendorfer*, Reform des Erbrechts in Liechtenstein, iFamZ 2013, 311. Deixler-Hübner/Schauer (Hrsg), Kommentar zur EU-Erbrechtsverordnung (2015).

Übersicht

Teil A. Rechtslage bis 31. 12. 2016

I.	Entstehungsgeschichte	1
II.	Normzweck	2

III. Begriff des Vermächtnisses	3–4
1. Einzelrechtsnachfolge	5–6
2. Definition und Abgrenzung zu Auflage und Bedingung	7
IV. Gegenstand des Vermächtnisses	8–9
V. Form des Vermächtnisses	10
VI. Auslegungskriterien letztwilliger Verfügungen	11–13
VII. Kasuistik	14–17
VIII. Das Hofübernahmerecht des Anerben	18
IX. Nacherbschaft und Nachvermächtnis	19
X. Vermächtnisse in Erbverträgen	20
XI. Unterscheidung Vorausvermächtnis- Teilungsanordnung	21
XII. Verfahrensrecht	22–25
XIII. Bedeutung der Unterscheidung zwischen Erbeinsetzung und Vermächtnis	26–27
1. Bestandverträge	28
2. Unternehmens- und Vermögensveräußerungen	29
3. Anerbenrecht	30
4. Internationales Recht	31

Teil B. Rechtslage ab 1. 1. 2017

XIV. Änderungen im Überblick	32
XV. Inhaltliches	33–35
XIV. Übergangsrecht	36

Teil A. Rechtslage bis 31. 12. 2016

I. Entstehungsgeschichte

Die Bestimmung ist seit Inkrafttreten des ABGB unverändert geblieben. **1** Im Westgalizischen Gesetzbuch, das dem ABGB als Urentwurf zugrunde gelegt wurde, war die Unterscheidung zwischen Erbeinsetzung und Vermächtnis noch Gegenstand zweier Paragraphen (WGB II §§ 333, 347). Die zweite Bestimmung, die sich im Abschnitt über letztwillige Verfügungen befand und die inhaltliche Unterscheidung zwischen Testament und Kodizill näher erläuterte, wurde jedoch im Rahmen des Gesetzwerdungsprozesses als überflüssige Wiederholung gestrichen.[1] Im Zuge der Streichung wurde die in der nicht übernommenen Norm enthaltene Aussage, dass der Wert des vermachten Gutes für die Qualifikation als Erbeinsetzung oder Vermächtnis kein Kriterium ist, zur Klarstellung in den heutigen § 535 aufgenommen.[2]

In der Lit wurde bemerkt, dass sowohl die erste amtliche Ausgabe des ABGB, als auch die Veröffentlichung in der JGS hinter dem Satzteil „nur eine einzelne Sache" einen Beistrich haben. Die Richtigstellung durch Setzung eines Strichpunkts sei durch die Verordnung des Justizministeriums

---

[1] *Ofner*, Protokolle II 331 (bei § 347).
[2] *Ofner*, Protokolle II 331 (bei § 347).

vom 27. 5. 1860, RGBl 1860/133 erfolgt.³ Diese Druckfehlerberichtigung galt jedoch, wie von der Verordnung ausdrücklich ausgesprochen, nur für die Fassungen des ABGB in Ungarn und Siebenbürgen.⁴ In Liechtenstein, dem einzigen Land neben Österreich in dem das ABGB bis heute in Kraft steht, finden sich bei der Aufzählung der Vermächtnisse anstelle der Semikola durchgängig Beistriche.⁵

II. Normzweck

2   Normzweck des § 535 ist die **Unterscheidung zwischen Erbeinsetzung einerseits und Vermächtnis** (Legat) andererseits.⁶ Das ABGB nimmt die Begriffsbestimmung des Vermächtnisses nicht zu Beginn der Vermächtnislehre im 11. Hauptstück, sondern im unmittelbaren Anschluss an die Definitionen der Erbschaft, des Erbrechts und des Erben sowie der Erläuterung der Erbrechtstitel im 8. Hauptstück „von dem Erbrechte" vor. Die systematische Stellung der Bestimmung ist konsequent, zumal § 535 inhaltlich an die Definition des Erbrechts in § 532 anknüpft und diese durch eine negative Abgrenzung ergänzt. Die Definition des Vermächtnisses bzw des Vermächtnisnehmers erlangt ferner nicht erst im 11. Hauptstück Bedeutung (s § 594 [§ 588 nF]; vgl auch § 553)⁷.⁸ Diesem Aufbau des Gesetzes folgt auch das deutsche BGB.⁹

III. Begriff des Vermächtnisses

3   Das Vermächtnis ist die Zuwendung eines Vorteils von Todes wegen zugunsten einer bestimmten Person, ohne dass dieser die Befugnis zukommt den

---

3   *Pfaff/Hofmann*, Commentar II 16 f (FN *).
4   *Weiß* in der Vorauflage 67.
5   Allgemeines Bürgerliches Gesetzbuch vom 1.6.1811, Amtliches Sammelwerk (ASW) 210.0. Diese Abweichung zur österreichischen Fassung der Bestimmung ist insofern bemerkenswert, als § 1 der Fürstlichen Verordnung vom 6.4.1846 betreffend die Einführung der §§ 531 bis 824 ABGB, Erbrechtspatent Nr. 3.877 die pauschale Übernahme des 8. bis 15. Hauptstücks des österreichischen ABGB anordnet, mit Ausnahme der in § 2 angeführten Abweichungen. § 535 des österreichischen ABGB wurde ohne Abweichungen rezipiert (vgl *E. Berger*, Rezeption im liechtensteinischen Privatrecht unter besonderer Berücksichtigung des ABGB [2008] 22). Das ABGB inklusive des Erbrechts wurde in weiterer Folge, gestützt auf das Gesetz vom 5.10.1967 über die Bereinigung der vor dem 1.1.1863 erlassenen Rechtsvorschriften, LGBl. 1967 Nr. 34, im Amtlichen Sammelwerk (ASW) publiziert. Das ASW enthält alle vor 1863 erlassenen Rechtsvorschriften, welche noch nicht mit Landesgesetzblattnummern versehen waren. Die dortige – nun amtliche – Fassung – enthält die zur österreichischen Rechtslage abweichende Interpunktion, obwohl nur der damals gültige Rechtsbestand publiziert werden sollte, der aufgrund von § 1 des Erbrechtspatents in Hinblick auf § 535 ABGB identisch mit dem österreichischen war.
6   Fundamentalkritik an der Bestimmung des § 535 bei *Schiffner*, Vermächtnisbegriff 4 ff; Antikritik bei *Pfaff/Hofmann*, Excurse II/1, 330 ff.
7   Ganz allgemein ist eine Vielzahl an Normen des 8., 9. und auch 10. Hauptstücks für beide Arten letztwilliger Zuwendungen von Bedeutung.
8   *Schiffner*, Vermächtnisbegriff 5 kritisiert dagegen die systematische Stellung der Norm.
9   Vgl *Weiß* in Klang² III 481. Die Definition des Vermächtnisses findet sich in § 1939 BGB; das Vermächtnisrecht selbst ist in den §§ 2147 BGB geregelt.

Nachlass als Ganzes oder einen aliquoten Teil desselben für sich in Anspruch zu nehmen.[10] Der Begriff des Vermächtnisses ist daher negativ dadurch charakterisiert, dass **keine Gesamtrechtsnachfolge** (Universalsukzession) angeordnet ist.[11] Dieser negativen Abgrenzung bedient sich auch § 535,[12] auch wenn dieser zugleich den Versuch einer positiven Begriffsdefinition unternimmt. Die Aufzählung der Vermächtnisse in § 535 (einzelne Sache, eine oder mehrere Sachen von gewisser Gattung; eine Summe; oder ein Recht) ist nämlich nach Ansicht der Gesetzesverfasser eine taxative.[13] So wurde im Rahmen des Gesetzwerdungsprozesses die Aufzählung der Vermächtnisgegenstände in § 535 um „eine oder mehrere Sachen von gewisser Gattung" ergänzt, weil sonst die Aussage nicht erschöpfend sein würde".[14] Der Versuch einer positiven Begriffsdefinition mithilfe einer abschließenden Auflistung von Vermächtnissen ist jedoch fehlgeschlagen.[15] Bei jener handelt es sich – trotz gegenteiliger Absicht der Gesetzesverfasser – bloß um eine demonstrative,[16] da Fälle der Zuwendungen aus dem Vermögen des Beschwerten und nicht aus dem Nachlass, das Verschaffungsvermächtnis (§ 662), das Befreiungsvermächtnis (§ 663) und das Schuldvermächtnis (§ 665) nicht berücksichtigt sind.[17] Eine positive Definition wird aufgrund der Vielfalt der möglichen Gegenstände eines Vermächtnisses von der L als nicht möglich bzw nicht zielführend erachtet.[18] Indes lässt sich eine solche Definition durchaus formulieren (unten Rz 7).

Das Gesetz und die darauf basierende Rsp und L verwenden den **Begriff des Vermächtnisses** (des Legats) nicht nur für die, den Anspruch begründende letztwillige Anordnung des Erblassers, sondern auch für den Gegenstand der Zuwendung, die Beschwerung des Belasteten und das ihr entsprechende Forderungsrecht des Bedachten.[19] Derjenige, dem ein Vermächtnis zugewendet wird, heißt Vermächtnisnehmer oder Legatar. 4

---

[10] *Welser* in Rummel/Lukas⁴ § 535 Rz 1; *Ehrenzweig*, System II/2², 534.
[11] *Pfaff/Hofmann*, Commentar II 391; *Stubenrauch*, Commentar⁸ 741; *Krasnopolski/Kafka*, Erbrecht 115; *Kralik*, Erbrecht³ 204; *Rappaport* in Klang II/1, 413; *Spruzina* in Kletečka/Schauer, ABGB-ON 1.01 § 647 Rz 2; OGH 8.1.1958, 1 Ob 677/57, EvBl 1958, 106. Nach *Schiffner*, Vermächtnisbegriff 4 hätte man mit dieser Feststellung jedenfalls das Auslangen gefunden; das es überhaupt einer Definition des Vermächtnisses bedurft hätte, wird von ihm in Zweifel gezogen; dagegen *Pfaff/Hofmann*, Excurse, II/1, 332 aE.
[12] *Kralik*, Erbrecht³ 204.
[13] *Ofner*, Protokolle II 536 (bei § 528).
[14] Aufgrund der Erinnerung des Staatsrats *Pfleger* in der Sitzung vom 30. November 1809; s *Ofner*, Protokolle II 536 (bei § 528).
[15] *Rappaport* in Klang II/1, 413; vgl auch *Schiffner*, Vermächtnisbegriff 11 ff, dessen Kritik aber nicht nur in der Schärfe übertrieben scheint; vgl wiederum die Antikritik bei *Pfaff/Hofmann*, Excurse, II/1, 332.
[16] *Kralik*, Erbrecht³ 204.
[17] *Rappaport* in Klang II/1, 413.
[18] *Handl* in Klang II/1, 35; *Rappaport* in Klang II/1, 413; *Kralik*, Erbrecht³ 204; *Gschnitzer/Faistenberger*, Erbrecht² 90.
[19] *Weiß* in Klang² III 479; *Pfaff/Hofmann*, Commentar II 389; *Welser* in Rummel/Lukas⁴ § 535 Rz 3.

1. Einzelrechtsnachfolge

5   Beim Vermächtnis handelt es sich nach hA um einen Fall der Einzelrechtsnachfolge (Singularsukzession).[20] Hierbei muss es sich aber nicht notwendig um Rechtsnachfolge in eine Rechtsposition des Verstorbenen handeln.[21] Einzelrechtsnachfolger des Erblassers wird der Legatar nur dann, wenn die Sachen oder Rechte aus dessen Vermögen stammen und die Übertragung noch vor Einantwortung erfolgt.[22] Einzelrechtsnachfolge nach dem Erben tritt ein, wenn der Legatar das Vermächtnis erst nach Einantwortung übertragen erhält bzw wenn er Sachen erhält, die im Eigentum des Erben standen oder von diesem erst beschafft werden mussten. Einzelrechtsnachfolge nach dem Dritten erfolgt, wenn der Erbe dessen direkte Leistung an den Legatar nur veranlasst.[23] In der älteren Lit wird zudem zutreffend hervorgehoben, dass es Fälle gibt, in denen überhaupt nicht von einer Sukzession gesprochen werden kann, obschon ein Vermächtnis vorliegt, etwa beim Vermächtnis der Schuldbefreiung oder wenn dem Erben ein Tun (oder Unterlassen) zugunsten des Vermächtnisnehmers aufgetragen wird.[24]

6   Die Hinterlassung eines Vermächtnisses führt daher entgegen der hA keineswegs stets zur Singularsukzession.[25] Nach dem Erblasser wird der Vermächtnisnehmer, unabhängig vom Gegenstand des Vermächtnisses und unabhängig davon, ob dem Erben bereits eingeantwortet wurde, richtigerweise niemals Einzelrechtsnachfolger.[26] Ein unmittelbarer Erwerb vom Erblasser liegt nämlich selbst dann nicht vor, wenn ein Nachlassstück Gegenstand des Vermächtnisses ist,[27] weil dem österreichischen Recht ein Vermächtnis mit dinglicher Wirkung (Vindikationslegat) fremd ist.[28] Der Vermächtnisnehmer erwirbt bloß ein mit dem Erbanfall erst entstehendes, obligatorisches Forde-

---

20   *Unger*, Erbrecht[4] 251, 259; *Stubenrauch*, Commentar[8] 741; *Koziol/Welser*[13] II 534; *Werkusch-Christ* in Kletečka/Schauer, ABGB-ON 1.02 § 535 Rz 1; *Eccher* in Schwimann/Kodek[4] § 535 Rz 1; *Apathy* in KBB[4] § 535 Rz 1; *Gschnitzer/Faistenberger*, Erbrecht[2] 91; *Fritsch* in Ferrari/Likar-Peer, Erbrecht 261.

21   *Schiffner*, Vermächtnisse 11; *Pfaff/Hofmann*, Commentar II 391; *Kralik*, Erbrecht[3] 205; *Ehrenzweig*, System II/2[2], 535; *Handl* in Klang II/1, 35; *Eccher*, Erbrecht[5] Rz 9/2.

22   *Koziol/Welser*[13] II 534; *Welser* in Rummel/Lukas[4] § 535 Rz 5; *Ehrenzweig*, System II/2[2], 535.

23   *Welser* in Rummel/Lukas[4] § 535 Rz 5; *Fritsch* in Ferrari/Likar-Peer, Erbrecht 261.

24   *Arndts*, Die Lehre von den Vermächtnissen I 85; *Hartmann*, Über Begriff und Natur der Vermächtnisse im Römischen Recht 5; *Schiffner*, Vermächtnisbegriff 15; 40; *Pfaff/Hofmann*, Commentar II 391; *dies*, Excurse II/1, 319; *Krasnopolski/Kafka*, Erbrecht 115; *Handl* in Klang II/1, 35; *Ehrenzweig*, System II/2[2], 538.

25   In der jüngeren Lit auch *Kralik*, Erbrecht[3] 205 und diesem folgend *Spruzina* in Kletečka/Schauer, ABGB-ON 1.01 § 647 Rz 4.

26   So zutr die Vorauflagen: *Rappaport* in Klang II/2, 414; *Weiß* in Klang[2] III 68; ebenso auch *Pfaff/Hofmann*, Excurse II/1, 319 und *Bartsch*, Erbrecht[2] Rz 164. Für das deutsche Recht auch *Leipold* in MüKoBGB[6] § 1939 Rz 2, wobei allerdings zu bedenken ist, dass das deutsche Recht das Institut des ruhenden Nachlasses nicht kennt, sodass Universalsukzession des Erben bereits im Zeitpunkt des Todes eintritt (Prinzip des Von-Selbst-Erwerbs).

27   Vgl *Kralik*, Erbrecht[3] 205.

28   *Rappaport* in Klang II/2, 414.

rungsrecht gegen den Beschwerten.²⁹ Diese vermachte Sache oder das vermachte Recht wird erst durch die Erfüllungshandlung des Beschwerten auf den Vermächtnisnehmer übertragen (§ 684). Bis zu diesem Zeitpunkt steht die Sache im Eigentum des Nachlasses oder des Erben bzw ist dieser Inhaber der Forderung.³⁰ Zwischen dem Erblasser und dem Bedachten steht stets die Person des Beschwerten.³¹ Davon, dass auch bei Übergabe der vermachten Sache vor Einantwortung keine Sukzession nach dem Erblasser eintritt, geht etwa auch § 38 UGB aus. Die Unternehmensübernahme eines Vermächtnisnehmers vom Erben wird als „Erwerb unter Lebenden" angesehen und fällt demgemäß in den Anwendungsbereich des § 38 UGB.³² Desgleichen ist auch der Erwerb von der Verlassenschaft nach 38 UGB zu beurteilen,³³ was eine Singularsukzession *mortis causa* ausschließt. Vielmehr liegt entweder **Einzelrechtsnachfolge (unter Lebenden) von der Verlassenschaft oder vom Erben** vor.³⁴ Auch andere gesetzliche Bestimmungen behandeln den Rechtserwerb des Legatars als einen Fall des Erwerbs unter Lebenden (zB § 23 Abs 1 UrhG).³⁵

2. Definition und Abgrenzung zu Auflage und Bedingung

Will man nun eine positive Begriffsdefinition des Vermächtnisses formulieren, könnte diese lauten: Ein Vermächtnis ist eine Verfügung von Todes wegen, durch welche der Erblasser dem Bedachten einen **schuldrechtlichen Anspruch auf eine Leistung gegen den Beschwerten** (idR den Erben) einräumt.³⁶ Die Einräumung eines Anspruchs stellt auch das Abgrenzungsmerkmal zur Auflage in der Diktion des ABGB „Auftrag" (§ 709; nach § 709 nF: „Auflage") dar, die den Bedachten beschwert, ohne dass dem Begünstigten dadurch ein Recht auf eine Leistung verschafft würde.³⁷ Gleichsam fehlt es an einem Forderungsrecht des Begünstigten und damit an einem Vermächtnis,

7

---

29   *Koziol/Welser*¹³ II 539 f; *Kralik*, Erbrecht³ 205; *Spruzina* in Kletečka/Schauer, ABGB-ON 1.01 § 647 Rz 10; für das deutsche BGB s auch *Leipold* in MüKoBGB⁶ § 1939 Rz 2.
30   *Kralik*, Erbrecht³ 205.
31   *Rappaport* in Klang II/2, 414.
32   EB RV 1058 BlgNR 22 GP. (zu § 3); *Hofmann*, NZ 2006, 163; *S. Bydlinski* in Krejci, Reformkommentar UGB § 38 Rz 7; *Fuchs/Schuhmacher* in Straube, UGB⁴ § 38 Rz 22; *Dehn* in Gruber/Kalss/Schauer/Müller, Erbrecht und Vermögensnachfolge § 29 Rz 22; *dies* in U.Torggler, UGB § 38 Rz 17; *Karollus* in Jabornegg/Artmann, UGB² § 38 Rz 12; *Kalss/Schauer/Winner*, Unternehmensrecht² (2014) Rz 8/18; *Krejci*, Unternehmensrecht⁵ (2013) 172; *Dellinger* in Zib/Dellinger, UGB § 38 Rz 27; oder *Rubin* in Zib/Dellinger, UGB § 40 Rz 150; *Spruzina* in Kletečka/Schauer, ABGB-ON 1.01 § 662 Rz 11.
33   *S. Bydlinski* in Krejci, Reformkommentar UGB § 38 Rz 7; *Karollus* in Jabornegg/Artmann, UGB² § 38 Rz 12; *Dehn* in Gruber/Kalss/Schauer/Müller, Erbrecht und Vermögensnachfolge § 29 Rz 22; *Dellinger* in Zib/Dellinger, UGB § 38 Rz 27.
34   Vgl *Karollus* in Jabornegg/Artmann, UGB² § 38 Rz 12.
35   S dazu *Guggenbichler* in Ciresa, Österreichisches Urheberrecht § 23 Rz 5.
36   Gleichsinnig *Leipold* in MüKoBGB⁶ § 1939 Rz 3; *Müller/Christmann* in Bamberger/Roth, BeckOK²⁹ § 2147 Rz 1.
37   *Gschnitzer* in Klang² III 689; *Kralik*, Erbrecht³ 205; *Spruzina* in Kletečka/Schauer, ABGB-ON 1.01 § 647 Rz 17; *Eccher* in Schwimann/Kodek⁴ § 709 Rz 3; *Gruber/Sprohar-Heimlich/Scheuba* in Gruber/Kalss/Schauer/Müller, Erbrecht und Vermögensnachfolge § 17 Rz 22.

wenn der Erblasser die Leistung an ihn bloß zur Bedingung einer anderen letztwilligen Zuwendung gemacht hat.³⁸

IV. Gegenstand des Vermächtnisses

8   Da das Vermächtnis in der Begründung eines *Anspruchs* zugunsten des Bedachten besteht, kommt als Gegenstand des Vermächtnisses alles in Frage, was verkehrsfähig ist (§ 653) und selbstständiger Inhalt einer Schuldforderung (Leistung) sein kann.³⁹ Der Beschwerte kann mithin, dem allgemeinen Leistungsbegriff entsprechend,⁴⁰ zu jeglichem Tun oder Unterlassen verpflichtet werden. Das Vermächtnis muss dem Bedachten bloß **irgendeinen** von ihm **durchsetzbaren Vorteil** verschaffen.⁴¹ Dieser muss aber nicht notwendigerweise Vermögenswert haben.⁴² Auch dass das Zugewendete einen mittelbaren Vermögensvorteil für den Bedachten mit sich bringt, ist nicht gefordert;⁴³ ausreichend ist ein Vorteil ideeller Natur.⁴⁴ Als Schulbeispiel genannt wird die Verpflichtung des Beschwerten, dem Begünstigten Einsicht in die Familienpapiere zu gewähren.⁴⁵ Als Vermächtnis wirksam hinterlassen werden können etwa Familienbilder, ein altes Spielzeug, eine abgeschnittene Kinderlocke,⁴⁶ Liebesbriefe oder andere Erinnerungsstücke. Die gegenteilige Ansicht, die einen (zumindest mittelbaren) Vermögenswert des Vermächtnisgegenstands verlangt, kann sich auf § 653 stützen,⁴⁷ welcher die Gegenstände eines Vermächtnisses dahingehend charakterisiert, dass sie „im gemeinen Verkehre steh[en]" und „einen Wert haben" müssen. Dass das Vermächtnis einen **Wert** haben

---

38   Vgl nur *Weiß* in Klang² III 68. AA *Spruzina* in Kletečka/Schauer, ABGB-ON 1.01 § 709 Rz 3 aE, der bei der Bedingung von einem Rechtsanspruch des Dritten ausgeht. Er beruft sich diesbezüglich auf *Gschnitzer* in Klang² III 689, bei dem sich diese Aussage freilich nicht findet.

39   *Pfaff/Hofmann*, Commentar II 408; *Anders*, Erbrecht² 100; *Ehrenzweig*, System II/2², 537; *Kralik*, Erbrecht³ 215; *Koziol/Welser*¹³, II 538 f; *Welser* in Rummel/Lukas⁴ § 647 Rz 2; *Gschnitzer/Faistenberger*, Erbrecht² 93; *Apathy* in KBB⁴ § 653 Rz 1; *Eccher* in Schwimann/Kodek⁴ § 653 Rz 1; *Gruber/Sprohar-Heimlich/Scheuba* in Gruber/Kalss/Müller/Schauer, Erbrecht und Vermögensnachfolge § 17 Rz 42.

40   § 859 ABGB; vgl *Wiebe* in Kletečka/Schauer, ABGB-ON 1.01 § 859 Rz 8.

41   JBl 1967, 371; EvBl 1974/260; *Ehrenzweig*, System II/2², 534; *Welser* in Rummel/Lukas⁴ § 647 Rz 4.

42   *Rappaport* in Klang II/1, 413; *Ehrenzweig*, System II/2², 534; *Kralik*, Erbrecht³ 216; *Welser* in Rummel³ § 647 Rz 4; *Spruzina* in Kletečka/Schauer, ABGB-ON 1.01 § 647 Rz 8; § 653 Rz 1; aM *Weiß* in Klang² III 69, 524; unter Berufung auf dessen auch OGH 5.11.1996, 10 Ob 2335/96x, NZ 1997, 365. In der älteren Lit auch *Unger*, Erbrecht⁴ 266; *Krasnopolski/Kafka*, Erbrecht 115; *Arndts*, Lehrbuch der Pandekten⁶ 810. Für den Vermögensvorteil als Bestandteil der Begriffsdefinition auch *Pfaff/Hofmann*, Commentar 391 und Excurse II/1, 325 f, die aber anerkennen, dass es auch Fälle geben kann, in denen der Honorierte nicht reicher werde. Solche Fälle seien jedoch derart selten, dass sie es nicht rechtfertigen dem Vermächtnis eine ganz farblose leere Begriffsbestimmung zu geben (Commentar 391 FN 28).

43   So aber *Weiß* in Klang² III 69.

44   OGH 8.7.1972, 5 Ob 304/71, SZ 45/13; *Welser* in Rummel/Lukas⁴ § 647 Rz 4; *Koziol/Welser*¹³ II 534; *Kralik*, Erbrecht³ 216; *Fritsch* in Ferrari/Likar-Peer, Erbrecht 261 FN 1.

45   *Rappaport* in Klang II/1, 413; *Kralik*, Erbrecht³ 216; *Welser* in Rummel/Lukas⁴ § 647 Rz 4.

46   Beispiele nach *Kralik*, Erbrecht³ 216.

47   Auf diese Bestimmung berufen sich auch *Krasnopolski/Kafka*, Erbrecht 115.

muss, könnte dafür sprechen, dass es für das Vorliegen eines Vermächtnisses zu einer Verbesserung der Vermögenslage kommen muss. Jedoch ist dieser Schluss nicht zwingend, da es auch einen ideellen **Wert** gibt, der auch dem ABGB bekannt ist (vgl § 305 „außerordentliche Preis").[48] Eine **weite Auslegung des Begriffs** ist nicht nur möglich, sondern hat auch die besseren Argumente für sich. Würde man das Vermächtnis auf vermögenswerte Gegenstände beschränken, könnten etwa Erinnerungsstücke oder Gebrauchsrechte, die keinen Geldwert haben,[49] nicht als Legate hinterlassen werden. Der Erblasser könnte dem Begünstigten einen Vorteil solcherart nur dadurch zukommen lassen, dass er den Erben mit einer Auflage belastet.[50] Es lässt sich aber keine sachliche Rechtfertigung finden, warum der Erblasser diesbezüglich in seiner Testierfreiheit beschränkt werden[51] und dem Bedachten ein durchsetzbarer Anspruch auf den ideellen Vorteil verwehrt werden sollte.[52] Ferner lässt sich gegen die Auffassung, der Vermögensvorteil gehöre zum Vermächtnisbegriff, die Bestimmung des § 650 ins Treffen führen, wonach der Legatar (Hauptvermächtnisnehmer) selbst mit einem Legat (Untervermächtnis) beschwert werden kann, welches auch den Wert des Hauptvermächtnisses übersteigen kann. Das Untervermächtnis ist auch dann vollständig zu entrichten, wenn dessen Wert jenen des Hauptvermächtnisses übersteigt; eine Beschränkung der Haftung, wie sie § 692 dem bedingt erbantrittserklärten Erben zubilligt, ist nicht möglich.[53] Der Hauptvermächtnisnehmer hat nur die Möglichkeit das Legat auszuschlagen. Aus rechtsvergleichender Perspektive ist beachtlich, dass sowohl das deutsche (§ 1939 BGB) als auch das schweizerische Recht (Art 484 Abs 1 ZGB) das Begriffselement des Vermögensvorteils ausdrücklich in ihre gesetzliche Definition des Vermächtnisses aufgenommen haben.[54] Trotz dieses Umstands wird der Begriff in beiden Rechtsordnungen weit ausgelegt und – wie in Österreich – auf das Erfordernis eines geldwerten Vorteils zumeist gänzlich verzichtet.[55] Da eine wirtschaftliche Bereicherung nicht gefordert ist, kann das Vermächtnis auch durch Auflagen in voller Höhe des Zugewendeten belastet sein.[56]

Das Vermächtnis ist stets eine **unentgeltliche Zuwendung** des Erblassers, verstanden in dem Sinn, dass der Vermächtnisnehmer den Anspruch gegen den

9

---

48 Zu diesem *Helmich* in Klečka/Schauer, ABGB-ON 1.01 § 305 Rz 32 ff.
49 *Weiß* in Klang² III 69 nennt etwa das Recht im Garten des Erblassers spazieren zu gehen.
50 *Leipold* in MüKoBGB⁶ § 1939 Rz 6.
51 So *Otte* in Staudinger, BGB (2008) § 1939 Rz 8.
52 So auch *Leipold* in MüKoBGB⁶ § 1939 Rz 6; vgl auch *Rappaport* in Klang II/1, 646 f.
53 Vgl *Welser* in Rummel/Lukas⁴ § 650 Rz 3; *Spruzina* in Klečka/Schauer, ABGB-ON 1.01 § 650 Rz 3; *Gruber/Sprohar-Heimlich/Scheuba* in Gruber/Kalss/Müller/Schauer, Erbrecht und Vermögensnachfolge § 17 Rz 32; *Eccher* in Schwimann/Kodek⁴ § 650 Rz 6.
54 Vgl *Rappaport* in Klang II/1, 646.
55 Für das deutsche Recht: *Muscheler*, Erbrecht Rz 2581; *Leipold* in MüKoBGB⁶ § 1939 Rz 6 mwN; *Müller/Christmann* in Bamberger/Roth, BeckOK²⁹ (1.8.2013) § 1939 Rz 4; *Otte* in Staudinger, BGB (2008) § 1939 Rz 8 f; für das schweizerische Recht: *Hrubesch-Millauer*, in Breitschmied/Rumo-Jungo, Handkommentar zum Schweizer Privatrecht, Erbrecht² § 484 Rz 3; *Grüninger* in Büchler/Jakob, Kurzkommentar zum ZGB, Art 484 Rz 3; aM *Huwiler* in Basler Kommentar zum ZGB⁴ Art 484 Rz 14 ff.
56 Vgl *Leipold* in MüKoBGB⁶ § 1939 Rz 7 aE.

Beschwerten ohne Gegenleistung erwirbt.[57] Der Vermächtnisgegenstand (die Leistung) muss dagegen nicht unentgeltlich sein.[58] Für den Erwerb des Vermächtnisgegenstandes kann eine Gegenleistung vorgesehen sein.[59] Ordnet der Erblasser etwa an, dass der Beschwerte dem Begünstigten eine Sache um einen bestimmten Preis verkaufen muss, liegt ein Vermächtnis (*legatum venditionis*) vor.[60] Einen Unterfall des *legatum venditionis* bildet das gesetzlich nicht geregelte Aufgriffsrecht, dass sich auch auf den gesamten Nachlass beziehen kann, wobei auch in diesem Fall nur Einzelrechtsnachfolge nach der Verlassenschaft oder dem Erben bzw dem sonstigen Verpflichteten vorliegt und keine Gesamtrechtsnachfolge.[61] Gegenstand des Vermächtnisses ist hier die Pflicht des Erben zu Abgabe einer Willenserklärung.[62] Für die Pflicht zum Abschluss des Kaufvertrages ist Vermächtnisrecht anwendbar, für den Vertrag selbst und seine Erfüllung gilt allgemeines Schuldrecht.[63] Regelmäßig wird der Kaufpreis hinter dem gemeinen Wert zurückbleiben. Erforderlich ist das freilich nicht. Auch der Anspruch eine Sache zum gemeinen Wert oder einem höheren als den gemeinen Wert zu erwerben, kann Gegenstand eines Vermächtnisses sein, da es eben nicht auf einen Vermögensvorteil ankommt.[64] Hat der Erblasser keinen Aufgriffspreis festgelegt, ist ein angemessener Kaufpreis zu zahlen.[65] Nach *Kralik*[66] sind Vermächtnisse auch dann wirksam, wenn diese überhaupt keinem Interesse des Legatars dienen, sondern nur dem des Testators an der pietätvollen Erfüllung seines Willens. Als Beispiel nennt er das Vermächtnis des Belastungs- und Veräußerungsverbotes, zB an die Mutter der Kinder. Dem kann nicht beigepflichtet werden. Hier fehlt es der Mutter als Vermächtnisnehmerin an jeglichem Anspruch auf eine Leistung. Dergleichen kann mithin nur als Auflage angeordnet werden.

V. Form des Vermächtnisses

10 Der Gegensatz zwischen Erbeinsetzung und Vermächtnis ist nur inhaltlicher Natur, nämlich dahingehend, ob Universalsukzession angeordnet ist oder nicht; die Form der Vermächtnisanordnung ist die gleiche wie bei Erbeinset-

---

[57] AA *Weiß* in der Vorauflage, 481. Wie hier *Leipold* in MüKoBGB[6] § 1939 Rz 6.
[58] *Ehrenzweig*, System II/2[2], 534; *Weiß* in Klang[2] III 69; *Welser* in Rummel/Lukas[4] § 647 Rz 4.
[59] *Ehrenzweig*, System II/2[2], 534; *Welser* in Rummel/Lukas[4] § 647 Rz 4; *Weiß* in Klang[2] III 69, nachdem diesfalls auch die Zuwendung des Vermächtnisses selbst entgeltlich erfolgt (aaO 481).
[60] OGH 1.9.1954, 2 Ob 628/54, SZ 27/215; *Weiß* in Klang[2] III 69; *Apathy* in KBB[4] § 653 Rz 3.
[61] Vgl *Apathy* in KBB[4] § 653 Rz 3.
[62] *Weiß* in Klang[2] III 69 (anders aber *ders*, aaO 214); *Welser* in Rummel/Lukas[4] § 647 Rz 4; *Kralik*, Erbrecht[3] 216
[63] *Kralik*, Erbrecht[3] 216; *Welser* in Rummel/Lukas[4] § 647 Rz 4.
[64] So auch *Kralik*, Erbrecht[3] 216.
[65] OGH 10.12.1986, 3 Ob 598/86, SZ 59/219; *Apathy* in KBB[4] § 653 Rz 3; *Spruzina* in Kletečka/Schauer, ABGB-ON 1.01 § 653 Rz 6; *Welser* in Rummel/Lukas[4] Anh zu § 550 Rz 12.
[66] Erbrecht[3] 216.

zung (§§ 552 f).⁶⁷ Ein Vermächtnis kann zum einen letztwillig in einem Testament oder Kodizill hinterlassen werden (§ 647). Mit der Erbeinsetzung teilt die Vermächtnisanordnung in diesem Fall die freie Widerruflichkeit (§ 552), welche die Erklärung der Unabänderlichkeit ausschließt (§ 716).⁶⁸ Zum anderen ist in Analogie zum Erbvertrag auch die vertragliche Einräumung eines Vermächtnisses zwischen Ehegatten⁶⁹ oder eingetragenen Partnern zulässig (s auch Rz 34).⁷⁰ Solche Vermächtnisverträge sind nicht einseitig widerruflich.⁷¹ In Liechtenstein ist der Vermächtnisvertrag seit kurzem⁷² auch gesetzlich verankert (§ 602e flABGB) und kann nunmehr zwischen beliebigen zwei oder mehreren natürlichen Personen geschlossen werden, wobei auch Dritten ein Vermächtnis mit bindender vertraglicher Wirkung zugewendet werden kann.⁷³ Die im österreichischen Recht bestehende Beschränkung auf drei Viertel des Nachlasses⁷⁴ wurde aufgehoben,⁷⁵ sodass mit vertraglich bindender Wirkung auch Vermächtnisse mit höherem Wert zugewendet werden können (§ 690 s nachstehende Rz). Unmittelbar auf dem Gesetz beruht nur das Vorausvermächtnis des Ehegatten nach § 758 (§ 745 nF). Das Vindikationslegat des § 10 WEG 1975 wurde in § 14 WEG 2002 durch eine spezifisch wohnungseigentumsrechtliche Anwachsung sui generis ersetzt.⁷⁶ Vermächtnisse können sohin auf denselben drei Berufungsgründen (Titeln) wie das Erbrecht beruhen: **Testament, Erbvertrag und Gesetz.**⁷⁷ Dies ist allgemein anerkannt, wenngleich § 647 nur von „letztwilligen Willenserklärungen" spricht, womit ausschließlich Testamente und Kodizille erfasst wären.⁷⁸

---

67 OGH 20.4.1978, 7 Ob 563/84; 5.10.2000, 6 Ob 23/00a, NZ 2001, 305 = NZ 2002/14; *Zeiller*, Commentar II, 581; *Stubenrauch*, Commentar⁸ 741; *Weiß* in Klang² III 67; *Eccher* in Schwimann/Kodek⁴ § 535 Rz 1.

68 *Weiß* in Klang² III 68.

69 Beziehungsweise zwischen Brautleuten unter der Bedingung der Eheschließung; vgl nur *Brauneder* in Schwimann³ § 1249 Rz 1.

70 OGH 21.8.1985, 8 Ob 594/85; so auch schon *Zeiller*, Commentar II 581: „Die Erfordernisse zur Gültigkeit eines Vermächtnisses sind daher […]: die Gültigkeit der letzten Anordnung (des Testaments, Codicills oder Erbvertrags §§. 533 u. 553.) […]". Für Zulässigkeit früh in der Lit auch schon *Schiffner*, Vermächtnisbegriff 19 ff; *ders*, Der Vermächtnisvertrag 7; heute hM: *Koziol/Welser*¹³ II 533; *Fritsch* in Ferrari/Likar-Peer, Erbrecht 261; *Zankl*, NZ 1997, 312; *Gschnitzer/Faistenberger*, Erbrecht² 47, 91; *M. Bydlinski* in Rummel³ § 1249 Rz 2; *Brauneder* in Schwimann³ § 1249 Rz 9; *Weiß* in Klang² III 68; *Fischer/Czermak* in Gruber/Kalss/Schauer/Müller, Erbrecht und Vermögensnachfolge § 20 Rz 62.

71 Vgl nur *Welser* in Rummel/Lukas⁴ § 535 Rz 2.

72 Gesetz vom 20.6.2012 über die Abänderung des Allgemeinen bürgerlichen Gesetzbuchs, flLGBl 2012/265.

73 Dazu *Motal*, NZ 2013, 328 ff; vgl auch *Pesendorfer*, iFamZ 2013, 312; das hält auch *Anders*, Erbrecht² 102 f für das Österreichische Recht für zulässig. Seine Auffassung fand in der Lit allerdings mit Recht keine Zustimmung.

74 *Anders*, Erbrecht² 102 f vertritt die Ansicht, dass die Beschränkung auf drei Viertel bloß für den Erbvertrag, nicht aber für den Vermächtnisvertrag gelte.

75 Vgl *Motal*, NZ 2013, 329.

76 Vgl *Werkusch-Christ* in Kletečka/Schauer, ABGB-ON 1.02 § 535 Rz 1; *Apathy* in KBB⁴ § 758 Rz 8; *Gantner* in Hausmann/Vonkilch, Kommentar zum Wohnrecht, WEG § 14 Rz 7.

77 *Weiß* in Klang² III 479; *Kralik*, Erbrecht³ 206; *Welser* in Rummel/Lukas⁴ § 535 Rz 2; *Eccher* in Schwimann/Kodek⁴ § 647 Rz 1.

78 Für das Erfordernis einer letztwilligen widerruflichen Verfügung daher etwa noch *Krasnopolski/Kafka*, Erbrecht 115.

VI. Auslegungskriterien letztwilliger Verfügungen

11 Die scharfe Unterscheidung, die das Gesetz zwischen Erbeinsetzung und Vermächtnis vornimmt, ist dem juristisch nicht gebildeten Laien – bis heute – größtenteils unbekannt geblieben.[79] Für die Frage, ob Erbeinsetzung oder Vermächtnis vorliegt, ist daher nicht allein auf die gebrauchten Worte oder die gewählte Formulierung abzustellen.[80] Maßgebend ist vielmehr der durch **Auslegung zu ermittelnde Wille des Erblassers**,[81] solange dieser im Wortlaut der letztwilligen Verfügung noch Deckung findet.[82] Das ergibt sich auch schon aus dem Wort „zugedacht" in § 535.[83] Im Urentwurf des ABGB (§ 347) war sogar noch explizit ausgesprochen, dass die Bezeichnung als Erbe nicht entscheidend ist. Diese Bestimmung, welche die inhaltliche Unterscheidung von Testamenten und Kodizillen zum Gegenstand hatte, wurde auf Initiative von *Zeiller* als überflüssige Wiederholung zu jener des heutigen § 535 gestrichen (oben Rz 1); deren inhaltliche Aussage hingegen wurde von *Zeiller* nach einer entsprechenden Anmerkung der Wiener juristischen Fakultät noch einmal bekräftigt und lebt in § 535 fort.[84] Zu fragen ist also, ob der Erblasser den Bedachten die unmittelbare Verfügung über den Nachlass und die Verpflichtung zur Berichtigung der Passiven übertragen wollte (Erbeinsetzung), oder ihm bloß einen schuldrechtlichen Anspruch gegen eine andere – durch den letzten Willen oder das Gesetz berufene Person – zuwenden wollte (Vermächtnis).[85] Es ist nicht entscheidend, ob der Wert des Zugedachten den Großteil der Verlassenschaft ausmacht.[86] Ein Vermächtnis kann auch den gesamten Nachlass aufzehren (§ 690).[87] Der Unterschied zwischen Erbeinsetzung und Vermächtnis ist sohin kein quantitativer sondern ein qualitativer.[88]

---

[79] OGH 23.5.1977, 6 Ob 606/77, NZ 1978, 208; 23.2.1989, 7 Ob 519/89, EFSlg 59.901; *Gschnitzer/Faistenberger*, Erbrecht² 91; *Welser* in Rummel/Lukas⁴ § 535 Rz 6; *Eccher* in Schwimann/Kodek⁴ § 535 Rz 1; *Fritsch* in Ferrari/Likar-Peer, Erbrecht 261; *Apathy* in KBB⁴ § 535 Rz 1; dies bemerkte bereits *Zeiller* im Rahmen der Beratungen über das ABGB, *Ofner*, Protokolle I 331 (bei § 347); vgl aus dem älteren Schrifttum auch bereits *Stubenrauch*, Commentar⁸ 741 und *Ehrenzweig*, System II/2², 535.

[80] OGH 27.9.1950, 3 Ob 466, EvBl 1951/35; 23.5.1977, 6 Ob 606/77, NZ 1978, 208; 23.2.1989, 7 Ob 519/89; *Zeiller*, Commentar II 388; *Stubenrauch*, Commentar⁸ 741 f; *Unger*, Erbrecht⁴ 42 Anm 6; *Krainz/Pfaff*, System 371; *Handl* in Klang II/1, 35; *Eccher* in Schwimann/Kodek⁴ § 535 Rz 1; *Fritsch* in Ferrari/Likar-Peer, Erbrecht 261.

[81] OGH 23.5.2004, 10 Ob 14/04p, SZ 2005/97; *Unger*, Erbrecht⁴ 42 Anm 6; *Krainz/Pfaff*, System 371; *Kralik*, Erbrecht³ 204; *Eccher* in Schwimann/Kodek⁴ § 535 Rz 1; *Welser* in Rummel/Lukas⁴ § 535 Rz 6; *Werkusch-Christ* in Kletečka/Schauer, ABGB-ON 1.02 § 535 Rz 3; *Apathy* in KBB⁴ § 535 Rz 1; vgl auch schon *Ofner*, Protokolle I 331 (bei § 347).

[82] OGH 23.2.1989, 7 Ob 519/89, EFSlg 59.901.

[83] OGH 27.9.1950, 3 Ob 466, EvBl 1951/35; *Handl* in Klang II/1, 35.

[84] *Ofner*, Protokolle I 331 (bei § 347).

[85] OGH 8.1.1958, 1 Ob 677/57, EvBl 1958, 106; 6.12.1983, 5 Ob 655/83, NZ 1984, 30; 23.5.2004, 10 Ob 14/04p, SZ 2005/97; *Unger*, Erbrecht⁴ 42 Anm 6; *Ehrenzweig*, System II/2², 535; *Koziol/Welser*¹³ II 497; *Fritsch* in Ferrari/Likar-Peer, Erbrecht 261.

[86] *Zeiller*, Commentar II 388; *Pfaff/Hofmann*, Commentar II/1, 391; *Winiwarter*, Bürgerliches Recht III² 7; *Nippel*, Erläuterung IV 11; *Ofner*, Protokolle I, 326 (bei § 333), 331 (bei § 347).

[87] *Schiffner*, Vermächtnisbegriff 9.

[88] *Pfaff/Hofmann*, Commentar II/1, 391; *Handl* in Klang II/1, 36; *Schiffner*, Vermächtnisbegriff 9 ff, der allerdings aaO 6, 40 zu Unrecht bemängelt, dass das Gesetz die Unterscheidung zwischen Erbschaft und Vermächtnis nach der Quantität des Zugewendeten treffe. Gegen ihn zutr

Ein Vermächtnis liegt nach § 535 immer dann vor, „wenn jemandem kein solcher Erbteil, der sich auf den ganzen Nachlass bezieht [...] zugedacht [wird]." Gemeint ist hier – anders als in § 556 – eine Beziehung auf den Nachlass als Ganzes, somit Berufung zur Gesamtrechtsnachfolge.[89] Dass Erbeinsetzung auch nur in Hinblick auf einen Teil des Nachlasses möglich ist, ergibt sich bereits zweifelsfrei aus § 532, an den § 535 anknüpft („solcher Erbteil"). Umgekehrt kann – und insoweit ist der Wortlaut des § 535 missverständlich[90] – auch in der Zuweisung einer Quote in Bezug auf den ganzen Nachlass ein Vermächtnis liegen (*legatum partionis*).[91] Ein solches Quotenlegat liegt etwa vor, wenn der Erblasser anordnet, dass der Erbe dem Bedachten den gesamten oder einen bestimmten Teil (eine Quote) des reinen Nachlasses herauszugeben hat,[92] sodass der Bedachte mit seinem Anspruch an den Erben verwiesen wird und für Nachlassschulden nicht unmittelbar gegenüber den Nachlassgläubigern haftet.[93] Ebenso, wenn jemandem eine Quote der Nachlassaktiven zugewendet wird,[94] weil der Erblasser die Tragung der Schulden dem Erben zuweist, sodass keine Universalsukzession vorliegt. Im ersten Fall bildet die Differenz zwischen Nachlassaktiven und Nachlasspassiven die Berechnungsgrundlage für das Vermächtnis; von diesem erhält der Vermächtnisnehmer die ihm zugewendete Quote.[95] Im zweiten Fall erhält der Vermächtnisnehmer eine Quote des Aktivvermögens des Nachlasses, während die Passiva für die Berechnung außer Betracht bleiben und zur Gänze von den Erben zu tragen sind.[96] Ein Vermächtnis ist auch anzunehmen, wenn die Angabe der Quote nur den Zweck hat die Höhe des Geldvermächtnisses festzulegen (Dem A vermache ich einen Geldbetrag in der Höhe eines Viertels des Nachlassvermögens).[97] Freilich sind solche Verfügungen oftmals nur schwer von Erbeinsetzungen zu unterscheiden. Aus den §§ 532 und 535 ergibt sich, dass die Berufung zu einer Quote des Nachlasses im Zweifel Erbeinsetzung ist.[98]

Dem **Wortlaut** der Verfügung kommt für dessen Auslegung **bloß Indizwirkung** zu. So deutet etwa die Bezeichnung als Testament auf eine Erbeinset-

---

Pfaff/Hofmann, Excurse II/1, 331. Unmissverständlich bereits die Materialien: *Ofner*, Protokolle I 326 (bei § 333), 331 (bei § 347).
[89] *Handl* in Klang II/1, 35.
[90] *Schiffner*, Vermächtnisbegriff 11.
[91] OGH 9.12.1930, 1 Ob 1076/30, SZ 12/306; 7 Ob 658/78; *Schiffner*, Vermächtnisbegriff 11; *Weiß* in Klang² III 70; *Eccher* in Schwimann/Kodek⁴ § 535 Rz 4.
[92] OGH 9.12.1930, 1 Ob 1076/30, SZ 12/306; *Weiß* in Klang² III 70; *Kralik*, Erbrecht³ 204; ebenso auch *Handl* in Klang II/1, 36 unter Berufung auf OGH 24.1891, Nr. 7641 GlU 13834, der allerdings die Aussage der Entscheidung zu wenig differenziert wiedergibt. Die Erbeinsetzung wurde nämlich nicht allein deshalb verneint, weil sich die, einer Mehrheit an Personen zugedachte, Quote (die Hälfte) auf den **reinen** Nachlass bezog, sondern vor allem, weil den einzelnen Legataren der verbleibende Nachlass nicht in aliquoten Teilen zugedacht wurde, sondern im Verhältnis der ihnen ausgesetzten ziffernmäßig bestimmten Legate zu verteilen war.
[93] OGH 9.12.1930, 1 Ob 1076/30, SZ 12/306.
[94] *Rappaport* in Klang II/1, 416; *Kralik*, Erbrecht³ 204.
[95] Vgl *Kralik*, Erbrecht³ 204.
[96] AM offenbar *Kralik*, Erbrecht³ 204, der den Erben nur die Schulden, die auf die restlichen Quoten (dh ohne jener des Vermächtnisnehmers) entfallen, zuweist.
[97] Beispiele nach *Kralik*, Erbrecht³ 204.
[98] *Kralik*, Erbrecht³ 204.

zung hin,[99] während die Bezeichnung als Kodizill für ein Vermächtnis spricht.[100] Die Wendung „ich vermache" ist ein Indiz für Erbeinsetzung,[101] ebenso wie die Bezeichnung als Erbe.[102] Die Bezeichnung einer Verfügung als „letzter Wille" lässt von Vornherein eine Deutung in beide Richtungen (Testament, Kodizill) zu, da es sich um einen Oberbegriff für beide Arten letztwilliger Zuwendungen handelt. Daher steht es freilich einer Qualifikation als Erbeinsetzung nicht entgegen, wenn eine Verfügung als „letzter Wille" und nicht als „Testament" bezeichnet ist.[103] Wenngleich dem Wortlaut bei der Auslegung eine eher untergeordnete Rolle zukommt, wird man ihm in jenen Fällen einen höheren Stellenwert einräumen müssen, in denen der Erblasser bei Abfassung der Verfügung rechtskundig beraten war.[104] Gleiches gilt selbstverständlich, wenn der Erblasser selbst juristisch gebildet war. Ebenso wird die Indizwirkung stärker sein, wenn der Erblasser in seiner Verfügung auf konkrete Rechtsnormen verweist oder juristische Fachbegriffe verwendet werden, die im allgemeinen Sprachgebrauch wenig verbreitet sind (zB die Bezeichnung als Kodizill). Diesfalls wird man nämlich davon ausgehen dürfen, dass der Erblasser die Bedeutung der gewählten Worte kennt und diese bewusst gewählt hat. Aus der Gesamtheit aller Umstände kann sich freilich auch das Gegenteil ergeben. In Bezug auf die Frage, welchen Stellenwert der Wortlaut im Rahmen der Auslegung einnimmt, darf jene Anordnung, die eine Auslegung als Erbeinsetzung oder Vermächtnis zulässt, nicht isoliert betrachtet werden. Vielmehr ist der Wortlaut der gesamten Verfügung zu berücksichtigen, dh auch hinsichtlich jener Anordnungen, die mit der zu beurteilenden Frage in keinem (unmittelbaren) Zusammenhang stehen. Soweit der Erblasser sich auch an allen anderen Stellen der Verfügung einer korrekten Wortwahl bedient, liegt der Schluss nahe, dass auch der Wortlaut der in Frage stehenden Anordnung juristisch korrekt gewählt ist; die Indizwirkung des Wortlauts wird eine stärkere sein.

VII. Kasuistik

14   Nach stRsp[105] und hL[106] spricht die Aufzählung einzelner Sachen oder Rechte, die eine bestimmte Person erhalten soll, für die Anordnung eines Le-

---

[99] OGH 3.8.2005, 9 Ob 88/04p; 10 Ob 66/99z; 11.5.1994, 7 Ob 554/94, NZ 1994, 229 = EFSlg 75.279; 7 Ob 519/89; *Eccher* in Schwimann/Kodek⁴ § 535 Rz 1.

[100] LGZ Wien 25.6.1992, 43 R 318/92, EFSlg 68.952.

[101] OGH 11.5.1994, 7 Ob 554/94, NZ 1994, 229 = EFSlg 75.279; *Welser* in Rummel/Lukas⁴ § 535 Rz 7; *Werkusch-Christ* in Kletečka/Schauer, ABGB-ON 1.02 § 535 Rz 3.

[102] OGH 23.2.1989, 7 Ob 519/89; *Werkusch-Christ* in Kletečka/Schauer, ABGB-ON 1.02 § 535 Rz 3.

[103] OGH 10.11.1975, 1 Ob 145, 230, 231/75, NZ 1977, 121; *Welser* in Rummel/Lukas⁴ § 535 Rz 7.

[104] Vgl OGH 3.8.2005, 9 Ob 88/04p: „Die Bezeichnung als Testament kann ein Indiz für eine Erbseinsetzung sein, insbesondere dann, wenn der Testator rechtskundig beraten wurde." S auch OGH 24.4.2012, 2 Ob 41/11k, NZ 2012, 302 = EF-Z 2012, 281; 10.11.1975, 1 Ob 145, 230, 231/75, NZ 1977, 121; *Apathy* in KBB⁴ § 553 Rz 3.

[105] OGH 7 Ob 554/94, NZ 1994, 229; 10 Ob 66/99z, NZ 2000, 375; 9 Ob 88/04p; OLG Wien 1.3.1995, 16 R 24/95, EFSlg 78.367.

[106] *Koziol/Welser*¹³ II 533; *Welser* in Rummel/Lukas⁴ § 535 Rz 7; *Werkusch-Christ* in Kletečka/Schauer, ABGB-ON 1.02 § 535 Rz 3; *Gruber/Sprohar-Heimlich/Scheuba* in Gruber/

gats. Auch die Zuwendung eines Unternehmens ist daher Vermächtnis,[107] ebenso wie die Hinterlassung einer Liegenschaft.[108] Bei Zuweisung einer bestimmten Geldsumme ist im Zweifel ein Vermächtnis anzunehmen, auch wenn der Erblasser den Bedachten als seinen Erben bezeichnet.[109] Ein solches liegt auch vor, wenn der Erblasser die Verschaffung fremder Sachen aufträgt.[110] Obgleich aufgrund der gesetzlichen Zweifelsregel in der Zuwendung einzelner Vermögensgegenstände auch dann ein Vermächtnis zu erblicken ist, wenn der Wert des Zugedachten den größten Teil oder auch die Gesamtheit (§ 690) der Verlassenschaft ausmacht, verkehrt die Rsp diese Vermutung ins Gegenteil, weil hier oft Erbeinsetzung gewollt sei.[111] Wird der Nachlass durch die Aufzählung der Vermögensgegenstände vollständig oder zumindest zum wesentlichen Teil erfasst (ohne dass das übrige Vermögen erwähnt wird)[112], so wird regelmäßig davon ausgegangen, dass der Erblasser Erbeinsetzung gewollt hat.[113] Bildet zB das überlassene Mietrecht das einzige Vermögen, dann soll das – auch wenn die Verfügung als Kodizill bezeichnet ist – für Erbeinsetzung des Bedachten sprechen,[114] wiewohl in diesem Fall aufgrund der Hinterlassung eines einzelnen Rechts in Verbindung mit dem Wortlaut der Verfügung (oben Rz 13) ein Vermächtnis naheliegt.[115] Werden mehrere Personen mit einzelnen Nachlassgegenständen bedacht, müssen diese, um von Gesamtrechts-

---

Kalss/Schauer/Müller, Erbrecht und Vermögensnachfolge § 17 Rz 20. OGH 26.10.1960, 5 Ob 359/60, JBl 1961, 187; *Apathy* in KBB[4] § 535 Rz 2; *Gruber/Sprohar-Heimlich/Scheuba* in Gruber/Kalss/Müller/Schauer, Erbrecht und Vermögensnachfolge § 17 Rz 42.

[107] OGH 26.10.1960, 5 Ob 359/60, JBl 1961, 187; *Apathy* in KBB[4] § 535 Rz 2; *Gruber/Sprohar-Heimlich/Scheuba* in Gruber/Kalss/Müller/Schauer, Erbrecht und Vermögensnachfolge § 17 Rz 42.

[108] OGH 6.7.1973, 7 Ob 68/73, EvBl 1973/314, 568; *Apathy* in KBB[4] § 535 Rz 2.

[109] OGH 13.5.1857, 1170 GlU 350; 4.6.1862 Nr. 2503 GlU 1529; *Handl* in Klang II/1, 36; *Weiß* in Klang[2] III 51; *Koziol/Welser*[13] II 533; *Welser* in Rummel/Lukas[4] Rz 7; *Gschnitzer/Faistenberger*, Erbrecht[2] 91; *Gruber/Sprohar-Heimlich/Scheuba* in Gruber/Kalss/Schauer/Müller, Erbrecht und Vermögensnachfolge § 17 Rz 20; so auch schon *Zeiller* im Rahmen der Beratungen über das ABGB, in *Ofner*, Protokolle I 331 (bei § 347).

[110] OGH 10.11.1975, 1 Ob 145, 230, 231/75, NZ 1977, 121; *Werkusch-Christ* in Kletečka/Schauer, ABGB-ON 1.02 § 535 Rz 3; *Welser* in Rummel/Lukas[4] § 535 Rz 7.

[111] OGH 23.5.2005, 10 Ob 14/04p, SZ 2005/79 = NZ 2006/34 = EFSlg 111.033; 9.7.1990, 1 Ob 127/70, NZ 1972, 62; 8.1.1958, 1 Ob 677/57, EvBl 1958, 106; 27.9.1950, 3 Ob 466, EvBl 1951/35; *Welser* in Rummel/Lukas[4] § 535 Rz 7.

[112] OGH 26.10.1949, 1 Ob 505, EvBl 1950/3; 20.9.1968, 1 Ob 189/68, EvBl 1969/94; LGZ Wien 18.2.2005, 42 R 562/04i, EFSlg 111.034.

[113] StRsp und hL: OGH 4.4.1907, Nr. 3479 GlUNF 3738; 13.9.1962, 5 Ob 231/62, SZ 35/92; 28.1.1981, 1 Ob 503/81, NZ 1981, 155; 11.05.1994, 7 Ob 554/94, NZ 1994, 229; 14.1.2000, 1 Ob 255/99b, NZ 2000, 278 = SZ 73/5; 16.11.1999, 10 Ob 66/99z, NZ 2000, 375; 15.2.2007, 6 Ob 285/06i, EFSlg 117.176; 23.5.2005, 10 Ob 14/04p, EFSlg 111.033; *Ehrenzweig*, System II/2[2], 536; *Welser* in Rummel/Lukas[4] § 535 Rz 7; *ders* in FS Rechberger (2005) 709; *Eccher* in Schwimann/Kodek[4] § 535 Rz 2; *Gruber/Sprohar-Heimlich/Scheuba* in Gruber/Kalss/Schauer/Müller, Erbrecht und Vermögensnachfolge § 17 Rz 19; vgl auch 21.11.1873, Nr 9108 GlU 5151, wo der Erblasser allerdings auch ausdrücklich aussprach, dass er der Bedachten sein ganzes Vermögen verschreibe und dann (offenbar) alle zu diesem Vermögen zählenden Gegenstände auflistete.

[114] OGH 15.6.1982, 5 Ob 657/81, NZ 1984, 218; *Eccher* in Schwimann/Kodek[4] § 535 Rz 2; 5 Ob 657/81, Miet 34.252/20; 2 Ob 616/86, JBl 1987, 449.

[115] Ohne Hinzutreten weiterer Argumente, die die Annahme einer Erbeinsetzung stützen (s zB Rz 11 ff), kann diese Ansicht nicht geteilt werden.

nachfolge ausgehen zu können, nicht nur den gesamten Nachlass oder wenigstens dessen weitaus überwiegenden Teil ausmachen, sondern muss damit überdies das Verhältnis quotenmäßiger Nachlassteilung zum Ausdruck gebracht werden.[116] In diesem Fall sind die Verfügungen als Teilungsanordnungen anzusehen.[117] Dagegen spricht es für Vermächtnis, wenn der Erblasser bloß über Teile seines vorhandenen Vermögens verfügt.[118] Ist eine letztwillige Verfügung zum Teil ungültig und erfasst der bestehen bleibende Teil der Verfügung nicht den überwiegenden Wert des Nachlasses, so handelt es sich beim gültigen Teil um ein Kodizill, obgleich die Verfügung als Ganzes, dh der gültige und der ungültige Teil zusammen, den gesamten Nachlass erfassen.[119] Zu prüfen ist in einem solchen Fall freilich, ob die Verfügungen des formgültigen Teils nach dem Willen des Erblassers auch bei Ungültigkeit der restlichen Verfügung bestand haben sollen; im Zweifel ist dies nach dem Grundsatz *favor testamenti* zu bejahen.

15 Für die Frage, ob die hinterlassenen Gegenstände zumindest den Großteil des Vermögens ausmachen, sind die **Vermögensverhältnisse im Zeitpunkt der Errichtung** der letztwilligen Verfügung maßgeblich.[120] Vermeint der Erblasser über mehr (oder weniger) Vermögen zu verfügen, als er tatsächlich hat, ist seine Einschätzung maßgeblich.[121] In einer Entscheidung stellte der OGH[122] aufgrund des Umstands, dass der Umfang des Vermögens im Errichtungszeitpunkt nicht mehr eruierbar war (dieser selbst konnte nicht mehr festgestellt werden), auf den Todeszeitpunkt ab. Da das zugewendete Vermögen im Todeszeitpunkt den weitaus wertvollsten Teil des Vermögens ausmachte, nahm das Höchstgericht Erbeinsetzung an. Diese Entscheidung ist jedoch nicht verallgemeinerungsfähig. Jedenfalls streitet in einem solchen Fall keine Vermutung für Erbeinsetzung. Vielmehr ist – der gesetzlichen Vermutung des § 535 entsprechend – zunächst von einem Vermächtnis auszugehen. Es müssen daher andere Umstände vorliegen, um die Annahme einer Erbeinsetzung zu rechtfertigen. In casu war etwa das Schriftstück als „mein Testament" bezeichnet, sodass sich ein Argument für Erbeinsetzung ins Treffen führen ließ. Der OGH führt in

---

[116] OGH 6.7.1973, 7 Ob 86/73, EvBl 1973/314; 26.3.1987, 7 Ob 544/87; 3.8.2005, 9 Ob 88/04p; *Handl* in Klang II/1, 36; *Eccher* in Schwimann/Kodek⁴ § 535 Rz 2; *Kralik*, Erbrecht³ 172; *Welser* in Rummel/Lukas⁴ § 535 Rz 7; *Fritsch* in Ferrari/Likar-Peer, Erbrecht 262; *Werkusch-Christ* in Kletečka/Schauer, ABGB-ON 1.01 § 535 Rz 3.

[117] *Welser* in Rummel/Lukas⁴ § 535 Rz 7; *Eccher* in Schwimann/Kodek⁴ § 535 Rz 2; *Werkusch-Christ* in Kletečka/Schauer, ABGB-ON 1.02 § 535 Rz 3.

[118] *Eccher* in Schwimann/Kodek⁴ § 535 Rz 4; *Werkusch-Christ* in Kletečka/Schauer, ABGB-ON 1.02 § 535 Rz 3; *Welser* in Rummel/Lukas⁴ § 535 Rz 7

[119] LGZ Wien 4.10.1989, 44 R 614/89, EFSlg 59.907: Hier eine letztwillige Verfügung, die auf 3 Seiten eines Bogen Papier beschrieben ist, wobei die Verfügung auf der 2. Seite unterschrieben ist und der Text auf Seite 3 nicht bloß Erläuterungen der ersten beiden Seiten darstellt.

[120] StRsp: OGH 15.2.2007, 6 Ob 285/06i, EFSlg 117.176 = Zak 2007/409, 234; 23.5.2005, 10 Ob 14/04b, NZ 2006, 34; 14.1.2000, 1 Ob 225/99b, SZ 73/5; 16.11.1999, 10 Ob 66/99z, SZ 72/179 = NZ 2000, 375; 7 Ob 554/94, NZ 1994, 229; 6 Ob 606/77, NZ 1978, 208; *Weiß* in Klang² III 225; *Gruber/Sprohar-Heimlich/Scheuba* in Gruber/Kalss/Schauer/Müller, Erbrecht und Vermögensnachfolge § 17 Rz 19.

[121] Vgl OGH 10.11.1975, 1 Ob 145, 230, 231/75, NZ 1977, 121; LGZ Wien 18.2.2005, 42 R 562/04i, EFSlg 111.034; so auch *Handl* in Klang II/1, 36.

[122] OGH 16.11.1999, 10 Ob 66/99z, SZ 72/179 = NZ 2000, 375.

seiner Begründung aus, dass die von ihm vorgenommene Auslegung zugunsten der Erbeinsetzung auch am ehesten dem vermutlichen Willen der Erblasserin entspreche, da im Zweifel nicht davon auszugehen sei, dass die Erblasserin lediglich einen überschuldeten Nachlass hinterlassen wollte.[123] Dieses Argument vermag aber nicht zu überzeugen. Zwar können auch nachträgliche Veränderungen berücksichtigt werden, wenn dies dem hypothetischen Willen des Erblassers entspricht, wobei die letztwillige Erklärung so auszulegen ist, wie der Erblasser bei Kenntnis der geänderten Sachlage entschieden hätte.[124] Jedoch lagen im vorliegenden Fall offenbar keine speziellen Anhaltspunkte vor, die einen derartigen hypothetischen Willen gestützt hätten, weshalb die Ausführungen zum präsumtiven Erblasserwillen offenbar eine allgemeine Vermutung formulieren. Dann liefe es aber letztlich darauf hinaus, dass es regelmäßig doch auf den Vermögensstand im Todeszeitpunkt ankommt, mag auch bekannt sein, wie dieser im Errichtungszeitpunkt war. Der Wille des Erblassers wird nämlich in jenen Fällen, in denen er nur Teile seines Vermögens (als Legat) hinterlässt, noch viel deutlicher in die Richtung gehen, dass er auch dem Erben ein Aktivvermögen hinterlassen möchte, nämlich jenen Teil, über den er nicht mittels Vermächtnis verfügt hat. Ändern sich die Vermögensverhältnisse nachträglich derart, dass das seinerzeitige Legat nun das gesamte Vermögen ausmacht, verblieben dem Erben aber nun ausschließlich Passiva. Dem hypothetischen Erblasserwillen wird das aber oftmals widersprechen. Im Ergebnis ist daher festzuhalten, dass es niemals auf die Vermögensverhältnisse im Todeszeitpunkt ankommen kann.

Als Erbeinsetzung gilt die Zuwendung der – nach Abzug aller Legate – verbleibenden Nachlassaktiva an den Testamentsvollstrecker zur Verwendung für bestimmte Zwecke.[125] Für eine Gesamtrechtsnachfolge spricht ferner, wenn dem Bedachten die **Entrichtung von Vermächtnissen und Erbschaftslasten** aufgebürdet wird.[126] 16

Wird eine bereits angefallene Erbschaft letztwillig übertragen, so handelt es sich dabei um ein Vermächtnis.[127] Die Einräumung eines Nießbrauchsrechts am gesamten Nachlass[128] oder an einem aliquoten Teil desselben[129] ist ebenfalls ein Legat.[130] 17

---

[123] OGH 16.11.1999, 10 Ob 66/99z, NZ 2000, 375.
[124] OGH 8.2.1990, 6 Ob 1/90, JBl 1990, 581 (*Eccher*); *Weiß* in Klang² III 226; *Gschnitzer/Faistenberger*, Erbrecht² 33; *Welser* in Rummel/Lukas⁴ §§ 552, 553 Rz 9; *Knechtel* in Kletečka/Schauer, ABGB-ON 1.02 § 552 Rz 8; *Eccher* in Schwimann/Kodek⁴ § 55 Rz 3; gegen hypothetische Auslegung wohl OGH 15.12.1992, 1 Ob 652/92, NZ 1996, 88.
[125] OGH 23.6.1891, Nr. 7718 GlU 13.828; *Welser* in Rummel/Lukas⁴ § 535 Rz 7.
[126] OGH 4.4.1907, Nr. 3479 GlUNF 3738.
[127] *Winiwarter*, Bürgerliches Recht III² 8; *Pfaff/Hofmann*, Commentar II 392.
[128] OGH 16.9.1874, Nr. 27.308 GlU 5469; aM *Nippel*, Erläuterung IV 12.
[129] OGH 6.7.1898, Nr. 9238 GlUNF 248.
[130] *Unger*, Erbrecht⁴ 251; *Winiwarter*, Bürgerliches Recht III² 8; *Krasnopolski/Kafka*, Erbrecht 122; *Pfaff/Hofmann*, Commentar II 391 f.

VIII. Das Hofübernahmerecht des Anerben

18 Der nach dem AnerbenG zum Hofübernehmer berufene Anerbe hat einen Anspruch darauf, dass ihm der Hof aus der Verlassenschaft zugewiesen wird. Dieses Recht verleiht keinen Anspruch auf den gesamten Nachlass oder einen aliquoten Teil desselben, sondern bloß auf eine bestimmte Sache (den Erbhof). Der Auslegungsregel des § 535 entsprechend, soll es sich nach *Kralik*[131] daher um ein Vermächtnis handeln. Dies gelte auch, wenn das Nachlassvermögen ausschließlich aus dem Hof besteht.[132] Richtigerweise handelt es sich bei dem Recht auf Übernahme des Erbhofs um einen **Anspruch sui generis**, der nicht mit den Kategorien des Vermächtnisses und der Erbschaft beurteilt werden kann. Mit dem Recht auf Hofübernahme sind nämlich keineswegs alle Rechtswirkungen des Vermächtnisses verbunden, weil der Hofübernehmer nicht Gläubiger, sondern Schuldner der Nachlassverbindlichkeiten ist. Freilich kann der Erblasser den Erbhof unter Anwendung des Anerbengesetzes auch einem Miterben,[133] oder ohne Anwendung des Anerbengesetzes einem Dritten als Vermächtnis zuwenden.

IX. Nacherbschaft und Nachvermächtnis

19 Nach der Abgrenzung des § 535 ist auch zu beurteilen, ob eine Nacherbschaft oder ein Nachvermächtnis vorliegt.[134] Eine Anordnung, wonach der Erbe aus dem ihm zukommenden Nachlass des Erblassers bei Eintritt eines bestimmten Termins oder einer Bedingung nur bestimmte Vermögenswerte an einen Begünstigten herauszugeben hat, bzw der Begünstigte nach dem Tod des Erben einzelne Gegenstände erhalten soll, ist ein sogenanntes uneigentliches Nachlegat.[135] Der Erbe hat gegenüber dem Nachlegatar die Stellung eines Vorlegatars.[136] Entscheidend dafür, ob der Substitut Vermächtnisnehmer oder Erbe sein soll, ist auch hier nicht (alleine) die gewählte Formulierung, sondern der **wahren Wille des Erblassers**, der anhand der Kriterien des § 535 zu beurteilen ist.

X. Vermächtnisse in Erbverträgen

20 Vermächtnisse können auch in einem Erbvertrag angeordnet werden (oben Rz 10). Während bei letztwilligen Verfügungen allein der subjektive Wille des Erblassers für die Auslegung entscheidend ist, erfolgt die Auslegung von Erbver-

---

[131] *Kralik*, Erbrecht³ 386.
[132] *Kralik*, Erbrecht³ 386.
[133] *Eccher* in Schwimann/Kodek⁴ § 9 AnerbenG Rz 1; *Kralik*, Erbrecht³ 386.
[134] Vgl *Eccher* in Schwimann/Kodek⁴ § 652 Rz 2.
[135] *Welser* in Rummel/Lukas⁴ § 652 Rz 4; *Eccher* in Schwimann/Kodek⁴ § 652 Rz 2; *Spruzina* in Kletečka/Schauer, ABGB-ON § 652 Rz 4.
[136] *Welser* in Rummel/Lukas⁴ § 652 Rz 4; *Eccher* in Schwimann/Kodek⁴ § 652 Rz 2; *Spruzina* in Kletečka/Schauer, ABGB-ON § 652 Rz 4.

trägen nach den Regeln der **Vertragsauslegung** (§ 914 f).[137] Entscheidend ist der übereinstimmende Wille beider Parteien des Vermächtnisvertrags. Entsprechend der Vertrauenstheorie[138] gilt die Erklärung so, wie sie ein redlicher Erklärungsempfänger unter den Umständen verstehen durfte, auch wenn der wahre Wille des Erblassers ein anderer war. Beim Vermächtnisvertrag kommt dem Wortlaut damit zwangsläufig größere Bedeutung zu, zumal die Parteien zwingend notariell beraten sind. Es sei daher darauf hingewiesen, dass für die Frage, ob Erbeinsetzung oder Vermächtnis angeordnet ist, die oben (Rz 11 ff) angeführten Auslegungsgrundsätze bei letztwilligen Verfügungen nicht einfach übernommen werden können. Es stellt sich zB die Frage, ob jener Grundsatz, wonach die Verfügung über einzelne Gegenstände, die (fast) das gesamte Vermögen ausmachen, auf Erbeinsetzung hindeutet, auch bei Anordnung in einem Erbvertrag zur Anwendung gelangen kann. Zunächst ist hier die Besonderheit zu berücksichtigen, dass in einem Erbvertrag nur über drei Viertel des Nachlasses verfügt werden kann. Selbst wenn man aber davon ausgeht, dass in der Auflistung von Nachlassgegenständen, deren Wert etwa drei Viertel des Vermögens beträgt, eine Anordnung zur Universalsukzession zu sehen ist, ist dies nur relevant, sofern der Vertragspartner den Umfang des Vermögens kennt, weil der objektive Erklärungswert der Zuwendung einzelner Sachen Vermächtnis ist.

XI. Unterscheidung Vorausvermächtnis – Teilungsanordnung

Ein Vermächtnis kann auch einem oder mehreren Miterben zugewendet werden (§ 648), wobei zwischen dem Vorausvermächtnis und dem Hineinvermächtnis zu unterscheiden ist. Dieses liegt vor, wenn es zur Gänze in den Erbteil des Begünstigten einzurechnen ist und somit keinen Einfluss auf die Erbteile der Miterben hat.[139] Jenes, wenn es der Bedachte zusätzlich zu seiner Erbquote erhält, sodass alle Erben, mithin auch er selbst in seiner Eigenschaft als Erbe, im Verhältnis ihrer Erbquoten oder in einem anderen vom Erblasser festgelegten Verhältnis beschwert sind.[140] Der Erbe ist dann zugleich Vermächtnisnehmer.[141] Ein solches Vorausvermächtnis kann auch dem Alleinerben zugewendet werden.[142] Hingegen sieht die herrschende Meinung im unechten Prälegat (Hineinvermächtnis) kein Vermächtnis im technischen Sinn,

21

---

137 *Koziol/Welser*[13] II 493; *Kralik, Erbrecht*[3] 120 f; *Spruzina* in Kletečka/Schauer, ABGB-ON 1.01 § 655 Rz 2; *Eccher* in Schwimann/Kodek[4] § 655 Rz 1 FN 3; aM *Weiß* in Klang[2] V 918.
138 Vgl *Koziol/Welser/Kletečka*[14] I Rz 343.
139 *Weiß* in Klang[2] III 496; *Krasnopolski/Kafka*, Erbrecht 116; *Kralik*, Erbrecht[3] 208; *Eccher* in Schwimann/Kodek[4] § 648 Rz 2; *Apathy* in KBB[4] § 648 Rz 3.
140 *Unger*, Erbrecht[4] 253; *Anders*, Erbrecht[2] 99 f; *Krasnopolski/Kafka*, Erbrecht 116; *Weiß* in Klang[2] III 496; *Kralik*, Erbrecht[3] 208; *Eccher* in Schwimann/Kodek[4] § 648 Rz 1; *Spruzina* in Kletečka/Schauer, ABGB-ON 1.01 § 648 Rz 5; *Apathy* in KBB[4] § 648 Rz 2.
141 Der Bedachte erhält das gesamte, dh auch den auf seinen Erbteil entfallenden Teil des Legats als Legatar und nicht als Erbe; *Unger*, Erbrecht[4] 256 Anm 10; *Krasnopolski/Kafka*, Erbrecht 116; *Weiß* in Klang[2] III 498; *Ehrenzweig*, System II/2[2], 538.
142 *Zeiller*, Commentar II 581 f; *Pfaff/Hofmann*, Commentar II 395; *Krasnopolski/Kafka*, Erbrecht 116; *Weiß* in Klang[2] III 647 f; *Kralik*, Erbrecht[3] 207; *Welser* in Rummel/Lukas[4] § 648 Rz 1; *Spruzina* in Kletečka/Schauer, ABGB-ON 1.01 § 648 Rz 2.

§ 535

sondern eine bloße Teilungsanordnung.[143] Hierin liegt der Berührungspunkt zur gegenständlichen Vorschrift: Im Ergebnis geht es nämlich um die – durch Auslegung zu ermittelnde – Frage, ob der Erblasser dem Bedachten die Stellung eines Vermächtnisnehmers einräumen wollte oder nicht. Wann ein Vermächtnis vorliegt, sagt uns § 535. Zunächst ist bei Anordnung eines Prälegats zu fragen, ob der Erblasser dieses dem Erben zusätzlich zu seiner Quote zukommen lassen wollte, was im Zweifel anzunehmen ist (so nun explizit § 648 nF).[144] Bejaht man diese Frage, liegt unstritig ein Vermächtnis im technischen Sinne zugunsten des Prälegatars vor. Verneint man sie soll der Erbe also insgesamt nicht mehr erhalten als sein Quote beträgt, ist damit aber entgegen der hM noch keineswegs gesagt, dass es sich um eine Teilungsanordnung handelt. Denn der Umstand, dass der Erblasser dem Erben nicht zusätzlich zu dessen Erbteil einen Anspruch zuwenden wollte, schließt nicht aus, dass dieser nach dem Willen des Erblassers einen solchen Anspruch statt seines Erbteils erhalten soll, dh für den Fall, dass er nicht Erbe wird.[145] Die Prüfung ist daher nicht abgeschlossen, wenn feststeht, dass kein Voraus-, sondern ein Hineinvermächtnis vorliegt. Es ist vielmehr zu fragen, ob der Erblasser dem Begünstigten Erben einen schuldrechtlichen Anspruch auf eine Leistung gegen den Beschwerten zuwenden wollte, welcher von dessen Rechtsposition als Erbe losgelöst ist; ob der Begünstigte also iSd positiven Begriffsdefinition des Vermächtnisses (oben Rz 7) ein solches erhalten soll oder nicht. Es ist daher durch Auslegung zu ermitteln, ob Vermächtnis oder bloß Teilungsanordnung gewollt ist. Der von *Kralik*[146] geäußerten Kritik an der herrschenden Ansicht, dass in der Einrechnungsanordnung überhaupt kein dahingehender Wille zu erblicken sei, dass der Bedachte die Sache nur erhalten soll, wenn er auch Erbe wird, ist damit Rechnung getragen. Gleichzeitig wird berücksichtigt, dass es auch Fälle gibt, in denen tatsächlich bloß eine Erbteilungsvorschrift gewollt war. Es ist nämlich unrichtig, dass – wie *Kralik* behauptet – dem Erben in einem solchen Fall ein Vermächtnis bedingt durch den Erwerb der Erbschaft zugewendet würde. Richtig ist zwar, dass der mit einem Hineinvermächtnis bedachte Erbe jedenfalls einen schuldrechtlichen Anspruch gegen seine Miterben erlangt, sodass diesbezüglich auch bei Annahme einer Teilungsordnung kein Unterschied zum Legat zu erblicken ist.[147] Die Bedeutung des Legats erschöpft sich aber nicht in dessen schuldrechtlicher Wirkung gegen den Beschwerten. Vielmehr knüpfen sich an die Qualifikation des Vermächtnisses eine Vielzahl weiterer Rechtsfolgen. Es kann für den Erben durchaus vorteilhaft sein, nicht nur Träger des Nachlasses zu sein, sondern auch die Stellung eines Nachlassgläubi-

---

[143] *Weiß* in Klang² III 496; *Ehrenzweig*, System II/2², 538; *Koziol/Welser*[13] II 536; *Bittner* in Gruber/Kalss/Schauer/Müller, Erbrecht und Vermögensnachfolge § 13 Rz 4; *Gruber/Sprohar-Heimlich/Scheuba*, ebendort § 17 Rz 25; *Welser* in Rummel/Lukas⁴ § 648 Rz 5; *Spruzina* in Kletečka/Schauer, ABGB-ON 1.01 § 648 Rz 4; *Eccher* in Schwimann/Kodek⁴ § 648 Rz 5; *Eigner*, NZ 1980, 143; dagegen *Kralik*, Erbrecht³ 208; *Apathy* in KBB⁴ § 648 Rz 3; ders, JBl 2006, 139.

[144] *Krasnopolski/Kafka*, Erbrecht 116; *Unger*, Erbrecht⁴ 256; *Kralik*, Erbrecht³ 208; aM *Welser* in Rummel/Lukas⁴ § 648 Rz 5.

[145] Ähnlich *Kralik*, Erbrecht³ 208.

[146] Erbrecht³ 208.

[147] *Kralik*, Erbrecht³ 208.

gers einzunehmen. Zu verweisen ist nur auf den Fall, dass der Nachlass mit Vermächtnissen überschwert ist (§ 690),[148] in welchem der Erbe das Legat in Anschlag bringen kann; gleiches gilt in der Nachlassinsolvenz.[149] Ebenso ist der Unterschied bei der Herausgabe von Erbvermögen an einen Nacherben oder auch bei der Veräußerung des Erbrechts (§ 1279)[150] von Relevanz. Es leuchtet nicht ein, weshalb für die Frage Vermächtnis oder Teilungsanordnung nicht auf eine, den wahren Willen des Erblassers berücksichtigende, Auslegung im Einzelfall zurückgegriffen wird. Maßgebend ist allein, welche Rechtswirkungen der Erblasser mit seiner Anordnung bezweckt hat, mithin ob er den Bedachten (auch) zum Gläubiger des Nachlasses machen wollte. Derjenige, der sich auf einen Vermächtnisanspruch stützt ist, der allgemeinen Beweislastverteilung entsprechend, für das Vorliegen des Legats beweispflichtig.

XII. Verfahrensrecht

Entscheidungen über das Erbrecht ergehen seit Inkrafttreten des AußStrG 2003 im Verlassenschaftsverfahren selbst. Nach alter Rechtslage war die Frage, ob Erbeinsetzung oder Vermächtnis vorliegt, im Streitfall im Rechtsweg zu entscheiden.[151] Der Außerstreitrichter hatte bloß die Kläger- und Beklagtenrolle zu verteilen.[152] Eine letztwillige Verfügung, die ihrem Inhalt nach die Auslegung als Testament zuließ, war solange als solches zu behandeln, bis bewiesen wurde, dass der Erblasser eine Erbeinsetzung nicht gewollt hat.[153] Dementsprechend waren auf eine letztwillige Verfügung gestützte Erbantrittserklärungen anzunehmen, es sei denn es lag zweifelsfrei keine Erbeinsetzung vor.[154] Demjenigen, der sich auf sein gesetzliches Erbrecht berief, wurde die Klägerrolle im Erbrechtsstreit zugewiesen.[155] Nach dem AußStrG 2003 hat das **Verlassenschaftsgericht** für den Fall, dass gestützt auf eine letztwillige Verfügung widerstreitende Erabantrittserklärungen abgegeben werden, selbst festzustellen, ob ein Testament oder Kodizill vorliegt, bzw ob die in einem Testament gemachte Verfügung als Erbeinsetzung oder als Vermächtnis zu betrachten ist. Jene Erbantrittserklärungen, die sich auf einen Sachverhalt stützen, der in Wahrheit nur einen Vermächtnisanspruch begründet, sind

22

---

[148] Vgl *Zeiller*, Commentar II 583; *Anders*, Erbrecht[2] 100; *Pfaff/Hofmann*, Commentar II 395; *Ehrenzweig*, System II/2[2], 538.
[149] *Rudy* in MüKoBGB[6] § 2150 Rz 3.
[150] Vgl *Anders*, Erbrecht[2] 100; *Pfaff/Hofmann*, Commentar II 395; *Krasnopolski/Kafka*, Erbrecht 116 f; *Ehrenzweig*, System II/2[2], 538.
[151] OGH 3.8.2005, 9 Ob 88/04p; 9.8.2001, 2 Ob 26/01i; 16.2.1988, 2 Ob 694/87; 8.1.1958, 1 Ob 677/57, EvBl 1958/106; *Welser* in Rummel/Lukas[4] § 535 Rz 9.
[152] Vgl *Grün* in Rechberger, AußStrG[2] § 160 Rz 2.
[153] OGH 3.8.2005, 9 Ob 88/04p; 25.3.2004, 3 Ob 290/03y; 16.2.1988, 2 Ob 694/87; *Welser* in Rummel/Lukas[4] § 535 Rz 8; vgl auch *Eccher* in Schwimann/Kodek[4] § 535 Rz 6.
[154] OGH 3.8.2005, 9 Ob 88/04p; 25.3.2004, 3 Ob 290/03y; 16.11.1999, 10 Ob 66/99z, SZ 72/179 = NZ 2000, 375; 11.5.1994, 7 Ob 554/94, NZ 1994, 229; 15.9.1966, 1 Ob 179/66, EvBl 1967/152; *Welser* in Rummel/Lukas[4] § 535 Rz 8.
[155] OGH 25.3.2004, 3 Ob 290/03y; 6.10.1970, 8 Ob 212/70, NZ 1972, 62; 13.9.1962, 5 Ob 231/62, SZ 35/92; *Welser* in Rummel/Lukas[4] § 799, 800 Rz 27.

vom Verlassenschaftsgericht abzuweisen.[156] Zu einer Abweisung der Erbantrittserklärung kann es aber auch kommen, wenn das Gericht feststellt, dass Erbeinsetzung und nicht Vermächtnis vorliegt, etwa weil ein jüngeres Testament vorhanden ist. Im Gegensatz zur Rechtslage vor dem AußStrG 2003 wird nämlich nicht bloß über das relativ bessere Erbrecht, sondern über das **beste Erbrecht unter den uU auch mehreren widerstreitenden Erbansprechern** entschieden.[157]

23 Während nach alter Rechtslage im außerstreitigen Verfahren im Zweifel von einem Testament, dh von Erbeinsetzung auszugehen war, bestand hinsichtlich der **Beweislastverteilung** im streitigen Verfahren (Erbrechtsstreit) divergierende Rsp.[158] Überwiegend wurde auch für den Erbrechtsstreit gesagt, dass die letztwillige Erklärung im Zweifel als Testament zu behandeln sei, so dass die Beweislast für das Nichtvorliegen einer Erbeinsetzung den Bestreitenden treffe.[159] In anderen Entscheidungen heißt es, dass bei Hinterlassung bloß einzelner Gegenstände im Zweifel von einem Kodizill auszugehen sei.[160] Soweit die Aufzählung der Gegenstände jedoch (fast) den gesamten Nachlass umfasst, sei im Zweifel wiederum von Erbeinsetzung auszugehen.[161] In diesen Fällen wird die Beweislast demjenigen auferlegt, der sich entgegen dieser Kriterien auf Erbeinsetzung bzw Vermächtnis beruft.[162] Der OGH trennt in den meisten Entscheidungen nicht zwischen den unterschiedlichen Verfahrensarten und beruft sich im streitigen Verfahren hinsichtlich der Beweislast mehrfach auf Entscheidungen, die im außerstreitigen Verfahren ergangen sind.[163] Die Heranziehung der Entscheidungen erfolgt unkritisch und ohne dabei auf die unterschiedlichen Zwecke des Abhandlungsverfahrens und des Erbrechtsstreits einzugehen. Dabei wird verkannt, dass wie der OGH in einer Entscheidung selbst bemerkt[164] die Zuweisung der Parteienrollen für das streitige Verfahren nichts mit der Frage der Beweislast in einem solchen Verfahren zu tun hat. Ferner führt das Höchstgericht zT auch den Grundsatz des *favor testamenti* ins Treffen, da dieser in sich schließe, dass ein Testament solange als solches zu gelten habe, als nicht bewiesen sei, dass keine Erbeinsetzung gewollt ist.[165] Dieses Argument geht freilich fehl. Der Grundsatz des *favor testamenti* (§ 655 letzter Halbsatz; § 553 nF) besagt nämlich nichts anderes, als dass eine letztwillige Verfügung im Zweifel so auszulegen ist, dass sie aufrecht bleiben

---

[156] *Eccher* in Schwimann/Kodek⁴ § 535 Rz 5; *Werkusch-Christ* in Kletečka/Schauer, ABGB-ON 1.02 § 535 Rz 4.

[157] EB RV 224 BlgNr 22. GP 104; *Nemeth* in Schwimann/Kodek⁴ § 799 Rz 12; S*ailer* in KBB⁴ §§ 799–800 Rz 8; *Spruzina* in Kletečka/Schauer, ABGB-ON 1.01 § 799 Rz 26; *Höllwerth* in Gitschthaler/Höllwerth, AußStrG § 161 Rz 4.

[158] Darauf weist *Eccher* in Schwimann/Kodek⁴ § 535 Rz 6 treffend hin.

[159] OGH 15.9.1966, 1 Ob 179/66, EvBl 1967/152; 6.12.1983, 5 Ob 655/83, NZ 1984, 130; 11.5.1994, 7 Ob 554/94, NZ 1994, 229; 1.9.1999, 7 Ob 189/99s; 16.11.1999, 10 Ob 66/99z, SZ 72/17.

[160] OGH 15.9.1966, 1 Ob 179/66, EvBl 1967/152.

[161] OGH 19.5.1998, 7 Ob 759/88, NZ 1988, 266.

[162] Vgl *Eccher* in Schwimann, TaschKo⁷ § 535 Rz 3.

[163] So etwa in OGH 1.9.1999, 7 Ob 189/99s; 17.10.1996, 8 Ob 2130/96k.

[164] OGH 8.7.1970, 1 Ob 127/70, NZ 1972, 62.

[165] OGH 15.9.1966, 1 Ob 179/66, EvBl 1967/152.

kann.¹⁶⁶ Die Verfügung bleibt aber auch in jenem Fall bestehen, in dem Vermächtnis und keine Erbeinsetzung vorliegt, diesfalls eben als Kodizill, was freilich nicht schadet (entstammt § 655 doch ursprünglich dem Vermächtnisrecht). Vor allem aber handelt es sich auch bei Auslegung *in favorem testamenti* nur um die Erforschung des wahren Erblasserwillens,¹⁶⁷ womit eine derart allgemeine Vermutung zugunsten einer Erbeinsetzung nicht vereinbar ist.

Durch die Zusammenfassung in einem einzigen Verfahren gilt es die **Beweislastverteilung nach dem AußStrG 2003** näher zu untersuchen. *Werkusch-Christ*¹⁶⁸ vertritt (in Übereinstimmung mit der überw Rsp zur alten Rechtslage) die Meinung, dass die letztwillige Erklärung im Zweifel als Erbeinsetzung zu behandeln sei, so dass die Beweislast für das Nichtvorliegen einer Erbeinsetzung den Bestreitenden treffe. Gem § 161 Abs 1 AußStrG hat das Abhandlungsgericht im Rahmen des Vorbringens der Parteien und ihrer Beweisanbote zu entscheiden.¹⁶⁹ Dies stellt eine wesentliche Einschränkung des sonst herrschenden Untersuchungsgrundsatzes (§ 16 AußStrG) im Außerstreitverfahren dar.¹⁷⁰ Im Verfahren über das Erbrecht gilt wie im Zivilprozess die objektive Beweislast.¹⁷¹ Als allgemeiner Grundsatz gilt demnach, dass jede Partei die Behauptungs- und Beweislast für jene Tatsachen trifft, aus denen sie ihren Anspruch ableitet.¹⁷² Daher kann aber der Ansicht *Werkusch-Christs* nicht gefolgt werden, zumal die eindeutigen Regeln der Beweislastverteilung ins Gegenteil verkehrt würden. Es ist mithin **das Vorliegen eines Testaments (der Erbeinsetzung) zu beweisen** und nicht dessen Nichtvorliegen. In einer *non liquet*-Situation ist die Erbantrittserklärung desjenigen, der sich auf die letztwillige Verfügung stützt, abzuweisen. Dass sich die Rsp im streitigen Verfahren zT schon bisher über diese Grundsätze hinweggesetzt hat, vermag daran nichts zu ändern. Im Gegenteil bietet die Neuregelung des Verfahrens über die Entscheidung des Erbrechts, die Gelegenheit die bisherige Rsp zu korrigieren.

---

166   *Koziol/Welser*¹³ II 495; *Gschnitzer/Faistenberger*, Erbrecht² 32; *Spruzina* in Kletečka/Schauer, ABGB-ON 1.01 § 655 Rz 10.
167   *Weiß* in Klang² III 221.
168   In Kletečka/Schauer, ABGB-ON 1.01 § 535 Rz 4. *Welser* spricht in seiner Kommentierung (in Rummel/Lukas⁴ § 535 Rz 8) noch von Annahme oder Nichtannahme von Erbantrittserklärungen, sowie davon, dass die Klärung der Frage, ob Vermächtnis oder Erbeinsetzung vorliegt „im Rechtsweg" zu erfolgen habe. Seine Ausführungen können daher für das mit dem AußStrG 2003 neu geschaffene Verfahren der Erbrechtsfeststellung (zu diesem vgl *Nemeth* in Schwimann/Kodek⁴ § 799 Rz 12 ff) außer Betracht bleiben, weil die Entscheidung weder im Rechtsweg erfolgt, noch die Annahme oder Nichtannahme der Erbantrittserklärungen vorgesehen ist (vgl *Eccher* in Schwimann/Kodek⁴ § 535 Rz 5).
169   Vgl OGH 24.1.2008, 6 Ob 282/07z, iFamZ 2008/107, 215 (*Tschugguel*) = EF-Z 2008/90, 149; *Höllwerth* in Gitschthaler/Höllwerth, AußStrG § 161 Rz 23.
170   Vgl LG Salzburg 30.9.2006, 21 R 460/06b, EFSlg 116.152; LGZ Wien 29.12.2009, 42 R 305/09b, EFSlg 126.013; *Höllwerth* in Gitschthaler/Höllwerth, AußStrG § 161 Rz 23; *Grün* in Rechberger, AußStrG² § 160 Rz 7; *Koziol/Welser*¹³ II 570.
171   Vgl EB RV 224 BlgNr 22. GP 104 f; LG Salzburg 30.9.2006, 21 R 460/06b, EFSlg 116.152; LGZ Wien 29.12.2009, 42 R 305/09b, EfSlg 126.013; *Höllwerth* in Gitschthaler/Höllwerth, AußStrG § 161 Rz 25; *Grün* in Rechberger, AußStrG² § 160 Rz 7.
172   Vgl EB RV 224 BlgNr 22. GP 105; *Höllwerth* in Gitschthaler/Höllwerth, AußStrG § 161 Rz 25; *Grün* in Rechberger, AußStrG² § 160 Rz 7; *Bittner/Hawel* in Gruber/Kalss/Schauer/Müller, Erbrecht und Vermögensnachfolge § 10 Rz 97.

Eine *non liquet*-Situation liegt aber überhaupt nicht vor, wenn der Richter die Erbeinsetzung aufgrund von Erfahrungssätzen für bewiesen hält. So kann etwa der Beweis, dass Erbeinsetzung gewollt war, gelingen, wenn feststeht, dass die Aufzählung von Nachlassgegenständen in einer letztwilligen Verfügung den gesamten Nachlass umfasst, weil in diesem Fall nach dem OGH Erbeinsetzung zu vermuten ist (Rz 14).

25 Da der Gesetzgeber keine starre Norm aufgestellt hat, wie ein Testament mit Erbeinsetzung zu formulieren ist bzw wie Vermächtniszuwendungen im Sinne des § 535 ABGB zu lauten haben, ist in jedem Einzelfall zu untersuchen, ob der Wille des Erblassers in die eine oder in die andere Richtung ging.[173] Die Frage, ob eine Erbeinsetzung oder ein Vermächtnis vorliegt, begründet daher – abgesehen von Fällen krasser Fehlbeurteilung – keine erhebliche Rechtsfrage iSd § 62 Abs 1 AußStrG, sodass die Beurteilung nicht revisibel ist.[174] Für das Vorliegen einer erheblichen Rechtsfrage müsste dargetan werden, dass das Ergebnis mit den bestehenden Auslegungsregeln im Widerspruch steht, unlogisch oder mit den sprachlichen Regeln unvereinbar ist.[175]

XIII. Bedeutung der Unterscheidung zwischen Erbeinsetzung und Vermächtnis

26 Die Unterscheidung zwischen Erben und Vermächtnisnehmern findet sich an mehreren Stellen des ABGB. Ob eine strittige letztwillige Erklärung als Erbeinsetzung oder Vermächtnis ausgelegt wird, ist für die sich daraus ergebenden Rechtsfolgen keineswegs unbedeutend. Nur der Erbe wird unmittelbarer Rechtsnachfolger des Erblassers, während der Vermächtnisnehmer da das österreichische Recht kein Vindikationslegat kennt in allen Fällen[176] nur einen schuldrechtlichen Anspruch gegen den Beschwerten erwirbt. Nur dieser, nicht aber auch jener tritt zu den Gläubigern und Schuldnern des Erblassers in unmittelbare Rechtsbeziehung (§ 547 f).[177] Legate sind im Zweifel nur von den Erben, nicht auch von den Vermächtnisnehmern zu entrichten (§ 649).[178] In mancher Hinsicht gehen die Legatare den Erben vor, so etwa wenn der Nachlass vollständig durch Legate erschöpft ist, weil der Erbe in diesem Fall bloß den Ersatz seiner mit der Nachlassverwaltung verbundenen Auslagen und eine angemessene Belohnung verlangen kann. In anderer Hinsicht gehen die Erben

---

[173] RIS-Justiz RS0012244; OGH 14.10.2008, 8 Ob 127/08x, JEV 2009/9, 33 = iFamZ 2009/50, 45 = EFSlg 119.921 = EFSlg 119.924; 17.8.2010, 10 Ob 73/09x, JEV 2010/31, 141 = EfSlg 128.624.

[174] OGH 5.6.2008, 6 Ob 106/08; 17.8.2010, 10 Ob 73/09x, JEV 2010/31, 141 = EfSlg 128.624; vgl auch *Schramm* in Gitschthaler/Höllwerth, AußStrG § 62 Rz 48.

[175] OGH 5.6.2008, 6 Ob 106/08; s auch *Welser* in Rummel/Lukas⁴ §§ 552, 553 Rz 12.

[176] Dies gilt auch für das gesetzliche Vorausvermächtnis des Ehegatten (str). Wie hier: *Koziol/Welser*[13] II 472 f; *Welser* in Rummel/Lukas⁴ § 758 Rz 10; *ders*, NZ 1990, 142; aA *Eccher*, Zum neuen Wohnrecht des überlebenden Ehegatten, wobl 1991, 3 f; *Zankl*, Das gesetzliche Vorausvermächtnis des Ehegatten (1996) 148 ff.

[177] *Pfaff/Hofmann*, Commentar II 392.

[178] Vgl *Pfaff/Hofmann*, Commentar II 392.

den Legataren vor (§ 726; § 749 nF).[179] Gegenüber der Erbeinsetzung ergibt sich für das Vermächtnis die Besonderheit, dass der Legatar das Recht auf das Vermächtnis ipso iure im Anfallszeitpunkt (idR mit dem Tod des Erblassers) erwirbt (§ 684), dieses aber erst mit dem Anfallstag fällig wird (§ 684 ff), während der Erbe die Erbschaft jedenfalls annehmen muss.[180] Dies ist insb bei Anordnung einer gemeinen Substitution (§§ 604 ff) von Relevanz. Das Ersatzvermächtnis erlischt anders als die Ersatzerbschaft nicht erst im Zeitpunkt einer Annahmeerklärung (Erbantrittserklärung), sondern bereits mit dem Anfallstag; der Ersatzerbe kommt demnach nur zum Zug, wenn der erstberufene Legatar das Vermächtnis ausschlägt.[181] Unterschiede bestehen ferner bezüglich der Wirkungen eines Widerrufs der letztwilligen Verfügung, in der eine Erbeinsetzung oder die Zuwendung eines Vermächtnisses angeordnet wurden (vgl insbesondere den nur für Legate geltenden vermuteten Widerruf in § 724).

In vielen Fällen aber werden Erbeinsetzung und Vermächtnis gleich behandelt. Das gilt hinsichtlich der Formerfordernisse der letztwilligen Verfügung oder des Erbvertrags (§ 577 ff), der Testierfähigkeit des Erblassers (§§ 566 ff), der Erbfähigkeit des Bedachten (§ 647), aber auch hinsichtlich der Regeln über die Anfechtung einer letztwilligen Verfügung wegen Irrtum, List oder Zwang (§§ 565, 570 ff).[182] Ebenso für die Regeln der Transmission (§ 537, s dort Rz 7).

1. Bestandverträge

Die Unterscheidung zwischen Universalsukzession und Singularsukzession hat auch im Zusammenhang mit dem Übergang von Bestandverhältnissen Bedeutung erlangt.[183] Anders als bei Universalsukzession (§ 531 Rz 41) können Mietrechte durch Vermächtnis nicht ohne Einwilligung des Vermieters mit der Wirkung übertragen werden, dass an Stelle des bisherigen ein neuer Mieter mit allen Rechten und Pflichten tritt.[184] Fehlt es an einer Zustimmung auf Bestandgeberseite und liegt kein Fall eines gesetzlich angeordneten Vertragsübergangs (zB § 38 UGB) vor, entsteht nach Abtretung der Mietrechte an den Ver-

---

179 Vgl *Pfaff/Hofmann*, Commentar II 392.
180 Vgl *Weiß* in Klang² III 68.
181 *Kralik*, Erbrecht³ 206; *Eccher* in Schwimann/Kodek⁴ § 652 Rz 1; *Spruzina* in Kletečka/Schauer, ABGB-ON § 652 Rz 8.
182 Vgl *Pfaff/Hofmann*, Commentar II 393.
183 Vgl *Eccher* in Schwimann/Kodek⁴ § 535 Rz 7; *Werkusch-Christ* in Kletečka/Schauer, ABGB-ON 1.02 § 535 Rz 2; *Apathy* in KBB⁴ § 535 Rz 3; *Welser* in Rummel/Lukas⁴ § 664 Rz 6.
184 StRsp seit OGH 5.6.1982, 5 Ob 657/81, MietSlg 34.252 = JBl 1984, 612 = NZ 1985, 218; zustimmend *Wilhelm*, JBl 1984, 594; 31.1.1985, 7 Ob 505/85, MietSlg 37.176 = NZ 1986, 276; 28.10.1986, 2 Ob 616/86, JBl 1987,449; 21.9.1989, 8 Ob 587/89, MietSlg XLI/30; 27.10.1989, 8 Ob 684/89, RdW 1990, 249 = ecolex 1991, 386 (*Reich - Rohrwig*); 12.2.2002, 5 Ob 199/01b, MietSlg 54.429 = wobl 2003/10 = EvBl 2012/134 = immolex 2002/107 = EWr I/46a/191; anders zB noch 11.10.1966, 8 Ob 250/66, MietSlg 18.182 = EvBl 1967/236 = JBl 1968, 424 (krit *Raidl*) = ImmZ 1968, 267; 28.8.1969, 1 Ob 146/69, SZ 42/118 = JBl 1972, 95 = EvBl 1970/112, 183 = MietSlg 21.221 = NZ 1970, 139; abl *Wilhelm*, JBl 1972, 79 f; 16.6.1983, 7 Ob 719/82, NZ 1984, 46 = JBl 1984, 610, ablehnend *Wilhelm*, JBl 1984, 594; s auch *Würth* in Rummel³ § 1116a Rz 3; *Binder* in Schwimann³ § 1116a Rz 9 und die Nw in der vorherigen FN.

mächtnisnehmer ein sog gespaltenes Mietverhältnis.[185] Der Vermächtnisnehmer wird zwar nicht Vertragspartner des Vermieters, darf aber die Räumlichkeiten des Bestandobjekts nutzen. Dem Bestandgeber kommt kein Kündigungsrecht gegenüber dem Erben zu, der aber seinerseits weiterhin für die Entrichtung des Mietzinses haftet. Der Vermächtnisnehmer hat gegenüber dem Bestandgeber keine direkten Ansprüche aus dem Bestandvertrag. Entspricht dies nicht dem Willen des Erblassers, so ist dieser Umstand im Rahmen der Auslegung einer letztwilligen Verfügung als (freilich nicht allein entscheidendes) Argument für eine Erbeinsetzung zu berücksichtigen.[186] Für den praktisch bedeutsamen Fall einer Unternehmensveräußerung ordnet allerdings § 12a MRG einen ex lege Vertragseintritt auf Mieterseite,[187] verbunden mit der Möglichkeit einer Mietzinsanhebung durch den Vermieter, an.[188] Als Veräußerung iSd § 12a MRG gilt auch das Vermächtnis des Unternehmens.[189] Auf den Erwerb im Wege der erbrechtlichen Universalsukzession ist die Bestimmung dagegen nicht anwendbar.[190]

2. Unternehmens- und Vermögensveräußerungen

29   Der Erwerb eines Unternehmens durch den Vermächtnisnehmer wird in § 38 UGB geregelt, während der Erwerb des Unternehmens im Erbgang den allgemeinen erbrechtlichen Regelungen unterworfen ist[191] und durch die spezifisch unternehmensrechtliche Haftungsregelung des § 40 UGB ergänzt wird.

Nach (wohl) hM gilt der gesetzliche Schuldbeitritt nach **§ 1409** weder für den Übergang eines Vermögens oder Unternehmens auf den Erben,[192] noch für den Erwerb durch den Vermächtnisnehmer.[193] Letzteres vermag nicht zu über-

---

[185] Vgl *Eccher* in Schwimann/Kodek⁴ § 535 Rz 7; *Werkusch-Christ* in Kletečka/Schauer, ABGB-ON 1.02 § 535 Rz 2.

[186] So auch *Apathy* in KBB⁴ § 535 Rz 3.

[187] Vgl *Schauer*, GesRZ 1994, 28 f. Findet § 12a MRG keine Anwendung, so gelten die §§ 38 f UGB, *Beig*, Wohnrechtliche Aspekte des neuen Unternehmensgesetzbuchs, wobl 2006, 39 ff; *Koziol/Welser*¹³ II 232.

[188] Ein solcher Vertragsübergang muss kumulativ folgende Voraussetzungen erfüllen: Der Hauptmieter einer Geschäftsräumlichkeit muss in dieser ein Unternehmen betrieben haben, dieses veräußern und die Veräußerung muss mit der Absicht zur Fortführung durch den Erwerber vorgenommen werden; *Vonkilch* in Hausmann/Vonkilch, Kommentar zum Wohnrecht § 12a MRG Rz 12

[189] OGH 10.11.1988, 7 Ob 685/88, wobl 1989, 69/25 = MietSlg 40.287 (Legat).

[190] *Vonkilch* in Hausmann/Vonkilch, Kommentar zum Wohnrecht § 12a MRG, Rz 25; vgl aber die Möglichkeit zur Mietzinserhöhung bei bestimmten Altverträgen auch bei erbrechtlichem Erwerb in § 46a Abs 2 MRG.

[191] Aufgrund der erbrechtlichen Gesamtrechtsnachfolge gehen auf den Erben jedenfalls alle nicht höchstpersönlichen Rechtsverhältnisse über, weshalb der Übergang von Rechtsverhältnissen keiner eigenen Regelung bedarf; vgl EB RV 1058 BlgNR 22. GP 34; *Brückl* in Straube, UGB⁴ § 40 Rz 2.

[192] OGH 24.1.1934, 3 Ob 954/33, JBl 1934, 238; 9.6.1936, 2 Ob 519, ZBl 1936/424, 814; 24.1.1934, SZ 16/19; *Pisko*, Lehrbuch des Österreichischen Handelsrechts (1923) 58; *Wellacher*, ÖJZ 1950, 293; *Lukas* in Kletečka/Schauer, ABGB-ON § 1409 Rz 6; *Heidinger* in Schwimann/Kodek⁴ § 1409 Rz 9; *Linder* in Gruber/Kalss/Müller/Schauer, Erbrecht und Vermögensnachfolge § 12 Rz 13.

[193] OGH 25.2.1931, 1 Ob 1158/30, NZ 1931, 73; *Klang*, JBl 1948, 440; *Wolff* in Klang² VI 358; *Wellacher*, ÖJZ 1950, 293 ff; *Ertl* in Rummel³ § 1409 Rz 3 mwN; *Lukas* in Kletečka/Schauer, ABGB-ON § 1409 Rz 6; *Heidinger* in Schwimann/Kodek⁴ § 1409 Rz 9; *Weiß* in Klang² III 561.

zeugen. Das Vermächtnis des Unternehmens verpflichtet den Beschwerten das Unternehmen an den Bedachten zu übertragen. In Erfüllung des Vermächtnisses kommt es zu einem Erwerb („Übernahme") des Unternehmens unter Lebenden,[194] womit der Tatbestand des § 1409 erfüllt ist.[195] Die Anwendung des § 1409 wird für entbehrlich gehalten, weil ohnedies eine Haftung des Vermächtnisnehmers aufgrund von § 662 S 3 bestehe.[196] Diese Bestimmung bietet indes entgegen der hM[197] – keine Grundlage[198] für eine Haftung des Vermächtnisnehmers für obligatorische Verpflichtungen des Erblassers.[199] Soweit man eine solche Haftung bejaht, handelt es sich dennoch nur um eine Schuldentragungsregel im Innenverhältnis zwischen dem Erben und dem Vermächtnisnehmer; ein direkter Anspruch des Gläubigers gegen den Legatar besteht nicht.[200] Entscheidend ist aber, dass § 662 (§ 653 Abs 2nF, 662 nF) dispositiver Charakter zukommt.[201] Der Erblasser kann den Vermächtnisnehmer demnach auch gänzlich von der Übernahme der Verbindlichkeiten befreien, sodass diese – auch im Innenverhältnis endgültig – vom Erben zu tragen sind.[202] Dieser kann seine Haftung jedoch durch eine bedingte Erbantrittserklärung beschränken; die unbeschränkte Erbenhaftung nach § 40 UGB trifft den Erben nicht, wenn er das Unternehmen innerhalb von 3

---

194 Wie hier auch schon *Rappaport* in Klang II/1, 448 f.

195 AM *Wellacher*, ÖJZ 1950, 294, weil es an einem Vertrag fehle. Einen solchen verlangt der Wortlaut der Bestimmung indes gar nicht; § 1409 spricht bloß von „Übernahme". Spätestens mit Inkrafttreten des § 38 UGB kann nicht mehr geleugnet werden, dass auch der Erwerb des Vermächtnisnehmers eine Vermögen-/Unternehmensübernahme unter Lebenden darstellt. Ein Vertrag zwischen dem Beschwerten und dem Legatar besteht jedenfalls bei einem *legatum venditionis*. Für die Anwendbarkeit des § 1409 kann das aber keine andere Beurteilung rechtfertigen als in den übrigen Fällen eines Vermächtnisses. Im Gegenteil: erhält der Veräußerer in diesem Fall doch eine Gegenleistung, während § 1409 gerade bei unentgeltlichem Erwerb besondere Bedeutung zukommt. Jedenfalls kommt eine analoge Anwendung in Frage. Für Analogie etwa *Wagnest*, Haftung 163.

196 *Wellacher*, ÖJZ 1950, 294; *Klang*, JBl 1948, 440; *Ertl* in Rummel[3] § 1409 Rz 3; *Lukas* in Kletečka/Schauer, ABGB-ON § 1409 Rz 6; *Heidinger* in Schwimann/Kodek[4] § 1409 Rz 9.

197 Wobei die Haftung nur für jene Schulden besteht, die sich auf die vermachte Sache beziehen: OGH 25.10.1966, 8 Ob 270/66, EvBl 1967/217; 13.8.2002, 1 Ob 150/02v, ecolex 2002, 880 (*Wilhelm*) = EvBl 2002/211, 841 = EFSlg 100.567 = EFSlg 101.728; 26.2.2003, 9 Ob 14/03d, ZfRV 2004, 27; 21.7.2004, 3 Ob 69/04z; *Spruzina* in Kletečka/Schauer, ABGB-ON 1.01 § 662 Rz 10, § 686 Rz 11; *Weiß* in Klang[2] III 561; *Welser* in Rummel/Lukas[4] § 662 Rz 8; vgl auch *Zeiller*, Commentar II 637.

198 § 662 hat das Vermächtnis einer fremden Sache zum Gegenstand. Dessen S 1 betrifft den Fall, dass die Sache gänzlich fremd ist, S 2 jenen Fall, dass die Sache fremd ist, aber dem Erblasser oder dem Beschwerten ein Recht daran zusteht und S 3 den Fall, dass die Sache zwar nicht fremd ist, aber Dritte (fremde) Rechte an der Sache haben (vgl *Pfaff/Hofmann*, Commentar II 435 FN 48). Aus der Systematik der Bestimmung ergibt sich, dass S 3 nur dingliche Lasten betrifft.

199 Gegen eine Haftung auch die überw ältere L: *Unger*, Erbrecht[4] 292 f Anm 1; *Anders*, Erbrecht[2] 112; *Stubenrauch*, Commentar I 859 (Anm 2); *Pfaff/Hofmann*, Commentar II 435 f; *Krasnopolski/Kafka*, Erbrecht 127; *Rappaport* in Klang II/1, 447 f; aus der Rsp auch noch OGH 18.5.1858, Nr 4891 GlU 570; 1.10.1862, GlU 1566; 21.6.1871, Nr. 5844 GlU 4205.

200 So die inzwischen wohl hA: *Eccher*, Antizipierte Erbfolge 177; *ders* in Schwimann/Kodek[4] §§ 660–662 Rz 8; *Apathy* in KBB[4] § 662 Rz 2; *Welser* in Rummel/Lukas[4] § 662 Rz 8; Sympathien für diese Ansicht auch bei *Thöni* in Fenyves/Kerschner/Vonkilch, ABGB[3] (Klang) § 1409 Rz 37: „beachtliche Mindermeinung".

201 OGH 8.2.1893, Nr. 1303 GlU 14.588 = ZBl 1893, 499; *Anders*, Erbrecht[2] 112; *Pfaff/Hofmann*, Commentar II 436; *Eccher* in Schwimann/Kodek[4] § 660–662 Rz 8.

202 Vgl *Rappaport* in Klang II/1, 448; *Weiß* in Klang[2] III 561.

Monaten nach Einantwortung[203] an den Legatar übergibt,[204] und kann – wenn dies nicht der Fall ist – ausgeschlossen werden.[205] Die *ratio legis* des § 1409, der Schutz der Gläubiger vor Entzug des Haftungsfonds,[206] gebietet sohin dessen Anwendung.[207]

3. Anerbenrecht

30   Die Frage, ob Erbeinsetzung oder Vermächtnis vorliegt, ist ferner bei letztwilliger Zuwendung eines Erbhofs bedeutsam. Die Bestimmungen des AnerbenG (mit Ausnahme jener über die gesetzliche Erbfolge) finden Anwendung, wenn der Erblasser einen Miterben – durch verschiedene rechtliche Konstruktionen[208] – auch zum Hofübernehmer bestimmt.[209] Nicht anzuwenden ist das AnerbenG dagegen, wenn die Hinterlassung des Erbhofs als Vermächtnis zu qualifizieren ist und der Hofübernehmer nicht zugleich Miterbe ist (§ 9 Abs 1 AnerbenG).[210]

4. Internationales Recht

31   Der erbrechtliche Universalsukzessor kann sich ab Inkrafttreten der Europäischen Erbrechtsverordnung zum Nachweis seiner Rechtstellung als Erbe ein **Europäisches Nachlasszeugnis**[211] ausstellen lassen, wenn die sich aus seiner Rechtsstellung ergebenden Rechte und Befugnisse in einem anderen Mit-

---

[203]   *Rubin* in Zib/Dellinger, UGB § 40 Rz 152 stellt darauf ab, dass das Vermächtnis innerhalb der 3-Monatsfrist (gerechnet ab Einantwortung) fällig wird. Man wird jedoch die Haftung nach § 40 UGB auch dann ausschließen müssen, wenn Fälligkeit noch nicht eingetreten ist, das Unternehmen aber dennoch bereits übertragen wird, wobei es dem Vermächtnisnehmer vor Fälligkeit freilich nicht aufgezwungen werden kann (§ 1413); vgl *Spruzina* in Kletečka/Schauer, ABGB-ON 1.01 § 685 Rz 10.

[204]   Diesfalls liegt – nach zutreffender Ansicht – keine Unternehmensfortführung iSd § 40 Abs 1 UGB vor, *Dehn* in U.Torggler, UGB § 40 Rz 9; *Rubin* in Zib/Dellinger, UGB § 40 Rz 152.

[205]   § 40 Abs 2 S 1 UGB, s dazu *Rubin* in Zib/Dellinger, UGB § 40 Rz 196 ff.

[206]   78 Blg zu den Protokollen des Herrenhauses, XXI. Session 1912, 300; *Koziol/Welser*[13] II 132; *Thöni* in Fenyves/Kerschner/Vonkilch, ABGB[3] (Klang) § 1409 Rz 6.

[207]   Für die Anwendung des § 1409: *Rappaport* in Klang II/1, 448 f; *Weiß* in Klang[2] III 561; *Wagnest*, Haftung 162 f; *Eccher*, Antizipierte Erbfolge 177; *ders* in Schwimann/Kodek[4] §§ 660–662 Rz 8; ihm folgend *Apathy* in KBB[4] § 662 Rz 2; zust auch *Thöni* in Fenyves/Kerschner/Vonkilch, ABGB[3] (Klang) § 1409 Rz 37; ähnlich auch *Wilhelm*, JBl 1984, 600 ff.

[208]   Abs 1 Z 1: Zuweisung von Erbrecht und Hofübernahmsrecht; Zuweisung des Hofübernahmsrechts (Z 2) oder eines Aufgriffsrechts (Z 3) zugunsten eines der eingesetzten Miterben; vgl *Eccher* in Schwimann/Kodek[4] § 8 AnerbenG Rz 1.

[209]   *Eccher* in Schwimann/Kodek[4] § 8 AnerbenG Rz 1.

[210]   Mit Recht kritisch zum Erfordernis des Vorhandenseins eines Miterben, *Kralik*, Erbrecht[3] 375 f und *Zemen*, NZ 2006, 200 ff. Entgegen den beiden Autoren ist eine teleologische Reduktion der Norm jedoch nicht möglich. Gesetzesbestimmungen sind tunlichst nicht so auszulegen, dass ihnen kein oder fast kein Anwendungsbereich bleibt oder einzelne Tatbestandselemente eliminiert werden (*F. Bydlinski*, Juristische Methodenlehre und Rechtsbegriff[2] [1991] 444). Das Vorhandensein von Miterben wurde – wie sich aus den Mat klar ergibt – ganz bewusst festgelegt, sodass eine Korrektur durch den Rechtsanwender wohl nicht in Frage kommt.

[211]   Ausf zum Europäischen Nachlasszeugnis s *Schauer*, Europäisches Nachlasszeugnis, in Schauer/Scheuba, Europäische Erbrechtsverordnung (2012) 78 ff.

gliedstaat der EU geltend gemacht werden müssen.[212] Dem Vermächtnisnehmer ist diese Möglichkeit verwehrt, da das Europäische Nachlasszeugnis nur dem Nachweis der Rechtsstellung jener Legatare dient, denen unmittelbare Rechte am Nachlass zukommen, sohin nicht dem Damnationslegatar nach österreichischem Recht, dem bloß ein schuldrechtlicher Anspruch zukommt.[213]

Teil B. Rechtslage ab 1. 1. 2017
XIV. Sprachliche Änderungen

§ 535 findet sich nun gemeinsam mit den §§ 531–534 unter der Überschrift **32** „Begriffe". Die Änderungen durch das ErbRÄG 2015 sind **rein sprachlicher Natur**.[214] So wurde bspw der Begriff „Summe" durch „Betrag" ersetzt. Wie auch bei den übrigen geringfügigen sprachlichen Anpassungen ergibt sich daraus keine materielle Änderung. Der **Begriff „Nachlasses"** wurde – wie im gesamten ABGB **durch jenen der „Verlassenschaft" ersetzt**. Der Gesetzgeber wollte mit dieser sprachlichen Änderung einen Gleichklang zum Verfahrensrecht herstellen.[215] Auch in anderen Gesetzen, wie beispielsweise im Anerben- und Höferecht, im Gerichtskommisärsgesetz oder in der Notariatsordnung wurde daher der Begriff des Nachlasses beseitigt. Dies wurde aber nicht konsequent durchgezogen. So wird in einigen Gesetzen – wie bspw in der erbrechtlichen Bestimmung des § 40 UGB – weiterhin vom „Nachlass" gesprochen. Auch wurde erst durch die am 16.8.2015 in Kraft getretene EU-Erbrechtsverordnung der Terminus „Nachlasszeugniss" in die österreichische Rechtssprache eingeführt, sodass die Streichung des Begriffs nicht restlos überzeugt. Die Begriffe **„Legat" und „Legatar"** als Synonyme für „Vermächtnis" und „Vermächtnisnehmer" sind **keine *verba legalia* mehr**. Diese Begriffe wurden nicht nur in § 535 sondern auch in allen übrigen Bestimmungen gestrichen.

Wie bisher soll sich im Einzelfall durch Auslegung ermittelt werden, ob ein **33** Vermächtnis oder nicht doch Erbeinsetzung gewollt ist.[216] Weiterhin gilt die gesetzliche Vermutungsregel, wonach die Aufzählung einzelner Sachen oder Rechte im Zweifel auch dann als Vermächtnis zu betrachten ist, wenn der Wert dieser Sachen in der Terminologie „einen erheblichen Teil der Verlassenschaft ausmacht", wiewohl in diesem Fall zumeist eine Erbeinsetzung gewollt sein wird (Rz 14).

XV. Inhaltliches

§ 647 bestimmt – in Übereinstimmung mit bereits bisher einhelliger Ansicht (Rz 10) dass sich ein Vermächtnis auch auf einen **Vermächtnisvertrag** **34** gründen kann. Mangels eigenständiger Regelung des Vermächtnisvertrages,

---

[212] Zu den Rechtswirkungen des Europäischen Nachlasszeugnisses s *Schauer* in Schauer/Scheuba, Europäische Erbrechtsverordnung 92 ff.

[213] *Schauer* in Schauer/Scheuba, Europäische Erbrechtsverordnung 80 ff, *Perscho* in Deixler-Hübner/Schauer, EU-Erbrechtsversicherung Art 63 Rz 24 ff.

[214] EB 688 BlgNR 25. GP 4.

[215] EB 688 BlgNR 25. GP 1.

[216] EB 688 BlgNR 25. GP 4.

sie – wie bisher – die Regelungen über den Erbvertrag (§§ 1249 ff) analog anzuwenden. Diese Bestimmung ordnet ferner an, das die Regeln über die Transmission (§ 537 Rz 7) und die Erbfähigkeit (dazu Rz 27), ebenso wie die Regeln über die **Ausschlagung der Erbschaft** auf Vermächtnisse entsprechend anzuwenden sind, das in diesen Bereichen Erbreinsetzung und Vermächtnis also gleich zu behandeln sind. Die umstrittene Frage, an wen der Vermächtnisnehmer die Erklärung das Vermächtnis auszuschlagen zu richten hat,[217] bleibt dadurch aber gesetzlich ungeregelt, wiewohl diese Frage bspw auch für die Anwendbarkeit des Art 13 EuErbVO von Bedeutung ist.[218]

35 Nach § 653 kommt es nun auch nach dem Gesetzeswortlaut nicht mehr darauf an, dass der Gegenstand des Vermächtnisses einen *Wert* hat. Es reicht, dass dem Vermächtnisnehmer irgendein durchsetzbarer Vorteil verschafft wird (Rz 8).

XVI. Übergangsrecht

36 Der neugefasste § 535 ist auf Erbfälle nach dem 31.12.2016 anzuwenden (§ 1503 Abs 7 Z 1 iVm Z 2). Da § 535 nicht nur Begriffsbestimmungsfunktion hat, sondern darüber hinaus auch eine Auslegungsregel ist, wäre die Übergangsbestimmung des § 1503 Abs 7 Z 5 passender gewesen. Dieser stellt auf den Errichtungszeitpunkt der letztwilligen Verfügung ab (Anwendung des neuen Rechts auf nach dem 31.12.2016 errichtete letztwillige Verfügungen). Da § 535 aber materiell nicht geändert wurde, ist das Abstellen auf den Todeszeitpunkt letztlich unschädlich.

Zeitpunkt des Erbanfalls

§ 536. Das Erbrecht tritt erst nach dem Tode des Erblassers ein. Stirbt ein vermeintlicher Erbe vor dem Erblasser; so hat er das noch nicht erlangte Erbrecht auch nicht auf seine Erben übertragen können.

Stammfassung JGS 1811/946.

I. Entstehung des Erbrechts

Erbanfall

§ 536. (1) Der Erbe erwirbt das Erbrecht (Erbanfall) mit dem Tod des Verstorbenen (Erbfall) oder mit dem Eintritt einer aufschiebenden Bedingung (§§ 696 und 703).
(2) Wenn ein möglicher Erbe vor dem Erbanfall verstirbt, erwirbt er kein Erbrecht; es kann daher auch nicht auf seine Erben übergehen.

IdF BGBl Nr I 2015/87 (ErbRÄG 2015), in Kraft ab 1. 1. 2017. Mat: EB RV 688 BlgNR 25. GP.

---

[217] S dazu *Kletečka/Holzinger* in Kletečka/Schauer, ABGB-ON 1.02, § 615 mwN.
[218] Dazu *Motal*, EF-Z 2014, 251 (256).

Lit: *Saerbeck*, Beginn und Ende des Lebens als Rechtsbegriffe (1974); *Flume*, Allgemeiner Teil des Bürgerlichen Rechts I/1, Die Personengesellschaft (1977); *Schreiber*, Kriterien des Hirntodes, Bericht über eine Stellungnahme des Wissenschaftlichen Beirates der Bundesärztekammner, JZ 1983, 593; *Bernat*, Zivilrechtliche Fragen um die künstliche Humanreproduktion, in Bernat (Hrsg), Lebensbeginn durch Menschenhand (1985) 125; *ders*, Künstliche Zeugungshilfe – eine Herausforderung für den Gesetzgeber?, JBl 1985, 720; *Leipold*, Erbrechtliche Aspekte der künstlichen Befruchtung und der künstlichen Verlängerung des Lebens, in FS Kralik (1986) 467; *Mansees*, Einige Gedanken zum gesetzlichen Erbrecht des auf nicht-natürlichem Weg erzeugten Kindes, FamRZ 1986, 756; *Selb*, Rechtsordnung und künstliche Reproduktion des Menschen (1987); *Steiner*, Ausgewählte Rechtsfragen der Insemination und Fertilisation, ÖJZ 1987, 513; *Bernat*, Rechtsfragen im Zusammenhang mit der Kryokonservierung humaner Gameten und Embryonen, RZ 1989, 52; *Britting*, Die postmortale Insemination als Problem des Zivilrechts (1989); *Schauer*, Zivilrechtliche Grundfragen der Stiftungserrichtung, in Csoklich/Müller (Hrsg), Die Stiftung als Unternehmer (1990) 26; *Mansees*, Das Erbrecht des Kindes nach künstlicher Befruchtung (1991); *Memmer*, Rechtsfragen im Gefolge medizinisch assistierter Fortpflanzungen post mortem vel divortium, JBl 1992, 361; *Bernat*, Todeskonzept, Todesbegriff und Rechtserkenntnis. Gezeigt am Beispiel der Vereinigten Staaten von Nordamerika, in *Schwarz/Kröll/List (Hrsg)*, Hirntod (1995) 323; *Fischer-Czermak*, Das Erbrecht des Kindes nach artifizieller Insemination, NZ 1999, 262; *Lurger*, Fortpflanzungsmedizingesetz und Abstammungsrecht, in Bernat (Hrsg) , Die Reproduktionsmedizin am Prüfstand von Recht und Ethik (2000) 108; *Peichl*, Der Embryo in vitro – seine rechtliche Qualifikation und die Alternative der „Embryoannahme", ÖJZ 2003/32; *Mondel*, Kuratoren im Verlassenschaftsverfahren, NZ 2007, 295; *Otte*, Zur Erbfähigkeit der Personengesellschaften, in FS Westermann (2008) 535; *Koch-Hipp*, Kuratorenbestellung für den Nasciturus im Verlassenschaftsverfahren – Formelle Lösung führt zu unbefriedigenden erbrechtlichen Ergebnissen, iFamZ 2010, 211; *Motal*, Die Reform des Erbrechts in Liechtenstein – Vorbild für Österreich, NZ 2013, 328. *Melzer*, BStFG 2015 – Grundelemente und Gründungsverfahren in Deixler-Hübner/Grabenwarter/Schauer (Hrsg), Gemeinnützigkeitsrecht NEU (2016) 3.

Lit zur Rechtslage ab 1. 1. 2017: *Schauer/Motal/Reiter/Hofmair/Wöss*, Erbrechtsreform: Paradigmenwechsel oder Window Dressing?, JEV 2015, 40.

Übersicht

Teil A. Rechtslage bis 31. 12. 2016

I.	Entstehungsgeschichte	1
II.	Entstehung des Erbrechts	2–6
III.	Der Tod eines Menschen	7–9
	1. Erbrechtlicher Todesbegriff	7–8
	2. Todeserklärung	9
IV.	Existenz des Berufenen zum Zeitpunkt des Erbanfalls	10–22
	1. Natürliche Personen	10–13
	a) Überlebensbedingung	10
	b) Erlebensbedingung	11
	c) Berufung noch nicht gezeugter Personen	12
	d) Künstliche Befruchtung	13

2. Juristische Personen und sonstige Personenvereinigungen		14–22
a) Erbfähigkeit		14–17
aa) Juristische Personen		14
bb) Offene Gesellschaft (OG) und Kommanditgesellschaft (KG)		15–16
cc) Gesellschaft bürgerlichen Rechts (§§ 1175 ff)		17
b) Überlebensbedingung		18–19
c) Erlebensbedingung		20
d) Berufung noch nicht existenter juristischer Personen		21
e) Letztwillige Errichtung einer Stiftung		22

Teil B. Rechtslage ab 1. 1. 2017

V.	Systematik	23
VI.	Die Bestimmung im Einzelnen	24–26

Teil A. Rechtslage bis 31. 12. 2016

I. Entstehungsgeschichte

1   Die Bestimmung ist seit Inkrafttreten des ABGB unverändert geblieben. Sie entstand durch die Zusammenziehung der §§ 328 und 329 des WGB.[1] Dort war ausdrücklich festgehalten, dass es zu Lebzeiten einer Person noch keine Verlassenschaft gibt und ein potentieller Erbe vor dem Tod des Erblassers demgemäß bloß eine Hoffnung auf eine Erbschaft haben kann (§ 328 WGB). Dies ergibt sich nun aus dem ersten S des § 536 ABGB, der positiv formuliert, dass das Erbrecht erst nach dem Tod des Erblassers entsteht.[2]

II. Entstehung des Erbrechts

2   Im Zeitpunkt des Todes einer Person (Erbfall) entsteht der ruhende Nachlass (*hereditas iacens*) nach ihr.[3] Das subjektive Erbrecht (§ 532) des berufenen Erben kann frühestens in diesem Zeitpunkt erworben werden. Dies stellt auch den Regelfall dar. Zumeist ist also der Tod des Erblassers zugleich der Zeitpunkt des Erbanfalls, also jener Zeitpunkt in welchem dem Erben das Erbrecht anfällt.[4] Erbfall und Erbanfall fallen zeitlich zusammen. Dies gilt auch

---

[1] *Ofner*, Protokolle II 324 (bei § 328–329).
[2] *Weiß* in Klang² III 71.
[3] OGH 27.3.1995, 1 Ob 630/94, SZ 68/61 = NZ 1996, 183 (*Kletečka*) = EFSlg 78.349 = EFSlg 78.368 = EFSlg 78.423 = EFSlg 78.485; 30.10.1979, 1 Ob 718/79, SZ 52/156; *Kralik*, Erbrecht³ 31.
[4] OGH 27.3.1995, 1 Ob 630/94, SZ 68/61; 14.3.2013, 2 Ob 219/12p, Zak 2013/318, 176 = EF-Z 2013/122, 184 (*Tschugguel*) = NZ 2013/113, 272; 8.5.2014, 12 Os 20/14d; 24.1.2013, 8 Ob 124/12m, NZ 2013/411, 396 = ÖBA 2013/1951, 757 = ZIK 2013/283, 192; *Nippel*, Erläuterung IV 19; *Krasnopolski/Kafka*, Erbrecht 11 f; *Ehrenzweig*, System II/2², 366; *Koziol/Welser*¹³ II 445; *Welser* in Rummel/Lukas⁴ § 536 Rz 1; *Kralik*, Erbrecht³ 31.

bei aufschiebender Befristung (§ 705).[5] Bei aufschiebend bedingter Erbeinsetzung (§ 703) hingegen wird das subjektive Erbrecht erst mit Bedingungseintritt und nicht bereits mit dem Tod des Erblassers erworben; der Zeitpunkt des Erbanfalls verschiebt sich nach hinten.[6]

Vor erfolgtem Erbanfall hat der potentielle Erbe kein Erbrecht und auch kein Anwartschaftsrecht[7] auf eine Erbschaft, sondern bloß eine rechtliche bedeutungslose Erbaussicht.[8] Verfügungen über diese Erbaussicht sind sittenwidrig iSd § 879 Abs 2 Z 3 und somit nichtig.[9] Die einzig zulässige Verfügung über eine erhoffte Erbschaft ist der sowohl entgeltlich als auch unentgeltlich zulässige Erbverzicht gegenüber dem Erblasser, welcher zu seiner Wirksamkeit eines Notariatsakts oder eines gerichtlichen Protokolls bedarf (§ 551).[10] Ein Verzichtsvertrag des potentiellen Erben mit demjenigen zu dessen Gunsten verzichtet werden soll, ist indes, auch wenn es sich beim Begünstigten um einen Verwandten handelt, unzulässig.[11]

3

Solange eine Person am Leben ist, gibt es nach ihr keinen Nachlass und daher auch kein Erbrecht (*hereditas viventis non datur*).[12] Das Gesetz bezeichnet den zur Erbfolge Berufenen zu Lebzeiten des Erblassers als „vermeintlichen Erben". Die Terminologie des Gesetzes wurde von *Unger*[13] kritisiert, weil „vermeintlich" und „vermutlich" keine synonymen Ausdrücke darstellen und als vermeintlicher Erbe derjenige gelte, der sich nach dem Tod des Erblassers für den wahren Erben hält, ohne es zu sein. In der Rechtswissenschaft pflegt man daher vor dem Tod des Erblassers vom präsumtiven bzw potentiel-

4

---

5   Vgl *Eccher* in Schwimann, TaschKo² § 536 Rz 1; *Kralik*, Erbrecht³ 31.
6   OGH 14.3.2013, 2 Ob 219/12p, EF-Z 2013/122, 184 (*Tschugguel*); 8.5.2014, 12 Os 20/14d; *Krasnopolski/Kafka*, Erbrecht 11 f; *Ehrenzweig*, System II/2², 367; *Koziol/Welser*¹³ II 445; *Welser* in Rummel/Lukas⁴ § 536 Rz 1; *Werkusch-Christ* in Kletečka/Schauer, ABGB-ON 1.02 § 536 Rz 1; *Eccher* in Schwimann, TaschKo² § 536 Rz 1; *ders* in Schwimann/Kodek⁴ § 536 Rz 2; *Apathy* in KBB⁴ § 536 Rz 1; *Kralik*, Erbrecht³ 31; *Linder* in Gruber/Kalss/Müller/Schauer, Erbrecht und Vermögensnachfolge § 11 Rz 3.
7   So aber *Stubenrauch*, Commentar⁸ 742.
8   *Eccher* in Schwimann/Kodek⁴ § 536 Rz 1; *Apathy* in KBB⁴ § 536 Rz 1; *Werkusch-Christ* in Kletečka/Schauer, ABGB-ON 1.02 § 536 Rz 1; *Welser* in Rummel/Lukas⁴ § 536 Rz 1; *Binder* in Schwimann³ § 1278 Rz 2; *Schauer* in Gruber/Kalss/Müller/Schauer, Erbrecht und Vermögensnachfolge § 15 Rz 55; *B. Jud*, Erbschaftskauf 96 ff; *Kralik*, Erbrecht³ 31. Vgl auch *Handl* in Klang II/1, 37; *Winniwarter*, Bürgerliches Recht III² 11; *Nippel*, Erläuterung IV 19. Aus diesem Grund hat derjenige, der nur hofft, gesetzlicher Erbe oder Pflichtteilsberechtigter eines noch Lebenden zu werden, kein rechtliches Interesse, dass die Ungültigkeit eines vom präsumtiven Erblasser geschlossenen Vertrags festgestellt wird, weshalb eine Feststellungsklage iSd § 228 ZPO ausscheidet, OGH 20.1.1960, 1 Ob 13/60; 3.5.1967, 1 Ob 30/67, EFSlg 8901; 10.5.1972, 6 Ob 85/72; 1.7.1976, 7 Ob 598/76, Rz 1977, 124; 30.3.1999, 3 Ob 23/99z.
9   Vgl nur *Kralik*, Erbrecht³ 31. Kritisch hierzu *Graf* in Kletečka/Schauer, ABGB-ON 1.01 § 879 Rz 253.
10 Vgl *Kralik*, Erbrecht³ 31.
11 OGH 8.3.1990, 7 Ob 531/90, NZ 1992, 70 = EFSlg 66.283; *Krejci* in Rummel³ § 879 Rz 212; *Apathy/Riedler* in Schwimann/Kodek⁴ § 879 Rz 18.
12 *Zeiller*, Commentar II 389 f; *Winniwarter*, Bürgerliches Recht III² 11; *Pfaff/Hofmann*, Commentar II/1, 17; *Kralik*, Erbrecht³ 31.
13 Erbrecht⁴ 21.

len[14] oder vermutlichen[15] Erben zu sprechen. Dem halten *Pfaff/Hofmann* entgegen, dass es sich in dem im Gesetz angesprochenen Fall tatsächlich bloß um einen vermeintlichen Erben handle, da die Vermutung, dass dieser Erbe wird, durch das Nichterleben des Todes des Erblassers bereits zerstört worden sei.[16] Der entsprechende S der Bestimmung ist freilich so formuliert, dass nach den Regeln der Grammatik[17] der präsumtive Erbe auch dann, wenn der Fall des Vorversterbens nicht einträte, nur vermeintlich Erbe wäre. Die generelle Bezeichnung desjenigen, der eine Erbaussicht hat, als vermeintlichen Erben, findet sich auch bei *Zeiller* in dessen Kommentar.[18] Die Bezeichnung als vermeintlicher Erbe wird auch von *Weiß*[19] als korrekt angesehen. Sprachlich präziser ist es indessen vom vermutlichen Erben zu sprechen, da „vermutlich" bedeutet, dass die Person fälschlich für den Erben gehalten wurde, was zu Lebzeiten des Erblassers freilich noch gar nicht feststellbar ist, weil es zu diesem Zeitpunkt noch kein Erbrecht gibt.

5   Dass vor dem Tod des Erblassers bloß eine rechtlich nicht geschützte Erwerbsmöglichkeit vorliegt, ergibt sich für den aufgrund eines Testaments oder aufgrund des Gesetzes Berufenen daraus, dass der Erblasser die Berufung zum Erben bis zum letzten Augenblick vor seinem Tod oder vor dem Verlust der Testierfähigkeit ändern kann.[20] Bei der gesetzlichen Erbfolge kann auch die Geburt eines Kindes die Erbaussicht der Verwandten in aufsteigender Linie beseitigen.[21] Auch der Berufungsgrund des Erbvertrags erzeugt obwohl er vom Erblasser nicht mehr einseitig widerrufen werden kann kein Anwartschaftsrecht des Vertragserben.[22] Das aus dem Erbvertrag entstehende Recht setzt den Tod des Erblassers und das Überleben des Eingesetzten sowie dessen Erbfähigkeit im Zeitpunkt des Erbanfalls voraus.[23] Die vertragliche Bindung hindert den Erblasser nicht, mit seinem Vermögen zu Lebzeiten nach Belieben zu schalten; es kann demnach auch keine Sicherstellung für das künftig erst entstehende Recht gefordert werden (§ 1252). Ferner kann die Erwerbsaussicht des Vertragserben durch Ungültigerklärung oder Auflösung der Ehe (§§ 1265 f) teilweise oder zur Gänze beseitigt werden.[24] Die (spätere) Geburt eines pflichtteilsberechtigten Kindes (§§ 777 f; § 775 Abs 2 nF)[25] kann die

---

14   *Werkusch-Christ* in Kletečka/Schauer, ABGB-ON 1.02 § 536 Rz 1.
15   *Unger*, Erbrecht[4] 21; vgl auch *Stubenrauch*, Commentar[8] 742.
16   *Pfaff/Hofmann*, Commentar II/1, 17 FN 2.
17   Anders wohl *Pfaff/Hofmann*, Commentar II/1, 17 FN 2.
18   Commentar II 389.
19   In Klang[2] III 72.
20   *Weiß* in Klang[2] III 71; *Gschnitzer/Faistenberger*, Erbrecht[2] 10; *Koziol/Welser*[13] II 444; vgl auch *Nippel*, Erläuterung IV 11.
21   *Gschnitzer/Faistenberger*, Erbrecht[2] 10.
22   *Handl* in Klang II/1, 37; *Weiß* in Klang[2] III 71; *Nippel*, Erläuterung IV 11; *Werkusch-Christ* in Kletečka/Schauer, ABGB-ON 1.02 § 536 Rz 1; *Fucik* in Kletečka/Schauer, ABGB-ON § 1252 Rz 2.
23   *Handl* in Klang II/1, 37; *Ehrenzweig*, System II/2[2], 489.
24   *Handl* in Klang II/1, 37.
25   § 778 ist auf die Übergehung im Erbvertrag analog anwendbar, OGH 19.6.1985, 8 Ob 16/85, JBl 1986, 520; *Ofner*, Protokolle II 399; *Weiß* in Klang[2] V 940; *Stubenrauch*, Commentar[8] 561; *Unger*, Erbrecht[4] 114; *Krasnopolski/Kafka*, Erbrecht 167; *Ehrenzweig*, System II/2[2], 489; *Welser* in Rummel/Lukas[4] § 778 Rz 1.

Erbaussicht des Vertragserben nachträglich schmälern oder beseitigen.[26] Das liechtensteinische Recht, das seit der im Oktober 2012 in Kraft getretenen Erbrechtsreform Erbverträge zwischen beliebigen zwei oder mehreren natürlichen Personen zulässt,[27] kennt überdies weitere Gründe, die eine einseitige Lösung von der vertraglichen Bindung rechtfertigen, wie beispielsweise grober Undank des Vertragserben oder die Setzung eines Enterbungsgrundes.[28]

Die Regeln des § 536 über den Zeitpunkt des Entstehens des Erbrechts gelten auch für den Erwerb der sonstigen erbrechtlichen Berechtigungen, wie beispielsweise für den Erwerb von Vermächtnissen[29] oder Pflichtteilsansprüchen.[30]

III. Der Tod eines Menschen

1. Erbrechtlicher Todesbegriff

Eine konkrete gesetzliche Regelung, wann ein Mensch als tot gilt, enthält die österreichische Rechtsordnung nicht.[31] Nicht einmal das Transplantationsgesetz, welches die Voraussetzungen für die Zulässigkeit von Organentnahmen definiert, enthält einen gesetzlich positivierten Todesbegriff.[32] Der juristische Todesbegriff knüpft an die Ergebnisse der medizinischen Wissenschaft an, die sich freilich im Laufe der Zeit ändern können.[33] Der Tod im Rechtssinn tritt nach heute hM mit dem Hirntod eines Menschen ein.[34] Der Hirntod wird definiert als der Zustand des irreversiblen Gesamtfunktionsausfalls von Großhirn, Kleinhirn und Hirnstamm.[35] Das sogenannte Gesamthirntodkriterium wird in Österreich soweit ersichtlich – unbestrittenermaßen auch für den Tod im erbrechtlichen Sinn als maßgebend erachtet.[36] Auch in Deutschland wird teilweise auf den Hirntod abgestellt, so definiert etwa das OLG Köln[37] den Todeszeitpunkt im Sinne der §§ 1922, 1923 BGB als den „Eintritt des Hirntodes im Sinne eines irreversiblen Funktionsverlustes des Gehirns, so daß dauerhaft

---

26 *Handl* in Klang II/1, 37.
27 *Motal*, NZ 2013, 328.
28 *Motal*, NZ 2013, 330 f.
29 *Pfaff/Hofmann*, Commentar II/1, 19; *Eccher* in Schwimann/Kodek⁴ § 536 Rz 10; *Welser* in Rummel/Lukas⁴ § 536 Rz 6; *Werkusch-Christ* in Kletečka/Schauer, ABGB-ON 1.02 § 536 Rz 1.
30 *Koziol/Welser*¹³ II 455; *Fritsch* in Ferrari/Likar-Peer, Erbrecht 43.
31 Vgl nur *P. Bydlinski*, Bürgerliches Recht I, Allgemeiner Teil Rz 2/10; s auch *Kopetzki*, Neues Transplantationsrecht beschlossen, RdM 2012/142.
32 *Eccher* in Schwimann/Kodek⁴ § 536 Rz 4.
33 Vgl nur *P. Bydlinski*, Bürgerliches Recht I, Allgemeiner Teil Rz 2/10.
34 *Bernat* in Schwarz/Kröll/List, Hirntod 323 ff; *P. Bydlinski*, Bürgerliches Recht I, Allgemeiner Teil Rz 2/10; *Eccher* in Schwimann/Kodek⁴ § 536 Rz 4; *Koch* in KBB⁴ § 16 Rz 2; *Schauer* in Kletečka/Schauer, ABGB-ON 1.01 § 16 Rz 9.
35 Beschluss des Obersten Sanitätsrates vom 17.12.2005, Empfehlungen zur Durchführung der Hirntoddiagnostik bei einer geplanten Organentnahme (für Österreich); *Wissenschaftlicher Beirat der Bundesärztekammer*, Richtlinien zur Feststellung des Hirntodes – Dritte Fortschreibung 1997 mit Ergänzungen gemäß Transplantationsgesetz (für Deutschland); vgl *Oduncu* in Schroth/König/Gutmann/Oduncu, Transplantationsgesetz (2005) Rz 92.
36 *Kopetzki*, RdM 2012/142.
37 OLG Köln 24.2.1992, 2 Wx 41/91, FamRZ 1992, 860 = DNotZ 1993, 171 = IPRax 1994, 376 = NJW-RR 1992, 1480.

§ 536

keine Gehirnkurven mehr mitgeschrieben werden können und eine Reanimation ausgeschlossen ist."[38] Die herkömmliche Auffassung, wonach der Tod infolge des *endgültigen Stillstands von Atmung und Kreislauf* eintrete, wurde in der deutschen Rsp explizit abgelehnt.[39] Im Schrifttum hingegen sind die Ansichten geteilt. Während nach einer Ansicht der Hirntod stets das entscheidende Kriterium bildet,[40] stellt eine andere – insb von *Leipold*[41] geprägte – Ansicht primär auf den Herz-Kreislaufstillstand ab.[42] *Leipold*[43] begründet diese Ansicht primär damit, dass der Herz-Kreislaufstillstand den Anforderungen an die Feststellbarkeit des Todeszeitpunkts und damit an die Rechtssicherheit am besten gerecht wird. Hingegen mache es bei „normalem" Sterbeverlauf keinen Sinn, auf den Hirntod abzustellen, da dieser idR weder festgestellt werde, noch im Nachhinein feststellbar sei.[44] Lediglich in jenen Fällen, in denen Atmung und Kreislauf durch Intensivtherapie künstlich aufrechterhalten werden, sei es sinnvoll, auf den Hirntod abzustellen.[45] Zwar erscheine der (von einer Minderheitsmeinung gemachte)[46] Vorschlag, für das Zivilrecht, insbesondere das Erbrecht, generell einen anderen Zeitpunkt, dh denjenigen des endgültigen Herz- und Kreislaufstillstands, zu wählen, nicht abwegig, sei aber nicht unproblematisch, da sich dadurch ein Anreiz ergeben könnte, die Intensivbehandlung gerade um zivilrechtlicher Folgen willen länger fortzusetzen als dies aus medizinischen Gründen veranlasst ist.[47] Sollten also lebensverlängernde Maßnahmen gesetzt werden, so ist zu konstatieren, dass der Hirntod heute von der ganz hM als maßgebliches Kriterium angesehen wird. Alleine *Wolf/Neuner*[48] stellen auf den gemeinsamen Ausfall von Herz, Lunge und Gehirn ab. Die von *Leipold* angeführte Gefahr, dass jemand den klinischen Tod aus unbilligen Motiven herbeiführt, sei mit den Korrektiven der Sittenwidrigkeit (§ 138 BGB), des Prinzips von Treu und Glauben (§ 242 BGB) und anderen zivilrechtlichen Bestimmungen, wie § 162 BGB hinsichtlich der treuwidrigen Herbeiführung bzw Vereitlung einer Bedingung oder § 815 2. Alt BGB in den Griff zu bekommen.[49] Zunächst ist festzuhalten, dass jene Ansicht, die für das Erbrecht primär auf den Herz-Kreislaufstillstand abstellt, Zustimmung verdient. Zwar gebietet

---

[38] Ähnlich auch BayObLG 15.1.1999, 1Z BR 110-981310, NJW 1999, 1309; OLG Frankfurt 11.7.1997, 20 W 254/95, NJW 1997, 3099 = FamRZ 1998, 190 = RPfleger 1997, 478.

[39] OLG Köln 24.2.1992, 2 Wx 41/91, FamRZ 1992, 860; BayObLG 15.1.1999, 1Z BR 110-981310, NJW 1999, 1309; OLG Frankfurt 11.7.1997, 20 W 254/95, NJW 1997, 3099.

[40] *Marotzke* in Staudinger, BGB (2008) § 1922 Rz 5; *Müller-Christmann* in BeckOK, BGB[31] § 1922 Rz 5.

[41] In MüKoBGB[6] § 1922 Rz 12 f.

[42] So auch *Mansel* in Jauernig, BGB[15] § 1 Rz 3; *Habermann* in Staudinger (2013) Vorbem zu § 1 VerschG Rz 8; Sympathien für diese Ansicht auch bei *Graf* in Firsching/Graf, Nachlassrecht[10] (2014) Rz 1.2 FN 1: „mit beachtlichen Gründen".

[43] In MüKoBGB[6] § 1922 Rz 12; *ders* in FS Kralik (1986) 480 f.

[44] *Leipold* in MüKoBGB[6] § 1922 Rz 12; *ders* in FS Kralik (1986) 480.

[45] *Leipold* in MüKoBGB[6] § 1922 Rz 13; ebenso *Mansel* in Jauernig, BGB[15] § 1 Rz 3.

[46] So etwa *Schreiber*, JZ 1983, 594.

[47] *Leipold* in MüKoBGB[6] § 1922 Rz 13, der ferner noch die Diskrepanz zur straf- und arztrechtlichen Beurteilung als Gegenargument anführt; s auch *dens* in FS Kralik (1986) 483.

[48] Allgemeiner Teil des Bürgerlichen Rechts[10] § 11 Rz 10.

[49] Allgemeiner Teil[10] § 11 Rz 10.

es die innere Kohärenz der Rechtsordnung den Tod des Menschen, soweit möglich nach einheitlichen Kriterien zu bestimmen,[50] doch scheint das generelle Abstellen auf den Hirntod für den zivilrechtlichen, insb erbrechtlichen Todesbegriff nicht zielführend, weil die Feststellung des Hirntodes bei natürlichem Todesverlauf regelmäßig unterbleibt.[51] Auch würde das generelle Abstellen auf den Hirntod keinen Mehrwert bringen, da der Herz-Kreislaufstillstand und der Hirntod praktisch zeitlich zusammenfallen und bloß wenige Minuten zwischen diesen beiden Ereignissen liegen.[52] Es würde lediglich das Erfordernis der ärztlichen Feststellung des Hirntodes in allen Fällen des Todes mit sich bringen.[53] In jenen Fällen, in denen durch die geringe Zeitverschiebung zwischen den Todeszeitpunkten erbrechtliche Rechtsfolgen beeinflusst werden, wäre das Abstellen auf den einen Todeszeitpunkt (den Hirntod) nicht weniger willkürlicher als das Abstellen auf den anderen (den Herz-Kreislaufstillstand).[54] Das liegt darin begründet, dass der Tod biologisch betrachtet kein Zeitpunkt, sondern ein Prozess ist.[55] Welchen Zeitpunkt man letztlich für entscheidend erachtet, ist eine normative Konvention,[56] bei der auch wertende und pragmatische Überlegungen eine Rolle spielen.[57] Gegen die Ansicht von *Wolf/Neuner*,[58] wonach sowohl der Hirntod als auch der Herz-Kreislaufstillstand kumulativ vorliegen müssen, ist für das österreichische Recht entgegenzuhalten, dass das Prinzip von Treu und Glauben mangels gesetzlicher Regelung nur in einem eingeschränkteren Rahmen zur Anwendung gelangt und dass die treuwidrige Vereitelung einer Rechtsbedingung – der Eintritt des Todes stellt eine solche dar – die Fiktion, wonach die Bedingung als eingetreten gilt, nicht auszulösen vermag.[59] Darüber hinaus scheint es schon aus Gründen der Rechtssicherheit vorzugswürdig, den Eintritt des erbrechtlich maßgebenden Todeszeitpunkts so festzulegen, dass dieser vom Einfluss der potentiellen Erben unabhängig ist.

Sowohl für den Tod des Erblassers als auch für den des Erben ist der Todeszeitpunkt maßgeblich, der in dem vom Standesamt zu führenden Sterbebuch angegeben ist.[60] Im Falle einer vom Gericht im Verfahren außer Streitsachen[61] auszusprechenden Todeserklärung ist der dort angegebene Zeitpunkt entscheidend.

---

50 Vgl *Leipold* in FS Kralik (1986) 481 f.
51 *Leipold* in FS Kralik (1986) 480.
52 Vgl *Leipold* in FS Kralik (1986) 480.
53 *Leipold* in FS Kralik (1986) 480.
54 Zutr *Leipold* in FS Kralik (1986) 480.
55 Vgl nur *Leipold* in FS Kralik (1986) 481; *Kopetzki*, RdM 2012/142.
56 *Leipold* in FS Kralik (1986) 481; *Müller-Christmann* in BeckOK, BGB[31] § 1922 Rz 4.
57 *Kopetzki*, RdM 2012/142.
58 Allgemeiner Teil[10] § 11 Rz 10.
59 *Kietaibl* in Kletečka/Schauer, ABGB-ON 1.01 § 897 Rz 39; *Koziol/Welser*[13] II 196; *Rummel* in Rummel[3] § 879 Rz 7; *Riedler* in Schwimann/Kodek[4] § 897 Rz 20; *Beclin* in Fenyves/Kerschner/Vonkilch, ABGB[3] (Klang) § 897 Rz 71.
60 *Werkusch-Christ* in Kletečka/Schauer, ABGB-ON 1.02 § 536 Rz 4.
61 § 14 TEG.

2. Todeserklärung

9   Bei Todeserklärung des Erblassers oder des Erben wird vermutet, dass der Verschollene in dem im Beschluss festgestellten Zeitpunkt gestorben ist (§ 9 Abs 1 TEG).[62] Ist der Todeszeitpunkt nur dem Tage nach festgestellt, so gilt das Ende dieses Tages als Zeitpunkt des Todes (§ 9 Abs 4 TEG). Eine Todeserklärung schafft eine widerlegliche Vermutung, sowohl was den Tod selbst betrifft, als auch hinsichtlich des Todeszeitpunkts.[63] Der Zeitpunkt des Erbanfalls wird sohin auf einer hypothetischen Grundlage bestimmt.[64] Stellt sich heraus, dass der in der Todeserklärung festgestellte Zeitpunkt unrichtig ist, muss die Frage des Erbanfalls unter Zugrundelegung des wahren Todeszeitpunkts neu beurteilt werden.[65] Allfällige Ansprüche, die sich aus der Richtigstellung von Todeserklärungen und dem damit im Zusammenhang stehenden Umstand ergeben, dass ein potenzieller Erbe vor dem Erblasser gestorben ist und daher gemäß § 536 nicht Erbe werden konnte,[66] sind mittels Erbschaftsklage (§ 823)[67] oder Heimfälligkeitsklage[68] geltend zu machen.[69] Einem verschollenen Erben, der möglicherweise vor dem Erblasser gestorben ist und somit möglicherweise die Überlebensbedingung des § 536 nicht erfüllt, ist der Nachlass einzuantworten, solange der Verschollene nicht für tot erklärt oder die Beweisführung des Todes erfolgt ist.[70] Kann von mehreren gestorbenen oder für tot erklärten Menschen nicht bewiesen werden, dass der eine den anderen überlebt hat, so wird vermutet, dass sie gleichzeitig gestorben sind (Kommorientenpräsumption § 11 TEG; vgl jetzt auch ebenso Art 32 EU-ErbVO), sodass keiner den anderen beerben kann.[71] Machen die Erbeserben Ansprüche geltend, so ist es an ihnen zu beweisen, dass der Erbe den Erblasser überlebt hat und ihm das Erbrecht daher bereits angefallen ist, sodass er dieses an sie weitervererben konnte (Transmission § 537).[72] Ist ein Todeserklärungsverfahren in Bezug auf einen Erben anhängig und besteht die Möglichkeit, dass dieser vor dem Erblasser zu Tode gekommen ist, so ist das Verlassenschaftsverfahren bis zur rechtskräftigen Entscheidung über den Antrag auf Todeserklärung auszusetzen.[73]

---

62   *Welser* in Rummel/Lukas⁴ § 536 Rz 4.
63   *Eccher* in Schwimann/Kodek⁴ § 536 Rz 4; *Kralik*, Erbrecht³ 31.
64   *Kralik*, Erbrecht³ 31.
65   *Kralik*, Erbrecht³ 31.
66   Derjenige, dem die Erbschaft aufgrund einer Todeserklärung eingeantwortet wurde, wird zumeist redlicher Erbschaftsbesitzer sein, was für den Umfangs der Rückstellungspflicht relevant ist; vgl *Kralik*, Erbrecht³ 32. Redlichkeit wird überdies vermutet, *Weiß* in Klang² III 1074 und ihm folgend *Spruzina* in Kletečka/Schauer, ABGB-ON 1.01 § 824 Rz 1.
67   OGH 12.3.1964, 5 Ob 62/64, SZ 37/39 = EvBl 1964/357.
68   OGH 30.10.1962, 8 Ob 322, 323/62, EvBl 1963/137.
69   *Eccher* in Schwimann/Kodek⁴ § 536 Rz 4; *Kralik*, Erbrecht³ 32.
70   OGH 7.2.1951, 1 Ob 70/51.
71   Ehegatten, von denen vermutet wird, dass sie gleichzeitig gestorben sind, können einander nicht beerbt haben, OGH 13.4.1967, 1 Ob 32/67.
72   Vgl *Eccher* in Schwimann/Kodek⁴ § 536 Rz 4.
73   OGH 7.2.1949, 3 Ob 282/49, SZ 22/194.

IV. Existenz des Berufenen zum Zeitpunkt des Erbanfalls

1. Natürliche Personen

a) Überlebensbedingung

§ 536 S 2 verlangt für den Erwerb des Erbrechts, dass der Erbe beim Erbfall noch lebt (Überlebensbedingung).[74] Eine bestimmte Dauer des Überlebens ist nicht erforderlich, es reicht, wenn der Erbe den Erblasser auch nur einen Augenblick überlebt.[75] Während § 536 nur den Regelfall vor Augen hat, in dem Tod des Erblassers zugleich der Zeitpunkt des Erbanfalls ist, ergibt sich aus § 703, dass der Erbe bei aufschiebend bedingter Erbeinsetzung den Eintritt der Bedingung erleben muss, um die Erbschaft zu erlangen.[76] Verstirbt der präsumtive Erbe vor oder gleichzeitig mit dem Erblasser, erlangt er das Erbrecht nicht, sodass Transmission ausscheidet und der Nächstberufene zum Zug kommt (§ 537),[77] welcher sein besseres Recht auch nach Einantwortung mit der Erbschaftsklage geltend machen kann.[78]

10

b) Erlebensbedingung

Der präsumtive Erbe muss, um die Erbschaft tatsächlich erlangen zu können, im Zeitpunkt des Todes des Erblassers bereits existieren (Erlebensbedingung).[79] Für natürliche Personen gilt, dass sie im Zeitpunkt des Erbanfalls zumindest gezeugt sein müssen.[80] Das bereits empfangene aber noch ungeborene Kind ist gem § 22 S 2 in Bezug auf seine Rechte rechtsfähig. Die Rechtsfähigkeit des *nasciturus* wirkt sich vor allem bei der Geltendmachung eines Erb- und Pflichtteilsrechts aus.[81] Das Erbrecht fällt ihm bereits im Todeszeitpunkt des Erblassers an, sodass er beispielsweise gesetzlicher Erbe nach seinem Vater ist, wenn dieser vor der Geburt gestorben ist.[82] Wurde der *nasciturus* im Testament eines Vorfahren, nach dem er pflichtteilsberechtigt ist, irrtümlich übergangen, so kann ihm das Recht auf Anpassung oder Anfechtung des Testaments zustehen (§§ 777 f; § 775 Abs 2 nF).[83] Auch in Bezug auf die Geltendmachung der Pflichtteilserhöhung wegen Schenkungen,

11

---

[74] *Unger*, Erbrecht⁴ 20; *Krasnopolski/Kafka*, Erbrecht 11; *Eccher* in Schwimann/Kodek⁴ § 536 Rz 3; *Welser* in Rummel/Lukas⁴ § 536 Rz 1; *Kralik*, Erbrecht³ 33.
[75] *Weiß* in Klang² III 72; *Welser* in Rummel/Lukas⁴ § 536 Rz 1; *Kralik*, Erbrecht³ 33.
[76] *Eccher* in Schwimann/Kodek⁴ § 536 Rz 3.
[77] *Ehrenzweig*, System II/2², 367.
[78] *Welser* in Rummel/Lukas⁴ § 536 Rz 1.
[79] *Kralik*, Erbrecht³ 31, 33; *Werkusch-Christ* in Kletečka/Schauer, ABGB-ON 1.02 § 536 Rz 2; *Krasnopolski/Kafka*, Erbrecht 11. Dieser Grundsatz gilt nicht für Nacherben, OGH 16.12.1972, 7 Ob 41/72, EvBl 1972/183 = NZ 1973, 128. Hier kommt es darauf an, ob sie im Zeitpunkt des Eintritts des Nacherbfalls bereits existiert sind, 18.11.1981, 1 Ob 529/81.
[80] *Krasnopolski/Kafka*, Erbrecht 11; *Werkusch-Christ* in Kletečka/Schauer, ABGB-ON 1.02 § 536 Rz 2.
[81] So bereits *Zeiller*, Commentar I 121 f; vgl auch *Posch* in Schwimann/Kodek⁴ § 22 Rz 3; *Koch* in KBB⁴ §§ 22–23 Rz 3.
[82] *Pisko* in Klang I/1, 233; *Schauer* in Kletečka/Schauer, ABGB-ON 1.01 § 22 Rz 6.
[83] OGH 13.12.1876, Nr. 9993 GlU 6317; *Pisko* in Klang I/1, 233; *Wolff* in Klang² I/1, 157; *Schauer* in Kletečka/Schauer, ABGB-ON 1.01 § 22 Rz 6; *Posch* in Schwimann/Kodek⁴ § 22 Rz 3.

die von einem Kind nur hinsichtlich solcher Schenkungen verlangt werden kann, die der Erblasser zu einer Zeit gemacht hat, in der er ein pflichtteilsberechtigtes Kind hatte, ist der *nasciturus* dem geborenen Kind gleichgestellt.[84] Auch die letztwillige Erbeinsetzung des *nasciturus* ist möglich.[85] Die Rechtsfähigkeit und damit die Erbfähigkeit ist jedoch bedingt durch die nachfolgende Lebendgeburt. Die Abgrenzung zwischen Lebend- und Totgeburt ist dabei nach § 8 Abs 1 Hebammengesetz[86] vorzunehmen.[87] Die Vermutung streitet dafür, dass der *nasciturus* lebend geboren wurde (§ 23). Zur Widerlegung bedarf es des Beweises des Gegenteils (§ 270 ZPO), der von demjenigen zu erbringen ist, der sich auf die Totgeburt beruft.[88] Misslingt der Gegenbeweis, kann der *nasciturus* das ihm angefallene Erbrecht an seine Erben weitervererben (Transmission § 537 Rz 12). Mit der Verlassenschaftsabhandlung[89] ist bis zum Eintritt bzw Nichteintritt der Rechtsbedingung der Lebendgeburt zuzuwarten.[90] Für die Leibesfrucht ist dabei ein Kurator nach § 269 2. Fall zu bestellen. Dieser soll nach hA aber nicht zur Abgabe einer Erbantrittserklärung für den *nasciturus* befugt sein.[91] Diese Kompetenz soll dem gesetzlichen Vertreter des *nasciturus* nach dessen Geburt zukommen.[92] Kommt das Kind tot zur Welt, ist es so zu behandeln, als ob es nie gezeugt worden wäre. Für die Frage, wer anstelle des tot geborenen Kindes Erbe wird, ist dann wieder der Todeszeitpunkt des Erblassers maßgeblich (§ 537 Rz 11).[93]

c) Berufung noch nicht gezeugter Personen

12 Werden noch nicht gezeugte natürliche Personen mittels letztwilliger Verfügung zu Erben eingesetzt, ist ihre Berufung durch die Lebendgeburt aufschiebend bedingt.[94] Werden sie unmittelbar letztwillig eingesetzt, so werden sie wie Nacherben nach den gesetzlichen Erben behandelt. Werden sie gemeinsam mit anderen bereits lebenden letztwillig berufenen Erben eingesetzt, wie Nacherben nach diesen. Es finden mithin die Regelungen über die konstruktive Nacherbfolge (§ 707) Anwendung.[95] Die Begrenzung des § 612 bezüglich der Anzahl zulässiger Nacherbfälle ist auch bei der Erbeinsetzung noch nicht ge-

---

84 *Pisko* in Klang I/1, 234; *Wolff* in Klang² I/1, 157; *Schauer* in Klatečka/Schauer, ABGB-ON 1.01 § 22 Rz 6; *Posch* in Schwimann/Kodek⁴ § 22 Rz 3.
85 *Pisko* in Klang I/1, 234.
86 BGBl 1994/310 iVm BGBl I 1999/116.
87 *Schauer* in Klatečka/Schauer, ABGB-ON 1.01 § 22 Rz 4.
88 *Schauer* in Klatečka/Schauer, ABGB-ON 1.01 § 23 Rz 1.
89 Zur Rechtsstellung im Verlassenschaftsverfahren *Koch-Hipp*, iFamZ 2010, 211 ff.
90 *Ehrenzweig*, System II/2², 369; *Welser* in Rummel/Lukas⁴ § 536 Rz 2; *Eccher* in Schwimann/Kodek⁴ § 536 Rz 6; *Werkusch-Christ* in Klatečka/Schauer, ABGB-ON 1.02 § 536 Rz 2; *Apathy* in KBB⁴ § 536 Rz 2; *Fritsch* in Ferrari/Likar-Peer, Erbrecht 44; *Verweijen*, Verlassenschaftsverfahren 120; *Gschnitzer/Faistenberger*, Erbrecht² 11.
91 *Koch-Hipp*, iFamZ 2010, 210; *Stabentheiner* in Rummel³ § 274 Rz 3; *Mondel*, NZ 2007, 295; *ders*, Die Kuratoren im Österreichischen Recht² 100; dagegen mit Recht *Verweijen*, Verlassenschaftsverfahren 119 f.
92 Vgl *Mondel*, Die Kuratoren im Österreichischen Recht² 100.
93 *Gschnitzer/Faistenberger*, Erbrecht² 11; *Weiß* in Klang² III 80.
94 *Krasnopolski/Kafka*, Erbrecht 12; *Fritsch* in Ferrari/Likar-Peer, Erbrecht 47.
95 OGH 27.3.1995, 1 Ob 630/94, SZ 68/61; *Weiß* in Klang² III 74; *Fritsch* in Ferrari/Likar-Peer, Erbrecht 45;

zeugter Personen zu berücksichtigen.⁹⁶ Die Einantwortung an die lebenden Erben erfolgt gleich der fideikommissarischen Substitution unter ausdrücklicher Beschränkung zu Gunsten der Ungeborenen.⁹⁷

d) Künstliche Befruchtung

Durch die Möglichkeit medizinisch unterstützter Fortpflanzung des Menschen ergibt sich eine Mehrzahl komplexer erbrechtlicher Fragestellungen.⁹⁸ Im gegebenen Zusammenhang ist insbesondere von Bedeutung, in welchem Zeitpunkt das Kind als empfangen iSd § 22 gilt, da ab diesem Zeitpunkt die Erbfähigkeit des *nasciturus* gegeben ist (Rz 11). Die herrschende Meinung geht dabei bei einer medizinisch unterstützten Fortpflanzung in Form einer In-vitro-Fertilisation davon aus, dass ab dem Zeitpunkt der extrakorporalen Befruchtung dh der Vereinigung von Ei- und Samenzelle außerhalb des Körpers menschliches Leben mit dem Status eines *nasciturus* (§ 22) entsteht.⁹⁹ Der Fötus wird sonach bereits in der Phase zwischen der Befruchtung und der Implantation als erbfähig betrachtet, sodass ihm auch dann ein Erbrecht zukommt, wenn der Samenspender/die Eispenderin in der Zwischenzeit verstirbt.¹⁰⁰ Das gilt ungeachtet dessen, dass eine Implantation nach dem Tod des Ehegatten (der eingetragenen Partnerin)¹⁰¹ oder des Lebensgefährten (Lebensgefährtin) der Mutter unzulässig ist (§ 2 Abs 1 FMedG), weil diese eine aufrechte Ehe (eingetragene Partnerschaft) oder Lebensgemeinschaft voraussetzt. Gleichwohl geht die herrschende Meinung davon aus, dass mit dem Verlassenschaftsverfahren ohne Rücksicht auf das Erbrecht des in vitro gezeugten Embryos fortzufahren ist, wenn die Implantation nicht absehbar ist.¹⁰² Dem Kind soll

13

---

⁹⁶ OGH 27.3.1995, 1 Ob 630/94, SZ 68/61; *Werkusch-Christ* in Kletečka/Schauer, ABGB-ON 1.02 § 536 Rz 2.
⁹⁷ OGH 27.3.1995, 1 Ob 630/94, SZ 68/61; 19.10.1915, R I 483/15, GlU 7610 = NZ 1916, 11 = ZBl 1916, 246; *Eccher* in Schwimann/Kodek⁴ § 707, 708 Rz 3; *Werkusch-Christ* in Kletečka/Schauer, ABGB-ON 1.02 § 536 Rz 2, s auch die Mitteilung des BMJ JMVBl 1908, 3 vom 27.12.1907, Z. 30.996 über die „Nachlaßabhandlung und Einantwortung, wenn zu Erben neben lebenden Personen auch künftige Nachkommen (nascituri) eingesetzt sind, die beim Tode des Erblassers noch nicht geboren und auch noch nicht gesetzlich als Geborene anzusehen sind", abgedruckt bei *Edlbacher*, Verfahren außer Streitsachen² 410 ff.
⁹⁸ Vgl *Eccher* in Schwimann/Kodek⁴ § 536 Rz 2.
⁹⁹ EB RV 216 BlgNR XVIII. GP 15; *Aicher* in Rummel³ § 22 Rz 2a; *Bernat*, Rz 1989, 53 (zuvor noch ggt *Bernat*, JBl 1985, 727; *Peichl*, ÖJZ 2003/32; *Steiner*, ÖJZ 1987, 513; *Welser* in Rummel/Lukas⁴ § 536 Rz 3; *Werkusch-Christ* in Kletečka/Schauer, ABGB-ON 1.02 § 536 Rz 3; *Eccher* in Schwimann/Kodek⁴ § 536 Rz 7; *Tschugguel* in Kletečka/Schauer, ABGB-ON 1.01 § 269 Rz 3; *Hopf* in KBB⁴ §269 Rz 2.
¹⁰⁰ *Eccher* in Schwimann/Kodek⁴ § 536 Rz 7; *Leipold* in FS Kralik (1986) 476 f; *Welser* in Rummel/Lukas⁴ § 536 Rz 3; *Werkusch-Christ* in Kletečka/Schauer, ABGB-ON 1.02 § 536 Rz 3; *Tschugguel* in Kletečka/Schauer, ABGB-ON 1.01 § 269 Rz 3; *Memmer*, JBl 1992, 366.
¹⁰¹ Durch Erkenntnis des VfGH vom 10.12.2013, G 16/2013-16, G 44/2013-14 wurde die Wortfolge: „von Personen verschiedenen Geschlechts" in § 2 Abs 1 FMedG aufgehoben (BGBl I 2014/4). § 2 Abs 1 FMedG des Entwurfs für ein Fortpflanzungsmedizinrechts-Änderungsgesetz 2015 – FMedRÄG 2015 lautet nun: „Eine medizinisch unterstützte Fortpflanzung ist nur in einer Ehe, in einer eingetragenen Partnerschaft oder einer Lebensgemeinschaft zulässig."
¹⁰² *Koziol/Welser*¹³ II 456; *Welser* in Rummel/Lukas⁴ § 536 Rz 3; zustimmend *Memmer*, JBl 1992, 366; *Fischer-Czermak*, NZ 1999, 263; referierend *Werkusch-Christ* in Kletečka/Schauer, ABGB-ON 1.02 § 536 Rz 3.

das Erbrecht – ungeachtet seiner Anerkennung als *nasciturus* – erst im Zeitpunkt seiner Lebendgeburt anfallen.[103] Er hat daher die Rechtsstellung eines Nacherben, während dem eingeantworteten Erben die Stellung eines befreiten Vorerben zukommt.[104] Ist die Geburt des künstlich gezeugten Kindes dagegen absehbar, ist hinsichtlich des Verlassenschaftsverfahrens genauso vorzugehen, wie bei einem natürlich gezeugten Kind, es ist bis zur Geburt zuzuwarten.[105] *Eccher* hingegen vertritt, dass ein Zuwarten mit der Verlassenschaftsabhandlung generell möglich sei und dem durch extrakorporale Befruchtung entstandenem Embryo das Erbrecht – aufgrund seiner Rechtsstellung als *nasciturus* – sofort anfalle, sodass dieser unmittelbar Erbe werde.[106]

Bei künstlicher Insemination einer noch nicht befruchteten Samenzelle des Ehemanns oder Lebensgefährten (homologe Insemination) oder eines Dritten (heterologe Insemination) gilt das Kind erst mit der Einbringung des Samens in den Körper der Frau als gezeugt bzw empfangen iSd § 22.[107] Davor ist noch kein *nasciturus* vorhanden.[108] Indessen soll das nach dem Tod gezeugte Kind unter der Bedingung der Lebendgeburt gegenüber dem rechtlich als Vater festzustellenden Ehemann oder Lebensgefährten (§ 144, 148) erbberechtigt sein.[109] Gegenüber den übrigen Verwandten des rechtlichen Vaters (etwa den Großeltern) bestehe hingegen kein Erbrecht,[110] weil keine Rechtfertigung existiere, das erst nach dem Tod der Großeltern durch künstliche Insemination gezeugte Enkelkind besser zu stellen, als wenn die Zeugung nach dem Erbfall auf natürlichem Wege erfolgt wäre, weil auch in diesem Fall aufgrund der Erlebensbedingung des § 536 die Erbfähigkeit nach den Großeltern fehlt.[111] Dagegen lässt sich freilich einwenden, dass die herrschende Ansicht insoweit dogmatisch inkonsequent ist, als sie die Rechtsfähigkeit des erst posthum gezeugten Kindes verneint, was aber zur Folge haben müsste, dass die Erlebensbedingung des § 536 als nicht erfüllt angesehen wird, sodass ein Erbrecht auch nach dem Vater – ausgeschlossen wäre.[112] Gegen die Auffassung, dass das erst posthum gezeugte Kind Erbe nach dem Vater werden kann, spricht ferner, dass

---

[103] *Koziol/Welser*[13] II 456; *Welser* in Rummel/Lukas⁴ § 536 Rz 3; referierend *Werkusch-Christ* in Kletečka/Schauer, ABGB-ON 1.02 § 536 Rz 3.

[104] *Koziol/Welser*[13] II 456; vgl auch *Fischer-Czermak*, NZ 1999, 263, die aber den Fall behandelt, dass eine artifizielle Insemination noch nicht stattgefunden hat, sodass eine Zeugung iS einer Vereinigung von Samen- und Eizelle noch nicht stattgefunden hat, sodass auch noch kein *nasciturus* besteht.

[105] *Fritsch* in Ferrari/Likar-Peer, Erbrecht 45.

[106] *Eccher* in Schwimann/Kodek⁴ § 536 Rz 7; *ders*, Erbrecht⁴ Rz 2/9.

[107] *Eccher* in Schwimann/Kodek⁴ § 536 Rz 7; *Fischer-Czermak*, NZ 1999, 263.

[108] OGH 16.12.1996, 1 Ob 2259/96d, RdM 1997/25, 121 (zust *Bernat*).

[109] *Apathy* in KBB⁴ § 536 Rz 3; *Welser* in Rummel/Lukas⁴ § 536 Rz 3; *Fischer-Czermak*, NZ 1999, 263, 267; *Leipold* in FS Kralik (1986) 472 f; *Koziol/Welser*[13] II 455; *Memmer*, JBl 1992, 369 (nur bei homologer Insemination); *de lege lata* ablehnend *Lurger* in Bernat, Reproduktionsmedizin 138; aA auch *Mansees*, Erbrecht 68, 163, 173; *Britting*, Insemination 152 ff, 155; *Bernat*, Anm zu OGH 1 Ob 2259/96d, RdM 1997/25.

[110] *Leipold* in FS Kralik (1986) 473; *Apathy* in KBB⁴ § 536 Rz 3; *Koziol/Welser*[13] II 455 f; *Werkusch-Christ* in Kletečka/Schauer, ABGB-ON 1.02 § 536 Rz 3.

[111] *Leipold* in FS Kralik (1986) 473 f; *Koziol/Welser*[13] II 455 f; weitergehend *Eccher* in Schwimann/Kodek⁴ § 536 Rz 7.

[112] Zutreffend bereits *Lurger* in Bernat, Reproduktionsmedizin 139.

die künstliche Befruchtung durch die Mutter zur Manipulation der Erbfolge verwendet werden könnte.[113]

Eccher[114] hingegen plädiert für eine analoge Anwendung des § 22, sodass die Existenz eines *nasciturus*, jedenfalls für erbrechtliche Ansprüche, bereits ab dem Zeitpunkt der Samenspende anzunehmen sei, auch wenn der Samenspender vor der Befruchtung verstirbt. Er führt dabei die kurzen Fristen des § 17 Abs 1 FMedG ins Treffen, wonach Samen- oder Eizellen längstens bis zum Tod von der Person von der sie stammen, aufbewahrt werden dürfen. Das Entstehen von Erben lange nach dem Tod des Erblassers sei sohin ausgeschlossen, weshalb auch ein Zuwarten mit dem Verlassenschaftsverfahren bis zur Geburt des Kindes möglich und sinnvoll sei.[115] Diese Auffassung ist jedenfalls im Hinblick auf § 536 konsequent. Gegen sie spricht freilich das Kriterium der Rechtssicherheit, weil die endgültige Klärung, wer Erbe wird, zu weit in die Zukunft hinausgeschoben werden könnte, obschon mit den sonst zum Zug kommenden Erben, und auch Dritten, Personen vorhanden sind, die ein berechtigtes Interesse an der möglichst raschen Klärung der Eigentumsverhältnisse haben.[116] In diesem Zusammenhang ist zu bedenken, dass faktisch eine deutlich längere Aufbewahrung der Samenzellen möglich ist, mag dies auch rechtlich unzulässig sein.[117]

Unseres Erachtens sprechen die besseren Gründe gegen die Annahme der Erbfähigkeit des erst nach dem Tod durch artifizielle Insemination entstandenen Kindes, zumal dem rechtlichen Vater (und den übrigen Verwandten des Kindes) ohnedies die Einsetzung zum Nacherben (Rz 12) offensteht.[118] Eine zwingende Notwendigkeit für die Annahme der Erbfähigkeit, die sohin nur für das gesetzliche Erbrecht von Bedeutung ist, besteht daher nicht, weshalb das Abgehen von dogmatischen Grundsätzen nicht gerechtfertigt scheint.

2. Juristische Personen und sonstige Personenvereinigungen

a) Erbfähigkeit

aa) Juristische Personen

Juristische Personen sind, soweit nicht allgemein die Fähigkeit Vermögen zu erwerben, oder speziell die Fähigkeit Erbe zu sein, in der Satzung ausgeschlossen ist,[119] erbfähig.[120] Dies ergibt sich bereits aus dem Grundsatz der umfassenden Gleichbehandlung mit natürlichen Personen, der aus § 26 abzu- **14**

---

113 *Lurger* in Bernat, Reproduktionsmedizin 139; *Bernat*, Anm zu OGH 1 Ob 2259/96d, RdM 1997/25.
114 In Schwimann/Kodek⁴ § 536 Rz 7.
115 *Eccher* in Schwimann/Kodek⁴ § 536 Rz 7.
116 So bereits *Lurger* in Bernat, Reproduktionsmedizin 139; *Bernat*, Anm zu OGH 1 Ob 2259/96d, RdM 1997/25; *Muscheler*, Erbrecht I (2010) Rz 130.
117 *Lurger* in Bernat, Reproduktionsmedizin 140.
118 *Lurger* in Bernat, Reproduktionsmedizin 139 f; vgl auch *Muscheler*, Erbrecht I Rz 130.
119 *Kralik*, Erbrecht³ 35; *Werkusch-Christ* in Kletečka/Schauer, ABGB-ON 1.02 § 538 Rz 2.
120 *Stubenrauch*, Commentar⁸ 743; *Pfaff/Hofmann*, Commentar II 22; *Krasnopolski/Kafka*, Erbrecht 14; *Kralik*, Erbrecht³ 35; *Ehrenzweig*, System II/2², 370; *Koziol/Welser*¹³ II 456; *Werkusch-Christ* in Kletečka/Schauer, ABGB-ON 1.02 § 538 Rz 2; *Eccher* in Schwimann/Kodek⁴

leiten ist.[121] Wie sich aus § 559 Satz 2 (der Hinweis auf die Körperschaften entfällt mit dem ErbRÄG 2015)[122] implizit ergibt, sind auch die Gesetzesverfasser von dieser Auffassung ausgegangen.[123] Eine juristische Person kann freilich nur in einem Testament zum Erben, oder in einem Kodizill zum Vermächtnisnehmer eingesetzt werden, während ihnen die gesetzliche Erbfolge verschlossen ist.[124] Die Einsetzung in einem Erbvertrag mit bindender Wirkung ist nach österreichischem Recht nicht zulässig, da der Erbvertrag nur Ehegatten, eingetragenen Partnern und Brautlauten unter der Bedingung der Eheschließung offen steht und die Einsetzung eines Dritten mit bindender Wirkung nicht möglich ist. Nach liechtensteinischem ABGB hingegen kann eine juristische Person auch Vertragserbe werden (§ 602 flABGB).

bb) Offene Gesellschaft (OG) und Kommanditgesellschaft (KG)

15   Die Erbfähigkeit einer Offenen Gesellschaft (OG) oder Kommanditgesellschaft (KG) wird sowohl für das österreichische[125] als auch für das deutsche Recht[126] im Schrifttum nahezu einhellig bejaht. Gegen die Erbfähigkeit spricht sich in neuerer Zeit – soweit ersichtlich – nur noch *Flume*[127] aus. Gegen die Annahme, dass eine Personengesellschaft zum Erben eingesetzt werden kann, führt er ins Treffen, dass diese, anders als andere juristische Personen, keine selbstständige Person sei, sondern die Gesellschafter als Gruppe die OG seien.[128] Aus dieser rechtsdogmatischen Konstruktion leitet er die Unvereinbarkeit mit „allen Regelungen, die auf Erben, Einzelerben oder Miterben, als Person abstellen", ab. Als Beispiel für einen derartigen Widerspruch nennt er unter anderem das Prinzip, wonach nur Erbe sein kann, wer im Zeitpunkt des Erbanfalls lebt, also genau jenen Grundsatz den unsere Bestimmung zum Gegenstand hat.[129] Dieses Prinzip könne durch die Einsetzung einer Personenge-

---

§ 538 Rz 1; *Apathy* in KBB⁴ §§ 538, 539 Rz 1; vgl auch bereits *Zeiller*, Commentar II/1, 393; *Unger*, Erbrecht⁴ 20.

[121] Vgl dazu *Schauer* in Kletečka/Schauer, ABGB-ON 1.01 § 26 Rz 17.

[122] Vgl EB 688 BlgNR 8; zum entsprechenden Gesetzesvorschlag s *Schauer/Motal/Reiter/Hofmair/Wöss*, JEV 2015, 40 (46).

[123] Vgl *Weiß* in Klang² III 84.

[124] *Weiß* in Klang² III 85.

[125] *Artmann* in Jabornegg/Artmann, UGB² § 105 Rz 18; *Werkusch-Christ* in Kletečka/Schauer, ABGB-ON 1.02 § 538 Rz 2; *Eccher* in Schwimann/Kodek⁴ § 538 Rz 1; *Koppensteiner* in Straube, HGB³ Art 7 Nr 11 EVHGB, Rz 19; *Rubin* in Zib/Dellinger, UGB § 40 Rz 121.

[126] *Leipold* in MüKoBGB⁶ § 1923 Rz 31; *Müller-Christmann* in BeckOK³¹ § 1923 Rz 12; *Boesche* in Oetker, HGB³ § 124 Rz 9; *Otte* in Staudinger, BGB (2008) § 1923 Rz 29; *K. Schmidt* in MüKoHGB³ § 124 Rz 5; *Stürner* in Jauernig, BGB¹⁵ § 1923 Rz 1; *Hoeren* in Schulze ua, BGB⁸ Rz 1; *Hillmann* in Ebenroth/Boujong/Joost/Strohn, HGB² § 124 Rz 9; *Habersack* in Großkomm HGB⁴ § 124 Rz 18.

[127] Allgemeiner Teil des Bürgerlichen Rechts I/1, Die Personengesellschaft (1977) 107 f und ZHR 1972, 193.

[128] *Flume*, Allgemeiner Teil des Bürgerlichen Rechts I/1, Die Personengesellschaft (1977) 107.

[129] *Flume*, Personengesellschaft 108.

sellschaft „überspielt werden".[130] Diesem Argument hat bereits *Otte*[131] entgegengehalten, dass dies gleichermaßen für Kapitalgesellschaften gilt, deren Erbfähigkeit aber deswegen von Niemandem in Zweifel gezogen wird. Hinsichtlich der übrigen Argumente *Flumes* kann auf die treffenden Ausführungen *Ottes* verwiesen werden.[132] Dieser selbst hat allerdings in seinem Beitrag[133] und der Kommentierung in *Staudingers* Kommentar zum BGB[134] neue Argumente aufgeworfen, die es näher zu beleuchten gilt. Zunächst führt er aus, dass die Erbfähigkeit der O(H)G nicht auf die Bestimmung des § 124 dHGB gestützt werden könne. Die Erbfähigkeit ließe sich weder aus dem Wortlaut noch der Entstehungsgeschichte der Bestimmung herleiten, da der Gesetzgeber nur an ein Tätigwerden der Gesellschafter für die Gesellschaft und nicht an einen Von-Selbst-Erwerb iSv § 1942 dBGB gedacht haben dürfte,[135] hieße es doch in § 124 dHGB dass die Gesellschaft „unter ihrer Firma Rechte erwerben" könne.[136] Dieses Argument konnte in Österreich jedoch bereits für die Rechtslage vor dem HaRÄG nicht fruchtbar gemacht werden, da das österreichische Erbrecht das Prinzip des Von-Selbst-Erwerbs nicht kennt und für den Erbschaftserwerb stets das Tätigwerden der Gesellschafter für die Gesellschaft erforderlich ist (Abgabe der Erbantrittserklärung, § 799 ff). Mit dem HaRÄG wurde der wortgleiche ehemalige § 124 öHGB aus dem die Rechtsfähigkeit der O(H)G im Außenverhältnis abgeleitet wurde, in Österreich aufgehoben. Nunmehr statuiert § 105 UGB die volle Rechtsfähigkeit einer OG/KG,[137] sowohl im Innen- als auch im Außenverhältnis.[138] Aus der unbeschränkten Rechtsfähigkeit ergibt sich auch die Fähigkeit zu erben.

Die Herleitung der Erbfähigkeit aus § 124 dHGB für das deutsche Recht stellt nach *Otte* eine grundsätzlich unbedenkliche Erweiterung der Bestimmung dar.[139] Aus der Ausdehnung der ursprünglich enger gemeinten Vorschrift müsse sich jedoch nicht automatisch die Ausdehnung all jener Normen, die mit der Ausgangsnorm im Zusammenhang stehen, ergeben. Vielmehr sei zu prü-

---

130   *Flume*, Personengesellschaft 108.
131   In FS Westermann (2008) 542.
132   In FS Westermann (2008) 540 ff.
133   In FS Westermann (2008) 535 ff.
134   *Otte* in Staudinger, BGB (2008) § 1932 Rz 29.
135   *Otte* in Staudinger, BGB (2008) § 1932 Rz 29; *ders* in FS Westermann (2008) 547 f.
136   *Otte* in FS Westermann (2008) 547.
137   *Schauer* in Kalss/Nowotny/Schauer (Hrsg), Österreichisches Gesellschaftsrecht (2008) Rz 2/115; *Kraus* in U. Torggler, UGB § 105 Rz 6; *Appl* in Bergmann/Ratka, Handbuch Personengesellschaften, Rz 3/6. In den Materialien zum HaRÄG (1058 BlgNr. XXII. GP 15) heißt es dazu: „Die Gesellschaft selbst soll eine umfassende Rechtsfähigkeit, die alle Rechte und Pflichten einer juristischen Person erfasst (§ 26 ABGB), verfügen, dies freilich mit der Besonderheit, dass nicht nur die Gesellschaft mit ihrem eigenen Gesellschaftsvermögen den Gesellschaftsgläubigern haftet, sondern der Haftungsfonds um das Privatvermögen der (Komplementär-)Gesellschafter erweitert ist." Die fehlende alleinige passive Vermögensfähigkeit der OG/KG bildet demnach den Unterschied zu einer juristischen Person, S*chauer* in Kalss/Nowotny/Schauer, Österreichisches Gesellschaftsrecht Rz 2/123.
138   *Krejci* in Krejci, Reformkommentar UGB § 105 Rz 12 ff; vgl auch *Harrer*, Die Personengesellschaft als Trägerin eines Unternehmens (2010) 64.
139   *Otte* in Staudinger, BGB (2008) § 1932 Rz 29; *ders* in FS Westermann (2008) 548.

fen, ob eine derartige Ausdehnung dem Sinn der Norm entspreche.[140] So würde die Anwendung des § 128 dHGB in dem Fall, in dem eine Gesellschaft ihre Haftung nicht beschränkt, dazu führen dass, die Gesellschafter für Nachlassverbindlichkeiten haften, obwohl sie als solche weder Erben sind noch die Haftungsbeschränkung herbeiführen können.[141] Das sei vom Zweck der akzessorischen *Gesellschafterhaftung* nicht gefordert und widerspreche dem Sinn der zwar zunächst unbeschränkten, aber beschränkbaren *Erbenhaftung*. Dieser liege darin, denjenigen für die Trennung von Nachlass und Eigenvermögen in die Pflicht zu nehmen, der die Trennung herbeiführen kann, passe also nicht für den einzelnen Gesellschafter.[142] Daraus leitet *Otte* ab, dass die Erbfähigkeit einer Personengesellschaft nur dann zu bejahen sei, wenn § 128 dHGB nicht auf Nachlassverbindlichkeiten erstreckt werde.[143] Methodisch rechtfertigen ließe sich die teleologische Reduktion der Bestimmung dadurch, dass die Erbfähigkeit erst durch extensive Auslegung des § 124 dHGB begründet werden könne.[144] Für das österreichische Recht lässt sich dies aufgrund der Neufassung des § 105 UGB, der nun die unbeschränkte Rechtsfähigkeit eingetragener Personengesellschaften normiert, nicht argumentieren.

Weiters ist die Gefahr, dass Gesellschafter wider Willen über § 128 UGB unbeschränkt mit ihrem Privatvermögen für die Nachlassverbindlichkeiten haften, geringer als im deutschen Recht. Besteht Gesamtvertretungsbefugnis, so führt Uneinigkeit unter den Gesellschaftern nicht zu einem mit der unbeschränkten Haftung verbundenen Erwerb der Erbschaft, da in diesem Fall die Abgabe einer Erbantrittserklärung nicht erfolgen kann. Im deutschen Recht hingegen führt die Nichtabgabe einer Erklärung zum Erwerb der Erbschaft durch die Personengesellschaft. In diesem Fall haftet die Gesellschaft und mit ihr die Gesellschafter unbeschränkt für alle mit der Erbschaft verbundenen Verbindlichkeiten.[145] Bei Einzelvertretungsbefugnis dagegen besteht sehr wohl auch in Österreich die Gefahr, dass der einzelvertretungsbefugte Gesellschafter im Namen der Gesellschaft eine unbedingte Erbantrittserklärung abgibt,[146] sodass alle Gesellschafter unbeschränkt für die gesamten Nachlassverbindlichkeiten haften, auch wenn diese den Wert der übernommenen Aktiva übersteigen. Die Gesellschafter haben aber die Möglichkeit, durch eine entsprechende Bestimmung im Gesellschaftsvertrag Vorsorge zu treffen. Es steht ihnen frei von der gesetzlichen Dispositivbestimmung der Einzelvertretung zu dispensieren und Gesamtvertretung zu vereinbaren. Da es nicht vorrangig die Aufgabe der Rechtsanwendung ist, die Gesellschafter vor nachteiligen Folgen zu bewahren, die diese durch zweckmäßige Regelungen im Gesellschaftsver-

---

[140] *Otte* in FS Westermann (2008) 548.
[141] *Otte* in Staudinger, BGB (2008) § 1932 Rz 29.
[142] *Otte* in Staudinger, BGB (2008) § 1932 Rz 29.
[143] *Otte* in FS Westermann (2008) 548 f; ohne diese Einschränkung *Leipold* in MüKoBGB⁶ § 1923 Rz 31 (allerdings ohne nähere Begründung).
[144] *Otte* in FS Westermann (2008) 548 f.
[145] *Otte* in FS Westermann (2008) 544 ff.
[146] Im Innenverhältnis ist er dazu freilich nicht befugt, da es sich um einen Fall der außerordentlichen Geschäftsführung iSd § 116 Abs 2 handelt und somit ein Beschluss aller Gesellschafter erforderlich ist.

trag hätten verhindern können, scheint eine teleologische Reduktion des § 128 UGB auch aus diesem Grund nicht gerechtfertigt.[147] Überdies obliegt es, selbst wenn es bei der gesetzlichen Grundregel der Einzelvertretungsbefugnis bleibt, den übrigen Gesellschaftern die Abgabe einer unbedingten Erbantrittserklärung für die Gesellschaft zu verhindern.[148] Darüber hinaus steht es dem Gesellschafter, gegen dessen Willen eine unbedingte Erbantrittserklärung abgegeben wurde, frei, bis zur Einantwortung aus der Gesellschaft auszuscheiden und somit die Haftung für die Nachlassverbindlichkeiten zu verhindern. Erst mit Einantwortung entsteht nämlich eine Verbindlichkeit der Gesellschaft[149] (§ 160 iVm § 128 UGB), bis dahin sind alle Rechtsverhältnisse dem ruhenden Nachlass zuzuordnen.[150] Ferner scheint die Einschränkung der Regelung über die akzessorische Gesellschafterhaftung auch nur bedingt zielführend: Denn durch den Erbschaftserwerb der Gesellschaft und der damit verbundenen unbeschränkten Haftung für Nachlassverbindlichkeiten erweitert sich der Kreis der Gläubiger der Gesellschaft. Zwar könnten die Nachlassgläubiger nicht auf das Privatvermögen der Gesellschafter greifen, sie reduzieren aber mit der Geltendmachung ihrer Ansprüche gegen die Gesellschaft deren Vermögen. Dadurch verringert sich der Haftungsfonds der Gesellschaft insgesamt, sodass sich die übrigen Gläubiger wohl vermehrt an das Vermögen der Gesellschafter halten würden. Die fehlende Möglichkeit des einzelnen Gesellschafters, die Haftung zu beschränken, wirkt sich daher jedenfalls auch bei teleologischer Reduktion des § 128 UGB mittelbar auf die Gesellschafter aus. Im Ergebnis ist daher festzuhalten, dass die Erbfähigkeit eingetragener Personengesellschaften (OG/KG) nach österreichischem Recht besteht und § 128 UGB auch für Nachlassverbindlichkeiten gilt.

Von der Frage, ob die Erbfähigkeit einer eingetragenen Personengesellschaft die teleologische Reduktion des § 128 UGB voraussetzt, ist jene zu unterscheiden, ob die Gesellschafter auch dann die unbeschränkte Haftung mit ihrem Privatvermögen trifft, wenn im Namen der Gesellschaft eine bedingte Erbantrittserklärung abgegeben wird. Da die Gesellschafter keine Erben sind, erstreckt sich jedenfalls das von der Gesellschaft in Anspruch genommene Erbenhaftungsprivileg nicht gemäß § 807 auch auf sie.[151] Aus der Perspektive des Erbrechts ist somit von einer unbeschränkten Haftung auszugehen. Da die Haftung eines OG-Gesellschafters bzw eines Komplementärs einer KG mit der eines Bürgen und Zahlers vergleichbar ist,[152] kommen dem Gesellschafter Einwendungen nicht zu, die nur die Haftung des Hauptschuldners einschränken

16

---

147 Dies anerkennt auch *Otte* in FS Westermann (2008) 545.
148 Einerseits kommt die Abgabe einer bedingten Erbantrittserklärung oder die Ausschlagung der Erbschaft durch einen anderen einzelvertretungsbefugten Gesellschafter in Frage, andererseits würde die bloße Information des Verlassenschaftsgerichts über den Umstand, dass ein Gesellschafterbeschluss fehlt, ausreichen, weil Kenntnis des Dritten von der Beschränkung im Innenverhältnis zu Unwirksamkeit der Erklärung führt.
149 Die Nachhaftung setzt aber eine Gesellschaftsverbindlichkeit voraus; vgl *Jabornegg/Artmann* in Jabornegg/Artmann, UGB² § 160 Rz 11.
150 *Koziol/Welser*¹³ II 573.
151 *Rubin* in Zib/Dellinger, UGB § 40 Rz 121.
152 *Schauer* in Kalss/Nowotny/Schauer, Österreichisches Gesellschaftsrecht Rz 2/451; *Koppensteiner/Auer* in Straube, UGB⁴ § 128 Rz 2; *Eckert* in U. Torggler, UGB § 128 Rz 9, 12, 14; *Rubin* in Zib/Dellinger, UGB § 40 Rz 121; vgl auch bereits die Denkschrift zum HGB 95 f.

oder ausschließen.¹⁵³ Er kann sich demnach nicht auf die teilweise Befreiung des Hauptschuldners durch die Rechtswohltat des Inventars berufen.¹⁵⁴ *Rubin*¹⁵⁵ tritt nun für eine teleologische Reduktion des § 128 UGB bei bedingter Erbantrittserklärung der Gesellschaft ein. Der Zweck der unbeschränkten Gesellschafterhaftung, der darin liegt die fehlenden Kapitalaufbringungs- und Kapitalerhaltungsvorschriften bei einer OG auszugleichen,¹⁵⁶ lasse es sachgerecht erscheinen, die Haftungsbeschränkung auf die Gesellschafter zu erstrecken. In der Tat erfordert es die *ratio legis* in diesem Fall nicht, dass die Gesellschafter eine weitergehende Haftung trifft als den Rechtsträger selbst, zumal die Gesellschafterhaftung die fehlende Kreditfähigkeit der Gesellschaft überbrücken soll,¹⁵⁷ die Kreditfähigkeit bei Abgabe einer Erbantrittserklärung aber keine Rolle spielt. Die OG-Gesellschafter und die Komplementäre einer KG haften demnach bei bedingter Erbantrittserklärung der Gesellschaft für Nachlassverbindlichkeiten nur in Höhe der übernommenen Aktiva.¹⁵⁸

cc) Die Gesellschaft bürgerlichen Rechts (§§ 1175 ff)

17   Eine Gesellschaft bürgerlichen Rechts ist mangels Rechtsfähigkeit¹⁵⁹ nicht fähig zu erben. In Betracht kommt jedoch die letztwillige Einsetzung einer GesBR als Zuwendung an die GesBR- Gesellschafter, mit der Auflage das Vermögen für den Betrieb der GesBR zu verwenden, umzudeuten.

b) Überlebensbedingung

18   Eine zum Erben berufene juristische Person oder eine eingetragene Personengesellschaft (OG/KG) muss im Zeitpunkt des Erbanfalls noch existieren, widrigenfalls der Anfall vereitelt wird.¹⁶⁰ Eine juristische Person hört im Zeitpunkt der Vollbeendigung als Rechtssubjekt zu bestehen auf.¹⁶¹ Befindet sich

---

¹⁵³ *Mayrhofer*, SchRAT 122; *Rubin* in Zib/Dellinger, UGB § 40 Rz 121; *Gamerith* in Rummel³ § 1351 Rz 6; *Mader/W. Faber* in Schwimann³ § 1351 Rz 10; *G. Neumayer/Th. Rabl* in Kletečka/Schauer, ABGB-ON 1.02 § 1351 Rz 3.

¹⁵⁴ AA wohl *Leipold* in MüKoBGB § 1923 Rz 31; Zur Bürgschaft s *Mayrhofer*, SchRAT 122, 137; *Gschnitzer/Faistenberger/Barta/Eccher*, Schuldrecht AT² 272; *Gamerith* in Rummel³ § 1354 Rz 3; *Mader/W. Faber* in Schwimann³ § 1354 Rz 6; *G. Neumayer/Th. Rabl* in Kletečka/Schauer, ABGB-ON 1.02 § 1354 Rz 2.

¹⁵⁵ In *Zib/Dellinger*, UGB § 40 Rz 121.

¹⁵⁶ *K. Schmidt*, Gesellschaftsrecht 1409; *Koppensteiner/Auer* in Straube, UGB⁴ § 128 Rz 2; *Boesche* in Oetker, HGB³ § 128 Rz 2; *Hillmann* in Ebenroth/Boujong/Joost/Strohn, HGB² § 128 Rz 1.

¹⁵⁷ *K. Schmidt*, Gesellschaftsrecht⁴ 1409; *Hillmann* in Ebenroth/Boujong/Joost/Strohn, HGB² § 128 Rz 1.

¹⁵⁸ *Rubin* in Zib/Dellinger, UGB § 40 Rz 121; im Ergebnis wie hier auch *Leipold* in MüKoBGB § 1923 Rz 31.

¹⁵⁹ Nach *Flume*, Personengesellschaft 108, hingegen ist die Rechtsfähigkeit nicht das entscheidende Kriterium. Die GesBR bleibt auch nach der Reform (GesbR-Reformgesetz – GesbR-RG, BGBl I 2014/83) eine nicht rechtsfähige Gesellschaft. Dies ist jetzt ausdrücklich in § 1175 Abs 2 gesetzlich normiert. Zur früheren Rechtslage vgl bloß *Jabornegg/Resch/Slezak* in Schwimann/Kodek⁴ § 1175 Rz 20 mwN.

¹⁶⁰ OGH 29.4.2004, 6 Ob 45/04t, GES 2004, 389 = ecolex 2005/18, 48 (*Wallner*); *Welser* in Rummel/Lukas⁴ § 536 Rz 5; *Werkusch-Christ* in Kletečka/Schauer, ABGB-ON 1.02 § 536 Rz 5.

¹⁶¹ Vgl statt aller *U. Torggler*, Gesellschaftsrecht AT und Personengesellschaften (2013) Rz 447.

die juristische Person zum Zeitpunkt des Erbanfalls im Liquidationsstadium – der Phase der Abwicklung – kommt sie daher als Erbe in Betracht (str).[162] Dem Erbschaftserwerb können jedoch uU gesellschaftsrechtliche Grundsätze entgegenstehen. In der Liquidationsphase dürfen die Liquidatoren als Vertreter der juristischen Person neue Geschäfte nur insoweit abschließen, als diese dem Liquidationszweck dienen, wobei sich diese Beschränkung nur auf das Innenverhältnis bezieht.[163] Als Erbe wird die juristische Person Universalsukzessor und tritt uno actu in alle vererblichen Rechte und Pflichten des Erblassers ein. Die – auch bedingte – Annahme einer Erbschaft wird sohin in aller Regel die Geschäftsführungsbefugnis der Liquidatoren überschreiten, sodass diese nicht befugt sein werden, die Erbschaft anzunehmen. Anders stellt sich die Situation bei Vermächtnissen dar. Deren Erwerb wird oftmals von der Geschäftsführungsbefugnis der Abwickler erfasst sein, weil bloß einzelne Sachen oder Rechte erworben werden. Festzuhalten ist freilich, dass die Beschränkung auf den Abschluss solcher Geschäfte, die dem Liquidationszweck dienen, keine Beschränkung der Vertretungsmacht der Liquidatoren mit sich bringt,[164] und erst Recht keinerlei Einfluss auf die volle Rechtsfähigkeit der juristischen Person hat.[165] Aus dem Blickwinkel des § 536, der die Existenz der juristischen Person bei Erbanfall voraussetzt, ist daher zu konstatieren, dass eine juristische Person auch im Liquidationsstadium noch existent ist. Überdies ist zu bemerken, dass die Gesellschafter als „Herren der Liquidationsphase" die Annahme einer Erbschaft auch im Innenverhältnis jederzeit genehmigen,[166] bzw die Rückkehr zur erbenden Gesellschaft beschließen können,[167] sodass die Gesellschaft die Erbschaft jedenfalls erwerben kann. *Kralik*[168] will hingegen den Beschluss über die Fortsetzung der Gesellschaft wie eine Neugründung der Gesellschaft behandelt wissen, sodass die Gesellschaft erst mit dem Fortsetzungsbeschluss als (wieder) existent iSd § 536 zu behandeln wäre.[169] Wird die juristische Person nach Anfall (und Annahme der Erbschaft) aufgelöst, so kann ihr die Erbschaft jedenfalls auch noch im Liquidationsstadium eingeantwortet werden.[170]

Soweit eine juristische Person zum Erben eingesetzt wird, sich diese aber im Zeitpunkt des Erbanfalls bereits im Liquidationsstadium befindet, ist je- **19**

---

[162] AM *Weiß* in Klang² III 85; *Kralik*, Erbrecht³ 33; *Fritsch* in Ferrari/Likar-Peer, Erbrecht 46. Wie hier *Werkusch-Christ* in Kletečka/Schauer, ABGB-ON 1.02 § 536 Rz 5; *Eccher* in Schwimann/Kodek⁴ § 536 Rz 5 FN 5.

[163] *Geist/Jabornegg* in Jabornegg/Strasser, AktG II⁵ § 210 Rz 3; *Berger* in Doralt/Nowotny/Kalss, AktG, § 210 Rz 4 (zur AG); *Krejci/S. Bydlinski/Weber-Schallauer*, Vereinsgesetz² § 30 Rz 27 (zum Verein); *U. Torggler* in Straube, UGB (I⁴) § 149 Rz 61 (zu OG/KG); *Gelter* in Gruber/Harrer, GmbHG § 90 Rz 20 (zur GmbH).

[164] *Geist/Jabornegg* in Jabornegg/Strasser, AktG II⁵ § 210 Rz 3; *Nowotny* in Kalss/Nowotny/Schauer, Gesellschaftsrecht Rz 4/542.

[165] Vgl *Dellinger*, Rechtsfähige Personengesellschaften in der Liquidation (2001) 225 und die Nachweise in FN 161.

[166] *Dellinger*, Liquidation 225.

[167] *Dellinger*, Liquidation 225 (für OG und KG), *Nowotny* in Kalss/Nowotny/Schauer, Gesellschaftsrecht Rz 4/546 (für die GmbH); *Kalss* ebendort, Rz 3/923 (für die AG).

[168] Erbrecht³ 33.

[169] Diesem folgend offenbar *Fritsch* in Ferrari/Likar-Peer, Erbrecht 46 FN 67.

[170] OGH 10.3.1948, 1 Ob 784/47, JBl 1949, 70; *Welser* in Rummel/Lukas⁴ § 536 Rz 5; *Werkusch-Christ* in Kletečka/Schauer, ABGB-ON 1.02 § 536 Rz 4; vgl auch *Fritsch* in Ferrari/Likar-Peer, Erbrecht 46 FN 67.

doch zu bedenken, dass die Auslegung der letztwilligen Verfügung – insb auch unter Berücksichtigung des hypothetischen Erblasserwillens – zum Ergebnis führen kann, dass der Erblasser die juristische Person bei Kenntnis dieses Umstandes nicht zum Erben eingesetzt hätte. Dies liegt darin begründet, dass sich der Zweck der werbenden Gesellschaft maßgeblich von dem auf die Beendigung der juristischen Person gerichteten Zweck der Abwicklungsgesellschaft unterscheidet. Zu denken ist etwa an eine gemeinnützige Privatstiftung, deren Letztbegünstigter jedoch keine gemeinnützige Organisation ist, sondern beispielsweise der Stifter selbst oder dessen Familienangehörige. Im Regelfall wird der Erblasser mit der Einsetzung der gemeinnützigen Stiftung zum Erben die Förderung des gemeinnützigen Zwecks beabsichtigten. Befindet sich die Stiftung jedoch bereits im Liquidationsstadium, kommt das Vermögen nicht mehr gemeinnützigen Zwecken zugute, sondern wird nach Vollbeendigung der Stiftung an den Letztbegünstigten ausgeschüttet (§ 36 Abs 2 PSG). Bei einem ideellen Verein stellt sich diese Problematik hingegen nicht, da dort das nach Abwicklung verbleibende Vermögen, soweit möglich und erlaubt, dem in den Statuten bestimmten Zweck oder verwandten Zwecken zuzuführen ist (§ 30 Abs 2 VerG).[171] Auch bei der Einsetzung einer rechtsfähigen Gesellschaft zum Erben kann der Erbschaftserwerb erst im Liquidationsstadium mit dem Erblasserwillen unvereinbar sein, wenn etwa der Erblasser durch Zuwendung an eine unternehmenstragende Gesellschaft die Förderung und Erhaltung des Unternehmens bezweckt und dieses nun im Rahmen der Liquidation veräußert oder eingestellt werden soll. In jenen Fällen, in denen der Abwicklungszweck mit dem Motiv der Einsetzung einer (werbenden) juristischen Person nicht in Einklang zu bringen ist, wäre die Anfechtung der letztwilligen Verfügung aufgrund eines Irrtums (§ 572) möglich. Die Möglichkeit der Anfechtung einer letztwilligen Verfügung, welche die Einsetzung der juristischen Person zum Erben beseitigen kann, ändert freilich nichts daran, dass diese als existent iSd § 536 zu betrachten ist und damit grundsätzlich bis zu ihrer Vollbeendigung zu erben fähig ist.

c) Erlebensbedingung

20 Die Einsetzung einer noch nicht entstandenen, aber bereits errichteten juristischen Person ist nach hM in Analogie zu § 22 zulässig.[172] Mit dem Verlassenschaftsverfahren ist dann zuzuwarten, bis endgültig feststeht, dass die juristische Person entsteht.[173] Am Vorliegen einer planwidrigen Lücke sind indes durchaus Zweifel angebracht. Normzweck des § 22 ist der möglichst frühe Schutz des werdenden menschlichen Lebens.[174] Durch die Anordnung des

---

[171] *Krejci/S. Bydlinski/Weber-Schallauer*, Vereinsgesetz² § 30 Rz 2.

[172] *Ehrenzweig*, System II/2², 369; *Werkusch-Christ* in Kletečka/Schauer, ABGB-ON 1.02 § 536 Rz 2; *Welser* in Rummel/Lukas⁴ § 536 Rz 5; *Fritsch* in Ferrari/Likar-Peer, Erbrecht 47; *Eccher* in Schwimann/Kodek⁴ § 536 Rz 6. *Kralik*, Erbrecht³ 33 verlangt analog der §§ 138, 163 das Entstehen innerhalb von 302 Tagen, aA *Weiß* in Klang² III 74.

[173] *Eccher*, Erbrecht⁵ Rz 2/8; *Fritsch* in Ferrari/Likar-Peer, Erbrecht 47; *Apathy* in KBB⁴ § 536 Rz 2.

[174] *Aicher* in Rummel³ § 22 Rz 2a.

§ 22 sollte somit die Diskussion darüber, „wann das empfangene Wesen zu den lebenden, vernunft- und rechtsfähigen Wesen gehöre" abgeschnitten werden.[175] Insoweit ist die Bestimmung des § 22 trotz seiner erbrechtlichen Implikation auf die natürliche Person, den Schutz des menschlichen Lebens zugeschnitten. Der Grundsatz, wonach juristische Personen „in der Regel gleiche Rechte mit den einzelnen Personen" genießen (§ 26), lässt sich als Argument für eine Gleichstellung nicht ins Treffen führen, weil die Rechtsordnung selbst vorgibt, wann eine vom Grundsatz umfassender Gleichbehandlung betroffene juristische Person vorliegt. Soweit man einer juristischen Person ab Abschluss des Gesellschaftsvertrags die Fähigkeit zu erben zuerkennt, müsste man dies gleichermaßen für eingetragene Personengesellschaften (OG/KG) tun. Zwar ist in der Gesellschaftsrechtslehre umstritten, ob eingetragene Personengesellschaften juristische Personen sind oder nicht,[176] jedoch lassen sich auch aus den für die Verneinung der Frage vorgebrachten Gründen,[177] keinerlei Argumente gewinnen, die eine Verschiedenbehandlung zu den (übrigen) juristischen Personen hinsichtlich der analogen Anwendung des § 22 rechtfertigen würden, zumal OG und KG volle Rechtsfähigkeit besitzen.[178] Vielmehr ist die Frage vorwiegend systematischer oder in der Mehrzahl der Fälle bloß terminologischer[179] Natur.[180] Lässt man aber einer im Gründungsstadium befindlichen eingetragenen Personengesellschaft das Erbrecht bereits im Zeitpunkt des Erbanfalls anfallen, gerät man indes in ein gewisses Spannungsverhältnis zur grundsätzlichen Erbunfähigkeit einer GesBR (Rz 17). Eine OG/KG wird nämlich im Stadium der Vorgesellschaft als GesBR begriffen.[181] § 22 ordnet nun für den *nasciturus* die Rechtsfähigkeit bereits ab Empfängnis, wenn auch be-

---

[175] *Zeiller*, Commentar I 121.

[176] Gegen die Einordung als juristische Person *U. Torggler* in Straube, UGB⁴ § 105 Rz 33; *Schauer* in Kalss/Nowotny/Schauer, Österreichisches Gesellschaftsrecht Rz 2/123; *Kraus* in U. Torggler, UGB § 105 Rz 9; *Duursma/Duursma-Kepplinger/M. Roth*, Gesellschaftsrecht Rz 197 ff; für Deutschland auch *Ulmer* in MüKoBGB⁴ § 705 Rz 307 f; *K. Schmidt* in MüKoHGB⁴ § 105 Rz 7; für die Einordnung einer OG/KG als juristische Person *Koppensteiner* in FS Straube (2009) 41, 46 f; *Horn*, OG und KG sind juristische Personen!, GesRZ 2014, 93 ff; offen lassend *Krejci* in Krejci, Reformkommentar UGB, Vor §§ 105–160 Rz 9; § 105 Rz 26.

[177] Im Wesentlichen geht es um die mangelnde körperschaftliche Struktur der Gesellschaft im Innenverhältnis, s näher dazu *U. Torggler* in Straube, UGB⁴ § 105 Rz 33; *Artmann* in Jabornegg/Artmann, UGB² § 105 Rz 8; *Schauer* in Kalss/Nowotny/Schauer, Österreichisches Gesellschaftsrecht Rz 2/123; Rz 33; *ders* in Kletečka/Schauer, ABGB-ON 1.01 § 26 Rz 12; *Kraus* in U. Torggler, UGB § 105 Rz 9.

[178] Die rechtsfähigen Personengesellschaften zählen daher sehr wohl zu den ausschließlich über das Außenverhältnis definierten moralischen Personen iSd § 26 ABGB, *U. Torggler*, Verbandsgründung 278 ff; *ders* in Straube, UGB⁴ § 105 Rz 33.

[179] *Artmann* in Jabornegg/Artmann, UGB² § 105 Rz 8 legt Wert darauf, dass die Frage, ob OG/KG juristische Personen sind, nicht bloß terminologischer Natur ist. Die Unterscheidung als bloß von terminologischer Relevanz bezeichnend aber etwa *Appl* in Bergmann/Ratka, Handbuch Personengesellschaften Rz 3/22.

[180] *U. Torggler* in Straube, UGB⁴ § 105 Rz 18; *K. Schmidt* in MüKoHGB³ § 105 Rz 7; *Schauer* in Kalss/Nowotny/Schauer, Österreichisches Gesellschaftsrecht Rz 2/123.

[181] § 123 Abs 2 UGB. *Krejci* in Krejci, Reformkommentar UGB § 123 Rz 10; *Koppensteiner/Auer* in Straube, UGB⁴ § 123 Rz 10; *Schauer* in Kalss/Nowotny/Schauer, Österreichisches Gesellschaftsrecht Rz 2/205; *Artmann* in Jabornegg/Artmann, UGB² Rz 13; *Jabornegg/Resch/Slezak* in Schwimann/Kodek⁴ § 1175 Rz 35a.

dingt unter der Lebendgeburt, an. Umgelegt auf die Vor-OG/KG würde dies bedeuten, dass die Gesellschaft in Bezug auf das Erbrecht bereits ab dem Zeitpunkt der Errichtung als rechtsfähig angesehen wird, während sie in allen übrigen Fragen als nicht rechtsfähige GesBR eingestuft würde. Um einen Wertungswiderspruch zu vermeiden, müsste man ferner einer „echten" GesBR das Erbrecht bereits im Zeitpunkt des Todes des Erblassers anfallen lassen, wenn diese aufgrund von § 8 Abs 3 iVm § 189 Abs 1 Z 2 UGB zur Eintragung als OG/KG verpflichtet ist. Dies müsste jedenfalls ab dem Zeitpunkt gelten, in dem die GesBR Gesellschafter die Umwandlung in eine OG/KG, oder eine andere ins Firmenbuch einzutragende Gesellschaftsform[182] beschließen. Im Ergebnis scheint es daher rechtsdogmatisch konsequenter die Erbfähigkeit einer in Gründung befindlichen juristischen Personen nicht auf einen Analogieschlusses zu § 22, sondern auf die inzwischen allgemein anerkannte,[183] unbeschränkte Rechtsfähigkeit der Vorgesellschaft (Vorstiftung, Vorgenossenschaft) als Rechtsperson sui generis[184] zu stützen. Eine noch in Gründung befindliche Offene Gesellschaft oder Kommanditgesellschaft gilt sohin als noch nicht existent, weshalb der Erbanfall als vereitelt gilt. Gleiches gilt für einen Verein, weil das Vereinsgesetz das Konzept eines rechtsfähigen Vorvereins ablehnt (§ 4 Abs 2 VerG).[185]

d) Berufung noch nicht existenter juristischer Personen

21 Die Einsetzung noch nicht existenter juristischer Personen ist wie bei natürlichen Personen als stillschweigende Anordnung einer fideikommissarischen Substitution unter der aufschiebenden Bedingung der Entstehung als juristische Person auszulegen.[186] Nicht existent, weil nicht rechtsfähig, ist eine juristische Person auch noch in der Phase der Vorgründungsgesellschaft, die

---

[182] Wenngleich das Gesetz die Umwandlung in eine OG/KG anordnet, ist unbestritten, dass auch jede andere eingetragene Gesellschaftsform in Frage kommt, weil die Eintragungspflicht Publizitätszwecke verfolgt. *Schauer* in Kalss/Nowotny/Schauer, Gesellschaftsrecht Rz 2/192; *Told* in Straube, UGB⁴ § 8 Rz 44; *Ebner/U. Torggler* in U. Torggler, UGB § 8 Rz 13.

[183] AM nur *U. Torggler* in FS Krejci (2001) 958 ff; *ders* in Straube, GmbHG § 2 Rz 6 ff; *ders*, Die Verbandsgründung – de lege lata betrachtet (2009) 172: Einordnung als GesBR.

[184] *Ostheim*, Rechtsprobleme der Vorgesellschaft, JBl 1978, 344; *Koppensteiner/Rüffler*, GmbHG³ § 2 Rz 5 mwN; *Jabornegg* in Jabornegg/Strasser, AktG⁴ § 34 Rz 5 mwN; *Kalss* in Kalss/Nowotny/Schauer, Österreichisches Gesellschaftsrecht Rz 3/181; *Doralt/Diregger* in MüKoAktG³ § 41 Rz 182; *Zollner* in Doralt/Nowotny/Kalss, AktG § 34 Rz 12; *Jabornegg* in Jabornegg/Strasser, AktG⁴ § 34 Rz 5; *Gellis*, GmbHG⁷ § 2 Rz 3. Die Rechtsfähigkeit der Vorgesellschaft bei Kapitalgesellschaften wird auch in der jüngeren Rsp anerkannt: OGH 24.11.1998, 1 Ob 188/98y, ecolex 1999/250 (*Zehetner*) = RdW 1999, 344 = RWZ 1999, 234 (*Wenger*) = HS 29.075 = HS 29.093 = HS 29.420 = GBU 1999/08/01; 4.3.2013, 8 Ob 100/12g, GesRZ 2013, 283 (*Schimka*) = GES 2013, 188 = ecolex 2013/218 = AnwBl 2013, 473 = RdW 2013, 274.

[185] Vgl *Krejci/S. Bydlinski/Weber-Schallauer*, Vereinsgesetz² § 2 Rz 76 ff.

[186] *Ehrenzweig*, System II/2², 369; *Welser* in Rummel/Lukas⁴ § 536 Rz 5; *Werkusch-Christ* in Kletečka/Schauer, ABGB-ON 1.02 § 536 Rz 5; *Schauer* in Csoklich/Müller, Die Stiftung als Unternehmer 43 ff; *Fritsch* in Ferrari/Likar-Peer, Erbrecht 47; aM *Kralik*, Erbrecht³ 34, der eine Analogie zum inzwischen aufgehobenen Hofdekret JGS 1945/888 und der §§ 703–707 ablehnt, weil eine dem § 612 entsprechende Begrenzung der Bindung des Vorerben nicht möglich sei und das Gesetz keine allgemeine Frist kenne.

mit der Aufnahme der auf die Gründung gerichteten Tätigkeiten beginnt und bis zum Abschluss des Gesellschaftsvertrages (der Feststellung der Satzung) andauert.[187] Eingetragene Personengesellschaften sind überdies auch im Stadium der Vorgesellschaft als noch nicht existent zu betrachten. Da erst in Gründung befindliche eingetragene Personengesellschaften, oder in Gründung befindliche Vereine, wie jede andere noch nicht existente juristische Person, mithin ohnedies nach den Regelungen über die konstruktive Nacherbfolge letztwillig bedacht werden können, scheint eine analoge Anwendung des § 22 auch aus diesem Blickwinkel nicht geboten.[188] Anders als bei natürlichen Personen kommen juristische Personen oder andere Personenvereinigungen von Vornherein nicht als gesetzliche Erben in Betracht, sodass mit einer Analogie zu § 707 jedenfalls das Auslangen gefunden werden kann.

e) Letztwillige Errichtung einer Stiftung

Die Einsetzung einer erst aufgrund einer formgültigen letztwilligen Verfügung zu errichtenden Stiftung ist sowohl nach dem Privatstiftungsgesetz, als auch nach dem Bundes- Stiftungs- und Fondsgesetz, bzw den jeweiligen Landesgesetzen, zulässig.[189] Ebenso ist es zulässig einem Dritten die Errichtung einer Stiftung mithilfe einer Auflage letztwillig aufzutragen.[190] Bei der letztwilligen Errichtung und Bedenkung einer Privatstiftung ist zusätzlich zur Einhaltung der Formvorschriften für letztwillige Verfügungen auch die Einhaltung der Notariatsaktsform gemäß § 39 PSG zu beachten.[191] Ferner muss die letztwillige Stiftungsurkunde die nach § 9 PSG gebotenen und zulässigen Inhalte aufweisen.[192] Erfüllt die Stiftungserklärung die für die Entstehung als Rechtsperson zwingenden Voraussetzungen nicht, kommt die Stiftung nicht als Erbe oder Vermächtnisnehmer in Betracht.[193] In diesem Fall gilt es den erblasserischen Willen im Wege der Konversion bestmöglich zu verwirklichen.[194] Diesbezüglich kommt insbesondere die Umdeutung in eine Auflage in

22

---

187 Vgl nur *Kalss* in Kalss/Nowotny/Schauer, Österreichisches Gesellschaftsrecht Rz 3/180.

188 Wie hier jüngst auch *Benke/Klausberger* in Fenyves/Kerschner/Vonkilch, ABGB³ (Klang) § 22 Rz 27.

189 *Eccher* in Schwimann/Kodek⁴ § 536 Rz 8; *Werkusch-Christ* in Kletečka/Schauer, ABGB-ON 1.02 § 536 Rz 5; zu Stiftungen nach § 646 ABGB: *Weiß* in Klang² III 86; OGH 18.11.1886, Nr. 10.711, GlU 11.259 = NZ 1887, Nr.3; 30.12.1902, Nr. 17.930, GlU 2145 = JBl 1903, 251 = ZBl 1903, 481; 16.2.1972, 7 Ob 41/72, NZ 1973, 138.

190 OGH 26.11.1996, 1 Ob 2138/96k, SZ 69/263 = JBl 1997, 306 = EFSlg 84.306; 25.8.2005, 6 Ob 174/05i; *Eccher* in Schwimann/Kodek⁴ § 536 Rz 8; *Werkusch-Christ* in Kletečka/Schauer, ABGB-ON 1.02 § 536 Rz 6.

191 EB RV 1132 BlgNR XVIII. GP 22 (zu § 8 PSG); OGH 3.9.1996, 10 Ob 2204/96g, SZ 69/197 = JBl 1997, 643 = NZ 1998, 144 = HS 27.252 = HS 27.356; 16.9.1997, 10 Ob 227/97y, EFSlg 84.306; 29.4.2004, 6 Ob 45/04t, ecolex 2005/18, 48 (*Wagner*) = Ges 2004, 389 (*Arnold*); *Arnold*, PSG³ § 8 Rz 2; *Schauer* in Csoklich/Müller/Gröhs/Helbich, Handbuch zum Privatstiftungsgesetz 112; *ders* in Doralt/Nowotny/Kalss, Privatstiftungsgesetz § 8 Rz 10.

192 EB RV 1132 BlgNR XVIII. GP 22 (zu § 8 PSG); *Schauer* in Csoklich/Müller/Gröhs/Helbich, Handbuch zum Privatstiftungsgesetz 112; *ders* in Doralt/Nowotny/Kalss, Privatstiftungsgesetz § 8 Rz 6 und *Arnold*, PSG³ § 8 Rz 6.

193 OGH 29.4.2004, 6 Ob 45/04t, ecolex 2005/18, 48 (*Wagner*) = Ges 2004, 389 (*Arnold*).

194 *Arnold*, PSG³ § 8 Rz 9.

Betracht.[195] Entgegen der Rechtsprechung[196] und der herrschenden Lehre[197] ist die Rechtspersönlichkeit einer letztwillig errichteten Stiftung nach BStFG nicht auf den Todeszeitpunkt zurückzubeziehen.[198] Aus § 6 Abs 4 BStFG ergibt sich nämlich unmissverständlich, dass eine gemeinnützige Stiftung mit der Entscheidung, dass die Errichtung der Stiftung zulässig ist, Rechtspersönlichkeit erlangt, sodass die Stiftung erst mit Erteilung des Bescheids als juristische Person entsteht.[199] Die Stiftung ist sohin im Zeitpunkt des Todes noch nicht existent, was zur Folge hat, dass ihr das Erbrecht zu diesem Zeitpunkt noch nicht anfallen kann. Hinsichtlich der Fähigkeit der Stiftung Erbe oder Vermächtnisnehmer zu sein, ist die Rückbezüglichkeit der Rechtsfähigkeit aber gar nicht notwendig. Die Zulässigkeit der Erbeinsetzung ergibt sich bereits daraus, dass die Stiftung auch Nacherbe sein kann.[200] Soweit die Stiftung durch Bescheid der Stiftungsbehörde vor Einantwortung Rechtspersönlichkeit erlangt, spricht nichts dagegen, ihr die Erbschaft unmittelbar einzuantworten.[201] Auch eine Privatstiftung von Todes wegen nach PSG entsteht nicht rückwirkend mit dem Tod des Erblassers; maßgeblicher Zeitpunkt für das Entstehen als juristische Person ist vielmehr die konstitutive Eintragung im Firmenbuch (§ 7 Abs 1 PSG).[202] Allerdings gilt die Privatstiftung von Todes wegen mit dem Ableben des Stifters als errichtet,[203] sodass in diesem Zeitpunkt die Vorstiftung entsteht.[204] Anerkennt man die Rechts- und Vermögensfähigkeit der Vorstiftung,[205] so kann die Einantwortung an die Stiftung auch dann erfolgen, wenn diese noch nicht im Firmenbuch eingetragen ist.[206] Zur Errichtung einer Stiftung nach dem BstFG 2015 von Todes wegen vgl § 12 leg cit[206a].

---

[195] EB RV 1132 BlgNR XVIII. GP 22 (zu § 8 PSG) 23; OGH 29.4.2004, 6 Ob 45/04t, ecolex 2005/18, 48 (*Wagner*) = Ges 2004, 389 (*Arnold*); *Werkusch-Christ* in Kletečka/Schauer, ABGB-ON 1.02 § 536 Rz 5; *Arnold*, PSG³ § 8 Rz 9.

[196] OGH 25.8.2005, 6 Ob 174/05i; zu einer Stiftung nach § 646 ABGB 16.2.1972, 7 Ob 41/72, NZ 1973, 138.

[197] *Welser* in Rummel/Lukas⁴ § 646 Rz 13; *Werkusch-Christ* in Kletečka/Schauer, ABGB-ON 1.02 § 536 Rz 5; *Eccher* in Schwimann/Kodek⁴ § 536 Rz 8; vgl auch *Fritsch* in Ferrari/Likar-Peer, Erbrecht 47.

[198] Ausführlich bereits *Schauer* in Csoklich/Müller, Die Stiftung als Unternehmer 49 ff.; wie hier auch *Posch* in Schwimann/Kodek⁴ § 26 Rz 18.

[199] *Schauer* in Csoklich/Müller 51.

[200] *Schauer* in Csoklich/Müller 51; zur Zulässigkeit der Nacherbeinsetzung: OGH 16.2.1972, 7 Ob 41/72, NZ 1973, 138.

[201] *Schauer* in Csoklich/Müller 51.

[202] AA wohl *Werkusch-Christ* in Kletečka/Schauer, ABGB-ON 1.02 § 536 Rz 5.

[203] Auf Grund des erbrechtlichen Charakters der Stiftungserrichtung von Todes wegen, gilt die Stiftung, abweichend vom Wortlaut des § 7 Abs 1 PSG, nicht bereits durch die Stiftungserklärung, sondern erst mit dem Tod des Erblassers als errichtet, *Schauer* in Doralt/Nowotny/Kalss, PSG § 8 Rz 13; *Arnold*, PSG³ § 8 Rz 3.

[204] *Schauer* in Doralt/Nowotny/Kalss, PSG § 8 Rz 13; *Arnold*, PSG³ § 8 Rz 3.

[205] *Arnold*, PSG³ § 7 Rz 6; *Csoklich* in Csoklich/Müller/Gröhs/Helbich, Handbuch 52 ff.

[206] *Schauer* in Doralt/Nowotny/Kalss, PSG § 8 Rz 19.

[206a] Dazu näher *Melzer* in Deixler-Hübner/Grabenwarter/Schauer (Hrsg) Gemeinnützigkeitsrecht NEU (2016).

Teil B. Rechtslage ab 1. 1. 2017

V. Systematik

Die §§ 536–551 stehen unter der Überschrift „**Entstehung des Erb-** **23** **rechts**". Die Marginalrubrik zu § 536 lautet „Erbanfall" statt bisher „Zeitpunkt des Erbanfalls". Während die Überschrift für die vorliegende Bestimmung treffend passt – sie bestimmt den Zeitpunkt, in dem das Erbrecht, als absolutes Recht die Verlassenschaft oder einen bestimmten Teil davon zu erwerben (§ 532), entsteht. Durchaus passend ist die Überschrift auch in Bezug auf § 537, weil dort bestimmt wird, was zu gelten hat, wenn zwar das Erbrecht iSd § 532 entstanden ist, dh das Recht auf den Erwerb der Verlassenschaft oder einer Quote davon, der Erwerb selbst dann aber ausgeblieben, weil der Erbe zuvor (vor Einantwortung) verstorben ist. Die Bestimmungen über die Erbfähigkeit (§§ 538–543) gehören ebenfalls zur Entstehung des Erbrechts. Ist der Erbe erbunfähig, so scheitert der Anfall der Erbschaft, womit das Erbrecht bei ihm auch nicht entsteht. Das Erbrecht fällt auch dann nicht an, wenn darauf wirksam verzichtet wurde (§ 551). In einem gewissen Sachzusammenhang mit der Entstehung des Erbrechts steht sodann auch noch § 546, der festlegt, dass die Verlassenschaft als juristische Person mit dem Tod des Verstorbenen dessen Rechtsposition fortsetzt. Hingegen regelt bereits § 547, der den **Erwerb der Erbschaft** mittels Einantwortung im Wege der Gesamtrechtsnachfolge zum Gegenstand hat keinen Aspekt mehr, der Entstehung des Erbrechts zu tun hätte. Gleiches gilt für die §§ 548–550.

VI. Die Bestimmung im Einzelnen

§ 536 besteht nun aus zwei Absätzen. Abs 1 enthält eine **Definition des** **24** **Erbfalls und des Erbanfalls**. Die Überschrift zu § 536 erwähnt aber nur den Erbanfall. **Erbfall** ist immer der Tod des Verstorbenen. Der **Erbanfall** – der Zeitpunkt im dem das Erbrecht erworben wird – ist idR der Erbfall, bei aufschiebender Bedingung erst der Eintritt der Bedingung (vgl Rz 2). An diese Definition knüpft § 543 Abs 1 an, der bestimmt, dass die **Erbfähigkeit** im Zeitpunkt des Erbanfalls vorliegen muss. In bestimmten Fällen (§§ 539, 540), kann die Fähigkeit zu erben aber auch noch nach Erbanfall wegfallen (§ 543 Abs 2). Diese Grundsätze galten aufgrund von § 536 aF iVm § 545 aF iVm § 703 aF bereits bisher. Aufgrund der Neuregelung des § 536 und § 543 über den Zeitpunkt der Erbfähigkeit hätte § 703 als überflüssige Wiederholung gestrichen werden können.[207] Die Bestimmung wurde indes – geringfügig sprachlich überarbeitet – beibehalten und in § 536 auch ein Verweis auf diese Norm eingefügt. Die übrigen Änderungen in Abs 1 sind sprachlicher Natur.

Abs 2 der Bestimmung enthält inhaltlich den bisherigen S 2. Die Änderun- **25** gen sind rein **sprachlicher Natur**.[208] Stirbt ein möglicher Erbe vor dem Erbanfall, so erwirbt er kein Erbrecht (Überlebensbedingung). Das nicht erworbene

---

[207] *Schauer/Motal/Reiter/Hofmair/Wöss*, JEV 2015, 40 (43 und 45).
[208] Vgl EB 688 BlgNR 25. GP 4.

Erbrecht[209] kann – nach dem Grundsatz *nemo plus iuris transferre potest, quam ipse habet* – freilich auch nicht übertragen werden, sodass ein Übergang auf seine Erben im Wege der Transmission ausscheidet. Der umstrittene Begriff des *vermeintlichen* Erben (Rz 4) wurde durch den des *möglichen* Erben ersetzt.

26 Der neugefasste § 536 ist auf Erbfälle nach dem 31. 12. 2016 anzuwenden (§ 1503 Abs 7 Z 1 iVm Z 2). Die Bedeutung der Übergangsbestimmungen ist für § 536 äußerst gering, da sich aus der Neufassung keine materiellen Änderungen der Rechtslage ergeben.

§ 537. Hat der Erbe den Erblasser überlebt; so geht das Erbrecht auch vor Übernahme der Erbschaft, wie andere frei vererbliche Rechte, auf seine Erben über; wenn es anders durch Entsagung, oder auf eine andere Art noch nicht erloschen war.

Stammfassung JGS 1811/946.

Vererblichkeit des Erbrechts

§ 537. (1) Wenn der Erbe den Verstorbenen überlebt hat, geht das Erbrecht auch vor Einantwortung der Erbschaft auf seine Erben (Erbeserben) über, es sei denn, dass der Verstorbene dies ausgeschlossen hat, die Erbschaft ausgeschlagen wurde oder das Erbrecht auf eine andere Art erloschen ist.

(2) Die Erbeserben gehen Anwachsungsberechtigten (§ 560) jedenfalls und Ersatzerben (§ 604) dann vor, wenn der Erbe nach Abgabe seiner Erbantrittserklärung verstirbt.

IdF BGBl Nr I 2015/87 (ErbRÄG 2015), in Kraft ab 1. 1. 2017. Mat: EB RV 688 BlgNR 25. GP.

Lit: *Strohal,* Transmission pendente condicione (1879); *Touaillon,* Transmission und Verlassenschaftsabhandlung, NZ 1917, 21, 29, 37, 46, 55, 62, 71, 79; *Wohlmut,* Die Vererbung des Pflichtteilsanspruches, NZ 1956, 41; *Pfersmann,* Bemerkenswertes aus der SZ 43, ÖJZ 1974, 225; *Deixler-Hübner,* Das Heimfallsrecht an Nachlässen, in Buchegger/Holzhammer (Hrsg), Beiträge zum Zivilprozessrecht (1989) 9; *Apathy,* Heimfall und Transmission, JBl 1990, 399; *Swoboda,* Transmission bei Heimfall hinfällig?, JBl 1990, 298; *Schauer,* Nachlass und vererbliche Rechtsverhältnisse, in Gruber/Kalss/Müller/Schauer (Hrsg), Erbrecht und Vermögensnachfolge (2010) § 15; *Eccher,* Vererblichkeit des Anerbenrechts, in FS Binder (2010) 67; *A. Tschugguel,* Ersatzerbschaft, Transmission und Anwachsung - Überlegungen aus kautelarjuristischer Sicht, EF-Z 2012, 257; *Schweda,* Zur Transmission an den Fiskus, NZ 2014, 37; *Welser,* Gibt es eine Transmission des Erbrechts an den heimfallsberechtigten Fiskus? in FS Würth (2014) 348.

---

[209] Zur – insoweit nicht ganz geglückten – Fassung des Ministerialentwurfs s *Schauer/Motal/Reiter/Hofmair/Wöss,* JEV 2015, 40 (43).

Übersicht

Teil A. Rechtslage bis 31. 12. 2016

I.	Entstehungsgeschichte	1
II.	Normzweck und Inhalt der Bestimmung	2
III.	Transmission im engeren und im weiteren Sinn	3–4
IV.	Gegenstand der Transmission	5–8
IV.	Voraussetzungen der Transmission	9–15
	1. Erwerb der Erbschaft	9–13
	2. Erbfähigkeit	14–15
VI.	Ausschluss der Transmission	16–18
	1. Stillschweigend durch Anordnung einer Substitution	16
	2. Ausdrücklich	17–18
VII.	Erlöschen des Erbrechts	19–21
VIII.	Transmission an den Fiskus	22–26
IX.	Verlassenschaftsabhandlung	27–37
X.	Haftung	38–39
XI.	Transmission im Anerbenrecht	40

Teil B. Rechtslage bis 1. 1. 2017

XII.	Allgemeines	41–44
XIII.	Einzelfragen	45–46

Teil A. Rechtslage bis 31. 12. 2016

I. Entstehungsgeschichte

Die Bestimmung ist seit Inkrafttreten des ABGB unverändert geblieben und fand sich bereits in II § 330 des Westgalizischen Gesetzbuches. Im WGB lautet der erste Halbsatz der Bestimmung noch folgendermaßen: „Hat er den Erblasser überlebt, und das Erbrecht wirklich erlangt;". Auf Anraten von *Zeiller* wurde der zweite Teil des ersten Halbsatzes gestrichen, damit man nicht glaube, es werde außer dem Überleben des Erblassers noch etwas Weiteres gefordert.[1] Das innerösterreichische Appellationsgericht regte ferner an,[2] am Ende folgenden Beisatz einzufügen: „doch kann der weitere Erbe die erste Erbschaft, ohne zugleich die zweite anzunehmen, nicht erlangen. Auf solche Art können auch mehrere auf einander folgende Erbschaften mit allen ihren Nutzungen und Lasten auf den Erben übergehen." Bei der Beratung bemerkte *Zeiller* dazu, dass dies aus Prinzipien und Begriffen ohnedies gefolgert werden könne, jedoch keine Bedenken bestehen, diesen Zusatz der Deutlichkeit willen aufzunehmen. Die Aufnahme des Zusatzes fand zwar die Zustimmung der Kommission,[3] findet sich aber in der entsprechenden Bestimmung des Revi-

1

---

[1] *Ofner*, Protokolle II 325 (bei § 330).
[2] In der Sitzung vom 19.12.1803.
[3] *Ofner*, Protokolle II 325 (bei § 330).

sionsentwurfs[4] des ABGB und demzufolge auch im Gesetz gewordenen Text nicht wieder. Dazu, weshalb letztlich doch auf die Beifügung verzichtet wurde, finden sich in den Mat keine Ausführungen. Inhaltlich ist die Aussage freilich auch im aktuellen Text des § 537 enthalten.[5]

II. Normzweck und Inhalt der Bestimmung

2 § 537 knüpft systematisch an § 536 an und findet sich deshalb gemeinsam mit diesem unter der Marginalrubrik „Zeitpunkt des Erbanfalls" zusammengefasst. Während § 536 nur ausspricht, dass vor dem Tode eines Menschen keinerlei Erbrecht nach ihm eintritt, bestimmt § 537 in positiver Hinsicht, dass das Erbrecht des Berufenen mit dem Todesfall des Erblassers entsteht und bereits mit diesem Zeitpunkt wie andere frei vererbliche Rechte auf seine Erben übergeht.[6] Die Bestimmung **statuiert** somit **die Vererblichkeit des Erbrechts** und wird durch jene des § 809 näher konkretisiert.[7] Dass nach der Einantwortung eine Vererbung des Erbrechts nicht mehr in Frage kommt, weil dem Recht entsprochen ist,[8] bedurfte als selbstverständlich keiner Hervorhebung im Gesetz.[9] Nach Einantwortung kann nur mehr das einheitliche Vermögen des Erben, in dem die Rechte und Verbindlichkeiten des ersten Nachlasses aufgegangen sind, vererbt werden.[10] Wohl aber war es erforderlich zu bestimmen, welches rechtliche Schicksal das zwischenzeitig entstandene subjektive Erbrecht mit dem Tod des Erben vor Einantwortung erleidet.[11]

III. Transmission im engeren und im weiteren Sinn

3 Die Möglichkeit das Erbrecht weiterzuvererben, wird als Transmission bezeichnet, wobei das Gesetz selbst diesen Begriff nicht verwendet. Der Erstverstorbene heißt Erblasser, sein Erbe Transmittent und die Erben des Transmittenten heißen Transmissare oder Erbeserben.[12] In der L wird zwischen Transmission im engeren und iwS unterschieden.[13] Der **entscheidende Zeitpunkt** für die Unterscheidung ist jener der **Erbantrittserklärung**. Bei der Transmis-

---

[4] § 530 Revisions- und Superrevisionsentwurf.
[5] Vgl *Pfaff/Hofmann*, Commentar II/1, 19 und *Zeiller*, Commentar II 848 (bei § 809). Aus der nachträglichen – ohne Beratungen erfolgten Weglassung dieses Satzes kann nicht darauf geschlossen werden, dass deren inhaltliche Aussage nicht übernommen werden sollte. Die Redaktoren des ABGB waren sich darin einig, dass dieser S die selbstverständliche Folge allgemeiner Prinzipien darstellt; er hatte damit bloß klarstellende Funktion (vgl auch *Touaillon*, NZ 1917, 22; *Handl* in Klang II/1, 40).
[6] *Handl* in Klang II/1, 39.
[7] Vgl *Zeiller*, Commentar II 849.
[8] Vgl nur *Koziol/Welser*[13] II 461; *Gschnitzer/Faistenberger*, Erbrecht[2] 69.
[9] Vgl *Handl* in Klang II/1, 39.
[10] Vgl *Kralik*, Erbrecht[3] 58; *Handl* in Klang II/1, 39; *Gschnitzer/Faistenberger*, Erbrecht[2] 69.
[11] *Handl* in Klang II/1, 39.
[12] *Kralik*, Erbrecht[3] 57; *Handl* in Klang II/1, 39.
[13] *Weiß* in Klang[2] III 75; *Schauer* in Gruber/Kalss/Müller/Schauer, Erbrecht und Vermögensnachfolge § 15 Rz 54; *Welser* in Rummel/Lukas[4] § 537 Rz 2; *Eccher* in Schwimann/Kodek[4]

sion ieS kommt es zur Vererbung des Erbrechts bevor der Erbe die Erbantrittserklärung abgegeben hat (§ 809 ABGB). Von der Transmission iwS spricht man, wenn der Erbe nach Abgabe der Erbantrittserklärung, aber vor der Einantwortung an ihn verstirbt. *Ehrenzweig*[14] und *Handl*[15] weichen in der Begriffsbildung von der hM ab und fassen unter Transmission iwS beide Fälle zusammen; die Transmission ieS ist somit nach ihnen nicht Gegenstück, sondern Teilmenge der Transmission iwS. Diese Terminologie entspricht zwar der Struktur des Gesetzes (sogleich Rz 4), dennoch ist ihr nicht zu folgen, weil sich die wesentlichen Rechtsfolgen an die (Nicht-)Abgabe der Erbantrittserklärung knüpfen. Relevant ist die Unterscheidung zwischen Transmission im engeren und im weiteren Sinn vor allem für das Verhältnis zwischen Ersatzerbschaft und Transmission (unten Rz 16).

Weiß[16] betont, dass von den Gesetzesredaktoren nur die Transmission ieS bedacht worden sei.[17] Richtig ist daran, dass die – freilich äußerst knappen – Stellungnahmen im Rahmen der Beratungen zum ABGB ausschließlich die Transmission ieS zum Gegenstand hatten (oben Rz 1) und sohin feststeht, dass § 537 jedenfalls (auch) die Transmission ieS regelt. Daraus im Umkehrschluss abzuleiten, dass die Transmission iwS nicht Gegenstand der Bestimmung ist, wäre jedoch verfehlt. Dass jedenfalls *Zeiller*[18] als Referent der Kommission auch die Transmission iwS mitbedacht hat, ergibt sich aus dessen Kommentar, wo es heißt: „Allein noch vor der Uebernahme, und selbst noch vor der Erbeserklärung ist ihm, wenn er anders den Erblasser auch nur einen Augenblick überlebt […], das Erbrecht schon angefallen, und es geht […] auf seinen Erben über.". § 537 bestimmt, dass das Erbrecht auch vor *Übernahme* der Erbschaft vererblich ist. Die Wortlautinterpretation ließe nun zweierlei Auslegungsergebnisse zu. Zum einen könnte man unter Übernahme – wie etwa *Welser*[19] – die Annahme der Erbschaft, mithin die Erbantrittserklärung verstehen. Zum anderen könnte darunter die Einantwortung zu verstehen sein.[20] Letzterer Auslegungsvariante ist aus mehreren Gründen der Vorzug zu geben. Dafür spricht zunächst, dass die Einantwortung in § 797 ABGB als „Übergabe in den rechtlichen Besitz" (§ 797) definiert wird, die sich aus der Sicht des Erben als Übernahme in seinen rechtlichen Besitz darstellt.[21] Von diesem Begriffsverständnis ging, wie sich aus dem obigen Zitat erhellt, auch *Zeiller* aus. Zum anderen wird der Begriff der Erbantrittserklärung (früher Erbserklärung)[22] im ABGB an kei-

4

---

§ 537 Rz 1; *Apathy* in KBB[4] § 537 Rz 2; *Kralik*, Erbrecht[3] 59; *Fritsch* in Ferrari/Likar-Peer, Erbrecht 50; Koziol/Welser[13] II 461.

14 System II/2[2], 367
15 In Klang II/1, 39
16 In Klang[2] III 75.
17 Im Entwurf Horten, § 22, 17. Cap 2. Teil war nur die Transmission ieS ausdrücklich geregelt.
18 *Zeiller*, Commentar II/1, 391. Vgl auch seine Ausführungen aaO 849 (zu § 809): „Sobald aber der Erbe der Erbschaft entsagt, oder sie angenommen hat, so können seine wirklichen Erben eben so wenig, als er selbst, die Erklärung widerrufen oder abändern (§§ 547 u 806)."
19 In Rummel/Lukas[4] § 537 Rz 2.
20 So zutr *Handl* in Klang II/1, 39; davon dürfte auch *Kralik*, Erbrecht[3] 58 (FN 2) ausgehen.
21 Vgl *Handl* in Klang II/1, 39.
22 Geändert mit BGBl I 2004/58.

ner Stelle als „Übernahme" bezeichnet. Die verwendeten Begriffe sind bzw waren im Zeitpunkt des Inkrafttretens des ABGB: „Annahme" (§ 547);[23] „Antretung" (zB § 800; vgl insb § 809);[24] und „Erb(antritt)serklärung" (zB § 800 f).[25] Ferner spricht die Gesetzessystematik für eine solche Auslegung, zumal es § 809 als eigenständige Bestimmung nicht bedurft hätte, wenn § 537 ohnedies nur die Transmission ieS zum Gegenstand hätte; eine Zusammenfassung der beiden Normen wäre naheliegend gewesen. Zudem lässt sich ins Treffen führen, dass sich im WGB (oben Rz 1) noch der Zusatz fand, dass das Erbrecht wirklich erlangt werden muss. Will man diesem Halbsatz einen Bedeutungsgehalt geben, könnte damit die Annahme der Erbschaft gemeint sein. Bei dieser Lesart ergebe sich für das WGB das Ergebnis, dass die Bestimmung nur die Transmission iwS behandelte. Durch die Streichung dieser Textpassage (Rz 1) wäre dann die Voraussetzung der Erbantrittserklärung entfallen, sodass § 537 die Vererblichkeit des Erbrechts sowohl vor als auch nach Abgabe der Erbantrittserklärung bestimmt. Zu diesem Ergebnis muss man aber auch gelangen, wenn man der Auslegung *Welsers* folgt, wonach „Übernahme" mit „Erbantrittserklärung" gleichzusetzen ist. Bei dieser Interpretation besagt das Gesetz nämlich, dass das Erbrecht auch vor Annahme der Erbschaft übergeht. Aus dem Wort „auch" ergibt sich daher auch bei dieser Lesart, dass der Regelungsgegenstand der Norm beide Arten der Transmission sind. Dass die Transmission iwS von den Gesetzesverfassern nicht mitbedacht worden wäre, kann daher nicht behauptet werden. Dass das Erbrecht auch dann auf den Transmissar übertragen wird, wenn der Transmittent bereits eine positive Erbantrittserklärung abgegeben hat, wird aber im Ergebnis ohnedies von niemandem bezweifelt,[26] und ließe sich selbst dann, wenn die Gesetzesverfasser tatsächlich nur die Transmission ieS regeln wollten, – *arg a minori ad maius* – aus § 537 ableiten. Zusammenfassend kann festgehalten werden, dass § 537 beide Arten der Transmission regelt, während § 809 die Transmission ieS behandelt. Daraus ergibt sich, dass § 537 zu § 809 im Verhältnis der generellen zur speziellen Norm steht.[27]

IV. Gegenstand der Transmission

5   Gegenstand der Transmission ist **das Erbrecht**, unabhängig davon, ob dieses auf einem Erbvertrag, einem Testament oder dem Gesetz beruht.[28] Vererblich ist demnach auch das gesetzliche Erbrecht des Ehegatten oder eingetragenen Partners.[29] Für die von *Weiß*[30] vertretene Ansicht, dass der persönliche Charakter des Ehegattenerbrechts einer Transmission entgegenstünde, finden

---

[23] Vgl etwa auch § 799.
[24] Vgl auch §§ 802, 805.
[25] S auch § 806 f, § 811, § 819.
[26] Dies tut auch *Weiß* in Klang² III 75 f nicht.
[27] So auch schon *Handl* in Klang II/1, 39.
[28] *Welser* in Rummel/Lukas⁴ § 537 Rz 3, *Krulik*, Erbrecht³ 57, *Werkusch-Christ* in Kletečka/Schauer, ABGB-ON 1.02 § 537 Rz 1; *Nippel*, Erläuterung V 202.
[29] *Welser* in Rummel/Lukas⁴ § 537 Rz 3.
[30] In Klang² III 81.

sich im Gesetz keinerlei Anhaltspunkte.[31] Auch das außerordentliche Erbrecht der Legatare (§ 726) kann Gegenstand der Transmission sein.[32]

Die **Rechte der Pflichtteilsberechtigten** sind nach nunmehr einhelliger Rsp und L vererblich,[33] wobei der Pflichtteilsanspruch als Geldanspruch bereits mit dem Tod des Erblassers entsteht und demnach ohne weitere Voraussetzungen vererblich ist. Auf die (gerichtliche) Geltendmachung des Anspruchs durch den Pflichtteilsberechtigten kommt es nicht an (s § 531 Rz 77).[34] In der älteren Lit wurde die Vererblichkeit des Pflichtteilsanspruchs zunächst überhaupt,[35] später vor dessen Geltendmachung[36] verschiedentlich bestritten, was mit der Höchstpersönlichkeit des Anspruchs begründet wurde.[37] Auch die Rsp war diesbezüglich anfangs uneinheitlich.[38] Das Erfordernis der Geltendmachung wurde aus dem zwischenzeitlich aufgehobenen[39] § 291 EO abgeleitet, welcher Pflichtteilsansprüche, die nicht gerichtlich geltend gemacht oder durch Vertrag oder Vergleich anerkannt wurden, für unpfändbar erklärte.[40] Die Rsp ist dieser Auffassung richtigerweise bereits zu einer Zeit, als die Bestimmung noch in Kraft stand, entgegengetreten.[41] Die Vererblichkeit des Anspruchs schließt auch die Befugnis zur Geltendmachung der Schenkungsanrechnung (§ 785) und der Anrechnung von Vorempfängen (§ 788), sowie – für den Fall, dass der Pflichtteilsanspruch durch den Nachlass nicht gedeckt ist – den Herausgabeanspruch gegen den Beschenkten gem § 951 mit ein.[42]

6

---

31 Zutr bereits *Kralik*, Erbrecht³ 57.
32 *Kralik*, Erbrecht³ 57.
33 OGH 22.12.1960, 3 Ob 160, EvBl 1961/94; 10.5.1972, 7 Ob 105/72, EvBl 1972/317 = NZ 1973, 155; 18.10.2005, 1 Ob 191/05b; *Schauer* in Gruber/Kalss/Müller/Schauer, Erbrecht und Vermögensnachfolge § 15 Rz 59; *Welser* in Rummel/Lukas⁴ § 537 Rz 3; *Eccher* in Schwimann/Kodek⁴ § 531 Rz 9; *Werkusch-Christ* in Klatečka/Schauer, ABGB-ON 1.02 § 531 Rz 5.
34 OGH 10.5.1972, 7 Ob 105-110/72, EvBl 1972/317 = NZ 1973, 155; 19.1.1984, 6 Ob 726/83, SZ 57/11; 18.10.2005, 1 Ob 191/05b; *Schauer* in Gruber/Kalss/Müller/Schauer, Erbrecht und Vermögensnachfolge § 15 Rz 59; *Welser* in Rummel/Lukas⁴ § 537 Rz 3; *Eccher* in Schwimann/Kodek⁴ § 531 Rz 9; *Fritsch* in Ferrari/Likar-Peer, Erbrecht 48.
35 *Handl* in Klang II/1, 39; *ders*, ZBl 1928, 1014; *Krasnopolski/Kafka*, Erbrecht 234 FN 5.
36 So *Wohlmut*, NZ 1956, 43; *Weiß* in Klang² III 81 und 836 f; *Gschnitzer*, Erbrecht 89.
37 Für Vererblichkeit etwa bereits *Ehrenzweig*, System II/2², 581.
38 Für das Erfordernis der Geltendmachung: OGH 14.1.1959, 1 Ob 473/58, NZ 1960, 59; gegen Vererblichkeit generell: 19.1.1905, Nr. 17.024, GlUNF 2931 = NZ 1906, 46. Für Vererblichkeit dagegen GlU 6337; 20.6.1928, 3 Ob 526/28, SZ X/159.
39 Mit der EO-Novelle 1991.
40 Nicht geltend gemachte Ansprüche konnten dennoch abgetreten werden (§ 293 Abs 4 EO idF vor der EO-Novelle 1991), sodass von einem höchstpersönlichen Anspruch nicht gesprochen werden konnte; OGH 22.12.1960, 3 Ob 160, EvBl 1961/94; 10.5.1972, 7 Ob 105/72, EvBl 1972/317 = NZ 1973, 155.
41 OGH 22.12.1960, 3 Ob 160, EvBl 1961/94; 10.5.1972, 7 Ob 105/72, EvBl 1972/317 = NZ 1973, 155.
42 OGH 10.5.1972, 7 Ob 105-110/72, EvBl 1972/317 = NZ 1973, 155; 29.1.2004, 6 Ob 263/03z, SZ 2004/15 = NZ 2004, 348; *Schauer* in Gruber/Kalss/Müller/Schauer, Erbrecht und Vermögensnachfolge § 15 Rz 59; *Welser* in Rummel/Lukas⁴ § 537 Rz 3; *Eccher* in Schwimann/Kodek⁴ § 531 Rz 9; *Kralik*, Erbrecht³ 15; *Fritsch* in Ferrari/Likar-Peer, Erbrecht 48.

7   Die Regeln über die Transmission gelten grundsätzlich **auch** (analog) **für Vermächtnisse** (s Rz 44).[43] Sind höchstpersönliche, nicht vererbliche Rechte Gegenstand eines Vermächtnisses, wie etwa eine persönliche Dienstbarkeit (s die nachstehende Rz) kann das Vermächtnis nicht transmittiert werden.[44] Der Vermächtnisanspruch entsteht in der Person des Vermächtnisnehmers sofort mit dem Tod des Erblassers, sofern der Anspruch nicht an eine Suspensivbedingung geknüpft ist. Daher entfällt die sonst bedeutsame Unterscheidung in Transmission im engeren und im weiteren Sinn.[45] Es gelten hier die gleichen Grundsätze wie für das vom Erben durch Abgabe der Erbantrittserklärung erworbene Erbrecht, mithin die Regeln über die Transmission iwS.[46]

8   Es versteht sich von selbst, dass (erbrechtliche) **Ansprüche**, die wegen ihres **höchstpersönlichen Charakters nicht** in den Nachlass fallen, auch nicht **Gegenstand der Transmission** sein können. Dazu zählt der Anspruch des Ehegatten oder eingetragenen Partners auf das gesetzliche Vorausvermächtnis gem § 758, der Unterhaltsanspruch des Ehegatten nach § 796; das Vermächtnis des Unterhalts, der Erziehung oder Kost (§ 672), sowie persönliche Dienstbarkeiten (§ 529)[47],.[48] Bei eingetragenen Personengesellschaften (OG/KG) kann im Gesellschaftsvertrag vereinbart werden, dass die Gesellschaft im Falle des Todes eines Gesellschafters nicht aufgelöst, sondern mit den Erben des verstorbenen Gesellschafters fortgesetzt werden soll.[49] Zwar wird der Transmissar nicht Erbe des Erblassers, dennoch werden mit einer Nachfolgeklausel die Bestimmungen des Erbrechts an sich zur Anwendung gebracht, sodass der Transmittent grds auch den Anteil an der Personengesellschaft weitervererben kann.[50] Freilich kann im Gesellschaftsvertrag etwa durch eine qualifizierte Nachfolgeklausel[51] eine beschränkte Vererblichkeit statuiert, oder auch die Transmission ausgeschlossen werden.[52]

---

[43]   *Zeiller*, Commentar II 391 f; *Nippel*, Erläuterung 21; *Pfaff/Hofmann*, Commentar II/1, 19; *Handl* in Klang II/1, 39; *Weiß* in Klang² III 81; *Strohal*, Transmission 2; *Welser* in Rummel/Lukas⁴ § 537 Rz 3; *Werkusch-Christ* in Klečka/Schauer, ABGB-ON 1.02 § 537 Rz 5; *Koziol/Welser*¹³ II 462.

[44]   *Weiß* in Klang² III 81.

[45]   *Weiß* in Klang² III 81; *Welser* in Rummel/Lukas⁴ § 537 Rz 3.

[46]   Vgl *Weiß* in Klang² III 81.

[47]   *Zeiller*, Commentar II/1, 394; *Weiß* in Klang² III 81; *Werkusch-Christ* in Klečka/Schauer, ABGB-ON 1.02 § 537 Rz 5.

[48]   *Weiß* in Klang² III 81.

[49]   Eingehend zur Nachfolgeklausel *Schauer*, Erbrechtliche Nachfolge 139 ff; *ders* in Gruber/Kalss/Müller/Schauer, Erbrecht und Vermögensnachfolge § 31 Rz 33 ff; *ders* in Kalss/Schauer, Unternehmensnachfolge 124 ff; vgl auch *Koppensteiner/Auer* in Straube, UGB⁴ § 139 Rz 4, 6 ff; *Welser* in Rummel³ Anhang zu § 531 Rz 3 ff.

[50]   So kann der Anteil an einer Personengesellschaft, wenn die Vererblichkeit vereinbart wird, auch dem Staat anheimfallen, *Schauer*, Rechtsprobleme der erbrechtlichen Nachfolge bei Personenhandelsgesellschaften 563 ff.

[51]   Zu dieser s *Schauer* in Gruber/Kalss/Müller/Schauer, Erbrecht und Vermögensnachfolge § 31 Rz 56 ff.

[52]   Vgl zum Heimfallsrecht *Schauer*, Rechtsprobleme 565.

V. Voraussetzungen der Transmission

1. Erwerb der Erbschaft

Vor erfolgtem Erbanfall hat der potentielle Erbe kein Erbrecht und auch **9** kein Anwartschaftsrecht[53] auf eine Erbschaft, sondern bloß eine rechtliche bedeutungslose Erbaussicht (§ 536 Rz 3).[54] **Voraussetzung für die Transmission ist** daher, **dass das Erbrecht dem Transmittenten bereits angefallen ist.**[55] Stirbt ein potenzieller Erbe vor dem Erblasser oder vor Erfüllung der aufschiebenden Bedingung, unter der er eingesetzt ist, so erwirbt er das Erbrecht nicht und kann dieses auch nicht auf seine Erben übertragen (§ 536).[56] Eine aufschiebende Befristung schiebt den Erbanfall dagegen nicht hinaus; er tritt bereits mit dem Tod des Erblassers ein.[57] Stirbt der befristet eingesetzte Erbe demnach nach dem Erblasser, aber vor Eintritt des Anfangstermins, kommt es zur Transmission (§ 705).[58] Auflösend bedingt oder betagt eingesetzten Erben fällt die Erbschaft ebenfalls bereits mit dem Tod des Erblassers an, sie kann ab diesem Zeitpunkt weitervererbt werden.

Auch ein unter einer (ungewissen) aufschiebenden Bedingung berufener fidei- **10** kommissarischer Substitut (**Nacherbe**) kann das Erbrecht gem § 703 nicht vererben, wenn er vor dem Eintritt der Bedingung verstirbt.[59] Der Bestimmung des § 703 kommt aber lediglich dispositiver Charakter zu; der Erblasser kann auch die Vererbung des Anwartschaftsrechtes und sohin die Transmission verfügen.[60] Für die Ermittlung der konkreten Regelungsabsicht des Erblassers sind alle bei letztwilligen Verfügungen zulässigen Auslegungsmittel heranzuziehen, einschließlich der Auslegung nach dem hypothetischen Erblasserwillen, bevor auf die gesetzliche Vermutung des § 703 zurückgegriffen werden darf.[61] Ist der Eintritt des Nacherb-

---

53 So aber *Stubenrauch*, Commentar[8] 742.
54 *Eccher* in Schwimann/Kodek[4] § 536 Rz 1; *Apathy* in KBB[4] § 536 Rz 1; *Werkusch-Christ* in Kletečka/Schauer, ABGB-ON 1.02 § 536 Rz 1; *Welser* in Rummel/Lukas[4] § 536 Rz 1; *Binder* in Schwimann[3] § 1278 Rz 2; *Schauer* in Gruber/Kalss/Müller/Schauer, Erbrecht und Vermögensnachfolge § 15 Rz 55; vgl auch *Handl* in Klang II/1, 37.
55 Vgl *Schauer* in Gruber/Kalss/Müller/Schauer, Erbrecht und Vermögensnachfolge § 15 Rz 55; *Handl* in Klang II/1, 41.
56 Vgl *Stubenrauch*, Commentar[8] 742; *Nippel*, Erläuterung 20 f; *Koziol/Welser*[13] II 461; *Schauer* in Gruber/Kalss/Müller/Schauer, Erbrecht und Vermögensnachfolge § 15 Rz 55.
57 Vgl *Koziol/Welser*[13] II 499.
58 *Weiß* in Klang[2] III 80; *Koziol/Welser*[13] II 499; vgl auch *Schauer* in Gruber/Kalss/Müller/Schauer, Erbrecht und Vermögensnachfolge § 15 Rz 55.
59 OGH 22.1.1976, 6 Ob 154/75, EvBl 1976/212 = JBl 1976, 586 = NZ 1977, 120; 6.10.1988, 6 Ob 21/88; 11.10.1988, 2 Ob 571/88, EvBl 1989/55; 8.9.2000; 2 Ob 212/00s; 22.12.2011, 2 Ob 58/11k, JBl 2012, 249 = iFamZ 2012/115 = EF-Z 2012/115 = Zak 2012/258 = EFSlg 130.979, 980; *Schauer* in Gruber/Kalss/Müller/Schauer, Erbrecht und Vermögensnachfolge § 15 Rz 55; *Welser* in Rummel/Lukas[4] § 537 Rz 1; *Koziol/Welser*[13] II 461; ausführlich *Weiß* in Klang[2] III 450 f; *Kletečka/Holzinger* in Kletečka/Schauer, ABGB-ON 1.01 § 615 Rz 9; aM etwa *Gschnitzer/Faistenberger*, Erbrecht[2] 90.
60 *Strohal*, Transmission 50 f; *Weiß* in Klang[2] III 680; *Spruzina* in Kletečka/Schauer, ABGB-ON 1.01 § 703 Rz 3.
61 OGH 8.2.1990, 6 Ob 1/90, JBl 1990, 581 (*Eccher*) = SZ 63/15; 24.6.2010, 6 Ob 89/10x; 22.12.2011, 2 Ob 58/11k; *Spruzina* in Kletečka/Schauer, ABGB-ON 1.01 § 703 Rz 3; *Eccher*, Erbrecht[5] Rz 4/108; *Welser* in Rummel/Lukas[4] § 615 Rz 7.

falls gewiss, so kann der Nacherbe das Erbrecht – vorbehaltlich eines gegenteiligen Erblasserwillens – auch dann vererben, wenn er den Substitutionsfall nicht erlebt (§ 615 Abs 2).[62] Dies gilt vor allem für den praktisch bedeutsamen Fall, dass der Substitutionsfall der Tod des Vorerben ist,[63] aber etwa auch, wenn der Nacherbe die Erbschaft bei Erlangung der Volljährigkeit erhalten soll.[64] In diesen Fällen ist es ausreichend, dass der Nacherbe den Tod des Vorerben erlebt, soweit der Nacherbfall nicht zusätzlich an den Eintritt eines ungewissen Ereignisses geknüpft wird.[65] Die Vermutung des Ausschlusses der Transmission gem § 703 gilt für Erbeinsetzung und Vermächtnisse gleichermaßen.[66]

11 Es gibt Fälle, in denen die Berufung zum Erben und damit die Fähigkeit zur Transmission davon abhängig ist, dass ein zunächst Berufener die Erbschaft nicht erlangt. Eine solche Sachlage ist zum einen bei der Ersatzerbschaft (gemeinen Substitution) gegeben; zum anderen dann, wenn der Erblasser einen Testamentserben einsetzt, sodass der gesetzliche Erbe nur im Fall der Nichterlangung der Erbschaft durch diesen zur Erbschaft berufen wird (§ 727); ferner bei Eintritt der gesetzlichen Erbfolge, wo die Berufung der entfernteren Verwandten vom Wegfall der nach der gesetzlichen Erbfolge zunächst erbberechtigten Verwandten abhängt,[67] und endlich beim außerordentlichen Erbrecht der Legatare gem § 726.[68] In all diesen Fällen ist der Erwerb der Erbschaft an eine Rechtsbedingung (*conditio iuris*), nämlich den Wegfall des Vorberufenen, geknüpft.[69] Tritt die Bedingung ein, erwirbt also der Vorberufene die Erbschaft nicht, wird der Zweitberufene so behandelt, als ob er von vornherein berufen gewesen wäre.[70] Der Zeitpunkt des Erbanfalls ist der Tod des Erblassers.[71] Für den Eintritt der Transmission an die Erben des Zweitberufenen ist somit **nur erforderlich, dass dieser nach dem Erblasser verstirbt, nicht jedoch, dass er auch den Wegfall des Vorberufenen erlebt**.[72] Festzuhalten ist aber, dass der Grund für den Wegfall des Vorberufenen zweifellos nicht dessen Tod nach Erbanfall sein kann, weil andernfalls Transmission an die Erben des Vorberufenen einträte.

---

[62] OGH 22.1.1976, 6 Ob 154/75, EvBl 1976/212 = JBl 1976, 586 = NZ 1977, 120; 6.10.1988, 6 Ob 21/88; 11.10.1988, 2 Ob 571/88, EvBl 1989/55; 8.9.2000, 2 Ob 212/00s; 22.12.2011, 2 Ob 58/11k, JBl 2012, 249 = iFamZ 2012/115 = EF-Z 2012/115 = Zak 2012/258 = EFSlg 130.979, 980; *Weiß* in Klang² III 451; *Eccher* in Schwimann/Kodek⁴ § 615 Rz 4; Zur Rechtslage vor der Einführung des § 615 Abs 2 ABGB mit der III. TN des ABGB s *Strohal*, Transmission 179 ff.

[63] OGH SZ 25/85; 1 Ob 185/01i, NZ 2002, 330; 24.6.2010, 6 Ob 89/10x; *Weiß* in Klang² III 451; *Eccher* in Schwimann/Kodek⁴ § 615 Rz 4; *Apathy* in KBB⁴ § 615 Rz 3.

[64] *Weiß* in Klang² III 451.

[65] *Welser* in Rummel/Lukas⁴ § 615 Rz 8; vgl auch *Apathy* in KBB⁴ § 615 Rz 3.

[66] *Weiß* in Klang² III 681; *Spruzina* in Kletečka/Schauer, ABGB-ON 1.01 § 703 Rz 3; *Welser* in Rummel/Lukas⁴ § 703 Rz 1.

[67] *Weiß* in Klang² III 79 f; vgl auch *Strohal*, Transmission 65 f; *Unger*, Erbrecht⁴ 25 Anm 20 und 126 Anm 4.; *Pfaff/Hofmann*, Commentar II/1, 29.

[68] *Weiß* in Klang² III 79 f.

[69] *Weiß* in Klang² III 80.

[70] *Strohal*, Transmission 66; zust *Krasnopolski/Kafka*, Erbrecht 12 Anm 2.

[71] Vgl *Krasnopolski/Kafka*, Erbrecht 12 Anm 2.

[72] *Strohal*, Transmission 66; *Krasnopolski/Kafka*, Erbrecht 12 Anm 2; *Weiß* in Klang² III 80; aM *Pfaff/Hofmann*, Commentar II/1, 29 f, 686.

Dem *nasciturus*, dem bereits gezeugten aber noch nicht geborenen Kind, fällt **12** die Erbschaft im Zeitpunkt des Todes des Erblassers an; der Erwerb des Erbrechts ist aber von der Bedingung der Lebendgeburt abhängig (§ 536). Kommt es zur Totgeburt, wird der *nasciturus* so behandelt, als ob er nie empfangen worden wäre (§ 22 letzter Satz), sodass ihm auch das Erbrecht nicht anfallen konnte. Der Nächstberufene erwirbt das Erbrecht sohin schon mit dem Zeitpunkt des Todes des Erblassers, welches daher sogleich Gegenstand der Transmission ist.[73]

Voraussetzung für den Eintritt der Transmission ist neben dem Überleben **13** des Erblasser die Erbfähigkeit des Transmittenten im Zeitpunkt des Erbanfalls (sogleich Rz 14f).[74] Nicht erforderlich ist hingegen, dass dieser von seiner Berufung Kenntnis hat.[75] Dass der Erbe den Erblasser überlebt hat, muss allenfalls vom Transmissar bewiesen werden; gelingt ihm dies nicht, etwa im Fall der Kommorientenpräsumption, kann er das Erbrecht nach dem Erblasser nicht geltend machen.[76] Transmission tritt unabhängig davon ein, ob der Transmittent auch sonstiges, eigenes Vermögen hinterlassen hat.[77]

2. Erbfähigkeit

In der Person des Transmissars müssen zunächst alle Erfordernisse gege- **14** ben sein, um Erbe nach dem Transmittenten sein zu können. Der Erbeserbe muss daher im Zeitpunkt, in dem der Transmittent verstirbt, bereits existent sein,[78] über einen gültigen Berufungsgrund verfügen[79] und dem Erben gegenüber fähig sein zu erben.[80]

Umstritten ist die Frage, **ob der Transmissar auch gegenüber dem Erb- 15 lasser erbfähig sein muss**. Obschon der Erbeserbe kein unmittelbares Erbrecht gegenüber dem Erblasser hat,[81] verlangt die hA[82] die Erbfähigkeit auch gegenüber dem Erblasser.[83] Für diese Ansicht wird die *ratio legis* der §§ 540, 542 zur

---

[73] *Strohal*, Transmission 66 ff; *Weiß* in Klang² III 80.
[74] *Handl* in Klang II/1, 41.
[75] *Zeiller*, Commentar II 391; *Pfaff/Hofmann*, Commentar II/1, 18; *Handl* in Klang II/1, 41; *Nippel*, Erläuterung 20.
[76] *Nippel*, Erläuterung 20; *Pfaff/Hofmann*, Commentar II/1, 19.
[77] Unrichtig dagegen *Touaillon*, NZ 1917, 21; wie hier *Handl* in Klang II/1, 41.
[78] Wenigstens als *nasciturus* (§ 536 Rz 11); zu juristischen Personen s § 536 Rz 14 ff.
[79] In Frage kommen alle drei Berufungsgründe (Erbvertrag, Testament, Gesetz), *Zeiller*, Commentar II/2², 391.
[80] Vgl *Handl* in Klang II/1, 41.
[81] OGH 28.10.1970, 7 Ob 176/70, SZ 43/191; LGZ Wien 21.12.2007, 45 R 659/07f, EFSlg 117.177; *Apathy* in KBB⁴ § 537 Rz 3; vgl auch *Handl* in Klang II/1, 39; *Welser* in Rummel/Lukas⁴ § 537 Rz 5; *Eccher* in Schwimann/Kodek⁴ § 537 Rz 2; *Werkusch-Christ* in Kletečka/Schauer, ABGB-ON 1.02 § 537 Rz 3.
[82] *Touaillon*, NZ 1917, 38; *Weiß* in Klang² III,77 f; *Welser* in Rummel/Lukas⁴ § 537 Rz 5; *Eccher* in Schwimann/Kodek⁴ § 537 Rz 3; *Fritsch* in Ferrari/Likar-Peer, Erbrecht 50; *Koziol/Welser*¹³ II 461 f. § 543 ABGB (aufgehoben durch das FamRÄG 2009) war nach hA im Verhältnis zwischen dem Erblasser und dem Transmissar nicht anzuwenden (*Welser* in Rummel/Lukas⁴ § 537 Rz 5; *Eccher* in Schwimann/Kodek⁴ § 537 Rz 3; *Kralik*, Erbrecht³ 60; aA nur *Weiß* in Klang² III 78).
[83] AM OGH 7.6.1893, Nr. 5742, GlU 14.730; *Stubenrauch*, Commentar⁸ 742 Anm 4; *Handl* in Klang II/1, 41; *Ehrenzweig*, System II/2², 376; *Gschnitzer/Faistenberger*, Erbrecht² 55.

Begründung herangezogen.[84] Bereits dem Begriff der Idignität sei ein ablehnendes Werturteil über das Verhalten des Erbanwärters immanent, sodass in den Vorschriften über die Erbunwürdigkeit der Wille zum Ausdruck komme, den Erbanwärter nicht zum Nachlass des Erblassers gelangen zu lassen, gleichgültig ob als Erbe oder Erbeserbe.[85] Nun mag es wohl richtig sein, dass der Gesetzgeber ein gewisses Verhalten des Erbanwärters missbilligt und ihn deshalb vom Erwerb der Erbschaft ausschließt. So betrachtet erscheint es aber nicht weniger unbillig, wenn der gegenüber dem Erblasser Erbunwürdige dessen Vermögen dadurch erwirbt, dass der Erbe (unmittelbar) nach Einantwortung verstirbt. Der Normzweck der Unwürdigkeitsbestimmungen muss zwangsläufig irgendwann einmal zurücktreten, das Fehlverhalten des Erbeserben somit unberücksichtigt bleiben. Der späteste Zeitpunkt hierfür ist die Einantwortung, weil die Rechte und Pflichten des Erblassers dann im Vermögen des Erben aufgehen. Richtigerweise liegt der Zeitpunkt der Zäsur aber nach der rechtlichen Konstruktion des Gesetzes bereits früher. Der Transmissar wird eben nicht Rechtsnachfolger des Erblassers, sondern erwirbt die Erbschaft aufgrund seiner Rechtsstellung als Erbe nach dem Transmittenten.[86] Dogmatisch überzeugt es daher nicht, die Erbfähigkeit auch gegenüber dem Erblasser zu verlangen. Ferner kann der befürchteten Umgehung des Normzwecks der §§ 540 ff bei letztwilliger Berufung des Transmittenten – bis zu einem gewissen Grad – im Rahmen der Testamentsauslegung begegnet werden.[87] Die Auslegung, unter Berücksichtigung des hypothetischen Erblasserwillens, kann ergeben, dass der Erblasser bei Kenntnis der Erbunwürdigkeit des Transmissars die Transmission ausgeschlossen oder überhaupt den Transmittenten nicht zum Erben eingesetzt hätte. Für die Frage, ob der Transmissar gegenüber dem Erblasser fähig sein muss zu erben, kann es jedenfalls nicht darauf ankommen, welcher Nachlass – der des Erblassers oder des Transmittenten – zuerst eingeantwortet wird.[88]

VI. Ausschluss der Transmission

1. Stillschweigend durch Anordnung einer Substitution

16   Der Erblasser kann die Transmission im engeren und im weiteren Sinn **stillschweigend durch die Berufung eines fideikommissarischen Substituten** (Nacherben) ausschließen. Wenn eine Ersatzerbschaft (gemeine Substitution) angeordnet ist, so entscheidet die Erbantrittserklärung des erstberufenen Erben über die Vererblichkeit des Erbrechts: Verstirbt dieser vor der Erban-

---

[84] *Weiß* in Klang² III 78; *Welser* in Rummel/Lukas⁴ § 537 Rz 5.
[85] So *Weiß* in Klang² III 78 und diesem folgend *Welser* in Rummel/Lukas⁴ § 537 Rz 5.
[86] *Ehrenzweig*, System II/2², 376; *Gschnitzer/Faistenberger*, Erbrecht² 55.
[87] So auch *B. Jud*, Erbschaftskauf 26, zur Frage, ob der Erbschaftskäufer dem Erblasser gegenüber erbfähig sein muss.
[88] AM *Kralik*, Erbrecht³ 59 f, nach dem jedenfalls dann, wenn zunächst der Transmittennachlass eingeantwortet wird, die Erbfähigkeit sowohl des Transmittenten als auch des Transmissars erforderlich sei, weil die beiden ab Einantwortung gegenüber dem Erblasser als eine Person anzusehen seien (§ 547). Dem ist zu entgegnen, dass der für die Erbfähigkeit relevante Zeitpunkt jener des Erbanfalls ist.

trittserklärung (Transmission ieS), so kommt der Ersatzerbe zum Zug (§ 615 Abs 1, § 809 ABGB).[89] Wenn der erstberufene Erbe nach der Erbantrittserklärung verstirbt (Transmission iwS), so erlischt die Ersatzerbschaft (§ 615 Abs 1 ABGB); das Erbrecht geht im Wege der Transmission auf die Rechtsnachfolger des erstberufenen Erben über.[90] Dass bei Transmission ieS nicht nur der Nacherbe, sondern auch der Ersatzerbe den Transmissaren des Erblassers vorgeht, ist heute einhellige Ansicht,[91] wurde aber in der älteren Lit zT vehement bestritten.[92] Der Transmissar geht stets dem Anwachsungsberechtigten vor. Zur Anwachsung kann es erst kommen, wenn weder Ersatzerben noch Transmissare vorhanden sind. Der Anwachsungsberechtigte geht seinerseits den gesetzlichen Erben, den erbberechtigten Legataren und dem heimfallsberechtigten Staat vor.[93]

2. Ausdrücklich

Die Transmission kann auch **ohne Berufung eines Nacherben** durch eine letztwillige Erklärung des Erblassers ausgeschlossen werden.[94] Für die Transmission ieS ist dies unbestritten und ergibt sich bereits aus § 809 („wenn der Erblasser diese nicht ausgeschlossen oder nicht andere Nacherben bestimmt hat").[95] Gleiches muss aber für die Transmission iwS gelten, auch von dieser kann der Erblasser dispensieren.[96] Dies lässt sich daraus ableiten, dass eine fideikommissarische Substitution, welche eine Erbantrittserklärung voraussetzt (§ 608), der Vererbung des Erbrechts entgegensteht. Durch die Bestimmung eines Nacherben kann mithin

17

---

[89] OGH 2.5.1968, 1 Ob 119/68, SZ 42/94; *Klečka*, Ersatz und Nacherbschaft 55; *Weiß* in Klang² III 76, 81; *Schauer* in Gruber/Kalss/Müller/Schauer, Erbrecht und Vermögensnachfolge § 15 Rz 55; *Ehrenzweig*, System II/2², 368; *Welser* in Rummel/Lukas⁴ § 537 Rz 2; *Apathy* in KBB⁴ § 537 Rz 2; *Kralik*, Erbrecht³ 59; *Fritsch* in Ferrari/Likar-Peer, Erbrecht 51; *Koziol/Welser*¹³ II 461; *Werkusch-Christ* in Klečka/Schauer, ABGB-ON 1.02 § 537 Rz 2; *Schell* in Klang II/1, 798; aA in jüngerer Zeit wohl nur *A. Tschugguel*, EF-Z 2012, 258 ff.

[90] *Schauer* in Gruber/Kalss/Müller/Schauer, Erbrecht und Vermögensnachfolge § 15 Rz 55; *Ehrenzweig*, System II/2², 368; *Welser* in Rummel/Lukas⁴ § 537 Rz 2; *Apathy* in KBB⁴ § 537 Rz 2; *Werkusch-Christ* in Klečka/Schauer, ABGB-ON 1.02 § 537 Rz 2; vgl auch *Kralik*, Erbrecht³ 59.

[91] Eine ausführliche Untersuchung dieses Themas bietet *Klečka*, Ersatz und Nacherbschaft 55 ff, auf dessen Ausführungen in diesem Zusammenhang verwiesen werden kann.

[92] *Touaillon*, NZ 1908, 212; *Strohal*, Transmission 7 ff (insb 12 ff); *Rappaport* in Klang II/1, 211 f; *Krainz*, System II/2⁵, 386 ff. Für den Vorrang des Ersatzerben traten bereits *Unger*, Erbrecht⁴ 88, 148; *Stubenrauch*, Commentar⁸ 742 Anm 4; *Pfaff/Hofmann*, Commentar II/1, 221 f; *Schell* in Klang II/1, 798 und *Ehrenzweig*, System II/2², 456 f ein.

[93] *Fritsch* in Ferrari/Likar-Peer, Erbrecht 52; *Koziol/Welser*¹³ II 525; *Welser* in Rummel/Lukas⁴ § 537 Rz 2.

[94] *Kralik*, Erbrecht³ 59.

[95] OGH 9.11.1946, 1 Ob 285/46, JBl 1947, 154; *Schell* in Klang II/1, 797; *Nippel*, Erläuterung V 202; *Stubenrauch*, Commentar⁸ 990; *Spruzina* in Klečka/Schauer, ABGB-ON 1.01 § 809 Rz 2; *Nemeth* in Schwimann/Kodek⁴ § 809 Rz 2.

[96] AM *Schell* in Klang II/1, 797; wohl auch *Ehrenzweig*, System II/2², 368; möglicherweise auch *Spruzina* in Klečka/Schauer, ABGB-ON 1.01 § 809 Rz 2, der nur auf die Transmission ieS Bezug nimmt; wie hier *Kralik*, Erbrecht³ 59; *Werkusch-Christ* in Klečka/Schauer, ABGB-ON 1.02 § 537 Rz 2.

die Transmission im weiteren Sinne vereitelt werden.⁹⁷ Es würde aber zu einem Wertungswiderspruch führen, wenn der Erblasser zwar durch Nennung einer bestimmten Person, welcher die Erbschaft nach dem Erben anstelle des Erbeserben zukommen soll, die Transmission iwS verhindern könnte, nicht aber durch eine negative Anordnung, dass eine Transmission an die Erbeserben nicht stattfinden soll. Wenn der Erblasser ab dem Zeitpunkt der Erbantrittserklärung und sogar mit Wirkung über die Einantwortung hinaus entscheiden darf, wer die Erbschaft nach dem Erben erhalten soll (Nacherbschaft), dann muss es im Sinne eines Größenschlusses umso mehr möglich sein diese Einflussnahme auf den Zeitraum zwischen Erbantrittserklärung und Einantwortung, mithin den für die Transmission iwS bedeutsamen Zeitraum zu beschränken. Dagegen könnte man freilich einwenden, dass § 809, der dem Erblasser gestattet die Erbeserben auszuschließen, eben nur die Transmission ieS betrifft, sodass *e contrario* eine derartige Anordnung bei der Transmission iwS ohne Wirkung bleiben muss. Ebenso könnte man ins Treffen führen, dass dem Erblasser ohnehin die Einsetzung von Nacherben offen steht, sodass er – will er die Transmission ausschließen – sich dieses Rechtsinstruments bedienen müsse. Dennoch erscheint es vorzugswürdig, auch den Ausschluss der Transmission iwS zuzulassen, weil es keine teleologisch überzeugenden Argumente gibt, weshalb dem Erblasser nur die für den Transmittenten und dessen Erben nachteiligere Variante offen stehen sollte. Die Einsetzung eines Nacherben beschränkt den Erben nicht nur nach Einantwortung, sondern ist für ihn auch nachteiliger, wenn er bereits zuvor verstirbt. Je nach der konkreten Ausgestaltung des Transmissionsausschlusses, kann der Erbe das Erbrecht nämlich dennoch an seine (nicht ausgeschlossenen) Erben weitervererben (sogleich Rz 18), während hingegen bei der Nacherbschaft das Erbrecht mit seinem Tod aus seinem Vermögen ausscheidet.

18 Der Erblasser kann die Vererbung des Erbrechts sowohl durch eine allgemein gewählte Formulierung als auch durch namentliche Nennung derjenigen Erbeserben, die ausgeschlossen sein sollen, abbedingen.⁹⁸ Der erste Fall ist vor allem dann praktisch bedeutsam, wenn der Erblasser testamentarisch einen Erben einsetzt, ist aber genauso bei gesetzlicher Erbfolge denkbar.⁹⁹ Hat der Erblasser die Erben des Testamentserben ausgeschlossen, gibt er zu erkennen, dass er ausschließlich zugunsten der Person des Testamentserben von der gesetzlichen Erbfolge abweichen wollte. Demgemäß greift die gesetzliche Erbfolge nach dem Erblasser ein, wenn der Testamentserbe vor Antritt der Erbschaft verstirbt.¹⁰⁰ Werden die Erbeserben dagegen namentlich ausgeschlossen, sind sie nach *Nippel*¹⁰¹ so zu

---

97 *Schell* in Klang II/1, 798.
98 *Nippel*, Erläuterung V 202 f; zust *Stubenrauch*, Commentar⁸ 990 Anm 2.
99 Ist das Erbrecht dem gesetzlichen Erben des Erblassers angefallen, vererbt er dieses an seine Erben weiter, das müssen aber nicht notwendigerweise gesetzliche Erben des Erblassers sein, wovon aber *Nippel*, Erläuterung V 203 auszugehen scheint, sondern können auch testamentarische Erben des Erben sein. Es kann durchaus im Interesse des Erblassers sein, dass, wenn bspw sein Kind als gesetzlicher Erbe die Erbschaft nicht erlangt, diese an die Enkelkinder fällt und nicht an die testamentarischen Erben des Kindes transmittiert wird. Davon abgesehen, kann zB der Erblasser, der mehrere Kinder hinterlässt, auch die Transmission an deren Erben ausschließen, sodass es zur Anwachsung an die übrigen Kinder kommt.
100 *Nippel*, Erläuterung V 203; *Stubenrauch*, Commentar⁸ 990 Anm 2; *Schell* in Klang II/1, 797; vgl auch *Winniwarter*, Bürgerliches Recht III² 429.
101 Erläuterung V 202 f und ihm folgend *Stubenrauch*, Commentar⁸ 990 Anm 2.

behandeln, als ob sie erbunfähig wären, sodass denjenigen Erben des Transmittenten das Erbrecht zufällt, die bei Erbunfähigkeit des zunächst Berufenen zum Zuge kämen.[102] Dieser Lösungsansatz hat vieles für sich und ist als Grundregel anzuerkennen. Es erscheint jedoch vorzugswürdig, dem Erblasserwillen mehr Beachtung zu schenken. Nehmen wir folgendes Bsp an: Der Erblasser hat ein Kind und schließt letztwillig die Transmission an eines von zwei Enkelkindern aus. Sowohl der Erblasser als auch der Transmittent (das Kind) versterben ohne Testament, sodass die gesetzliche Erbfolge zum Tragen kommt. In diesem Fall würde nach der Lösung *Nippels* Transmission an das zweite Enkelkind sowie an die Nachkommen des Ausgeschlossenen (die Urenkel des Erblassers) stattfinden, da diese Letzteren repräsentieren[103]. Hier scheint es angebracht – analog zu einem Ausschluss eines gesetzlichen Erben von der Erbfolge[104] – durch Auslegung der letztwilligen Verfügung zu ermitteln, ob der Ausschluss der Transmission hinsichtlich einer konkreten Person auch auf dessen Repräsentanten zu beziehen ist. Ist kein derartiger Wille erweislich, kommt es zur Transmission an den Repräsentanten.[105] Ein ausdrücklicher Ausschluss der Transmission ist nicht zu fordern;[106] es ist vielmehr ausreichend, dass sich der diesbezügliche Wille durch Auslegung der letztwilligen Verfügung eindeutig ermitteln lässt. Schließt der Erblasser eine bestimmte Person als Erben nach ihm aus (negatives Testament), steht dies auch der Transmission an diese Person entgegen.[107] Sind mehrere potentielle Transmissare vorhanden, die gleichzeitig zum Zug kommen würden, kann der Erblasser die Vererbung des Erbrechts auch nur an einzelne von ihnen ausschließen.

VII. Erlöschen des Erbrechts

19 Nach dem Schlusssatz des § 537 kommt es zu keiner Vererbung des Erbrechts, wenn es durch Entsagung oder auf eine andere Art erlischt. Hierin kommt der Grundsatz zum Ausdruck, dass niemand ein Recht, dass er selbst nicht hat, auf einen anderen übertragen kann.[108] Damit Transmission stattfinden kann, darf das Erbrecht des Erben im Zeitpunkt seines Todes noch nicht erloschen sein.[109]

---

[102] AM *Winniwarter*, Bürgerliches Recht III[2] 429: die gesetzlichen Erben des Erblassers kommen zum Zug.

[103] Bei Erbunfähigkeit tritt Repräsentation zugunsten der Nachkommen ein (§ 541). S dazu *Weiß* in Klang[2] III 78; *Koziol/Welser*[13] II 467; *Welser* in Rummel/Lukas[4] §§ 733–734 Rz 4; *Apathy* in KBB[4] §§ 733–734 Rz 2; *Scheuba* in Kletečka/Schauer, ABGB-ON 1.01 §§ 733, 734 Rz 3; *Ehrenzweig*, System II/2[2], 384; *Kralik*, Erbrecht[3] 65.

[104] Dazu *Welser* in Rummel/Lukas[4] §§ 552, 553 Rz 4, §§ 733–734 Rz 4; *Eccher* in Schwimann/Kodek[4] § 553 Rz 3; *Apathy* in KBB[4] §§ 733–734 Rz 2.

[105] Vgl *Weiß* in Klang[2] III 888; *Ehrenzweig*, System II/2[2], 384; *Welser* in Rummel/Lukas[4] §§ 733–734 Rz 4; *Eccher* in Schwimann/Kodek[4] § 553 Rz 3; OGH 26.10.1948, 2 Ob 322/48, SZ 21/147 = JBl 1949, 100; 11.11.1931, 1 Ob 946/31, SZ 13/239.

[106] AA möglicherweise OGH 9.11.1946, 1 Ob 285/46, JBl 1947, 154; *Unger*, Erbrecht[4] 148; *Stubenrauch*, Commentar[8] 990; *Nippel*, Erläuterung V 202; *Zeiller*, Commentar II/2[2], 849.

[107] So auch *Kralik*, Erbrecht[3] 60. Im Einzelfall könnte die Auslegung der Verfügung freilich anderes ergeben.

[108] *Zeiller*, Commentar II 394.

[109] OGH 31.10.1989, 5 Ob 613, 614/89, NZ 1991, 31; 8.9.2000, 2 Ob 212/00s, EFSlg 93.284; *Werkusch-Christ* in Kletečka/Schauer, ABGB-ON 1.02 § 537 Rz 1.

Durch Entsagung[110] erlischt das Erbrecht, wenn sich der Erbe seines Rechts begibt, indem er ausdrücklich erklärt, davon keinen Gebrauch machen zu wollen, dh **die Erbschaft ausschlägt**.[111] Der Verzicht auf das Erbrecht, an den hier gedacht ist, ist nicht mit jenem des § 551 gleichzusetzen, denn dieser setzt eine Verzichtshandlung durch Vertrag voraus.[112] Hier geht es vielmehr um einen Verzicht nach dem Tod des Erblassers.[113]

20 Auch ohne ausdrückliche Ausschlagung erlischt das Erbrecht, wenn der Erbe sein Erbrecht durch Bestreitung des Titels eines anderen geltend machen muss und er dies nicht **innerhalb der dafür vorgesehenen Frist** macht.[114] Die Nichtabgabe einer Erbantrittserklärung während dem Verlassenschaftsverfahren (§ 157 AußStrG) führt allerdings nicht zum Verlust des Erbrechts.[115] Dem Erben steht nach Einantwortung die Erhebung der Erbschaftsklage (§ 823) offen.[116] Unbekannte Erben, die sich nicht binnen 6 Monaten ab der Aufforderung[117] ihre Ansprüche geltend zu machen (§ 158 Abs 1 AußStrG) melden, sind zwar für das Verlassenschaftsverfahren präkludiert (Abs 2 leg cit),[118] können ihren Anspruch aber gleichfalls nach erfolgter Einantwortung mit der Erbschaftsklage geltend machen. Die Einantwortung an den Scheinerben hat also auf den Bestand des Erbrechts des wahren Erben keinen Einfluss; er vererbt dieses an seine Erbeserben.[119] Unerheblich ist, ob der Erbe die Erbschaftsklage bereits zu Lebzeiten erhoben hat, weil das Recht zur Geltendmachung der Erbschaftsklage als nicht höchstpersönliches Recht auf den Transmissar im Erbweg übergeht.[120] Erhebt der Erbe jedoch die Erbschaftsklage nicht binnen 30 Jahren (wenn eine letztwillige Verfügung umgestoßen werden muss binnen 3 Jahren),[121] zieht dies den Verlust des Erbrechts nach sich; Transmission scheidet dann aus.

---

110 Zum Ausdruck der Entschlagung: *Zeiller*, Commentar IV 174 (zu § 1444).
111 *Winniwarter*, Bürgerliches Recht III² 12.
112 *Weiß* in Klang² III 81.
113 *Weiß* in Klang² III 81; aM *Pfaff/Hofmann*, Commentar II/1, 19 FN 11.
114 *Winniwarter*, Bürgerliches Recht III² 12.
115 Vgl *Sailer* in Gitschthaler/Höllwerth, AußStrG § 157 Rz 5; s auch bereits *Unger*, Erbrecht⁴ 150 Anm 12 und *Pfaff/Hofmann*, Commentar II/1, 19 FN 11.
116 Dem Einantwortungsbeschluss kommt niemals materielle Rechtskraft zu; vgl *Spruzina* in Kletečka/Schauer, ABGB-ON 1.01 § 823 Rz 1.
117 Die Aufforderung hat durch öffentliche Bekanntmachung zu erfolgen (§ 158 Abs 1 AußStrG); zu den einzusetzenden Mitteln, um unbekannte Erben ausfindig zu machen; vgl *Sailer* in Gitschthaler/Höllwerth, AußStrG § 157 Rz 4.
118 Vgl dazu *Sailer* in Gitschthaler/Höllwerth, AußStrG § 158 Rz 6.
119 So auch *Ferrari-Hofmann-Wellenhof*, Erbschaftsklage 194 f und ihr folgend *Fritsch* in Ferrari/Likar-Peer, Erbrecht 49.
120 Zur Testamentsanfechtung durch den Erbeserben OGH 14.7.1948, 1 Ob 217/48, SZ 21/115; *Ferrari-Hofmann-Wellenhof*, Erbschaftsklage 194f; vgl auch *Schauer* in Gruber/Kalss/Müller/Schauer, Erbrecht und Vermögensnachfolge § 15 Rz 56; *Welser* in Rummel/Lukas⁴ § 537 Rz 7; *Eccher* in Schwimann/Kodek⁴ § 531 Rz 10.
121 Nach der jüngsten E des OGH 20.11.2012, 5 Ob 116/12p, JBl 2013, 175 (abl *Holzner*) = iFamZ 2013/114, 154 (*Tschugguel*) = NZ 2013, 112 = EvBl 2013/57 = Zak 2013/53, 38 = EFSlg 134.734, 735 – ÖRPfl 2013 H 1, 21, beginnt der Fristenlauf ab der Rechtskraft des Einantwortungsbeschlusses; zust *Spruzina* in Kletečka/Schauer, ABGB-ON 1.01 § 823 Rz 16. Die hM lässt dagegen die Frist bereits mit dem Zeitpunkt des Erbanfalls zu laufen beginnen; vgl statt aller *Kühnberg* in Gruber/Kalss/Schauer/Müller, Erbrecht und Vermögensnachfolge § 14 Rz 28.

Hinsichtlich der möglichen Erlöschensgründe ist an die der Transmission **21** nachfolgenden Bestimmungen (§§ 538 ff) gedacht.[122] Durch andere Art als durch Entsagung ist das Erbrecht „erloschen", wenn der Erbe der **Fähigkeit zu erben verlustig** geht (§§ 538 f) oder **erbunwürdig wird** (§§ 540 ff).[123] Die Erbfähigkeit muss im Zeitpunkt des Erbanfalls vorliegen (§ 545), der nachträgliche Wegfall schadet grundsätzlich nicht.[124] Anderes gilt bei der Unterdrückung einer letztwilligen Verfügung durch den Erben (§ 542); hier kann der Erbe seine Erbfähigkeit auch noch nach Eintritt der Delation einbüßen. So etwa, wenn der gesetzliche Erbe ein Kodizill unterdrückt, um sich vor der Begleichung der Vermächtnisse zu drücken.[125] Nur in diesem Fall kann von einem Erlöschen des Erbrechts gesprochen werden, da in den Fällen der anfänglichen Erbunfähigkeit das Erbrecht nicht weggefallen, sondern überhaupt nicht entstanden ist.[126] Gleiches trifft auf den Erbverzicht (§ 551) zu,[127] weil dem Erben das Erbrecht durch den Verzicht gar nicht anfällt.[128] Diese terminologische Unterscheidung hat aber rechtsfolgenseitig keinerlei Auswirkungen, denn Transmission setzt freilich voraus, dass dem Erben die Erbschaft angefallen ist.[129] Es können daher sowohl vor dem Erbanfall als auch danach liegende Umstände die Vererbung des Erbrechts verhindern.[130] Erloschen iSd § 537 ist die Erbschaft freilich auch dann, wenn der Erbe die Erbschaft veräußert hat (§ 1278).[131] Gegenstand des Erbschaftskaufs ist das Erbrecht.[132] Das erworbene Erbrecht ist fortan Bestandteil des Vermögens des Erbschaftskäufers. Stirbt der Erbschaftskäufer seinerseits vor Einantwortung, kann er das Erbrecht dem-

---

[122] *Zeiller*, Commentar II 394; *Weiß* in Klang² III 81.
[123] Vgl *Stubenrauch*, Commentar⁸ 742 Anm 4; *Weiß* in Klang² III 81.
[124] Vgl *Werkusch-Christ* in Kletečka/Schauer, ABGB-ON 1.02 § 545 Rz 1; *Welser* in Rummel/Lukas⁴ § 546 Rz 1. Nach hM (*Ehrenzweig*, System II/2², 272; *Weiß* in Klang² III 99; *Koziol/ Welser*¹³ II 456) kann eine gerichtlich strafbare Handlung gegen den Erblasser, die zur Erbunwürdigkeit nach § 541 führt, nur zu Lebzeiten des Erblassers begangen werden (aM *B. Jud*, NZ 2006, 70.)
[125] Ähnlich das Beispiel bei *Weiß* in Klang² III 81.
[126] *Pfaff/Hofmann*, Commentar II/1, 19 FN 11. *Nippel*, Erläuterung 20 hingegen versteht den letzten S des § 537 offenbar derart, dass damit Fälle gemeint sind, in denen das Erbrecht bereits **vor** dem Tod des Erblassers erloschen ist und ihm daher dasselbe auch durch den Tod des Erblassers gar nicht mehr anfallen konnte.
[127] Vgl *Pfaff/Hofmann*, Commentar II/1, 19 FN 11: „[...] durch diesen aber ‚erlischt' kein Erbrecht im Sinne des §. 536, sondern nur ein ‚Erbrecht in abstracto'".
[128] *Werkusch-Christ* in Kletečka/Schauer, ABGB-ON 1.02 § 551 Rz 3.
[129] Vgl nur *Handl* in Klang II/1, 41; zur anfänglichen Erbunfähigkeit etwa OGH 7.1.1857, Nr. 12809, GlU 270; *Stubenrauch*, Commentar⁸ 742 Anm 4.
[130] Im Ergebnis auch *Weiß* in Klang² III 81.
[131] *Handl* in Klang II/1, 41.
[132] *Zeiller*, Commentar III 678; *Ehrenzweig*, System II/2², 604; *B. Jud*, Erbschaftskauf 4 ff; *Nowotny* in Kletečka/Schauer, ABGB-ON 1.01 § 1278 Rz 1; *Welser* in Rummel³ §§ 1279– 1281 Rz 1; *Karner* in KBB⁴ §§ 1278–1281 Rz 1; *Kralik*, Erbrecht³ 53; *Schauer*, Erbrechtliche Nachfolge 360; *Eccher*, Erbrecht⁵ Rz 2/42; *Rubin* in Zib/Dellinger, UGB § 40 Rz 133; GlUNF 4794; OGH 18.9.1928, 3 Ob 702/28, SZ 10/178; 23.10.1957, 3 Ob 415/57, SZ 30/64 = EvBl 1958/3; 19.1.1994, 7 Ob 625/93, SZ 68/61 = NZ 1996, 183 (*Kletečka*); 20.12.2000, 7 Ob 142/00h; aM *Unger*, Erbrecht⁴ 219 f; *Pfaff/Hofmann*, Commentar II/1, 18; *Krasnopolski/Kafka*, Erbrecht 309 f.

zufolge an seine Erben transmittieren.¹³³ Hat der Erblasser noch zu Lebzeiten auf Scheidung oder Aufhebung der Ehe geklagt, erweist sich das Klagebegehren als berechtigt und ist der überlebende Ehepartner als schuldig anzusehen, kommt dem Ehegatten kein Erbrecht zu (§ 759 Abs 2), sodass Transmission an seine Erben ausscheidet. Ist ein Erbe unter einer auflösenden Bedingung (Resolutivbedingung) eingesetzt und stirbt er nach Eintritt der Bedingung aber vor Einantwortung, so kann er sein Erbrecht nicht mehr weitervererben.¹³⁴

VIII. Transmission an den Fiskus

22   Heimfall (Kaduzität)¹³⁵ an den Staat tritt ein, wenn kein Erbe den Nachlass erlangt. Nach stRsp¹³⁶ und hL¹³⁷ ist **Transmission an den Fiskus ausgeschlossen.**¹³⁸ Stirbt der Transmittent nach dem Erblasser, aber vor Einantwortung, ohne seinerseits Erben zu hinterlassen, so fällt der Nachlass nicht dem Staat anheim. Dies gilt auch dann, wenn der Transmittent bereits eine Erbantrittserklärung abgegeben hat.¹³⁹ Der Ausschluss der Transmission an den Staat wird damit begründet, dass der Staat als „Erbeserbe" nicht in Frage kommt, da das Heimfallsrecht kein Erbrecht, sondern ein **Aneignungsrecht sui generis** sei, ferner, dass der Erblasser wohl typischerweise andere noch vorhandene Erben oder Legatare gegenüber dem Staat vorgezogen hätte und endlich dass dem Heimfallsrecht von Gesetz eine Auffangfunktion zukommt.¹⁴⁰

---

133   Wie hier *Kralik*, Erbrecht³ 54; aM *Pfaff/Hofmann*, Commentar II/1, 18; wohl auch *Unger*, Erbrecht⁴ 219 f; *Krasnopolski/Kafka*, Erbrecht 309 f. Nach hA (*B. Jud*, Erbschaftskauf 12 mwN; *Stubenrauch*, Commentar⁸ 595; *Kralik*, Erbrecht³ 54) ist bei aufschiebender Bedingung bereits vor Bedingungseintritt die Veräußerung des (noch nicht entstandenen) Erbrechts möglich; die Vererbung des Erbrechts an die Erben des Erbschaftskäufers kann aber selbstverständlich erst bei Erfüllung der Bedingung eintreten, weil der Veräußerer nicht mehr Rechte übertragen kann als er selbst hat.

134   *Kralik*, Erbrecht³ 58.

135   Zur finanziellen Bedeutung des Heimfallsrechts für die Republik Österreich s die Anfragebeantwortung vom 16.1.2013 (12849/AB) Anfragebeantwortung durch die Bundesministerin für Finanzen Mag. Dr. Maria Theresia Fekter zu der schriftlichen Anfrage (13103/J) der Abgeordneten Rupert Doppler, Kolleginnen und Kollegen an die Bundesministerin für Finanzen betreffend Heimfallsrecht abrufbar unter http://www.parlament.gv.at/PAKT/VHG/XXIV/AB/AB_12849/fname_284259.pdf (zuletzt abgefragt am 19.3.2014), die den Zeitraum 6/2003–2011 umfasst.

136   OGH 29.3.1898, Nr 138, praes JB 138 = GlUNF 80 = NZ 1898, Nr 18 = ZBl 1898, 500 = JBl 1898, Nr 19; 13.7.1966, 5 Ob 93/66, JBl 1967, 261 = Rz 1967, 108; 8.1.1985, 5 Ob 554/84, EvBl 1985/164 = NZ 1985, 132 = Rz 1985/70; 26.6.1985, 1 Ob 600/85, PflSlgA 7623.

137   *Stubenrauch*, Commentar⁸ 742 Anm 4; *Pfaff/Hofmann*, Commentar II/1, 794; *Handl* in Klang II/1, 41; *Weiß* in Klang² III 79; *Krasnoploski/Kafka*, Erbrecht 207; *Welser* in Rummel/Lukas⁴ § 760 Rz 3; *ders* in FS Würth (2014) 349 f; *Ehrenzweig*, System II/2², 404; *Eccher* in Schwimann/Kodek⁴ § 537 Rz 5; *Koziol/Welser*¹³ II 532; *Werkusch-Christ* in Klečetka/Schauer, ABGB-ON 1.02 § 537 Rz 6; *Apathy* in KBB⁴ § 537 Rz 4; *ders* JBl 1990, 399 ff.

138   AM *Swoboda*, JBl 1990, 298 ff; *Schweda*, NZ 2014, 37 ff; *Kralik*, Erbrecht³ 60; aM hinsichtlich der Transmission iwS *Deixler-Hübner* in Buchegger/Holzhammer, Beiträge zum Zivilprozessrecht III 9. *Gschnitzer/Faistenberger*, Erbrecht² 69 setzen hinter die Aussage, dass der Staat, da er nicht Erbe ist auch nicht Erbeserbe sein kann, ein Fragezeichen.

139   *Welser* in Rummel/Lukas⁴ § 760 Rz 3; aM *Deixler-Hübner* in Buchegger/Holzhammer, Beiträge zum Zivilprozessrecht III 9.

140   *Werkusch-Christ* in Klečetka/Schauer, ABGB-ON 1.02 § 537 Rz 6; *Apathy* in KBB⁴ § 537 Rz 4; *ders*, JBl 1990, 400; diesem folgend *Eccher* in Schwimann/Kodek⁴ § 537 Rz 5; vgl

Es wird bemerkt, dass die Rsp in all ihren Entscheidungen ausschließlich Fälle **23** der Transmission ieS zum Gegenstand hatte.[141] In der Tat ist es zutreffend, dass sich der OGH bislang nicht zur Transmission iwS geäußert hat, weshalb die Entscheidungen nicht unkritisch auf diese ausgedehnt werden dürfen. Indessen lassen die vom Höchstgericht vorgebrachten Argumente keine Differenzierung danach zu, ob der Erbe vor oder nach Abgabe der Erbantrittserklärung verstirbt. Die Transmission an den Fiskus wird von der Rsp zuvorderst aufgrund des Umstands abgelehnt, dass diesem kein Erbrecht zukommt. Diese Begründung trifft aber auf beide Arten der Transmission gleichermaßen zu, sodass eine unterschiedliche Behandlung ausgeschlossen scheint. Gleichermaßen sind auch die beiden anderen angeführten Argumente, die Subsidiarität des Heimfallsrechts und die Berücksichtigung des präsumptiven erblasserischen Willens unterschiedslos auf beide Fälle anwendbar.[142]

In jüngster Zeit wurde von *Schweda*[143] der Versuch unternommen, die hA **24** zu widerlegen, sodass dessen vorgebrachte Argumente einer näheren Erörterung bedürfen.[144] Die hA kann sich zunächst – was auch *Schweda* zugesteht[145] – auf den Wortlaut der einschlägigen Bestimmungen stützen. Begrifflich wird deutlich zwischen dem Heimfallsrecht des Staates und dem Erbrecht unterschieden.[146] § 760 (§ 750 nF), der das Heimfallsrecht regelt, trägt die Überschrift „Erblose Verlassenschaft", die Norm selbst spricht davon, dass die Verlassenschaft als ein „erbloses Gut" dem Staat anheimfällt, wenn „kein zur Erbfolge Berechtigter" vorhanden ist oder wenn niemand die Erbschaft erwirbt.[147] Der Staat ist demnach nicht zur Erbfolge berechtigt.[148] Die transmissionsrechtlichen Normen (§§ 537 und 809) dagegen verwenden nur die Begriffe „Erbe" oder „Erbschaft"; eine Bezugnahme auf den Fiskus oder das Heimfallsrecht fehlt gänzlich.

Auch die Mat[149] zur I. TN des ABGB 1914[150] stellen unter Verweis auf *Schiffner*[151] klar, dass der geänderte § 760 „[…] in unzweideutiger Art den Heimfall als Gesamtnachfolge, aber doch nicht Erbfolge" charakterisiert. An der von den Mat zitierten Stelle führt *Schiffner*[152] im unmittelbar auf diese Aussage

---

auch *Welser* in Rummel/Lukas⁴ § 537 Rz 8 und ferner die Ausführungen bei *Pfaff/Hofmann*, Commentar II/1, 794.

141 *Swoboda*, JBl 1990, 299; auch *Schweda*, NZ, 2014, 38.
142 So auch *Swoboda*, JBl 1990, 299.
143 NZ 2014, 41.
144 Mit den Ausführungen *Schwedas* hat sich jüngst auch *Welser* in FS Würth (2014) 348 f kritisch befasst, er verzichtet aber auf eine detaillierte Auseinandersetzung mit den einzelnen Argumenten.
145 NZ 2014, 40.
146 *Apathy*, JBl 1990, 400.
147 Vgl bereits OGH 29.3.1898, JB 138 = GlUNF80 *Apathy*, JBl 1990, 400.
148 Anders offenbar zT noch *Zeiler*, der den Fiskus gelegentlich (nicht aber in seinem Commentar), als „letzte[n] subsidiarische[n], gesetzliche[n] Erben" bezeichnet, dazu *Pfaff/Hofmann*, Commentar II 668 und 786 FN 76.
149 78 Blg zu den Protokollen des Herrenhauses, XXI. Session 1912, 109.
150 Kaiserliche Verordnung vom 12.10.1914 über eine Teilnovelle zum allgemeinen bürgerlichen Gesetzbuche, RGBl 1914/276.
151 Die Erbrechtsreform in der Novelle zum österreichischen Allgemeinen bürgerlichen Gesetzbuche (1908) 60 f.
152 Erbrechtsreform 60.

folgenden S aus, dass dadurch die bisherige nähere Gestaltung des fiskalischen Kaduzitätsrechts nicht berührt werde. Bezüglich der näheren Gestaltung des Heimfallsrechts bezieht er sich unzweideutig auch auf den Ausschluss der Transmission an den Fiskus, wie die ausdrückliche Bezugnahme auf die diesbezügliche Literatur[153] und Rsp beweist.[154] Der OGH hatte bereits seit 1886 in einer Vielzahl an Entscheidungen entschieden, dass Transmission nur den Erben des Erben zukommt, der Fiskus aber gerade kein Erbrecht hat und daher Transmission an ihn nicht möglich sei.[155] Es darf angenommen werden, dass der Gesetzgeber mit der Klarstellung, dass das Heimfallsrecht kein Erbrecht ist, auch die von L und Rsp aus dieser Unterscheidung gefolgerten Rechtswirkungen übernehmen bzw festschreiben wollte.[156]

Schweda stützt sich für seine Auslegung vor allem auch auf die systematische Interpretation. Er hebt hervor, dass § 760 in das 13. Hauptstück „von der gesetzlichen Erbfolge" eingebettet ist, sodass eine eindeutigere Zuordnung zu den Rechtswirkungen des gesetzlichen Erbrechts aus gesetzessystematischen Gesichtspunkten nicht denkbar sei. Unterstützt werde diese Auslegung dadurch, dass § 761 die erste Bestimmung in diesem Hauptstück sei, die – der Überschrift entsprechend – „Abweichungen von der gesetzlichen Erbfolge" behandle. Dem kann nicht beigepflichtet werden.[157] Die systematische Stellung erklärt sich daraus, dass § 760 (§ 750 nF) das rechtliche Schicksal des Nachlasses regelt, wenn keine gesetzlichen Erben vorhanden sind.[158] Das zweite Argument überzeugt ebenfalls nicht, weil § 760 nicht in die gesetzliche Erbfolge eingreift und somit keine *Abweichung* von der gesetzlichen Erbfolge statuiert, sondern bloß anordnet was folgt, wenn die gesetzliche Erbfolge nicht zum Tragen kommt, weil keine gesetzlichen Erben vorhanden sind. Dagegen behandelt § 761 inhaltliche Abweichungen von der Familienerbfolge, etwa im Anerbenrecht. Der Schluss, dass § 761 die erste Norm sei, die von der allgemeinen Erbfolge abweiche und demzufolge § 760 über das Heimfallsrecht Bestandteil derselben sei geht auch aus einem anderen Grund fehl: § 726 ABGB normiert das außerordentliche Erbrecht der Legatare, welches nur greift, wenn die gesetzlichen Erben nicht zur Erbschaft gelangen. Wäre nun das Heimfallsrecht, wie von *Schweda* behauptet, Teil der allgemeinen Erbfolgeordnung, worunter § 761 die gesetzliche Erbfolge versteht, müsste das Heimfallsrecht des Fiskus dem außerordentlichen Erbrecht der Legatare vorgehen, da dieses erst nach gesetzlicher Erbfolge greift. Das dem nicht so ist, wurde in den Mat[159] zur I. TN

---

153 *Krainz/Pfaff/Ehrenzweig*, System § 491 Anm 9.
154 Erbrechtsreform 60 FN 14.
155 OGH 29.3.1898, JB 138 = GlUNF 80; 31.3.1886, Nr. 3953, GlU 10985; 6.6.1888, Nr 6749, GlU 12215 = NZ 1888, 33; 11.3.1890, Nr 2006, GlU 13197 = ZBl 1891, 98; 11.3.1990, Nr 2533, GlU 13.200 = ZBl 1891, 99; 29.10.1890, Nr 11160, GlU 13454 = NZ 1891, Nr 29 = ZBl 1891, 99; 28.4.1891, Nr. 4384, GlU 13.752; 26.9.1889, Nr 10.023, GlU 14054 = NZ 1894, Nr 13; 24.2.1892, Nr 2272, GlU 14133 = NZ 1892 Nr 13 = JBl 1892 Nr 14 = ZBl 1892, 574; 8.5.1894, Nr 5640, GlU 15112 = NZ 1894, Nr 23 = ZBl 1894, 600.
156 Die Bezugnahme auf *Schiffner*, Erbrechtsreform 60 stellt ein Indiz dafür dar.
157 IE bereits *Pfaff/Hofmann*, Commentar II 785 FN 76, wonach die Marginalien des 13. Hauptstücks, die man in ihrem Zusammenhang erblicken müsse, zeigen, dass der Fiskus im ABGB nicht als eigentlicher Erbe (gleichsam als letzte Erbenklasse) gedacht sei.
158 *Weiß* in Klang² III 792.
159 78 Blg zu den Protokollen des Herrenhauses, XXI. Session 1912, 108.

des ABGB ausdrücklich festgehalten, wo es heißt: „,Wenn Niemand eine Erbschaft erwirbt' damit ist deutlich genug gesagt, daß auch die ‚Legatare' gemäß § 726 a.b.G.B das Kaduzitätsrecht ausschließen."[160]

Nach *Schweda* würden ferner auch die gesetzlich verankerten Tatbestände im Immaterialgüter-[161] und Versicherungsvertragsrecht[162], die den Heimfall bestimmter Rechte an den Fiskus ausschließen, qua Umkehrschluss dagegen sprechen, dass die Delation bzw das Erbrecht ein nicht dem Heimfall unterliegendes Recht sei. Dieses Argument überzeugt freilich nicht, weil es sich um singuläre Tatbestände in einzelnen Sondergesetzen handelt,[163] die lange nach Inkrafttreten des ABGB erlassen wurden.[164] Lange Zeit kannte allein das Urheberrecht einen Ausschluss der Kaduzität.[165] Dass der Gesetzgeber nach Inkrafttreten des Urheberrechtsgesetzes die transmissionsrechtlichen Normen im ABGB nicht abgeändert hat, kann jeden möglichen Grund haben, so auch gerade den, dass der Gesetzgeber davon ausging, dass der Ausschluss der Transmission an den Fiskus ohnedies bereits im Gesetz angeordnet sei. Zum Zeitpunkt des Inkrafttretens des Patentgesetzes[166] wurde bereits in ständiger Rsp judiziert, dass Transmission an den Staat nicht stattfindet.[167] Der Untätigkeit des Gesetzgebers kommt grundsätzlich überhaupt kein Erklärungswert zu.[168] Hat sich aber, wie im konkreten Fall bereits eine stRsp zu einer Frage gebildet, könnte man erwägen, dass die darin gemachten Äußerungen vom Gesetzgeber gebilligt werden, wenn er in der Folgezeit eine

---

[160] Dies entspricht auch der völlig hA, *Pfaff/Hofmann*, Commentar II 670 f; *Krasnopolski/Kafka*, Erbrecht 201; *Weiß* in Klang² III 796; *Welser* in Rummel/Lukas⁴ § 760 Rz 1; *Scheuba* in Kletečka/Schauer, ABGB-ON 1.01 § 760 Rz 1; *Eccher* in Schwimann/Kodek⁴ § 760 Rz 1; *Apathy* in KBB⁴ § 760 Rz 1; *Fritsch* in Ferrari/Likar-Peer, Erbrecht 275 f.

[161] Das sind die §§ 33 Abs 1 PatG, 10 Abs 2 MuSchG und 10 Abs 2 GMG. Der von *Schweda*, NZ 2014, 41 angeführte § 23 Abs 2 UrhG 1936 ordnet überdies überhaupt keinen Ausschluss der Transmission an den Staat an; vgl *Guggenbichler* in Ciresa, Österreichisches Urheberrecht 13. Lfg (2010) § 23 Rz 7; *Salomonowitz* in Kucsko, urheber.recht (2007) § 23 Punkt 2.

[162] § 167 Abs 3 VersVG.

[163] Soweit *Schweda*, NZ 2014, 41 davon spricht, dass die Delation im Katalog der Ausnahmetatbestände nicht gelistet sei, ist das verwirrend, weil ein solcher Katalog (iS einer Auflistung) gar nicht besteht.

[164] Die erste derartige Bestimmung fand sich in § 13 des Gesetzes zum Schutze des literarischen und artistischen Eigenthumes gegen unbefugte Veröffentlichungen, Nachdruck und Nachbildung, kundgemacht mit kaiserlichem Patent vom 19.10.1846, RGBl 1846/992.

[165] Weder das Hofdekret Nr. 902 vom 10.2.1810, RGBl 1810/902 noch das Kaiserliche Patent vom 8.12.1820, RGBl 1820/1722, das Kaiserliche Patent vom 31.3.1832, RGBl 1832/2556 oder das Kaiserliche Patent vom 16.8.1852, RGBl 1852/184 (alle zum Patentrecht) enthielten eine derartige Norm.

[166] Gesetz betreffend den Schutz von Erfindungen vom 11.1.1897 (Patentgesetz), RGBl 1897/30.

[167] OGH 31.3.1886, Nr 3953, GlU 10985; 6.6.1888, Nr 6749, GlU 12215 = NZ 1888, 33; 11.3 1890, Nr 2006, GlU 13197 = ZBl 1891, 98; 11.3.1990, Nr 2533, GlU 13200 = ZBl 1891, 99; 29.10.1890, Nr 11160, GlU 13454 = NZ 1891, Nr 29 = ZBl 1891, 99; 28.4.1891, Nr 4384, GlU 13752; 26.9.1889, Nr 10023, GlU 14054 = NZ 1894, Nr 13; 24.2.1892, Nr 2272, GlU 14133 = NZ 1892 Nr 13 = JBl 1892 Nr 14 = ZBl 1892, 574; 8.5.1894, Nr 5640, GlU 15112 = NZ 1894, Nr 23 = ZBl 1894, 600.

[168] IdS etwa OGH 9 Ob 16/06b, ÖBA 2007/1429 (abl *P. Bydlinski*); 6 Ob 101/06f = JBl 2007, 171; s dazu *Schauer* in Kletečka/Schauer, ABGB-ON 1.01 § 6 Rz 17.

Änderung unterlässt.[169] Dass § 760 über das Heimfallsrecht im Rahmen der 1. TN zum ABGB geändert wurde, ohne zu dieser Frage Stellung zu nehmen, könnte als Indiz dafür gewertet werden. Für die Ansicht *Schwedas* ist aus der Untätigkeit des Gesetzgebers jedenfalls nichts gewonnen; ein *e contrario*-Schluss somit unzulässig.

Schweda führt weiters § 562 ins Treffen, welcher anordnet, dass Anwachsung bei bestimmt eingesetzten Erben nicht stattfindet und, soweit keine unbestimmt eingesetzten Erben vorhanden sind, der frei werdende Erbteil an die gesetzlichen Erben fällt. Die Rsp[170] und *Weiß*[171] lassen Partialkaduzität zu,[172] während die hL[173] bei Fehlen gesetzlicher Erben Kaduzität hinsichtlich des frei werdenden Erbteils ablehnt und § 726 letzter S analog auf die bestimmt eingesetzten Erben anwendet. Selbst wenn man der Rsp folgt, ist damit über die Rechtsnatur des Heimfallsrechts nichts gesagt. Die Bestimmung ordnet lediglich an, dass die gesetzlichen Erben den bedingt eingesetzten Erben vorgehen. Über das Heimfallsrecht sagt § 562 nichts aus. Ein Aneignungsanspruch des Fiskus (bei Fehlen gesetzlicher Erben) gründet sich allein auf § 760. Daraus, dass dem Fiskus als Universalsukzessor uU die frei werdende Quote zufällt, zu schließen, es handle sich dabei um einen „erbrechtlichen oder erbrechtsähnlichen Anspruch, mit dem alle Rechtswirkungen des Erbrechts verbunden" seien, sodass auch Transmission an den Fiskus möglich sein müsse, ist ein Zirkelschluss, gilt es doch gerade den Charakter dieses Anspruchs zu beweisen.[174] Mehr Gewicht kommt dagegen dem Argument zu, wonach es bei Transmission zu einer Nachlassspaltung käme, wenn der Transmittent bestimmt und unbestimmt eingesetzte Erben hinterlässt, wobei der unbestimmt eingesetzte Erbe die Erbschaft nicht erwirbt und selbst keine Erben hinterlässt. Dieses Problem kann in der Tat nur über die Analogie zu § 726 S 3 (annähernd) befriedigend gelöst werden, wobei der Eintritt dieser Situation auch dann nicht gänzlich vermieden werden kann.

Aus objektiv teleologischer Sicht erblickt *Schweda* in dem Fall, in dem der Erblasser einen aktiven Nachlass hinterlässt, derjenige des erblosen Erben aber überschuldet ist, einen Widerspruch mit dem Streben nach Gerechtigkeit und Rechtssicherheit. Die Lösung der hA sei aufgrund der Benachteiligung der Gläubiger des Transmittentennachlasses abzulehnen. Zweifellos wäre Transmission an den Fiskus hier für die Gläubiger des überschuldeten Erbennachlasses vorteilhaft. Dennoch kann dies nicht das entscheidende Kriterium für eine Transmission an den Staat sein, weil es der Gesetzgeber in der Hand hat, die Reichweite des Rechtsinstituts der Transmission zu regeln und dieses auch generell abschaffen

---

169 *Schauer* in Kletečka/Schauer, ABGB-ON 1.01 § 6 Rz 17.
170 JBl 1990, 400.
171 In Klang² III 796.
172 Dogmatisch überzeugt dies durchaus, so auch *Knechtel* in Kletečka/Schauer, ABGB-ON 1.02 § 562 Rz 4, der die Bestimmung aber mit Recht kritisiert, weil eine gesetzliche Vermutung, dass der Erblasser den freigewordenen Teil der Erbschaft wirklich dem Staat und nicht den von ihm bestimmten Erben zuwenden wollte, wohl oftmals dem konkreten Erblasserwillen widersprechen wird. Vgl auch *Schweda*, NZ 2014, 41.
173 *Pfaff/Hofmann*, Commentar II/1, 673; *Ehrenzweig*, System II/2², 481; *Kralik*, Erbrecht³ 84; *Welser* in Rummel/Lukas⁴ § 726 Rz 5; *Apathy* in KBB⁴ § 726 Rz 5.
174 Generell ist anzumerken, dass die Bestimmung des § 562 rechtspolitisch verfehlt ist, sodass sie für die Auslegung der hier zu beurteilenden Frage nur bedingt geeignet ist.

könnte, sodass statt der Erbeserben die übrigen Erben des Erblassers zum Zug kommen. Überdies lässt sich dieses Argument auch in die andere Richtung vorbringen. Ist nämlich der Erblassernachlass überschuldet und weist jener des Erben mehr Aktiva als Passiva aus, so geraten uU die Gläubiger des Erben durch die Transmission in eine schlechtere Stellung.

Die *ratio legis* des Heimfallsrechts liegt in der Verhinderung des eigenmächtigen Inbesitznehmens des erblosen Nachlasses.[175] Wie bereits *Apathy*[176] dargelegt hat, zeigt die geschichtliche Entwicklung, dass das Heimfallsrecht sich von der Zwecksetzung dem Staat eine Einnahmequelle zu verschaffen, wobei zu diesem Zweck auch nahe Verwandte zugunsten des Fiskus vom Erbrecht ausgeschlossen waren, vollständig gelöst hat[177] und es nunmehr nur dann zum Tragen kommt, wenn weder vertragliche noch testamentarische oder gesetzliche Erben vorhanden sind und auch die Legatare die Erbschaft erwerben.[178] Das Heimfallsrecht ist somit als ***ultima ratio*** ausgestaltet, der Nachlass soll nur im äußersten Fall dem Staat anheimfallen.[179] Der Auffangfunktion des Heimfallsrechts entsprechend, gebietet es unser Gesetz die Delation an einen erblosen Erben als gescheitert zu betrachten und die Erbschaft den übrigen Erben des Erblassers zukommen zu lassen.[180] Damit wird man auch dem vermuteten Willen des Erblassers gerecht, der sein Vermögen idR lieber seinen nahen Verwandten als dem Staat zukommen lassen möchte.[181] Richtig ist zwar, dass der präsumtive Wille des *konkreten* Erblassers in Ermangelung einer letztwilligen Verfügung nicht zur Auslegung herangezogen werden kann.[182] Gleich wie der Eintritt der gesetzlichen Erbfolge[183] ist der Eintritt des Heimfallsrechts vom Willen des Erblassers unabhängig.[184]

Allerdings beruht die Entscheidung des Gesetzgebers, wer kraft Gesetzes zum Erben berufen werden soll, auf der Überlegung, wem ein *typischer* Erblasser üblicherweise sein Vermögen zukommen lassen würde.[185] Es kann nicht davon ausgegangen werden, dass der Gesetzgeber diese Überlegungen bei Schaffung der §§ 537 und § 809 systemwidriger Weise nicht getroffen und kraft Gesetzes eine Rechtsfolge angeordnet hat, die mit dem hypothetischen Willen des typischen Erblassers zumeist unvereinbar sein wird. Auch das subsidiäre Erbrecht der Legatare nach § 726 tritt unabhängig vom Willen des Erblassers kraft Gesetz ein; dennoch trägt die Norm dem vermutlichen Willen des typischen Erb-

---

175 *Apathy*, JBl 1990, 400.
176 JBl 1990, 400.
177 S auch 78 Blg zu den Protokollen des Herrenhauses, XXI. Session 1912, 108.
178 *Apathy*, JBl 1990, 400.
179 *Pfaff/Hofmann*, Commentar II 794; *Apathy*, JBl 1990, 400; *Welser* in FS Würth (2014) 349.
180 *Pfaff/Hofmann*, Commentar II 794; *Welser* in FS Würth (2014) 349.
181 *Apathy*, JBl 1990, 400; *Welser* in FS Würth (2014) 349 f; diesen Umstand räumt auch *Schweda*, NZ 2014, 42 ein.
182 *Schweda*, NZ 2014, 43; aA *Apathy*, JBl 1990, 400.
183 *Weiß* in Klang² III 739 f; *Kralik*, Erbrecht³ 62 f; vgl auch *Scheuba* in Gruber/Kalss/Müller/Schauer, Erbrecht und Vermögensnachfolge § 5 Rz 3
184 *Swoboda*, JBl 1990, 299; *Schweda*, NZ 2014, 43.
185 *Perner/Spitzer/Kodek*, Bürgerliches Recht⁴ (2014) 566.

lassers Rechnung.[186] Gleiches gilt eben auch bei der Transmission. Zusammenfassend kann festgehalten werden, dass überwiegende Gründe für die Richtigkeit und Zweckmäßigkeit der hA sprechen.[187]

IX. Verlassenschaftsabhandlung

26 Wesentlich für die Transmission ist die doppelte Vererbung.[188] Es liegen **zwei Erbfälle** vor, der Tod des Erblassers und der seines Erben (des Transmittenten). Gleichwohl dem Transmittenten die Erbschaft nach dem Erblasser noch nicht eingeantwortet wurde und unabhängig davon, ob er bereits eine Erbantrittserklärung abgegeben hat oder nicht, hat er die Erbschaft im Zeitpunkt des Erbanfalls erworben.[189] Das Erbrecht nach dem Erblasser – und zwar je nach Sachlage das Recht die Erbschaft anzutreten oder auszuschlagen (Delation; § 809) oder die bereits angetretene Erbschaft – ist daher Bestandteil des Transmittentennachlasses, an dem das Erbrecht des Transmissars besteht.[190] Der Transmittent beerbt also den Erblasser und wird seinerseits vom Transmissar beerbt.[191] Zwischen dem ersten Erblasser und dem Transmissar besteht kein unmittelbares Erbrechtsverhältnis.[192] Es finden zwei grundsätzlich **getrennte Verlassenschaftsabhandlungen** statt.[193]

27 Das **Verlassenschaftsverfahren nach dem Erblasser** wird bei Tod des Erben fortgeführt. Da auch der Nachlass des Erben abgehandelt wird, kann es zur gleichzeitigen Führung zweier Verlassenschaftsverfahren kommen.[194] Das Verlassenschaftsverfahren nach dem Erblasser wird vom Nachlass nach dem Erben bzw vom Erbeserben in jener Rechtslage weitergeführt, die beim Tod des Erben bestanden hat.[195] Der **Transmissar muss als Gesamtrechtsnachfolger des Erben alle verfahrensrechtlichen Handlungen**, die dieser gesetzt hat, **gegen sich gelten lassen**.[196] Hat der Erbe bereits eine Erbantrittserklärung

---

186 *Knechtel* in Kletečka/Schauer, ABGB-ON 1.02 § 726 Rz 3; *Kralik*, Erbrecht³ 81; *Eccher*, Erbrecht⁵ Rz 3/18; *Apathy* in KBB⁴ § 726 Rz 2; OGH 26.4.1988, 4 Ob 536/88, JBl 1988, 712; 6.5.1998, 2 Ob 508/96, SZ 71/83.
187 Vgl auch *Welser* in FS Würth (2014) 349, welcher der hA attestiert, dass sie nicht nur dem Gesetzestext und dem typischen Eblasserwillen, sondern auch dem „allgemeinen Rechtsempfinden" entspreche.
188 Vgl *Handl* in Klang II/1, 39; *Ehrenzweig*, System II/2², 368.
189 Vgl *Handl* in Klang II/1, 39.
190 Vgl *Schauer* in Gruber/Kalss/Müller/Schauer, Erbrecht und Vermögensnachfolge § 15 Rz 54; *Ehrenzweig*, System II/2², 367.
191 Vgl *Handl* in Klang II/1, 39.
192 OGH 18.6.1918, R I 140/18, JBl 1919, 60; 28.10.1970, 7 Ob 176/70, SZ 43/191; LGZ Wien 21.12.2007, 45 R 659/07f, EFSlg 117.177; *Handl* in Klang II/1, 39; *Werkusch-Christ* in Kletečka/Schauer, ABGB-ON 1.02 § 537 Rz 3; *Apathy* in KBB⁴ § 537 Rz 3; *Welser* in Rummel/Lukas⁴ § 537 Rz 5; *Eccher* in Schwimann/Kodek⁴ § 537 Rz 2; vgl auch *Schauer* in Gruber/Kalss/Müller/Schauer, Erbrecht und Vermögensnachfolge § 15 Rz 54.
193 Vgl *Ehrenzweig*, System II/2², 368.
194 *Schauer* in Gruber/Kalss/Müller/Schauer, Erbrecht und Vermögensnachfolge § 15 Rz 56.
195 *Schauer* in Gruber/Kalss/Müller/Schauer, Erbrecht und Vermögensnachfolge § 15 Rz 56; *Kralik*, Erbrecht³ 59; *Nippel*, Erläuterung V 200; *Stubenrauch*, Commentar⁸ 990.
196 *Schauer* in Gruber/Kalss/Müller/Schauer, Erbrecht und Vermögensnachfolge § 15 Rz 56; vgl auch *Weiß* in Klang² III 75; *Welser* in Rummel/Lukas⁴ § 537 Rz 7; *Ehrenzweig*, System II/2², 367; *Kralik*, Erbrecht³ 59.

zum Nachlass nach dem Erblasser abgegeben (Transmission iwS), ist der Transmissar daran gebunden.[197] Er kann somit, wenn er die Erbschaft nach dem Erben antritt, die Erbschaft nach dem Erblasser nicht mehr ausschlagen.[198] Ferner kann er die Erbantrittserklärung des Erben nicht mehr widerrufen oder die unbedingt abgegebene Erbantrittserklärung in eine bedingte ändern und die Inventarisierung des Nachlasses verlangen (§ 806).[199]

28 Die abgegebene Erbantrittserklärung des Transmittenten kann vom Transmissar nur unter denselben Voraussetzungen[200] geändert werden, unter denen dies auch diesem selbst möglich gewesen wäre.[201] Soweit der Erbe vor Abgabe der Erbantrittserklärung verstorben ist (Transmission ieS), obliegt es dem Nachlass nach dem Erben die Erklärung abzugeben, ob die Erbschaft nach dem Erblasser angetreten wird oder nicht.[202] Der Erbeserbe kann diesbezüglich nur als Vertreter der Verlassenschaft tätig werden, wofür die Antretung des Transmittentennachlasses regelmäßig Voraussetzung ist (§ 810).[203] Besteht kein zur Vertretung des Nachlasses befugter Erbe, muss ein Verlassenschaftskurator bestellt werden, der dann die Erklärung abzugeben hat.[204] Erst mit dem Zeitpunkt der Einantwortung ist die Erklärung vom Erbeserben im eigenen Namen abzugeben.[205] Im Fall der Nachlassinsolvenz hat sich der Insolvenzverwalter im Namen des Nachlasses zu erklären.[206] Dem Transmissar kommt hinsichtlich der Erklärung die volle Entscheidungsfreiheit zu; er kann die Erbschaft auch ausschlagen[207] und somit den Eintritt der Transmission verhindern.[208]

29 Sind **mehrere Erbeserben** vorhanden, so kann die erste Erbschaft freilich dennoch nur zur Gänze angetreten oder ausgeschlagen werden.[209] Wurde der Erbennachlass vor Abgabe der Erbantrittserklärung eingeantwortet, kann jeder

---

[197] OGH 16.10.1968, 5 Ob 280/68; *Weiß* in Klang² III 75 f; *Schauer* in Gruber/Kalss/Müller/Schauer, Erbrecht und Vermögensnachfolge § 15 Rz 56.

[198] *Weiß* in Klang² III 76; *Handl* in Klang II/1, 41.

[199] *Stubenrauch*, Commentar⁸ 990; *Winniwarter*, Bürgerliches Recht III² 429; *Weiß* in Klang² III 76; *Handl* in Klang II/1, 41; *Gschnitzer/Faistenberger*, Erbrecht² 69; vgl auch *Nippel*, Erläuterung V 200; *Schauer* in Gruber/Kalss/Müller/Schauer, Erbrecht und Vermögensnachfolge § 15 Rz 56; *Werkusch-Christ* in Kletečka/Schauer, ABGB-ON 1.02 § 537 Rz 4.

[200] S dazu etwa *Bittner/Hawel* in Gruber/Kalss/Müller/Schauer, Erbrecht und Vermögensnachfolge § 10 Rz 80; *Spruzina* in Kletečka/Schauer, ABGB-ON 1.01 § 806 Rz 5.

[201] *Schauer* in Gruber/Kalss/Müller/Schauer, Erbrecht und Vermögensnachfolge § 15 Rz 56.

[202] OGH 7 Ob 176/70, SZ 43/191; *Schauer* in Gruber/Kalss/Müller/Schauer, Erbrecht und Vermögensnachfolge § 15 Rz 56; *Weiß* in Klang² III 76; *Welser* in Rummel/Lukas⁴ § 537 Rz 7; *Kralik*, Erbrecht³ 59; *Fritsch* in Ferrari/Likar-Peer, Erbrecht 51; *Spruzina* in Kletečka/Schauer, ABGB-ON 1.01 § 819 Rz 9.

[203] EvBl 1967/321; *Kralik*, Erbrecht³ 58; *Ehrenzweig*, System II/2², 368; *Welser* in Rummel/Lukas⁴ § 537 Rz 6.

[204] OGH 5.1.1881, GlU 8236; *Kralik*, Erbrecht³ 58; *Ehrenzweig*, System II/2², 368; *Handl* in Klang II/1, 42.

[205] *Welser* in Rummel/Lukas⁴ § 537 Rz 7; *Schauer* in Gruber/Kalss/Müller/Schauer, Erbrecht und Vermögensnachfolge § 15 Rz 56; *Spruzina* in Kletečka/Schauer, ABGB-ON 1.01 § 819 Rz 9; *Kralik*, Erbrecht³ 58.

[206] OGH 8.1.1919, R I 14/18, JBl 1919, 124; *Ehrenzweig*, System II/2², 368.

[207] OGH 8.1.1985, 5 Ob 554/84, EvBl 1985/164 = NZ 1985, 132; *Schauer* in Gruber/Kalss/Müller/Schauer, Erbrecht und Vermögensnachfolge § 15 Rz 56; *Weiß* in Klang² III 76; *Kralik*, Erbrecht³ 58.

[208] *Schauer* in Gruber/Kalss/Müller/Schauer, Erbrecht und Vermögensnachfolge § 15 Rz 56.

[209] *Weiß* in Klang² III 76; *Ehrenzweig*, System II/2², 368.

Erbeserbe die Erbschaft nach dem Erblasser nach Maßgabe seines Anteils (Erbquote nach dem Transmittenten) annehmen oder ausschlagen.[210] Sind die Erbeserben kraft Gesetzes zur Erbfolge berufen oder sind sie testamentarisch zu unbestimmten Quoten eingesetzt, kommt es zur Anwachsung des Anteils des Ausschlagenden an die übrigen Transmissare.[211] Soweit Transmission an mehrere bestimmt eingesetzte Erben stattfindet, ist die Anwachsung gem § 562 ausgeschlossen. Jener Erbteil aus der Verlassenschaft des Erblassers, welcher von einem Miterben unter den Transmissaren ausgeschlagen wurde, fällt in diesem Fall an die gesetzlichen Erben des Transmittenten.[212] Erst wenn keine gesetzlichen Erben vorhanden sind oder diese eine negative Erbantrittserklärung abgeben, kommt es kraft analoger Anwendung des § 726 letzter Satz[213] zur Anwachsung an die bestimmt eingesetzten Testamentserben. *Ehrenzweig*[214] nimmt diese Differenzierung nicht vor und geht davon aus, dass Anwachsung an die annehmenden Transmissare „kraft Rechtsnotwendigkeit" stets eintrete. Mit § 562 ist dies jedoch nicht in Einklang zu bringen.[215] *Kralik*[216] vertritt die Ansicht, dass der ausgeschlagene Anteil dem nächstberufenen Erben des ersten Erblassers zufalle. Erfolgt die Abgabe der Erklärung bevor der Erbennachlass eingeantwortet wurde, kann nur eine einzige gemeinsame Erklärung aller Erben im Namen der Verlassenschaft erfolgen.[217] Mehrere Miterben bilden eine Verwaltungsgemeinschaft nach den § 833 ff.[218] Für außerordentliche Verwaltungsmaßnahmen – und die Frage, ob die Erbschaft nach dem Erblasser angenommen oder ausgeschlagen wird, ist als solche zu betrachten – bedarf es bei mehreren Miterben jedenfalls der Genehmigung des Verlassenschaftsgerichts (§ 810 Abs 2).[219] Können sich die Erben nicht einigen, so ist erforderlichenfalls ein Verlassenschaftskurator zu bestellen.[220] Man wird idR davon ausgehen müssen, dass der Kurator die Erbschaft mit der Rechtswohltat des Inventars anzunehmen und das Verlassenschaftsgericht hierfür die Genehmigung zu erteilen hat, weil damit keine „offenbare Nachteiligkeit" für die Verlassenschaft verbunden ist. Denjenigen Erbeserben, die für die Ausschlagung der Erbschaft nach dem Erblasser eingetreten sind, steht es dann immer noch frei die Erbschaft nach dem Transmittenten auszuschlagen, sie werden demnach nicht „zwangsweise" Erben.[221]

---

210 *Ehrenzweig*, System II/2², 368.
211 *Weiß* in Klang² III 76.
212 *Weiß* in Klang² III 76
213 S dazu *Pfaff/Hofmann*, Commentar II/1, 673; *Kralik*, Erbrecht³ 84; *Welser* in Rummel/Lukas⁴ § 726 Rz 5; *Apathy* in KBB⁴ § 726 Rz 5; *Ehrenzweig*, System II/2², 481.
214 System II/2², 368.
215 Zutreffend *Weiß* in Klang² III 76; abl auch *Kralik*, Erbrecht³ 59.
216 *Kralik*, Erbrecht³ 59.
217 Vgl *Ehrenzweig*, System II/2², 368.
218 *Welser* in Rummel/Lukas⁴ § 810 Rz 21; *Spruzina* in Kletečka/Schauer, ABGB-ON 1.01 § 810 Rz 8; *Nemeth* in Schwimann/Kodek⁴ § 810 Rz 5.
219 Vgl *Nemeth* in Schwimann/Kodek⁴ § 810 Rz 10.
220 S dazu *Nemeth* in Schwimann/Kodek⁴ § 810 Rz 7; *Sailer* in Gitschthaler/Höllwerth, AußStrG § 173 Rz 2 f.
221 Die von *Ehrenzweig*, System II/2², 368 FN 10 an der Bestimmung des Art 782 des französischen Code Civil geäußerte Kritik, dass die Erbeserben gegen ihren Willen Erben werden, gilt demnach für das Österreichische Recht nicht.

Aufgrund der Vererblichkeit des Erbrechts kann auch die Erbschaftsklage **30** (§ 823 ABGB) in Bezug auf den Nachlass des Erblassers vom Nachlass des Erben und nach der Einantwortung vom Erbeserben erhoben werden.[222]

Der Transmissar tritt zwar in die Rechtsstellung des Erben ein, dennoch **31** haben **persönliche Verhältnisse in der Person des Transmissars** nicht unberücksichtigt zu bleiben.[223] Kommt es zur Transmission von einem volljährigen Erben an einen minderjährigen Erbeserben oder Personen, die aus anderen Gründen einen gesetzlichen Vertreter benötigen, so greifen die aus der Minderjährigkeit resultierenden Rechtsfolgen Platz. Daher hat das Verlassenschaftsgericht beispielsweise die amtswegige Inventarisierung des Nachlasses vorzunehmen, wenn der minderjährige Transmissar als Noterbe in Betracht kommt (§ 165 Abs 1 Z 2 AußStrG).[224] Treten anstelle eines während des Verlassenschaftsverfahrens verstorbenen volljährigen Erben dessen minderjährige Kinder, so kann trotz der Volljährigkeit aller übrigen Erben ein Erbteilungsübereinkommen nur mit Zustimmung des Pflegschaftsgerichts geschlossen werden (§ 181 Abs 2 AußStrG).[225]

Vom Verlassenschaftsverfahren nach dem Erblasser ist das **Verlassen-** **32** **schaftsverfahren nach dem Erben** grundsätzlich unabhängig. In diesem **handelt der Erbeserbe im eigenen Namen**, wie etwa bei Abgabe der Erbantrittserklärung.[226] Der Erbeserbe kann nicht den Nachlass des Erben ausschlagen und nur jenen des Erblassers annehmen, weil die Ausschlagung des Erbennachlasses den Erwerb des Erbrechts nach dem Erblasser beseitigt.[227] Das zum Nachlass des Erben gehörende Erbrecht nach dem Erblasser folgt dem rechtlichen Schicksal des Nachlasses, sodass die Veräußerung des Erbennachlasses durch den Transmissar auch dem Erwerb der Erbschaft nach dem ersten Erblasser entgegensteht.[228]

Wird das Verlassenschaftsverfahren nach dem Erblasser früher abgeschlos- **33** sen als jenes nach dem Erben, so wird der Nachlass nach dem Erblasser dem ruhenden Nachlass nach dem Erben eingeantwortet. Hierdurch verliert der Nachlass nach dem Erblasser seine rechtliche Selbstständigkeit und geht im Erbennachlass auf.[229] Mit Einantwortung des Erbennachlasses erwirbt der Er-

---

[222] OGH 14.7.1948, 1 Ob 217/48, SZ 21/115; *Schauer* in Gruber/Kalss/Müller/Schauer, Erbrecht und Vermögensnachfolge § 15 Rz 56.

[223] *Weiß* in Klang² III 77.

[224] *Weiß* in Klang² III 77; *Welser* in Rummel/Lukas⁴ § 537 Rz 8; aM *Ehrenzweig*, System II/2², 367 unter Berufung auf OG Brünn 10.12.1919, Slg OG 313. Eine amtswegige Inventarisierung nach § 92 Abs 2 AußStrG aF bei minderjährigen Erben findet nicht mehr statt, soweit diese nicht auch zugleich Pflichtteilsberechtigte sind (§ 165 Abs 1 Z 2 AußStrG).

[225] Vgl die Entscheidung OGH 27.9.1906, Nr. 16.085, GlUNF 3532 = ZBl 1908, 80 und zust *Weiß* in Klang² III 77; aM *Ehrenzweig*, System II/2², 367 FN 8a.

[226] *Schauer* in Gruber/Kalss/Müller/Schauer, Erbrecht und Vermögensnachfolge § 15 Rz 57.

[227] *Zeiller*, Commentar II/1, 848; *Pfaff/Hofmann*, Commentar II/1, 19; *Handl* in Klang II/1, 41; *Schauer* in Gruber/Kalss/Müller/Schauer, Erbrecht und Vermögensnachfolge § 15 Rz 57; *Welser* in Rummel/Lukas⁴ § 537 Rz 6; *Eccher* in Schwimann/Kodek⁴ § 537 Rz 2; *Fritsch* in Ferrari/Likar-Peer, Erbrecht 50; *Kralik*, Erbrecht³ 58; *Gschnitzer/Faistenberger*, Erbrecht² 69; vgl auch LGZ Wien 21.12.2007, 45 R 659/07f, EFSlg 117.177.

[228] *Handl* in Klang II/1, 41; *Kralik*, Erbrecht³ 58.

[229] *Schauer* in Gruber/Kalss/Müller/Schauer, Erbrecht und Vermögensnachfolge § 15 Rz 57.

beserbe dann auch alle Aktiva und Passiva des vormaligen Nachlasses nach dem Erblasser.[230] Wird hingegen dem Erbeserben zuerst der Nachlass nach dem Erben eingeantwortet, so erlangt der Erbeserbe auch das im Erbennachlass enthaltene Erbrecht nach dem Erblasser.[231] Der Erbeserbe nimmt dann die weiteren Verfahrenshandlungen im Verlassenschaftsverfahren nach dem Erblasser im eigenen Namen vor[232] und die Einantwortung des Erblassernachlasses erfolgt dann unmittelbar an ihn.[233]

34 Wenngleich das Verlassenschaftsverfahren nach dem Erblasser von dem nach dem Erben getrennt ist, sind die beiden Verfahren dennoch nicht gänzlich voneinander unabhängig.[234] Für die beiden Abhandlungen können verschiedene Gerichte zuständig sein,[235] wobei sich die **Zuständigkeit** nach § 105 JN richtet. Daraus und aus dem unterschiedlichen zeitlichen Fortschritt der beiden Verfahren können sich Friktionen ergeben.[236] Grundsätzlich können auch Verlassenschaftsverfahren gem § 31 JN delegiert werden.[237] Es ist daher denkbar, dass aus Gründen der Zweckmäßigkeit eine Delegation beantragt wird, sodass beide Abhandlungen vom selben Verlassenschaftsgericht durchgeführt werden, was wohl einen reibungsloseren Verfahrensablauf mit sich bringen würde.

35 Sinnvollerweise wird man mit dem Abschluss der Abhandlung nach dem Erblasser zuwarten, bis feststeht, wer Erbe nach dem Transmittenten wird.[238] Unerlässlich ist ein Zuwarten bis zu jenem Zeitpunkt, in dem feststeht, dass jemand nach dem Transmittenten zur Erbschaft gelangt,[239] was eine vom Gericht angenommene Erbantrittserklärung voraussetzt.[240] Sind nämlich keine Erben nach dem Transmittenten vorhanden, wird der Nachlass nach ihm kaduk. Da es aber keinen Heimfall an den Fiskus gibt (ausf Rz 22 ff), so kommen in einem solchen Fall in Bezug auf den Nachlass des Erblassers dessen nächstberufene Erben zum Zug. Die Erbantrittserklärung des ruhenden Transmittennachlasses ist zurückzuweisen.[241] Das Abwarten hat weiters den Vorteil, dass der Transmissar, der sein Erbrecht nach dem Transmittenten hinreichend ausgewiesen hat, im Verfahren nach dem Erblasser als Vertreter des Transmittennachlasses handeln kann (s oben Rz 29).

---

230 *Schauer* in Gruber/Kalss/Müller/Schauer, Erbrecht und Vermögensnachfolge § 15 Rz 57; *Kralik*, Erbrecht³ 58.
231 *Schauer* in Gruber/Kalss/Müller/Schauer, Erbrecht und Vermögensnachfolge § 15 Rz 57.
232 *Schauer* in Gruber/Kalss/Müller/Schauer, Erbrecht und Vermögensnachfolge § 15 Rz 57; *Welser* in Rummel/Lukas⁴ § 537 Rz 6; *Eccher* in Schwimann/Kodek⁴ § 537 Rz 4; *Kralik*, Erbrecht³ 58; *Fritsch* in Ferrari/Likar-Peer, Erbrecht 50.
233 OGH 14.9.1915, GlUNF 7565; 28.10.1970, 6 Ob 261/70, SZ 43/191; *Schauer* in Gruber/Kalss/Müller/Schauer, Erbrecht und Vermögensnachfolge § 15 Rz 57; *Kralik*, Erbrecht³ 58 f; *Handl* in Klang II/1, 42.
234 Vgl *Touaillon*, NZ 1917, 37; *Handl* in Klang II/1, 42.
235 Vgl *Handl* in Klang II/1, 42.
236 Vgl *Handl* in Klang II/1, 42.
237 OGH 4.11.2008, 5 Nc 22/08t, EF-Z 2009/184, 109 (Delegation verneint); *Traar* in Fasching/Konecny³ § 105 JN Rz 6.
238 Notwendig ist das Zuwarten freilich nicht; aA wohl *Touaillon*, NZ 1917, 37 und ihm folgend *Handl* in Klang II/1, 42.
239 OGH 8.1.1985, 5 Ob 554/84, EvBl 1985/164 = NZ 1985, 132.
240 Vgl *Touaillon*, NZ 1917, 37.
241 OGH 8.1.1985, 5 Ob 554/84, EvBl 1985/164 = NZ 1985, 132.

Die **Erstellung des Inventars** über das Verlassenschaftsvermögen des Erben setzt jedenfalls die Feststellung des Verlassenschaftsvermögens des ersten Erblassers voraus, da dieses ja einen Bestandteil des Nachlasses des Transmittenten bildet.[242] Eine zweifache Inventarisierung des Nachlasses des Erblassers, zunächst in der Abhandlung nach ihm und dann in der Abhandlung nach dem Transmittenten, erscheint insoweit notwendig, weil der maßgebliche Zeitpunkt für die Inventur der Zeitpunkt des Todes ist (§ 166 Abs 1 AußStrG), und der Wert ein und desselben Vermögens im Todeszeitpunkt des Erblassers und im Todeszeitpunkt des Transmittenten divergieren kann.[243] Zudem sind die Parteien des Verlassenschaftsverfahrens zur Errichtung des Inventars zu laden[244] und hat bei bedingter Erbantrittserklärung von Amts wegen eine Gläubigereinberufung zu erfolgen.[245] Es kann daher keinesfalls auf ein bereits errichtetes Inventar aus dem Verlassenschaftsverfahren nach dem Erblasser verwiesen werden, an dessen Errichtung die Parteien im Verlassenschaftsverfahren nach dem Transmittenten nicht beteiligt waren. Versterben der Erblasser und sein Erbe kurz hintereinander, so kann es aber uU zweckmäßig sein, auf eine zweifache Inventur zu verzichten und für beide Verfahren eine gemeinsame Inventarerrichtung vorzunehmen. Diese Vorgehensweise verbietet sich jedoch wohl dann, wenn sich im Nachlass (im entsprechenden Umfang) volatile Vermögenswerte (zB Kapitalanlagen) befinden. Ist dies nicht der Fall, scheint es in Anbetracht des Umstands, dass bezüglich des Ergebnisses einer Bewertung ohnedies eine gewisse Schwankungsbreite gegeben ist, im Sinne des Zwecks des Inventars, ein vollständiges Verzeichnis der Verlassenschaft zu sein, nicht erforderlich, dasselbe Vermögen binnen kurzer Zeit zweimal zu bewerten. Welches der beiden Verlassenschaftsverfahren zuerst abgeschlossen wird, hängt von den Umständen des Einzelfalls ab. Das Verfahren nach dem Erblasser wird zweckmäßigerweise zuerst beendet werden, wenn daran außer dem Transmittenten noch andere Miterben beteiligt sind, denen eine Verzögerung nachteilig ist.[246] Wird der Nachlass des Erblassers unter Übergehung des Transmittenten dritten Personen rechtskräftig eingeantwortet, ist der Transmittent zur Durchsetzung seines Erbrechts auf die Erbschaftsklage verwiesen, weil gem § 180 Abs 2 AußStrG nach Einantwortung kein Abänderungsverfahren (§§ 72 ff AußStrG) mehr stattfindet.[247] War der Transmittent indessen nach dem Erblasser pflichtteilsberechtigt oder steht überhaupt nur der Pflichtteil zu, und beruft sich der Transmissar nicht auf seine Stellung als Erbe, sondern auf den Pflichtteilsanspruch, der im Wege der Transmission auf ihn übergegangen ist (Rz 6), so kommt ihm die Rekurslegitimation gem § 178 AußStrG gegen den Einantwortungsbeschluss zu.[248]

36

---

242 *Handl* in Klang II/1, 42; vgl auch *Touaillon*, NZ 1917, 38.
243 Zutr *Handl* in Klang II/1, 42. Kritik an der doppelten Inventarisierung übt *Touaillon*, NZ 1917, 38 und 46.
244 *Spruzina* in Gitschthaler/Höllwerth, AußStrG § 168 Rz 2.
245 *Grün* in Rechberger, AußStrG² § 165 Rz 9.
246 *Handl* in Klang II/1, 42.
247 *Handl* in Klang II/1, 42; *Sailer* in Gitschthaler/Höllwerth, AußStrG § 180 Rz 3; *Bittner* in Rechberger, AußStrG² § 180 Rz 3.
248 OGH 17.12.2010, 6 Ob 153/10h, EF-Z 2011/75 = iFamZ 2011/125 = NZ 2011/48; *Sailer* in Gitschthaler/Höllwerth, AußStrG § 178 Rz 11.

X. Haftung

37 Mit dem Antritt der Erbschaft nach dem Erben wird der Erbeserbe nicht nur dessen Gesamtrechtsnachfolger, sondern zugleich auch der des Erblassers. Dies gilt gleichermaßen für mehrere aufeinanderfolgende Erbschaften.[249] Für den Erwerb der Erbschaft nach dem jeweils zuvor Verstorbenen ist eine geschlossene Kette an positiven Erbantrittserklärungen nötig. Der Erbeserbe erwirbt die transmittierte(n) Erbschaft(en) mit allen Nutzungen und Lasten.[250] Als Gesamtrechtsnachfolger haftet er demnach für alle Verbindlichkeiten des Erblassers und hat auch jene Verpflichtungen zu tragen, die erst mit dem Erbfall des Erblassers entstehen (Erbgangsschulden),[251] wie beispielsweise die Kosten für ein angemessenes Begräbnis (§ 549),[252] Pflichtteilsschulden, die Kosten einer etwaigen Inventarisierung und Schätzung und die sonst mit der Verlassenschaftsabhandlung verbundenen Kosten. Die Verpflichtungen aus Vermächtnissen und Auflagen gehen wie selbstverständlich auf den Erbeserben über.[253]

38 Soweit Transmission iwS vorliegt und zum Nachlass des ursprünglichen Erblassers eine unbedingte Erbantrittserklärung abgegeben wurde, kann der Erbeserbe, wenn er befürchtet, dass die Schulden des ursprünglichen Erblassers das Aktivvermögen der beiden Verlassenschaften übersteigt, nur entweder die Verlassenschaft nach dem Transmittenten ausschlagen oder eine bedingte Erbantrittserklärung abgeben.[254] In letzterem Fall haftet er den Gläubigern beider Verlassenschaften nur in Höhe der ihm aus beiden Verlassenschaften zusammen zugefallenen Vermögenswerte (Erbschaftsaktiva).[255] Mit Einantwortung des Nachlasses nach dem Erblasser sind die getrennten Haftungssubstrate untergegangen und zur Gänze im Nachlass des Erbeserben aufgegangen. Die Gläubiger des Erblassers und die Gläubiger des Transmittenten stehen einander gleichberechtigt gegenüber.[256] Soweit der Transmittent einen überschuldeten Nachlass hinterlassen hat, kann dies daher für die Gläubiger des Erblassers negative Folgen zeitigen. Sie können die Beeinträchtigung ihrer Forderungsrechte aber mit einem Antrag auf Nachlassseparation (§ 812)[257] verhindern.[258] Mit der Nachlassseparation kommt es zur Absonderung der Verlassenschaft nach dem Erblasser vom Vermögen des Transmittenten, sodass wieder zwei voneinander getrennte Haftungsmassen vorliegen. Umgekehrt kann sich durch die unbedingte Erbantrittserklärung zum Nachlass des ersten Erblassers auch die Stellung der Gläubiger des Transmittenten verschlechtern. Anders als die Gläubiger des Erblassers

---

[249] *Weiß* in Klang² III 77 vgl aus den Protokollen zu den Beratungen zum ABGB, *Ofner*, Protokolle II, 325.
[250] *Weiß* in Klang² III 77; vgl auch *Ofner*, Protokolle II 325.
[251] Vgl zu den Erbgangsschulden *Koziol/Welser*¹³ II 575.
[252] Vgl *Weiß* in Klang² III 77.
[253] Vgl *Weiß* in Klang² III, 77.
[254] *Handl* in Klang II/1, 41.
[255] *Handl* in Klang II/1, 41.
[256] *Handl* in Klang II/1, 41.
[257] Dazu etwa *Linder* in Gruber/Kalss/Müller/Schauer, Erbrecht und Vermögensnachfolge § 12 Rz 62 ff.
[258] *Handl* in Klang II/1, 41.

können sie dieser Verschlechterung freilich nichts entgegensetzen; sie haben diese, genauso wie eine lebzeitige Vermögensminderung durch den Erben, hinzunehmen.259 Bei dieser Sachlage kann es für den Erbeserben dazu kommen, dass er trotz eines beträchtlichen Vermögens im Erbennachlass letztlich leer ausgeht, weil die Schulden des Erblassernachlasses dieses Vermögen zur Gänze aufzehren.260 Zumindest aber ist er bei bedingter Erbantrittserklärung nach dem Transmittentennachlass insoweit abgesichert, als er nicht mit seinem Privatvermögen für die Verbindlichkeiten des Erblassers einzustehen hat. Hat sich der Transmittent mit dem Vorbehalt der Rechtswohltat des Inventars erklärt, besteht die Haftung des Erbeserben für Verbindlichkeiten des Erblassers nur bis zum übernommenen Wert der Verlassenschaft nach dem Transmittenten. An diesem Umstand vermag auch eine allfällige unbedingte Erbantrittserklärung des Erbeserben zum Transmittentennachlass nichts zu ändern.261 Gibt er eine solche ab, so besteht zwar eine beschränkte Haftung gegenüber den Gläubigern des Erblassers; die persönliche Haftung gegenüber den Gläubigern des Transmittenten besteht jedoch ohne betragliche Begrenzung. Bei Transmission ieS, dh bei Abgabe der Erbantrittserklärung zum Erbennachlass durch die Verlassenschaft nach dem Erben oder den Erbeserben, sind die Haftungsverhältnisse dieselben.262 In dieser Situation hat es der Erbeserbe jedoch selbst in der Hand, nach beiden Nachlässen bedingte Erbantrittserklärungen abzugeben und dadurch eine persönliche Haftung über das übernommene Vermögen hinaus auszuschließen.

XI. Transmission im Anerbenrecht

Nach neuerer Ansicht263 ist Gegenstand der Transmission auch das Recht des Anerben auf Erwerb des Erbhofs, wobei im Detail hinsichtlich der Voraussetzungen für die Transmission und deren Reichweite erhebliche Unterschiede bestehen.264 Der OGH bejahte in seinen beiden jüngsten Entscheidungen die Transmission des Hofübernahmerechts dergestalt, dass die gesetzlichen Erben (Transmissare) des potentiellen Anerben (Transmittenten) an dessen Stelle treten und an der Auswahl des Anerben nach § 3 AnerbenG teilnehmen.265 Transmission könne jedoch nur stattfinden, wenn der Transmissar zugleich gesetzli- **39**

---

259 *Handl* in Klang II/1, 42.
260 Vgl dazu auch *Nippel*, Erläuterung V 201.
261 *Handl* in Klang II/1, 42; so auch *Nippel*, Erläuterung V 201. Es steht dem Erbeserben natürlich offen die bedingte Erbantrittserklärung des Transmittenten bis zur Errichtung des Inventars in eine unbedingte umzuwandeln (§ 806), dazu *Nippel*, Erläuterung V 201; vgl auch *Spruzina* in Kletečka/Schauer, ABGB-ON 1.01 § 806 Rz 5; *Welser* in Rummel/Lukas⁴ §§ 799, 800 Rz 18; *Ehrenzweig*, System II/2², 497.
262 *Handl* in Klang II/1, 42.
263 OGH 24.1.2008, 6 Ob 212/07f, EvBl 2008/86 = JEV 2008/10, 97 = EFSlg 120.380 = EFSlg 120.381 = EFSlg 120.382 = EFSlg 122.468 = SZ 2008/12; *Kralik*, Erbrecht³ 387; *Eccher* in Schwimann/Kodek⁴ § 10 AnerbenG Rz 4; *ders* in FS Binder (2010) 67 ff. So auch bereits früh *Weissberger*, NZ 1951, 17 f; der jedoch eine nähere Begründung schuldig bleibt, weshalb *Eccher* in FS Binder (2010) 71 dessen Begründung gar als „unsachlich" und „tendenziös" bezeichnet.
264 Vgl dazu *Eccher* in FS Binder (2010) 67 ff.
265 OGH 24.1.2008, 6 Ob 212/07f, EvBl 2008/86 = JEV 2008/10, 97 = EFSlg 120.380 = EFSlg 120.381 = EFSlg 120.382 = EFSlg 122.468 = SZ 2008/12; 19.2.2009, 6 Ob 16/09k.

cher Erbe des Erblassers sei. Für die Übertragbarkeit der Rechtsposition kommt es nach dem OGH demgegenüber nicht darauf an, ob der Erbhof im Verlassenschaftsverfahren bereits zugeteilt wurde. Dies deckt sich wohl mit der Ansicht *Kraliks*,[266] der zwar Transmission bejaht, aber auf jene Fälle beschränkt, in denen nach dem Transmittenten ein Transmissar zum Übernehmer berufen ist. Die Lösung des OGH erscheint durchaus sachgerecht,[267] ihr begegnen jedoch dogmatische Bedenken. Bejaht man die Zulässigkeit einer Transmission, dürfte es konsequenterweise nicht mehr darauf ankommen, ob die Erbeserben auch gesetzliche Erben des Erblassers sind, weil diese bei der Transmission keinerlei Rechte vom Erblasser ableiten. Ob die Erbeserben zum Personenkreis des § 3 AnerbenG gehören, kann mithin nur im Verhältnis zum Erben, nicht aber zum Erblasser eine Rolle spielen. Die Möglichkeit der Transmission befürwortet auch *Eccher*.[268] Sein Lösungsansatz ist aber ein anderer: Im Falle des Versterbens eines Miterben vor der Zuweisung des Erbhofes sei hypothetisch festzustellen, ob der Verstorbene zum Anerben bestimmt worden wäre, bejahendenfalls gehe das Übernahmerecht auf seine Erben über. Dies müsse umso mehr gelten, wenn der Hof dem Verstorbenen bereits zugewiesen wurde. Unter mehreren Transmissaren müssten jedenfalls wieder die höferechtlichen Sonderbestimmungen zur Ermittlung des Anerben herangezogen werden. Dies soll gleichermaßen für die gewillkürte Anerbenbestimmung durch den Transmittenten gelten.[269] Damit unterscheidet sich die Lösung *Ecchers* in mehreren Punkten von jener des Höchstgerichts: Erstens ist es unerheblich, ob die Transmissare gesetzliche Erben des Erblassers sind; zweitens kann das Übernahmerecht nur auf die Erben eines potentiellen Anerben übergehen, wenn eine hypothetische Anerbenbestimmung zum Ergebnis gelangt, dass der Transmittent zum Hofübernehmer bestimmt worden wäre, während nach dem OGH die Erben des potentiellen Anerben jedenfalls an der Auswahl zum Anerben teilnehmen; und drittens treten die Transmissare bezüglich der Auswahl zum Anerben – anders als nach dem OGH und auch *Kralik*[270] – nicht in Konkurrenz zu den übrigen Miterben des Erblassers, sondern wird jedenfalls ein Transmissar zum Anerben bestimmt. Die Lösung des OGH, dass die Transmissare in Konkurrenz zu den übrigen gesetzlichen Erben des Erblassers treten, ist vor der Rechtskraft des Beschlusses, mit dem der Erbhof zugewiesen wird, noch methodisch begründbar, da man das Erbrecht, mit dem das Recht an der Auswahl zum Anerben teilzunehmen verbunden ist, als Gegenstand der Transmission betrachten könnte. Die Vererbung des Anerbenrechts selbst ist indes nicht möglich, da dem Transmittenten diese Rechtsposition ja noch gar nicht zukommt, weshalb er diese auch nicht übertragen kann. Nach Rechtskraft kämen, auch wenn man der Lösung des OGH folgt, nur mehr die Transmissare als

---

[266] Erbrecht³ 387.
[267] Dies deshalb, da die am besten geeignete Person unter den Erben des Erblassers und den anstelle des nachverstorbenen Erben tretenden Transmissaren zum Hofübernehmer bestimmt wird, was der ratio des Anerbenrechts, die Erhaltung des Erbhofes zu sichern, entspricht.
[268] *Eccher* in FS Binder (2010) 73 ff; *ders* in Schwimann/Kodek⁴ § 10 AnerbenG Rz 4.
[269] *Eccher* in FS Binder (2010) 76 f.
[270] Erbrecht³ 387. Auch *Eccher* in FS Binder (2010) 74 versteht dessen Aussage dahingehend.

Hofübernehmer in Frage, weil das Hofübernahmerecht diesfalls bereits dem Transmittenten zustand. Ob der OGH diese Differenzierung ebenfalls vornehmen würde, ist freilich offen. Die überwiegenden Stimmen im Schrifttum[271] sowie die bisherige Rsp[272] lehnen indes eine Transmission des Anerbenrechts, aufgrund seines höchstpersönlichem Charakters, ab. Für eine Transmission werden sowohl § 4a Abs 2 AnerbenG[273] als auch § 9 Abs 2 Kärntner Erbhöfegesetz und § 19 Abs 2 Tiroler Höfegesetz als analogiefähige Normen angeführt.[274] § 4 Abs 2 AnerbenG ist indes keine taugliche Analogiebasis.[275] Diese Bestimmung regelt den Fall, dass ein Elternteil und dessen Kind, die gemeinsam einen Erbhof bewirtschaften, zeitgleich versterben. In diesem Fall ist das Kind als Anerbe zu betrachten. An seine Stelle treten seine gesetzlichen Erben aus denen der Anerbe nach den Kriterien des § 3 AnerbenG zu bestimmen ist. Ausweislich der Materialien[276] soll dadurch den Intentionen der Hofeigentümer bei der Begründung des Miteigentums Rechnung getragen werden, da diese in aller Regel davon ausgehen würden, dass das Kind nach dem Tod des Elternteils Übernehmer des ganzen Erbhofs werde und dass nach ihm dessen gesetzliche Erben an die Reihe kommen würden. Der – unvorsehbare – Tod beider Miteigentümer soll diese Absichten nicht vereiteln. Die gesetzliche Regelung basiert auf den besonderen Umständen dieses Falles, weshalb sie für die zu beurteilende Frage außer Betracht bleiben muss. In Frage kommt daher allenfalls eine Analogie zu § 9 Abs 2 Kärntner Erbhöfegesetz und § 19 Abs 2 Tiroler Höfegesetz. Tatsächlich enthalten die zitierten Normen für den Fall, dass der Erblasser mehrere Erbhöfe hinterlässt, die Möglichkeit, dass ein Erbe sein Recht einen Hof zu übernehmen, an seine gesetzlichen Erben weitervererbt. Zumindest in diesem Fall ist daher im Höferecht eine Transmission zulässig.[277] Dennoch ist fraglich, ob diese partiellen Regelungen verallgemeinerungsfähig sind. Voraussetzung ist, dass mehrere Erbhöfe vorhanden sind. Der am besten geeignete Erbe des Erblassers erhält daher jedenfalls einen Erbhof zur Bewirtschaftung. Anders könnte sich die Situation darstellen, wenn man eine Transmission generell für zulässig erklärte. Hier würden – zumindest nach der Lösung *Ecchers* – die Erbeserben an Stelle der übrigen Erben des Erblassers zum Zuge kommen, obwohl die Eignung des Transmittenten zum Hofübernehmer beurteilt wird und nicht jene der Erbeserben. Diese könnten auch völlig ungeeignet zur Führung eines landwirtschaftlichen Betriebs sein. Dessen ungeachtet würde einer von ihnen zum Anerben bestimmt und das obwohl möglicherweise andere qualifizierte Erben des Erblassers vorhanden wären. Die § 9 Abs 2 KntErbHöfeG und § 19 Abs 2 TirHöfeG

---

[271] *Webhofer* in Klang² III 809; *Edlbacher*, NZ 1983, 99 f; *Spath*, NZ 1985, 114 f; *Kathrein*, Anerbenrecht § 3 AnerbenG, Rz 1; *Zemen*, JBl 2007, 32.

[272] OGH 27.9.1950, 3 Ob 181/50, SZ 23/269; 9.11.2006, 6 Ob 218/06m, Zak 2007/43 = iFamZ 2007/53 (zumindest für den Zeitraum vor Zuteilung des Erbhofs); vgl auch 13.9.2007, 6 Ob 171/07a, EFSlg 117.599; referierend auch 13.9.2007, 6 Ob 197/07z, EFSlg 117.595 = Zak 2007/742, 435 = Rz 2008,132 EÜ192.

[273] *Eccher* in FS Binder (2010) 76.

[274] *Edelbacher* NZ 1983, 100; *Kralik*, Erbrecht³ 387; *Eccher* in FS Binder (2010) 76.

[275] Vgl auch OGH 9.11.2006, 6 Ob 218/06m, Zak 2007/43 = iFamZ 2007/53.

[276] EB RV 518 BlgNr 17. GP 5.

[277] EB RV 462 BlgNr 17. GP 13 (zu § 9 Kärnter Erbhöfegesetz) sprechen idZ ausdrücklich von „Transmissaren".

dürften, für den Fall, dass mehrere Erbhöfe vorhanden sind, die Gleichbehandlung der Erben des Erblassers bezwecken. Daraus lässt sich erklären, warum jeder Erbe, nach der festgelegten Reihenfolge einen Hof zugewiesen erhält, auch wenn er eine entsprechende Eignung zur Führung eines Hofes nicht vorweisen kann und andere Erben, die dies sehr wohl können, zurückzustehen haben, wenn sie bereits einen Hof erhalten haben. Der Zweck, einen geeigneten Nachfolger zu finden, der in der Lage ist den landwirtschaftlichen Betrieb zu erhalten und fortzuführen, ist also in diesem Fall nachrangig, bzw wird nur insoweit berücksichtigt, als die zunächst berufenen Anerben die Wahl haben, welchen Erbhof sie übernehmen wollen. Im Ergebnis sprechen die besseren Gründe **gegen eine Transmission** des Hofübernahmerechts.

Teil B. Rechtslage bis 1. 1. 2017

XII. Allgemeines

40 Durch das ErbRÄG 2015 ergeben sich für die Transmission **keine materiellen Änderungen**. § 537 erhält mit „Vererblichkeit des Erbrechts" eine eigene Überschrift. Systematisch knüpft die Bestimmung an § 536 an. Sie ist insbesondere mit dessen Abs 2 gemeinsam zu lesen, wonach das Erbrecht erst im Zeitpunkt des Erbanfalls erworben wird. Dieser ist frühestens der Tod, bei aufschiebend bedingter Erbeinsetzung der Bedingungseintritt. Vor dem Erbanfall erwirbt der Erbe kein Erbrecht und kann es daher nicht weitervererben (Rz 2, 9). Wie bisher kennt verwendet das Gesetz den Begriff der Transmission nicht.

41 Die Bestimmung besteht nun aus zwei Absätzen: **Abs 1** ordnet als Grundregel die Transmission, dh die Vererbung des Erbrechts an. Das Erbrecht kann bereits vor Einantwortung (nach bisheriger Diktion: *Übernahme* der Erbschaft [dazu Rz 4]), ja sogar vor Abgabe einer Erbantrittserklärung weitervererbt werden. Transmission findet nur dann nicht statt, wenn der Erbe des Erstverstorbenen die Erbschaft ausgeschlagen hat (nach der bisherigen Terminologie: sich der Erbschaft *entsagt* hat, dazu Rz 19) oder wenn die Erbschaft auf andere Art erloschen ist (zu den Erlöschensgründen s Rz 20 f). Ferner dann, wenn der Verstorbene die Transmission ausgeschlossen hat. Der Ausschluss der Transmission war bisher in § 809 und somit bei der Transmission im engeren Sinn geregelt. Durch die geänderte Systematik kann nunmehr kein Zweifel daran bestehen, dass ein Ausschluss (auch auf andere Art als durch Einsetzung eines Nacherben) auch bei der Transmission im weiteren Sinn zulässig ist (Rz 17).

42 In **Abs 2** wurde die herrschende Meinung in das Gesetz übernommen, wonach der Transmissar stets dem Anwachsungsberechtigten vorgeht, dem Ersatzerben aber nur dann, wenn der Transmittent nach Abgabe einer Erbantrittserklärung verstirbt, dh bei der Transmission im weiteren Sinn (Rz 19).[278]

43 Der neugefasste § 537 ist auf Erbfälle nach dem 31.12.2016 anzuwenden (§ 1503 Abs 7 Z 1 iVm Z 2). Die Bedeutung der Übergangsbestimmungen ist für § 537 äußerst gering, da die Bestimmung inhaltlich unverändert geblieben ist.

---

[278] Vgl EB 688 BlgNR 25. GP 4.

XIII. Einzelfragen

Gem § 647 sind die **Bestimmungen über die Vererblichkeit des Erbrechts** (§ 537, 809) **auch auf Vermächtnisse anzuwenden** (§ 535 Rz 34, womit die bisherige herrschende Ansicht (Rz 7) kodifiziert wurde. 44

Neben § 647, der unmittelbar auf § 537 Bezug nimmt, ist auch § 543 für die Transmission von Bedeutung. Grundsätzlich muss die Erbfähigkeit des Transmissars gegenüber dem Transmittenten im Zeitpunkt des Erbanfalls vorliegen (Rz 14). In den Fällen des § 539 und § 540 kann die Erbfähigkeit aber auch nachträglich verloren gehen. Das ist – wie bereits bisher – zum einen dann der Fall, wenn der Erbeserbe die Verwirklichung des wahren letzten Willens des Erben vereitelt oder zu vereiteln versucht, und zum anderen – neu – dann, wenn nach dem Erbfall eine gerichtlich strafbare Handlung gegen die Verlassenschaft des Erben iSd § 539 begangen wird (§ 543 Abs 2). Soweit man – entgegen der hier vertretenen Ansicht (Rz 15) davon ausgeht, dass der Erbeserbe auch gegenüber dem Erstverstorbenen erbfähig sein muss, so gilt das Gesagte auch im Verhältnis zu diesem. 45

Eingetragene Partner im Erbrecht

§ 537a. Die für Ehegatten maßgebenden und auf das Eherecht Bezug nehmenden Bestimmungen dieses Hauptstücks sowie des Neunten bis Fünfzehnten Hauptstücks sind auf eingetragene Partner und eingetragene Partnerschaften sinngemäß anzuwenden.

IdF BGBl I 135/2009.

Lit: *Karollus*, Die testamentarische Nichtverehelichungsklausel – Gedanken zur dogmatischen Einordnung, zur Auslegung und zur rechtspolitischen Berechtigung des § 700 ABGB, NZ 1988, 293; *Aichberger-Beig*, Mietrecht, in Gruber/Kalss/Müller/Schauer (Hrsg), Erbrecht und Vermögensnachfolge (2010) 165; *Benke*, Zum Bundesgesetz über die eingetragene Partnerschaft 2009: Weder Ehe noch Familie, EF-Z 2010/7; *Deixler-Hübner*, Das neue EPG – gesetzlicher Meilenstein oder kleinster gemeinsamer Nenner? Überblick und kritische Würdigung der zivilrechtlichen Bestimmungen, iFamZ 2010, 93; *Giller*, Die Hinterlassung des Pflichtteils, in Gruber/Kalss/Müller/Schauer (Hrsg), Erbrecht und Vermögensnachfolge (2010) 535; *Gröger/Haller*, EPG – Eingetragene Partnerschaft-Gesetz (2010); *Scheuba*, Gesetzliche Erbfolge, in Gruber/Kalss/Müller/Schauer (Hrsg), Erbrecht und Vermögensnachfolge (2010) 91; *Scheuba*, Pflichtteilsrecht, in Gruber/Kalss/Müller/Schauer (Hrsg), Erbrecht und Vermögensnachfolge (2010) 189; *Schauer*, Nachlass und vererbliche Rechtsverhältnisse, in Gruber/Kalss/Müller/Schauer (Hrsg), Erbrecht und Vermögensnachfolge (2010) 383; *Gitschthaler/Höllwerth*, Ehe- und Partnerschaftsrecht (2011); *S. Reiter*, Letztwillige Nichtverpartnerungsklauseln: § 700 ABGB anwendbar?, EF-Z 2012/122.

Übersicht

Teil A. Rechtslage bis 31. 12. 2016

I.	Entstehungsgeschichte und Normzweck	1
II.	Regelungsinhalt	2–3
III.	Einzelfragen	4

Teil B. Rechtslage ab 1. 1. 2017

IV.	Allgemeines	13–15
V.	Einzelfragen	16–19
VI.	Übergangsrecht	20

Teil A. Rechtslage bis 31. 12. 2016

I. Entstehungsgeschichte und Normzweck

1   Die Bestimmung wurde durch das Bundesgesetz über die eingetragene Partnerschaft (EPG)[1] in das ABGB eingeführt und bezweckt die **erbrechtliche Gleichstellung** der eingetragenen Partnerschaft mit der Ehe (und der eingetragenen Partner mit den Ehegatten).[2] Sie ist mit 1.1.2010 in Kraft getreten und ist auf Erbfälle anzuwenden, die sich nach dem 31.12.2009 ereignet haben (Art 79 Abs 1 EPG).[3]

II. Regelungsinhalt

2   Die vorliegende Bestimmung ordnet die **sinngemäße Anwendung** der für Ehegatten (und allenfalls für Brautleute unter der Bedingung der nachfolgenden Eheschließung) geltenden erbrechtlichen Bestimmungen (§§ 531–824) auf eingetragene Partner an.[4]

3   Hinsichtlich der **Regelungstechnik** hat sich der Gesetzgeber eines **Generalverweises** bedient.[5] Die für Ehegatten geltenden oder auf die Ehe bezugnehmenden erbrechtlichen Bestimmungen werden für eingetragene Partner und die Eingetragene Partnerschaft pauschal für anwendbar erklärt. Das liechtensteinische Recht hingegen hat diesbezüglich einen anderen Weg gewählt und die Anwendung auf eingetragene Partner jeweils bei den einzelnen erbrechtlichen Bestimmungen des flABGB angeordnet.[6]

---

[1] BGBl 2009/135.
[2] *Welser* in Rummel/Lukas⁴ § 537a Rz 1; *Eccher* in Schwimann, TaschKo³ § 537a Rz 1
[3] *Eccher* in Schwimann, TaschKo³ § 537a Rz 1; *Welser* in Rummel/Lukas⁴ § 537a Rz 1.
[4] EB 485 BlgNR 24. GP 16.
[5] Vgl *Koziol/Welser/Kletečka*¹⁴ I Rz 1671.
[6] Zu den Gründen s die Stellungnahme der Regierung an den Landtag des Fürstentums Liechtenstein zu den anlässlich der ersten Lesung betreffend die Schaffung eines Gesetzes über die eingetragene Partnerschaft gleichgeschlechtlicher Paare (Partnerschaftsgesetzes; PartG) sowie die Abänderung weiterer Gesetze aufgeworfenen Fragen, BuA 2011/14, 12.

III. Zu den einzelnen Bestimmungen

Ausweislich der Materialien betrifft die sinngemäße Anwendung die §§ 583, 594, 595, 602, 700, 730, 757 bis 759, 762, 765, 769, 781, 783, 785, 789, 796 und 803 ABGB.[7]

Die Gleichstellung erlangt zunächst insbesondere in Bezug auf die **Zeugnisfähigkeit** im Testamentsrecht Bedeutung. Der eingetragene Partner des Bedachten ist kein fähiger Zeuge. Über § 43 Abs 3 EPG (nicht durch den Verweis des § 537a) gelten auch jene Personen als befangen iSd § 594, die mit dem eingetragenen Partner des Bedachten in gerader Linie oder im zweiten Grad der Seitenlinie (§ 594 iVm § 41) verwandt sind und somit zum Bedachten (in eben diesem Grad) im Verhältnis der Schwägerschaft (§ 40) stehen.[8] Wird derjenige, der den letzten Willen des Testierenden niederschreibt, bedacht, so gilt die Befangenheitsregel für ihn einschließlich seines eingetragenen Partners und der mit ihm verschwägerten Personen auch dann, wenn er nicht Zeuge ist.

Der eingetragene Partner hat vor allem auch ein **gesetzliches Erbrecht**[9] und zählt zum Kreis der **pflichtteilsberechtigten Personen**.[10] Als solcher kann er auch die Schenkungsanrechnung gem § 785 begehren. Sein Pflichtteil kann ihm nur bei Vorliegen eines Enterbungsgrundes entzogen werden (§ 769).[11] Wird der eingetragene Partner mit Stillschweigen übergangen, so muss er sich mit dem Pflichtteil begnügen (§ 781). Ihm steht auch das gesetzliche Vorausvermächtnis zu,[12] das er sich aber in seinen Pflichtteil einrechnen lassen muss (§ 789).[13]

Umstritten ist insbesondere die **Anwendbarkeit des § 700**. Nach S. Reiter[14] kommt man bei einer Wortlautinterpretation des § 700 iVm § 537a zu dem Ergebnis, dass die Bestimmung auf Nichtverpartnerungsklauseln nicht anwendbar ist. Eine analoge Anwendung sieht der Autor kritisch, zumal das von § 700 angestrebte Ergebnis bereits über die Generalklausel des § 879 erreicht werden kann. Insoweit ist das Vorliegen einer Gesetzeslücke als Voraussetzung für eine Analogie äußerst fragwürdig, weil der Rechtsfall bereits durch das Gesetz nämlich mithilfe der Sittenwidrigkeitsklausel des § 879 Abs 1 – im Sinne der Anordnung einer Rechtsfolge[15] beurteilt werden kann. Tatsächlich sind Nichtverpartnerungsklauseln vom Wortlaut des § 700 nicht erfasst. Allerdings dürfte es sich dabei um ein **Redaktionsversehen** handeln, da der Gesetzgeber § 700 explizit zu jenen Bestimmungen zählt, die vom Anwendungsbereich des § 537a und damit der Gleichstellung von eingetragenen Partnern (der eingetragenen Partner-

---

7   EB 485 BlgNR 24. GP 16.
8   Vgl auch *Welser* in Rummel/Lukas[4] § 594 Rz 3.
9   Vgl *Scheuba* in Gruber/Kalss/Müller/Schauer, Erbrecht und Vermögensnachfolge § 5 Rz 2, 6, 12.
10 Vgl *Eccher* in Schwimann, TaschKo[3] § 537a Rz 1.
11 Vgl *Scheuba* in Gruber/Kalss/Müller/Schauer, Erbrecht und Vermögensnachfolge § 9 Rz 51.
12 Vgl *Scheuba* in Gruber/Kalss/Müller/Schauer, Erbrecht und Vermögensnachfolge § 9 Rz 16; *Gitschthaler/Höllwerth*, Ehe- und Partnerschaftsrecht § 757–759 Rz 10.
13 Vgl *Giller* in Gruber/Kalss/Müller/Schauer, Erbrecht und Vermögensnachfolge § 19 Rz 106; *Scheuba* in Gruber/Kalss/Müller/Schauer, Erbrecht und Vermögensnachfolge § 9 Rz 69.
14 EF-Z 2012/122, 202.
15 *F. Bydlinski*, Juristische Methodenlehre und Rechtsbegriff[2] (1991) 473.

schaft) und Ehegatten (der Ehe) erfasst sind. Insoweit ist auch das Verbot sich zu verpartnern nach § 700 zu beurteilen.[16] Mit *S. Reiter*[17] ist davon auszugehen, dass eine testamentarisch angeordnete *sachlich gerechtfertigte* Nichtverehelichungsklausel, die vor Schaffung des EPG aufgenommen wurde, im Wege der ergänzenden Auslegung nach dem hypothetischen Erblasserwillen *im Regelfall* auch als Verbot aufzufassen ist, eine eingetragene Partnerschaft einzugehen.

8 Eingetragene Partner sind zum einen über den Verweis des § 537a iVm § 602 und zum anderen über die Bestimmung des § 1217 Abs 2, nach denen die Bestimmungen des 28. Hauptstücks über die Ehepakte und den Ausstattungsanspruch auf eingetragene Partner sinngemäß anzuwenden sind, auch zum Abschluss eines **Erbvertrags**[18] oder eines Vermächtnisvertrags (§ 535 Rz 10, 35) berechtigt. Es steht ihnen überdies die Möglichkeit offen, in einem **gemeinschaftlichem Testament** letztwillig über ihr Vermögen zu verfügen (§ 537a iVm § 583 und § 1217 Abs 2[19]).[20] Fraglich könnte aufgrund des Wortlauts des § 537a sein, ob Personen, die vorhaben eine eingetragene Partnerschaft einzugehen, unter der Bedingung ihrer nachfolgenden Verpartnerung berechtigt sind, Erbverträge zu schließen oder gemeinsam in einer letztwilligen Verfügung zu testieren. Zweifel könnten deshalb aufkommen, weil es bei der eingetragenen Partnerschaft an einem dem Verlöbnis (§ 45) vergleichbaren Rechtsinstitut fehlt.[21] Das steht der aufschiebend bedingten Eingehung eines Erbvertrages oder Abfassung eines gemeinschaftlichen Testaments aber keineswegs entgegen. Auch bei verschiedengeschlechtlichen Paaren ist, damit das Testament oder der Erbvertrag seine Wirkung entfalten kann, uE nicht darauf abzustellen, dass ein (Vor-)vertrag – das Verlöbnis[22] – abgeschlossen wird,[23] sondern alleine darauf, dass die Eheschließung im Anschluss tatsächlich erfolgt.[24] Das Abstellen auf den Abschluss eines Eheverlöbnisses iSd § 45 erscheint nicht zielführend, zumal es bei diesen vor allem um die Vereinbarung der Rechtsfolgen für das Nichtzustandekommen der Ehe geht (§ 46). Die Rechts-

---

[16] Im Ergebnis hM: *Werkusch-Christ* in Kletečka/Schauer, ABGB-ON 1.03 § 537a Rz 2; *Welser* in Rummel/Lukas⁴ § 537a Rz 1; *Apathy* in KBB⁴ § 537a Rz 1.

[17] EF-Z 2012/122, 203.

[18] Vgl *Werkusch-Christ* in Kletečka/Schauer, ABGB-ON 1.03 § 537a Rz 2.

[19] Während die Gesetzesmaterialien (EB RV 485 BlgNR 24. GP 16) zu § 1217 Abs 2 ausführen, das damit „*die Bestimmungen über Ehepakte*" auch für eingetragene Partner und für Personen gelten, die eine eingetragene Partnerschaft begründen wollen, gilt § 1217 Abs 2 aufgrund des Wortlauts („*Die Bestimmungen dieses [des 28.] Hauptstücks sind auf eingetragene Partner sinngemäß anzuwenden*") für alle in diesem Hauptstück geregelten Rechtsinstitute (*Gitschthaler/Höllwerth*, Ehe- und Partnerschaftsrecht § 1217–1266 ABGB Rz 12, zur Ausstattung auch *Fischer-Czermak*, EF-Z 2010/4 (8 f), mithin auch für das gemeinschaftliche Testament, welches nicht zu den Ehepakten zählt (vgl *Jesser-Huß* in Schwimann/Kodek⁴ V § 1248 Rz 1).

[20] Vgl auch EB RV 485 BlgNR 24. GP 16.

[21] *Deixler-Hübner*, iFamZ 2010, 94; *Gitschthaler/Höllwerth*, Ehe- und Partnerschaftsrecht § 45 ABGB Rz 4; *Smutny* in Kletečka/Schauer, ABGB-ON 1.02 § 45 Rz 2.

[22] *Koziol/Welser/Kletečka*¹⁴ I Rz 1417 mwN; *Gitschthaler/Höllwerth*, Ehe- und Partnerschaftsrecht § 45 ABGB Rz 1 mwN.

[23] AA *Welser* in Rummel/Lukas⁴ § 1249 Rz 3, nach dem Brautleute nur Verlobte iSd § 45 sind.

[24] So auch *Brauneder* in Schwimann³ V § 1249 Rz 6; aA *M. Bydlinski* in Rummel³ § 1249 Rz 3; *Weiß* in Klang² V 906.

wirksamkeit des Erbvertrages oder des gemeinschaftlichen Testaments tritt aber ohnedies nur dann ein, wenn es zum Abschluss der Ehe kommt;[25] stirbt einer der Partner davor, ist der Erbvertrag/das gemeinschaftliche Testament auch dann nichtig, wenn ein Vertrag iSd § 45 vorliegt. Daraus folgt, dass der Abschluss eines Erbvertrages oder die Abfassung eines gemeinschaftlichen Testaments auch gleichgeschlechtlichen Paaren offen steht, die eine eingetragene Partnerschaft eingehen wollen. Maßgeblich für die Wirksamkeit ist nur, dass die Eingehung einer eingetragenen Partnerschaft beabsichtigt ist und diese dann auch tatsächlich geschlossen wird bevor einer der Verpartnerungswilligen verstirbt.[26] Dafür spricht auch, dass die Gesetzesmaterialien zu § 537a ausdrücklich auf die *„unter Umständen auch für Brautleute"* geltenden Bestimmungen Bezug nehmen, woraus abzuleiten ist, dass der Gesetzgeber auch in diesem Punkt von einer Gleichstellung ausgegangen ist. Die Gesetzesmaterialien zu § 1217 Abs 2 sprechen ferner davon, dass die Bestimmungen des 28. Hauptstücks, in dem der Erbvertrag und das gemeinschaftliche Testament geregelt sind, *„auf eingetragene Partner und auf Personen, die eine eingetragene Partnerschaft begründen wollen, anzuwenden [sind]"*, womit der gesetzgeberische Wille, der sich auch mit der objektiven Auslegung deckt, feststeht.

Für das **gemeinsame Testament nach liechtensteinischem Recht** ist die 9 Rechtslage hingegen nicht so eindeutig. § 583a flABGB bestimmt nämlich, dass *„Ehegatten und Brautleute unter der Bedingung der Eheschliessung sowie eingetragene Partner[...] sich in einem gemeinsamen Testament gegenseitig wie auch dritte Personen als Erben einsetzen [können]"*. Der Wortlaut *„Ehegatten und Brautleute unter der Bedingung der Eheschliessung"*, sowie die Systematik der Norm deuten darauf hin, dass unter *„Brautleute"* nur verschiedengeschlechtliche Paare zu verstehen sind. Auf eine *„förmliche Verlobung"* kommt es nach liechtensteinischem Recht aber jedenfalls nicht an.[27] Die Gleichheit des Rechtsgrunds spricht daher für eine analoge Anwendung auf Verpartnerungswillige. Eine Verschiedenbehandlung entbehrt einer sachlichen Rechtfertigung, zumal es auch im liechtensteinischen Recht ansonsten im Bereich des Erbrechts zu einer völligen Gleichstellung mit den Ehegatten gekommen ist.

Gem **§ 43 Abs 2 EPG** sind auch die Sonderbestimmungen über das **bäuer-** 10 **liche Erbrecht** (Anerbengesetz, Tiroler Höfegesetz, Kärntner Erbhöfegesetz), die für Eheangelegenheiten oder Ehegatten anwendbar sind, auf eingetragene Partnerschaften oder eingetragene Partner sinngemäß anzuwenden.

Die bloß **sinngemäße Anwendung** der auf die Ehe bezugnehmenden oder 11 für Ehegatten geltenden erbrechtlichen Vorschriften führt bspw dazu, dass sich

---

25 Ohne Eintritt der Bedingung (Eheschließung oder Verpartnerung) kann der Erbvertrag oder das gemeinschaftliche Testament keine Wirkung entfalten; vgl *Fucik* in Kletečka/Schauer, ABGB-ON 1.02 § 1248 Rz 3.
26 Im Ergebnis hM: *Gitschthaler/Höllwerth*, Ehe- und Partnerschaftsrecht § 1217–1266 ABGB Rz 17 und 20; *Fucik* in Kletečka/Schauer, ABGB-ON 1.02 § 1248 Rz 3; *Jesser-Huß* in Schwimann/Kodek[4] § 1249 Rz 2: ernstlich Verpartnerungswillige; *Koch* in KBB[4] § 1248 Rz 1 und § 1249 Rz 1.
27 Bericht und Antrag der Regierung, BuA 2012/12, 41.

§ 537a

der Unterhaltsanspruch des eingetragenen Partners nach dem Tod seines Partners (§ 796) nicht nach § 94 sondern nach § 12 EPG richtet.[28]

12 Weitere sinngemäß anzuwendende Normen mit erbrechtlichem Bezug sind bspw: **§ 12 TEG, § 14 MRG**[29] sowie die **§§ 55, 75, 77 UrhG** (§ 43 Abs 1 EPG). Allgemein gelten jene Bestimmungen, die auf das gesetzliche Erbrecht Bezug nehmen, auch für den eingetragenen Partner, da dieser seit 1.1.2010 zum Kreis der gesetzlichen Erben zählt. Dem eingetragenen Partner gebührt daher bspw auch der Anspruch auf die halbe Abfertigung nach § 23 Abs 6 AngG.[30]

Teil B. Rechtslage ab 1. 1. 2017
IV. Allgemeines

13 § 537a wurde durch das ErbRÄG 2015 **aufgehoben**. Anstelle eines Generalverweises (Rz 1) wird auf eingetragene Partner oder die eingetragene Partnerschaft nun in den einzelnen erbrechtlichen Bestimmungen Bedacht genommen;[31] diese legen somit ihren persönlichen Anwendungsbereich selbst fest.

14 Das gilt aber nur für die **erbrechtlichen Bestimmungen des ABGB** und auch bei diesen wurde die geänderte Regelungstechnik nicht konsequent verfolgt. In Bezug auf den Erbvertrag werden die eingetragenen Partner zwar in § 602 erwähnt, nicht aber in § 1249. Diese Diskrepanz, die freilich keine materiellen Folgen nach sich zieht, lässt sich wohl damit erklären, dass der bisherige § 537a die Gleichstellung der eingetragenen Partner (nur) für das 8. und 15. Hauptstück (§§ 531, 824) festgelegt hat und die sinngemäße Anwendung auf eingetragene Partner für das 28. Hauptstück, in dem sich auch nähere Regelungen über den Erbvertrag finden, in § 1217 Abs 2 angeordnet wird, der insoweit auch für § 1249 gilt. Wiewohl dieses Hauptstück außer dem Erbvertrag keine erbrechtlichen Regelungen (mehr) enthält – die Regeln über das gemeinschaftliche Testament sind nun ausschließlich im Erbrecht geregelt (§ 586)[32] wäre es vorzugswürdig gewesen, die eingetragenen Partner auch in § 1249 zu erwähnen. Überhaupt hätte man die zweifache Regelung des Erbvertrags (im 9. und im 28. Hauptstück) beseitigen können, zumal nunmehr dem Doppelcharakter des Erbvertrags als Ehepakt und letztwillige Verfügung entsprechend auch das Formerfordernis des Notariatsakts in § 1249 ausdrücklich erwähnt[33] wird.

15 Hinsichtlich des bäuerlichen **Anerbenrechts** (Anerbengesetz, Kärntner ErbhöfeG, Tiroler HöfeG) bleibt es bei der bisherigen Regelungstechnik. Die

---

[28] EB 485 BlgNR 24. GP 16.
[29] Vgl auch *Scheuba* in Gruber/Kalss/Müller/Schauer, Erbrecht und Vermögensnachfolge § 5 Rz 47; *Aichberger-Beig* ebda § 7 Rz 27; *Schauer* ebda § 15 Rz 32, 49.
[30] *Mayr* in Löschnigg, AngG II⁹ § 23 Rz 37; *Werkusch-Christ* in Kletečka/Schauer, ABGB-ON 1.03 § 537a Rz 2; (vgl auch § 84 Abs 6 Vertragsbedienstetengesetz §§ 22 Abs 6, 23 Abs 5 Gutsangestelltengesetz; § 67 Abs 6 Bundesforste-Dienstordnung, § 92 Abs 5 Land- und Forstarbeiter-Dienstrechtsgesetz, § 31 Abs 8 Landarbeitsgesetz 1984).
[31] EB RV 688 BlgNR 25. GP 5.
[32] EB RV 688 BlgNR 25. GP 11, 40.
[33] Vgl RV EB 688 BlgNR 25. GP 40.

jeweiligen erbrechtlichen Normen, die auf den Ehegatten Bezug nehmen, sind daher im Zusammenhang mit § 43 Abs 2 EPG zu lesen (Rz 11). Auch für die sonstigen Bestimmungen mit Bezug zum Erbrecht (Rz 12) tritt keine Änderung ein; die sinngemäße Anwendung auf eingetragene Partner ergibt sich weiterhin aus § 43 Abs 1 EPG.

V. Einzelfragen

§ 700 wurde durch die Erbrechtsreform aufgehoben. Die Zulässigkeit von **Nichtverehelichungs- oder Nichtverpartnerungsklauseln** richtet sich daher ausschließlich nach § 697 iVm § 879,[34] woraus sich aber keine wesentliche materielle Änderung ergibt.[35] Das Verbot sich nicht zu verpartnern ist gleich zu behandeln wie das Verbot nicht zu heiraten (Rz 7). 16

Erbverträge können gem § 602 nur zwischen Ehegatten, eingetragenen Partnern „*sowie Personen die sich verlobt oder die eingetragene Partnerschaft versprochen haben*", geschlossen werden. Der Wortlaut (insb der Begriff „verlobt" der wohl iSd § 45 zu verstehen ist, aber auch der Begriff „*versprochen*") deutet darauf hin, dass ein Erbvertrag nur dann zulässig ist, wenn die Partner zuvor einen Vertrag, mit dem Inhalt zu heiraten oder sich zu verpartnern, geschlossen haben. Eine solche Einschränkung überzeugt aber nicht (Rz 8). Ausweislich der Materialien[36] soll die Änderung in § 602 nur der Berücksichtigung des eingetragenen Partners in Folge der Aufhebung des § 537a dienen. Nicht ganz klar ist, ob der Gesetzgeber bei der Verwendung des Begriffs „*Verlobte*" anstelle von „*Brautleute*" über eine sprachliche Modernisierung hinaus[37] tatsächlich eine vertragliche Absicherung des Heirats-/Verpartnerungswillens als Voraussetzung für die Wirksamkeit des Erbvertrags anordnen wollte. Analoge Anwendung auf Personen, die nach Abschluss des Erbvertrags tatsächlich heiraten oder sich verpartnern ist daher denkbar. 17

Anders als § 602 erwähnt § 583 bezüglich des **gemeinschaftlichen Testaments** die Verlobten und Verpartnerungswilligen nicht. Da die Bestimmung jedoch nur sprachlich angepasst wurde,[38] gibt es keinen Grund für eine von der bisherigen Rechtslage abweichende Beurteilung. Eine gemeinschaftliche letztwillige Verfügung kann daher auch unter der Bedingung der nachfolgenden Eheschließung/Verpartnerung (dazu Rz 17) wirksam errichtet werden. 18

Neue Bestimmungen, die auf den eingetragenen Partner Bezug nehmen, sind § 677 f über das Pflegevermächtnis und § 725 über den stillschweigenden Widerruf einer vor Aufhebung der eingetragenen Partnerschaft errichteten letztwilligen Verfügung. Die auf den eingetragenen Partner oder die eingetragene Partnerschaft bezugnehmenden Bestimmungen sind daher die §§ 540, 541, 586, 588, 602, 677, 725, 730, 744–747, 757, 764, 770, 782, sowie die §§ 1249, 1251–1254. 19

---

34 EB RV 688 BlgNR 25. GP 18.
35 Vgl *Karollus*, NZ 1988, 293 ff und *S. Reiter*, EF-Z 2012/122, 200 ff.
36 EB RV 688 BlgNR 25. GP 12.
37 Zur sprachlichen Anpassung als eines der Ziele der Reform, s EB 688 BlgNR 25. GP 1.
38 EB RV 688 BlgNR 25. GP 11.

VI. Übergangsrecht

20   Hinsichtlich des § 537a enthalten die Übergangsbestimmungen kein Datum für das **Außerkrafttreten**. In der Aufzählung der aufgehobenen Normen des § 1503 Abs 7 Z 1 findet sich die Bestimmung nicht. Aufgrund des Inkrafttretens der neuen §§ 531 bis 543 mit **1. 1. 2017**, tritt § 537a am selben Tag außer Kraft. Der in § 537a enthaltene Grundsatz der Gleichstellung ist dennoch auch nach dem formalen Außerkrafttreten weiterhin anwendbar. Dies gilt, bspw wenn die Befangenheitsregel der §§ 594, 595 aF aufgrund der Übergangsregel des § 1503 Abs 7 Z 5 nach dem 31. 12. 2016 zur Anwendung gelangt, weil die letztwillige Verfügung noch im Jahr 2016 errichtet wurde.

Fähigkeit zu erben.

§ 538. Wer ein Vermögen zu erwerben berechtigt ist, kann in der Regel auch erben. Hat jemand dem Rechte etwas zu erwerben überhaupt entsagt, oder auf eine bestimmte Erbschaft gültig Verzicht getan; so ist er dadurch des Erbrechts überhaupt, oder des Rechtes auf eine bestimmte Erbschaft verlustig geworden.

Stammfassung JGS 1811/946

Erbfähigkeit

§ 538. Erbfähig ist, wer rechtsfähig und erbwürdig ist.

IdF BGBl Nr I 2015/87 (ErbRÄG 2015), in Kraft ab 1. 1. 2017. Mat: EB RV 688 BlgNR 25. GP.

Lit: *Unger*, System des österreichischen allgemeinen Privatrechts, Bd I (1856); *ders*, System des österreichischen allgemeinen Privatrechts³, Bd VI (1879); *Ofner*, Der Ur-Entwurf und die Berathungs-Protokolle, Bd I–II (1889); *Ehrenreich*, Das allgemeine bürgerliche Gesetzbuch für das Kaisertum Oesterreich. Anläßlich der Jahrhundertfeier seiner Geltung (1911); *Mayr*, Lehrbuch des bürgerlichen Rechtes, Bd II (1923); *Kralik*, Das Erbrecht, in Ehrenzweig/Ehrenzweig, System des österreichischen allgemeinen Privatrechts³ (1983); *Primetshofer*, Religiosen, in Heimerl/Pree (Hrsg), Handbuch des Vermögensrechts der katholischen Kirche (1993) 711; *Kalb*, Die „zivilistische Relevanz" von Inkardinations- und Profeßverhältnis in arbeits- und sozialrechtlicher Perspektive, DRdA 1995, 381; *Kletečka*, Die Erbfähigkeit von Religiosen, NZ 1999, 283; *ders*, Die Erb- und Testierfähigkeit von Religiosen nach Inkrafttreten des 1. BRBG, öarr 2000, 34; *Kalb/Potz/Schinkele*, Religionsrecht (2003); *Fürst*, Das Vermögensrecht der österreichischen Ordensleute (2004); *Verschraegen*, in Rummel (Hrsg), Kommentar zum Allgemeinen bürgerlichen Gesetzbuch³ (2004); *Heiss*, Internationales Erbrecht, in Gruber/Kalss/Müller/Schauer (Hrsg), Erbrecht und Vermögensnachfolge (2010),

1213; *Artmann* in Jabornegg/Artmann (Hrsg), UGB² (2010); *Verschraegen*, Internationales Privatrecht. Ein systematischer Überblick (2012); *Bajons*, Internationale Zuständigkeit und anwendbares Recht in Erbsachen, in Schauer/Scheuba (Hrsg), Europäische Erbrechtsverordnung (2012), 29; *Fischer-Czermak*, Anwendbares Recht, in Schauer/Scheuba (Hrsg), Europäische Erbrechtsverordnung (2012), 43; *Lurger/Melcher*, Bürgerliches Recht VII. Internationales Privatrecht (2013); *Welser* in Rummel/Lukas (Hrsg), ABGB Kommentar zum allgemeinen bürgerlichen Gesetzbuch⁴ (2014); *Eccher* in Schwimann/Kodek (Hrsg), ABGB Praxiskommentar⁴ (2014); *Barth/Pesendorfer*, Erbrechtsreform 2015 (2015); *Floßmann/Kalb/Neuwirth*, Österreichische Privatrechtsgeschichte⁷ (2015); *Werkusch-Christ* in Kletečka/Schauer (Hrsg), ABGB-ON – Kommentar zum Allgemeinen bürgerlichen Gesetzbuch, Stand 1.3.2015.

Übersicht

I. Allgemeines — 1–3
II. Absolute Erbunfähigkeit von Ordenspersonen mit feierlichen Armutsgelübden — 4–6
III. Erbrechtsreform 2015 — 7

I. Allgemeines

Das ABGB 1811 erfasste die Erbfähigkeit unter dem Gesichtspunkt der erbrechtlichen Erwerbsfähigkeit, um dann die überkommenen „Erbunfähigkeitsgründe" zu systematisieren (absolute, relative).¹ § 538 S 1 knüpft an die allgemeine Rechts- und Erwerbsfähigkeit an und räumt natürlichen sowie juristischen Personen² die Erbfähigkeit ein. Deren Vorliegen im Zeitpunkt des Erbanfalls (§ 545) ist Voraussetzung jedes Erwerbs von Todes wegen, dh nicht nur der Erwerb eines Erbrechts, sondern auch eines Vermächtnisses oder eines Pflichtteils setzt die Erbfähigkeit voraus. Auch Ersatz- und Nacherbe müssen dem Erblasser gegenüber erbfähig sein.³ Eine künftige juristische Person kann nur dann als Erbin in Frage kommen, wenn sie sich beim Erbfall bereits im Gründungsstadium befindet (oder vom Erblasser formgültig letztwillig als Stiftung errichtet wird)⁴. Der Erbverzicht nach § 551 beseitigt die Erbfähigkeit nicht.⁵ Der Transmittent muss gegenüber dem Erblasser und der Transmissar gegenüber dem Transmittenten erbfähig sein (§ 537).⁶ 1

§ 538 S 2 trägt der privatautonom herbeigeführten Erwerbsunfähigkeit im Erbrecht Rechnung. Bei einem Verzicht auf die Erwerbsfähigkeit zur Gänze 2

---

¹ *Floßmann/Kalb/Neuwirth*, Österreichische Privatrechtsgeschichte⁷ 420.
² Dies gilt auch für die Personengesellschaften des UGB; vgl *Artmann* in Jabornegg/Artmann, UGB² § 105 Rz 18.
³ *Eccher* in Schwimann/Kodek III, § 538 Rz 5; *ders* in Schwimann TaschKo³ (2015) § 538; *Welser* in Rummel/Lukas, ABGB⁴, § 538; *Werkusch-Christ* in Kletečka/Schauer (Hrsg), ABGB-ON, § 538 (Stand 1.3.2015).
⁴ OGH 29.4.2004, 6 Ob 45/04 t (Arnold, GeS 2004, 389); zur Stiftung von Todes wegen vgl *Sailer* in Fenyves/Kerschner/Vonkilch, ABGB³ (Klang) § 618 Rz 3 (in Produktion).
⁵ OGH 5.7.1966, 8 Ob 158/66, JBl 1966, 616.
⁶ *Welser* in Rummel/Lukas, ABGB⁴, § 537 Rz 6.

liegt absolute, bei einem Verzicht auf eine bestimmte Erbschaft relative Erbunfähigkeit vor. Der Anwendungsbereich von S 2 ist begrenzt: Der Erbverzicht auf eine bestimmte Erbschaft wird in § 551 geregelt und beseitigt nicht die Erbfähigkeit, sondern den Berufungsgrund. Im Rahmen einer allgemeinen Disponibilität über die Erwerbsfähigkeit ist der satzungsmäßige Ausschluss des Erbschaftserwerbs juristischer Personen anerkannt.[7]

3   Erbfähigkeit und Internationales Privatrecht: § 28 Abs 1 IPRG stellt auf das Personalstatut des Erblassers im Zeitpunkt seines Todes ab (Erbstatut). Die Beurteilung der Staatsangehörigkeit knüpft grundsätzlich an die Staatsangehörigkeit des Erblassers an (§ 9 Abs 1 1. S IPRG). Im Falle einer Doppel- oder Mehrstaatsbürgerschaft ist bei Vorliegen der österreichischen Staatsbürgerschaft diese maßgebend, andernfalls findet das Prinzip der „effektiven Staatsangehörigkeit" Anwendung.[8] Für Todesfälle ab dem 17. 8. 2015 gilt die am 16. 8. 2012 in Kraft getretene EuErbVO (Rom IV-Verordnung). Dem Grundsatz der Nachlasseinheit geschuldet wird auf das Recht des Staates abgestellt, in dem der Erblasser im Todeszeitpunkt seinen gewöhnlichen Aufenthalt hatte (Art 21 Abs 1 EuErbVO). Eine Durchbrechung des Gleichlaufes von *forum* und *ius* bewirkt die „Ausweichklausel" des Art 21 Abs 2 EuErbVO, wonach „ausnahmsweise" eine Anknüpfung an das Recht jenes anderen Staates zu erfolgen hat, zu dem der Erblasser im Zeitpunkt des Todes unter Berücksichtigung der Gesamtheit der Umstände eine offensichtlich engere Verbindung hat. In engen Grenzen ist auch eine Rechtswahl möglich. So kann der Erblasser das Recht des Staates wählen, dem er im Zeitpunkt der Rechtswahl oder des Todes angehört, bei mehreren Staatsbürgerschaften des Erblassers stehen alle zur Auswahl (Art 22 Abs 1 EuErbVO). Erstmalige Rechtswahl, ihre Änderung und Widerruf müssen den Formerfordernissen einer Verfügung von Todes wegen entsprechen (Art 22 Abs 2 und 4 EuErbVO).[9]

II. Absolute Erbunfähigkeit von Ordenspersonen mit feierlichen Armutsgelübden

4   Umstritten ist die Anwendbarkeit von § 538 S 2 auf Ordenspersonen mit feierlichen Gelübden. Der Normtext stellt auf die Personen ab, die „dem Recht etwas zu erwerben überhaupt entsagt haben", § 539 verweist bezüglich der Erbfähigkeit von „geistlichen Gemeinden oder deren Glieder" auf „politische Vorschriften".

Ein Teil der L sieht in § 538 die *sedes materiae* für eine absolute Erbunfähigkeit von Religiosen mit feierlichen Armutsgelübden, § 539 wird auf juristische kirchliche Personen bezogen.[10] In der spärlichen und kasuistischen Rsp ist keine

---

[7] Vgl auch die praktisch bedeutungslosen gesetzlichen Tatbestände § 33 (Ausländer, Retorsionsrecht) und § 544 (Auswanderer und Fahnenflüchtige); *Kralik*, Das Erbrecht, 34.

[8] *Verschraegen*, in Rummel³ § 28 IPRG; *Heiss*, Internationales Erbrecht, Rz 10–28; *Lurger/Melcher*, Bürgerliches Recht VII. Internationales Privatrecht 142.

[9] *Bajons*, Internationale Zuständigkeit und anwendbares Recht in Erbsachen, 29; *Fischer-Czermak*, Anwendbares Recht, 43; *Lurger/Melcher*, Bürgerliches Recht VII. Internationales Privatrecht 152;

[10] ZB *Unger,* System³ VI 20; *Ehrenreich*, ABGB § 538; *Mayr*, Lehrbuch des bürgerlichen Rechtes II 176; *Weiß* in Klang² III § 538.

einheitliche Linie erkennbar, insbesondere ist auch die Rezeption der Hofdekrete als politische Vorschriften uneinheitlich und widersprüchlich.[11] Demgegenüber hat *Klečetka* überzeugend nachgewiesen, dass die Frage einer absoluten Erbunfähigkeit von Ordensangehörigen mit feierlichen Gelübden ausschließlich im Zusammenhang von § 539 zu relevieren ist, dh eine absolute Erbunfähigkeit dieser Personen kann nur aus den „politischen Vorschriften" abgeleitet werden.[12] Dieser Auffassung ist uneingeschränkt zuzustimmen und hat sich in der Lit auch weitgehend durchgesetzt.[13] Die historische Interpretation legt den Schluss nahe, dass das ABGB die Erbunfähigkeit nicht anordnen, sondern diesbezüglich auf damals bestehende Vorschriften des ABGB verweisen wollte. So führt der Urentwurf das feierliche Gelübde von Ordenspersonen nur als Beispiel für die absolute Erbunfähigkeit an (II § 334): „Wer etwas zu erben berechtigt ist, kann in der Regel auch erben. Hat aber Jemand dem Rechte etwas zu erwerben ordentlich z.B. durch feierliche Gelübde entsagt, oder auf eine bestimmte Erbschaft giltig Verzicht gethan; so ist er dadurch des Erbrechtes überhaupt oder zum Theile verlustig geworden." In der Sitzung vom 2. 1. 1804 wurde der Beschluss gefasst, den Hinweis auf das feierliche Gelübde als Beispiel für die absolute Erbunfähigkeit zu streichen, „um den genaueren Bestimmungen, die zur politischen Gesetzgebung gehören, auszuweichen"[14]. *Pratobevera* verweist in der Sitzung vom 7. 12. 1809 darauf, dass „wegen der Erbfähigkeit geistlicher Gemeinden und Personen [...] nirgends Erwähnung geschehen (sei)"[15] und es wurde eine dem heutigen § 539 entsprechende Bestimmung aufgenommen.

Der historische Gesetzgeber ging von der privatautonomen Möglichkeit 5 eines allgemeinen Verzichts auf die Erwerbsfähigkeit und eines Verzichts auf eine bestimmte Erbschaft aus und benannte in § 538 die unterschiedlichen Konsequenzen im Hinblick auf die „Fähigkeit zu erben": Absolute Erbunfähigkeit bei einem „Gesamtverzicht" auf die Erwerbsfähigkeit, relative Erbunfähigkeit bei einem Verzicht auf eine bestimmte Erbschaft. § 538 ist eine Ver-

---

11   Eine Analyse der Jud bei *Fürst*, Das Vermögensrecht der österreichischen Ordensleute (2004) 91: OGH 7.1.1857, GlU 270; 3.6.1867, GlU 2815; 9.12.1870, GlU 3983; 30.11.1871, GlU 4342; 28.2.1872, GlU 4494; 1.10.1879, GlU 7590; 31.3.1887, GlU 11527; 5.4.1887, GlU 11532; 25.1.1888, GlU 12021; 2.11.1892, GlU 14443; 13.7.1897, GlU 16082; 14.7.1897, GlU 16084; 25.5.1898, GlUNF 197; 13.6.1900, GlUNF 1048; 10.3.1909, GlUNF 4548; 5.12.1911, GlUNF 5658; 7.5.1912, GlUNF 5900; 17.2.1920, SZ 1/13; 25.5.1920, SZ 2/50; 1 Ob 317/60, JBl 1961, 289; OLG Linz 7 Bs 689/77, ÖAKR 1979, 180; OGH 10 ObS 137/93, SZ 66/105.

12   *Klečetka*, NZ 1999, 284; *ders*, öarr 2000, 34.

13   So bereits *Handl* in Klang II/1, 43: „ Die Erbunfähigkeit der geistlichen Orden und ihrer Mitglieder (§ 539) ist demnach auch bei uns nur eine in besonderen Vorschriften begründete Ausnahme"; vgl weiters *Welser* in Rummel[4], §§ 538, 539 Rz 4; *Eccher* in Schwimann[3] III, § 539 Rz 1; *Werkusch-Christ* in Klečetka/Schauer, ABGB-ON § 538 Rz 2 (Stand 1.3.2015) und *Werkusch* in Klečetka/Schauer, ABGB-ON § 539 Rz 1, 2 (Stand 1.3.2015); *Kalb/Potz/Schinkele*, Religionsrecht, 234.

14   *Ofner* I, 326.

15   *Ofner* II, 551: „v. Pratobevera bemerkte: Wegen der Erbfähigkeit geistlicher Gemeinden und Personen sei nirgends Erwähnung geschehen; denn der § 564 [Testierunfähigkeit von Religiosen: revidierter Entwurf, Urentwurf § 367] spricht von der Fähigkeit zu testieren. Man könnte also beisetzen: In wie fern geistliche Gemeinden und Personen erbfähig sind, bestimmen die politischen Anordnungen. Und dies könnte man nach § 531 setzen. Mit diesen Vorschlägen waren alle Stimmen einverstanden".

weisnorm, denn der Erbverzicht wird in § 551 geregelt und die Erbunfähigkeit von „geistlichen Gemeinden oder deren Glieder" in den durch § 539 verwiesenen „politischen Vorschriften".

6 Wäre § 538 mit der allgemein gehaltenen Formulierung des Verzichts auf die Erwerbsfähigkeit („Hat jemand dem Rechte etwas zu erwerben überhaupt entsagt") die einschlägige normative Grundlage für die Erbunfähigkeit für Religiose mit feierlicher Profess, so wären Wertungswidersprüche mit anderen Bestimmungen des ABGB unübersehbar. So beinhaltet das „feierliche Armutsgelübde" einen Verzicht auf die Erwerbsfähigkeit des Religiosen zu Gunsten des Klosters, was zivilrechtlich als eine Schenkung des gesamten zukünftigen Vermögens zu bewerten ist. Nach § 944 S 2 ABGB ist aber eine Schenkung, die sich auf mehr als die Hälfte des zukünftigen Vermögens bezieht, ungültig. Diese Beschränkung ist auch unabhängig von der Beurteilung des Professverhältnisses als entgeltlich oder unentgeltlich,[16] denn die angeführte Bestimmung ist auch auf unentgeltliche Verträge anzuwenden. Überdies bedürfen Schenkungen ohne wirkliche Übergabe eines Notariatsaktes (§ 1 Abs 1 lit d NotAktsG). Was den Erbverzicht zu Gunsten des Klosters im Besonderen betrifft, ist zu beachten, dass Verträge über erhoffte Erbschaften zu Lebzeiten des Erblassers gemäß § 879 Abs 2 Z 3 nichtig sind.[17]

Zusammenfassend ist daher festzuhalten: § 538 sieht keine Erbunfähigkeit für Ordensangehörige mit feierlichen Armutsgelübden vor. § 538 beinhaltet keine gesetzmäßige Beschränkung der Rechtssubjektivität (§ 17) von Ordensangehörigen mit feierlichen Armutsgelübden,[18] sieht keine Rechtsfolge der Erwerbs- und Erbunfähigkeit für feierliche Professen vor. Die Erbunfähigkeit für Religiose mit feierlichen Armutsgelübden wurde bewusst nicht geregelt, sondern diesbezüglich als *lex specialis* in § 539 auf „politische Vorschriften" verwiesen. Die Redaktoren des ABGB wollten diese staatskirchenrechtliche Materie – Verordnungen *in publico ecclesiasticis* – nicht in einem Allgemeinen Bürgerlichen Gesetzbuch verankert wissen, sondern in politischen Verordnungen, die „Privatrechtssätze (enthalten), welche nicht dem Boden des strengen reinen Rechts entstammen, sondern anomaler singulärer Natur sind, indem sie aus der dem Rechtsgebiet fremden *utilitas* und *necessitas* entspringen. Diese singulären Rechtssätze wurden im Unterschied zu anderen singulären Rechtssätzen deshalb nicht in das bürgerliche Gesetzbuch aufgenommen, weil die Anschauungen über die Anforderungen der *utilitas* und *necessitas* im Lauf der Zeit leicht wechseln und eine gewisse Beweglichkeit und Willkürlichkeit in jenen Bestimmungen nicht verkannt werden kann."[19]

---

[16] Zur Rechtsnatur der Profess vgl *Primetshofer* in Heimerl/Pree, Handbuch des Vermögensrechts der katholischen Kirche, 730; *Kalb*, DRdA 1995, 381; *Kalb/Potz/Schinkele*, Religionsrecht, 229.

[17] *Kletečka*, NZ 1999, 283; *ders*, öarr 2000, 34.

[18] Ein Konnex mit §§ 16 und 17 wird ausdrücklich in der E OGH 7.5.1912, GlUNF 5900 angesprochen.

[19] *Unger*, System I 15.

III. Erbrechtsreform 2015

Die Erbfähigkeit wird – korrespondierend zur bisherigen Rechtslage – als Teil der allgemeinen Rechtsfähigkeit definiert (absolute Erbfähigkeit) und mit dem Erfordernis der Erbwürdigkeit auf die relative Erbfähigkeit verwiesen. Auf die Übernahme der Bestimmungen über die Erbfähigkeit von kirchlichen juristischen Personen und die Erwerbsunfähigkeit von Ordensangehörigen („Entsagung überhaupt") wurde verzichtet, da dem „Klostertod" keine staatliche Relevanz mehr zukam.

Ebenso unterblieb die Erwähnung des Verzichts auf das Erbrecht, da dieser nur einen Berufungsgrund beseitigte.[20]

§ 539. Inwiefern geistliche Gemeinden, oder deren Glieder erbfähig sind, bestimmen die politischen Vorschriften.

Stammfassung JGS 1811/946.

Lit: S bei § 538 sowie: *Zeiller*, Commentar über das allgemeine bürgerliche Gesetzbuch, Bd II/2 (1812); *Baernreither,* Über das Vermögensrecht der geistlichen Orden und ihrer Mitglieder, Allgemeine Österreichische Gerichtszeitung 1882, Nr 1, 1–3, Nr 2, 5–6, Nr 3, 8–10, Nr 4, 13f, Nr 5, 17–18, Nr 6, 21–23, Nr 7, 25–27, Nr 8, 29–31, Nr 9, 33–35, Nr 10, 37–39, Nr 11, 41–43; *Melichar*, Ordenseintritt und vermögensrechtliche Rechts- und Handlungsfähigkeit nach kanonischem und österreichischem Recht, NZ 1955, 38; *Borgmann,* Mors civilis. Die Bildung des Begriffs im Mittelalter und sein Fortleben im französischen Recht der Neuzeit, Ius Commune 1972, 81; *Primetshofer,* Feierliches Armutsgelübde und staatliche Erbfähigkeit, ÖAKR 1974, 274; *Pree*, Die Hintergründe der vermögensrechtlichen Sonderbehandlung von Klerikern und Ordensleuten im österreichischen bürgerlichen Recht, ÖAKR 1975, 290; *Henseler*, Ordensrecht (1987); *Schnizer*, Arbeitslohn von Ordensleuten, in FS Schwarz (1991) 173; *Bydlinski*, Juristische Methodenlehre und Rechtsbegriff[2] (1991); *ders*, Grundzüge der juristischen Methodenlehre[2] (2012); *Schwendenwein*, Österreichisches Staatskirchenrecht (1992); *Meier*, Die Rechtswirkungen der klösterlichen Profeß (1993); *Potz*, Amortisationsgesetze, in Kasper/Kertelge/Ganzer/Walter/Korff/Baumgartner/Bürkle (Hrsg), LThK[3], Bd I (1993) Sp 538; *Schima*, Die religionsrechtlichen Aspekte des Ersten Bundesbereinigungsgesetzes 1999, Teil I, öarr 2001, 200; *ders*, Die religionsrechtlichen Aspekte des Ersten Bundesbereinigungsgesetzes 1999, Teil II, öarr 2002, 190; *Lederhilger*, Vermögensverzicht und Gütergemeinschaft. Zu einigen rechtlichen Aspekten des Armutsgelübdes im österreichischen Kontext, in FS May (2006) 451; *Germann*, Amortisationsgesetzgebung, in Cordes/Haferkamp/Lück/Werkmüller/Schmidt-Wiegand (Hrsg), HRG[2], Bd I (2008) Sp 204; *Pree/Primetshofer*, Das kirchliche Vermögen, seine Verwaltung und Vertretung. Handreichung für die Praxis[2] (2010); *Kalb,* Klostertod, in Cordes/Haferkamp/Lück/Werkmüller/Schmidt-Wiegand (Hrsg), HRG[2], Bd II (2012) Sp 1905; *Haering*, Grundfragen der Lebensgemeinschaften der evangelischen Räte, in ders/Rees/Schmitz (Hrsg), Handbuch des katholischen Kirchenrechts[3] (2015) 831; *Rhode*, Die Religiosenverbände, in Haering/Rees/Schmitz (Hrsg), Handbuch des katholischen Kirchenrechts[3] (2015) 846.

---

[20] *Barth/Pesendorfer*, Erbrechtsreform 2015 § 538.

Übersicht

I.	Erb(un)fähigkeit als Teilbereich des „Klostertodes"	1–8
II.	Außerkrafttreten der „politischen Vorschriften"	9–14
III.	Erbrechtsreform 2015	15

I. Erb(un)fähigkeit als Teilbereich des „Klostertodes"

1   § 539 verweist bezüglich der Erbfähigkeit von „geistlichen Gemeinden oder deren Glieder" auf politische Vorschriften. Unter den Gliedern kirchlicher juristischer Personen sind auch Mitglieder von Ordensgemeinschaften zu verstehen. In diesem Sinne spricht *Zeiller* über die „geistlichen Gemeinden und deren Glieder, welche vermöge des Gelübdes der Armuth auf die Erwerbsfähigkeit überhaupt Verzicht gethan haben".[1]

2   Die Erbunfähigkeit von Religiosen ist Teil des sog „Klostertodes", ein von der L geprägter Begriff, mit dem die Rechtsfolgen des Ordenseintritts beschrieben werden. Im mittelalterlichen heimischen Recht war der Eintritt in das Kloster mit dem Verlust des Land- und Lehnrechts verbunden (SSp Ldr I, 25, 3; Swsp Ldr I, 27), das Vermögen des Eintretenden fiel den Blutsverwandten zu – er wurde von der Welt für tot geachtet (Buch'sche Glosse zum SSp). Mit der Profess hat der Mönch allen weltlichen Dingen entsagt, „er ist der Welt gestorben". Demgegenüber wurde der Religiose im gelehrten Recht in Übereinstimmung mit der justinianischen Novellengesetzgebung als Erwerbsorgan des Klosters gesehen. Mit der feierlichen Profess ging das Vermögen auf das Kloster über, der weitere Erwerb erfolgte für das Kloster: *quidquid acquirit monachus, acquirit monasterio.*[2]

Umfangreiche Beachtung fand der Klostertod auf der Folie der heimischen Rechtstradition im ALR. So werden nach abgelegten Gelübden Mönche und Nonnen „in Ansehung aller weltlichen Geschäfte als verstorben angesehen". Sie sind vermögens- und testierunfähig, das Erbe fällt den Intestaterben zu.[3] Der Code Civil sieht den Klostertod nicht mehr vor. Da die feierliche Profess zivilrechtlich nicht anerkannt wurde, war der Eintritt in ein Kloster ohne Bedeutung für den *état de personne.*[4]

Das ABGB erwähnt ausdrücklich die Testierunfähigkeit von Ordenspersonen mit feierlichen Gelübden und verweist hinsichtlich der Erbfähigkeit von Orden und deren Mitgliedern auf politische Vorschriften.

3   Mit diesen Vorschriften ist die sog „Amortisationsgesetzgebung"[5] gemeint, womit eine Verhinderung bzw Beschränkung des Vermögenszuwachses – vor allem von Grund und Boden – kirchlicher juristischer Personen vorgesehen

---

[1] *Zeiller,* Commentar II/2, 394.
[2] *Kalb* in HRG² II, Sp 1905.
[3] ALR II 11, § 1199-1205.
[4] *Borgmann,* Ius Commune 1972, 81.
[5] *Baernreither,* Allgemeine Österreichische Gerichtszeitung 1882, Nr 1, 1–3, Nr 2, 5–6, Nr 3, 8–10, Nr 4, 13f, Nr 5, 17–18, Nr 6, 21–23, Nr 7, 25–27, Nr 8, 29–31, Nr 9, 33–35, Nr 10, 37–39, Nr 11, 41–43; *Melichar,* NZ 1955, 17, 38; *Pree,* ÖAKR 1975, 290; *Potz* in LThK³ I, Sp 538; *Germann* in HRG² I, Sp 204.

war. Ursache für diese Eingriffe war vor allem die Herabsetzung der Verkehrsfreiheit von Grundstücken auf Grund des kirchlichen Veräußerungsverbotes. Ansätze für Amortisationsverbote finden sich bereits seit dem 9. Jh als Reaktion auf den stark zunehmenden kirchlichen Grundbesitz, eine Intensivierung erfolgte seit dem 13. Jh in den Städten, denen bald die beginnende territoriale Gesetzgebung folgte. Im Absolutismus kam es zu einer Systematisierung und konsequenten Umsetzung dieser Beschränkungen.

Von den in § 539 verwiesenen Vorschriften kommt dem Amortisationspatent vom 26. August 1771 zentrale Bedeutung zu. Dieses Patent verhindert die Vermögensvermehrung von Klöstern durch Einschränkung der Erwerbsfähigkeit. **4**

Als wertmäßige Obergrenze für die in das Kloster einzubringende *Dos*, welche „lediglich in fahrenden Vermögen oder Bonis mobilibus" bestehen darf, wird ein Höchstbetrag von 1500 Gulden festgelegt (§ 1). Eine dem Ordensmitglied zugewendete Rente (*vitalitium*) darf 200 Gulden nicht übersteigen, „mit dem Beisatze, damit dieses Kapital von diesem Vitalitio niemals dem Kloster abgegeben, sondern in fundis publicis angelegt werde, folglich nach Absterben des das Vitalitium genießenden Theiles wiederum an jene gelange, denen es vermöge rechtlicher Ordnung gebühret" (§ 2). Abgesehen von dem „pro Dote angemessenen Betrag" sind alle „anderweitigen adquisitionen sub quocumque titulo" den geistlichen Orden verboten (§ 3), ausgenommen sind „Almosen, Vermächtniß auf heilige Messen u.s.w.", welche aber „in fundis publicis angelegt und nie dem Orden und Kloster zugedacht werden darf" (§ 4). Eine Inhabilitationsklausel verbunden mit der Zusage einer Belohnung für Denunzianten beschließt das Patent (§ 5).[6]

Vordergründig handelt es sich um eine Beschränkung der „toten Hand", doch – worauf *Fürst* aufmerksam macht – unterlag die Rechtstellung des Religiosen denselben Beschränkungen, denn „in der Vorstellung der Zeit bilden Kloster und Religiose eine vermögensmäßige Einheit".[7] Die Vermögens-, Eigentums- oder Erbunfähigkeit wird nicht deutlich angeordnet, sondern vorausgesetzt bzw als Bestandteil der Amortisationsgesetzgebung mitberücksichtigt.[8] Verschiedentlich wurde die Jud durch die Anwendung der „politischen Verordnungen" überfordert, doch ging auch sie in der Regel mit Verweis auf die politischen Vorschriften von der Erbunfähigkeit der Ordensangehörigen mit feierlicher Profess aus.[9]

---

[6] Handbuch aller unter der Regierung des Kaisers Joseph des II. für die K.K. Erbländer ergangenen Verordnungen und Gesetze vom Jahre 1780 bis 1784 II (1785) 80; einen ausführlicheren Text bietet die „Trattnersche Sammlung", Nr 33 (Sammlung der Kaiserlich-Königlichen Landesfürstlichen Gesetze und Verordnungen in Publico-Ecclesiasticis vom Jahre 1767 bis Ende 1782 [1782] Nr 33, 36–38); *Fürst*, Das Vermögensrecht der österreichischen Ordensleute, 203, gibt die für die Rechtstellung der Ordensangehörigen mit feierlicher Profes einschlägigen politischen Vorschriften („Hofnormen") wieder.

[7] *Fürst*, Das Vermögensrecht der österreichischen Ordensleute, 54.

[8] So geht der OGH in der E 7.5.1912, GlUNF 5900 vom überkommenen Grundsatz aus, wonach feierliche Professen unfähig sind, „Vermögensrechte zu besitzen oder zu erwerben […] und daß dieser Grundsatz auch für das österreichische Recht gelte, obschon ein Gesetz, welches ihn ausdrücklich anspricht, nicht gefunden werden kann".

[9] In zwei älteren E geht der OGH allerdings davon aus, dass für feierliche Ordensprofessen keine Beschränkungen bestehen. So wurde vom OGH in seiner E 9.12.1870, GlU 3983 die Feststellung des OLG Prag nicht bestritten, wonach kein Gesetz bestehe, „welches Ordensgeistlichen

§ 539

5   Diese in den „politischen Vorschriften" vorgesehene Verbindung der Erwerbsunfähigkeit von Klöstern und Ordensangehörigen wird durch die authentische Interpretation vom 2. Mai 1772 verdeutlicht. Es wird klargestellt, dass nicht nur die Erwerbsfähigkeit des Klosters, sondern auch die des Professen durch das Amortisationspatent 1771 beschränkt wurde: Auch Religiose mit feierlichen Gelübden sind grundsätzlich zum Gütererwerb unfähig, Ausnahme ist die Dotationssumme bis maximal 1500 Gulden.[10]

6   Dieser Zusammenhang von Erwerbsbeschränkung des Klosters und der Erwerbsunfähigkeit von Professen wird nochmals in einem Patent vom 28. Jänner 1775 verdeutlicht, das sich ebenfalls als Weiterführung und Erklärung des Amortisationspatents aus 1771 versteht. Um „ungleichen Ausdeutungen und Unterschleifen" des Patents vom 26. August 1771 Einhalt zu gebieten, werden „den Erwerbungen zu Handen der Geistlichkeit gemessene Schranken gesetzet". Bezugnehmend auf die Ausnahmebestimmung eines Erwerbs von Almosen und Messstipendien durch das Ordensinstitut wird festgelegt, „daß von nun an allen Ordens- und Klostergeistlichen für eine heilige Meße ohne Unterschied höchstens 1fl bezahlet, oder gestiftet werden durfte". Nur den Ordensangehörigen der franziskanischen Ordensgemeinschaften wird ein Sammelprivileg eingeräumt. Den Bestimmungen entgegengesetzte Akte sind nichtig. Diese Regelung unterstreicht den Zusammenhang von Amortisationsverbot, Kloster und Ordensmitglied, denn was dem Religiosen gegeben wird, gilt faktisch als dem Kloster gegeben und muss daher korrespondierend für Institut und Mitglied beschränkt werden.[11]

7   Ab der Jahrhundertwende erfolgt eine dem Staatsverständnis des aufgeklärten Absolutismus entsprechende Aufweichung der Beschränkungen zu Gunsten „produktiver Klöster", es werden einzelnen Instituten, beginnend mit den Barmherzigen Brüdern (Krankenpflegeorden),[12] Befreiungen vom Amortisationsverbot eingeräumt. Dagegen wendet sich das Hofdekret vom 23. März 1809 und begrenzt den Umfang derartiger Befreiungen. So haben diese Institute keinen Anspruch auf den Pflichtteil oder die gesetzliche Erbquote ihrer Religiosen, „vielmehr sollen solche Anordnungen zu Gunsten der des Erwer-

---

das Recht entzieht, unter Lebenden Verträge zu schließen und Sachen zu erwerben, viel weniger aber bereits Erworbenes einzutreiben"; in der (problematischen) E 1.10.1879, GlU 7590 vertritt der OGH die Auffassung, dass „kein Gesetz besteht, welches einem das Gelübde der Armuth leistenden Ordensprofessen das Recht entzieht, unter Lebenden in Betreff der in seinem Besitz befindlichen Sachen Verträge abzuschließen oder Sachen zu erwerben".

10 „Trattner'sche Sammlung", Nr 53 (*Fürst*, Das Vermögensrecht der österreichischen Ordensleute, 206): „[...] wollen allerhöchst dasselbe nochmalen gnädigst zu erkennen geben, daß obiger 4ter §phus von dem Tage der Kundmachung an, keinen anderen Sinn jemalen gehabt habe, noch haben solle, als nach welchen die gesamte Ordensgeistlichkeit beyderley Geschlechts keines anderen Weges, noch eines anderen Modi, aut Tituli zu Erwerbung weltlicher Güter (sie mögen bestehen in was sie wollen, oder von wem sie immer kommen) außer des einzigen Falles fähig sey, wenn nemlich ein Kandidat, oder Kandidatinn den in eben diesem Gesetz erlaubten Dotationsbetrag pr 1500 fl. unter den daselbst beygerückten Modifikationen, einem Orden, oder Kloster mitbringe [...]".

11 Bezüglich Sonderfälle wie zB Ordenspriester, die als Pfarrvikare oder sonstige Seelsorger auf inkorporierten Pfarren tätig sind; vgl die Zusammenstellung der einschlägigen Hofdekrete bei *Fürst*, Das Vermögensrecht der österreichischen Ordensleute, 66.

12 Hofdekret 30.8.1805, JGS 1805/745.

bes unfähigen Professen noch ferner ungültig und wirkungslos sein"[13]. Mit diesen Ausnahmeregelungen wird einzelnen Instituten die (eingeschränkte) Erwerbsfähigkeit eingeräumt, allerdings ist davon nach damaligem Verständnis die Erwerbsunfähigkeit der Professen nicht betroffen.

Deutlich wird, dass die durch § 539 verwiesenen politischen Vorschriften die Erwerbsunfähigkeit von Ordensinstituten und – damit zusammenhängend – von Ordensangehörigen mit feierlichen Armutsgelübden vorsehen. Klöster sind grundsätzlich erwerbsunfähig, Ausnahmen sind im Zusammenhang einer Profess für eine *Dos* bis maximal 1500 Gulden sowie – unabhängig vom Eintritt in das Kloster – für Almosen, Stiftungen für Messen uä vorgesehen. Religiose sind mit Ablegung der feierlichen Profess erwerbsunfähig, Ausnahmen beziehen sich auf die Dotationssumme und die jährliche Rente von höchstens 200 Gulden. Mit der Ablegung der Profess tritt der Erbfall ein, das Vermögen geht an die Testaments- und/oder Intestaterben über[14] – der Religiose ist „bürgerlich tot" (Klostertod im Verständnis des heimischen Rechts, nicht im Sinne des gelehrten Rechts).

Wohl sieht § 536 den Erbanfall mit dem natürlichen Tode des Erblassers vor, doch wurde in der Regel der „Tod" des Religiosen mit der Professablegung fingiert und die Verlassenschaftsabhandlung eröffnet. Eine Änderung erfolgte durch das Verlassenschaftsgesetz 1850[15], wonach „durch die Aufnahme einer Person in einen geistlichen Orden [...] über das Vermögen derselben keine Abhandlung anhängig" (§ 2), sondern die Kuratel eröffnet wird (§ 121), ein grundsätzlicher normativer Befund, von dem auch das Außerstreitpatent 1854[16] nicht abweicht. Damit bleibt der Ordensangehörige auch nach der Ablegung der Profess hinsichtlich des bis zur Gelübdeablegung erlangten Vermögens sowie den daraus vom Kurator erwirtschafteten Erträgen vermögensfähig. Danach ist der Religiose mit feierlicher Profess vermögensfähig und bezüglich der Erträgnisse des vom Kurator verwalteten Vermögens erwerbsfähig. **8**

II. Außerkrafttreten der politischen Vorschriften

Durch das Konkordat 1855 wird die Erwerbsfähigkeit der Kirche gewährleistet (Art 29)[17], entgegenstehende Normen wurden aufgehoben (Art 35)[18]. **9**

Teilweise beschränken L und Jud die konkordatär eingeräumte Erwerbsfähigkeit der Kirche auf kirchliche juristische Personen und sehen auch nur die

---

13 JGS 1809/887.
14 Vgl zB Hofdekret 28.9.1779, „Trattner'sche Sammlung", Nr 101; Patent 17.12.1780, JGS 1780/1; Patent 9.11.1781, JGS 1781/30.
15 RGBl 1850/255.
16 RGBl 1854/208, § 182.
17 Art 29: Die Kirche wird berechtigt sein, neue Besitzungen auf jede gesetzliche Weise frei zu erwerben und ihr Eigentum wird hinsichtlich alles Dessen, was sie gegenwärtig besitzt oder in Zukunft erwirbt, unverletzlich verbleiben [...].
18 Art 35: Alle im Kaiserthume Österreich und den einzelnen Ländern, als welchen dasselbe besteht, bis gegenwärtig in was immer für eine Weise und Gestalt erlassenen Gesetze, Anordnungen und Verfügungen sind, insoweit sie diesem feierlichen Vertrage widerstreiten, für durch denselben aufgehoben anzusehen, und der Vertrag selbst wird in denselben Ländern von nun an immerdar die Geltung eines Staatsgesetzes haben.

diesbezüglichen Amortisationsverbote von der angeordneten Aufhebung erfasst.[19] Diese Auffassung ist nicht zwingend, denn auch natürliche Personen wie Ordensangehörige mit feierlichen Gelübden ließen sich als kirchliche Rechtssubjekte dem Begriff Kirche subsumieren. Überdies – und weit gewichtiger – wurden Kloster und Religiose als Erwerbseinheit verstanden. Um den Vermögenserwerb der „toten Hand" zu beschränken, musste die Amortisationsgesetzgebung korrespondierende Beschränkungen von Orden und Ordensangehörigen vorsehen. Die Differenzierung in eine (erbrechtliche) Erwerbsunfähigkeit von Religiosen mit feierlicher Profess und Erwerbsfreiheit des Instituts beeinträchtigt im Ergebnis den mit der Erwerbsfreiheit intendierten wirtschaftlichen Erfolg, da letztlich der Religiose als Erwerbsorgan des Instituts ausgeschaltet wird. Es ist daher von einer Beseitigung aller Amortisationsverbote durch das Konkordat 1855 auszugehen. Will man dieser Auffassung nicht folgen, so ist die Aufhebung aller durch § 539 verwiesenen politischen Vorschriften jedenfalls durch das 1. BRBG erfolgt. Danach treten alle auf der Stufe von einfachen Gesetzen oder Verordnungen stehenden Rechtsvorschriften des Bundes, die vor dem 1.1.1946 kundgemacht worden sind, mit Ablauf des 31.1.1999 außer Kraft, sofern sie nicht im Anhang des 1. BRBG angeführt sind. Da sich im Anhang keine derartigen Regelungen finden, sind die Hofdekrete weggefallen.[20]

10 Verschiedentlich wird in der L die Erbunfähigkeit von Religiosen mit feierlichen Gelübden aus § 538 abgeleitet. Es werden die Personen, die „dem Rechte etwas zu erwerben überhaupt entsagt haben" mit den Ordensangehörigen identifiziert, dabei wird aber übersehen, dass gemäß historischer, systematischer und teleologischer Interpretation die erbrechtliche Erwerbsunfähigkeit von Religiosen mit feierlichen Gelübden ausschließlich in § 539 verortet ist. Stützt man – allerdings unzulässigerweise – die absolute Erbunfähigkeit von Religiosen mit feierlichen Gelübden auf § 538, so ist Anknüpfungspunkt die feierliche Professerklärung, mit der eine Verpflichtung auf die drei evangelischen Räte – Armut, Keuschheit, Gehorsam – erfolgt. Die Profess konstituiert den Profitenten in den Ordensstand und inkorporiert ihn in einen konkreten klösterlichen Verband. Bis zum CIC 1917 wurden nur in Orden feierliche Gelübde abgelegt, diese sehen eine lebenszeitliche „ewige" Bindung vor. Im 19. Jh entstanden auch Vereinigungen, die durch die Ablegung einfacher Gelübde gekennzeichnet sind, die Kongregationen. Die staatlichen Amortisationsverbote betrafen aber nur Orden und – damit einhergehend – Religiose mit feierlichen Gelübden. Der CIC 1917 brachte eine weitgehende Angleichung

---

[19] ZB OGH 7.1.1857, GlU 270; 10.3.1909, GlUNF 4548; Bemerkenswert 3.6.1867, GlU 2815, wonach die Rechtsbeschränkungen für Ordensleute (Benediktiner) Bestandteil der Amortisationsgesetze sind (in der Folge wird aber die Aufhebung durch das Konkordat 1855 nicht näher thematisiert).

[20] *Schima*, öarr 2001, 200. Um das ABGB weiter in Geltung zu belassen, wurde im Anhang des 1. BRBG das Kundmachungspatent des ABGB (JGS 1811/946) angeführt. Überlegungen, wonach aus Abs 8 Kundmachungspatent – Weitergeltung ua von politischen und die Privatrechte beschränkenden Verordnungen – Amortisationsnormen aufrecht erhalten wurden (*Fürst, Das Vermögensrecht der österreichischen Ordensleute*, 42), sind teleologisch zu reduzieren. Ziel und Zweck des BRBG war es, derartige Normen nur bei ausdrücklicher Nennung im Anhang in Kraft zu belassen.

der Kongregationen an die Orden, allerdings erfolgten weiterhin nur in Orden die ewigen lebenszeitlichen Bindungen durch feierliche, in Kongregationen durch einfache Profess. Das Religiosenrecht des CIC 1983 sieht eine terminologische Umgestaltung vor. Die Begriffe Orden und Kongregationen werden nicht mehr verwendet, stattdessen wird auf „Institute des geweihten Lebens" (*Instituta vitae consecratae*) abgestellt, auch die Bezeichnung „feierliche Profess" findet sich im Ordensrecht nicht ausdrücklich. Ungeachtet der geänderten Terminologie wird aber der Sache nach die altkodikarische Unterscheidung zwischen Orden und Kongregationen wie auch von feierlicher und einfacher Profess aufrechterhalten. Der Einfachprofesse ist vermögensfähig, behält sein Eigentum und ist partiell erwerbsfähig. Was er durch eigene Arbeit oder im Hinblick auf das Institut erwirbt, wird jedenfalls für das Institut erworben, was ihm aufgrund einer Pension, einer Unterstützung oder Versicherung auf irgendeine Weise zukommt, wird für das Institut erworben, sofern im Eigenrecht nichts anderes festgelegt ist (c 668 § 3). Eine feierliche Profess liegt vor, wenn der Sodale aufgrund der Eigenart des Instituts vollständig auf sein Vermögen zu verzichten hat. Die Rechtswirkungen dieser feierlichen Profess sind der Verlust der Erwerbs- und Besitzfähigkeit sowie die Nichtigkeit von Rechtshandlungen, die dem Armutsgelübde widersprechen. Was dem Professen mit feierlichem Gelübde nach der Verzichtsleistung zufällt, geht nach der Norm des Eigenrechts an das Institut über (c 668 § 5),[21] der Religiose ist ausschließlich Erwerbsorgan des Instituts.

Das ABGB knüpft tatbestandlich an Religiose mit feierlichen Gelübden an. Um im staatlichen Recht die Erbfähigkeit dieser Ordensangehörigen zu ermöglichen, wurde eine dogmatisch allerdings nicht unproblematische Vorgangsweise einer normativen Berücksichtigung eines Reskripts der Kongregation für die Religiosen- und Säkularinstitute vom 8. 7. 1974 eingeschlagen.

Durch dieses Reskript wurden Religiose österreichischer Orden von der Feierlichkeit des Armutsgelübdes befreit, diese wurden vermögensrechtlich den einfachen Professen gleichgestellt.[22] Da das Reskript ursprünglich mit dem Inkrafttreten des neuen CIC befristet war, erging mit 9. 1. 1984 ein neues Reskript, das die Wirkungen des ursprünglichen Reskripts für sieben Jahre verlängerte; die letzte Verlängerung erfolgte 2011 für weitere 7 Jahre.[23]

---

[21] Vgl *Henseler*, Ordensrecht (1987), 244; *Maier*, Die Rechtswirkungen der klösterlichen Profeß (1993); *Fürst*, Das Vermögensrecht der österreichischen Ordensleute, 141; *Primetshofer* in Heimerl/Pree, Handbuch des Vermögensrechts der katholischen Kirche unter besonderer Berücksichtigung der Rechtsverhältnisse in Bayern und Österreich, 730; *Haering* in ders/Rees/Schmitz, Handbuch des katholischen Kirchenrechts³ 831; *Rhode* in Haering/Rees/Schmitz, Handbuch des katholischen Kirchenrechts³, 604; *Pree/Primetshofer*, Das kirchliche Vermögen, seine Verwaltung und Vertretung. Handreichung für die Praxis²; *Lederhilger* in FS May (2006) 451.

[22] Prot.N.SpR 127/71, erstmals abgedruckt bei *Primetshofer*, ÖAKR 1975, 274. Die deutsche Übersetzung stimmt in einem wesentlichen Punkt nicht mit dem rechtlich verbindlichen lateinischen Original überein, da den Oberen die Dispensvollmacht eingeräumt wird, dh die Gleichsetzung der feierlichen Profess mit einfachen Gelübden hängt von der jeweiligen Dispens im Einzelfall ab. Im lateinischen Original wird die Dispens durch das Reskript ausgesprochen; *Fürst*, Das Vermögensrecht der österreichischen Ordensleute, 157.

[23] Ordensnachrichten 2012.

Am 8. 1. 1976 erfolgte im BGBl eine als „Kundmachung" bezeichnete Feststellung des BMJ, wonach „im Hinblick auf das Reskript […] festgestellt (wird), dass die Angehörigen von Ordensgemeinschaften Österreichs, die die feierlichen Gelübde abgelegt haben oder ablegen werden, nach dem kanonischen Recht bezüglich der rechtlichen Auswirkungen des feierlichen Armutsgelübdes den Ordensangehörigen mit einfachen Gelübden gleichgestellt worden sind"[24]. Rechtsnatur und Rechtswirkungen dieser VO sind in der Lit umstritten[25], die Jud behilft sich mit der durchaus eleganten Formulierung, wonach „zum Zweck der authentischen Feststellung der Rechtslage […] diese Tatsache des Reskripts und seiner kirchenrechtlichen Rechtswirkungen vom BMJ im BGBl […] kundgemacht (wurde)"[26]. Danach wurde im BGBl deklarativ die Tatsache eines kirchlichen Hoheitsaktes und dessen kirchenrechtlichen Konsequenzen mitgeteilt. Das staatliche Recht knüpft an diese Tatsache – eine innere Angelegenheit iSv Art 15 StGG – an, was zu einer Unanwendbarkeit der nur auf Feierlich-Professen Bezug nehmenden staatlichen Bestimmungen führt. Die staatlichen Beschränkungen werden allerdings bei Wegfall des kirchlichen Dispensaktes wieder anwendbar.

12 Normadressaten des Reskripts sind Religiose österreichischer Orden (*sodales, viri atque mulieres Ordinum religiosorum Austriae*). Im kirchlichen Recht ist eine Differenzierung der Orden nach Nationalitäten nicht vorgesehen. Versucht man eine interpretatorische Annäherung, so ist bei Orden mit selbständigen Häusern der Anknüpfungspunkt die selbständige Rechtspersönlichkeit einer Niederlassung in Österreich.[27] Handelt es sich um Ordensgemeinschaften mit Provinzverfassung, ist auf einen Provinzsitz in Österreich abzustellen, doch können sich Unschärfen ergeben, wenn das Eigenrecht den Provinzsitz an die Niederlassung des jeweiligen Provinzials bindet.[28]

Der persönliche Geltungsbereich ist auf österreichische Staatsbürger beschränkt, denn die Rechtsfähigkeit einer Person ist nach dem Personalstatut zu beurteilen (§ 12 IPRG), ein Befund, der auch für die Testierfähigkeit und die sonstigen Erfordernisse für die Gültigkeit einer letztwilligen Verfügung, eines Erbvertrages oder eines Erbverzichtsvertrags gilt (§ 30 IPRG). Danach fallen ausländische Religiose mit feierlicher Profess in österreichischen Klöstern nicht unter den Anwendungsbereich des Reskripts – das Spannungsverhältnis zum Sachlichkeitsgebot ist unübersehbar.

Festzuhalten ist aber, dass bei richtiger Auffassung, wonach die absolute Erbunfähigkeit von Religiosen durch „politische Vorschriften" festgelegt war, für eine Relevierung des Reskripts aus 1974 keine Notwendigkeit besteht.

13 Gegen eine absolute Erbunfähigkeit von Religiosen können aber auch grundsätzliche Einwände geltend gemacht werden. So ist unbestreitbar, dass dem tragenden Prinzip der gleichen Rechtsfähigkeit aller natürlichen Personen

---

[24] BGBl 1976/50.
[25] So kommt der Kundmachung keine normative Verbindlichkeit zu, auch fehlt für die Insertion in das BGBl die gesetzliche Grundlage; vgl *Schnizer* in FS Schwarz (1991) 173.
[26] OGH 10 ObS 137/93, SZ 66/105; die Formulierung folgt *Schwendenwein*, Österreichisches Staatskirchenrecht, 299.
[27] ZB Benediktiner, Zisterzienser, Augustiner-Chorherren, Prämonstratenser etc.
[28] *Fürst*, Das Vermögensrecht der österreichischen Ordensleute, 164.

entsprechend (§ 16 ABGB), eine Gesamtaufgabe der Rechtsfähigkeit der Disposition des einzelnen Rechtssubjekts entzogen ist. Ein privatautonomer Verzicht auf die Erwerbsfähigkeit als Teil der Rechtsfähigkeit ist nur möglich, wenn dies auf eine verfassungskonforme Grundlage zurückgeführt werden kann. Die Verfassungskonformität ist aber umstritten. Kann ein „Sonderprivatrecht" für Ordensleute mit feierlicher Profess sachlich gerechtfertigt werden? Lassen Religionsfreiheit sowie die klassischen Grundrechtsverbürgungen des Wirtschaftslebens – Eigentumsgarantie, Erwerbsfreiheit und Liegenschaftsfreiheit wie Freizügigkeit des Vermögens – eine derartige Beschränkung zu? Wird darauf abgestellt, dass mit der freiwilligen Professerklärung ein freiwilliger Grundrechtsverzicht inkludiert sei, wird die Frage eröffnet, inwieweit eine privatautonome Disponibilität über Grundrechte zulässig ist. Die Überlegung, es liege kein Verzicht auf Grundrechte, sondern auf deren Ausübung vor, beruht auf einer extensiven und überschießenden Interpretation der Profess.

Unter Berücksichtigung auch derartiger die Grundrechtssphäre betreffenden Problemstellungen schlägt *Klečeka* einen weiteren methodischen Lösungsansatz zur Beseitigung der Erwerbs- und Erbunfähigkeit vor. Danach sind die maßgeblichen Hofdekrete auf Grund eines „auffallenden Wertungswiderspruchs" und eines daraus folgenden „eigentlichen Funktionswandels" – vorbehaltlich der grundsätzlichen methodologischen Zulässigkeit – nicht mehr anzuwenden.[29] **14**

Ein derartiger Funktionswandel setzt voraus, dass die „bisher maßgebende Problemlösung im heutigen Kontext auffallende Wertungswidersprüche begründe, den allgemeinen Erwartungen der Rechtsunterworfenen, mindestens aber der beteiligten Verkehrskreise zuwiderlaufe oder unter den heutigen tatsächlichen Verhältnissen höchst zweifelhaft sein würde"[30], ist aber im vorliegenden Kontext zu bejahen. So ist zu beachten, dass das religionsrechtliche System einen grundlegenden Wandel erfahren hat. An die Stelle der Verbindung von Staat und Kirche bzw staatskirchenhoheitlichen Strukturen ist die institutionelle Trennung von Staat und Kirche getreten, verbunden mit der Entlassung der Kirche aus der staatlichen Aufsicht. Diese Veränderungen im Sinne von Pluralismus und Neutralität wurden durch die Weiterentwicklung der grundrechtlichen Gewährleistungen, insbesondere der EMRK, abgesichert.

III. Erbrechtsreform 2015

§ 539 alt verwies bezüglich der Erbfähigkeit von „geistlichen Gemeinden **15** oder deren Glieder" auf politische Vorschriften. Da dem „Klostertod" bereits bisher keine staatliche Relevanz mehr zukam, wurde die bisherige Fassung des § 539 entbehrlich. §§ 539–541 regeln die Erbunwürdigkeitsgründe.

---

[29] *Klečeka*, Die Erbfähigkeit von Religiosen, 283; *ders*, Die Erb- und Testierfähigkeit von Religiosen nach Inkrafttreten des 1. BRBG, 34.
[30] *F. Bydlinski*, Juristische Methodenlehre und Rechtsbegriff[2] (1991) 579 f; vgl auch *ders*, Grundzüge der juristischen Methodenlehre[2] (2012) 110.

Ursachen der Unfähigkeit

§ 540. Wer gegen den Erblasser eine gerichtlich strafbare Handlung, die nur vorsätzlich begangen werden kann und mit mehr als einjähriger Freiheitsstrafe bedroht ist, begangen oder seine aus dem Rechtsverhältnis zwischen Eltern und Kindern sich ergebenden Pflichten dem Erblasser gegenüber gröblich vernachlässigt hat, ist so lange des Erbrechts unwürdig, als sich nicht aus den Umständen entnehmen lässt, dass ihm der Erblasser vergeben habe.

IdF BGBl 1989/656; Mat: JAB 1158 BlgNR 17. GP.

Gründe für die Erbunwürdigkeit

§ 539. Wer gegen den Verstorbenen oder die Verlassenschaft eine gerichtlich strafbare Handlung begangen hat, die nur vorsätzlich begangen werden kann und mit mehr als einjähriger Freiheitsstrafe bedroht ist, ist erbunwürdig, sofern der Verstorbene nicht zu erkennen gegeben hat, dass er ihm verziehen hat.

IdF BGBl I 2015/87 (ErbRÄG 2015) in Kraft ab 1. 1. 2017. Mat: EBRV 688 BlgNR 25. GP.

§ 541. Wer
1. gegen den Ehegatten, eingetragenen Partner oder Lebensgefährten des Verstorbenen oder gegen dessen Verwandte in gerader Linie eine gerichtlich strafbare Handlung begangen hat, die nur vorsätzlich begangen werden kann und mit mehr als einjähriger Freiheitsstrafe bedroht ist,
2. dem Verstorbenen in verwerflicher Weise schweres seelisches Leid zugefügt hat oder
3. sonst gegenüber dem Verstorbenen seine Pflichten aus dem Rechtsverhältnis zwischen Eltern und Kindern gröblich vernachlässigt hat,
ist erbunwürdig, wenn der Verstorbene aufgrund seiner Testierunfähigkeit, aus Unkenntnis oder aus sonstigen Gründen nicht in der Lage war, ihn zu enterben, und er auch nicht zu erkennen gegeben hat, dass er ihm verziehen hat.

IdF BGBl I 2015/87 (ErbRÄG 2015), in Kraft ab 1. 1. 2017. Mat: EBRV 688 BlgNR 25. GP.

Lit: *Zeiller,* Commentar über das allgemeine bürgerliche Gesetzbuch für die gesammten Deutschen Erbländer der Oesterreichischen Monarchie II/2 (1812); *Nippel,* Erläuterung des allgemeinen bürgerlichen Gesetzbuches für die gesammten deutschen Länder der österreichischen Monarchie; mit besonderer Berücksichtigung des practischen Bedürfnisses IV: enthaltend die §§ 531 bis einschließig 726 (1832); *Winiwarter,* Das Oesterreichische bürgerliche Recht III: Des dinglichen Sachenrechtes zweyte Abteilung² (1841); *Schwab,* Ob Erbunwürdigkeit an sich einen Notherben seines Pflichttheilsanspruches verlustig mache?, WagnersZ 1848 II 76; *Michel,* Die Erbunwürdigkeit nach österreichischen Gesetzen, VJSchr 1858, 29; *Pfaff/Hofmann,* Commentar zum österreichischen allgemeinen bürgerlichen Gesetzbuche II/1 (1877); *dies,* Excurse über österreichisches allgemeines bürgerliches Recht; Beilagen zum Kommentar II/1 (1878); *Hoppen,* Die Erbunwürdigkeit im österr. allg. bürg. Gesetzbuche, GH 1878, 351, 357 und 361; *Mages,* Ueber einige Controversen aus dem Erbrechte, GZ 1878, 93; *Unger,* System des österreichischen allgemeinen Privatrechts VI: Das österreichische Erbrecht⁴ (1894); *Stroß,* Begründet Diebstahl an der Verlassenschaft Erbunwürdigkeit rücksichtlich des Erblassers?, GZ 1895, 109; *L. Pfaff,* Die Clausel: Rebus sic stantibus in der Doctrin und der österreichischen Gesetzgebung, in FS Unger (1898) 221; *Stubenrauch,* Commentar zum österreichischen allgemeinen bürgerlichen Gesetzbuche⁸ I (1902); *Anders,* Grundriß des Erbrechts² (1910); *Hanausek,* Das gesetzliche Erbrecht und Pflichtteilsrecht des Ehegatten (1910); *Steinlechner,* Zur Lehre vom erbrechtlichen Repräsentationsrecht nach den Entwürfen einer Zivilrechts-Novelle, ZBl 29 (1911) 369; *Krasnopolski/Kafka,* Lehrbuch des Österreichischen Privatrechts V: Österreichisches Erbrecht (1914); *Ehrenzweig,* Die Zivilrechtsreform in Österreich; Verbesserungsvorschläge zu den Novellen (1918); *Lohsing,* Das Verbrechen gegen den Erblasser, NZ 1919, 121; *Bartsch,* Erbrecht² (1944); *Steinwenter,* Erbrechtliche Miszellen, JBl 1955, 157; *Kralik,* System des österreichischen allgemeinen Privatrechts IV: Das Erbrecht³ (1983); *Welser,* Buchbesprechung, JBl 1985, 700; *Adensamer,* Erbrechtsänderungsgesetz 1989, ÖA 1991, 6; *Schauer,* Neues Erbrecht ab 1991, RdW 1990, 70; *Welser,* Die Erbrechtsreform 1989, NZ 1990, 137; *Zankl,* Das neue Erbrecht im Überblick, JAP 1990/91, 118; *Paliege,* Neues im österreichischen Erbrecht, ZfRV 1991, 169; *Kletečka,* Ersatz- und Nacherbschaft (1999); *Samek,* Das österreichische Pflichtteilsrecht samt Anrechnungsrecht (2004); *B. Jud,* § 540 ABGB – Erbunwürdigkeit und Tod des Erblassers, NZ 2006, 70; *Likar-Peer* in Ferrari/Likar-Peer (Hrsg), Erbrecht; ein Handbuch für die Praxis (2007); *W. Tschuggel,* Anm zu OGH 28.3.2007, 7 Ob 43/07k (iFamZ 2007, 134), iFamZ 2007, 257; *Welser,* Die Reform des österreichischen Erbrechts, in FS Hopf (2007) 249; *Schauer,* Deutsche Reform des Erb- und Verjährungsrechts – ein Vorbild für Österreich?, JEV 2008, 42; *B. Jud,* Anm. zu OGH 7.7.2008, 7 Ob 286/07p (EF-Z 2008/141 [Leits]), EF-Z 2008, 230; *Kogler,* Anm zu OGH 28.3.2007, 7 Ob 43/07k (NZ 2008/20), NZ 2008, 85; *Welser,* Erbrechtsreform in Deutschland – ein Vorbild für Österreich?, NZ 2008, 257; *ders,* Die Reform des Pflichtteilsrechts in Österreich und Deutschland, ZfRV 2008, 175; *ders,* Reform des österreichischen Erbrechts, in ÖJT (Hrsg), Verhandlungen des 17. ÖJT II/1 (2009); *Ferrari,* Die Reform des österreichischen Erbrechts, in ÖJT (Hrsg), Verhandlungen des 17. ÖJT II/2; Zivilrecht: Die Reform des österreichischen Erbrechts, Referate und Diskussionsbeiträge (2010) 70; *Wendehorst,* Nach der deutschen Erbrechtsreform: Anregungen für Österreich?, EF-Z 2010, 138; *Scheuba,* Pflichtteilsrecht, in Gruber/Kalss/Müller/Schauer (Hrsg), Erbrecht und Vermögensnachfolge (2010) § 9; *Zimmermann,* Erbunwürdigkeit; die Entwicklung eines Rechtsinstituts im Spiegel europäischer Kodifikation, in FS Koziol (2010) 463.

Lit zum ErbRÄG 2015: *Schauer/Motal/Reiter/Hofmair/Wöss,* Erbrechtsreform: Paradigmenwechsel oder Window Dressing?, JEV 2015, 40; *Zöchling-Jud,* Die Neuregelung des Pflichtteilsrechts im ErbRÄG 2015, in Rabl/Zöchling-Jud (Hrsg), Das neue Erbrecht: Erbrechts-Änderungsgesetz 2015 (2015) 71; *Ferrari,* Vermächtnis und Schenkung auf den Todesfall, in Rabl/Zöchling-Jud, Das neue Erbrecht: Erbrechts-Änderungsgesetz 2015 (2015) 57; *Rabl,* Erbrechtsreform 2015 – Pflichtteilsrecht neu, NZ 2015, 321; *Pesendorfer,*

Die Erbrechtsreform im Überblick: Allgemeiner Teil – gewillkürte Erbfolge – gesetzliches Erbrecht – Erbschaftserwerb – Verjährung, iFamZ 2015, 230; *Barth*, Das neue Pflichtteilsrecht: Die Änderungen durch das ErbRÄG 2015 im Überblick, iFamZ 2015, 237; *Mondel*, Letztwillige Verfügungen einschließlich Erbunwürdigkeits- und Enterbungsgründe, in Deixler-Hübner/Schauer (Hrsg), Erbrecht NEU (2015) 47; *Kathrein*, Das neue Erbrecht: Einige Ziele und Schwerpunkte der Reform, EF-Z 2016, 4; *N. Brandstätter*, Checkliste Erbrechtsreform, ecolex 2016, 30 und 461; *Christandl/Nemeth*, Das neue Erbrecht – ausgewählte Einzelfragen, NZ 2016, 1; *Kogler*, Inkrafttreten und Übergangsbestimmungen des neuen Erbrechts, EF-Z 2016, 60.

Übersicht

Teil A: Rechtslage bis 31. 12. 2016

I.	Allgemeines; Überblick	1
II.	Schwere Straftaten gegen den Erblasser (§ 540 1. Fall)	2–26
	1. Entstehungsgeschichte, dogmatischer Hintergrund	2–4
	2. Die Entwicklung des Tatbestandes im ABGB	5
	a) Urfassung	6
	b) Einschränkung des Tatbestandes anlässlich der III. TN	7
	c) Neufassung im Zuge der Strafrechtsreform 1974	8
	3. Die Tatbestandsvoraussetzungen des § 540 1. Fall	9–26
	a) Die Voraussetzungen im Allgemeinen	9–18
	b) Bedeutungsgehalt „gegen den Erblasser"	19–26
	aa) Veränderungen des Strafrahmens (§§ 29, 39 StGB)	19
	bb) Vorsatz gegen den Erblasser	20–21
	cc) Straftaten mit Willen des Erblassers, insb Tötung auf Verlangen und Mithilfe beim Selbstmord (§§ 77, 78 2. Alternative StGB)	22–23
	dd) Straftaten gegen *personae coniunctissimae*	24
	ee) Straftaten gegen den ruhenden Nachlass	25
	ff) Sonderfrage: Tötung des Vorerben durch den Nacherben; des Instituten durch den Substituten	26
III.	Gröbliche Vernachlässigung der Pflichten im Eltern-Kind-Verhältnis	27–39
	1. ErbRÄG 1989: Allgemeines; Hintergrund der Neuregelung	27–29
	2. Die Tatbestandsvoraussetzungen	30–39
	a) umfasster Pflichtenkatalog, Personenkreis	30–34
	b) erforderlicher Verschuldensgrad, nötige Einsichtsfähigkeit	35–36
	c) Schwere der Pflichtverletzung	37
	d) Verhältnis des § 540 2. Fall zu § § 768 Z 2	38
	e) Fallbeispiele	39
IV.	Verzeihung	40–45
V.	Rechtsfolgen und Geltendmachung	46–61
	1. Erbunwürdigkeit als relative Erbunfähigkeit; Verhinderung des Erbanfalles	46–50

2. Ausschluss vom Pflichtteilsrecht	51–53
3. Ausschluss vom Vermächtnis	54
4. Geltendmachung	55–56
5. Die Verfehlungen des § 540 als Enterbungsgrund	57
6. Exkurs: weitere Auswirkungen der Erbunwürdigkeit (Auswahl)	58–61

Teil B: Rechtslage ab 1. 1. 2017

VI.	ErbRÄG 2015: §§ 539, 541 nF	62–97
	1. Allgemeines	62–65
	2. Straftaten gegen den Erblasser oder die Verlassenschaft (§ 539 nF)	66–70
	3. Die „relativen" Erbunwürdigkeitsgründe iSd § 541 nF	71–84
	a) Wesen der „relativen" Erbunwürdigkeitsgründe	71–73
	b) Die „relativen" Erbunwürdigkeitsgründe im Einzelnen	74–84
	aa) Straftaten gegen die nächsten Angehörigen des Verstorbenen (§ 541 Z 1 nF)	74–77
	bb) Zufügen von schwerem seelischem Leid (§ 541 Z 2 nF)	78–80
	cc) gröbliche Vernachlässigung der Pflichten im Eltern-Kind-Verhältnis (§ 541 Z 3 nF)	81–84
	4. Verzeihung	85–87
	5. Rechtsfolgen und Geltendmachung	88–96
	6. Übergangsbestimmungen	97

Teil A: Rechtslage bis 31. 12. 2016

I. Allgemeines; Überblick

Die heute in Geltung stehende Fassung des § 540 enthält zwei verschiedene Erbunwürdigkeitsgründe: Einerseits bestimmte schwere Straftaten gegen den Erblasser, andererseits die gröbliche Verletzung familienrechtlicher Pflichten im Eltern-Kind-Verhältnis. Der zweite Erbunwürdigkeitsgrund wurde erst mit dem ErbRÄG 1989[1] geschaffen (dazu näher Rz 27 ff), während gegen den Erblasser gerichtete Straftaten bereits in der Urfassung des § 540 einen Erbunwürdigkeitsgrund darstellten. Dieser Tatbestand war ursprünglich freilich viel weiter gefasst (zu § 540 aF näher unten Rz 6) und erfuhr seit dem Inkrafttreten des ABGB mehrere Änderungen (dazu näher Rz 7 f, 62 ff). Gemeinsam ist den beiden in § 540 enthaltenen Erbunwürdigkeitsgründen, dass sich die entsprechenden Handlungen gegen den Erblasser als Person richten und ihn verletzen.[2] Zudem sind die von § 540 umfassten Handlungen von einer gewissen Schwere:[3] Gem § 540 1. Fall führen nur Vorsatzdelikte, die mit mehr als einjähriger Freiheitsstrafe bedroht sind,

1

---

[1] BGBl 1989/656, in Kraft seit 1.1.1991.

[2] Vgl zB *Likar-Peer* in Ferrari/Likar-Peer, Erbrecht 285; *Scheuba* in Gruber/Kalss/Müller/Schauer, Erbrecht und Vermögensnachfolge § 9 Rz 58 (jeweils in Bezug auf § 540 und § 542: schwere Angriffe gegen die Person oder den letzten Willen des Erblassers).

[3] Vgl *Kralik*, Erbrecht[3] 35.

zur Erbunwürdigkeit; die Erbunwürdigkeit iSd § 540 2. Fall wegen Verletzung der familienrechtlichen Pflichten setzt Gröblichkeit voraus. Das Gesetz vermutet in diesen Fällen, dass der Erblasser niemanden zum Erben haben möchte, der derart schwerwiegende Verfehlungen gegen ihn begangen hat und hält einen solchen typischen Erblasserwillen angesichts der Schwere der Verfehlungen auch für angemessen.[4] Die Erbunwürdigkeit des § 540 ist also Ausdruck des vermuteten Erblasserwillens.[5] Diese Vermutung ist allerdings widerlegbar: Sie wird entkräftet, wenn der Erblasser dem Erbunwürdigen nachweislich verziehen hat.[6] Die Erbunwürdigkeit besteht gem § 540 aE nämlich „so lange, als sich nicht den Umständen entnehmen lässt, dass ihm [dh demjenigen, der eine Handlung nach § 540 vorgenommen hat] der Erblasser vergeben habe". Hat der Erblasser verziehen, so gilt die entgegengesetzte, diesmal unwiderlegliche Vermutung (dazu unten Rz 40 ff), dass der Erblasser keinen Ausschluss vom Erbrecht iwS[7] wollte.[8]

II. Schwere Straftaten gegen den Erblasser (§ 540 1. Fall)

1. Entstehungsgeschichte; dogmatischer Hintergrund

2   Bereits das römische Recht und das gemeine Recht kannten die Erbunwürdigkeit *(indignitas)* wegen bestimmter schwerer Verfehlungen des Erbunwürdigen.[9] Ungeklärt ist, inwieweit im römischen Recht Verfehlungen gegen den Erblasser Erbunwürdigkeitsgründe oder aber Enterbungsgründe waren.[10] Gesichert ist, dass die Tötung des Erblassers zur Indignität führte.[11] Ebenso war die Tötung des Erblassers ein Indignitätsgrund des gemeinen Rechts.[12] Anders als

---

4   Vgl *Kralik*, Erbrecht[3] 35; vgl auch bereits *Ehrenzweig*, System II/2[2], 371.
5   *Zeiller*, Commentar II/2, 396; *Winiwarter*, Bürgerliches Recht[2] III 21 (allerdings in weiterer Folge annehmend, dass diese Vermutung die Kenntnis des Erblassers von der Straftat voraussetze; krit dazu zB *Pfaff/Hofmann*, Excurse II/1, 17; *Hanausek*, Gesetzliches Erbrecht 42); den vermuteten Erblasserwillen für alle Fälle der Erbunwürdigkeit (also nicht nur für § 540, sondern auch für § 542) als Grund für die Erbunwürdigkeit erachtend die heute hA: zB *Ehrenzweig*, System II/2[2], 371; *Bartsch*, Erbrecht[2] (1944) 10; *Kralik*, Erbrecht[3] 35; *B. Jud*, NZ 2006, 72; *Likar-Peer* in Ferrari/Likar-Peer, Erbrecht 285; *Scheuba* in Gruber/Kalss/Müller/Schauer, Erbrecht und Vermögensnachfolge § 9 Rz 59; *Koziol/Welser/Zöchling-Jud*[14] II Rz 1889 ua; krit zum naturrechtlichen Ansatz, die Erbunwürdigkeit auf den vermuteten Erblasserwillen zurückzuführen *Pfaff/Hofmann*, Excurse II/1, 16 f.
6   *Kralik*, Erbrecht[3] 35.
7   Vgl *Welser* in Rummel/Lukas[4] Vor § 531 Rz 3: *Welser* spricht vom subjektiven Erbrecht im weiteren Sinne und meint damit nicht nur das subjektive Erbrecht iSd § 532 (s dazu *Mondel* zu § 532 Rz 6), sondern auch den Anspruch des Vermächtnisnehmers sowie des Pflichtteilsberechtigten.
8   Vgl *Handl* in Klang II/1, 51.
9   S zB *Handl* in Klang II/1, 48; *Weiß* in Klang[2] III 92 mwN zu den Pandekten.
10 Vgl *Weiß* in Klang[2] III 92; iS von Erbunwürdigkeit zB *Hanausek*, Gesetzliches Erbrecht 42; dagegen weist etwa *Mages* (GZ 1878, 94) darauf hin, dass nur die Tötung des Erblassers (sowie Verfehlungen gegen den letzten Willen; vgl § 542) ein Indignitätsgrund gewesen sei, während andere Verfehlungen gegen die Person des Erblassers bloß Enterbungsgründe gewesen seien. *Weiß* (in Klang[2] III 92) betont ebenfalls, dass es ungeklärt ist, welche Gründe Indignitätsgründe und welche demgegenüber Enterbungsgründe waren.
11 *Mages*, GZ 1878, 94.
12 S dazu *Zimmermann* in FS Koziol 463 ff: ZT wurde auch die grob fahrlässige Tötung als Erbunwürdigkeitsgrund gesehen. S auch die bei *Weiß* in Klang[2] III 92 FN 1 angegebenen Quellen zum gemeinen Recht.

im heutigen österreichischen Recht verhinderte die Erbunwürdigkeit jedoch nicht den Erbanfall an den *indignus*, vielmehr stand dem Fiskus ein Entreißungsrecht zu (Ereption).[13] Die Erbunwürdigkeit kam also nicht den Nächstberufenen, sondern dem Staat zugute und hatte somit pönalen Charakter. Im *usus modernus pandectarum* war es umstritten, ob die *indignitas* ein Ereptionsrecht zugunsten des Fiskus oder aber ein solches zugunsten der Nächstberufenen bewirkt.[14] Letzteres ist heute im deutschen Recht der Fall: Gem § 2341 BGB hat ein Anfechtungsrecht iSd § 2340 ff BGB, wer ein rechtliches Interesse am Wegfall des Erbunwürdigen hat. Die erfolgreiche Anfechtung beseitigt jedoch rückwirkend das Erbrecht (§ 2344, BGB).[15] In Österreich dagegen ist die Erbunwürdigkeit – wie auch in der Schweiz[16] (vgl Art 540 schwZGB) – als Erbunfähigkeitsgrund konstruiert. Sie unterscheidet sich daher sowohl von der Erbunwürdigkeit des römischen und gemeinen Rechts als auch von jener des deutschen Rechts.[17] Die Erbunwürdigkeit wirkt nach österreichischem und Schweizer Recht nämlich *ipso iure,* einer Anfechtung bedarf es nicht. Da die Erbfähigkeit eine der Voraussetzungen für den Erbanfall (vgl § 536) ist, wird dieser durch das Vorliegen der Erbunfähigkeit verhindert.[18] Und da die Erbunwürdigkeit als relative Erbunfähigkeit konstruiert ist,[19] resultiert aus der Erbunwürdigkeit kein Gestaltungsrecht, vielmehr ist das Vorliegen der Erbunwürdigkeit eine Rechtstatsache. Aus dieser allerdings können sich Ansprüche ergeben, so etwa der aus § 823 resultierende Anspruch des wahren Erben auf Abtretung der Erbschaft (Erbschaftsklage), wenn dem Erbunwürdigen, der ja nur Scheinerbe ist, eingeantwortet wurde, oder der Konditionsanspruch des Erben gegen den erbunwürdigen Vermächtnisnehmer oder Pflichtteilsberechtigten, dem zu Unrecht das Legat übereignet oder der Geldpflichtteil gezahlt wurde (§ 1431);[20] dazu unten Rz 56.

Dogmengeschichtlich gibt es seit jeher zwei Fälle der Erbunwürdigkeit (Indignität, *indignitas*): Einerseits schwere Verfehlungen gegen die Person des Erblassers, andererseits solche gegen den letzten Willen bzw die Testierfreiheit. Auch in rechtsvergleichender Sicht ist dies im Wesentlichen der gemeinsame Nenner der Erbunwürdigkeitsgründe.[21] Neben Verfehlungen gegen den letzten Willen (*indignitas ratione testamenti*[22]) ist es in erster Linie die (versuchte) vor- **3**

---

13 ZB *Pfaff/Hofmann,* Ecurse II/1, 10; *Handl* in Klang II/1, 48; *Weiß* in Klang² III 92; *Zimmermann* in FS Koziol 473.
14 Dazu *Zimmermann* in FS Koziol 473.
15 ZB *Zimmermann* in FS Koziol 483; *Olshausen* in Staudinger, BGB (2015) § 2344 Rz 6.
16 Darauf hat bereits *Ehrenzweig*, System II/2², 371 FN 14 hingewiesen; vgl dazu näher *Zimmermann* in FS Koziol 488 f.
17 *Ehrenzweig*, System II/2², 371; Zur Indignität im technischen Sinne, die nicht den Erbschaftserwerb, sondern bloß das Behalten derselben verhindert, zB *Olshausen* in Staudinger, BGB (2015) § 2339 Rz 1.
18 ZB *Eccher* in Schwimann/Kodek⁴ III § 538 Rz 5; *Likar-Peer* in Ferrari/Likar-Peer, Erbrecht 40; s dazu auch unten Rz 46 zum Erbanfall und dessen Voraussetzungen näher bei *Schauer/Motal* in diesem Band § 536 Rz 23.
19 Dazu zB *Ehrenzweig*, System II/2², 371; *Kralik*, Erbrecht³ 35; *Likar-Peer* in Ferrari/Likar-Peer, Erbrecht 283; *Eccher* in Schwimann/Kodek⁴ III § 538 Rz 3; *Koziol/Welser/Zöchling-Jud*¹⁴ II Rz 1889.
20 IdS zB *Welser* in Rummel/Lukas⁴ § 540 Rz 2.
21 S dazu ausf *Zimmermann* in FS Koziol 463 ff; abw das französische Recht (s *Zimmermann* aaO 468 ff, 477 ff, 496 f).
22 *Zimmermann* in FS Koziol 463 ff.

sätzliche Tötung des Erblassers, im gemeinen Recht auch die vorsätzliche Tötung naher Angehöriger.[23] Auch das alte deutsche Recht kannte ähnliche Bestimmungen: So hieß es im Sachsenspiegel III 84, 3, dass „blutige Hand kein Erbe nimmt", sofern die Tötung nicht in Notwehr geschehen war.[24] Heute kennen die meisten Rechtsordnungen die Erbunwürdigkeit aus den beiden aus dem gemeinen Recht überkommenen Gründen – *ratione testatoris*, dh mit Rücksicht auf den Erblasser einerseits (präziser müsste man aus heutiger wohl *ratione defuncti* sagen, weil die Erbunwürdigkeit ja nicht nur bei testamentarischer Erbfolge eintritt), *ratione testamenti*, dh zum Schutz des letzten Willens und der Testierfreiheit andererseits.[25] In Österreich ist die Erbunwürdigkeit *ratione defuncti* in § 540, jene *ratione testamenti* in § 542 erfasst. Nach deutschem und Schweizer Recht ist erbunwürdig, wer den Erblasser vorsätzlich getötet oder zu töten versucht hat oder bestimmte näher genannte Verfehlungen gegen den letzten Willen des Erblassers begangen hat (vgl § 2339 BGB, Art 540 schwZGB). Im französischen Recht führt überhaupt nur die Verurteilung wegen der Tötung des Erblassers zwingend zur Erbunwürdigkeit.[26] Was die Erbunwürdigkeit *ratione defuncti* betrifft, geht das ABGB mit dem Erbunwürdigkeitstatbestand des § 540 weit über andere Rechtsordnungen hinaus – dies sowohl im Vergleich zu den beiden anderen großen Naturrechtskodifikationen (CC, ALR) als auch im Vergleich zu den heutigen Rechtsordnungen des deutschen Rechtskreises (BGB, SchwZGB). Ist es nach österreichischem Recht jede Straftat gegen den Erblasser – und in der Urfassung des ABGB auch gegen *personae coniunctissimae* (dazu Rz 6 und Rz 24) –, sofern sie eine gewisse Schwere aufweist (dies freilich erst seit der III. TN; dazu sogleich Rz 7), die zur Erbunwürdigkeit führt, ist dies nach deutschem und Schweizer Recht nur die vorsätzliche (versuchte) Tötung des Erblassers. Andere Straftaten gegen den Erblasser oder auch gegen nahe Angehörige sind hingegen bloß Enterbungs- bzw Pflichtteilsentziehungsgründe, ebenso wie die Verletzung bestimmter familienrechtlicher Pflichten wie Unterhaltspflichten (vgl § 2333 BGB; Art 461 SchwZGB). Nach österreichischem Recht bewirken schwere Straftaten gegen den Erblasser sowie die seit 1989 erfasste gröbliche Verletzung familienrechtlicher Pflichten bereits *eo ipso* Erbunwürdigkeit, ohne dass es einer Enterbungsanordnung des Erblassers bedarf; gleichwohl steht es dem Erblasser frei, aus diesen Gründen eine Enterbung anzuordnen, denn gem § 770 kann auch enterbt werden, wer eine erbunwürdig machende Handlung iSd §§ 540, 542 begangen hat (dazu näher Rz 57).

4   Im österreichischen Recht erwähnte bereits das Josephinische Erbfolgegesetz vom 11. 5. 1786 die Erbunwürdigkeit; die entsprechenden Bestimmungen bezogen sich freilich nur auf die gesetzliche Erbfolge, zumal dieses Gesetz nur diese zum Inhalt hatte.[27] Vorläufer des § 540 war § 538 II WGB („Wer den Erblasser, dessen Kinder, Aeltern oder Gatten aus feindseliger Absicht an Ehre, Leib, oder Gut merklich verletzt hat, der ist in so lang des Erbrechtes unwür-

---

[23] S dazu *Zimmermann* in FS Koziol 468 ff mwN.
[24] *Weiß* in Klang² III 92.
[25] Zur Differenzierung der Indignität *ratione testatoris* einerseits und *ratione testamenti* andererseits *Zimmermann* in FS Koziol 472 FN 49.
[26] S dazu *Zimmermann* in FS Koziol 496 f.
[27] *Weiß* in Klang² III 92.

dig, als es nicht bewiesen werden kann, dass ihm der Erblasser vergeben habe").[28]

2. Die Entwicklung des Tatbestandes im ABGB

Der heutige § 540 geht, wie bereits erwähnt, auf das ErbRÄG 1989 (BGBl 1989/656) zurück, mit dem neben den Straftaten gegen den Erblasser die gröbliche Verletzung familienrechtlicher Pflichten im Eltern-Kind-Verhältnis als neuer Erbunwürdigkeitsgrund eingeführt wurde. Demgegenüber waren Straftaten gegen den Erblasser seit dem Inkrafttreten des ABGB ein Erbunwürdigkeitsgrund. Im Einzelnen erfuhr dieser Tatbestand, der heute von § 540 1. Fall erfasst ist, seither jedoch mehrere Änderungen:

a) Urfassung

Nach der Urfassung des § 540 (idF als § 540 aF bezeichnet) war erbunwürdig, „wer den Erblasser, dessen Kinder, Aeltern, oder Gatten aus bösem Vorsatz an Ehre, Leib oder Vermögen auf solche Art verletzt, oder zu verletzen gesucht hat, daß gegen ihn von Amts wegen, oder auf Verlangen des Verletzten nach den Strafgesetzen verfahren werden kann", soferne ihm der Erblasser nicht vergeben hatte. Erfasst war somit jede Straftat iSd Strafrechts, die sich gegen die in § 540 aF aufgezählten Rechtsgüter[29] des Erblassers oder seiner nächsten Angehörigen richteten. Kinder und Eltern waren alle in ab- oder aufsteigender Linie Verwandten iSd § 42,[30] und zwar auch bei unehelicher Verwandtschaft;[31] weiters Wahlkinder und -eltern.[32] Grund für die Berücksichtigung von Straftaten gegen *personae coniunctissimae* war, dass der Erblasser auf diese Weise mittelbar verletzt wird; sowohl die unmittelbare als auch die mittelbare Kränkung[33] des Erblassers sollte mit Rücksicht auf den vermuteten Erblasserwillen[34] zur Erbunwürdigkeit und somit zur relativen Erbunfähigkeit führen. Daher war auch die Verzeihung des unmittelbar Verletzten irrelevant.[35] Erforderlich war Vorsatz,[36] wobei *dolus eventualis* als ausreichend erachtet

---

28 *Ofner*, Ur-Entwurf I LIX; s dazu auch *dens*, aaO 327.
29 In Anlehnung an § 948 wurde der Rechtsgüterkatalog von der L um die Freiheit ergänzt: *Winiwarter*, Bürgerliches Recht² III 19; *Pfaff/Hofmann*, Commentar II/1, 24 ua.
30 *Winiwarter*, Bürgerliches Recht² III 19; *Pfaff/Hofmann*, Commentar II/1, 24 ua.
31 Dies wurde im Verhältnis zwischen Mutter und Kind jedenfalls, im Verhältnis zwischen unehelichem Vater und Kind im Falle einer Nahebeziehung angenommen: *Winiwarter*, Bürgerliches Recht² III 19; *Nippel*, Erläuterung IV 28; *Michel*, VJSchr 1858, 47; *Pfaff/Hofmann*, Commentar II/1, 24 ua.
32 *Michel*, VJSchr 1858, 47; *Pfaff/Hofmann*, Commentar II/1, 24; aA *Stubenrauch*, Commentar⁸ I 747.
33 *Michel*, VJSchr 1858, 47; *Pfaff/Hofmann*, Commentar II/1, 24; ergänzend wurde daher vorgeschlagen, strafbare Handlungen gegen die nächsten Angehörigen nur dann zuzulassen, wenn *in concreto* eine indirekte Kränkung des Erblassers gegeben war (*Pfaff/Hofmann* aaO 24; *Unger*, Erbrecht⁴ 23 Anm 11).
34 *Zeiller*, Commentar II/2, 396.
35 *Pfaff/Hofmann*, Commentar II/1, 25 FN 10.
36 ZB *Winiwarter*, Bürgerliches Recht² III 19.

wurde³⁷ – die „böse Absicht" des ABGB bedeutet in der Sprache des Gesetzes schlicht Vorsatz (vgl § 1294), für den ganz allgemein bedingter Vorsatz ausreichend ist.³⁸ Gleichgültig war weiters, ob die Straftat von Amts wegen oder nur auf Verlangen des Verletzten zu ahnden war. Die Wendung „nach den Strafgesetzen verfahren werden kann" wurde von der hA so verstanden, dass etwa die strafrechtliche Verjährung keine Rolle für das Vorliegen der Erbunwürdigkeit spielt³⁹ (s dazu unten Rz 9). Str war, ob auch Straftaten nach dem Tod zur Erbunwürdigkeit führten (dazu unten Rz 25).⁴⁰

b) Einschränkung des Tatbestandes durch die III. TN

7 § 540 wurde von der L als in jeder Hinsicht zu weitgehend erachtet. So konnte, wie insb *Pfaff/Hofmann*⁴¹ und *Hanausek*⁴² vor Augen führten, jede Beleidigung eines nahen Angehörigen des Erblassers zu Erbstreitigkeiten Anlass geben und noch viele Jahre nach der Tat zu Erbstreitigkeiten führen. Verstärkt wurde dies noch dadurch, dass zT auch noch Straftaten gegen nahe Angehörige nach dem Tod des Erblassers unter § 540 subsumiert wurden (s Rz 6, 25), wenngleich sich in der Lit Bestrebungen fanden, die Berücksichtigung von Straftaten nach dem Tod auf jene Fälle einzuschränken, in denen die Handlung noch als Impietät gegen den Erblasser verstanden werden konnte.⁴³ Zudem stand die III. TN ja bekanntlich unter dem Eindruck des 1900 in Kraft getretenen BGB und des damals im Entwurf vorliegenden SchwZGB. Beide Gesetze, etwa 100 Jahre jünger als das ABGB, normieren die Erbunwürdigkeit *ratione defuncti* nur für den Fall der vorsätzlichen, allenfalls versuchten Tötung des Erblassers. Sonstige schwere Verfehlungen gegen den Erblasser oder dessen Angehörige sind nur Enterbungs- bzw Pflichtteilsentziehungsgründe (s oben Rz 3). Daher schlug *Hanausek* vor, § 540 entsprechend auf die (versuchte) Tötung des Erblassers einzuschränken, jedoch als flankierende Maßnahme Straftaten gegen den Erblasser und die *personae coniunctissimae* als Enterbungsgrund zu regeln.⁴⁴ Das Subkommittee des Herrenhauses griff die in der L geäußerten Bedenken gegen die Urfassung des § 540 auf und schränkte die „in jeder Hinsicht viel zu weitgehende" Bestimmung in zweifacher Hinsicht ein: Einerseits sollten nur schwerste Straftaten zur Erbunwürdigkeit führen, andererseits sollte dies nur noch für unmittelbare Verletzungen des Erblas-

---

³⁷ *Pfaff/Hofmann*, Commentar II/1, 25; wenn allerdings Vorsatz gegeben war, war die Schwere der Tat irrelevant. Umgekehrt konnten noch so schwerwiegende Verletzungen nicht zur Erbunwürdigkeit führen, wenn sie bloß grob fahrlässig begangen wurden.
³⁸ S dazu allg etwa *Reischauer* in Rummel³ II § 1294 Rz 22.
³⁹ ZB *Pfaff/Hofmann*, Excurse II/1, 16; *Krasnopolski/Kafka*, Erbrecht 18 f (mwN); aA (hinsichtlich strafrechtlicher Verjährung) *Hanausek*, Gesetzliche Erbfolge 42.
⁴⁰ Dafür zB *Pfaff/Hofmann*, Commentar II/1, 25; *dies*, Excurse II/1, 19 ff; *Anders*, Erbrecht² 8; dagegen etwa *Unger*, Erbrecht⁴ 24 Anm 12; *Stubenrauch*, Commentar⁸ I 747 f; *Krasnopolski/Kafka*, Erbrecht 20; differenzierend *Michel*, VJSchr 1858, 49.
⁴¹ Commentar II/1, 24 f.
⁴² Gesetzliches Erbrecht 38 ff.
⁴³ *Pfaff/Hofmann*, Commentar II/1, 25.
⁴⁴ *Hanausek*, Gesetzliches Erbrecht 43.

sers gelten.⁴⁵ Nach § 540 idF III. TN war erbunwürdig somit nur, wer ein Verbrechen gegen den Erblasser begangen hatte. Das ABGB rekurrierte dabei auf den Verbrechensbegriff des StG 1852.⁴⁶

c) Neufassung im Zuge der Strafrechtsreform 1974

Im Zuge der großen Strafrechtsreform 1974 – das heute geltende StGB vom 23. 1. 1974,⁴⁷ kundgemacht am 29. Jänner 1974, trat am 1. 1. 1975 in Kraft⁴⁸ – war es erforderlich, andere Gesetzesstellen außerhalb des StGB, die auf das alte Strafrecht rekurrierten, entsprechend anzupassen. So wurden mit BGBl 1974/496 jene Bestimmungen des ABGB, die bislang auf den (alten) Verbrechensbegriff des StG 1852 abstellten, neu gefasst.⁴⁹ Anstelle des Tatbestandsmerkmals des Verbrechens trat die „gerichtlich strafbare Handlung, die nur mit Vorsatz begangen werden kann und mit mehr als einjähriger Freiheitsstrafe bedroht ist"; dazu sogleich näher Rz 9. Ein Verbrechen im Sinne des heutigen Strafrechts (vgl § 17 StGB) muss hingegen nicht vorliegen.⁵⁰

3. Die Tatbestandsvoraussetzungen des § 540 1. Fall

a) Die Voraussetzungen im Allgemeinen

§ 540 1. Fall umfasst lediglich Verstöße gegen das Kriminalstrafrecht, nicht aber Verwaltungsübertretungen⁵¹ (arg „gerichtlich strafbare Handlung"). Weiters fallen nur Vorsatzdelikte unter § 540 1. Fall. Dies ist gemeint, wenn das Gesetz von einer strafbaren Handlung, die nur vorsätzlich begangen werden kann, spricht.⁵² „Strafbare Handlung" iSd § 540 1. Fall bedeutet – abweichend vom heute herrschenden Begriffsverständnis in der Strafrechtsdogmatik⁵³ – die Straftat bzw das Delikt.⁵⁴ Demnach müssen Tatbestandsmäßigkeit, Rechtswidrigkeit

---

45 HHB 78 BlgHH 21. Sess (1912) 107.
46 Vgl dazu etwa OGH 18.3.1959, 6 Ob 78/59, EvBl 1959/217; 3.4.1968, 6 Ob 91/68, EvBl 1968/355 = JBl 1970, 205; *Weiß* in Klang² III 98.
47 BGBl 1974/60: Bundesgesetz vom 23. Jänner 1974 über die mit gerichtlicher Strafe bedrohten Handlungen (Strafgesetzbuch – StGB).
48 § 322 StGB.
49 BGBl 1974/496.
50 *Eccher* in Schwimann/Kodek⁴ III § 540 Rz 7.
51 *Welser* in Rummel/Lukas⁴ § 540 Rz 5; *Likar-Peer* in Ferrari/Likar-Peer, Erbrecht 285.
52 Dies ergibt sich aus dem Hintergrund der auf BGBl 1974/496 zurückgehenden Formulierung (s Rz 8). Hält man sich dies vor Augen, so erscheint der Wortlaut der Bestimmung nicht mehr so missverständlich wie bei unbefangener Betrachtung (zum missverständlichen Wortlaut *Kralik*, Erbrecht³ 35 f FN 3; auf *diesen* hinweisend *B. Jud*, NZ 2006, 72; *Likar-Peer* in Ferrari/Likar-Peer, Erbrecht 285 FN 27; *Christandl/Nemeth*, NZ 2016, 6 FN 46).
53 S zur strafbaren Handlung, die nur vorliegt, wenn keine Rechtfertigungs-, Schuldausschließungs- und Strafausschließungsgründe vorliegen (vgl § 260 StPO), einerseits und zur mit Strafe bedrohten Handlung, die Tatbestandsmäßigkeit und Rechtswidrigkeit, nicht aber Schuld voraussetzt, andererseits zB OGH 29.5.2002, 13 Os 53/02, JBl 2003, 535; RIS-Justiz RS0109716; RS0120218.
54 Das Delikt setzt sich aus Tatbestandsmäßigkeit, Rechtswidrigkeit und Schuld zusammen. Richtigerweise ist daher im Zusammenhang mit § 540 1. Fall nicht von strafbarer Handlung (die ja bei Vorlie-

und Schuld iSd Strafrechts gegeben sein.⁵⁵ Rechtfertigungsgründe⁵⁶ schließen Erbunwürdigkeit iSd § 540 1. Fall also ebenso aus wie Schuldausschließungsgründe⁵⁷ im strafrechtlichen Sinne (s dazu sogleich Rz 10 f). Irrelevant ist hingegen das Vorliegen etwaiger Strafausschließungsgründe.⁵⁸

10 Keine Rechtswidrigkeit ist zB gegeben bei Notwehr iSd § 3 StGB⁵⁹ oder bei rechtfertigendem,⁶⁰ übergesetzlichem⁶¹ Notstand. Einen Rechtfertigungsgrund stellt ferner der Wille des einwilligungsfähigen Erblassers, dass keine medizinischen lebenserhaltenden oder lebensverlängernden Maßnahmen an ihm vorgenommen werden, dar; dasselbe gilt für den mutmaßlichen Willen eines Einwilligungsunfähigen (passive Sterbehilfe;⁶² vgl im Gegensatz dazu die aktive Sterbehilfe, dazu unten Rz 23). Ein solcher (mutmaßlicher) Wille begründet Rechtmäßigkeit des Behandlungsabbruches.⁶³ Hat also der Erbe – zB der Ehegatte des Erblassers – aufgrund des mutmaßlichen Willens des einwilligungsunfähigen Erblassers dem behandelnden Arzt gegenüber angeordnet, lebensverlängernde Maßnahmen wie künstliche Ernährung beim Erblasser einzustellen, liegt keine Rechtswidrigkeit iSd Strafrechts und somit keine Erbunwürdigkeit iSd § 540 1. Fall vor.⁶⁴ Ohne den entsprechenden (mutmaßlichen) Willen des Erblassers zu sterben wäre dies Mord iSd § 75 StGB durch Unterlassung, wobei dem Arzt Garantenstellung iSd § 2 StGB zukommt und der Erbunwürdige als Bestimmungstäter iSd § 12 StGB (s dazu Rz 23) handelt.⁶⁵ An den Beweis des mutmaß-

---

gen von Strafausschließungsgründen nicht gegeben ist), sondern von Delikt zu sprechen (s auch die treffende Begriffswahl bei *Zöchling-Jud* in Rabl/Zöchling-Jud, Neues Erbrecht 85 f) bzw von Straftat.

55   *Kralik*, Erbrecht³ 36.

56   *Kralik*, Erbrecht³ 36; *Welser* in Rummel/Lukas⁴ § 540 Rz 6; *Likar-Peer* in Ferrari/Likar-Peer, Erbrecht 287; *Scheuba* in Gruber/Kalss/Müller/Schauer, Erbrecht und Vermögensnachfolge § 9 Rz 60; *Werkusch-Christ* in Kletečka/Schauer, ABGB-ON 1.03 § 540 Rz 1; OGH 7.7.2008, 7 Ob 286/07p, SZ 2008/94 = JBl 2009, 100.

57   *Kralik*, Erbrecht³ 36; *Likar-Peer* in Ferrari/Likar-Peer, Erbrecht 287; *Scheuba* in Gruber/Kalss/Müller/Schauer, Erbrecht und Vermögensnachfolge § 9 Rz 60; OGH 7.7.2008, 6 Ob 286/07p, SZ 2008/94 = JBl 2009, 100; dazu *Bernat*, JBl 2009, 129; *B. Jud*, EF-Z 2008, 230.

58   *Kralik*, Erbrecht³ 36; *Eccher* in Schwimann/Kodek⁴ III § 540 Rz 6; aA (jeweils noch zu § 540 aF) *Hanausek*, Gesetzliches Erbrecht 42; OGH 22.3.1906, Nr 2575, GlUNF 3362.

59   *Kralik*, Erbrecht³ 36; *Likar-Peer* in Ferrari/Likar-Peer, Erbrecht 287; idS auch bereits *Zeiller*, Commentar II/2, 396.

60   *Kralik*, Erbrecht³ 36.

61   *Likar-Peer* in Ferrari/Likar-Peer, Erbrecht 287.

62   Zu den verschiedenen Arten der Sterbehilfe aus strafrechtlicher Sicht s ausf *Moos* in Höpfel/Ratz, WK-StGB² Vor §§ 75–79 Rz 17 ff mwN; weiters *Fabrizy*, StGB¹¹ (2013) § 75 Rz 5–8; dazu näher Rz 23 FN 146.

63   Dazu ausführlich OGH 7.7.2008, 6 Ob 286/07p, SZ 2008/94 = JBl 2009, 100 mwN zur Frage, unter welchen Umständen passive Sterbehilfe straflos ist. Zur Begründung des OGH hinsichtlich passiver Sterbehilfe eingehend *Bernat*, JBl 2009, 129 ff; s zu dieser E auch *B. Jud*, EF-Z 2008, 230.

64   Vgl den der E OGH 7.7.2008, 6 Ob 286/07p, SZ 2008/94 = JBl 2009, 100 zugrunde liegenden Sachverhalt. Dazu eingehend aus interdisziplinärer Sicht *Bernat*, JBl 2009, 129 ff; aus strafrechtlicher Sicht *Schütz*, iFamZ 2009, 32; zu dieser E weiters *B. Jud*, EF-Z 2008, 230.

65   OGH 7.7.2008, 6 Ob 286/07p, SZ 2008/94 = JBl 2009, 100 (*in concreto* ging es um versuchten Mord in der im Text genannten Begehungsform, weil die Erblasserin nach Absetzen der künstlichen Ernährung nicht verstarb und die künstliche Ernährung mittels Magensonde nach ein paar Tagen wieder aufgenommen wurde, nachdem die Tochter der Erblasserin und des Erbanwärters Anzeige bei der Staatsanwaltschaft erstattet hatte; zudem hatte ein Pfleger sich den Anweisungen des

lichen Sterbewillens, als solcher Tatsachenfrage,[66] ist allerdings ein besonders strenger Maßstab anzulegen.[67] Im Zweifel gilt der Wille, durch medizinische Behandlung weiterzuleben („*in dubio pro vita*").[68] Wertvorstellungen der Gesellschaft oder anderer Personen müssen dabei aber außer Acht bleiben.[69] Ist ein solcher mutmaßlicher Erblasserwille aber erwiesen, so ergibt sich bereits aus der daraus resultierenden fehlenden Rechtswidrigkeit, dass keine Erbunwürdigkeit nach § 540 1. Fall vorliegt.[70] Auf zusätzliche Kriterien – etwa ob die Straftat gegen den Willen des Erblassers gerichtet war und somit eine solche gegen den Erblasser iSd § 540 1. Fall ist (s dazu unten Rz 22 f) – kommt es daher nicht an, weil ohnehin gar keine Straftat vorliegt.[71]

Schuldausschließungsgründe liegen in folgenden Konstellationen vor: Zunächst schließt Schuldunfähigkeit iSd § 11 StGB das Vorliegen einer Straftat iSd § 540 1. Fall aus.[72] Dies ist der Fall, wenn die Straftat gegen den Erblasser, wenn auch vorsätzlich, im Zustand der Unzurechnungsfähigkeit begangen wurde – zB die Ermordung des Erblassers durch den an einer schizophrenen Psychose leidenden Ehegatten.[73] Der Ansicht *Ecchers*, wonach ausnahmsweise Erbunwürdigkeit gegeben sein könne, wenn der Täter „mit einem zivilrechtlich vorwerfbaren natürlichen Vorsatz" gehandelt hat,[74] ist entgegenzuhalten, dass das Gesetz, wenn es zur Umschreibung des zivilrechtlichen Tatbestands gleichsam „als Abkürzung" auf das Strafrecht Bezug nimmt,[75] eben die dort geltenden Kriterien zum Inhalt des

11

---

behandelnden Arztes, Nahrungs- und Flüssigkeitszufuhr abzusetzen, teilweise widersetzt und der Erblasserin Flüssigkeit verabreicht).

66 OGH 7.7.2008, 6 Ob 286/07p, SZ 2008/94 = JBl 2009, 100.
67 *Welser* in Rummel/Lukas⁴ § 540 Rz 6.
68 OGH 7.7.2008, 6 Ob 286/07p, SZ 2008/94 = JBl 2009, 100; *Welser* in Rummel/Lukas⁴ § 540 Rz 6.
69 OGH 7.7.2008, 6 Ob 286/07p, SZ 2008/94 = JBl 2009, 100; *Welser* in Rummel/Lukas⁴ § 540 Rz 6.
70 OGH 7.7.2008, 6 Ob 286/07p, SZ 2008/94 = JBl 2009, 100, jedoch zusätzlich darauf abstellend, ob sich die Tat (*in concreto* die Anordnung des Erben, lebenserhaltende Maßnahmen bei seiner Ehegattin einzustellen) gegen den Erblasser bzw gegen dessen Willen richtet, und dies – mE verfehlt – bei entsprechendem mutmaßlichem Willen verneinend (s dazu Rz 23).
71 Diese Kriterien jedoch vermengend OGH 7.7.2008, 6 Ob 286/07p, SZ 2008/94 = JBl 2009, 100. Bei der Frage, ob die Straftat gegen den Willen des Erblassers und somit gegen den Erblasser iSd § 540 1. Fall begangen wurde, kann es jedoch nicht auf den mutmaßlichen, sondern nur auf den tatsächlichen Willen ankommen. Nur der tatsächliche Wille des Erblassers entkräftet die Vermutung, dass derjenige, der eine schwere Verfehlung gegen den Erblasser begeht, nichts aus dessen Nachlass erhalten soll.
72 Vgl OGH 7.12.1993, 6 Ob 636/93, EvBl 1994/32 = JBl 1994, 536 = NZ 1994, 64; 5.6.2008, 6 Ob 111/08d; *Weiß* in Klang² III 98; *Kralik*, Erbrecht³ 36; *Welser* in Rummel/Lukas⁴ § 540 Rz 6 (dieser verwendet allerdings den zivilrechtlichen Begriff der „Deliktsfähigkeit"); abw *Eccher* in Schwimann/Kodek⁴ III § 540 Rz 6.
73 Vgl OGH 7.12.1993, 6 Ob 636/93, EvBl 1994/32 = JBl 1994, 536 = NZ 1994, 64; zu den Konsequenzen der Unzurechnungsfähigkeit *Weiß* in Klang² III 98; *Kralik*, Erbrecht³ 36; *Welser* in Rummel/Lukas⁴ § 540 Rz 6 (dieser verwendet allerdings den zivilrechtlichen Begriff der „Deliktsfähigkeit"); aA *Eccher* in Schwimann/Kodek⁴ III § 540 Rz 6: Zivilrechtlich vorwerfbarer „natürlicher Vorsatz" sei ausreichend (dazu sogleich im Text).
74 *Eccher* in Schwimann/Kodek⁴ III § 540 Rz 6.
75 *Handl* in Klang II/1, 49; ganz ähnlich *Kralik*, Erbrecht³ 35 f.

zivilrechtlichen Tatbestands erhebt.[76] Und dazu gehören eben auch die Schuldausschließungsgründe, denn in diesen Fällen ist die Handlung nicht vorwerfbar im strafrechtlichen Sinne (vgl auch § 4 StGB: Keine Strafe ohne Schuld)[77] und somit keine Straftat iSd § 540 1. Fall. Überdies wird der Ausschluss vom Erbrecht im Falle der Schuldunfähigkeit nicht unbedingt dem typischen hypothetischen Erblasserwillen entsprechen.[78] – Keine Erbunwürdigkeit iSd § 540 1. Fall zeitigen ferner der entschuldigende Notstand iSd § 10 StGB und der Rechtsirrtum iSd § 9 StGB;[79] ebenso wenig die irrtümliche Annahme eines rechtfertigenden Sachverhalts iSd § 8 StGB, die die Strafbarkeit wegen des entsprechenden Vorsatzdelikts ausschließt (zB Putativnotwehr;[80] Irrtum über das Vorhandensein des – allenfalls mutmaßlichen – Willens des Erblassers, durch passive Sterbehilfe zu sterben[81]).

12 Der Versuch ist dem vollendeten Delikt gleichgestellt (§ 15 StGB).[82] Daher bewirkt auch die bloß versuchte Straftat gegen den Erblasser Erbunwürdigkeit iSd § 540 1. Fall,[83] nicht aber die bloße Vorbereitungshandlung.[84] Das Strafrecht unterscheidet weiters nicht zwischen den einzelnen Begehungsformen eines Delikts: Gem § 12 StGB sind Bestimmungstäter und Beitragstäter genauso zu bestrafen wie der unmittelbare Täter.[85] Daher ist als Bestimmungstäter wegen Mordes erbunwürdig, wer entgegen dem – allenfalls mutmaßlichen – Willen des Erblassers zu sterben (dazu oben Rz 10) den behandelnden Arzt dazu bestimmt, lebensverlängernde medizinische Maßnahmen beim Erblasser einzustellen.[86]

13 Es kommen nur solche Delikte in Betracht, die mit mehr als einjähriger Freiheitsstrafe bedroht sind. Maßgebend ist demnach die Strafdrohung.[87] Darunter ist die obere Grenze des Strafrahmens zu verstehen, denn diese bildet die maximale Strafe, die für die jeweilige Handlung angedroht ist.[88] Es ist hingegen irrelevant, zu welcher Strafe der Betroffene tatsächlich verurteilt wurde[89]

---

[76] Vgl *Kralik*, Erbrecht 35 f; OGH 7.2.1993, 6 Ob 636/93, EvBl 1994/32 = JBl 1994, 536 = NZ 1994, 64.

[77] OGH 7.2.1993, 6 Ob 636/93, EvBl 1994/32 = JBl 1994, 536 = NZ 1994, 64.

[78] S dazu *Welser*, Die Reform des Pflichtteilsrechts in Österreich und Deutschland, ZfRV 2008, 175 (178); *ders*, Reform 17.

[79] *Kralik*, Erbrecht³ 36.

[80] So im Zusammenhang mit § 1489 S 2: *Vollmaier* in Fenyes/Kerschner/Vonkilch, ABGB³ (Klang) § 1489 Rz 44 mwN.

[81] OGH 7.7.2008, 6 Ob 286/07p, SZ 2009, 100.

[82] *Lohsing*, NZ 1919, 122; *Weiß* in Klang² III 98 (jeweils noch zu § 8 StG 1852); *Likar-Peer* in Ferrari/Likar-Peer, Erbrecht 285.

[83] OGH 18.5.1953, 3 Ob 271, 272/53, JBl 1954, 174; 28.3.2008, 7 Ob 43/07k, NZ 2008/20 (*Kogler*) = SZ 2007/48 = EvBl 2008/117; 7.7.2008, 6 Ob 286/07p, SZ 2008/94 = JBl 2009, 100; *Handl* in Klang II/1, 49; *Weiß* in Klang² III 98; *Likar-Peer* in Ferrari/Likar-Peer, Erbrecht 285; *Eccher* in Schwimann/Kodek⁴ III § 540 Rz 6; *Apathy* in KBB⁴ § 540 Rz 2; *Welser* in Rummel/Lukas⁴ § 540 Rz 6; *Werkusch-Christ* in Kletečka/Schauer, ABGB-ON 1.03 § 540 Rz 1.

[84] *Lohsing*, NZ 1919, 122; *Weiß* in Klang² III 98.

[85] Vgl zur Bestimmungstäterschaft OGH 7.7.2008, 6 Ob 286/07p, SZ 2008/94 = JBl 2009, 100.

[86] Vgl dazu OGH 7.7.2008, 6 Ob 286/07p, SZ 2008/94 = JBl 2009, 100 (dort allenfalls versuchter Mord, weil die Erblasserin an den Folgen des vom Erbanwärter angeordneten Absetzens der künstlichen Ernährung nicht gestorben war).

[87] *Welser* in Rummel/Lukas⁴ § 540 Rz 6; *Likar-Peer* in Ferrari/Likar-Peer, Erbrecht 285.

[88] *Likar-Peer* in Ferrari/Likar-Peer, Erbrecht 285.

[89] *Welser* in Rummel/Lukas⁴ § 540 Rz 6; *Likar-Peer* in Ferrari/Likar-Peer, Erbrecht 285.

oder ob er überhaupt verurteilt wurde.[90] So steht ein freisprechendes Urteil der Erbunwürdigkeit iSd § 540 1. Fall nicht entgegen.[91] Ferner kommt es nicht darauf an, ob ein Strafverfahren eingeleitet wurde.[92] Das Zivilgericht hat vielmehr selbstständig über die Qualifikation der Straftat zu entscheiden[93] – dies ist strafrechtliche Vorfrage für die Beurteilung der Erbunwürdigkeit nach § 540 1. Fall.[94] Ferner kommt es grundsätzlich nicht darauf an, ob es sich beim begangenen Delikt um ein Offizial-, Ermächtigungs- oder Privatanklagedelikt handelt.[95] Aufgrund der geforderten Schwere der Tat wird es jedoch im Falle von anderen als Offizialdelikten in aller Regel an der von § 540 1. Fall geforderten Strafdrohung fehlen.[96]

Fraglich könnte sein, ob die strafrechtliche Privilegierung bei Begehung **14** bestimmter Vermögensdelikte im Familienkreis (§ 166 StGB) zu beachten ist, wie dies bisher einhellig vertreten wurde.[97] Dies führt nämlich zu einer Ungleichbehandlung von an sich gleich schweren Straftaten – abhängig davon, ob der Täter zum Familienkreis des Erblassers iSd § 166 StGB gehörte oder nicht. Gerade bei Erbanwärtern, die als gesetzliche Erben oder als Pflichtteilsberechtigte in Betracht kommen, werden die Voraussetzungen für die Privilegierung des § 166 StGB viel eher gegeben sein als bei einer außenstehenden, testamentarisch bedachten Person – dem in der Praxis sicher weniger bedeutsamen Fall. Es erscheint daher überlegenswert, § 166 StGB bei der Beurteilung der Frage, ob die vom potentiellen Erben begangene Straftat mit mehr als einjähriger Freiheitsstrafe bedroht ist, außer Acht zu lassen und nur auf die Strafdrohung des jeweiligen Delikts abzustellen. Dem ist aber mit *Rabl*[98] entgegenzuhalten,

---

[90] *Likar-Peer* in Ferrari/Likar-Peer, Erbrecht 285; *Scheuba* in Gruber/Kalss/Müller/Schauer, Erbrecht und Vermögensnachfolge § 9 Rz 60; *Apathy* in KBB⁴ § 540 Rz 2; *Welser* in Rummel/Lukas⁴ § 540 Rz 6.

[91] *Welser* in Rummel/Lukas⁴ § 540 Rz 6.

[92] OGH 22.3.1906, Nr 2575, GlUNF 3362; *Weiß* in Klang² III 98.

[93] Seit der Aufhebung des § 268 ZPO, wonach die Zivilgerichte an ein verurteilendes Strafurteil gebunden waren, durch den VfGH (12.10.1990, G 73/89; Kundmachung der Aufhebung mit BGBl 1990/706, Aufhebung mit Wirkung ab 16.11.1990) besteht keine Bindungswirkung an ein verurteilendes Strafurteil mehr. Das Zivilgericht hat vielmehr eigenständig zu entscheiden. Der Strafakt dient aber als Beweismittel im Zivilprozess. Zum einen kann jene Prozesspartei, die sich auf das Vorliegen einer Straftat iSd § 540 1. Fall stützt, die Beischaffung des Strafakts als Beweismittel beantragen. Das Gericht kann zum anderen, da die Erbunwürdigkeit ja auch von Amts wegen wahrzunehmen ist, von sich aus die Beischaffung verfügen. Die Verwertung der im Strafverfahren gewonnenen Beweise kann eine neuerliche Beweisaufnahme ersetzen (§ 281a ZPO). Ferner kann das Zivilgericht den Zivilprozess bis zur Entscheidung des Strafgerichts unterbrechen (§ 191 ZPO). Vor allem aber kann sich der strafrechtlich Verurteilte nach nunmehr nA nicht selbst auf die Unrichtigkeit des Strafurteils berufen (s *Fucik* in Rechberger, ZPO⁴ § 191 Rz 6 mwN).

[94] OGH 7.7.2008, 6 Ob 286/07p, SZ 2008/94 = JBl 2009, 100; *Welser* in Rummel/Lukas⁴ § 540 Rz 6.

[95] S dazu bereits zur Urfassung des § 540 die Nachweise oben Rz 6.

[96] Vgl *Eccher* in Schwimann/Kodek⁴ III § 540 Rz 7.

[97] Unter der Ägide des StG 1852 war der Familiendiebstahl eine Übertretung (vgl § 463 StG), also kein Verbrechen iSd § 540 idF III. TN. Familiendiebstahl konnte demnach nicht unter § 540 subsumiert werden: OGH 18.3.1959, 6 Ob 78/59, EvBl 1959/217; 3.4.1968, 6 Ob 91/68, EvBl 1968/355 = JBl 1970, 205; *Lohsing*, NZ 1919, 121; *Weiß* in Klang² III 98; zur geltenden Rechtslage s FN 101.

[98] NZ 2015, 329.

dass es der Gesetzgeber anlässlich der III. TN bewusst in Kauf genommen hatte, die Begehung bestimmter Vermögensdelikte im Familienkreis von der Erbunwürdigkeit iSd § 540 idF III. TN auszunehmen.[99] Denn mit der III. TN wurden die relevanten Straftaten auf Verbrechen iSd StG 1852 eingeschränkt – und somit Vergehen und Übertretungen iSd damaligen Strafrechts von der Erbunwürdigkeit des § 540 ausgenommen; zu Letzteren wiederum zählte auch der Familiendiebstahl iSd § 463 StG 1852, die Vorläuferregelung des heutigen § 166 StGB. Dass der sog Familiendiebstahl iSd § 463 StG 1852 aus dem Anwendungsbereich des § 540 idF III. TN herausfallen würde, war dem Gesetzgeber durchaus bewusst: So ist in der Begründung des HHB, wonach die Urfassung des § 540 nicht nur in personeller, sondern auch im Hinblick auf die Schwere der Tat eingeschränkt werden sollte, auch der Familiendiebstahl iSd damaligen Strafrechts angeführt.[100] Daher ist diese Privilegierung von Begehungen im Familienkeis iSd § 166 StGB im Rahmen des § 540 1. Fall sehr wohl zu berücksichtigen, sodass die meisten Vermögensdelikte innerhalb der Familie ohne erbrechtliche Konsequenzen bleiben.[101]

15   Unklar ist, welchen Einfluss spätere, dh nach der Begehung der Tat erfolgte Änderungen des Strafrahmens durch den Gesetzgeber auf das (Nicht-)Vorliegen der Erbunwürdigkeit haben. Nach der Ansicht *Kraliks*[102] ist auf das im Zeitpunkt des Erbanfalls geltende Strafrecht abzustellen, zumal dies gem § 545 der maßgebliche Zeitpunkt ist, nach dem sich die Erbunfähigkeit beurteilt. Demgegenüber hält *Handl*[103] das Strafrecht im Tatzeitpunkt für maßgeblich; er beruft sich dabei auf § 5. Für letztere Ansicht spricht wohl auch das Rückwirkungsverbot des § 61 StGB. Auch nach der hA zu § 1489 S 2 2. Fall – wonach Schadenersatzansprüche, die aus einer gerichtlich strafbaren Handlung, die nur vorsätzlich begangen werden kann und mit mehr als einjähriger Freiheitsstrafe bedroht ist, resultieren, stets in 30 Jahren verjähren – kommt es grundsätzlich auf die Strafdrohung im Zeitpunkt der Begehung der Straftat an.[104] Zwar wird der Normzweck des § 1489 S 2 2. Fall – anders als jener des § 540 1. Fall – in einer Pönalisierung der Handlung gesehen,[105] was ein Abstellen auf § 61 StGB nahelegt.[106] Dennoch wird man auch im Zusammenhang mit § 540 1. Fall auf die Strafdrohung im Tatzeitpunkt abstellen müssen, zumal es um die Schwere der Verfehlung geht, die der Gesetzgeber mit dem entsprechenden Unwerturteil belegt hat[107] und die den objektiven Maßstab für den vermuteten Erblasserwillen, dass derjenige, der sich gegen den Erblasser verfehlt hat, nichts aus seinem Nachlass erhalten solle, darstellt. Die Erbunwürdigkeit ist ja

---

[99] HHB 78 BlgHH 21. Sess (1912) 107.
[100] HHB 78 BlgHH 21. Sess (1912) 107.
[101] So zu § 540 idgF und der Geltung des StGB 1974: *Kralik*, Erbrecht³ 37; *Likar-Peer* in Ferrari/Likar-Peer, Erbrecht 286; zu § 540 idF III. TN, wonach unter „Verbrechen" nur solche iSd I. Teiles des StG 1852 und dessen Nebengesetzen zu verstehen waren, s die Nachw in FN 97.
[102] Erbrecht³ 42.
[103] In Klang II/1, 49.
[104] *Vollmaier* in Fenyves/Kerschner/Vonkilch, ABGB³ (Klang) § 1489 Rz 45 mwN zur Rsp.
[105] *Vollmaier* in Fenyves/Kerschner/Vonkilch, ABGB³ (Klang) § 1489 Rz 11.
[106] *Vollmaier* in Fenyves/Kerschner/Vonkilch, ABGB³ (Klang) § 1489 Rz 45 FN 270.
[107] Vgl *Kralik*, Erbrecht³ 35.

in gewissem Sinne gleichsam eine gesetzlich vermutete Enterbung.[108] Im Rahmen der Letzteren wiederum muss es wohl auf die Strafdrohung im Tatzeitpunkt ankommen; wenn es auch nach der bis zum 31. 12. 2016 geltenden Rechtslage strittig ist, ob der Enterbungsgrund für die Anordnung der Enterbung kausal gewesen sein und somit im Zeitpunkt der entsprechenden Verfügung bereits vorliegen muss,[109] so hat sich der Gesetzgeber des ErbRÄG 2015 im neuen § 772 Abs 2 für eben diese Ansicht entschieden.[110] Dann aber kann jedenfalls nicht der Todeszeitpunkt oder gar jener eines späteren Erbanfalls relevant sein;[111] in Frage kommen nur entweder der Tatzeitpunkt oder der Zeitpunkt der Anordnung der Enterbung. Da die Rechtmäßigkeit der Enterbung, beruhend auf einer bestimmten Handlung des potentiellen Pflichtteilsberechtigten, aber nicht davon abhängig sein kann, wann der Erblasser die Enterbung angeordnet hat, kann nur der Tatzeitpunkt relevant sein. Das Abstellen auf den Tatzeitpunkt steht im Übrigen auch nicht im Widerspruch zu § 545: Denn diese Norm bestimmt ja nur, dass im Zeitpunkt des Erbanfalls Erbfähigkeit gegeben sein muss; umgekehrt bedeutet dies, dass die in diesem Zeitpunkt vorliegende Erbunfähigkeit den Erbanfall verhindert. Ob aber der Erbanwärter in diesem Zeitpunkt erbunfähig ist, hängt im Falle des § 540 1. Fall schlicht davon ab, ob der Tatbestand der Norm erfüllt ist. Stellt man nun auf die Strafdrohung im Tatzeitpunkt ab, so ist der Tatbestand des § 540 1. Fall eben erfüllt, wenn diese im Tatzeitpunkt das geforderte Ausmaß erreichte. Dann aber liegt die aus der Erbunwürdigkeit des § 540 resultierende (relative) Erbunfähigkeit jedenfalls im Zeitpunkt des Erbanfalls vor. Dies passt auch – gleichsam spiegelverkehrt – zu der zu § 542 vertretenen Argumentation: Nach hA zu § 542 können Vereitelungshandlungen gegen den letzten Willen des Erblassers ja auch nach dem Tod des Erblassers zur Erbunwürdigkeit führen. Diese ist dann auf den Zeitpunkt des Erbanfalls rückzubeziehen (s dazu § 542 [§ 540 nF] Rz 23).

Unterliegt die rechtliche Beurteilung der Erbunwürdigkeit österreichischem Recht (s dazu *Kogler* in diesem Band §§ 545, 546 [§ 543 nF] Rz 10 f), so ist die Frage, ob eine Straftat nach § 540 1. Fall vorliegt, jedenfalls nach österreichischem Strafrecht zu beurteilen, auch wenn die Tat im Ausland begangen wurde und in einem allfälligen Strafverfahren ausländisches Strafrecht anzuwenden wäre. Denn wenn das Gesetz, anstatt den Tatbestand, an den es zivilrechtliche Folgen knüpft, unmittelbar zu bestimmen, stattdessen – gleichsam zur Abkürzung – auf ein anderes Gesetz verweist, kann nur das österreichische Strafrecht gemeint sein.[112] **16**

---

108 Vgl dazu auch *Helms* in MüKoBGB⁶ § 2339 Rz 2.
109 S dazu etwa *Likar-Peer* in Ferrari/Likar-Peer, Erbrecht 390 f mwN; *Nemeth* in Schwimann/Kodek⁴ III § 768 Rz 6 (Letztere Kausalität verlangend, Erstere nicht); explizit offen lassend OGH 8.3.1995, 7 Ob 505/95, NZ 1997, 243.
110 S dazu EB RV 688 BlgNR 25. GP 29.
111 Vgl aber auch *Rabl*, NZ 2015, 328 FN 70 und 72, der dem Kausalitätserfordernis des § 772 Abs 2 kritisch gegenüber steht und dieses nicht auf die Erbunwürdigkeit ausweiten will; offen ist allerdings, welche Fälle *Rabl* dabei vor Augen hat; die im Text erwähnte Problematik spricht er nicht an.
112 *Handl* in Klang II/1, 49.

17 Der Erblasser muss die Identität des Täters nicht kennen; für den Eintritt der Erbunwürdigkeit ist es vielmehr gar nicht erforderlich, dass der Erblasser überhaupt von der Straftat Kenntnis erlangt hat.[113] Ansonsten würden gerade die krassesten Fälle aus dem Anwendungsbereich des § 540 1. Fall herausfallen, in denen der Erblasser – etwa wegen seiner Ermordung – überhaupt keine Gelegenheit gehabt hatte, eine Beschränkung der Erbenstellung vorzunehmen. Es ist aber doch gerade der Sinn und Zweck der Bestimmungen über die Erbunwürdigkeit, vor allem in solchen Fällen demjenigen, der sich besonders schwer gegen den Erblasser verfehlt hat, im Sinne des Erblassers das Erbrecht zu nehmen.[114]

18 Das Vorliegen des Erbunwürdigkeitsgrundes muss derjenige, der die Erbunwürdigkeit iSd § 540 1. Fall behauptet, beweisen (s dazu allg Rz 55). Der Erbunwürdige trägt hingegen die Beweislast für das Vorliegen eines Rechtfertigungsgrundes oder Schuldausschließungsgrundes, wie der OGH in der E 7. 7. 2008, 6 Ob 286/07p[115] ausführte.[116] Dagegen wurde aus strafrechtlicher Sicht eingewendet, dass der Tatbestand des § 540 1. Fall „strafrechtsakzessorisch" sei und die Ansicht des OGH in Widerspruch zu den im Strafrecht geltenden besonders strengen Beweisanforderungen stehe.[117] Dabei werden jedoch zwei Fragen miteinander vermischt: einerseits jene nach der Beweislastverteilung, andererseits jene nach dem erforderlichen Beweismaß. Die vom OGH angenommene Beweislastverteilung entspricht jedenfalls den Prinzipien des Zivilprozesses. Denn auch wenn die Erbunwürdigkeit von Amts wegen wahrzunehmen ist[118] (dazu unten Rz 55), ist es Sache dessen, der sich auf die Erbunwürdigkeit beruft, die Tatbildmäßigkeit der Verfehlung des Erbanwärters zu behaupten und zu beweisen (s dazu unten Rz 55); demgegenüber hat der rechtmäßig oder ohne Schuld Handelnde eben diese Umstände zu behaupten und zu beweisen. Diese Frage ist auseinanderzuhalten mit jener nach dem erforderlichen Beweismaß. Letzteres ist nämlich im Strafprozess gegenüber jenem im Zivilprozess erhöht: Während es im Zivilprozess ausreicht, wenn der Richter mit an Sicherheit grenzender Wahrscheinlichkeit vom Vorliegen der entscheidungsrelevanten Tatsachen ausgehen kann, ist im Strafrecht Sicherheit über das Vorliegen eines bestimmten Sachverhalts gefordert.[119] Die strafrechtsakzessorische Formulierung des Tatbestandes des § 540 1. Fall scheint *prima vista* für das Beweismaß des Strafrechts zu sprechen; hinzu kommt, dass dieses auch im Rahmen des § 1489 S 2 2. Fall, wonach Schadenersatzansprüche, die aus einer gerichtlich strafbaren Handlung, die nur mit Vorsatz begangen werden kann und mit mehr als einjähriger Freiheitsstrafe bedroht ist, stets in 30 Jahren verjähren, für

---

[113] Statt vieler zB *Pfaff/Hofmann*, Excurse II/1, 17; *Hanausek*, Gesetzliches Erbrecht 40; *Ehrenzweig*, System II/2², 371; aA *Winiwarter*, Bürgerliches Recht² III 21.

[114] *Ehrenzweig*, System II/2², 371; *B. Jud*, NZ 2006, 71.

[115] SZ 2008/94 = JBl 2009, 100.

[116] Ebenso *B. Jud*, EF-Z 2008, 230; *Welser* in Rummel/Lukas⁴ § 540 Rz 6; vgl aber auch *Schütz*, iFamZ 2009, 32 (dazu sogleich im Text sowie in der nächsten FN).

[117] *Schütz*, iFamZ 2009, 32.

[118] OGH 27.7.1892, Nr 8989, GlU 14.332; 12.3.1958, 5 Ob 45/58, EFSlg 4555; 9.11.2006, 6 Ob 218/06m, Zak 2007/43 = iFamZ 2007/53; 7.7.2008, 6 Ob 286/07p, SZ 2008/94 = JBl 2009, 100; 28.1.2010, 2 Ob 257/09x; *Weiß* in Klang² III 94; *Likar-Peer* in Ferrari/Likar-Peer, Erbrecht 293; *Eccher* in Schwimann/Kodek⁴ III § 540 Rz 5.

[119] Dazu im Zusammenhang mit § 1489 S 2 2. Fall *Vollmaier* in Fenyes/Kerschner/Vonkilch, ABGB³ (Klang) § 1489 Rz 46.

relevant erachtet wird.[120] Allerdings ist der Normzweck des § 1489 S 2 2. Fall – anders als bei § 540 1. Fall – ein pönalisierender,[121] weshalb die pönalisierende Wirkung der dreißigjährigen Verjährungsfrist keinesfalls nur den vermeintlichen Täter treffen soll.[122] Demgegenüber ist die ratio des § 540 1. Fall eine rein zivilrechtliche, das Gesetz nimmt dem Erbunwürdigen entsprechend dem hypothetischen Erblasserwillen das Erbrecht; und dies nicht nur bei Vorliegen einer Straftat iSd § 540 1. Fall, sondern auch im Falle einer gröblichen Verletzung familienrechtlicher Pflichten im Eltern-Kind-Verhältnis iSd § 540 2. Fall sowie bei Vereitelung des letzten Willens des Erblassers iSd § 542. Das Beweismaß muss aber für alle Fälle der Erbunwürdigkeit dasselbe sein – denn stets geht es darum, ob der Erbanwärter eine derart schwere Verfehlung begangen hat, dass der gesetzliche Ausschluss vom Erbrecht entsprechend dem hypothetischen Erblasserwillen gerechtfertigt ist. Dem steht nicht entgegen, dass sich § 540 1. Fall, um die Voraussetzungen für die darin angeordnete Erbunwürdigkeit zu umschreiben, eines Verweises auf das Strafrecht bedient – dies bedeutet lediglich, dass das Vorliegen der Straftat, dh Tatbestandsmäßigkeit, Rechtswidrigkeit und Schuld (s oben Rz 9) – dem Strafrecht zu entnehmen ist.[123] Das Beweismaß bleibt aber, da es sich um eine Vorschrift privatrechtlicher Natur ohne pönalen Charakter handelt, jenes des Zivilprozesses.

b) Bedeutungsgehalt „gegen den Erblasser"

aa) Veränderungen des Strafrahmens (§§ 29, 39 StGB)

19 Das StGB sieht in bestimmten Fällen Veränderungen des Strafrahmens vor – so durch Strafverschärfung bei Rückfall (§ 39 StGB) oder durch die Zusammenrechnung von Werten gem § 29 StGB. Da § 540 1. Fall eine gegen den Erblasser gerichtete Straftat erfordert, sind bei der Ermittlung der Strafdrohung iSd § 540 1. Fall jene Taten des potentiellen Erben außer Acht zu lassen, die dieser gegen Dritte begangen hat.[124]

bb) Vorsatz gegen den Erblasser

20 Da § 540 1. Fall eine Straftat gegen den Erblasser voraussetzt, wird in der Lit gefordert, dass der Täter mit seiner Handlung gerade auf den Erblasser abzielt.[125] *Lohsing*[126] und diesem folgend *Weiß*[127] drückten dies wie folgt aus: Wurde die

---

120 *Vollmaier* in Fenyves/Kerschner/Vonkilch, ABGB³ (Klang) § 1489 Rz 46 unter Hinweis auf *Spitzer/Kerschbichler*, Kindesmissbrauch und § 1489 ABGB. Brüche zwischen strafrechtlicher und zivilrechtlicher Verjährung, ÖJZ 2010, 330 (331).
121 Dazu *Vollmaier* in Fenyves/Kerschner/Vonkilch, ABGB³ (Klang) § 1489 Rz 11.
122 *Vollmaier* in Fenyves/Kerschner/Vonkilch, ABGB³ (Klang) § 1489 Rz 46.
123 *Kralik*, Erbrecht³ 35 f.
124 *Lohsing*, NZ 1919, 122; *Weiß* in Klang² III 98; *Kralik*, Erbrecht³ 37; *Likar-Peer* in Ferrari/Likar-Peer, Erbrecht 286.
125 *Lohsing*, NZ 1919, 122; *Weiß* in Klang² III 99; *Kralik*, Erbrecht³ 36; *Welser* in Rummel/Lukas⁴ § 540 Rz 6.
126 NZ 1919, 122.
127 In Klang² III 99.

Straftat zwar „am Erblasser", aber nicht „gegen den Erblasser" begangen, so zieht dies keine Erbunwürdigkeit nach sich. Damit ist gemeint, dass eine Straftat gegen den Erblasser nur dann vorliegt, wenn sich der Vorsatz des Täters darauf erstreckt, den Erblasser zu treffen.[128] Dies lässt sich allerdings nicht – wie dies *Kralik*[129] vertreten hat – aus dem Kriterium des Vorsatzes iSd Strafrechts begründen. Denn der strafrechtlich relevante Vorsatz muss schlicht auf die Verwirklichung des jeweiligen Tatbestandes gerichtet sein. Dabei ist die Person des Verletzten grundsätzlich irrelevant – der Vorsatz muss sich nur auf die Tötung oder Verletzung *eines* Menschen (nicht *dieses* Menschen), die Aneignung *einer* fremden Sache (nicht der fremden Sache einer bestimmten Person) etc bezogen haben.[130] Daher ist die Identitätsverwechslung, dh ein *error in persona*[131] ebenso wie ein *error in objecto*[132] unbeachtlich.[133] Aus strafrechtlicher Sicht wird das Delikt gegen denjenigen begangen, den der Täter mit seiner Tat tatsächlich verletzt hat und den er rein äußerlich vor Augen hatte. Im Zusammenhang mit § 540 1. Fall ist die – richtige – Auffassung, dass sich der Vorsatz des Täters auf den Erblasser erstreckt haben muss, daher zivilrechtlich zu begründen. Da die Erbunwürdigkeit die Konsequenz der (allenfalls hypothetischen) Kränkung des Erblassers ist, wird man hier zusätzlich darauf abstellen müssen, ob der Täter ein Rechtsgut des Erblassers oder das einer anderen Person treffen wollte. Richtete sich sein Vorsatz tatsächlich gegen den Erblasser, so liegt Erbunwürdigkeit vor, sonst nicht. Es reicht allerdings, dass der Erblasser in den Objektkreis, auf den sich der Vorsatz des Täters bezieht, hineinfällt. Will also der Täter zB *diesen* Menschen (im Gegensatz zu *einem* Menschen) oder einen Menschen aus *dieser* Personengruppe verletzen, ohne dass ihm die Identität der Person wichtig ist oder ohne dass er die Person überhaupt kennt, so reicht dies für einen Vorsatz gegen den Erblasser iSd § 540 1. Fall aus. Noch weniger muss es dem Täter bewusst sein, dass sein Opfer ihm gegenüber als Erblasser in Frage kommt;[134] oder umgekehrt formuliert, dass der Täter wusste, dass er Erbanwärter (potentieller Noterbe, Legatar) ist.

21 Vom *error in persona vel objecto* ist in strafrechtlicher Hinsicht die *aberratio ictus* zu unterscheiden. Während der Täter in den erstgenannten Fällen tatsächlich das von ihm sinnlich fixierte Tatobjekt trifft, er sich aber über dessen Identität geirrt hat,[135] trifft er bei der *aberratio ictus* ein anderes als das von

---

[128] Vgl auch *Welser* in Rummel/Lukas⁴ § 540 Rz 6.
[129] Erbrecht³ 36.
[130] S dazu zB *Steininger* in Triffterer/Rosbaud/Hinterhofer, SbgK (3. Lfg) § 5 Rz 121.
[131] *Steininger* in Triffterer/Rosbaud/Hinterhofer, SbgK (3. Lfg) § 5 Rz 129 (in Bezug auf die Identitätsverwechslung des unmittelbaren Täters; anders ist dies bei *error in persona* des Bestimmungstäters; dann liegt *aberratio ictus* vor; s dazu das Schulbeispiel des Rose-Rosahl-Falles, dazu *Steininger* aaO § 5 Rz 130). Zur Unbeachtlichkeit des *error in persona* s auch *Reindl-Krauskopf* in Höpfel/Ratz, WK-StGB² § 5 Rz 10 mwN.
[132] Dazu zB *Reindl-Krauskopf* in Höpfel/Ratz, WK-StGB² § 5 Rz 10 mwN.
[133] *Error in persona vel objecto* sind aber nur hinsichtlich gleichwertiger Rechtsgüter irrelevant: *Reindl-Krauskopf* in Höpfel/Ratz, WK-StGB² § 5 Rz 10. Bei ungleichwertigen Rechtsgütern liegt hingegen *aberratio ictus* vor; dazu sogleich Rz 21.
[134] IdS *Lohsing*, NZ 1919, 122; *Weiß* in Klang² III 98.
[135] Dies stellt einen unbeachtlichen Motivirrtum dar; dazu *Reindl-Krauskopf* in Höpfel/Ratz, WK-StGB² § 5 Rz 10.

ihm gewollte Objekt.[136] Die Angriffshandlung des Täters verfehlt also ihr ausgemachtes Ziel,[137] zumal er einen anderen Vorsatzgegenstand als den getroffenen vor Augen hatte.[138] Nach der im Strafrecht herrschenden Konkretisierungstheorie[139] ist die *aberratio ictus* stets beachtlich; das bedeutet, dass Versuch (§ 15 StGB) hinsichtlich der beabsichtigten Straftat vorliegt, während bezüglich des tatsächlich getroffenen Objekts allenfalls ein Fahrlässigkeitsdelikt gegeben ist.[140] War Vorsatzgegenstand also ein Rechtsgut des Erblassers, wurde jedoch das eines anderen getroffen, ist diese versuchte Tat bereits nach den Grundsätzen des Strafrechts (§ 15 StGB) eine solche gegen den Erblasser.[141] Im umgekehrten Fall, wenn also die Straftat gegen einen Dritten gerichtet war, durch die *aberratio ictus* aber versehentlich der Erblasser getroffen wurde, ist ein versuchtes Vorsatzdelikt gegen den Dritten gegeben, während gegenüber dem Erblasser allenfalls ein Fahrlässigkeitsdelikt begangen wurde; ein solches fällt wiederum nicht unter § 540 1. Fall (s oben Rz 9). Eines zusätzlichen Abstellens auf das Kriterium „gegen den Erblasser" iSd § 540 1. Fall bedarf es daher bei *aberratio ictus* nicht.[142]

cc) Straftaten mit Willen des Erblassers, insb Tötung auf Verlangen und Mithilfe beim Selbstmord (§§ 77, 78 2. Alternative StGB)

Aus dem Kriterium „gegen den Erblasser" lässt sich ferner ableiten, dass **22** nur solche Straftaten Erbunwürdigkeit iSd § 540 1. Fall nach sich ziehen, die auch gegen den Willen des Erblassers begangen wurden.[143] Eine auf Ersuchen des Erblassers begangene Straftat bewirkt demnach keine Erbunwürdigkeit.[144] Dies stimmt mit den Wertungen des § 540 überein, wonach das Gesetz vermu-

---

136 Dies meint die Bezeichnung „abgeirrter Schlag" = *aberratio ictus*. – Zum Unterschied zwischen *error in persona vel objecto* und *aberratio ictus* s *Steininger* in Triffterer/Rosbaud/Hinterhofer, SbgK (3. Lfg) § 5 Rz 137 (im ersten Fall tritt der Erfolg innerhalb der Vorsatzkonkretisierung ein, der Irrtum bezieht sich somit auf die innere Identität; im zweiten Fall ist dies nicht der Fall).
137 *Steininger* in Triffterer/Rosbaud/Hinterhofer, SbgK (3. Lfg) § 5 Rz 136.
138 So *Reindl-Krauskopf* in Höpfel/Ratz, WK-StGB² § 5 Rz 82.
139 S dazu *Steininger* in Triffterer/Rosbaud/Hinterhofer, SbgK (3. Lfg) § 5 Rz 136 mwN. Dieser selbst differenziert allerdings wie folgt: Die Konkretisierungstheorie gelte zwar für höchstpersönliche Rechtsgüter, während bei persönlichkeitsunabhängigen Rechtsgütern die sog Gleichwertigkeitstheorie gelte (*Steininger* aaO Rz 139). Demnach kämen die Grundsätze der *aberratio ictus* nur bei höchstpersönlichen Rechtsgütern des Erblassers zum Tragen, was bedeuten würde, dass man bei persönlichkeitunabhängigen Rechtsgütern wiederum (wie beim *error in objecto*, dazu Rz 20) privatrechtlich argumentieren müsste.
140 S dazu *Steininger* in Triffterer/Rosbaud/Hinterhofer, SbgK (3. Lfg) § 5 Rz 136; *Reindl-Krauskopf* in Höpfel/Ratz, WK-StGB² § 5 Rz 82.
141 *Welser* in Rummel/Lukas⁴ § 540 Rz 6; *Werkusch-Christ* in Kletečka/Schauer, ABGB-ON 1.03 § 540 Rz 1.
142 IdS aber *Lohsing*, NZ 1919, 122; *Weiß* in Klang² III 98 f.
143 *Weiß* in Klang² III 97; *Welser* in Rummel/Lukas⁴ § 540 Rz 5; OGH 7.7.2008, 6 Ob 286/07p, SZ 2008/94 = JBl 2009, 100; dazu *B. Jud*, EF-Z 2008/230; *Bernat*, JBl 2009, 129.
144 Diese Frage ist freilich nur im Zusammenhang mit nicht disponiblen Rechtsgütern relevant: Dort, wo das Strafrecht die rechtfertigende Einwilligung zulässt, liegt mangels Rechtswidrigkeit ohnehin keine Straftat iSd § 540 1. Fall vor.

§ 540

tet, dass es dem Willen des Erblassers entspricht, wenn derjenige, der schwere Verfehlungen gegen den Erblasser begangen hat, vom Erbrecht ausgeschlossen ist. Diese Vermutung des § 540 greift jedoch nicht, wenn der Erblasser dem Erbunwürdigen verziehen hat (§ 540 aE). Denn im Falle der Verzeihung vermutet das Gesetz (und zwar diesmal unwiderlegbar), dass der Erblasser den Ausschluss vom Erbrecht eben nicht will (dazu unten Rz 40 ff). Umso mehr muss dies in jenen Fällen gelten, in denen die Straftat auf Ersuchen des Erblassers begangen wurde – denn dann ist gar kein Platz für die gesetzliche Vermutung, dass der Erblasser den Erbanwärter vom Erbrecht ausgeschlossen haben will. Dagegen lässt sich auch nicht die Einheit der Rechtsordnung ins Treffen führen.[145] § 540 1. Fall hat nämlich keinen pönalen Charakter, ist also nicht etwa die zivilrechtliche Folge der Straftat, sondern die Erbunwürdigkeit basiert auf dem vermuteten Erblasserwillen (dazu allg oben Rz 1).

23 Diese Rücksichtnahme auf den Erblasserwillen ist besonders bedeutsam im Zusammenhang mit aktiver Sterbehilfe:[146] Im Gegensatz zur passiven Sterbehilfe, die durch das Vorhandensein eines (allenfalls mutmaßlichen) Sterbewillens gerechtfertigt und somit bereits aus diesem Grund keine Straftat iSd § 540 1. Fall ist (s oben Rz 10), ist aktive Sterbehilfe nach österreichischem Recht stets strafbar. Wird der Todkranke auf sein ernstliches und eindringliches Verlangen hin getötet, handelt es sich um Tötung auf Verlangen iSd § 77 StGB. Kommt man ihm zu Hilfe, wenn er sich selbst töten will, etwa indem man ihm auf sein Ersuchen eine todbringende Substanz besorgt oder ihm dabei behilflich ist, diese einzunehmen, der letzte Schritt zur Tötung jedoch vom Sterbewilligen selbst unternommen wird, liegt Beihilfe zum Selbstmord iSd § 78 2. Tatbestandsalternative StGB vor.[147] Hat der Täter den Erblasser jedoch bloß im Hinblick auf den mutmaßlichen Sterbewillen getötet, ist der Tatbestand des § 75 StGB (Mord) erfüllt. Strafrechtlich liegt also jedenfalls eine Straftat vor. Erbrechtlich ist aber zu differenzieren: Da § 540 1. Fall keinen pönalen Charakter hat, also nicht etwa die zivilrechtliche Folge der Straftat ist,

---

145 Wie hier bereits OGH 7.7.2008, 6 Ob 286/07p, SZ 2008/94 = JBl 2009, 100.

146 Zu den verschiedenen Arten der Sterbehilfe aus strafrechtlicher Sicht s ausf *Moos* in Höpfel/Ratz, WK-StGB² Vor §§ 75–79 Rz 17 ff mwN; weiters *Fabrizy*, StGB¹¹ (2013) § 75 Rz 5–8 (man differenziert zwischen 1. Sterbehilfe ohne Lebensverkürzung, die darin besteht, dass einem Sterbenden die zur Erreichung eines erträglichen Zustands nötigen Hilfen, insb Medikamente, verabreicht werden; diese ist straffrei [*Fabrizy* aaO Rz 5]; 2. Sterbehilfe mit Lebensverkürzung, bei der die zur Beseitigung unerträglicher Schmerzen im letzten Stadium schwerer Krankheiten notwendig zu verabreichenden Medikamente lebensverkürzend wirken, die nach hA als gerechtfertigt angesehen wird [*Fabrizy* aaO Rz 6]; 3. Passive Sterbehilfe bedeutet Unterlassung der Lebensverlängerung; sie besteht darin, dass eine nach dem Stand der Medizin mögliche kurzfristige Verlängerung eines verlöschenden Lebens unterlassen wird [*Fabrizy* aaO Rz 7]; diese ist jedenfalls gerechtfertigt, wenn ein entsprechender Wille des einwilligungsfähigen bzw ein mutmaßlicher Wille des einwilligungsunfähigen Patienten vorhanden ist [s dazu oben Rz 10 sowie OGH 7.7.2008, 6 Ob 286/07p, SZ 2008/94 = JBl 2009, 100; *Bernat*, JBl 2009, 129 ff; *Schütz*, iFamZ 2009, 32]; im Gegensatz dazu bedeutet aktive Sterbehilfe (aktive Euthanasie), dass ein unheilbar Kranker getötet oder der zu erwartende Tod durch aktives Tun beschleunigt wird; diese ist strafbar [*Fabrizy* aaO Rz 8], s dazu im Text Rz 23).

147 S dazu aus rechtsethischer Sicht *Bernat*, Dem Leben ein Ende setzen: Selbstmord und aktive Teilnahme am Suizid – eine rechtsethische Überlegungsskizze, ÖJZ 2002, 92; vgl auch *Harrer*, Doppelselbstmord: Mitwirkung am Selbstmord? Tötung auf Verlangen?, ÖJZ 1994, 805.

sondern vielmehr auf dem vermuteten Erblasserwillen basiert (s oben Rz 1), bewirken weder Tötung auf Verlangen (§ 77 StGB) noch Mithilfe beim Selbstmord (§ 78 2. Alternative StGB) Erbunwürdigkeit[148] – in letzterem Falle freilich nur, wenn der Erblasser den Erbanwärter um Mithilfe gebeten hat. Auch wenn also ein Delikt iSd StGB vorliegt, ist dieses doch nicht „gegen den Erblasser" begangen worden. Dagegen lässt sich auch nicht die Einheit der Rechtsordnung ins Treffen führen, zumal § 540 ja auf dem vermuteten Erblasserwillen basiert.[149] Für diese Willensbildung des Erblassers ist aber die nötige Einsichtsfähigkeit erforderlich.[150] Nicht ausreichend für dieses Ergebnis ist hingegen der bloß vermutete Wille des Erblassers zu sterben.[151] Den Beweis für einen entsprechenden Willen des Erblassers hat der Erbunwürdige zu erbringen.[152]

dd) Straftaten gegen personae coniunctissimae

Während nach der Urfassung des § 540 auch Straftaten gegen nahe Angehörige des Erblassers (Kinder, Eltern und Ehegatten; s dazu oben Rz 6) einen Erbunwürdigkeitsgrund darstellten, gilt dies nach dem Wortlaut der Bestimmung seit der III. TN nur noch für schwere Straftaten gegen den Erblasser selbst. So verlangt denn auch der OGH bisher eine Straftat gegen den Erblasser im strafrechtlichen Sinne.[153] Straftaten gegen nahe Angehörige des Erblassers bleiben demnach außer Betracht[154] – dies auch im Falle des Mordes zB an einem Elternteil des Erblassers.[155] Die L[156] dagegen vertritt seit jeher ein weitergehendes Verständnis und bezieht die Gefühlssphäre[157] bzw die Familienrechtssphäre[158]

24

---

[148] S OGH 7.7.2008, 6 Ob 386/07p, SZ 2008/94 = JBl 2009, 100 (*in concreto* zur Tötung auf Verlangen; jedoch allgemein Erbunwürdigkeit verneinend, wenn die Straftat mit Willen des Erblassers begangen wurde). Erbunwürdigkeit zwar bei Tötung auf Verlangen verneinend, bei Mithilfe zum Selbstmord jedoch bejahend *Weiß* in Klang² III 97; aA *Kralik*, Erbrecht³ 38 (die Erbunwürdigkeit falle allenfalls dann weg, wenn der Erblasser nach der Handlung verzeiht, bevor der Tod eintritt).
[149] OGH 7.7.2008, 6 Ob 286/07p, SZ 2008/94 = JBl 2009, 100.
[150] *Weiß* in Klang² III 97.
[151] Diesbezüglich unklar OGH 7.7.2008, 6 Ob 286/07p, SZ 2008/94 = JBl 2009, 100.
[152] OGH 7.7.2008, 6 Ob 286/07p, SZ 2008/94 = JBl 2009, 100.
[153] OGH 17.1.1951, 3 Ob 17/51, SZ 24/21 = EvBl 1951/54; 18.5.1953, 3 Ob 271, 272/53, JBl 1954, 174; 18.3.1959, 6 Ob 78/59, EvBl 1959/217.
[154] OGH 17.1.1951, 3 Ob 17/51, SZ 24/21 = EvBl 1951/54; 18.5.1953, 3 Ob 271, 272/53, JBl 1954, 174; 18.3.1959, 6 Ob 78/59, EvBl 1959/217.
[155] OGH 17.1.1951, 3 Ob 17/51, SZ 24/21 = EvBl 1951/54; krit dazu *Steinwenter*, JBl 1955, 159.
[156] *Handl* in Klang II/1, 50; *Ehrenzweig*, System II/2², 372; *Steinwenter*, JBl 1959, 159; *Kralik*, Erbrecht³ 36 f; *B. Jud*, NZ 2006, 72 ff; zust *W. Tschuggel*, iFamZ 2007, 257; vgl auch *Eccher* in Schwimann/Kodek⁴ III § 540 Rz 9, der die Rsp als „zu restriktiv" bezeichnet; *Welser* in Rummel/Lukas⁴ § 540 Rz 7; zust auch *Likar-Peer* in Ferrari/Likar-Peer, Erbrecht 286; referierend *Apathy* in KBB⁴ § 540 Rz 2; *Werkusch-Christ* in Kletečka/Schauer, ABGB-ON 1.03 § 540 Rz 2.
[157] *Ehrenzweig*, System II/2², 372; krit dazu *Kralik*, Erbrecht³ 37; *B. Jud*, NZ 2006, 72.
[158] *Kralik*, Erbrecht³ 37; die Familienrechtssphäre mit dem Kreis der abstrakt pflichtteilsberechtigten Personen iSd § 762 definierend *B. Jud*, NZ 2006, 72 f (sie will damit der Gefahr einer uferlosen Ausdehnung des § 540 entgegenwirken; der Personenkreis des § 762 unterscheidet sich freilich nicht von der Urfassung des § 540 [s dazu Rz 6]). Allerdings dürfte auch *Ehrenzweig*

des Erblassers mit ein. Man hat immer wieder das nachfolgende berühmt gewordene Beispiel *Ehrenzweigs*[159] ins Treffen geführt, um die Unbilligkeit des Standpunkts des Höchstgerichts drastisch zu veranschaulichen: Wer das wertvolle Pferd des Erblassers tötet und eine schwere Sachbeschädigung begeht, ist erbunwürdig, wer die Ehefrau ermordet, bleibt erbfähig. In der Tat erscheint dieses Ergebnis äußerst unbillig. Die L hat sich daher mit allen erdenklichen Argumentationslinien bemüht, Straftaten gegen nahe Angehörige unter § 540 1. Fall zu subsumieren. Man rekurrierte darauf, dass der Wortlaut „gegen den Erblasser" diese Deutung durchaus zuließe, zumal § 540 1. Fall nicht strafrechtlich, sondern privatrechtlich zu verstehen sei.[160] Weiters wurde darauf verwiesen, dass die Einschränkung des Tatbestands des § 540 durch die III. TN übereilt und unter dem Eindruck *Hanauseks* (s dazu oben Rz 7) erfolgt sei,[161] wobei aber außer Acht gelassen worden sei, dass *Hanausek*[162] flankierend vorgeschlagen habe, Straftaten gegen nahe Angehörige als Enterbungsgründe ins Gesetz aufzunehmen.[163] Dem OGH wurde vorgeworfen, er orientiere sich allzu streng am Wortlaut – nach dem Motto „*lex ita est*".[164] Weiters wurde eine Lösung über § 7 angedacht.[165] Im Ergebnis hat die L also gleichsam die alte Rechtslage vor der III. N „perpetuiert".[166] Dem ist aber mit dem OGH,[167] *Lohsing*[168] und *Weiß*[169]

(System II/2², 372), wenn er von Gefühlssphäre spricht, nichts anderes als die von *Kralik* so bezeichnete Familienrechtssphäre vor Augen gehabt haben; dies ergibt sich aus seinen Beispielen (getötetes Kind: *Ehrenzweig* aaO 372; getötete Ehegattin: *Ehrenzweig*, Zivilrechtsreform 12) sowie aus dem Kontext seiner Ausführungen, die sich ja zunächst nur *de lege ferenda* auf die Verschlechterung der Rechtslage durch die III. TN gegenüber der Urfassung bezogen hatten (*Ehrenzweig*, Zivilrechtsreform 12).

[159] Zunächst wurde dieses Beispiel von *Ehrenzweig* lediglich *de lege ferenda* erwähnt (*Ehrenzweig*, Zivilrechtsreform 12), alsbald vertrat er diese Auffassung jedoch auch *de lege lata* (*Ehrenzweig*, System II/2², 372).

[160] *Handl* in Klang II/1, 50; *Kralik*, Erbrecht³ 36; *B. Jud*, NZ 2006, 72 (*dieser* zust *W. Tschugguel*, iFamZ 2007, 257).

[161] *Steinwenter*, JBl 1955, 159.

[162] Gesetzliches Erbrecht 43.

[163] *Steinwenter*, JBl 1955, 159; ähnlich bereits *Ehrenzweig*, Zivilrechtsreform 12.

[164] *Steinwenter*, JBl 1955, 159.

[165] S dazu *Handl* in Klang II/1, 50, der ein Rekurrieren auf § 7 aber deshalb für gar nicht erforderlich hält, weil der Wortlaut der Bestimmung eine Einbeziehung der nächsten Angehörigen ohnehin zulasse.

[166] Dies statuiert *Zimmermann* in FS Koziol 490; dies gilt insb für die Auffassung *B. Juds*, NZ 2006, 73 ff, die den Kreis der zur Familienrechtssphäre gehörenden Personen mit § 762 (abstrakte Pflichtteilsberechtigung) definiert; dieser Personenkreis deckt sich aber exakt mit jenen, den § 540 aF als nächste Angehörige definiert hatte.

[167] S die ausführliche Begründung in der E OGH 17.1.1951, 3 Ob 17/51, SZ 24/21 = EvBl 1951/54: Daran ist erkennbar, dass es sich der OGH mit dieser Entscheidung keineswegs leicht gemacht hat: Das Höchstgericht kommt aber nach sorgfältiger Abwägung aller Argumente zum Ergebnis, dass Wortlaut- und historische Interpretation eindeutig seien und für Lückenfüllung nach § 7 kein Raum sei; das aus Billigkeitserwägungen wünschenswerte Ergebnis könne aber nur der Gesetzgeber durch Gesetzesänderung bewirken. Der Vorwurf *Steinwenters* (JBl 1955, 159), das Höchstgericht habe nahezu die gesamte Zivilrechtslehre abgelehnt und in einer ihm sonst auch nicht eigenen Worttreue entschieden, ist daher unangebracht.

[168] NZ 1919, 122.

[169] In Klang² III 99.

entgegenzuhalten, dass Wortlaut und historische Interpretation ein solches Auslegungsergebnis nicht zulassen, sei es auch de lege ferenda noch so wünschenswert.[170] In der Tat lässt ein Vergleich des § 540 aF mit § 540 idF III. TN sowie der in den Mat der III. TN[171] zum Ausdruck gekommene Sinn und Zweck der Neuregelung, den als zu weitgehend erachteten § 540 aF einzuschränken, keinen anderen Schluss zu als jenen, dass der Gesetzgeber die Einschränkung auf Straftaten gegen den Erblasser selbst gewollt hat – tatsächlich: *lex ita est*. Dies ist auf dem Boden der *lex lata* zu akzeptieren, wenn klarer Wortlaut und eindeutige Ergebnis historischer Interpretation sich decken. Demgegenüber berechtigen Billigkeitserwägungen nicht zu einer Auslegung contra legem.[172]

ee) Straftaten gegen den ruhenden Nachlass

Die heute hL[173] erachtet Straftaten gegen den Erblasser nur zu Lebzeiten für relevant (und zwar auch dann, wenn im Übrigen auch Verletzungen gegen die Gefühls- bzw Familienrechtssphäre des Erblassers miteinbezogen werden,[174] s vorhin Rz 24). In der älteren Lit war dagegen strittig,[175] ob Straftaten gegen den

---

170 *Lohsing* (NZ 1919, 122), *Weiß* (in Klang² III 99) und der OGH (17.1.1951, 3 Ob 17/51, SZ 24/21 = EvBl 1951/54) befürworten *de lege ferenda* durchaus eine Einbeziehung der nächsten Angehörigen.

171 HHB 78 BlgHH 21. Sess (1912) 107.

172 Dazu allgemein *Kerschner/Kehrer* in Fenyves/Kerschner/Vonkilch, ABGB³ (Klang) §§ 6, 7 Rz 75, die einen vornehmlich subjektiven Ansatz vertreten und der objektiv-teleologischen Interpretation eher zurückhaltend gegenüber stehen – wenn Wortlaut und historische Interpretation zu einem klaren Ergebnis führen, bleibe für objektiv-teleologische Argumente kein Raum; vgl auch *Schauer* in Kletečka/Schauer, ABGB-ON 1.02 § 6 Rz 25, § 7 Rz 8, der zwar betont, dass alle Auslegungsmethoden gleichwertig sind, jedoch weder die teleologische Interpretation noch die Annahme einer Lücke nach reinen Billigkeitserwägungen vorgenommen werden darf; vgl weiters *F. Bydlinski*, Juristische Methodenlehre und Rechtsbegriff² (1991; Nachdruck 2011) 453 f.

173 *Handl* in Klang II/1, 49; *Ehrenzweig*, System II/2², 372; *Kralik*, Erbrecht³ 42; *Weiß* in Klang² III 99; *Welser* in Rummel/Lukas⁴ § 540 Rz 5; *Eccher* in Schwimann/Kodek⁴ III § 540 Rz 10; *Apathy* in KBB⁴ § 540 Rz 2; *Likar-Peer* in Ferrari/Likar-Peer, Erbrecht 292. AA aber jüngst *B. Jud*, NZ 2006, 73 ff; dagegen wiederum *W. Tschugguel*, iFamZ 2007, 257 (abl aber lediglich die Ansicht *B. Juds*, dass auch Straftaten nach dem Tod des Erblassers zur Erbunwürdigkeit führten, zust demgegenüber hinsichtlich der These *B. Juds*, dass Straftaten gegen die nächsten Angehörigen von § 540 erfasst seien).

174 S die in der vorstehenden FN Genannten mit Ausnahme von *Weiß* in Klang² III 99, der Straftaten gegen *personae coniunctissimae* als nicht von § 540 erfasst sieht, weil damit nur Straftaten gegen den Erblasser selbst gemeint seien.

175 So *Pfaff/Hofmann*, Excurse II/1, 19 f; *Hoppen*, GH 1878, 357; *Anders*, Erbrecht² 7; aA *Mages*, GZ 1878, 94; *Stroß*, GZ 1895, 109 f; *Unger*, Erbrecht⁴ 24 Anm 12; *Stubenrauch*, Commentar⁸ I 747 f und FN 9; *Krasnopolski/Kafka*, Erbrecht 20; grundsätzlich ebenso verneinend *Michel*, VJSchr 1858, 49 (prinzipiell seien nur Straftaten zu Lebzeiten des Erblassers relevant; auszunehmen seien aber Angriffe gegen den guten Ruf des verstorbenen Erblassers; aufgrund der zu geringen Strafdrohung von Ehrenbeleidigungen stellt sich diese Frage nach heutigem Recht freilich nicht mehr: *Ehrenzweig*, System II/2², 372 FN 22; krit zu *Michel* äußerte sich *Unger*, Erbrecht⁴ 24 Anm 12 [„Wo wäre dann die Grenze?"], der die Ansicht vertrat, dass nur Straftaten zu Lebzeiten des Erblassers unter § 540 aF fallen; krit aber auch *Pfaff/Hofmann*, Excurse II/1, 20, die *Michels* Ausnahme als willkürlich bezeichneten und überhaupt Straftaten auch nach dem Tod des Erblassers unter § 540 subsumierten).

ruhenden Nachlass als solche gegen den Erblasser gewertet werden können.[176] Für beide Ansichten wurde die Redaktionsgeschichte (arg § 508 II WGB) ins Treffen geführt[177] – mit jeweils entgegengesetztem Ergebnis. Der OGH vertrat hingegen stets den Standpunkt, dass Straftaten iSd § 540 nur zu Lebzeiten des Erblassers relevant seien.[178] Dies hatte das Höchstgericht zunächst mit § 545 begründet, wonach sich die Erbunfähigkeit nach dem Zeitpunkt des Erbanfalls, in der Regel also im Zeitpunkt des Todes des Erblassers, beurteilt.[179] Demgegenüber ist jedoch zu bedenken, dass der Erbanfall zwar meist, aber eben nicht immer mit dem Todeszeitpunkt zusammenfällt (arg § 703, auf den auch § 545 verweist). § 545 ist also kein tragfähiges Argument. Entscheidend muss vielmehr sein, ob eine Straftat gegen den ruhenden Nachlass als eine solche gegen den Erblasser betrachtet werden kann. *Pfaff/Hofmann*,[180] *Anders*[181] und jüngst wiederum *B. Jud*[182] haben § 547 ins Treffen geführt, wonach das Gesetz fingiert, dass der Nachlass bis zur Antretung der Erbschaft noch vom Erblasser besessen werde. Dem ist allerdings der gesetzgeberische Grund für die Erbunwürdigkeit gem § 540 1. Fall entgegenzuhalten: Es ist dies die (allenfalls vermutete) Kränkung des Erblassers[183] – diese ist die Basis für die Annahme des hypothetischen Erblasserwillens,[184] dass der Erbunwürdige nichts aus dem Nachlass des Verletzten erhalten solle. Eine solche ist aber nach dem Tod des Erblassers nicht möglich. Außerdem ist die Fiktion des § 547 nur vermögensrechtlicher Natur;[185] sie bedeutet nicht, dass die Persönlichkeit des Erblassers über seinen Tod hinaus fortbesteht.[186] Mit der hA[187] ist daher davon auszu-

---

[176] Diese Frage ist von jener, ob Straftaten gegen nahe Angehörige erfasst sind, zu unterscheiden. Dies zeigt auch die Diskussion in der Lit zur Urfassung des § 540, deren Tatbestand ja einerseits Straftaten gegen den Erblasser, andererseits solche gegen *personae coniunctissimae* tatbestandsmäßig erfasste. Wenn daher diskutiert wurde, ob Straftaten gegen den ruhenden Nachlass Erbunwürdigkeit nach sich ziehen, so ging es darum, ob diese Taten als solche gegen den Erblasser verstanden werden könnten.

[177] *Pfaff/Hofmann*, Excurse II/1, 20 f; zust *Hoppen*, GH 1878, 357 f einerseits; *Stroß*, GZ 1895, 109 f andererseits (*diesem* zust *Krasnopolski/Kafka*, Erbrecht 20 FN 3; *Weiß* in Klang[2] III 99 FN 28).

[178] OGH 12.3.1878, Nr 211, GlU 7370; 19.6.1894, Nr 6696, GlU 15.149; 18.5.1953, 3 Ob 271, 272/53, JBl 1954, 174; 28.3.2007, 7 Ob 43/07k, EvBl 2007/117 = NZ 2008/20 (*Kogler*).

[179] OGH 12.3.1879, Nr 211, GlU 7370; 19.6.1894, Nr 6696, GlU 15.149.

[180] Commentar II/1, 25 (vgl auch *dies*, Excurse II/1, 21: dort betonend, dass die Redaktoren des ABGB den Schlusssatz des § 547 ganz wörtlich genommen hatten).

[181] Erbrecht[2] 7.

[182] NZ 2006, 74.

[183] *Mages*, GZ 1878, 94.

[184] Der vermutete Erblasserwillen allein würde die hA freilich nicht stützen: Dies zeigt ein Vergleich mit § 542, wonach Verfehlungen gegen den letzten Willen des Erblassers auch dann, wenn sie nach dessen Tod verübt werden (s dazu § 542 [§ 540 nF] Rz 23, 33) zur Erbunwürdigkeit führen.

[185] Überdies bedeutet diese Fiktion weiters lediglich, dass bestimmte Eigenschaften des Erblassers – etwa dessen Geschäftsfähigkeit – auch für den ruhenden Nachlass gelten (dazu etwa *Stubenrauch*, Commentar[8] I 753 Anm 1). Im Übrigen ist § 547 S 3 nach heutigem Verständnis Basis für die Annahme, dass dem ruhenden Nachlass Rechtssubjektivität zukommt (vgl dazu etwa *Stubenrauch* aaO 753 FN 1) und er als juristische Person zu qualifizieren ist (s dazu näher *Sprohar-Heimlich* in diesem Band § 547 Rz 3, 6).

[186] Vgl zu den weltanschaulichen Grundlagen des Erbrechts *Kralik*, Erbrecht[3] 2 ff.

[187] ZB *Handl* in Klang II/1, 49; *Ehrenzweig*, System II/2[2], 372; *Weiß* in Klang[2] III 99; *Kralik*, Erbrecht[3] 42; *Likar-Peer* in Ferrari/Likar-Peer, Erbrecht 292; OGH 28.3.2007, 7 Ob 43/07k, EvBl 2008/117 = NZ 2008/20 (*Kogler*); aA *B. Jud*, NZ 2006, 73; *Kogler*, NZ 2008, 85.

gehen, dass Straftaten gegen den Erblasser iSd § 540 1. Fall nur solche sein können, die zu seinen Lebzeiten begangen wurden. – Zur Frage, ob Nachlassdiebstahl unter § 542 fällt, s § 542 (§ 540 nF) Rz 23, 33; zur Rechtslage ab 1. 1. 2017 s unten Rz 66 ff.

ff) Sonderfrage: Tötung des Vorerben durch den Nacherben; des Instituten durch den Substituten

Nach dem bisher Gesagten kommt es auch nicht in Frage, die Tötung des Vorerben durch den Nacherben, um den Nacherbfall auszulösen,[188] oder die Tötung des Instituten durch den Ersatzerben, um den Ersatzerbfall herbeizuführen,[189] als Straftat gegen den Erblasser zu qualifizieren.[190] Dies ist aber auch gar nicht notwendig: Es handelt sich dabei um ein rechtswidriges Herbeiführen des Ersatz- bzw Nacherbfalls. Die Ersatzerbschaft stellt eine Bedingung dar:[191] Sie gilt für den Fall, dass der eingesetzte Erbe nicht Erbe werden kann oder will (vgl §§ 604 f). Auch die Nacherbschaft kann eine bedingte sein, wiewohl der praktisch am häufigsten verfügte Nacherbfall der Tod des Vorerben ist; dabei handelt es sich im Zweifel um eine Befristung.[192] Im Falle der treuwidrigen Herbeiführung einer Bedingung greift die sog „Nichterfüllungsfiktion" bzw „Ausfallsfiktion" ein.[193] Demnach gilt die Bedingung als nicht eingetreten, wenn sie wider Treu und Glauben

26

---

[188] Vgl zur dt Diskussion, ob § 2339 Abs 1 Z 1 (Tötung des Erblassers) auf diese Fallkonstellation analog anzuwenden ist, etwa *Helms* in MüKoBGB⁶ § 2339 Rz 9.

[189] Dazu sowie allgemein zur rechtswidrigen Herbeiführung des Substitutionsfalls ausf *Kletečka*, Ersatz- und Nacherbschaft 71 ff.

[190] Selbst wenn man die nächsten Angehörigen miteinbeziehen würde (s dazu oben Rz 24), wäre für die hier angesprochenen Fälle einerseits deshalb nichts gewonnen, weil die hA ja nur Straftaten zu Lebzeiten des Erblassers unter § 540 1. Fall subsumiert (s oben Rz 25); andererseits wären nur solche Fälle umfasst, in denen der Institut bzw der Vorerbe zum Kreis der *personae coniunctissimae* gehörte: s *Kletečka*, Ersatz- und Nacherbschaft 72 (in Bezug auf die Tötung des Instituten durch den Substituten), der aber auch die hM, dass nur Straftaten zu Lebzeiten des Erblassers Erbunwürdigkeit zeitigen, für überprüfenswert hält. Das von ihm angeführte Beispiel, dass ein Sohn des Erblassers seinen Erbteil vergrößern könne, indem er seinen erbenlosen Bruder nach dem Erbfall ermordet, was äußerst unbefriedigend sei, geht freilich ins Leere: Ist nämlich dem nunmehr ermordeten Bruder das Erbrecht bereits angefallen, so kommt es zur Transmission iSd § 537; hätte dieser Bruder keine (anderen) Erben, so wäre sein Mörder aber seinerseits ihm gegenüber erbunwürdig gem § 540 1. Fall. Entweder kann also der Mörder den Erbteil ohnehin nicht als Transmissar erben oder aber er würde ihn auch durch Anwachsung nicht erlangen, weil das Erbrecht des ermordeten Bruders ja auf dessen Erben transmittiert wird; und gibt es keinerlei Erben dieses Bruders, so kommt es zum Heimfallsrecht der Republik iSd § 760 (ab 1. 1. 2017: Aneignungsrecht des Bundes gem § 750 idF ErbRÄG 2015). Diese Einwände sind im Übrigen auch den Ausführungen *B. Juds* (NZ 2006, 73 ff) entgegenzuhalten, die die Ermordung eines Kindes des Erblassers durch ein anderes Kind, um an den Erbteil zu gelangen, als Eingriff in die vom Erblasser hinterlassene Ordnung bezeichnet (s dazu auch unten Rz 73 FN 430).

[191] IdS auch *Kletečka*, Ersatz- und Nacherbschaft 74.

[192] Vgl dazu zB *Fritsch* in Ferrari/Likar-Peer, Erbrecht 216; s auch schon *Gschnitzer/Faistenberger/Barta et al*, Allgemeiner Teil des Bürgerlichen Rechts² (1992) 750.

[193] So im Zusammenhang mit der rechtswidrigen Herbeiführung des Ersatzerbfalls *Kletečka*, Ersatz- und Nacherbschaft 73 ff. – Grundlegend zur Nichterfüllungsfiktion *Knütel*, Zur sogenannten Erfüllungs- und Nichterfüllungsfiktion bei der Bedingung, JBl 1976, 613; s dazu weiters *Beclin* in Fenyves/Kerschner/Vonkilch, ABGB³ (Klang) § 897 Rz 70 mwN.

herbeigeführt wurde. Dahinter steht der Gedanke, dass niemand Vorteile aus seinem eigenen treuwidrigen Verhalten erlangen solle (vgl bereits die gemeinrechtliche Parömie *turpitudinem suam allegans nemo auditur*).[194] Während man hinsichtlich des Ausfalls der Bedingung früher auf Rechtsmissbrauchserwägungen rekurrierte, begründet die moderne Dogmatik dieses Ergebnis mithilfe ergänzender Auslegung.[195] Auf die Ersatzerbschaft und die bedingte Nacherbschaft übertragen bedeutet dies, dass die Ersatz- oder Nacherbschaft nicht auch für den Fall der Tötung des Instituten oder des Vorerben angeordnet wurde.[196] Dasselbe muss aber auch für die befristete Nacherbschaft gelten. Auch wenn es bei einer Befristung, die ja sicher eintritt, nicht möglich ist, diese wie den Eintritt einer Bedingung wider Treu und Glauben herbeizuführen, sind die Grundsätze der „Nichterfüllungs-" bzw „Ausfallsfiktion" auf die Fälle, in denen der Zeitpunkt der Befristung wider Treu und Glauben verfrüht herbeigeführt wird, entsprechend anzuwenden.[197] Wurde also der Nacherbe terminisiert mit dem Tod des Vorerben berufen, so gilt diese Anordnung nicht auch für den Fall, dass der Nacherbe den Vorerben tötet, um früher an die Erbschaft zu gelangen. Ja, eine Anordnung der Nacherbschaft auch für den Fall, dass der Nacherbe den Vorerben tötet, wäre ihrerseits ebenso unwirksam gem § 698[198] (diese Bestimmung ist wiederum analog auch auf Befristungen anzuwenden[199]).

III. Gröbliche Vernachlässigung der Pflichten im Eltern-Kind-Verhältnis (§ 540 2. Fall)

1. ErbRÄG 1989: Allgemeines; Hintergrund der Neuregelung

27 Mit dem ErbRÄG 1989,[200] in Kraft seit 1. 1. 1991,[201] wurde § 540 um einen weiteren, „seiner Art nach ganz anderen"[202] Erbunwürdigkeitsgrund ergänzt. Seither ist auch erbunwürdig, wer die aus dem Familienrechtsverhältnis zwischen Eltern und Kindern resultierenden Pflichten dem Erblasser gegenüber gröblich vernachlässigt hat. Gleichzeitig wurde ein bis dahin in § 769 aF enthaltener Enterbungsgrund, wonach Kinder die Möglichkeit hatten, ihre Eltern wegen gröblicher Vernachlässigung von Pflege und Erziehung zu enterben, aufgehoben.[203]

---

194 S allg *Mader*, Rechtsmißbrauch und unzulässige Rechtsausübung (1994) 19, 50.

195 S dazu ausf *Knütel*, JBl 1976, 613 ff; weiters *Mader*, Rechtsmißbrauch 103, 250 f, 262 f; *Beclin* in Fenyves/Kerschner/Vonkilch, ABGB³ (Klang) § 897 Rz 70. Im Zusammenhang mit der Ersatzerbschaft *Kletečka*, Ersatz- und Nacherbschaft 74.

196 So in Bezug auf die Ersatzerbschaft *Kletečka*, Ersatz- und Nacherbschaft 73 ff; in Bezug auf die Nacherbschaft *Ehrenzweig*, System II/2², 376; *Gschnitzer/Faistenberger*, Erbrecht² 55.

197 *Gschnitzer/Faistenberger/Barta et al,* AT² 758 f.

198 IdS *Ehrenzweig*, System II/2², 376; *Gschnitzer/Faistenberger*, Erbrecht² 55.

199 *Gschnitzer/Faistenberger/Barta et al,* AT² 753.

200 BG vom 13. Dezember 1989 über die Gleichstellung des unehelichen Kindes im Erbrecht und die Sicherung der Ehewohnung für den überlebenden Ehegatten (Erbrechtsänderungsgesetz – ErbRÄG), BGBl 1989/656.

201 Art III Z 1 ErbRÄG, BGBl 1989/656.

202 *Ferrari* in 17. ÖJT II/2, 72.

203 S dazu JAB 1158 BlgNR 17. GP 3; zur Neufassung des § 540 vgl *Schauer*, RdW 1990, 71; *Welser*, NZ 1990, 141; *Zankl*, JAP 1990/91, 119; *Adensamer*, ÖA 1991, 7; *Paliege*, ZfRV 1991,

Hintergrund für die Neuregelung des § 540 2. Fall war die mit dieser No- **28** velle geschaffene erbrechtliche Gleichstellung[204] von ehelichen und unehelichen[205] Kindern, mit der das wechselseitige gesetzliche Erbrecht zwischen unehelichen Vätern und Kindern eingeführt wurde.[206] Der Gesetzgeber nahm an, dass deshalb Pflichtverletzungen im Eltern-Kind-Verhältnis in Zukunft an Bedeutung gewinnen würden,[207] wobei nach damaliger Rechtslage im Kindschaftsrecht gegenüber unehelichen Kindern in erster Linie an grobe Unterhaltspflichtverletzungen zu denken war.[208] Nach der Rechtslage vor dem ErbRÄG 1989 bestand bei Vorliegen der entsprechenden Tatbestandsvoraussetzungen lediglich die Möglichkeit einer Enterbung iSd §§ 768 f. So konnte die Verletzung familienrechtlicher Pflichten vom Erblasser allenfalls nach § 768 Z 2 releviert werden, wonach Kinder von ihren Eltern – ebenso wie Eltern von ihren Kindern (vgl § 769 1. HS[209] iVm § 768 Z 2) – wegen Hilfloslassens im Notstand enterbt werden können; etwa dann, wenn grobe Unterhaltspflichtverletzungen[210] zu dem von § 768 Z 2 geforderten Notstand[211] beim Berechtigten führen (diese Enterbungsmöglichkeit besteht nach wie vor; vgl aber ab dem 1. 1. 2017 den neuen § 770, wonach dieser Tatbestand in allgemeineren Tatbeständen aufgeht; dazu unten Rz 78 ff). Darüber hinaus konnte ein Kind seine Eltern gemäß § 769 aF enterben, wenn diese die Pflege und Erziehung gröblich

---

180; *Likar-Peer* in Ferrari/Likar-Peer, Erbrecht 289; *Eccher* in Schwimann/Kodek⁴ III § 540 Rz 12 f; *Welser* in Rummel/Lukas⁴ § 540 Rz 8; *Apathy* in KBB⁴ § 540 Rz 3; *Werkusch-Christ* in Kletečka/Schauer, ABGB-ON 1.03 § 540 Rz 3; *Ferrari* in 17. ÖJT II/2, 72.

[204] Zu den Hintergründen für diesen aus menschenrechtlicher Sicht (vgl Art 7 iVm Art 14 EMRK) längst fälligen Schritt des österreichischen Gesetzgebers JAB 1158 BlgNR 17. GP 1 ff.

[205] Seit dem KindNamRÄG 2013 (BGBl I 2013/15, in Kraft seit 1.2.2013) differenziert das ABGB terminologisch nicht mehr zwischen ehelicher und unehelicher Geburt, sondern spricht lediglich im Zusammenhang mit der Obsorge iSd § 177 von Kindern miteinander verheirateter Eltern einerseits (§ 177 Abs 1) und solchen von nicht miteinander verheirateten Eltern andererseits (§ 177 Abs 2).

[206] Vgl § 730 idF ErbRÄG 1989. Davor erbten uneheliche Kinder gem dem mit dem ErbRÄG 1989 aufgehobenen § 754 Abs 2 (idF UeKindG 1970, BGBl 1970/342, in Kraft von 1.7.1971 bis zum 31.12.1990) nur dann, wenn keine ehelichen Kinder vorhanden waren. Darüber hinaus betrug ihre Erbquote neben der Ehegattin des unehelichen Vaters allenfalls maximal 1/3 des Nachlasses, sofern Angehörige der zweiten oder dritten Parentel vorhanden waren, zumal die Erbquote der Ehegattin so berechnet wurde, als ob das uneheliche Kind nicht vorhanden wäre (§ 757 Abs 2 idF UeKindG 1970).

[207] JAB 1158 BlgNR 17. GP 3.

[208] Nach damaliger Rechtslage im Kindschaftsrecht kam deshalb vor allem die Unterhaltspflichtverletzung des unehelichen Vaters gegenüber dem Kind in Frage, weil die gemeinsame Obsorge nicht miteinander verheirateter Eltern erst später, nämlich mit dem KindRÄG 2001 (BGBl I 2000/135, in Kraft seit 1.7.2001) eingeführt wurde (vgl § 148 aF bzw nunmehr § 177 idF KindNamRÄG 2013).

[209] Insoweit blieb § 769 durch das ErbRÄG 1989 unverändert.

[210] So nennt auch *Adensamer*, ÖA 1990, 7, die hartnäckige Weigerung von Unterhaltszahlungen.

[211] Notstand iSd § 768 Z 2 ist nicht nur eine finanzielle Notsituation, sondern vielmehr jeder Zustand der Bedrängnis sowohl wirtschaftlicher als auch physischer oder auch psychischer Natur. Maßgebend ist, ob der Erblasser nach den Grundsätzen der Menschlichkeit gerechterweise erwarten darf, dass ihm der Pflichtteilsberechtigte helfen werde (dazu zB OGH 22.10.1996, 10 Ob 2379/96t mwN; *Weiß* in Klang² III 845; *Kralik*, Erbrecht³ 280; *Likar-Peer* in Ferrari/Likar-Peer, Erbrecht 381 f; *Welser* in Rummel/Lukas⁴ § 768 Rz 2; *Koziol/Welser/Zöchling-Jud*¹⁴ II Rz 2320).

vernachlässigt hatten.²¹² Die Enterbung setzt nun aber Testierfähigkeit voraus, zumal sie letztwillig angeordnet werden muss. Gröbliche Verletzungen familienrechtlicher Pflichten kommen jedoch vor allem unmündigen Minderjährigen gegenüber vor; und gerade dann wiegen sie besonders schwer.²¹³ Da die Erbunwürdigkeit im Gegensatz zur Enterbung *eo ipso* wirkt, schuf der Gesetzgeber mit dem ErbRÄG 1989 einen entsprechenden Erbunwürdigkeitsgrund,²¹⁴ um so auch dem mutmaßlichen Erblasserwillen zum Durchbruch zu verhelfen.²¹⁵ Da mit der Schaffung des § 540 2. Fall die gröbliche Vernachlässigung von Pflege und Erziehung als Enterbungstatbestand iSd § 769 aF überflüssig wurde, wurde dieser Enterbungsgrund aufgehoben (s Rz 27).²¹⁶ Die Novelle bedeutet aber nicht nur eine Umwandlung dieses bisherigen Enterbungs- in einen Erbunwürdigkeitsgrund;²¹⁷ vielmehr wurde ein darüber hinausgehender, auch weitere familienrechtliche Pflichten umfassender Tatbestand (dazu Rz 30 ff) geschaffen. Es kam also zu einer Verallgemeinerung und Ausweitung des Tatbestandes im Vergleich zum bisherigen § 769 aF,²¹⁸ der, anders als § 769 aF, nicht nur Pflichtverletzungen der Eltern gegenüber ihren Kindern, sondern umgekehrt auch solche der Kinder gegenüber ihren Eltern sanktioniert.²¹⁹

29 Nach der aktuellen Rechtslage hat die gröbliche Verletzung familienrechtlicher Pflichten im Eltern-Kind-Verhältnis also zum einen die *eo ipso* wirkende Erbunwürdigkeit zur Folge; zum anderen kann wegen solcher Pflichtverletzungen gemäß § 770 weiterhin eine Enterbung angeordnet werden (s auch allg Rz 57). Von der Neuregelung unberührt blieb die nach wie vor bestehende Möglichkeit einer Enterbung gem § 768, insb gem § 768 Z 2, wiewohl diesem Enterbungsgrund neben § 770 iVm § 540 2. Fall keine eigenständige Bedeutung mehr zukommt, zumal sich wohl kein Fall denken lässt, in dem das Hilfloslassen im Notstand nicht zugleich eine gröbliche Verletzung familienrechtlicher Pflichten darstellt (dazu näher unten Rz 38).²²⁰

---

212 Vgl *Ferrari* in ÖJT II/2, 72; ähnlich bereits *Likar-Peer* in Ferrari/Likar-Peer, Erbrecht 289 FN 54.
213 JAB 1158 BlgNR 17. GP 3; dazu auch *Schauer*, RdW 1990, 71; *Welser*, NZ 1990, 141; *ders* in Rummel/Lukas⁴ § 540 Rz 8; *Paliege*, ZfRV 1991, 180; *Adensamer*, ÖA 1991, 7; *Likar-Peer* in Ferrari/Likar-Peer, Erbrecht 289; *Eccher* in Schwimann/Kodek⁴ III § 540 Rz 13; *Apathy* in KBB⁴ § 540 Rz 3.
214 JAB 1158 BlgNR 17. GP 3.
215 Vgl JAB 1158 BlgNR 17. GP 3: In jenen Fällen, in denen familienrechtliche Pflichten verletzt wurden, sei „aber eine Erbfolge desjenigen, der seine Pflichten verletzt hat, in den Nachlass des anderen gegen dessen Willen nicht gerechtfertigt".
216 Art I Z 10 FamErbRÄG 1989, BGBl 1989/656; dazu JAB 1158 BlgNR 17. GP 6; vgl dazu die in FN 203 angeführten Literaturangaben.
217 Vgl aber *Welser*, NZ 1991, 141.
218 *Eccher* in Schwimann/Kodek⁴ III § 540 Rz 12; *Likar-Peer* in Ferrari/Likar-Peer, Erbrecht 289.
219 *Eccher* in Schwimann/Kodek⁴ III § 540 Rz 12; *Welser* in Rummel/Lukas⁴ § 540 Rz 8.
220 *Welser*, NZ 1990, 141; vgl auch *dens* in Rummel/Lukas⁴ § 540 Rz 8.

2. Die gröbliche Vernachlässigung familienrechtlicher Pflichten im Einzelnen

a) umfasster Pflichtenkatalog, Personenkreis

Gemäß § 540 2. Fall macht jede Vernachlässigung der aus dem Eltern-Kind-Verhältnis resultierenden Pflichten erbunwürdig, sofern sie „gröblich" (dazu Rz 37) ist, also die vom Gesetz geforderte Erheblichkeitsschwelle erreicht. § 540 2. Fall umfasst sowohl Pflichtverletzungen von Eltern ihren Kindern als auch umgekehrt von Kindern ihren Eltern gegenüber,[221] wenngleich der Gesetzgeber in erster Linie Pflichtverletzungen der Eltern gegenüber Kindern im Auge hatte.[222] 30

Als Pflichtverletzungen der Eltern gegenüber ihren Kindern kommen in Frage: die gröbliche Verletzung der Unterhaltspflicht iSd § 231;[223] der Obsorgepflicht iSd § 158, bestehend aus der Pflicht zu Pflege und Erziehung einerseits (§§ 160 ff) sowie Vermögensverwaltung (§§ 164 ff) und gesetzlicher Vertretung des Kindes (§§ 167 ff) andererseits.[224] Zu erwähnen ist ferner das in § 137 Abs 2 S 2 verankerte Verbot jeglicher Gewalt[225] sowie der Zufügung körperlichen und seelischen Leids. Auch Kinder sind gem § 234 ihren Eltern gegenüber unterhaltspflichtig.[226] In Frage kommt – zumindest theoretisch – weiters die Pflicht minderjähriger Kinder gem § 161, die Anordnungen der Eltern zu befolgen (zu den hier zu beachtenden Einschränkungen Rz 36 f).[227] Von besonderer Bedeutung im Zusammenhang mit § 540 2. Fall ist schließlich die Verletzung der wechselseitigen familiären Beistandspflicht iSd § 137 Abs 1.[228] Aufgrund der weiten Formulierung des Gesetzestextes ist grundsätzlich auch an das Gebot, einander mit Achtung zu begegnen (§ 137 Abs 1), zu denken[229] (s dazu aber sogleich unten Rz 37). 31

---

[221] *Eccher* in Schwimann/Kodek⁴ III § 540 Rz 15; *Welser* in Rummel/Lukas⁴ § 540 Rz 8; *Likar-Peer* in Ferrari/Likar-Peer, Erbrecht 287; *Werkusch-Christ* in Kletečka/Schauer, ABGB-ON 1.03 § 540 Rz 3.

[222] Vgl JAB 1158 BlgNR 17. GP 3; vgl auch *Eccher* in Schwimann/Kodek⁴ III § 540 Rz 15 (von § 540 2. Fall seien „wohl in erster Linie die Eltern des Erblassers betroffen").

[223] *Adensamer*, ÖA 1990, 7; *Eccher* in Schwimann/Kodek⁴ III § 540 Rz 15; *Likar-Peer* in Ferrari/Likar-Peer, Erbrecht 288; *Werkusch-Christ* in Kletečka/Schauer, ABGB-ON 1.03 § 540 Rz 3.

[224] *Eccher* in Schwimann/Kodek⁴ III § 540 Rz 15; *Likar-Peer* in Ferrari/Likar-Peer, Erbrecht 287; *Werkusch-Christ* in Kletečka/Schauer, ABGB-ON 1.03 § 540 Rz 3.

[225] Vgl dazu (noch in Bezug auf § 146a S 2) *Eccher* in Schwimann/Kodek⁴ III § 540 Rz 15; *Likar-Peer* in Ferrari/Likar-Peer, Erbrecht 287.

[226] *Eccher* in Schwimann/Kodek⁴ III § 540 Rz 15; *Likar-Peer* in Ferrari/Likar-Peer, Erbrecht 288.

[227] *Eccher* in Schwimann/Kodek⁴ III § 540 Rz 15; *Likar-Peer* in Ferrari/Likar-Peer, Erbrecht 288; aA *Gitschthaler* in Schwimann/Kodek Ia § 137 Rz 15.

[228] Zur gröblichen Verletzung der Beistandspflicht als Erbunwürdigkeitsgrund: *Stefula*, Zu den allgemeinen familiären Beistandpflichten, ÖJZ 2005, 609 (615 f); *Likar-Peer* in Ferrari/Likar-Peer, Erbrecht 287; *Gitschthaler* in Schwimann/Kodek Ia § 137 Rz 22; *Fischer-Czemak* in Kletečka/Schauer, ABGB-ON 1.03 § 137 Rz 10.

[229] Abw *Gitschthaler* in Schwimann/Kodek Ia § 137 Rz 10 *Fischer-Czemak* in Kletečka/Schauer, ABGB-ON 1.03 § 137 Rz 10.

32 Die Begriffe „Eltern" und „Kinder" sind auch in diesem Zusammenhang iSd § 42 zu verstehen[230] – § 540 2. Fall umfasst also auch Verletzungen der zwischen Großeltern (Urgroßeltern) und Enkeln (Urenkeln) bestehenden Pflichten; dazu gehören die wechselseitige Beistandspflicht[231] ebenso wie das (wiewohl eher theoretische; dazu sogleich Rz 37) Gebot, einander mit Achtung zu begegnen,[232] weiters die subsidiäre Unterhaltspflicht[233] iSd §§ 232, 234 sowie allenfalls die Obsorgepflicht (vgl § 178). Ebenso gilt § 540 2. Fall im Verhältnis zwischen Wahleltern und -kindern sowie den im Zeitpunkt der Annahme vorhandenen minderjährigen Nachkommen des Angenommenen (vgl § 197 Abs 1).

33 Fraglich ist, ob noch andere Personen als Eltern und Kinder (iSd § 42) von der Erbunwürdigkeit iSd § 540 2. Fall umfasst sind. So meint *Eccher*,[234] es seien „wohl auch die Erben eines unterhaltspflichtigen Elternteils" über § 233 erfasst. Dem ist aber entgegenzuhalten, dass die Unterhaltspflicht nicht passiv vererblich ist, sondern mit dem Erbfall neu entsteht. Sie ist keine Erblasser-, sondern eine Erbfallsschuld[235] (zT auch als Erbgangsschuld bezeichnet[236]) und ist demnach nicht familienrechtlicher, sondern erbrechtlicher Natur.[237] Die Unterhaltspflicht des Erben ist somit nicht jene des Elternteils gegenüber dem Kind. Wollte man sich dennoch der Auffassung *Ecchers* anschließen, müsste man ins Treffen führen, dass der Tatbestand des § 540 2. Fall an die verletzte Pflicht selbst anknüpfe und dass der Inhalt der relevanten Pflichten eben durch die Bezugnahme auf das Eltern-Kind-Verhältnis konkretisiert werde. Dann müssten aber auch Pflegeeltern, die die ihnen übertragene Pflege und Erziehung (§ 184) oder die ihnen überhaupt gem § 185 übertragene Obsorge gröblich vernachlässigt haben, erbunwürdig sein. Der Gesetzgeber dürfte diese Fälle freilich nicht im Auge gehabt haben; wie sich aus der Entstehungsgeschichte des § 540 2. Fall ergibt, ging es vielmehr um die Verlagerung und inhaltliche Verallgemeinerung aus den Vorschriften über die Enterbung in die Normengruppe der Erbunwürdigkeit (s oben Rz 28). Da die Enterbung nur im Pflichtteilsrecht eine Rolle spielt, lässt sich daraus wiederum auf den Personenkreis rückschließen, sodass nach dem Willen des Gesetzgebers wohl nur Eltern und Kinder im Rechtssinne in Frage kommen – dh also einerseits leibliche Eltern und Kinder iSd § 42, andererseits Adoptiveltern und -kinder und deren im Zeitpunkt der Adoption vorhandenen minderjährigen Kinder (vgl § 197 Abs 1).

34 Nicht erfasst von § 540 2. Fall sind gröbliche Pflichtverletzungen zwischen Ehegatten:[238] Hier kommt allenfalls eine Enterbung gem § 769 2. HS in Be-

---

[230] *Eccher* in Schwimann/Kodek⁴ III § 540 Rz 15; *Likar-Peer* in Ferrari/Likar-Peer, Erbrecht 288.
[231] Zur Beistandspflicht zwischen Großeltern und Enkeln etwa *Fischer-Czemak* in Kletečka/Schauer, ABGB-ON 1.03 § 137 Rz 8.
[232] Vgl dazu allg *Fischer-Czemak* in Kletečka/Schauer, ABGB-ON 1.03 § 137 Rz 8.
[233] *Eccher* in Schwimann/Kodek⁴ III § 540 Rz 15; *Likar-Peer* in Ferrari/Likar-Peer, Erbrecht 288.
[234] In Schwimann/Kodek⁴ III § 540 Rz 15; diese Ansicht referierend *Likar-Peer* in Ferrari/Likar-Peer, Erbrecht 288.
[235] *Weiß/Ferrari* in Ferrari/Likar-Peer, Erbrecht 31 mwN.
[236] S dazu *Ferrari* in Ferrari/Likar-Peer, Erbrecht 483 f mwN.
[237] *Limberg* in Kletečka/Schauer, ABGB-ON 1.02 § 233 Rz 10.
[238] *Schauer*, RdW 1990, 71; *Ferrari* in ÖJT II/2, 73; *Werkusch-Christ* in Kletečka/Schauer, ABGB-ON 1.03 § 540 Rz 3; vgl auch OGH 7.7.2008, 6 Ob 386/07p, SZ 2008/94 = JBl 2009, 100.

tracht, wenn die eheliche Beistandspflicht gröblich vernachlässigt wurde; weiters eine Enterbung wegen Hilfloslassens im Notstand iSd § 768 Z 2.[239] Insofern besteht eine gewisse Diskrepanz der gesetzgeberischen Wertungen hinsichtlich der Vernachlässigung familienrechtlicher Pflichten im Eltern-Kind-Verhältnis einerseits und jener zwischen Ehegatten andererseits.[240] Auch ein Ehegatte kann nämlich testierunfähig sein. *De lege ferenda* wurde daher im Vorfeld der Erbrechtsreform 2015 erwogen, § 540 2. Fall auch auf gröbliche Pflichtverletzungen zwischen Ehegatten, insb Beistandspflichtverletzungen, auszuweiten.[241] Dies wurde mit der Erbrechtsnovelle 2015 aber im Rahmen der Erbunwürdigkeit – anders als im Rahmen der Enterbung – nicht umgesetzt (vgl § 541 Z 3 nF einerseits, § 770 Z 5 nF andererseits; s dazu unten Rz 65, 83).

b) erforderlicher Verschuldensgrad, nötige Einsichtsfähigkeit

Nach hA muss die gröbliche Pflichtverletzung iSd § 540 2. Fall mit Vorsatz **35** begangen werden.[242] Diese Auffassung geht auf *Welser* zurück, der meint, gröbliche Vernachlässigung könne man nur bei Vorsatz annehmen. Demgegenüber hatte *Zankl*[243] es explizit offen gelassen, ob nach § 540 2. Fall Vorsatz notwendig sei oder ob grobe Fahrlässigkeit ausreiche. Auch *Ferrari*[244] spricht bloß von „schwer vorwerfbare(m) Verhalten". Aus dem Kriterium der Gröblichkeit lässt sich indes nicht auf den Verschuldensgrad schließen, denn wie *Eccher*[245] betont hat, sagt Vorsatz über das Gewicht der Pflichtverletzung nichts aus. Dies bedeutet umgekehrt, dass von der geforderten Schwere nicht auf den erforderlichen Verschuldensgrad geschlossen werden kann. Dass Vorsatz notwendig ist, um Erbunwürdigkeit nach § 540 2. Fall annehmen zu können, lässt sich mit *Eccher* damit begründen, dass auch hinsichtlich der anderen Erbunwürdigkeitsgründe (§ 540 1. Fall; § 542) Vorsatz erforderlich ist; ja, man wird Vorsatz dogmatisch als gemeinsames Merkmal der Erbunwürdigkeit sehen können.[246] Demgegenüber ist aber zu bedenken, dass die Einschränkung auf mit Vorsatz begangene gröbliche Pflichtverletzungen insofern eine Schlechterstellung von Kindern bedeutet, als der Tatbestand des bisherigen § 769, wonach ein Kind seine Eltern enterben konnte, wenn diese Pflege und Erziehung gröblich vernachlässigt hatten, bereits bei grober Fahrlässigkeit erfüllt war.[247] Es ist daher durchaus fraglich, ob der Zweck der Novelle 1989 es nicht gebietet, gröbliche Pflichtverlet-

---

239 *Ferrari* in ÖJT II/2, 73; vgl auch schon *Schauer*, RdW 1990, 71.
240 Auf diese Diskrepanz hat bereits *Schauer* (RdW 1990, 71) hingewiesen.
241 Vgl dazu *Ferrari* in ÖJT II/2, 73 und 83.
242 *Welser*, NZ 1990, 141; *ders* in Rummel/Lukas[4] § 540 Rz 9; *Eccher* in Schwimann/Kodek[4] III § 540 Rz 17; referierend *Apathy* in KBB[4] § 540 Rz 3; *Likar-Peer* in Ferrari/Likar-Peer, Erbrecht 288; *Scheuba* in Gruber/Kalss/Müller/Schauer, Erbrecht und Vermögensnachfolge § 9 Rz 61; fraglich noch bei *Zankl*, JAP 1990/91, 119, s dazu sogleich im Text.
243 JAP 1990/91, 119.
244 In 17. ÖJT II/2, 72.
245 In Schwimann/Kodek[4] III § 540 Rz 17.
246 Vgl dazu dogmengeschichtlich und rechtsvergleichend *Zimmermann* in FS Koziol 468 f, 498 ff; abw aber das preußische ALR sowie das gemeine Recht *(Zimmermann* aaO 468 f).
247 *Welser* in Rummel[2] I (1990) § 769 Rz 3.

zungen bereits bei grober Fahrlässigkeit, sohin bei jedem „schwer vorwerfbaren Verhalten",[248] zu bejahen.

36 Erforderlich ist jedenfalls Verschuldensfähigkeit. In aller Regel wird § 540 2. Fall daher nur dann Bedeutung haben, wenn der Erbanwärter bereits 14 Jahre alt und daher deliktsfähig ist (§ 176); lediglich in besonders krassen, wiewohl jedoch eher theoretischen Fällen wird auch ein Quasi-Verschulden iSd § 1310 1. Fall zum Tragen kommen.[249]

c) Schwere der Pflichtverletzung

37 Nach § 540 2. Fall muss die Pflichtverletzung „gröblich" sein. Nicht jede der grundsätzlich in Frage kommenden Pflichtverletzungen (s Rz 31 f) führt daher zur Erbunwürdigkeit; vielmehr muss die Pflichtverletzung „gewichtig",[250] dh „schwer anstößig"[251] sein. Daher werden manche der zwar grundsätzlich von § 540 2. Fall erfassten Pflichten, wie etwa die Verletzung der Pflicht zur anständigen Begegnung oder die Verletzung der Gehorsamspflicht (s auch Rz 31 f), nur in besonders krassen Fällen erbunwürdig machen; dass diese aber wegen mangelnder Schwere iSd § 540 2. Fall generell keine Erbunwürdigkeit nach sich ziehen würden, kann in dieser Allgemeinheit nicht gesagt werden.[252] Vielmehr wird man zB fortgesetztes ehrloses Verhalten oder ständige körperliche Misshandlungen, die seit der III. TN nicht mehr unter die relevanten Straftaten des § 540 fallen,[253] bei entsprechend schwerer Anstößigkeit nunmehr unter § 540 2. Fall subsumieren und auf diese Weise gewissermaßen „auffangen" können. Bei der Beurteilung, ob schwere Anstößigkeit gegeben ist, kommt es stets auf die Umstände des Einzelfalls an, so etwa auf das Alter eines Minderjährigen bei Pflichtverletzungen gegenüber den Eltern.[254]

d) Verhältnis des § 540 2. Fall zu § 768 Z 2

38 Während es nach § 768 Z 2 einen Enterbungsgrund darstellt, wenn der Noterbe den Erblasser im Notstand hilflos gelassen hat, macht die gröbliche Verletzung familienrechtlicher Pflichten im Eltern-Kind-Verhältnis erbunwürdig iSd § 540 2. Fall. Gem § 770 wiederum sind auch jene Handlungen, die gem den §§ 540, 542 erbunwürdig machen, Enterbungsgründe. Wie *Welser* betont hat, kommt daher § 768 Z 2 im Verhältnis zwischen Eltern und Kin-

---

[248] *Ferrari* in 17. ÖJT II/2, 72.
[249] S dazu *Eccher* in Schwimann/Kodek⁴ III § 540 Rz 18; *Likar-Peer* in Ferrari/Likar-Peer, Erbrecht 288.
[250] *Apathy* in KBB⁴ § 540 Rz 3.
[251] *Eccher* in Schwimann/Kodek⁴ III § 540 Rz 16; *Welser* in Rummel/Lukas⁴ § 540 Rz 9, § 769 Rz 3 (zur gröblichen Vernachlässigung der ehelichen Beistandspflicht); *Likar-Peer* in Ferrari/Likar-Peer, Erbrecht 288.
[252] So aber *Gitschthaler* in Schwimann/Kodek⁴ I § 137 Rz 15; *Limberg* in Kletečka/Schauer, ABGB-ON 1.02 § 137 Rz 10.
[253] Vgl dazu *Ehrenzweig*, Zivilrechtsreform 12; *dens*, System II/2², 585 (dieser versucht, fortgesetzte Misshandlungen eines Elternteils unter § 768 Z 4 zu subsumieren; dies ist angesichts des nunmehrigen § 540 2. Fall nicht mehr erforderlich).
[254] *Eccher* in Schwimann/Kodek⁴ III § 540 Rz 16.

dern[255] keine eigenständige Bedeutung mehr zu, denn es ist kein Fall vorstellbar, in dem ein Hilfloslassen im Notstand nicht zugleich eine gröbliche Verletzung einer von § 540 2. Fall erfassten Pflicht ist.[256] Demgegenüber soll nach stRsp der Tatbestand des § 540 2. Fall enger als jener des § 768 Z 2, keinesfalls jedoch weiter sein, sodass Erbunwürdigkeit iSd § 540 2. Fall nicht vorliege, wenn schon der Enterbungstatbestand des § 768 Z 2 zu verneinen sei.[257] In dieser Allgemeinheit kann dieser Ansicht jedoch nicht zugestimmt werden,[258] vielmehr ist es, was die Schwere der Pflichtverletzung betrifft (vgl dazu oben Rz 37), genau umgekehrt: Wenn keine gröbliche Verletzung familienrechtlicher Pflichten iSd § 540 2. Fall vorliegt, handelt es sich auch nicht um ein Hilfloslassen im Notstand.[259] Hilfloslassen im Notstand wird immer eine gröbliche Vernachlässigung der familienrechtlichen Pflichten sein, und zwar entweder der Beistandspflicht iSd § 137 Abs 1 oder der Unterhaltspflicht iSd §§ 231 ff, allenfalls auch die Verletzung von Pflege und Erziehung als Bestandteil der Obsorgepflicht iSd § 158. Richtig kann die Aussage des OGH allenfalls im Hinblick auf den jeweils erforderlichen Verschuldensgrad sein, denn ein Enterbungsgrund iSd § 768 Z 2 liegt bereits bei grober Fahrlässigkeit vor, während der Erbunwürdigkeitsgrund des § 540 2. Fall nach hA Vorsatz erfordert (dazu oben Rz 35)[260] – mit der Schwere der Pflichtverletzung hat der Verschuldensgrad jedoch, wie *Eccher*[261] betont hat, genau genommen nichts zu tun.

e) Fallbeispiele

39 Erbunwürdigkeit iSd § 540 Fall 2 liegt vor, wenn das Kind seine schwer kranke Mutter nicht im Krankenhaus besucht und erklärt, „die soll hin werden";[262] weiters sämtliche Handlungen, die auch ein Hilfloslassen im Notstand iSd § 768 Z 2 nach sich ziehen würden (s oben Rz 38), wie zB Vernachlässigung der Unterhaltspflicht in einem derartigen Ausmaß, dass der Unterhaltsberechtigte in einen Notstand gerät; wenn bei lebensbedrohlicher Erkrankung Besuche im Krankenhaus und jegliche menschliche Anteilnahme unter-

---

[255] Bedeutung hat § 768 Z 2 aber hinsichtlich des Hilfloslassens im Notstand unter Ehegatten, da sich dieser Tatbestand zwar mit der gröblichen Verletzung der ehelichen Beistandspflicht überschneiden kann, aber nicht decken muss.

[256] *Welser*, NZ 1991, 141; vgl auch *dens* in Rummel/Lukas⁴ § 540 Rz 8; *Likar-Peer* in Ferrari/Likar-Peer, Erbrecht 387.

[257] OGH 8.3.1995, 7 Ob 505/95, NZ 1997, 243; 7.6.2001, 2 Ob 252/00y; 8.8.2007, 9 Ob 27/07x, iFamZ 2007/160 = JEV 2007/35; 19.5.2010, 6 Ob 80/10y, EFSlg 127.089.

[258] Skeptisch auch *Scheuba* in Gruber/Kalss/Müller/Schauer, Erbrecht und Vermögensnachfolge § 9 Rz 61; dafür spricht auch die Entstehungsgeschichte des § 540 2. Fall, denn die gröbliche Vernachlässigung von Pflege und Erziehung iSd § 769 aF, der Vorläuferregelung des § 540 2. Fall, galt ebenfalls als weiter als § 768 Z 2 (*Kralik*, Erbrecht³ 283).

[259] Die nunmehr stRsp geht zurück auf die E OGH 8.3.1995, 7 Ob 505/95, NZ 1997, 243; diese E beruht aber offenbar auf einem Missverständnis in Bezug auf die Auffassung *Welsers* (NZ 1991, 141).

[260] IdS *Apathy* in KBB⁴ § 540 Rz 3.

[261] In Schwimann/Kodek⁴ III § 540 Rz

[262] OLG Wien 23.2.1999, 12 R 1/99a, EFSlg 89.942.

lassen werden; völliges Alleinlassen der betagten Eltern in ihrer Vereinsamung; gröbliche Vernachlässigung des geisteskranken Vaters.[263]

IV. Verzeihung

40 Die Erbunwürdigkeit besteht gem § 540 aE so lange, als sich nicht den Umständen entnehmen lässt, dass der Erblasser dem Erbunwürdigen verziehen hat. Die Erbunwürdigkeit wird also durch Verzeihung seitens des Erblassers aufgehoben (§ 540 aE). Die gesetzliche Vermutung, dass der Erblasser nicht will, dass derjenige, der sich schwerer Verfehlungen ihm gegenüber schuldig gemacht hat, ein Erbrecht (iwS) nach ihm hat, wird durch die Verzeihung (s Rz 43 f) entkräftet.[264] Je nach rechtlicher Qualifikation der Verzeihung findet diese Entkräftung aufgrund des tatsächlichen entgegengesetzten Willens des Erblassers[265] oder aber bereits aufgrund der wegen der Verzeihung nunmehr entgegengesetzten Vermutung[266] statt. Eine Verzeihung setzt freilich voraus, dass dem Erblasser die entsprechende Handlung des Erbunwürdigen bekannt war.[267] Daraus darf aber nicht geschlossen werden, dass auch der Eintritt der Erbunwürdigkeit die Kenntnis des Erblassers von der Verfehlung voraussetzt.[268]

41 Eine Vermutung für die Verzeihung existiert nicht.[269] Derjenige, der sich auf die Verzeihung beruft, muss diese behaupten und beweisen,[270] und zwar entweder durch den Nachweis einer ausdrücklichen Erklärung oder durch den Nachweis konkludenter Tatsachen.[271]

42 Einigkeit herrscht über folgende Punkte: Die Verzeihung kann konkludent erfolgen (arg „aus den Umständen").[272] Sie unterliegt keinen Formvorschriften.[273] Da sie höchstpersönlich und somit vertretungsfeindlich[274] ist,

---

[263] Beispiele bei *Likar-Peer* in Ferrari/Likar-Peer, Erbrecht 382 mwN (zu § 768 Z 2); s weiters *Welser* in Rummel/Lukas⁴ § 768 Rz 3 (zu § 768 Z 2).

[264] Vgl dazu *Handl* in Klang II/1, 51; *Kralik*, Erbrecht³ 35; *B. Jud*, NZ 2006, 72.

[265] So wenn man davon ausgeht, dass die Verzeihung eine Willenserklärung ist; idS *Kralik*, Erbrecht³ 37 f; zust *Eccher* in Schwimann/Kodek⁴ III § 540 Rz 20; *Likar-Peer* in Ferrari/Likar-Peer, Erbrecht 292; oder unter der Prämisse, dass es sich dabei um eine Willensmitteilung handelt (*Welser* in Rummel/Lukas⁴ § 540 Rz 3; *Koziol/Welser/Zöchling-Jud*¹⁴ II Rz 1892).

[266] So die hier vertretene Ansicht; s dazu sogleich im Text.

[267] OGH 19.1.1979, 1 Ob 507/79; *Weiß* in Klang² III 100; *Eccher* in Schwimann/Kodek⁴ III § 540 Rz 11; *Welser* in Rummel/Lukas⁴ I § 540 Rz 3; die rechtliche Qualifikation der Straftat muss ihm aber nicht bekannt sein (*Welser* aaO). Daraus ergibt sich ferner, dass die erbunwürdig machende Handlung vor der Verzeihung stattgefunden haben muss (*Weiß* aaO 100; *Christandl/Nemeth*, NZ 2016, 7).

[268] So aber *Winiwarter*, Bürgerliches Recht² III 21; dagegen zB *Pfaff/Hofmann*, Excurse II/1, 17; *Hanausek*, Gesetzliches Erbrecht 42 uva.

[269] So zB *Pfaff/Hofmann*, Excurse II/1, 18; *Krasnopolski/Kafka*, Erbrecht 19.

[270] OGH 22.3.1906, Nr 2575, GlUNF 3362; *Pfaff/Hofmann*, Excurse II/1, 18; *Krasnopolski/Kafka*, Erbrecht 19; *Welser* in Rummel/Lukas⁴ § 540 Rz 4.

[271] *Pfaff/Hofmann*, Excurse II/1, 17; *Krasnopolski/Kafka*, Erbrecht 19.

[272] *Eccher* in Schwimann/Kodek⁴ III § 540 Rz 19; *Welser* in Rummel/Lukas⁴ § 540 Rz 3; *Apathy* in KBB⁴ § 540 Rz 4; *Koziol/Welser/Zöchling-Jud*¹⁴ II Rz 1892.

[273] *Weiß* in Klang² III 101; *Kralik*, Erbrecht³ 38; *Eccher* in Schwimann/Kodek⁴ III § 540 Rz 19; *Welser* in Rummel/Lukas⁴ § 540 Rz 3; *Koziol/Welser/Zöchling-Jud*¹⁴ II Rz 1892; *Apathy* in KBB⁴ § 540 Rz 4; *Likar-Peer* in Ferrari/Likar-Peer, Erbrecht 291.

[274] *Weiß* in Klang² III 101; *Welser* in Rummel/Lukas⁴ § 540 Rz 3; *Likar-Peer* in Ferrari/Likar-Peer, Erbrecht 291.

muss sie ferner zu Lebzeiten des Erblassers stattgefunden haben.[275] Unklar ist, ob die Verzeihung widerruflich[276] und ob sie bedingt möglich[277] ist. Strittig ist weiters, welcher Grad von Einsichtsfähigkeit erforderlich ist: Einig ist man sich zwar darüber, dass volle Geschäftsfähigkeit nicht vonnöten ist.[278] Fraglich ist aber, ob Testierfähigkeit erforderlich ist[279] oder ob allenfalls auch ein geringerer Grad an Einsichtsfähigkeit ausreicht; zT wird vertreten, dass es genügt, wenn der Erblasser die Bedeutung seines Verhaltens (dh der Verzeihung) erfassen kann,[280] zT demgegenüber darauf abgestellt, dass der Erblasser die Bedeutung der ihm gegenüber verübten Verfehlung zu erkennen in der Lage ist.[281]

Die Beantwortung all dieser Fragen hängt davon ab, wie man die Frage nach der Rechtsnatur der Verzeihung beantwortet. Diese ist allerdings äußerst umstritten. *Welser*[282] sowie *Koziol/Welser/Zöchling-Jud*[283] sehen in der Verzeihung eine Willensmitteilung. *Kralik,*[284] *Eccher*[285] und *Likar-Peer*[286] qualifizieren sie als erbrechtliche Willenserklärung, während *Handl*[287] und *Weiß*[288] davon ausgehen, dass es sich um eine Rechtstatsache, nämlich eine innere Tatsache des Seelenlebens, handelt.

Die Qualifikation als erbrechtliche Willenserklärung bringt es mit sich, dass die Verzeihung höchstpersönlich, vertretungsfeindlich, widerruflich, nicht empfangsbedürftig, ferner auch bedingt möglich und dass Testierfähigkeit erforderlich ist.[289] Betrachtet man die Verzeihung demgegenüber als Willensmitteilung, wäre sie unwiderruflich;[290] was die Geschäftsfähigkeit betrifft, müsste man diesfalls aber wohl ebenso Testierfähigkeit annehmen, zumal auf Willensmitteilungen die Bestimmungen über Rechtsgeschäfte, insb jene über die Geschäftsfähig-

43

---

275 *Eccher* in Schwimann/Kodek⁴ III § 540 Rz 19; *Welser* in Rummel/Lukas⁴ § 540 Rz 3; *Likar-Peer* in Ferrari/Likar-Peer, Erbrecht 291.

276 Unwiderruflichkeit annehmend: *Weiß* in Klang² III 101; *Welser* in Rummel/Lukas⁴ § 540 Rz 3; *Apathy* in KBB⁴ § 540 Rz 4; Widerruflichkeit bejahend: *Kralik*, Erbrecht³ 38; *Eccher* in Schwimann/Kodek⁴ III § 19 f; *Likar-Peer* in Ferrari/Likar-Peer, Erbrecht 292.

277 IdS *Apathy* in KBB⁴ § 540 Rz 4; im Ehescheidungsrecht (§ 56 EheG) wird die Möglichkeit der (aufschiebend) bedingten Verzeihung bejaht (s zB *Aichhorn* in Gitschthaler/Höllwerth [Hrsg], Ehe- und Partnerschaftsrecht [2011] § 56 EheG Rz 7 mwN).

278 Vgl *Welser* in Rummel/Lukas⁴ § 540 Rz 3 (es bedürfe nicht der strengen Voraussetzungen der Geschäftsfähigkeit); vgl weiters *Kralik*, Erbrecht³ 37 f; zust *Eccher* in Schwimann/Kodek⁴ III § 540 Rz 20; *Likar-Peer* in Ferrari/Likar-Peer, Erbrecht 292; *Apathy* in KBB⁴ § 540 Rz 4 (jeweils Testierfähigkeit verlangend); s dazu auch *Christandl/Nemeth*, NZ 2016, 7.

279 IdS *Kralik*, Erbrecht³ 37 f; s zust *Eccher* in Schwimann/Kodek⁴ III § 540 Rz 20; *Likar-Peer* in Ferrari/Likar-Peer, Erbrecht 292.

280 IdS *Welser* in Rummel/Lukas⁴ § 540 Rz 3.

281 So *Weiß* in Klang² III 101; ähnlich auch bereits *Handl* in Klang II/1, 51.

282 In Rummel/Lukas⁴ § 540 Rz 3.

283 *Koziol/Welser/Zöchling-Jud*¹⁴ II Rz 1892; s auch *B. Jud*, NZ 2006, 74.

284 Erbrecht³ 37 f.

285 In Schwimann/Kodek⁴ III § 540 Rz 20.

286 In Ferrari/Likar-Peer, Erbrecht 292.

287 In Klang II/1, 51.

288 In Klang² III 101.

289 Vgl *Kralik*, Erbrecht³ 37 f; *Eccher* in Schwimann/Kodek⁴ III § 540 Rz 19 f; *Likar-Peer* in Ferrari/Likar-Peer, Erbrecht 292; vgl auch *Christandl/Nemeth*, NZ 2016, 7.

290 Vgl *Welser* in Rummel/Lukas⁴ § 540 Rz 3.

keit, analog anzuwenden sind.[291] Schließt man sich hingegen *Handl*[292] und *Weiß*[293] an, wonach die Verzeihung eine innere Tatsache des Seelenlebens ist, passen die rechtsgeschäftlichen Kriterien schon dem Grunde nach nicht. Die Höchstpersönlichkeit resultiert dann bereits daraus, dass es sich um einen inneren Vorgang in der Psyche des Erblassers handelt, der selbstverständlich zu dessen Lebzeiten seinen Abschluss gefunden haben muss. Ferner stellt sich die Frage der Widerruflichkeit nicht – denn entweder ist der seelische Vorgang abgeschlossen oder nicht. Alles, was nach der rechtsgeschäftlichen Theorie einen Widerruf darstellen würde, ist unter der Prämisse, dass die Verzeihung eine innere Tatsache des Seelenlebens ist, lediglich ein Indiz dafür, dass eben noch keine endgültige Verzeihung stattgefunden hat. Auch kann ein seelischer Vorgang nicht unter einer Bedingung im Rechtssinne stattfinden – es kann jedoch sehr wohl sein, dass der Erblasser nur unter der Voraussetzung verziehen hat, dass derjenige, der sich ihm gegenüber schwerer Verfehlungen schuldig gemacht hat, ein solches Verhalten in Hinkunft nicht wiederholen wird und nicht weitere, dem Erblasser bislang unbekannte Verfehlungen[294] begangen hat.

44 Auf den ersten Blick scheint die Auffassung, es handle sich um eine erbrechtliche Willenserklärung, am meisten zu überzeugen; dies einerseits deshalb, weil – wie *Eccher*[295] betont hat – die Verzeihung sehr häufig in Gestalt einer letztwilligen Bedenkung zu Tage treten wird (s dazu sogleich Rz 45); zum anderen, weil – wie *Kralik*[296] bemerkt hat – die Frage, ob Erbunwürdigkeit vorliegt, *ex post* zum Zeitpunkt des Erbanfalls (was im Hinblick auf die Verzeihung den Todeszeitpunkt bedeutet) zu beurteilen ist, was wiederum die Widerruflichkeit nahe legt. Zudem ergibt sich daraus von selbst, dass sie nicht empfangsbedürftig ist.[297] Demgegenüber ist jedoch zu bedenken, dass das österreichische Privatrecht – wie auch zB das deutsche Recht[298] – die Verzeihung nicht nur im Zusammenhang mit der Erbunwürdigkeit (§ 540 aE) kennt. Vielmehr erlischt auch das Recht zum Schenkungswiderruf iSd § 948 gem § 949, wenn der Geschenkgeber dem Geschenknehmer verziehen hat; weiters hat der verletzte Ehegatte gem § 56 EheG kein Recht, die Verschuldensscheidung gem § 49 EheG zu begehren, wenn er dem schuldigen Ehegatten verziehen hat. Es ist aber naheliegend, dass die Privatrechtsordnung der Verzeihung in allen Rechtsgebieten dieselbe Bedeutung beimisst. Während die Rechtsnatur im Zu-

---

[291] Vgl *Koziol/Welser/Kletečka*[14] I Rz 326; ids bereits *Flume*, Allgemeiner Teil des bürgerlichen Rechts II: Das Rechtsgeschäft[4] (1992) 107; s weiters *Wiebe* in Kletečka/Schauer, ABGB-ON 1.02 § 859 Rz 20.
[292] In Klang II/1, 51.
[293] In Klang[2] III 101.
[294] Diese müssen dann wohl nicht die von § 540 geforderte Schwere erreichen.
[295] In Schwimann/Kodek[4] III § 540 Rz 20.
[296] Erbrecht[3] 38.
[297] Vgl *Kralik*, Erbrecht[3] 37 f.
[298] Vgl § 532 BGB (kein Schenkungswiderruf nach Verzeihung); § 2337 BGB (kein Recht auf Pflichtteilsentziehung, wenn zuvor verziehen wurde; weiters Aufhebung der bereits angeordneten Pflichtteilsentziehung durch nachfolgende Verzeihung); § 2343 BGB (Erbunwürdigkeit); früher weiters keine Verschuldensscheidung (s *Flume*, Rechtsgeschäft[4], 113).

sammenhang mit dem Schenkungswiderruf bisher kaum diskutiert wurde,[299] liegt zu § 56 EheG eine Fülle an Jud und Literaturstellungnahmen vor: Nach hA[300] zu § 56 EheG ist die Verzeihung ein innerer Vorgang auf der Seelenebene, der aber irgendwie nach außen getreten sein muss; sie ist keine Willenserklärung. Sie setzt sich also aus zwei Tatbestandsmerkmalen zusammen: Einerseits ist der Abschluss des inneren seelischen Vorgangs, wie ihn auch *Handl*[301] und *Weiß*[302] für relevant erachten, vonnöten. Dieser ist abgeschlossen, wenn das Kränkende nicht mehr als existent betrachtet wird.[303] Andererseits ist zusätzlich die Perfektion[304] gefordert. Fehlt eine der beiden Voraussetzungen, liegt keine Verzeihung im Rechtssinne vor. Dies entspricht der Theorie *Mangigks*,[305] die in Deutschland zur Rechtsnatur der Verzeihung – und zwar auch im Erbrecht – herrschend geworden ist.[306] Fordert man die Perfektion als zusätzliches Tatbestandsmerkmal, so bedeutet aber die Wendung des § 540 aE, dass sich die Verzeihung „aus den Umständen entnehmen" lassen müsse, nicht bloß einen Hinweis auf die Zulässigkeit des Indizienbeweises;[307] die Äußerung hat also nicht nur auf der Ebene der Beweiswürdigung Bedeutung, sondern sie ist Tatbestandsmerkmal. Für diese Auffassung spricht auch die Parallele zum Besitzwillen, der sich in einem äußerlich wahrnehmbaren Verhalten manifestieren muss.[308] In diesem zweiten Punkt unterscheidet sich die hier vertretene Auffassung von jener von *Handl* und *Weiß*, die eine Äußerung nicht fordern. Trotz der geforderten Äußerung handelt es sich aber nicht um eine Rechtshandlung in Gestalt einer Willensmitteilung, wie in Österreich in Bezug auf § 540 von *Welser*[309] vertreten. Denn während bei der Willensmitteilung ein Wille, welcher gleichsam in die Zukunft gerichtet ist, mitgeteilt werden muss, und diese zudem Kundgabezweck hat,[310] ist die Verzeihung ein innerer Akt

---

299 S lediglich *Löcker* in Kletečka/Schauer, ABGB-ON 1.02 § 949 Rz 3, der die Verzeihung aber mit dem Verzicht auf das Widerrufsrecht gleichsetzt und daher entgegen dem Wortlaut des § 949 auch den Erben des Geschenkgebers zugestehen will, da die Verzeihung eben nichts anderes sei als ein Rechtsverzicht.

300 S zB *Stabentheiner* in Rummel[3] II § 56 EheG Rz 2; *Gruber* in Schwimann/Kodek[4] I § 56 EheG Rz 2 f; *Aichhorn* in Gitschthaler/Höllwerth, Ehe- und Partnerschaftsrecht (2011) § 56 EheG Rz 2, jeweils mwN zur Jud; s weiters *Koziol/Welser/Kletečka*[14] I Rz 1562.

301 In Klang II/1, 51.

302 In Klang[2] III 100 f.

303 IdS zB *Lange* in MüKoBGB[6] § 2337 Rz 2.

304 S dazu ausf *Manigk*, Willenserklärung und Willensgeschäft: ihr Begriff und ihre Behandlung nach Bürgerlichem Gesetzbuch; ein System der juristischen Handlungen (1907) 629 ff.

305 *Manigk*, Willenserklärung 629 ff.

306 S dazu zB *Lange* in MüKoBGB[6] § 2337 Rz 1; *Olshausen* in Standinger, BGB (2015) § 2337 Rz 2 ff, § 2343 Rz 3, jeweils mwN zur hA.

307 So aber *Pfaff/Hofmann*, Excurse II/1, 14 ff; *Krasnopolski/Kafka*, Erbrecht 19.

308 IdS zB *Koziol/Welser/Kletečka*[14] I Rz 860; abw aber *Kodek* in Kletečka/Schauer, ABGB-ON 1.02 § 309 Rz 4, der dem geforderten äußerlich wahrnehmbaren Verhalten nur Bedeutung für die Beweiswürdigung einräumt.

309 In Rummel/Lukas[4] § 540 Rz 3; vgl auch *Koziol/Welser/Zöchling-Jud*[14] II Rz 1892.

310 S allg *Koziol/Welser/Kletečka*[14] I Rz 324; *Wiebe* in Kletečka/Schauer, ABGB-ON 1.02 § 859 Rz 18.

eigener Art,³¹¹ die zwar irgendwie nach außen getreten sein, nicht aber kundgetan werden muss; sie bedarf keines Zugangs.³¹² Die Äußerung – eben iS von Perfektion – bedeutet nämlich lediglich, dass der Erblasser durch sein Verhalten irgendwie zu erkennen gibt, dass er dem Erbunwürdigen sein Verhalten nicht mehr nachträgt, er sich nicht mehr gekränkt fühlt.³¹³ Unter dieser Prämisse ist die Verzeihung selbstverständlich ein höchstpersönlicher Akt; sie ist weiters unwiderruflich – genau genommen geht es gar nicht um die Kategorien widerruflich oder unwiderruflich, sondern vielmehr eben zunächst darum, ob der seelische Prozess des Vergebens abgeschlossen wurde und zum anderen darum, ob das positive Ergebnis dieses Prozesses perfiziert wurde. Ist dies (*ex post* vom Zeitpunkt des Todes des Erblassers betrachtet) der Fall, so liegt Verzeihung vor. Handlungen, die unter der Prämisse, dass die Verzeihung als erbrechtliche Willenserklärung zu qualifzieren sei, als Widerruf zu werten wären, haben unter Zugrundelegung dieser Sichtweise Indizwirkung dafür, dass der innere Vorgang des Vergebens auf Seelenebene eben noch nicht abgeschlossen ist, somit eine der beiden Tatbestandsvoraussetzungen der Verzeihung fehlt. Weiteres ergibt sich aus der Qualifikation der Verzeihung als innerem Vorgang des Seelenlebens, dass keine Geschäftsfähigkeit, ja nicht einmal Testierfähigkeit gegeben sein muss; erforderlich ist vielmehr nur, dass der Erblasser das ihm zugefügte Unrecht und die Bedeutung der Verzeihung im emotionalen Sinne zu erfassen in der Lage ist – nicht aber, dass er die Rechtsfolgen der Verzeihung abschätzen kann.³¹⁴ Diese rechtliche Qualifikation der Verzeihung findet ihre Bestätigung nunmehr im ErbRÄG 2015, wonach der Erblasser, wenn auch testierunfähig, zu erkennen gegeben haben muss, dass er dem Erbunwürdigen (§§ 539–541 nF) bzw dem Pflichtteilsberechtigten (§ 773 Abs 2 nF) verziehen hat (s dazu unten Rz 86). Aus der Tatsache, dass die Verzeihung in der Praxis oftmals durch letztwillige Bedenkung des Erbunwürdigen zum Ausdruck gebracht wird, kann jedenfalls nicht geschlossen werden, dass Testierfähigkeit erforderlich ist;³¹⁵ vielmehr könnte – die notwendige individuelle Einsichtsfähigkeit vorausgesetzt – ein solches „Testament" eines Testierunfähigen die geforderte Perfektion für die Verzeihung darstellen, wiewohl das Testament selbst ungültig iSd § 566 ist.

---

311 Vgl *Manigk*, Willenserklärung 629 ff; *Flume*, Rechtsgeschäft⁴ 113; ob man sie als eine eigene Kategorie von Rechtshandlungen versteht (so *Manigk* aaO; *Flume* aaO) oder als Realakt (so zB *Lange* in MüKoBGB⁶ § 2337 Rz 7; *Olshausen* in Staudinger, BGB [2015] § 2337 Rz 6), hängt vom jeweiligen begrifflichen Vorverständnis ab.
312 Vgl zB *Koziol/Welser/Kletečka*¹⁴ I Rz 1562.
313 Vgl *Manigk*, Willenserklärung 629 ff; *Lange* in MüKoBGB⁶ § 2337 Rz 2; EB RV 688 BlgNR 25. GP 29.
314 So im Ergebnis *Welser* in Rummel/Lukas⁴ § 540 Rz 3 (allerdings von einer Willensmitteilung ausgehend, auf die aber nach hA die Bestimmungen über Rechtsgeschäfte analog anzuwenden sind: *Koziol/Welser/Kletečka*¹⁴ I Rz 326; *Wiebe* in Kletečka/Schauer, ABGB-ON 1.02 § 859 Rz 20; demnach müsste man eine Willensmitteilung vorausgesetzt – aber doch Testierfähigkeit fordern); vgl auch *Handl* in Klang II/1, 51; *Weiß* in Klang² III 101.
315 So aber *Eccher* in Schwimann/Kodek⁴ III § 540 Rz 20.

Beispiele: Versöhnung zwischen Erblasser und Erbunwürdigem;[316] der **45** Erbunwürdige wird in einem späteren Testament bedacht;[317] handelt es sich dabei um ein Legat an einen Noterben, dessen Wert den Pflichtteil unterschreitet, könnte die Auslegung aber auch ergeben, dass eine teilweise Enterbung gewollt war und nicht verziehen wurde.[318] Keine Verzeihung liegt dagegen vor, wenn der Erblasser den Erbunwürdigen zunächst auf den Pflichtteil gesetzt hatte und dieses Testament später, nachdem er von der Verfehlung des Erbunwürdigen erfahren hatte, nicht abgeändert hatte.[319] Keine Verzeihung ist weiters das Unterlassen der Strafanzeige,[320] ebenso wenig die Tatsache, dass der Erblasser trotz Kenntnis des Erbunwürdigkeitsgrundes keine Enterbung vornahm oder ein bestehendes Testament zugunsten des nunmehr Erbunwürdigen nicht aufgehoben oder abgeändert hat.[321] Diese Umstände können allenfalls gemeinsam mit weiteren Anhaltspunkten (wie etwa der nach einer Weile wieder eingetretene freundschaftliche bzw familiäre Umgang zwischen Erblasser und Erbunwürdigem über einen längeren Zeitraum hinweg) eine Verzeihung indizieren.

V. Rechtsfolgen und Geltendmachung

1. Erbunwürdigkeit als relative Erbunfähigkeit; Verhinderung des Erbanfalls

Die Erbunwürdigkeit stellt nach österreichischem Recht einen Fall relati- **46** ver Erbunfähigkeit dar.[322] Dies bedeutet, dass der Erbunwürdige kein Erbrecht nach jener Person, der gegenüber er sich erbunwürdig gemacht hat, erwerben kann; er ist also nur vom Erwerb einer bestimmten Erbschaft ausgeschlossen.[323] Die Erbunwürdigkeit verhindert, da sie Erbunfähigkeit bewirkt, *ipso*

---

316 *Likar-Peer* in Ferrari/Likar-Peer, Erbrecht 291; vgl auch zum neuen Recht EB RV 688 BlgNR 25. GP 29; vgl aber auch die differenzierende Sicht zur deutschen Rechtslage: dazu *Lange* in MüKoBGB[6] § 2337 Rz 2.

317 Vgl *Eccher* in Schwimann/Kodek[4] III § 540 Rz 20; *Apathy* in KBB[4] § 540 Rz 4; s auch OGH 11.10.1883, Nr 8301, GlU 9596; *Ehrenzweig*, System II/2[2], 374 FN 37.

318 IdS *Likar-Peer* in Ferrari/Likar-Peer, Erbrecht 291.

319 Vgl OGH 12.3.1890, Nr 2692, GlU 13.205.

320 *Ehrenzweig*, System II/2[2], 373; *Kralik*, Erbrecht[3] 37.

321 Vgl zB *Pfaff/Hofmann*, Excurse II/1, 16; *Krasnopolski/Kafka*, Erbrecht 19.

322 *Stubenrauch*, Commentar[8] I 745; *Ehrenzweig*, System II/2[2], 371; *Kralik*, Erbrecht[3] 35; *Gschnitzer/Faistenberger*, Erbrecht[2] 54; *Likar-Peer* in Ferrari/Likar-Peer, Erbrecht 283, 285; *Eccher* in Schwimann/Kodek[4] III § 538 Rz 3; *Welser* in Rummel/Lukas[4] § 538 Rz 2, § 540 Rz 1; *Werkusch-Christ* in Kletečka/Schauer, ABGB-ON 1.03 § 540 Rz 4; OGH 7.11.1956, 1 Ob 569/56, EvBl 1957/20; 19.1.1979, 1 Ob 507/79; aA *Michel*, VJSchr 1858, 32 ff (insb 34), der zwischen Erbfähigkeit als Eigenschaft einer Person und Erbunwürdigkeit differenziert; aA auch *Kogler*, Der Erbverzicht (2013) 65 ff, der zwischen Erbunfähigkeitsgründen und „Anfallsverhinderungsgründen" unterscheidet; zu ersteren zählt er die Fälle der absoluten Erbunfähigkeit, zu zweiteren die von der hA als relative Erbunfähigkeitsgründe qualifizierten Tatbestände der §§ 540, 542, 543 aF sowie § 551; s dazu näher *Kogler* in diesem Band §§ 545, 546 [§ 543 nF] Rz 7 ff sowie zu § 551 Rz 17.

323 *Stubenrauch*, Commentar I 745; *Welser* in Rummel/Lukas[4] § 538 Rz 2; *Likar-Peer* in Ferrari/Likar-Peer, Erbrecht 283.

iure bereits den Anfall des Erbrechts,[324] denn Erbfähigkeit ist Voraussetzung für den Erbanfall.[325] Das subjektive Erbrecht entsteht also gar nicht erst.[326] Die (relative) Erbunfähigkeit schließt von jedem Erbrecht im betreffenden Erbfall[327] aus, gleichviel aus welchem Berufungsgrund.[328] Die Erbunwürdigkeit wirkt *eo ipso,* die relative Erbunfähigkeit tritt *ex lege* ein.[329] So bedarf es, eben weil die Erbunwürdigkeit *eo ipso* wirkt und bereits den Erbanfall verhindert, keiner Anfechtung durch diejenigen, die anstelle des Erbunwürdigen zur Erbschaft gelangen[330] – vielmehr fällt diesen sogleich das Erbrecht an, sie sind die wahren Erben. Diesbezüglich unterscheidet sich die Erbunwürdigkeit des österreichischen Rechts von jener des gemeinen und deutschen Rechts – es handelt sich hierzulande also nicht um eine Indignität im technischen Sinne (s auch oben Rz 3).[331]

47 Erst recht ist kein Akt des Erblassers vonnöten.[332] Denn das Gesetz will ja gerade in jenen Fällen, in denen der Erblasser nicht selbst in der Lage ist, dem Erbunwürdigen sein Erbrecht zu entziehen, dem Erbunwürdigen im Sinne und an Stelle des Erblassers das Erbrecht nehmen[333] – etwa weil der Erblasser keine Kenntnis von der Verfehlung erlangt hat oder vom Tod ereilt wurde, bevor er entsprechend verfügen hatte können, vielleicht gar, weil er vom Erbanwärter ermordet wurde,[334] oder aber, weil er testierunfähig war.[335] Der Eintritt der Erbunwürdigkeit und somit der relativen Erbunfähigkeit ist aber nicht auf diese

---

[324] *Ehrenzweig,* System II/2², 371, 375; *Gschnitzer/Faistenberger,* Erbrecht² 54; *Welser* in Rummel/Lukas⁴ § 540 Rz 2; *Likar-Peer* in Ferrari/Likar-Peer, Erbrecht 293; *Eccher* in Schwimann/Kodek⁴ III § 540 Rz 2; OGH 20.5.1930, 42 R 259/30, NZ 1930, 190.

[325] ZB *Bartsch,* Erbrecht² 10; *Gschnitzer/Faistenberger,* Erbrecht² 54; *Eccher* in Schwimann/Kodek⁴ III § 538 Rz 5; *Likar-Peer* in Ferrari/Likar-Peer, Erbrecht 40; s dazu *Schauer/Motal* in diesem Band § 536 Rz 23; abw *Kogler* in diesem Band §§ 545, 546 [§ 543 nF] Rz 7 ff, § 551 Rz 17.

[326] *Kralik,* Erbrecht³ 42; *Likar-Peer* in Ferrari/Likar-Peer, Erbrecht 293.

[327] Anders dagegen kann der absolut Erbunfähige aus niemandes Nachlass etwas erwerben: *Ehrenzweig,* System II/2², 370; *Kralik,* Erbrecht³ 34; *Likar-Peer* in Ferrari/Likar-Peer, Erbrecht 283; *Eccher* in Schwimann/Kodek⁴ III § 538 Rz 2 ua.

[328] *Stubenrauch,* Commentar⁸ I 747; *Weiß* in Klang² III 94; *Likar-Peer* in Ferrari/Likar-Peer, Erbrecht 283; idS weiters *Welser* in Rummel/Lukas⁴ § 540 Rz 1 (Erbunwürdigkeit schließe von jeder Art des Erbrechts aus).

[329] OGH 12.6.1964, 7 Ob 164/64, SZ 37/85 = EvBl 1964/443; *Welser* in Rummel/Lukas⁴ § 540 Rz 1; *Koziol/Welser/Zöchling-Jud*¹⁴ II Rz 1889, 1891; *Likar-Peer* in Ferrari/Likar-Peer, Erbrecht 293; *Apathy* in KBB⁴ § 540 Rz 1; *Scheuba* in Gruber/Kalss/Müller/Schauer, Erbrecht und Vermögensnachfolge § 9 Rz 63.

[330] Diesbezüglich unterscheidet sich das österreichische vom deutschen Recht: vgl § 2340 BGB; zu den konstruktiven Unterschieden im Rechtsvergleich (sowohl in horizontaler als auch in vertikaler Hinsicht) s ausf *Zimmermann* in FS Koziol 463 ff.

[331] Zur Indignität im technischen Sinne im Unterschied zur (relativen) Erbunfähigkeit vgl etwa *Pfaff/Hofmann,* Excurse II/1, 9 ff; *Unger,* Erbrecht⁴ 20; *Krasnopolski/Kafka,* Erbrecht 20 FN 7; *Zimmermann* in FS Koziol 463 ff.

[332] *Scheuba* in Gruber/Kalss/Müller/Schauer, Erbrecht und Vermögensnachfolge § 9 Rz 63; *Welser* in Rummel/Lukas § 540 Rz 1; *Apathy* in KBB⁴ § 540 Rz 1; *Koziol/Welser/Zöchling-Jud*¹⁴ II Rz 1891.

[333] *Ehrenzweig,* System II/2², 371.

[334] *Ehrenzweig,* System II/2², 371; s auch *Koziol/Welser/Zöchling-Jud*¹⁴ II Rz 1891.

[335] JAB 1158 BlgNR 17. GP 3.

Fälle beschränkt. Die Erbunwürdigkeit tritt vielmehr auch dann ein, wenn der Erblasser von der Verfehlung Kenntnis erlangt hatte und in der Lage gewesen wäre, entsprechende letztwillige Anordnungen zu treffen. Ohne weitere zusätzliche Anhaltspunkte ist im schlichten Unterlassen einer Enterbung (vgl § 770 iVm §§ 540, 542), eines Widerrufs eines Testamentes zugunsten des Erbunwürdigen oder dergleichen keine Verzeihung iSd § 540 zu erblicken. Vielmehr kann der Erblasser nach derzeitiger Rechtslage bis 31. 12. 2016 stets davon ausgehen, dass er bei Vorliegen von Erbunwürdigkeitsgründen nicht selbst tätig werden muss (anders zT nach neuer Rechtslage ab 1. 1. 2017; s dazu unten Rz 63, 71 ff).

Da die Erbunwürdigkeit bereits den Erbanfall an den Erbunwürdigen verhindert, fällt das Erbrecht sofort den Nächstberufenen an. Letztere erwerben im Zeitpunkt des Erbanfalls das Erbrecht im subjektiven Sinn. Hinsichtlich der gesetzlichen Erbquoten wird der Erbunwürdige so betrachtet, als ob er vorverstorben wäre. Zum Zuwachs an die anderen Miterben kommt es aber nur dann, wenn keine eintrittsberechtigten Nachkommen des Erbunwürdigen iSd § 541 vorhanden sind (s dazu näher § 541 [§ 542 nF] Rz 7 ff). Gibt es außer dem Erbunwürdigen keine weiteren Angehörigen der betreffenden Parentel, so kommt die nächste Parentel zum Zug. Ist der Erbunwürdige letztwillig zum Erben eingesetzt, so wird zuallererst ein etwaiger Ersatzerbe an seiner Stelle zum Erben berufen, sofern der Erblasser eine Ersatzerbschaft (§§ 604 ff) verfügt hat (s § 541 [§ 542 nF] Rz 23). Ist dies nicht der Fall, handelt es sich beim Erbunwürdigen jedoch um ein Kind des Erblassers, so kommen gem § 779 Abs 1 analog dessen Nachkommen, dh die Kindeskinder des Erblassers zum Zug (dazu näher § 541 [§ 542 nF] Rz 21 f). Ansonsten kommt es zur Akkreszenz an die weiteren Miterben, sofern diese nicht auf eine bestimmte Erbquote eingesetzt wurden (vgl §§ 560–562).[336] Gibt es auch keine akkreszenzberechtigten Miterben, kommt (allenfalls auch nur hinsichtlich des Erbteils des Erbunwürdigen) die gesetzliche Erbfolge zum Tragen. In Ermangelung gesetzlicher Erben fällt die Erbschaft dem Staat anheim (§ 760).[337] **48**

Da die Erbunwürdigkeit bloß relative Erbunfähigkeit bewirkt, kommt sie immer nur im Verhältnis zwischen Erblasser und Erbunwürdigem zum Tragen. Dies ist in folgenden Fallkonstellationen von Bedeutung: Der Nacherbe ist Erbe des Erblassers, nicht des Vorerben. Daher muss der Nacherbe gegenüber dem Erblasser erbfähig sein, wohingegen eine allfällige Erbunfähigkeit gegenüber dem Vorerben irrelevant ist.[338] Nach hA[339] ist ferner die Erbunfähigkeit des Erbschaftskäufers gegenüber dem Erblasser irrelevant, weil der Erbschaftskäufer das Erbrecht des Erben erwirbt, jedoch nicht selbst Erbe[340] nach dem Erblasser wird. Der Erbunfähige selbst kann allerdings seinerseits das **49**

---
[336] Zur Frage, wann es zur Akkreszenz kommt und wann demgegenüber zur gesetzlichen Erbfolge, s *Likar-Peer* in Ferrari/Likar-Peer, Erbrecht 233 ff.
[337] S zu all dem zB *Likar-Peer* in Ferrari/Likar-Peer, Erbrecht 294.
[338] *Ehrenzweig*, System II/2², 376; *Gschnitzer/Faistenberger*, Erbrecht² 55.
[339] Dazu ausf *B. Jud*, Der Erbschaftskauf; Verfügungen des Erben über sein Recht (1998) 22 ff mwN; weiters *Stefula* in Fenyves/Kerschner/Vonkilch, ABGB³ (Klang) § 1278 Rz 23 mwN in FN 93.
[340] Dazu (jeweils mwN) *B. Jud*, Erbschaftskauf 26; *Stefula* in Fenyves/Kerschner/Vonkilch, ABGB³ (Klang) § 1278 Rz 21.

Erbrecht nicht gültig verkaufen oder verschenken, weil er es gar nicht hat.[341] Die Transmission iSd § 537 erfordert einerseits die Erbfähigkeit des Transmittenten gegenüber dem Erblasser – ansonsten fällt ihm ja gar kein Erbrecht an, das er transmittieren, dh vererben könnte. Andererseits ist es erforderlich, dass der Transmissar, also der Erbeserbe, gegenüber dem Transmittenten (dem Erben) erbfähig ist – denn nur dann kann der Transmissar das Erbrecht des Transmittenten von diesem erben. Man nennt dies das Erfordernis der zweifachen Erbfähigkeit. Während die ältere Lehre[342] und der OGH[343] lediglich die zweifache Erbfähigkeit forderten, tendiert die jüngere Lehre[344] dazu, eine dreifache Erbfähigkeit zu fordern – maW, es muss nicht nur der Transmittent gegenüber dem Erblasser und der Transmissar gegenüber dem Transmittenten, sondern darüber hinaus auch der Transmissar gegenüber dem Erblasser erbfähig sein. Auf den ersten Blick erscheint die Begründung der Befürworter der dreifachen Erbfähigkeit überzeugend, zumal ins Treffen geführt wird, dass niemand, der sich dem Erblasser gegenüber erbunwürdig gemacht hat, aus dessen Nachlass etwas erwerben solle. In der Tat wird die relative Erb(un)fähigkeit als erbrechtliche Erwerbs(un)fähigkeit definiert.[345] Genau genommen ist die Erbfähigkeit jedoch nicht nur Erwerbsfähigkeit, sondern sie setzt bereits einen Schritt füher an: Es handelt sich dabei um die Fähigkeit, Erbe zu werden.[346] Auf die Erbunwürdigkeit übertragen bedeutet dies, dass der Erbunwürdige nach dem Erblasser nicht Erbe werden kann;[347] indirekt kann er jedoch sehr wohl etwas aus seinem Nachlass erwerben. Dafür spricht auch die Parallelwertung zum Erbschaftskauf.[348]

50 Zum Anspruch auf notwendigen Unterhalt s sogleich unten Rz 52.

---

341 *B. Jud*, NZ 2006, Erbschaftskauf 26; *Stefula* in Fenyves/Kerschner/Vonkilch, ABGB³ (Klang) § 1278 Rz 23 (jeweils mwN).

342 ZB *Stubenrauch*, Commentar⁸ I 742 Anm 4; *Handl* in Klang II/1, 41; *Ehrenzweig*, System II/2², 376; *Gschnitzer/Faistenberger*, Erbrecht² 55 ua; s dazu näher mwN *Schauer/Motal* in diesem Band § 537 Rz 15.

343 7.6.1893, Nr 5742, GlU 14.730.

344 Diese Auffassung geht auf *Weiß* (in Klang² III 77 f) zurück; dreifache Erbfähigkeit fordernd *Steinwenter*, JBl 1955, 159 f; *Eccher* in Schwimann/Kodek⁴ III § 537 Rz 3; *Welser* in Rummel/Lukas⁴ § 537 Rz 5; *Fritsch* in Ferrari/Likar-Peer, Erbrecht 49; differenzierend *Kralik*, Erbrecht 59 f (jedenfalls dann, wenn zuerst der Transmittentennachlass eingeantwortet wird, müsse sowohl die Erbunfähigkeit des Transmittenten als auch des Transmissars gegenüber dem Erblasser vorliegen; diese Auffassung beruht wohl auf einem Missverständnis der Gesamtrechtsnachfolge; denn auch wenn dem Transmissar der Transmittentennachlass bereits eingeantwortet wurde, er also alle Rechte des Transmittenten erworben hat, ist das erworbene Recht dennoch das Erbrecht des Transmittenten und nicht etwa durch die Einantwortung das eigene Erbrecht des Transmissars geworden); s dazu krit *Schauer/Motal* in diesem Band § 537 Rz 15.

345 Vgl zB *Eccher* in Schwimann/Kodek⁴ III § 538 Rz 1; *Likar-Peer* in Ferrari/Likar-Peer, Erbrecht 282 mwN.

346 *Unger*, Erbrecht⁴ 20; *Kralik*, Erbrecht³ 34; *Likar-Peer* in Ferrari/Likar-Peer, Erbrecht 282.

347 So mit näherer Begründung *Schauer/Motal* in diesem Band § 537 Rz 15.

348 Vgl dazu *B. Jud*, Erbschaftskauf 22 f, 26.

2. Ausschluss vom Pflichtteilsrecht

Weiters schließt die Erbunwürdigkeit vom Pflichtteilsrecht aus.[349] Dies ergibt **51** sich zum einen aus § 767 Abs 1, wonach Erbunfähige vom Pflichtteil ausgeschlossen sind.[350] Zum anderen resultiert dies aber auch bereits aus § 763 aE,[351] wonach nur jene der gem § 762 grundsätzlich zum Kreis der abstrakt Pflichtteilsberechtigten[352] gehörenden Personen *in concreto,* dh im jeweiligen Erbfall, pflichtteilsberechtigt sind, denen bei gesetzlicher Erbfolge ein gesetzliches Erbrecht zustünde, läge keine letztwillige Verfügung vor (sog konkrete Pflichtteilsberechtigung);[353] und dies ist bei Erbunwürdigkeit eben nicht der Fall, sodass der Erbunwürdige kein konkretes Pflichtteilsrecht hat.[354] Auch dieser Ausschluss vom Pflichtteilsrecht erfolgt *eo ipso,* ohne dass es eines Akts des Erblassers bedarf. Dessen ungeachtet hat der Erblasser freilich gem § 770 die Möglichkeit, wegen einer schweren Verfehlung iSd § 540 eine Enterbung anzuordnen (s dazu Rz 57).

Wäre der Erbunwürdige ohne das Vorliegen der Erbunwürdigkeit Noterbe, **52** so hat er trotz seiner Erbunwürdigkeit gem § 795 Anspruch auf den notwendigen Unterhalt.[355] Auch der Erbunwürdige (bzw allgemeiner der Erbunfähige) ist nämlich vom Pflichtteil „gesetzmäßig ausgeschlossen" iSd § 795.[356] Der notwendige Unterhalt umfasst lediglich das physische Existenzminimum,[357]

---

349 OGH 2.11.1956, 1 Ob 569/56, EvBl 1957/20; 27.9.1984, 6 Ob 690/83, SZ 57/147 (zu § 542); 7.7.2008, 6 Ob 268/07p, SZ 2008/94 = JBl 2009, 100; *Unger,* Erbrecht⁴ 338, 339 Anm 5; *Handl* in Klang II/1, 52; *Weiß* in Klang² III 93 f; *Likar-Peer* in Ferrari/Likar-Peer, Erbrecht 293; *Scheuba* in Gruber/Kalss/Müller/Schauer, Erbrecht und Vermögensnachfolge § 9 Rz 63; *Eccher* in Schwimann/Kodek⁴ III § 538 Rz 5, § 540 Rz 3; *Apathy* in KBB⁴ § 540 Rz 1; *Welser* in Rummel/Lukas⁴ § 540 Rz 1 f; *Koziol/Welser/Zöchling-Jud*¹⁴ II Rz 1890; *Werkusch-Christ* in Kletečka/Schauer, ABGB-ON 1.03 § 540 Rz 4; aA aber *Schwab,* WagnersZ 1848 II 76 ff (die Erbunfähigkeit iSd §§ 540, 542 an sich benehme dem Noterben den Pflichtteilsanspruch nicht, sondern dazu bedürfe es einer ausdrücklichen oder stillschweigenden Enterbung iSd §§ 770, 782); aA auch *Michel,* VJSchr 1858, 40 ff, der zwischen Erbunfähigkeit und Erbunwürdigkeit differenziert und im Falle der Erbunwürdigkeit keinen automatischen Ausschluss vom Pflichtteilsrecht annimmt, sondern wie *Schwab* davon ausgeht, dass der Erblasser den Noterben allenfalls gem § 770 iVm §§ 540, 542 enterben könne. – Dagegen weist *Unger,* Erbrecht⁴ 339 Anm 6 zu Recht darauf hin, dass „es (..) widersinnig (ist), jemand(em) das Intestaterbrecht ab- und das Pflichtteilsrecht zuzusprechen".

350 IdS zB *Likar-Peer* in Ferrari/Likar-Peer, Erbrecht 293, 396; *Eccher* in Schwimann/Kodek⁴ III § 538 Rz 5 (abw aber *ders* aaO § 540 Rz 3: dort wird der Ausschluss auf den Pflichtteil auf § 770 gestützt; ebenso *Handl* in Klang II/1, 52); *Koziol/Welser/Zöchling-Jud*¹⁴ II Rz 1890; ganz ähnlich bereits *Unger,* Erbrecht⁴ 337 f ua.

351 IdS *Likar-Peer* in Ferrari/Likar-Peer, Erbrecht 293, 396.

352 Zu den Begriffen abstrakte und konkrete Pflichtteilsberechtigung zB *Kralik,* Erbrecht³ 278; *Samek,* Pflichtteilsrecht 8 mwN; *Likar-Peer* in Ferrari/Likar-Peer, Erbrecht 337 f; zur konkreten Pflichtteilsberechtigung weiters *Welser* in Rummel/Lukas⁴ §§ 762–764 Rz 3.

353 So zB *Welser* in Rummel/Lukas⁴ §§ 762–764 Rz 3; *Likar-Peer* in Ferrari/Likar-Peer, Erbrecht 338.

354 *Welser* in Rummel/Lukas⁴ §§ 762–764 Rz 3; vgl auch bereits *Unger,* Erbrecht⁴ 338; *Weiß* in Klang² III 93.

355 *Ehrenzweig,* System II/2², 585; *Scheuba* in Gruber/Kalss/Müller/Schauer, Erbrecht und Vermögensnachfolge § 9 Rz 63; *Eccher* in Schwimann/Kodek⁴ III § 540 Rz 3; *Nemeth* in Schwimann/Kodek⁴ III § 795 Rz 2; *Welser* in Rummel/Lukas⁴ § 540 Rz 2, § 795 Rz 1; *Werkusch-Christ* in Kletečka/Schauer, ABGB-ON 1.03 § 540 Rz 4.

356 *Ehrenzweig,* System II/2², 585; *Welser* in Rummel/Lukas⁴ § 795 Rz 1.

357 *Welser* in Rummel/Lukas⁴ § 795 Rz 3.

besteht nur bei Bedürftigkeit,[358] dh wenn und soweit der Unterhalt des vom Pflichtteil Ausgeschlossenen nicht anders gedeckt werden kann; demnach nicht, soweit der Ausgeschlossene sich selbst erhalten kann.[359] Der Unterhaltsanspruch ist mit der Höhe des hypothetischen Pflichtteils begrenzt.[360]

53 Der Erbunwürdige (wie überhaupt jeder Erbunfähige) wird bei der Bemessung der Pflichtteilsquoten nicht mitgezählt (§ 767 Abs 1), dh die Quoten der übrigen Noterben erhöhen sich entsprechend.[361] Zur Quotenerhöhung gem § 767 Abs 1 kommt es freilich nur, wenn der Erbunwürdige keine eintrittsberechtigten Nachkommen hat (vgl § 541; s dazu näher § 541 [§ 542 nF] Rz 19).[362] Ist in der ersten Parentel außer dem Erbunwürdigen kein Nachkomme vorhanden, so sind die Eltern konkret pflichtteilsberechtigt; wenn nämlich § 762 bestimmt, dass „in Ermangelung" von Kindern die Eltern pflichtteilsberechtigt sind, so ist dies nicht iS von physischer Existenz zu verstehen.[363] Dies korreliert auch mit § 763 aE, wonach konkret pflichtteilsberechtigt jene sind, die als gesetzliche Erben zum Zug kämen, käme es zur gesetzlichen Erbfolge. Gem §§ 731, 735 ff kommt aber die zweite Parentel zum Zug, wenn in der ersten Parentel niemand außer dem Erbunfähigen vorhanden ist.

3. Ausschluss vom Vermächtnis

54 Die Erbunwürdigkeit bewirkt ferner Legatsunwürdigkeit;[364] sie schließt den Unwürdigen nicht nur von jeder Art des Erbrechts und vom Pflichtteilsrecht, sondern auch vom Vermächtnis aus,[365] denn Vermächtnisse zu Gunsten des Erbunwürdigen sind wirkungslos,[366] zumal die Erbunwürdigkeit, weil relative Erbunfähigkeit, auch das Entstehen eines Vermächtnisanspruchs verhindert (vgl

---

[358] *Welser* in Rummel/Lukas⁴ § 795 Rz 3.

[359] *Ehrenzweig*, System II/2², 585; *Welser* in Rummel/Lukas⁴ § 795 Rz 3; aA *Weiß* in Klang² III 959.

[360] *Welser* in Rummel/Lukas⁴ § 795 Rz 3.

[361] Dazu zB *Ehrenzweig*, System II/2², 587; *Likar-Peer* in Ferrari/Likar-Peer, Erbrecht 294, 342; *Nemeth* in Schwimann/Kodek⁴ III § 767 Rz 1; *Welser* in Rummel/Lukas⁴ § 767 Rz 1.

[362] *Kralik*, Erbrecht³ 287; *Likar-Peer* in Ferrari/Likar-Peer, Erbrecht 294, 342 f; *Nemeth* in Schwimann/Kodek⁴ § 767 Rz 1.

[363] IdS *Unger*, Erbrecht⁴ 338 Anm 5; *Krasnopolski/Kafka*, Erbrecht 212; *Kralik*, Erbrecht³ 278 f; *Nemeth* in Schwimann/Kodek⁴ III § 762 Rz 2; *Welser* in Rummel/Lukas⁴ §§ 762–764 Rz 5; in Bezug auf Erbunwürdigkeit ebenso *Likar-Peer* in Ferrari/Likar-Peer, Erbrecht 340 f (differenzierend aber hinsichtlich anderer Ausschlussgründe); aA *Ehrenzweig*, System II/2², 587; *Weiß* in Klang² III 829 (mwN zum Meinungsstreit in der älteren Lit). S dazu allgemein die Nachw bei *Likar-Peer* in Ferrari/Likar-Peer, Erbrecht 340 f; zu dieser Frage im Zusammenhang mit dem Erbverzicht *Kogler*, Der Erbverzicht (2013) 103 ff; dazu unten *Kogler* in diesem Band § 551 Rz 27.

[364] OGH 18.3.1959, 6 Ob 78/59, EvBl 1959/217; 17.5.1990, 8 Ob 1235/90, EFSlg 66.216; 24.4.2002, 3 Ob 176/01f, EFSlg 100.527; 28.3.2007, 7 Ob 43/07k, SZ 2007/48 = EvBl 2008/117 = NZ 2008/20 (*Kogler*).

[365] *Scheuba* in Gruber/Kalss/Müller/Schauer, Erbrecht und Vermögensnachfolge § 9 Rz 63; *Welser* in Rummel/Lukas⁴ § 540 Rz 1; *Apathy* in KBB⁴ § 540 Rz 1; *Koziol/Welser/Zöchling-Jud*¹⁴ II Rz 1890; *Werkusch-Christ* in Kletečka/Schauer, ABGB-ON 1.03 § 540 Rz 4.

[366] *Kralik*, Erbrecht³ 260; *Eccher* in Schwimann/Kodek⁴ III § 647 Rz 5; *Likar-Peer* in Ferrari/Likar-Peer, Erbrecht 293.

§ 647, wonach Vermächtnisse an einen Erbunfähigen unwirksam sind).[367] Auch das Vorausvermächtnis iSd § 758 fällt dem Erbunwürdigen nicht an.[368] Ebenso verlieren Schenkungen auf den Todesfall ihre Wirksamkeit,[369] denn nach der hA, die die sog Vermächtnislösung vertritt, wird die Schenkung auf den Todesfall nach dem Tod des Erblassers wie ein Vermächtnis behandelt,[370] sodass die Legatsunwürdigkeit auch hier Platz greift[371] (s dazu aber die abw neue Rechtslage ab 1. 1. 2017, wonach gem § 603 nF die sog Vertragslösung[372] gilt, Rz 96).

4. Geltendmachung

Die Erbunwürdigkeit kann von jedem geltend gemacht werden, der an der Feststellung der Erbunwürdigkeit – wenn auch oft als Vorfrage einer Leistungsklage (s dazu sogleich Rz 56) – ein rechtliches Interesse hat.[373] Es ist Sache dessen, der sich auf die Erbunwürdigkeit beruft, deren Vorliegen zu beweisen.[374] Da die Erbunwürdigkeit als relative Erbunfähigkeit konstruiert ist und *ex lege* wirkt, ist sie bei Vorliegen entsprechender Anhaltspunkte grundsätzlich von Amts wegen wahrzunehmen,[375] wiewohl sie in der Praxis meist von jemandem, der daran ein rechtliches Interesse hat, geltend gemacht werden wird, zumal die Fälle, in denen das Vorliegen der Erbunwürdigkeit dem Gericht offenkundig ist, eher selten sein werden.[376]

55

---

367 *Eccher* in Schwimann/Kodek⁴ III § 538 Rz 5.
368 *Zankl*, Das gesetzliche Vorausvermächtnis des Ehegatten; österreichisches Recht und Rechtsvergleichung (1996) 155; *Likar-Peer* in Ferrari/Likar-Peer, Erbrecht 79; *B. Jud*, EF-Z 2008/141.
369 *Likar-Peer* in Ferrari/Likar-Peer, Erbrecht 293.
370 S dazu statt vieler zB *Weiß* in Ferrari/Likar-Peer, Erbrecht 317, 320 ff mwN; *Ferrari* in Rabl/Zöchling-Jud, Neues Erbrecht 69 mwN; zur aA (sog Vertragslösung) s die Nachweise in der nächsten FN.
371 S dazu *Likar-Peer* in Ferrari/Likar-Peer, Erbrecht 293.
372 In jüngerer Zeit vertreten von *Rabl*, Die Schenkung auf den Todesfall im Pflichtteilsrecht, NZ 2005, 129 (133 ff); *Oberhumer*, Die Schenkung auf den Todesfall – kein Zwitter, NZ 2008, 135 ff; s weiters die Nachweise bei *Weiß* in Ferrari/Likar-Peer, Erbrecht 317 und *Ferrari* in Rabl/Zöchling-Jud, Das neue Erbrecht 66.
373 Vgl *Welser* in Rummel/Lukas⁴ § 540 Rz 1; *Apathy* in KBB⁴ § 540 Rz 1; *Koziol/Welser/Zöchling-Jud*¹⁴ II Rz 1891; *Likar-Peer* in Ferrari/Likar-Peer, Erbrecht 293; *Werkusch-Christ* in Kletečka/Schauer, ABGB-ON 1.03 § 540 Rz 5. Wenn in der Lit vom rechtlichen Interesse am Wegfall der erbrechtlichen Stellung des Erbunwürdigen gesprochen wird, so ist dies dogmatisch nicht ganz präzise, weil dem Erbunwürdigen von vornherein gar kein Erbrecht iwS anfällt.
374 OGH 9.11.2006, 6 Ob 218/06m, Zak 2007/43 = iFamZ 2007/53; 7.7.2008, 6 Ob 286/07p, SZ 2008/94 = JBl 2009, 100; 28.1.2010, 2 Ob 257/09x; *Weiß* in Klang² III 94; *Ferrari-Hofmann-Wellenhof*, Die Erbschaftsklage (1991) 147; *Apathy* in KBB⁴ § 540 Rz 1; *Welser* in Rummel/Lukas⁴ § 540 Rz 4; EB RV 224 BlgNR 22. GP 105 (betrifft die Beweislast im Verfahren über das Erbrecht gem den §§ 160 ff AußStrG 2003, in Kraft seit 1.1.2005).
375 OGH 3.3.1885, Nr 1974, GlU 10.449; 27.1.1892, Nr 8989, GlU 14.332; 13.1.1965, 8 Ob 349/64, EFSlg 4555; 9.11.2006, 6 Ob 218/06m, Zak 2007/43 = iFamZ 2007/53; 7.7.2008, 6 Ob 286/07p, SZ 2008/94 = JBl 2009, 100; 28.1.2010, 2 Ob 257/09x; *Weiß* in Klang² III 94; *Likar-Peer* in Ferrari/Likar-Peer, Erbrecht 293; *Eccher* in Schwimann/Kodek⁴ III § 540 Rz 5; *Welser* in Rummel/Lukas⁴ § 540 Rz 1; aA *Michel*, VJSchr 1858, 34 f.
376 So *Pfaff/Hofmann*, Excurse II/1, 11.

56 Die Erbunwürdigkeit kann zunächst im Verfahren über das Erbrecht gem den §§ 161 ff AußStrG eine Rolle spielen, wenn einander widersprechende Erbantrittserklärungen abgegeben werden und sich einer der Erbanwärter auf die Erbunfähigkeit eines anderen Erbanwärters beruft; seit der AußStrG-Novelle 2003, in Kraft seit 1. 1. 2005, entscheidet das Abhandlungsgericht selbst über das bessere Erbrecht und somit auch über das Vorliegen der Erbunwürdigkeit.[377] Wurde dem Erbunwürdigen bereits eingeantwortet, so liegt eine Einantwortung an den Scheinerben vor, sodass der wahre Erbe – dh derjenige, dem an Stelle des Erbunwürdigen das Erbrecht angefallen ist (s dazu oben Rz 48) – die Erbschaftsklage gem § 823 erheben kann.[378] Dieses Recht verjährt nach hA[379] in 30 Jahren ab dem Tod des Erblassers – was freilich nicht bedeutet, dass die Erbunwürdigkeit selbst verjährt; ebenso wenig verjährt das Erbrecht im subjektiven Sinne selbst,[380] dh das Erbrecht des wahren Erben. In aller Regel wird der Erbunwürdige kein gutgläubiger Scheinerbe sein (vgl § 824), es sei denn, er wäre irrtümlich der Meinung gewesen, der Erblasser habe ihm verziehen.[381] Die Erbunwürdigkeit kann weiters im Pflichtteilsprozess gegen den erbunwürdigen, daher nicht mehr konkret Pflichtteilsberechtigten eingewendet werden; ebenso kann sie dem erbunwürdigen Legatar entgegengehalten werden. Schließlich hat der Erbe einen Kondiktionsanspruch nach § 1431 (*condictio indebiti*) gegen den erbunwürdigen Pflichtteilsberechtigten, dem der Pflichtteil bereits ausbezahlt wurde, sowie gegen den erbunwürdigen Legatar, dem das Legat bereits übergeben wurde.[382] Der OGH bejaht weiters

---

[377] *Eccher* in Schwimann/Kodek⁴ III § 540 Rz 4; *Werkusch-Christ* in Kletečka/Schauer, ABGB-ON 1.03 § 540 Rz 5.

[378] *Weiß* in Klang² III 95; *B. Jud*, NZ 2006, 76; *Eccher* in Schwimann/Kodek⁴ III § 540 Rz 4; *Welser* in Rummel/Lukas⁴ § 540 Rz 4.

[379] Im Zusammenhang mit § 540: *Weiß* in Klang² III 95; allgemein: *Klang* in Klang² VI 607; *M. Bydlinski* in Rummel³ II § 1478 Rz 5, § 1479 Rz 1; *Likar-Peer* in Ferrari/Likar-Peer, Erbrecht 39; *Ferrari* in Ferrari/Likar-Peer, Erbrecht 497; *Welser* in Rummel/Lukas⁴ §§ 823 f Rz 25; OGH 29.1.1980, 4 Ob 602/79, SZ 53/10 = EvBl 1980/130; 7.10.1998, 9 Ob 228/98i, NZ 1999, 167 = EFSlg 87.162; aA *Kralik*, Erbrecht³ 337 f; *Eccher* in Schwimann/Kodek⁴ III § 823 Rz 12; *Vollmaier* in Fenyves/Kerschner/Vonkilch, ABGB³ (Klang) § 1479 Rz 19 (unter der Prämisse, dass die Einantwortung an den Scheinerben keine Eigentumsübertragung an den Nachlassgegenständen mittels Universalsukzession bewirke [s dazu die Nachw bei *Vollmaier* aaO § 1479 Rz 19 FN 88], sei die Annahme der Verjährbarkeit der Erbschaftsklage nicht überzeugend, weil es ansonsten zu folgender Situation kommen könne: Einerseits könne der Scheinerbe, so es ihm am guten Glauben fehle, auch durch Ersitzung nicht Eigentümer werden, andererseits könne aber auch der wahre Erbe nach Ablauf der Verjährungsfrist nicht mehr die Erbschaftsklage erheben); s dazu näher *Mondel* in diesem Band § 532 Rz 30; zur neuen Rechtslage s unten Rz 97.

[380] *Klang* in Klang² VI 607; *Kralik*, Erbrecht³ 60 f; *M. Bydlinski* in Rummel³ II § 1479 Rz 1; *Likar-Peer* in Ferrari/Likar-Peer, Erbrecht 39; *Eccher* in Schwimann/Kodek⁴ III § 532 Rz 6, § 823 Rz 12; *Vollmaier* in Fenyves/Kerschner/Vonkilch, ABGB³ (Klang) § 1479 Rz 18; OGH 7.10.1998, 9 Ob 228/98i, NZ 1999, 167 = EFSlg 87.162; 3.5.2007, 1 Ob 67/07w; aA *Welser* in Rummel/Lukas⁴ § 823 f Rz 25; s dazu näher *Mondel* in diesem Band § 532 Rz 30.

[381] *Michel*, VJSchr 1858, 40.

[382] *Weiß* in Klang² III 95; *Welser* in Rummel/Lukas⁴ § 540 Rz 4; ähnlich bereits *Pfaff/Hofmann*, Excurse II/1, 11 (erstmals Kondiktionsanspruch erwähnend, jedoch § 1435 heranziehend; dem muss aber mit *Weiß* aaO 95 entgegengehalten werden, dass die Leistung an den Erbunwürdigen ja von Anfang an rechtsgrundlos war; dies gilt im Übrigen auch für jene Fälle der Erbunwürdigkeit iSd § 542 (§ 540 nF), in denen die Handlung gegen den letzten Willen erst nach dem Tod des Erblassers

die Möglichkeit einer Feststellungsklage (§ 228 ZPO), sofern die Voraussetzungen – nämliches rechtliches Interesse einerseits, Subsidiarität gegenüber der Leistungsklage andererseits – gegeben sind.[383] Die Leistungskondiktion verjährt gem § 1478 ebenfalls in 30 Jahren; und zwar ab dem Zeitpunkt der Erbringung der rechtsgrundlosen Leistung.

5. Die Verfehlungen des § 540 als Enterbungsgrund

Wie bereits erwähnt, bedarf es keines Akts des Erblassers, damit der Erbunwürdige vom Erb- und Pflichtteilsrecht ausgeschlossen wird; die Erbunwürdigkeit wirkt als relativer Erbunfähigkeitsgrund vielmehr *eo ipso* (s oben Rz 46 f). Jedoch räumt das Gesetz dem Erblasser dessen ungeachtet auch die Möglichkeit der Enterbung ein, wenn sich ein Pflichtteilsberechtigter schwerer Verfehlungen gegen die Person des Erblassers (§ 540) oder gegen dessen letzten Willen (§ 542) schuldig gemacht hat (§ 770). Die Erbunwürdigkeitsgründe sind somit zugleich Enterbungsgründe. Man hat dies zT so verstanden, dass der Erblasser mit der Enterbung lediglich auf die Erbunwürdigkeit aufmerksam mache. Wurde aber eine Enterbung angeordnet, so kann diese nur durch Widerruf iSd § 772 wieder aufgehoben werden. Eine Verzeihung nach bereits angeordneter Enterbung ist demgegenüber unbeachtlich.[384] Wurde dagegen bereits vor Anordnung der Enterbung verziehen, so geht die wohl hA davon aus, dass die Enterbung unrechtmäßig ist, weil im Zeitpunkt ihrer Anordnung keine Erbunwürdigkeit und somit kein Enterbungsgrund iSd § 770 iVm §§ 540, 542 mehr vorlag.[385] Demgegenüber hat *Kralik*[386] darauf hingewiesen, dass § 770 nicht das Vorliegen der Erbunwürdigkeit an sich als Enterbungsgrund bestimmt, sondern vielmehr die in den §§ 540, 542 umschriebenen Handlungen einen Enterbungsgrund darstellen. Deshalb sei die vorangegangene Verzeihung irrelevant. Dies hatte im Übrigen auch schon *Ehrenzweig*[387] vertreten. Dieser Auffassung ist zuzustimmen: Die Erbunwürdigkeit beruht nämlich auf dem vermuteten Erblasserwillen, dass der Erblasser den Erbunwürdigen nicht

57

---

vorgenommen wird, weil die Erbunwürdigkeit auf den Zeitpunkt des Erbanfalls rückzubeziehen ist, sodass das Erbrecht rückwirkend niemals angefallen ist (s § 542 [§ 540 nF] Rz 23).

[383] OGH 24.4.2002, 1 Ob 176/01f, EFSlg 100.529, 101.987. *In concreto* ging es um die Frage, ob der Nachlegatar, der ja zugleich Ersatzlegatar ist (vgl § 608 letzter S; s zB *Fritsch* in Ferrari/Likar-Peer, Erbrecht 207) die Klage auf Feststellung der Erbunwürdigkeit des zunächst eingesetzten Legatars begehren könne, wenn Letzterem das Legat noch nicht übergeben wurde. Der OGH bejahte das Feststellungsinteresse iSd § 228 ZPO mit der Begründung, dass der Ersatzlegatar mangels Übergabe an den Legatar noch nicht mittels Leistungsklage gegen den erbunwürdigen Legatar vorgehen könnte. Diese Begründung ist mE jedoch verfehlt, zumal der Ersatzlegatar bei Erbunwürdigkeit des zunächst eingesetzten Legatars ja sofort einen Anspruch auf Übergabe des Legats gegen den ruhenden Nachlass bzw gegen den Erben hat (vgl § 684). Dieses Leistungsbegehren wiederum müsste mit der Erbunwürdigkeit des zunächst eingesetzten Legatars begründet werden.

[384] S dazu zB *Ehrenzweig*, System II/2², 585; *Kralik*, Erbrecht³ 282; *Welser* in Rummel/Lukas⁴ § 770 Rz 1.

[385] *Weiß* in Klang² III 851; *Welser* in Rummel/Lukas⁴ § 770 Rz 1 mwN.

[386] Erbrecht³ 282.

[387] System II/2², 585 FN 34.

zum Erben haben wolle; und diese Vermutung durch Verzeihung entkräftet wird, sodass im Fall der Verzeihung die umgekehrte, unwiderlegliche Vermutung gilt, dass der Erblasser keine nachteiligen erbrechtlichen Folgen eintreten lassen wolle. Demgegenüber basiert die Enterbung auf dem tatsächlichen Willen des Erblassers, den Enterbten vom Pflichtteil (und im Zweifel auch vom gesetzlichen Erbrecht) auszuschließen. Zum einen hat dies die bekannte Konsequenz, dass dieser tatsächliche, in einer Willenserklärung zum Ausdruck gekommene Wille nur durch einen gegenläufigen tatsächlichen Erblasserwillen, eben durch Widerruf iSd § 772 aufgehoben wird. Hat aber der Erblasser den tatsächlichen Willen, den Noterben, der einen Enterbungsgrund gesetzt hat, zu enterben, so spielt es in diesem Zusammenhang keine Rolle, ob der Erblasser dem Noterben vor der Anordnung der Enterbung verziehen hat oder nicht – und zwar genauso wenig, wie dies bei den anderen Enterbungsgründen der §§ 768, 769 relevant ist. Das Gesetz gewährt eben dem Erblasser unter bestimmten Voraussetzungen das Recht, den Noterben zu enterben – und dies sind die entsprechenden, in den §§ 768 ff als Enterbungsgründe erfassten Handlungen. Das Recht der Enterbung ist demnach unabhängig von einer vorangegangenen Verzeihung. Die Anordnung einer Enterbung bedeutet nach der hier vertretenen Auffassung auch keinen Widerruf der Verzeihung, weil diese unwiderruflich ist. Sie kann aber ein Indiz dafür sein, dass der innere seelische Vorgang des Verzeihens noch nicht abgeschlossen ist (s dazu oben Rz 43).

6. Exkurs: weitere Auswirkungen der Erbunwürdigkeit (Auswahl)

58 Da der Erbunwürdige nicht mehr konkret pflichtteilsberechtigt ist, hat er nicht nur keinen Pflichtteilsanspruch, sondern auch keine sonstigen mit der Noterbeneigenschaft verbundenen Rechtspositionen. So kommt zB einem erbunwürdigen Eigentümerpartner die Privilegierung des § 14 Abs 3 WEG 2002 idF WRN 2006 nicht zugute, er muss also im Falle des Zuwachses iSd § 14 Abs 1 Z 1 WEG 2002 idF WRN 2006 des halben Mindestanteils an ihn den Übernahmspreis bezahlen.[388]

59 Besondere Bedeutung hat das Ausscheiden des Erbunwürdigen aus dem Kreis der konkret Pflichtteilsberechtigten im Zusammenhang mit der Anrechnung im Pflichtteilsrecht: Gem § 785 Abs 1 können nämlich pflichtteilsberechtigte Kinder und der Ehegatte die Schenkungsanrechnung verlangen. Kinder haben diese Möglichkeit jedoch nur dann, wenn im Schenkungszeitpunkt wenigstens ein pflichtteilsberechtigtes Kind vorhanden war.[389] War nun im Schenkungszeitpunkt nur ein Kind vorhanden, welches aber zu diesem Zeitpunkt erbunwürdig war, so ist damit allen, auch den später hinzugekommenen, Kindern die Möglichkeit, die Anrechnung zu begehren, verwehrt, zumal man hier auf die (hypothetische) konkrete Pflichtteilsberechtigung des im Schenkungszeitpunkt vorhandenen Kindes abstellt.[390]

---

[388] *Likar-Peer* in Ferrari/Likar-Peer, Erbrecht 516.
[389] Vgl dazu zB *Likar-Peer* in Ferrari/Likar-Peer, Erbrecht 416 mwN.
[390] *Bartsch*, Erbrecht[2] 86 f; *Ehrenzweig*, System II/2[2], 594; *Weiß* in Klang[2] III 907; *Welser*, Zur Berücksichtigung von Schenkungen im Pflichtteilsrecht, in FS Kralik (1986) 583 (585).

Davon zu unterscheiden ist die Fallkonstellation, dass der Geschenkneh- **60** mer selbst zwar zum Kreis der abstrakt Pflichtteilsberechtigten iSd § 762 gehört, jedoch wegen Erbunwürdigkeit im Zeitpunkt des Todes des Erblassers nicht mehr konkret pflichtteilsberechtigt ist: Gem § 785 Abs 3 S 2 sind nämlich solche Schenkungen von der Anrechnung ausgenommen, die vor mehr als zwei Jahren an eine dritte, nicht pflichtteilsberechtigte Person gemacht wurden. Nun ist es aber eine der umstrittensten Fragen des Erbrechts, ob seitens des Geschenknehmers konkrete oder bloß abstrakte Pflichtteilsberechtigung vorliegen muss und ob die Pflichtteilsberechtigung im Schenkungs- und/oder im Todeszeitpunkt vorliegen muss.[391] Zwar verlangt die Rsp grundsätzlich die konkrete Noterbeneigenschaft im Todeszeitpunkt, was bedeuten würde, dass ein erbunwürdiger Geschenknehmer Dritter iSd § 785 Abs 3 S 2 wäre. Der OGH hat jedoch (*obiter*) ausgesprochen, dass die Berufung auf die Zweijahresfrist mit der Begründung, der Geschenknehmer sei wegen Erbunwürdigkeit nicht pflichtteilsberechtigt iSd § 785 Abs 3 S 2, rechtsmissbräuchlich sei.[392]

Bei der Vorempfangsanrechnung iSd §§ 788 f ist ein Vorempfang iSd § 788 **61** bzw ein Vorschuss iSd § 789 nach der wohl hA nicht anzurechnen.[393] Wurde einem Erb- und/oder Pflichtteilsberechtigten freilich ein Vorschuss auf seinen Erb- und/oder Pflichtteil zugewendet, so stellt sich die Frage, ob die (ergänzende) Auslegung (§ 914) nicht ergeben wird, dass der Vorschuss nur unter der konkludenten Bedingung, dass der Zuwendungsempfänger auch tatsächlich erb- und/oder pflichtteilsberechtigt sein werde, zugewendet wurde. Zu denken wäre auch an eine Zweckverfehlung iSd § 1435 analog (*condictio causa data causa non secuta*). Dann würden diese Zuwendungen an den Erbunfähigen jedoch gar nicht als Anrechnungsposten in Frage kommen, weil der Rückforderungsanspruch gegen den Erbunwürdigen ohnehin Teil der Verlassenschaft und bei der Ermittlung des Pflichtteils als Aktivum zu veranschlagen wäre.

---

391 Zum Meinungsstand s zB *Likar-Peer* in Ferrari/Likar-Peer, Erbrecht 418 ff mwN.
392 OGH 15.3.1988, 5 Ob 558/87, NZ 1989, 42 (*Czermak*) = JBl 1988, 646 = RZ 1989/45.
393 Dazu zB *Likar-Peer* in Ferrari/Likar-Peer, Erbrecht 408 mwN; aA *Migsch*, Persönliche Ehewirkungen, gesetzlicher Güterstand und Ehegattenerbrecht, in Floretta (Hrsg), Das neue Ehe- und Kindschaftsrecht (1979) 17 (57 f); *Umlauft*, Die Anrechnung von Schenkungen und Vorempfängen im Erb- und Pflichtteilsrecht (2001) 137 ff, 141 ff; dazu auch *Samek*, Pflichtteilsrecht 152 ff. Sofern es sich nicht um einen übermäßigen (dh den gesetzlichen Erbteil übersteigenden) Vorempfang handelt, gleichen sich Quotenerhöhung iSd § 767 Abs 1 und Nicht-Anrechnung ohnehin aus, sodass es diesbezüglich keiner Anrechnung zum Schutz der anderen Noterben bedarf. Bei übermäßigen Vorempfängen lässt sich die Problematik lösen, indem man den überschießenden Teil als Schenkung qualifiziert (vgl dazu *Likar-Peer* in Ferrari/Likar-Peer, Erbrecht 412 mwN in FN 63); die Schenkung unterliegt dann wiederum der Schenkungsanrechnung gem § 785, und Schenkungen an einen Erbunwürdigen unterliegen ungeachtet dessen, dass der Erbunwürdige nicht mehr konkret pflichtteilsberechtigter Noterbe ist, der unbefristeten Anrechnung iSd § 785 Abs 3 S 2 – sei es, dass man mit dem OGH auf Rechtsmissbrauch rekurriert, sei es, dass man dieses Ergebnis auf anderem argumentativem Weg erreicht; dazu *Likar-Peer* in Ferrari/Likar-Peer, Erbrecht 419 f mwN.

Teil B: Rechtslage ab 1. 1. 2017

VI. ErbRÄG 2015: §§ 539, 541 nF

1. Allgemeines

62 Das neue Recht kennt als einzigen im Gesetz genannten Grund der Erbunfähigkeit die Erbunwürdigkeit:[394] Nach § 538 nF ist erbfähig, wer rechtsfähig und erbwürdig ist. Wer hingegen erbunwürdig ist, ist erbunfähig. Im Anschluss an § 538 hat das ErbRÄG 2015 sodann die einzelnen Fälle der Erbunwürdigkeit geregelt. Auch wenn weder das Gesetz selbst noch die Mat sich explizit dazu äußern, handelt es sich bei der Erbunfähigkeit wegen Erbunwürdigkeit nach wie vor um Fälle relativer Erbunfähigkeit (dazu oben allg Rz 46), die Erbunfähigkeit tritt demnach nur in Bezug auf einen bestimmten Erbfall ein. Da die Erbunwürdigkeit Erbunfähigkeit bewirkt, wirkt sie wie bisher *ipso iure*; sie verhindert den Erbanfall ebenso wie den Anfall des Vermächtnisses und das Entstehen des Pflichtteilsrechts (s oben Rz 46, 51, 54).

63 Neu ist die Unterscheidung zwischen sog „absoluten" und „relativen" Erbunwürdigkeitsgründen: Erstere wirken nach wie vor stets ipso iure. Für die absoluten Erbunwürdigkeitsgründe (§§ 539, 540 nF) gilt dasselbe wie für die bisherigen §§ 540, 542. Demgegenüber kommt die neue Kategorie der relativen Erbunwürdigkeitsgründe (§ 541) nur dann zum Tragen, wenn der Verstorbene zu seinen Lebzeiten keine Möglichkeit hatte, eine Enterbung anzuordnen[395] (s dazu näher unten Rz 71 ff). Dann allerdings wirkt auch diese Erbunwürdigkeit *eo ipso*. Treffender wäre es, von „subsidiären"[396] oder „eingeschränkten" Erbunwürdigkeitsgründen zu sprechen, da diese eben erst dann zur Anwendung kommen, wenn der Verstorbene zu Lebzeiten nicht in der Lage war, die Enterbung oder sonstige Beschränkung der Erbenstellung[397] vorzunehmen. Unabhängig davon, ob absolute oder relative Erbunwürdigkeit vorliegt, bewirken beide Arten von Erbunwürdigkeit relative Erbunfähigkeit.

64 Die neuen Erbunwürdigkeitsgründe sind: Wie bisher sind gerichtlich strafbare Vorsatzdelikte gegen den Erblasser, die mit mehr als einjähriger Freiheitsstrafe bedroht sind, ein Erbunwürdigkeitsgrund (§ 539 nF); neu in diese Bestimmung aufgenommen wurden ebensolche Straftaten gegen die Verlassenschaft. Der neue § 540 entspricht weitgehend dem bisherigen § 542 (Vereitelungshandlungen gegen den letzten Willen des Erblassers). Diese beiden Erbunwürdigkeitsgründe unterscheiden sich in ihrer Rechtsnatur nicht von den bisherigen §§ 540, 542. Sie wirken jedenfalls ex lege, sofern der Verstorbene dem solcherart Handelnden nicht verziehen hat. Die gröbliche Vernachlässi-

---

[394] S jedoch zu den nach wie vor existierenden absoluten Erbunfähigkeitsgründen. *Schauer/Motal/Reiter/Hofmair/Wöss*, JEV 2015, 43; s auch *Likar-Peer* in diesem Band § 541 [§ 542 nF] Rz 14; *Kogler* in diesem Band §§ 545, 546 [§ 543 nF] Rz 17.

[395] EB RV 688 BlgNR 25. GP 5; zur neuen Konzeption *Zöchling-Jud* in Rabe/Zöchling-Jud, Neues Erbrecht 84; *Rabl*, NZ 2015, 327; *Kathrein*, EF-Z 2016, 10; *Christandl/Nemeth*, NZ 2016, 6 f; terminologisch unklar *Brandstädter*, ecolex 2016, 30.

[396] IdS *Zöchling-Jud* in Rabl/Zöchling-Jud, Neues Erbrecht 84; diesen zutreffenden Begriff übernehmend *Rabl*, NZ 2015, 327.

[397] Vgl EB RV 688 BlgNR 25. GP 5; dazu unten Rz 71.

gung familienrechtlicher Pflichten im Eltern-Kind-Verhältnis wurde demgegenüber in die Gruppe der bloß „relativen",[398] „subsidiären"[399] Erbunwürdigkeitsgründe verschoben und ist nun in § 541 Z 3 geregelt. Neu sind die beiden weiteren relativen Erbunwürdigkeitsgründe: Zum einen Straftaten von gewisser Schwere gegen die nächsten Angehörigen des Verstorbenen (§ 541 Z 1), zum anderen das Zufügen von schwerem seelischem Leid in verwerflicher Weise (§ 541 Z 2).

Nicht nur die Erbunwürdigkeit, sondern auch das Recht der Enterbung wurde neu[400] gestaltet,[401] so auch das Zusammenspiel von Erbunwürdigkeit und Enterbung. Nach bisherigem Recht konnten gem § 770 aF jene Handlungen, die gem den §§ 540, 542 Erbunwürdigkeit bewirken, auch als Enterbungsgründe herangezogen werden (s oben Rz 57). Demgegenüber beinhaltet das neue Recht keinen solchen Verweis mehr, sondern regelt die Enterbungsgründe abschließend in den §§ 770 f nF. Anders als bisher sind Erbunwürdigkeits- und Enterbungsgründe weitgehend parallel ausgestaltet.[402] Während § 771 nF die bisher in § 773 aF enthaltene Enterbung in guter Absicht enthält, zählt § 770 nF in den Z 1–6 abschließend jene Enterbungsgründe auf, aufgrund derer der letztwillig Verfügende die Enterbung gleichsam als Sanktion wegen eines verwerflichen Verhaltens anordnen kann. § 770 Z 6 nF enthält den bisherigen § 768 Z 3 (strafrechtliche Verurteilung zu einer 20-jährigen oder lebenslangen Freiheitsstrafe) und hat wie bisher keine Entsprechung bei den Erbunwürdigkeitsgründen; freilich kann die gerichtlich strafbare Handlung gegen den Erblasser iSd § 539 nF sowie eine solche gegen einen nahen Angehörigen iSd § 541 Z 1 nF zu einer Verurteilung iSd § 768 Z 3 führen; die Verurteilung ist aber wie bisher für die Erbunwürdigkeit nicht erforderlich.[403]

§ 770 Z 1–5 korrespondieren weitgehend mit den Erbunwürdigkeitsgründen: So enthält § 770 Z 1 nF wie § 539 1. Fall nF die Straftat gegen den Erblasser. § 770 Z 2 nF beinhaltet Straftaten gegen nahe Angehörige, wobei der Angehörigenbegriff im Enterbungsgrund etwas weiters ist als jener des § 541 Z 1 nF (dazu Rz zu 74 f); gem § 770 Z 3 nF kann enterbt werden, wer den letzten Willen des Verstorbenen vereitelt oder zu vereiteln versucht hat; § 770 Z 3 nF entspricht also dem neuen § 540 (hinsichtlich der in § 540 nF demonstrativ aufgezählten Vereitelungshandlungen begnügt sich § 770 Z 3 nF mit einem Verweis auf § 540 nF); § 770 Z 4 nF deckt sich mit § 541 Z 2 nF (Zufügen von schwerem seelischem Leid in verwerflicher Weise); gem § 770 Z 5 nF kann enterbt werden, wer seine familienrechtlichen Pflichten dem Verstorbenen gegenüber gröblich vernachlässigt hat – dieser Enterbungsgrund ist weiter als der korrespondierende Erbunwürdigkeitsgrund des § 541 Z 3 nF; zumal

---

[398] EB RV 688 BlgNR 25. GP 5.
[399] *Zöchling-Jud* in Rabl/Zöchling-Jud, Neues Erbrecht 84; zust *Rabl*, NZ 2015, 327.
[400] Abw *Mondel* in Deixler-Hübner, Erbrecht NEU 52, der die Änderungen als „eher marginal" bezeichnet; ebenso übrigens seine Ansicht zur Neuregelung der Enterbung (*Mondel* aaO 53).
[401] S dazu *Zöchling-Jud* in Rabl/Zöchling-Jud, Neues Erbrecht 84 ff; *Rabl*, NZ 2015, 326 ff.
[402] So zB *Schauer*, Pflichtteilsrecht einschließlich Gestaltung der Pflichtteilsdeckung, in Deixler-Hübner (Hrsg), Erbrecht NEU (2015) 55 (71); *Mondel* in Deixler-Hübner, Erbrecht NEU 53 („Enterbungsgründe entsprechen über weite Strecken den Erbunwürdigkeitsgründen").
[403] Vgl dazu zB *Likar-Peer* in Ferrari/Likar-Peer, Erbrecht 387.

§ 540

sich letzterer nach wie vor nur auf die Verletzung der Pflichten im Eltern-Kind-Verhältnis bezieht, während der Enterbungsgrund des § 770 Z 5 auch solche im Verhältnis zwischen Ehegatten und EP beinhaltet.[404]

2. Straftaten gegen den Erblasser oder die Verlassenschaft (§ 539 nF)

66   Gem § 539 nF ist wie nach der Rechtslage bis 31. 12. 2016 erbunwürdig, wer gegen den Verstorbenen eine gerichtlich strafbare Handlung, die nur vorsätzlich begangen werden kann und mit mehr als einjähriger Freiheitsstrafe bedroht ist, begangen hat. Es kann daher grundsätzlich auf die Ausführungen oben zu § 540 idgF Rz 9 ff verwiesen werden. Die beiden bisherigen Fragen, ob auch Straftaten gegen die Verlassenschaft und nahe Angehörige Erbunwürdigkeit nach sich ziehen (s dazu oben Rz 24 f), hat das ErbRÄG 2015 einer Lösung zugeführt und für beide Fälle explizit die Erbunwürdigkeit angeordnet. So wurden Straftaten gegen die Verlassenschaft nunmehr ausdrücklich in den neuen § 539 nF aufgenommen (s dazu sogleich unten Rz 67), während Straftaten gegen nahe Angehörige als neuer „relativer" Erbunwürdigkeitsgrund in § 541 Z 1 normiert sind (dazu unten Rz 74 ff). Damit ist aber auch klar, dass der Tatbestand des § 539 1. Fall nF nur Straftaten gegen den Erblasser selbst zum Inhalt hat.

67   Neu ist also, dass die von § 539 nF erfassten Straftaten auch dann erbunwürdig machen, wenn sie sich gegen die Verlassenschaft richten. Damit wurde einer alten Streitfrage zum bisherigen § 540 Rechnung getragen, die im 19. Jhdt äußerst kontroversiell geführt worden war und in den letzten Jahren – zurückgehend auf *B. Jud*[405] – wieder aufgeflammt ist (s oben Rz 25). Die Materialien erwähnen die Unterschlagung, die Zerstörung oder den Diebstahl einer zur Verlassenschaft gehörigen Sache sowie die widerrechtliche Kontobehebung mit Bereicherungsvorsatz.[406] Begründet hat dies der Gesetzgeber mit dem Argument, dass auch solche Handlungen de facto in die vom Erblasser hinterlassene Ordnung eingreifen.[407]

68   Nach bisherigem Recht, wonach ja nur Straftaten gegen den Verstorbenen selbst relevant waren (dazu oben Rz 24 f), muss der Vorsatz des Täters auch dann, wenn dies strafrechtlich irrelevant ist (so bei *error in persona vel objecto*), auf ein Rechtsgut des Verstorbenen abzielen, dh das Rechtsgut des Verstorbenen muss sich innerhalb des Vorsatzradius des Täters befunden haben (s dazu oben Rz 20). Nur dann nämlich kann von einer Straftat gegen den Ver-

---

[404]   Der bisherige Enterbungsgrund des § 769 2. HS (gröbliche Vernachlässigung der ehelichen Beistandspflicht) ist im neuen § 770 Z 5 nF aufgegangen. Weiters wird das bisher von § 768 Z 2 aF erfasste Hilfloslassen des Erblassers im Notstand stets von § 770 Z 5 nF erfasst sein; sollte das Hilfloslassen im Notstand zu schwerem seelischem Leid führen, fallen diese Handlungen auch unter § 770 Z 4 nF.

[405]   NZ 2006, 73 ff; zust *Kogler*, NZ 2008, 85; abl OGH 28.3.2007, 7 Ob 43/07k, SZ 2008/94 = EvBl 2008/117 = NZ 2008/20 (*Kogler*).

[406]   EB RV 688 BlgNR 25. GP 5.

[407]   S dazu bereits zur Rechtslage bis zum 31.12.2016: *B. Jud*, NZ 2006, 73 ff; davor bereits *Pfaff/Hofmann*, Excurse II/1, 22 (während Letztere im Falle von gewissen Straftaten nach dem Tod des Erblassers Analogie zu § 542 aF erwägen, schließt Erstere aus diesem Argument, dass § 540 idgF anwendbar sei).

storbenen gesprochen werden. Durch das Hinzutreten der Verlassenschaft als Opfer der in § 539 nF genannten Straftaten stellt sich nun die Frage, ob sich der Vorsatz des Täters – so wie bei den Straftaten gegen den Verstorbenen bei dessen Lebzeiten – nun explizit auf die Verlassenschaft beziehen muss.[408] Dies ist ME zu bejahen, sodass der Irrtum des Täters darüber, dass die der Verlassenschaft gehörigen Tatobjekte nicht dieser, sondern einem Dritten gehören, sehr wohl relevant ist. Wie auch bei Straftaten gegen den Verstorbenen muss es daher darauf ankommen, dass die Straftat „gegen" und nicht bloß „an" der Verlassenschaft begangen wurde (s oben Rz 20). Ansonsten käme es zu der asymmetrischen Konsequenz, dass die Erbunwürdigkeit wegen einer Straftat gegen die Verlassenschaft eher eintritt als bei Straftaten gegen den Verstorbenen zu dessen Lebzeiten. Dem widerspricht auch nicht, dass die Gründe für die beiden Fälle der Erbunwürdigkeit gem § 539 nF zwei unterschiedliche sind: Während die Erbunwürdigkeit des bisherigen § 540 1. Fall (und des nunmehrigen § 539 nF 1. Fall) ihren Grund im vermuteten Willen des Erblassers, den Erbanwärter wegen der zugefügten (allenfalls hypothetischen) Kränkung, der Impietät ihm gegenüber von jeglichem Erbrecht auszuschließen, hat, werden Straftaten gegen die Verlassenschaft deshalb berücksichtigt, weil damit de facto in die vom Verstorbenen hinterlassene Ordnung eingegriffen wird. Dieser Eingriff in die vom Erblasser hinterlassene Ordnung wird zwar ganz unabhängig davon verwirklicht, ob der Täter ein Rechtsgut der Verlassenschaft in seinen Vorsatz aufgenommen hatte. Dennoch wird der (nachträgliche, wenngleich auf den Erbanfall rückzubeziehende, vgl § 543 Abs 2 nF) Ausschluss vom Erbrecht dann nicht dem hypothetischen Erblasserwillen entsprechen, wenn der Täter die Tat bei Kenntnis darüber, dass das Tatobjekt zur Verlassenschaft des Verstorbenen gehört, nicht verübt hätte. Der Vorsatz des Täters muss sich also unabhängig von der strafrechtlichen Situation (s dazu oben Rz 20) auf ein Rechtsgut der Verlassenschaft beziehen. Die ist nicht der Fall, wenn zB der Dieb einer wertvollen Verlassenschaftssache diese für eine im Eigentum eines Dritten stehende Sache hält, die Tat aber ohne diesen Irrtum nicht begangen hätte. Ist es dem Täter jedoch gleichgültig, wessen Sache er stiehlt, solange er nur die Fremdheit der Sache in seinen Vorsatz aufgenommen hat,[409] so liegt eine Straftat gegen die Verlassenschaft iSd § 539 nF vor. Irrelevant muss jedoch sein, ob sich der Tatvorsatz auf den Verstorbenen oder die Verlassenschaft bezogen hat. Ist der Verstorbene im Tatzeitpunkt eines relevanten Vermögensdelikts bereits verstorben, wusste dies der Täter jedoch nicht, so wird man dennoch Erbunwürdigkeit iSd § 539 nF bejahen müssen. Dasselbe gilt im umgekehrten Fall: Der Dieb einer vermeintlichen Verlassenschaftssache glaubt, der Verstorbene sei bereits verstorben und möchte deshalb Wertsachen an sich bringen; in Wahrheit hat der Verstorbene im Tatzeitpunkt noch gelebt. Wiederum liegt Erbunwürdigkeit iSd § 539 nF vor.

Durch die Neuregelung werden die bereits nach bisheriger Rechtslage bestehenden Wertungswidersprüche, die sich aus § 166 StGB (Begehung von

---

[408] S auch *Rabl*, NZ 2015, 329 FN 79.

[409] Dies ist nicht der Fall, wenn der Vermächtnisnehmer die ihm vermachte Sache eigenmächtig an sich nimmt, weil er irrtümlich glaubt, dass er bereits im Zeitpunkt des Todes des Verstorbenen automatisch Eigentümer der vermachten Sache geworden ist.

Vermögensdelikten im Familienkreis) ergeben (s dazu oben Rz 14), noch verstärkt. In Hinkunft führt nämlich ein und dasselbe Delikt, begangen von demselben Täter, jedenfalls zur Erbunwürdigkeit, wenn es nach dem Tod des Verstorbenen und somit gegen die Verlassenschaft begangen wird, sofern das Delikt nur die entsprechende Schwere aufweist. Wird dieselbe Tat hingegen noch zu Lebzeiten des nunmehr Verstorbenen begangen, zeitigt sie keine Erbunwürdigkeit, wenn beim Täter die Voraussetzungen für die Privilegierung des § 166 StGB gegeben sind.[410] Dieselbe Problematik tritt im Zusammenhang mit § 541 Z 1 nF auf: Während Vermögensdelikte gegen den Verstorbenen außer Acht bleiben, wenn der Täter zum Familienkreis iSd § 166 StGB gehört, ist dieselbe Tat, begangen gegen den Lebensgefährten des Verstorbenen (vgl § 541 Z 1 nF), nur dann privilegiert, wenn der Täter mit diesem in Hausgemeinschaft lebt.[411] Auch wenn der Gesetzgeber der III. TN das Herausfallen des Familiendiebstahls iSd § 463 StG 1852 – der Vorgängerregelung zu § 166 StGB – aus dem Anwendungsbereich des § 540 idF III. TN bewusst in Kauf genommen hatte, indem er den Tatbestand auf Verbrechen gegen den Erblasser eingeschränkt hatte,[412] stellt sich doch die Frage, ob die nunmehr viel gravierenderen Wertungswidersprüche[413] nicht doch Anlass dazu geben sollten, die bisher wohl einhellige Auffassung zu § 166 StGB zumindest für das neue Recht zu überdenken, zumal der Gesetzgeber die Bestimmung des § 166 StGB offenbar übersehen hat.[414]

70 Die Erbunwürdigkeit wegen schwerer Straftaten iSd § 539 nF wirkt wie jene nach dem bisherigen § 540 eo ipso, sofern der Verstorbene die Tat nicht verziehen hat (dazu unten Rz 85 f). Als „absoluter" Erbunwürdigkeitsgrund greift dieser unabhängig davon, ob der Verstorbene die Möglichkeit gehabt hätte, eine Enterbung nach § 770 Z 1 nF oder eine sonstige Beschränkung der Erbenstellung[415] anzuordnen. Sie zeitigt dieselben Rechtsfolgen wie nach bisherigem Recht (s dazu oben Rz 46; zu den Rechtsfolgen nach neuem Recht s unten Rz 88), bewirkt also relative Erbunfähigkeit.[416] Wurde das Delikt gegen den Verstorbenen begangen, so kann wegen dieser Handlung auch eine Enterbung angeordnet werden (§ 770 Z 1 nF). Naturgemäß scheidet eine Enterbung aus, wenn die Straftat gegen die Verlassenschaft begangen wurde.[417]

---

[410] *Zöchling-Jud* in Rabl/Zöchling-Jud, Erbrecht 86; *Rabl*, NZ 2015, 329 (mit besonders plastischem Beispiel); vgl auch die Kritik im Begutachtungsverfahren, die darauf hinwies, dass die Rechtsfolgen des § 539 nF bei Straftaten gegen den ruhenden Nachlass in manchen Fällen unverhältnismäßig seien (so zB *Wendehorst*, 39/SN-100/ME 3; Österreichische Notariatskammer, 8/SN-100/ME 2 [darüber hinaus darauf hinweisend, dass die ruhende Verlassenschaft im Gegensatz zum Verstorbenen nicht verzeihen kann]).
[411] *Zöchling-Jud* in Rabl/Zöchling-Jud, Erbrecht 86.
[412] HHB 78 BlgHH 21. Sess (1912) 107; s dazu *Rabl*, NZ 2015, 329.
[413] Auf diese weist *Zöchling-Jud* (in Rabl/Zöchling-Jud, Neues Erbrecht 86) hin.
[414] *Rabl*, NZ 2015, 329; s weiters *Zöchling-Jud* in Rabl/Zöchling-Jud, Neues Erbrecht 86 (beide die daraus resultierenden Wertungswidersprüche aufzeigend).
[415] EB RV 688 BlgNR 25. GP 5.
[416] Diese ist nicht zu verwechseln mit der relativen Erbunwürdigkeit iSd § 541.
[417] *Zöchling-Jud* in Rabl/Zöchling-Jud, Neues Erbrecht 85.

3. „Relative" Erbunwürdigkeitsgründe iSd § 541

a) Wesen der „relativen" Erbunwürdigkeitsgründe

Die Mat zum ErbRÄG 2015 differenzieren zwischen „absoluten" und „relativen" Erbunwürdigkeitsgründen (s oben Rz 63). Die „absoluten" Erbunwürdigkeitsgründe der §§ 539 nF, 540 nF, die im Wesentlichen den bisherigen §§ 540, 542 entsprechen, greifen unabhängig davon, ob der Verstorbene die Möglichkeit hatte, dem Erbunwürdigen sein Erb- und allenfalls auch sein Pflichtteilsrecht zu entziehen. Die im neuen § 541 enthaltenen „relativen" Erbunwürdigkeitsgründe führen hingegen nur dann zur Erbunwürdigkeit, wenn der Verstorbene zu seinen Lebzeiten aufgrund seiner Testierunfähigkeit, aus Unkenntnis oder aus sonstigen Gründen nicht in der Lage war, eine Enterbung vorzunehmen. Sie nehmen „gleichsam eine Mittelstellung zwischen Erbunwürdigkeit und Enterbung" ein.[418] Wie sich aus den Mat[419] ergibt, ist damit aber nicht nur die Enterbung im technischen Sinne (s §§ 769 nF ff) gemeint, sondern auch der Entzug des gesetzlichen Erbrechts einer nicht pflichtteilsberechtigten Person (negatives Testament) sowie der Widerruf einer letztwilligen Verfügung (§§ 719 f) zugunsten des „relativ" Erbunwürdigen oder die Errichtung eines neuen Testaments (vgl § 713). Insofern ist der Wortlaut des § 541 nF, der nur darauf abstellt, ob der Verstorbene zu Lebzeiten die Möglichkeit zur Enterbung gehabt hätte, zu eng. „Enterbung" iSd § 541 nF ist also in einem weiteren, „untechnischen" Sinne zu verstehen und bedeutet nicht nur die Enterbung iS einer Entziehung des Pflichtteils (vgl § 769 nF), sondern auch jede sonstige Beschränkung der Erbenstellung[420] durch letztwillige Verfügung des Verstorbenen. Daher wird idF von „Enterbung iwS" gesprochen.

Als Gründe, weswegen der Verstorbene zu seinen Lebzeiten keine Möglichkeit gehabt hatte, eine Enterbung iwS anzuordnen, nennt das Gesetz neben der Testierunfähigkeit die Unkenntnis des Verstorbenen sowie die Tatsache, dass er aus sonstigen Gründen nicht in der Lage war, eine Enterbung anzuordnen. Fraglich ist, welche Gründe der Gesetzgeber hier vor Augen gehabt hat – die Mat bieten hierfür keinerlei Anhaltspunkte.[421] Klar ist, dass Unkenntnis jedenfalls dann vorliegt, wenn dem Verstorbenen das Vorliegen des Erbunwürdigkeits- bzw Enterbungsgrundes unbekannt war – eine Fallkonstellation, die wohl nur bei Straftaten gegen nahe Angehörige iSd § 541 Z 1 nF relevant sein wird.[422] Fraglich ist jedoch, ob Unkenntnis iSd § 541 nF auch dann vorliegt, wenn der Verstorbene nicht wusste, dass er eine Enterbung iSd § 770 nF anordnen hätte können, er sich also in einem Rechtsirrtum befunden hat.[423] Angesichts der Tatsache, dass solche Erwägungen im bisherigen Recht der Enterbung keine Rolle spielten, wird man dies wohl eher verneinen müssen.[424] Un-

---
[418] So *Rabl*, NZ 2015, 327.
[419] Vgl EB RV 688 BlgNR 25. GP 5.
[420] Vgl idS EB RV 688 BlgNR 25. GP 5.
[421] *Zöchling-Jud* in Rabl/Zöchling-Jud, Neues Erbrecht 84.
[422] *Zöchling-Jud* in Rabl/Zöchling-Jud, Neues Erbrecht 84.
[423] Dazu *Zöchling-Jud* in Rabl/Zöchling-Jud, Neues Erbrecht 85.
[424] *Rabl*, NZ 2015, 329 weist generell darauf hin, dass die Neuregelung der §§ 541, 770 die Gefahr zahlreicher neuer Streitigkeiten in sich birgt.

klar ist weiters, welche sonstigen Gründe, aus denen der Verstorbene zu seinen Lebzeiten nicht in der Lage war, eine Enterbung iwS anzuordnen, der Gesetzgeber vor Augen hatte. In der Lit wird als – theoretischer – Anwendungsfall genannt, dass der Verstorbene ohne Stift und Papier eingesperrt war.[425] Diesfalls stellt sich aber doch die Frage, ob der Verstorbene nicht auch schon früher die Gelegenheit gehabt hätte, die „Enterbung" iwS vorzunehmen. Dies führt zur nächsten Frage, ob § 541 nF in jenen Fällen eingreift, in denen der Verstorbene zu seinen Lebzeiten objektiv in der Lage gewesen wäre, die „Enterbung iwS" vorzunehmen, aber stirbt, bevor er entsprechend letztwillig verfügt hat[426] oder aber „schlicht vergisst", die Enterbung anzuordnen.[427] Dies wird wohl zu verneinen sein,[428] um die Gefahr uferloser Auswirkungen und zusätzlicher Konfliktfälle hintanzuhalten,[429] auch wenn dies im Einzelfall zu Ergebnissen führen mag, die zu vom Verstorbenen nicht gewollten Ergebnissen führen.[430]

73 Die relativen Erbunwürdigkeitsgründe des § 541 nF kommen nur zum Tragen, wenn das die Erbunwürdigkeit zeitigende Verhalten zu Lebzeiten des Verstorbenen gesetzt wurde. Bei § 541 Z 2 und Z 3 nF ergibt sich dies bereits aus der Art der Handlungen – das Zufügen von schwerem seelischem Leid sowie die gröbliche Vernachlässigung familienrechtlicher Pflichten dem Verstorbenen gegenüber können nur zu dessen Lebzeiten stattfinden. Anders ist dies bei den Fällen des § 541 Z 1 nF: Delikte gegen nahe Angehörige des Verstorbenen können naturgemäß auch nach dessen Tod begangen werden. Dass diese aber keine Erbunwürdigkeit nach sich ziehen, ergibt sich zum Einen bereits daraus, dass sie zunächst bloß Enterbungsgründe sind und nur subsidiär zum Tragen kommen, wenn keine Enterbung iwS angeordnet werden konnte. Eine Enterbung kann aber naturgemäß nur wegen Handlungen zu Lebzeiten des Verstorbenen in Frage kommen (s oben Rz 70). Zudem nennt § 543 Abs 2 nF explizit jene beiden Handlungen, die auch nach dem Tod des Verstorbenen nachträglich Erbunwürdigkeit bewirken – es sind dies Straftaten gegen die Verlassenschaft iSd § 539 nF einerseits und Vereitelungshandlungen gegen den wahren letzten Willen des Verstorbenen iSd § 540 nF andererseits. Auf § 541 Z 1 wurde hingegen – mE zu Recht[431] – nicht verwiesen. Dies entspricht auch der hA

---

425 *Schauer/Motal/Reiter/Hofmair/Wöß*, JEV 2015, 44.
426 *Zöchling-Jud* in Rabl/Zöchling-Jud, Neues Erbrecht 85; ähnlich bereits (noch zum MinE) *Schauer/Motal/Reiter/Hofmair/Wöß*, JEV 2015. 44.
427 *Schauer/Motal/Reiter/Hofmair/Wöß*, JEV 2015, 44.
428 *Zöchling-Jud* in Rabl/Zöchling-Jud, Neues Erbrecht 85.
429 Vgl *Schauer/Motal/Reiter/Hofmair/Wöß*, JEV 2015, 44.
430 *Schauer/Motal/Reiter/Hofmair/Wöß*, JEV 2015, 44; s auch *Zöchling-Jud* in Rabl/Zöchling-Jud, Neues Erbrecht 85, die zwar in jenen Fällen, in denen der Verstorbene gestorben ist, bevor er die Enterbung tatsächlich vorgenommen hat, das Eingreifen der subsidiären Erbunwürdigkeit verneint, jedoch bezweifelt, ob dies sachgerecht ist.
431 AA *Zöchling-Jud* in Rabl/Zöchling-Jud, Neues Erbrecht 87. Das von ihr ins Treffen geführte „Schulbeispiel, in dem A nach dem Tod des Vaters seinen Bruder B ermordet, um an den ganzen Nachlass zu gelangen" (dazu *B. Jud*, NZ 2006, 73 f; *ihr* folgend *Kogler*, NZ 2008, 85), welches der Gesetzgeber ihrer Meinung nach übersehen hat, verfängt mE nicht – zumindest nicht aus dem von ihr angeführten Grund: Der Mörder A kann nämlich durch Anwachsung, die sie offenbar vor Augen hat, den Erbteil des B nicht mehr erlangen, weil Letzterem das Erbrecht ja bereits angefallen ist. B vererbt vielmehr seinerseits sein Erbrecht auf seine eigenen Erben (§ 537).

zum bisherigen § 540 1. Fall: Denn wenn auch die hL[432] die Ausdehnung des § 540 1. Fall aF auf Straftaten gegen nahe Angehörige, die die Gefühls- bzw Familienrechtssphäre des Verstorbenen verletzen, befürwortet (dazu oben Rz 24), so wurde die Erbunwürdigkeit von der hA[433] doch nur bei Handlungen zu Lebzeiten des Verstorbenen befürwortet (s oben Rz 25).

b) Die „relativen" Erbunwürdigkeitsgründe im Einzelnen

aa) Straftaten gegen die nächsten Angehörigen des Verstorbenen (§ 541 Z 1 nF)

Hintergrund für die Neuregelung ist die alte Streitfrage, ob Straftaten gegen den Erblasser iSd bisherigen § 540 auch solche gegen *personae coniunctissimae* erfassen. Anders als die Rsp befürwortet die hL zur bisherigen Rechtslage die Einbeziehung von schweren Straftaten gegen nahe Angehörige (s dazu oben Rz 24). Dieses *de lege ferenda* wünschenswerte Ergebnis kann auf dem Boden der bisherigen *lex lata* jedoch nur schwer mit korrekter Auslegung des bisherigen § 540 1. Fall erzielt werden, will man nicht in reine Billigkeitserwägungen abgleiten (s dazu oben Rz 24). Mit dem neuen § 541 Z 1 trug der Gesetzgeber nun diesem seit langem bestehenden Anliegen der Lehre[434] Rechnung. 74

Was den von § 541 Z 1 nF umfassten Personenkreis betrifft, hat das ErbRÄG 2015 die ursprüngliche Rechtslage des § 540 in der Urfassung (s dazu oben Rz 6) wiederhergestellt, ja sogar noch um den Lebensgefährten erweitert. Der Gesetzgeber orientierte sich hinsichtlich des Kreises der Angehörigen am Angehörigen- 75

Sollte A aber Erbanwärter nach B sein, so ist A wiederum B gegenüber erbunfähig, weil er ja gegen B eine Straftat iSd § 540 begangen hat. A kann also niemals den Erbteil des B erhalten, wenn er den Mord an B nach dem Tod des Verstorbenen begangen hat. Aus denselben Erwägungen heraus ist auch das weitere Beispiel, dass der Erbe den Pflichtteilsberechtigten ermordet, um den Pflichtteil nicht zahlen zu müssen, verfehlt – denn auch der Pflichtteilsanspruch ist ja bereits mit dem Tod des Verstorbenen entstanden und sofort vererblich; dieser Schuld kann sich der Erbe also nicht durch Tötung des Pflichtteilsberechtigten entledigen. Die Gründe für das als unbillig empfundene Ergebnis, dass der Mörder des Miterben bzw des Pflichtteilsberechtigten erbfähig bleibt, müssen daher anderswo als in der Motivation des Mörders, einen vermögensmäßigen Vorteil zu erlangen, gefunden werden. In Frage kommt die Annahme einer Impietät gegenüber dem Verstorbenen auch nach dessen Tod (so *Pfaff/Hofmann*, Commentar II/1, 24 f; *dies*, Excurse II/1, 19 ff) oder schlicht die Argumentation mit dem vermuteten Erblasserwillen – ein Gedanke, den auch *B. Jud* (NZ 2006, 73 ff) ins Treffen führt (es handelt sich mE jedoch um zwei verschiedene Argumente). Damit gesteht man man der Erbunwürdigkeit letztlich den Charakter der *clausula rebus sic stantibus* zu (idS *L. Pfaff* in FS Unger 353).

[432] *Handl* in Klang II/1, 50; *Ehrenzweig*, System II/2², 372; *Bartsch*, Erbrecht² 11; *Steinwenter*, JBl 1955, 159; *Kralik*, Erbrecht³ 36 f; *Gschnitzer/Faistenberger*, Erbrecht² 54; *B. Jud*, NZ 2006, 71 ff; *Eccher* in Schwimann/Kodek⁴ III § 540 Rz 9; *Likar-Peer* in Ferrari/Likar-Peer, Erbrecht 286 f (abw aber nun oben Rz 24); *W. Tschuggel*, iFamZ 2007, 257; *Kogler*, NZ 2008, 85.

[433] *Ehrenzweig*, System II/2², 372; *Kralik*, Erbrecht³ 42; *Likar-Peer* in Ferrari/Likar-Peer, Erbrecht 292; *Eccher* in Schwimann/Kodek⁴ III § 540 Rz 10; *Welser* in Rummel/Lukas⁴ § 540 Rz 5; OGH 12.3.1879, Nr 211, GlU 7370; 19.6.1894, Nr 6696, GlU 15.149; JBl 1954, 174; 28.3.2007, 7 Ob 43/07k, NZ 2008/20 (*Kogler*) = EvBl 2007/117 = SZ 2007/48; aA *B. Jud*, NZ 2006, 73 ff; *Kogler*, NZ 2008, 85.

[434] Vgl etwa *Schauer*, JEV 2008, 46; *Welser*, Reform 28; *Ferrari* in 17. ÖJT II/2, 71; *Wendehorst*, EF-Z 2010, 139 (mwN).

begriff des § 284c idF SWRÄG 2006.⁴³⁵ Weiter ist der Angehörigenbegriff in der korrespondierenden Bestimmung zur Enterbung (§ 770 Z 2 nF).

76 Der Gesetzgeber hat – wie dies auch bereits im Vorfeld der III. TN diskutiert wurde⁴³⁶ – durchaus richtig erkannt, dass diese Fallkonstellation grundsätzlich besser als Enterbungsgrund denn als Erbunwürdigkeitsgrund erfasst werden sollte. Daher wurden die Straftaten gegen *personae coniunctissimae* nicht in § 539 nF verankert. Da aber dem vermuteten Erblasserwillen so weit als möglich Rechnung getragen werden sollte,⁴³⁷ erfasste der Novellengesetzgeber diese Fallgruppe nicht bloß als Enterbungsgrund (vgl § 770 Z 2; dazu Rz 65), sondern zusätzlich im neuen § 541 Z 1 nF, wonach die Erbunwürdigkeit ja bloß subsidiär zum Tragen kommt, wenn der Verstorbene zu Lebzeiten keine Möglichkeit hatte, eine Enterbung anzuordnen.

77 Die Neuregelung unterscheidet sich von der Urfassung des § 540 daher in zwei wesentlichen Punkten: zum einen dadurch, dass sie bloß als „relativer" Erbunwürdigkeitsgrund zum Tragen kommt, also nur dann, wenn der Verstorbene zu Lebzeiten keine Möglichkeit hatte, eine Enterbung gem § 770 Z 2 anzuordnen;⁴³⁸ zum anderen dadurch, dass nur solche gerichtlich strafbare, mit Vorsatz begangene Handlungen erfasst sind, die mit mehr als einjähriger Freiheitsstrafe bedroht sind, wohingegen nach der Urfassung jedes gerichtlich strafbare, mit Vorsatz begangene Delikt Erbunwürdigkeit iSd § 540 aF nach sich zog (dazu oben Rz 6). Die im MinE⁴³⁹ vorgesehene Strafdrohung von mehr als zwei Jahren für Straftaten gegen *personae coniunctissimae* wurde aufgrund der dazu geäußerten Kritik während des Begutachtungsverfahrens⁴⁴⁰ wieder fallen gelassen.

bb) Zufügen von schwerem seelischem Leid (§ 541 Z 2 nF)

78 Mit der Erbrechtsnovelle wurde als neuer – wenn auch wiederum nur relativer, dh subsidiärer – Erbunwürdigkeitsgrund die Zufügung von schwerem seelischem Leid eingefügt. Korrespondierend dazu stellt dieser Tatbestand auch einen Enterbungsgrund dar (§ 770 Z 4 nF). Im Begutachtungsverfahren wurde dieser Tatbestand zT als zu unbestimmt kritisiert,⁴⁴¹ andere wiesen darauf hin, dass die in den Mat angeführten Beispiele den Tatbestand durchaus hinreichend konkretisieren.⁴⁴² Ausweislich der Mat⁴⁴³ ist erbunwürdig iSd § 541 Z 2 nF etwa, wer den Verstorbenen verächtlich gemacht, durch verpöntes Verhalten in eine sehr missliche Lage gebracht oder in einer Notsituation im Stich gelassen hat (vgl § 768 Z 2 aF). In Betracht kommen dabei nach den Vorstellungen des Gesetzgebers Verletzungen in der Rechtssphäre des Erblassers außerhalb des Straf-

---

[435] EB RV 688 BlgNR 25. GP 6.
[436] *Hanausek*, Gesetzliches Erbrecht 43.
[437] EB RV 688 BlgNR 25. GP 5 f.
[438] Vgl dazu auch *Zöchling-Jud* in Rabl/Zöchling-Jud, Neues Erbrecht 85.
[439] EB 100/ME 25. GP 6.
[440] *Schauer/Motal/Hofmair/Reiterer/Wöß*, JEV 2015, 43.
[441] S die Stellungnahmen im Begutachtungsverfahren von *Hofmann/Ulm*, 1/SN-100/ME 1 und *Wendehorst*, 39/SN-100/ME 3.
[442] *Schauer/Motal/Reiter/Hofmair/Wöß*, JEV 2015, 43.
[443] EB RV 688 BlgNR 25. GP 6.

rechts nach den §§ 1325 ff, aber natürlich erst recht auch strafrechtliche Verhaltensweisen, die aufgrund der zu geringen Strafdrohung nicht unter § 539 nF fallen. Es muss jedenfalls eine gewisse Intensität der psychischen Beeinträchtigung erreicht werden; der Gesetzgeber verweist in den Mat diesbezüglich auf § 49 EheG.[444] In Betracht kommen wiederholte Beschimpfungen, Psychoterror, aber auch die lang dauernde, gezielte Ausübung subtilen psychischen Drucks.[445] Die geforderte Schwere des seelischen Leids fehlt im Allgemeinen bei einem gelegentlichen Streit oder einer verbalen Kränkung; Schmerzen oder Leiden, die sich aus gesetzlich zulässigen und menschlich verständlichen Handlungen ergeben, stellen keine Zufügung schweren seelischen Leids dar.[446]

ME reicht das Vorliegen der in den EB RV genannten Gründe für sich allein nicht. Es muss zusätzlich auch tatsächlich schweres seelisches Leid beim Verstorbenen entstanden sein; dieses wiederum muss objektiv nachvollziehbar sein. Der Tatbestand des § 541 Z 2 setzt sich demnach – ähnlich wie im Eherecht die Anfechtung der Ehe gem den §§ 35 ff EheG – aus einer objektiven und einer subjektiven Komponente zusammen. Einerseits muss der Verstorbene schweres seelisches Leid empfunden haben, andererseits muss auch der „maßstabsgerechte" Mensch in einer solchen Situation ebenso empfinden. Fehlt eine der beiden Komponenten, liegt grundsätzlich keine relative Erbunwürdigkeit iSd § 541 Z 2 vor. Sollte aber der Verstorbene zu Lebzeiten aufgrund seiner geistig-seelischen Verfassung nicht mehr in der Lage gewesen sein, subjektiv tatsächlich Leid zu empfinden, so wird man wohl – gleichsam als Parallelwertung zu den Schmerzengeld-Fällen, in denen die Jud auch dann Schmerzengeld gewährt, wenn die zugefügte Verletzung so schwer war, dass kein Schmerzempfinden mehr besteht[447] – die grundsätzlich geforderte subjektive Komponente vernachlässigen und ausschließlich auf das objektive Kriterium abstellen können. Ansonsten würden gerade besonders krasse Fälle des Hilfloslassens oder Quälens des Verstorbenen sanktionslos bleiben. **79**

„Verwerflich" bedeutet nach dem Willen des Gesetzgebers offenbar „gesellschaftlich verpönt".[448] Über den geforderten Verschuldensgrad sagt dies indes nichts aus. Für Vorsatz spricht *prima vista,* dass es sich um einen Erbunwürdigkeitsgrund handelt (s dazu oben Rz 35). Dem ist aber zunächst entgegenzuhalten, dass die Mat diesbezüglich auf § 49 EheG rekurrieren; und nach § 49 EheG liegt eine schwere Eheverfehlung auch bei Fahrlässigkeit vor (arg Verschulden).[449] Vor allem aber ist der Tatbestand des neuen § 541 Z 2 ident mit dem Enterbungsgrund des § 770 Z 4 nF, der ausweislich der Mat[450] den bisherigen § 768 Z 2 (Hilfloslassen im Notstand; s dazu bereits oben Rz 38) mitumfasst, sofern das Hilfloslassen zugleich schweres seelisches Leid verursachte. Im Rahmen des bisherigen § 768 Z 2 wiederum ist grobes Verschulden, **80**

---

[444] S dazu *Stabentheiner* in Rummel³ II § 49 EheG Rz 4.
[445] EB RV 688 BlgNR 25. GP 6.
[446] EB RV 688 BlgNR 25. GP 6.
[447] Dazu zB die Nachweise zur Rsp bei *Reischauer* in Rummel³ II § 1325 Rz 47a.
[448] EB RV 688 BlgNR 25. GP 6.
[449] Zum Verschulden s etwa *Stabentheiner* in Rummel³ II § 49 EheG Rz 2; ausf dazu *L. Berka,* Scheidung und Scheidungsreform 2000 (2000) 67 ff.
[450] EB RV 688 BlgNR 25. GP 29.

demnach auch grobe Fahrlässigkeit ausreichend.⁴⁵¹ Dies spricht dafür, dass auch im Rahmen des § 541 Z 2 nF bereits grobe Fahrlässigkeit zur „relativen", „subsidiären" Erbunwürdigkeit führt (s auch unten Rz 84).

cc) gröbliche Vernachlässigung der Pflichten im Eltern-Kind-Verhältnis (§ 541 Z 3 nF)

81 Dieser Tatbestand entspricht grundsätzlich dem bisherigen § 540 2. Fall. Mit der Umwandlung dieses bisher „absoluten" Erbunwürdigkeitsgrundes in einen bloß „relativen", „subsidiären" Erbunwürdigkeitsgrund hat der Gesetzgeber sich dem ursprünglichen Gedanken, der ihn im Jahre 1989 zur Schaffung dieses Erbunwürdigkeitsgrundes anstelle der bisherigen Enterbungsmöglichkeiten iSd § 768 Z 2, § 769 aF veranlasst hatte (s dazu oben Rz 28), wieder angenähert. Grund für die Schaffung des § 540 2. Fall idF ErbRÄG 1989, BGBl 1989/656 war ja, dass Testierunfähige, die aber typischerweise von der Verletzung familienrechtlicher Pflichten im Eltern-Kind-Verhältnis am meisten betroffen sind, keine Enterbung anordnen können.⁴⁵² Der Gesetzgeber des Jahres 1989 hatte die Erbunwürdigkeit gleichwohl nicht auf den Fall der Testierunfähigkeit beschränkt.⁴⁵³ Insoweit hat der Gesetzgeber des Jahres 2015 also die damals vielleicht etwas überschießende Regelung⁴⁵⁴ in angemessener Weise zurückgenommen.

82 Der Tatbestand des neuen § 541 Z 3 gleicht dem Wortlaut nach dem des bisherigen § 540 2. Fall. Zu den einzelnen Pflichtverletzungen s oben Rz 30 ff. Die Mat erwähnen weiters die grundlose Ablehnung jeglichen Kontakts zu einem Kind oder Elternteil über einen sehr langen Zeitraum.⁴⁵⁵

83 Dieser relative Erbunwürdigkeitsgrund korreliert mit dem Enterbungsgrund des § 770 Z 5, wiewohl der Enterbungsgrund auch die Verletzung der familienrechtlichen Pflichten unter Ehegatten/EP umfasst, während § 541 Z 3 nF nach wie vor nur auf die Verletzung familienrechtlicher Pflichten im Eltern-Kind-Verhältnis abstellt.⁴⁵⁶ Die weitere im MinE⁴⁵⁷ vorgesehene Differenzierung zwischen besonders gröblicher Vernachlässigung im Entwurf zu § 541 Z 3 nF einerseits und bloß gröblicher Vernachlässigung im Entwurf zu § 770 Z 5 nF andererseits wurde aufgrund der dazu geäußerten Kritik im Begutachtungsverfahren wieder fallen gelassen,⁴⁵⁸ zumal ein Unterschied zwischen „besonders gröblicher" und „gröblicher" Pflichtverletzung *de facto* kaum auszumachen sei.⁴⁵⁹

---

451 *Likar-Peer* in Ferrari/Likar-Peer, Erbrecht 382 mwN.
452 JAB 1158 BlgNR 17. GP 3.
453 Vgl dazu *Ferrari* in 17. ÖJT II/2, 72.
454 Vgl dazu *Ferrari* in 17. ÖJT II/2, 72 (*de lege ferenda* noch zu § 540 2. Fall aF).
455 EB RV 688 BlgNR 25 GP 6; s dazu *Zöchling-Jud* in Rabl/Zöchling-Jud, Neues Erbrecht 87 f; *Rabl*, NZ 2015, 329 f (jeweils auf Wertungswidersprüche zu § 776 nF hinweisend).
456 Wie *Zöchling-Jud* (in Rabl/Zöchling-Jud, Neues Erbrecht 88 FN 84) betont hat, sind die Mat insofern missverständlich, als hier fälschlich der Eindruck entsteht, dass § 541 Z 3 nF und § 770 Z 5 nF deckungsgleich seien (s EB RV 688 BlgNR 25. GP 29); krit im Begutachtungsverfahren auch die Stellungnahme des OGH (32/SN-100/ME 25. GP 2 f).
457 EB 100/ME 25. GP. 7.
458 EB RV 688 BlgNR 25. GP 6.
459 *Schauer/Motal/Reiter/Hofmair/Wöß*, JEV 2015, 43.

Mag sein, dass mit der Differenzierung zwischen „besonders gröblicher" **84**
und lediglich „gröblicher" Pflichtverletzung folgendes zum Ausdruck gebracht
werden hätte sollen: Während für die Rechtmäßigkeit der Enterbung wie bisher grobe Fahrlässigkeit ausreicht, muss für das Vorliegen des Erbunwürdigkeitsgrundes Vorsatz gegeben sein.[460] Mit der im MinE vorgeschlagenen Textierung wäre dies indes nicht hinreichend zum Ausdruck gebracht worden. Wie
nämlich bereits *Eccher*[461] zum bisherigen § 540 2. Fall betont hat, sagt die
„Gröblichkeit" nur etwas über die Schwere der Pflichtverletzung aus; über den
geforderten Verschuldensgrad lässt sich daraus jedoch nichts ableiten.[462] Umgekehrt sagt Vorsatz wiederum nichts über die Schwere der Pflichtverletzung
aus.[463] Demnach hätte aber „besonders gröblich" eben nur die besondere
Schwere der Pflichtverletzung, nicht aber einen allfälligen geforderten Vorsatz
bedeutet. Während die hA zum bisherigen § 540 2. Fall Vorsatz als Voraussetzung für diesen Erbunwürdigkeitsgrund verlangte (s dazu oben Rz 35), kann
dies im Rahmen des § 541 Z 3 ebenso wenig gefordert werden wie bei § 541
Z 2 (s oben Rz 80). Nachdem das Gesetz seinem Wortlaut nach nicht zwischen
§ 541 Z 2 und 3 einerseits und § 770 Z 4 und 5 andererseits differenziert, ist
davon auszugehen, dass hinsichtlich des Verschuldensgrades kein Unterschied
zwischen den Enterbungsgründen einerseits und den „relativen" Erbunwürdigkeitsgründen andererseits besteht. Im Rahmen der Enterbungsmöglichkeiten
wiederum sind § 770 Z 4 und 5 an die Stelle des bisherigen § 768 Z 2 sowie
§ 769 (gröbliche Verletzung der ehelichen Beistandspflicht) getreten; für diese
bisherigen Enterbungsgründe war jedoch grobe Fahrlässigkeit ausreichend.[464]

4. Verzeihung

Als negative Voraussetzung[465] für die Erbunwürdigkeit enthalten die **85**
§§ 539–541 nF die Verzeihung. War diese bisher nur in § 540 aE geregelt, so
hat der Novellengesetzgeber die Beseitigung der Erbunwürdigkeit durch Verzeihung bei jedem einzelnen Erbunwürdigkeitsgrund angeführt. Damit ist klargestellt, dass alle Erbunwürdigkeitsgründe durch Verzeihung aufgehoben werden (dies war nach bisherigem Recht bezüglich § 542 aF nicht unbestritten;
s dazu § 542 [§ 540 nF] Rz 41). – Nach bisherigem Recht ist die Rechtsnatur
der Verzeihung umstritten (s dazu oben Rz 43 ff); eng mit dieser Frage hängt
zusammen, welchen Grad der Einsichtsfähigkeit der Verstorbene zum Zeitpunkt der Verzeihung haben muss, um wirksam verzeihen zu können (s oben
Rz 42 ff). Nach neuem Recht liegt Verzeihung vor, wenn der Verstorbene „zu
erkennen gegeben hat, dass er ihm (dh dem Erbunwürdigen) verziehen hat".
Demgegenüber musste nach dem bisherigen § 540 aE den Umständen zu entnehmen sein, dass der Erblasser dem Erbunwürdigen vergeben habe. Nach
dem neuen Wortlaut ist mE klargestellt, dass der innere, seelische Vorgang der

---

[460] S den Reformvorschlag von *Ferrari* in 17. ÖJT II/2, 82 f.
[461] In Schwimann/Kodek⁴ III § 540 Rz 17.
[462] So aber *Welser*, NZ 1991, 141.
[463] So *Eccher* in Schwimann/Kodek⁴ III § 540 Rz 17.
[464] S etwa *Likar-Peer* in Ferrari/Likar-Peer, Erbrecht 382.
[465] IdS zum bisherigen Recht bereits *Weiß* in Klang² III 93.

§ 540

Verzeihung nach außen treten, dh perfiziert werden muss.⁴⁶⁶ Die Äußerung – die freilich auch bloß aus den Umständen, etwa dem Verhalten des Verstorbenen dem Erbunwürdigen gegenüber,⁴⁶⁷ entnommen werden kann – ist somit nach neuem Recht Tatbestandsvoraussetzung der Verzeihung, während es nach bisherigem Recht zweifelhaft ist, ob das Den-Umständen-Entnehmen-Können bloß eine Frage der Beweiswürdigung oder Tatbestandsvoraussetzung ist (s dazu oben Rz 44).

86 Für die Verzeihung iSd §§ 539–541 nF ist Testierfähigkeit nicht erforderlich. Dies ergibt sich zunächst indirekt aus § 773 Abs 2 nF: Grundsätzlich kann eine Enterbung (wie bisher; vgl § 772 aF) nur durch Widerruf beseitigt werden (s nunmehr § 773 Abs 1 nF). Konnte jedoch der Verstorbene die Enterbung wegen fehlender Testierfähigkeit nicht mehr widerrufen, so ist die Enterbung gem § 773 Abs 2 nF unwirksam, wenn der Verstorbene zu erkennen gegeben hat, dass er dem Enterbten verziehen hat. Demnach ist zunächst klar, dass die Verzeihung iSd § 773 Abs 2 nF keine Testierfähigkeit voraussetzt. Dasselbe muss aber auch für die Verzeihung iSd §§ 539–541 nF gelten. Die Mat bestätigen dies: Dem Regelungskonzept der §§ 284d Abs 2, 284g und § 10 Abs 2 PatVG folgend soll die Verzeihung unabhängig davon, ob der Verstorbene zum Zeitpunkt der Verzeihung testierfähig war oder nicht, beachtlich sein.⁴⁶⁸ Dies will der Gesetzgeber mit dem Abstellen darauf, dass der Verstorbene „zu erkennen gegeben hat", dass er dem Erbunwürdigen (bzw dem Enterbten) verziehen hat, zum Ausdruck bringen.⁴⁶⁹ Für das Vorliegen einer Verzeihung kommt es somit lediglich darauf an, dass der Verstorbene ausdrücklich oder schlüssig zum Ausdruck gebracht hat, dass er dem Erbunwürdigen (Enterbten) sein Verhalten nicht mehr nachträgt.⁴⁷⁰ Es handelt sich um den rein faktischen,⁴⁷¹ „natürlichen" Willen, dem Erbunwürdigen seine Handlung nicht mehr nachzutragen. Wenn die Mat auf die §§ 284d Abs 2, 284g und § 10 PatVG verweisen, so soll damit klargestellt werden, dass auch Geschäftsunfähige verzeihen können. Diese Normen stellen nämlich auf einen bloß „natürlichen" Willen des Geschäftsunfähigen ab.⁴⁷² Für die Bildung dieses natürlichen Willens ist aber nicht einmal beschränkte Geschäftsfähigkeit erforderlich,⁴⁷³ dieser ist vielmehr ungeachtet des Verlusts der Geschäftsfähigkeit oder der Einsichts- und Urteilsfähigkeit beachtlich (vgl § 284d Abs 2).⁴⁷⁴ Notwendig ist bloß ein Minimum an Einsichts- und Urteilsfähigkeit.⁴⁷⁵ Im Zusammenhang mit der Verzeihung bedeutet dies, dass der Verstorbene lediglich in der Lage gewesen sein

---

⁴⁶⁶ IdS insb *Manigk*, Rechtshandlungen 629 ff.
⁴⁶⁷ Vgl EB RV 688 BlgNR 25. GP 29 (zu § 773 Abs 2; dazu sogleich im Text).
⁴⁶⁸ EB RV 688 BlgNR 25. GP 5 (zur Erbunwürdigkeit), 29 (zur Enterbung).
⁴⁶⁹ EB RV 688 BlgNR 25. GP 5.
⁴⁷⁰ EB RV 688 BlgNR 25. GP 5.
⁴⁷¹ Vgl *Koziol/Welser/Kletečka*¹⁴ I Rz 327; *Wiebe* in Kletečka/Schauer, ABGB-ON 1.02 § 859 Rz 21.
⁴⁷² Vgl EB RV 688 BlgNR 25. GP 5, 29.
⁴⁷³ Abw *Schauer* in Kletečka/Schauer, ABGB-ON 1.01 § 284d Rz 9: Geschäftsunfähigkeit iSd § 284d Abs 2 bedeute lediglich das Fehlen voller Geschäftsfähigkeit; wohl weitergehend *Weitzenböck* in Schwimann/Kodek⁴ I § 284d Rz 2.
⁴⁷⁴ S dazu zB *Schauer* in Kletečka/Schauer, ABGB-ON 1.01 § 284d Rz 9, § 284g Rz 3.
⁴⁷⁵ *Schauer* in Kletečka/Schauer, ABGB-ON 1.01 § 284d Rz 9, § 284g Rz 3.

muss, die ihm zugefügte Verfehlung als solche zu erkennen,[476] weiters die Bedeutung des Verzeihens auf emotionaler Ebene zu verstehen,[477] nicht aber die Folgen der Verzeihung.[478] Ob die Verzeihung „vernünftig" bzw für andere nachvollziehbar ist, ist hingegen irrelevant.[479] Die Verzeihung eines Geschäftsunfähigen kann etwa vorliegen, wenn sich im Zuge der Pflege des Verstorbenen durch den Erbunwürdigen eine Beziehung zwischen diesen beiden Personen entwickelt hat, die von Vertrauen und Zuneigung geprägt ist[480] – das geforderte Minimum an Einsichts- und Urteilsfähigkeit vorausgesetzt. Damit ist aber auch klar, dass es sich – wenn auch offenbar die Perfektion des seelischen Vorgangs relevant ist – nicht um eine Willensmitteilung handeln kann. Denn auf Willensmitteilungen werden weitgehend die Regeln über Rechtsgeschäfte analog angewendet, so auch jene über die Geschäftsfähigkeit (s dazu oben Rz 43).[481]

Zur bisherigen Rechtslage war fraglich, ob eine Enterbung gem § 770 aF iVm §§ 540, 542 aF unrechtmäßig war, wenn die Handlung vor der Anordnung der Enterbung verziehen worden war. Nach der hier vertretenen Auffassung ist dies zur bisherigen Rechtslage zu verneinen (s dazu oben Rz 57). Dies muss übrigens umso mehr für die neue Rechtslage ab dem 1. 1. 2017 gelten, weil das neue Recht bei den Enterbungsgründen keinen Verweis mehr auf die Erbunwürdigkeitsgründe enthält, sondern die – wenn auch weitgehend parallel ausgestalteten – Erbunwürdigkeits- und Enterbungsgründe in jeder Normengruppe extra anführt. Und während in den Erbunwürdigkeitsgründen stets die Verzeihung als negative Voraussetzung genannt ist, fehlt eine Erwähnung der Verzeihung in den einzelnen Enterbungsgründen. Daraus kann nur der Schluss gezogen werden, dass die Anordnung einer Enterbung auch dann möglich ist, wenn der Erblasser das entsprechende Verhalten bereits verziehen hat. 87

5. Rechtsfolgen und Geltendmachung

Sowohl die „absolute" als auch die „relative" Erbunwürdigkeit bewirken Erbunfähigkeit. Diese ist nach wie vor relative Erbunfähigkeit (vgl § 538 nF, s oben Rz 62 sowie *Kalb* in diesem Band § 538 Rz 7). Sind die Voraussetzungen für die Erbunwürdigkeit gegeben, verhindert die daraus resultierende relative Erbunfähigkeit wie bisher den Erbanfall. 88

Bei testamentarischer Erbfolge kommt es zunächst zur Ersatzerbschaft (§§ 604 ff nF); anders als nach bisherigem Recht muss die Ersatzerbschaft, um im Falle der Erbunfähigkeit zu greifen, nicht mehr für den Fall, dass der eingesetzte Erbe nicht Erbe werden kann, angeordnet werden; der bisherige § 605 89

---

476 IdS zum bisherigen § 540 *Weiß* in Klang² III 101; ähnlich *Welser* in Rummel/Lukas⁴ § 540 Rz 3; s zum neuen Recht *Christandl/Nemeth*, NZ 2016, 7. Daher kann ein Demenzkranker, der keinerlei Erinnerungsvermögen an die relevante Handlung hat, nicht verzeihen (idS *Christandl/Nemeth* aaO 7 f).
477 IdS zum bisherigen § 540 *Weiß* in Klang² III 101.
478 So aber *Weiß* in Klang² III 101.
479 Vgl auch *Schauer* in Kletečka/Schauer, ABGB-ON 1.01 § 284d Rz 9.
480 EB RV 688 BlgNR 25. GP 29 (zu § 773 Abs 2 nF).
481 *Flume*, Rechtsgeschäft⁴ 107; *Koziol/Welser/Kletečka*¹⁴ I Rz 326.

wurde aufgehoben.⁴⁸² Ist der eingesetzte Erbe ein Kind des letztwillig Verfügenden, so wird gem § 605 nF vermutet, dass dessen Kinder als Ersatzerben zum Zug kommen sollen (vgl nach bisherigem Recht die hA zu § 779 Abs 1 aF, dazu oben Rz 48 und § 541 Rz 22). Wurde keine Ersatzerbschaft angeordnet und greift auch die vermutete Ersatzerbschaft gem § 605 nF nicht, kommt es im Zweifel zur Akkreszenz gem § 560 nF,⁴⁸³ wenn der letztwillig Verfügende über die gesamte Verlassenschaft verfügt und mehrere Erben eingesetzt hat.⁴⁸⁴

90 Bei gesetzlicher Erbfolge kommt es zunächst zum Eintrittsrecht der Nachkommen des Erbunwürdigen (§ 542 nF; dazu näher § 541 [§ 542 nF] Rz 24 ff); sind keine eintrittsberechtigten Nachkommen vorhanden, wächst der freiwerdende Anteil den übrigen Erben derselben Parentel an. Ist aus der entsprechenden Linie außer dem Erbunfähigen niemand vorhanden, kommt die nächste Parentel zum Zuge (vgl §§ 731 ff nF).

91 Der Ausschluss des Erbunfähigen vom Vermächtniserwerb ist nun in § 647 Abs 2 nF geregelt; diese Bestimmung bezieht sich explizit auch auf gesetzliche Vermächtnisse (gesetzliches Vorausvermächtnis iSd § 745 nF, Pflegevermächtnis iSd §§ 677 f nF).

92 Der Ausschluss vom Pflichtteilsrecht ergibt sich nach neuem Recht aus § 758 Abs 1 nF, wonach die konkrete Pflichtteilsberechtigung (wie bisher) dann vorliegt, wenn der gem § 757 nF abstrakt Pflichtteilsberechtigte ein gesetzliches Erbrecht hätte, käme es zur gesetzlichen Erbfolge – und Letzteres ist bei Erbunfähigkeit eben nicht der Fall;⁴⁸⁵ nach bisherigem Recht ergab sich dies zum Einen bereits aus § 763 aE, zum anderen aus der expliziten Regelung des § 767 Abs 1.⁴⁸⁶ Wie nach dem alten § 767 Abs 1 wird der Erbunfähige bei der Ermittlung der Pflichtteilsquoten der übrigen Pflichtteilsberechtigten nicht mitgezählt (§ 760 Abs 2 nF). Entgegen dem Wortlaut des § 758 Abs 2 wird man auch im Rahmen des Pflichtteilsrechts ein Eintrittsrecht der Nachkommen bejahen müssen, da die Formulierung des § 758 Abs 2, wonach das Pflichtteilsrecht der Nachkommen eines erbunfähigen Kindes dessen Vortod vorauszusetzen scheint, offenbar auf einem Redaktionsversehen beruht (s dazu näher § 541 [§ 542 nF] Rz 35 f).

93 Die bisherige Frage, ob die physische Existenz des einzigen, jedoch erbunfähigen Kindes dazu führt, dass die nächste Parentel zum Tragen kommt (s dazu oben Rz 53), stellt sich nach neuem Recht nicht mehr, weil die Vorfahren nun kein Pflichtteilsrecht mehr haben⁴⁸⁷ (vgl § 757 nF).

94 Die Erbunfähigkeit beseitigt zwar die konkrete Pflichtteilsberechtigung (§ 758 Abs 1 nF); ein erbunfähiges Kind oder ein erbunfähiger Ehegatte/EP gehört aber nach wie vor dem Kreis der abstrakt Pflichtteilsberechtigten iSd § 757 nF an. Daher sind Schenkungen iSd § 781 nF, die der Verstorbene zu seinen Lebzeiten an ein erbunfähiges Kind oder an einen erbunfähigen Ehegat-

---

⁴⁸² S dazu EB RV 688 BlgNR 25. GP 12.
⁴⁸³ Zur Neuregelung s EB RV 688 BlgNR 25 GP 8.
⁴⁸⁴ Vgl dazu EB RV 688 BlgNR 25. GP 8.
⁴⁸⁵ *Zöchling-Jud* in Rabl/Zöchling-Jud, Neues Erbrecht 74, 84.
⁴⁸⁶ Vgl zum bisherigen Recht *Likar-Peer* in Ferrari/Likar-Peer, Erbrecht 293 (§ 767 Abs 1 und § 763 aE aF); *Koziol/Welser/Zöchling-Jud*¹⁴ II Rz 1890 (§ 767 Abs 1).
⁴⁸⁷ S dazu nur EB RV 688 BlgNR 25. GP 24.

ten/EP gemacht hat, gem § 783 nF unbefristet anzurechnen.[488] Die Haftungsbeschränkung des § 791 Abs 1 nF kommt dem Erbunfähigen aber nicht zugute, zumal diese grundsätzlich nur konkret pflichtteilsberechtigten Personen iSd § 758 Abs 1 nF zusteht; die Ausnahmen des § 791 Abs 2 nF, wonach der Wegfall der konkreten Pflichtteilsberechtigung wegen Vortodes, Erb-und/oder Pflichtteilsverzicht oder Ausschlagung nicht schadet, erwähnen den Fall der Erbunwürdigkeit ebensowenig wie die Enterbung.[489] Handelt es sich um eine Schenkung an einen Dritten (§ 782 Abs 1 nF), so können pflichtteilsberechtigte Kinder die Hinzurechnung einer solchen nur verlangen, wenn im Schenkungszeitpunkt kein pflichtteilsberechtigtes Kind vorhanden war (§ 782 Abs 2 nF, der insoweit denselben Wortlaut hat wie der bisherige § 785 Abs 2). War also im Schenkungszeitpunkt lediglich ein erbunfähiges Kind vorhanden, können weder dieses Kind, wenn ihm später verziehen wurde, noch andere, erst nach der Schenkung gezeugte Kinder die Hinzurechnung dieser Schenkung verlangen.[490] Diese Einschränkung gilt nun nicht mehr hinsichtlich der Hinzu- und Anrechnung von Schenkungen an (zumindest abstrakt) Pflichtteilsberechtigte (vgl § 783 nF). Dies dient dem möglichst umfassenden Ausgleich unter mehreren Pflichtteilsberechtigten.[491] Es stellt sich freilich nach wie vor die Frage, inwieweit Zuwendungen, die vereinbarungsgemäß als Vorschuss auf den zukünftigen Erb- und/oder Pflichtteil gegeben wurden (nach bisherigem Recht § 789, nunmehr vom Schenkungsbegriff des § 781 nF erfasst), nicht unter der konkludenten Bedingung, dass der Zuwendungsempfänger auch tatsächlich erb- bzw pflichtteilsberechtigt sein werde, stehen oder ob es sich hier nicht um eine Zweckverfehlung iSd § 1435 analog (*condictio causa data causa non secuta*) handelt. Dann würden diese Zuwendungen an den Erbunfähigen jedoch gar nicht als Anrechnungsposten in Frage kommen, weil der Rückforderungsanspruch gegen den Erbunwürdigen ohnehin Teil der Verlassenschaft wäre und bei der Ermittlung des Pflichtteils als Aktivum zu veranschlagen wäre.

---

[488] Hinsichtlich Schenkungen iSd bisherigen § 785 Abs 1 differenzierte der bisherige § 785 Abs 3 S 2 danach, ob die Schenkung an eine nicht pflichtteilsberechtigte Person gemacht wurde oder nicht. Eine der umstrittensten Fragen des bisherigen Erbrechts war es, ob es auf die konkrete oder die abstrakte Pflichtteilsberechtigung ankommt und zu welchem Zeitpunkt (Schenkungs- und/oder Todeszeitpunkt) diese vorliegen müsse. Nach der stRsp des OGH unterlagen nur solche Schenkungen der unbefristeten Anrechnung, die an einen im Todeszeitpunkt konkret Pflichtteilsberechtigten gemacht wurden. Im Falle der Erbunwürdigkeit liegt nach Ansicht des OGH jedoch Rechtsmissbrauch vor (OGH 15.3.1988, 5 Ob 558/87, NZ 1989, 42 [*Czermak*] = JBl 1988, 646 = RZ 1989/45 [*obiter dictum*]). Zum Meinungsstand s zB *Likar-Peer* in Ferrari/Likar-Peer, Erbrecht 418 ff mwN. – Bezüglich Vorempfänge und Vorschüsse (§§ 788 f aF) ging die wohl hA davon aus, dass keine Anrechnung solcher Zuwendungen an Erbunwürdige stattfindet; dazu zB *Likar-Peer* in Ferrari/Likar-Peer, Erbrecht 408 mwN; aA *Migsch*, Persönliche Ehewirkungen, gesetzlicher Güterstand und Ehegattenerbrecht, in Floretta (Hrsg), Das neue Ehe- und Kindschaftsrecht (1979) 17 (57 f); *Umlauft*, Die Anrechnung von Schenkungen und Vorempfängen im Erb- und Pflichtteilsrecht (2001) 137 ff, 141 ff; dazu auch *Samek*, Pflichtteilsrecht 152 ff.

[489] Diese Frage war im MinE explizit zur Diskussion gestellt worden; in der RV entschied man sich für die schließlich Gesetz gewordene Lösung des § 791 Abs 2 (s dazu EB ME/100 25. GP 35; EB RV 688 BlgNR 25. GP 37).

[490] So die bisher hA zu § 785 Abs 2 aF; s dazu oben Rz 59.

[491] Vgl dazu bereits zum bisherigen Recht *Welser* in FS Kralik 586.

§ 540

95 Der Anspruch des Erbunwürdigen auf den notwendigen Unterhalt ergibt sich nun aus § 777 nF. Während der notwendige Unterhalt gem § 795 aF jenem Noterben (dh genau genommen dem bloß abstrakt Pflichtteilsberechtigten) zustand, „der von seinem Pflichtteile selbst gesetzmäßig ausgeschlossen ist", worunter auch die Erbunwürdigkeit subsumiert wurde (s dazu oben Rz 52), bestimmt die neue Norm nun explizit, dass dem (abstrakt)[492] Pflichtteilsberechtigten doch stets der notwendige Unterhalt zusteht, selbst wenn er erbunwürdig oder enterbt worden ist. Zur Höhe des notwendigen Unterhalts s oben Rz 52.

96 Fraglich ist, wie sich die Erbunwürdigkeit nach neuem Recht auf die Schenkung auf den Todesfall auswirkt. Gem § 603 nF ist sie nämlich auch nach dem Tod als Schenkung anzusehen und unterliegt demnach vertragsrechtlichen Grundsätzen. Der Gesetzgeber hat sich hier der sog Vertragslösung[493] angeschlossen; und zwar entgegen der hA[494] zur bisherigen Rechtslage, die die sog Vermächtnislösung vertrat. Die Vertragslösung scheint gegen die Anwendbarkeit der Regeln der Erbunwürdigkeit zu sprechen.[495] Demnach könnten Verfehlungen gegen den Erblasser allenfalls gem § 948 releviert werden,[496] wonach der Geschenkgeber die Schenkung wegen groben Undanks widerrufen kann. Nach seinem Tod steht das Revokationsrecht auch den Erben zu (§ 949), sofern der Geschenkgeber dem Geschenknehmer nicht verziehen hat. Zu beachten ist aber, dass § 948 und die Gründe für die Erbunwürdigkeit nicht deckungsgleich sind. Zwar umfasst § 948 Straftaten gegen Leib und Leben, Vermögen, Ehre und Freiheit des Geschenkgebers – dies im Gegensatz zu § 539 nF unabhängig von der Höhe der Strafdrohung. Die Fälle der §§ 540, 541 nF sind jedoch nur dann erfasst, wenn diese zugleich eine Straftat iSd § 948 darstellen – so können zB Straftaten gegen Freiheit oder Ehre schweres seelisches Leid iSd § 541 Z 2 verursachen. Eine Straftat gegen die Verlassenschaft iSd § 539 nF kann jedoch nicht über § 948 releviert werden. Soweit mit § 948 nicht das Auslangen gefunden werden kann, könnten Handlungen, die zur Erbunwürdigkeit führen, mithilfe der vertragsrechtlichen Instrumentarien der Irrtumsanfechtung (§ 901)[497] oder mit der Rechtsfigur des Wegfalls der Geschäftsgrundlage[498] gelöst werden. Die an sich naheliegenden vertragsrechtlichen Lösungsansätze werfen allerdings verjährungsrechtliche Probleme auf, zumal

---

[492] Dies ergibt sich daraus, dass weder Erbunwürdiger noch Enterbter gem § 758 nF konkret pflichtteilsberechtigt sind.

[493] In jüngerer Zeit vertreten von *Rabl*, Die Schenkung auf den Todesfall im Pflichtteilsrecht, NZ 2005, 129 (133 ff); *Oberhumer*, Die Schenkung auf den Todesfall – kein Zwitter, NZ 2008, 135 ff; s weiters die Nachweise bei *Weiß* in Ferrari/Likar-Peer, Erbrecht 317 und *Ferrari* in Rabl/Zöchling-Jud, Neues Erbrecht 66.

[494] S dazu statt vieler zB *Weiß* in Ferrari/Likar-Peer, Erbrecht 317, 320 ff mwN; *Ferrari* in Rabl/Zöchling-Jud, Neues Erbrecht 95 mwN.

[495] IdS *Ferrari* in Rabl/Zöchling-Jud, Neues Erbrecht 69.

[496] *Ferrari* in Rabl/Zöchling-Jud, Neues Erbrecht 69; dazu vor der Novelle *Likar-Peer* in Ferrari/Likar-Peer, Erbrecht 293 FN 96.

[497] *Likar-Peer* in Ferrari/Likar-Peer, Erbrecht 293 FN 96; ähnlich *Ferrari* in Rabl/Zöchling-Jud, Neues Erbrecht 69, die auf § 901 iVm § 572 nF rekurriert (mit der Bezugnahme auf § 572 nF wird die Schenkung auf den Todesfall aber letztlich wieder wie ein Vermächtnis behandelt).

[498] S dazu ausführlich *Fenyves* in Fenyves/Kerschner/Vonkilch, ABGB³ (Klang) § 901 Rz 26 ff.

zumal hier meist die kurze, dreijährige Frist gem § 1487 greift.[499] Es ist daher zu überlegen, ob man die Regeln über die Erbunwürdigkeit analog auf die Schenkung auf den Todesfall anwendet – dies umso mehr, als der Novellengesetzgeber erst während des Gesetzgebungsprozesses auf die Vertragslösung „umgeschwenkt" ist; so sah der MinE noch die Vermächtnislösung vor, erst die RV enthielt sodann die Vertragslösung. Möglicherweise sind diese erbrechtlichen Konsequenzen nicht bedacht worden. Jedenfalls darf es nicht als Verzeihung gewertet werden, wenn es der Verstorbene zu seinen Lebzeiten trotz Kenntnis des groben Undanks unterlassen hat, die Schenkung zu widerrufen – unabhängig davon, ob man die Erbunwürdigkeit auch im Hinblick auf die Schenkung auf den Todesfall selbst für relevant hält, ist dies vor allem auch dann bedeutsam, wenn der Geschenknehmer zugleich Erbe oder Pflichtteilsberechtigter oder mit Vermächtnissen bedacht worden ist.

6. Übergangsbestimmungen

Die §§ 539, 541 nF kommen zur Anwendung, wenn der Verstorbene nach dem 31. 12. 2016 verstorben ist (§ 1503 Abs 7 idF ErbRÄG 2015). Für alle Todesfälle, die sich bis einschließlich 31. 12. 2016 ereignet haben, gilt der bisherige § 540. Die alte Bestimmung kann demnach noch bis einschließlich 31. 12. 2046 – ja, sogar noch darüber hinaus, wie sogleich gezeigt werden wird – releviert werden. Zu denken ist hier zunächst an die Erbschaftsklage gem § 823: Für diese gilt ab dem 1. 1. 2017 das neue Verjährungsrecht (§ 1487a), welches für die Erbschaftsklage eine kenntnisunabhängige, objektive Frist von 30 Jahren und – neu – eine kenntnisabhängige dreijährige Frist vorsieht. Die neuen Fristen gelten für alle Fälle, in denen die (nach altem Recht begonnene) Frist noch offen ist; die neue kurze Frist beginnt allerdings nicht vor dem 1. 1. 2017 zu laufen – dies auch dann nicht, wenn der wahre Erbe schon vor diesem Zeitpunkt von der Erbunwürdigkeit des eingeantworteten Scheinerben erfahren hat (vgl § 1503 Abs 7 Z 9 idF ErbRÄG 2015).[500] Aber auch hinsichtlich Pflichtteilsansprüche, gegen die Erbunwürdigkeit eingewendet werden kann, kann das alte Recht noch ebenso lange relevant sein, weil für alle zum 31. 12. 2016 noch offen Verjährungsfristen das neue Recht gilt – für Pflichtteilsansprüche also die kenntnisabhängige dreijährige sowie die kenntnisunabhängige 30-jährige Frist (§ 1487a nF). Schließlich können Vermächtnisse und Zahlungen des Pflichtteils, die an den Erbunwürdigen erfolgten, binnen 30 Jahren ab Erbringung der Leistung gem § 1431 wieder zurückgefordert werden. Ist der Verstorbene spätestens am 31. 12. 2016 verstorben, gilt das alte Recht, auch wenn die Entrichtung des Pflichtteils oder Vermächtnisses erst Jahre später erfolgte. Mit der Leistungskondiktion wegen der irrtümlich erbrachten Nichtschuld (§ 1431, s oben Rz 56) kann die Erbunwürdigkeit nach altem Recht also noch über den 31. 12. 2046 hinaus releviert werden.

97

---

[499] Dazu näher *Vollmaier* in Fenyves/Kerschner/Vonkilch, ABGB³ (Klang) § 1487 Rz 16, 24, 26.

[500] S zu § 1487a *Kogler*, EF-Z 2016, 65; *Mader/Janisch* in Schwimann/Kodek⁴ VI §§ 1487, 1487a Rz 14; zur Übergangsbestimmung s EB RV 688 BlgNR 25. GP 41.

§ 541. Bei gesetzlicher Erbfolge sind die Nachkommen desjenigen, welcher sich des Erbrechtes unwürdig gemacht hat, an dessen Stelle zur Erbfolge berufen, wenngleich er den Erblasser überlebt hat.

IdF RGBl 1916/69 (III. TN), Mat: 78 BlgHH 21. Sess 1912.

Zu § 541 idF BGBl I 2015/87 (ErbRÄG 2015) s bei § 540 idF bis 31. 12. 2016.

Eintrittsrecht bei Erbunwürdigkeit

§ 542. Bei gesetzlicher Erbfolge treten die Nachkommen der erbunwürdigen Person an deren Stelle, auch wenn diese den Verstorbenen überlebt hat.

IdF BGBl Nr I 2015/87 (ErbRÄG 2015), in Kraft ab 1. 1. 2017. Mat: EB RV 688 BlgNR 25. GP.

Lit: *Zeiller,* Commentar über das allgemeine bürgerliche Gesetzbuch für die gesammten Deutschen Erbländer der Oesterreichischen Monarchie II/2 (1812); *Gapp,* Über die Frage: Ob der § 541 des allgemeinen bürgerlichen Gesetzbuches sich auch auf die Nachkommen desjenigen bezieht, der nach § 542 desselben von dem Erbrechte ausgeschlossen ist?, WagnersZ 1825 II 189; *Nippel,* Erläuterung des allgemeinen bürgerlichen Gesetzbuches für die gesammten deutschen Länder der österreichischen Monarchie, mit besonderer Berücksichtigung des practischen Bedürfnisses IV: enthaltend die §§ 531 bis einschließig 726 (1832); *Szadbej,* Ueber das Vorstellungsrecht, insofern dasselbe auf den Pflichttheil der Enkel und Urenkel bezogen wird, nach dem österr. allg. bürgerl. Gesetzbuche, WagnersZ 1834 I 71; *Gspan,* Ueber das Vorstellungs-Recht bey der gesetzlichen Erbfolge, nach dem allgemeinen österr. bürgerl. Gesetzbuche, WagnersZ 1835 I 349; *Fuchs,* Ueber die Paragraphe 779 und 780 des allgemeinen bürgl. Gesetzbuches, Jurist VI (1841) 219; *Winiwarter,* Das Oesterreichische bürgerliche Recht III: Des dinglichen Sachenrechtes zweyte Abteilung[2] (1841); *Michel,* Die Erbunwürdigkeit nach österreichischen Gesetzen, VJSchr 1858, 29; *Pfaff/Hofmann,* Commentar zum österreichischen allgemeinen bürgerlichen Gesetzbuche II/1 (1877); *dies,* Excurse über österreichisches allgemeines bürgerliches Recht; Beilagen zum Kommentar II/1 (1878); *Hoppen,* Die Erbunwürdigkeit im österr. allg. bürg. Gesetzbuche, GH 1878, 351, 357 und 361; *Unger,* System des österreichischen allgemeinen Privatrechts VI: Das österreichische Erbrecht[4] (1894); *L. Pfaff,* Die Clausel: rebus sic stantibus in der Doctrin und der österreichischen Gesetzgebung, in FS Unger (1898) 221; *Stubenrauch,* Commentar zum österreichischen allgemeinen bürgerlichen Gesetzbuche[8] I (1902); *Ehrenzweig,* Die österreichische Erbfolgeordnung, NZ 1903, 9, 17, 26 und 34; *L. Pfaff,* Zur Entstehungsgeschichte der Marginalrubriken im österreichischen ABGB (1906); *Mayr,* Zur Frage der Revision des österreichischen allgemeinen bürgerlichen Gesetzbuches (1906); *Steinlechner,* Über die Regierungsvorlage einer Novelle zum Allgemeinen bürgerlichen Gesetzbuch (1908); *Anders,* Grundriß des Erbrechts[2] (1910); *Steinlechner,* Zur Lehre vom erbrechtlichen Repräsentationsrecht nach den Entwürfen einer Zivilrechts-Novelle, ZBl 29 (1911) 369; *Krasnopolski/Kafka,* Lehrbuch des Österreichischen Privatrechts V: Österreichisches Erbrecht (1914); *Hanausek,* Das gesetzliche Erbrecht des Ehegatten nach den Novellen zum allgemeinen bürgerlichen Gesetzbuche, NZ 1917; 175, 184, 201, 210 und 218; *Kočevar,* Repräsentationsrecht der Kinder des überlebenden erbunwürdigen Ehegatten?. NZ 1917, 239; *Wurzel,* Über die Reform des novellierten § 541 a.b.G.B., JBl 1918, 52; *Zemen,* Die gesetzliche Erbfolge nach der Familienrechtsreform (1981); *Eccher,* Die Wirkung der

Erbsentschlagung auf die Nachkommen, NZ 1982, 20; *Zemen*, Erbsentschlagung und Eintrittsecht der Nachkommen, JBl 1983, 617; *Kralik*, System des österreichischen allgemeinen Privatrechts IV: Das Erbrecht³ (1983); *Gschnitzer/Faistenberger*, Österreichisches Erbrecht² (1984); *Czermak*, Erlöschen der Substitution nach § 617 ABGB, NZ 1986, 1; *Kletečka*, Ersatz- und Nacherbschaft (1999); *Rabl*, Die Folgen einer Enterbung für die gesetzliche Erbfolge, NZ 2003, 257; *Zemen*, Das erbrechtliche Eintrittsrecht in der jüngeren Rechtsentwicklung, JBl 2004, 356; *Samek*, Das österreichische Pflichtteilsrecht; samt Anrechnungsrecht (2004); *Likar-Peer* in Ferrari/Likar-Peer (Hrsg), Erbrecht (2007); *Scheuba*, Gesetzliche Erbfolge, in Gruber/Kalss/Müller/Schauer (Hrsg), Erbrecht und Vermögensnachfolge (2010) § 5; Anm *Zimmermann*, Erbunwürdigkeit, in FS Koziol (2010) 463; *A. Tschugguel*, Anm zu OGH 26.11.2012, 9 Ob 23/12s (EF-Z 2013/93), EF-Z 2013, 135; *W. Tschugguel*, Anm zu OGH 26.11.2012, 9 Ob 23/12s (iFamZ 2013/115), iFamZ 2013, 155.

Lit zum ErbRÄG 2015: *Rabl*, Erbrechtsreform 2015 – Pflichtteilsrecht neu, NZ 2015, 321; *A. Tschugguel*, Neue Repräsentationsfragen bei Enterbung und Pflichtteilsminderung, EF-Z 2016, 139.

Übersicht
Teil A: Rechtslage bis 31. 12. 2016

I.	Überblick	1
II.	Entstehungsgeschichte und dogmatischer Hintergrund	2–6
	1. Die Urfassung des § 541	2–4
	2. Neufassung durch die III. TN	5–6
III.	Die Eintrittsberechtigten iSd § 541	7–11
IV.	Reichweite der Norm	12–18
	1. Anwendbarkeit auf alle Fälle der Erbunfähigkeit?	12–14
	a) Anwendbarkeit auf die Fälle des § 542	12
	b) Anwendbarkeit auf Fälle der absoluten Erbunfähigkeit	13
	c) Keine Anwendbarkeit auf § 543 aF	14
	2. Analogie zu § 541 bei gesetzlich nicht geregelten Repräsentationsfällen?	15–18
V.	Bedeutung der Norm im Pflichtteilsrecht	19
VI.	Die Nachkommen des Erbunwürdigen bei testamentarischer Erbfolge	20–23

Teil B: Rechtslage ab 1. 1. 2017

VII.	ErbRÄG 2015: § 542 nF	24–38
	1 Überblick über den neuen § 542	24
	2. Die Eintrittsberechtigten iSd § 542 nF	25–27
	3. Reichweite des § 542 nF	28–30
	4. Weiterhin Bedarf an analoger Anwendung des § 542 nF?	30–33
	5. Eintrittsrecht der Nachkommen im Pflichtteilsrecht	34–36
	6. Die Rechtsstellung der Nachkommen des Erbunwürdigen bei testamentarischer Erbfolge	37
	7. Übergangsrecht	38

Teil A: Rechtslage bis 31. 12. 2016

I. Überblick

1 § 541 regelt das Eintrittsrecht der Nachkommen eines Erbunwürdigen bei gesetzlicher Erbfolge.[1] Seit der III. TN[2] erben die Nachkommen unabhängig davon, ob der Erbunwürdige bereits vorverstorben ist oder aber den Erbfall erlebt hat, an dessen Stelle. Sie erben gleichsam „über diesen hinweg"[3] aus eigenem, dh bei ihnen originär entstehendem Recht und teilen sich die Erbportion, die dem Erbunwürdigen zugefallen wäre, wenn dieser nicht vom Erbrecht ausgeschlossen wäre (vgl. auch Rz 3 FN 20).[4] § 541 ist somit Ausdruck des formellen Eintrittsrechts[5] (dazu Rz 5).

II. Entstehungsgeschichte und dogmatischer Hintergrund

1. Die Urfassung des § 541

2 Die heute in Geltung stehende Fassung des § 541 geht auf die III. TN (§ 64) zurück (s Rz 5 f) und regelt nunmehr das formelle Eintrittsrecht der Nachkommen des Erbunwürdigen unabhängig davon, ob Letzterer den Erblasser überlebt hat oder nicht. Demgegenüber bestimmte die Urfassung des § 541 (idF: § 541 aF), dass die Nachkommen des Erbunwürdigen dann nicht vom Erbrecht ausgeschlossen seien, wenn der Erbunwürdige vorverstorben war.[6] § 541 aF wiederum wurde erst bei der III. Lesung des ABGB beschlossen (Superrevision am 30. 11. 1809) und trat an Stelle des ursprünglichen Entwurfs, wonach lediglich bestimmt werden hätte sollen, dass auch die Nachkommen eines vorverstorbenen Erbunwürdigen vom Erbrecht ausgeschlossen seien, sofern der Erblasser dem Erbunwürdigen nicht verziehen hatte.[7]

3 Die Redaktoren des ABGB standen nämlich noch beinahe einhellig[8] unter dem Eindruck der aus dem mittelalterlichen und gemeinen Recht herrühren-

---

[1] HHB 78 BlgHH 21. Sess (1912) 107; *Handl* in Klang II/1, 53; *Ehrenzweig*, System II/2², 376 (*diesen* missverstehend *Kralik*, Erbrecht³ 43 FN 23); *Wolff*, Grundriß des bürgerlichen Rechts⁴ (1948) 344; *Kralik*, Erbrecht³ 43; *Welser* in Rummel/Lukas⁴ § 541 Rz 1; *Koziol/Welser/Zöchling-Jud*¹⁴ II Rz 1893; *Likar-Peer* in Ferrari/Likar-Peer, Erbrecht 294; *Eccher* in Schwimann/Kodek⁴ III § 541 Rz 1; *ders* in Schwimann, TaschKo³ (2015) § 541 Rz 1; *Apathy* in KBB⁴ § 541 Rz 2; *Werkusch-Christ* in Kletečka/Schauer, ABGB-ON 1.03 § 541 Rz 1; implizit auch *Weiß* in Klang² III 101; *Gschnitzer/Faistenberger*, Erbrecht² 54.

[2] Dazu HHB 78 BlgHH, 21. Sess (1912) 107.

[3] *Koziol/Welser/Zöchling-Jud*¹⁴ II Rz 1893.

[4] *Koziol/Welser/Zöchling-Jud*¹⁴ II Rz 1925; vgl auch bereits *Gspan*, WagnersZ 1835 I 353; *Unger*, Erbrecht⁴ 136, Anm 1.

[5] ZB *Zemen*, Gesetzliche Erbfolge 21 ff; *Welser* in Rummel/Lukas⁴ §§ 733, 734 Rz 1.

[6] § 541 aF lautet: „Die Nachkommen desjenigen, welcher sich des Erbrechtes unwürdig gemacht hat, sind, wenn Letzterer vor dem Erblasser verstorben ist, von dem Erbrechte nicht ausgeschlossen" (Stammfassung JGS 1811/946).

[7] S dazu *Pfaff/Hofmann*, Excurse II/1, 26.

[8] Eine Ausnahme war *Pratobevera*, der ein Eintrittsrecht *iure proprio* propagierte. Wie *Pfaff/Hofmann* (Excurse II/1, 27) betonten, war *Pratobevera* letztlich nicht ganz konsequent, denn wenn er ein Eintrittsrecht der Nachkommen *iure proprio* vorschlug, hätte er dieses auch zu Leb-

den[9] L von der materiellen[10] Repräsentation.[11] Die Repräsentation[12] gehörte nach damaliger Auffassung zu den Grundlehren des österreichischen Erbrechts.[13] Das sog Repräsentations- oder Vorstellungsrecht (*ius repraesentationis*) beruht auf dem Gedanken, dass der Abstämmling sein Erbrecht vom vermittelnden Vorfahren ableitet; Ersterer übernimmt die materielle Erbberechtigung des Letzteren.[14] Die Repräsentanten erben somit *ex iure alieno*.[15] Dem *ius repraesentationis* der Nachkommen liegt weiters die Vorstellung zugrunde, dass die materielle Erbberechtigung des vorverstorbenen Interparens auf seine Nachkommen gleichsam „vererbt"[16] wird.[17] Das *ius alienum* wurde also als *ius praedefuncti parentis*[18] aufgefasst.[19] Es setzt somit zum einen den Vortod des vermittelnden Vorfahren voraus (*vivi nulla repraesentatio*; vgl auch § 732 letzter S), zum anderen dessen materielle Erbberechtigung (arg § 733, wonach

---

zeiten des Erbunwürdigen befürworten müssen. Zur Abstimmung bei der Superrevision ausführlich *Pfaff/Hofmann*, Excurse II/1, 26 ff.

[9] *Zemen*, JBl 1983, 618; *Unger*, Erbrecht[4], 138 Anm 4 spricht gar von einem „trübe(n) Nachklang eines gemeinrechtlichen Irrthumes".

[10] Der Terminus „materielle Repräsentation" hat sich erst im 20. Jhdt eingebürgert, um diese von der formellen Repräsentation (präziser bezeichnet als formelles Eintrittsrecht; s dazu *Unger*, Erbrecht[4] 138 Anm 3; *Zemen*, Gesetzliche Erbfolge 22 f) zu unterscheiden. Nach ursprünglichem Verständnis bedeutete Repräsentation die vom Vormann abgeleitete Erbberechtigung (heute als materielles Repräsentationsprinzip bezeichnet, s dazu im Text Rz 3). Während die hL meist von materieller Repräsentation einerseits und formeller Repräsentation andererseits spricht bzw allgemein Eintrittsrecht, Vorstellungs- und Repräsentationsrecht als gleichwertige Überbegriffe verwendet (zB *Ehrenzweig*, System II/2[2], 383 f; *Weiß* in Klang[2] III 736 f; *Scheuba* in Gruber/Kalss/Müller/Schauer, Erbrecht und Vermögensnachfolge § 5 Rz 27 ff; *Welser* in Rummel/Lukas[4] §§ 733, 734 Rz 1 ff; *Koziol/Welser/Zöchling-Jud*[14] II Rz 1925), differenziert *Zemen* (Gesetzliche Erbfolge 22 f) zwischen materieller Repräsentation einerseits und formellem Eintrittsrecht andererseits; vgl auch bereits *Unger*, Erbrecht[4] 138 Anm 3 (Eintritts- bzw Nachrückungsrecht).

[11] ZB *Pfaff/Hofmann*, Excurse II/1, 26 ff; aA zur Natur des Repräsentationsrechts, welches besser als Eintritts- oder Nachrückungsrecht zu bezeichnen sei, schon vor der III. TN *Unger*, Erbrecht[4] 136, 138 Anm 3 und 4; *Hoppen*, GH 1878, 358; abw auch *Winiwarter*, Bürgerliches Recht[2] III 26 ff; diesem zust *Fuchs*, Jurist VI 259.

[12] ISv materieller Repräsentation; zur Terminologie s FN 10.

[13] Vgl zB *Pfaff/Hofmann*, Commentar II/1, 696; *Ehrenzweig*, NZ 1903, 26.

[14] *Pfaff/Hofmann*, Excurse II/1, 26 ff; *Zemen*, JBl 1983, 618; ders, JBl 2004, 357; *Rabl*, NZ 2003, 259; *Welser* in Rummel/Lukas[4] §§ 733, 734 Rz 1.

[15] *Zemen*, JBl 1983, 618.

[16] S zB *Pfaff/Hofmann*, Excurse II/1, 26; tatsächlich wurde ursprünglich zT sogar vertreten, dass nur jene Nachkommen den Interparens repräsentieren könnten, die auch tatsächlich Erben des vorverstorbenen, vermittelnden Vorfahren waren (s dazu die Nachw bei *Unger*, Erbrecht[4] 135 ff, insb 138 Anm 4 und *Ehrenzweig*, System II/2[2], 384).

[17] Im gemeinen Recht war strittig, ob die Repräsentation eine Art Transmission (*transmissio ex iure sanguinis*) darstellt; vgl *Ehrenzweig*, NZ 1903, 26 FN 44; die Repräsentation wurde auch zuweilen als „uneigentliche Transmission" bezeichnet; so etwa *Gapp*, WagnersZ 1825 II 201. *Ehrenzweig* (NZ 1903, 26) betonte, dass diese Streitfrage irrelevant sei; wesentlich sei vielmehr, dass das Recht der entfernteren Nachkommen als ein abgeleitetes aufgefasst wurde.

[18] *Unger*, Erbrecht[4] 138 ff Anm 4.

[19] Zum Wesen der materiellen Repräsentation s zuletzt *Zemen*, JBl 2004, 257; *Rabl*, NZ 2003, 259; *Scheuba* in Gruber/Kalss/Müller/Schauer, Erbrecht und Vermögensnachfolge § 9 Rz 27; *Welser* in Rummel/Lukas[4] §§ 733, 734 Rz 1.

die nachrückenden Deszendenten den Erbteil, der dem vorverstorbenen Interparens „gebührt hätte", erhalten).[20] Die Nachkommen eines Erbunwürdigen könnten demnach niemals Erbe werden, weil der Erbunwürdige keine Erbberechtigung hat, und zwar unabhängig davon, ob der Erbunwürdige vorverstorben ist oder nicht.[21]

4 Davon machte § 541 aF eine von Billigkeitserwägungen getragene Ausnahme zugunsten der unschuldigen Nachkommen des Erbunwürdigen.[22] So waren nach § 541 aF die Nachkommen eines Erbunwürdigen dann nicht vom Erbrecht ausgeschlossen, wenn Letzterer vorverstorben war.[23] Insofern wurde das materielle Repräsentationsprinzip also durchbrochen. § 541 aF stellte somit gleichsam eine „halbe"[24] Ausnahme von diesem Prinzip dar. Der Grundsatz *vivi nulla repraesentatio* blieb hingegen in der Urfassung der in Rede stehenden Norm gewahrt.[25] Alles andere galt als unvereinbar mit § 732 letzter S,[26] welcher statuiert, dass die Nachkommen von noch lebenden Kindern kein Erbrecht haben.[27]

---

[20] IdS *Zeiller*, Commentar II/2, 397 f (zu § 733); *Stubenrauch*, Commentar[8] I 748 und 748 Anm 2 (zu § 732 letzter S); s auch *Welser* in Rummel/Lukas[4] §§ 733, 734 Rz 1; abw hinsichtlich der Bedeutung des § 733 für die L der Repräsentation bereits vor der III. TN *Unger*, Erbrecht[4] 136 ff; *Winiwarter*, Bürgerliches Recht[2] III 22; der Grundsatz *vivi nulla repraesentatio* wurde aber sowohl von *Winiwarter*, Bürgerliches Recht[2] III 23 als auch von *Unger*, Erbrecht[4] 135, 136 f Anm 1 für den Fall der Erbunwürdigkeit (wenn auch mit unterschiedlichen Begründungen) anerkannt (nach der Ansicht *Ungers* [Erbrecht[4] 135, 136 f Anm 1] bestimmt § 733 lediglich, dass die nachrückenden Nachkommen die Erbportion des Interparens, nicht aber, dass sie dessen materielle Erbberechtigung übernehmen; es wäre überdies grundsätzlich angebracht, die *vivi-nulla-repraesentatio*-Regel des § 732 letzter S einschränkend zu interpretieren und den Eintritt der Nachkommen im Falle der Erbunwürdigkeit auch zuzulassen, wenn der erbunwürdige Interparens den Erbanfall erlebt; die §§ 540, 780 [aF] ließen jedoch keinen Zweifel daran, dass auch der erbunwürdige oder rechtmäßig enterbte noch lebende Parens seine Kinder von der Erbfolge ausschließe, demnach als „Lebender" iSd § 732 letzter S gelte; zust *Hoppen*, GH 1878, 358; ähnlich auch *Gspan*, WagnersZ 1835 I 353).

[21] *Zeiller*, Commentar II/2, 397 („nach strenger rechtlicher Consequenz" könnten die Nachkommen des Erbunwürdigen ihren vermittelnden Vorfahren niemals repräsentieren); *Zemen*, JBl 1983, 618.

[22] So insb *Zeiller*, Commentar II/2, 397 f; zur Entstehungsgeschichte, insb zu den Beratungen bei der Revision am 7.9.1807 und bei der Superrevision am 30.11.1809, ausführlich *Pfaff/Hofmann*, Excurse II/1, 26 ff. Zur Auffassung der Redaktoren auch *dies*, Commentar II/1, 26; *Unger*, Erbrecht[4] 138 Anm 4; *Stubenrauch*, Commentar[8] I 748; *Krasnopolski/Kafka*, Erbrecht 24. Abw *Nippel*, Erläuterung IV 34 f; *Winiwarter*, Bürgerliches Recht III[2] 2 f; krit zur alten Repräsentationstheorie *Unger*, Erbrecht[4] 136 f Anm 1, 138 Anm 4, der diese auch schon vor der III. TN *de lege lata* ablehnte; diesem zust *Hoppen*, GH 1878, 358; *de lege ferenda* krit zu § 541 aF *Pfaff/Hofmann*, Excurse II/1, 27 f; *Steinlechner*, ZBl 29, 369 ff.

[23] Zum Wortlaut des § 541 aF s oben Rz 2 FN 5.

[24] *Pfaff/Hofmann*, Commentar II/1, 699; vgl dazu auch *Ehrenzweig*, NZ 1903, 26 f, der diese „halbe Ausnahme" freilich im Ergebnis als „ganze Ausnahme" bezeichnete.

[25] Vgl dazu *Unger*, Erbrecht[4] 135, 136 f Anm 1 (nach dessen Ansicht ließen §§ 541, 780 aF keinen Zweifel daran, dass auch der erbunfähige oder rechtmäßig enterbte noch lebende Parens seine Kinder von der Erbfolge ausschließe, demnach „Lebender" iSd § 732 letzter S sei).

[26] *Stubenrauch*, Commentar[8] I 748 und 748 Anm 2; vgl auch *Winiwarter*, Bürgerliches Recht[2] III 23; *Steinlechner*, ZBl 29, 369 f.

[27] *De lege ferenda* krit zu § 732 letzter S *Steinlechner*, ZBl 29, 369 f. So selbstverständlich dieses Prinzip sei, wenn der überlebende Interparens selbst erbberechtigt ist, so sehr widerspreche dies dem natürlichen Rechtsgefühl, wenn dies nicht der Fall sei. *Steinlechner* (Regierungsvorlage

2. Neufassung durch die III. TN

Die III. TN[28] brachte schließlich zumindest im Rahmen des § 541[29] eine 5
vollständige Abkehr von der als falsch erkannten Repräsentationstheorie[30] – so
stand die österreichische Lit um die Jahrhundertwende dem *ius repraesentationis* zunehmend kritisch gegenüber.[31] Die unschuldigen Nachkommen
des Erbunwürdigen sollten unabhängig davon, ob der Erbunwürdige vorverstorben war oder nicht, an dessen Stelle treten; alles andere wurde als unbillig
empfunden.[32] Ferner führte das Subkomitee des Herrenhauses die neuen Regelungen des BGB und des (damals noch im Entwurf vorliegenden) SchwZGB
ins Treffen. Sowohl nach § 2344 Abs 2 BGB als auch nach Art 541 SchwZGB
erben die Nachkommen des Erbunwürdigen[33] aus eigenem Recht, der Erbunwürdige wird so behandelt, als ob er vorverstorben wäre. Derselbe Rechtszustand wurde mit der Neufassung des § 541 durch die III. TN für das österreichische Recht geschaffen. Bei gesetzlicher Erbfolge fällt also die Erbschaft
sofort den eintrittsberechtigten Nachkommen des Erbunwürdigen an,[34] auch
wenn der erbunwürdige vermittelnde Vorfahre noch lebt. Die bisher in § 541
aF zum Ausdruck gekommene Regel *vivi nulla repraesentatio* (s Rz 3 f) wurde
somit aufgegeben.[35] § 732 letzter S gilt also nur im Grundsätzlichen und wird
von § 541 verdrängt. Die Nachkommen erben nunmehr *iure proprio*, dh aus
eigenem Recht.[36] Ihr Erbrecht leitet sich – anders als nach dem Prinzip der
materiellen Repräsentation – nicht von der materiellen Erbberechtigung des
vermittelnden Vorfahrens ab, sondern entsteht vielmehr originär im Zeitpunkt
des Erbanfalles. Somit wurde in § 541 für den Fall der Erbunwürdigkeit –
ebenso wie im ebenfalls mit der III. TN neu gefassten § 780 für den Fall der
Enterbung[37] – das formelle Eintrittsrecht statuiert.[38]

---

41) bezeichnete den uneingeschränkten *vivi nulla repraesenatio*-Satz gar als „ominöses Prinzip".
Krit dazu auch schon *Unger*, Erbrecht[4] 135, 136 f Anm 1 (s FN 20).

28   RGBl 1916/69, in Kraft seit 1.1.1917.
29   Ebenso § 780; anders § 551 S 3, dazu *Kogler* zu § 551 Rz 20, zum nach hA nach derzeitiger Rechtslage bestehenden Mischsystem s unten Rz 15 ff.
30   HHB 78 BlgHH 21. Sess (1912) 107.
31   Vgl *Pfaff/Hofmann*, Excurse II/1, 27 f; *Unger*, Erbrecht[4] 138 Anm 4; *Steinlechner*, Regierungsvorlage 41; *denselben*, ZBl 29, 369 ff; *Mayr*, Revision 13 Anm 44.
32   Vgl HHB 78 BlgHH 21. Sess (1912) 107.
33   Zu den Erbunwürdigkeitstatbeständen s § 2339 BGB, Art 540 SchwZGB.
34   Vgl dazu *Steinlechner*, ZBl 29, 370; *Ehrenzweig*, System II/2², 375 f; *Kralik*, Erbrecht[3] 42 f.
35   *Hanausek*, NZ 1917, 202; *Ehrenzweig*, System II/2², 376 und 376 FN 47.
36   *Weiß* in Klang[2] III 101 (der daraus allerdings falsche Schlüsse zieht: s dazu unten Rz 8 f); *Zemen*, Gesetzliche Erbfolge 23; *ders*, JBl 2004, 257; *Rabl*, NZ 2003, 259; *Welser* in Rummel/Lukas[4] §§ 733, 734 Rz 1; *Koziol/Welser/Zöchling-Jud*[14] II Rz 1925; vgl dazu bereits vor der III. TN *Unger*, Erbrecht[4] 135 ff, insb 138 Anm 4. Zum Wesen des formellen Eintrittsrechts der Sache nach auch schon *Pfaff/Hofmann*, Excurse II/1, 27 (im Hinblick auf die Ansicht *Pratobeveras* im Gesetzgebungsverfahren zu § 541 aF).
37   S HHB 78 BlgHH 21. Sess (1912) 107 f.
38   Dazu zB *Zemen*, Gesetzliche Erbfolge 22 f; *ders*, JBl 2004, 257; *Rabl*, NZ 2003, 259; *Scheuba* in Gruber/Kalss/Müller/Schauer, Erbrecht und Vermögensnachfolge § 9 Rz 28; *Welser* in Rummel/Lukas[4] §§ 733, 734 Rz 1; *Koziol/Welser/Zöchling-Jud*[14] II Rz 1925.

6 Dass § 541 nur im Falle der gesetzlichen Erbfolge gilt, war bereits vor der III. TN ganz hA.[39] Dies ergibt sich auch ganz eindeutig aus der Redaktionsgeschichte (s oben Rz 2 f). Die III. TN brachte dies nun explizit im neuen Wortlaut der Bestimmung zum Ausdruck.[40]

III. Die Eintrittsberechtigten iSd § 541

7 Kommt es zur gesetzlichen Erbfolge (§§ 727 ff), treten die Nachkommen des Erbunwürdigen auf dieselbe Weise in die Erbportion des Ausgeschlossenen ein, wie dies in den §§ 733 f für die erste, in den §§ 735–737 für die zweite und in den §§ 739 f für die dritte Parentel für den Fall des Vorversterbens geregelt ist.[41] Es kommen also nur solche Nachkommen des Erbunwürdigen in Betracht, die ihrerseits gesetzliche Erben des Erblassers sind (s dazu näher unten Rz 10; zur Rechtslage ab 1. 1. 2017 Rz 26 f).

8 Nach dem Wortlaut des § 541 idF III. TN sind die Nachkommen des Erbunwürdigen „an dessen Stelle zur Erbfolge berufen". Diese Textierung führte in der Lit bisweilen zu der Annahme, § 541 schaffe seit der III. TN einen eigenen Berufungsgrund.[42] Demnach käme es, wie *Weiß* ausgeführt hat, für die Berufung zur Erbfolge anstelle des Erbunwürdigen lediglich darauf an, Nachkomme des Erbunwürdigen zu sein, während Letzterer wiederum zu den gesetzlichen Erben des Erblassers gehören müsse.[43] Sowohl die Nachkommen des erbunwürdigen Ehegatten (dh die Stiefkinder des Erblassers)[44] als auch die Nachkommen eines erbunwürdigen Urgroßelternteils[45] seien zur Erbfolge berufen, im Falle der Erbunwürdigkeit bewirke § 541 somit eine Erweiterung der Erbrechtsgrenze des § 741.[46] Der Sache nach bedeutet dieses Verständnis des § 541 eine Art gesetzliche Ersatzerbschaft.[47] Begründet wurde diese Ansicht

---

[39] Dies war auch die hA zu § 541 aF: *Zeiller*, Commentar II/2, 397; *Gapp*, WagnersZ 1825 II 189 f; *Winiwarter*, Bürgerliches Recht² III 22; *Nippel*, Erläuterung IV 32; *Pfaff/Hofmann*, Commentar II/1, 25; *dies*, Excurse II/1, 28; *Stubenrauch*, Commentar⁸ I 748; *Steinlechner*, ZBl 29, 371 f; *Krasnopolski/Kafka*, Erbrecht 24.

[40] HHB 78 BlgHH 21. Sess (1912) 107.

[41] *Werkusch-Christ* in Kletečka/Schauer, ABGB-ON 1.03 § 541 Rz 1; *Koziol/Welser/Zöchling-Jud*¹⁴ II Rz 1893, 1925.

[42] So der Sache nach *Hanausek*, NZ 1917, 202; *Weiß* in Klang² III 102; zum missverständlichen Wortlaut (iS eines eigenen Berufungsgrundes) *Wurzel*, JBl 1918, 52 f (krit zu *Hanausek*, NZ 1917, 202).

[43] In Klang² III 102.

[44] *Hanausek*, NZ 1917, 202; *Weiß* in Klang² III 102.

[45] *Weiß* in Klang² III 102 (gegen *Ehrenzweig*, System II/2², 376).

[46] *Weiß* in Klang² III 102.

[47] Dies wird von *Hanausek* (NZ 1917, 202) und *Weiß* (in Klang² III 101 f) freilich nicht explizit gesagt; ja, *Hanausek* (NZ 1917, 202) nimmt vielmehr ein eigentümliches Repräsentationsrecht besonderer Art an. Das Eintrittsrecht bzw die Repräsentation iSd §§ 733 ff wurde ebenfalls verschiedentlich als eine Art gesetzlicher Ersatzerbschaft bezeichnet (*Unger*, Erbrecht⁴ 136; *Ehrenzweig*, System II/2², 384); diese Konstellation ist aber nicht zu verwechseln mit der von *Hanausek* und *Weiß* vertretenen Position, zumal im Falle der gesetzlichen Erbfolge nach der Betrachtungsweise *Ungers* und *Ehrenzweigs* die gradferneren Abkömmlinge und Seitenverwandten die „gesetzlichen Ersatzerben" der vorverstorbenen Stammhäupter sind.

einerseits mit dem Wortlaut der Bestimmung,[48] anderseits damit, dass die Nachkommen seit der III. TN aus eigenem Recht erben.[49]

Zwar ist der Wortlaut bei unbefangener Betrachtung tatsächlich nicht ganz eindeutig (arg „zur Erbfolge berufen").[50] Dem ist aber die Entstehungsgeschichte der Norm sowie der Bedeutungsgehalt des formellen Eintrittsrechts entgegenzuhalten:[51] Nach § 541 aF waren die Nachkommen des Erbunwürdigen dann nicht vom Erbrecht ausgeschlossen, wenn Letzterer vorverstorben war. Diesfalls kam es zur Repräsentation, wiewohl der Erbunwürdige selbst keine Erbberechtigung gehabt hätte. Diese Ausnahme von der materiellen Repräsentation, die man in den §§ 733 f verankert sah, bezog sich nur auf die Parentelenerbfolge.[52] Mit der III. TN sollte nun im Rahmen des § 541 das formelle Eintrittsrecht verwirklicht werden, die Nachkommen des Erbunwürdigen sollten nunmehr im Gegensatz zu § 541 aF auch zum Zuge kommen, wenn der Erbunwürdige noch lebt (dazu oben Rz 5). Der Gesetzgeber der III. TN wollte lediglich die nach § 541 aF bestehende Unbilligkeit zulasten der Nachkommen des Erbunwürdigen beseitigen (s dazu oben Rz 5),[53] nicht aber den Kreis der Erbberechtigten erweitern.[54] Dies kann umso weniger angenommen werden, als es mit der I. TN[55] zur Einschränkung der Parentelenerbfolge auf nur noch vier Linien und zur Einführung der Erbrechtsgrenze des § 741 kam.[56] Untermauert wird dies ferner durch die Bezugnahme des Gesetzgebers auf § 2344 Abs 2 BGB und Art 541 SchwZGB:[57] Nach diesen ausländischen Vorbildern für die Novellierung des § 541 ist der Erbunwürdige so zu behandeln, als ob er vorverstorben wäre (s oben Rz 5).[58] Wenn *Weiß* seine gegenteilige Meinung darauf stützt, dass die Nachkommen gem § 541 kraft eigenen Rechts erben, so beruht dies offenbar auf einem Missverständnis über das Wesen des formellen Eintrittsrechts. Dass die Nachkommen iSd formellen Eintrittsrechts *iure proprio* erben, bedeutet doch lediglich, dass ihre Erbberechtigung unabhängig von jener des Interparens ist (s oben Rz 1, 5).

Es kommen daher nur solche Nachkommen des Erbunwürdigen in Betracht, die zum Kreis der erbberechtigten Personen nach dem Erblasser iSd § 730 gehören. Seit der E OGH 18. 2. 1970, 5 Ob 27/70[59] wird dies auch in der

---

48 Vgl *Hanausek*, NZ 1917, 202; zum Wortlaut s auch *Wurzel*, JBl 1918, 52 f.
49 So *Weiß* in Klang² III 101 f.
50 *Wurzel*, JBl 1918, 52 f; OGH 18.2.1970, 5 Ob 27/70, NZ 1971, 26.
51 *Kočevar*, NZ 1917, 239; *Wurzel*, JBl 1918, 52; OGH 23.6.1961, 2 Ob 243/61; 8.10.1964, 5 Ob 235/64; 18.2.1970, 5 Ob 27/70, NZ 1971, 26.
52 *Kočevar*, NZ 1917, 239.
53 *Kočevar*, NZ 1917, 239.
54 *Wurzel*, JBl 1918, 52; *Ehrenzweig*, System II/2², 376; OGH 23.6.1961, 2 Ob 243/61; 8.10.1964, 5 Ob 235/64; 18.2.1970, 5 Ob 27/70, NZ 1971, 26; ganz ähnlich bereits *Kočevar*, NZ 1917, 239.
55 RGBl 1914/276.
56 Vgl *Wurzel*, JBl 1918, 52 f.
57 HHB 78 BlgHH 21. Sess (1912) 107.
58 Dazu OGH 23.6.1961, 2 Ob 243/61; 18.2.1970, 5 Ob 27/70, NZ 1971, 26.
59 NZ 1971, 26.

Lit einhellig vertreten.⁶⁰ Kein Eintrittsrecht haben daher die Nachkommen des erbunwürdigen Ehegatten,⁶¹ der erbunwürdigen Urgroßeltern⁶² (vgl § 741) sowie der Wahlkinder des Erbunwürdigen (vgl § 197 Abs 2).⁶³ Hinterlässt der Erblasser einen erbfähigen Ehegatten, haben daher die Nachkommen eines erbunwürdigen Großelternteils⁶⁴ ebenso wenig ein Eintrittsrecht wie die Nachkommen erbunwürdiger Geschwister (§ 757 Abs 1 S 2 und 3).

11 Es erben freilich nur die zur Zeit des Erbanfalles bereits vorhandenen, dh zumindest empfangenen (vgl § 22) oder adoptierten Nachkommen des Erbunwürdigen.⁶⁵

IV. Reichweite der Norm

1. Anwendbarkeit auf alle Fälle der Erbunfähigkeit?

a) Anwendbarkeit auf die Fälle des § 542

12 Trotz der systematischen Stellung des § 541 direkt im Anschluss an § 540 und vor § 542 wird heute einhellig vertreten, dass § 541 auch in den Fällen des § 542 gilt.⁶⁶ *Weiß*⁶⁷ bezeichnet § 541 gar als *lex fugitiva* – also eine Norm, die sich systematisch am falschen Platz befindet. Seit der III. TN wurde die Anwendbarkeit des § 541 auch auf § 542 freilich nicht mehr begründet. Im 19. Jhdt war diese Frage jedoch durchaus umstritten. Ein Teil der älteren L,⁶⁸ allen voran *Zeiller*,⁶⁹ vertrat die Ansicht, § 541 gewähre nur den Nachkommen des vorverstorbenen, nach § 540 Erbunwürdigen ausnahmsweise ein Repräsentationsrecht, für die Nachkommen des nach § 542 vom Erbrecht Ausgeschlossenen gelte dies nicht. Begründet wurde dies nicht nur mit dem Wortlaut des § 541, der nur auf die Erbunwürdigkeit iSd § 540, nicht aber auf den Ausschluss vom Erbrecht iSd § 542 Bezug nehme

---

⁶⁰ *Kralik*, Erbrecht³ 43; *Gschnitzer/Faistenberger*, Erbrecht² 55; *Likar-Peer* in Ferrari/Likar-Peer, Erbrecht 294; *Eccher* in Schwimann/Kodek⁴ III § 541 Rz 3; *Apathy* in KBB⁴ § 541 Rz 1; *Welser* in Rummel/Lukas⁴ § 541 Rz 2; *Werkusch-Christ* in Kletečka/Schauer, ABGB-ON 1.03 § 541 Rz 2; *Koziol/Welser/Zöchling-Jud*¹⁴ II Rz 1893.

⁶¹ *Kočevar*, NZ 1917, 239; *Wurzel*, JBl 1918, 52; *Ehrenzweig*, System II/2², 376; *Kralik*, Erbrecht³ 43; *Gschnitzer/Faistenberger*, Erbrecht² 54; aA *Weiß* in Klang² III 102.

⁶² *Ehrenzweig*, System II/2², 376; aA *Weiß* in Klang² III 102.

⁶³ *Kralik*, Erbrecht³ 43.

⁶⁴ *Ehrenzweig*, System II/2², 376.

⁶⁵ *Ehrenzweig*, System II/2², 376; *Kralik*, Erbrecht³ 43; *Werkusch-Christ* in Kletečka/Schauer, ABGB-ON 1.03 § 541 Rz 1.

⁶⁶ *Handl* in Klang II/1, 56; *Ehrenzweig*, System II/2², 376 FN 46; *Weiß* in Klang² III 102 (§ 541 als *lex fugitiva* bezeichnend); *Kralik*, Erbrecht³ 43; *Gschnitzer/Faistenberger*, Erbrecht² 55; *Welser* in Rummel³ I § 541 Rz 3; *Likar-Peer* in Ferrari/Likar-Peer, Erbrecht 294 (implizit); *Eccher* in Schwimann/Kodek⁴ III § 541 Rz 2; *Werkusch-Christ* in Kletečka/Schauer, ABGB-ON 1.03 § 541 Rz 1; *Apathy* in KBB⁴ § 541 Rz 1; § 541 ganz selbstverständlich auf die Nachkommen eines nach § 542 Erbunwürdigen anwendend OGH 20.5.1930, 42 R 259/30, NZ 1930, 190.

⁶⁷ In Klang² III 102.

⁶⁸ *Zeiller*, Commentar II/2, 399; *Gapp*, WagnersZ 1825 II 189 ff; *Nippel*, Erläuterung IV 37 f.

⁶⁹ Commentar II/2, 399.

(arg „Erbunwürdiger" in § 541)⁷⁰ und mit der Systematik⁷¹ des Gesetzes; vor allem wurden der Ausnahmecharakter⁷² des auf Billigkeitserwägungen beruhenden § 541 und die angebliche Verschiedenheit der *rationes iuris* des § 540 einerseits und des § 542 andererseits⁷³ ins Treffen geführt. Die hL⁷⁴ ging demgegenüber schon früh davon aus, dass den §§ 540, 542 ein gemeinsamer Normzweck zugrunde liegt und beide Bestimmungen Fälle der Erbunwürdigkeit⁷⁵ sind. So setzte sich bereits vor der III. TN die Ansicht durch, dass § 541 aF unabhängig von seiner systematischen Stellung auch auf § 542 anzuwenden sei.⁷⁶ Dem Argument *Zeillers*,⁷⁷ § 541 sei eine bloße Ausnahmebestimmung und daher nicht auf § 542 zu erstrecken, hielt man die Entstehungsgeschichte des § 541 aF, aus der sich auch ihre systematische Stellung erklärt (s dazu oben Rz 2), und den Hintergrund dieser

---

70 *Gapp*, WagnersZ 1825 II 190 ff.

71 Dass die systematische Stellung für sich allein kein hinreichendes Argument ist, erkannten auch die Vertreter der engen Interpretation des § 541 an: *Gapp*, WagnersZ 1825 II 195; *Nippel*, Erläuterung IV 38. Da sie aber noch weitere Gründe für ihre Auffassung vorbrachten, sahen sie in der Aneinanderreihung der Normen eine zusätzliche Bestätigung für ihre Ansicht.

72 *Zeiller*, Commentar II/2, 397, 399; *Gapp*, WagnersZ 1825 II 194; *Nippel*, Erläuterung 38.

73 *Gapp*, WagnersZ 1825 II 191 ff; *Nippel*, Erläuterung IV 37 f. § 540 schließe den Erbunwürdigen lediglich aufgrund des vermuteten Erblasserwillens aus, während es in § 542 der Gesetzgeber selbst sei, der den Erbunwürdigen vom Erbrecht ausschließt (daher gibt es nach Ansicht *Zeillers* [Commentar II/2, 399], *Gapps* [WagnersZ 1825 II 193, 195, 197, 209] und *Nippels* [aaO 38] bei den Fällen des § 542 keine Verzeihung; s dazu § 542 [§ 540 nF] Rz 41); im Rahmen des § 542 führe nur die vollbrachte Vereitelung zur Erbunwürdigkeit, bei § 540 hingegen reiche der Versuch (s § 542 [§ 540 nF] Rz 37); Handlungen des § 542 würden gerade mit Blick in die Zukunft und auch zugunsten der Nachkommen vorgenommen, während derjenige, der eine Straftat nach § 540 begeht, zunächst nur die Gegenwart im Auge habe; zudem werde durch § 542 unmittelbar die Testierfreiheit verletzt, was den wahren inneren Willen des Erblassers unerkennbar mache, dies sei bei § 540 nicht der Fall. Das (von *Gapp*, WagnersZ 1825 II 194 f selbst vorgebrachte) Argument, § 541 differenziere nicht zwischen verschiedenen Arten von Erbunwürdigkeit – und zwar ebenso wenig wie § 770, der wiederum sowohl die Fälle des § 540 als auch jene des § 542 umfasst – entkräftet *Gapp*, aaO 206 f damit, dass § 770 bloß die in den genannten Normen umschriebenen Handlungen als Enterbungsgründe statuiert, was daraus erhelle, dass ein Testator, der eine Enterbung anordne, ja nicht mehr in seiner Willensfreiheit eingeschränkt sei und somit gar keine Erbunfähigkeit in § 542 mehr vorliege. Zu diesen Argumenten krit *Pfaff/Hofmann*, Excurse II/1, 28: „Die Gründe (…) nehmen sich wunderlich aus".

74 *Gspan*, WagnersZ 1835 I 356: zwischen § 540 und § 542 sei „die größte Analogie vorhanden"; *Michel*, VJSchr 1858, 35 ff; *Pfaff/Hofmann*, Excurse II/1, 9 ff; *Hoppen*, GH 1878, 357 f; *Stubenrauch*, Commentar⁸ I 745 f; *Unger*, Erbrecht⁴ 20 f; *Anders*, Erbrecht² 8 f; *Krasnopolski/Kafka*, Erbrecht 22 ff ua.

75 Im hier verwendeten Sinne (s näher § 540 [§§ 539, 541 nF] Rz 1, § 542 [§ 540 nF] Rz 4 ff): Demnach ist es charakteristisch für die Erbunwürdigkeit, dass damit einerseits Verfehlungen gegen den Erblasser iwS (dh gegen seine Person oder gegen seinen letzten Willen) sanktioniert werden und dass andererseits diese Rechtsfolge dem vermuteten Erblasserwillen entspricht: s dazu zB *Ehrenzweig*, System II/2², 371; *Koziol/Welser/Zöchling-Jud*¹⁴ II Rz 1889 f; *Welser* in Rummel/Lukas⁴ § 540 Rz 1; *Likar-Peer* in Ferrari/Likar-Peer, Erbrecht 283, 285 ff.

76 *Gspan*, WagnersZ 1835 I 356 ff; *Winiwarter*, Bürgerliches Recht² III 25 ff (insb 27 ff); *Fuchs*, Jurist VI 259, 262 f; *Michel*, VJSchr 1858, 40; *Pfaff/Hofmann*, Commentar II/1, 26; *dies*, Excurse II/1, 26 ff; *Hoppen*, GH 1878, 357 f; *Unger*, Erbrecht⁴ 138 Anm 4; *Stubenrauch*, Commentar⁸ I 748; *Anders*, Erbrecht² 8; *Krasnopolski/Kafka*, Erbrecht 24 f; *Steinlechner*, ZBl 29, 371 (*de lege ferenda* im Vorfeld der III. TN die Umreihung der §§ 541 f empfehlend, um „solche Zweifel der Exegese abzuschneiden"; ebenso nach der III. TN *Hanausek*, NZ 1917, 202).

77 Commentar II/2, 397, 399.

Ausnahmebestimmung entgegen: Die Billigkeitserwägungen, die schließlich zur Durchbrechung des materiellen Repräsentationsprinzips iSd § 541 aF geführt hatten (s oben Rz 4), müssten auch für die Fälle des § 542 gelten, ging es doch darum, die negativen Konsequenzen der Verfehlungen des Erbunwürdigen nicht auch auf die unschuldigen Nachkommen zu erstrecken.[78] Dieser Gedanke hat mit der III. TN noch zusätzlich an Gewicht gewonnen: Tragender Gedanke der Novellierung des § 541 war es, die zulasten der unschuldigen Nachkommen bestehende Unbilligkeit, dass ihr Erbrecht nach der bis dahin geltenden Urfassung der Bestimmung vom Vortod des Erbunwürdigen abhing, zu beseitigen.[79] Diese Überlegung muss auch für die Nachkommen eines nach § 542 Unwürdigen gelten. Zudem regeln die ausländischen Vorbilder, auf die die Mat zur III. TN explizit rekurrieren (§ 2344 Abs 2 BGB, Art 541 SchwZGB),[80] das Eintrittsrecht einheitlich für alle Erbunwürdigkeitsgründe (s zu diesen § 2339 BGB, Art 540 SchwZGB). Weiters wurde das formelle Eintrittsrecht auch im ebenfalls neu gefassten § 780 geregelt,[81] und zwar einheitlich für alle Enterbungsgründe – und zu diesen zählt gem § 770 nicht nur eine Handlung iSd § 540, sondern auch eine solche iSd § 542. Es kann nicht angenommen werden, dass die Nachkommen eines wegen einer Handlung iSd § 542 Enterbten besser gestellt sein sollen als jene eines aus demselben Grunde Erbunwürdigen. Die vom Subkomitee des Herrenhauses angestellten Billigkeitserwägungen beziehen sich auf alle Fälle, in denen der Interparens wegen seines Verschuldens von der Erbfolge oder vom Pflichtteilsrecht ausgeschlossen ist. Für all diese Fälle ist uneingeschränkt das formelle Eintrittsrecht normiert. Seit der Novellierung der Norm durch die III. TN ist die *Zeiller*'sche Doktrin also nicht mehr haltbar. Vielmehr erforder die gemeinsame *ratio legis* der beiden Gruppen[82] von Erbunwürdigkeitsgründen, die nunmehr von der ganz hA angenommen wird (s dazu § 542 [§ 540 nF] Rz 4 ff) und der Normzweck des novellierten § 541 eine Gleichbehandlung der Nachkommen des Erbunwürdigen, wie bereits von der hL des 19. und beginnenden 20. Jhdts betont.

b) Anwendbarkeit auf Fälle der absoluten Erbunfähigkeit

13   Vor der III. TN war die Anwendbarkeit des § 541 auf die Fälle der absoluten Erbunfähigkeit strittig.[83] Geht man mit den Redaktoren des ABGB davon

---

[78] *Pfaff/Hofmann*, Commentar II/1, 26; *dies*, Excurse II/1, 26 ff; *Hoppen*, GH 1878, 358; *Krasnopolski/Kafka*, Erbrecht 24. Abw Begründung für das Ergebnis, dass § 541 auch für die Nachkommen eines gem § 542 Erbunwürdigen gilt, bei *Winiwarter*, Bürgerliches Recht² III 27 f (*diesem* zust *Fuchs*, Jurist VI 259); *Unger*, Erbrecht⁴ 130 Anm 4, die aber, wie *Pfaff/Hofmann*, Excurse II/1, 28, betonen, die Entstehungsgeschichte sowie die Haltung der Redaktoren bezüglich des materiellen Repräsentationsprinzips außer Acht lassen.
[79] HHB 78 BlgHH 21. Sess (1912) 107.
[80] HHB 78 BlgHH 21. Sess (1912) 107.
[81] HHB 78 BlgHH 21. Sess (1912) 107; vgl bereits ganz ähnlich zu §§ 541, 780 aF und §§ 510, 542: GSpan, WagnersZ 1835 I 356 ff.
[82] So zB *Weiß* in Klang² III 103 („zweite Gruppe von Erbunwürdigkeitsgründen"); vgl dazu in rechtsvergleichender und dogmageschichtlicher Hinsicht *Zimmermann* in FS Koziol 463 ff (Erbunwürdigkeit *ratione testatoris* einerseits, *ratione testamenti* andererseits, dazu *Zimmermann* aaO 472 FN 49); s auch § 540 (§ 539, 541 nF) Rz 3, § 542 (§ 540 nF) Rz 4).
[83] Eine Ausdehnung des § 541 aF auf andere Fälle der Erbfähigkeit als die der §§ 540, 542 abl *Pfaff/Hofmann*, Commentar II/1, 26; *Stubenrauch*, Commentar⁸ I 748. Eintrittsrecht der

aus, dass § 541 aF lediglich eine billige Ausnahme von der materiellen Repräsentation war, so wäre die Erstreckung des § 541 auf die Fälle der absoluten Erbunfähigkeit konsequenterweise abzulehnen.[84] Seit der III. TN wird § 541 dagegen von der hA auf die Fälle der absoluten Erbunfähigkeit angewendet[85] – und zwar richtigerweise analog,[86] denn die Norm spricht explizit von Erbunwürdigkeit und nicht allgemein von Erbunfähigkeit, umfasst also nur bestimmte Fälle der (relativen) Erbunfähigkeit. Die Analogie lässt sich damit begründen, dass sich mit der III. TN die gesetzlichen Wertungen in Richtung formelles Eintrittsrecht verschoben haben und das ABGB seither von einem Mischsystem zwischen materieller und formeller Repräsentation geprägt ist (s dazu unten Rz 15). Unrichtig ist mE aber die Argumentation *Kraliks*,[87] wonach § 541 „umso mehr" für Fälle der absoluten Erbunfähigkeit gelten müsse – dies ist ein *argumentum a minore ad maius*, das aber in diesem Kontext unpassend erscheint, weil es die Entstehungsgeschichte des § 541 außer Acht lässt. Die Nachkommen eines aufgrund des Retorsionsrechts iSd § 33 S 2 Erbunfähigen können freilich nur dann an die Stelle des vermittelnden Vorfahrens treten, wenn die Vergeltungsnorm nicht auch auf sie zutrifft.[88]

c) Keine Anwendbarkeit auf § 543 aF

14 Keine Rolle spielt § 541 im Rahmen des mittlerweile aufgehobenen § 543,[89] der aber im Rahmen der Erbschaftsklage (§ 823) noch bis einschließlich 31. 12. 2039 releviert werden kann (s dazu § 543 aF Rz 3). Nach § 543 aF sind nämlich Ehebruchs- und Inzestpartner des Erblassers nur von der gewillkürten Erbfolge, nicht aber von der gesetzlichen Erbfolge ausgeschlossen

---

Nachkommen des absolut Erbunfähigen bejahend *Unger*, Erbrecht[4] 138 Anm 4 (und zwar unabhängig vom Vorversterben des absolut Erbunfähigen); *Hoppen*, GH 1878, 358. Vgl dazu auch *Steinlechner*, ZBl 29, 371, der – wiewohl ein Verfechter des formellen Eintrittsrechts (s oben FN 76) – aufzeigte, dass sich die Frage nach der Rechtsstellung der Nachkommen des Erbunfähigen in erster Linie aus den Sonderbestimmungen, auf die die §§ 539, 544 verweisen, ergibt (vgl § 208 lit c des damals in Geltung stehenden MilStG; s dazu und zu den weiteren Ausführungsvorschriften zu § 544 bei § 544 Rz 4 [bezüglich des unbefugt Auswandernden], Rz 5 [bezüglich des Deserteurs]); zust *Hanausek*, NZ 1917, 202 FN 34.

84 Anders *Unger*, Erbrecht[4] 138 Anm 4, der § 541 nicht als Ausnahme vom materiellen Repräsentationsprinzip verstand, sondern vielmehr schon vor der III. TN *de lege lata* davon ausging, dass im ABGB das formelle Eintrittsrecht herrsche, welches nur durch den in § 732 letzter S und in den §§ 541, 780 aF zum Ausdruck gekommenen Grundsatz *vivi nulla repraesentatio* eingeschränkt werde. Ebenso *Hoppen*, GH 1878, 358.

85 *Zemen*, Gesetzliche Erbfolge 30; *Kralik*, Erbrecht[3] 43 (analog); *Welser* in Rummel[3] I § 541 Rz 3, §§ 733 f Rz 3; *Eccher* in Schwimann/Kodek[4] III § 541 Rz 2 (analog); *Werkusch-Christ* in Kletečka/Schauer, ABGB-ON 1.03 § 541 Rz 1; vgl auch *Ehrenzweig*, System II/2[2], 375 f, der implizit dasselbe Ergebnis vertritt. (Analoge) Anwendung auf Fälle der absoluten Erbunfähigkeit nicht erwähnend, aber auch nicht abl *Handl* in Klang II/1, 56; *Weiß* in Klang[2] III 102; *Gschnitzer/Faistenberger*, Erbrecht[2] 54 f; *Apathy* in KBB[4] § 541 Rz 1 (jeweils nur die Anwendbarkeit des § 541 auf § 542 behandelnd).

86 So *Kralik*, Erbrecht[3] 43; *Eccher* in Schwimann/Kodek[4] III § 541 Rz 2.

87 Erbrecht[3] 43.

88 *Kralik*, Erbrecht[3] 43 FN 21.

89 Aufgehoben durch das FamRÄG 2009 (BGBl I 2009/75) mit Wirkung ab 1.1.2010.

(dazu § 543 aF Rz 1). Da sich § 541 jedoch nur auf die gesetzliche Erbfolge bezieht,[90] kommt § 541 im Kontext mit § 543 aF nicht zum Tragen.[91]

2. Analogie zu § 541 bei gesetzlich nicht geregelten Repräsentationsfällen?

15 Fraglich ist, ob § 541 analog auf all jene Fälle angewendet werden kann, in denen der Eintritt der Nachkommen eines ausfallenden gesetzlichen Erben nicht gesetzlich geregelt ist. Mit der III. TN wurde nämlich die materielle Repräsentation als tragender Grundsatz des gesetzlichen Erbrechts aufgegeben,[92] und zwar gerade durch die Neufassung der §§ 541, 780. Dennoch kann nicht gesagt werden, dass das formelle Eintrittsrecht nunmehr als durchgehendes Prinzip gilt.[93] So beinhaltet § 551 S 3 (ebenfalls idF III. TN; s dazu *Kogler* in diesem Band § 551 Rz 20), wonach sich der Erbverzicht auch auf die Nachkommen des Verzichtenden erstreckt, wenn nichts anderes vereinbart wurde, nach wie vor eine dem § 541 entgegengesetzte Wertung. Dasselbe gilt für den mit dem ErbRÄG 1989 (BGBl 1989/656) eingefügten § 779 Abs 2, der bestimmt, dass den Nachkommen eines Noterben, dessen Pflichtteil gem § 773a gemindert wurde, ebenfalls nur der geminderte Pflichtteil zusteht.[94] Zudem gilt es zu bedenken, dass es in erster Linie Billigkeitserwägungen waren, mit denen die Neufassung der §§ 541, 780 begründet wurde (s oben Rz 5) und nicht so sehr durchgehende systematische Erwägungen.[95] Man wird daher von einem Mischsystem[96] ausgehen müssen, sodass für jede Fallkonstellation gesondert zu prüfen ist, ob die Nachkommen entsprechend dem Grundgedanken des § 541 eintreten oder nicht.[97] Wenn allerdings im modernen Recht heute noch von materieller Repräsentation die Rede ist, so hat dies wohl nicht mehr viel mit dem ursprünglichen Konzept des *ius repraesentationis* bzw des Vorstellungsrechts als ein vom Interparens abgeleitetes Erbrecht iS eines *ius alienum* (s Rz 3) zu tun. Vielmehr entspricht etwa die Wirkungserstreckung

---

[90] S die Nachw in FN 1.

[91] ZB *Fuchs*, Jurist VI 263.

[92] Vgl zB *Ehrenzweig*, System II/2², 384; *Weiß* in Klang² III 736 ff; *Zemen*, Gesetzliche Erbfolge 22 ff; *Eccher*, NZ 1982, 22 f; *Welser* in Rummel/Lukas⁴ §§ 733, 734 Rz 1; *Rabl*, NZ 2003, 261 f; *Scheuba* in Gruber/Kalss/Müller/Schauer, Erbrecht und Vermögensnachfolge § 5 Rz 27; OGH 9.10.1991, 2 Ob 544/91, JBl 1992, 316.

[93] So aber *Zemen*, Gesetzliche Erbfolge 22 ff; *ders*, JBl 2004, 357 ff; ähnlich auch OGH 9.10.1991, 2 Ob 544/91, JBl 1992, 316.

[94] Dazu *Umlauft*, Pflichtteilsminderung nach § 773a ABGB, NZ 1990, 143; *Zemen*, Die Pflichtteilsminderung im Parentelensystem, JBl 1992, 220; *ders,* Nochmals: Die Pflichtteilsminderung gegen den Enkel, JBl 2005, 538; *Likar-Peer* in Ferrari/Likar-Peer, Erbrecht 378 f; *Nemeth* in Schwimann/Kodek⁴ III § 779 Rz 5 ff. § 779 Abs 2 wird nur als Auslegungsregel verstanden (zB *Likar-Peer* in Ferrari/Likar-Peer, Erbrecht 378 mwN; *Nemeth* in Schwimann/Kodek⁴ III § 779 Rz 8 mwN).

[95] So *Eccher*, NZ 1982, 22 f; vgl HHB 78 BlgHH 21. Sess (1912) 107.

[96] So *Rabl*, NZ 2003, 262; ebenso *Scheuba* in Gruber/Kalss/Müller/Schauer, Erbrecht und Vermögensnachfolge § 5 Rz 27; aA *Zemen*, Gesetzliche Erbfolge 22 ff; *ders*, JBl 2004, 357 ff.

[97] Vgl dazu zB *Ehrenzweig*, System II/2², 384 f; *Weiß* in Klang² III 736 ff; *Kralik*, Erbrecht³ 65 f; *Scheuba* in Gruber/Kalss/Müller/Schauer, Erbrecht und Vermögensnachfolge § 5 Rz 27 ff; *Apathy* in KBB⁴ §§ 732–734 Rz 2.

des Erbverzichts auf die Nachkommen iSd § 551 S 3 (dazu *Kogler* in diesem Band § 551 Rz 20) dem typischen Parteiwillen und dem Sinn und Zweck des Erbverzichts. Ähnliches gilt für die Auslegungsregel des § 779 Abs 2 bezügl der Pflichtteilsminderung – auch hier steht der vermutete Wille des Erblassers im Vordergrund. Die Frage, ob es zum Eintritt kommt, wird hinsichtlich der einzelnen Fälle allerdings meist unterschiedlich beantwortet:

Umstritten ist zunächst, ob die Nachkommen eines rechtmäßig Enterbten **16** gem § 780 auch dann auf den Pflichtteil beschränkt sind, wenn es zur gesetzlichen Erbfolge kommt:[98] Die jüngere Rsp[99] verneint dies in analoger Anwendung des § 541; es sei denn, der Erblasser wollte die Nachkommen vom gesetzlichen Erbrecht ausschließen.[100]

Beim Entzug des gesetzlichen Erbrechts durch untechnische Enterbung **17** bzw negatives Testament[101] kommt es nach der Rsp[102] und hL[103] im Zweifel ebenfalls zum Eintritt der Nachkommen gem § 541 analog.

Uneinheitlich wird weiters die Frage beantwortet, ob § 541 im Falle der **18** Erbsentschlagung analog angewendet werden kann, sodass die Nachkommen des Ausschlagenden an dessen Stelle treten, oder ob sich die Ausschlagung vielmehr in Analogie zu § 551 auf die Nachkommen, erstreckt, wenn sie der Ausschlagende nicht auf seine Person beschränkt hat.[104] Nach dem OGH kommt es

---

[98] Dazu ausführlich *Rabl*, NZ 2003, 260 ff; *Zemen*, JBl 2004, 357 ff, beide mwN zu Lit und Rsp; s weiters zB *Scheuba* in Gruber/Kalss/Müller/Schauer, Erbrecht und Vermögensnachfolge § 5 Rz 29 mwN.

[99] So nun OGH 26.11.2012, 9 Ob 23/12s, iFamZ 2013/115 (*W. Tschugguel*) = EF-Z 2013/93 (*A. Tschugguel*) = NZ 2013/49 = AnwBl 2013, 190 = Zak 2013/52 = JEV 2013/7 = EFSlg 134.683; ggt die ältere Rsp: 28.10.1970, 7 Ob 198/70, SZ 43/193 = NZ 1972, 46 (im Falle der Enterbung gelte im Zweifel § 780).

[100] Dass es in erster Linie auf den Erblasserwillen ankommt, ist auch in der L allgemein anerkannt (s zB *Gruber/Sprohar-Heimlich/Scheuba* in Gruber/Kalss/Müller/Schauer, Erbrecht und Vermögensnachfolge § 16 Rz 9). Str ist allerdings, ob im Zweifel von einer Beschränkung auf den Pflichtteil auszugehen ist (so *Rabl*, NZ 2003, 262 ff mwN; *diesem zust Likar-Peer* in Ferrari/Likar-Peer, Erbrecht 392 f mwN; krit zu den Ausführungen *Rabls Zemen*, JBl 2004, 358) oder ob mangels eines anderen Auslegungsergebnisses § 541 analog gilt (so etwa *Zemen*, JBl 2004, 358; ebenso schon *ders*, Gesetzliche Erbfolge 33 ff).

[101] Vgl dazu etwa *Rabl*, NZ 2003, 257 ff; *Likar-Peer* in Ferrari/Likar-Peer, Erbrecht 380 (zur untechnischen Enterbung); allgemein zur rechtlichen Qualifikation eines negativen Testaments etwa *Weiß/Likar-Peer* in Ferrari/Likar-Peer, Erbrecht 107 f; *Gruber/Sprohar-Heimlich/ Scheuba* in Gruber/Kalss/Müller/Schauer, Erbrecht und Vermögensnachfolge § 16 Rz 9 (jeweils mwN).

[102] OGH 26.10.1948, 2 Ob 322/48, SZ 21/147 = JBl 1949, 100; 9.10.1991, 2 Ob 544/91, JBl 1992, 316; s aber auch die Judikaturübersicht bei *Rabl*, NZ 2003, 261 zur insgesamt schwankenden Rsp.

[103] ZB *Weiß* in Klang[2] III 737; *Kralik*, Erbrecht[3] 203; *Zemen*, Gesetzliche Erbfolge 28; *ders*, JBl 2004, 358 f (mwN zur hL); *Welser* in Rummel/Lukas[4] § 552 Rz 4 und §§ 733, 734 Rz 5 (mwN); aA *Rabl*, NZ 2003, 262; diesem zust *Likar-Peer* in Ferrari/Likar-Peer, Erbrecht 379.

[104] Das Eintrittsrecht in Analogie zu § 541 bejahend *Zemen*, Gesetzliche Erbfolge 25 ff; *ders*, JBl 1983, 620; *Ferrari* in Ferrari/Likar-Peer, Erbrecht 451; im Zweifel bejahend etwa *Weiß* in Klang[2] III 737, 988; *Koziol/Welser/Zöchling-Jud*[14] II Rz 2401; *Apathy* in KBB[4] § 551 Rz 4; aA (in Analogie zu § 551 kein Eintrittsrecht der Nachkommen, außer die Ausschlagung würde auf den Ausschlagenden selbst beschränkt erklärt) *Ehrenzweig*, System II/2[2], 384; *Kralik*, Erbrecht[3] 50. Differenzierend nach den mit der Ausschlagung verbundenen Zwecken *Eccher*, NZ 1982, 20 ff;

im Zweifel zum Eintritt der Nachkommen, sofern der Ausschlagende nichts anderes bestimmt hat.[105]

V. Bedeutung der Norm im Pflichtteilsrecht

19 Gem § 767 Abs 1 ist der Erbunfähige auch vom Pflichtteilsrecht ausgeschlossen. Seine Nachkommen treten an seine Stelle, sofern sie zum Kreis der pflichtteilsberechtigten Personen iSd § 762 gehören. Ein Nachrücken der Nachkommen des Erbunfähigen kann es also nur in der ersten Parentel geben, denn Seitenverwandte haben gem § 762 kein Pflichtteilsrecht. Da sich die konkrete Pflichtteilsberechtigung vom gesetzlichen Erbrecht ableitet (vgl § 763 aE), ergibt sich das Eintrittsrecht der gradferneren Abstämmlinge nach hA mittelbar ebenfalls aus § 541.[106] Anderes gilt, wenn der Erbunwürdige gem § 770 iVm §§ 540, 542 enterbt wurde – diesfalls kommt § 780 zum Tragen, wonach die Nachkommen des enterbten Kindes an dessen Stelle den Pflichtteil fordern können.[107] Bei stillschweigender Übergehung eines Erbunwürdigen iSd § 540 oder § 542 ist daher zu unterscheiden, ob in der Iteration eine stillschweigende Enterbung iSd § 782 liegt oder nicht.[108] Im ersteren Fall treten die gradferneren Abkömmlinge gem § 780 in den Pflichtteil des enterbten Kindes ein, im zweiteren ergibt sich ihr Pflichtteilsrecht aus § 541 iVm § 763.

VI. Die Nachkommen des Erbunwürdigen bei testamentarischer Erbfolge

20 Wie bereits erwähnt, ist § 541 nur bei gesetzlicher Erbfolge anwendbar (s oben Rz 1, 6), zumal sie das formelle Eintrittsrecht der Nachkommen des Erbunwürdigen normiert – und die Frage nach der Repräsentation bzw dem

---

s dazu auch *Scheuba* in Gruber/Kalss/Müller/Schauer, Erbrecht und Vermögensnachfolge § 5 Rz 29 mwN.

[105] OGH 3.11.1982, 1 Ob 739/82, SZ 55/165 = EvBl 1983/47 = JBl 1983, 426 = NZ 1983, 90; 16.5.2006, 1 Ob 25/06t; 24.1.2008, 6 Ob 212/07f, SZ 2008/12; 4.7.2009, 6 Ob 3/09y (§ 551 S 3 könne dann, wenn der Nachkomme nicht ausdrücklich in die Erbsentschlagung einbezogen worden sei, nicht analog auf den Fall einer einseitigen Erbsentschlagung angewendet werden; der Ausschlagende könne aber autonom bestimmen, dass seine Nachkommen nicht eintreten sollen; fehle eine explizite Erklärung, sei die Ausschlagung nach den Umständen des Einzelfalles nach den Zielsetzungen des Ausschlagenden auszulegen).

[106] So *Welser* in Rummel/Lukas[4] § 541 Rz 1; *Zemen*, JBl 2004, 357; *Samek*, Pflichtteilsrecht 18; *Werkusch-Christ* in Kletečka/Schauer, ABGB-ON 1.03 § 541 Rz 1; ebenso (jedoch ohne Bezug auf § 763) *Eccher* in Schwimann/Kodek[4] III § 541 Rz 2; vgl auch bereits *Unger*, Erbrecht[4] 337; abw *Pfaff/Hofmann*, Excurse II/1, 28; *Wurzel*, JBl 1918, 53 (das Pflichtteilsrecht der Nachkommen ergebe sich aus § 780); *Weiß* in Klang[2] III 102 (die Nachkommen des Erbunwürdigen hätten gem den §§ 779, 780 ein Pflichtteilsrecht).

[107] Vgl auch *Weiß* in Klang III 102, der allerdings nur ganz allgemein ausführt, dass die Nachkommen ihren Pflichtteil nach den §§ 779, 780 erhalten.

[108] Zum Vorliegen einer stillschweigenden Enterbung allgemein etwa *Likar-Peer* in Ferrari/Likar-Peer, Erbrecht 390 mwN.

Eintritt gibt es nur bei gesetzlicher Erbfolge. Die Bestimmung kann folglich nicht auf die testamentarische Erbfolge ausgedehnt werden.[109]

In der älteren Lit[110] findet sich ebenso wie in den Mat zur III. TN[111] die Aussage, bei Erbunfähigkeit bzw Erbunwürdigkeit des testamentarisch Eingesetzten seien die Grundsätze der Transmission (§§ 536, 537) maßgebend. Gemeint ist damit offenbar lediglich, dass die Erben eines Erbunfähigen, die freilich nicht mit dessen Nachkommen gleichzusetzen sind,[112] kein Erbrecht von Letzterem erben können.[113] Dies ist im Ergebnis selbstverständlich.[114] **21**

Die Nachkommen eines erbunfähigen[115] testamentarischen Erben kommen allenfalls aufgrund der gesetzlichen bzw vermuteten Ersatzerbschaft iSd § 779 Abs 1 analog zum Zuge; dies dann, wenn der testamentarisch bedachte Erbunwürdige ein Kind des Erblassers ist:[116] § 779 Abs 1 bestimmt,[117] dass die mit Stillschweigen übergangenen[118] Nachkommen eines vorverstorbenen Kindes „in Ansehung des Erbrechts" an dessen Stelle treten. Die Norm umfasst **22**

---

[109] *Handl* in Klang II/1, 53; *Kralik*, Erbrecht[3] 43; *Likar-Peer* in Ferrari/Likar-Peer, Erbrecht 294; *Welser* in Rummel/Lukas[4] § 541 Rz 1; *Eccher* in Schwimann/Kodek[4] III § 541 Rz 1; implizit auch *Weiß* in Klang[2] III 101; *Gschnitzer/Faistenberger*, Erbrecht[2] 54.

[110] Zuletzt *Weiß* in Klang[2] III 101; unter der Ägide des § 541 idgF weiters *Wurzel*, JBl 1918, 53; *Handl* in Klang II/1, 53; zu § 541 aF zB *Pfaff/Hofmann*, Excurse II/1, 28; *Steinlechner*, ZBl 29, 373.

[111] HHB 78 BlgHH 21. Sess (1912) 107.

[112] Vgl *Weiß* in Klang[2] III 101.

[113] So im Ergebnis etwa *Handl* in Klang II/1, 53; *Weiß* in Klang[2] III 101; Letzterer allerdings insofern missverständlich, als er meint: (…) dh überlebt der erbunwürdige Testamentserbe den Erblasser, so überträgt er zwar sein Erbrecht auf seine Nachkommen, vorausgesetzt, dass sie seine Erben sind, aber die Folgen der Erbunwürdigkeit treffen auch sie". Dem ist entgegenzuhalten, dass die Erbunwürdigkeit bereits den Erbanfall verhindert (s § 540 [§§ 539, 541 nF] Rz 46).

[114] Das Heranziehen der Transmissionsgrundsätze erscheint aus dogmatischer Sicht freilich gekünstelt und zumindest missverständlich. Zunächst ist zu bedenken, dass einem Vorverstorbenen (und nur diesen hatte die Lit vor der III. TN im Auge) schon aus diesem Grund kein Erbrecht anfallen kann (arg § 536; vgl in diesem Sinne etwa *Pfaff/Hofmann*, Excurse II/1, 28). Ganz abgesehen davon verhindert die Erbunwürdigkeit, weil sie ja relative Erbfähigkeit ist, den Erbanfall und somit das Entstehen des subjektiven Erbrechts (s § 540 [§§ 539, 541 nF] Rz 46). Überdies käme Transmission iSd § 537 nur dann zum Tragen, wenn der Erbe nach dem Erblasser, jedoch vor dem Erbschaftserwerb stürbe (s dazu allg *Schauer/Motal* in diesem Band § 537 Rz 9 ff), während ein Lebender niemals transmittieren kann. Der oftmals wiederholte Stehsatz basiert offenbar auf einem überholten Verständnis des Instituts der Transmission (vgl dazu etwa noch missverständlich *Weiß* in Klang[2] III 101) sowie der (umstrittenen) Qualifikation des *ius repraesentationis* als Transmission des *ius succedendi ex iure sanguinis*: sog *transmissio ex iure sanguinis* (vgl dazu etwa *Ehrenzweig*, NZ 1903, 26 FN 44).

[115] § 779 Abs 1 ist sowohl bei relativer als auch bei absoluter Erbfähigkeit des eingesetzten Kindes analog anwendbar, *Kletečka*, Ersatz- und Nacherbschaft 40 f; dazu sogleich im Text.

[116] *Steinlechner*, ZBl 29, 372.

[117] Zuweilen wird auch das Erbrecht der gesetzlichen Ersatzerben iSd § 779 Abs 1 als Eintrittsrecht bezeichnet: zB *Ehrenzweig*, System II/2[2], 424; *Welser* in Rummel[3] I § 779 Rz 1 ff; vgl auch *Czermak*, NZ 1986, 7 f (der in § 779 Abs 1 vermutete Erblasserwille entspreche dem „Repräsentationsschema").

[118] Dazu ausf *Kletečka*, Ersatz- und Nacherbschaft 36 ff; davor bereits idS *Kralik*, Erbrecht[3] 180 f; weiters zB *Nemeth* in Schwimann/Kodek[4] III § 779 Rz 3; vgl dazu auch OGH 27.12.1861, Nr 8091, GlU 2075.

nach hA[119] auch die gesetzliche bzw vermutete[120] Ersatzerbschaft der Nachkommen des eingesetzten, vorverstorbenen Kindes. Sie ist darüber hinaus – richtigerweise analog[121] – auch auf alle Fälle der Erbunfähigkeit[122] anzuwenden.[123] Aufgrund der Wechselwirkung zwischen gesetzgeberischen und gesellschaftlichen Wertungen ist nämlich zu vermuten, dass der durchschnittliche Erblasserwille den Wertungen des § 541 entspricht.[124] Die analoge Anwendung des § 779 Abs 1 wird zuweilen nur für den Fall der nach der Erbeinsetzung eingetretenen Erbunwürdigkeit des Kindes erwähnt.[125] Dasselbe muss aber auch dann gelten, wenn der Testator ein zu diesem Zeitpunkt bereits erbunfähiges Kind einsetzt, ohne davon zu wissen.[126] Die vermutete Vulgarsubstitution kommt – wie übrigens auch die letztwillige Ersatzerbschaft iSd §§ 604 ff – auch in jenen Fällen zum Tragen, in denen der Erbe erst nach dem

---

[119] *Ehrenzweig*, System II/2², 424; *Kralik*, Erbrecht³ 180 f; *Kletečka*, Ersatz- und Nacherbschaft 21 ff; *Welser* in Rummel/Lukas⁴ § 779 Rz 1; *Fritsch* in Ferrari/Likar-Peer, Erbrecht 210 f; *Nemeth* in Schwimann/Kodek III § 779 Rz 2 ua; OGH 27.12.1861, Nr 8091, GlU 2075; vgl auch 1.3.1910, Rv VII, 1/10, GlUNF 4975; aA *Zeiller*, Commentar II/2, 796.

[120] Zur Rechtsnatur des § 779 Abs 1 (Auslegungsregel oder Dispositivnorm) *Kletečka*, Ersatz- und Nacherbschaft 22 mwN. Zur Terminologie: *Kralik* (Erbrecht³ 180) spricht von vermuteter, andere von gesetzlicher Ersatzerbschaft, so zB *Kletečka* (aaO 21 ff, auch mwN zu abw Bezeichnungen), *Fritsch* (in Ferrari/Likar-Peer, Erbrecht 210) und *Nemeth* (in Schwimann/Kodek⁴ III § 779 Rz 2, anders aber aaO FN 4).

[121] Die Lit ist diesbezüglich nicht immer ganz deutlich: explizit Analogie vertretend *Gschnitzer/Faistenberger*, Erbrecht² 54; *Czermak*, NZ 1986, 7 f; *Kletečka*, Ersatz- und Nacherbschaft 40 f; *Fritsch* in Ferrari/Likar-Peer, Erbrecht 210; *Nemeth* in Schwimann/Kodek⁴ III § 779 Rz 4; *Apathy* in KBB⁴ § 779 Rz 3; *Welser* in Rummel/Lukas⁴ § 541 Rz 3, § 779 Rz 4; lediglich allgemein von Anwendbarkeit des § 779 Abs 1 sprechend *Eccher* in Schwimann/Kodek⁴ III § 541 Rz 1; *Werkusch-Christ* in Kletečka/Schauer, ABGB-ON 1.03 § 541 Rz 3.

[122] So ausdrücklich *Kletečka*, Ersatz- und Nacherbschaft 40 f; idS auch *Welser* in Rummel/Lukas⁴ § 779 Rz 4; implizit ebenso *Ehrenzweig*, System II/2², 376. Enger (bloß auf Erbunwürdigkeit bezogen, allerdings für den Fall der absoluten Erbunfähigkeit auch nicht verneinend) *Gschnitzer/Faistenberger*, Erbrecht² 54; *Czermak*, NZ 1986, 7 f; *Fritsch* in Ferrari/Likar-Peer, Erbrecht 210; *Nemeth* in Schwimann/Kodek⁴ III § 779 Rz 4; *Apathy* in KBB⁴ § 779 Rz 3; *Werkusch-Christ* in Kletečka/Schauer, ABGB-ON 1.03 § 541 Rz 3.

[123] AA *Kralik*, Erbrecht³ 181 (nur Vortod); schwankend *Ehrenzweig*, System II/2², 376 (§ 779 hinsichtlich der Nachkommen des Erbunfähigen bejahend), ggt aber *ders* aaO 424.

[124] *Czermak*, NZ 1986, 7 (bezüglich Erbunwürdigkeit); *Kletečka*, Ersatz- und Nacherbschaft 40 f (hinsichtlich relativer und absoluter Erbunfähigkeit). Würde sich im Falle der Erbunwürdigkeit die Abneigung des Erblassers auch auf die Abstämmlinge des Erbunwürdigen erstrecken (vgl dazu *Czermak* aaO), so würde die Vermutung des § 779 Abs 1 ohnehin nicht Platz greifen.

[125] IdS *Czermak*, NZ 1986, 7 f; *Eccher* in Schwimann/Kodek⁴ III § 541 Rz 1; *Nemeth* in Schwimann/Kodek⁴ III § 779 Rz 4; *Apathy* in KBB⁴ § 779 Rz 3; anders offenbar *Gschnitzer/Faistenberger*, Erbrecht² 54; *Welser* in Rummel/Lukas⁴ § 779 Rz 4; *Werkusch-Christ* in Kletečka/Schauer, ABGB-ON 1.03 § 541 Rz 3; unklar *Nemeth* in Schwimann/Kodek⁴ III § 779 Rz 2 einerseits, Rz 4 andererseits; diese Frage erstmals deutlich thematisierend *Kletečka*, Ersatz- und Nacherbschaft 39.

[126] Vgl idS auch *Kletečka*, Ersatz- und Nacherbschaft 39 f (irrtümliche Bedenkung eines zum Zeitpunkt der Testamentserrichtung bereits vorverstorbenen Kindes löst gesetzliche Ersatzerbenberufung aus). Wusste der Testator von der erbunwürdig machenden Handlung des Kindes (iSd §§ 540, 542) und setzt er es dennoch zum Erben ein, wird darin meist eine Verzeihung iSd § 540 aE liegen (s dazu § 540 [§§ 539, 541 nF] Rz 45). Die Erbunwürdigkeit wäre dann beseitigt, die Frage nach der gesetzlichen Ersatzerbschaft iSd § 779 Abs 1 stellt sich nicht mehr.

Tod des Erblassers eine Handlung iSd § 542 setzt, weil die Erbunwürdigkeit diesfalls ja auf den Zeitpunkt des Erbanfalls zurückwirkt und der Erbanfall somit in Wahrheit nie erfolgt ist.[127] Dies gilt übrigens unabhängig davon, ob dem erbunwürdigen Scheinerben bereits eingeantwortet wurde.[128]

Die gesetzliche Ersatzerbschaft des § 779 Abs 1 greift freilich nur dann, wenn kein abweichender Erblasserwille vorliegt.[129] Sie tritt hinter einer angeordneten Ersatzerbschaft (§§ 604 ff) zurück.[130] Während bei gesetzlicher Erbfolge gem § 541 all jene Nachkommen eines erbunwürdigen Verwandten des Erblassers zum Zuge kommen, die nach den §§ 733 f, 735–737, 739 eintrittsberechtigt sind (vgl dazu Rz 10), sind es nach § 779 Abs 1 lediglich die Kindeskinder. Im Falle einer letztwillig angeordneten Ersatzerbschaft wiederum kommt es ausschließlich darauf an, wen der Erblasser zum Substituten bestimmt hat; dies muss sich keineswegs mit dem Personenkreis des § 541 decken; so können etwa auch Nachkommen des erbunfähigen Instituten als Ersatzerben eingesetzt sein, die im Rahmen des § 541 kein Eintrittsrecht haben (zB die Kinder des Ehegatten, dh die Stiefkinder des Erblassers; vgl dazu auch oben Rz 8 ff). Wurde die Ersatzerbschaft freilich nur für den Fall angeordnet, dass keine gesetzlichen Erben vorhanden sind,[131] so kommen die Eintrittsberechtigten gem § 541 vor den Ersatzerben zum Zuge;[132] dies aber nicht etwa deshalb, weil § 541 als solcher der Ersatzerbschaft vorgeht, sondern weil der Ersatzerbfall eben erst eintritt, wenn keine gesetzlichen Erben vorhanden sind; und zu diesen zählen eben auch die Eintrittsberechtigten iSd § 541.[133]

Teil B: Rechtslage ab 1. 1. 2017

VII. ErbRÄG 2015: § 542 nF

1. Überblick über den neuen § 542

Mit dem ErbRÄG 2015 wurde der bisherige § 541 einerseits sprachlich leicht abgeändert, andererseits wurde seine systematische Stellung im Gesetz geändert – die Bestimmung findet sich nun als § 542 nF im Anschluss an die novellierten Erbunwürdigkeitsgründe der §§ 539–541 nF. Zudem erhielt die Bestimmung eine eigene Überschrift („Eintrittsrecht bei Erbunwürdigkeit"). Indem die Reihenfolge der Bestimmungen über die Erbunwürdigkeit geändert

---

[127] *Kletečka*, Ersatz- und Nacherbschaft 41 (zur gesetzlichen Ersatzerbschaft), 64 (zur testamentarischen Ersatzerbschaft); zur Geltung des § 542 bei nach dem Tod begangenen Handlungen gegen den letzten Willen des Erblassers s § 542 (§ 540 nF) Rz 23, 26.

[128] *Kletečka*, Ersatz- und Nacherbschaft 64 (bezüglich letztwilliger Ersatzerbschaft).

[129] Dazu zB *Kletečka*, Ersatz- und Nacherbschaft 22 ff; weiters zB *Nemeth* in Schwimann/Kodek⁴ III § 779 Rz 2;

[130] Dazu und zur Frage, wann eine letztwillig angeordnete Ersatzerbschaft die Erbunfähigkeit bzw Erbunwürdigkeit als Substitutionsfall umfasst, s *Kletečka*, Ersatz- und Nacherbschaft 63.

[131] Zu dieser Möglichkeit *Weiß* in Klang² III 367.

[132] *Weiß* in Klang² III 372.

[133] Dies meint offenbar *Weiß* in Klang² III 372 (missverstanden und daher zu Unrecht kritisiert von *Kletečka*, Ersatz- und Nacherbschaft 63).

wurde, kam man letztendlich der Forderung *Steinlechners*,[134] den bisherigen § 541 hinter die Erbunwürdigkeitsgründe zu reihen, nach, die *Steinlechner* bereits im Vorfeld der III. TN geäußert hatte.

2. Die Eintrittsberechtigten iSd § 542

25 Wie nach bisherigem Recht haben nur solche Nachkommen des Erbunwürdigen ein Eintrittsrecht, die nach der gesetzlichen Erbfolge grundsätzlich als Erben des Verstorbenen in Frage kommen (Rz 10). Der neue Wortlaut bringt dies deutlicher als bisher zum Ausdruck, umso mehr im Zusammenhalt mit der neu eingefügten Überschrift: In der neuen Bestimmung heißt es nun nicht mehr, dass die Nachkommen an Stelle des Erbunwürdigen „zur Erbfolge berufen sind"; vielmehr ist die Rede davon, dass „die Nachkommen der erbunwürdigen Person (...) bei gesetzlicher Erbfolge an deren Stelle (treten)". Die neue Überschrift wiederum spricht explizit vom „Eintrittsrecht bei Erbunwürdigkeit". Damit sind nun wohl jegliche Zweifel darüber, ob die Norm einen eigenen Berufungsgrund für die Nachkommen des Erbunwürdigen darstellt, unabhängig davon, ob diese zum Kreis der gesetzlichen Erben nach dem Verstorbenen gehören, beseitigt (s dazu oben Rz 8 ff).

26 Eintrittsberechtigt sind also nach wie vor jene Nachkommen der erbunwürdigen Person, die nach den inhaltlich unverändert gebliebenen, lediglich sprachlich modernisierten §§ 733 ff im Falle des Vorversterbens des vermittelnden Vorfahrens an dessen Stelle zum Zuge kämen: Kein Eintrittsrecht haben daher wie bisher die Wahlkinder des Erbunwürdigen, die Seitenverwandten der vierten Parentel (vgl § 740 nF, der ebenfalls keine inhaltlichen Änderungen mit sich bringt) sowie die Nachkommen des erbunwürdigen Ehegatten (s oben Rz 10).

27 Zu beachten ist der neue § 744 Abs 1: Ist neben der zweiten Parentel ein erbberechtigter Ehegatte/EP vorhanden, so fällt diesem der Erbteil eines vorverstorbenen Elternteils zu;[135] bei Existenz eines erbberechtigten Ehegatten/EP gibt es somit in zweiter Parentel kein Eintrittsrecht der Nachkommen mehr[136] (anders bisher: § 757 Abs 1 idF bis 31. 12. 2016, wonach zwar die Nachkommen der Geschwister des Erblassers, nicht aber die Geschwister selbst vom Erbrecht ausgeschlossen waren, s oben Rz 10). Die Geschwister des Verstorbenen können somit bei Existenz eines Ehegatten nicht gem § 542 nF in die Erbportion eines erbunwürdigen Elternteils eintreten. Neben der dritten Parentel erbt ausschließlich der Ehegatte/EP; ist ein solcher vorhanden, stellt sich die Frage nach einem allfälligen Eintrittsrecht der Nachkommen in dritter Parentel

---

[134] ZBl 29, 370; *Steinlechner* forderte die Umreihung der damaligen §§ 541, 542, um jegliche „Zweifel der Exegese abzuschneiden", vor dem Hintergrund des im 19. Jhdt herrschenden Meinungsstreits darüber, ob der damalige § 541 auch für die Fälle des bisherigen § 542 gelte (dazu näher Rz 12); ebenso nach dem Inkrafttreten der III. TN *Hanausek*, NZ 1917, 202.

[135] Dazu *Fischer-Czermak*, Ehegattenerbrecht, Rechte des Lebensgefährten und Abgeltung von Pflegeleistungen, in Rabl/Zöchling-Jud, Das neue Erbrecht; Erbrechts-Änderungsgesetz 2015 (2015) 27 (29).

[136] Zur Verschiebung der Erbrechtsgrenze in die zweite Parentel *Fischer-Czermak* in Rabl/Zöchling-Jud, Neues Erbrecht 28.

schon aus diesem Grund nicht mehr (demgegenüber verhinderte die Existenz eines Ehegatten gem § 757 Abs 1 zwar das Eintrittsrecht der Nachkommen, die Stammhäupter der dritten Parentel waren jedoch neben dem Ehegatten zu einem Drittel erbberechtigt, s oben Rz 10).

3. Reichweite des § 542 nF

Mit der Nachreihung des § 542 nF im Anschluss an die Erbunwürdigkeitsgründe der §§ 539–541 nF und der Terminologie der Bestimmungen – so sprechen sowohl die §§ 539–541 nF als auch § 542 nF von Erbunwürdigkeit – ist klargestellt,[137] dass das Eintrittsrecht bei allen Fällen der Erbunwürdigkeit gilt. Dies entspricht der seit langem hA zu § 541 idF bis 31. 12. 2016, wonach sich diese Norm auch auf die Fälle der Erbunwürdigkeit nach § 542 (nunmehr § 540 nF) bezieht (s dazu oben Rz 12). 28

Unklar ist dagegen, ob das Eintrittsrecht im Falle der – theoretisch weiterhin möglichen – absoluten Erbunfähigkeit gilt. Nach bisheriger Rechtslage wurde die (analoge) Anwendung des bisherigen § 541 befürwortet (s Rz 13). Der Novellengesetzgeber ist freilich mit Selbstverständlichkeit davon ausgegangen, dass es nach neuer Rechtslage keine absolute Erbunfähigkeit mehr gibt. Nach § 538 nF scheint vielmehr die Erbunwürdigkeit der einzige verbliebene Fall der (relativen) Erbunfähigkeit zu sein. Allerdings sind auch weiterhin Fälle der absoluten Erbunfähigkeit denkbar: zum einen im Falle der Retorsion iSd § 33 S 2, zum anderen im Falle einer juristischen Person, deren Satzung den Erwerb von Todes wegen ausschließt[138] (zur Erbfähigkeit juristischer Personen näher *Schauer/Motal* in diesem Band § 536 Rz 14 ff). Die Frage des Eintrittsrechts bei gesetzlicher Erbfolge kann sich selbstverständlich nur hinsichtlich der theoretisch weiterhin bestehenden Retorsion erheben, weil juristische Personen ja nicht im Rahmen der gesetzlichen Erbfolge erben können, sodass deren Erbfähigkeit nur bei gewillkürter Erbfolge relevant sein kann (s dazu § 536 Rz 14). Bezüglich der absoluten Erbunfähigkeit gem § 33 wird man § 542 nF im Einklang mit der zum bisherigen § 541 hA analog anwenden müssen, sofern die Vergeltungsnorm nicht auch auf die Nachkommen des Erbunfähigen zutrifft (dazu oben Rz 13).[139] 29

4. Weiterhin Bedarf an analoger Anwendung des § 542 nF

Auch nach der Erbrechtsreform scheint *prima vista* weiterhin ein Mischsystem zwischen materieller und formeller Repräsentation zu bestehen. Bei genauerer Betrachtung dürfte es jedoch nicht mehr so sehr der Gedanke der materiellen Repräsentation – dh ein *ius repraesentationis* iS einer abgeleiteten materiellen Erbberechtigung – sein, der in der jeweiligen Fallkonstellation die 30

---

[137] Die Mat äußern sich dazu freilich nicht: vgl EB RV 688 BlgNR 25. GP 6.
[138] *Schauer/Motal/Reiter/Hofmair/Wöss*, Erbrechtsreform: Paradigmenwechsel oder Window Dressing?, JEV 2015, 40 (43); zum satzungsmäßigen Ausschluss des erbrechtlichen Erwerbs s *Schauer/Motal* in diesem Band § 536 Rz 14; abw *Kogler* in diesem Band §§ 545, 546 (§ 543 nF) Rz 16.
[139] *Kralik*, Erbrecht³ 43.

Nachkommen von der gesetzlichen Erbfolge und/oder vom Pflichtteilsrecht ausschließt, sondern vielmehr der Gedanke, ob der Eintritt der Nachkommen dem typischen Willen des Verstorbenen und/oder zunächst als Erbe in Frage Kommenden entspricht oder nicht (s auch bereits zur bisherigen Rechtslage oben Rz 15). Dies wird anhand mancher Formulierung des ErbRÄG 2015 deutlich, wonach der Ausschluss der Nachkommen offenbar als Zweifelsregel konstruiert sein soll (vgl § 758 Abs 2 nF); zu den Widersprüchen zwischen § 551 Abs 2 nF (Dispositivnorm wie der bisherige § 551 S 3) einerseits und § 758 Abs 2 nF, wonach die Wirkungserstreckung des Verzichts als Zweifelsregel konstruiert ist, s *Kogler* in diesem Band § 551 Rz 70.

31 Die Frage, ob die Nachkommen eines rechtmäßig Enterbten ein Eintrittsrecht haben, wenn es zur gesetzlichen Erbfolge kommt (s zur bisherigen Rechtslage oben Rz 16), wird entsprechend der jüngeren Rsp nun ausdrücklich im Gesetz beantwortet: Gem § 729 Abs 3 nF treten die Nachkommen an die Stelle des Enterbten. Dies gilt gem § 729 Abs 2 nF freilich nur, wenn die rechtmäßige Enterbung auch den Entzug des gesetzlichen Erbrechts umfasst, was allerdings im Zweifel anzunehmen ist.

32 Unbeantwortet blieb die Frage, ob die Nachkommen einer Person, die unrechtmäßig enterbt oder, ohne pflichtteilsberechtigt zu sein, vom gesetzlichen Erbrecht ausgeschlossen ist, ein gesetzliches Erbrecht haben. Diese Streitfrage bleibt also bestehen (s dazu oben Rz 17).

33 Fraglich ist, ob die Nachkommen eines Ausschlagenden nach neuem Recht ein Eintrittsrecht haben (s zur bisherigen Rechtslage Rz 18). Das Gesetz scheint nun neben den (unverändert gebliebenen) Wertungen des § 551[140] (nunmehr: § 551 Abs 2 nF) einen zusätzlichen Anhaltspunkt für dieses Ergebnis zu bieten: So bestimmt § 758 Abs 2 nF im Rahmen des Pflichtteilsrechts ausdrücklich, dass die Nachkommen des Ausschlagenden im Zweifel kein Pflichtteilsrecht haben. Für die gesetzliche Erbfolge fehlt aber eine entsprechende Bestimmung. Zwar verweisen die Mat[141] zum neuen § 758 auf den Meinungsstand zur Frage, ob bei gesetzlicher Erbfolge ein Eintrittsrecht des Ausschlagenden besteht oder nicht; die neueren Tendenzen der Rsp (s oben Rz 18), wonach die Nachkommen des Ausschlagenden ein Eintrittsrecht haben, sofern die Auslegung der Erklärung des Ausschlagenden nichts anderes ergibt, blieben in den Mat jedoch unbeachtet.

5. Eintrittsrecht der Nachkommen im Pflichtteilsrecht

34 Gem § 758 nF ist konkret pflichtteilsberechtigt, wer ein gesetzliches Erbrecht hätte, käme es zur gesetzlichen Erbfolge (vgl den bisherigen § 763 aE). Da aber der Erbunfähige kein Erbrecht und somit auch kein gesetzliches Erbrecht hat, ergibt sich der Ausschluss des Erbunfähigen vom Pflichtteilsrecht bereits aus § 758 Abs 1 nF[142] (s dazu oben § 540 [§§ 539, 541 nF] Rz 92). An-

---

[140] S aber die jüngere Rsp des OGH, die betont, dass § 551 S 3 idF bis 31.12.2016 im Zweifel nicht analog auf die Ausschlagung anzuwenden ist (dazu Rz 18 mwN in FN 105).
[141] EB RV 688 BlgNR 25. GP 24.
[142] *Zöchling-Jud*, Die Neuregelung des Pflichtteilsrechts im ErbRÄG 2015, in Rabl/Zöchling-Jud, Das neue Erbrecht; Erbrechts-Änderungsgesetz 2015 (2015) 71 (84); *Schauer*, Pflicht-

stelle des Erbunwürdigen haben vielmehr dessen eintrittsberechtigte Nachkommen iSd § 542 nF an seiner Statt ein gesetzliches Erbrecht. Demnach sind die nach § 542 nF Eintrittsberechtigten konkret pflichtteilsberechtigt iSd § 758 Abs 1 nF, § 542 nF gilt (wie der bisherige § 542 iVm dem bisherigen § 763 aE) mittelbar auch im Pflichtteilsrecht (s dazu oben Rz 19).

Demgegenüber heißt es allerdings in § 758 Abs 2 nF, dass „den Nachkommen einer erbunfähigen oder enterbten vorverstorbenen Person (...) ein Pflichtteil zu(steht)". Nach dem Wortlaut dieser Bestimmung scheint für die Nachkommen des Erbunwürdigen (und auch des Enterbten) die alte, mit der III. TN jedoch aufgegebene Regel *vivi nulla repraesentatio* (s dazu oben Rz 3 ff) im Rahmen des Pflichtteilsrechts wieder eingeführt worden zu sein. Dieses Ergebnis kann jedoch nicht im Sinne des Gesetzgebers sein; dies umso weniger, als nach § 758 Abs 2 nF, würde man diese Norm entsprechend ihrem (wenn auch eindeutigen) Wortlaut anwenden, überdies auch die Nachkommen eines vorverstorbenen Kindes nur dann pflichtteilsberechtigt wären, wenn der Vorverstorbene entweder erbunwürdig oder enterbt wäre. 35

Hier liegt vielmehr ein Redaktionsversehen vor: Im ME lautete der geplante Wortlaut des § 758 Abs 2 nF nämlich noch wie folgt: „Den Nachkommen einer im Zeitpunkt des Todes des Erblassers bereits verstorbenen, erbunfähigen oder enterbten Person steht ein Pflichtteil zu (...)".[143] Dabei sollte es sich um die Aufzählung dreier Tatbestandsvarianten handeln, die jeweils zum Eintritt der Nachkommen führen – Erbunwürdigkeit oder Enterbung oder Vortod des vermittelnden Vorfahrens, was auch der einhelligen Auffassung zur Rechtslage bis 31. 12. 2016 entspricht: Dass nämlich nicht nur die Abstämmlinge eines vorverstorbenen Kindes, sondern auch jene eines erbunwürdigen oder enterbten Kindes kraft Eintrittsrechts pflichtteilsberechtigt sind,[144] ist im Ergebnis[145] unbestritten. Wie sich aus den Erläuterungen des ME ergibt, sollte mit § 758 Abs 2 nF bloß die bisher hA zu dieser Frage kodifiziert werden.[146] In der RV wurde der Wortlaut jedoch verändert; diese Fassung wurde sodann Gesetz. Eine Begründung für den geänderten Wortlaut und den damit verbundenen Bedeutungswandel des § 758 Abs 2 nF findet sich in den Erläuterungen jedoch nicht – ganz im Gegenteil, vielmehr blieb die Begründung für § 758 Abs 2 nF dieselbe wie im ME, sie wurde unverändert in die EB RV übernommen.[147] Der mit der Umformulierung des § 758 Abs 2 nF einhergehende Bedeutungswandel war demnach mit Sicherheit nicht beabsichtigt. Hinzu kommt, dass für die hier interessierende Erbunwürdigkeit eines Nachkommen gem § 758 Abs 1 nF iVm § 542 nF doch das Gegenteil von § 758 Abs 2 nF angeordnet ist, denn der 36

---

teilsrecht einschließlich Gestaltung der Pflichtteilsdeckung, in Deixler-Hübner/Schauer, Erbrecht NEU (2015) 55 (58).

[143] 100/ME 25. GP 17.

[144] Vgl § 763 idgF iVm § 541 idgF hinsichtlich Erbunwürdigkeit des vermittelnden Vorfahrens (dazu oben Rz 17); § 763 idgF iVm den §§ 733 ff hinsichtlich Vortod; § 780 idgF bezüglich Enterbung.

[145] Zu den unterschiedlichen Begründungen dieses Ergebnisses sowie zur heute hA hinsichtlich der Nachkommen eines erbunwürdigen Kindes s oben Rz 19 und FN 106 ebendort.

[146] EB 100/ME 25. GP 22 unter Hinweis auf die bisher hA.

[147] EB RV 688 BlgNR 25. GP 24.

gradfernere Abstämmling hätte ja gem § 542 nF ein gesetzliches Erbrecht, käme es zur gesetzlichen Erbfolge. Ähnliches gilt im Zweifel gem § 758 Abs 1 nF iVm § 729 Abs 3 nF für die Nachkommen eines Enterbten, zumal ja auch dieser gem § 729 Abs 3 nF im Zweifel ein gesetzliches Erbrecht hat (zum neuen § 729 Abs 3 s oben Rz 31). In Fällen wie diesem, in dem ein offensichtliches Redaktionsversehen vorliegt, wird man die Norm daher entgegen dem – wenn auch scheinbar eindeutigen – Wortlaut im Einklang mit der – ebenfalls klaren und eindeutigen Absicht des Gesetzgebers – so verstehen müssen, dass die Nachkommen eines erbunwürdigen oder enterbten Kindes unabhängig davon, ob dieses noch lebt oder nicht, ein formelles Eintrittsrecht haben.[148] Dies ist keine (unzulässige) „korrigierende" Auslegung, sondern vielmehr ein Aspekt der am wahren Willen des Gesetzgebers orientierten historischen Auslegung.[149] Hinzu kommt, dass nur auf diese Weise die ansonsten bestehende Antinomie zwischen Abs 1 und Abs 2 des § 758 nF aufgelöst werden kann, zumal der eintrittsberechtigte Nachkomme ja gem § 758 Abs 1 nF konkret pflichtteilsberechtigt ist. Auch der erwähnte Wertungswiderspruch mit § 729 Abs 3 lässt sich nur auf diese Weise auflösen.

6. Die Rechtsstellung der Nachkommen des Erbunwürdigen bei testamentarischer Erbfolge

37 Inhaltlich hat sich durch die Novelle diesbezüglich grundsätzlich[150] nichts geändert (s oben Rz 20 ff). Die vermutete Ersatzerbschaft, die bisher aus § 779 Abs 1 idF bis 31. 12. 2016 abgeleitet wurde (dazu oben Rz 22), wurde nun explizit im neuen § 605 geregelt. Zur Ersatzerbschaft bei Erbunfähigkeit nach neuem Recht im Allgemeinen s § 540 (§§ 539, 541 nF) Rz 89.

7. Übergangsrecht

38 § 542 nF ist anwendbar, wenn der Verstorbene nach dem 31. 12. 2016 verstorben ist (§ 1503 Abs 7 Z 1 und 2 idF ErbRÄG 2015).

Ueber das Vostellungsrecht, insofern dasselbe auf den Pflichttheil der Enkel und Urenkel bezogen wird, nach dem österr. allg. bürgerl. Gesetzbuch, WagnersZ 1834.

---

[148] Ein formelles Eintrittsrecht der Nachkommen eines Erbunwürdigen oder Enterbten bejahend, allerdings ohne auf den scheinbar gegenteiligen Wortlaut des § 758 Abs 2 nF einzugehen *Rabl*, NZ 2015, 326; ähnlich wie hier *A. Tschugguel*, EF-Z 2016, 140 f.

[149] IdS *Kerschner/Kehrer* in Fenyves/Kerschner/Vonkilch, ABGB³ (Klang) §§ 6, 7 Rz 34, 101.

[150] Zu den Unterschieden hinsichtlich einer angeordneten Ersatzerbschaft iSd §§ 604 ff nF s § 540 (§§ 539, 541 nF) Rz 89.

§ 542. Wer den Erblasser zur Erklärung des letzten Willens gezwungen, oder betrüglicher Weise verleitet, an der Erklärung, oder Abänderung des letzten Willens gehindert, oder einen von ihm bereits errichteten letzten Willen unterdrückt hat, ist von dem Erbrechte ausgeschlossen, und bleibt für allen einem Dritten dadurch zugefügten Schaden verantwortlich.

Stammfassung JGS 1811/946.

Zu § 542 idF BGBl I 2015/87 (ErbRÄG 2015) s bei § 541 idF bis 31.12.2016

§ 540. Wer absichtlich die Verwirklichung des wahren letzten Willens des Verstorbenen vereitelt oder zu vereiteln versucht hat, etwa indem er ihn zur Erklärung des letzten Willens gezwungen oder arglistig verleitet, ihn an der Erklärung oder Änderung des letzten Willens gehindert oder einen bereits errichteten letzten Willen unterdrückt hat, ist erbunwürdig, sofern der Verstorbene nicht zu erkennen gegeben hat, dass er ihm verziehen hat. Er haftet für jeden einem Dritten dadurch zugefügten Schaden.

IdF BGBl I 2015/87 (ErbRÄG 2015) in Kraft ab 1. 1. 2017. Mat: EB RV 688 BlgNR 25. GP.

Lit: *Zeiller,* Commentar über das allgemeine bürgerliche Gesetzbuch für die gesammten Deutschen Erbländer der Oesterreichischen Monarchie II/2 (1812); *Gapp,* Über die Frage: Ob der § 541 des allgemeinen bürgerlichen Gesetzbuches sich auch auf die Nachkommen desjenigen bezieht, der nach § 542 desselben von dem Erbrechte ausgeschlossen ist?, WagnersZ 1825 II 189; *Nippel,* Erläuterung des allgemeinen bürgerlichen Gesetzbuches für die gesammten deutschen Länder der österreichischen Monarchie; mit besonderer Berücksichtigung des practischen Bedürfnisses IV: enthaltend die §§ 531 bis einschließig 726 (1832); *Szadbej,* Ueber das Vorstellungsrecht, insofern dasselbe auf den Pflichttheil der Enkel und Urenkel bezogen wird, nach dem österr. allg. bürgerl. Gesetzbuche, WagnersZ 1834 I 71; *Gspan,* Ueber das Vorstellungs-Recht bey der gesetzlichen Erbfolge, nach dem allgemeinen österr. Bürgerl. Gesetzbuche, WagnersZ 1835 I 349; *Winiwarter,* Das Oesterreichische bürgerliche Recht III: Des dinglichen Sachenrechtes zweyte Abteilung[2] (1841); *Schwab,* Ob sich derjenige des Erbrechtes unwürdig mache, der einen letzten Willen unterschoben hat?, WagnersZ 1845 II 1; *Michel,* Die Erbunwürdigkeit nach österreichischen Gesetzen, VJSchr 1858, 29; *Pfaff/Hofmann,* Commentar zum österreichischen allgemeinen bürgerlichen Gesetzbuche II/1 (1877); *dies,* Excurse über österreichisches allgemeines bürgerliches Recht; Beilagen zum Kommentar II/1 (1878); *Hoppen,* Die Erbunwürdigkeit im österr. allg. bürg. Gesetzbuche, GH 1878, 351, 357 und 361; *Mages,* Ueber einige Controversen aus dem Erbrechte, GZ 1878, 93; *Unger,* System des österreichischen allgemeinen Privatrechts VI: Das österreichische Erbrecht[4] (1894); *L. Pfaff,* Die Clausel: Rebus sic stantibus in der Doctrin und der österreichischen Gesetzgebung, in FS Unger (1898) 221; *Stubenrauch,* Commentar zum österreichischen allgemeinen bürgerlichen Gesetzbuche[8] I (1902); *Anders,* Grundriß des Erbrechts[2] (1910); *Krasnopolski/Kafka,* Lehrbuch des Österreichischen Privatrechts V: Österreichisches Erbrecht (1914); *Bartsch,* Erbrecht[2] (1944); *Steinwenter,* Erbrechtliche Miszellen, JBl 1955, 157; *Kralik,* System des österreichischen allgemeinen Privatrechts IV: Das Erbrecht[3] (1983); *Gschnitzer/Faistenberger,* Österreichisches Erbrecht[2] (1984); *Welser,*

Buchbesprechung, JBl 1985, 700; *B. Jud*, § 540 ABGB – Erbunwürdigkeit und Tod des Erblassers, NZ 2006, 70; *Likar-Peer* in Ferrari/Likar-Peer (Hrsg), Erbrecht; ein Handbuch für die Praxis (2007); *Welser*, Reform des österreichischen Erbrechts: Gutachten; Verhandlungen des 17. ÖJT II/1 (2009); *Scheuba*, Pflichtteilsrecht, in Gruber/Kalss/Müller/Schauer (Hrsg), Erbrecht und Vermögensnachfolge (2010) § 9; *Zimmermann*, Erbunwürdigkeit; die Entwicklung eines Rechtsinstituts im Spiegel europäischer Kodifikation, in FS Koziol (2010) 463.

Lit zum ErbRÄG 2015: *Zöchling-Jud*, Die Neuregelung des Pflichtteilsrechts im ErbRÄG 2015, in Rabl/Zöchling-Jud (Hrsg), Das neue Erbrecht; Erbrechts-Änderungsgesetz 2015 (2015) 71; *Pesendorfer*, Die Erbrechtsreform im Überblick: Allgemeiner Teil – gewillkürte Erbfolge – gesetzliches Erbrecht – Erbschaftserwerb – Verjährung, iFamZ 2015, 230; *Barth*, Das neue Pflichtteilsrecht: Die Änderungen durch das ErbRÄG 2015 im Überblick, iFamZ 2015, 237; *Mondel*, Letztwillige Verfügungen einschließlich Erbunwürdigkeits- und Enterbungsgründe, in Deixler-Hübner/Schauer (Hrsg), Erbrecht NEU (2015) 47; *Kathrein*, Das neue Erbrecht: Einige Ziele und Schwerpunkte der Reform, EF-Z 2016, 4; *N. Brandstätter*, Checkliste Erbrechtsreform, ecolex 2016, 30 und 461.

Übersicht
Teil A: Rechtslage bis 31. 12. 2016

I.	Entstehungsgeschichte	1
II.	Normzweck	2–3
III.	Rechtsnatur	4–6
IV.	Die Fälle des § 542	7–35
	1. Verleitung zu einem letzten Willen (§ 542 1. Fall)	7–13
	a) Allgemeines	7–9
	b) Zwang	10–12
	c) „Betrügliches" Verleiten	13
	2. Verhinderung an der Erklärung oder Abänderung des letzten Willens (§ 542 2. Fall)	14–18
	3. Unterdrückung eines letzten Willens (§ 542 3. Fall)	19–25
	4. Weitere Vereitelungshandlungen, insb Verfälschung und Unterschiebung	26–35
V.	Weitere Kriterien des § 542	36–40
	1. Vereitelungsabsicht	36
	2. Versuch	37–38
	3. Bedeutung des wahren Erblasserwillens	39
	4. Erfordernis der Rechts- bzw Sittenwidrigkeit	40
VI.	Beseitigung der Erbunwürdigkeit nach § 542	41–44
VII.	Rechtsfolgen	45–54
	1. Erbunwürdigkeit (relative Erbunfähigkeit)	45–47
	2. Enterbungsgrund	48
	3. Schadenersatz	49–54

Teil B: Rechtslage ab 1. 1. 2017

VIII. ErbRÄG 2015: § 540 nF	55–71
1. Allgemeines zur Neuregelung	55–57
2. Die Neuerungen des § 540 nF im Einzelnen	58–70
a) Struktur der Norm	58
b) Generaltatbestand	59–62
aa) Allgemeines	59
bb) Vereitelungsabsicht	60
cc) Versuchte Vereitelung	61
dd) Wahrer letzter Wille	62
c) Die Fälle des § 540 nF	63–65
d) Verzeihung	66
e) Rechtsfolgen	67–68
aa) Die Wirkungen der Erbunwürdigkeit	67
bb) Schadenersatz	68
f) Enterbungsgrund	69
g) Der neue § 543 Abs 2	70
3. Übergangsbestimmungen	71

Teil A: Rechtslage bis 31. 12. 2016

I. Entstehungsgeschichte

Verfehlungen gegen den letzten Willen des Erblassers bzw Eingriffe in dessen Testierfreiheit waren schon im römischen und gemeinen Recht ein Indignitätsgrund.[1] Ähnlich kannte auch das ältere österreichische Recht die Verwirkung des Erbrechts;[2] diese fand – wie auch im römischen Recht – zugunsten des Fiskus statt[3] (zur Ereption des römischen Rechts s oben § 540 [§§ 539, 541 nF] Rz 3). § 542 basiert auf § 339 II WGB („Wer den Erblasser durch Zwang, oder List zur Erklärung, oder Nichterklärung seines letzten Willens verleitet, oder einen von ihm bereits errichteten letzten Willen unterdrückt hat, ist von dem Erbrechte ausgeschlossen, und verantwortet allen einem Dritten dadurch zugefügten Schaden").[4] Die heutige Fassung geht im Wesentlichen auf den Textvorschlag *Zeillers* in der Sitzung vom 2. 1. 1804 zurück, nachdem das niederösterreichische Appellationsgericht vorgeschlagen hatte, statt von „List" besser von „Betrug" zu sprechen („Wer den Erblasser zur Erklärung des letzten Willens gezwungen, oder betrüglicher Weise verleitet, an der Erklärung des letzten Willens gehindert, oder einen von ihm bereits errichteten letzten

1

---

[1] *Pfaff/Hofmann*, Excurse II/1, 22; *Weiß* in Klang² III 103; s auch die bei *Unger*, Erbrecht⁴ 20 Anm d, 21 Anm e, 24 Anm 15 f, 25 Anm 18 zitierten Digestenstellen.

[2] *Pfaff/Hofmann*, Excurse II/1, 22; *Weiß* in Klang² III 103.

[3] *Walther*, Tractatus II cap XV, in *Suttinger's* Consuetudines Austriacae (1718) 957 („Wann ein Erb einen Geschäfftiger zu einem Geschäfft mit Gewalt oder Betrug tringt/ohne Ursach/oder ihn daran hindert"); *Beckmann*, Idea iuris statutarii et consuetudinarii Stiriaci et Austriaci (1688) 484; dazu *Pfaff/Hofmann*, Excurse II/1, 22; *Weiß* in Klang² III 103.

[4] *Ofner*, Ur-Entwurf I, LIX.

Willen unterdrückt hat, ist von dem Erbrechte ausgeschlossen, und bleibt für allen einem Dritten dadurch zugefügten Schaden verantwortlich").[5] In der Superrevision am 30. 9. 1809 wurde der Tatbestand der Hinderung auf Antrag *Pratobeveras* um die Worte „oder Abänderung" ergänzt.[6] Anders als § 540, dem zahlreiche Novellierungen widerfahren waren (dazu § 540 [§§539, 541 nF] Rz 5 ff, 27 f), sollte § 542 bis zur Erbrechtsreform 2015 (dazu unten Rz 55 ff) unverändert in der Urfassung bestehen bleiben.

II. Normzweck

2 § 542 sanktioniert Handlungen (dazu unten Rz 7 ff), die auf die Vereitelung des letzten Willens bzw die Beschränkung der Testierfreiheit des Erblassers (wozu auch die Freiheit, nicht zu testieren, gehört) abzielen (sog „Vereitelungshandlungen"[7]), mit relativer, *ipso iure* wirkender Erbunfähigkeit (dazu näher § 540 [§§ 539, 541 nF] Rz 46 ff). Ferner bestimmt § 542, dass der solcherart Handelnde Dritten gegenüber schadenersatzpflichtig wird (dazu näher unten Rz 49 ff). Im Gesetz sind mehrere Tatbestände genannt: Zwang oder betrügerisches Verleiten zur Erklärung eines letzten Willens (Rz 7 ff); das Hindern an der Errichtung oder Abänderung eines letzten Willens (Rz 14 ff); schließlich die Unterdrückung eines bereits bestehenden letzten Willens (Rz 19 ff). Gemeinsam ist diesen in § 542 erwähnten Handlungen, dass dadurch der Erblasser in seiner Testierfreiheit gewaltsam beschränkt oder eine dem wahren Willen des Erblassers widersprechende Erbfolge herbeigeführt werden soll;[8] sie stellen allesamt Verfehlungen gegen den letzten Willen des Erblassers[9] dar. Sie verfälschen bzw vereiteln den Willen des Erblassers[10] bzw beeinträchtigen ihn in seiner Testierfreiheit.[11] Grundgedanke der Norm ist also, dass jeder vom Erbrecht nach dem Erblasser ausgeschlossen sein soll, „der eine dem wahren Willen des Erblassers widersprechende Ordnung der Erbfolge herbeizuführen sucht"[12] und darüber hinaus Dritten gegenüber schadenersatzpflichtig wird. § 542 schützt demnach zunächst den letzten Willen, die Testierfreiheit des Erblassers, aber bis zu einem gewissen Grad (dazu Rz 3, 18) auch die Interessen Dritter (der Geschädigten).[13] Darüber hinaus hat die Bestimmung gleichzeitig repressiven und rechtspoliti-

---

[5] *Ofner*, Ur-Entwurf I 328.
[6] *Pfaff/Hofmann*, Excurse II/1, 22; *Ofner*, Ur-Entwurf II 538; *Weiß* in Klang[2] III 103.
[7] *Werkusch-Christ* in Kletečka/Schauer, ABGB-ON 1.03 § 542 Rz 2.
[8] *Krasnopolski/Kafka*, Erbrecht 22.
[9] *Welser* in Rummel/Lukas[4] § 542 Rz 1; *Likar-Peer* in Ferrari/Likar-Peer, Erbrecht 289; *Eccher* in Schwimann/Kodek[4] III § 542 Rz 1; OGH 23.5.1984, 1 Ob 581/84, NZ 1985, 13; 5.8.1999, 1 Ob 175/99p, EvBl 2000/12; 17.11.2004, 9 Ob 124/04g, EFSlg 108.023; 3.5.2007, 1 Ob 281/06i, iFamZ 2007/133 (*W. Tschugguel*) = JEV 2007/16 = EFSlg 117.180–117.183; 29.4.2014, 2 Ob 18/14g.
[10] *Likar-Peer* in Ferrari/Likar-Peer, Erbrecht 285, 289; *Welser* in Rummel/Lukas[4] § 542 Rz 1.
[11] *Zeiller*, Kommentar II/2, 399; *Nippel*, Erläuterung IV 33.
[12] *Unger*, Erbrecht[4] 25 Anm 19; *diesen* wörtlich widergebend *Stubenrauch*, Commentar[8] I 748; *Handl* in Klang II/1, 53; ganz ähnlich *Ehrenzweig*, System II/2[2], 373; s dazu auch die Nachweise unten Rz 28.
[13] *Zeiller*, Commentar II/2, 399; *Nippel*, Erläuterung IV 33.

schen Charakter.[14] Ob dies allerdings Grund oder bloß Wirkung der Norm ist, ist damit vorerst noch nicht gesagt.

Fraglich ist vielmehr, ob die relative Erbunfähigkeit iSd § 542 vornehmlich oder ausschließlich im Interesse des Erblassers eintritt[15] oder ob der gesetzgeberische Grund des § 542 vielmehr im Schutz der Erbfolgeordnung an sich und somit im Interesse der Erben liegt:[16] So haben *Zeiller*[17] und diesem folgend *Nippel*[18] einerseits den Schutz der Testierfreiheit des Erblassers als Normzweck hervorgehoben, da alle in § 542 aufgezählten Handlungen die rechtliche Freiheit, über seinen Nachlass nach Gefallen zu verfügen, verletzen; sie verwiesen aber auch darauf, dass durch diese Handlungen die Rechte derjenigen, denen ohne diese Handlungen der Nachlass zugefallen wäre, verletzt würden.[19] Ähnlich betont *Kralik*,[20] die Norm habe nicht nur die Rechtssphäre des Erblassers im Auge, sondern auch Dritte und wolle deren Rechte sowie die objektive Beweislage schützen; diese sei nämlich besonders gefährdet, weil der Erblasser selbst als Beweismittel nicht mehr zur Verfügung stehe.[21] *Handl*[22] hält den Schutz der Erbfolgeordnung und somit die Interessen und Rechte der Erben überhaupt für den alleinigen gesetzgeberischen Grund des § 542. Dies komme im in § 542 angeordneten Schadenersatzanspruch Dritter zum Ausdruck, daher sei der Zweck der Norm lediglich ein vermögensrechtlicher. Demgegenüber sieht die hA[23] den Hintergrund der Norm – ebenso wie bei § 540 – im vermuteten Erblasserwillen[24] (s dazu auch Rz 4 sowie § 540 [§§ 539, 541 nF] Rz 1). Es ist, wie *Weiß*[25] betont hat, der Erblasser, den § 542 in seiner Verfügungsfreiheit schützen will. Der in § 542 aE angeordnete Schadenersatzanspruch steht dem mE nicht entgegen: Da nämlich qua Schadenersatz das vom Erblasser eigentlich gewollte Ergebnis wiederhergestellt wird (s dazu unten Rz 18, 50), dient dieser vor allem auch dem Interesse des Erblassers. Schutzzweck der Norm ist also der letzte

3

---

[14] *Stubenrauch*, Commentar⁸ I 748 FN 4; ähnlich bereits *Zeiller*, Commentar II/2, 399; *Nippel*, Erläuterung IV 34.

[15] So *Weiß* in Klang² III 105; OGH 3.5.2007, 1 Ob 281/06i, iFamZ 2007/133 (*W. Tschugguel*) = JEV 2007/16 = EFSlg 117.180–117.183; 12.1.2012, 6 Ob 264/11h, JEV 2012/8.

[16] So *Handl* in Klang II/1, 53 f.

[17] Commentar II/2, 399

[18] Erläuterung IV 33.

[19] Dazu krit *Weiß* in Klang² III 105.

[20] Erbrecht³ 39.

[21] *Kralik*, Erbrecht³ 38. Zum Schutz der objektiven Beweislage vgl im Ergebnis auch ähnlich *Nippel*, Erläuterung IV 35 und *Weiß* in Klang² III 108, die im Zusammenhang mit der Verhinderung eines letzten Willens (§ 540 2. Fall) von deren besonderer Gefährlichkeit für die Rechtssicherheit sprechen; *Weiß* betont allerdings an anderer Stelle, dass Schutzzweck der Norm einzig die Testierfreiheit sei (*Weiß* in Klang² III 105).

[22] In Klang II/1, 53 f.

[23] *Ehrenzweig*, System II/2², 371, 373; *Bartsch*, Erbrecht² 10; *Koziol/Welser/Zöchling-Jud*¹⁴ II Rz 1889 ff; *Likar-Peer* in Ferrari/Likar-Peer, Erbrecht 285; *Scheuba* in Gruber/Kalss/Müller-Schauer, Erbrecht und Vermögensnachfolge § 9 Rz 59; OGH 19.2.1929, 1 Ob 128/29, SZ 11/42 = NZ 1929, 66 ua.

[24] AA *Zeiller*, Commentar II/2, 399; *Gapp*, WagnersZ 1825 II 193, 195, 197, 209; *Nippel*, Erläuterung IV 38.

[25] In Klang² III 105.

Wille des Erblassers bzw dessen Testierfreiheit.[26] Dass sich die Norm im Ergebnis auch auf andere Interessen auswirkt, ist demnach Konsequenz, nicht Zweck der Norm.

III. Rechtsnatur

4 Sowohl in dogmengeschichtlicher als auch in rechtsvergleichender Hinsicht[27] (vgl etwa § 2339 BGB, Art 540 SchwZGB) gehören Verfehlungen gegen den letzten Willen bzw gegen die Testierfreiheit zur „zweiten Gruppe von Erbunwürdigkeitsgründen";[28] es handelt sich dabei um die Erbunwürdigkeit *ratione testamenti* (im Gegensatz zu jener *ratione testatoris*[29] – bzw allgemeiner nach der hier vorgeschlagenen Terminologie: *ratione defuncti*; s § 540 [§§ 539, 541 nF] Rz 3). In Österreich ist der w?egen solcher „Vereitelungshandlungen"[30] statthabende Ausschluss vom Erbrecht als relative Erbunfähigkeit konstruiert; ob es sich dabei um Erbunwürdigkeit oder eine sonstige Art der relativen Erbunfähigkeit handelt, hängt zum einen davon ab, wie man Erbunwürdigkeit definiert; zum anderen davon, ob man die Merkmale der Erbunwürdigkeit in § 542 verwirklicht sieht. Beides wird uneinheitlich beantwortet.

5 Nach § 542 „ist von dem Erbrechte ausgeschlossen", wer die dort näher bezeichneten Verfehlungen gegen den letzten Willen des Erblassers begangen hat. Dagegen erklärt § 540 denjenigen, der gewisse schwere Verfehlungen gegen die Person des Erblassers begangen hat, für „erbunwürdig". Ein Teil der älteren L vertrat sowohl wegen dieser Divergenz im Wortlaut als auch aufgrund der von ihr behaupteten unterschiedlichen *rationes iuris* der §§ 540, 542 die Auffassung, dass die Rechtsnatur der §§ 540, 542 verschieden sei.[31] Diese

---

26   *Weiß* in Klang² III 105; OGH 3.5.2007, 1 Ob 281/06i, iFamZ 2007/133 (*W. Tschugguel*) = JEV 2007/16 = EFSlg 117.180–117.183.
27   S dazu ausf *Zimmermann* in FS Koziol 463 ff.
28   *Weiß* in Klang² III 103.
29   Zu dieser aus dem gemeinen Recht stammenden Unterscheidung *Zimmermann* in FS Koziol 463 ff.
30   *Werkusch-Christ* in Kletečka/Schauer, ABGB-ON 1.03 § 542 Rz 2.
31   *Zeiller*, Commentar II/2, 399 f (s aber auch *dens* aaO 394 ff: dort die Fälle der §§ 540, 542 und 543 als solche der Erbunwürdigkeit bezeichnend); *Gapp*, WagnersZ 1825 II 191 ff; *Nippel*, Erläuterung IV 37 f. Als Unterschiede werden behauptet: § 540 schließe den Erbunwürdigen lediglich aufgrund des vermuteten Erblasserwillens aus, während es in § 542 der Gesetzgeber selbst sei, der den Erbunwürdigen vom Erbrecht ausschließe (daher gibt es nach Ansicht *Zeillers* [aaO 399], *Gapps* [WagnersZ 1825 II 193, 195, 197, 209] und *Nippels* [aaO 38] bei den Fällen des § 542 keine Verzeihung; s dazu Rz 41); im Rahmen des § 542 würden nur vollendete Vereitelungen zur Erbunwürdigkeit führen, bei § 540 hingegen reiche der Versuch; Handlungen des § 542 würden gerade mit Blick in die Zukunft und auch zugunsten der Nachkommen vorgenommen, während derjenige, der eine Straftat nach § 540 begeht, zunächst nur die Gegenwart im Auge habe; zudem werde durch § 542 unmittelbar die Testierfreiheit verletzt, was den wahren inneren Willen des Erblassers unerkennbar mache, was bei § 540 nicht der Fall sei. Das (von *Gapp*, WagnersZ 1825 II 194 f selbst vorgebrachte) Argument, § 541 differenziere ebenso wenig zwischen den verschiedenen Arten von Erbunwürdigkeit wie § 770, der wiederum sowohl die Fälle des § 540 als auch jene des § 542 umfasst (s auch Rz 6 sowie § 541 [§ 542 nF] Rz 12), entkräftet *Gapp* aaO 206 f damit, dass § 770 bloß die in den genannten Normen umschriebenen Handlungen als Enterbungsgründe statuiert, was daraus erhelle, dass ein Testator, der eine Enterbung anordne, ja nicht mehr

Rechtsnatur § 542

Strömung lehnte die Möglichkeit der Verzeihung im Rahmen des § 542 ebenso ab wie die Geltung des § 541 hinsichtlich der Nachkommen des nach § 542 Ausgeschlossenen bei gesetzlicher Erbfolge[32] (zur Verzeihung bei § 542 s unten Rz 41; zur Anwendbarkeit des § 541 auf die Fälle des § 542 s § 541 [§ 542 nF] Rz 12). Hauptargument dieser Ansicht war, dass es in § 542 das Gesetz selbst sei (und zwar offenbar im Interesse der Rechtsordnung selbst), welches den solcherart Handelnden vom Erbrecht ausschließe, während dies bei § 540 im Interesse des Erblassers geschehe; demnach wäre nur die Erbunwürdigkeit iSd § 540 Ausfluss des typischen, hypothetischen Erblasserwillens.[33]

Die hA ging allerdings schon früh dahin, die Fälle der §§ 540, 542 weitgehend gleichzusetzen[34] und auch § 542 als Erbunwürdigkeitsgrund zu qualifizieren.[35] Die Einordnung des § 542 als Erbunwürdigkeitsgrund ist heute einhellig anerkannt,[36] wiewohl bisweilen nach wie vor manche Unterschiede

6

---

in seiner Willensfreiheit eingeschränkt sei und somit gar keine Erbunfähigkeit nach § 542 mehr vorliege (s dazu auch unten Rz 37, 44).

[32] IdS *Zeiller*, Commentar II/2, 397, 399; *Gapp*, WagnersZ 1825 II 191 ff.

[33] Dazu ausführlich *Gapp*, WagnersZ 1825 II 191 ff; *diesem folgend Nippel*, Erläuterung IV 36 ff.

[34] *Gspan*, WagnersZ 1835 I 356: zwischen § 540 und § 542 sei „die größte Analogie vorhanden"; *Michel*, VJSchr 1858, 35 ff; *Pfaff/Hofmann*, Excurse II/1, 9 ff; *Hoppen*, GH 1878, 357 f; *Stubenrauch*, Commentar[8] I 745 f; *Unger*, Erbrecht[4] 20 f; *Anders*, Erbrecht[2] 8 f; *Krasnopolski/Kafka*, Erbrecht 22 f ua.

[35] *Michel*, VJSchr 1858, 35 ff (allerdings verfehlt vom Indignitätsbegriff des gemeinen Rechts ausgehend und deshalb die §§ 540, 542 nicht als Fälle der Erbunfähigkeit qualifizierend); *Pfaff/Hofmann*, Commentar II/1, 22 ff (insb 26 f zu § 542); *dies*, Excurse II/1, 9 ff (insb 22 zu § 542); *Pfaff/Hofmann* erkennen zwar an, dass die Erbunwürdigkeit im österreichischen Recht von jener des römischen und gemeinen Rechts zu unterscheiden sei und grundsätzlich als Erbunfähigkeit konstruiert sei, gehen aber in weiterer Folge im Ergebnis dennoch von einer Art technischer Indignität aus; krit dazu *Krasnopolski/Kafka*, Erbrecht 20 und 20 f FN 7 (es handle sich um relative Erbunfähigkeit, nicht um Erbunwürdigkeit); *Stubenrauch*, Commentar[8] I 748. – In der älteren L wurde zwar § 542 als Erbunwürdigkeitsgrund bezeichnet (*Zeiller*, Commentar II/2, 396; *Nippel*, Erläuterung IV 34), in der Folge jedoch die Unterschiede zwischen den §§ 540, 542 betont (*Zeiller*, Commentar II/2, 397, 399 f [§ 541 sei auf die Fälle des § 542 nicht anwendbar; weiters komme der Verzeihung im Kontext des § 542 keine Relevanz zu]; *Nippel*, Erläuterung IV 37 ff betont in weiterer Folge überhaupt den Unterschied zwischen der Erbunwürdigkeit iSd § 540 und dem Ausschluss vom Erbrecht gem § 542, indem er die dazu vorgebrachten Argumente von *Gapp*, WagnersZ 1825 II 191 ff übernimmt; auch wenn § 770 sowohl § 540 als auch § 542 als Erbunwürdigkeitsgründe bezeichne, dürfe nicht vernachlässigt werden, dass § 542 nicht bloß von schlechtweg Unwürdigen, sondern überdies von einem vom Gesetz selbst auf solche Weise Ausgeschlossenen spreche, das das Wirksamwerden seines Erbrechts nicht von der Verzeihung des Erblassers abhänge. *Gapp*, WagnersZ 1825 II 191 ff betonte überdies, dass der Ausschluss vom Erbrecht gem § 542 im Interesse des Gesetzes selbst erfolge, während die Erbunwürdigkeit iSd § 540 im Interesse des Erblassers, entsprechend seinem vermuteten Willen, geschehe).

[36] *Handl* in Klang II/1, 47, 53; *Ehrenzweig*, System II/2[2], 371, 373; *Bartsch*, Erbrecht[2] 11; *Wolff*, Grundriß des österreichischen bürgerlichen Rechts[4] (1948) 343 f; *Weiß* in Klang[2] III 93 f, 103; *Kralik*, Erbrecht[3] 38 f; *Gschnitzer/Faistenberger*, Erbrecht[2] 54 f; *Koziol/Welser/Zöchling-Jud*[14] II Rz 1895; *Likar-Peer* in Ferrari/Likar-Peer, Erbrecht 283, 285; *Scheuba* in Gruber/Kalss/Müller/Schauer, Erbrecht und Vermögensnachfolge § 9 Rz 58; *Welser* in Rummel/Lukas[4] § 542 Rz 1 ff; *Werkusch-Christ* in Kletečka/Schauer, ABGB-ON 1.03 § 542 Rz 1; vgl auch *Eccher* in Schwimann/Kodek[4] III § 542 Rz 1, 3, der jedoch auch § 543 aF, welcher allerdings gerade nicht auf den hypothetischen Erblasserwillen zurückgeht, sondern vielmehr den wahren Erblasserwillen

zwischen den §§ 540, 542 betont werden – namentlich was den Schutzzweck der Norm (dazu oben Rz 3) und daraus resultierend die Relevanz der Verzeihung im Rahmen des § 542[37] betrifft (s dazu Rz 41). Diese Unterschiede bestehen jedoch nach der hier vertretenen Ansicht nicht: Richtigerweise findet vielmehr auch der Ausschluss vom Erbrecht gem § 542 im Interesse des Erblassers statt[38] und ist somit ebenso wie § 540 Ausfluss des typischen, hypothetischen Erblasserwillens.[39] Gemeinsam ist den §§ 540, 542 nämlich, dass sie gewisse schwere Verfehlungen gegen den Erblasser sanktionieren – einmal solche gegen die Person des Erblassers, einmal solche gegen dessen letztwillige Verfügungsfreiheit. All diese Handlungen sind so schwerwiegend, dass das Gesetz dem Erbunwürdigen das Erbrecht unabhängig davon nimmt, ob der Erblasser ihm dieses letztwillig entzogen hat oder nicht; dies geschieht – anders als bei den anderen Erbunfähigkeitsgründen des ABGB, die freilich, so sie überhaupt noch bestehen, keine Relevanz mehr haben[40] – mit Rücksicht auf den vermuteten Erblasserwillen.[41] Diese gemeinsame Besonderheit erlaubt es, auch § 542 als Erbunwürdigkeitsgrund zu qualifizieren.[42] Eine Bestätigung für diese Gemeinsamkeit findet sich übrigens im Gesetz selbst: Nach § 770 kann nämlich enterbt werden, wer eine erbunwürdig machende Handlung iSd §§ 540, 542 begangen hat.[42a] Diese Verfehlungen gegen den Erblasser iwS werden also einmal wegen des tatsächlichen, einmal wegen des vermuteten Erblasserwillens berücksichtigt.[42b] Die Erbunwürdigkeit stellt im österreichischen Recht allerdings keine Indignität im technischen Sinne dar,[43] sondern ist als relative Erbunfähigkeit konstruiert.[44] Die Erbunwürdigkeit iSd §§ 540, 542 ist aber

---

durchkreuzt, als Erbunwürdigkeitsgrund bezeichnet; dieses weitergehende Verständnis befürwortet auch *Zimmermann* in FS Koziol 476.

[37] Diese wird von *Handl* (in Klang II/1, 57) und *Kralik* (Erbrecht[3] 39) verneint; dazu unten Rz 41.

[38] S insb *Weiß* in Klang[2] III 105.

[39] IdS *Ehrenzweig*, System II/2[2], 371; *Koziol/Welser/Zöchling-Jud*[14] II Rz 1889; *Likar-Peer* in Ferrari/Likar-Peer, Erbrecht 285. – Weitergehendes Verständnis des Begriffes Erbunwürdigkeit etwa bei *Zeiller*, Commentar II/2, 394, 396; *Gschnitzer/Faistenberger*, Erbrecht[2] 55; *Eccher* in Schwimann/Kodek[4] III § 540 Rz 1, § 542 Rz 1, § 543 Rz 2; *Zimmermann* in FS Koziol 476 (sowohl die Fälle der §§ 540, 542 als auch die Erbunfähigkeit iSd § 543 aF als Erbunwürdigkeit bezeichnend).

[40] Abw hinsichtlich des mit BGBl I 2009/75 aufgehobenen § 543 etwa *Gschnitzer/Faistenberger*, Erbrecht[2] 55; *Zimmermann* in FS Koziol 476; *Eccher* in Schwimann/Kodek[4] III § 538 Rz 3 (diese Autoren behandeln § 543 aF als Erbunwürdigkeitsgrund; s dagegen aber § 543 aF Rz 1.

[41] *Ehrenzweig*, System II/2[2], 371; idS auch *Koziol/Welser/Zöchling-Jud*[14] II Rz 1889; *Likar-Peer* in Ferrari/Likar-Peer, Erbrecht 283 ff.

[42] So im Ergebnis die nunmehr einhellige Auffassung: *Handl* in Klang II/1, 47, 53; *Ehrenzweig*, System II/2[2], 371 ff; *Bartsch*, Erbrecht[2] 10; *Kralik*, Erbrecht[3] 35 ff; *Gschnitzer/Faistenberger*, Erbrecht[2] 54 f; *Likar-Peer* in Ferrari/Likar-Peer, Erbrecht 285; *Scheuba* in Gruber/Kalss/Müller/Schauer, Erbrecht und Vermögensnachfolge § 9 Rz 58 ff; *Welser* in Rummel/Lukas[4] § 540 Rz 1, § 542 Rz 1 ff; *Koziol/Welser/Zöchling-Jud*[14] II Rz 1889 f, 1895.

[42a] So *Gspan*, WagnersZ 1835 I 356 ff; aA *Gapp*, WagnersZ 1825 II 206 f.

[42b] Vgl *Zimmermann* in FS Koziol 506.

[43] Abw *Michel*, VJSchr 1858, 35 ff; *Pfaff/Hofmann*, Commentar II/1, 22 ff; dies, Excurse II/1, 9 ff.

[44] *Unger*, Erbrecht[4] 20 f (der aaO 24 f Anm 18 die Nichtunterscheidung zwischen Erbunfähigkeit und Erbunwürdigkeit im technischen Sinne allerdings *de lege ferenda* kritisiert, und zwar gerade wegen § 542, der auch nach dem Tod und nach dem Erbschaftserwerb eintreten kann; dazu

eine „besonders gefärbte Erbunfähigkeit", für die die Rücksichtnahme auf den Erblasserwillen charakteristisch ist.[45]

IV. Die Fälle des § 542

1. Verleitung zu einem letzten Willen (§ 542 1. Fall)

a) Allgemeines

Die erste in § 542 geregelte Fallgruppe umfasst all jene Fälle, in denen der **7** Erblasser zur Erklärung, Abänderung oder zum Widerruf[46] eines letzten Willens gezwungen oder in betrügerischer Weise verleitet wird; dem Widerruf steht der Widerruf des Widerrufs gleich.[47] Unter dem letzten Willen iSd § 542 sind nicht nur Testamente und Kodizille,[48] sondern auch Erbverträge zu verstehen,[49] nicht aber Erbverzichtsverträge oder Schenkungen auf den Todesfall (diesbezüglich gelten die §§ 870, 875; zur Anfechtbarkeit des Erbverzichts s § 551 Rz 52). Auch einzelne Anordnungen in einer ansonsten ohne Willensmangel zustande gekommenen letztwilligen Verfügung sind von der Norm erfasst.[50]

Gleichgültig ist, aus welchen Motiven der Erbunwürdige den Erblasser zur **8** Abgabe des letzten Willens gezwungen oder verleitet hat. Irrelevant ist insbesondere auch, ob er selbst aus diesem letzten Willen profitiert oder den Zwang bzw die List angewendet hat, damit eine andere (zB dem Erbunwürdigen nahestehende) Person vom Erblasser bedacht wird.[51] Auch die Verleitung eines Testierunfähigen zeitigt nach richtiger Ansicht Erbunwürdigkeit iSd § 542,[52] denn auch in diesem Fall beabsichtigt der Erbunwürdige ja einen Angriff auf den letzten Willen. Dasselbe gilt, wenn die durch Verleitung zustandegekommene Verfügung aus sonstigen Gründen, etwa wegen Formmängeln, unwirksam ist.

Zwar sind letztwillige Verfügungen, die unter Zwang oder Betrug[53] zustan- **9** de kommen, gem § 565 unwirksam,[54] dh anfechtbar.[55] § 542 kommt jedoch neben der Anfechtbarkeit eine eigenständige, darüberhinausgehende Bedeu-

---

unten Rz 23, 33); *Stubenrauch*, Commentar[8] I 745 f; vgl auch *Krasnopolski/Kafka*, Erbrecht 17, 22, der allerdings nur von relativer Erbunfähigkeit spricht, ohne den Begriff der Erbunwürdigkeit zu erwähnen.

[45]   *Ehrenzweig*, System II/2[2], 371; ebenso *Handl* in Klang II/1, 47.
[46]   *Handl* in Klang II/1, 55; *Weiß* in Klang[2] III 106; *Kralik*, Erbrecht[3] 38.
[47]   *Weiß* in Klang[2] III 106.
[48]   *Handl* in Klang II/1, 55; *Weiß* in Klang[2] III 106; *Kralik*, Erbrecht[3] 38.
[49]   *Weiß* in Klang[2] III 106; *Kralik*, Erbrecht[3] 38; *Apathy* in KBB[4] § 542 Rz 1; *Welser* in Rummel/Lukas[4] § 542 Rz 1; OGH 23.2.2009, 8 Ob 112/08s, NZ 2009/55.
[50]   *Handl* in Klang II/1, 55; vgl auch OGH 17.11.2004, 9 Ob 124/04g, EFSlg 108.023, 108.025 (in Bezug auf ausgesetztes Legat).
[51]   *Michel*, VJSchr 1858, 52 f; *Pfaff/Hofmann*, Excurse II/1, 23 f; *Handl* in Klang II/1, 55.
[52]   Abw aber *Unger*, Erbrecht[4] 24 Anm 16; *Krasnoposki/Kafka*, Erbrecht 22; *Handl* in Klang II/1, 54; vgl dagegen *Pfaff/Hofmann*, Excurse II/1, 23 (niemand sei berechtigt, Zwang oder Betrug auszuüben; allerdings in Bezug auf die Verhinderung iSd § 542 2. Fall).
[53]   § 565 idF BGBl I 2015/87 (ErbRÄG 2015) spricht von Drohung oder List; s unten Rz 64.
[54]   *Pfaff/Hofmann*, Excurse II/1, 25; *Kralik*, Erbrecht[3] 107 f; abw *Weiß* in Klang[2] III 107 (Konkurrenz mit den §§ 570, 572).
[55]   *Handl* in Klang II/1, 156; *Kralik*, Erbrecht[3] 107 f; *Koziol/Welser/Zöchling-Jud*[14] II Rz 2011; *Weiß/Likar-Peer* in Ferrari/Likar-Peer, Erbrecht 135.

tung zu. Mit der Anfechtung allein wird nämlich zwar die unter Zwang oder Täuschung zustande gekommene letztwillige Verfügung, uU auch bloß eine einzelne Anordnung,[56] beseitigt. Die Erbunwürdigkeit dagegen verhindert jeden Erbanfall, sie schließt nicht nur vom testamentarischen, sondern auch vom gesetzlichen und vertraglichen Erbrecht, vom Pflichtteilsrecht und vom Vermächtnis aus (s dazu § 540 [§§ 539, 542 nF] Rz 54 sowie unten Rz 45).[57] Das ist relevant, wenn derjenige, der den Erblasser arglistig zur letztwilligen Bedenkung seiner selbst verleitet hat, zu den gesetzlichen Erben gehört[58] oder in einem früheren Testament als Miterbe[59] eingesetzt worden war; ferner dann, wenn Anfechtungsgegner und Erbunwürdiger unterschiedliche Personen sind, denn erbunwürdig wird ja auch, wer den Erblasser zur Erbeinsetzung eines Dritten zwingt bzw verleitet (vgl dazu Rz 8). Wurde der Erblasser zur letztwilligen Bedenkung des Verleitenden selbst verleitet, so kommt der *eo ipso* wirkenden Erbunwürdigkeit darüber hinaus in jenen Fällen momentan noch besondere Bedeutung zu, in denen das Recht zur Testamentsanfechtung gem § 1487 bereits verjährt ist[60] – die Verjährungsfrist für die Anfechtung beträgt drei Jahre.[61] Dagegen könnte die Erbunwürdigkeit innerhalb der 30-jährigen Verjährungsfrist[62] mit der Erbschaftsklage (§ 823) gegen den Erbunwürdigen, dem bereits eingeantwortet wurde, releviert werden (dazu allgemein § 540 [§§ 539, 541 nF] Rz 56); allenfalls mit der *condictio indebiti* (§ 1431) gegen den erbunwürdigen Legatar, dem die vermachte Sache bereits übergeben wurde (dazu allgemein § 540 [§§ 539, 541 nF] Rz 56).[63] Dieses verjährungsrechtliche Auseinanderklaffen wird allerdings bereits ab 1. 1. 2017 – und zwar auch für Erbfälle, in denen noch die Rechtslage bis 31. 12. 2016 gilt, weil der Erblasser vor dem 1. 1. 2017 verstorben ist – erheblich abgemildert sein: Die dreijährige kenntnisabhängige Frist des § 1487a, der nach neuem Recht ua die Anfechtung eines letzten Willens unterliegen wird, wird auch dann, wenn der

---

56 Vgl dazu näher *Weiß/Likar-Peer* in Ferrari/Likar-Peer, Erbrecht 130 f mwN.

57 In Bezug auf § 542 zB *Winiwarter*, Bürgerliches Recht[2] III 25; *Stubenrauch*, Commentar[8] I 749.

58 Die Bedeutung des § 542 in Bezug auf diese Fallkonstellation betonend etwa *Nippel*, Erläuterung IV 34; *Pfaff/Hofmann*, Excurse II/1, 25.

59 Nur dann würden wohl die anderen testamentarischen Erben dieses früheren Testaments in der Praxis die Anfechtungsklage erheben.

60 Diese Fallkonstellation haben *Pfaff/Hofmann*, Excurse II/1, 25 offenbar nicht vor Augen, wenn sie meinen, der Erbunwürdigkeit komme hinsichtlich dessen, was dem Erbunwürdigen aus einem erzwungenen oder erlisteten Testament zugewendet erscheint, keine Bedeutung zu; richtig allerdings bezüglich eines verfälschten, unterdrückten oder unterschobenen Testaments, denn hier gibt es ja keine Konkurrenz mit der Anfechtung gem § 565.

61 *Kralik*, Erbrecht[3] 110; *Mader/Janisch* in Schwimann/Kodek[4] VI § 1487 Rz 2; *Weiß/Likar-Peer* in Ferrari/Likar-Peer, Erbrecht 186; *Vollmaier* in Fenyves/Kerschner/Vonkilch, ABGB[3] (Klang) § 1487 Rz 8; zum Fristbeginn zB *Weiß/Likar-Peer* in Ferrari/Likar-Peer, Erbrecht 187 mwN.

62 Anders nach § 1487a idF BGBl I 2015/87 (ErbRÄG 2015), wonach für die Erbschaftsklage wie für sonstige erbrechtliche Ansprüche eine dreijährige kenntnisabhängige und eine dreißigjährige kenntnisunabhängige Verjährungsfrist gelten wird (s dazu auch § 540 [§§ 539, 541 nF] Rz 97).

63 Zu § 1431 als Anspruchsgrundlage gegen den erbunwürdigen Vermächtnisnehmer *Weiß* in Klang[2] III 95; *Welser* in Rummel/Lukas[4] § 540 Rz 4; abw *Pfaff/Hofmann*, Excurse II/1, 11 (§ 1435).

Erblasser spätestens am 31. 12. 2016 verstorben ist, gelten, soferne nur die dreijährige Frist des derzeit geltenden § 1487 bis dahin noch nicht abgelaufen ist (§ 1503 Abs 7 Z 9 idF BGBl I 2015/87 [ErbRÄG 2015]).

b) Zwang

Zwang iSd § 542 1. Fall ist zunächst das Herbeiführen begründeter Furcht[64] durch Androhen eines Übels.[65] Unerheblich ist, ob der Drohende grundsätzlich das Recht hätte, das Angedrohte auch auszuführen; es gibt also – ebenso wie bei § 565 und anders als bei § 870 – keinen Fall der gerechten Drohung.[66] Denn niemand ist berechtigt, auf diese Weise die Testierfähigkeit des Erblassers zu beeinträchtigen.[67] Hier gelten dieselben Kriterien wie nach § 565.[68] So wird etwa auch ein potentieller Noterbe unwürdig, wenn er den Erblasser dazu zwingt, ihm den Pflichtteil letztwillig zu hinterlassen,[69] und sei es auch nur durch Androhung, ansonsten einen Pflichtteilsprozess zu führen.[70] Ob die Furcht des Erblassers begründet war, bestimmt sich einerseits nach Gewichtigkeit und Wahrscheinlichkeit der Gefahr, andererseits aber auch nach dem körperlichen und geistig-seelischen Zustand des Erblassers.[71] Erbunwürdig ist demnach etwa die Pflegerin der infolge von Krankheit und Alter hilflosen Erblasserin, die Letzterer erklärt hat, sie werde sie verlassen und es werde der Erblasserin schlecht ergehen, wenn sie die Tochter nicht zur Alleinerbin einsetze.[72]

Die L subsumiert ferner die Anwendung physischer Gewalt unter das Tatbestandsmerkmal des Zwanges iSd § 542 1. Fall.[73] Sofern physische Gewalt eingesetzt wird, um den Erblasser zur Errichtung, Aufhebung oder Abände-

---

64 *Zeiller*, Commentar II/2, 399; *Stubenrauch*, Commentar⁸ I 748; *Handl* in Klang II/1, 55.
65 *Handl* in Klang II/1, 55.
66 *Pfaff/Hofmann*, Excurse II/1, 23; *Handl* in Klang II/1, 55; *Weiß* in Klang² III 106; abw *Nippel*, Erläuterung IV 34 f: Der ausgeübte Zwang könne in zweifacher Hinsicht gerecht oder ungerecht sein, entweder auf den Inhalt des letzten Willens oder hinsichtlich des angewendeten Zwangsmittels; in ersterem Falle sei der Zwang im Ergebnis stets ungerecht, weil kein Privater das Recht habe, zwangsweise eine rechtmäßige letztwillige Verfügung des Erblassers zu erwirken; als Beispiel nennt *Nippel*, dass ein Noterbe den Erblasser zur Hinterlassung seines Pflichtteils zwingt. Werde dagegen ein gerechtes Zwangsmittel angewendet, was dann der Fall wäre, wenn der Erbanwärter den Erblasser mit einem Übel bedroht, welches er ihm zuzufügen berechtigt ist, so sei dies kein Zwang iSd § 542, sondern allenfalls eine Verleitung iSd § 542 1. Fall, die aber nur dann die Erbunwürdigkeit nach sich ziehe, wenn sie auf betrügerische Weise geschehe.
67 *Pfaff/Hofmann*, Excurse II/1, 23; *Handl* in Klang II/1, 55.
68 *Welser* in Rummel/Lukas⁴ § 542 Rz 3; zu § 565 idS etwa OGH 21.9.1949, 2 Ob 41/49, SZ 22/134; *Weiß/Likar-Peer* in Ferrari/Likar-Peer, Erbrecht 135; *Koziol/Welser/Zöchling-Jud*¹⁴ II Rz 2011.
69 *Weiß* in Klang² III 106.
70 Vgl dazu *Nippel*, Erläuterung IV 34 (s auch oben FN 68).
71 Vgl *Handl* in Klang II/1, 55; vgl auch idS zu § 870 statt vieler *Gschnitzer* in Klang² IV/1 107; *Koziol/Welser/Kletečka*¹⁴ I Rz 529; *Pletzer* in Kletečka/Schauer, ABGB-ON 1.02 § 870 Rz 20 ff; *Rummel* in Rummel/Lukas⁴ § 870 Rz 18.
72 S OGH 21.9.1949, 2 Ob 41/49, SZ 22/134 (in Bezug auf § 565); s auch *Weiß/Likar-Peer* in Ferrari/Likar-Peer, Erbrecht 135; *Koziol/Welser/Zöchling-Jud*¹⁴ II Rz 2011).
73 *Zeiller*, Commentar II/2, 399; *Stubenrauch*, Commentar⁸ I 748; *Handl* in Klang II/1, 55; *Weiß* in Klang² III 106.

rung eines letzten Willens zu bewegen, stellt dies genau genommen ebenso ein Herbeiführen begründeter Furcht durch Androhung eines Übels dar; es ist dann die Furcht vor noch mehr physischer Gewalt, die den Erblasser zur Abgabe des letzten Willens bewegt, und damit handelt es sich letztlich wiederum um psychische Gewalt.

12 Manche erwähnen in diesem Zusammenhang auch die Fälle der *vis absoluta*, wie zB das Führen des Stiftes, Versetzen in einen Rauschzustand, Hypnotisieren des Testators.[74] Bei *vis absoluta* liegt freilich gar keine Willensbestimmung vor,[75] vielmehr wird der Wille des Erblassers durch die körperliche oder geistige Überwältigung vollständig ausgeschaltet.[76] Die Anwendung des § 542 1. Fall auch auf Fälle der *vis absoluta* lässt sich dogmatisch allerdings mit einem *argumentum a minore ad maius* begründen:[77] Was für das Erzwingen eines vom Erblasser stammenden, wenn auch anfechtbaren letzten Willens gilt, muss erst recht für die Fälle der *vis absoluta* gelten, zumal auch hier ein Angriff auf die Testierfreiheit des Erblassers gegeben ist. Um das sicher richtige Ergebnis, nämlich Erbunwürdigkeit iSd § 542, zu erreichen, bedarf es aber nicht immer eines Größenschlusses zu § 542 1. Fall. So lassen sich manche der hier in Rede stehenden Fallkonstellationen unter § 542 3. Fall subsumieren: Wird dem Erblasser zB beim Durchstreichen seines Testaments oder beim Zerreißen desselben gewaltsam die Hand geführt, so wird auf diese Weise genau genommen der letzte Wille des Erblassers unterdrückt (vgl § 542 3. Fall); die Unterdrückungshandlung wird von dem die *vis absoluta* Ausübenden durchgeführt, der den Erblasser gleichsam als Werkzeug benutzt. Wird der Erblasser dagegen als Werkzeug zur Herstellung eines letzten Willens benutzt, so handelt es sich um eine im Gesetz nicht genannte Fallgruppe: Fälschung und Unterschiebung eines letzten Willens, auf die wiederum § 542 analog anzuwenden ist (dazu unten Rz 26 ff). Da aber die Enumeration der einzelnen Tatbestände ohnehin bloß demonstrativ ist, ist es letztlich sekundär, ob man diese Fälle mit einem Größenschluss zu § 542 1. Fall, durch Subsumtion unter § 542 3. Fall oder mit einer Analogie zu allen von § 542 erfassten Fällen löst. Entscheidend ist vielmehr, dass mit allen Fällen der *vis absoluta* eine Verfehlung gegen die Testierfreiheit des Erblassers stattgefunden hat. Denn der Normzweck des § 542 besteht ja darin, jegliche Handlungen, die einen Angriff auf die vom Erblasser gewollte Erbfolgeordnung (und dazu gehört auch der Wille, nicht zu testieren) mit Erbunwürdigkeit zu sanktionieren. Im Ergebnis sind die Fälle der *vis absoluta* jedenfalls von § 542 erfasst. Dies gilt nicht nur für die

---

[74] So die Beispiele bei *Handl* in Klang II/1, 55; *Weiß* in Klang² III 106; vgl dazu zum vergleichbaren Erbunwürdigkeitsgrund des § 2339 Abs 1 Z 3 BGB (Bestimmung zur Errichtung oder Aufhebung einer Verfügung von Todes wegen durch Täuschung oder Drohung) etwa *Helms* in MüKoBGB⁶ (2013) § 2339 Rz 23.

[75] So *Weiß* in Klang² III 106.

[76] Vgl zur *vis absoluta* (im Gegensatz zur *vis compulsiva*) allgemein *Gschnitzer* in Klang² IV/1 101.

[77] Ob *vis absoluta* unter § 2339 Abs 1 Z 3 (Erbunwürdigkeit wegen Bestimmung zur Errichtung oder Aufhebung einer letztwilligen Verfügung) fällt, ist in Deutschland str, wird aber von der wohl hM *argumento minore ad maius* bejaht: s dazu zB *Helms* in MüKoBGB⁶ § 2339 Rz 23 mwN (abl *Helms* aaO).

Willensbrechung mit körperlicher Gewalt, sondern auch dann, wenn der Erblasser in einen Rauschzustand oder in Hypnose versetzt wurde.

c) „Betrügliches" Verleiten

„Betrügliches" Verleiten ist das Hervorrufen eines für die Erklärung des letzten Willens (dazu oben Rz 7) ursächlichen Irrtums beim Erblasser, indem ihn der Erbunwürdige über Tatsachen, die für seine Willensbildung wesentlich sind, täuscht.[78] Das betrügerische Verleiten ist also gleichzusetzen mit List.[79] Diese setzt jedenfalls Vorsatz voraus.[80] Fraglich ist aber, ob dafür *dolus eventualis* (wie bei § 870)[81] ausreicht oder ob Absichtlichkeit[82] erforderlich ist (s dazu unten Rz 36, 60). Unerheblich ist, um welche Art von Irrtum es sich handelt, allein die Kausalität ist entscheidend.[83] Praktisch bedeutsam ist vor allem das Hervorrufen eines Motivirrtums (Erbschleicherei), aber auch eines Rechtsirrtums;[84] so ist etwa erbunwürdig, wer den Erblasser dahingehend täuscht, dass sein Testament ungültig sei, wenn er den Kindern nicht ihren Pflichtteil testamentarisch zuwende,[85] und der Erblasser deshalb entsprechend verfügt. Die Täuschung kann nicht nur durch aktives Tun erfolgen, sondern auch durch bewusstes Verschweigen von Umständen, deren Mitteilung der Erblasser zu erwarten berechtigt war; sie kann also auch in einem Unterlassen bestehen.[86] Nicht unter die betrügerische Verleitung subsumierbar sind bloße Schmeicheleien, Zudringlichkeiten, Zureden.[87]

2. Verhinderung an der Erklärung oder Abänderung des letzten Willens (§ 542 2. Fall)

Erbunwürdig ist ferner, wer den Erblasser an der Abgabe oder Abänderung eines letzten Willens hindert. Unter letztem Willen iS dieser Fallgruppe sind wiederum Testamente und Kodizille ebenso zu verstehen wie ein Erbvertrag, weiters der Widerruf sowie der Widerruf des Widerrufs.[88] Die Verhinderung kann sich auch bloß auf die vom Erblasser beabsichtigte Abänderung einer

---

[78] Ähnlich *Zeiller*, Commentar II/2, 399.
[79] IdS *Zeiller*, Commentar II/2, 399; *Handl* in Klang II/1, 55; so zum Betrug iSd § 565 zB *Kralik*, Erbrecht³ 107; vgl bereits den Wortlaut des § 339 II WGB (s oben Rz 1).
[80] S dazu allgemein zB *Pletzer* in Kletečka/Schauer, ABGB-ON 1.02 § 870 Rz 7; *Koziol/Welser/Kletečka*¹⁴ I Rz 523.
[81] S zB *Pletzer* in Kletečka/Schauer, ABGB-ON 1.02 § 870 Rz 7; *Koziol/Welser/Kletečka*¹⁴ I Rz 523.
[82] So *Handl* in Klang II/1, 55; Absichtlichkeit im Zusammenhang mit Unterdrückung (§ 542 3. Fall) fordernd *Ehrenzweig*, System II/2², 374.
[83] *Handl* in Klang II/1, 55.
[84] *Handl* in Klang II/1, 55.
[85] Vgl auch *Nippel*, Erläuterung IV 34 (allerdings im Zusammenhang mit Zwang iSd § 542 1. Fall).
[86] *Weiß* in Klang² III 107.
[87] *Zeiller*, Commentar II/2, 399; *Nippel*, Erläuterung IV 35; *Pfaff/Hofmann*, Excurse II/1, 23; *Stubenrauch*, Commentar⁸ I 749.
[88] *Weiß* in Klang² III 108.

bestehenden letztwilligen Verfügung beziehen.[89] Nicht erfasst sind die Verhinderung einer Annahme eines Erbverzichts durch den Erblasser[90] oder einer Schenkung auf den Todesfall.[91]

15 Als Mittel der Verhinderung kommen zunächst alle Arten von Zwang[92] in Frage, dh Gewalt oder Drohung.[93] Gewalt ist hier weiter zu verstehen als in § 542 1. Fall. Umfasst ist jede Art von Gewalt, auch das Versetzen des Erblassers in einen testierunfähigen Zustand sowie überhaupt jede *vis absoluta*; bei der Verhinderung iSd § 542 2. Fall wird nämlich gerade kein – wenn auch mangelhafter – Wille, rechtsgeschäftlich zu verfügen, gebildet (vgl auch oben Rz 12). In Frage kommt weiters Verhinderung durch Betrug,[94] dh listige Vorspiegelung falscher Tatsachen,[95] und zwar wiederum sowohl durch aktive Täuschung als auch durch Unterlassung der Aufklärung über Umstände, bei deren Kenntnis der Erblasser eine letztwillige Verfügung errichtet, abgeändert oder einen bestehenden letzten Willen widerrufen hätte, wenn er die entsprechende Aufklärung erwarten hätte dürfen.[96] *Zeiller*[97] erwähnt schließlich die Beseitigung aller Mittel, die der Erblasser zur Erklärung seines letzten Willens benötigen würde. Diese Fallkonstellation ist freilich genau genommen bloß ein Unterfall der gewaltsamen Verhinderung.

16 Strafbarkeit ist nicht erforderlich.[98] Keine Rolle spielt es weiters, ob der Erblasser testierunfähig war, daher ohnehin nicht letztwillig verfügen hätte können.[99] Ebenso ist irrelevant, ob der Erblasser daran gehindert worden ist, einen Erbunfähigen einzusetzen,[100] ein ungültiges Testament, etwa wegen Beisetzung einer unerlaubten Bedingung, zu errichten, eine unrechtmäßige Enterbung anzuordnen oä. Denn Sinn und Zweck des § 542 ist es ja, jegliche Vereitelungshandlungen gegen den letzten Willen des Erblassers – und zwar unabhängig von deren Erfolg (s unten Rz 37 f) – mit Erbunwürdigkeit zu sanktionieren. Auch im Falle eines testierunfähigen Erblassers entspricht es aber angesichts derartiger Verfehlungen dem vermuteten Erblasserwillen, den sol-

---

89 *Stubenrauch*, Commentar[8] I 749.
90 Vgl *Helms* in MüKoBGB[6] § 2339 Rz 20; *Olshausen* in Staudinger, BGB (2015) § 2339 Rz 33.
91 Geschieht dies in Schädigungsabsicht gegenüber dem potentiellen Geschenknehmer, hat dieser allerdings einen Schadenersatzanspruch gem § 1295 Abs 2.
92 *Zeiller*, Commentar II/2, 400; *Stubenrauch*, Commentar[8] I 749; *Weiß* in Klang[2] III 108.
93 *Handl* in Klang II/1, 56.
94 *Zeiller*, Commentar II/2, 400; *Weiß* in Klang[2] III 108.
95 *Stubenrauch*, Commentar[8] I 749; *Handl* in Klang II/1, 56.
96 Vgl *Handl* in Klang II/1, 56.
97 *Zeiller*, Commentar II/2, 400; *diesem* folgend *Nippel*, Erläuterung IV 35; *Weiß* in Klang[2] III 108.
98 OGH 18.5.1916, R I 186/16, JBl 1917, 201; *Weiß* in Klang[2] III 108; *Welser* in Rummel/Lukas[4] § 542 Rz 1; *Werkusch-Christ* in Kletečka/Schauer, ABGB-ON 1.03 § 542 Rz 3; allgemein (nicht bloß auf Verhinderung bezogen) *Michel*, VJSchr 1858, 52.
99 So aber *Michel*, VJSchr 1858, 51; *Unger*, Erbrecht[4] 24 Anm 16; *Krasnopolski/Kafka*, Erbrecht 22 f; *Handl* in Klang II/1, 54, der bei Testierunfähigkeit die objektive Eignung sämtlicher Handlungen, die Erbfolgeordnung zu stören, verneint.
100 *Pfaff/Hofmann*, Excurse II/1, 23; *Krasnopolski/Kafka*, Erbrecht 23; aA *Michel*, VJSchr 1858, 51 f mit dem Argument, dass dort, wo ein „Verfügungsrecht des Erblassers nicht exisitierte, auch keine Rechtsverletzung verübt werden konnte".

cherart Handelnden vom Erbrecht auszuschließen (s oben Rz 6). Keine Bedeutung hat es schließlich, aus welchen Motiven der Erblasser an der Abgabe eines letzten Willens gehindert wurde:[101] Erbunwürdig ist auch, wer selbst nicht aus der Verhinderung profitiert (s bereits oben Rz 8) oder wer mit der Hinderung einen „guten Zweck" verfolgt – so etwa, wenn der Erblasser an der Errichtung eines Testaments zugunsten seiner heimlichen Geliebten gehindert wird, um seinen Kindern die Erbschaft zu bewahren.[102]

Fallbeispiele: Wer eine letztwillige Verfügung, die ihm der Erblasser in Verwahrung gegeben hat, trotz Aufforderung des Letzteren nicht herausgibt, verhindert die vom Erblasser beabsichtigte neue letztwillige Verfügung, wenn der Erblasser sich im Glauben befand, dass er kein neues Testament errichten könne, wenn er das ältere nicht vernichtet und diese Vorstellung des Erblassers dem Verwahrer bekannt war.[103] Dasselbe gilt für das Vorenthalten eines Testaments, das der Erblasser durch Vernichten, Durchstreichen oä widerrufen will (vgl § 721); es reicht nämlich, dass der Erblasser an der konkret von ihm beabsichtigten Art, wie er seinen letzten Willen oder seinen Widerruf anordnen möchte, gehindert wird.[104] Der Erblasser ersucht jemanden, sein Testament zu vernichten, der dies jedoch heimlich unterlässt, sodass der Erblasser keinen Widerruf anordnet.[105] Zu dieser Fallgruppe gehören weiters wissentlich falsche Auskünfte zu den erforderlichen Formvorschriften[106] sowie das Verschweigen eines ehewidrigen Verhältnisses, um den Widerruf der Universalerbeneinsetzung des Ehegatten zu verhindern. Fraglich könnte sein, ob es Verhinderung iSd § 542 2. Fall oder Verleitung iSd § 542 1. Fall ist, wenn der Erblasser durch Zwang oder List daran gehindert wird, der von ihm errichteten letztwilligen Verfügung einen bestimmten Inhalt zu geben: Würde man unter Verleitung iSd § 542 1. Fall nur eine solche zur Errichtung des letzten Willens an sich verstehen, so müsste man diese Fallkonstellation als Verhinderung qualifizieren.[107] Geht man aber wie hier (s oben Rz 7) davon aus, dass Verleitung iSd § 542 1. Fall auch jene zu einem bestimmten Inhalt ist, dann kommt letzterer Tatbestand zum Tragen.

Gemeinsam ist den ersten beiden Fällen des § 542, dass sie auf eine Beeinflussung des letzten Willens – sei es im Sinne der Erklärung desselben, sei es im Sinne der Verhinderung einer solchen – durch Zwang oder betrügliches Verleiten abstellen. § 540 2. Fall ist gewissermaßen das spiegelbildliche Gegenstück zu § 542 1. Fall. Das Verhindern ist für den wahren Erblasserwillen und für die Rechtssicherheit jedoch ungleich gefährlicher, weil der dem Erblasserwillen entsprechende Rechtszustand in dieser Fallkonstellation niemals hergestellt werden kann,[108] während der unter Zwang oder List zustande ge-

---

101 *Michel*, VJSchr 1858, 52 f; *Pfaff/Hofmann*, Excurse II/1, 23 f; *Handl* in Klang II/1, 55.
102 *Michel*, VJSchr 1858, 52 f.
103 OGH 18.5.1916, R I 186/16, JBl 1917, 201.
104 Vgl *Helms* in MüKoBGB[6] § 2339 Rz 18 unter Hinweis auf die Rsp des BGH.
105 *Handl* in Klang II/1, 56.
106 *Weiß* in Klang[2] III 108; vgl auch OGH 23.5.1984, 1 Ob 581/84, NZ 1985, 13; so auch *Helms* in MüKoBGB[6] § 2339 Rz 18; *Olshausen* in Staudinger, BGB (2015) § 2339 Rz 33.
107 So die dt Lit: zB *Helms* in MüKoBGB[6] § 2339 Rz 18; *Olshausen* in Staudinger, BGB (2015) § 2339 Rz 33.
108 *Nippel*, Erläuterung IV 35; *Weiß* in Klang[2] III 106.

kommene letzte Wille anfechtbar ist (§ 565). Umso wichtiger ist in dieser Fallkonstellation der in § 542 aE normierte Schadenersatzanspruch Dritter (s dazu Rz 49 ff). Dies zeigt im Übrigen, dass auch der Schadenersatzanspruch in Wahrheit (zumindest auch) im Interesse des Erblassers ist, zumal auf diesem Wege das vom Erblasser angestrebte Ergebnis wiederhergestellt werden kann (dazu auch oben Rz 3 sowie unten Rz 50).

3. Unterdrückung eines letzten Willens (§ 542 3. Fall)

19 Als dritten Fall der Erbunwürdigkeit *ratione testamenti*[109] nennt § 542 die Unterdrückung eines letzten Willens. Diesen Erbunwürdigkeitsgrund verwirklicht, wer einen bereits errichteten[110] letzten Willen beseitigt,[111] ihn durch aktives Tun oder durch Unterlassen pflichtmäßiger Tätigkeit nicht ans Tageslicht kommen lässt.[112] Unterdrücken bedeutet, etwas „von der Oberfläche wegdrücken",[113] dass etwas vernichtet, versteckt, verheimlicht wird.[114]

20 Letzter Wille iSd § 542 3. Fall ist wiederum jede letztwillige Verfügung, auch der ausdrückliche Widerruf iSd § 719 (anders als bei den ersten beiden Tatbeständen des § 542 aber nicht der stillschweigende Widerruf) und der Erbvertrag. Auch diese Fallgruppe erfordert vorsätzliches Verhalten,[115] wobei die Rsp[116] und ein Teil der L[117] offenbar Absichtlichkeit verlangen (dazu unten Rz 36). Grob fahrlässiges Vernichten einer letztwilligen Verfügung, etwa weil ein Stapel Papier des Erblassers weggeworfen wird, macht jedenfalls nicht erbunwürdig.[118]

21 Irrelevant ist grundsätzlich, ob der unterdrückte letzte Wille gültig ist;[119] es spielt also (wie auch bei der Verleitung und der Verhinderung; dazu oben Rz 8, 16) grundsätzlich keine Rolle, ob der Erblasser im Zeitpunkt der Anordnung des unterdrückten letzten Willens testierfähig war,[120] ob das unterdrückte Testament formungültig ist,[121] einen unerlaubten Inhalt aufweist oder wegen eines Willensmangels anfechtbar ist. Wurde ein Testament jedoch unterdrückt, weil

---

[109] S dazu *Zimmermann* in FS Koziol 472 FN 49; s dazu auch § 540 (§§ 539, 541 nF Rz 3).
[110] Weitergehend *Winiwarter*, Bürgerliches Recht² III 24 (Unterdrückung sei jede eigenmächtige, in der Absicht vorgenommene Handlung, den Willen des Erblassers dadurch unwirksam zu machen; dazu unten Rz 27 f); krit dazu *Schwab*, WagnersZ 1845 II 12 f.
[111] OGH 1.3.1933, 2 Ob 9/33, NZ 1933, 261; *Weiß* in Klang² III 108.
[112] OGH 1.12.1908, Rv I 626/8, GlUNF 4407; *Schwab*, WagnersZ 1845 II 13.
[113] OGH 1.12.1908, Rv I 626//8, GlUNF 4407.
[114] *Schwab*, WagnersZ 1845 II 13; ganz ähnlich zB *Stubenrauch*, Commentar⁸ I 749.
[115] Lediglich von Vorsatz sprechend etwa *Welser* in Rummel/Lukas⁴ § 542 Rz 1; *Werkusch-Christ* in Kletečka/Schauer, ABGB-ON 1.03 § 542 Rz 1.
[116] S OGH 18.5.1916, R I 186/16, JBl 1917, 201; 5.8.1999, 1 Ob 175/99p, EvBl 2000/12; abw aber 19.9.2012, 3 Ob 157/12b, NZ 2013/96 (in dieser E stellt der OGH allgemein auf Vorsatz ab, zitiert aber auch seine bisherige Rsp zur Absichtlichkeit); s dazu auch unten Rz 36.
[117] So etwa *Handl* in Klang II/1, 56; *Ehrenzweig*, System II/2², 373; unklar *Weiß* in Klang² III 109.
[118] *Kralik*, Erbrecht³ 39.
[119] *Weiß* in Klang² III 108; *Welser* in Rummel/Lukas⁴ § 542 Rz 4 (in Bezug auf Formgültigkeit).
[120] AA *Michel*, VJSchr 1858, 51 f; *Handl* in Klang II/1, 54.
[121] *Welser* in Rummel/Lukas⁴ § 542 Rz 4; OGH 19.9.2012, 3 Ob 157/12b, NZ 2013/96.

es für ungültig gehalten wurde, fehlt es an der erforderlichen Vereitelungsabsicht[122] (zu dieser unten Rz 36). Sofern der Unterdrücker aber bloß den wahren Willen des Erblassers verwirklichen will, etwa weil ihm der Irrtum des Erblassers bekannt ist, wird er nicht erbunwürdig (dazu sogleich Rz 22).

Überhaupt ist in diesen Fällen zu beachten, dass die Unterdrückung nur dann erbunwürdig macht, wenn sie gegen den wahren letzten Willen gerichtet ist. Wer eine Testamentsklausel in der Absicht streicht, dadurch dem wahren Willen des Erblassers zum Durchbruch zu verhelfen,[123] etwa weil die Klausel längst nicht mehr dem wahren Willen des Erblassers entspricht, wird nicht erbunwürdig (dazu näher Rz 39). **22**

Im Gegensatz zu den ersten beiden Fällen des § 542, die die unmittelbare Einflussnahme auf den Erblasser selbst zum Inhalt haben und deren Verwirklichung daher nur zu dessen Lebzeiten möglich ist, kann die Unterdrückung auch erst lange nach dem Tod des Erblassers stattfinden.[124] Ja, gerade in der Zeit nach dessen Tod ist die Gefahr, dass dessen Wille vereitelt wird, umso größer, als dieser naturgemäß keine Möglichkeit mehr hat, dem Resultat einer solchen Handlung entgegen zu wirken, indem er etwa eine neue letztwillige Verfügung errichtet.[125] Der Zweck der Norm, den wahren letzten Willen des Erblassers zu schützen (s dazu oben Rz 2 f), erfordert es daher, die Unterdrückung auch nach dem Tod des Erblassers als Erbunwürdigkeits- und somit relativen Erbunfähigkeitsgrund zu qualifizieren[126] – und zwar entgegen dem Anschein des § 545, wonach sich die Erbunfähigkeit nach dem Zeitpunkt des Erbanfalls (in der Regel also jenem des Todes) beurteilt. Dies wird heute in Rsp[127] und L[128] ganz einhellig vertreten. In diesen Fällen wird die nachträglich eingetretene Erbunwürdigkeit, die ja relative Erbunfähigkeit ist (s dazu oben Rz 4, 45 sowie allg § 540 [§§ 539, 541 nF] Rz 46), auf den Zeitpunkt des Erbanfalls (vgl § 545) rückbezogen.[129] Es kommt daher rückwirkend nie zum Erbanfall, die nachträglich eintretende Erbunwürdigkeit vernichtet den Erbanfall, **23**

---

[122] IdS Erbunwürdigkeit verneinend OGH 18.5.1916, R I 186/16, JBl 1917, 201; anders der der E 19.9.2012, 3 Ob 157/12b, NZ 2013/96 zugrundeliegende Sachverhalt: Die Instanzgerichte stellten der Sache nach einen Unterdrückungsvorsatz fest, sodass der OGH Erbunwürdigkeit bejahte.

[123] Vgl OGH 14.2.1951, 1 Ob 722/50, SZ 24/38 (*in concreto* jedoch verfehlt, s dazu unten Rz 39 FN 225).

[124] *Pfaff/Hofmann*, Excurse II/1, 23; *Unger*, Erbrecht⁴ 24 Anm 18; *Handl* in Klang II/1, 54; *Weiß* in Klang² III 109.

[125] *Handl* in Klang II/1, 54.

[126] OGH 1.12.1908, Rv I 626/8, GlUNF 4407; aA noch 19.6.1894, Nr. 6696, GlU 15.149.

[127] OGH 1.12.1908, Rv I 626/8, GlUNF 4407; 5.8.1999, 1 Ob 175/99p, EvBl 2000/12; 19.9.2012, 3 Ob 157/12b, NZ 2013/96 = JEV 2012/30; aA 19.6.1894, Nr. 6696, GlU 15.149.

[128] *Mages*, GZ 1878, 93; *Unger*, Erbrecht⁴ 24 f Anm 18; *Handl* in Klang II/1, 54; *Ehrenzweig*, System II/2², 373; *Steinwenter*, JBl 1955, 160; *Kralik*, Erbrecht³ 42; *Gschnitzer/Faistenberger*, Erbrecht² 55; *B. Jud*, NZ 2006, 73; *Likar-Peer* in Ferrari/Likar-Peer, Erbrecht 292; *Eccher* in Schwimann/Kodek⁴ III § 538 Rz 4, § 542 Rz 5; *Apathy* in KBB⁴ § 542 Rz 1; *Welser* in Rummel/Lukas⁴ § 542 Rz 4; *Werkusch-Christ* in Kletečka/Schauer, ABGB-ON 1.03 § 542 Rz 2; aA *Krasnopolski/Kafka*, Erbrecht 23. Die nachträgliche Berücksichtigung der Erbunwürdigkeit nach dem Tod aus einem anderen Verständnis der Indignität heraus bejahend *Pfaff/Hofmann*, Excurse II/1, 9 ff.

[129] *Unger*, Erbrecht⁴ 25 Anm 18 (dies aaO 24 Anm 18 freilich als gekünstelt bezeichnend, aber davon ausgehend, dass dies wegen der Konstruktion als relativer Erbunfähigkeitsgrund notwen-

als ob er nie eingetreten wäre.[130] Der Widerspruch zu § 545 ist allerdings nur ein scheinbarer: Nach § 545 muss die Erbfähigkeit ja im Zeitpunkt des Erbanfalls vorliegen. Wirkt aber die nach dem Tod des Erblassers eingetretene Erbunwürdigkeit auf den Zeitpunkt des Erbanfalls zurück, so ist im maßgeblichen Zeitpunkt eben rückwirkend betrachtet keine (relative) Erbfähigkeit vorhanden und somit kein subjektives Erbrecht entstanden.[131] Eine allfällige bereits erfolgte Einantwortung ist eine solche an den Scheinerben (vgl § 823). Alles andere liefe darüber hinaus dem vermuteten Erblasserwillen zuwider. Anders als bei § 540 beruht dieser typisierte, hypothetische Erblasserwille aber nicht auf der (allenfalls vermuteten) Kränkung des Erblassers, sondern in der Verfehlung gegen den letzten Willen. Führt man die Erbunwürdigkeit wegen nach dem Tod begangener Handlungen iSd § 542 auf den hypothetischen Erblasserwillen zurück, so besteht tatsächlich eine gewisse Parallele mit dem Gedanken der *clausula rebus sic stantibus*, den *L. Pfaff*[132] in den Bestimmungen des ABGB über die Erbunwürdigkeit verwirklicht sah.

24 Fallbeispiele: die Vernichtung einer letztwilligen Verfügung (zB durch Vertilgen oder Zerschneiden[133], auch durch Durchstreichen[134]) oder eines Teils davon (zB Verschwinden-Lassen einer von mehreren Seiten; Durchstreichen einer Testamentsklausel[135]); das Verheimlichen[136] eines letzten Willens, insbesondere dessen Nichtvorlage im Abhandlungsverfahren[137] oder auch noch in einem späteren Zeitpunkt, wenn erst nach der Einantwortung ein Testament des Erblassers auftaucht; bei einem privaten mündlichen Testament (Nottestament iSd § 597, mündliches Testament iSd §§ 584–586 aF[138]) die Verweige-

---

dig sei, sowie am Beispiel dieser Fallkonstellation die Nichtunterscheidung zwischen Erbunfähigkeit und Erbunwürdigkeit *de lege ferenda* kritisierend); *Kralik*, Erbrecht³ 42; *B. Jud*, NZ 2006, 76.

130 ZB *Bartsch*, Erbrecht² 10.

131 Zur Erbfähigkeit als einer der Voraussetzungen des Erbanfalls, dh des Entstehens des Erbrechts im subjektiven Sinne, zB *Likar-Peer* in Ferrari/Likar-Peer, Erbrecht 40; *Koziol/Welser/Zöchling-Jud*[14] II Rz 1885; abw *Kogler*, Der Erbverzicht (2013) 64 ff (differenzierend zwischen Erbfähigkeit, die gem § 545 im Zeitpunkt des Erbanfalls gegeben sein müsse, einerseits und „Erbanfallsverhinderungsgründen", für die § 545 nicht gelte, andererseits; zu letzteren zählen seiner Auffassung nach sowohl die §§ 540, 542 und der mittlerweile aufgehobene § 543 als auch § 551); mE ist diese Differenzierung insofern unzutreffend, als auch die absolute Erbfähigkeit den Erbanfall an den absolut Erbunfähigen verhindert [vgl etwa *Bartsch*, Erbrecht² 10; *Gschnitzer/Faistenberger*, Erbrecht² 54: gerade weil die Erbunwürdigkeit nach den §§ 540 ff als Erbfähigkeit konstruiert ist, fällt die Erbschaft dem Erbunwürdigen nicht an; idS auch OGH 20.5.1930, 42 R 259/30, NZ 1930, 190]; denn der Erbanfall bedeutet ja nichts anderes als das Entstehen des subjektiven Erbrechts [vgl dazu *Schauer/Motal* in diesem Band zu § 536 Rz 23; vgl auch § 536 Abs 1 nF]. – Zur ggt Position s unten *Kogler* in diesem Band §§ 545, 546 [§§ 543 nF] Rz 7 ff).

132 In FS Unger 353 f. Explizit erwähnt *Pfaff* in diesem Zusammenhang freilich bloß § 540; aus dem Kontext seiner Ausführungen lässt sich jedoch schließen, dass er in den Bestimmungen der Erbunwürdigkeit offenbar ganz generell einen Ausdruck der gemeinrechtlichen *clausula rebus sic stantibus* sieht.

133 *Stubenrauch*, Commentar⁸ I 749.

134 Vgl *Winiwarter*, Bürgerliches Recht² III 24.

135 OGH 14.2.1951, 1 Ob 722/50, SZ 24/38.

136 *Stubenrauch*, Commentar⁸ I 749.

137 OGH 1.12.1908, Rv I 626/8, GlUNF 4407; 5.8.1999, 1 Ob 175/99p, EvBl 2000/12.

138 Aufgehoben durch das FamErbRÄG 2004, auf Verfügungen, die bis zum 31.12.2004 errichtet wurden, jedoch nach wie vor anwendbar.

rung einer Aussage¹³⁹ oder auch die falsche Zeugenaussage, sofern sich diese nicht auf den Inhalt, sondern auf die Frage des (Nicht-)Vorhandenseins einer letztwilligen Verfügung (zB auf die *nuncupatio* iSd § 579¹⁴⁰) beziehen; ferner die Bestechung, Einschüchterung oder auch die Ermordung eines Zeugen¹⁴¹. Keine Erbunwürdigkeit iSd § 542 3. Fall liegt vor, wenn das Testament deshalb nicht herausgegeben wurde, weil die Erbin dieses für ungültig hielt; dann mangelt es nämlich am erforderlichen Vorsatz;¹⁴² diese Fallkonstellation ist freilich nicht zu verwechseln mit der Unterdrückung eines zwar ungültigen Testaments, die aber in der Absicht erfolgte, den vermeintlich gültigen letzten Willen zu vereiteln.¹⁴³ Keine Erbunwürdigkeit zieht es ferner nach sich, wenn mit der Unterdrückung dem wahren Willen des Erblassers zum Durchbruch verholfen werden soll¹⁴⁴ – dies wäre etwa der Fall, wenn der Erblasser das Testament noch widerrufen wollte, vor seinem Tod aber keine Möglichkeit mehr dazu hatte. Das Zerreißen einer von zwei Ausfertigungen eines Testaments durch die darin allein Begünstigte mit den Worten, vom Erblasser nichts mehr zu wollen, begründet nach der Rsp je nach den Umständen des Einzelfalls keine Erbunwürdigkeit.¹⁴⁵ Entscheidend muss hier wohl sein, dass mit dieser Handlung keine Vereitelungsabsicht verbunden ist.

Zur Frage, inwieweit *vis absoluta* einen Fall der Unterdrückung darstellt, s oben Rz 12. Zur Auffassung *Winiwarters*, wonach Unterschiebung und Verfälschung eines letzten Willens unter § 542 3. Fall zu subsumieren seien, s sogleich Rz 27 f. **25**

4. Weitere Vereitelungshandlungen, insb Unterschiebung und Verfälschung

Das Gesetz erwähnt weder die Unterschiebung einer nicht vom Erblasser herrührenden letztwilligen Verfügung noch die Verfälschung eines bestehenden letzten Willens.¹⁴⁶ In der Lit wurde vermutet, dieser Umstand sei darauf zurückzuführen, dass der Gesetzgeber davon ausgegangen sei, diese Fälle seien ohnehin von § 540 erfasst.¹⁴⁷ Zum Teil wurde sogar vertreten, diese Hand- **26**

---

¹³⁹ Vgl *Kralik*, Erbrecht³ 38 (noch in Bezug auf die mittlerweile aufgehobenen §§ 584 ff, die allerdings auf bis zum 31.12.2004 errichtete letztwillige Verfügungen weiterhin anzuwenden sind).
¹⁴⁰ Vgl aber § 579 idF ErbRÄG 2015, wonach statt der bisherigen mündlichen *nuncupatio* des Erblassens vor Zeugen ein eigenhändiger Zusatz des letztwillig Verfügenden auf der Urkunde, dass diese seinen letzten Willen enthalte, erforderlich ist.
¹⁴¹ *Pfaff/Hofmann*, Commentar II/1, 26 FN 2.
¹⁴² Vgl OGH 1.12.1908, Rv I 626/8, GlUNF 4407.
¹⁴³ Nach richtiger Ansicht liegt diesfalls sehr wohl Erbunwürdigkeit vor: so *Weiß* in Klang² III 108.
¹⁴⁴ OGH 14.2.1951, 1 Ob 722/50, SZ 24/38 (Streichung einer Testamentsklausel; diese Verfälschung wurde als Unterdrückung iSd § 542 qualifiziert; s zu dieser E Rz 39 FN 225.
¹⁴⁵ OGH 19.12.2014, 8 Ob 122/14w (die Ansicht der Instanzgerichte billigend und darauf verweisend, dass die Beurteilung der Erbunwürdigkeit iSd § 542 eine solche des jeweiligen Einzelfalls sei).
¹⁴⁶ Vgl *Handl* in Klang II/1, 56; *Weiß* in Klang² III 103.
¹⁴⁷ *Handl* in Klang II/1, 56.

lungen seien ausschließlich über § 540 zu relevieren.[148] Diese Handlungen lassen sich aber kaum unter § 540 1. Fall subsumieren – jedoch nicht aus dem von L und Rsp genannten Grund: Wenn Rsp[149] und L[150] nämlich darauf verweisen, dass die Urkundenfälschung gem § 223 StGB nicht die von § 540 1. Fall geforderte Schwere (nämlich Strafdrohung von mehr als einjähriger Freiheitsstrafe) erreicht, so wird dabei übersehen, dass letztwillige Verfügungen besonders geschützte Urkunden iSd § 224 StGB sind – sowohl die Verfälschung eines vom Erblasser herrührenden letzten Willens als auch die Fälschung, dh das Produzieren einer unechten Urkunde, sind aber gem § 224 StGB mit bis zu zwei Jahren Freiheitsstrafe bedroht. Die erforderliche Strafdrohung wäre also sehr wohl gegeben. Die Urkundenfälschung ist jedoch keine Straftat gegen den Erblasser iSd § 540 1. Fall: Denn auch wenn im Einzelnen strittig ist, ob „gegen den Erblasser" im strafrechtlichen oder in einem weiteren, privatrechtlichen Sinne zu verstehen ist (s dazu § 540 [§§ 539, 541 nF] Rz 24 f), passt § 540 1. Fall hier nicht. Mit der Urkundenfälschung – als solche eine strafbare Handlung gegen die Zuverlässigkeit von Urkunden und Beweiszeichen[151] – wird nämlich nicht in ein Rechtsgut des Erblassers eingegriffen.[152] Selbst wenn man mit der hL von einem weiteren Begriffsverständnis des Tatbestandsmerkmals „gegen den Erblasser" iSd § 540 1. Fall ausgeht,[153] ist doch zu bedenken, dass schwere Verfehlungen gegen die öffentliche Ordnung oder gegen die Rechte eines Dritten nicht genügen, wenn die Rechtssphäre des Erblassers „nur nebenher ‚irgendwie berührt' wird", weil § 540 1. Fall eine schwere Verfehlung gegen den Erblasser zumindest in einem weiteren Sinn voraussetzt,[154] wie *Ehrenzweig*, einer der Verfechter eines weiten Begriffsverständnisses,[155] betont. Darüber hinaus sind nach der hA[156] Straftaten gegen den Erblasser iSd § 540 nur solche, die zu Lebzeiten des Erblassers

---

[148] *Weiß* in Klang² III 104 (noch zu § 201a StG 1858: Verbrechen des Betruges durch Verfertigung falscher Privaturkunden oder Verfälschung echter Privaturkunden; anders die Tatbestandsalternativen der nunmehrigen §§ 223 f StGB, bei denen das Betrugsmoment keine Rolle spielt).

[149] OGH 15.5.1984, 5 Ob 616/83, SZ 57/95 = JBl 1985, 166 = NZ 1984, 179.

[150] *Kralik*, Erbrecht³ 39; *Eccher* in Schwimann/Kodek⁴ III § 540 Rz 8; *Welser* in Rummel/Lukas⁴ § 540 Rz 7.

[151] Geschütztes Rechtsgut im strafrechtlichen Sinne ist die Institution der Urkunde als Gewährschaftsträger.

[152] Vgl dazu *Schwab*, WagnersZ 1845 II 6 ff (noch in Bezug auf die Urfassung des § 540, wonach erbunwürdig war, wer gegen den Erblasser, dessen Kinder, Eltern oder Ehegatten eine Straftat gegen Leib und Leben, Vermögen, Ehre oder Freiheit (Letzteres durch die L ergänzt) begangen hatte.

[153] S dazu *Handl* in Klang II/1, 50; *Ehrenzweig*, System II/2², 372; *Kralik*, Erbrecht³ 36 f; *B. Jud*, NZ 2006, 71.

[154] *Ehrenzweig*, System II/2², 372.

[155] *Ehrenzweig* (System II/2², 372 f) bezieht insb die „Gefühlssphäre" des Erblassers mit ein (s dazu § 540 [§§ 539, 541 nF] Rz 24).

[156] OGH 19.6.1894, Nr 6696, GlU 15.149; 18.5.1953, 3 Ob 271, 272/53, JBl 1954, 174; 28.3.2007, 7 Ob 43/07k, EvBl 2007/117 = NZ 2008/20 (Kogler); *Handl* in Klang II/1, 49; *Ehrenzweig*, System II/2², 372; *Weiß* in Klang² III 99; *Kralik*, Erbrecht³ 42; *Eccher* in Schwimann/Kodek⁴ III § 540 Rz 10; *Welser* in Rummel/Lukas⁴ § 540 Rz 5; *Likar-Peer* in Ferrari/Likar-Peer, Erbrecht 292; *Apathy* in KBB⁴ § 540 Rz 2; aA *B. Jud*, NZ 2006, 74 ff; diese Ansicht eher referie-

begangen wurden (dazu § 540 [§§ 539, 541 nF] Rz 25), sodass in den praktisch häufigeren Fällen, in denen die in Rede stehenden Handlungen erst nach dem Tod des Erblassers verübt werden,[157] auch deshalb keine Erbunwürdigkeit nach § 540 1. Fall eintreten würde.[158] Abgesehen davon können die §§ 540, 542 auch nebeneinander bestehen, das Vorliegen einer Erbunwürdigkeit iSd § 540 schließt eine solche nach § 542 nicht aus.[159]

Winiwarter subsumierte die Unterschiebung und die Verfälschung unter § 542 3. Fall. Zum einen werde auch durch die Verfälschung eines bestehenden letzten Willens deren Inhalt unterdrückt; die Unterschiebung einer gefälschten letztwilligen Verfügung wiederum unterdrücke den Willen des Erblassers, die gesetzliche Erbfolge eintreten zu lassen.[160] Die Unterdrückung iSd § 542 3. Fall setzt allerdings einen bestehenden letzten Willen voraus. Daher kann allenfalls die Verfälschung einer vom Erblasser stammenden letztwilligen Verfügung eine Unterdrückung darstellen. So subsumiert der OGH die Verfälschung eines Testaments durch Streichen einer Testamentsklausel unter § 542 3. Fall.[161] Zumindest dann, wenn die Verfälschung zu einem „Minus" im Inhalt der letztwilligen Verfügung führt, ist ein Teil des letzten Willens unterdrückt worden. Besteht die Verfälschung dagegen in einem Hinzufügen von Inhalten, ist die Subsumtion unter den Tatbestand der Unterdrückung freilich etwas gekünstelt. Die Unterschiebung eines gefälschten, nicht vom Erblasser herrührenden Testaments wiederum könnte man allenfalls dann als Unterdrückung eines bestehenden letzten Willens zu interpretieren versuchen, wenn bereits ein Testament vorliegt, welches durch das jüngere, gefälschte „Testament" gem § 713 scheinbar aufgehoben wird. Jedoch bedeutet Unterdrücken iSd allgemeinen Sprachgebrauchs (vgl § 6), dass etwas vernichtet, versteckt, verheimlicht wird;[162] dass beabsichtigt wird, dass der errichtete letzte Wille nicht an den Tag kommt.[163] Von einem Unterdrücken iS eines „von der Oberfläche Wegdrückens"[164] kann in dieser Fallkonstellation indes schwerlich gesprochen werden. Eine Unterdrückung des Willens des Erblassers, die gesetzliche Erbfolge eintreten zu lassen, scheidet aber mangels Vorhandenseins eines letzten Willens jedenfalls aus[165] – ganz abgesehen davon, dass der Erblasser, der nicht testiert, oft gar keinen Willen hinsichtlich der eintretenden Erbfolge hat.

27

---

rend, sich aber zur bisherigen hA nicht äußernd und daher wohl zustimmend *Werkusch-Christ* in Kletečka/Schauer, ABGB-ON 1.03 § 540 Rz 2.

157 So zB *Pfaff/Hofmann*, Excurse II/1, 23.
158 Dies wäre auch im Zusammenhang mit § 147 Abs 1 Z 1 StGB (dazu *Kralik*, Erbrecht³ 40) zu beachten.
159 *Kralik*, Erbrecht³ 40; aA aber offenbar *Weiß* in Klang² III 104 f (§ 542 komme nur dort zur Anwendung, in denen keine Erbunwürdigkeit nach § 540 vorliege); ähnlich OGH 28.3.2007, 7 Ob 43/07k, EvBl 2007/117 = NZ 2008/20 (*Kogler*).
160 *Winiwarter*, Bürgerliches Recht² III 24.
161 OGH 14.2.1951, 1 Ob 722/50, SZ 24/38.
162 *Schwab*, WagnersZ 1845 II 13; dem Sinne nach ähnlich zB *Stubenrauch*, Commentar⁸ I 749.
163 *Schwab*, WagnersZ 1845 II 13.
164 So OGH 1.12.1908, Rv I 626/8, GlUNF 4407.
165 *Schwab*, WagnersZ 1845 II 12.

§ 542

28 Eine direkte Subsumtion der hier in Rede stehenden Vereitelungshandlungen unter § 542 3. Fall ist aber gar nicht erforderlich.[166] Vielmehr beinhaltet § 542 nach stRsp[167] und hL[168] eine bloß demonstrative Aufzählung von Verfehlungen gegen den letzten Willen. Gemeinsames Merkmal der in § 542 genannten Handlungen ist es, dass sie alle darauf abzielen, eine dem wahren Willen des Erblassers widersprechende Erbfolge herbeizuführen.[169] Sie stellen alle einen Angriff auf seinen letzten Willen bzw auf seine Testierfreiheit dar. Zweck der Norm, *ratio iuris*, ist es also, all jene vom Erbrecht auszuschließen, die sich schwerer Verfehlungen gegen den Willen des Erblassers schuldig gemacht haben. Jede „Vereitelungshandlung",[170] dh eine Handlung und Unterlassung, die in der Absicht geschieht, den Willen des Erblassers zu vereiteln (zur Vereitelungsabsicht s unten Rz 36), ist mit Erbunwürdigkeit sanktioniert.[171] Neben der Unterschiebung[172] eines letzten Willens ist daher jede Verfälschung[173] einer letztwilligen Verfügung sowie jede weitere Handlung, die in Vereitelungsabsicht geschieht, von § 542 erfasst.[174]

---

[166] Vgl aber *Schwab*, WagnersZ 1845 II 5; offenbar auch *Weiß* in Klang² III 103 f, der die (Ver-)Fälschung überhaupt unter § 540 subsumieren will.

[167] OGH 19.6.1894, Nr 6696, GlU 15.149; 18.5.1916, R I 186/16, JBl 1917, 201; 18.5.1953, 3 Ob 271, 272/53, JBl 1954, 174; 27.9.1984, 6 Ob 690/83, SZ 57/147; 15.5.1984, 5 Ob 616/83, SZ 57/95 = NZ 1984, 179 = JBl 1985, 166; 23.5.1984, 1 Ob 581/84, NZ 1985, 13; 5.8.1999, 1 Ob 175/99p, EvBl 2000/12; 25.6.2003, 3 Ob 87/03w, EFSlg 106.696; 17.11.2004, 9 Ob 124/04g, EFSlg 108.023; 28.3.2007, 7 Ob 43/07k, EvBl 2007/117 = NZ 2008/20 (*Kogler*); 29.4.2014, 2 Ob 18/14g.

[168] *Handl* in Klang II/1, 56; *Ehrenzweig*, System II/2², 373; *Kralik*, Erbrecht³ 38 f; *Koziol/Welser/Zöchling-Jud*¹⁴ II Rz 1895; *Likar-Peer* in Ferrari/Likar-Peer, Erbrecht 289; *Eccher* in Schwimann/Kodek⁴ III § 542 Rz 1 f; *Welser* in Rummel/Lukas⁴ § 542 Rz 5; *Apathy* in KBB⁴ § 542 Rz 2; *Werkusch-Christ* in Kletečka/Schauer, ABGB-ON 1.03 § 542 Rz 2; aA *Schwab*, WagnersZ 1845 II 5; *Weiß* in Klang² III 103 f.

[169] *Unger*, Erbrecht⁴ 25 Anm 19; diese Definition übernehmend *Krasnopolski/Kafka*, Erbrecht 22; *Ehrenzweig*, System II/2², 373.

[170] *Werkusch-Christ* in Kletečka/Schauer, ABGB-ON 1.03 § 542 Rz 2.

[171] OGH 23.5.1984, 1 Ob 581/84, NZ 1985, 13; 27.9.1984, 6 Ob 690/83, SZ 57/147; 5.8.1999, 1 Ob 175/99p, EvBl 2000/12; 25.6.2003, 3 Ob 87/03w, EFSlg 106.696; 17.11.2004, 9 Ob 124/04g, EFSlg 108.023; 3.5.2007, 1 Ob 281/06i, iFamZ 2007/133 = JEV 2007/16 = EFSlg 117.180–117.183; 28.3.2007, 7 Ob 43/07k, EvBl 2007/117 = NZ 2008/20 (*Kogler*); 29.4.2014, 2 Ob 18/14g; *Unger*, Erbrecht⁴ 25 Anm 19; *Stubenrauch*, Commentar⁸ I 748; *Krasnopolski/Kafka*, Erbrecht 22; *Handl* in Klang II/1, 53; *Ehrenzweig*, System II/2², 373; vgl auch *Koziol/Welser/Zöchling-Jud*¹⁴ II Rz 1895.

[172] *Mages*, GZ 1878, 93; OGH 18.5.1953, 3 Ob 271, 272/53, JBl 1954, 174; 27.9.1984, 6 Ob 690/83, SZ 57/147; Unterschiebung zwar grundsätzlich als Fall des § 542 qualifizierend, jedoch nach dem Tod des Erblassers verneinend 19.6.1894, Nr 6696, GlU 15.149; *Krasnopolski/Kafka*, Erbrecht 23 (s dazu oben Rz 23); aA *Weiß* in Klang² III 104.

[173] *Mages*, GZ 1878, 93; *Ehrenzweig*, System II/2², 373; *Steinlechner*, JBl 1955, 160; *Kralik*, Erbrecht³ 38 f; OGH 15.5.1984, 5 Ob 616/83, SZ 57/95 = NZ 1984, 179 = JBl 1985, 166.

[174] AA *Weiß* in Klang² III 104 (allenfalls komme Erbunwürdigkeit gem § 540 in Betracht; dies bedeutet aber, dass – folgt man der hA sowie *Weiß* selbst [aaO 99] – alle Unterschiebungen und Verfälschungen nach dem Tod des Erblassers nicht zur Erbunwürdigkeit führen, zumal die Straftaten iSd § 540 nach hA zu Lebzeiten des Erblassers begangen werden müssen [s dazu § 540 [§§ 539, 541 nF] Rz 25]); vgl dazu die Stellungnahme von *Steinlechner*, JBl 1955, 160.

Die Fälle des § 542   **§ 542**

Unterschiebung und Verfälschung sind nicht nur in Bezug auf schriftliche **29**
letztwillige Verfügungen denkbar.[175] So verfälscht die falsche Zeugenaussage
über dessen Inhalt ein bestehendes mündliches Testament[176] (Nottestament iSd
§ 597 [ab 1. 1. 2017: § 584 nF]; privates mündliches Testament iSd §§ 584–
586 aF, das vor dem Inkrafttreten des FamErbRÄG 2004,[177] demnach vor dem
1. 1. 2005 errichtet wurde[178]). Das Zusammenwirken mehrerer Personen, die
ein nicht vorhandenes mündliches Testament bezeugen, ist in einem weiteren
Sinne ebenfalls Unterschiebung, jedenfalls aber eine Vereitelungshandlung iSd
§ 542. Erbunwürdig wird ferner, wer sich wissentlich auf ein nicht errichtetes
mündliches Testament beruft.[179]

Die falsche Zeugenaussage in den soeben genannten Fällen (Rz 29) erfüllt **30**
zwar einen Straftatbestand, die strafbare Handlung ist aber zum einen nicht
gegen die Person des Erblassers gerichtet, zum anderen wird sie erst nach dem
Tod des Erblassers begangen (dazu oben Rz 26 sowie zu § 540 [§§ 539, 541 nF]
Rz 25).

Wurde die Fälschung und Unterschiebung bloß deshalb unternommen, um **31**
den wahren Willen des Erblassers zu verwirklichen, bewirkt dies nach der
Rsp[180] und einem Teil der L[181] keine Erbunwürdigkeit – und zwar unabhängig
davon, ob diese Handlungen gerichtlich strafbar sind.[182] Demnach ist nicht
erbunwürdig, wer eine dem Willen des Erblassers entsprechende Fälschung
herstellt oder von einem Dritten herstellen lässt,[183] etwa weil der Erblasser
knapp vor seinem Tod nicht mehr in der Lage war zu testieren; s dazu näher
Rz 39.

Ebenso wenig wird erbunwürdig, wer mit der von ihm hergestellten Fäl- **32**
schung (dh das Herstellen eines nicht vom Erblasser stammenden letzten Willens) keinen Versuch einer Irreführung[184] vorgenommen hat,[185] dh die Fälschung nicht in Vereitelungsabsicht verwendet hat. Man könnte dies als eine
Art tätige Reue sehen,[186] die nach mancher Ansicht[187] die Erbunwürdigkeit iSd
§ 542 beseitigt. Richtigerweise geht es dabei jedoch nicht um die Beseitigung

---

175 *Pfaff/Hofmann*, Excurse II/1, 23.
176 Falsche Zeugenaussagen betreffend das Zustandekommen der letztwilligen Verfügung stellen dagegen eine Unterdrückung iSd § 542 3. Fall dar (s dazu oben Rz 24).
177 BGBl I 2004/58.
178 S die Übergangsbestimmung in Art IV § 3 Z 1 FamErbRÄG 2004 (BGBl I 2004/58).
179 OGH 23.2.2009, 8 Ob 112/08s, EvBl 2009/94; *Koziol/Welser/Zöchling-Jud*[14] II Rz 1895.
180 OGH 14.2.1951, 1 Ob 722/50, SZ 24/38 (zur Verfälschung; Durchstreichen einer Testamentsklausel); 15.5.1984, 5 Ob 616/83, SZ 57/95 = NZ 1984, 179 = JBl 1985, 166; krit *Kralik*, Erbrecht[3] 39; zweifelnd auch *Koziol/Welser/Zöchling-Jud*[14] II Rz 1895; *Likar-Peer* in Ferrari/Likar-Peer, Erbrecht 290.
181 *Ehrenzweig*, System II/2[2], 374.
182 Vgl auch OGH 15.5.1984, 5 Ob 616/83, SZ 57/95.
183 OGH 15.5.1984, 5 Ob 616/83, SZ 57/95.
184 Dieser Begriff ist offenbar am alten StG 1858 orientiert. Die §§ 223, 224 StGB (Urkundenfälschung) setzen keine Täuschungsabsicht voraus, vielmehr ist die Fälschungshandlung für sich allein genommen ebenso strafbar wie das Gebrauchen einer ge- bzw verfälschten Urkunde.
185 OGH 18.5.1953, 3 Ob 271, 272/53, JBl 1954, 174; *Welser* in Rummel/Lukas[4] § 542 Rz 5.
186 IdS *Welser* in Rummel/Lukas[4] § 542 Rz 5.
187 *Kralik*, Erbrecht[3] 39, 42; offenlassend OGH 5.8.1999, 1 Ob 175/99p, EvBl 2000/12.

der zunächst bestehenden Erbunwürdigkeit; vielmehr ist in diesem Fall von vornherein gar kein Erbunwürdigkeitsgrund gegeben, weil es bereits an der Unterschiebung fehlt. Zur Fälschungshandlung muss nämlich zusätzlich eine Unterschiebungshandlung in irgendeiner Form hinzutreten – sei es, dass der gefälschte letzte Wille dem Abhandlungsgericht vorgelegt wird, der Fälscher diesen in einem von ihm angestrebten Erbschaftsprozess als Beweis vorlegt, sei es aber auch nur, dass die Fälschung zB im Schreibtisch des Erblassers oder bei seinen Dokumenten „hinterlegt" wird, damit diese dort aufgefunden wird.

33 Die Unterschiebung und Verfälschung eines letzten Willens werden typischerweise häufig erst nach dem Tod vorkommen.[188] § 542 ist auch auf Verfehlungen nach dem Tod des Erblassers anwendbar[189] (s dazu oben Rz 23).

34 Zum Herbeiführen eines „letzten Willens" durch *vis absoluta* s bereits oben Rz 12.

35 Nicht unter § 542 fallen der Diebstahl[190] oder das Verschweigen[191] von Nachlassgegenständen, denn auch wenn dadurch de facto in die vom Erblasser hinterlassene Ordnung eingegriffen wird,[192] richten sich diese Handlungen nicht gegen die Testierfreiheit, den letzten Willen des Erblassers. Geschütztes Rechtsgut des § 542 ist aber nur dessen Verfügungsfreiheit.[193] Daher ist die von *Pfaff/Hofmann*[194] angedachte Analogie zu § 542 bei bloß faktischen Eingriffen in die vom Erblasser hinterlassene Ordnung abzulehnen. – Zur Frage, ob Diebstahl von Nachlassgegenständen unter § 540 fällt, s § 540 [§§ 539, 541 nF] Rz 25; nach neuer Rechtslage ab 1. 1. 2017 ist dies gem § 539 nF der Fall (dazu § 540 [§§ 539, 541 nF] Rz 66 f).

---

188 ZB *Pfaff/Hofmann*, Excurse II/1, 23.
189 S dazu oben Rz 23; explizit zur Unterschiebung zB *Pfaff/Hofmann*, Excurse II/1, 23; s zur Unterschiebung nach dem Tod des Erblassers weiters OGH 18.5.1953, 3 Ob 271, 272/53, JBl 1954, 174 (implicite; *in casu* Erbunwürdigkeit jedoch verneinend, weil kein Versuch einer Irreführung vorlag [dazu Rz 32]; aA 19.6.1894, Nr 6696, GlU 15.149 (zwar Anwendbarkeit des § 542 auf Unterschiebung bejahend, im Ergebnis Erbunwürdigkeit jedoch verneinend, weil nur Handlungen zu Lebzeiten des Erblassers Erbunwürdigkeit nach sich ziehen würden; davon ging der OGH jedoch später ab [s dazu oben Rz 23]); *Krasnopolski/Kafka*, Erbrecht 23.
190 OGH 28.3.2007, 7 Ob 43/07k, EvBl 2007/117 = NZ 2008/20 (*Kogler*).
191 OGH 18.5.1953, 3 Ob 271, 272/53, JBl 1954, 174; 12.1.2012, 6 Ob 264/11h, Zak 2012/98.
192 Vgl *Pfaff/Hofmann*, Excurse II/1, 22; *B. Jud*, NZ 2006, 76 sowie die Erwägungen des Novellengesetzgebers, der aus diesem Grund Straftaten gegen die Verlassenschaft als neuen Erbunwürdigkeitsgrund des § 539 nF normierte (dazu oben § 540 [§§ 539, 541 nF] Rz 67).
193 OGH 12.1.2012, 6 Ob 264/11h, Zak 2012/98.
194 Excurse II/1, 22 (Analogie zu § 542 bei Vermögensdelikten gegen den ruhenden Nachlass zwar grundsätzlich befürwortend, diese jedoch nicht für erforderlich erachtend, weil ohnehin § 540 zur Anwendung komme; dies deshalb, weil es sich hier um eine Straftat gegen den Erblasser handele (arg § 547 S3); *B. Jud* (NZ 2006, 76), die ebenfalls den Gedanken des Eingriffs in die vom Erblasser hinterlassene Ordnung aufgeworfen hat, subsumiert diese Fallkonstellationen einerseits aus diesem Grund, andererseits aber auch wegen § 547 S 3 unter § 540; dadurch werden jedoch die Normzwecke der §§ 540, 542 miteinander vermischt); s § 540 [§§ 539, 541 nF] Rz 25, 67.

V. Weitere Kriterien des § 542

1. Vereitelungsabsicht

Die Verfälschung des Erblasserwillens muss vorsätzlich vorgenommen worden sein.[195] Dies ergibt sich bei Zwang und Arglist bereits aus den gesetzlichen Tatbestandsmerkmalen, gilt aber auch für die Unterdrückung[196] und überhaupt jede Handlung, die den in § 542 genannten Fällen gleichkommt. Wer also – wenn auch grob fahrlässig – ein Testament vernichtet, wird nicht erbunwürdig.[197] Fraglich ist, ob *dolus eventualis* ausreicht[198] oder ob Absichtlichkeit (*dolus directus*) erforderlich ist. Die frühere stRsp[199] und L[200] verlangen offenbar Letzteres, nimmt man die entsprechenden Ausführungen wörtlich. Erbunwürdig wäre demnach nur, wer mit seiner Handlung willentlich gerade auf den Erfolg – nämlich die Vereitelung des Erblasserwillens – abzielt, während etwa derjenige, der vorsätzlich einen Stapel Papiere des Erblassers zerreißt und dabei in Kauf nimmt, dass sich darunter ein Testament befindet,[201] erbwürdig bleibt. In der jüngeren L[202] wird schlicht Vorsatz verlangt, ohne dass dabei aber die Frage der Vorsatzform explizit angesprochen wird. *Kralik*[203] lässt *dolus eventualis* genügen. Die jüngere Jud stellt auf Vorsatz ab, definiert diesen aber als Absicht, den letzten Willen zu vereiteln und verweist auf die bisherige Rsp.[204] In der E 19. 9. 2012, 3 Ob 15/12b[205] schließlich meint der OGH nur noch, dass § 542 nach einhelliger L und Rsp vorsätzliches Handeln voraussetzt. Die Vereitelungsabsicht wurde mit dem ErbRÄG 2015 nunmehr explizit im Gesetz verankert; s unten Rz 60.

36

2. Versuch

Die Erbunwürdigkeit tritt auch dann ein, wenn der Erfolg zwar beabsichtigt, letztendlich aber nicht eingetreten ist.[206] Allein der Versuch ist bereits ausrei-

37

---

195 OGH 1.3.1933, 2 Ob 9/33, NZ 1933, 261; 23.5.1984, 1 Ob 581/84, NZ 1985, 13; 5.8.1999, 1 Ob 175/99p, EvBl 2000/12; *Weiß* in Klang² III 198; *Kralik*, Erbrecht³ 39; *Eccher* in Schwimann/Kodek⁴ III § 542 Rz 3; *Welser* in Rummel/Lukas⁴ § 542 Rz 1.
196 *Handl* in Klang II/1, 56; *Ehrenzweig*, System II/2², 373 (jeweils Absichtlichkeit verlangend).
197 *Zeiller*, Commentar II/2, 399; *Pfaff/Hofmann*, Excurse II/1, 23; *Kralik*, Erbrecht³ 39.
198 IdS *Kralik*, Erbrecht³ 39; zust *Likar-Peer* in Ferari/Likar-Peer, Erbrecht 289.
199 OGH 14.2.1951, 1 Ob 722/50, SZ 24/38; 15.5.1984, 5 Ob 616/83, SZ 57/95 = NZ 1984, 179 = JBl 1985, 166.
200 *Handl* in Klang II/1, 56; *Ehrenzweig*, System II/2², 373; wohl auch *Eccher* in Schwimann/Kodek⁴ III § 542 Rz 3 (iVm FN 5); aA *Kralik*, Erbrecht³ 39; zweifelnd auch *Koziol/Welser/Zöchling-Jud*¹⁴ II Rz 1895.
201 Beispiel von *Kralik*, Erbrecht³ 39, der allerdings bei *dolus eventualis* Erbunwürdigkeit iSd § 542 bejaht.
202 *Eccher* in Schwimann/Kodek⁴ III § 542 Rz 3; *Apathy* in KBB⁴ § 542 Rz 1 (wohl auch Rz 2); *Welser* in Rummel/Lukas⁴ § 542 Rz 1; *Werkusch-Christ* in Kletečka/Schauer, ABGB-ON 1.03 § 542 Rz 1.
203 Erbrecht³ 39; zust *Likar-Peer* in Ferrari/Likar-Peer, Erbrecht 290.
204 OGH 5.8.1999, 1 Ob 175/99p, EvBl 2000/12; 17.11.2004, 9 Ob 124/04g, EFSlg 108.023.
205 NZ 2013/96 = JEV 2012/30.
206 *Handl* in Klang II/1, 54.

chend.[207] Wenn in diesem Kontext von Versuch gesprochen wird, so ist dies freilich in einem nicht-technischen Sinne[208] gemeint. Denn für den Eintritt der Erbunwürdigkeit nach § 542 ist die vollendete Vereitelungshandlung sehr wohl erforderlich.[209] Dies ergibt sich bereits aus dem Wortlaut der Bestimmung, wonach vom Erbrecht ausgeschlossen ist, wer „(…) verleitet hat, (…) gehindert hat, (…) unterdrückt hat".[210] „Versuch" ist im Zusammenhang mit § 542 somit nicht im strafrechtlichen Sinne zu verstehen; es geht also nicht darum, dass die in § 542 genannten Handlungen zwar versucht, aber nicht vollendet wurden.[211] Was allenfalls nur versucht, aber nicht erreicht werden muss, ist vielmehr die erfolgreiche Vereitelung, also gleichsam der „Vereitelungserfolg".[212] Die bloß versuchte Handlung im strafrechtlichen Sinne kann allenfalls dann relevant sein, wenn sie zugleich eine Straftat iSd § 540 1. Fall darstellt:[213] Versucht der Erbanwärter den Erblasser in betrügerischer Weise zur Errichtung einer letztwilligen Verfügung zu verleiten, indem er zu dessen Täuschung falsche Urkunden verwendet (§ 147 Abs 1 Z 1 StGB),[214] so ist er zwar nicht erbunwürdig nach § 542, jedoch nach § 540 1 Fall (zum Versuch im Rahmen des § 540 1. Fall s § 540 [§§ 539, 541 nF] Rz 12).

38 Fallbeispiele: Erbunwürdigkeit iSd § 542 hat der OGH bejaht, als die testamentarisch eingesetzten Erben ein Testament unterschlugen, in dem auch Vermächtnisse ausgesetzt waren, da sie hofften, dass noch ein für sie günstigeres Testament auftauchen würde. Erst als sich diese Hoffnung als aussichtslos erwies, legten sie es doch noch dem Gerichtskommissär vor, um wenigstens

---

[207] OGH 5.8.1999, 1 Ob 175/99p, EvBl 2000/12; 3.5.2007, 1 Ob 281/06i, iFamZ 2007/133 (*W. Tschugguel*) = JEV 2007/16 = EFSlg 117.180–117.183; *Weiß* in Klang² III 108; *Welser* in Rummel/Lukas⁴ § 542 Rz 1; *Likar-Peer* in Ferrari/Likar-Peer, Erbrecht 290; idS auch bereits *Michel*, VJSchR 1858, 53.

[208] Vgl dazu *Pfaff/Hofmann*, Excurse II/1, 24 FN 24.

[209] *Handl* in Klang II/1, 54.

[210] *Handl* in Klang II/1, 54.

[211] Dies jedoch für den strafbaren Versuch bejahend *Pfaff/Hofmann*, Commentar II/1, 20 f; *dies*, Excurse II/1, 24; *Anders*, Erbrecht² 8; *Krasnopolski/Kafka*, Erbrecht 20. – Gemeint ist, dass in jenen Fällen, in denen eine Handlung des § 542 zugleich einen Straftatbestand erfüllt, bereits der strafbare Versuch zur Erbunwürdigkeit führen solle. Dies ist mE abzulehnen: Diese Auffassung würde nämlich abhängig davon, ob die Handlung zugleich eine strafbare war oder nicht, zu unterschiedlichen Ergebnissen führen. Zudem ist § 542 eine Vorschrift des Privatrechts. Vor allem aber spricht der Wortlaut des § 542 gegen diese Auffassung (s dazu *Handl* in Klang II/1, 54 sowie hier im Text). Würde man auf den strafrechtlich relevanten Versuch abstellen, so würden manche Handlungen ausfallen, wie etwa das Vernichten eines ungültigen Testaments oder die Verhinderung des letzten Willens eines Testierunfähigen, weil dies ein absolut untauglicher Versuch wäre (so im Ergebnis aber Teile der älteren L: s dazu Rz 21 FN 120, Rz 16 FN 99). Das Verwerfliche der Handlungen des § 542 ist es aber, dass beabsichtigt wird, den letzten Willen zu beeinträchtigen.

[212] Vgl *Koziol/Welser/Zöchling-Jud*¹⁴ II Rz 1895 (unerheblich sei, ob der beabsichtigte Erfolg eingetreten ist). Versuch auch im nicht-technischen Sinne abl, somit § 542 nur im Falle des tatsächlich eingetretenen Vereitelungserfolgs bejahend *Gapp*, WagnersZ 1825 II 191 f, 204; *Schwab*, WagnersZ 1845 II 14; dagegen *Szadbej*, WagnersZ 1834 I 83 ff; *Michel*, VJSchR 1858, 53.

[213] *Ehrenzweig*, System II/2², 373.

[214] S das Beispiel von *Kralik*, Erbrecht³ 40, der freilich für den Fall des vollendeten Delikts sowohl Erbunwürdigkeit nach § 540 als auch nach § 542 annimmt.

aufgrund dieser letztwilligen Verfügung „profitieren" zu können.[215] Wer zwar den Erblasser listigerweise zur Errichtung einer letztwilligen Verfügung verleiten will, dieser sich aber nicht dazu verleiten lässt, die List also fehlschlägt, ist nicht erbunwürdig iSd § 542 1. Fall (unter Umständen liegt jedoch Erbunwürdigkeit iSd § 540 1. Fall vor; vgl § 147 Abs 1 Z 1 StGB iVm § 15 StGB).[216] Nicht erbunwürdig ist, wer beim Versuch, das Testament des Erblassers zu vernichten, auf frischer Tat ertappt wird und nicht mehr dazu kommt, das Testament wie geplant zu zerreißen und zu verbrennen – er hat es eben noch nicht unterdrückt iSd § 542 3. Fall. Wurde das Testament hingegen bereits vernichtet, kann dessen Inhalt jedoch rekonstruiert werden, zB weil die ins Feuer geworfenen Papierfetzen nicht verbrannt sind oder weil es eine Abschrift[217] gibt, so führt dies sehr wohl zur Erbunwürdigkeit iSd § 542 3. Fall, denn die Vereitelungshandlung, dh das Unterdrücken, ist vollendet, während der mit dieser Handlung angestrebte Erfolg, den Willen des Verstorbenen zu vereiteln, ausgeblieben ist; es handelt sich um einen Vereitelungsversuch im nicht-technischen Sinne. Kann wiederum der Inhalt des unterdrückten letzten Willens nicht rekonstruiert werden, ist auch der angestrebte Vereitelungserfolg eingetreten.

3. Bedeutung des wahren Erblasserwillens

Bei Unterdrückung, Verfälschung und Unterschiebung stellt sich die Frage, ob diese Handlungen auch dann erbunwürdig machen, wenn damit bloß dem wahren letzten Willen des Erblassers zum Durchbruch verholfen werden soll (s dazu oben Rz 22 und 31). Von der Rsp[218] und einem Teil der L[219] wird dies bejaht. Die jüngere L steht dieser Auffassung durchaus kritisch gegenüber, zumal – worauf *Kralik*[220] hingewiesen hat – damit der Sinn und Zweck der Formvorschriften konterkariert wird. Zudem läuft die Auffassung der Rsp dem – von ihm angenommenen – Zweck des § 542, die objektive Beweislage zu schützen, zuwider. Geht man aber mit der hA davon aus, dass die Erbunwürdigkeit nach § 542 im Interesse des Erblassers eintritt[221] und dass jener erbunwürdig ist, der die vom Erblasser hinterlassene Ordnung zu vereiteln sucht, so ist der auf *Ehrenzweig*[222] zurückgehenden Rsp[223] zuzustimmen. Denn wer – wenn auch auf unerlaubte

39

---

[215] OGH 5.8.1999, 1 Ob 175/99p, EvBl 2000/12.

[216] Vgl dazu *Kralik*, Erbrecht³ 40: Wer den Erblasser betrüglicherweise (jetzt arglistig) zur Erklärung eines letzten Willens verleitet und zu dessen Täuschung falsche Urkunden verwendet (§ 147 Abs 1 Z 1 StGB), begeht sowohl eine strafbare Handlung iSd § 539 nF als auch eine Vereitelungshandlung iSd § 540 nF.

[217] Vgl dazu zB *Weiß/Likar-Peer* in Ferrari/Likar-Peer, Erbrecht 201 (auch zum Unterschied zwischen Testamentsabschrift und einer zweiten Testamentsausfertigung).

[218] OGH 14.2.1951, 1 Ob 722/50, SZ 24/38; 27.9.1984, 6 Ob 690/83, SZ 57/95 = NZ 1984, 179 = JBl 1985, 166.

[219] *Ehrenzweig*, System II/2², 374.

[220] Erbrecht³ 39; zweifelnd auch *Koziol/Welser/Zöchling-Jud*¹⁴ II Rz 1895; *Welser* in Rummel/Lukas⁴ § 542 Rz 1; *Likar-Peer* in Ferrari/Likar-Peer, Erbrecht 290.

[221] IdS insb *Ehrenzweig*, System II/2², 371; *Weiß* in Klang² III 105; s dazu oben Rz 3.

[222] System II/2², 374.

[223] OGH 27.9.1984, 6 Ob 690/83, SZ 57/95 = NZ 1984, 179 = JBl 1985, 166; vgl auch 14.2.1951, 1 Ob 722/50, SZ 24/38: Keine Erbunwürdigkeit, wenn die Verfälschung des letzten

Weise – den wahren Willen des Erblassers verwirklichen will, will diesen gerade nicht vereiteln; diese Handlungen werden vielmehr, wenn man so will, im Interesse des Erblassers unternommen,[224] auch wenn diese Handlungen letztlich freilich nicht geeignet sind, das im Interesse des Erblassers gelegene Resultat herbeizuführen. Es fehlt also bereits an der erforderlichen Vereitelungsabsicht (s Rz 36). Zudem kann nicht angenommen werden, dass es dem vermuteten Erblasserwillen entspricht, denjenigen, der nur den wahren Willen des Erblassers verwirklichen will, vom Erbrecht auszuschließen. So wie die Verzeihung die gesetzliche Vermutung, dass der Erblasser jenen, der sich schwerer Verfehlungen gegen seine Person (vgl § 540) oder seinen letzten Willen (§ 542) schuldig macht, nicht zum Erben haben will, entkräftet (dazu § 540 [§§ 539, 541 nF] Rz 1, 40 sowie sogleich Rz 41), so ist dies auch bei der Absicht, dem wahren Willen des Erblassers zum Durchbruch zu verhelfen, der Fall.[225]

4. Erfordernis der Rechts- bzw Sittenwidrigkeit

40 Die Erbunwürdigkeit nach § 542 setzt rechtswidriges oder doch zumindest sittenwidriges Verhalten voraus.[226] Strafbarkeit ist nicht erforderlich[227] (wiewohl diese sehr oft gegeben sein wird[228]), noch weniger eine strafrechtliche Verurteilung. Selbst wenn eine solche – etwa wegen Urkundenfälschung (§§ 223, 224 StGB) – vorliegt, ist der Testamentsfälscher nicht erbunwürdig,

---

Willens – *in concreto* die Streichung einer Testamentsklausel – bloß dem wahren Willen des Erblassers zum Durchbruch verhelfen sollte. Zwar ist dieser Grundaussage zuzustimmen; im Ergebnis ist diese E aber verfehlt: Die Erblasserin hatte für den Fall, dass ihr testamentarisch bedachter Sohn eine bestimmte Frau heiraten oder mit ihr in „wilder Ehe" zusammenleben würde, eine fideikommissarische Substitution zu seinen Lasten angeordnet. Der Vater der beiden Söhne und Ehegatte der Erblasserin strich diese Klausel im Beisein des zweiten Sohns, weil der mit der bedingten Substitution Belastete versprochen hatte, die betreffende Frau weder zu heiraten noch mit ihr zusammenzuleben. Die Streichung erfolgte mit der Motivation, diesem Sohn eine Kränkung zu ersparen. Der OGH verneinte die Erbunwürdigkeit des zweiten Sohns der Erblasserin, obwohl dieser die Streichung genehmigt hatte, mit dem Argument, dass § 542 dem wahren Willen des Erblassers zum Durchbruch verhelfen wolle. Die L, insb *Ehrenzweig* (System II/2², 374), stellt jedoch darauf ab, ob die Verfälschungshandlung vom solcherart Handelnden nur deshalb vorgenommen wird, um dem wahren Willen des Erblassers zum Durchbruch zu verhelfen. Dies ist dann der Fall, wenn der wahre Wille des Erblassers ohne die Verfehlung gerade nicht zutage getreten wäre. Im konkreten Fall lief die Streichung der bedingten fideikommissarischen Substitution dem Willen der Erblasserin jedoch zuwider, da diese Testamentsklausel ja gerade zum Ziel hatte, für den von der Erblasserin genannten Fall entsprechend Vorsorge zu treffen. Die Streichung drohte diesen Willen aber doch gerade zu verhindern.

[224] Vgl OGH 27.9.1984, 6 Ob 690/83, SZ 57/95 = NZ 1984, 179 = JBl 1985, 166.

[225] Die Bedeutung des hypothetischen Erblasserwillens sowie die Parallele zur Verzeihung betonend OGH 27.9.1984, 6 Ob 690/83, SZ 57/95 = NZ 1984, 179 = JBl 1985, 166.

[226] *Handl* in Klang II/1, 55.

[227] *Pfaff/Hofmann*, Excurse II/1, 24; *Stubenrauch*, Commentar I 749; *Weiß* in Klang² III 108 (in Bezug auf Verhinderung).

[228] *Stubenrauch*, Commentar⁸ I 749; *Weiß* in Klang² III 108 (bezüglich des Verhinderns iSd § 542 2. Fall); OGH 18.5.1916, R I 186/16, JBl 1917, 201 (ebenso zur Verhinderung).

wenn er mit der (Ver-)Fälschung bloß den wahren Willen des Erblassers zu verwirklichen suchte[229] (s dazu oben Rz 22, 31 und 39).

VI. Beseitigung der Erbunwürdigkeit gem § 542

Im Wortlaut des § 542 ist die Verzeihung – anders als in § 540 – nicht erwähnt. Nach hA[230] beseitigt die Verzeihung durch den Erblasser gleichwohl die Erbunwürdigkeit nach § 542. Ob man diese Möglichkeit bejaht, hängt zunächst davon ab, worin man Rechtsnatur und Normzweck des § 542 sieht. Wie eingangs erwähnt (oben Rz 5), wurde in der älteren Lit zum Teil zwischen dem Ausschluss vom Erbrecht iSd § 542 einerseits und der Erbunwürdigkeit iSd § 540 andererseits differenziert[231] oder aber der Begriff der Erbunwürdigkeit in einem weiteren Sinne verstanden, im Ergebnis wurden jedoch dieselben Unterschiede zwischen den §§ 540, 542 betont.[232] Deshalb und aufgrund der Tatsache, dass § 542 die Verzeihung nicht erwähnt, wurde diese im Rahmen des § 542 von einem Teil der älteren L, insb von *Zeiller*,[233] abgelehnt. Die hA dagegen betonte schon früh nicht nur die gemeinsame Rechtsnatur der §§ 540, 542 als Erbunwürdigkeitsgründe, sondern ebenso die Möglichkeit der Verzeihung auch im Rahmen des § 542, zumal diese ja gerade ein Merkmal der Erbunwürdigkeit, jener „besonders gefärbten Erbunfähigkeit", für die die Rücksichtnahme auf den Erblasserwillen charakteristisch ist,[234] darstellt.[235] Entscheidend ist aber nicht so sehr die formale Einordnung des § 542 als Erbunwürdigkeitsgrund, sondern vielmehr, worin man den Normzweck des § 542

41

---

[229] OGH 15.5.1984, 5 Ob 616/83, SZ 57/95 = NZ 1984, 179 = JBl 1985, 166 (daher keine Zurückweisung der Erbantrittserklärung eines wegen Testamentsfälschung rechtskräftig strafgerichtlich Verurteilten *a limine*; dies noch unter der Ägide des AußStrG 1854).

[230] OGH 19.2.1929, 1 Ob 128/29, SZ 11/42 = NZ 1929, 66; *Hoppen*, GH 1878, 351 f; *Stubenrauch*, Commentar[8] I 749; *Ehrenzweig*, System II/2[2], 374; *Weiß* in Klang[2] III 109; *Welser*, JBl 1985, 701; *Koziol/Welser/Zöchling-Jud*[14] II Rz 1892; *Likar-Peer* in Ferrari/Likar-Peer, Erbrecht 291; *Eccher* in Schwimann/Kodek[4] III § 542 Rz 4; *Welser* in Rummel/Lukas[4] § 542 Rz 6; *Apathy* in KBB[4] § 542 Rz 1; vorsichtig bejahend auch *Gschnitzer/Faistenberger*, Erbrecht[2] 55; referierend, aber eher zweifelnd *Werkusch-Christ* in Kletečka/Schauer, ABGB-ON 1.03 § 542 Rz 4; aA *Handl* in Klang II/1, 57; *Kralik*, Erbrecht[3] 39 (Letzterer jedoch statt dessen tätige Reue bejahend).

[231] *Gapp*, WagnersZ 1825 II 191 ff; *Nippel*, Erläuterung IV 37 ff; ebenso der Sache nach bereits *Zeiller*, Commentar II/2, 394 ff, der unter Erbunwürdigkeit alle Fälle der relativen Erbunwürdigkeit versteht (§§ 540, 542 und 543 aF), letzteres jedoch sowohl die Verzeihung als auch die Anwendung des § 541 nur auf die Fälle des § 540 bezieht.

[232] *Zeiller*, Commentar II/2, 394 ff spricht zwar auch bei § 542 von Erbunwürdigkeit, versteht darunter aber alle Fälle der relativen Erbunfähigkeit (§§ 540, 542 sowie den 2009 aufgehobenen § 543). Den vermuteten Erblasserwillen sieht *Zeiller* aber nur hinsichtlich § 540 als relevantes Kriterium an. Nach der hier verwendeten, auf *Ehrenzweig* (System II/2[2], 371) zurückgehenden Terminologie wäre § 542 dann aber – würde man ansonsten *Zeiller* folgen – kein Erbunwürdigkeitsgrund, keine „besonders gefärbte Erbunfähigkeit".

[233] Commentar II/2, 399; ebenso *Gapp*, WagnersZ 1825 II 193, 195, 197, 209; *Nippel*, Erläuterung IV 38; weitere Nachweise zur abl älteren L bei *Ehrenzweig*, System II/2[2], 374 FN 37.

[234] *Ehrenzweig*, System II/2[2], 371; *Koziol/Welser/Zöchling-Jud*[14] II Rz 1889; *Likar-Peer* in Ferrari/Likar-Peer, Erbrecht 285 ua.

[235] Dazu ausf *Pfaff/Hofmann*, Excurse II/1, 9 ff.

erblickt: Sieht man diesen mit *Handl*[236] und *Kralik*[237] (auch)[238] im Schutz der Erbfolgeanordnung an sich, somit im Interesse Dritter,[239] allenfalls auch im Schutz der objektiven Beweislage,[240] so müsste man die Verzeihung im Zusammenhang mit § 542 in der Tat für irrelevant erachten; denn es könnte nicht dem Erblasser anheimgestellt sein, ob der Normzweck verwirklicht wird oder nicht. Konsequenterweise verneinen diese beiden Autoren denn auch die Beseitigung der Erbunwürdigkeit iSd § 542 durch Verzeihung. Richtigerweise ist es jedoch die Rücksichtnahme auf den vermuteten Erblasserwillen, die sowohl in § 540 als auch in § 542 die Erbunwürdigkeit nach sich zieht.[241] Diese Vermutung ist aber gleichsam entkräftet, wenn der Erblasser demjenigen, der eine schwere Verfehlung gegen seine Person oder in den Fällen des § 542 eben gegen seine Testierfreiheit begangen hatte, verziehen hat.[242] Im Einklang mit der hA ist demnach die Aufhebung auch der Erbunwürdigkeit iSd § 542 durch Verzeihung zu bejahen.[243] Das ErbRÄG 2015 hat dies nunmehr explizit normiert (dazu unten Rz 66). Zur Rechtsnatur der Verzeihung s § 540 (§§ 539, 541 nF) Rz 85 f.

42 Erfährt also beispielsweise der Erblasser zu Lebzeiten von einer Handlung iSd § 542 sowie die Identität des Handelnden, und bedenkt er die betreffende Person trotz dieser Kenntnis in einem späteren Testament, so ist diese nicht vom Erbrecht ausgeschlossen.[244] Keine Verzeihung liegt aber vor, wenn es der Erblasser bloß unterlässt, eine Enterbung des Erbunwürdigen anzuordnen (vgl dazu § 540 [§§ 539, 541 nF] Rz 45); ebenso wenig, wenn er etwa, nachdem er seine Testierfreiheit wieder erlangt hat, ein erzwungenes Testament bestehen lässt[245] oder ein solches, an dessen Errichtung er gehindert wurde, nicht nachholt.[246]

43 *Kralik*, der die Verzeihung im Rahmen des § 542 für irrelevant hält, geht stattdessen davon aus, dass dieser Erbunwürdigkeitsgrund durch tätige Reue beseitigt werden kann (Analogie zu § 226 StGB) – eine Frage, die der OGH

---

[236] In Klang II/1, 53 f.
[237] Erbrecht³ 39.
[238] Vgl *Kralik*, Erbrecht³ 39, der auch die Rechtssphäre des Erblassers vom Normzweck miterfasst sieht; anders *Handl* in Klang II/1, 53, 57.
[239] IdS bereits *Zeiller*, Commentar II/2, 399; ebenso *Handl* in Klang II/1, 53; *Kralik*, Erbrecht³ 39.
[240] *Kralik*, Erbrecht³ 38.
[241] IdS etwa *Ehrenzweig*, System II/2², 371; *Likar-Peer* in Ferrari/Likar-Peer, Erbrecht 285; *Scheuba* in Gruber/Kalss/Müller/Schauer, Erbrecht und Vermögensnachfolge § 9 Rz 59; *Koziol/Welser/Zöchling-Jud*¹⁴ II 1889; *Welser* in Rummel/Lukas⁴ § 540 Rz 1; abw *Gapp*, WagnersZ 1825 II 191 ff; *Nippel*, Erläuterung IV 37 f; der Sache nach bereits *Zeiller*, Commentar II/2, 399.
[242] IdS OGH 19.2.1929, 1 Ob 128/29, SZ 11/42 = NZ 1929, 66; *Welser*, JBl 1985, 701 (gegen *Kralik*, Erbrecht³ 39); vgl auch *Ehrenzweig*, System II/2², 371; s dazu allg § 540 (§§ 539, 541 nF) Rz 1, 40.
[243] Vgl auch § 2343 BGB und Art 540 schwZGB.
[244] *Ehrenzweig*, System II/2², 374.
[245] *Pfaff/Hofmann*, Excurse II/1, 24.
[246] Vgl dazu OGH 19.2.1929, 1 Ob 128/29, SZ 11/42 (hinsichtlich der Frage, ob im konkreten Fall Verzeihung vorlag, hatte bereits das Berufungsgericht ans ErstG zurückverwiesen, der OGH gab dem dagegen erhobenen Rekurs des bekl Erbunwürdigen nicht statt).

bisher offengelassen hat.²⁴⁷ ME ist diese Auffassung – zumindest in dieser Allgemeinheit – abzulehnen. Sie erklärt sich aus dem von *Kralik*²⁴⁸ angenommenen Normzweck des § 542, die objektive Beweislage hinsichtlich des letzten Willens des Erblassers zu schützen. Nach der hier im Einklang mit der hA vertretenen Auffassung beruht jedoch § 542 – ebenso wie § 540 – auf dem vermuteten Erblasserwillen, den solcherart Handelnden vom Erbrecht auszuschließen. Dieser typische, hypothetische Erblasserwille besteht jedoch bereits wegen der Verfehlung an sich – im Zusammenhang mit § 542 also wegen der vollendeten Vereitelungshandlung (unabhängig davon, ob der Vereitelungserfolg eingetreten ist; s oben Rz 37). „Tätige Reue" kann allenfalls in folgender Fallkonstellation relevant werden:²⁴⁹ Hatte der Erbanwärter zunächst beabsichtigt, eine gefälschte letztwillige Verfügung unterzuschieben, macht er in der Folge jedoch von der Fälschung keinen Gebrauch, so liegt strafrechtlich gewiss tätige Reue iSd § 226 StGB vor. Dass keine Erbunwürdigkeit iSd § 542 eintritt, hat jedoch einen anderen Grund: Die Unterschiebungshandlung als solche wurde gar nicht ausgeführt, es wurde nicht einmal der Versuch einer Vereitelung des letzten Willens unternommen.²⁵⁰ Nach dem oben Gesagten (Rz 37) ist § 542 aber nur erfüllt, wenn die Vereitelungshandlung als solche vollendet wurde.

44 Die Erbunwürdigkeit bleibt bestehen, auch wenn der Erblasser nachträglich seine volle Testierfreiheit wiedererlangt.²⁵¹ Die Beschränkung seiner Testierfreiheit muss somit nicht bis zu seinem Tode angedauert haben.²⁵² § 542 bleibt auch anwendbar, wenn der Erblasser später eine neue letztwillige Verfügung errichtet hat; ebenso, wenn er das unter Zwang oder Betrug zustande gekommene oder gefälschte Testament vernichtet hat.²⁵³

VII. Rechtsfolgen

1. Erbunwürdigkeit (relative Erbunfähigkeit)

45 Nach § 542 ist derjenige, der Verfehlungen gegen die gewillkürte Erbfolgeordnung begangen hat, „von dem Erbrechte ausgeschlossen". § 542 ist einer der in den §§ 540–544 angeführten, ihrer Natur nach ganz unterschiedlichen Gründe der Erbunfähigkeit. Nach hA²⁵⁴ handelt es sich ebenso wie bei § 540 um einen Fall der Erbunwürdigkeit, die wiederum relative Erbunfähigkeit bewirkt. Es gelten somit dieselben Rechtsfolgen wie bei § 540 (dazu näher § 540 [§§ 539, 541 nF] Rz 46 ff):

---

247 S *Kralik*, Erbrecht³ 39, 42 einerseits, OGH 5.8.1999, 1 Ob 175/99p, EvBl 2000/12 andererseits.
248 Erbrecht³ 38 f.
249 Vgl *Welser* in Rummel/Lukas⁴ § 542 Rz 5.
250 Vgl OGH 18.5.1953, 3 Ob 271, 272/53, JBl 1954, 174; dazu *Welser* in Rummel/Lukas⁴ § 542 Rz 5.
251 OGH 19.2.1929, 1 Ob 128/29, SZ 11/24; aA *Gapp*, WagnersZ 1825 II 206 f.
252 *Pfaff/Hofmann*, Excurse II/1, 24; *Stubenrauch*, Commentar⁸ I 749; *Weiß* in Klang² III 109; *Welser* in Rummel/Lukas⁴ § 542 Rz 6; OGH 19.2.1929, 1 Ob 128/29, SZ 11/24.
253 *Pfaff/Hofmann*, Excurse II/1, 24 f; aA *Gapp*, WagnersZ 1825 II 206 f.
254 S dazu oben Rz 6. Abw *Gapp*, WagnersZ 1835 II 189 ff.

Dem gem § 542 Erbunwürdigen fällt das Erbrecht nach dem Erblasser, gegen dessen letzten Willen er die Verfehlung begangen hat, nicht an, er ist von jedem Erbrecht (sei es aufgrund eines Erbvertrags, einer letztwilligen Verfügung oder aufgrund des Gesetzes; vgl § 534) ausgeschlossen.[255] Er hat keinen Anspruch auf Vermächtnisse (vgl § 647; zur Legatsunwürdigkeit § 540 [§§ 539, 541 nF] Rz 54) und kein Pflichtteilsrecht (§ 767 Abs 1; dazu oben § 540 [§§ 539, 541 nF] Rz 51); jedoch Anspruch auf den notwendigen Unterhalt (§ 795, s § 540 [§§ 599, 541 nF] Rz 52.

46 Zur Geltendmachung s § 540 (§§ 539, 541 nF) Rz 55.

47 Zur Frage, wem an Stelle des Erbunwürdigen das Erbrecht anfällt, s allgemein § 540 [§§ 539, 541 nF] Rz 48 sowie § 541 [§ 542 nF] Rz 7 ff, 20 ff. Nach nunmehr einhelliger Auffassung gilt das Eintrittsrecht der Nachkommen bei gesetzlicher Erbfolge (§ 541) auch für die Fälle des § 542 (s dazu § 541 [§ 542 nF] Rz 12); im Rahmen des Pflichtteilsrechts bedeutet dies, dass auch die Nachkommen eines gem § 542 Erbunwürdigen ein Pflichtteilsrecht haben (arg § 763 aE iVm § 541; dazu näher § 541 [§ 542 nF] Rz 19).

2. Enterbungsgrund

48 Gem § 770 kann enterbt werden, wer eine Handlung der §§ 540, 542 begangen hat. Nach hA[256] soll die Enterbungsmöglichkeit nur bestehen, wenn der Erblasser dem Erbunwürdigen vor der Anordnung der Enterbung nicht verziehen hat. Denn die Verzeihung beseitige die Erbunwürdigkeit, somit liege im Zeitpunkt der Anordnung der Enterbung kein Enterbungsgrund mehr vor. Dagegen hat *Kralik*[257] – mE zu Recht[258] – argumentiert, dass sich § 770 nur auf die in den §§ 540, 542 umschriebenen Handlungen selbst, nicht aber auf das Vorliegen der Erbunwürdigkeit (die durch die Verzeihung ja beseitigt wäre), abstellt (s § 540 [§ 539, 541 nF] Rz 57). Eine Bestätigung dieser Ansicht lässt sich auch in der Rechtslage ab 1. 1. 2017 finden (s § 540 [§ 539, 541 nF] Rz 87).

3. Schadenersatz

49 Gem § 542 wird der Erbunwürdige jenen Personen gegenüber schadenersatzpflichtig, die aus seiner Verfehlung gegen den letzten Willen bzw die Testierfreiheit des Erblassers einen Nachteil erlitten haben, und zwar „für allen (…) dadurch zugefügten Schaden". Dies wurde in der älteren Lit als Verweis auf die §§ 335, 1323, 1331 verstanden; man war der Ansicht, dass dem Geschädigten daher jedenfalls nicht nur volle Genugtuung, sondern darüber hi-

---

[255] Dazu zB OGH 12.6.1964, 7 Ob 164/64, SZ 37/85 = EvBl 1964/443 (die Ausschließung vom Erbrecht gem § 542 sei eine schon von Gesetzes wegen eingetretene Wirkung).

[256] *Weiß* in Klang[2] III 851; *Welser* in Rummel/Lukas[4] § 770 Rz 1; OGH 7.11.1956, 1 Ob 569/56, EvBl 1957/20; aA *Ehrenzweig*, System II/2[2], 585 FN 34; *Kralik*, Erbrecht[3] 282.

[257] *Kralik*, Erbrecht[3] 282.

[258] Anders meine bisherige Auffassung (in Ferrari/Likar-Peer, Erbrecht 394), die ich im Hinblick auf die neue Rechtslage auch für das derzeit geltende Recht aufgebe (zur Begründung § 540 [§§ 539, 541 nF] Rz 57, 87).

naus stets der Ersatz der besonderen Vorliebe zustehe.[259] Demgegenüber hat *Handl* darauf hingewiesen, dass das Gesetz mit „alle(m) dadurch zugefügten Schaden" schlicht die Kausalität meint.[260] Man könnte nun der Ansicht sein, dass beim Schadenersatzanspruch nach § 542 ohnehin jedenfalls volle Genugtuung zu ersetzen ist, weil dieser Anspruch ja Vorsatz voraussetzt; wie noch zu zeigen sein wird, muss sich der Vorsatz jedoch nicht auf die Schädigung Dritter erstrecken (dazu sogleich unten Rz 52). Ob darüber hinaus der Wert der besonderen Vorliebe zu ersetzen ist, kann mE nicht generell befürwortet werden, sondern hängt vielmehr davon ab, ob der in § 1331 geforderte Mutwille (*dolus coloratus*) gerade dem Geschädigten gegenüber vorliegt (dazu unten Rz 52). Was die Höhe des Schadenersatzes betrifft, kann also durchaus auf die allgemeinen Schadenersatznormen zurückgegriffen werden, was aber nicht bedeutet, dass § 542 hinsichtlich des (Nicht-) Bestehens des Anspruches an sich bloß auf die §§ 1295 ff verweist (s Rz 53).[261]

Relevant ist der Schadenersatz nach § 542 in erster Linie in jenen Fällen, in **50** denen der Erblasser an der Errichtung oder am Widerruf einer letztwilligen Verfügung gehindert wurde[262] (§ 542 2. Fall). Der Geschädigte hat Anspruch auf wertmäßigen Ersatz dessen, was ihm der Erblasser ohne die Handlung des Erbunwürdigen hinterlassen hätte.[263] Dazu muss der Dritte freilich beweisen, dass und in welchem Umfang der Erblasser ihn bedacht hätte.[264] Allerdings kommt hinsichtlich des Umfangs § 273 ZPO zum Tragen.[265] Die Bedeutung des Schadenersatzanspruchs darf aber nicht bloß auf die Fälle der Verhinderung und der Unterdrückung (§ 542 2. und 3. Fall) beschränkt werden.[266] Richtig ist natürlich, dass der Schadenersatzanspruch den Eintritt eines Schadens voraussetzt. Es gibt aber durchaus weitere Fallkonstellationen, in denen ein Schaden entstanden ist:[267] Wurde etwa eine erzwungene oder unter betrügerischer Verleitung (§ 542 1. Fall) zustande gekommene letztwillige Verfügung erfolgreich angefochten und die Erbschaft dem wahren Erben ausgefolgt, so besteht zwar für den erfolgreichen Anfechtungskläger kein Schaden mehr.[268] Ist jedoch der unterlegene Anfechtungsgegner eine andere Person als der Erbunwürdige, so hat der unterlegene Anfechtungsgegner Anspruch auf Ersatz der entstandenen Prozesskosten.[269] Zudem verjährt das Anfechtungsrecht gegenwärtig in drei Jahren ab dem Zeit-

---

259 *Zeiller*, Commentar II/2, 400; *Nippel*, Erläuterung IV 36; *Stubenauch*, Commentar[8] I 749; s auch *Winiwarter*, Bürgerliches Recht[2] III 25, der darauf hinweist, dass der Schaden iSd § 542 einen entgangenen Gewinn darstellt.

260 *Handl* in Klang II/1, 56.

261 Vgl aber OGH 1.3.1933, 2 Ob 9/33, NZ 1933, 261.

262 S *Unger*, Erbrecht[4] 24 Anm 16; *Ehrenzweig*, System II/2[2], 373 FN 31.

263 *Weiß* in Klang[2] III 105; idS auch *Ehrenzweig*, System II/2[2], 373 FN 31.

264 *Unger*, Erbrecht[4] 24 Anm 16; *Weiß* in Klang[2] III 105; *Welser* in Rummel/Lukas[4] § 542 Rz 7; *Apathy* in KBB[4] § 542 Rz 3; OLG Wien 11.1.1995, 17 R 278/94, EFSlg 78.370.

265 *Welser* in Rummel/Lukas[4] § 542 Rz 7.

266 So aber *Ehrenzweig*, System II/2[2], 373 FN 31; ähnlich bereits *Pfaff/Hofmann*, Excurse II/1, 25 f.

267 Dazu *Nippel*, Erläuterung IV 36; *Pfaff/Hofmann*, Excurse II/1, 25 f.

268 *Weiß* in Klang[2] III 105; ähnlich (jedoch weitergehend) bereits *Pfaff/Hofmann*, Excurse II/2, 25; vgl weiters *Ehrenzweig*, System II/2[2], 373 FN 31.

269 *Nippel*, Erläuterung IV 36; *Welser* in Rummel/Lukas[4] § 542 Rz 7.

punkt, in dem die Anfechtung objektiv möglich ist (§ 1487).[270] Dagegen verjährt der Schadenersatzanspruch gem § 1489 in drei Jahren ab Kenntnis von Schaden und Schädiger, uU auch erst in 30 Jahren. Selbst wenn der Geschädigte die nach derzeitiger Rechtslage in 30 Jahren verjährende[271] Erbschaftsklage erheben kann – zB weil sich der Inhalt eines unterdrückten Testaments rekonstruieren lässt[272] – kann der Schadenersatzanspruch gem § 542 eine Rolle spielen:[273] Die Erbschaftsklage führt nämlich wirtschaftlich gesehen ins Leere, wenn Dritte in der Zwischenzeit gutgläubig vom Scheinerben erworben haben oder der Scheinerbe selbst die Erbschaft gutgläubig verbraucht hat (§ 824).[274] Gutgläubiger Verbrauch durch den Scheinerben kommt freilich nur dann in Frage, wenn dieser eine andere Person als der Erbunwürdige ist.[275] Der gem § 542 Erbunwürdige selbst ist nämlich niemals gutgläubig. Gerade in solchen Fällen ist der Schadenersatzanspruch für den Geschädigten der einzig gangbare Weg, um den Nachteil, der ihm in seinem Vermögen entstanden ist, zumindest wertmäßig auszugleichen.[276] Ferner kann der entstandene Schaden auch darin bestehen, dass der (vom Erbunwürdigen verschiedene) Scheinerbe im Vertrauen auf seine Erbenstellung im Abhandlungsverfahren angefallene Kosten und Gebühren getragen hat.[277]

51 Kein Anspruch auf Schadenersatz besteht jedoch dann, wenn etwa eine ungültige letztwillige Verfügung unterdrückt oder ein Testierunfähiger an der Errichtung, Abänderung oder am Widerruf einer letztwilligen Verfügung gehindert oder zur Abgabe einer solchen verleitet wurde, denn in diesen Fällen ist kein Schaden eingetreten. Dies ändert jedoch nichts am Vorliegen der Erbunwürdigkeit iSd § 542[278] (dazu oben Rz 8, 16 und 21).

52 Voraussetzung für den Schadenersatzanspruch des § 542 ist Vorsatz.[279] § 542 ist so zu verstehen, dass die Vereitelungsabsicht (wie immer man sie versteht, s oben Rz 36) gleichsam Eingangsvoraussetzung für den Schadenersatzanspruch ist. Dies heißt aber nur, dass der entsprechende Vorsatz bzw die entsprechende Absicht hinsichtlich der Vereitelung des letzten Willens des Erblassers vorliegen muss. Eine Schädigungsabsicht bezüglich der Schädigung Dritter ist hingegen nicht erforderlich. Diesbezüglich genügt subjektive Vorwerfbarkeit, wiewohl in aller Regel hinsichtlich der meisten Schäden zumindest *dolus eventualis* vorliegen wird. Es ist aber ein Unterschied, ob dies tatsächlich der Fall ist oder aber Anspruchsvoraussetzung ist. Auf diese Weise

---

[270] Zum Fristbeginn s *Weiß/Likar-Peer* in Ferrari/Likar-Peer, Erbrecht 187 mwN; anders nach dem neuen § 1487a, wonach die dreijährige Frist ab Kenntnis zu laufen beginnt; daneben gibt es wie im Schadenersatzrecht (§ 1489) eine kenntnisunabhängige 30-jährige Frist.
[271] S dazu *Mondel* in diesem Band § 532 Rz 30.
[272] Vgl dazu *Pfaff/Hofmann*, Excurse II/1, 25.
[273] Abw *Pfaff/Hofmann*, Excurse II/1, 25 f.
[274] *Likar-Peer* in Ferrari/Likar-Peer, Erbrecht 295; so wohl auch *Nippel*, Erläuterung IV 36, der § 824 freilich nicht erwähnt.
[275] Dies bezweifelnd *Pfaff/Hofmann*, Excurse II/1, 25.
[276] *Likar-Peer* in Ferrari/Likar-Peer, Erbrecht 295.
[277] *Nippel*, Erläuterung IV 36.
[278] *Weiß* in Klang[2] III 105.
[279] IdS *Eccher* in Schwimann/Kodek[4] III § 542 Rz 3; *Apathy* in KBB[4] § 542 Rz 3; vgl auch OGH 23.5.1984, 1 Ob 581/84, NZ 1985, 13 (*in casu* den Schadenersatzanspruch verneinend, weil keine vorsätzliche Unterdrückung des letzten Willens gegeben war).

kann nämlich der Schadenersatz im Ergebnis eher den Interessen des Erblassers dienen, indem auf dem Wege des Schadenersatzes zumindest ansatzweise das vom Erblasser gewünschte Ergebnis wiederhergestellt wird. Je strenger man nämlich die Anforderungen an das Verschulden hinsichtlich der Schädigung Dritter anlegt, desto eher wird das Interesse des Erblassers durchkreuzt.

Seiner Art nach handelt es sich bei dem nach § 542 zu ersetzenden Schaden um einen reinen Vermögensschaden, der *ex delicto* grundsätzlich nicht ersetzt werden würde, sofern nicht „absichtliche", dh vorsätzliche[280] sittenwidrige Schädigung iSd § 1295 Abs 2 gegeben ist. Die Vereitelungsabsicht hinsichtlich § 542 kann, muss sich aber nicht mit der Schädigungsabsicht des § 1295 Abs 2 decken, da es im einen Fall um die Absichtlichkeit hinsichtlich der Vereitelung des Erblasserwillens geht, im anderen um zumindest bedingten Vorsatz hinsichtlich der Schädigung des Dritten. Dies sind aber zwei verschiedene Willensrichtungen. § 542 eröffnet somit einen nach allgemeinen Schadenersatzregeln oftmals nicht bestehenden Schadenersatzanspruch. Die Bestimmung verweist demnach mitnichten bloß auf das allgemeine Schadenersatzrecht, sondern bildet vielmehr eine eigene Anspruchsgrundlage für den Ersatz des bloßen Vermögensschadens. 53

Unabhängig vom Schadenersatzanspruch gem § 542 kann parallel dazu eine Haftung nach allgemeinen schadenersatzrechtlichen Prinzipien bestehen, etwa bei falscher Aufklärung über Formvorschriften durch einen Rechtsfreund (§ 1299) oder bei wissentlicher Erteilung eines falschen Rates (§ 1300).[281] Dann handelt es sich aber um einen vertraglichen Schadenersatzanspruch. Erfüllt die falsche Aufklärung zugleich den Tatbestand des § 542, weil die Handlung auf die Vereitelung des wahren letzten Willens abzielte, besteht Anspruchsgrundlagenkonkurrenz. 54

Teil B: Rechtslage ab 1. 1. 2017

VIII. ErbRÄG 2015: § 540 nF

1. Allgemeines zur Neuregelung

Mit der Novelle 2015 wurde der bisherige § 542 aus systematischen Gründen vorgezogen und dem neuen § 539, dem „Nachfolger" des bisherigen § 540, direkt nachgestellt.[282] Die Bestimmung findet sich nun als § 540 nF im Gesetz. Das ErbRÄG 2015 reiht somit die beiden bereits in der Stammfassung des ABGB enthaltenen Erbunwürdigkeitsgründe – schwere Straftaten gegen den Verstorbenen oder gegen dessen Testierfreiheit – nunmehr direkt hintereinander.[283] Es sind dies die in den Materialien so bezeichneten „absoluten" Erbun- 55

---

[280] Auch wenn § 1295 Abs 2 von Absichtlichkeit spricht, so bedeutet dies schlicht Vorsatz: dazu etwa *Mader*, Rechtsmißbrauch und unzulässige Rechtsausübung (1993) 173; *Harrer/E. Wagner* in Schwimann/Kodek⁴ VI § 1295 Rz 146; *Kodek* in Kletečka/Schauer, ABGB-ON 1.02 § 1295 Rz 77 (jeweils mwN).
[281] Vgl dazu *Likar-Peer* in Ferrari/Likar-Peer, Erbrecht 295.
[282] EB RV 688 BlgNR 25. GP 5.
[283] EB RV 688 BlgNR 25. GP 5.

würdigkeitsgründe[284] (s dazu § 540 [§§ 539, 541 nF] Rz 63, 71). §§ 539, 540 nF wirken daher wie die bisherigen §§ 540, 542 unabhängig davon, ob der Verstorbene zu seinen Lebzeiten eine Enterbung oder eine sonstige Beschränkung der Erbenstellung anordnen konnte oder nicht; ferner auch dann, wenn die angeordnete Enterbung etwa wegen Formmängeln oder Testierunfähigkeit des letztwillig Verfügenden ungültig ist.

56 Durch die Einreihung dieses Tatbestands unter die Erbunwürdigkeitsgründe (§§ 539–541 nF) kommt ferner die seit langem einhellige Auffassung, dass die im bisherigen § 542 und nunmehrigen § 540 normierten Handlungen Fälle der Erbunwürdigkeit sind (s dazu oben Rz 3), im Gesetz zum Ausdruck. Auch der Wortlaut des § 540 nF spricht nun von Erbunwürdigkeit. Damit korrespondiert, dass die Möglichkeit der Verzeihung – ein charakteristisches Merkmal der Erbunwürdigkeit, weil diese auf dem vermuteten Erblasserwillen beruht (s dazu allg § 540 [§§ 539, 541 nF] Rz 1, 40; oben Rz 6) – nun auch in § 540 nF erwähnt wird (dazu unten Rz 66).

57 Anders als der bisherige § 540[285] ist der bisherige § 542 seit dem Inkrafttreten des ABGB unverändert geblieben (vgl auch oben Rz 1). Die Neufassung bringt gegenüber der bis 31. 12. 2016 in Geltung stehenden Rechtslage freilich keine wirklichen inhaltlichen Neuerungen: Die Bestimmung wurde zum einen sprachlich modernisiert, zum anderen wurde im Wesentlichen die stRsp und hA zur bisherigen Rechtslage kodifiziert bzw eine Klärung der bislang bestehenden Zweifelsfragen herbeigeführt.[286]

2. Die Neuerungen des § 540 nF im Einzelnen

a) Struktur der Norm

58 § 540 nF beginnt nun mit einem Generaltatbestand: der Grundgedanke der Norm sowie die allgemeinen, für alle Fälle des § 540 nF geltenden Kriterien sind gleichsam vor die Klammer gezogen und den einzelnen Tatbeständen vorangestellt (§ 540 nF 1. HS). Im Anschluss daran erfolgt die demonstrative Aufzählung einzelner Vereitelungshandlungen. Dass die Aufzählung nicht taxativ ist, wird mit dem neuen Wortlaut unmissverständlich zum Ausdruck gebracht (arg „etwa"). Dabei handelt es sich um dieselben Tatbestände wie im bisherigen § 542. Im Anschluss an die demonstrative Aufzählung der einzelnen Fallgruppen ist sodann die Verzeihung als Negativvoraussetzung der Erbunwürdigkeit geregelt. Im letzten S des neuen § 540 nF ist wie bisher der Schadenersatzanspruch Dritter normiert.

---

[284] EB RV 688 BlgNR 25. GP 5.
[285] Zu den zahlreichen Novellierungen dieser Bestimmung bereits vor dem ErbRÄG 2015 s § 540 (§§ 539, 541 nF) Rz 5 ff, 27 f.
[286] Vgl dazu EB RV 688 BlgNR 25. GP 5.

b) Generaltatbestand

aa) Allgemeines

Erbunwürdig nach § 540 nF ist, wer absichtlich den wahren letzten Willen **59** des Erblassers vereitelt oder zu vereiteln versucht hat. Damit ist zunächst der von L und Rsp herausgearbeitete Grundgedanke des bisherigen § 542, wonach Verfehlungen gegen den letzten Willen des Verstorbenen, gegen seine Testierfreiheit erbunwürdig machen, zum Ausdruck gebracht. Ferner wurden jene weiteren Kriterien, die von der hA zur bisherigen Rechtslage herausgebildet wurden, in den allgemeinen Tatbestand des § 540 nF 1. HS aufgenommen: Absichtlichkeit, versuchte Vereitelung, nur Verfehlungen gegen den wahren letzten Willen (s unten Rz 60–62). Dazu im Einzelnen:

bb) Vereitelungsabsicht

Die neue Bestimmung verlangt im Anschluss an die bisherige stRsp (s oben **60** Rz 36) nunmehr explizit Absichtlichkeit (*dolus directus*).[287] Demnach ist nur erbunwürdig, wessen Wille darauf abzielt, den letzten Willen des Verstorbenen zu vereiteln. Dem iSd § 540 nF Handelnden muss es also gerade darauf ankommen, diesen Erfolg herbeizuführen. Das österreichische Recht ist nunmehr strenger als die mit dem Regelungsgehalt des § 540 nF vergleichbaren Erbunwürdigkeitsgründe des deutschen Rechts (§ 2339 Abs 1 Z 2–4), bei denen *dolus eventualis* ausreichend ist.[288] Es stellt sich freilich die Frage, wie das Erfordernis der Absichtlichkeit ins ABGB passt: Wenn nämlich im ABGB von böser Absicht (§ 1294) bzw von Absichtlichkeit (vgl § 1295 Abs 2) die Rede ist, so ist dies schlicht im Sinne von Vorsatz zu verstehen (s dazu oben Rz 36). Systematische Auslegung innerhalb des ABGB würde daher auf den ersten Blick sogar dafür sprechen, dass Absicht bloß Vorsatz ist. Hinzu kommt, dass die Jud des OGH bei näherer Betrachtung keineswegs stets so klar ist, wie dies nach den Formulierungen des Höchstgerichts den Anschein hat. Vielmehr entsteht der Eindruck, dass der OGH hier – wie übrigens auch im Schadenersatzrecht hinsichtlich der Schädigungsabsicht – begrifflich nicht immer klar zwischen Vorsatz und Absicht differenziert und bisweilen von Absicht spricht, wenn Vorsatz gemeint ist. Demgegenüber ist zu bedenken, dass der Begriff der Absicht seit dem Inkrafttreten des ABGB einen Bedeutungswandel erfahren hat (vgl insb § 5 StGB). Man kann einem modernen Gesetzgeber nicht unterstellen, Begriffe, die sich mit der Zeit in einem eindeutigen Sinn etabliert haben, ohne Problembewusstsein zu verwenden. Zudem kann man jene E des OGH, auf die die Mat[289] verweisen, zumindest iS von Absichtlichkeit verstehen.

---

[287] EB RV 688 BlgNR 25. GP 5.
[288] Dazu zB *Helms* in MüKoBGB⁶ § 2339 Rz 11.
[289] EB RV 688 BglNR 25. GP 5.

cc) Versuchte Vereitelung

61 Ferner ist die versuchte absichtliche Vereitelung dem eingetretenen Erfolg gleichgestellt. Damit ist aber – anders als im strafrechtlichen Sinne, wonach es auf die versuchte, jedoch nicht vollendete Tathandlung ankommt – lediglich gemeint, dass die tatsächlich ausgeführte und vollendete Handlung, etwa die Unterdrückung einer letztwilligen Verfügung, nicht den beabsichtigten Erfolg gezeitigt hat (vgl auch zum bisherigen Recht in diesem Sinne oben Rz 37). Dies ergibt sich aus dem Wortlaut des § 540 nF: Erbunwürdig ist zwar nicht nur, wer den letzten Willen tatsächlich vereitelt hat, sondern auch, wer dies bloß versucht hat. Jedoch muss, wie sich aus dem Wortlaut des § 540 nF ergibt, die Vereitelungshandlung selbst jedenfalls vollendet worden sein: Erbunwürdig ist, wer den letzten Willen auch nur zu vereiteln versucht hat, indem er eine der beispielsweise aufgezählten Handlungen oder eine ähnliche, gleichwertige Handlung vorgenommen hat. Dass diese Handlung vollendet sein muss, ergibt sich aus dem Präteritum („[...] verleitet hat, [...] gehindert hat oder [...] unterdrückt hat"). Erbunwürdig macht demnach die vollendete Vereitelungshandlung, jedoch unabhängig davon, ob der damit angestrebte Erfolg auch tatsächlich eingetreten ist. Es gilt also dasselbe, wie von der hA zur bisherigen Rechtslage vertreten[290] (dazu oben Rz 37); s dazu auch die Beispiele in Teil A (Rz 38).

dd) Wahrer letzter Wille

62 § 540 nF bezieht sich explizit auf Vereitelungshandlungen, die gegen den wahren letzten Willen gerichtet sind. Damit ist klargestellt, dass keine Erbunwürdigkeit eintritt, wenn mit der entsprechenden Handlung nur der wahre Wille des Verstorbenen verwirklicht werden sollte, wie dies von der Rsp zur bisherigen Rechtslage vertreten wurde (s dazu oben Rz 39). Dies korrespondiert mit der nunmehr explizit ins Gesetz aufgenommenen Relevanz der Verzeihung. Denn wenn bei Vorliegen der Verzeihung unwiderleglich vermutet wird, dass der Verstorbene den Ausschluss vom Erbrecht nicht will, so muss dies auch für die Fälle gelten, in denen ein Testament zB unterdrückt oder gefälscht wird, um den wahren Willen des Verstorbenen zu verwirklichen. Dies entspricht dem vermuteten Erblasserwillen (dazu bereits oben Rz 39 und 41).

c) Die Fälle des § 540 nF

63 Die einzelnen in der Norm aufgezählten Tatbestände entsprechen inhaltlich den Fällen des bisherigen § 542. Zu den einzelnen Tatbeständen des § 540 nF s oben Rz 7–35.

64 Der erste Fall wurde sprachlich neu gefasst, ohne dass damit eine inhaltliche Änderung verbunden ist – statt der „betrüglichen" Verleitung zur Abgabe eines letzten Willens ist jetzt von arglistiger Verleitung die Rede; so wie dies im Übrigen bereits im WGB der Fall gewesen war (s dazu oben Rz 1). § 540 nF

---

[290] Abw aber offenbar *Mondel* in Deixler-Hübner/Schauer, Erbrecht NEU 52 (der Versuch sei gegenüber der bisherigen Rechtslage neu).

1. Fall korreliert nun begrifflich mit § 870. Auch der neue § 565 spricht übrigens nun von List statt von Betrug. Während aber § 540 nF nach wie vor von Zwang spricht, wurde dieser Begriff im neuen § 565 durch jenen der Drohung ersetzt. Dies hat seinen guten Grund, auch wenn dies möglicherweise vom Gesetzgeber gar nicht bedacht wurde: Liegt nämlich *vis absoluta* vor (vgl dazu oben Rz 12), liegt gar kein letzter Wille des Erblassers vor, sodass sich die Frage, ob eine gem § 565 vorliegende letztwillige Verfügung vorliegt, gar nicht stellt.

Der Gesetzgeber hat davon abgesehen, weitere typische Fälle, die unter **65** den bisherigen § 542 subsumiert wurden, anzuführen – namentlich die Unterschiebung eines nicht vom Verstorbenen herrührenden und die Verfälschung eines von ihm stammenden Testaments (s dazu oben Rz 26 ff). Aufgrund des Generaltatbestands lassen sich diese und andere Fälle jedoch problemlos unter § 540 nF subsumieren. Zudem wäre es bei bloß demonstrativer Aufzählung regelungstechnisch kontraproduktiv, wenn diese allzu kasuistisch ausfällt, weil dies wiederum neue Zweifel, wie ähnlich ein nicht direkt unter eine der Fallgruppen subsumierbarer Sachverhalt den im Gesetz genannten sein muss, hervorrufen würde.

d) Verzeihung

Schließlich ist entsprechend der hA zum bisherigen § 542 (dazu oben **66** Rz 41) im neuen § 540 explizit geregelt, dass die Erbunwürdigkeit durch Verzeihung aufgehoben wird. Zur Verzeihung nach dem ErbRÄG 2015 s oben § 540 [§§ 539, 541 nF] Rz 85 ff. Die Ansicht *Kraliks*,[291] dass tätige Reue diesen Erbunwürdigkeitsgrund aufhebe, fand jedoch nicht Eingang ins Gesetz.

e) Rechtsfolgen

aa) Die Wirkungen der Erbunwürdigkeit

Zu den Rechtsfolgen der Erbunwürdigkeit nach dem ErbRÄG 2015 s oben **67** allg § 540 [§§ 539, 541 nF] Rz 88 ff.

bb) Schadenersatz

Auch nach § 540 nF ist der Erbunwürdige dritten Geschädigten gegenüber **68** schadenersatzpflichtig. Es gilt grundsätzlich dasselbe wie das oben zum bisherigen § 542 Ausgeführte (Rz 49 ff). Zu beachten ist, dass § 540 nF Absichtlichkeit voraussetzt (zur Interpretation dieses Erfordernisses oben Rz 60). Nach dem Wortlaut der Bestimmung ist diese nicht nur Voraussetzung für die Erbunwürdigkeit selbst, sondern auch für den Schadenersatzanspruch Dritter. Die Vereitelungsabsicht ist gleichsam Eingangsvoraussetzung für den Schadenersatzanspruch. Schädigungsabsicht hinsichtlich Dritter wird man jedoch nicht verlangen können. Ist die Vereitelungsabsicht in Bezug auf den letzten Willen

---

[291] Erbrecht³ 39, 42.

des Erblassers gegeben, so ist hinsichtlich des beim Dritten eingetretenen Schadens lediglich Verschulden erforderlich (s dazu oben Rz 52).

f) Enterbungsgrund

69 Die absichtliche (allenfalls auch nur versuchte) Vereitelung des wahren letzten Willens des Verstorbenen stellt – im Ergebnis wie bisher – auch einen Enterbungsgrund dar, sofern sie zu Lebzeiten des Verstorbenen begangen wurde (§ 770 Z 3 nF iVm § 540 nF). Während das ABGB ursprünglich in § 770 idF bis 31. 12. 2016 auf die Erbunwürdigkeit iSd bisherigen §§ 540, 542 verwies, sind diese Handlungen nunmehr noch einmal als Enterbungsgründe iSd § 770 nF angeführt[292] (dazu allg § 540 [§§ 539, 541 nF] Rz 65). § 770 Z 3 wiederholt freilich nur den Generaltatbestand des § 540 nF; hinsichtlich der näheren Inhalts verweist § 770 Z 3 nF auf § 540 nF. Als Enterbungsgrund kommen – anders als bei der Erbunwürdigkeit – wie bisher nur solche Vereitelungshandlungen in Betracht, die zu Lebzeiten des Verstorbenen begangen wurden. In aller Regel werden es daher bloß versuchte Vereitelungen iSd § 540 nF (dh zwar vollendete Vereitelungshandlungen, jedoch kein eingetretener Vereitelungserfolg) sein, die den letztwillig Verfügenden zu einer Enterbung veranlassen.

g) Der neue § 543 Abs 2

70 Im neuen § 543 Abs 2 wurde nun explizit bestimmt, dass Handlungen nach § 540 nF auch nach dem Tod des Verstorbenen relevant sind. Wenn hier davon die Rede ist, dass die Erbunwürdigkeit auch nachträglich eintreten kann, so bedeutet dies dennoch, dass die Erbunwürdigkeit – da gem § 538 nF nach wie vor als relative Erbfähigkeit konstruiert – auf den Zeitpunkt des Erbanfalls rückzubeziehen ist, sodass das Erbrecht rückwirkend niemals angefallen ist (s dazu oben Rz 23 sowie ausf *Kogler* in diesem Band §§ 545, 546 [§ 543 nF] Rz 17 ff).

3. Übergangsbestimmungen

71 § 540 nF kommt zur Anwendung, wenn der Verstorbene nach dem 31. 12. 2016 verstorben ist (§ 1503 Abs 7 Z 1 und 2 idF ErbRÄG 2015). Für alle Todesfälle, die sich bis einschließlich 31. 12. 2016 ereignet haben, gilt der bisherige § 542; s dazu näher bei § 540 (§§ 539, 541 nF) Rz 97 sowie allg zum Inkrafttreten der Bestimmungen über die Erbunfähigkeit (§§ 538–543 nF *Kogler* in diesem Band §§ 545, 546 [§ 543 nF] Rz 22).

---

[292] *Mondel* in Deixler-Hübner/Schauer, Erbrecht NEU 53.

Allgemeines   § 543 aF

§ 543. Aufgehoben durch BGBl I 2009/75 mit Wirkung ab 1. 1. 2010.
Mat: EB IA 673/A 24. GP; EB 198/ME 23. GP; EB RV 1626 BlgNR 22. GP.

Zu § 543 idF BGBl I 2015/87 (ErbRÄG 2015) s bei §§ 545, 546 idF bis 31. 12. 2016.

Lit: *Zeiller*, Commentar über das allgemeine bürgerliche Gesetzbuch für die gesammten Deutschen Erbländer der Oesterreichischen Monarchie II/2 (1812); *Nippel*, Erläuterung des allgemeinen bürgerlichen Gesetzbuches für die gesammten deutschen Länder der österreichischen Monarchie; mit besonderer Berücksichtigung des practischen Bedürfnisses IV: enthaltend die §§ 531 bis einschließlich 726 (1832); *Winiwarter*, Das Oesterreichische bürgerliche Recht III: Des dinglichen Sachenrechtes zweyte Abteilung² (1841); *Pfaff/Hofmann*, Commentar zum österreichischen allgemeinen bürgerlichen Gesetzbuche II/1 (1877); *Nowak*, Die Ausschließung vom Erbrecht aus der Erklärung eines letzten Willens nach § 543 ABGB, GZ 1886, 157; *Unger*, System des österreichischen allgemeinen Privatrechts VI: Das österreichische Erbrecht⁴ (1894); *Stubenrauch*, Commentar zum österreichischen allgemeinen bürgerlichen Gesetzbuche⁸ I (1902); *Anders*, Grundriß des Erbrechts² (1910); *Krasnopolski/Kafka*, Lehrbuch des Österreichischen Privatrechts V: Österreichisches Erbrecht (1914); *Steinwenter*, Erbrechtliche Miszellen, JBl 1955, 157; *Schneider*, Die rechtliche Stellung des Lebensgefährten, ÖJZ 1965, 174; *Pfersmann*, Bemerkenswertes aus der SZ 42, ÖJZ 1973, 309; *Welser*, Die Sittenwidrigkeit des Testaments zugunsten des Ehebruchspartners, JBl 1973, 1; *Schilcher*, Bewegliches System und Erbrecht, JBl 1977, 57; *Kralik*, System des österreichischen allgemeinen Privatrechts IV: Das Erbrecht³ (1983); *Welser*, Buchbesprechung, JBl 1985, 700; *Likar-Peer* in Ferrari/Likar-Peer (Hrsg), Erbrecht; ein Handbuch für die Praxis (2007); *Welser*, Die Reform des österreichischen Erbrechts, in FS Hopf (2007) 249; *Welser*, Die Reform des österreichischen Erbrechts: Gutachten; Verhandlungen des 17. ÖJT II/1 (2009); *Ferrari*, Die Reform des österreichischen Erbrechts, in ÖJT (Hrsg), Verhandlungen des 17. ÖJT II/2; Zivilrecht: Die Reform des österreichischen Erbrechts; Referate und Diskussionsbeiträge (2010) 70; *Zimmermann*, Erbunwürdigkeit; die Entwicklung eines Rechtsinstituts im Spiegel europäischer Kodifikation, in FS Koziol (2010) 463.

Gem § 543 aF[1] waren Ehebruchs- und Inzestpartner von der gewillkürten **1** Erbfolge untereinander ausgeschlossen, sofern sie zu Lebzeiten des Erblassers des Ehebruches oder der Blutschande gerichtlich geständig oder überführt worden waren.[2] Es handelte sich um eine „eigentümlich beschränkte"[3] relative Erbunfähigkeit, weil sie nur vom testamentarischen Erbrecht und vom Vermächtnis, nicht aber von der gesetzlichen Erbfolge und des Pflichtteilsrechts

---

[1] § 543 aF lautete: „Personen, welche des Ehebruchs oder der Blutschande gerichtlich geständig oder überwiesen sind, werden unter sich von dem Erbrechte aus einer Erklärung des letzten Willens ausgeschlossen".
[2] Dazu näher *Ehrenzweig*, System II/2², 374 f; *Weiß* in Klang² III 110 ff; *Welser*, JBl 1973, 1 ff; *Kralik*, Erbrecht³ 40 f; zuletzt mwN zur Rsp *Welser* in Rummel³ I (2000) § 543 Rz 1 ff; *Likar-Peer* in Ferrari/Likar-Peer, Erbrecht 295 ff; *Eccher* in Schwimann/Kodek⁴ III § 543 Rz 1 ff.
[3] *Ehrenzweig*, System II/2², 374.

ausschloss.[4] Diese Art der relativen Erbunfähigkeit[5] wurde auch als Inkapazität[6] oder als mangelnde *testamenti factio passiva*[7] bezeichnet. Die relative Erbunwürdigkeit nach § 543 aF stellte keinen Fall der Erbunwürdigkeit dar,[8] weil sie nicht auf einer Verfehlung des vom testamentarischen Erbrecht Ausgeschlossenen gegenüber dem Erblasser basierte (vgl zu diesem Merkmal der Erbunwürdigkeit § 540 [§§ 539, 541 nF Rz 1 ff, § 542 [§ 540 nF] Rz 4 ff). Darüber hinaus entsprach die Rechtsfolge des Ausschlusses vom Erbrecht dessen, der vom Erblasser testamentarisch bedacht wurde, ja gerade nicht dem (vermuteten) Erblasserwillen, wie dies bei der Erbunwürdigkeit der Fall ist[9] (s dazu allgemein § 540 [§§ 539, 541 nF] Rz 1, 40, § 542 [§ 540 nF] Rz 6), sondern vereitelte vielmehr gerade den (tatsächlichen) Erblasserwillen.

2 Da die Bestimmung nicht mehr zeitgemäß war,[10] wurde sie durch das FamRÄG 2009[11] mit Wirkung ab 1. 1. 2010 aufgehoben.[12] So war der Ehebruch als Straftatbestand (vgl § 194 aF StGB) längst aufgehoben,[13] sodass einerseits eine allgemein verbindliche gerichtliche Feststellung des Ehebruchs in einem Strafverfahren nicht mehr möglich war und andererseits ein gerichtliches Ge-

---

[4] Dazu zB *Welser* in Rummel[3] I § 543 Rz 1; *Koziol/Welser*[13] II 459 f; *Likar-Peer* in Ferrari/Likar-Peer 297. Die Beschränkung der Sanktion bloß auf letztwillige Verfügungen ergab sich aus dem Sinn und Zweck der Norm, die öffentliche Sittlichkeit zu wahren (*Koziol/Welser*[13] II 459 f) und zu verhindern, dass Ehebruch oder Blutschande in der Hoffnung auf eine letztwillige Bedenkung begangen werden (*Zeiller*, Commentar II/2, 401; *Kralik*, Erbrecht[3] 40) bzw dass der Erblasser den Ehebruchs- oder Inzestpartner für die unsittliche sexuelle Hingabe „belohnt" (*Koziol/Welser*[13] II 460); ferner, die Familienmitglieder vor erbrechtlichen Benachteiligungen, die auf einer missbilligten sexuellen Beziehung des Erblassers gründen, zu schützen (*Zeiller*, Commentar II/1, 401; zu den Normzwecken des § 543 aF ausf *Welser*, JBl 1973, 6 f mwN zu den Motiven des Gesetzgebers).

[5] Abw *Kralik*, Erbrecht[3] 34, der zwischen drei verschiedenen Kategorien von Erbunfähigkeit differenziert, und zwar zwischen absoluter Erbunfähigkeit, relativer Erbunfähigkeit (§§ 540, 542) und mangelnder *testamenti factio passiva*.

[6] *Welser* in Rummel[3] I § 543 Rz 1; *Koziol/Welser*[13] II 459. Zur *incapacitas* des römischen Rechts s zB *Pfaff/Hofmann*, Commentar II/1, 21; *Schwind*, Römisches Recht I 369 f.

[7] *Pfaff/Hofmann*, Commentar II/1, 20; *Stubenrauch*, Commentar[8] I 746, 749; *Kralik*, Erbrecht[3] 34, 40 f. Zur *testamenti factio passiva* (dies ist die Fähigkeit, in einem Testament von bestimmten Personen zum Erben eingesetzt zu werden) *Schwind*, Römisches Recht I 379 f.

[8] So zB *Pfaff/Hofmann*, Excurse II/1, 12; *Ehrenzweig*, System II/2², 371; *Koziol/Welser*[13] II 459 f; abw *Zimmermann* in FS Koziol 476; vgl auch *Kralik*, Erbrecht[3] 40, der zwar einerseits zwischen der relativen Erbunfähigkeit iSd §§ 540, 542 und der mangelnden *testamenti factio passiva* (§ 543 aF) differenziert, andererseits aber (aaO 40) auch den Ausschluss vom Erbrecht nach § 543 aF als Erbunwürdigkeitsgrund bezeichnet; vgl auch die abw Terminologie bei *Zeiller*, Commentar II/2, 394 ff.

[9] *Pfaff/Hofmann*, Excurse II/1, 12; *Koziol/Welser*[13] II 459.

[10] Dazu zB *Koziol/Welser*[13] II 460; *Welser*, Reform 29; zust *Ferrari* in 17. ÖJT II/2, 73; ganz ähnlich EB RV 1626 BlgNR 22. GP 6.

[11] BGBl I 2009/75.

[12] Entsprechende Bestrebungen hatte es bereits in der 22. Gesetzgebungsperiode gegeben (vgl EB RV 1626 BlgNR 22. GP 6); das Vorhaben wurde jedoch in dieser Legislaturperiode nicht mehr umgesetzt. Letztlich wurde das Gesetzesvorhaben nach einem weiteren vergeblichen Anlauf im Jahre 2008 (198/ME 23. GP) erst auf einen Initiativantrag hin (IA 673/A 24. GP) in der 24. Legislaturperiode mit BGBl I 2009/75 realisiert.

[13] Aufgehoben durch BGBl 1996/762.

ständnis iSd § 543 aF nur noch selten vorlag.[14] Aber auch hinsichtlich der Blutschande hielt man die Rechtsfolgen des § 543 aF nicht mehr für angemessen: Wurde etwa ein Kind von seinem Elternteil missbraucht und vom Täter, um dies wiedergutzumachen, testamentarisch überreichlich bedacht, so konnte das Opfer diese Wiedergutmachung wegen § 543 aF nicht erwerben.[15]

Die Bestimmung bleibt aber auf all jene Fälle anwendbar, in denen der **3** Erblasser vor dem 1. 1. 2010 gestorben ist.[16] Im Rahmen der Erbschaftsklage kann sie also noch bis zum 31. 12. 2039 relevant werden, sofern der wahre Erbe nicht mehr als drei Jahre vor diesem Zeitpunkt Kenntnis von der mangelnden *testamenti factio passiva* des eigeantworteten Erben erlangt hat (vgl § 1487a nF). Ab dem 1. 1. 2017 gilt nämlich für zu diesem Zeitpunkt noch offene Verjährungsfristen das neue Recht.[17] Dies bedeutet, dass die Erbschaftsklage ab dem 1. 1. 2017 in drei Jahren ab Kenntnis verjährt. Sollte der wahre Erbe bereits vor dem Inkrafttreten Kenntnis von den anspruchsbegründenden Tatsachen erlangt haben, so beginnt die neue kurze Frist aus Gründen des Vertrauensschutzes dennoch erst am 1. 1. 2017 zu laufen (§ 1503 Abs 7 Z 9 idF ErbRÄG 2015).[18]

Nach der Aufhebung des § 543 stellt sich die Frage, ob letztwillige Verfü- **4** gungen zugunsten Inzest- und Ehebruchspartnern uU als sittenwidrig iSd

---

[14] EB RV 1626 BlgNR 22. GP 6; IA 673/A 24. GP 28.

[15] EB IA 673/A 24. GP 28; ebenso bereits EB RV 1626 BlgNR 22. GP 6.

[16] Zwar beinhaltet das FamRÄG 2009 keine entsprechende Übergangsvorschrift für das Außerkrafttreten des § 543 aF (s Art 18 § 2 ff FamRÄG 2009, BGBl I 2009/75). Nach hA kommt es jedoch bei Fehlen einer ausdrücklichen Anordnung im Zweifel nicht zu einer (unechten [dazu zB *Kodek* in Rummel/Lukas[4] § 5 Rz 6]) Rückwirkung des neuen Gesetzes, arg § 5 (*Posch* in Schwimann/Kodek[4] I § 5 Rz 2; *Schauer* in Kletečka/Schauer, ABGB-ON 1.01 § 5 Rz 7; *P. Bydlinski* in KBB[4] § 5 Rz 1; *Kodek* in Rummel/Lukas[4] § 5 Rz 12). Vielmehr sind Sachverhalte, die zeitlich zur Gänze in den Geltungsbereich des alten Gesetzes fallen, nach altem Recht zu beurteilen (*Kodek* in Rummel/Lukas[4] § 5 Rz 14; vgl auch *Schauer* in Kletečka/Schauer, ABGB-ON 1.01 § 5 Rz 9). Dies ist der Fall, wenn der Erblasser spätestens am 31.12.2009 gestorben ist (vgl allgemein zu den Prinzipien des intertemporalen Privatrechts im Erbrecht *Vonkilch*, Das intertemporale Privatrecht [1999] 260 ff; *Vonkilch/Kehrer* in Fenyves/Kerschner/Vonkilch, ABGB[3] (Klang) § 5 Rz 25; *Kodek* in Rummel/Lukas[4] § 5 Rz 23). Dieses Ergebnis lässt sich überdies auf eine Analogie zu den in anderen erbrechtlichen Gesetzen enthaltenen Übergangsbestimmungen stützen (Übergangsbestimmungen in anderen Gesetzen, die vergleichbare Rechtsänderungen beinhalten, können nämlich eine taugliche Analogiebasis darstellen: *Vonkilch/Kehrer* in Fenyves/Kerschner/Vonkilch, ABGB[3] (Klang) § 5 Rz 7; *Kodek* in Rummel/Lukas[4] § 5 Rz 10): Meist enthalten Gesetze, die eine Änderung des Erbrechts zum Inhalt haben, die Anordnung, dass das neue Recht für alle Fälle gilt, in denen der Erblasser (Verstorbene) nach dem dem Inkrafttreten vorangehenden Tag gestorben ist, sofern nicht für Einzelfragen – etwa geänderte Gültigkeitsvoraussetzungen wie zB Formvorschriften – etwas anderes bestimmt ist (s zB ErbRÄG 1989, BGBl 1989/656; FamErbRÄG 2004, BGBl I 2004/58; ErbRÄG 2015, BGBl I 2015/87). Daran lässt sich die grundsätzliche Wertung erkennen (vgl dazu allgemein *Vonkilch/Kehrer* in Fenyves/Kerschner/Vonkilch, ABGB[3] (Klang) § 5 Rz 7), dass grundsätzlich der Todestag des Erblassers das entscheidende Element ist. Hinsichtlich der Aufhebung des § 543 aF mit Wirkung ab 1.1.2010 bedeutet dies, dass die Norm auf jene Fälle nicht mehr anwendbar ist, in denen der Erblasser nach dem 31.12.2009 verstorben ist – und umgekehrt, dass die Norm anzuwenden ist, wenn der Erblasser bis zum 31.12.2009 verstorben ist.

[17] S. *Kogler*, Inkrafttreten und Übergangsbestimmungen des neuen Erbrechts, EF-Z 2016, 60 (65); *Mader/Janisch* in Schwimann/Kodek[4] VI §§ 1487, 1487a Rz 14.

[18] Vgl EB RV 688 BlgNR 25. GP 41.

§ 879 Abs 1 zu qualifizieren sind. So lange § 543 aF in Geltung stand, war es durchaus umstritten, ob § 543 aF *lex specialis* gegenüber § 879 Abs 1 sei oder ob § 879 Abs 1 in besonders krassen Fällen daneben anwendbar sei, wenn die engen Tatbestandsvoraussetzungen des § 543 aF nicht erfüllt waren.[19] Angesichts der Aufhebung des § 543 aF fällt das Argument, § 543 aF sei gegenüber § 879 Abs 1 *lex specialis*, freilich weg, sodass man in besonders krassen Fällen zumindest theoretisch wohl auf § 879 rekurrieren kann.[20] Gegenüber dieser dogmatisch grundsätzlich bestehenden Möglichkeit sind aber vor allem im Zusammenhang mit sog. „Geliebtentestamenten"[21] zum einen die geänderten Wertvorstellungen[22] der Gesellschaft ins Kalkül zu ziehen.[23] Zum anderen ist zu bedenken, dass ohnehin bereits das Pflichtteilsrecht die gegen die Interessen der Familie gerichtete Willkür des Erblassers entsprechend beschränkt.[24] Im gros der Fälle von sog „Geliebtentestamenten" wird man daher keine Sittenwidrigkeit annehmen können,[25] man sollte die Anwendbarkeit des § 879 Abs 1 jedoch nicht kategorisch ablehnen, sondern auf den jeweiligen Einzelfall abstellen.[26]

---

[19] S dazu zuletzt die Darstellung des Meinungsstandes bei *Likar-Peer* in Ferrari/Likar-Peer, Erbrecht 297 f mwN.

[20] IdS *Welser* in FS Hopf 256; *ders*, Reform 30; *Likar-Peer* in Ferrari/Likar-Peer, Erbrecht 298.

[21] S zur Rsp des BGH zur Sittenwidrigkeit der sog „Geliebtentestamente" gem § 138 BGB *Sack* in Staudinger, BGB (2003) § 138 Rz 118 und 438 ff mwN.

[22] Diese kommen ja gerade auch in der Aufhebung des § 194 aF StGB und des § 543 aF zum Ausdruck.

[23] Vgl *Graf* in Kletečka/Schauer, ABGB-ON 1.02 § 879 Rz 222; vgl auch *Koziol/Welser*[13] II 460 (zu den „differenzierenden Moralvorstellungen" bezüglich Ehebruchs). Während der BGH die Sittenwidrigkeit von „Geliebtentestamenten" bislang bejaht, wenn die letztwillige Bedenkung des Ehebruchspartners Entgeltcharakter für die sexuelle Hingabe hat (dazu *Sack* in Staudinger, BGB [2003] § 138 Rz 118 und 438 ff), lehnt die jüngere L die Sittenwidrigkeit in diesen Fällen ab (vgl *Sack/Fischinger* in Saudinger, BGB [Neubearbeitung 2011] § 138 Rz 137 und 604). Zumindest der „Entelcharakter" der letztwilligen Zuwendung ist aufgrund der Wertungen des dProstG 2002 kein Kriterium für die Annahme der Sittenwidrigkeit einer solchen letztwilligen Verfügung mehr (s *Sack/Fischinger* in Saudinger, BGB [Neubearbeitung 2011] Rz 604; vgl dazu allgemein auch etwa *Armbrüster* in MünchKommBGB[6] § 138 Rz 57 f). Im Ergebnis ähnlich gelagert ist die jüngere vertragsrechtliche österreichische Diskussion zur Frage der Sittenwidrigkeit eines Entgelts für sexuelle Hingabe: Sittenwidrigkeit verneinend *Graf* in Kletečka/Schauer, ABGB-ON 1.02 § 879 Rz 87; *Krejci* in Rummel/Lukas[4] § 879 Rz 71; OGH 18.4.2012, 3 Ob 45/12g, JBl 2012, 450 = ecolex 2012/204; 18.9.2012, 6 Ob 124/12x. Eine Übertragung der Kriterien der bisherigen Rsp des BGH zur Sittenwidrigkeit der „Geliebtentestamente" auf die österreichische Rechtslage scheidet daher aus.

[24] Wie *Graf* in Kletečka/Schauer, ABGB-ON 1.02 § 879 Rz 222 betont hat, führt insb die Auffassung *Schilchers* (JBl 1977, 67 ff), der unter Heranziehung des § 879 zu einem „sittlich motivierten Familienschutz" gelangt, „zu einer verkappten Ausweitung des Pflichtteilsrechts".

[25] Weitergehend *Graf* in Kletečka/Schauer, ABGB-ON 1.02 § 879 Rz 222, der letztwillige Zuwendungen an Ehebruchpartner generell nicht für sittenwidrig hält.

[26] Vgl zu den in der deutschen Lit vorgeschlagenen Kriterien einer Gesamtabwägung *Sack/Fischinger* in Staudinger, BGB (Neubearbeitung 2011) § 138 Rz 605 f.

§ 544. Inwiefern Landeseingeborne, die ihr Vaterland oder die Kriegsdienste ohne ordentliche Erlaubnis verlassen haben, des Erbrechtes verlustig werden, bestimmen die politischen Verordnungen.

Stammfassung JGS 1811/946.

aufgehoben durch BGBl I 2015/87 (ErbRÄG 2015) mit Wirkung ab 1. 1. 2017.

IdF BGBl Nr I 2015/87 (ErbRÄG 2015), in Kraft ab 1. 1. 2017. Mat: EB RV 688 BlgNR 25. GP.

Lit: *Zeiller*, Commentar über das allgemeine bürgerliche Gesetzbuch für die gesammten Deutschen Erbländer der Oesterreichischen Monarchie II/2 (1812); *Nippel*, Erläuterung des allgemeinen bürgerlichen Gesetzbuches für die gesammten deutschen Länder der österreichischen Monarchie; mit besonderer Berücksichtigung des practischen Bedürfnisses IV: enthaltend die §§ 531 bis einschließig 726 (1832); *Winiwarter*, Das Oesterreichische bürgerliche Recht III: Des dinglichen Sachenrechtes zweyte Abteilung² (1841); *Michel*, Die Erbunwürdigkeit nach österreichischen Gesetzen, VJSchr 1858, 29; *Pfaff/Hofmann*, Commentar zum österreichischen allgemeinen bürgerlichen Gesetzbuche II/1 (1877); *dies*, Excurse über österreichisches allgemeines bürgerliches Recht; Beilagen zum Kommentar II/1 (1878); *NN*, Zur Lehre vom Erwerbe der Erbschaft und des Vermächtnisses nach römischem und österreichischem Rechte, GrünhutsZ XIII (1886) 394 und XIV (1887) 101; *Ofner*, Der Ur-Entwurf und die Berathungs-Protokolle I (1889) und II (1889); *Unger*, System des österreichischen allgemeinen Privatrechts VI: Das österreichische Erbrecht⁴ (1894); *Stubenrauch*, Commentar zum österreichischen allgemeinen bürgerlichen Gesetzbuche⁸ I (1902); *Krasnopolski/Kafka*, Lehrbuch des Österreichischen Privatrechts V: Österreichisches Erbrecht (1914); *Leweler*, Die heutige Behandlung der Schmälerung der bürgerlichen Rechts- und Handlungsfähigkeit nach dem ehemaligen Militärstrafgesetzbuche, ZBl 1926, 659.

Übersicht

Teil A: Rechtslage bis 31. 12. 2016

I.	Entstehungsgeschichte	1
II.	Rechtsnatur	2
III.	Ausführungsvorschriften und Rechtsfolgen	3–5

Teil B: Rechtslage ab 1. 1. 2017

IV.	ErbRÄG 2015	6–7

Teil A: Rechtslage bis 31. 12. 2016

I. Entstehungsgeschichte

1   Vorläufer der Bestimmung war § 335 II WGB,[1] der unmittelbar an § 334 II WGB, aus dem sich der heutige § 538 entwickelt hatte,[2] anschloss.[3] Nach dem Konzept des WGB sollten also zunächst die Ausnahmen vom Grundsatz der allgemeinen Erbfähigkeit als Ausfluss der Vermögensfähigkeit iSv absoluter Erbunfähigkeit geregelt werden. § 335 II WGB wurde allerdings vorerst gestrichen, zumal man sich an der – wenn auch nur sprachlichen – Nebeneinanderstellung von juristischen Personen und Deserteuren stieß.[4] In der Sitzung vom 2. 1. 1804 wurde eine dem späteren § 544 entsprechende Bestimmung geschaffen, die sich von der Gesetz gewordenen Norm durch den Zusatz „und sich in einem fremden Staate niedergelassen haben"[5] unterschied. Dieser letzte HS wurde anlässlich der Revision am 27. 7. 1807 weggelassen, zumal der Deserteur – entsprechende Vorschriften vorausgesetzt – ja bereits durch die Desertion selbst erbunfähig wird.[6]

II. Rechtsnatur

2   § 544 ist eine reine Verweisungsnorm. Ob und inwieweit unbefugte Auswanderung und Fahnenflucht zum Verlust der Erbfähigkeit führen, ergibt sich aus den Vorschriften des öffentlichen Rechts im Allgemeinen und den Militärgesetzen im Besonderen.[7] Genau genommen resultiert die allfällige Erbunfähigkeit also nicht aus § 544, sondern aus den entsprechenden Ausführungsvorschriften.

Der Verlust der Erbfähigkeit ist, wie Zeiller[8] betonte, „Theil der (...) Verpönung" der den in § 544 „angeführten, öffentlichen Gesetzen widerstreitenden Handlungen". Die nach diesen Vorschriften eintretende Erbunfähigkeit hat demnach Strafcharakter, sie ist daher nicht als Fall der Erbunwürdigkeit zu qualifizieren:[9] Weder richten sich unerlaubte Auswanderung und Desertion gegen die Person oder die Testierfreiheit des Erblassers,[10] noch ist die in den entsprechenden Ausführungsvorschriften allenfalls angeordnete Erbunfähigkeit Ausdruck des vermuteten Erblasserwillens (s dazu § 540 [§§ 539, 541 nF] Rz 1], § 542 [§ 540 nF] Rz 6).

---

[1] § 335 II WGB lautet: „Ob und wie weit einem moralischen Körper, oder denjenigen Landeseingebornen, die ihr Vaterland, oder die Kriegsdienste ohne ordentliche Erlaubniß verlassen, und sich in einem fremden Staate niedergelassen haben, die Erbfähigkeit zukomme, wird nach den politischen Verordnungen entschieden."

[2] Dazu und zum Wortlaut des § 334 II WGB s *Kalb* in diesem Band § 538 Rz 4.

[3] *Pfaff/Hofmann*, Excurse II/1, 30; *Ofner*, Ur-Entwurf I 326.

[4] Dazu *Pfaff/Hofmann*, Excurse II/1, 30.

[5] Dieser Passus bezog sich auf die Deserteure.

[6] Dazu *Pfaff/Hofmann*, Excurse II/1, 30.

[7] *Zeiller*, Commentar II/2, 402.

[8] Commentar II/2, 402.

[9] *Michel*, VJSchr 1858, 30.

[10] Vgl *Michel*, VJSchr 1858, 30; s § 540 (§§ 539, 541 nF) Rz 1 ff, § 542 (§ 540 nF) Rz 4 ff.

III. Ausführungsvorschriften und Rechtsfolgen

Gegenwärtig bestehen keine Ausführungsvorschriften zu § 544, es gibt seit langem keine absolute Erbunfähigkeit wegen unbefugter Auswanderung oder Desertion mehr.[11] Anders war dies zum Zeitpunkt des Inkrafttretens des ABGB: Damals war sowohl die unerlaubte Auswanderung als auch die Desertion mit absoluter Erbunfähigkeit sanktioniert. Diese Vorschriften stammten zunächst aus dem ausgehenden 18. Jhdt, auch die Gesetzgebung des 19. Jhdts sah noch derartige Konsequenzen vor. Dieser Rechtszustand dauerte hinsichtlich der unbefugten Auswanderung bis 1867, betreffend die Desertion bis zur Aufhebung des MilStrG an (s sogleich Rz 4, 5).

Nach § 21 des Auswanderungspatents vom 10. 8. 1789 verlor ein unbefugter Auswanderer alle seine bürgerlichen Rechte und wurde vermögens- und erbunfähig.[12] An seine Stelle traten seine eigenen Intestaterben.[13] Der Sache nach bedeutet dies eine gesetzlich angeordnete Ersatzerbschaft. Auch gemäß § 10 lit c des Auswanderungspatentes vom 24. 3. 1832[14] bestand Eigentums- und Erbunfähigkeit des unbefugt Auswandernden.[15] Dies bedeutete jeweils absolute Erbunfähigkeit.[16] Diese Wirkung trat erst mit Rechtskraft des Auswanderungsurteiles ein.[17] Die Erbschaft, zu der der Ausgewanderte aufgrund eines Testaments oder von Gesetzes wegen berufen gewesen wäre, fiel (anders als nach dem Auswanderungspatent 1789) jenen Personen zu, die in Ermangelung des unbefugt Ausgewanderten entweder aufgrund eines Testaments oder des Gesetzes zur Erbschaft berufen waren.[18] Damit wurde also lediglich auf die allg erbrechtlichen Vorschriften verwiesen; keine Antwort gab das Auswanderungspatent auf die Frage, ob die Nachkommen eines unbefugt Ausgewanderten diesen repräsentierten, was die damals hA allerdings ablehnte (s dazu § 541 [§ 542 nF] Rz 13).

Das Auswanderungsverbot wurde durch das StGG 1867[19] beseitigt – und somit auch die daraus resultierende absolute Erbunfähigkeit.[20] Das StGG wurde

---

[11] Vgl *Handl* in Klang II/1, 59; *Ehrenzweig*, System II/2², 370; *Weiß* in Klang² III 116 f; s weiters *Kralik*, Erbrecht³ 35; *Eccher* in Schwimann/Kodek⁴ III § 544 Rz 1; *Welser* in Rummel/Lukas⁴ § 544 Rz 1; *Apathy* in KBB⁴ § 544 Rz 1; *Werkusch-Christ* in Kletečka/Schauer, ABGB-ON 1.03 § 544 Rz 1.

[12] *Nippel*, Erläuterung IV 42 f; auf das Auswanderungspatent vom 10.8.1879 hinweisend auch *Zeiller*, Commentar II/2, 402 Anm *).

[13] *Nippel*, Erläuterung IV 42.

[14] JGS 1832/2557. Zum Wortlaut des § 10 lit c Auswanderungspatent 1832 s *Winiwarter*, Bürgerliches Recht² III 31.

[15] Vgl *Winiwarter*, Bürgerliches Recht² III 31.

[16] *Michel*, VJSchr 1858, 32; iS von absoluter Erbunfähigkeit weiters *Pfaff/Hofmann*, Commentar II/1, 23; *Stubenrauch*, Commentar⁸ I 745; *Unger*, Erbrecht⁴ 22 Anm 6 (implizit); *Krasnopolski/Kafka*, Erbrecht 15 f; *Ehrenzweig*, System II/2², 370; *Kralik*, Erbrecht³ 35.

[17] *Winiwarter*, Bürgerliches Recht² III 36; *Krasnopolski/Kafka*, Erbrecht 16; OGH 20.5.1862, Nr 3223, GlU 1521 = JB 46; differenzierend *Nippel*, Erläuterung IV 43 (noch zur Geltung des Auswanderungspatentes vom 10.8.1789); krit zur Ansicht Nippels *Winiwarter* aaO 36.

[18] *Winiwarter*, Bürgerliches Recht² III 31.

[19] Staatsgrundgesetz vom 21.12.1867 über die allg Rechte der Staatsbürger, RGBl 1897/142, in Kraft seit 23.12.1867.

[20] OGH 21.4.1897, Nr 4730, NZ 1987, 136; *Pfaff/Hofmann*, Commentar II/2, 23; *Unger*, Erbrecht⁴ 22 Anm 6; *Stubenrauch*, Commentar⁸ I 745; *Krasnopolski/Kafka*, Erbrecht 16; *Handl* in Klang II/1, 59; *Ehrenzweig*, System II/2², 370; *Weiß* in Klang² III 116.

durch das B-VG 1929[21] aufrechterhalten,[22] der Grundrechtskatalog des StGG hat Verfassungsrang (vgl Art 149 Abs 1 B-VG). Gemäß Art 4 StGG besteht Auswanderungsfreiheit. Zwar ist diese gemäß Art 4 Ab s 3 StGG (und nunmehr ebenso gemäß Art 2 Abs 2 des 4. ZPEMRK[23]) nach wie vor durch die Wehrpflicht beschränkt.[24] Mit dem StGG kam es jedoch zu einem Paradigmenwechsel: Anstelle des zuvor grundsätzlich bestehenden Auswanderungsverbotes trat die prinzipielle Auswanderungsfreiheit.[25] Daher wurde die Erbunfähigkeit eines unbefugt ausgewanderten Wehrpflichtigen bereits im 19. Jhdt sowohl aus diesem Grund als auch aufgrund der Tatsache, dass die im WehrG 1868[26] und später im WehrG 1889[27] für die Verletzung der Wehrpflicht angeordneten Strafen die Erbunfähigkeit nicht mehr erwähnen, von Rsp[28] und L[29] verneint. Auch die spätere Gesetzgebung sah zwar noch Strafen für das Vergehen der Stellungsflucht vor, ordnete aber keine Erbunfähigkeit mehr an.[30]

Nach heutigem Recht hat das unerlaubte Verlassen des Bundesgebietes durch einen Wehrpflichtigen (nicht zu verwechseln mit der Desertion eines Soldaten iSd § 9 MilStG; dazu sogleich Rz 5) lediglich Geldstrafen (Verwaltungsstrafen) zur Folge (vgl §§ 11, 50 WG 2001[31]).

5   Desertion bewirkte bis ins 20. Jhdt hinein[32] ebenfalls absolute Erbunfähigkeit: Nach der im Zeitpunkt des Inkrafttretens des ABGB geltenden Rechtslage[33] wurde nicht nur das Vermögen des Deserteurs[34] konfisziert,[35] sondern er wurde auch seines Bürgerrechtes und aller Erbschaftsanfälle ver-

---

21   Verordnung des Bundeskanzlers vom 1.1.1930 betreffend die Wiederverlautbarung des Bundes-Verfassungsgesetzes 1920 (BGBl 1920/1), BGBl 1930/1.

22   *Weiß* in Klang[2] III 116.

23   BGBl 1969/434.

24   Vgl OGH 21.4.1897, Nr 4730, NZ 1897, 136.

25   *Pfaff/Hofmann*, Commentar II/1, 23.

26   RGBl 1868/151. Nach dem WehrG vom 5.12.1868 (RGBl 1868/151) bestand noch das Erfordernis der Entlassung des Wehrpflichtigen zum Zwecke der Auswanderung: *Handl* in Klang II/1, 59.

27   WehrG vom 11.4.1889, RGBl 1889/41 (unbefugt ausgewandert war, wer die Monarchie verließ, um sich der Stellungspflicht zu entziehen: dazu OGH 21.4.1897, Nr 4730, NZ 1897, 136).

28   OGH 21.4.1897, Nr 4730, NZ 1897, 136.

29   *Pfaff/Hofmann*, Commentar II/1, 23 f: Zwar spräche für die gegenteilige Auffassung, dass die Auswanderungsfreiheit nicht auch für Wehrpflichtige gilt; dagegen führen *Pfaff/Hofmann* die im Text genannten Argumente ins Treffen und meinen, bei derart schwankender Waage entscheide schon das *argumentum in dubio pro mitius* für die Verneinung der Erbunfähigkeit. Vgl auch *Unger*, Erbrecht[4] 22 Anm 6.

30   S WehrG vom 5.12.1912, RGBl 1912/128; dazu *Handl* in Klang II/1, 59; vgl auch die Wehrgesetze der Zweiten Republik: dazu sogleich in der nächsten FN.

31   Wehrgesetz 2001 – WG 2001, BGBl I 2001/146; vgl davor bereits WG BGBl 1955/181; WG 1978, BGBl 1978/150; WG 1990, BGBl 1990/305.

32   Dazu *Leweler*, ZBl 1926, 659 ff; *Handl* in Klang II/1, 59; *Ehrenzweig*, System II/2[2], 370; *Weiß* in Klang[2] III 116.

33   Dazu *Nippel*, Erläuterung IV 43 f; *Winiwarter*, Bürgerliches Recht[2] III 31 f; s auch bereits *Zeiller*, Commentar II/2, 402 Anm *) (alle mwN zu den verschiedenen Rechtsquellen).

34   Die im Text genannten Konsequenzen galten nicht im Falle der Desertion eines Fuhrwesenknechtes: *Winiwarter*, Bürgerliches Recht[2] III 32.

35   Zu den räumlichen Beschränkungen der Konfiskationsstrafe ab 1798 *Winiwarter*, Bürgerliches Recht[2] III 32.

lustig erklärt.³⁶ Der Deserteur verlor also das bereits vor der Desertion angefallene Erbrecht, das ja bereits Teil seines Vermögens iwS geworden war, an den Fiskus. Erbanfälle nach der Desertion wurden dagegen von dieser verhindert, daher kam es nicht zum Erbanfall und nachfolgender Konfiskation;³⁷ vielmehr wurde der Deserteur so betrachtet, als ob er nicht vorhanden wäre,³⁸ die Erbschaft fiel den übrigen Erben zu.³⁹ Der Deserteur war somit absolut erbunfähig.⁴⁰ Nach dem diese Bestimmungen ablösenden HfD 21. Februar 1842⁴¹ waren Deserteure unfähig, Vermögen zu erwerben und konsequenterweise auch von der Erlangung einer Erbschaft ausgeschlossen.⁴² Auch nach § 208 MilStrG 1868⁴³ waren Deserteure⁴⁴ absolut erbunfähig.⁴⁵ Im Falle des Entweichens aus der aktiven Dienstleistung trat die Erbunfähigkeit mit dem Tag der Entweichung ein⁴⁶ und dauerte bis zur Verhaftung oder Rückkehr des Entweichenden an;⁴⁷ ansonsten bestand die Erbunfähigkeit vom Tag der Einberufung bis zur Stellung oder Einlieferung des Deserteurs.⁴⁸ Statt an den Deserteur fiel die Erbschaft gemäß § 208 lit c MilStrG jenen gesetzlichen Erben zu, denen sie auch zugefallen wäre, wenn der Deserteur den Anfallstag nicht erlebt hätte⁴⁹ (s dazu auch § 541 [§ 542 nF] Rz 13). Der Sache nach war hier also bereits das formelle Eintrittsrecht geregelt (vgl § 541 [§ 542 nF] Rz 1, 5).

---

36 Dazu *Winiwarter*, Bürgerliches Recht² III 31 (mwN zu den einzelnen Rechtsquellen).
37 *Winiwarter*, Bürgerliches Recht² III 31.
38 *Nippel*, Erläuterung IV 43; *Winiwarter*, Bürgerliches Recht² III 32 (jeweils mwN auf die einzelnen Rechtsquellen).
39 *Winiwarter*, Bürgerliches Recht² III 32 (mwN zu den einzelnen Rechtsquellen).
40 *Nippel*, Erläuterung IV 43 (Deserteure seien „zu erben unfähig").
41 JGS nF 1842/599.
42 *Michel*, VJSchr 1858, 32.
43 Militärstrafgesetz vom 15.1.1855, RGBl 1855/19.
44 Ausgenommen waren seit dem Gesetz vom 23.5.1871 (RGBl 1871/45) Deserteure der k.k. Landwehr; die in § 208 MilStrG 1868 angeordneten Rechtsfolgen bezog sich fortan nur auf Deserteure der Linie und der Reserve: dazu *Pfaff/Hofmann*, Commentar II/1, 23 mwN; weiters *Stubenrauch*, Commentar⁸ I 745; *Krasnopolski/Kafka*, Erbrecht 16; vgl auch *Weiß* in Klang² III 116 zur Rechtslage bei Ausbruch des I. Weltkrieges, der sich allerdings allgemein auf die Verfügungsunfähigkeit von Deserteuren des k.k. Heeres und der k.k. Kriegsmarine bezieht).
45 *Pfaff/Hofmann*, Commentar II/1, 23 mwN; *Stubenrauch*, Commentar⁸ I 745; *Krasnopolski/Kafka*, Erbrecht 16.
46 Die Erbunfähigkeit trat also – anders als bei unbefugter Auswanderung (OGH 20.5.1862, Nr 3223, GlU 1521; s dazu oben Rz 4) – nicht erst mit der Verurteilung des Deserteurs ein: *Winiwarter*, Bürgerliches Recht² III 37; *Pfaff/Hofmann*, Commentar II/1, 23; *Stubenrauch*, Commentar⁸ I 745 Anm 1; *Krasnopolski/Kafka*, Erbrecht 16; vgl auch *Weiß* in Klang² III 116, der allerdings ganz allgemein meint, die vorherige Verurteilung sei nicht erforderlich; aA *Nippel*, Erläuterung IV 44 (die Desertion habe nur von den zuständigen Militärbehörden festgestellt werden können).
47 *Pfaff/Hofmann*, Commentar II/1, 23; *Stubenrauch*, Commentar⁸ I 745 Anm 1; *Krasnopolski/Kafka*, Erbrecht 16.
48 *Pfaff/Hofmann*, Commentar II/1, 23; *Stubenrauch*, Commentar⁸ I 745 Anm 1.
49 Zum Wortlaut dieser Bestimmung *Pfaff/Hofmann*, Commentar II/1, 23 FN 29; *Handl* in Klang II/1, 59; s auch *Steinlechner*, ZBl 29, 371.

Strittig ist, wann die absolute Erbunfähigkeit der Deserteure im österreichischen Recht beseitigt wurde. Nach Ansicht *Ehrenzweigs*[50] war dies 1920[51] der Fall, nach *Leweler*[52] und diesem folgend *Handl*[53] wurde die Erbunfähigkeit der Deserteure nach und nach beseitigt, weil das MilStrG 1868 für die verschiedenen der Militärgerichtsbarkeit unterworfenen Personengruppen zu verschiedenen Zeitpunkten zu gelten aufgehört habe.[54]

Gegenwärtig ist Desertion iSd § 9 MilStG[55] ein Straftatbestand, sie ist mit Freiheitsstrafe von sechs Monaten bis zu fünf Jahren zu bestrafen. Darüber hinaus gehende Sanktionen sind nicht angeordnet.

Teil B: Rechtslage ab 1. 1. 2017

IV. ErbRÄG 2015

6   Mit dem ErbRÄG 2015 wurde § 544 als überholt aufgehoben, weil seit langem keine Ausführungsvorschriften mehr bestehen[56] (s dazu oben Rz 3–5).

7   Zur Auswanderungsfreiheit und deren Beschränkung durch die Wehrpflicht (Art 4 StGG, Art 2 Abs 2 des 4. ZPEMRK) und zu den Sanktionen bei unbefugtem Verlassen des Bundesgebietes nach dem WG 2001 s oben Rz 4; zum gegenwärtig bestehenden Straftatbestand der Desertion nach § 9 MilStG s oben Rz 5.

Nach welchem Zeitpunkt die Fähigkeit zu beurteilen.

§ 545. Die Erbfähigkeit kann nur nach dem Zeitpunkt des wirklichen Erbanfalles bestimmt werden. Dieser Zeitpunkt ist in der Regel der Tod des Erblassers (§ 703).

§ 546. Eine später erlangte Erbfähigkeit gibt kein Recht, anderen das zu entziehen, was ihnen bereits rechtmäßig angefallen ist.

Stammfassung JGS 1811/946.

---

[50] System II/2², 370 (mwN zur aA).
[51] Anders in der (ehemaligen) Tschechoslowakei: 1918, so *Ehrenzweig*, System II/2², 370 FN 9 (unter Berufung auf eine aaO zitierte E des OG Brünn).
[52] ZBl 1926, 659, 662 ff.
[53] In Klang II/1, 59.
[54] Abw *Weiß* in Klang² III 116; s auch den Nw bei *Ehrenzweig*, System II/2², 370 FN 9.
[55] BG vom 30.10.1970 über besondere strafrechtliche Bestimmungen für Soldaten (Militärstrafgesetz – MilStG), BGBl 1970/344. Das MilStG unterscheidet zwischen Nichtbefolgung des Einberufungsbefehls iSd § 7, der unerlaubten Abwesenheit iSd § 8 und der Desertion iSd § 9.
[56] EB RV 688 BlgNR 25. GP 6.

Literatur §§ 545, 546

Beurteilung der Erbfähigkeit

§ 543. (1) Die Erbfähigkeit muss im Zeitpunkt des Erbanfalls vorliegen. Eine später erlangte Erbfähigkeit ist unbeachtlich und berechtigt daher nicht, anderen das zu entziehen, was ihnen bereits rechtmäßig zugekommen ist.

(2) Wer nach dem Erbanfall eine gerichtlich strafbare Handlung gegen die Verlassenschaft im Sinn des § 539 begeht oder die Verwirklichung des wahren letzten Willens des Verstorbenen vereitelt oder zu vereiteln versucht (§ 540), verliert nachträglich seine Erbfähigkeit."

IdF ErbRÄG 2015, BGBl I 2015/87, in Kraft ab 1. 1. 2017. Mat: EB RV 688 BlgNR 25. GP.

Lit: *Zeiller*, Commentar über das allgemeine bürgerliche Gesetzbuch für die gesammten Deutschen Erbländer der Oesterreichischen Monarchie, II. Band/2. Teilband (1812), III. Band (1812); *Nippel*, Erläuterung des allgemeinen bürgerlichen Gesetzbuches für die gesammten deutschen Länder der österreichischen Monarchie, IV. Band (1832), *Winiwarter*, Das Oesterreichische bürgerliche Recht[2,] III. Theil (1841); *Lakner*, Ueber die Abfassung von Testamenten, so wie über das Erbrecht und die Erbschaftsangelegenheiten. Ein praktischer Leitfaden zur rechtgiltigen Selbstverfassung schriftlicher Aufsätze, sowie zur Selbstvertretung in Erbfällen[2] (1853); *Michel*, Handbuch des allgemeinen Privatrechtes für das Kaisertum Oesterreich II (1856); *Füger von Rechtborn*, Das Erbrecht nach dem Oesterreichischen allgemeinen bürgerlichen Gesetzbuche, I. Theil (1860) *Ellinger*, Handbuch des österreichischen allgemeinen Civil-Rechtes[7] (1877); *Pfaff/Hofmann*, Commentar zum österreichischen allgemeinen bürgerlichen Gesetzbuche, II. Band/1. Abteilung (1877); *Pfaff/Hofmann,* Excurse über österreichisches allgemeines bürgerliches Recht, II. Band/1. Heft (1878); *Meissels*, Zur Lehre vom Verzichte, GrünhutsZ XVIII (1891) 665 und XIX (1892) 1; *Steinlechner*, Das schwebende Erbrecht und die Unmittelbarkeit der Erbfolge, I. Theil (1893); *Kirchstetter*, Commentar zum Oesterreichischen Allgemeinen bürgerlichen Gesetzbuche[8] (1894); *Unger*, Das österreichische Erbrecht[4] (1894); *Pfaff*, Besprechung von *Steinlechner*, Das schwebende Erbrecht und die Unmittelbarkeit der Erbfolge, GZ 1898/2, 9; *Stubenrauch*, Commentar zum österreichischen allgemeinen bürgerlichen Gesetzbuche[8], I. Band (1902), *Zoll*, Besprechung von *Till*, Prawo prywatne austryackie V und VI, GZ 1907/52, 409; *Anders*, Grundriß des Erbrechts[2] (1910); *Krasnopolski/Kafka*, Lehrbuch des Österreichischen Privatrechts, V. Band, Österreichisches Erbrecht (1914); *Gschnitzer*, Lehrbuch des österreichischen bürgerlichen Rechts, Erbrecht (1964); *Faistenberger*, Zur Geltung des § 703, in FS Herdlitzcka (1972) 77; *Gschnitzer/Faistenberger*, Österreichisches Erbrecht[2] (1983); *Kralik*, Das Erbrecht (1983); *Kletečka*, Ersatz- und Nacherbschaft (1999); *Kletečka*, Die Erbfähigkeit von Religiosen, NZ 1999, 283; *Jud*, § 540 ABGB – Erbunwürdigkeit und Tod des Erblassers, NZ 2006/13, 70; *Ferrari/Likar-Peer* (Hrsg), Erbrecht – Ein Handbuch für die Praxis (2007); *Kogler*, Der Erbverzicht (2013); *Barth/Pesendorfer*, Erbrechtsreform 2015 (2015); *Deixler-Hübner/Schauer* (Hrsg), EuErbVO (2015); *Mondel*, Letztwillige Verfügungen einschließlich Erbunwürdigkeits- und Enterbungsgründe, in Deixler-Hübner/Schauer, Erbrecht NEU (2015) 47; *Pesendorfer*, Die Erbrechtsreform im Überblick, iFamZ 2015, 230; *Rabl*, Erbrechtsreform 2015 – Pflichtteilsrecht neu, NZ 2015/107, 321; *Rudolf/Zöchling-Jud/Kogler*, Kollisionsrecht, in Rechberger/Zöchling-Jud (Hrsg), Die EU-Erbrechtsverordnung in

Österreich (2015) 115; *Zöchling-Jud*, Die Neuregelung des Pflichtteilsrechts im ErbRÄG 2015, in Rabl/Zöchling-Jud, Das neue Erbrecht (2015) 71; *Christandl/Nemeth*, Das neue Erbrecht – ausgewählte Einzelfragen, NZ 2016/1, 1; *Kathrein*, Das neue Erbrecht – Einige Ziele und Schwerpunkte der Reform, EF-Z 2016/2, 4; *Kogler*, Inkrafttreten und Übergangsbestimmungen des neuen Erbrechts, EF-Z 2016/27, 60; *Pesendorfer*, Entstehung des Erbrechts, Erbverzicht, Erbschaftserwerb und Verjährung, in Barth/Pesendorfer (Hrsg), Praxishandbuch des neuen Erbrechts (2016) 17.

Übersicht

I.	Einleitung	1
II.	Erbanfall als Beurteilungszeitpunkt	2–3
III.	„Erbfähigkeit" iSd §§ 545, 546	4
	1. Herrschende Ansicht	5–6
	2. Eigene Ansicht	7–9
IV.	Internationales Privatrecht	10–11
V.	Änderungen durch das ErbRÄG 2015	12–15
	1. Neue Definition der Erbfähigkeit	12–15
	2. Wie bisher: Erbanfall als Beurteilungszeitpunkt	16
	3. Nachträglicher Wegfall der Erbfähigkeit	17–18
	a) Rückwirkende Anfallsverhinderung	17–18
	b) Kritik an der Neuregelung	19–21
	4. Inkrafttreten und Rückwirkung der §§ 538 ff nF	22

I. Einleitung

1 § 538 regelt die „Fähigkeit zu erben". Die §§ 545, 546 sehen wiederum vor, in welchem Zeitpunkt die „Erbfähigkeit" vorliegen muss, damit der Erbe auch tatsächlich erbt. Die §§ 538 ff, 545, 546 gelten nicht nur für den Erwerb eines Erbrechts, sondern nach § 647 auch für den Erwerb eines Vermächtnisses.[1] Sie sind aber auch dann anzuwenden, wenn sich ein Noterbe auf den Pflichtteilsanspruch stützt. Dies ergibt sich bereits daraus, dass nach § 767 jemand, der nach dem achten Hauptstück – darin befinden sich die §§ 538 ff, 545, 546 – vom Erbrecht ausgeschlossen ist, keinen Pflichtteil beanspruchen kann.[2] Fehlt es an der Erbfähigkeit, kann das jeweilige Recht nicht anfallen, sodass die Nächstberufenen zum Zug kommen.[3]

---

[1] Vgl *Zeiller*, Commentar II/2, 581; *Winiwarter*, Bürgerliches Recht[2] III 32; *Eccher* in Schwimann/Kodek[4] III § 538 Rz 5. So jedenfalls im Ergebnis auch *Likar-Peer* in Ferrari/Likar-Peer, Erbrecht 282; *Apathy* in KBB[4] § 538 Rz 1; *Welser* in Rummel/Lukas[4] § 538 Rz 1.

[2] Vgl *Zeiller*, Commentar II/2, 774; *Eccher* in Schwimann/Kodek[4] III § 538 Rz 5. So jedenfalls im Ergebnis auch *Likar-Peer* in Ferrari/Likar-Peer, Erbrecht 282; *Apathy* in KBB[4] § 538 Rz 1; *Welser* in Rummel/Lukas[4] § 538 Rz 1; *Werkusch-Christ* in Kletečka/Schauer, ABGB-ON 1.03 § 538 Rz 1; *Koziol/Welser/Zöchling-Jud*[14] II Rz 1884.

[3] S dazu *Likar-Peer* in diesem Band § 540 Rz 46 ff.

II. Erbanfall als Beurteilungszeitpunkt

Rein theoretisch könnte man für das Vorliegen der Erbfähigkeit zwischen dem Zeitpunkt (1) der Einsetzung, (2) des Todes, (3) des Antritts der Erbschaft und (4) des Bedingungseintritts bei bedingter Einsetzung differenzieren.[4] In Abkehr zum gemeinen Recht, das auf die Erbfähigkeit in allen diesen Zeitpunkten abstellte,[5] wurde in § 545 festgesetzt, dass die „Erbfähigkeit nur nach dem Zeitpuncte des wirklichen Erbanfalles bestimmt werden [kann]. Dieser Zeitpunct ist in der Regel der Tod des Erblassers (§ 703)."[6]

Die „Erbfähigkeit" muss (so auch wörtlich § 545) nur im Zeitpunkt des wirklichen Erbanfalles vorliegen. Der Wegfall der Erbfähigkeit nach dem Erbanfall – selbst vor Antritt der Erbschaft – schadet daher ebenso wenig,[7] wie das Fehlen davor, also insbesondere im Zeitpunkt der Testamentserrichtung bei letztwilliger Einsetzung. Die nur erhofften, als Erben bestimmten Enkel erben daher, wenn sie beim Erbanfall existieren und erbfähig sind.[8] Umgekehrt nützt es nicht, wenn die Erbfähigkeit vor und/oder nach dem Erbanfall vorliegt, wenn sie gerade im Zeitpunkt des Erbanfalles nicht gegeben ist. Dass eine später erlangte Erbfähigkeit nicht zum Erwerb führt, ergibt sich zwar bereits – e contrario – aus § 545, wird aber in § 546 nochmals explizit klargestellt. Um ein zur Zeit des Inkrafttretens des ABGB relevantes Beispiel zu nennen: War ein eingesetzter oder gesetzlicher Erbe im Zeitpunkt des Erbanfalles einem Orden beigetreten und deswegen erbunfähig, so kann er nicht von Todes wegen erwerben, selbst dann nicht, wenn er erst einen Tag vor dem Erbanfall in den Orden eingetreten ist und einen Tag nach dem Erbanfall wieder austritt.[9]

III. „Erbfähigkeit" iSd §§ 545, 546

Die §§ 545, 546 ordnen an, dass die „Erbfähigkeit" im Zeitpunkt des Erbanfalles zu beurteilen ist. Was ist aber unter den Begriff „Erbfähigkeit" in den

---

[4] So *Zeiller*, Commentar II/2, 403. Vgl auch *Nippel*, Bürgerliches Gesetzbuch IV 44, der Tod und Bedingungseintritt zum Erbanfall zusammenfasst und daher drei Zeitpunkte kennt.

[5] Vgl *Zeiller*, Commentar II/2, 403; *Nippel*, Bürgerliches Gesetzbuch IV 44; *Weiß* in Klang² III 117 f; *Kralik*, Erbrecht 41 f.

[6] Zum Erbanfall insbesondere bei der Ersatz- und Nacherbschaft und zum Verhältnis zwischen § 703 und § 615 Abs 2 s *Faistenberger* in FS Herdlitzcka 77 ff; *Eccher* in Schwimann/Kodek⁴ III § 615 Rz 4; *Welser* in Rummel/Lukas⁴ § 615 Rz 1 ff jeweils mwN.

[7] Vgl *Zeiller*, Commentar II/2, 404; *Nippel*, Bürgerliches Gesetzbuch IV 45; *Till*, Prawo prywatne austryackie VI 33 (zitiert nach *Zoll*, GZ 1907/52, 412); *Stubenrauch/Wehli*, Commentar⁸ I 750 f; *Krasnopolski/Kafka*, Erbrecht 13; *Ehrenzweig*, System II/2², 375; *Welser* in Rummel/Lukas⁴ §§ 545, 546 Rz 1; so offenbar auch *Ellinger*, Civilrecht⁷ 263; aA *Unger*, Erbrecht⁴ 25; *Kirchstetter/Maitisch*, Commentar⁵ 311; *Pfaff/Hofmann*, Commentar II/1, 30; *Anders*, Erbrecht² 7. S dazu auch *Steinlechner*, Schwebendes Erbrecht I 347 ff (dazu *Pfaff*, GZ 1898/2, 10 [FN 8]); *Weiß* in Klang² III 118 f.

[8] OGH 7.5.1872, 1872/4769, GlU 4601 = GZ 1872/54. Vgl auch *Welser* in Rummel/Lukas⁴ §§ 545, 546 Rz 1; s dazu auch *Pfaff/Hofmann*, Commentar II/1, 30 (FN 3a).

[9] Vgl dazu auch *Lakner*, Testamente² 8; *Michel*, Handbuch II 104; *Füger*, Erbrecht I 7; *Pfaff/Hofmann*, Commentar II/1, 23; *Ehrenzweig*, System II/2², 370; *Kletečka*, NZ 1999, 283 ff. S dazu auch *Kogler*, Erbverzicht 66 f mit weiteren zurzeit des Inkrafttretens des ABGB praxisrelevanten Fällen.

§§ 545, 546 zu subsumieren? Denn nur dafür kann die Zeitpunkt-Regelung der §§ 545, 546 gelten.

1. Herrschende Ansicht

5   Nach hA ist die Erbfähigkeit die erbrechtliche Erwerbsfähigkeit, die sich mit der Rechtsfähigkeit deckt. Jedes Rechtssubjekt – selbst ein Ungeborener (§ 22) oder eine juristische Person (sowie eine Personengesellschaft des UGB) – ist somit grundsätzlich erbfähig iS von erbrechtlich erwerbsfähig.[10] Was den Verlust der Erbfähigkeit betrifft, sei zwischen absoluter und relativer Erbunfähigkeit zu differenzieren: Absolut erbunfähige Personen können aus niemandes Nachlass etwas erben.[11] Hierher gehören (aus heutiger Sicht zumindest theoretisch) die Entsagung der Erwerbsfähigkeit (§ 538), die Erbunfähigkeit von Ordensleuten (§ 539),[12] von Ausländern über das Retorsionsrecht nach § 33[13] oder von Auswanderern und Fahnenflüchtigen (§ 544).[14] Relativ erbunfähige Personen sind hingegen von der Erbschaft nach bestimmten Personen ausgeschlossen.[15] Relative Erbunfähigkeit wird durch Erbunwürdigkeit nach den §§ 540–542 begründet.[16] Der Erbverzicht führe hingegen nicht zur Erbun-

---

[10] Vgl *Zeiller*, Commentar II/2, 393; *Füger*, Erbrecht I 6; *Eccher* in Schwimann/Kodek[4] III § 538 Rz 1; *Apathy* in KBB[4] §§ 538, 539 Rz 1; *Welser* in Rummel/Lukas[4] § 538 Rz 1; *Werkusch-Christ* in Kletečka/Schauer, ABGB-ON 1.03 § 538 Rz 2.

[11] Vgl dazu *Kralik*, Erbrecht 34; *Likar-Peer* in Ferrari/Likar-Peer, Erbrecht 283 f; *Eccher* in Schwimann/Kodek[4] III § 538 Rz 2; *Apathy* in KBB[4] § 538 Rz 2; *Welser* in Rummel/Lukas[4] § 538 Rz 2; *Werkusch-Christ* in Kletečka/Schauer, ABGB-ON 1.03 § 538 Rz 2; *Koziol/Welser/Zöchling-Jud*[14] II Rz 1886.

[12] Vgl dazu *Michel*, Handbuch II 104; *Krasnopolski/Kafka*, Erbrecht 15; *Kralik*, Erbrecht 34; *Kletečka*, NZ 1999, 283 ff; *Eccher* in Schwimann/Kodek[4] III § 538 Rz 2; *Apathy* in KBB[4] § 538 Rz 2; *Welser* in Rummel/Lukas[4] § 538 Rz 4; *Kalb* in diesem Band §§ 538, 539; vgl auch *Kirchstetter/Maitisch*, Commentar[5] 312.

[13] S dazu *Michel*, Handbuch II 103; *Pfaff/Hofmann*, Commentar II/1, 24; *Kirchstetter/Maitisch*, Commentar[5] 312; *Krasnopolski/Kafka*, Erbrecht 17; *Ehrenzweig*, System II/2[2], 370; *Gschnitzer*, Erbrecht 8; *Gschnitzer/Faistenberger*, Erbrecht[2] 11; *Kralik*, Erbrecht 35; *Likar-Peer* in Ferrari/Likar-Peer, Erbrecht 284; *Eccher* in Schwimann/Kodek[4] III § 538 Rz 2; *Welser* in Rummel/Lukas[4] § 538 Rz 6; *Werkusch-Christ* in Kletečka/Schauer, ABGB-ON 1.03 § 538 Rz 2; *Koziol/Welser/Zöchling-Jud*[14] II Rz 1888.

[14] Vgl *Winiwarter*, Bürgerliches Recht[2] III 31 f; *Michel*, Handbuch II 116; *Ellinger*, Civilrecht[7] 262 f; *Pfaff/Hofmann*, Commentar II/1, 23 f; *Winiwarter*, Bürgerliches Recht[2] III 36 f; *Krasnopolski/Kafka*, Erbrecht 16; *Gschnitzer*, Erbrecht 8; *Gschnitzer/Faistenberger*, Erbrecht[2] 11; *Eccher* in Schwimann/Kodek[4] III § 544 Rz 1; *Likar-Peer* in diesem Band § 544.

[15] Vgl *Ehrenzweig*, System II/2[2], 370 f; *Kralik*, Erbrecht 34; *Likar-Peer* in Ferrari/Likar-Peer, Erbrecht 283 ff; *Eccher* in Schwimann/Kodek[4] III § 538 Rz 3; *Welser* in Rummel/Lukas[4] § 538 Rz 2; *Apathy* in KBB[4] § 538 Rz 3; *Welser* in Rummel/Lukas[4] § 538 Rz 2; *Werkusch-Christ* in Kletečka/Schauer, ABGB-ON 1.03 § 538 Rz 2; *Koziol/Welser/Zöchling-Jud*[14] II Rz 1886.

[16] Vgl *Kirchstetter/Maitisch*, Commentar[5] 313; *Ehrenzweig*, System II/2[2], 371; *Likar-Peer* in Ferrari/Likar-Peer, Erbrecht 283 ff; *Eccher* in Schwimann/Kodek[4] III § 538 Rz 3; *Apathy* in KBB[4] § 538 Rz 3; *Welser* in Rummel/Lukas[4] § 538 Rz 2; *Koziol/Welser/Zöchling-Jud*[14] II Rz 1886. Auch die (durch BGBl 2009/75 aufgehobene) Inkapazität nach § 543 wurde hierher gezählt; vgl *Likar-Peer* in Ferrari/Likar-Peer, Erbrecht 283, 295 ff; *Likar-Peer* in diesem Band § 543. Nach *Kralik*, Erbrecht 34 ff bildete diese neben der absoluten und relativen Erbunfähigkeit eine eigene Kategorie.

fähigkeit – also nicht dazu, dass der Verzichtende erbrechtlich erwerbsunfähig wird –, sondern verhindere lediglich den Anfall.[17]

Die hA kennt also die Erbfähigkeit und auf der negativen Seite folgende **6** Dreiteilung: absolute und relative Erbunfähigkeit sowie die Anfallsverhinderung. Ausgehend von dieser Terminologie subsumiert die hA die Erbfähigkeit sowie die absolute und relative Erbunfähigkeit unter die in den §§ 545, 546 genannte „Erbfähigkeit". Für den Erbverzicht spielen die §§ 545, 546 hingegen keine Rolle, verhindere dieser doch nur den Anfall. Die hA muss aber mit folgendem Widerspruch im Gesetz kämpfen: Jedenfalls § 542 kennt Erbunwürdigkeitsgründe, die auch nach dem Erbanfall gesetzt werden können,[18] nach § 545 kommt es aber für die Erbunfähigkeit auf den Erbanfall an. Gelöst wird dies – zumindest faktisch – durch teleologische Reduktion des § 545.[19]

2. Eigene Ansicht

Die historische Interpretation ergibt, dass die Erbunwürdigkeit nichts mit der **7** Erbfähigkeit zu tun hat. So hat bereits *Zeiller* stets zwischen Erbfähigkeit (erbrechtlicher Erwerbsfähigkeit) und Erbunwürdigkeit differenziert und nicht das eine dem anderen unterstellt.[20] Dafür spricht aber auch ganz klar die wörtlich-systematische Interpretation. Denn nach den §§ 545, 546 muss die Erbfähigkeit im Zeitpunkt des Erbanfalls vorliegen, obwohl sämtliche Erbunwürdigkeitsgründe auf eine Handlung Bezug nehmen, die zum Verlust des Erbrechts führt. Warum sollte die Erbunwürdigkeit – wenn und weil bereits die Handlung zum Verlust führen soll – dann „nochmals" für den Zeitpunkt des Erbanfalls beurteilt werden? Gerade aus § 542 muss (entgegen der hA) der Schluss gezogen werden, dass die Erbunwürdigkeit kein Teilbereich der Erbfähigkeit ist, und nicht nur, dass § 545 bei Erbunwürdigkeitsgründen, die nach dem Erbanfall gesetzt werden, nicht gilt.[21] Nicht nachvollziehbar erscheint die hA gerade dann, wenn man diese abstrahiert: Wurde der Erbunwürdigkeitsgrund nach dem Erbanfall gesetzt,

---

[17] *Meissels*, GrünhutsZ XIX 42; *Pfaff/Hofmann*, Excurse II/1, 36; *Krasnopolski/Kafka*, Erbrecht 27; *Ehrenzweig*, System II/2², 379; *Weiß* in Klang² III 198; *Kralik*, Erbrecht 46; *Likar-Peer* in Ferrari/Likar-Peer, Erbrecht 303 f; *Eccher* in Schwimann/Kodek⁴ III § 538 Rz 6; *Apathy* in KBB⁴ § 551 Rz 2; *Welser* in Rummel/Lukas⁴ § 551 Rz 5; *Werkusch-Christ* in Kletečka/Schauer, ABGB-ON 1.03 § 538 Rz 2; § 551 Rz 3; *Koziol/Welser/Zöchling-Jud*¹⁴ II Rz 1906; vgl auch *Kletečka*, Ersatz- und Nacherbschaft 45; *dens*, NZ 1999, 284; RIS-Justiz RS0012321; s dazu auch *Kogler* in diesem Band § 551 Rz 17 ff.

[18] S dazu insbesondere *Jud*, NZ 2006/13, 70 ff. Vgl auch *Likar-Peer* in Ferrari/Likar-Peer, Erbrecht 289 ff; *Eccher* in Schwimann/Kodek⁴ III § 542 Rz 5; *Apathy* in KBB⁴ § 542 Rz 1; *Welser* in Rummel/Lukas⁴ § 542 Rz 4; OGH 1.12.1908, Rv I 626/8, GlUNF 4407 = ZBl 1910, 332; RIS-Justiz RS0012273 (T2).

[19] Vgl *Kralik*, Erbrecht 42; *Jud*, NZ 2006/13, 75; *Likar-Peer* in Ferrari/Likar-Peer, Erbrecht 292; *Eccher* in Schwimann/Kodek⁴ III § 538 Rz 4, *Welser* in Rummel/Lukas⁴ § 542 Rz 4; *Werkusch-Christ* in Kletečka/Schauer, ABGB-ON 1.03 § 542 Rz 2, § 545 Rz 1; *Koziol/Welser/Zöchling-Jud*¹⁴ II Rz 1895; vgl auch *Apathy* in KBB⁴ § 545, 546 Rz 1. Dies hätte auch für die (nunmehr aufgehobene) Inkapazität nach § 543 aF gegolten; vgl *Kogler*, Erbverzicht 65 ff.

[20] Vgl *Zeiller*, Commentar II/2, 394, III, 637 und 640; s dazu auch *Kogler*, Erbverzicht 65 f; vgl auch *Anders*, Erbrecht² 7 f; *Kogler*, Erbverzicht 64 ff; OGH 1.12.1908, Rv I 626/8, GlUNF 4407 = ZBl 1910, 332.

[21] Vgl *Kogler*, Erbverzicht 64 ff.

kommt § 545 nicht zur Anwendung. Das (Nicht-)Vorliegen von Erbunwürdigkeitsgründen muss daher nur dann im Zeitpunkt des Erbanfalles beurteilt werden, wenn der Erbunwürdigkeitsgrund ohnehin vor dem Erbanfall verwirklicht wurde! Die Erbunwürdigkeit nach der hA ist insofern zweigeteilt: Ein Erbunwürdigkeitsgrund nach dem Erbanfall führt für sich allein bereits zur Verhinderung des Anfalls, während ein Erbunwürdigkeitsgrund vor Anfall zur Erbunfähigkeit führt, die im Zeitpunkt des Erbanfalles nicht gegeben ist.

8   Aus diesen Gründen ist davon auszugehen, dass die „Erbfähigkeit" iSd §§ 545, 546 nur auf die erbrechtliche Erwerbsfähigkeit (Rechtsfähigkeit) Bezug nimmt, also nach der Terminologie der hA auf die Erbfähigkeit und die absolute Erbunfähigkeit.[22] Der Erbverzicht iSd § 551 und die Erbunwürdigkeit nach den §§ 540–542 haben hingegen mit einer persönlichen Fähigkeit zu erben und damit mit einem Teilaspekt der Rechtsfähigkeit nichts zu tun und führen jeweils – trotz Vorliegens der erbrechtlichen Erwerbsfähigkeit (Rechtsfähigkeit) – nur zur Anfallsverhinderung. Die hier vertretene Ansicht deckt sich im Ergebnis mit der hA, weil der Erbverzicht iSd § 551 und die Erbunwürdigkeit nach den §§ 540–542 – zeitpunktunabhängig – zum Verlust des Erbrechts führen. Nach der hier vertretenen Ansicht erfolgt dieser Verlust aber nicht „über" die erbrechtliche Erwerbsfähigkeit (Rechtsfähigkeit), sodass es auch keiner teleologischen Reduktion des § 545 bedarf. Ein anderer dogmatischer Unterschied besteht in den Arten des Verlusts eines Erbrechts. Die hA kennt nämlich „auf der negativen Seite": die absolute Erbunfähigkeit, die relative Erbunfähigkeit und die Anfallsverhinderung. Wo der Unterschied zwischen einer Anfallsverhinderung und der relativen Erbunfähigkeit liegen soll, wurde von der hA noch nicht dargelegt.[23] Nach der hier vertretenen Ansicht gibt es hingegen nur eine Zweiteilung:[24] (absolute) Erbunfähigkeit – also das Nicht-Vorliegen der erbrechtlichen Erwerbsfähigkeit (Rechtsfähigkeit) – und die Anfallsverhinderung.

9   Folgt man der hier vertretenen Ansicht, muss also der Erbe nach den §§ 545, 546 im Zeitpunkt des Erbanfalles rechtsfähig sein und darf nicht durch generelle Entsagung der Erwerbsfähigkeit (§ 538), wegen Eintritts in einen Orden (§ 539), über das Retorsionsrecht nach § 33 oder wegen Auswanderung oder Fahnenflucht (§ 544) von der erbrechtlichen Erwerbsfähigkeit (Rechtsfähigkeit) ausgeschlossen sein. Nicht mehr und nicht weniger ist unter „Erbfähigkeit" iSd §§ 545, 546 zu subsumieren und nach dem Zeitpunkt des Erbanfalles zu beurteilen. Zuzugeben ist zwar, dass die Praxisrelevanz dieser Ausschlussgründe quasi nicht mehr existiert, doch dies führt nicht zu einem anderen Auslegungsergebnis des Begriffs „Erbfähigkeit" in den §§ 545, 546.[25]

---

[22] Vgl *Kogler*, Erbverzicht 64 ff mwN. Vgl insbesondere bereits *Zeiller*, Commentar II/2, 394, III 637, 640; *Anders*, Erbrecht[2] 7 f; OGH 1.12.1908, Rv I 626/8, GlUNF 4407 = ZBl 1910, 332.

[23] S dazu auch *Likar-Peer* in diesem Band § 540 Rz 46.

[24] Eine Zweiteilung würde auch dann vorliegen, wenn man den Erbverzicht iSd § 551 und die Erbunwürdigkeit nach den §§ 540–542 als „relative Erbunfähigkeit" (oder unter irgendeinen anderen Begriff) zusammenfasst. Doch der bereits existente Begriff „Anfallsverhinderung" passt insofern besser, als er die Wirkung besser beschreibt und klarer von einer persönlichen Fähigkeit abgrenzt. S dazu auch *Kogler*, Erbverzicht 65.

[25] Vgl *Kogler*, Erbverzicht 67.

IV. Internationales Privatrecht

Nach Art 23 Abs 1 EuErbVO unterliegt dem nach Art 21 und Art 22 EuErbVO anwendbaren Recht die „gesamte Rechtsnachfolge von Todes wegen". Dazu gehört nach Art 23 Abs 2 „insbesondere" die Erbfähigkeit (lit c) und auch die Erbunwürdigkeit (lit d). **10**

Die Erbfähigkeit iSd Art 23 Abs 2 lit c EuErbVO ist weit zu verstehen und umfasst nicht nur die Fähigkeit, Erbe zu werden, sondern auch Begünstigter einer Zuwendung oder Pflichtteilsberechtigter zu sein.[26] Dem entspricht die Erbfähigkeit nach österreichischem Verständnis; ihr Gegenstück ist die nach hM sog absolute Erbunfähigkeit.[27] Aufgrund der gesonderten Anführung der Erbunwürdigkeit in Art 23 Abs 2 lit d EuErbVO ergibt sich, dass die Erbunwürdigkeit nach der EuErbVO nicht zur Erbfähigkeit gehört.[28] Dies mag aus österreichischer Sicht befremdlich wirken – wie oben ausgeführt, entspricht es der hA in Österreich, dass die Erbunwürdigkeit zur Erbunfähigkeit führt –, schadet aber im Ergebnis nicht, weil sowohl die Erbfähigkeit als auch die Erbunwürdigkeit von Art 23 erfasst sind.[29] Kommt daher nach den Art 21 und 22 EuErbVO auf die Rechtsnachfolge von Todes wegen österreichisches Recht zur Anwendung, sind die §§ 538 ff und damit auch die §§ 545, 546 anzuwenden.[30] **11**

V. Änderungen durch das ErbRÄG 2015

1. Neue Definition der Erbfähigkeit

Nach § 538 nF wird die Erbfähigkeit neu definiert, und zwar wie folgt: „Erbfähig ist, wer rechtsfähig und erbwürdig ist". Die Erbfähigkeit setzt sich also aus zwei Elementen zusammen, nämlich der Erbwürdigkeit und der Rechtsfähigkeit.[31] **12**

Die Erbwürdigkeit ergibt sich aus dem Nicht-Vorliegen eines Erbunwürdigkeitsgrundes.[32] Die Erbunwürdigkeitsgründe finden sich in den §§ 539, 540 und 541.[33] Die Rechtsfähigkeit richtet sich nach allgemeinen Grundsätzen, sodass also auch nach neuem Recht jedes Rechtssubjekt grundsätzlich erbfähig ist, also auch der nasciturus (§ 22) und juristische Personen (sowie die Perso- **13**

---

[26] *Dutta* in MüKoBGB[6] Art 23 EuErbVO Rz 18; s dazu auch *Rudolf/Zöchling-Jud/Kogler* in Rechberger/Zöchling-Jud, EU-Erbrechtsverordnung 149 f; *Mankowski* in Deixler-Hübner/Schauer, EuErbVO Art 23 Rz 29.

[27] Vgl *Rudolf/Zöchling-Jud/Kogler* in Rechberger/Zöchling-Jud, EU-Erbrechtsverordnung 150.

[28] Vgl *Rudolf/Zöchling-Jud/Kogler* in Rechberger/Zöchling-Jud, EU-Erbrechtsverordnung 150; *Mankowski* in Deixler-Hübner/Schauer, EuErbVO Art 23 Rz 33.

[29] Vgl *Rudolf/Zöchling-Jud/Kogler* in Rechberger/Zöchling-Jud, EU-Erbrechtsverordnung 150; s dazu auch *Mankowski* in Deixler-Hübner/Schauer, EuErbVO Art 23 Rz 36.

[30] Vgl auch *Mankowski* in Deixler-Hübner/Schauer, EuErbVO Art 23 Rz 29.

[31] S dazu auch *Kathrein*, EF-Z 2016/2, 10.

[32] Vgl auch *Kathrein*, EF-Z 2016/2, 10.

[33] Zu den Begriffen der absoluten und relativen Erbunwürdigkeit s EB RV 688 BlgNR 25. GP 5; *Pesendorfer*, iFamZ 2015, 231; *Mondel* in Deixler-Hübner/Schauer, Erbrecht 52; *Kathrein*, EF-Z 2016/2, 10; *Christandl/Nemeth*, NZ 2016/1, 6.

nengesellschaften des UGB).³⁴ Die erbrechtliche Erwerbsfähigkeit (Rechtsfähigkeit) kann aber – zumindest theoretisch – nach dem Retorsionsrecht (§ 33) bei Ausländern nicht gegeben sein.³⁵

14 Damit ist die Erbfähigkeit voll abgesteckt; weitere Gründe, die zur Erbunfähigkeit führen, gibt es nicht. Dass der Erbverzicht iSd § 551 nach dem ErbRÄG 2015 im Bereich der Erbfähigkeit nicht mehr auftaucht, wird in den Materialien damit begründet, dass dieser nach altem Recht nicht zur Erbunfähigkeit führt, sondern nur einen Berufungsgrund beseitigt.³⁶ Da es keine Bestimmungen mehr gibt, die die Erbfähigkeit von kirchlichen juristischen Personen und die Erwerbsfähigkeit von Ordensleuten beschränken, wurde die „Entsagung überhaupt" in § 538 aus dem alten Recht nicht übernommen und § 539 ersatzlos aufgehoben.³⁷ Auch die Verweisungsnorm hinsichtlich der Erbunfähigkeit von Fahnenflüchtigen und Auswanderern „auf die politischen Verordnungen" wurde mangels Existenz solcher Vorschriften aufgehoben.³⁸

15 Zusammengefasst gilt daher folgendes: Jede rechtsfähige Person, die keinen Erbunwürdigkeitsgrund gesetzt hat, ist erbfähig iSd § 538. Die Rechtsfähigkeit richtet sich nach den allgemeinen Regeln, sodass – wie immer – das Retorsionsrecht nach § 33 die Rechtsfähigkeit von Ausländern ausschließen kann. Jedenfalls nach dem ErbRÄG 2015 kann man sich nicht mehr selber (durch „Entsagung überhaupt") rechts- und erbrechtlich erwerbsunfähig machen.³⁹

2. Wie bisher: Erbanfall als Beurteilungszeitpunkt

16 Erbwürdigkeit und Rechtsfähigkeit bilden in Summe nach der Definition in § 538 nF die Erbfähigkeit. Nach § 543 Abs 1 nF muss diese Erbfähigkeit – wie nach altem Recht – im Zeitpunkt des Erbanfalles gegeben sein; eine später

---

34 Vgl (zum insofern unveränderten alten Recht) *Zeiller*, Commentar II/2, 393; *Füger*, Erbrecht I 6; *Eccher* in Schwimann/Kodek⁴ III § 538 Rz 1; *Apathy* in KBB⁴ §§ 538, 539 Rz 1; *Welser* in Rummel/Lukas⁴ §538 Rz 1; *Werkusch-Christ* in Kletečka/Schauer, ABGB-ON 1.03 § 538 Rz 2; s auch *Pesendorfer* in Barth/Pesendorfer, Erbrecht 20.

35 Vgl auch *Schauer ua*, Stellungnahme 25/SN-100/ME 25. GP 7; *Zöchling-Jud* in Rabl/Zöchling-Jud, Das neue Erbrecht 84. *Pesendorfer* in Barth/Pesendorfer, Erbrecht 20. Die Kritik von *Schauer ua*, Stellungnahme 25/SN-100/ME 25. GP 7, dass ein Hinweis auf die absolute Erbunfähigkeit weiter geboten scheine, ist insofern nicht nachvollziehbar, als § 33 generell gilt und über die Gleichstellung von Fremden und Staatsbürgern entscheidet. Zudem wurde auch bisher in § 538 nicht auf § 33 verwiesen, was – soweit ersichtlich – nicht kritisiert wurde.

36 Vgl EB RV 688 BlgNR 25. GP 4. Dies ist aber insofern unsauber, als der Erbverzicht nicht immer einen Berufungsgrund als solches beseitigt. So gibt es keinen Verzicht auf den Berufungsgrund „letztwilliges Erbrecht"; vgl *Kogler*, Erbverzicht 36 ff mwN.

37 Vgl EB RV 688 BlgNR 25. GP 4; s dazu auch *Pesendorfer*, iFamZ 2015, 231; ders in Barth/Pesendorfer, Erbrecht 20 f.

38 Vgl EB RV 688 BlgNR 25. GP 6.

39 AA offenbar *Schauer ua*, Stellungnahme 25/SN-100/ME 25. GP 7, die – wie *Kralik*, Erbrecht 35; *Eccher* in Schwimann/Kodek⁴ III § 538 Rz 2; *Werkusch-Christ* in Kletečka/Schauer, ABGB-ON 1.03 § 538 Rz 2 und *Kalb* in diesem Band § 538 Rz 2 zum alten Recht – einen statutenmäßigen Ausschluss der Erbfähigkeit von juristischen Personen annehmen. Dagegen aber (keine Beschränkung der Rechtsfähigkeit in Statuten) *Schauer* in Kletečka/Schauer, ABGB-ON 1.01 § 26 Rz 20; *Aicher* in Rummel/Lukas⁴ § 26 Rz 31.

erlangte Erbfähigkeit ist unbeachtlich. § 543 Abs 1 nF vereint insofern die bisherigen §§ 545, 546.[40]

3. Nachträglicher Wegfall der Erbfähigkeit

a) Rückwirkende Anfallsverhinderung

Nach der Grundregel in § 543 Abs 1 nF soll also die Erbfähigkeit immer im Zeitpunkt des Erbanfalles beurteilt werden. § 543 Abs 2 sieht aber vor, dass jemand, der „nach dem Erbanfall eine gerichtlich strafbare Handlung gegen die Verlassenschaft im Sinn des § 539 begeht oder die Verwirklichung des wahren letzten Willens des Verstorbenen vereitelt oder zu vereiteln versucht (§ 540), nachträglich seine Erbfähigkeit [verliert]."[41] 17

Diese Regelung ist sprachlich missglückt: Ein „nachträglicher" Verlust der Erbfähigkeit nach dem Erbanfall wäre nämlich an sich unschädlich, muss diese doch nach § 543 Abs 1 nF nur im Erbanfall vorliegen. Aus der Entstehungsgeschichte[42] ergibt sich aber ganz klar, dass § 543 Abs 2 nF vielmehr so zu verstehen ist, dass der Erbe „nachträglich" im Zeitpunkt des Erbanfalles als nicht erbfähig zu gelten hat. Es geht also um eine Rückwirkung: Obwohl der Erbe im Zeitpunkt des Erbanfalles tatsächlich erbfähig war, wird seine Erbunfähigkeit in diesem Zeitpunkt fingiert. Bei den erfassten Erbunwürdigkeitsgründen nach dem Tod wird also der Erbe (rückwirkend) im Erbanfall erbunfähig und damit der Anfall (rückwirkend) verhindert. 18

b) Kritik an der Neuregelung

§ 543 Abs 2 nF sieht also für Erbunwürdigkeitsgründe, die nach dem Erbanfall verwirklicht werden, eine Rückwirkung vor:[43] Obwohl der Erbunwürdige im Zeitpunkt des Erbanfalles erbwürdig war, gilt er in diesem Zeitpunkt als erbunfähig. Im Bereich der Erbunwürdigkeit kommt es daher nur dann auf den Erbanfall an, wenn der Erbunwürdigkeitsgrund ohnehin bereits vor dem Erbanfall verwirklicht werden musste. Dies hat folgende Konsequenz: Die Erbfähigkeit besteht nach § 538 nF 19

---

[40] Vgl EB RV 688 BlgNR 25. GP 6; vgl auch *Zöchling-Jud* in Rabl/Zöchling-Jud, Das neue Erbrecht 87.

[41] *Zöchling-Jud* geht davon aus, dass der Gesetzgeber in § 543 Abs 2 offenbar übersehen hat, auch Delikte gegen nahe Angehörige (§ 541 Z 1 nF) nach dem Tod des Verstorbenen aufzunehmen; vgl aber *Pesendorfer* in Barth/Pesendorfer, Erbrecht 20. S dazu auch *Likar-Peer* in diesem Band § 540 Rz 73. Ihre Kritik (FN 428) ist aber insofern nicht nachvollziehbar, als diese nur den Erwerb des Erbteils des Ermordeten vor Augen hat. Doch es geht hier um die „bereits bestehenden" Zuwendungen an den Mörder und nicht darum, ob seine Tat zum gewünschten Erfolg führt: Die Kinder A und B erben (gesetzlich oder testamentarisch) je zur Hälfte. Soll A tatsächlich auch seine Hälfte behalten dürfen, wenn er den Bruder B ermordet (um den ganzen Nachlass zu bekommen, auch wenn dies ohnehin nicht möglich gewesen wäre)? Auch bei der Erbunwürdigkeit nach § 542 (nunmehr § 540 nF) genügt der Versuch.

[42] Vgl § 543 idF des Ministerialentwurfs (100/ME 25. GP); EB 100/ME 25. GP 6; OGH, Stellungnahme, 32/SN-100/ME 25. GP 3.

[43] Dies gilt unabhängig davon, ob der Gesetzgeber in § 543 Abs 2 nF Delikte gegen nahe Angehörige iSd § 541 Z 1 nF nach dem Tod des Verstorbenen übersehen hat. Würde es für diese nämlich keine Rückwirkung geben, dann würden sie nicht zum Verlust des Erbrechts führen.

nur aus der Erbwürdigkeit und der Rechtsfähigkeit, auf eines dieser beiden Elemente kommt § 543 nF aber faktisch gar nicht zur Anwendung! Insofern ist nicht nachvollziehbar, warum der Gesetzgeber des ErbRÄG 2015 nicht den viel einfacheren und sauberen Weg eingeschlagen und nur auf das Vorliegen der Rechtsfähigkeit im Erbanfall abgestellt hat? Denn um mehr kann es nicht mehr gehen, wenn er die generelle Entsagung der Erwerbsfähigkeit (§ 538) sowie die Erbunfähigkeit von Ordensleuten (§ 539), Fahnenflüchtigen und Auswanderern (§ 544) als gegenstandslos und nicht mehr zeitgemäß aus dem ABGB eliminiert.[44]

20   Außerdem ist nicht klar, warum Erbverzicht iSd § 551 und Erbunwürdigkeit iSd §§ 539, 540 und 541 nF verschieden behandelt werden, führen doch beide zum Nicht-Anfall: Erbunwürdigkeit bewirkt „Erbunfähigkeit", der Erbverzicht „beseitigt nur einen Berufungsgrund".[45] Doch verhindert der Wegfall des Berufungsgrunds nicht auch den Anfall oder fällt umgekehrt der Berufungsgrund bei Erbunfähigkeit nicht weg? Materiell sind keine Unterschiede feststellbar, was die gesetzliche Verschiedenbehandlung als unnötigen Formalismus und reine Begrifflichkeit erscheinen lässt. Hinzu kommt, dass die (unnötige) Vermengung von Erbunwürdigkeit und Erbfähigkeit nicht der Terminologie und Systematik der EuErbVO entspricht.[46]

21   Abgesehen von der Änderung und Erweiterung der Erbunwürdigkeitsgründe bringt das ErbRÄG 2015 aber – für den hier vorliegenden Bereich – im Ergebnis keine Änderung gegenüber dem alten Recht mit sich: Bei Erbverzicht und Erbunwürdigkeit kommt es (quasi) nicht auf den Erbanfall an; nur die erbrechtliche Erwerbsfähigkeit (Rechtsfähigkeit) muss im Zeitpunkt des Erbanfalles vorliegen.

4. Inkrafttreten und Rückwirkung der §§ 538 ff nF

22   Nach § 1503 Abs 7 Z 1 treten die §§ 538–543 nF mit 1. 1. 2017 in Kraft. Ihre Anwendbarkeit richtet sich nach der Grundregel des § 1503 Abs 7 Z 2.[47] Die §§ 538–543 nF sind also dann anzuwenden, wenn der Verstorbene nach dem 31. 12. 2016 verstirbt. Bei Tod des Verstorbenen danach ist also nach § 543 nF der Beurteilungszeitpunkt für die Erbfähigkeit – also für die Rechtsfähigkeit und das (Nicht-)Vorliegen von Erbunwürdigkeitsgründen – grundsätzlich der Erbanfall. Aber auch die §§ 539 ff nF sind anzuwenden, sodass es keine Rolle spielt, ob der Erbunwürdigkeitsgrund vor oder nach Inkrafttreten des ErbRÄG 2015 verwirklicht wurde. Insofern kommt es für „neue" Erbunwürdigkeitsgründe (die vor dem Tod des Verstorbenen gesetzt werden) zu einer Rückwirkung.[48]

---

[44] Vgl EB RV 688 BlgNR 25. GP 4, 6.
[45] Vgl EB RV 688 BlgNR 25. GP 4 unter Berufung auf *Eccher* in Schwimann/Kodek[4] III § 538 Rz 6 und RIS-Justiz RS0012321.
[46] Vgl *Rudolf/Zöchling-Jud/Kogler* in Rechberger/Zöchling-Jud, EuErbVO 150; *Mankowski* in Deixler-Hübner/Schauer, EuErbVO Art 23 Rz 36.
[47] Vgl EB RV 688 BlgNR 25. GP 41; s auch *Kogler*, EF-Z 2016/27, 60 f.
[48] Vgl auch *Kogler*, EF-Z 2016/27, 60 f.

Wirkung der Annahme der Erbschaft

§ 547. Der Erbe stellt, sobald er die Erbschaft übernommen hat, in Rücksicht auf dieselbe den Erblasser vor. Beide werden in Beziehung auf einen Dritten für eine Person gehalten. Vor der Annahme der Erben wird die Verlassenschaft so betracht, als wenn sie noch von dem Verstorbenen besessen würde.

Stammfassung JGS 1811/946

Verlassenschaft als juristische Person

§ 546. Mit dem Tod setzt die Verlassenschaft als juristische Person die Rechtsposition des Verstorbenen fort.

Gesamtrechtsnachfolge

§ 547. Mit der Einantwortung tritt der Erbe in die Rechtsposition des Erblassers ein; dasselbe gilt für die Aneignung durch den Bund.

IdF BGBl Nr I 2015/87 (ErbRÄG 2015), in Kraft ab 1. 1. 2017. Mat: EB RV 688 BlgNR 25. GP.

Lit: *Huber*, Die Verjährung von gesetzlichen Rückersatzansprüchen, JBl 1985, 467; *Eypeltauer*, Glosse zu 5 Ob 606/89, JBl 1990, 117; *Segelhuber*, Zur Gewahrsamsproblematik bei Nachlassgegenständen, ÖJZ 1994, 480; *Graf*, Wider die Anwendung des § 1494 ABGB auf den unvertretenen Nachlaß!, JBl 1997, 562; *Leitner*, Einkünftezurechnung an den ruhenden Nachlass?, JEV 2010, 78; *Schauer*, Nachlass und vererbliche Rechtsverhältnisse, in Gruber/Kalss/Müller/Schauer (Hrsg), Erbrecht und Vermögensnachfolge (2010) 383; *Thiele*, Der digitale Nachlass – Erbrechtliches zum Internet und seinen Diensten, JusIT 2010//79; *Bajons*, Internationale Zuständigkeit und anwendbares Recht in Erbsachen, in Schauer/Scheuba (Hrsg), Europäische ErbrechtsVO (2012) 29; *Gebauer*, Digitale Verlassenschaft – Was passiert mit Facebook-Accounts & Co?, ZIIR 2015, 382.

Übersicht

Teil A. Erbrecht bis 31. 12. 2016

I.	Einleitung/Geschichtliche Grundlagen	1–2
II.	Die Verlassenschaft vor Annahme durch den Erben	3–4
	1. Nationalität des ruhenden Nachlasses	5
	2. Eigenschaften des Nachlasses	6–14
	a) Parteifähigkeit	6
	b) Grundbuchsfähigkeit	7

	c) Abschluss von Miet- und Pachtverträgen	8
	d) Gesellschaftsbezogene Handlungen	9
	e) Handlungsvollmacht	10
	f) Insolvenzfähigkeit	11
	g) Exekution	12
	h) Verjährung	13
	i) Steuerrecht	14
3.	Bestellung eines Kurators	15–16
	a) Nachlasskurator	15
	b) Posteritätskurator	16
4.	Kein Verlassenschaftsverfahren	17
III.	Die Verlassenschaft nach ihrer Annahme durch den Erben	18
1.	Die Fortsetzung der Persönlichkeit des Erblassers durch den Erben	19
2.	Die Wirkungen des Erbrechts	20–22

Teil B. Neues Erbrecht ab 1. 1. 2017

IV. ErbRÄG 2015   23

Teil A. Erbrecht bis 31. 12. 2016

I. Einleitung/Geschichtliche Grundlagen

1   Der Grundgedanke dieser gesetzlichen Bestimmung ist die **Vermeidung der Herrenlosigkeit** des Nachlasses.[1] Deswegen wird die Verlassenschaft vom gesetzlichen Wortlaut her so betrachtet, als würde sie noch vom Erblasser bis zu der Einantwortung des Erben besessen.[2] Dadurch kann die vom Gesetz angestrebte **Unmittelbarkeit der Erbfolge** verwirklicht werden, wobei es aber noch zusätzlich eines besonderen Rechtsaktes der Erben bedarf, um die Erbschaft tatsächlich anzutreten. Ohne Zutun des Erben, ohne sein Wissen und Wollen können die Vermögenswerte des Nachlasses nicht auf ihn übergehen und auch nicht die Haftung für die Schulden des Erblassers.[3] Um diese Zeitspanne zwischen Erbanfall und Annahme auszufüllen, wurde von der Rechtswissenschaft der Begriff „**ruhender Nachlass**" geprägt. Damit wird der Nachlass so behandelt, als stünde er noch im Eigentum des Erblassers.[4]

Diese Konstruktion vermeidet einen Eingriff in die persönliche Rechtssphäre des Erbanwärters im Vergleich zu den Rechtsordnungen, die kraft Gesetzes den Erben schon mit dem Erbanfall zum Herrn des Nachlasses werden lassen.[5]

---

[1] S auch *Weiß* in Klang² III 121.
[2] So zB OGH 14.3.1962, 1 Ob 63/62, EvBl 1962/318; *Weiß* in Klang² III 121.
[3] OGH 18.10.1994, 10 Ob S 37/94; *Weiß* in Klang² III 122.
[4] OGH 30.6.1992, 5 Ob 105/92, NZ 1993, 45; *Ehrenzweig* II 363; *Handl* 64 zitiert nach *Weiß* in Klang² III 122.
[5] *Weiß* in Klang² III 122; so zB die Regelung nach § 1922 dBGB.

Der Rechtswissenschaft war es ein Anliegen, den Erbschaftserwerb auf 2
einen bestimmten Zeitpunkt zu fixieren. Daraus entwickelten sich drei
Theorien:[6]

Die **germanische Theorie**, die der Auffassung des alten deutschen Rechts
folgt, wonach das Erbrecht schon mit dem Erbfall entstehe, die Einantwortung
nur den Besitz verschaffe.

Die **romanistische Theorie**, die dem römischen Recht folgt, das für die
Erben außerhalb der Hausgemeinschaft (extranei heredes) den Antritt des Erbes verlangte. Die Auslegung des § 547 kann sich auf diese Theorie berufen.

Letztlich die **austriazistische Theorie**, die sich auf die L von *titulus* und
modus für den Erbschaftserwerb bezieht, denn die Übergabe in den Besitz sei
notwendig zum Erwerb des Rechts.[7]

II. Die Verlassenschaft vor Annahme durch den Erben

In dem Zeitraum zwischen dem Erbanfall und der Einantwortung an den 3
Erben wird die Verlassenschaft nach hL als **ruhender Nachlass** bezeichnet. Vor
Einantwortung stellt er kein Vermögen des Erben dar.[8] Im Gegensatz zur Auffassung von *Weiß*[9] wird der Nachlass nunmehr überwiegend von L und Rsp als
juristische Person,[10] oder auch als **parteifähige Vermögensmasse** definiert.[11]
Er beinhaltet die Summe der erblichen vermögenswerten Rechte und Pflichten
des Erblassers[12] und umfasst, soweit vererblich, privatrechtliche als auch öffentlich-rechtliche Rechtsverhältnisse.[13] Hat der Erblasser als Unternehmer Geschäfte getätigt und gehen Forderungen daraus auf den Nachlass über, so gelten
für diesen Teil des Nachlasses die Bestimmungen des UGB (zB Verjährungsfrist), denn die Verlassenschaft tritt an die Stelle des Verstorbenen.[14] Die **Persönlichkeitsrechte** des Erblassers gehen nicht auf den Erben über.[15] Der ruhende
Nachlass kann durch befugte Personen – entweder Erben nach Abgabe einer
Erbantrittserklärung oder einem bestellten Nachlassverwalter – vertreten wer-

---

[6] Vgl die Ausführungen bei *Gschnitzer*, Erbrecht[2] 67f.
[7] So *Gschnitzer*, Erbrecht[2] 68.
[8] OGH 20.3.2003, 6 Ob 31/03g, ZIK 2003/196, 140; hL, zB *Schauer* in Gruber/Kalss/Müller/Schauer, Erbrecht und Vermögensnachfolge § 15 Rz 9.
[9] In Klang[2] III 123: Auf Grund innerer struktureller Gründe läge keine juristische Person vor.
[10] OGH 17.3.1983, 6 Ob 796/81, HS 14.593; 20.9.2012, 2 Ob 166/12v, EF-Z 2013/66; *Werkusch-Christ* in Kletečka/Schauer, ABGB-ON 1.02 § 547 Rz 1; *Apathy* in KBB[4] § 547 Rz 1; *Welser* in Rummel/Lukas, ABGB[4] § 547 Rz 2; *Koziol/Welser/Kletečka*[14] I Rz 246; *Schauer* in Gruber/Kalss/Müller/Schauer, Erbrecht und Vermögensnachfolge § 15 Rz 9; *Kralik*, Erbrecht[3] 26; jetzt klargestellt durch § 546 idF ErbRÄG 2015; dazu Rz 23.
[11] OGH 26.11.1987, 6 Ob 711/87, NZ 1988, 329.
[12] OGH 8.3.2007, 2 Ob 240/05s, Zak 2007/313, 176; 20.9.2012, 2 Ob 166/12v, JusGuide 2012/44/10516 (OGH); *Koziol/Welser/Kletečka*[14] I Rz 246; *Welser* in Rummel/Lukas, ABGB[4] § 547 Rz 3.
[13] *Schauer* in Gruber/Kalss/Müller/Schauer, Erbrecht und Vermögensnachfolge § 15 Rz 1; näher dazu auch § 548 Rz 2.
[14] OGH 17.3.1987, 5 Ob 515/87; 31.8.2010, 4 Ob 78/10i, SZ 2010/101.
[15] OGH 20.9.2012, 2 Ob 166/12v, JusGuide 2012/44/10516 (OGH); s § 548 Rz 2.

den. Das trifft auch auf eine in der Folge armutshalber abgetane Verlassenschaft zu.[16] Mit Einantwortung und ebenso mit Aneignung durch den Bund[17] verliert der ruhende Nachlass seine Rechts- und Parteifähigkeit.[18]

4 An Nachlasssachen ist auch **Besitzstörung** möglich.[19] Wird ein Gegenstand aus der Gewahrsame des Nachlasses zum Zwecke der Bereicherung entfernt, so ist dies – abhängig von den konkreten Umständen – als Diebstahl oder als **Unterschlagung** zu qualifizieren.[20] Denn Sachen werden mit dem Ableben des (bisherigen) Gewahrsamsträgers nicht gewahrsamslos.[21] Innerhalb der Familie gelten mildere Strafbestimmungen (§ 166 Abs 1 StGB).[22] Falls es die Nachlasssicherung erfordert, kann die **Herausgabe** von Nachlassgegenständen, die eigenmächtig in Besitz genommen wurden, vom Verlassenschaftsgericht verlangt werden.[23] Hat der Erblasser eine Sache zu Lebzeiten verschenken wollen und den Besitz an ihr bereits aufgegeben, ist diese Sache nicht in das Inventar aufzunehmen.[24]

1. Nationalität des ruhenden Nachlasses

5 Da der Nachlass bis zur Einantwortung des Erben noch fiktiv vom Erblasser besessen wird, entscheidet sich die **Nationalität** nach der Person des Erblassers.[25] War bei Fällen mit Auslandsbezug bisher die **Staatsbürgerschaft** des Erblassers für die Auswahl des Verlassenschaftsverfahrens ausschlaggebend, ist durch die Europäische Erbrechtsverordnung (2012/650/EU vom 4. 7. 2012) nunmehr der **gewöhnliche Aufenthalt** des Erblassers im Zeitpunkt seines Ablebens maßgeblich für das anzuwendende Recht.[26] Dem Erblasser wird überdies mit Art 22 Abs 1 EuErbVO ein Wahlrecht eingeräumt. Er kann „für die Rechtsnachfolge von Todes wegen" das Recht des Staates wählen, dem er „im Zeitpunkt der Rechtswahl oder im Zeitpunkt seines Todes" angehört.[27] Diese Regelung gilt für Personen, die nach dem 16. 8. 2015 versterben.[28]

---

[16] OGH 28.8.1973, 8 Ob 148/73, NZ 1974, 92.
[17] Vorgeschlagene Fassung des § 547.
[18] *Welser* in Rummel/Lukas, ABGB⁴ § 547 Rz 6; 27.2.2001, 5 Ob 14/01x, EFSlg 96.875.
[19] Kuk OGH 1.9.1909, RV 1013/9 GlUNF 4705; 10.11.2003, 7 Ob 234/03t, NZ 2004/54, 177; *Welser* in Rummel/Lukas, ABGB⁴ § 547 Rz 3.
[20] OGH 27.2.1996, 13 Os 19/50, SSt 21/96; *Werkusch-Christ* in Kletečka/Schauer, ABGB-ON 1.02 § 547 Rz 2; ausführlich zur strafrechtlichen Gewahrsame *Segelhuber*, ÖJZ 1994, 483 f, 488 ff.
[21] OGH 27.2.1996, 13 Os 19/50, SSt 21/96.
[22] OGH 8.3.2007, 2 Ob 240/05s.
[23] OGH 7.10.1987, 3 Ob 564/87, Rz 1988/20; 2.4.1998, 6 Ob 85/98p, NZ 1999, 153 (*Rabl*); *Welser* in Rummel/Lukas, ABGB⁴ § 547 Rz 3.
[24] OGH 2.4.1998, 6 Ob 85/98p, NZ 1999, 153 (*Rabl*).
[25] Vgl *Weiß* in Klang² III 125.
[26] Ausführlich dazu *Scheuba* in Schauer/Scheuba (Hrsg), Europäische ErbrechtsVO 20.
[27] Ausführlich dazu *Bajons* in Schauer/Scheuba (Hrsg), Europäische ErbrechtsVO 33ff.
[28] Art 84 RL 2012/650/EU.

2. Eigenschaften und Befugnisse des Nachlasses

a) Parteifähigkeit

Der **ruhende Nachlass** ist als juristische Person Rechtsträger und Besitzer. 6
Als solcher ist er – und nicht der Erbe – **parteifähig** und sowohl aktiv als auch
passiv **klagslegitimiert**.[29] Deshalb kann die Verlassenschaft, vertreten durch
einen dazu bestimmten Erben bzw alle Erben, gemeinsam nach Abgabe einer
Erbannahmeerklärung oder durch einen Kurator Klagen einbringen.[30] Dass
mehrere Erben den Nachlass gemeinsam vertreten, macht sie in solchen
Rechtsstreitigkeiten nicht selbst zur Prozesspartei und sie bilden daher **keine
Streitgenossenschaft**.[31]

Der Nachlass ist legitimiert, Klagen zur Anfechtung von Verträgen oder
aus Vermächtnissen oder Pflichtteilen einzubringen.[32] Er ist beispielsweise befugt, für die Klärung der Anerkennung einer unehelichen Vaterschaft oder deren Unwirksamkeit die entsprechenden Rechtshandlungen vorzunehmen.[33]

Wird nach Abgabe der Erbantrittserklärung, aber noch vor Einantwortung
des Nachlasses, hinsichtlich der den Erblasser betreffenden Ansprüche ein
Erbe statt der Verlassenschaft belangt, kann kein Mangel der aktiven oder passiven Legitimation angenommen werden. Es hat dann eine **Berichtigung** der
Parteienbezeichnung stattzufinden.[34] Prozesspartei ist nicht derjenige, der als
Kläger auftritt oder als Beklagter bezeichnet wird, sondern derjenige, dessen
Parteistellung sich aus dem gesamten Vorbringen ergibt.[35]

Im Zusammenhang mit einem Sachwalterschaftsverfahren wurde dem
Nachlass Rekurslegitimation gegen die Entscheidung des Rekursgerichtes zugebilligt.[36]

Nicht vertretungsbefugt für den Nachlass sind die Noterben.[37]

b) Ist der ruhende Nachlass grundbuchsfähig?

Die vom Gesetz fingierte Identität der Rechtspersönlichkeit zwischen Erb- 7
lasser und Nachlass führt hinsichtlich des Eigentums an Liegenschaften dazu,
dass der ruhende Nachlass an die Stelle des Eigentümers bei dessen Ableben

---

[29] OGH 20.9.2012, 2 Ob 166/12v, JusGuide 2012/44/10516 (OGH); LG Linz 22.9.2005, 15 R 503/04, EFSlg 111.037.
[30] OGH 11.5.2005, 7 Ob 246/04h, MietSlg 57.055.
[31] OGH 17.5.1988, 2 Ob 686/87, JBl 1989, 172.
[32] OGH 11.5.2004, 5 Ob 191/03d, EvBl 2005/31; 27.2.2007, 1 Ob 7/07x, JusGuide 2007/20/4702 (OGH); 8.5.2008, 3 Ob 9/08g, EvBl-LS 2008/2: Anfechtung von Schenkungsvertrag auf den Todesfall; 10.1.1962, 1 Ob 505/61, EvBl 1962/227; *Werkusch-Christ* in Kletečka/Schauer, ABGB-ON 1.02 § 547 Rz 3; *Welser* in Rummel/Lukas, ABGB[4] § 547 Rz 4.
[33] OGH 27.8.1996, 5 Ob 543/95, ÖJZ-LSK 1997/38.
[34] OGH 5.7.1966, 8 Ob 158/66, Rz 1967, 14; 29.8.2002, 6 Ob 103/02v, EFSlg 101.995; RS0005501; *Welser* in Rummel/Lukas, ABGB[4] § 547 Rz 6.
[35] OGH 29.8.2002, 6 Ob 103/02v, EFSlg 101.995.
[36] OGH 20.9.2012, 2 Ob 166/12v, JusGuide 2012/44/10515 (OGH).
[37] OGH 10.1.1962, 1 Ob 505/61, EvBl 1962/227; 20.10.2004, 7 Ob 236/04p, NZ 2005/30.

tritt.[38] Daher können im Namen der Verlassenschaft **Grundbucheintragungen** erwirkt werden. Das kann eine Streitanmerkung im Zusammenhang mit einer **Löschungsklage** des Nachlasses oder einer **Erbschaftsklage**, aber auch die **Anmerkung** einer **Rangordnung** sein.[39] Sogar nach Einantwortung und vor Eintragung in das Grundbuch können Gläubiger einen Sicherungsantrag für die anfallende Nachlassliegenschaft beantragen.[40] Wurde vom Erblasser ein Kaufvertrag über eine Liegenschaft abgeschlossen und fehlt für die Eintragung des Käufers noch eine **Aufsandungserklärung**, so kann die Verlassenschaft verpflichtet sein, diese abzugeben.[41]

c) Abschluss von Miet- und Pachtverträgen

8   Das vom Erblasser begründete **Bestandverhältnis** als Mieter oder Vermieter kann vom Nachlass fortgesetzt oder auch beendet werden.[42]

d) Gesellschaftsbezogene Handlungen

9   War der Erblasser Inhaber eines **Geschäftsanteils**, fällt dieser in den Nachlass.[43] Die daraus resultierenden Rechte und Verpflichtungen werden bis zur Einantwortung von einem Nachlasskurator oder den dazu ermächtigten Erben wahrgenommen.[44] Ist ein Geschäftsanteil einer GmbH Gegenstand eines Legates, gehört er so lange zur Verlassenschaft, bis der Erbe diesen Geschäftsanteil an den Legatar übertragen hat.[45] Auch schon vor der Einantwortung ist der Erbe eines OHG-Gesellschafters verpflichtet, geschäftsschädigende Handlungen zu unterlassen.[46]

e) Handlungsvollmacht

10 Nach § 1022 wird das **Vollmachtsverhältnis** in der Regel durch den Tod des Gewaltgebers aufgehoben. Das gilt jedoch nicht unbedingt für gewerberechtlich organisierte Unternehmen, es sei denn, die Vertretungsbefugnis ist auf die Lebenszeit des Vollmachtgebers beschränkt.[47] Nach den Bestimmungen des § 58 Abs 3 UGB erlöschen Aufträge und Vollmachten, die von einem

---

38 OGH 30.6.1992, 5 Ob 105/92, NZ 1993, 45.
39 OGH 30.6.1992, 5 Ob 105/92, NZ 1993, 45; *Werkusch-Christ* in Kletečka/Schauer, ABGB-ON 1.02 § 547 Rz 4.
40 OGH 15.10.1980, 6 Ob 732/80, SZ 53/132.
41 OGH 11.10.1974, 3 Ob 151/74, EvBl 1975/75; *Werkusch-Christ* in Kletečka/Schauer, ABGB-ON 1.02 § 547 Rz 4; *Welser* in Rummel/Lukas, ABGB⁴ § 547 Rz 4.
42 OGH 21.12.1955, 7 Ob 554/55, SZ 28/267; 24.6.1959, 2 Ob 208/59, SZ 32/82; *Werkusch-Christ* in Kletečka/Schauer, ABGB-ON 1.02 § 547 Rz 2; *Welser* in Rummel/Lukas, ABGB⁴ § 547 Rz 4.
43 Zur Rechtslage bei einer qualifizierten Nachfolgeklausel § 550 Rz 18.
44 OGH 17.10.1995, 1 Ob 510/95, SZ 68/193; 15.12.1997, 1 Ob 254/97b.
45 OGH 7.6.1990, 7 Ob 576/90, JBl 1991, 112.
46 OGH 14.3.1962, 1 Ob 63/62, EvBl 1962/318; RS 0062078; *Welser* in Rummel/Lukas, ABGB⁴ § 547 Rz 8.
47 OGH 17.3.1983, 6 Ob 796/81, HS 14.593.

Unternehmer im Betrieb seines Handelsgewerbes erteilt wurden, im Zweifel nicht mit seinem Tod. Diese Zweifelsregel gilt uneingeschränkt für Handlungsvollmachten nach § 54 UGB.[48]

f) Insolvenzfähigkeit

Da der Nachlass als Rechtssubjekt an die Stelle des Verstorbenen tritt, ist im Falle des Ablebens des Gemeinschuldners das **Insolvenzverfahren** gegen dessen Verlassenschaft von Amts wegen weiterzuführen.[49] Ein diesbezüglicher Antrag oder eine Beschlussfassung ist nicht Voraussetzung. Bedarf der Nachlass eines Vertreters, ist die Einleitung eines Verlassenschaftsverfahrens zulässig, um die Rechte der Erben zu wahren, jedoch kann der insolvenzverfangene Nachlass nicht eingeantwortet werden.[50]

g) Exekution

Auch der Tod des Schuldners vor der **Exekutionsbewilligung** verhindert nicht die Exekution in den Nachlass, sofern dieser rechtmäßig vertreten ist.[51] Bis zur Einantwortung – bei Liegenschaften bis zur Einverleibung des Erben im Grundbuch – ist der **Exekutionsantrag** gegen den Nachlass als verpflichtete Partei zu stellen.[52] Zwangsvollstreckung darf aber ausschließlich nur wegen **Nachlassschulden** in den Nachlass vollzogen werden.[53]

h) Verjährung

§ 1494 regelt die **Hemmung der Verjährung** für Personen, die ohne erforderliche gesetzliche Vertretung zur Verwaltung ihrer Rechte nicht fähig sind. Nach dieser Bestimmung kann die Verjährungsfrist nie früher als zwei Jahre nach Aufhebung des Hindernisses vollendet werden.

In seiner früheren Rsp vertrat der OGH den Standpunkt, dass es sich bei § 1494 um eine Ausnahmebestimmung handle, die als solche streng auszulegen sei.[54] Eine Abhandlung von *Huber*[55] führte zu einer Wende in der Rsp. Nunmehr wendet der OGH[56] die Regelung des § 1494 analog auf den unvertretenen Nachlass an. Zur Begründung wird die mit der Verlassenschaft durch-

---

[48] OGH 17.3.1983, 6 Ob 796/81, HS 14.593; *Strasser/Jabornegg* in Jabornegg/Artmann, UGB² § 58 Rz 14.
[49] OGH 14.6.1963, 5 Ob 87/63, SZ 36/85; *Welser* in Rummel/Lukas, ABGB⁴ § 547 Rz 5.
[50] OGH 14.6.1963, 5 Ob 87/63, SZ 36/85.
[51] OGH 1.12.1965, 3 Ob 164/65, EvBl 1966/154; LG Wien 26.3.1953, 46 R 367, EvBl 1955/295; *Welser* in Rummel/Lukas, ABGB⁴ § 547 Rz 5.
[52] OGH 26.2.2001, 3 Ob 202/00b, NZ 2002/74; *Werkusch-Christ* in Kletečka/Schauer, ABGB-ON 1.02 § 547 Rz 4.
[53] OGH 17.4.1974, 5 Ob 35/74, EvBl 1974/286.
[54] S dazu die ausführliche Darstellung in seinem Urteil vom OGH 5.9.1989, 5 Ob 606/89, NZ 1990, 126.
[55] *Huber*, JBl 1985, 474.
[56] OGH 5.9.1989, 5 Ob 606/89, SZ 62/143; 29.10.2004, 5 Ob 212/04v, ecolex 2005/87; 11.5.2006, 8 Ob 41/06x, MietSlg 58.194; 20.4.2010, 1 Ob 3/10p, ecolex 2010/262; *Welser* in

aus vergleichbare Situation, einen handlungsunfähigen Gläubiger vor der Gefahr des Rechtsverlustes durch Verjährung zu schützen, herangezogen.[57] Denn bei dem nicht vertretenen Nachlass sei niemand vorhanden, der das Forderungsrecht durchsetzen könne.[58]

Diese nunmehr hRsp darf man als Ergebnis kritischer literarischer Kontroversen sehen.[59] *Graf* spricht sich in seinem Beitrag[60] entschieden gegen eine analoge Anwendung von § 1494 mit der Begründung aus, dass dieser Norm ein sehr spezifischer Schutzzweck zugrunde liege, der nicht so ohne weiteres verallgemeinert werden dürfe.[61] Denn § 1494 enthalte eine zweifache Regelung: Einerseits hemme er die Verjährung und Ersitzung für den Zeitraum, in dem der Geschäftsunfähige unvertreten ist, andererseits würde aber dem Vertreter eine Frist von zwei Jahren eingeräumt, um allfällige Ansprüche zu prüfen.[62] Während *Graf* den Schutz des nicht vertretenen Nachlasses für diese Zeitspanne kompatibel mit anderen Normen des ABGB (§§ 865, 1308) befindet, hält er eine zweijährige Prüffrist für den Vertreter als „Unikat" in dem Normengefüge und im Vergleich mit anderen Bestimmungen als nicht gerechtfertigt.[63] *Graf* argumentiert, „dass im allgemeinen jemand, der als Vertreter für einen anderen bestellt wird, nicht in den Genuss einer solchen zusätzlichen Prüffrist gelangt. Stirbt der einzige Geschäftsführer einer GmbH und tritt an seine Stelle ein neuer Geschäftsführer, so kommt es nicht zu einer Verlängerung der Verjährungsfrist. Auch der Masseverwalter, der an Stelle des seiner Geschäftsfähigkeit beraubten Gemeinschuldners tritt, kommt nicht in den Genuß einer verlängerten Verjährungsfrist."[64]

Eypeltauer übt Kritik an der Zweijahresfrist für das Sichten der Unterlagen des Vertreters mit dem Nachlass und schlägt vor, eine fallbezogene Einzelabwägung hinsichtlich des benötigten Zeitraums durchzuführen.[65] In Hinblick auf die schutzwürdigen Interessen des Vertragspartners sieht er eine Frist von 6 Monaten (nach den Vorgaben von §§ 933 und 1097) als Zeitvorgabe als ausreichend an.[66] Im Interesse der Rechtssicherheit gab der OGH aber der bestimmten Zweijahresfrist den Vorzug, um eine klare Orientierung der Parteien zu ermöglichen.[67]

ME ist einer vom Gesetzgeber klar definierten Frist der Vorzug zu geben. Dass der nicht vertretene Nachlass geschützt werden muss, steht außer Zwei-

---

Rummel/Lukas, ABGB[4] § 547 Rz 5; kritisch *Schauer* in Gruber/Kalss/Müller/Schauer, Erbrecht und Vermögensnachfolge § 15 Rz 25.

[57] OGH 20.4.2010, 1 Ob 3/10p, ecolex 2010/262.
[58] *Graf*, JBl 1997, 564; *Huber*, JBl 1985, 475.
[59] JBl 1997, 562 ff; *Eypeltauer*, JBl 1990, 117.
[60] JBl 1997, 562 ff.
[61] *Graf*, JBl 1997, 565.
[62] *Graf*, JBl 1997, 565.
[63] *Graf*, JBl 1997, 565: zB keine Verlängerung der Verjährungsfrist nach Ausfallen des einzigen Geschäftsführers einer GmbH.
[64] *Graf*, JBl 1997, 565.
[65] OGH 19.5.1998, 1 Ob 412/97p, JBl 1999, 51.
[66] OGH 19.5.1998, 1 Ob 412/97p, JBl 1999, 51; 25.11.1999, 2 Ob 276/98x, EFSlg 90.240; 20.4.2010, 1 Ob 3/10p, ecolex 2010/262; *Eypeltauer*, JBl 1990, 118.
[67] OGH 29.10.2004, 5 Ob 212/04, ecolex 2005/87; 20.4.2010, 1 Ob 3/10p, ecolex 2010/262.

fel. Wie *Graf*[68] ausführt, erscheint die Frist von zwei Jahren für den Prüfer einer Verlassenschaft doch zu reichlich, eine Frist von sechs Monaten[69] eher zu knapp bemessen. Um die Interessen der Vertragspartner zu schützen und dem Prüfer genügend Zeit zu gewähren, wäre eine gesetzliche Frist von einem Jahr ausreichend und wünschenswert.

Unterbrochen wird die **Verjährung** durch einen Antrag des Verlassenschaftskurators bei Gericht, die Einbringung einer Pflichtteilsklage der Verlassenschaft zu bewilligen.[70]

i) Steuerrecht

Die **Einkommensteuerpflicht** erlischt mit dem Tode des Steuerpflichtigen.[71] Da der Nachlass nicht als eigenes Steuersubjekt angesehen wird, trifft ihn auch keine Einkommensteuerpflicht.[72] Das hat Gründe in der Verwaltungsvereinfachung.[73] Daher werden Einkünfte, die der Verlassenschaft zufließen, ab dem Todestag des Erblassers dem Erben zugerechnet.[74] Mehrere Erben sind entsprechend ihrer Erbanteile einkommensteuerpflichtig.[75] 14

Ein an eine bereits verstorbene Person gerichteter Abgabenbescheid geht ins Leere und vermag keine Rechtswirkung entfalten. Eine dagegen erhobene Berufung bzw Beschwerde an den VwGH ist zurückzuweisen.[76]

3. Bestellung eines Kurators

a) Verlassenschaftskurator

Ein **Verlassenschaftskurator** kann einerseits vom **Erblasser** (§ 156 Abs 2 AußStrG 2005) bestimmt oder vom **Verlassenschaftsgericht** (§ 156 Abs 1 AußStrG 2005) bestellt werden. Die Bestellung von Amts wegen ist dann vorgesehen, wenn die Verlassenschaft nicht durch Erben vertreten ist und dringende Vertretungs- oder Verwaltungshandlungen oder auch eine prozessuale Vertretung vorzunehmen sind.[77] Die **Notwendigkeit** für eine Kuratorbestellung ergibt sich ebenfalls dann, wenn sich die Erben uneinig sind und widersprechende Erbantrittserklärungen abgegeben haben (§ 173 AußStrG 2005), da in einem solchen Fall keinem der Erben die Besorgung und Verwaltung des 15

---

[68] *Graf*, JBl 1997, 565.
[69] *Eypeltauer*, JBl 1990, 118.
[70] OGH 29.10.2004, 5 Ob 212/04, ecolex 2005/87.
[71] VwGH 31.3.1983, 14/1315/79, 82/14/0335f.
[72] VwGH 31.3.1983, 14/1315/79, 82/14/0335f; *Werkusch-Christ* in Kletečka/Schauer, ABGB-ON 1.02 § 547 Rz 1.
[73] *Werkusch-Christ* in Kletečka/Schauer, ABGB-ON 1.02 § 547 Rz 1.
[74] VwGH 31.3.1983, 14/1315/79, 82/14/0335f; 29.6.2005, 2002/14/0146, VwSlg 8039 F/2005; 26.5.1998, 93/14/0191, VwSlg 7238 F/1998; *Werkusch-Christ* in Kletečka/Schauer, ABGB-ON 1.02 § 547 Rz 1; *Welser* in Rummel/Lukas, ABGB⁴ § 547 Rz 9; *Leitner*, JEV 2010, 82.
[75] VwGH 26.5.1998, 93/14/0191, VwSlg 7238 F/1998.
[76] VwGH 25.2.2010, 2010/16/0029.
[77] *Grün* in Rechberger, AußStrG² § 156 Rz 5.

Nachlasses übertragen werden kann. Bei Bestehen einer Erbengemeinschaft kann die Verlassenschaft nur von allen Erben vertreten werden.[78]

Dem **Nachlasskurator** obliegt die **Vertretung** und **Verwaltung** des ruhenden Nachlasses.[79] Er ist dessen Vertreter und sollte vorwiegend die Interessen des Nachlasses und nicht die der erbserklärten Erben wahrnehmen.[80] Wurde der Sachwalter des Verstorbenen als Verlassenschaftskurator für dessen Nachlass bestimmt und bestünde die Gefahr einer Interessenkollision, so ist die Bestellung eines **Kollisionskurators** vorgesehen.[81] Im Gegensatz zu dem vom Erblasser bestimmten Vertreter steht der amtswegig bestellte Verlassenschaftskurator unter gerichtlicher Aufsicht.[82]

Besteht der ruhende Nachlass aufgrund der Einantwortung durch den Erben nicht mehr, kann kein Kollisionskurator bestellt werden, um eine Nachlassforderung gegen den Erben einzutreiben.[83] Die **Kosten** des Kurators, der mit der Besorgung und Verwaltung des Nachlasses betraut ist, zählen zu den **Passiva der Verlassenschaft**.[84]

b) Posteritätskurator

16 Vom Verlassenschaftsgericht kann auch ein **Posteritätskurator** bestellt werden, wenn dessen Bestellung zur Durchführung der Abhandlung erforderlich wäre, um die Interessen der Ersatznacherben auch vor Eintritt des Ersatzfalls wahrzunehmen.[85]

4. Kein Verlassenschaftsverfahren

17 Wird die Verlassenschaft **armutshalber** abgetan, ohne dass ein Verlassenschaftsverfahren stattfindet, können die **Gläubiger** des Erblassers, die Nachlassgläubiger und Vermächtnisnehmer ihre Ansprüche nur gegen den ruhenden Nachlass zuhanden eines Kurators, aber nicht gegen den Besitzer des Nachlasses geltend machen.[86] Handelt es sich um einen **Pflichtteilsanspruch**, so muss der Berechtigte auf die Durchführung einer Abhandlung dringen.[87] Wird diese vom Verlassenschaftsgericht abgelehnt, kann der Pflichtteilsberechtigte gegen denjenigen seine Klage richten, dem die Erbschaft tatsächlich zugekommen ist.[88]

---

[78] OGH 25.5.2000, 1 Ob 341/99z, EvBl 2000/216; 20.10.2004, 7 Ob 236/04p, NZ 2005/30; 28.4.2005, 8 Ob 119/04i; ausführlich dazu s § 550 Rz 5.
[79] OGH 25.5.2000, 1 Ob 341/99z, EvBl 2000/216.
[80] OGH 14.11.1979, 3 Ob 501/79, EF 35.031; 29.8.1995, 1 Ob 600/95.
[81] OGH 17.3.1987, 5 Ob 515/87; 29.8.1995, 1 Ob 600/95.
[82] OGH 25.5.2000, 1 Ob 341/99z, EvBl 2000/216.
[83] OGH 27.2.2001, 5 Ob 14/01x, EFSlg 96.876.
[84] OGH 25.11.2008, 9 Ob 57/07h; 14.7.2010, 7 Ob 56/10a, JBl 2010, 703.
[85] *Grün* in Rechberger, AußStrG² § 156 Rz 4.
[86] OGH 15.3.1967, 6 Ob 45/67, SZ 40/38.
[87] OGH 15.3.1967, 6 Ob 45/67, SZ 40/38.
[88] OGH 15.3.1967, 6 Ob 45/67, SZ 40/38.

III. Die Verlassenschaft nach ihrer Annahme durch den Erben

Mit der **Rechtskraft der Einantwortung** hört die Rechtspersönlichkeit **18** des ruhenden Nachlasses zu bestehen auf;[89] das Gleiche gilt auch bei Aneignung der Verlassenschaft durch den Bund.[90]

1. Die Fortsetzung der Persönlichkeit des Erblassers durch den Erben

Sobald der Erbe die Erbschaft angenommen hat, stellt er in Rücksicht auf **19** dieselbe den Erblasser vor.[91] Beide werden in Beziehung auf einen Dritten für eine Person gehalten.[92] Diese Auffassung, wonach ein Mensch seine Persönlichkeit mit der eines anderen vertauschen könne, wird zu Recht von *Weiß*[93] als ungewöhnlich für den abendländischen Kulturkreis betrachtet, dennoch wurde sie in das ABGB aufgenommen.[94] Die Einheit zwischen Erblasser und Erben betrifft jedoch nicht dessen eigene Rechtsverhältnisse.[95] Nach hM ist mit der **Rechtskraft der Einantwortung** die Rechtnachfolge des Erben vollzogen.[96] Die Erhebung einer Erbschaftsklage kommt einer Erbantrittserklärung gleich.[97] Durch die **Universalsukzession** erlangt der Erbe die volle Herrschaft über den Nachlass. Besitz, Eigentum, Forderungen und sonstige Rechte gehen auf ihn über.[98]

Auch nach § 19 BAO gehen bei der Gesamtrechtsnachfolge die sich ergebenden Rechte und Pflichten des Erblassers (Rechtsvorgängers) auf den Rechtsnachfolger (eingeantworteter Erbe) über. Dies trifft sowohl die Rechte und Pflichten aus dem **Abgabenschuldverhältnis** (§ 4 BAO) als auch jene aus dem **Abgabenpflichtverhältnis**.[99] Ausgenommen sind höchstpersönliche Pflichten wie zB die Rechnungslegungspflicht eines verstorbenen Masseverwalters.[100] Grundsätzlich umfasst die Einantwortung alle zum Nachlass gehörigen Vermögensbestandteile, auch jene, die nicht der Abhandlung unterzogen worden sind.[101] Bei einem anhängigen, von der oder gegen die Verlassenschaft geführten Verfahren muss die Parteibezeichnung nach Einantwortung von Amts wegen auf den

---

[89] HL u Rsp; zB OGH 11.3.1998, 9 Ob 35/98g, MietSlg 50.422.
[90] Vorgesehene Neufassung des § 547 (100/ME XXV. GP – ErbRÄG 2015); vgl § 547 Rz 21.
[91] OGH 14.12.1999, 7 Ob 257/99s, bbl 2000/78; 26.4.2006, 3 Ob 219/05k, NZ 2007/70, 306; VwGH 20.2.1992, 90/16/0185; 29.9.2005, 2000/11/0232.
[92] OGH 29.6.1965, 8 Ob 115/65, SZ 38/109; *Weiß* in Klang² III 132.
[93] *Weiß* in Klang² III 132.
[94] Vgl § 547 S 1.
[95] *Weiß* in Klang² III 132.
[96] VwGH 4.7.1979, 1172/78, VwSlg 9905 A; LG Linz 22.9.2005, 15 R 503/04, EFSlg 111.037.
[97] OGH 27.3.1995, 1 Ob 630/94, SZ 68/61; *Apathy* in KBB⁴ § 547 Rz 1.
[98] OGH 29.10.1969, 4 Ob 2316/96h, NZ 2000, 373; 20.9.2012, 2 Ob 166/12v, JusGuide 2012/44/10516 (OGH); VwGH 31.1.2012, 2011/05/0195; *Welser* in Rummel/Lukas, ABGB⁴ §§ 797-798a Rz 5; *Nemeth* in Schwimann/Kodek³ III § 819 Rz 8.
[99] UFS Graz 28.5.2010, RV/0348-G/09: Übergang der Antragslegitimation; *Schauer* in Gruber/Kalss/Müller/Schauer, Erbrecht und Vermögensnachfolge § 15 Rz 78.
[100] OGH 23.5.1996, 8 Ob 2014/96a, SZ 69/123: Rechnungslegungspflicht des neuen Masseverwalters.
[101] OGH 3.6.2003, 1 Ob 231/02f, EFSlg 104.611.

Erben berichtigt werden.[102] Wird während eines Revisionsverfahrens der Kläger zum Alleinerben des Beklagten, ist eine Fortsetzung des Verfahrens nicht mehr möglich, weil nunmehr Personenidentität besteht.[103]

2. Wirkungen des Erbrechtes

20 Die **Wirkungen** des Erbrechts bedeuten den **Eintritt der Gesamtrechtsnachfolge** und nach der Bestimmung des Gesetzes nur „in Rücksicht auf dieselbe".[104] Gemeint sind damit die mit der Übernahme des Erbes verbundenen Rechte und Pflichten vor allem Dritten gegenüber.[105]

Die Kündigung einer Mietwohnung nach § 30 Abs 2 Z 5 MRG ist nunmehr gegen alle Erben zu richten und nicht gegen die Verlassenschaft.[106] Die Erben sind nach der Einantwortung passiv klagslegitimiert und bilden eine notwendige Streitgenossenschaft.[107] Das Gleiche gilt für die Eintreibung einer Nachlassforderung.[108] Auch ausständige Pflegegebühren sowie eine offene Abgabenschuld[109] des Erblassers können vom Erben eingefordert werden.[110] Die Eröffnung einer Nachlassinsolvenz ist nicht mehr möglich, da mit der Einantwortung die Existenz der Verlassenschaft als juristische Person geendet hat. Die Insolvenz ist wirkungslos, weil der Insolvenzverwalter nur einen existierenden Gemeinschuldner vertreten kann.[111]

21 Ob dem Erben ein Recht auf Einsicht in den Sachwalterschaftsakt zusteht, muss differenziert beantwortet werden. So sieht § 141 AußStrG vor, dass „Auskünfte über die Einkommens- und Vermögensverhältnisse vom Gericht nur dem Pflegebefohlenem und seinen gesetzlichen Vertretern, nicht aber sonstigen Personen oder Stellen erteilt werden dürfen."[112] Durch diese Bestimmung soll vermieden werden, dass Dritte durch eine Einsichtnahme in den Pflegschaftsakt Informationen erlangen, zu denen sie ohne Pflegschaftsverfahren keinen Zugang gehabt hätten.[113] Jedoch ist der Erbe als Universalsukzessor in vermögensrechtlichen Belangen nicht Dritter iSd § 219 ZPO, denn er ist in die Rechte des Betroffenen im Sachwalterschaftsverfahren eingetreten. Durch den Übergang aller Rechte steht dem Alleinerben daher Akteneinsicht in die Abrechnung des Sachwalters des Erblassers,[114] sowie Akteneinsicht bezüglich der Einkommens- und

---

102 OGH 30.8.1979, 7 Ob 707/79, NZ 1980, 96; 27.9.1984, 6 Ob 812/83, EvBl 1985/81; 24.2.1994, 8 Ob 612/93, NZ 1994, 279; 20.3.2003, 6 Ob 31/03g, ZIK 2003/196, 140; 24.3.2015, 10 Ob 19/14p; *Werkusch-Christ* in Kletečka/Schauer, ABGB-ON 1.02 § 547 Rz 3.
103 OGH 27.9.1984, 6 Ob 812/83, EvBl 1985/81; 10.11.1993, 9 OB A 236/93: Grundsatz des Zweiparteiensystems.
104 *Weiß* in Klang² III 132.
105 *Weiß* in Klang² III 132.
106 OGH 11.3.1998, 9 Ob 35/98g, MietSlg 50.422.
107 OGH 11.3.1998, 9 Ob 35/98g, MietSlg 50.422.
108 OGH 27.2.2001, 5 Ob 14/01x, EFSlg 96.876.
109 UFS Wien 27.11.2009, RV/2088-W/09, FINDOK 44038.
110 VwGH 29.9.2005, 2000/11/0232.
111 OGH 22.7.2009, 3 Ob 84/09p, ZIK 2010/281, 184.
112 OGH 8.6.2015, 2 Ob 194/14i; 28.4.2010, 3 Ob 17/10m, iFamZ 2010/209, 287 (*Tschugguel*).
113 OGH 28.4.2010, 3 Ob 17/10m, iFamZ 2010/209, 287 (288) (*Tschugguel*).
114 OGH 29.10.1969, 4 Ob 2316/96h, NZ 2000, 373.

Vermögensverhältnisse des Verstorbenen zu.[115] Keine Einsicht erhält der Erbe allerdings in die personenbezogenen Daten, die die Persönlichkeitsrechte des Erblassers widerspiegeln, denn diese gehen nicht auf ihn über.[116]

Ist der Erbe nur Pflichtteils berechtigt, so kann ihm Akteneinsicht nur bei Nachweis eines rechtlichen Interesses gewährt werden,[117] das über ein bloß wirtschaftliches Interesse oder reines Informationsbedürfnis des Einsicht Begehrenden hinausreicht.[118] Grundsätzlich fehlt aber dem nur Pflichtteils berechtigten Erben der Status der Universalsukzession, sodass ihm nach § 141 AußStrG die Einsicht in den Sachwalterschaftsakt des Erblassers nicht zusteht.[119]

22 Aufgrund der Universalsukzession des Erben in die Rechtsstellung des Erblassers tritt er in die Rechte als Nutzer von Online-Plattformen ein („**digitaler Nachlass**").[120] Gleiches gilt auch für die Rechte als Vertragspartner eines Providers oder der Domainvergabestelle, die der Verstorbene innehatte.[121] Daher haben die Erben legalen Zugriff auf den PC, die Speichermedien des Verstorbenen und Online-Daten.[122] Über etwaige „Community-Profile" entscheiden ebenfalls die Erben.[123]

Teil B. Neues Erbrecht ab 1. 1. 2017

23 Das ErbRÄG 2015 weist schon mit der Überschrift für die §§ 546–560 ABGB daraufhin, dass die Verlassenschaft als juristische Person zu definieren ist. Mit § 546 ABGB wird ausdrücklich klargestellt, dass die Verlassenschaft nunmehr als juristische Person die Rechtsposition des Verstorbenen fortsetzt. Mit dieser Bestimmung wurde der ganz überwiegenden Lehre Rechnung getragen (vgl Rz 3).

Auch durch die – durch das ErbRÄG 2015 eingefügte – neue Überschrift für § 547 ABGB, ist nunmehr klar ersichtlich, dass der Erbe mit seiner Einantwortung Universalrechtsnachfolger des Erblassers wird (vgl dazu die Ausführungen in Rz 18 ff). Ansonsten wurde diese Bestimmung nur sprachlich neu gefasst, während der Inhalt derselbe geblieben ist.[124] Neu ist die ausdrückliche Erwähnung der Aneignung durch den Bund und die daraus folgende Konsequenz. Durch sie wird gleichfalls die Existenz des ruhenden Nachlasses beendet.[125]

---

115 OGH 8.6.2015, 2 Ob 194/14i; 28.4.2010, 3 Ob 17/10m, EvBl 2010/123.
116 OGH 28.4.2010, 3 Ob 17/10m, iFamZ 2010/209, 287 (288) (*Tschugguel*); 29.10.1996, 4 Ob 2316/96h, EFSlg 93.285.
117 OGH 30.5.2007, 9 Ob 15/07g, iFamZ 2007/151, 293.
118 OGH 19.3.2003, 7 Ob 48/03i, iFamz 2010, 288 (*Tschugguel*).
119 OGH 19.3.2003, 7 Ob 48/03i, iFamz 2010, 288 (*Tschugguel*).
120 *Thiele*, JusIT 2010/79, 169; ausführlich dazu *Gebauer*, ZHR 2015, 382 ff.
121 *Thiele*, JusIT 2010/79, 169.
122 *Thiele*, JusIT 2010/79, 169.
123 *Thiele*, JusIT 2010/79, 169.
124 EB zu 100/ME XXV, GP zu § 547.
125 EB zu 100/ME XXV, GP zu § 547.

§ 548. Verbindlichkeiten, die der Erblasser aus seinem Vermögen zu leisten gehabt hätte, übernimmt sein Erbe. Die von dem Gesetze verhängten Geldstrafen, wozu der Erblasser noch nicht verurteilt war, gehen nicht auf den Erben über.

Stammfassung JGS 1811/946.

Verbindlichkeiten

§ 548. Verbindlichkeiten, die der Verstorbene aus seinem Vermögen zu leisten gehabt hätte, übernimmt sein Erbe. Geldstrafen gehen nicht auf den Erben über.

IdF BGBl Nr I 2015/87 (ErbRÄG 2015), in Kraft ab 1. 1. 2017. Mat: EB RV 688 BlgNR 25. GP.

Lit: *F. Bydlinski*, Vorzeitige Gewährung von Heiratsgut oder Ausstattung und Tod des Dotierungspflichtigen, JBl 1985, 79; *Fenyves*, Erbenhaftung und Dauerschuldverhältnis (1982); *Kostner*, Die Unterhaltsschuld des Erben, NZ 1978, 171; *Linder*, Erbenhaftung, in Gruber/Kalss/Müller/Schauer (Hrsg), Erbrecht und Vermögensnachfolge (2010) 320; *Ofner*, Der Ur-Entwurf und die Berathungs-Protokolle des Österreichischen Allgemeinen bürgerlichen Gesetzbuches, Band I (1889); *Ostheim*, Zur Unterhaltsschuld des Erben, NZ 1979, 49; *Probst*, Die Vererblichkeit der Geldstrafe, ÖJZ 1977, 598; *Schauer*, Nachlass und vererbliche Rechtsverhältnisse, in Gruber/Kalss/Müller/Schauer (Hrsg), Erbrecht und Vermögensnachfolge (2010) 383; *Steininger*, Erbenhaftung beim Dauerschuldverhältnis, in Festschrift Wilburg (1975) 369; *Thiele*, Der digitale Nachlass – Erbrechtliches zum Internet und seinen Diensten, JusIT 2010//79; *Weiß/Ferrari*, Wesen des Erbrechts, in Ferrari/Likar-Peer (Hrsg), Erbrecht (2007) 1; *Zdesar*, Die Vererblichkeit des Unterhaltes der Kinder und ihre Behandlung im Verlassenschaftsverfahren, NZ 1979, 23; *Zemen*, Unterhaltsschuld des Erben und Pflichtteilsansprüche, JBl 1984, 337.

Übersicht

Teil A. Erbrecht bis 31. 12. 2016

I.	Entstehungsgeschichte und Auslegung	1
II.	Erbenhaftung für Nachlassschulden im Allgemeinen	2–7
	1. Erblasserschulden – Erbfallschulden – Erbgangschulden	3
	2. Schulden des Erblassers	4–5
	3. Haftung des Erbenvertreters bei Nachlassverwaltung?	6
	4. Vereinbarungen über die Erbenhaftung	7
III.	Geldstrafen	8

Teil B. Erbrecht ab 1. 1. 2017

IV.	ErbRÄG 2015	9

Teil A. Erbrecht bis 31. 12. 2016
I. Entstehungsgeschichte und Auslegung

Die bis heute unveränderte Bestimmung enthält zwei Anordnungen: „1. Verbindlichkeiten des Erblassers werden zu Verbindlichkeiten des Erben. Von den erst nach dem Tode des Erblassers begründeten Verbindlichkeiten, die gleichfalls den Erben treffen, spricht das Gesetz an dieser Stelle nicht. 2. **Geldstrafen**, zu denen der Erblasser zur Zeit des Erbfalles noch nicht verurteilt war, sind vom Erben nicht zu entrichten; sie sind also unvererblich."[1]

1

Die Bestimmung geht auf eine verkürzte Fassung des Urentwurfes (WGGB II § 327) zurück.[2] Den Beratungen zum Urentwurf ist zu entnehmen, dass der vom Gesetze gewählte und sicher nicht ganz passende Ausdruck „die von dem Gesetze verhängten Geldstrafen" vermeiden wollte, dass man in einer allgemein gefassten Bestimmung über die Unvererblichkeit der Strafen etwa die Festsetzung finden konnte, dass Vertragsstrafen nicht vererblich sein sollten.[3] Die Ausdrucksweise sollte die Beschränkung der Unvererblichkeit von „gesetzlichen Strafen" deutlich machen.[4] *Weiß*[5] sieht die Notwendigkeit, eine Bestimmung wie die vorliegende zu treffen, dadurch begründet, dass zwar § 531 ABGB auch die Verbindlichkeiten des Erblassers zum Nachlass zählt, aber § 532 ABGB als Gegenstand des Erbrechtes nur das Recht bezeichnet, die ganze Verlassenschaft oder einen in Bezug auf das Ganze bestimmten Teil in Besitz zu nehmen; dies beziehe sich schon dem Wortlaute nach nur auf das Aktivvermögen, nicht auf die Verbindlichkeiten, da man den Eintritt in Verpflichtungen, seien es nun solche, die noch zu Lebzeiten des Erblassers oder solche die nach seinem Tode begründet wurden, unmöglich als ein Inbesitznehmen bezeichnen könne.[6]

II. Erbenhaftung für Nachlassschulden im Allgemeinen

Entscheidend für den Übergang der Verbindlichkeiten des Erblassers an den Erben ist die **Rechtskraft der Einantwortung**.[7] Das gilt auch für den Erben, der eine unbedingte Erbantrittserklärung abgegeben hat.[8] Besondere Bestimmungen über die Vererblichkeit von Rechten und Verbindlichkeiten

2

---

1 Zitiert nach *Weiß* in Klang² III 138; *Werkusch-Christ* in Kletečka/Schauer, ABGB-ON 1.03 § 548 Rz 1.
2 *Weiß* in Klang² III 137; *Ofner* I 324.
3 *Weiß* in Klang² III 137.
4 So *Weiß* in Klang² III 137.
5 *Weiß* in Klang² III 138.
6 Vgl *Weiß*, aaO, sowie die Erörterungen aus Anlaß der Entstehung des dBGB, *Mugdan*, Materialien, Erbrecht 421.
7 StRsp u L; so zB OGH 29.10.1996, 4 Ob 2316/96h, NZ 2000, 373; LG Linz 22.9.2005, 15 R 503/04, EFSlg 111.037; *Welser* in Rummel/Lukas⁴ § 548 Rz 1; *Eccher* in Schwimann/Kodek⁴ III § 548 Rz 3; *Linder* in Gruber/Kalss/Müller/Schauer, Erbrecht und Vermögensnachfolge § 12 Rz 7.
8 OGH 29.9.1960, 5 Ob 331/60, SZ 33/100.

sind kaum im Gesetz geregelt. Sie stehen meist in Zusammenhang mit der Sachmaterie.[9]

Die im Schrifttum vertretene Ansicht, privatrechtliche Rechtsverhältnisse seien in der Regel vererblich, öffentlich-rechtliche Rechtsverhältnisse dagegen meist nicht,[10] entbehrt einer überzeugenden Grundlage.[11] Denn ob ein Rechtverhältnis vererblich ist, muss sich grundsätzlich aus seinem Zweck ergeben.[12] Als Ableitungsbasis können die §§ 531, 1448 ABGB und § 548 ABGB hilfreich sein. § 531 ABGB definiert den Nachlass als aus den Rechten und Pflichten des Erblassers bestehend, die nicht bloß auf die persönlichen Verhältnisse gegründet sind.[13] § 1448 ABGB stellt klar, dass durch den Tod nur solche Rechte und Verbindlichkeiten erlöschen, die auf die Person eingeschränkt sind oder bloß persönliche Handlungen des Verstorbenen betreffen. § 548 ABGB präzisiert sodann in seinem ersten S, dass der Erbe nur solche Schulden zu übernehmen habe, die der Erblasser aus seinem Vermögen zu leisten gehabt hätte.[14] Daher kann als **Grundregel** Folgendes angenommen werden: Regelmäßig **vererblich** sind **vermögensrechtliche Rechtsverhältnisse**, während Rechtsverhältnisse, die auf persönlichem Vertrauen beruhen oder auf die Person eines Beteiligten zugeschnitten sind (**höchstpersönliche Rechte**), meist **nicht vererbt** werden können.[15] Darunter fallen die Persönlichkeitsrechte und Familienrechte, und folgende – ausdrücklich durch Gesetz geregelte – Rechte: Das vertragsmäßige Veräußerungs- und Belastungsverbot (§ 364c ABGB), persönliche Servituten (§ 529 S 1 ABGB), die Vollmacht (§ 1022 ABGB), der Vorbehalt des Wiederkaufrechts (§§ 1068, 1070 ABGB) und des Vorkaufrechts (§ 1073 ABGB).[16]

Als **vererblich** hingegen wird in § 1337 ABGB die Übernahme der Verbindlichkeiten des Schädigers durch seine Erben normiert.[17] Als weiteres Beispiel für durch Gesetz geregelte Vererblichkeit wird § 52 Abs 3 UGB angeführt.[18] Dies ist mE irreführend, weil die Prokura zwar vom Tod des Unternehmers unabhängig ist, aber selbst wohl nicht vererbt werden kann. Wurde der **Anspruch** auf **Abgeltung** der Mitwirkung des Ehepartners im Haushalt (§ 99 ABGB) und der Anspruch auf **Aufteilung** des ehelichen Gebrauchsvermögens (§ 96 EheG) gerichtlich geltend gemacht oder vertraglich vereinbart, geht er auch auf den Erben über.

---

[9] *Schauer* in Gruber/Kalss/Müller/Schauer, Erbrecht und Vermögensnachfolge § 15 Rz 3.
[10] *Welser* in Rummel/Lukas[4] § 351 Rz 2; *Eccher* in Schwimann/Kodek[4] III § 531 Rz 24.
[11] *Schauer* in Gruber/Kalss/Müller/Schauer, Erbrecht und Vermögensnachfolge § 15 Rz 4.
[12] *Kralik,* Erbrecht 12; *Schauer* in Gruber/Kalss/Müller/Schauer, Erbrecht und Vermögensnachfolge § 15 Rz 4.
[13] *Schauer* in Gruber/Kalss/Müller/Schauer, Erbrecht und Vermögensnachfolge § 15 Rz 4.
[14] UFS Wien 19.9.2007, RV/1384-W/05; *Schauer* in Gruber/Kalss/Müller/Schauer, Erbrecht und Vermögensnachfolge § 15 Rz 4.
[15] OGH 5.4.1984, 7 Ob 18/84, SZ 57/73; 30.9.1996, 6 Ob 2068/96b, SZ 69/217; 29.1.2004, 6 Ob 263/03z, SZ 2004/15; *Schauer* in Gruber/Kalss/Müller/Schauer, Erbrecht und Vermögensnachfolge § 15 Rz 4.
[16] *Koziol/Welser*[13] II 447.
[17] Vgl auch *Schauer* in Gruber/Kalss/Müller/Schauer, Erbrecht und Vermögensnachfolge § 15 Rz 3.
[18] *Schauer* in Gruber/Kalss/Müller/Schauer, Erbrecht und Vermögensnachfolge § 15 Rz 3.

1. Erblasserschulden – Erbfallschulden – Erbgangschulden

§ 548 ABGB bezieht sich lediglich auf die Übernahme der **Verbindlichkeiten des Erblassers** durch den Erben = **Erblasserschulden**, während die umfassende Erbenhaftung im Zusammenhang mit der unbedingten Erbantrittserklärung in § 801 ABGB geregelt ist. Von den Erblasserschulden zu unterscheiden sind die **Erbfallschulden**. Zu ihnen zählen Vermächtnisschulden, Auflagen, Unterhaltsansprüche und Pflichtteilsansprüche[19]. Letztgenannte Ansprüche werden vom vorhandenen Nachlasswert berechnet.[20] Für Vermächtnisse und Auflagen haftet der Erbe bei unbedingter Erbantrittserkärung unbeschränkt.[21] Zusätzlich sind noch die **Erbgangschulden** zu erwähnen, die durch die Kosten des Inventars, der Nachlassabhandlung und den Prozesskosten bei Nachlassstreitigkeiten entstehen.[22] Sie stellen Passiva der Verlassenschaft dar und sind bei der Pflichtteilsberechnung zu berücksichtigen.[23]

3

Unter welcher Art der Schulden die **Begräbniskosten** einzuordnen sind, ist in der Lit umstritten.[24] Während *Apathy* und *Welser* sie zu den Erbfallschulden zählen,[25] werden sie von *Kralik* als Erblasserschulden bezeichnet.[26] Allerdings differenzieren sowohl *Apathy* als auch *Welser* nicht zwischen Erbfall- und Erbgangschulden.[27] ME handelt es sich bei den Begräbniskosten um Erblasserschulden, da sie ausdrücklich auf dem Nachlass haften (§ 549 ABGB) und auch unmittelbar aus dem Tod des Erblassers resultieren. Auch spricht die Fiktion des ruhenden Nachlasses dafür, die quasi die Verlassenschaft als noch im Besitz des Erblassers behandelt (dazu § 547 Rz 1).

2. Schulden des Erblassers

Entgegen der Grundregel (Rz 2) können **höchstpersönliche Verbindlichkeiten** dann vererbbar werden, wenn sie bereits zu Lebzeiten des Erblassers bestanden oder sich doch mit seinem Tode in bestimmter Weise **vermögensrechtlich konkretisiert** haben.[28] So zählen bei **Dauerschuldverhältnissen** nur die sogenannten Altschulden zu den Erblasserschulden.[29] Bei beschränkter Er-

4

---

[19] *Nemeth* in Schwimann/Kodek⁴ III § 801 Rz 2; näher dazu *Ferrari* in Ferrari/Likar-Peer, Erbrecht 484.
[20] *Nemeth* in Schwimann/Kodek⁴ III § 801 Rz 2.
[21] *Nemeth* in Schwimann/Kodek⁴ III § 801 Rz 2; Näheres dazu bei § 800 ABGB.
[22] *Nemeth* in Schwimann/Kodek⁴ III § 801 Rz 2; *Fenyves,* Erbenhaftung 21.
[23] OGH 3.10.1967, 8 Ob 234/67, SZ 40/122; 23.1.1968, 8 Ob 358/67, SZ 41/7 (Herabsetzung der Steuervorschreibung der Verstorbenen); 25.11.2008, 9 Ob 57/08h.
[24] Vgl *Ferrari* in Ferrari/Likar-Peer, Erbrecht 484; *Eccher* in Schwimann/Kodek⁴ III § 549 Rz 1.
[25] *Apathy* in KBB⁴ § 549 Rz 1; *Welser* in Rummel/Lukas⁴ § 549 Rz 1.
[26] *Ehrenzweig/Kralik*, Erbrecht³ 347; *Eccher* in Schwimann/Kodek⁴ III § 549 Rz 1
[27] *Apathy* in KBB⁴ § 764 Rz 2; *Welser* in Rummel/Lukas⁴ § 784 Rz 7.
[28] OGH 15.6.2000, 4 Ob 85/00d, JBl 2001, 54; 25.10.2000, 2 Ob 281/00p, SZ 73/167; 29.1.2004, 6 Ob 263/03z, SZ 2004/15; *Kralik*, Erbrecht 13*; Apathy* in KBB⁴ § 548 Rz 1; *Eccher* in Schwimann/Kodek⁴ III § 548 Rz 1; *Werkusch-Christ* in Kletečka/Schauer, ABGB-ON 1.02 § 548 Rz 1; *Thiele*, JusIT 2010/79, 167 (169).
[29] *Nemeth* in Schwimann/Kodek⁴ III § 801 Rz 2; *Linder* in Gruber/Kalss/Müller/Schauer, Erbrecht und Vermögensnachfolge § 12 Rz 4; *Ferrari* in Ferrari/Likar-Peer, Erbrecht 484; *Steininger*, FS Wilburg (1975) 369 (373); ausführlich *Fenyves*, Erbenhaftung 33 ff.

benhaftung richtet sich der Umfang der Haftung des Erben gegenüber den Nachlassgläubigern nach der Höhe der Erbquote.[30] Reicht der Nachlass zur Befriedigung der Forderung nicht aus, muss der Erbe die Unzulänglichkeit des Nachlasses beweisen.[31]

5   Beispiele für Verbindlichkeiten des Erblassers, die der Erbe übernehmen muss:

Steuern und Sozialversicherungsbeiträge: An einer ererbten Liegenschaft haftet die Pflicht zur Abgabe der Grundverkehrssteuer, die der Erblasser zu Lebzeiten nicht entrichtet hat. Nach § 19 Abs 1 BAO gehen bei Gesamtrechtsnachfolge die Rechte und Pflichten des Rechtsvorgängers, die sich aus Abgabenvorschriften ergeben haben, auf den Rechtsnachfolger über.[32] Auch haftet der Gesamtrechtsnachfolger für die zu Lebzeiten seines Vorgängers entstandenen Beitragsschulden zur Sozialversicherung.[33] Für deren Geltendmachung gegen die Erben des Versicherten ist der Rechtsweg zulässig.[34] Auch die Verpflichtung aus § 334 ASVG geht auf die Erben des Verpflichteten über.[35]

Heiratsgut bzw **Ausstattung bei Verehelichung**.[36] Der Anspruch kann nur dann gegen den Rechtsnachfolger gerichtet werden, wenn die Zusage noch vor dem Tode des Erblassers erfolgte bzw vertraglich vereinbart wurde.[37] Wurde der Anspruch bereits gerichtlich geltend gemacht und stirbt der Erblasser während des Verfahrens, ist dieses trotzdem fortzusetzen.[38] Der Anspruch erlischt nicht durch den Tod des Leistungspflichtigen.[39]

Auch **Beseitigungspflichten,** die aus Störungshandlungen des Erblassers resultieren, können auf den Erben übergehen, wenn sie zu Lebzeiten des Erblassers vermögensrechtlich konkretisiert wurden.[40]

Ebenso geht die **Unterhaltspflicht** auf den Erben über. Die Pflicht zur Zahlung eines Unterhalts kann sowohl gegenüber Kindern (§ 233 ABGB) als auch Ehepartnern (§ 78 EheG) bestehen. Der Übergang des Kindesunterhalts ist in § 233 ABGB normiert.[41] Die Unterhaltspflicht der Großeltern ist hingegen nicht vererblich.[42] Voraussetzung für den Unterhaltsanspruch des überle-

---

30 *Koziol/Welser*[13] II 531.
31 OGH 19.12.2005, 2 Ob 150/05f, EFSlg 111.083.
32 VwGH 20.2.1992, 90/16/0185, ÖStZB 1993, 17; *Werkusch-Christ* in Kletečka/Schauer, ABGB-ON 1.02 § 548 Rz 1.
33 OGH 29.6.1965, 8 Ob 115/65, SZ 38/109; 13.2.1969, 2 Ob 21/69, SZ 42/29: Nachzahlung Gebietskrankenkasse für Arbeitnehmer; *Weiß/Ferrari* in Ferrari/Likar-Peer, Erbrecht 7 mwN.
34 OGH 29.6.1965, 8 Ob 115/65, SZ 38/109.
35 OGH 18.3.1965, 2 Ob 370/64, SZ 38/42.
36 OGH 1.10.1954, 1 Ob 617/54, SZ 27/247; 3.4.1968, 6 Ob 89/68, SZ 41/38 (Heiratsgut). Aufgehoben durch ErbRÄG 2015.
37 OGH 3.4.1968, 6 Ob 89/68, SZ 41/38; *Weiß/Ferrari* in Ferrari/Likar-Peer, Erbrecht 30; *F. Bydlinski*, JBl 1985, 79 (82).
38 OGH 1.10.1954, 1 Ob 617/54, SZ 27/247.
39 OGH 1.10.1954, 1 Ob 617/54, SZ 27/247.
40 OGH 25.10.2000, 2 Ob 281/00p, SZ 73/167; *Werkusch-Christ* in Kletečka/Schauer, ABGB-ON 1.02 § 548 Rz 1.
41 *Weiß/Ferrari* in Ferrari/Likar-Peer, Erbrecht 31.
42 *Weiß/Ferrari* in Ferrari/Likar-Peer, Erbrecht 31.

benden Ehepartners gegen den Erben ist, dass die Ehe im Zeitpunkt des Todes noch aufrecht und die Scheidung nicht eingereicht war.[43]

Das **Ausmaß der Unterhaltspflicht** des Erben richtet sich nach dem Umfang des Vermögens des Erblassers zur Zeit der Geltendmachung des Anspruchs.[44] Die Schuld geht nur bis zum Wert der Verlassenschaft auf die Erben über.[45] Wurde wegen Überschuldung der Nachlasskonkurs verhängt, so besteht kein Unterhaltsanspruch.[46] Die hL sieht in der übernommenen Pflicht des Erben zur Zahlung des Unterhalts nicht die Schuld des Erblassers sondern eine Erbfallschuld, da diese durch den Tod des Erblassers neu entsteht.[47] ME entstand der Rechtsgrund der Unterhaltsverpflichtung schon zu Zeiten des Erblassers und stellt somit eine Erblasserschuld dar.

Namensrecht. Wurde die Verwendung eines **Namens** vertraglich gegen Entgelt einem Dritten eingeräumt, so ist auch der Rechtsnachfolger des Namenträgers an diesen Vertrag gebunden.[48]

3. Haftung des Erbenvertreters bei der Nachlassverwaltung

Bis zur Einantwortung verwaltet der Erbe ein ihm nicht gehörendes Vermögen.[49] Im Rahmen der Verwaltung muss er im objektiven Interesse des Nachlasses Verfügungen treffen, die für den Nachlass verpflichtend sind. Dabei kann es sich um unaufschiebbare Anordnungen handeln, wie zB der Verkauf von verderblicher Ware.[50]

Gegen den verwalteten Nachlass kann vertraglich oder außervertraglich ein **Schadenersatzanspruch** auch ohne Verschulden des verwaltenden Erben erwachsen, wenn zB der Erblasser Tierhalter war.[51] Schadenersatzansprüche sind in solch einem Fall gegen den Nachlass zu richten. Hat der Erbe die Erfüllung von Verbindlichkeiten, die den Nachlass betreffen, vereitelt, entsteht für den Nachlass ein Anspruch auf Schadenersatz gegen den Verwalter.[52] Für außervertragliche Handlungen des verwaltenden Erben, die einen Schaden verursachen, haftet er selbst ganz allgemein.[53] Verwaltet der Alleinerbe den Nachlass und wird ihm dieser eingeantwortet, so sind ihm die entstandenen Verbindlichkeiten zuzurechnen.[54]

6

---

43 *Weiß/Ferrari* in Ferrari/Likar-Peer, Erbrecht 32 ff.
44 OGH 11.9.1957, 3 Ob 271/57, SZ 30/50.
45 *Zdesar,* NZ *1979, 23.*
46 OGH 11.9.1957, 3 Ob 271/57, SZ 30/50; vgl *Kostner,* NZ 1978, 171 und kritisch dazu *Ostheim,* NZ 1979, 49 (50 f).
47 *Weiß/Ferrari* in Ferrari/Likar-Peer, Erbrecht 31; ausführlich diskutiert bei *Zemen,* JBl 1984, 337.
48 OGH 15.6.2000, 4 Ob 85/00d, JBl 2001, 54.
49 Zur Nachlassverwaltung durch bestellten Verwalter s § 550 Rz 4.
50 Vgl auch *Weiß* in Klang² III 142.
51 *Weiß* in Klang² III 142.
52 *Weiß* in Klang² III 142.
53 *Weiß* in Klang² III 143.
54 *Weiß* in Klang² III 143.

4. Vereinbarungen über die Erbenhaftung

7 Eine Vereinbarung hinsichtlich der **Haftung** für **Nachlassverbindlichkeiten** zwischen den Erben und den Nachlassgläubigern ist möglich.[55] Der Inhalt einer derartigen Vereinbarung kann zB die **Beschränkung der Haftung** auf das Nachlassvermögen sein, das dem Gläubiger außergerichtlich zur Verfügung gestellt wird oder der Erbe verpflichtet sich, den Nachlass selbst zugunsten der Gläubiger zu liquidieren.[56] Bleibt die **Liquidation** des Nachlasses **zu Gunsten des Gläubigers** in den Händen des Erben, kann der Gläubiger jederzeit Einsicht in die Verwaltung des Nachlasses verlangen. Der Erbe kann auch einer bestimmten Person eine **Generalvollmacht** zur Verwertung des Nachlasses erteilen. Wurde die Vollmacht aufgrund der Vereinbarung mit den Gläubigern erteilt, kann sie nicht mehr einseitig widerrufen werden.[57] Ein Antrag auf die Eröffnung einer Nachlassinsolvenz oder eines Nachlassausgleichs durch den Erben entgegen der Vereinbarung, würde ihn schadenersatzpflichtig machen.[58] Allerdings würde die Vereinbarung kein Hindernis für die Erledigung des Antrags darstellen.[59]

III. Geldstrafen

8 **Nicht rechtskräftig** verhängte Geldstrafen des Verstorbenen gehen nicht auf den Erben über. Durch die nunmehr beabsichtigte Neuformulierung[60] des Gesetzestextes kommt der Inhalt der Bestimmung klar zum Ausdruck.[61] Wie ausweislich in den EB[62] zum ErbRÄG 2015 handelt es sich bei S 2 nur um eine Umformulierung zur sprachlichen Klarstellung. Er ist subsidiär zu spezielleren Regeln anzuwenden.[63] Der Inhalt der Norm bleibt unverändert.

Der Vererblichkeit einer Geldstrafe nach rechtskräftiger Verurteilung wurde weitgehend materiell-rechtlich derogiert.[64] Denn nach der Bestimmung des § 411 StPO erlischt mit dem Tod des Verurteilten die Verbindlichkeit zur Zahlung von Geldstrafen, soweit sie noch nicht vollzogen wurden. Gleichfalls normiert § 14 Abs 2 VStG, dass mit dem Tod des Bestraften die Vollstreckbarkeit der Geldstrafe nicht mehr möglich ist. Auch im Finanzstrafverfahren (§ 173 FinStrG) wird auf die Konsequenz des Todes des Beschuldigten hingewiesen: Stirbt er **vor Eintritt der Rechtskraft** des Erkenntnisses (der Strafverfügung), so ist das Strafverfahren einzustellen. Stirbt der Bestrafte **nach Rechtskraft**

---

[55] *Weiß* in Klang² III 144.
[56] *Weiß* in Klang² III 144.
[57] *Weiß* in Klang² III 144.
[58] *Weiß* in Klang² III 144.
[59] *Weiß* in Klang² III 144.
[60] EB zu 100/ME XXV. GP zu § 548 ABGB (ErbRÄG 2015).
[61] Kritisch zum noch geltenden Normtext schon *Probst*, ÖJZ 1977, 598 (606), auch mit geschichtlichem Hintergrund.
[62] EB zu 100/ME XXV. GP zu § 548 ABGB (ErbRÄG 2015).
[63] EB zu 100/ME XXV. GP zu § 548 ABGB (ErbRÄG 2015).
[64] *Eccher* in Schwimann/Kodek⁴ III § 548 Rz 2; *Welser* in Rummel/Lukas⁴, § 548 Rz 4.

des Erkenntnisses (der Strafverfügung), so geht die Verbindlichkeit zur Entrichtung von Geldstrafen, Wertersätzen und Kosten nicht auf die Erben über.

IV. ErbRÄG 2015

Lit: *Schauer/Motal/Reiter/Hofmair/Wöss*, Erbrechtsreform: Paradigmenwechsel oder Window Dressing?, JEV 2015, 40.

Durch das ErbRÄG 2015 wurde dieser Norm eine inhaltsbezeichnende 9 Überschrift vorangestellt, Inhalt und Zweck der Norm sind unverändert. Durch die Novellierung wurde sprachliche Klarheit geschaffen. Daher kann auch für das „neue Erbrecht" auf die vorangehenden Ausführungen verwiesen werden. Hinsichtlich der Geldstrafen ist den EB[65] zu entnehmen, dass die Regelung dieser Bestimmung subsidiär zu spezielleren Regelungen gilt (vgl dazu die Ausführungen in Rz 8).

Schauer/Motal/Reiter/Hofmair/Wöss sind der Ansicht, dass diese Bestimmung ersatzlos gestrichen werden könnte, da die in Abs 1 genannten Verbindlichkeiten des Erblassers und deren Rechtsfolgen bereits von § 547 erfasst wurden. Das träfe auch hinsichtlich der Vererbbarkeit von Geldstrafen zu (S 2), weil § 411 STPO, § 14 Abs 2 VStG und § 173 FinStrG normieren, dass rechtskräftig verhängte Geldstrafen mit dem Tod des Verpflichteten erlöschen.[66] Durch das ErbRÄG 2015 wurden die Bestimmungen über das Heiratsgut als nicht mehr zeitgemäß aufgehoben (Rz 5).

§ 549. Zu den auf einer Erbschaft haftenden Lasten gehören auch die Kosten für das dem Gebrauche des Ortes, dem Stande und dem Vermögen des Verstorbenen angemessene Begräbnis.

Stammfassung JGS 1811/946.

Begräbniskosten

§ 549. Zu den auf einer Verlassenschaft haftenden Lasten gehören auch die Kosten für ein ortsübliches und den Lebensverhältnissen sowie dem Vermögen des Erblassers angemessenes Begräbnis.

IdF BGBl Nr I 2015/87 (ErbRÄG 2015), in Kraft ab 1. 1. 2017. Mat: EB RV 688 BlgNR 25. GP.

---

[65] EB zu 100/ME XXV. GP zu § 548 ABGB (ErbRÄG 2015).
[66] *Schauer/Motal/Reiter/Hofmair/Wöss*, JEV 2015, 40 (45); *Werkusch-Christ* in Kletečka/Schauer, ABGB-ON 1.03 § 548 Rz 2.

§ 549

Lit: *Mayerhofer*, Überlassung des Nachlasses an Zahlungs Statt und kridamäßige Verteilung, NZ 1992, 220; *Rummel*, Altes und Neues zu § 1042 ABGB, JBl 2008, 432; *Straka*, Totenmahl als außergewöhnliche Belastung, SWK 1/2008, 1; *Langheinrich/Ryda*, Die ertragsteuerliche Behandlung der mit einem Todesfall in Zusammenhang stehenden Aufwendungen, FJ 2011, 369; *Schuster*, Wie viel darf der Tod kosten?, SWK 20/21/2011, 762; *Wanke*, Steuerliche Abzugsfähigkeit von Aufwendungen für ein einfaches ortsübliches Totenmahl, UFSjournal 2011, 286.

Übersicht

Teil A. Erbrecht bis 31.12.2016

I.	Geschichtliches	1
II.	Inhalt der Bestimmung.	2
III.	Erblasserische Verfügungen	3
IV.	Begründung des Ersatzanspruchs Dritter aus § 1042 ABGB	4
V.	Entfall des Anspruchs gegenüber dem Nachlass iZm § 1327 ABGB	5
VI.	Haftung für die Begräbniskosten nach dem Nachlass	6
VII.	Umfang des Anspruchs	7–14
VIII.	Überschuldete Verlassenschaft	15–17
IX.	Bestattungskosten und Steuerrecht	18

Teil B. Erbrecht ab 1.1.2017

X.	ErbRÄG 2015	19

Teil A. Erbrecht bis 31.12.2016

I. Geschichtliches

1 Wie schon *Weiß* in der Vorauflage ausführt hatte, sprach bereits das prätorische Edikt der Römer von **Begräbniskosten**.[1] Es gewährte mit der *actio funeraria* demjenigen einen Ersatzanspruch, der für einen anderen Verpflichteten die Bestattung besorgt hatte.

Schon damals war zu der Beerdigung des Verstorbenen derjenige verpflichtet, der für diesen Zweck eine Zuwendung erhalten hatte, ferner der Erbe, bei der verheirateten Frau nicht der Ehemann, sondern derjenige, dem ihre Dos zufiel. Und letztendlich der Inhaber der väterlichen Gewalt.[2]

Die *actio funeraria* des prätorischen Edikts war ein Fall der Geschäftsführung.[3] Auch in den Beratungen vor Zustandekommen des ABGB wurden die Begräbniskosten als ein Fall der Geschäftsführung mit oder ohne Auftrag diskutiert.[4] Dagegen wurde eingewandt, dass derjenige, der die Bestattung gegen

---
[1] De sumptibus funerum; *Weiß* in Klang² III 145.
[2] *Weiß* in Klang² III 145.
[3] *Weiß* in Klang² III 145.
[4] *Weiß* in Klang² III 146 bezugnehmend auf *Ofner*, Ur-Entwurf II 150.

das Verbot des Erben vornimmt, niemals einen Ersatzanspruch hätte, sondern nur den gemachten Aufwand in natura zurücknehmen könnte.[5]

Da die Beerdigung im öffentlichen Interesse ist (Volksgesundheit), sei diese Rechtsgestaltung unannehmbar. Deshalb verpflichtete schon die damalige Rechtsordnung (§ 46 AußStrG) den die Todesfallaufnahme vollziehenden Gerichtsabgeordneten, einem Hausgenossen des Erblassers oder einer anderen tauglichen Person die zur Bezahlung der Leichenkosten erforderlichen Beträge aus den Verlassenschaftsgeldern vorzuschießen.

II. Inhalt der Bestimmung

§ 549 soll sicherstellen, dass der Verstorbene ein ihm gebührendes Begräbnis[6] erhält. **Die Begräbniskosten** gehören zu jenen Verbindlichkeiten, die mit dem Tod des Erblassers entstehen.[7] Sie werden als Erbfallschulden qualifiziert[8] und beinhalten die mit dem Begräbnis in unmittelbarem Zusammenhang stehenden Aufwendungen.[9] Vom Gesetz her werden sie so behandelt, als wären sie noch vom Erblasser selbst zu tragen.[10]

Die Kosten eines Begräbnisses sind vorerst aus der Verlassenschaft zu berichtigen.[11] Wer sie letztendlich tragen muss, beantwortet sich danach, in wessen Vermögen der Nachlass übergeht.[12] Das bestimmt sich aufgrund einer letztwilligen Verfügung oder der gesetzlichen Erbfolge, eines Vermächtnisses oder durch Erbschaftskauf.[13] Der Erbe haftet erst nach Einantwortung im Umfang seiner Erbantrittserklärung.[14] Bei Verletzung mit Todesfolgen entfällt der Ersatzanspruch gegen den Nachlass. Die aus dem Begräbnis entspringenden Kosten hat dann der Schädiger gem § 1327 zu tragen (näher unten Rz 5 ff).[15]

In der Verlassenschaftsabhandlung werden die Begräbniskosten bevorzugt behandelt.[16] Sie stellen eine bevorrechtete Verbindlichkeit des Nachlasses dar und sind daher vor allem aus dem vorhandenen, verwertbaren Nachlassvermögen zu bestreiten.[17]

---

5 *Weiß* in Klang² III 146.
6 Die Begriffe Begräbnis, Beerdigung und Bestattung wurden synonym verwendet.
7 LG Salzburg 10.5.2006, 21 R 206/06z, EF 114.030.
8 LG Salzburg 10.5.2006, 21 R 206/06z, EF 114.030; *Werkusch-Christ* in Kletečka/Schauer, ABGB-ON 1.02 § 549 Rz 1.
9 *Apathy* in KBB⁴ § 549 Rz 1.
10 LG Salzburg 13.12.2012, 21 R 434/12p, EFSlg 134.669; 10.5.2006, 21 R 206/06z, EF 114.030; 10.11.2004, 21 R 369/04t, EFSlg 108.024; OGH 18.10.1995, 7 Ob 1684/95, EFSlg 78.371.
11 HL u Rsp; zB LG Salzburg 21.2.2007, 21 R 65/07s, EFSlg 117.185; *Werkusch-Christ* in Kletečka/Schauer, ABGB-ON 1.02 § 549 Rz 1; *Welser* in Rummel/Lukas⁴ § 549 Rz 1.
12 *Weiß* in Klang² III 148.
13 *Weiß* in Klang² III 148.
14 LG Salzburg 21.2.2007, 21 R 65/07s, EFSlg 117.185.
15 So auch *Weiß* in Klang² III 148.
16 *Weiß* in Klang² III 146.
17 UFS Feldkirch 12.11.2012, RV/0373-F/12, FINDOK 62424; UFS Wien 13.12.2007, RV/3345-W/07; UFS Linz 16.3.2004, RV/2144-L/02.

III. Erblasserische Verfügungen

3   Der Erblasser kann hinsichtlich seines Begräbnisses in einer letztwilligen Verfügung selbst Anordnungen treffen. Er kann einen Erben oder Vermächtnisnehmer mit dieser Aufgabe und auch mit der Tragung der Kosten betrauen.[18] Der zur Kostentragung Verpflichtete hat keinen Ersatzanspruch der Begräbniskosten gegen den Nachlass.[19] Das gilt auch für einen Erben, der durch einen Übergabevertrag zur Bestreitung der Begräbniskosten verpflichtet wurde, denn der vertragliche Anspruch geht nicht mit dem Tod des Erblassers unter.[20]

Der Erblasser kann auch Teile seines Vermögens zur Abdeckung der Kosten bestimmen oder einen Vertrag mit einem Dritten über die Kostentragung schließen.[21] Das kann zB in Form eines dafür reservierten Sparbuches oder durch Beitritt zu einem Bestattungsvorsorge-Verein (zB Wiener Verein) geschehen.

IV. Begründung des Ersatzanspruchs Dritter aus § 1042 ABGB

4   Gem § 1042 kann derjenige Ersatz fordern, der für einen anderen einen Aufwand macht, den dieser nach dem Gesetz selbst hätte machen müssen.[22] Hat daher ein Dritter die Bestattung bestellt und/oder die Begräbniskosten bezahlt, so steht ihm gem § 1042 ein Anspruch gegen die Verlassenschaft zu.[23] Auch das Bestattungsunternehmen kann seine Kostenforderung gegen den Nachlass einbringen.[24] Der Anspruch scheidet aus, wenn der Aufwand in der Absicht erfolgte, keinen Ersatz zu fordern[25] oder die Bestellung gegen den Willen der Vertreter der Verlassenschaft getätigt wurde.[26]

Hat hingegen die **Gemeinde** das Begräbnis in Auftrag gegeben, muss sie denjenigen, dem die Obsorge für die Bestattung obliegt, durch **Bescheid** zur Bezahlung der Kosten verpflichten,[27] weil die Verpflichtung der Gemeinde eine öffentlich-rechtliche ist. Eine zivilrechtliche Klage gemäß § 1042 ist für die Gemeinde nicht möglich.[28]

---

[18] StRsp; zB LG Salzburg 29.7.2010, 21 R 219/10t, EFSlg 127.091; 15.5.2008, 21 R 235/08t, EFSlg 119.808; LG Salzburg 21.2.2007, 21 R 65/07s, EFSlg 117.185.
[19] StRsp; zB LG Salzburg 29.7.2010, 21 R 219/10t, EFSlg 127.091; 15.5.2008, 21 R 235/08t, EFSlg 119.808; 21.2.2007, 21 R 65/07s, EFSlg 117.185.
[20] LG Salzburg 10.5.2006, 21 R 206/06z, EF 114.030; OGH 6.9.1957, 7 Ob 358/57, ÖRZ 1958, 12.
[21] LG Salzburg 10.5.2006, 21 R 206/06z, EF 114.030.
[22] OGH 29.6.2006, 6 Ob 136/06b, EFSlg 114.029; *Welser* in Rummel/Lukas[4] § 549 Rz 5.
[23] LGZ Wien 5.2.1998, 34 R 201/97d, EFSlg 87.169; *Apathy* in KBB[4] § 549 Rz 2; *Weiß* in Klang[2] III 148.
[24] *Apathy* in KBB[4] § 549 Rz 2; *Weiß* in Klang[2] III 148.
[25] *Rummel*, JBl 2008, 436.
[26] LGZ Wien 5.2.1998, 34 R 201/97d, EFSlg 87.169; OGH 4.10.1938, 2 OB 559/38, SZ 20/199.
[27] VfGH 28.2.1997, B 1257/96, VfSlg 14771/1997.
[28] VfGH 28.2.1997, B 1257/96, VfSlg 14771/1997.

V. Entfall des Anspruchs gegenüber dem Nachlass iZm § 1327 ABGB

Folgt einer körperlichen Verletzung der Tod, so müssen die dadurch entstandenen Kosten von dem Schädiger getragen werden.[29] Sofern sie vom Schädiger zu erlangen sind, entfällt der Ersatzanspruch gegen den Nachlass. Diese Kosten umfassen nicht nur eine angemessene Bestattung sondern auch den Ersatz für den Unterhalt für die Hinterbliebenen, für die der Getötete nach dem Gesetze zu sorgen hatte, und das, was ihnen dadurch entgangen ist.

Unter den Begriff „**alle Kosten**" in § 1327 fallen auch die Ausgaben für die Errichtung und erste Ausstattung der Grabstätte.[30] Als Maßstab werden die Vorschriften des § 549 herangezogen, dh die Bestattung muss dem Gebrauche des Ortes, dem Stande und dem Vermögen des Verstorbenen entsprechen und darf nicht auf ein ganz einfaches Begräbnis beschränkt werden.[31] Das Grabmal ist vom Schädiger auch dann zu ersetzen, wenn der Erbe die Absicht hat, eines zu errichten, dieses aber noch nicht geplant oder in Auftrag gegeben wurde.[32] Unter Bedachtnahme der Stellung der Eltern wurde bei der Beerdigung des getöteten Sohnes ein aufwendiges Mauergrab als angemessen angesehen,[33] für ein aufwendiges, nicht annähernd dem Einkommen der Verunglückten und deren Eltern entsprechendes, ausgerichtetes Begräbnis in Serbien wurde allerdings ein Gutachten für die Ortsüblichkeit angefordert.[34] Dem Ortsgebrauch entsprechend kann ein Familiengrab weiter verwendet werden, auch wenn es auf einem Friedhof mit höheren Gebühren liegt.[35]

Nicht zu „alle Kosten" zählen die Ausgaben für die Instandhaltung und Pflege der Grabstätte in der Zukunft, denn die Pflege des Grabes entspringt einer sittlichen, aber nicht rechtlichen Pflicht.[36] Nach neuerer Rsp sind auch die Kosten der Verlassenschaftsabhandlung den Begräbniskosten nicht gleichzusetzen und daher nicht zu ersetzen.[37]

VI. Haftung für die Begräbniskosten nach dem Nachlass

Wenn der Nachlass zur Deckung der Bestattungskosten nicht ausreicht, sind unterhaltspflichtige Angehörige verpflichtet, dem Verstorbenen ein angemessenes Begräbnis zukommen zu lassen.[38] Das trifft die Vorfahren (§ 231), die Nachkommen[39] (§ 234) und den Ehegatten (§ 94). Das Begräbnis eines

---

[29] OGH 4.4.1974, 2 Ob 112/74, ZVR 1975/48; *Weiß* in Klang² III 148.
[30] OGH 1.6.1962, 2 Ob 164/62, SZ 35/59.
[31] LG Salzburg 25.2.2002, 21 R 414/01f, EFSlg 102.981; so schon *Weiß* in Klang² III 148.
[32] OGH 17.6.1971, 2 Ob 58/71, SZ 44/95.
[33] OGH 18.2.1986, 2 Ob 620/85.
[34] OLG Wien 16.1.2009, 16 R 192/08k, ZVR 2010/35.
[35] OGH 4.11.1971, 2 Ob 116/71, SZ 44/168.
[36] HL und Rsp; zB OGH 1.6.1962, 2 Ob 164/62, SZ 35/59; 30.8.1989, 2 Ob 14, 15/89, JBl 1990, 240; 14.11.1989, 2 Ob 124/89; 3.9.1992, 7 Ob 1593/92.
[37] OGH 27.2.2001, 1 Ob 282/00b; 5.4.1979, 8 Ob 66/79; 2.3.1972, 2 Ob 190/71; *Danzl* in KBB⁴ § 1327 Rz 4; aA *Reischauer* in Rummel, ABGB³ § 1327 Rz 4.
[38] *Weiß* in Klang² III 149.
[39] UFS Wien 4.8.2011, RV/3490-W/09.

Kindes ist von den Eltern anteilsmäßig zu tragen.⁴⁰ Eine vertraglich übernommene Unterhaltsverpflichtung schließt allerdings die Verpflichtung zur Tragung der Begräbniskosten nicht ein.⁴¹

Auch der unterhaltspflichtige, geschiedene Ehegatte ist zur Tragung der Begräbniskosten seines verstorbenen Ehepartners verpflichtet, soweit es der Billigkeit entspricht und die Kosten von den Erben nicht zu erlangen sind (§ 77 EheG).⁴² Dabei sind die wirtschaftlichen Verhältnisse des Unterhaltspflichtigen und das Ausmaß der Unterhaltspflicht maßgebend.⁴³ Wurde nach § 68 EheG nur ein Unterhaltsbeitrag vereinbart, so ist lediglich ein Beitrag zu den Bestattungskosten, bei Anspruch auf notdürftigen Unterhalt (§ 73 Abs 1 EheG) sind bloß die Kosten einer einfachen Bestattung zu leisten.⁴⁴

VII. Umfang des Anspruchs

7   **Begräbniskosten.** Der Begriff **Begräbnis** ist in einem weiten Sinn zu verstehen.⁴⁵ Die Begräbniskosten umfassen deshalb alle Auslagen, die nach der Sitte mit der Bestattung des Toten in Zusammenhang stehen.⁴⁶ Darunter fallen ua die Totenbeschau, Überführung, Sarg, Totengräberarbeit, Aufbahrung, Einsegnung, Trauergottesdienst, Begräbnis, Kränze, Feuerbestattung, Todesanzeigen und Beileidsdanksagungen, Totenmahl, uU auch Begräbnisfotos,⁴⁷ Trinkgelder,⁴⁸ die Kosten der Errichtung und der ersten Pflege des Grabes sowie des Grabsteins,⁴⁹ allenfalls auch für Gruftrenovierung.⁵⁰ Auch die Fahrtkosten des einzigen nahen Angehörigen, der am Begräbnis teilnehmen konnte, wurden als Begräbniskosten anerkannt.⁵¹ Die **Angemessenheit** der Kosten richtet sich nach dem Ortsgebrauch, dem Stand und den Vermögensverhältnissen des Verstorbenen.⁵² Sie sind in ihrer Gesamtheit hinsichtlich des Begräbnisses zu betrachten.⁵³ Im Einzelfall sind für die Zuordnung zu den Begräbniskosten daher folgende Kriterien zu prüfen: Der unmittelbare Zusammenhang mit der Bestattung des Verstorbenen, Art und Umfang der Aufwendungen nach dem Ortsgebrauch und

---

40   OGH 13.9.1999, 4 Ob 204/99z, NZ 2000, 87; *Apathy* in KBB⁴ § 549 Rz 3.
41   OGH 15.9.1965, 6 Ob 201/65, EvBl 1966/90.
42   OGH 13.9.1999, 4 Ob 204/99z, NZ 2000, 87; *Weiß* in Klang² III 149.
43   *Hopf/Kathrein*, Eherecht³ § 77 EheG Rz 2.
44   *Hopf/Kathrein*, Eherecht³ § 77 EheG Rz 2.
45   LGZ Wien 12.11.2013, 44 R 564/13m, EFSlg 140.692; *Apathy* in KBB⁴ § 549 Rz 1.
46   StRsp; zB schon LGZ Wien 4.7.1985, 43 R 400/85, EFSlg 48.510; 1.10.1987, 47 R 787/87, EFSlg 54.119.
47   OGH 11.9.1969, 2 Ob 212/69, ZVR 1970/54, 76; ggt 9.3.1999, 4 Ob 55/99p, ecolex 1999/308.
48   LGZ Wien 8.5.1987, 47 R 139/87, EF 54.120.
49   StRsp; zB LGZ Wien 12.11.2013, 44 R 564/13m, EFSlg 140.692 mit Verweis auf *Welser* in Rummel/Lukas⁴ § 549 Rz 6; *Apathy* in KBB⁴ § 549 Rz 1; OGH 10.12.1964, 5 Ob 305/64, JBl 1965, 423; LGZ Wien 5.10.1983, 44 R 164/83, EFSlg 43.432.
50   LGZ Wien 12.2.1987, 47 R 50/87, EFSlg 54.121.
51   LGZ Wien 4.7.1985, 43 R 400/85, EFSlg 48.511.
52   StRsp; zB OGH 26.11.1998, 6 Ob 297/98i, EFSlg 87.167.
53   LGZ Wien 11.3.2004, 48 R 107/04x, EFSlg 109.881.

der Sitte sowie die Angemessenheit der Kosten hinsichtlich der nach außen tretenden Lebensstellung und Vermögensverhältnisse des Verstorbenen.[54]

Der **ortsübliche Brauch** ist nach dem Ort der Bestattung zu beurteilen und kann daher sehr unterschiedlich sein.[55] Allgemein ist es in Österreich gebräuchlich, das Andenken des Verstorbenen durch die Errichtung eines **Grabmals** mit angemessener Inschrift wachzuhalten.[56] Die damit verbundenen Auslagen zählen daher auch zu den Begräbniskosten. Das in ländlichen Kreisen nach der Beerdigung übliche Totenmahl wurde ebenfalls von der Rsp als mit der Bestattung verbunden und als angemessen anerkannt.[57] 8

Unter **Stand des Verstorbenen** ist seine Stellung in der Gesellschaft zu verstehen.[58] Diese kann durchaus einen Anhaltspunkt für die Angemessenheit der Beerdigung darstellen.[59] *Weiß* sieht das vor allem im Zusammenhang mit **Gaben an die Armen** anlässlich des Begräbnisses.[60] 9

Einen wesentlichen Gesichtspunkt für die Angemessenheit der Begräbniskosten bildet das **Vermögen des Verstorbenen**.[61] Die Bestattung muss den wirtschaftlichen Vorgaben entsprechen. Doch ist es unbillig, einen Verstorbenen, der nur in den letzten Lebensjahren aufgrund von Krankheit oder Siechtum durch hohe Pflegekosten überschuldet ist, nicht seinem früheren Stand und dem Ortsgebrauch entsprechend zu beerdigen.[62] 10

Handelt es sich bei dem Verstorbenen um ein minderjähriges Kind, so sind die Vermögensverhältnisse der Eltern maßgebend.[63]

Ob **Trauerkleidung** zu den Begräbniskosten zählt, wird von L und Rsp nicht einheitlich beurteilt und es ist dabei auf den Einzelfall abzustellen. In der früheren Rsp wurde die Trauerkleidung als Bestandteil der Begräbniskosten nur dann anerkannt, „wenn und soweit die Lebensstellung des Verstorbenen und das Herankommen am Bestattungsort Trauerkleider für mittellose Angehörige und Angestellte des Erblassers erforderlich macht."[64] Die Begründung für diese restriktive Anerkennung war das Tragen der Trauerkleidung auch Monate nach der Beerdigung, das somit auch dem persönlichen Bedarf des Hinterbliebenen diente.[65] Großzügiger zeigen sich hL und Rsp.[66] Die in heuti- 11

---

54 OGH 26.11.1998, 6 Ob 297/98i, EFSlg 87.167; LGZ Wien 25.4.2006, 42 R 49/06a, EFSlg 116.134.
55 Vgl nur die E zum Begräbnis in Serbien: OLG Wien 16.1.2009, 16 R 192/08k, ZVR 2010/35.
56 *Weiß* in Klang² III 151.
57 *Weiß* in Klang² III 151.
58 *Weiß* in Klang² III 152.
59 *Weiß* in Klang² III 152.
60 *Weiß* in Klang² III 152.
61 OGH 25.2.1986, 5 Ob 510/86, SZ 59/41; 10.12.1964, 5 Ob 305/64, JBl 1965, 423; *Weiß* in Klang² III 152.
62 *Langheinrich/Ryda*, FJ 2011, 373.
63 OGH 6.11.1968, 2 Ob 266/68, EvBl 1969/199.
64 LGZ Wien 28.12.1989, 43 R 821/89; so *Weiß* in Klang² III 152.
65 Trauerkleider keine Begräbniskosten: BGH E 13.10.1934, Slg 24 F, JBl 1935, 42; OGH 26.11.1998, 6 Ob 297/98i, EFSlg 87.167; LGZ Wien 19.12.1985, 47 R 769/85, EFSlg 48.513; 21.10.1982, 43 R 1061/82, EFSlg 40.979.
66 OGH 26.11.1998, 6 Ob 297/98i, EFSlg 87.167; OLG Wien 16.1.2009, 16 R 192/08k; so zB *Welser* in Rummel/Lukas⁴ § 549 Rz 6; *Eccher* in Schwimann/Kodek⁴ § 549 Rz 3; *Werkusch-*

ger Zeit angeschaffte Trauerkleidung führt nicht mehr zwangsläufig zu einer Einsparung bei der sonst getragenen Kleidung, es sei denn, sie wäre eine Ergänzung der übrigen Garderobe und daher ein persönlicher Nutzen für den Angehörigen.[67] Da die Trauerkleidung meist mit negativen Gefühlen besetzt ist, wird sie üblicherweise nicht zu anderen Angelegenheiten getragen und stellt somit keinen persönlichen Nutzen für den Hinterbliebenen dar.[68]

12 Der Erblasser kann nicht nur die Kosten seiner Bestattung einem von mehreren Miterben oder einem Vermächtnisnehmer zur Entlastung des Nachlasses übertragen, er kann auch die **Form seiner Bestattung** anordnen.[69] Die gewünschte Art kann in einem Fall unter der Angemessenheit liegen, in anderen Fällen das Maß der Angemessenheit überschreiten.[70] Die Anordnung soll aber dem Nachlass angemessen sein und die nach dem gesetzlichen Erbrecht berechneten Pflichtteile nicht einschränken.[71] Ebenso ist auf die Größe der Zuwendung an den Verpflichteten Rücksicht zu nehmen.[72]

13 **Eine besondere Anordnung** des Erblassers kann eine **Feuerbestattung** oder **Überführung** beinhalten. War zur Zeit der Vorauflage dieses Kommentars eine Feuerbestattung eher selten, so ist eine diesbezügliche Anordnung gegenwärtig durchaus üblich. Im Vergleich zu einer Erdbestattung ist sie mit geringeren Kosten verbunden und damit weniger belastend für den Nachlass. Daher kann Unangemessenheit nicht eingewendet werden.[73]

Hat eine **Feuerbestattung** stattgefunden, so sieht *Weiß*[74] nur die Kosten für die Urne, die den Hinterbliebenen auszuhändigen ist, als gerechtfertigte Begräbniskosten, nicht jedoch die Auslagen für die Beisetzung derselben. Da in den Leichen- und Bestattungsgesetzen der Bundesländer[75] die Beisetzung einer Urne, von wenigen Ausnahmen abgesehen, vorgeschrieben ist, sollten auch diese Auslagen von den Begräbniskosten umfasst sein.[76]

14 Die Angemessenheit ist zu überprüfen, wenn der Erblasser die **Überführung** seines Leichnams an einen im Ausland gelegenen Ort angeordnet hat.[77] Ist die Ausführung dieses Auftrags unmöglich, dann kommen die Vorschriften des § 710 zur Anwendung.[78] Die Kosten für den zu dem Begräbnis herangezo-

---

Christ in Kletečka/Schauer, ABGB-ON 1.02 § 549 Rz 4.
[67] OGH 26.11.1998, 6 Ob 297/98i, EFSlg 87.167.
[68] OGH 26.11.1998, 6 Ob 297/98i, EFSlg 87.167.
[69] *Weiß* in Klang² III 150.
[70] Vgl *Weiß* in Klang² III 150.
[71] *Weiß* in Klang² III 150.
[72] *Weiß* in Klang² III 150.
[73] *Weiß* in Klang² III 150.
[74] *Weiß* in Klang² III 151.
[75] So zB Sbg Leichen- und BestattungsG 1986, LGBl 84/1986 idF LGBl 53/2011 § 21; Stmk Leichenbestattungsgesetz 1992, LGBl 45/1992 idF LGBl 56/2006 § 24; VwGH 14.5.2009, 2008/11/0201 (Beschluss), VwSlg 17696A/2009.
[76] LGZ Wien 12.11.2013, 44 R 546/13m, EFSlg 140.692; *Welser* in Rummel/Lukas⁴ § 549 Rz 6; *Apathy* in KBB⁴ § 549 Rz 1.
[77] OGH 20.6.1989, 2 Ob 22/89: Überführungskosten fallen auch unter Begräbniskosten; *Weiß* in Klang² III 150.
[78] *Weiß* in Klang² III 150.

genen **Geistlichen** sind ebenfalls durch den Begriff der Angemessenheit gedeckt. Er hat Anspruch auf Honorierung gegen den Nachlass.[79]

VIII. Überschuldete Verlassenschaft

Ist die Verlassenschaft überschuldet, so kann sie **an Zahlung statt** den Gläubigern überlassen werden. Auf Antrag der Gläubiger hat das Verlassenschaftsgericht ihnen die Aktiven zu überlassen, vorausgesetzt es liegt keine unbedingte Erbantrittserklärung vor oder ein Antrag auf Überlassung als erblos.[80] Auch darf kein Verlassenschaftsinsolvenzverfahren eröffnet worden sein.[81]

15

War früher die Verteilung bei überschuldeter Verlassenschaft in § 73 AußStrG (1854) geregelt, so verweist jetzt § 154 AußStrG auf die Regeln der §§ 46, 47 IO.[82] Nach § 46 Z 7 IO gehören die Kosten einer einfachen Bestattung des Schuldners zu den Masseforderungen.[83] Dazu zählen auch die Kosten des Gerichtskommissärs, der Inventarerrichtung und die sonstigen Kosten des Verlassenschaftsverfahrens.[84]

§ 46 Z 7 IO privilegiert aber nur die Kosten einer einfachen Bestattung gegenüber anderen Forderungen.[85] Der Umfang einer „einfachen Bestattung" sollte im Insolvenzrecht wohl gleich gefasst sein wie die als außerordentliche Belastung anerkannten Aufwendungen durch das EStG.[86] Auch zwischen den Kosten eines einfachen Begräbnisses gem § 46 Z 7 IO und den angemessenen Begräbniskosten gem § 549 sollte kein großer Unterschied bestehen.[87]

Eine **einfache Bestattung** soll den Ortsgebrauch, den Stand und das Vermögen des Verstorbenen innerhalb der wirtschaftlichen Tragbarkeit berücksichtigen und das Pietätsgefühl nicht verletzen.[88] Die Kosten sind nicht mit einem absoluten Betrag limitiert, sollten aber den in der BeerdigungskostenVO bestimmten Betrag wohl nicht überschreiten.[89] Dazu finden sich zahlreiche Urteile: Angemessen ist ein einfacher, ortsüblicher Grabstein,[90] Blumenschmuck,[91] ein

16

---

[79] *Weiß* in Klang² III 151.
[80] *Engelhart* in Konecny, IO § 46 Rz 318.
[81] *Engelhart* in Konecny, IO § 46 Rz 318.
[82] *Engelhart* in Konecny, IO § 46 Rz 316.
[83] VwGH 17.3.1992, 92/11/0022; *Engelhart* in Konecny, IO § 46 Rz 316; *Langheinrich/ Ryda*, FJ 2011, 372.
[84] OGH 18.3.2009, 7 Ob 220/08, EFSlg 123.619.
[85] *Straka*, SWK 1/2008, 1.
[86] UFS Innsbruck 14.1.2011, RV/0598-I/10, FINDOK 51283; *Straka*, SWK 1/2008, 1.
[87] StRsp; zB VwGH 17.3.1992, 92/11/0022; OGH 26.11.1998, 6 Ob 309/98d, EFSlg 88.585; LGZ Wien 19.11.2002, 42 R 638/02p, EFSlg 102.980; 3.10.1991, 47 R 691, EFSlg 67.504.
[88] RV zum IRÄG 3 BlgNr 15. GP 35; LGZ Wien 6.12.2006, 43 R 745/06m, EFSlg 114.031; LG Salzburg 25.2.2002, 21 R 414/01f; LGZ Wien 19.11.2002, 42 R 638/02p, EFSlg 102.982; 14.12.1989, 47 R 842/89, EFSlg 61.597.
[89] LG Salzburg 25.2.2002, 21 R 414/01f; LGZ Wien 19.11.2002, 42 R 638/02p, EFSlg 102.982; vgl aber die BeerdigungskostenVO der FMA, die die Begräbniskosten mit € 8.000.– limitiert.
[90] LGZ Wien 14.6.1989, 43 R 352/89, EFSlg 61.609.
[91] LGZ Wien 9.2.1989, 44 R 67/89, EFSlg 61.610.

Bronzekreuz,[92] eine Grabeinfassung mit Kupferlaterne bei Urnenbeisetzung,[93] ein Spezialeichen-[94] bzw Buchensarg mit Hand- und Sargkreuz,[95] keine Beschränkung auf Weichholzsarg,[96] auch Gesang.[97] Auch eine erforderliche Exhumierung, wenn diese billiger als ein neues Grab ist, gehört zu einem einfachen Begräbnis,[98] Anschaffung einer Grabplatte inbegriffen.[99]

17 Wurde eine **Versicherung** speziell zur Deckung der Begräbniskosten abgeschlossen, so fallen die daraus resultierenden Mittel nicht in den Nachlass. Auch wenn der Nachlass überschuldet ist, kann mit der angesparten Versicherungssumme ein angemessenes Begräbnis stattfinden, ohne auf die Vorgaben einer einfachen Beerdigung iSd § 46 Z 7 IO Rücksicht nehmen zu müssen.[100] Aus dem Nachlass darf aber zusätzlich nicht mehr aufgewendet werden, als für ein angemessenes einfaches Begräbnis angemessen ist.[101]

IX. Bestattungskosten und Steuerrecht

18 Begräbniskosten, die im Reinnachlass Deckung finden, stellen keine außergewöhnliche Belastung dar.[102] Sind im Nachlass Liegenschaften enthalten, sind deren wirtschaftliche Werte zugrunde zu legen.[103] Um als **außergewöhnliche Belastung** anerkannt zu werden, müssen folgende Voraussetzungen erfüllt sein: Sie muss außergewöhnlich sein (§ 34 Abs 2 EStG 1988), sie muss zwangsläufig erwachsen (§ 34 Abs 3 EStG 1988) und sie muss die wirtschaftliche Leistungsfähigkeit wesentlich beeinträchtigen (§ 34 Abs 4 EStG 1988). Auch darf sie weder Betriebsausgaben, Werbekosten noch Sonderausgaben sein.[104]

Aufwendungen für ein Begräbnis und die Anschaffung eines Grabsteins stellen grundsätzlich eine **außergewöhnliche** und **zwangsläufig erwachsende** Aufwendung dar.[105] Das gilt nach Verwaltungspraxis, L und Rsp dann, wenn sie das Einkommen des Bestellers belasten, weil es an Nachlass fehlt. Unter Berücksichtigung des in § 34 Abs 4 und 5 EStG umschriebenen Selbstbehalts sind sie unter solchen Umständen anzuerkennen.[106] Eine bloße **Überschuldung** des Reinnachlasses genügt allerdings nicht.[107] Die Begräbniskosten müssen die

---

[92] LGZ Wien 7.9.1989, 47 R 610/89, EFSlg 61.606.
[93] LGZ Wien 7.9.1989, 47 R 610/89, EFSlg 61.607.
[94] LGZ Wien 21.9.1989, 47 R 572/89, EFSlg 61.602; 30.11.1989, 47 R 826/89, EFSlg 61.603.
[95] LGZ Wien 25.4.2006, 42 R 49/06a, EFSlg 116.141.
[96] LGZ Wien 21.12.1989, 47 R 868/89, EFSlg 61.604.
[97] LGZ Wien 14.12.1989, 47 R 842/89, EF 61.612.
[98] LGZ Wien 27.7.1989, 47 R 488/89, EFSlg 61.613.
[99] LGZ Wien 5.5.1989, 47 R 282/89, EFSlg 61.618.
[100] LGZ Wien 17.5.1995, 45 R 414/95, NZ 1996, 189; 28.11.1989, 43 R 821/89, EFSlg 61.600.
[101] LGZ Wien 12.9.1989, 47 R 705/89, EFSlg 61.601.
[102] StRsp; zB UFS Wien 29.7.2011, RV/2766-W/10, AFS 2012, 30.
[103] VwGH 21.10.1999, 98/15/0201, SWK 36/2009, 1001; UFS Wien 16.9.2009, RV/2577-W/09.
[104] UFS Feldkirch 15.4.2009, RV/0436-F/08.
[105] UFS Feldkirch 15.4.2009, RV/0436-F/08.
[106] UFS Feldkirch 15.4.2009, RV/0436-F/08.
[107] UFS Wien 18.1.2013, RV/3340-W/12.

Summe der verbleibenden Nachlassaktiva übersteigen, nachdem sämtliche Verfahrenskosten, wie zB Gerichts-, Notar- und Schätzkosten, abgezogen worden sind.[108] Nur wenn die Kosten der Bestattung aus dem Nachlass nicht gedeckt sind oder als Gegenleistung für die Übertragung von Gegenständen übernommen werden können, stellen sie im Ausmaß der Kosten eines einfachen Begräbnisses mit Grabmal eine außergewöhnliche Belastung dar.[109]

Begräbnis- und Grabsteinkosten werden immer nur in einem mehr oder weniger bescheidenen Ausmaß anerkannt werden können, weil alle Aufwendungen, die das nach gegebenen Verhältnissen erforderliche Maß überschreiten, nicht mehr als zwangsläufig anzusehen sind.[110] Die für die Bestattung im Familiengrab notwendige Umbettung und Wiederbeerdigung Vorverstorbener wurde als außergewöhnliche und zwangsläufige erwachsende Sonderausgabe anerkannt.[111] Es ist nicht üblich und es besteht auch keine sittliche Verpflichtung für den Erben, bei geringem Nachlass ein besonderes Begräbnis auszurichten.[112] Die Sanierung eines Grabmals ohne unmittelbaren Zusammenhang mit einem Begräbnis kann ebenfalls nicht als außergewöhnliche Belastung geltend gemacht werden.[113] Doch wurde in den LStR 2002 die Abzugsfähigkeit von Aufwendungen für ein einfaches ortsübliches Totenmahl anerkannt.[114]

Das **Merkmal** der **Zwangsläufigkeit** fehlt allerdings, wenn bei der Übernahme einer Liegenschaft als Gegenleistung die Bezahlung der Bestattungskosten vereinbart wurde.[115] Es fehlt ebenso bei der Übernahme von Begräbniskosten eines angeheirateten Cousins, auch wenn die Erbin (Ehefrau) zur Begleichung der Begräbniskosten nicht in der Lage ist.[116] In der abweisenden Berufungsentscheidung argumentiert der UFS Wien noch zusätzlich mit dem Fehlen einer sittlichen Verpflichtung, weil diese nur die Erben träfe.[117] Hat sich der Erbe aus freiem Willen dazu entschlossen, die Begräbniskosten selbst zu tragen und keinen Ersatz gegen die Verlassenschaft angemeldet, kann er sie aufgrund fehlender Zwangsläufigkeit nicht als außergewöhnliche Belastung geltend machen.[118]

Die VO der FMA setzt einen **Höchstbetrag** für eine gewöhnliche Bestattung (Beerdigungskostenverordnung)[119] von 8.000.– Euro (§ 1 Beerdigungskosten-VO) fest. Beerdigungskosten im Sinne dieser Bestimmung setzen sich zusammen aus den Kosten eines Begräbnisses und den Kosten eines Grabmals.

---

[108] UFS Wien 12.10.2012, RV/2676-W/10; UFS Wien 9.9.2010, RV/2339-W/10, FINDOK 49142; UFS Feldkirch 15.4.2009, RV/0436-F/08.
[109] UFS Wien 4.8.2011, RV/3490-W/09; UFS Feldkirch 15.4.2009, RV/0436-F/08.
[110] UFS Feldkirch 15.4.2009, RV/0436-F/08.
[111] BFG 15.9.2014, RV 7104124/ 2004 Findok 101673.
[112] UFS Wien 13.11.2012, RV/2270-W/12; UFS Feldkirch 15.4.2009, RV/0436-F/08.
[113] UFS Wien 26.7.2011, RV/1775-W/11, AFS 2012, 30.
[114] VwGH 31.5.2011, 2008/15/0009m; dazu *Schuster*, SWK 20/21/2011, 762; UFS Wien 4.8.2011, RV/3490-W/09; *Wanke*, UFSjournal 2011, 286 ff; ausf zur Notwendigkeit des Totenmahls *Langheinrich/Ryda*, FJ 2011374.
[115] UVS Linz 10.10.2008, RV/0916-L/08.
[116] UFS Wien 5.6.2007, RV/1190-W/07.
[117] UFS Wien 5.6.2007, RV/1190-W/07.
[118] BFG 12.5.2014, RV/3100285/2013.
[119] BGBl II 600/2003 idF BGBl II 122/2011.

Teil B. Erbrecht ab 1. 1. 2017

X. ErbRÄG 2015

19 Die Änderungen dieser Norm durch das ErbRÄG 2015 sind im Wesentlichen sprachlicher Natur.[120] Zur besseren Übersichtlichkeit wurde auch diese Bestimmung mit einer inhaltsbezogenen Überschrift versehen. Die altertümliche Formulierung „Gebrauche des Ortes" wurde durch „ortüblich" ersetzt. Im Übrigen kann auf die Ausführungen zur „alten", aber derzeit noch geltenden Rechtlage verwiesen werden.

§ 550. Mehrere Erben werden in Ansehung ihres gemeinschaftlichen Erbrechts für eine Person angesehen. Sie stehen in dieser Eigenschaft vor der gerichtlichen Übergabe (Einantwortung) der Erbschaft alle für einen und einer für alle. Inwiefern sie nach der erfolgten Übergabe zu haften haben, wird in dem Hauptstücke von der Besitznehmung der Erbschaft bestimmt.

Stammfassung JGS 1811/946.

Erbengemeinschaft

§ 550. Mehrere Erben bilden in Ansehung ihres gemeinschaftlichen Erbrechts eine Erbengemeinschaft. Der Anteil eines dieser Miterben richtet sich nach seiner Erbquote. Im Übrigen sind die Bestimmungen des Fünfzehnten und Sechzehnten Hauptstücks entsprechend anzuwenden.

IdF BGBl Nr I 2015/87 (ErbRÄG 2015), in Kraft ab 1. 1. 2017. Mat: EB RV 688 BlgNR 25. GP.

Lit: *Sachers*, Streitgenossenschaft und Erbengemeinschaft, JBl 1951, 520; *Bubak*, Zur Ausübung des Aufgriffsrechts, NZ 1963, 177; *Staufer*, Das Aufgriffsrecht, NZ 1963, 33; *Stöckl*, Option und Aufsichtsrecht, NZ 1963, 113; *Süssner*, Noch einmal Erbvertrag und Aufgriffsrecht, NZ 1968, 177; *Aicher/Ostheim*, OHG und Erbengemeinschaft, ÖJZ 1981, 253; *Grabenwarter*, Zur Rechtsnatur des Aufgriffsrechts, NZ 1988, 317; *Grabenwarter*, Ist der Erbvertrag ein Auslaufmodell?, ecolex 1996, 589; *Jud*, Der Erbschaftskauf (1998); *Schauer*, Rechtsprobleme der erbrechtlichen Nachfolge bei Personenhandelsgesellschaften (1999); *Kralik/Beer*, Das Erbteilungsübereinkommen, NetV 2000, 3; *Enzinger*, Treupflicht bei Gemeinschaftsverhältnissen außerhalb von Gesellschaften, JBl 2003, 679; *Gruber*, Erbteilungsübereinkommen und Testament, in FS Welser (2004) 239; *Welser*, Berufung zu Erbquoten und Zuweisung einzelner Sachen, in FS Rechberger (2005) 709; *Apathy*, Teilungsanordnung und Erbeinsetzung, JBl 2006, 137; *Hofmann*, Neuerungen für die Unternehmensnachfolge durch das Handelsrechts-Änderungsgesetz (HaRÄG), NZ 2006/32, 161; *Straube* (Hrsg), UGB – Wiener

---

[120] So auch die EB zu 100/ME XXV. GP zu § 549.

Kommentar I⁴ (2009); *Welser*, Die Reform des österreichischen Erbrechts (2009); *Bittner*, Nachlassteilung (§ 13), in Gruber/Kalss/Müller/Schauer (Hrsg), Erbrecht und Vermögensnachfolge (2010) 354; *Bittner/Hawel*, Verlassenschaftsverfahren (§ 10), in Gruber/Kalss/Müller/Schauer (Hrsg), Erbrecht und Vermögensnachfolge (2010) 250; *Flener*, Unternehmen (§ 28), in Gruber/Kalss/Müller/Schauer (Hrsg), Erbrecht und Vermögensnachfolge (2010) 859; *Jabornegg/Artmann*, UGB I² (2010); *Schauer*, Nachfolge im Recht der Personengesellschaften (§ 31), in Gruber/Kalss/Müller/Schauer (Hrsg), Erbrecht und Vermögensnachfolge (2010) 988; *Wöss*, Der Tod des GesbR-Gesellschafters nach der GesbR-Novelle, JEV 2014, 126.

Übersicht

Teil A. Erbrecht bis 31.12.2016

I.	Die Erbengemeinschaft ex lege	1–2
II.	Gegenstand der Erbengemeinschaft	3
III.	Die Verwaltung des Nachlasses	4–5
IV.	Aufhebung der Gemeinschaft	6–16
	1. Erbteilungsübereinkommen	7–8
	2. Erbteilungsklage	9
	3. Teilungsanordnung des Erblassers	10–11
	4. Aufgriffsrecht	12–16
	a) Allgemeines	12
	b) Begründung durch letztwillige Verfügung	13
	c) Begründung durch Vertrag	14
	d) Übernahmspreis	15
	e) Vererblichkeit des Aufgriffsrechts	16
V.	Fortführung von Unternehmen	17–22
	1. Einzelunternehmen	17
	2. Personengesellschaften	18–21
	3. Kapitalgesellschaften	22
VI.	Das Verfahren	23
VII.	Haftung	24

Teil B. Neues Erbrecht ab 1.1.2017

VIII.	Erbengemeinschaft	25

I. Die Erbengemeinschaft ex lege

Einleitung. Die Bestimmung bezieht sich ausweislich der Materialien[1] auf die rechtliche Stellung mehrerer Erben **vor** der **Erbantrittserklärung**.[2] Es gilt die Frage zu behandeln, wie das Schicksal des ruhenden Nachlasses sich bei Vorhandensein mehrerer Erben darstellt.[3] **1**

---

[1] *Weiß* in Klang² III 153.
[2] *Weiß* in Klang² III 153.
[3] *Weiß* in Klang² III 153.

Erbengemeinschaft: Hinterlässt der Erblasser bei seinem Tod mehrere Erben, so entsteht bis zur Einantwortung zwischen diesen eine sich auf das Erbrecht beziehende **schlichte Rechtsgemeinschaft** iSd §§ 825 ff.[4] Diese beruht nicht auf dem Willen der Miterben, sondern auf dem Gesetz und ist daher eine communio incidens.[5] Sie ist eine Personenvereinigung ohne eigene Rechtspersönlichkeit.[6] Nach Einantwortung bezieht sich die Gemeinschaft auf die ererbten Rechte.[7] Solange keine Erbteilung stattfindet, werden die Erben auch nach der Einantwortung Miteigentümer der körperlichen Nachlasssachen entsprechend ihrer Erbquote.[8] Mit der Einantwortung werden teilbare Nachlassforderungen zu selbstständigen Teilforderungen.[9] Eine Forderung ist teilbar, wenn die Leistung teilbar ist, nämlich dann, wenn sie sich in Teilleistungen zerlegen lässt.[10] Bei Unteilbarkeit werden die eingeantworteten Erben Gesamthandgläubiger (§§ 889, 890).[11] So sind zB die zum gemeinschaftlichen Gebrauch notwendigen Urkunden, Grenzzeichen und Servituten gem § 844 keiner Teilung fähig.[12]

2 Die **Entstehung eines Miterbenverhältnisses** kann durch verschiedene Gründe bedingt sein: Durch eine Verfügung des Erblassers, wenn er mehrere Erben einsetzt oder wenn gewillkürte und gesetzliche Erbfolge zusammentreffen. Auch wenn der Erblasser die Erben zu bestimmten Teilen einsetzt, die den Nachlass nicht erschöpfen, wodurch die übrigen Teile den gesetzlichen Erben zufallen (§ 556). Das gilt auch für den Fall, wenn der Erblasser einen Erbvertrag abgeschlossen hat, ohne testamentarisch über das freie Viertel zu verfügen (1253),[13] und wenn mehrere gesetzliche Erben vorhanden sind, wie zB Ehegattin und Kinder des Erblassers.

Ein **Übereinkommen** zwischen einem **Noterben** und einem **Erben** kann kein Miterbenverhältnis begründen. Für den Noterben entsteht dadurch allerdings ein obligatorischer Anspruch gegen die Erben.[14]

II. Gegenstand der Erbengemeinschaft

3 Den Gegenstand der Erbengemeinschaft bilden das **Recht an dem Nachlass** und die gemeinsam zustehende **Besorgung** und **Benützung**.[15] Grund-

---

[4] OGH 24.5.2012, 6 Ob 79/12d, NZ 2013/5; 24.4.2012, 2 Ob 41/11k, NZ 2012/112; RS0012313.
[5] *Welser* in Rummel/Lukas[4] § 550 Rz 1.
[6] VwGH 2010/15/0029.
[7] *Welser* in Rummel/Lukas[4] § 550 Rz 1; *Kralik/Beer*, NetV 2000, 3.
[8] OGH 24.4.2012, 2 Ob 41/11k, NZ 2012/112; 28.8.2007, 5 Ob 108/7d, SZ 71/60.
[9] OGH 29.5.1935, 3 Ob 322/35, SZ 17/97; 30.6.1994, 6 Ob 599/94, HS 25.371; 5 Ob 112/98a, MietSlg 50.50381; *Apathy* in KBB[4] § 550 Rz 1; *Welser* in Rummel/Lukas[4] § 550 Rz 2.
[10] OGH 30.6.1994, 6 Ob 599/94, EFSlg 75.284; 1.9.1977, 7 Ob 618/77, SZ 50/113: Unteilbarkeit eines mehrgliedrigen Schuldverhältnisses.
[11] OGH 30.6.1994, 6 Ob 599/94, EFSlg 75.284; 7.11.2002, 6 Ob 58/02a; *Enzinger*, JBl 2003, 686.
[12] *Weiß* in Klang[2] III 171; näher dazu § 844.
[13] Vgl *Weiß* in Klang[2] III 154.
[14] *Weiß* in Klang[2] III 154.
[15] *Weiß* in Klang[2] III 155.

sätzlich können die Miterben über ihren ideellen Anteil verfügen.[16] Sie sind auch zur selbstständigen Geltendmachung eines zum Nachlass gehörigen Anspruches berechtigt.[17] Unabhängig von den Miterben kann jeder Erbe die Nutzungen seines Nachlassanteils verpfänden, vermachen oder anderweitig verfügen und auch zum Gegenstand eines Erbschaftskaufs machen.[18] Die Verpfändung des Nachlassteils selbst ist nicht möglich, weil nur einzelne Sachen verpfändet werden können, wohl aber aus dem Nachlass gezogene Früchte.[19] Jedoch unterliegen auch Gemeinschaftsverhältnisse einer Treupflicht. Diese führt dazu, dass kein Mitglied hinsichtlich der Gemeinschaft seine eigenen Interessen ohne sachlich berechtigte Gründe wahrnehmen darf, wenn dies für ein anderes Mitglied einen Nachteil darstellt.[20]

Bis zur **Einantwortung** bleiben **eigene Forderungen** von bedingt erberklärten Miterben in ihrem ganzen Umfang fortbestehen und bilden Nachlassverbindlichkeiten. Auch verbücherte Rechte und Verbindlichkeiten werden nicht durch die Vereinigung, sondern nur durch Löschung aufgehoben.[21]

III. Die Verwaltung des Nachlasses

Voraussetzung für die Benützung, Verwaltung und Vertretung des Nachlasses schon vor der Einantwortung ist die Abgabe einer **Erbantrittserklärung** und das Erbringen eines **Erbrechtsausweises**.[22] Mehrere Miterben üben das Recht gemeinsam aus, können aber auch einvernehmlich eine andere Vereinbarung treffen.[23] Die Übertragung der Verwaltung an einen Miterben oder an einen Verlassenschaftskurator gem § 173 AußStrG ist möglich.[24] Sein Wirkungskreis ist sowohl die Verwaltung als auch die Vertretung.[25] Auskunfts- oder Manifestationsansprüche kann der Verwalter nur namens der Verlassenschaft durchsetzen.[26] Aus der Stellung der Miterben zueinander ergibt sich keine Pflicht zur Vermögensangabe oder Rechnungslegung.[27] Wohl aber besteht ein **Rechnungslegungsanspruch** gegen den **Verwalter** des gemeinsamen Nachlasses.[28] Ein Auskunftsanspruch gegen den Miterben steht nur nach Einantwortung des Nachlassvermögens zu, um ein allfälliges Leistungsbegeh-

4

---

16 HL; vgl *Eccher* in Schwimann/Kodek[4] III § 550 Rz 3; *Werkusch-Christ* in Kletečka/Schauer, ABGB-ON 1.02 § 550 Rz 2; *Eccher* in Schwimann, TaschKo[3] § 550 Rz 2; *Jud*, Erbschaftskauf 128.
17 OGH 25.6.1963, 8 Ob 168/63, EvBl 1963/463.
18 *Weiß* in Klang[2] III 155.
19 *Weiß* in Klang[2] III 155.
20 Ausführlich zu Treuepflichten in einem Gemeinschaftsverhältnis *Enzinger*, JBl 2003, 688 f.
21 *Weiß* in Klang[2] III 156.
22 *Sailer* in KBB[4] § 810 Rz 1; *Bittner/Hawel* in Gruber/Kalss/Müller/Schauer, Erbrecht und Vermögensnachfolge § 10 Rz 90.
23 *Sailer* in KBB[4] § 810 Rz 4.
24 *Sailer* in KBB[4] § 810 Rz 4.
25 OGH 25.6. 2014, 9 Ob 35/14h, iFamZ 2014/235.
26 OGH 16.7.2013, 5 Ob 225/12t, JBl 2013, 802.
27 OGH 22.2.1990, 7 Ob 525/90, SZ 63/30.
28 OGH 12.6.2012, 4 Ob 75/12a, JBl 2012, 720; s auch § 830.

ren formulieren zu können.29 Besteht allerdings der begründete Verdacht, dass der den Nachlass verwaltende Miterbe Nachlassgegenstände verheimlicht oder verbringt, so kann ein Miterbe die eidliche Vermögensangabe nach Art XLII EGZPO von dem verwaltenden Miterben verlangen.30

Für Aufwendungen im Rahmen der Verwaltung kann Kostenersatz aus dem Nachlass begehrt werden.

5   Angelegenheiten im Rahmen der **ordentlichen Verwaltung** werden durch die **Mehrheit** der Stimmen nach dem Verhältnis der Anteile geregelt.31 Die Minderheitenrechte nach § 834 ff gelten auch für die Miterbengemeinschaft. Können sich Miterben über eine Maßnahme der ordentlichen Verwaltung nicht einigen, kann der Außerstreitrichter zur Entscheidung solcher Maßnahmen analog § 835 angerufen werden.32

Nur die **Gesamtheit der Miterben** oder ihr Vertreter kann Verfügungen treffen, die den gesamten Nachlass erfassen. Die Benützung des Nachlasses durch die Miterben ist insoweit eingeschränkt, als sie sich dadurch nicht gegenseitig beeinträchtigen dürfen. Kein Miterbe allein kann eine Veränderung vornehmen, durch die er in den Anteil eines anderen eingreift.33 Das gilt auch für Verfügungen über einzelne Nachlassbestandteile, wie zB ein freihändiger Verkauf einer Nachlassliegenschaft, bei dem sich die Miterben nicht auf einen Käufer einigen können.34

Die **Fruchtziehung** kommt jedem Miterben zu, wobei die erworbenen Früchte in der Erbengemeinschaft bleiben und deren Aufteilung quotenmäßig vorzunehmen ist.35

Ausnahmen von der **gemeinsamen Verwaltung** sind in Fällen der Zweckmäßigkeit möglich. So kann zB die Verwaltung einer zum Nachlass gehörigen Haushälfte einem einzelnen Miterben übertragen werden, wenn diese schon vor dem Erbanfall in seinem Miteigentum stand.36

IV. Aufhebung der Gemeinschaft

6   Durch die **Erbteilung** wird die Gemeinschaft **aufgehoben**.37 Ihre Aufgabe ist die ziffernmäßige Ermittlung der zu verteilenden Anteile und deren Nachweis.38 Die Auflösung der Erbengemeinschaft kann entweder durch ein **Erbteilungsübereinkommen**39 oder durch eine **Erbteilungsklage** erfolgen. Die

---

29   Rsp zu Art XLII EGZPO: OGH 16.7.2013, 5 Ob 225/12t, JBl 2013, 802; 29.11.2006, 7 Ob 147/06b, JEV 2007/2.
30   OGH 22.2.1990, 7 Ob 525/90, SZ 63/30.
31   OGH 3.3.1965, 6 Ob 2/65, EvBl 1966/24; *Welser* in Rummel/Lukas4 § 810 Rz 21.
32   OGH 28.9.1999, 5 Ob 7/99m; 24.9.1975, 1 Ob 109/75, SZ 48/96; *Welser* in Rummel/Lukas4 § 810 Rz 2.
33   OGH 3.3.1965, 6 Ob 2/65, EvBl 1966/24; *Weiß* in Klang2 III 157; *Welser* in Rummel/Lukas4 § 810 Rz 1.
34   *Weiß* in Klang2 III 157.
35   *Weiß* in Klang2 III 157.
36   *Weiß* in Klang2 III 159.
37   OGH 28.8.2007, 5 Ob 108/07d, EF 117.174.
38   *Weiß* in Klang2 III 167.
39   OGH 21.4.1998, 4 Ob 105/98i, EvBl 1998/155.

Erbteilung kann von jedem Miterben vor oder nach der Einantwortung verlangt werden, sie wird aber erst mit der Einantwortung dinglich wirksam.[40] Wird ein Miterbe durch einen Dritten oder anderen Miterben abgefunden, hat diese Abfindung bis zur rechtskräftigen Einantwortung nur Innenwirkung und der Miterbe bleibt bis zu diesem Zeitpunkt weiterhin Mitglied der Erbengemeinschaft.[41]

1. Erbteilungsübereinkommen

Das **Erbteilungsübereinkommen** ist ein Rechtsgeschäft, das bewirkt, dass jeder Miterbe die ihm zustehende Sache als unmittelbare Rechtsfolge des Erbschaftserwerbs mit der Einantwortung erwirbt.[42] Das Erbteilungsübereinkommen kann **formfrei** als **Privaturkunde** oder als **Vereinbarung** vor dem **Gerichtskommissär** zu Protokoll (§ 181 Abs 1 AußStrG) gegeben werden. Auch ist ein **Vergleich** unmittelbar vor dem **Verlassenschaftsgericht** möglich.[43] Das Übereinkommen kann vor oder nach der Einantwortung geschlossen werden und bedarf, wie sich aus § 841 ergibt, der Einstimmigkeit.[44] Es stellt ein Rechtsgeschäft zwischen Lebenden dar, auch wenn es schon vor Einantwortung geschlossen worden ist.[45]

Gruber[46] weist allerdings auf die **unterschiedlichen Konsequenzen** hin, die sich daraus ergeben könnten, wenn das Erbteilungsübereinkommen vor oder nach Einantwortung geschlossen wird. Legen die Miterben ihre vor der Einantwortung getroffene Vereinbarung dem Verlassenschaftsgericht vor, so sind sie an die Anordnung des Erblassers gebunden. Anderenfalls können sie den zur Einantwortung erforderlichen Erberfüllungsausweis (§ 817) nicht erbringen.[47] Wird die Teilungsanordnung des Verstorbenen von den Miterben erst nach Einantwortung durchgeführt, können sie bei Einigkeit von der vorgegeben Aufteilung abweichen, vorausgesetzt, die vom Erblasser verfügte Teilungsanordnung stellt keine Auflage dar.[48]

Miterben können nur in einem Erbteilungsübereinkommen ihre **Rechtsbeziehungen** grundsätzlich nach ihrem **Belieben** regeln.[49] Dies jedoch mit der Rücksichtnahme darauf, dass es zu keiner Verminderung der Erbportionen

---

[40] OGH 24.4.2012, 2 Ob 41/11k, NZ 2012/112; LG Salzburg 22.8.2008, 21 R 227/08s, EFSlg 119.909.
[41] *Welser* in Rummel/Lukas⁴ § 550 Rz 5; *Jud*, Erbschaftskauf 135 ff.
[42] OGH 12.6.2012, 4 Ob 75/12a, JBl 2012, 720; LGZ Wien 21.5.2013, 48 R 104/13v, EFSlg 140.734; *Bittner* in Rechberger, AußStrG § 181 Rz 5.
[43] OGH 15.12.2009, 5 Ob 182/09i, NZ 2010/87: Privaturkunde genügt nicht für bücherliche Eintragung.
[44] *Gruber* in FS Welser (2004) 240.
[45] OGH 25.1.1994, 1 Ob 623/93, EvBl 1994/155; ggt 21.4.1998, 4 Ob 105/88i, EvBl 1998/155 iZm Kündigung eines Mietrechts.
[46] *Gruber* in FS Welser (2004) 244.
[47] Ausführlich dazu *Gruber* in FS Welser (2004) 244.
[48] *Gruber* in FS Welser (2004) 245.
[49] OGH 19.5.1988, 6 Ob 586/88, NZ 1990, 257; 28.7.1998, 1 Ob 190/98t; RIS-Justiz RS0017122; 0109790.

noch pflegebefohlener Miterben kommt.⁵⁰ Werden bei dem Erbteilungsübereinkommen Rechte von minderjährigen oder pflegebefohlenen Erben berührt, bedarf die vorgenommene Aufteilung einer pflegschaftsgerichtlichen Genehmigung.⁵¹

Auch darf nicht in Rechte Dritter eingegriffen werden.⁵² Die Auslegung des Erbteilungsübereinkommens selbst geht im Zweifel der Ergründung des erblasserischen Willens in seiner letztwilligen Verfügung vor.⁵³ Widerspricht jedoch das Erbteilungsübereinkommen den als bindend gewollten Anordnungen des Erblassers, gelten die Anordnungen vorrangig gegenüber den Vereinbarungen der Miterben.⁵⁴

2. Erbteilungsklage

9 Die **Erbteilungsklage** ist auf die **Aufhebung der Erbengemeinschaft** gerichtet und ist eine Teilungsklage nach § 830.⁵⁵ Sie kann vor oder nach der Einantwortung erhoben werden.⁵⁶ Der **Inhalt** des **Klagebegehrens** muss die **Teilung** des Nachlasses unter Angabe des Wertverhältnisses jedes den anderen Miterben zustehenden Anteils umfassen. Auch ein **Teilungsvorschlag** kann in die Klage aufgenommen werden.⁵⁷ Der Inhalt des Vorschlags ist für das Gericht nicht verbindlich, doch muss es darüber entscheiden. Hält es die Teilung nicht für sachgerecht, darf es die Klage nicht abweisen, sondern muss eine ihm angemessen erscheinende Teilung verfügen.⁵⁸ Dabei hat das Gericht auch nach den Grundsätzen der Zweckmäßigkeit und Billigkeit vorzugehen.⁵⁹ Die Nachlasswerte sollen durch den Teilungsvorgang nicht unnotwendiger Weise zerstört werden, wertvolle Wirtschaftsgüter sollen nach Möglichkeit als Einheit erhalten bleiben.⁶⁰ Doch kann die gesetzliche oder letztwillige Regelung durch den Richter nicht verändert werden.⁶¹

Jeder Miterbe kann einen zum Nachlass gehörigen Anspruch selbstständig geltend machen.⁶² Das Klagebegehren kann dann auf Leistung an den Nachlass oder auf Herausgabe bestimmter Gegenstände lauten. Prozesshand-

---

50 LG Salzburg 22.8.2008, 21 R 227/08s, EFSlg 119.910; RIS-Justiz RS0017122.
51 *Kralik/Beer*, NetV 2000, 4; *Welser* in Rummel/Lukas⁴ § 550 Rz 3.
52 OGH 25.1.1994, 1 Ob 623/93, EvBl 1994/155; 1.7.1982, 6 Ob 654/82, SZ 55/101; 7.3.2006, 5 Ob 32/06a, EF 114.032; *Apathy* in KBB⁴ § 550 Rz 4.
53 OGH 19.5.1988, 6 Ob 586/88, NZ 1990, 257.
54 Ausf *Gruber* in FS Welser (2004) 251.
55 OGH 22.4.2015, 4 Ob 64/15p, JEV 2015/12; 24.4.2012, 2 Ob 41/11k, NZ 2012/112; 27.9.2007, 2 Ob 123/07p, JBl 2008, 251; *Werkusch-Christ* in Kletečka/Schauer, ABGB-ON 1.02 § 550 Rz 3; näher dazu § 830 ABGB.
56 *Bittner* in Gruber/Kalss/Müller/Schauer, Erbrecht und Vermögensnachfolge § 13 Rz 40.
57 OGH 24.4.2012, 2 Ob 41/11k, EF-Z 2012/172; RIS-Justiz RS0004270.
58 OGH 23.6.1960, 5 Ob 192/60; 20.1.1960, 5 Ob 555/59, SZ 33/8; 4.2.1970, 6 Ob 22/70, SZ 43/31; 19.1.1994, 7 Ob 625/93; 26.8.2008, 5 Ob 151/08d, Zak 2008/758; RIS-Justiz RS00004270; 0113832.
59 *Weiß* in Klang² III 169.
60 *Weiß* in Klang² III 169.
61 *Weiß* in Klang² III 169.
62 *Weiß* in Klang² III 162.

lungen eines mit der Verwaltung betrauten Miterben wirken für den ganzen Nachlass, somit mittelbar auch für alle Erben oder gegen sie.[63] Klagen eines Nachlassgläubigers können nur gegen jene Miterben gerichtet werden, die den Anspruch bestreiten. Durch das Unterlassen der Bestreitung scheiden sie aus der Streitgenossenschaft aus.[64]

3. Teilungsanordnung des Erblassers

Die **Teilungsanordnung** ist im ABGB nicht ausdrücklich geregelt.[65] Ihre Zulässigkeit lässt sich mit der Testierfreiheit rechtfertigen.[66] Sie beinhaltet die **Verteilung des Nachlasses** ohne die Erbquoten zu verändern.[67] Die durch die Teilungsanordnung erhaltenen Sachen muss sich jeder Erbe auf seinen Anteil anrechnen lassen. Außerdem verschafft sie dem betreffenden Miterben einen **obligatorischen Anspruch** gegen den oder die anderen Miterben, der durch rechtsgestaltende Erklärung geltend gemacht und im Rahmen der Erbteilung durchgesetzt werden kann.[68] Soweit die Teilungsanordnung mit den gesetzlichen Vorgaben übereinstimmt, ist diese auch von dem die Erbteilung durchführenden Gericht zu berücksichtigen. Es kann eine Verhandlung und Entscheidung darüber nicht ablehnen.[69]

10

Die vom Erblasser **festgesetzte Teilungsanordnung** ist grundsätzlich **bindend** für die Erben. Jedoch können sie einvernehmlich eine abweichende Verteilung beschließen.[70] Geht aus der letztwilligen Verfügung aber eindeutig hervor, dass der Erblasser tatsächlich die Bindung der Erben an seine Anordnung wollte, kann die Teilungsanordnung als **Auflage** verstanden werden.[71] **Teilungsverbote** können auch nur einzelne Nachlassgegenstände umfassen. Wenn sie als Auflage qualifiziert werden, binden sie die Miterben, aber nicht ihre Nachkommen (§ 832).[72] Auch Miterben untereinander können ein Teilungsverbot bestimmter Nachlassgegenstände vereinbaren.[73]

Der Erblasser kann auch verfügen, dass die **Teilungsanordnung durch einen Dritten** bestimmt wird.[74] Diese Verfügung ist nur dann für die Erben bindend, wenn sie einstimmig keine andere Regelung getroffen haben.[75]

Abgrenzung zum Vermächtnis. Hat der Erblasser seine Erben sowohl quotenmäßig als auch noch zusätzlich mit Sachzuwendungen bedacht, so werden die Bedachten zu Erben entsprechend der vorgesehenen Quote und die

11

---

[63] *Weiß* in Klang² III 162.
[64] *Weiß* in Klang² III 163.
[65] Vgl dazu ausführlich *Apathy*, JBl 2006, 137 ff.
[66] *Apathy*, JBl 2006, 137 ff.
[67] OGH 24.4.2012, 2 Ob 41/11k, NZ 2012/112; RIS-Justiz RS0127905.
[68] OGH 24.4.2012, 2 Ob 41/11k, NZ 2012/112; *Apathy*, JBl 2006, 138.
[69] OGH 24.4.2012, 2 Ob 41/11k, EF-Z 2012/172.
[70] *Apathy*, JBl 2006, 138; kritisch dazu *Welser*, Reform 50.
[71] *Gruber*, FS Welser (2004) 243.
[72] *Gruber*, FS Welser (2004) 243; *Sailer*, KBB⁴ § 832 Rz 2.
[73] *Weiß* in Klang² III 172.
[74] *Weiß* in Klang² III 171.
[75] *Weiß* in Klang² III 172.

Sachzuwendungen als Teilungsanordnung bzw als Hineinvermächtnis gesehen.[76] Diese Auslegung ist bei ausreichendem Nachlass unproblematisch.

Stehen jedoch die **angeordneten Quoten** mit den zugewiesenen Sachen **wertmäßig im Widerspruch** und ist kein Ausgleich möglich, so sieht *Welser*[77] als „einfachste und sauberste Lösung in solchen Fällen unter Aufrechterhaltung der Quoten bei den übermäßig Bedachten ein Vorausvermächtnis anzunehmen, so dass der Begünstigte die Sachzuwendung als Prälegat und die Quote am verbleibenden Nachlass als Erbe bekommt".[78]

Wird durch die Teilungsanordnung ein Erbe **übermäßig bedacht**, stellt sich die Frage, ob der Erblasser tatsächlich eine Teilungsanordnung oder doch ein Vermächtnis oder Prälegat (§ 648) gewollt hat.[79] Zur Klärung des tatsächlichen Willens des Erblassers ist die letztwillige Verfügung heranzuziehen, weil sich aus den verschiedenen erbrechtlichen Verfügungen auch unterschiedliche Rechtsfolgen ergeben.[80] Bei der Auslegung der letztwilligen Verfügung ist auch der Umstand zu berücksichtigen, ob der Erblasser bei deren Verfassung rechtskundig beraten worden ist.[81]

Das **Prälegat** (Vorausvermächtnis) belastet alle Erben verhältnismäßig und **begünstigt** insoweit den Prälegatar gegenüber den anderen Miterben.[82] Der Prälegatar wird zum Vermächtnisnehmer und es gebührt ihm daher das Legat bei Fälligkeit (§ 685). Bis zur Einantwortung ist es gegen den ruhenden Nachlass, danach gegen die Erben durchsetzbar.[83]

Hingegen **bleibt** der durch die Teilungsanordnung Begünstigte **Erbe** und wird nicht zum Vermächtnisnehmer.[84] Das kommt dann klar zum Ausdruck, wenn der Erblasser ausdrücklich die Anrechnung auf den Erbteil verfügt oder die Empfänger die Sachzuwendungen als Erben erhalten sollen.[85] Auch hinsichtlich des Verfahrens ergeben sich Unterschiede. Der Anspruch auf ein Vermächtnis wird im streitigen Verfahren und nicht im Verlassenschaftsverfahren durchgesetzt.[86]

---

[76] *Weiß* in Klang² III 496; *Welser*, Reform 48; *Koziol/Welser*¹³ II 536; ausf dazu § 535 Rz 21 mwN.
[77] *Welser*, Reform 48.
[78] Kritisch dazu *Apathy*, JBl 2006, 138.
[79] Ausf dazu *Welser* in FS Rechberger (2005) 709 ff.
[80] *Apathy*, JBl 2006, 138; vgl auch §§ 685 ff.
[81] OGH 24.4.2012, 2 Ob 41/11k, EF-Z 2012/172; *Apathy*, JBl 2006, 140.
[82] OGH 24.4.2012, 2 Ob 41/11k, EF-Z 2012/172.
[83] OGH 24.4.2012, 2 Ob 41/11k, EF-Z 2012/172.
[84] So die hM; vgl *Bittner* in Gruber/Kalss/Müller/Schauer, Erbrecht und Vermögensnachfolge § 13 Rz 5.
[85] Vgl ausf dazu *Welser*, Reform 48.
[86] *Apathy*, JBl 2006, 138.

4. Aufgriffsrecht

a) Allgemeines

Das **Aufgriffsrecht**[87] ist nicht ausdrücklich gesetzlich geregelt, begründet **12** aber in jedem Fall eine **Vorzugsstellung** zur entgeltlichen Übernahme von Vermögenswerten.[88] Es ist das Recht, das von dem Erblasser einem Erben oder Dritten eingeräumt wird, den Nachlass oder Teile davon – gegen Zahlung eines „Übernahmspreises" – käuflich zu erwerben.[89] Die Ausgestaltung desselben obliegt dem Erblasser.[90] Es kann einseitig widerruflich in seiner letztwilligen Verfügung oder verbindlich in einem Erbvertrag gewährt werden.[91] Unklarheiten müssen durch Auslegung der letztwilligen Verfügung geklärt werden. Denn es gibt keine allgemein gültigen Regeln für die unterschiedlichen Ausgestaltungen des Aufgriffsrechts.[92]

Die **Einräumung des Rechts** begründet einen **schuldrechtlichen Anspruch** des Aufgriffsberechtigten. Bis zur Einantwortung richtet sich der Anspruch gegen den ruhenden Nachlass, danach gegen die Erben.[93] Wurde kein Übernahmspreis vom Erblasser festgesetzt, wirkt das Aufgriffsrecht für die **Bewertung** nicht auf den Zeitpunkt des Todesfalls zurück. Es ist auf den Zeitpunkt der **tatsächlichen Auseinandersetzung**, im Falle eines streitigen Verfahrens des Schlusses der mündlichen Verhandlung (erster Instanz), abzustellen. Diese **Wertverhältnisse** sind der Berechnung zugrunde zu legen.[94] Das Aufgriffsrecht kann aber auch Gegenstand eines Vorausvermächtnisses (als Unterfall des sog legatum venditionis) sein. Für die Pflicht zum Abschluss des Kaufvertrags gilt dann Vermächtnisrecht, der Vertrag selbst und seine Erfüllung richten sich nach allgemeinem Schuldrecht.[95]

b) Begründung durch letztwillige Verfügung

Hat der Erblasser einem Miterben ein Aufgriffsrecht **letztwillig verfügt**, so **13** wird es als bloße **Teilungsanordnung** des Erblassers gesehen, wobei die Durchführung der Teilung von der Geltendmachung durch den Aufgriffsberechtigten abhängt.[96] Ist der Aufgriffsberechtigte kein Miterbe, wird in der

---

[87] Ausf dazu mit kritischer Auseinandersetzung der historischen Entwicklung *Stauffer*, NZ 1963, 33 ff.
[88] *Grabenwarter*, NZ 1988, 318.
[89] OGH 23.3.1999, 1 Ob 161/98b, EFSlg 89.945; 24.4.2012, 2 Ob 41/11k, NZ 2012/112; *Werkusch-Christ* in Klečka/Schauer, ABGB-ON 1.02 § 550 Rz 6; *Welser* in Rummel/Lukas⁴ Anh § 550 Rz 1.
[90] OGH 23.3.1999, 1 Ob 161/98b, EFSlg 89.945.
[91] *Schauer*, Rechtsprobleme 624; *Werkusch-Christ* in Klečka/Schauer, ABGB-ON 1.02 § 550 Rz 6; *Welser* in Rummel/Lukas⁴ Anh § 550 Rz 6.
[92] OGH 23.3.1999, 1 Ob 161/98b, EFSlg 89.945; *Welser* in Rummel/Lukas⁴ Anh § 550 Rz 2.
[93] OGH 24.4.2012, 2 Ob 41/11k, NZ 2012/112.
[94] OGH 11.3.1953, 1 Ob 116/53, SZ 26/64; 23.1.2014, 1 Ob 232/13v, Zak 2014/209, 115; RIS-Justiz RS0008273; ggt *Welser* in Rummel/Lukas⁴ Anh § 550 Rz 5.
[95] OGH 24.4.2012, 2 Ob 41/11k, NZ 2012/112.
[96] OGH 5.4.1933, 3 Ob 309/33, SZ 15/112; 25.4.1950, 2 Ob 507/49, SZ 23/180; 17.2.1954, 1 Ob 108/54, EFSlg 1463; 24.4.2012, 2 Ob 41/11k, NZ 2012/112; *Apathy* in KBB⁴ § 653 Rz 3; *Eccher*, Erbfolge 74; *Welser* in Rummel/Lukas⁴ Anh § 550 Rz 7.

Regel ein Vermächtnis angenommen.[97] Erreicht aber die Leistung des Legatars (der Übernahmspreis) den Wert der Sache oder übersteigt er denselben, ist von einem Hineinvermächtnis, im Ergebnis also wieder von einer Teilungsanordnung auszugehen. Wie auch die letztwillige Verfügung kann das Aufgriffsrecht in diesem Fall **einseitig widerrufen** werden.

Die **Frist** für die Ausübung des Aufgriffsrechts endet für den bzw die Miterben mit der Rechtskraft der Einantwortung.[98] Umstritten ist das Ende der Frist, wenn ein Nichterbe Aufgriffsberechtigter ist.[99] Nimmt er nicht am Verlassenschaftsverfahren teil oder entscheidet er sich nicht bis zum Ende desselben, so gerät er gem § 1419 als Gläubiger in Annahmeverzug.[100] Da der Inhalt des Aufgriffsrechts ist, „den Nachlass um den mit den Erben zu vereinbarenden Preis oder um den gerichtlichen Schätzwert bei Nichteinigung in natura zu übernehmen", **endet** auch für den Nichterben **mit der Rechtskraft der Einantwortung** die Aufgriffsfrist, da danach kein Nachlass mehr besteht.[101]

Um Unklarheiten zu vermeiden, sollte daher bei der Einräumung eines Aufgriffsrechts eine Frist für die Ausübung festgesetzt werden.

c) Begründung durch Vertrag

14 Das **Aufgriffsrecht** kann auch durch **Erbvertrag** oder **ehegüterrechtliche Regelung** (zB Gütergemeinschaft unter Lebenden) begründet werden.[102] Seinem Wesen nach soll es den Erbvertrag ergänzen.[103] Diese, einem Vermächtnisvertrag ähnliche Vereinbarung kann **nicht einseitig widerrufen** werden.[104] Wurde in einem Ehepakt über die Gütergemeinschaft unter Lebenden ein Aufgriffsrecht am Gemeinschaftsanteil für den überlebenden Ehegatten gegen eine Abfindungszahlung vereinbart, dann hat diese Teilungsanordnung Vorrang vor anderen erbrechtlichen Zuweisungen.[105] Ob ein vereinbartes Aufgriffsrecht hinsichtlich des „**freien Viertels**" des Erblassers widerrufen werden kann, wurde vom OGH – Einzelfall bezogen – unterschiedlich entschieden.[106] Schränkt das vertragliche Aufgriffsrecht als Zusatzabrede zum Ehevertrag die gesetzlich gebotene Testierfreiheit gem § 1253 unzulässig ein, kann es bezogen auf das bindungsfreie Viertel widerrufen werden.[107]

Im Zuge der Erbteilung können die Miterben einen sofortigen Aufgriff oder ein späteres Aufgriffsrecht vereinbaren. Wird das Aufgriffsrecht erst mit

---

[97] *Welser* in Rummel/Lukas⁴ Anh § 550 Rz 6.
[98] *Stöckl*, NZ 1963, 114.
[99] Zu dieser Problematik vgl *Stöckl*, NZ 1963, 114; *Bubak*, NZ 1963, 177 ff.
[100] *Bubak*, NZ 1963, 177.
[101] *Bubak*, NZ 1963, 178.
[102] OGH 23.1.2014, 1 Ob 232/13v, Zak 2014/209, 115; 21.3.1956, 2 Ob 82/56, EvBl 1956/167; *Welser* in Rummel/Lukas⁴ Anh § 550 Rz 8.
[103] *Süssner*, NZ 1968, 177.
[104] *Welser* in Rummel/Lukas⁴ Anh § 550 Rz 8.
[105] OGH 23.1.2014, 1 Ob 232/13v, Zak 2014/209, 115.
[106] OGH 21.8.1985, 8 Ob 594/85, SZ 58/131: Unwiderruflichkeit; 23.10.1986, 6 Ob 12/86, SZ 59/187: Widerruflichkeit; *Welser* in Rummel/Lukas⁴ Anh § 550 Rz 8.
[107] *Grabenwarter*, ecolex 1996, 591.

dem Tod eines Miterben vereinbart, ist es ein entgeltliches Geschäft unter Lebenden, das zwar formfrei, aber nicht einseitig widerrufbar ist.[108]

d) Übernahmspreis

Grundsätzlich muss der **Preis** für die Übernahme **bestimmbar** sein.[109] Wurde er von dem Erblasser nicht bestimmt oder vertraglich festgesetzt, so ist ein **angemessener Preis** zu zahlen, der von den Umständen des Einzelfalles abhängt.[110] Als Richtwert kann eine gerichtliche Schätzung dienen.[111] Bemessungsstichtag ist der Zeitpunkt der tatsächlichen Auseinandersetzung.[112] Bei bäuerlichen Liegenschaften ist auf den Grundsatz des Wohl-Bestehen-Könnens abzustellen.[113]

e) Vererblichkeit des Aufgriffsrechts

Die **Vererblichkeit** des **Aufgriffsrechts** ist nicht grundsätzlich zu verneinen.[114] Sie ist wohl von der Form der Begründung desselben abhängig. Sie wurde vom OGH in SZ 34/74 verneint bzw von bereits gerichtlicher Geltendmachung durch den Berechtigten abhängig gemacht.[115] Dem ist zuzustimmen, sofern das Aufgriffsrecht vertraglich eingeräumt wurde.[116]

Auch die Miterben können im Rahmen der Erbteilung einen Aufgriff vereinbaren. Diese Vereinbarung hat zur Folge, dass ein Miterbe das Recht erwirbt, den Nachlass oder Teile davon gegen Abfindung zu übernehmen.[117]

V. Fortführung von Unternehmen

1. Einzelunternehmen

Führen **Miterben** ein **Unternehmen** ungeteilt gemeinsam fort, ging die Rsp von einem konkludenten Abschluss eines Gesellschaftsvertrags aus.[118] Während eine schlichte Rechtsgemeinschaft auf bloßes gemeinsames Haben und Verwalten ausgerichtet ist, ist das Ziel einer Gesellschaft ein gemeinsames Wirken und die Erzielung eines gemeinschaftlichen Nutzens.[119] Daher war die

---

108 *Welser* in Rummel/Lukas⁴ Anh § 550 Rz 9.
109 *Stöckl*, NZ 1963, 114.
110 OGH 10.12.1986, 3 Ob 598/86, SZ 59/219; *Apathy* in KBB⁴ § 653 Rz 3; s auch § 535 Rz 9.
111 *Stöckl*, NZ 1963, 114.
112 OGH 11.3.1953, 1 Ob 116/53, SZ 26/64; 23.1.2014, 1 Ob 232/13v, Zak 2014/209, 115; RIS-Justiz RS0008273; oben Rz 13.
113 OGH 11.3.1953, 1 Ob 116/53, SZ 26/64; *Welser* in Rummel/Lukas⁴ Anh § 550 Rz 12.
114 *Welser* in Rummel/Lukas⁴ Anh § 550 Rz 2.
115 OGH 10.5.1961, 6 Ob 191/61, SZ 34/74; aA *Welser* in Rummel/Lukas⁴ Anh § 550 Rz 2.
116 *Grabenwarter*, NZ 1988, 318 f.
117 LG Salzburg 22.8.2008, 21 R 227/08s, EFSlg 119.910; RIS-Justiz RS0012830.
118 OGH 28.9.1999, 5 Ob 7/99m; ausf dazu *Aicher/Ostheim*, ÖJZ 1981, 256.
119 OGH 12.2.1990, 6 Ob 718/89, WBl 1990, 277.

Voraussetzung für einen konkludenten Abschluss eines Gesellschaftsvertrags die gemeinsame Fortführung des Unternehmens.[120]

Aufgrund der **Novellierung des GesbR-Rechts** durch das GesbR-Reformgesetz[121] ist eine konkludente Errichtung einer GesbR nicht mehr möglich. Bei einer bloßen Miteigentumsgemeinschaft bedarf es nunmehr einer ausdrücklichen Vereinbarung, dass die Miteigentümer als Gesellschafter einer GesbR zusammenwirken wollen.[122] Diese Vereinbarung unterliegt keiner bestimmten Form, wobei es aber sinnvoll ist, den Vertrag schriftlich zu verfassen.

Bei Vorliegen eines Einzelunternehmens unter dem Schwellenwert von § 189 Abs 1 Z 2 UGB ist eine GesbR[123] und im Falle eines Unternehmens, das der Rechnungslegungspflicht unterliegt (§ 8 Abs 3 iVm § 189 UGB), eine OG oder KG zu bilden. Für OG und KG besteht Eintragungspflicht (§ 8 Abs 3 UGB).

Miterben, die ein Unternehmen gemeinsam fortführen, haften solidarisch[124] und für unternehmensbezogene Verbindlichkeiten unbeschränkt (§ 40 UGB).[125] Die Erben können die Haftung abwenden, wenn sie innerhalb von drei Monaten ab Einantwortung die Fortführung des Unternehmens beenden.[126] Auch ein Ausschluss der Haftung gem § 38 Abs 4 UGB ist möglich. Sind die Erben nicht geschäftsfähig, beginnt die Frist ab Bestellung eines gesetzlichen Vertreters oder ab Eintritt der Geschäftsfähigkeit.[127]

2. Personengesellschaften

a) OG

18 Grundsätzlich wird im **Gesellschaftsvertrag** geregelt, ob die Mitgliedschaft an der Gesellschaft vererblich ist. Die gesellschaftsrechtlichen Vorgaben finden sich in § 139 UGB, aus dem Erbrecht ergibt sich, wer **tatsächlich** die **Mitgliedschaft** erlangt.[128] Dabei sollen sich gesellschaftsvertragliche und letztwillige Regelungen ergänzen und nicht widersprechen.[129] Wurde im Gesellschaftsvertrag eine **einfache Nachfolgeklausel** vereinbart, so bildet diese die Grundlage zur Vererbbarkeit des Geschäftsanteils.[130] Allerdings können einfache Nachfolgeklauseln

---

[120] OGH 28.9.1999, 5 Ob 7/99m; 22.3.1993, 1 Ob 527/93, ecolex 1993, 460; *Gruber/Sprohar-Heimlich* in Schwimann/Kodek III⁴ § 825 Rz 2 (FN 8).
[121] BGBl I 2014/83.
[122] Neugefasster S 2 des § 826; RV 270 BlgNR 25. GP 1.
[123] OGH 22.9.1990, 6 Ob 718/89, ecolex 1990, 484; *Flener* in Gruber/Kalss/Müller/Schauer, Erbrecht und Vermögensnachfolge § 28 Rz 77.
[124] *Flener* in Gruber/Kalss/Müller/Schauer, Erbrecht und Vermögensnachfolge § 28 Rz 78.
[125] *Flener* in Gruber/Kalss/Müller/Schauer, Erbrecht und Vermögensnachfolge § 28 Rz 78; *Hofmann*, NZ 2006/32, 163.
[126] *Flener* in Gruber/Kalss/Müller/Schauer, Erbrecht und Vermögensnachfolge § 28 Rz 82.
[127] *Flener* in Gruber/Kalss/Müller/Schauer, Erbrecht und Vermögensnachfolge § 28 Rz 82.
[128] Vgl dazu ausführlich *Schauer* in Gruber/Kalss/Müller/Schauer, Erbrecht und Vermögensnachfolge § 31 Rz 2.
[129] OGH 14.11.1991, 8 Ob 534/91, HS 22.361; *Schauer* in Gruber/Kalss/Müller/Schauer, Erbrecht und Vermögensnachfolge § 31 Rz 3; so auch *Kastner/Doralt/Novotny*, Gesellschaftsrecht⁵ 124.
[130] *Jabornegg/Artmann* in Jabornegg/Artmann, UGB² § 139 Rz 6.

in vielfacher Hinsicht verschieden gestaltet werden.[131] Auch eine **qualifizierte Nachfolgeklausel** ist nach hA zulässig.[132] Durch eine Nachfolgeklausel kann der Erblasser seinen Erben die Beteiligung an dem Unternehmen erhalten. Gleichzeitig bewahrt er die ihn überlebenden Mitgesellschafter vor der Auszahlung eines Ausgleichguthabens und somit der Schwächung der Gesellschaft.[133]

Nach dem **Tod des Gesellschafters** wird die Gesellschaft mit dem ruhenden Nachlass fortgesetzt. Die Erben können die Verwaltungsmaßnahmen gemeinsam setzen oder einem Miterben die Verwaltung und Vertretung des Nachlasses übertragen. Einvernehmlich können auch die erbantrittserklärten Erben die Bestellung eines Vertreters (Verlassenschafts- oder Separationskurator) verlangen.[134] Vor der Einantwortung bedarf es für den Vertreter eines minderjährigen Erben keiner vormundschaftlichen Genehmigung, weil der Nachlass und nicht der Minderjährige Gesellschafter ist.[135]

Durch **die Einantwortung** erlangt der bzw erlangen die Erben **volle Herrschaft** über den Nachlass.[136] Bei Erbenmehrheit übernehmen die Miterben entsprechend ihrer Erbquoten den Gesellschaftsanteil des Erblassers. Sie rücken in seine Stellung in die Gesellschaft ein und **jedem Erben** steht **Einzelgeschäftsführung** und **Einzelvertretung** zu.[137] Nicht nur die vorläufige Erbengemeinschaft, sondern jeder Miterbe ist in das Firmenbuch als Gesellschafter einzutragen.[138] Erklärungen, die sonst nur an einen Erben zu richten sind, sind bei Vorhandensein von Miterben an alle zu richten, wie zB eine Kündigung.[139] Wurde der Erbe durch eine **qualifizierte Nachfolgeklausel** bestimmt, so übernimmt er mit der Einantwortung in vollem Umfang die Rechtsstellung des Erblassers in der Gesellschaft.[140] Er schuldet aber den Miterben einen Wertausgleich hinsichtlich des Wertes des Gesellschaftsanteils und der zustehenden Erbquote.[141]

Innerhalb von **drei Monaten** nach Einantwortung hat jeder **Erbe das Wahlrecht**, sein Verbleiben in der Gesellschaft von der Umwandlung seines Geschäftsanteils in einen Kommanditanteil unter Belassung des bisherigen Gewinnanteils abhängig zu machen.[142]

---

[131] *Jabornegg/Artmann* in Jabornegg/Artmann, UGB² § 139 Rz 6; *Koppensteiner/Rüffler* in Straube, UGB I⁴ § 139 Rz 4.

[132] OGH 14.11.1991, 8 Ob 534/91, HS 22.361; 11.12.1997, 10 Ob 34/97s, HS 28.033; *Jabornegg/Artmann* in Jabornegg/Artmann, UGB² § 139 Rz 7.

[133] *Weiß* in Klang² III 157.

[134] OGH 10.6.1992, 3 Ob 565/91, HS 22.017; *Jabornegg/Artmann* in Jabornegg/Artmann, UGB² § 139 Rz 10; *Schauer* in Gruber/Kalss/Müller/Schauer, Erbrecht und Vermögensnachfolge § 31 Rz 40.

[135] OGH 11.11.1970, 5 Ob 157/70, SZ 43/198; *Jabornegg/Artmann* in Jabornegg/Artmann, UGB² § 139 Rz 15; *Koppensteiner/Rüffler* in Straube, UGB I⁴ § 139 Rz 16.

[136] *Jabornegg/Artmann* in Jabornegg/Artmann, UGB² § 139 Rz 16.

[137] OGH 14.1.1948, 1 Ob 906/47; RIS-Justiz RS0061386; *Jabornegg/Artmann* in Jabornegg/Artmann, UGB² § 139 Rz 17.

[138] *Weiß* in Klang² III 158.

[139] *Weiß* in Klang² III 158.

[140] OGH 14.11.1991, 8 Ob 534/91, HS 22.361; *Jabornegg/Artmann* in Jabornegg/Artmann, UGB² § 139 Rz 19; *Koppensteiner/Auer* in Straube, UGB I⁴ § 139 Rz 19.

[141] *Jabornegg/Artmann* in Jabornegg/Artmann, UGB² § 139 Rz 19; *Koppensteiner/Auer* in Straube, UGB I⁴ § 139 Rz 19.

[142] *Jabornegg/Artmann* in Jabornegg/Artmann, UGB² § 139 Rz 20.

b) Kommanditanteil

19 War der Erblasser Kommanditist, wird die Gesellschaft nicht aufgelöst (§ 177 UGB), denn der **Kommanditanteil** ist **vererblich**. Die Erben des Kommanditisten führen die Gesellschaft weiter, wobei es bei Erbenmehrheit durch die Einantwortung zu einer **Spaltung des Gesellschaftsanteils** entsprechend der Erbquoten kommt.[143] Jeder Miterbe hat das Recht, sein Verbleiben in der Gesellschaft davon abhängig zu machen, ob ihm auch die Stellung eines Kommanditisten eingeräumt wird.[144]

c) Stille Gesellschaft

20 Auch wenn das Unternehmen durch die Erben fortgeführt wird, ist die stille Gesellschaft durch den **Tod des Unternehmensinhabers** aufgelöst (§ 185 Abs 2 UGB).[145] Ein Auseinandersetzungsguthaben ist dem stillen Gesellschafter auszubezahlen (§ 186 Abs 1 UGB). Es stellt eine Verbindlichkeit gegenüber dem ruhenden Nachlass dar.[146]

Hingegen löst der Tod des **stillen Gesellschafters** die Gesellschaft nicht auf (§ 184 Abs 2 UGB), die stille Beteiligung ist vererblich.[147] Zunächst wird sie Bestandteil des ruhenden Nachlasses und geht mit Einantwortung auf den Erben über. Bei mehreren Erben kommt es wiederum zu einer Aufspaltung im Verhältnis der Erbquoten und zur Entstehung mehrerer stiller Gesellschaften.[148]

Da die gesetzlichen Bestimmungen (§§ 184 Abs 2, 185 Abs 2 UGB) dispositiv sind, kann im Gesellschaftsvertrag auch eine Fortsetzung der Gesellschaft mit den Erben des Unternehmensinhabers vereinbart werden.[149]

d) Gesellschaft bürgerlichen Rechts

21 Mit dem GesbR-Reformgesetz (GesbR-RG)[150] wurden die Bestimmungen im ABGB hinsichtlich der Gesellschaft bürgerlichen Rechts den heutigen Bedürfnissen angepasst. Richtungsweisend war das bereits etablierte Organisationsrecht der eingetragenen Personengesellschaften.[151] So übernimmt § 1205 die Bestimmungen des § 139 UGB und regelt nunmehr die Fortsetzung der Gesellschaft mit den Erben.[152] Voraussetzung ist eine **diesbezügliche Vereinbarung** im Gesellschaftsvertrag. Danach besteht die Gesellschaft nach dem

---

[143] Ausführlich dazu *Schauer* in Gruber/Kalss/Müller/Schauer, Erbrecht und Vermögensnachfolge § 31 Rz 72.
[144] *Weiß* in Klang² III 159.
[145] Vgl auch *Schauer* in Gruber/Kalss/Müller/Schauer, Erbrecht und Vermögensnachfolge § 31 Rz 74.
[146] *Schauer* in Gruber/Kalss/Müller/Schauer, Erbrecht und Vermögensnachfolge § 31 Rz 74.
[147] *Schauer* in Gruber/Kalss/Müller/Schauer, Erbrecht und Vermögensnachfolge § 31 Rz 74.
[148] *Schauer* in Gruber/Kalss/Müller/Schauer, Erbrecht und Vermögensnachfolge § 31 Rz 74.
[149] *Schauer* in Gruber/Kalss/Müller/Schauer, Erbrecht und Vermögensnachfolge § 31 Rz 75.
[150] BGBl I 38/2014.
[151] *Wöss*, JEV 2014, 127.
[152] EB RV 270 BlgNR 25. GP zu § 1205 ABGB.

Tod des Gesellschafters mit seiner Verlassenschaft und nach deren Einantwortung mit den Erben fort.[153]

3. Kapitalgesellschaften

Gem § 76 GmbHG sind die Geschäftsanteile der Gesellschaft übertragbar und vererblich. Übernehmen mehrere **Miterben** einen Geschäftsanteil, so können sie ihre Rechte daraus auch nur **gemeinschaftlich** ausüben und haften zur ungeteilten Hand für Verbindlichkeiten, die mit diesem Geschäftsanteil einhergehen (§ 80 GmbHG). Die Rechtsgemeinschaft an einer **Aktie** unterliegt denselben Vorschriften (§ 64 AktG). 22

VI. Das Verfahren

Das **Verlassenschaftsverfahren** richtet sich nach dem **AußStrG 2003**. Die Teilungsklage ist gegen alle Miterben zu richten, die nicht als Kläger auftreten. Am Teilungsprozess müssen alle Teilhaber, sei es als Kläger oder Beklagte, beteiligt sein. Sie bilden in ihrer jeweiligen Position – Kläger oder Beklagte – eine einheitliche Streitpartei.[154] 23

§ 77 JN regelt die **Zuständigkeit des Gerichtsstandes** für Klagen, durch die Ansprüche aus Vermächtnissen oder sonstigen Verfügungen auf den Todesfall geltend gemacht werden. Das gilt auch für eine Teilungsklage in Zusammenhang mit einer Erbschaft. Auch nach rechtskräftiger Einantwortung bleibt das für das Verlassenschaftsverfahren zuständige Gericht weiterhin zuständig.[155]

Gerichtsstand der Teilungsklage ist das Verlassenschaftsgericht (§ 77 Abs 2 JN).[156] Die **örtliche Zuständigkeit** des Verlassenschaftsgerichts ergibt sich aus dem allgemeinen Gerichtsstand in Streitsachen des Verstorbenen (§§ 66 ff JN). Sind nach dieser Vorgabe keines oder mehrere Gerichte zuständig, so fällt die Zuständigkeit an jenes, in dessen Sprengel sich der größte Teil des im Inland vorhandenen Vermögens des Verstorbenen befindet.[157] Sachlich ist immer das Bezirksgericht zuständig (§ 104a JN).

Die **Teilungsklage** wird als unvollkommene Rechtsgestaltungsklage definiert.[158] Der Eintritt der Gestaltungswirkung – Aufhebung des Miteigentums – ist zwar unmittelbar an das Urteil geknüpft, es bedarf aber zur vollen Verwirklichung der neuen Rechtslage noch der Zwangsvollstreckung gemäß § 351 EO. Das Teilungsverfahren ist demnach dreistufig. Die Geltendmachung des Aufhebungsanspruchs durch Teilungsklage bildet die erste Stufe. Um die Rechtsbeziehung der Teilhaber vollständig zu beenden, ist es erforderlich, dass zu

---

[153] Ausführlich dazu *Wöss*, JEV 2014, 216 ff; ebenso bei § 1205 nF ABGB; s auch oben Rz 17.
[154] OGH 18.6.1991, 4 Ob 527/91; 7.7.2009, 5 Ob 12/09i, EvBl 2010/12; RIS-Justiz RS0013245; RS00113273; *Sachers*, JBl 1951, 521.
[155] *Jud*, Erbschaftskauf 131; OLG Wien 30.7.1991, 16 R 122/91, EFSlg 66.869.
[156] OGH 27.9.2007, 2 Ob 123/07p, JBl 2008, 251.
[157] *Bittner/Hawel* in Gruber/Kalss/Müller/Schauer, Erbrecht und Vermögensnachfolge § 10 Rz 20.
[158] OGH 13.7.2000, 5 Ob 23/00v; 26.8.2008, 5 Ob 151/08d; *Gruber/Sprohar-Heimlich* in Schwimann/Kodek⁴ III § 830 Rz 16.

dieser ersten Stufe die richterliche Rechtsgestaltung durch **Teilungsurteil** als zweite Stufe und schließlich der **Vollzug** als dritte Stufe hinzutritt. Erst der Vollzug der Teilung hat das endgültige Erlöschen des gesetzlichen Schuldverhältnisses zur Folge.[159] Die Teilung kann **real** durch Änderung der ideellen Anteile oder **zivil** vorgenommen werden.[160]

VII. Haftung

24 **Vor Einantwortung** haftet der **ruhende Nachlass**, danach werden die erberklärten Erben Schuldner der Erbschaftsgläubiger.[161] Das trifft auch auf unbedingt erberklärte Erben zu.[162]

Von mehreren bedingt erberklärten Erben haftet jeder einzelne gem § 821 für teilbare Schulden des Erblassers nur nach **Verhältnis seines Erbteils**.[163] Nach herrschender Auffassung ist die Haftung des Miterben zweifach beschränkt.[164] Er haftet einerseits nur für jenen Bruchteil einer Gläubigerforderung, der seiner Erbquote entspricht, andererseits wird die Haftung aller Miterben insgesamt nach § 802 durch den Gesamtwert der Aktiven begrenzt.[165] Die Beweislast für die Unzulänglichkeit des Nachlasses obliegt dem Erben und muss von ihm im Prozess eingewendet werden.[166]

Teil B. Neues Erbrecht ab 1. 1. 2017

VIII. Erbengemeinschaft

25 Die neue Überschrift bringt den Inhalt dieser Bestimmung deutlich zum Ausdruck. Sie enthält – wie auch schon die ursprüngliche Fassung – Regelungen zur Erbengemeinschaft. Nunmehr soll durch Gesetz klargestellt werden, dass sich der Anteil des einzelnen Erben nach seiner Erbquote bestimmt. Dies entspricht dem Standpunkt der herrschenden L und Rsp.[167] Sprachliche Änderungen wurden insofern vorgenommen, als auf die Regelungen der Besitznehmung der Erbschaft (15. Hauptstück) und des Miteigentums (16. Hauptstück) verwiesen wird.

---

[159] RS0113831; RS0013261; *Gruber/Sprohar-Heimlich* in Schwimann/Kodek[4] III § 830 Rz 16.

[160] OGH 24.4.2012, 2 Ob 41/11k, NZ 2012/112; 22.2.1990, 7 Ob 525/90, SZ 63/30; LG Salzburg 22.8.2008, 21 R 227/08s, EFSlg 119.910; RIS-Justiz 0012312.

[161] OGH 25.10.1988, 5 Ob 620/88, EvBl 1989/66; 24. 2.1994, 8 Ob 612/93, NZ 1994, 279; vgl auch *Sachers*, JBl 1951, 521.

[162] OGH 29.9.1960, 5 Ob 331/60, SZ 33/100.

[163] OGH 19.12.2005, 2 Ob 150/05f, EF 111.082.

[164] OGH 19.12.2005, 2 Ob 150/05f, EF 111.082.

[165] OGH 19.12.2005, 2 Ob 150/05f, EF 111.082; *Sailer* in KBB[4] § 821 Rz 1; *Weiß* in Klang[2] III 157.

[166] OGH 19.12.2005, 2 Ob 150/05f, EF 111.082.

[167] Vgl die EB zum ErbRÄG 2016 zu § 550 (100/ME XXV. GP); OGH 24.4.2012, 2 Ob 41/11k, NZ 2012/112; 28.8.2007, 5 Ob 108/7d, SZ 71/60; zB *Welser* in Rummel[4] § 550 Rz 1; s auch oben Rz 1, 18 ff.

Verzicht auf das Erbrecht.

§ 551. Wer über sein Erbrecht gültig verfügen kann, ist auch befugt, durch Vertrag mit dem Erblasser im voraus darauf Verzicht zu tun. Der Vertrag bedarf zu seiner Gültigkeit der Aufnahme eines Notariatsaktes oder der Beurkundung durch gerichtliches Protokoll. Eine solche Verzichtleistung wirkt, wenn nichts anderes vereinbart ist, auch auf die Nachkommen.

IdF RGBl 1916/69 (III. TN). Mat: 78 BlgHH, 21. Sess 1912.

Erbverzicht

§ 551. (1) Wer über sein Erbrecht gültig verfügen kann, kann auch durch Vertrag mit dem Verstorbenen im Voraus darauf verzichten. Der Vertrag bedarf zu seiner Gültigkeit der Aufnahme eines Notariatsakts oder der Beurkundung durch gerichtliches Protokoll; die Aufhebung des Vertrags bedarf der Schriftform.
(2) Soweit nichts anderes vereinbart ist, erstreckt sich ein solcher Verzicht auch auf den Pflichtteil und auf die Nachkommen.

IdF ErbRÄG 2015, BGBl I 2015/87, in Kraft ab 1. 1. 2017, Mat: EB RV 688 BlgNR 25. GP.

Lit: *Zeiller*, Commentar über das allgemeine bürgerliche Gesetzbuch für die gesammten Deutschen Erbländer der Oesterreichischen Monarchie, II. Band/2. Teilband (1812), IV. Band (1813); *Hasse*, Ueber Erbvertrag, Vertrag über eine fremde Erbschaft, Schenkung Todes halber und wechselseitiges Testament, Rheinisches Museum II 149, 300; *Nippel*, Erläuterung der gesetzlichen Bestimmungen über den Pflichttheil und der Anrechnung in denselben, nach dem österreichischen bürgerlichen Gesetzbuche (1828); *Nippel*, Erläuterung des allgemeinen bürgerlichen Gesetzbuches für die gesammten deutschen Länder der österreichischen Monarchie, V. Band (1832); *Winiwarter*, Das Oesterreichische bürgerliche Recht, III. Theil (1834); *Nippel*, Erläuterung des allgemeinen bürgerlichen Gesetzbuches für die gesammten deutschen Länder der österreichischen Monarchie, VIII. Band, 2. Abtheilung (1836); *Winiwarter*, Das Oesterreichische bürgerliche Recht[2], III. Theil (1841); *Perthaler*, Zur Theorie der Verzichtleistung auf das Erbrecht, Der Jurist IX 410; *NN*, Einige Worte über die Verzichtsleistung auf das Erbrecht nach den Bestimmungen des a. b. G. B. mit Rücksichtnahme auf den diesen Gegenstand behandelnden Aufsatz – in dieser Zeitschrift IX. B. S. 410 u. d. f., Der Jurist XII 51; *Lakner*, Ueber die Abfassung von Testamenten, so wie über das Erbrecht und die Erbschaftsangelegenheiten. Ein praktischer Leitfaden zur rechtsgiltigen Selbstverfassung schriftlicher Aufsätze, sowie zur Selbstvertretung in Erbfällen[2] (1853); *Michel*, Ueber die Verzichtleistung auf Erbrechte nach dem österreichischen allgemeinen bürgerlichen Gesetzbuche, Haimerl's Magazin VII 285; *Hofmann*, Wesen und Wirkung des Erbverzichtes und Erbvertrages, GrünhutsZ 1876, 649; *Ellinger*, Handbuch des österreichischen allgemeinen Civil-Rechtes[7] (1877); *Pfaff/Hofmann*, Commentar zum österreichischen allgemeinen bürgerlichen Gesetzbuche, II. Band/1. Abteilung (1877); *Pfaff/Hofmann*, Excurse über österreichisches allgemeines bürgerliches Recht,

§ 551

II. Band/1. Heft (1878); *Hruza,* Zur Lehre von der Novation nach österreichischem und gemeinem Recht (1881); *Riehl,* Das allgemeine bürgerliche Gesetzbuch erläutert durch die Spruchpraxis sammt ausführlichen Citaten, einschlägigen Gesetzesstellen und doppeltem Register[2], II. Band (1883); *Ofner,* Der Ur-Entwurf und die Berathungs-Protokolle des Oesterreichischen Allgemeinen bürgerlichen Gesetzbuches, I. Band (1889); *Meissels,* Zur Lehre vom Verzichte, GrünhutsZ XVIII (1891) 665 und XIX (1892) 1; *Kirchstetter,* Commentar zum Oesterreichischen Allgemeinen bürgerlichen Gesetzbuche[5] (1894); *Unger,* Das österreichische Erbrecht[4] (1894); *Verus,* Ein Beitrag zur Lehre des § 551 a.b.G.B., Gerichtshalle 1897, 565; *Hasenöhrl,* Das Oesterreichische Obligationenrecht[2], II. Band (1899); *Stubenrauch,* Commentar zum österreichischen allgemeinen bürgerlichen Gesetzbuche[8], I. Band (1902); *Ehrenzweig,* Die österreichische Erbfolgeordnung, NZ 1903, 9, 17, 26, 34; *Touaillon,* Beiträge zur Lehre vom Erbverzicht, NZ 1906, 329, 339, 348, 354, 364, 372, 380, 388, 397, 405, 413; *Schiffner,* Die Erbrechtsreform in der Novelle zum österreichischen allgemeinen bürgerlichen Gesetzbuche (1908); *Steinlechner,* Über die Regierungsvorlage einer Novelle zum Allgemeinen bürgerlichen Gesetzbuch, Ein Vortrag, gehalten im Grazer Juristenverein am 3. April 1908 (1908); *Till,* Der Entwurf einer österreichischen Zivilgesetznovelle vom Jahre 1907 (1908); *Ohmeyer,* Verfügung über künftige Rechte (1909); *Anders,* Grundriß des Erbrechts[2] (1910); *Hanausek,* Zur Lehre vom Erbverzicht nach geltendem österreichischen Recht und de lege ferenda, GZ 1912, 25; *Hendel,* Der Erbverzicht – Nach den Entwürfen einer Novelle zum allgemeinen bürgerlichen Gesetzbuche, GZ 1912, 551; *Oertmann,* Entgeltliche Rechtsgeschäfte (1912); *Rietsch,* Nochmals der Erbverzicht, GZ 1913, 89; *Krasnopolski/Kafka,* Lehrbuch des Österreichischen Privatrechts, V. Band, Österreichisches Erbrecht (1914); *Wychodil,* Die Form des Erbverzichtsvertrages, NZ 1920, 95; *Demelius,* Erbverzicht zugunsten Dritter, NZ 1930, 101; *Bartsch,* Erbrecht[2] (1942); *Wolff,* Grundriss des österreichischen bürgerlichen Rechts[4] (1948); *Scheffknecht,* Die Erbrechtsveräußerung, NZ 1953, 97; *Stöckl,* Der Erbverzicht, ÖJZ 1955, 185; *Deinlein,* Verfügung über den Pflichtteil, NZ 1956, 100, 114, 131, 150, 163; *Coing,* Zur Lehre vom teilweisen Erbverzicht, JZ 1960, 209; *Gschnitzer,* Lehrbuch des österreichischen bürgerlichen Rechts, Erbrecht (1964); *Damrau,* Der Erbverzicht als Mittel zweckmäßiger Vorsorge für den Todesfall (1966); *Daniels,* Verträge mit Bezug auf den Nachlaß eines noch lebenden Dritten (1973); *Welser,* Neue Rechenaufgaben vom Gesetzgeber – Bemerkungen zu den erbrechtlichen Bestimmungen des BG vom 15. 6. 1978, BGBl 1978/280, NZ 1978, 161; *Brunner,* Erberklärung und Erbverzicht, NZ 1979, 96; *Migsch,* Persönliche Ehewirkungen, gesetzlicher Güterstand und Ehegattenerbrecht, in Floretta (Hrsg), Das neue Ehe- und Kindschaftsrecht (1979) 17; *Eccher,* Antizipierte Erbfolge (1980); *Schauer,* Rechtsprobleme bei der Anrechnung im Erbrecht, JBl 1980, 449; *Zemen,* Die gesetzliche Erbfolge nach der Familienrechtsreform (1981); *Gschnitzer/Faistenberger,* Österreichisches Erbrecht[2] (1983); *Kralik,* Das Erbrecht (1983); *Larenz,* Allgemeiner Teil des bürgerlichen Rechts[6] (1983); *Rheinbay,* Erbverzicht – Abfindung – Pflichtteilsergänzung (1983); *Hofmann-Wellenhof,* Erbverzicht und Ausschlagung der Erbschaft aus zivilrechtlicher Sicht, NZ 1984, 17; *Hofmann-Wellenhof,* Zivilrechtliche Probleme bei Erbvereinbarungen und Erbauseinandersetzungen, in Ruppe (Hrsg), Handbuch der Familienverträge[2] (1985) 121; *Kuchinke,* Der Erbverzicht zugunsten eines Dritten, in Rechberger/Welser (Hrsg), Festschrift für Winfried Kralik (1986) 451; *Weirich,* Der gegenständlich beschränkte Pflichtteilsverzicht – Zulässigkeit und Vertragsgestaltung, DNotZ 1986, 5; *Zemen,* Der Kreis der Pflichtteilsberechtigten, ÖJZ 1987, 231; *Zankl,* Der Erbverzicht zum Nachteil minderjähriger Nachkommen, NZ 1990, 5; *Zemen,* Zu den Wirkungen des Erbverzichts auf die Nachkommen, JBl 1990, 500; *Welser*, Erbverzicht und Schenkung auf den Todesfall, NZ 1991, 84; *Damrau*, Die Verpflichtung zur Ausschlagung der Erbschaft, ZEV 1995, 425; *Zankl*, Das gesetzliche Vorausvermächtnis des Ehegatten (1996); *Kralik/Beer*, Rechtsmißbrauch beim Pflichtteilsverzicht – neue Judikatur des OGH zur Schenkungsanrechnung, NetV 1997, 15; *Reul*, Erbverzicht, Pflichtteilsverzicht, Zuwendungsverzicht, MittRhNotK 1997, 373; *Dehn*, Formnichtige Rechtsgeschäfte und ihre Erfüllung (1998); *Jud*, Der Erbschaftskauf – Verfügungen des Erben über sein Recht (1998); *Schotten*, Das Kausalgeschäft zum Erbverzicht, DNotZ 1998, 163; *Kletečka*, Ersatz- und Nacherbschaft (1999); *J. Mayer*, Der beschränkte Pflichtteilsverzicht, ZEV 2000, 263; *Lange/Kuchinke*, Erbrecht – Ein Lehrbuch[5] (2001); *Umlauft*, Die Anrechnung von Schenkungen und Vorempfängen im Erb- und Pflichtteilsrecht (2001); *Rabl*, Die Stellvertretung beim Erbverzicht, NZ 2002/39, 105; *Soergel*, Kommentar zum Bürgerlichen Gesetzbuch[13], XXIII. Band (2002); *Hirtzberger*, Wegfall der Geschäftsgrundlage beim Pflichtteilsverzicht anlässlich der Gründung einer Privatstiftung oder einer Nachstiftung, RdW 2004/405, 450; *Mader*, Pflichtteilsverzicht und Schenkungsanrechnung – Rechtsmissbrauch oder Gesetzesumgehung? in Fischer-Czermak/*Kletečka*/Schauer/Zankl (Hrsg), Festschrift für Rudolf Welser (2004) 669; *Zemen*, Das erbrechtliche Eintrittsrecht in der jüngeren Rechtsentwicklung, JBl 2004, 356; *Samek*, Das österreichische Pflichtteilsrecht (2004); *Rabl*, Die Schenkung auf den Todesfall im Pflichtteilsrecht, NZ 2005/32, 129; *Wagner/Knechtel*, Kommentar zur Notariatsordnung[6] (2006); Ferrari/Likar-Peer (Hrsg), Erbrecht – Ein Handbuch für die Praxis (2007); *Lenneis*, Problematik der Pflichtteilsvergrößerung durch Verzicht auf das Erbrecht gem § 767 ABGB, AnwBl 2009, 263; *Lukas*, Unternehmensnachfolge von Todes wegen bzw im Hinblick auf den Todesfall, JEV 2009, 4, 40; *Rudolf*, Vorschlag einer EU-Verordnung zum Internationalen Erb- und Erbverfahrensrecht, NZ 2010/99, 353; *Wall*, Erbverzicht, in Gruber/Kalss/Müller/Schauer (Hrsg), Erbrecht und Vermögensnachfolge (2010) 660; *Beck*, P-Gericht und A-Verfahren – Die Rolle des Pflegschaftsgerichts im Verlassenschaftsverfahren, EF-Z 2011/31, 49; *Umlauft*, Die Anrechnung im Pflichtteilsrecht – Überlegungen de lege lata und de lege ferenda, iFamZ 2011, 282; *Larenz/Wolf*, Allgemeiner Teil des bürgerlichen Rechts[10] (2012); *Cach/Weber*, Privatautonomie im Internationalen Erbrecht: Überlegungen zu Art 22 der Europäischen Erbrechtsverordnung, ZfRV 2013/33, 263; *Döbereiner*, Das internationale Erbrecht nach der EU-Erbrechtsverordnung (Teil II), MittBayNot 2013, 437; *Kogler*, Der Erbverzicht (2013); *Metzler*, Ausschlagung und Erbverzicht in der dogmatischen Analyse (2013); *Rudolf*, Die Erbrechtsverordnung der Europäischen Union: VO zum Internationalen Erb- und Erbverfahrensrecht in Kraft – ein Überblick, NZ 2013/103, 225; *Bonomi/Öztürk*, Das Statut der Verfügung von Todes wegen (Art 24 ff EuErbVO), in Dutta/Herrler (Hrsg), Die Europäische Erbrechtsverordnung (2014) 47; *Fischer-Czermak*, Anwendbares Recht, in Schauer/Scheuba (Hrsg), Europäische Erbrechtsverordnung (2014) 43; *Kogler*, Die Ausschlagungsverpflichtung vor Anfall des Erbrechts, EF-Z 2014/3, 10; *Volgger*, Antritt und Ausschlagung der Erbschaft (2014); *Odersky*, Der wirksam-wirkungslose Erb- und Pflichtteilsverzicht nach der EU-ErbVO, notar 2014, 139; Deixler-Hübner/Schauer (Hrsg), EuErbVO (2015); *Kletečka*, Anrechnung auf den Pflichtteil nach dem ErbRÄG 2015, in Rabl/Zöchling-Jud (Hrsg), Das neue Erbrecht (2015) 89; *Kogler*, Die Vereinbarung der Anrechnung auf ein testamentarisches Erbrecht – Besprechung der E OGH 10 Ob 50/13w, NZ 2015/1, 1; *Kogler*, Der Erbverzicht nach dem Erbrechts-Änderungsgesetz, JBl 2015, 613; *Rudolf/Zöchling-Jud/Kogler*, Kollisionsrecht, in Rechberger/Zöchling-Jud (Hrsg), Die EU-Erbrechtsverordnung in Österreich (2015) 115; *Weber*, Erb- und Pflichtteilsverzichtsverträge im Spiegel der EuErbVO, ZEV 2015, 503; Bamberger/Roth (Hrsg), Beck'scher Online-Kommentar BGB, Edition 39 (2016); *Barth*, Pflichtteilsrecht neu, in Barth/Pesendorfer (Hrsg), Praxishandbuch des neuen Erbrechts (2016) 157; *Pesendorfer*, Entstehung des Erbrechts, Erbverzicht, Erbschaftserwerb und Verjährung, in Barth/Pesendorfer (Hrsg), Praxishandbuch des neuen Erbrechts (2016) 17; *Rabl*, Der Pflichtteilsverzicht als anrechenbare Schenkung, NZ 2016/64, 201; *Kogler*, Formvorschriften im neuen Erbrecht – Zugleich ein Beitrag zu Vereinbarungen über die Anrechnung (Manuskript).

Übersicht

I.	Einleitung	4
II.	Gegenstand des Erbverzichts	5
	1. Gesetzlicher Gegenstand	5
	2. Teilungsmöglichkeiten	7
	a) Allgemeines zur Zulässigkeit	7
	b) Verzicht auf ganze Anwartschaften	8
	c) Teilung innerhalb einer Anwartschaft	8–14
	aa) Erbrecht	8–10
	bb) Pflichtteil	11–13
	cc) Vermächtnis	14
	3. Umfang des Erbverzichts nach der Vereinbarung	11
III.	Wirkung des Erbverzichts	12
	1. Anfallsverhinderungsgrund	12
	2. Wirkungserstreckung auf die Nachkommen nach § 551 Satz 3	14
	3. Quotenerhöhung bei anderen Noterben nach § 767	16
	4. Kein „in Ermangelung" iSd § 762	19
	5. Keine Ersatzerbenberufung nach § 779	19
IV.	Qualifikation als entgeltliches oder unentgeltliches Rechtsgeschäft	20
	1. Grundsätzliches	20
	a) Kein abstraktes Verfügungsgeschäft	20
	b) Unabhängigkeit von der (Nicht-)Anrechnung der Abfindung	20
	2. Erbverzicht ohne Abfindung	21
	3. Erbverzicht gegen Abfindung	21
	a) Meinungsüberblick	21
	b) Die drei Ausgestaltungen des Verpflichtungsgeschäfts	22
	c) Verzicht auf entziehbare Anwartschaften	23
	d) Verzicht auf nicht entziehbare Anwartschaften	24
	e) Erbverzicht gegen Abfindung durch Dritte und gegen Abfindung an Dritte	25
V.	Anrechnung der Abfindung	25
VI.	Abschluss des Erbverzichtsvertrages	27
	1. Form	27
	2. Geschäftsfähigkeit und Vertretung	28
	3. Bedingungen und der Verzicht zu Gunsten Dritter	30
VII.	Beseitigung des Erbverzichtsvertrages	31
	1. Einvernehmliche Aufhebung	31
	2. Laesio enormis, Willensmängel und Leistungsstörungen	31

         3. Wucher   33
         4. Schenkungswiderruf   34
VIII. Internationales Privatrecht   34
  IX. Abgrenzung und verwandte Rechtsgeschäfte   36
         1. Ausschlagungsvertrag und andere schuldrechtliche Erbverzichte 36
         2. Vorschuss iSd § 789   38
         3. Anrechnungsvereinbarungen   39
   X. Änderungen durch das ErbRÄG 2015   41
         1. Pflichtteilsverzicht ist Erbverzicht   41
         2. Wirkungserstreckung auf die Nachkommen nach § 551 Abs 2 nF 41
         3. Ausmessung der Pflichtteile nach § 760 Abs 1 nF   41
         4. Anrechnung der Abfindung   42
         5. Schriftliche Aufhebung   43

I. Einleitung

Vor dem Tod des Erblassers hat ein potentieller Erbe nur die Aussicht, dass **1** ihm später – im Erbfall – ein Erbrecht anfällt. Dies gilt selbst dann, sollte es sich um ein vertragliches Erbrecht handeln, aber auch entsprechend bei Vermächtnissen und hinsichtlich des Pflichtteils. Grundvoraussetzung ist nämlich, dass der Anwärter den Erbanfall erlebt und „bis dahin" auch nicht durch andere Gründe wie Erbunfähigkeit, Erbunwürdigkeit oder Enterbung weggefallen ist. Auch wenn der OGH[1] und ein Teil der Lehre[2] eine erbrechtliche Erwerbsaussicht als Anwartschaftsrecht qualifizieren oder zumindest so bezeichnen, liegt ein solches daher nicht vor.[3] Vielmehr handelt es sich dabei – selbst beim Pflichtteil, beim gesetzlichen Vorausvermächtnis nach § 758 oder bei einem vertraglichen Erbrecht – nur um eine (erbrechtliche) Anwartschaft.[4]

Der Erbverzicht iSd § 551 ist nur zu Lebzeiten des Erblassers möglich,[5] **2** weil dieser einen Vertrag mit dem Erblasser voraussetzt.[6] Im Umkehrschluss

---

[1] Vgl RIS-Justiz RS0012321; zuletzt OGH 17.6.2014, 10 Ob 35/14s, JBl 2014, 792 (*Kogler*) = EF-Z 2014/167 (*A. Tschugguel*) = iFamZ 2014/234 (*Mondel*) = EvBl 2015/15.

[2] Vgl *Stöckl*, ÖJZ 1955, 185; *Brunner*, NZ 1979, 96, 101; *Kralik*, Erbrecht 31 (vertragliches Erbrecht).

[3] Zur Differenzierung zwischen Anwartschaft und Anwartschaftsrecht s *Larenz*, Allgemeiner Teil[6] 212; *Larenz/Wolf*, Allgemeiner Teil[10] 224 f.

[4] Vgl *Lange/Kuchinke*, Erbrecht[5] 183; vgl auch *Hofmann*, GrünhutsZ 1876, 656, 661; *Wychodil*, NZ 1920, 95; *Weiß* in Klang[2] III 52, 177; *Deinlein*, NZ 1956, 102; *Gschnitzer*, Erbrecht 7; *Gschnitzer/Faistenberger*, Erbrecht[2] 10; *Kralik*, Erbrecht 31; *Rabl*, NZ 2002/39, 106; *Likar-Peer* in Ferrari/Likar-Peer, Erbrecht 299; *Kogler*, Erbverzicht 122 (FN 771); *Eccher* in Schwimann/Kodek[4] II § 536 Rz 1; *Welser* in Rummel/Lukas[4] § 536 Rz 1; *Koziol/Welser/Zöchling-Jud*[14] II Rz 1903.

[5] Vgl *Kralik*, Erbrecht 45; *Wall* in Gruber/Kalss/Müller/Schauer, Erbrecht und Vermögensnachfolge 665; *Kogler*, Erbverzicht 146, 189; aA OGH 8.10.2013, 3 Ob 165/13f, NZ 2014/23 (*Kogler*) = iFamZ 2014/39 (*Mondel*) = JBl 2014, 200 = EF-Z 2014/54 = JEV 2014/3 = Zak 2013/766 (Annahme auch nach dem Tod möglich); s dazu auch *Wegerhoff* in MüKoBGB[6] § 2346 Rz 10; *J. Mayer* in Bamberger/Roth, BeckOK BGB[36] § 2346 Rz 7; *Schotten* in Staudinger BGO (2010) § 2346 Rz 19, 39.

[6] Dass ein „Vertrag mit dem Erblasser" notwendig ist, wurde durch die III. TN (RGBl 1916/69) in § 551 eingefügt. Doch auch zuvor war ein Erbverzicht nur durch Vertrag möglich; vgl *Kogler*, Erbverzicht 202 f.

ergibt sich daraus weiters, dass ein Erbverzicht iSd § 551 ohne Beteiligung des Erblassers – also unter mehreren Anwärtern – nicht möglich ist.[7] Der Erbverzicht iSd § 551 ist demnach der Verzicht auf eine erbrechtliche Anwartschaft durch formpflichtigen Vertrag zwischen Anwärter und Erblasser.[8] Er wirkt erbrechtlich, weil der Erbverzicht dazu führt, dass die von ihm erfassten Anwartschaften (Erbrecht, Vermächtnis, Pflichtteils[ergänzungs]anspruch, Anfechtung von Belastungen nach § 774) im Erbfall nicht anfallen (Anfallsverhinderungsgrund). Insofern unterscheidet er sich klar von der Ausschlagung. Diese ist nämlich zum einen nur eine einseitige Erklärung im Verlassenschaftsverfahren und setzt zum anderen zwingend einen Anfall voraus.[9]

3   Das römische Recht kannte keine Erbverzichte, waren diesem doch Erbverträge generell fremd. Erbverzichte sind vielmehr gemeinrechtlicher Herkunft und kamen erst im Mittelalter in Übung.[10] Auch in den §§ 2346 ff deutsches BGB und in Art 495 schweizerisches ZGB finden sich daher Bestimmungen über einen erbrechtlich wirkenden Erbverzicht.

II. Gegenstand des Erbverzichts

1. Gesetzlicher Gegenstand

4   Der Erbverzicht iSd § 551 erstreckt sich nach seinem Wortlaut auf das Erbrecht. Erfasst ist damit das Erbrecht aus allen Berufungsgründen, also das gesetzliche Erbrecht ebenso wie letztwillige und erbvertragliche Erbrechte.[11] Ein Erbverzicht iSd § 551 erfasst aber auch den Pflichtteil[12] und Vermächtnisse[13],

---

[7] Vgl auch *Bartsch*, Erbrecht[2] 74; *Weiß* in Klang[2] III 177; *Gschnitzer*, Erbrecht 44; *Gschnitzer/Faistenberger*, Erbrecht[2] 52; *Kralik*, Erbrecht 43 f; *Likar-Peer* in Ferrari/Likar-Peer, Erbrecht 299; *Eccher* in Schwimann/Kodek[4] III § 551 Rz 1; *Apathy* in KBB[4] § 551 Rz 1; *Welser* in Rummel/Lukas[4] § 551 Rz 1; *Koziol/Welser/Zöchling-Jud*[14] II Rz 1902.

[8] Vgl auch *Welser* in Rummel/Lukas[4] § 551 Rz 1; *Koziol/Welser/Zöchling-Jud*[14] II Rz 1902.

[9] Vgl *Pfaff/Hofmann*, Excurse II/1, 32 f; *Anders*, Erbrecht[2] 51; *Volgger*, Antritt und Ausschlagung 6 ff; *Welser* in Rummel/Lukas[4] § 551 Rz 7; *Koziol/Welser/Zöchling-Jud*[14] II Rz 1910.

[10] Vgl *Pfaff/Hofmann*, Commentar II/1, 54; *dies*, Excurse II/1, 31; *Kirchstetter/Maitisch*, Commentar[5] 317; *Schotten* in Staudinger, BGB (2016) Einl §§ 2346–2352 Rz 6 ff.

[11] Vgl *Michel*, Haimerl's Magazin VII 290; *Pfaff/Hofmann*, Excurse II/1, 43 f; *Kogler*, Erbverzicht 29 f; vgl auch *Eccher* in Schwimann/Kodek[4] III § 551 Rz 2; *Apathy* in KBB[4] § 551 Rz 1; *Welser* in Rummel/Lukas[4] § 551 Rz 1; *Werkusch-Christ* in Kletečka/Schauer, ABGB-ON 1.03 § 551 Rz 2; *Koziol/Welser/Zöchling-Jud*[14] II Rz 1902, 1904.

[12] Vgl *Ofner*, Urentwurf I 472; *Zeiller*, Commentar II/2, 410 f; *Unger*, Erbrecht[4] 128; *Krasnopolski/Kafka*, Erbrecht 30; *Ehrenzweig*, System II/2[2], 587; *Gschnitzer*, Erbrecht 45; *Gschnitzer/Faistenberger*, Erbrecht[2] 53; *Hofmann-Wellenhof*, NZ 1984, 17 f; *Umlauft*, Anrechnung 288; *Samek*, Pflichtteilsrecht 12; *Eccher* in Schwimann/Kodek[4] III § 551 Rz 2; *Kogler*, Erbverzicht 30 f; *Apathy* in KBB[4] § 551 Rz 1; *Koziol/Welser/Zöchling-Jud*[14] II Rz 1904; offenbar auch *Rabl*, NZ 2016/64, 204.

[13] Vgl *Winiwarter*, Bürgerliches Recht[2] III 42; *Hanausek*, GZ 1912, 25; *Handl* in Klang II/1, 109; *Ehrenzweig*, System II/2[2], 378 f; *Bartsch*, Erbrecht[2] 75; *Kogler*, Erbverzicht 33 f; OGH 5.5.1857, 2963/1857, GlU 335 = *Riehl*, Bürgerliches Gesetzbuch[2] II 623; aA (offenbar) *Wolff*, Bürgerliches Recht[4] 359; *Weiß* in Klang[2] III 178; *Krasnopolski/Kafka*, Erbrecht 29; *Stöckl*, ÖJZ 1955, 188.

sodass es für einen Verzicht auf diese Anwartschaften keiner analogen Anwendung des § 551 bedarf.[14] Da es sich bei einem gesetzlichen Anerbenrecht nach dem AnerbenG, KrntErbHöfeG oder TirHöfeG um ein (gesetzliches) Vermächtnis handelt,[15] ist auch dieses Gegenstand eines Erbverzichts iSd § 551.[16] Der Erbverzicht iSd § 551 erstreckt sich allerdings nicht auf den Unterhaltsanspruch nach § 795, weil dieser gerade dann ansetzt, wenn jemand vom Pflichtteil ausgeschlossen ist. Auf diesen kann nach hM unter analoger Anwendung des § 551 verzichtet werden.[17]

Beim gesetzlichen Erbrecht, beim Pflichtteil, beim gesetzlichen Vorausvermächtnis nach § 758 und bei einem Anerbenrecht nach dem AnerbenG, KrntErbHöfeG oder TirHöfeG gibt es jeweils nur einen einzigen Entstehungsgrund, der vom Erbverzicht als solches erfasst wird. Verzichtsgegenstand sind daher diese Rechte, so wie sie sich im Erbfall darstellen würden. So kann etwa die tatsächlich beseitigte gesetzliche Erbquote im Erbfall ganz anders sein, als dies im Zeitpunkt des Verzichts angenommen wurde.[18] Anders ist die Situation beim letztwilligen und vertraglichen Erbrecht. Diese Berufungsgründe werden nämlich nicht in ihrer Gesamtheit vom Verzicht erfasst. Durch den Verzicht werden nur die Erbrechte der bis zu seinem Abschluss angeordneten oder vereinbarten Erbeinsetzungen beseitigt,[19] aber wiederum so, wie sie sich im Erbfall darstellen würden.[20] Unabhängig davon ist, ob der Verzichtende die Verfügungen oder ihren Inhalt kannte. Dies gilt entsprechend für letztwillige und erbvertragliche Vermächtnisse.

2. Teilungsmöglichkeiten

a) Allgemeines zur Zulässigkeit

Aufgrund der Vertragsnatur des Erbverzichts ist auf eine weitgehende Gestaltungsfreiheit zu schließen.[21] Außerdem kennt § 551 selbst eine Modifikation hinsichtlich seines Verzichtsgegenstandes, weil nach § 551 S 3 von der Wirkungserstreckung auf die Nachkommen abgegangen werden kann. Hinzu

---

14 So aber (ohne bei anderen Teilungen auf eine analoge Anwendung abzustellen) *Likar-Peer* in Ferrari/Likar-Peer, Erbrecht 299; *Welser* in Rummel/Lukas[4] § 551 Rz 1; *Werkusch-Christ* in Kletečka/Schauer, ABGB-ON 1.03 § 551 Rz 2; so offenbar auch *Hofmann-Wellenhof*, NZ 1984, 17; unklar hinsichtlich des Vermächtnisverzichts *Eccher* in Schwimann/Kodek[4] III § 551 Rz 2; § 10 AnerbenG Rz 1.
15 Vgl *Kralik*, Erbrecht 386. Vgl auch *Eccher* in Schwimann/Kodek[4] III § 10 AnerbenG Rz 1 (FN 3).
16 Vgl *Kogler*, Erbverzicht 35; RIS-Justiz RS0108709; aA *Kralik*, Erbrecht 387 (analoge Anwendung des § 551); s auch *Eccher* in Schwimann/Kodek[4] III § 10 AnerbenG Rz 1.
17 Vgl *Samek*, Pflichtteilsrecht 90; *Welser* in Rummel/Lukas[4] § 795 Rz 3; vgl aber auch *Weiß* in Klang[2] III 954.
18 Vgl *Kogler*, Erbverzicht 36, 38 ff mwN.
19 Vgl *Kogler*, Erbverzicht 37; aA *Handl* in Klang II/1, 110; s dazu auch *Wall* in Gruber/Kalss/Müller/Schauer, Erbrecht und Vermögensnachfolge 664; *Welser* in Rummel/Lukas[4] § 551 Rz 1.
20 Auch ein Anwachsungsrecht nach den §§ 560 ff ist demnach „mitverzichtet".
21 Vgl *Weiß* in Klang[2] III 178, 181; *Deinlein*, NZ 1956, 104; *Kralik*, Erbrecht und Vermögensnachfolge 44; RIS-Justiz RS0012325.

kommt, dass eine Bestimmung wie § 808, der bestimmte „Teilausschlagungen" verbietet, hinsichtlich des Erbverzichts iSd § 551 nicht besteht.[22] An sich sind daher sämtliche Teilungen bei einem Erbverzicht zulässig. Allerdings gilt es zu berücksichtigen, dass der Erbverzicht nur eine negative, dh nur eine die Rechte des Verzichtenden ausschließende Wirkung hat und keine Anordnungen des Erblassers ersetzen kann[23] und im Erbrecht Typenzwang herrscht.[24]

b) Verzicht auf ganze Anwartschaften

7   Ausgehend davon stellt sich die Beschränkung auf eine oder mehrere „ganze Anwartschaften" unproblematisch dar. Im Einklang mit der hA ist es daher zulässig, dass sich ein Erbverzicht iSd § 551 nur auf das gesetzliche Erbrecht oder nur auf den Pflichtteil (reiner Pflichtteilsverzicht) erstreckt.[25] Dass der Gesetzeswortlaut für den Pflichtteil ein gesetzliches Erbrecht voraussetzt (§§ 765 f), schadet dem nicht, weil es sich dabei nur um eine „formale" Verknüpfung handelt.[26] Möglich ist aber auch, durch Erbverzicht iSd § 551 nur auf eine letztwillige oder erbvertragliche Erbseinsetzung,[27] auf ein letztwilliges oder vertragliches Vermächtnis oder auf das gesetzliche Vorausvermächtnis nach § 758[28] oder auf das Anerbenrecht nach dem AnerbenG, KrntErbHöfeG oder TirHöfeG[29] zu verzichten.

---

[22] Vgl *Kogler*, Erbverzicht 42; vgl auch *Wegerhoff* in MüKoBGB[6] § 2346 Rz 13; *Schotten* in Staudinger, BGB (2016) § 2346 Rz 39.

[23] Vgl *Schotten* in Staudinger, BGB (2016) § 2346 Rz 41. Vgl auch *Wegerhoff* in MüKoBGB[6] § 2346 Rz 13; *Kogler*, Erbverzicht 42.

[24] So die hM in Deutschland; vgl *Coing*, JZ 1960, 210; *Damrau* in Soergel[13] § 2346 Rz 9; *Schotten* in Staudinger, BGB (2016) § 2346 Rz 39.

[25] Vgl *Pfaff/Hofmann*, Excurse II/1, 50; *Kirchstetter/Maitisch*, Commentar[5] 317; *Anders*, Erbrecht[2] 52; *Handl* in Klang II/1, 108 f; *Weiß* in Klang[2] III 178 ff; *Deinlein*, NZ 1956, 104, 133 ff; *Kralik*, Erbrecht 44; *Zemen*, ÖJZ 1987, 235; *Umlauft*, Anrechnung 288; *Likar-Peer* in Ferrari/Likar-Peer, Erbrecht und Vermögensnachfolge 299 f; *Eccher* in Schwimann/Kodek[4] III § 551 Rz 1 f; *Wall* in Gruber/Kalss/Müller/Schauer, Erbrecht und Vermögensnachfolge 664; *Kogler*, Erbverzicht 42 ff; *Apathy* in KBB[4] § 551 Rz 1; *Welser* in Rummel/Lukas[4] § 551 Rz 1; *Koziol/Welser/Zöchling-Jud*[14] II Rz 1904; teilweise aA *Stubenrauch/Wehli*, Commentar[8] I 756, 937.

[26] Zum Verhältnis zwischen gesetzlichem Erbrecht und Pflichtteil s *Kogler*, Erbverzicht 43.

[27] Vgl *Pfaff/Hofmann*, Excurse II/1, 43 f; *Handl* in Klang II/1, 108 f; *Weiß* in Klang[2] III 178 ff; *Deinlein*, NZ 1956, 104; *Kralik*, Erbrecht 44; *Likar-Peer* in Ferrari/Likar-Peer, Erbrecht 299; *Eccher* in Schwimann/Kodek[4] III § 551 Rz 1; *Apathy* in KBB[4] § 551 Rz 1, 3; *Welser* in Rummel/Lukas[4] § 551 Rz 1; OGH 4.4.1979, 6 Ob 766/78, SZ 52/58; 6.9.1985, 5 Ob 1528/85; 22.4.1986, 2 Ob 588/84, NZ 1987, 70.

[28] Vgl *Ehrenzweig*, System II/2[2], 378 f; *Hofmann-Wellenhof*, NZ 1984, 17; *Likar-Peer* in Ferrari/Likar-Peer, Erbrecht 299; *Eccher* in Schwimann/Kodek[4] III § 551 Rz 2; *Welser* in Rummel/Lukas[4] § 551 Rz 1; *Werkusch-Christ* in Kletečka/Schauer, ABGB-ON 1.03 § 551 Rz 2; aA *Weiß* in Klang[2] III 178.

[29] Vgl *Kralik*, Erbrecht 387; *Eccher* in Schwimann/Kodek[4] III § 10 AnerbenG Rz 1.

c) Teilung innerhalb einer Anwartschaft

aa) Erbrecht

Ein quotenmäßiger Verzicht auf ein Erbrecht – etwa der Verzicht auf die **8** Hälfte des gesetzlichen Erbrechts – ist jedenfalls zulässig. Eine quotenmäßige Beschränkung entspricht nämlich dem Typenzwang des Erbrechts, ist dieses doch selbst das ausschließliche Recht, die ganze Verlassenschaft oder einen quotenmäßigen Teil derselben in Besitz zu nehmen (§ 532).[30]

Bildet hingegen ein Betrag die Verzichtsgrenze – zB der Verzicht auf **9** € 100.000 eines Erbrechts oder auf das Erbrecht außer € 100.000 – so ist zu unterscheiden: Liegt darin nur eine Umschreibung einer Quote, so ist dies insofern zulässig, als im Erbfall der Wert in eine Quote rückgerechnet werden kann, indem man den Betrag zum Nachlass in Relation setzt.[31] Tatsächlich würde hier von vornherein also ein quotenmäßig beschränkter Erbverzicht vorliegen. Sollen hingegen die Erbquoten unberührt bleiben und sich nur die Werte, die darauf abfallen, verschieben – wie dies bei einer Anrechnung der Fall ist[32] –, würde dies dem rein negativen Wesen des Erbverzichts widersprechen.[33] Hier kommt eine Umdeutung in einen quotenmäßigen Verzicht oder in eine Verpflichtung zur Leistung einer Ausgleichszahlung in Betracht.

Wird als Teilungsfaktor ein Gegenstand herangezogen – zB der Verzicht **10** auf ein Erbrecht hinsichtlich einer Liegenschaft oder auf alles außer dieser Liegenschaft –, kann darin nur die Angabe einer Wertgrenze liegen. Dies hätte zur Folge, dass ein wertmäßig beschränkter Verzicht vorliegt und die Ausführungen soeben gelten. Soll hingegen der Gegenstand dem Verzichtenden (nicht) zugeordnet werden und keine quantitative Minderung des ursprünglichen Erbrechts eintreten, würde gar nichts aufgegeben. Hier handelt es sich also um eine Teilungs- oder Vermächtnisanordnung, sodass die dafür nötige Form einzuhalten ist. Zudem wäre diese grundsätzlich durch letztwillige Anordnung frei widerruflich. Wenn aber die (Nicht-)Zuordnung mit einer quantitativen Minderung kombiniert sein soll, würde es zwar um ein Verzichten iwS gehen. Doch dieses lässt sich mit dem Wesen des Erbrechts nicht in Einklang zu bringen, weil es ein „Erbrecht minus Gegenstand" oder ein „Erbrecht nur hinsichtlich eines bestimmten Gegenstands" nicht gibt.[34] Ein solcher Verzicht

---

[30] Vgl *Demelius*, NZ 1930, 101; *Handl* in Klang II/1, 109; *Weiß* in Klang² III 181; *Kralik*, Erbrecht 44; *Hofmann-Wellenhof*, NZ 1984, 18; *dies* in Ruppe, Handbuch Familienverträge² 894; *Umlauft*, Anrechnung 306; *Wall* in Gruber/Kalss/Müller/Schauer, Erbrecht und Vermögensnachfolge 664; *Kogler*, Erbverzicht 46; *Apathy* in KBB⁴ § 551 Rz 3; *Welser* in Rummel/Lukas⁴ § 551 Rz 1.

[31] S die Beispiele bei *Kogler*, Erbverzicht 47 ff.

[32] Vgl *Ehrenzweig*, System II/2², 518; *Eccher* in Schwimann/Kodek⁴ III § 793 Rz 1; *Apathy* in KBB⁴ § 793 Rz 1; *Welser* in Rummel/Lukas⁴ §§ 790–793 Rz 4; *Bittner/Hawel* in Kletečka/Schauer, ABGB-ON 1.02 § 793 Rz 1; *Koziol/Welser/Zöchling-Jud*¹⁴ II Rz 2345.

[33] Vgl *Kogler*, Erbverzicht 51 ff; aA *Umlauft*, Anrechnung 44 ff.

[34] S dazu *Kogler*, Erbverzicht 53 f mN aus der deutschen L.

kann in eine Teilungs- oder Vermächtnisanordnung und in einen quotenmäßigen Erbverzicht umgedeutet werden.[35]

bb) Pflichtteil

11 Die bei einem Erbrecht bestehende Dualität von Quote und dem, was sie abwirft, gibt es beim Pflichtteil nicht. Vielmehr geht es immer um einen Geldbetrag, in dessen Höhe der Pflichtteils(ergänzungs)anspruch entsteht und der die Wertgrenze für den Wegfall von Belastungen nach § 774 bildet. Daher besteht beim Pflichtteil ein viel weiterer Gestaltungsspielraum als bei einem Erbrecht;[36] jede Beschränkungsart, die bei einem schuldrechtlichen Anspruch in Geld möglich ist, ist zulässig.[37]

12 Daher kann die Teilung des Pflichtteils sowohl durch eine Quote[38] als auch durch eine Wertgrenze erfolgen (Fest- oder Höchstbetrag), aber auch dadurch, dass bestimmte Berechnungsregelungen festgesetzt werden. Letzteres ist grundsätzlich dann der Fall, wenn die „Vereinbarung der Anrechnung" oder der „Verzicht auf die Anrechnung" (hinsichtlich einzelner Gegenstände) vereinbart wird.[39]

13 Durch einen Erbverzicht ist es weiters möglich, eine Stundung oder Ratenzahlung des Pflichtteils(ergänzungs)anspruches oder eines Vermächtnisses zur Pflichtteildeckung zu vereinbaren.[40] Es kann auch nur auf die Wirkung des § 774 verzichtet werden.[41] Dadurch kann der Erblasser einen Erbteil oder ein Vermächtnis als (wertmäßige) Pflichtteilsdeckung hinterlassen, ohne dass § 774 eingreift.[42]

cc) Vermächtnis

14 Aufgrund der schuldrechtlichen Natur[43] eines Vermächtnisses ist auch hier – abweichend von der bisherigen (gesetzlichen, letztwilligen oder erbvertraglichen) Anordnung – die Vereinbarung einer Stundung, eines späteren Fälligkeitstermins oder einer Ratenzahlung ebenso zulässig, wie eine quoten- oder wertmäßige Beschränkung. Eine ideelle Teilung kommt ebenfalls in Betracht. Bei mehreren Ver-

---

[35] Vgl *Weirich*, DNotZ 1986, 10 mwN; *Kogler*, Erbverzicht 53 f; *Schotten* in Staudinger, BGB (2016) § 2346 Rz 41.

[36] Vgl *Coing*, JZ 1960, 211; *Reul*, MittRhNotK 1997, 379; *J. Mayer*, ZEV 2000, 263; *Lange/Kuchinke*, Erbrecht[5] 174; *Damrau* in Soergel[13] § 2346 Rz 9; *Wegerhoff* in MüKoBGB[6] § 2346 Rz 20; *Schotten* in Staudinger, BGB (2016) § 2346 Rz 47 ff; *J. Mayer* in Bamberger/Roth, BeckOK[36] § 2346 Rz 17.

[37] Vgl *Wegerhoff* in MüKoBGB[6] § 2346 Rz 20; *Schotten* in Staudinger, BGB (2016) § 2346 Rz 47 ff.

[38] Vgl *Weirich*, DNotZ 1986, 11; *J. Mayer*, ZEV 2000, 263 f; *Damrau* in Soergel[13] § 2346 Rz 10; *Wegerhoff* in MüKoBGB[6] § 2346 Rz 20; *Schotten* in Staudinger, BGB (2016) § 2346 Rz 49.

[39] Vgl *Wegerhoff* in MüKoBGB[6] § 2346 Rz 20; s auch *Kogler*, Erbverzicht 56 ff; *Schotten* in Staudinger, BGB (2016) § 2346 Rz 50.

[40] Vgl *Damrau* in Soergel[13] § 2346 Rz 10; *Kogler*, Erbverzicht 58; *Schotten* in Staudinger, BGB (2016) § 2346 Rz 53.

[41] Vgl *Kogler*, Erbverzicht 59.

[42] Dadurch sind die Belastungen aber noch nicht angeordnet; vgl *Kogler*, Erbverzicht 59 mN aus der deutschen L.

[43] Vgl *Welser* in Rummel/Lukas[4] § 535 Rz 1 f; *Koziol/Welser/Zöchling-Jud*[14] II Rz 2235 ff.

mächtnissachen ist zudem eine reale Teilung insofern denkbar, als sich der Verzicht nur auf bestimmte Sachen erstreckt.[44]

3. Umfang des Erbverzichts nach der Vereinbarung

Auf welche Anwartschaften sich ein konkreter Erbverzicht erstreckt und auf welche Art eine Teilung erfolgen soll, hängt naturgemäß von der Vereinbarung im Einzelfall ab. Als Auslegungsvorschriften gelten die §§ 914 f.[45]

Die Zweifelsregel der hA, nach der ein Verzicht auf das gesetzliche Erbrecht im Zweifel den Pflichtteil inkludiert,[46] existiert nicht. Dies würde nämlich voraussetzen, dass die §§ 914 f lückenhaft sind und diese Lücke durch die Regelung „Inkludierung des Pflichtteils im Zweifel" – deren Herkunft zudem ungewiss wäre – geschlossen würde.[47] Ist tatsächlich (nach Auslegung) zweifelhaft, ob der Pflichtteil miterfasst ist, entscheiden darüber die §§ 914 f. Bei einem unentgeltlichen Verzicht ist daher davon auszugehen, dass sich dieser nicht auch auf den Pflichtteil erstreckt, weil nach § 915 anzunehmen ist, dass sich der Verpflichtete eher die geringere als die schwerere Last auferlegen wollte. Bei entgeltlichen Rechtsgeschäften wird eine undeutliche Äußerung hingegen zum Nachteil desjenigen erklärt, der sich ihrer bedient hat. Auch die Regel, dass im Zweifel bei einem Verzicht auf den Pflichtteil auf das gesetzliche Vorausvermächtnis nach § 758 mitverzichtet wird,[48] besteht nicht.[49]

III. Wirkung des Erbverzichts

1. Anfallsverhinderungsgrund

Nach hA führt ein Erbverzicht iSd § 551 nicht zur Erbunfähigkeit, sondern verhindert lediglich den Anfall.[50] Dies bedeutet, dass – je nach Umfang und Reichweite des Erbverzichts – ein Erbrecht, ein Vermächtnis oder die aus dem

---

44 Vgl *Kogler*, Erbverzicht 59.
45 Vgl *Weiß* in Klang² III 182; *Kuchinke* in FS Kralik 452 f; *Likar-Peer* in Ferrari/Likar-Peer, Erbrecht 300; *Welser* in Rummel/Lukas⁴ § 551 Rz 8 f; RIS-Justiz RS0013023; RS0012328; OGH 5.12.1973, 1 Ob 201/73, SZ 46/117 = EvBl 1974/113.
46 Vgl *Hofmann-Wellenhof*, NZ 1984, 17; *Samek*, Pflichtteilsrecht 12; *Likar-Peer* in Ferrari/Likar-Peer, Erbrecht 300; *Apathy* in KBB⁴ § 551 Rz 1; *Welser* in Rummel/Lukas⁴ § 551 Rz 8; *Koziol/Welser/Zöchling-Jud*¹⁴ II Rz 1904; OGH 5.12.1973, 1 Ob 201/73, SZ 46/117 = EvBl 1974/113; 5.12.1973, 7 Ob 202/73, NZ 1974, 155; 23.2.2011, 3 Ob 15/11v, JEV 2011/12. Vgl auch *Krasnopolski/Kafka*, Erbrecht 30; *Bartsch*, Erbrecht² 75; *Weiß* in Klang² III 178 f; *Kralik*, Erbrecht 44.
47 Vgl *Kogler*, Erbverzicht 60 f; *dens*, JBl 2015, 617.
48 So etwa *Likar-Peer* in Ferrari/Likar-Peer, Erbrecht 79; *Apathy* in KBB⁴ § 551 Rz 1; *Scheuba* in Kletečka/Schauer, ABGB-ON 1.02 § 758 Rz 3.
49 Vgl *Zankl*, Gesetzliches Vorausvermächtnis 155; *Kogler*, Erbverzicht 61; vgl auch OGH 4.12.1996, 7 Ob 2303/96v, NZ 1997, 291 (*Zankl*) (Miterfassung des gesetzlichen Vorausvermächtnisses aufgrund der Umstände des Einzelfalls).
50 *Meissels*, GrünhutsZ XIX 42; *Pfaff/Hofmann*, Excurse II/1, 36; *Krasnopolski/Kafka*, Erbrecht 27; *Ehrenzweig*, System II/2², 379; *Weiß* in Klang² III 198; *Kralik*, Erbrecht 46; *Eccher* in Schwimann/Kodek⁴ III § 538 Rz 6; *Kogler*, Erbverzicht 64 ff; *Welser* in Rummel/Lukas⁴ § 551 Rz 5; *Koziol/Welser/Zöchling-Jud*¹⁴ II Rz 1906; vgl auch *Kletečka*, Ersatz- und Nacherbschaft 45;

Pflichtteilsrecht resultierenden Rechte beim Erbfall (teilweise) nicht anfallen.[51] Der Erbverzicht wirkt daher erbrechtlich und sofort, indem er sich als Hindernis vor einen allfälligen Anfall im Todeszeitpunkt stellt.[52] Der Nicht-Anfall beim Verzicht bewirkt, dass das verzichtete Recht dem Nächstberufenen zukommt. Beim gesetzlichen Erbrecht sind dies, wenn von der Wirkungserstreckung auf die Nachkommen nach § 551 S 3 abgegangen wurde, die Nachkommen, andernfalls erhöht sich die gesetzliche Erbquote anderer („unechte" Anwachsung).[53] Verzichtet also ein Kind und treten keine Nachkommen ein, vergrößert sich die gesetzliche Erbquote der Geschwister, oder – sollte es sich um das einzige oder „letzte" Kind gehandelt haben – erhöht sich entweder die gesetzliche Erbquote des Ehegatten/eingetragenen Partners oder es kommen Aszendenten als gesetzliche Erben zum Zug. Was mit einem freiwerdenden letztwilligen Erbrecht passiert, hängt vom Erblasserwillen ab. Hier können Ersatz-/Nacherben oder die Kinder des Verzichtenden die Nächstberufenen sein, es kann aber auch zur Anwachsung nach den §§ 560 ff kommen.[54] Von einem Erbverzicht erfasste Vermächtnisse würden grundsätzlich wegfallen, sodass der Erbe von ihrer Erfüllung befreit wird. Aber auch hier kann es etwa Ersatz-/Nachvermächtnisnehmer geben. Zum Schicksal des vom Verzicht erfassten Pflichtteils s unten Rz 23 ff.

18 In L und Rsp findet sich oft der Stehsatz, dass wegen des Vorliegens eines Anfallsverhinderungsgrundes – und nicht wegen Erbunfähigkeit – die spätere Bedenkung des Verzichtenden wirksam ist.[55] Allerdings könnte die Erbunfähigkeit nicht weiter reichen als der vereinbarte Erbverzicht. Wenn also der Erbverzicht ohnehin nur die bis dahin angeordneten Vermächtnisse und Erbeinsetzungen erfasst, würde – selbst bei Annahme einer (partiellen) Erbunfähigkeit[56] – der Anfall eines Erbrechts oder Vermächtnisses aus einer späteren Verfügung nicht verhindert. Selbst bei einem Verzicht auf das gesetzliche Erbrecht würde in der späteren Einsetzung als gesetzlicher Erbe der Verzichtende letztwilliger Erbe, sodass auch hier die (partielle, weil auf das gesetzliche Erbrecht beschränkte) Erbunfähigkeit der gewillkürten Einsetzung nicht entgegen stehen kann.

19 Im Übrigen führt auch die Erbunwürdigkeit nicht zur Erbunfähigkeit iSv erbrechtlicher Erwerbsfähigkeit, sondern stellt ebenfalls nur einen Anfallsverhinderungsgrund dar. Der Gesetzgeber hat nämlich unter dem Begriff der „Erb(un)fähigkeit" zwei verschiedene Dinge verstanden. Unter „Erbfähigkeit" versteht er andererseits die erbrechtliche Erwerbsfähigkeit, während anderseits Erbunwürdigkeit

---

dens, NZ 1999, 284; RIS-Justiz RS0012321; OGH 5.7.1966, 8 Ob 158/66, JBl 1966, 616 = RZ 1967, 14; 10.7.2003, 6 Ob 273/02v.

51 Vgl *Ohmeyer*, Verfügung über künftige Rechte 196.

52 Vgl *Meissels*, GrünhutsZ XIX 42; *Pfaff/Hofmann*, Excurse II/1, 48. Vgl auch *Hasse*, Rheinisches Museum 162, 200. Zu schuldrechtlichen Erbverzichten und ihre Zulässigkeit s Rz 62 ff.

53 Vgl *Jud*, Erbschaftskauf 97; *Eccher* in Schwimann/Kodek[4] III § 533 Rz 7; *Kogler*, Erbverzicht 24; *Koziol/Welser/Zöchling-Jud*[14] II Rz 1906, 2213; OGH 3.2.1931, 3 Ob 52/1931, ZBl 1931/269.

54 Vgl *Kogler*, Erbverzicht 24; *Koziol/Welser/Zöchling-Jud*[14] II Rz 1906.

55 Vgl etwa *Apathy* in KBB[4] § 551 Rz 2; *Welser* in Rummel/Lukas[4] § 551 Rz 5; *Koziol/Welser/Zöchling-Jud*[14] II Rz 1906; RIS-Justiz RS0012321.

56 Vgl die mittlerweile aufgehobene Inkapazität nach § 543 aF.

und der Erbverzicht nur dazu führen, dass der Anfall verhindert wird, was aber auch „Erbunfähigkeit" genannt wird. Entgegen der hA[57] gibt es daher – neben der absoluten Erb(un)fähigkeit (erbrechtliche Erwerbsfähigkeit) – keine relative Erbunfähigkeit und die Anfallsverhinderung, sondern nur die Anfallsverhinderung. Damit erübrigt sich auch eine teleologische Reduktion des § 545 hinsichtlich der gesetzlich normierten Erbunwürdigkeitsgründe, die nach dem Tod gesetzt werden können.[58]

2. Wirkungserstreckung auf die Nachkommen nach § 551 S 3

Der Erbverzicht erstreckt sich nach § 551 S 3, „wenn nichts anderes vereinbart ist, auch auf die Nachkommen". Dieser Einschub erfolgte im Zuge der III. Teilnovelle[59] zur Klarstellung[60] und stellt ausweislich der Materialien eine Dispositivnorm dar.[61] Die Wirkungserstreckung hat zur Konsequenz, dass der Verzichtende im Ergebnis über ein fremdes zukünftiges Erb- oder Pflichtteilsrecht verfügen kann. Aufgrund wörtlicher, systematischer und historischer Interpretation sowie aufgrund der *ratio*, die hinter der Wirkungserstreckung steckt, ist daran – im Einklang mit der (teilweise kritischen) hM[62] und der Rsp[63] – sowohl bei einem Erbverzicht gegen Abfindung als auch bei einem Erbverzicht ohne Abfindung festzuhalten.[64]

20

Ein Erbverzicht erstreckt sich nach § 551 S 3 nur insoweit auf die Nachkommen, als diese kraft Eintrittsrechts an die Stelle des Verzichtenden treten würden.[65] Ein eigenes (nicht über den Verzichtenden abgeleitetes) Erb- oder Pflichtteilsrecht eines Nachkommen oder ein diesem zugedachtes Vermächtnis ist daher von der Wirkung des § 551 S 3 von vornherein nicht erfasst.[66] Die Kinder des Ehegatten/eingetragenen Partners sind nicht über § 551 S 3 vom

21

---

57 Vgl in diesem Band §§ 545, 546 Rz 5 f.
58 Vgl *Kogler*, Erbverzicht 64 ff.
59 RGBl 1916/69.
60 Vgl *Schiffner*, Erbrechtsreform 6 f; *Till*, Entwurf 25; KB 78 BlgHH 21. Sess 83. Zur Wirkungserstreckung vor Klarstellung durch die III. TN s *Zeiller*, Commentar II/2, 411; *Pfaff/Hofmann*, Excurse II/1, 54; *Schiffner*, Erbrechtsreform 7 (mit historischen Nachweisen); *Anders*, Erbrecht² 52 f; *Hanausek*, GZ 1912, 26; *Krasnopolski/Kafka*, Erbrecht 30; vgl auch *Zemen*, Gesetzliche Erbfolge 25.
61 Vgl KB 78 BlgHH 21. Sess 84; *Steinlechner*, Regierungsvorlage 40; *Zemen*, JBl 1990, 502.
62 Vgl *Unger*, Erbrecht⁴ 129 f; *Kirchstetter/Maitisch*, Commentar⁵ 318; *Anders*, Erbrecht² 52; *Rietsch*, GZ 1913, 92; *Samek*, Pflichtteilsrecht 16; *Wall* in Gruber/Kalss/Müller/Schauer, Erbrecht und Vermögensnachfolge 665; *Beck*, EF-Z 2011/31, 52; *Eccher* in Schwimann/Kodek⁴ III § 551 Rz 10; *Kogler*, Erbverzicht 71 f; *Nademleinsky* in Schwimann/Kodek Ia § 167 Rz 21 (gegenteilig noch *ders* in Schwimann/Kodek⁴ I § 154 Rz 22); *Apathy* in KBB⁴ § 551 Rz 4; *Welser* in Rummel/Lukas⁴ § 551 Rz 9; *Werkusch-Christ* in Kletečka/Schauer, ABGB-ON 1.03 § 551 Rz 4; *Koziol/Welser/Zöchling-Jud*¹⁴ II Rz 1905.
63 Vgl RIS-Justiz RS0048111.
64 Vgl *Samek*, Pflichtteilsrecht 17; *Kogler*, Erbverzicht 71 ff; aA (zumindest bei Verzichten ohne Abfindung) *Zemen*, JBl 1990, 506; *Schwimann* in Schwimann¹ § 154 Rz 24; *Kletečka*, Ersatz- und Nacherbschaft 46; *Zemen*, JBl 2004, 359 f; *Fritsch* in Ferrari/Likar-Peer, Erbrecht 210.
65 Vgl *Ehrenzweig*, System II/2², 380; *Kralik*, Erbrecht 46; *Likar-Peer* in Ferrari/Likar-Peer, Erbrecht 305; *Eccher* in Schwimann/Kodek⁴ III § 551 Rz 10; *Welser* in Rummel/Lukas⁴ § 551 Rz 9; OGH 20.9.1990, 7 Ob 631/90, NZ 1991, 131.
66 Vgl auch *Weiß* in Klang² III 196.

Verzicht betroffen. Bei Kindern nur des Ehegatten/eingetragenen Partners kommt nämlich von vornherein kein Eintritt in Betracht und die gemeinsamen Kinder sind aufgrund direkter Verknüpfung mit dem Erblasser erb- und pflichtteilsberechtigt.[67] Zudem erfasst der Verzicht eines Aszendenten nur die Geschwister des Erblassers und ihre Nachkommen, nicht aber die eigenen Nachkommen des Erblassers.[68]

22   Für die Wirkungserstreckung nach § 551 S 3 spielt es keine Rolle, ob die Nachkommen im Verzichtszeitpunkt bereits geboren sind[69] und ob der Verzichtende vor dem Erblasser verstorben ist.[70]

3. Quotenerhöhung bei anderen Noterben nach § 767

23   § 767 ordnet nach seinem Wortlaut an, dass jemand, der „auf das Erbrecht Verzicht geleistet hat" – womit der Erbverzicht iSd § 551 gemeint ist[71] –, bei Ausmessung der Pflichtteile als vorverstorben zu betrachten und daher nicht mitzuzählen ist. Dies würde an sich dazu führen, dass bei einem Erbverzicht die Pflichtteilsquoten anderer Noterben größer werden. Dennoch führt nach hA nur ein „umfassender Erbverzicht" – also ein Verzicht jedenfalls auf das gesetzliche Erbrecht und den Pflichtteil – zum Nichtmitzählen des Verzichtenden, was die Quoten der anderen vergrößert, während bei einem „reinen Pflichtteilsverzicht" der Verzichtende mitgezählt wird und dadurch die Quoten der anderen unverändert bleiben.[72]

24   Die Differenzierung der hA zwischen einem reinen Pflichtteilsverzicht einerseits und dem Verzicht auf das gesetzliche Erbrecht und den Pflichtteil andererseits überzeugt bereits deshalb nicht, weil sie logisch nicht nachvollzieh-

---

[67] Vgl *Hanausek*, GZ 1912, 26; *Weiß* in Klang[2] III 196; vgl auch *Schotten* in Staudinger, BGB (2016) § 2349 Rz 8.

[68] *Kralik*, Erbrecht 47; aA *Ehrenzweig*, NZ 1903, 27; *Hanausek*, GZ 1912, 26.

[69] *Zeiller*, Commentar II/2, 411; *Weiß* in Klang[2] III 196; *Deinlein*, NZ 1956, 135.

[70] Vgl *Pfaff/Hofmann*, Excurse II/1, 52; *Kirchstetter/Maitisch*, Commentar[5] 318; *Weiß* in Klang[2] III 196; *Deinlein*, NZ 1956, 135; *Zemen*, JBl 1990, 501; *Welser* in Rummel/Lukas[4] § 551 Rz 9; vgl auch *Ehrenzweig*, NZ 1903, 27.

[71] Vgl *Ellinger*, Civilrecht[7] 350; *Unger*, Erbrecht[4] 341; *Ehrenzweig*, System II/2[2], 587; *Weiß* in Klang[2] III 178; *Zemen*, ÖJZ 1987, 235; *Nemeth* in Schwimann/Kodek[4] III § 767 Rz 2; *Welser* in Rummel/Lukas[4] § 767 Rz 3; RIS-Justiz RS0012833; OGH 31.1.1985, 7 Ob 508/85, SZ 58/18 = EFSlg 48.521.

[72] *Michel*, Haimerl's Magazin VII 306 f; *Unger*, Erbrecht[4] 341; *Pfaff/Hofmann*, Commentar II/1, 56; *dies*, Excurse II/1, 50; *Kirchstetter/Maitisch*, Commentar[5] 397; *Stubenrauch/Wehli*, Commentar[8] I 938; *Ehrenzweig*, System II/2[2], 587; *Deinlein*, NZ 1956, 132 ff; *Eccher*, Antizipierte Erbfolge 171; *Umlauft*, Anrechnung 302; *Samek*, Pflichtteilsrecht 14 f; *Likar-Peer* in Ferrari/Likar-Peer, Erbrecht 304; *Wall* in Gruber/Kalss/Müller/Schauer, Erbrecht und Vermögensnachfolge 669 f; *Umlauft*, iFamZ 2011, 285 (FN 19); *Nemeth* in Schwimann/Kodek[4] III § 767 Rz 2; *Apathy* in KBB[4] § 767 Rz 2; RIS-Justiz RS0106573; aA *Winiwarter*, Bürgerliches Recht III 304 (unklar aber *ders*, Bürgerliches Recht[2] III 335 ff); *Anders*, Erbrecht[2] 126; *Weiß* in Klang[2] III 180; *Kralik*, Erbrecht 46; *Zemen*, ÖJZ 1987, 235; *Hofmann-Wellenhof*, NZ 1984, 20; *dies* in Ruppe, Handbuch der Familienverträge[2] 894; *Jud*, Erbschaftskauf 97 (FN 495); *Kogler*, Erbverzicht 84 ff; *Koziol/Welser/Zöchling-Jud*[14] II Rz 2290; offenbar auch OGH 10.5.1865, 3901/1865, GlU 2175 (s dazu *Kogler*, Erbverzicht 76 [FN 497]); kritisch, aber letztlich offenlassend *Bittner/Hawel* in Kletečka/Schauer, ABGB-ON 1.02 § 767 Rz 1 und nunmehr auch *Welser* in Rummel/Lukas[4] § 767 Rz 3.

bar ist und auf rein formale Umstände abzielt. Denn bei einem Verzicht nur auf das gesetzliche Erbrecht wird der Verzichtende mitgezählt, er wird auch mitgezählt, wenn nur auf den Pflichtteil verzichtet wird, wenn aber beides vorliegt, „auf einmal nicht mehr"?[73] Zudem kann der Erblasser das Mehr gegenüber dem Pflichtteil – also das gesetzliche Erbrecht – jederzeit einseitig entziehen (sofern er dies im Zeitpunkt des Verzichts nicht ohnehin bereits gemacht hat). Daher führt nach hA ein negatives Testament und ein Pflichtteilsverzicht zu einem anderen Ergebnis als der Verzicht auf das gesetzliche Erbrecht und den Pflichtteil. Auch die in der L immer wieder gebrachte „Begründung" – der Verzicht auf den Pflichtteil diene der Vergrößerung der Testierfreiheit[74] – geht ins Leere. Dabei handelt es sich nämlich um einen Zirkelschluss: Ob der Erblasser durch einen solchen Verzicht an Testierfreiheit gewinnt, hängt gerade davon ab, ob der Verzichtende nach § 767 mitzuzählen ist.[75] Außerdem ergibt sich nach historischer Interpretation eindeutig, dass der Gesetzgeber bei § 767 nicht zwischen einem reinen Pflichtteilsverzicht und einem Verzicht auf den Pflichtteil und das gesetzliche Erbrecht differenzieren wollte.[76] Insofern müssen also diese beiden Formen des Erbverzichts bei § 767 gleich behandelt werden.[77]

Richtig ist aber, dass ein Nicht-Mitzählen des Verzichtenden (bei einem Verzicht auch oder nur auf den Pflichtteil) insofern problematisch ist, als dadurch Geschwister des Verzichtenden gegenüber seinen eigenen Nachkommen bevorzugt würden, weil sich ihre Pflichtteile vergrößern. Dies widerspricht nicht nur der *ratio* des Erbverzichts iSd § 551, durch ihn eine vorzeitige Erbteilung herbeiführen zu können,[78] sondern ein solches Ergebnis lässt sich auch nicht mit der Systematik und den Wertungen des heutigen Gesetzgebers vereinbaren. § 767 Abs 1 greift daher bei einem Verzicht eines Kindes des Erblassers nachträglich zu weit und ist um Erbverzichte zumindest auf den Pflichtteil, die sich auf die Nachkommen erstrecken, teleologisch zu reduzieren. Verzichtet also ein Kind und erstreckt sich dieser Verzicht auf die Nachkommen, sind der Verzichtende oder – bei seinem Wegfall – die vom Verzicht miterfassten Nachkommen mitzuzählen. Wurde hingegen von der Wirkungserstreckung abgegangen, treten Nachkommen ein, unabhängig davon, ob das vorstehende, verzichtende Kind noch lebt. Wenn aber keine eintrittsfähigen Nachkommen vorhanden sind – entweder weil diese nie geboren wurden oder weil diese

---

[73] Vgl *Kogler*, Erbverzicht 79, 84 f; vgl auch *Welser* in Rummel/Lukas⁴ § 767 Rz 3.

[74] Vgl etwa *Samek*, Pflichtteilsrecht 15; *Likar-Peer* in Ferrari/Likar-Peer, Erbrecht 341, 343; ähnlich auch *Welser* in Rummel/Lukas⁴ § 767 Rz 3 („Dies [Mitzählen bei reinem Pflichtteilsverzicht] ist auch billig, weil für den Erblasser ein Pflichtteilsverzicht nur sinnvoll ist, wenn er für den Anteil des Verzichtenden Verfügungsfreiheit erhält.").

[75] Vgl *Kogler*, Erbverzicht 78 f.

[76] Vgl *Ofner*, Urentwurf I 472; *Zeiller*, Commentar II/2, 774 f; s dazu auch *Kogler*, Erbverzicht 89.

[77] Für eine Gleichbehandlung (mit dem Ergebnis, dass sich die Pflichtteile anderer immer erhöhen) *Winiwarter*, Bürgerliches Recht III 304 (vgl aber *dens*, Bürgerliches Recht² III 335 ff); *Anders*, Erbrecht² 126; *Weiß* in Klang² III 180; *Kralik*, Erbrecht 46; *Zemen*, ÖJZ 1987, 235; *Hofmann-Wellenhof*, NZ 1984, 20; *dies* in Ruppe, Handbuch Familienverträge² 894; *Jud*, Erbschaftskauf 97 (FN 495).

[78] Vgl *Kogler*, Erbverzicht 97 ff.

vorverstorben sind – und ist der verzichtende Vorfahre noch am Leben, ist dieser nicht mitzuzählen, sodass sich – aber erst jetzt – die Pflichtteilsquote der Geschwister oder des Ehegatten/eingetragenen Partners erhöht. Verzichtet der Ehegatte/eingetragene Partner oder ein Aszendent zumindest auf seinen Pflichtteil, so ist auch dieser mitzuzählen.[79]

26 Das (Nicht-)Mitzählen nach § 767 Abs 1 gilt entsprechend bei einem teilweisen Pflichtteilsverzicht. Sollte der Verzichtende mitgezählt werden, ist die Situation technisch nicht anders als bei einer Pflichtteilsminderung nach § 773a, profitiert doch auch hier der Erblasser nach § 767 Abs 2 vom teilweisen Wegfall.

4. Kein „in Ermangelung" iSd § 762

27 Nach § 762 sind „in Ermangelung" von Kindern die Eltern des Erblassers – gegebenenfalls neben dem Ehegatten/eingetragenen Partner – pflichtteilsberechtigt. Hat das einzige Kind auf seinen Pflichtteil verzichtet, führt dies aber nicht zur Pflichtteilsberechtigung der Eltern. Das „in Ermangelung" in § 762 stellt nämlich auf die physische Existenz ab.[80]

5. Keine Ersatzerbenberufung nach § 779

28 Die Frage der Ersatzerbenberufung nach § 779 stellt sich bei einem Erbverzicht überhaupt nur dann, wenn sich der Verzicht iSd § 551 nach der Vereinbarung auf ein bereits angeordnetes Erbrecht oder Vermächtnis erstreckt.[81] Ein Teil der L will § 779 analog anwenden, wenn ein Erbverzicht ohne Abfindung vorliegt, sodass also im Zweifel die Kinder des Verzichtenden eintreten.[82] Dieser Ansicht ist nicht zu folgen, weil sich der Erbverzicht nach § 551 S 3 – sofern nichts anderes vereinbart ist – auch auf die Nachkommen des Verzichtenden erstreckt und es sich dabei um eine Dispositivnorm handelt. Für eine Zweifelsregel – auf gleicher Ebene – bleibt damit kein Raum.[83] Freilich kann zweifelhaft sein, ob von der Wirkungserstreckung abgegangen wurde. Dafür gelten aber die §§ 914 f.

---

[79] Vgl *Kogler*, Erbverzicht 90 ff; *Koziol/Welser/Zöchling-Jud*[14] II Rz 2290.

[80] Vgl *Zeiller*, Commentar II/2, 775 f; *Nippel*, Pflichttheil 33; *Ellinger*, Civilrecht[7] 350; *Ehrenzweig*, System II/2[2], 587; *Weiß* in Klang[2] III 829 f; *Samek*, Pflichtteilsrecht 11; *Kogler*, Erbverzicht 107 f; RIS-Justiz RS0015369; im Ergebnis keine Pflichtteilsberechtigung der Eltern bei einem Erbverzicht auch nach *Nippel*, Bürgerliches Gesetzbuch V 78 f, 68; *Deinlein*, NZ 1956, 136; *Welser* in Rummel/Lukas[4] §§ 762–764 Rz 5; aA („in Ermangelung" stellt nicht auf die physische Existenz ab) *Unger*, Erbrecht[4] 338; *Kirchstetter/Maitisch*, Commentar[5] 396; *Stubenrauch/Wehli*, Commentar[8] I 938; *Anders*, Erbrecht[2] 126; *Gschnitzer*, Erbrecht 87; *Gschnitzer/Faistenberger*, Erbrecht[2] 101 f; *Kralik*, Erbrecht 279; *Zemen*, ÖJZ 1987, 234 f; *Likar-Peer* in Ferrari/Likar-Peer, Erbrecht 341 (zusätzlich differenzierend nach Abfindung); *Apathy* in KBB[4] § 767 Rz 1.

[81] Vgl *Klečka*, Ersatz- und Nacherbschaft 45; *Kogler*, Erbverzicht 73 f.

[82] Vgl *Klečka*, Ersatz- und Nacherbschaft 46; *Fritsch* in Ferrari/Likar-Peer, Erbrecht 210.

[83] Vgl *Kogler*, Erbverzicht 75.

IV. Qualifikation als entgeltliches oder unentgeltliches Rechtsgeschäft

1. Grundsätzliches

a) Kein abstraktes Verfügungsgeschäft

Der Erbverzicht ist zwar jedenfalls insofern ein Verfügungsgeschäft, als durch ihn ein Anfallsverhinderungsgrund geschaffen wird.[84] Er ist aber kein abstraktes Verfügungsgeschäft, sondern bedarf eines Verpflichtungsgeschäfts.[85] Ein eigenes kausales Verpflichtungsgeschäft ist im ABGB nicht vorgesehen, sodass hier die allgemeinen Bestimmungen gelten und daher entgeltliche und unentgeltliche Verpflichtungsgeschäfte in Betracht kommen (müssen).[86]

29

b) Unabhängigkeit von der (Nicht-)Anrechnung der Abfindung

Auch entgeltliche Leistungen können angerechnet werden. Dies zeigt sich etwa an der Ausstattung iSd § 1220. Zwar hat das Kind auf diese einen Anspruch, sodass sie als entgeltlich anzusehen ist, dennoch wird sie nach den §§ 788, 790 auf den Pflichtteil und unter Kindern auch auf den gesetzlichen Erbteil angerechnet. Die Qualifikation des Erbverzichts gegen Abfindung sagt damit noch nichts darüber aus, ob die Abfindung anzurechnen ist und umgekehrt. Überhaupt ist zwischen der Qualifikation eines Rechtsgeschäft als entgeltlich oder unentgeltlich und der (erbrechtlichen) Behandlung einer Leistung zu differenzieren, die aus diesem Rechtsgeschäft resultiert.[87]

30

2. Erbverzicht ohne Abfindung

Mangels Gegenleistung ist der Erbverzicht ohne Abfindung jedenfalls als unentgeltliches Rechtsgeschäft zu qualifizieren.[88] Im Verzicht auf entziehbare Anwartschaften – gesetzliches Erbrecht, letztwillige Erbeinsetzungen und Vermächtnisse – liegt keine Schenkung iSd §§ 938 f vor; die Zuwendung des Verzichtenden liegt nur in der Handlung „Abgeben der Verzichtserklärung".[89] Anders stellt sich die Situation bei solchen Anwartschaften dar, die der Erblasser nicht einseitig entziehen kann. Wird auf diese verzichtet, wird der Erblasser

31

---

[84] Vgl *Dehn*, Formnichtige Rechtsgeschäfte 73; *Lange/Kuchinke*, Erbrecht[5] 169; *Kogler*, Erbverzicht 118; vgl auch *Eccher*, Antizipierte Erbfolge 144; *Schotten*, DNotZ 1998, 163; *Damrau* in Soergel[13] § 2346 Rz 1; *Wegerhoff* in MüKoBGB[6] 2346 Rz 2; *Schotten* in Staudinger, BGB (2016) § 2346 Rz 115 ff.

[85] Vgl *Dehn*, Formnichtige Rechtsgeschäfte 73; *Kogler*, Erbverzicht 118; aA *Eccher*, Antizipierte Erbfolge 144.

[86] AA Rabl, NZ 2015/64, 204, nach dem der Erb- und Pflichtteilverzicht ein eigener Vertragstyp ist.

[87] Vgl *Kogler*, Erbverzicht 117 f, 151 f.

[88] Vgl *Dehn*, Formnichtige Rechtsgeschäfte 73; *Eccher* in Schwimann/Kodek[4] III § 551 Rz 4; *Kogler*, Erbverzicht 134; *Apathy* in KBB[4] § 551 Rz 3; *Koziol/Welser/Zöchling-Jud*[14] II Rz 1908; aA *Kralik*, Erbrecht 45 (entgeltsfremd).

[89] Vgl *Kogler*, Erbverzicht 135.

(potentiell) befreit. Der Verzicht auf den Pflichtteil, auf das gesetzliche Vorausvermächtnis nach § 758 und auf vertragliche Zuwendungen ist daher die vertragliche Aufgabe eines zweifelhaften Rechts und demnach – entgegen der hM[90] – Schenkung iSd §§ 938 f.[91]

3. Erbverzicht gegen Abfindung

a) Meinungsüberblick

32 Ob ein Erbverzicht gegen Abfindung als entgeltliches oder unentgeltliches Rechtsgeschäft zu qualifizieren ist, gehört wohl zu den strittigsten Fragen des Erbrechts. Übereinstimmung besteht nur insoweit, als der Erbverzicht gegen Abfindung ein Vertrag mit glücksvertraglichen Elementen ist (Glücksvertrag iwS).[92]

33 Die Rsp ist grundsätzlich der Auffassung, dass der Erbverzicht gegen Abfindung ein entgeltliches Rechtsgeschäft darstellt,[93] hat diese Frage aber auch teilweise offen gelassen.[94] Ein Teil der L geht davon aus, dass der Erbverzicht gegen Abfindung „immer" – also in all seinen Ausgestaltungen hinsichtlich des Gegenstands (reiner Pflichtteilsverzicht, Verzicht nur auf das gesetzliche Erbrecht usw) – nicht als entgeltliches Rechtsgeschäft zu qualifizieren ist.[95] Ein anderer Teil der L vertritt das andere Extrem: Ein Erbverzicht gegen Abfindung stellt immer ein entgeltliches Rechtsgeschäft dar, also der Verzicht nur auf das gesetzliche Erbrecht oder ein letztwilliges Erbrecht ebenso wie der Verzicht

---

[90] Vgl *Unger*, Erbrecht⁴ 127; *Krasnopolski/Kafka*, Erbrecht 28; *Handl* in Klang II/1, 107; *Weiß* in Klang² III 185; *Stanzl* in Klang² IV/1, 594; *Kralik*, Erbrecht 45; *Hofmann-Wellenhof*, NZ 1984, 20; *Dehn*, Formnichtige Rechtsgeschäfte 73; *Schubert* in Rummel³ § 939 Rz 1; *Likar-Peer* in Ferrari/Likar-Peer, Erbrecht 302; *Wall* in Gruber/Kalss/Müller/Schauer, Erbrecht und Vermögensnachfolge 662; *Parapatits* in Schwimann/Kodek⁴ IV § 938 Rz 43; *Koziol/Welser/Zöchling-Jud*¹⁴ II Rz 1908; *Rabl*, NZ 2016/64, 204 (eigener Vertragstyp); offenbar auch *Welser* in Rummel/Lukas⁴ § 551 Rz 4.

[91] Vgl *Zeiller*, Commentar II/2, 411; *Kogler*, Erbverzicht 115 ff, 135 f.

[92] Vgl *Zeiller*, Commentar II/2, 411; *Binder* in Schwimann³ VI § 1267 Rz 5; *dens* in Schwimann³ VI § 1269 Rz 1; *Eccher* in Schwimann/Kodek⁴ III § 551 Rz 4; §§ 788, 789 Rz 4; *Apathy* in KBB⁴ § 551 Rz 3; *Welser* in Rummel/Lukas⁴ § 551 Rz 3; RIS-Justiz RS0012335; OGH 20.3.1936, 3 Ob 541/35, SZ 18/51; vgl auch *Handl* in Klang II/1, 107; *Hofmann-Wellenhof*, NZ 1984, 19; *Dehn*, Formnichtige Rechtsgeschäfte 75; *Rabl*, NZ 2002/39, 109; s aber *Kogler*, Erbverzicht 133 f.

[93] Vgl RIS-Justiz RS0012330; RS0012335 (T1); OGH 20.3.1936, 3 Ob 541/35, SZ 18/51; 18.1.1962, 5 Ob 8/62, JBl 1962, 606; 14.7.1988, 6 Ob 632/88; vgl auch 12.5.1891, 5234/1891, GlU 13770. Unklar ist, ob in der E 19.1.2010, 4 Ob 219/09y, JBl 2010, 440 (*Kogler*) = NZ 2010/62 = EF-Z 2010/114 = Zak 2010/188 der vorliegende Erb- und Pflichtteilsverzicht gegen Abfindung als entgeltlich qualifiziert wurde oder nur der Pflichtteilsverzicht gegen Abfindung; s dazu auch *Kogler*, Erbverzicht 112 f.

[94] RIS-Justiz RS0115385; OGH 14.12.1984, 6 Ob 717/83, NZ 1986, 158.

[95] *Handl* in Klang II/1, 111 f; *Deinlein*, NZ 1956, 114 f; *Kralik*, Erbrecht 45; *Umlauft*, Anrechnung 288 ff; offenbar auch *Parapatits* in Schwimann/Kodek⁴ IV § 938 Rz 43.

nur auf den Pflichtteil.[96] Daneben bestehen auch differenzierende Ansichten.[97] Keiner dieser Ansichten ist zu folgen, vielmehr gilt Folgendes.[98]

b) Die drei Ausgestaltungen des Verpflichtungsgeschäfts

Der „Normalfall" eines Erbverzichts gegen Abfindung liegt dann vor, wenn sich der Erblasser zur Leistung der Abfindung und der Verzichtende zum Verzicht verpflichtet. Ein solches, auf beiden Seiten Verpflichtungen begründendes Rechtsgeschäft liegt etwa dann vor, wenn ein (einheitlicher) Erbverzichts- und Schenkungsvertrag abgeschlossen wird,[99] Verzicht und Schenkung aber aus subjektiver Sicht im gegenseitigen Austausch erfolgen. Für die Entgeltlichkeit reicht aber eine konditionale Verknüpfung von Leistung und Gegenleistung aus.[100] Insofern gibt es – neben dem genannten Grundfall – noch folgende zwei Ausgestaltungen. Denkbar ist zum einen, dass sich nur der Erblasser verpflichtet, also der Erblasser dem Verzichtenden eine Abfindung verspricht, sollte dieser verzichten („*Wenn du verzichtest, bekommst du die Abfindung.*"). Der Anwärter hat sich hier also nicht zum Verzicht verpflichtet, sondern nur der Erblasser zur Leistung der Abfindung. Zum anderen könnte sich aber auch nur der Verzichtende verpflichten („*Wenn du mir eine Abfindung leistest, verzichte ich.*"). In diesem Fall hat der Erblasser noch keine Verpflichtung zur Leistung einer Abfindung übernommen, sondern nur der Verzichtende. Diese Variante liegt etwa dann vor, wenn als Abfindung für den Verzicht eine letztwillige Zuwendung fungieren soll, diese aber nicht in einem Erbvertrag getroffen wurde oder werden kann.[101] Für das (Nicht-)Vorliegen der Entgeltlichkeit macht es keinen Unterschied, in welcher dieser drei Ausgestaltungen Verzicht und Abfindung miteinander verknüpft sind.[102]

34

---

96 Vgl *Zeiller*, Commentar II/2, 411 (dieser kennt allerdings keine Teilungen, sodass unklar ist, ob er nicht stets auch vom Verzicht auf den Pflichtteil ausgegangen ist); *Weiß* in Klang[2] III 183; *Gschnitzer*, Erbrecht 44; *Gschnitzer/Faistenberger*, Erbrecht[2] 52; *Eccher*, Antizipierte Erbfolge 143 ff; *Dehn*, Formnichtige Rechtsgeschäfte 74 f; *Samek*, Pflichtteilsrecht 148, 175; *Wall* in Gruber/Kalss/Müller/Schauer, Erbrecht und Vermögensnachfolge 662 f; *Eccher* in Schwimann/Kodek[4] III § 551 Rz 4 (anders aber *ders* in Schwimann/Kodek[4] III §§ 788, 789 Rz 4); *Apathy* in KBB[4] § 551 Rz 3; offenbar auch *Hirtzberger*, RdW 2004/405, 451.
97 Vgl *Hofmann-Wellenhof*, NZ 1984, 18 f; *dies* in Ruppe, Handbuch Familienverträge[2] 896; *Schubert* in Rummel[3] § 939 Rz 1; nunmehr auch *Welser* in Rummel/Lukas[4] § 551 Rz 3 (anders *ders* in Rummel[2] § 551 Rz 3 [immer entgeltlich]; wiederum anders *ders*, NZ 1991, 85 [immer unentgeltlich]).
98 Vgl *Kogler*, Erbverzicht 118 ff.
99 Vgl etwa OGH 19.1.2010, 4 Ob 219/09y, JBl 2010, 440 (*Kogler*) = NZ 2010/62 = EF-Z 2010/114 = Zak 2010/188.
100 Vgl etwa *Oertmann*, Entgeltliche Rechtsgeschäfte 15 ff; *Gschnitzer* in Klang[2] IV/1, 429; *Reischauer* in Rummel[3] § 917 Rz 1.
101 S dazu *Kogler*, Erbverzicht 119 f.
102 Vgl auch *Wall* in Gruber/Kalss/Müller/Schauer, Erbrecht und Vermögensnachfolge 662 f.

c) Verzicht auf entziehbare Anwartschaften

35 Wird für den Verzicht auf das gesetzliche Erbrecht und/oder auf letztwillige Zuwendungen eine Abfindung gezahlt, so handelt es sich nicht um eine Abfindung im eigentlichen Sinn. Diese Anwartschaften kann der Erblasser auch ohne Mitwirkung des Verzichtenden einseitig durch letztwillige Verfügung ausschalten. Bei derartigen Verzichten geht es nicht um die Befreiung des Erblassers von einer Anwartschaft. Solche Abfindungen sind daher – abgesehen von Irrtumsfällen – Schenkungen iSd §§ 938 f.[103]

d) Verzicht auf nicht entziehbare Anwartschaften

36 Immer dann, wenn der Erblasser die Anwartschaft nicht einseitig entziehen kann – dies gilt beim Pflichtteil, beim gesetzlichen Vorausvermächtnis nach § 758 und bei erbvertraglichen Zuwendungen – und er sich durch Leistung einer Abfindung davon freikauft, geht es grundsätzlich um das Schaffen von Gewissheit:[104] Der Erblasser weiß jetzt noch nicht, ob und in welcher Höhe er etwa einen Pflichtteil schuldet, während umgekehrt der Verzichtende noch nicht weiß, ob und in welcher Höhe er diesen beanspruchen wird können. Bereinigt wird diese Ungewissheit durch beidseitiges Nachgeben, nämlich durch die Aufgabe der Anwartschaft einerseits und die Verpflichtung zur Leistung einer Abfindung andererseits. Damit liegt bei solchen Anwartschaften in einem Erbverzicht gegen Abfindung nichts anderes als ein (entgeltlicher) Vergleich iSd § 1380.[105] Ein Vergleich muss nämlich nicht darin bestehen, dass beide in Bezug auf eine Forderung oder ein Recht etwas nachlassen, sondern liegt auch dann vor, wenn das zweifelhafte Recht völlig beseitigt und dafür eine Abfindung geleistet wird.[106]

37 Wie jedes Rechtsgeschäft kann auch ein Vergleich mit einem anderen Rechtsgeschäft zusammenfallen, also ein gemischter Vergleich vorliegen. Wenn daher die Abfindung den Wert des Verzichts übersteigt und dieser Überschuss aus Liberalität zugewendet wird, liegt auch eine Schenkung vor, also in Summe ein aus Schenkung und Vergleich gemischtes Rechtsgeschäft. Die Grenze zwischen (entgeltlicher) Nachgebensabfindung und übermäßiger (unentgeltlicher) Abfindung bildet der Wert des Verzichts aus der Sicht der Vertragspartner. Der Wert des Verzichts hängt damit davon ab, wie viel nach An-

---

[103] Rein theoretisch könnte dem Erblasser an der Mitwirkung („Unterschrift vor dem Notar") gelegen sein und der Verzichtende dafür eine „Abfindung" erhalten. Dann würde zwar ein entgeltliches Rechtsgeschäft vorliegen, im Austausch stünden aber nicht die materielle Aufgabe der Anwartschaft und die Abfindung, sondern die Handlung „Abgeben des Verzichts" und die „Abfindung". S dazu *Kogler*, Erbverzicht 120 f.

[104] Sonderfälle sind der Verzicht auf solche Anwartschaften, obwohl diese – etwa aufgrund von Erbunwürdigkeit – gar nicht anfallen würden (Verschleierung des Erbunwürdigkeits- oder Enterbungsgrundes), oder wenn von der Wirkungserstreckung auf die Nachkommen abgegangen wird, weil es hier dann um eine Übertragung auf andere geht. Zu diesen Sonderfällen s *Kogler*, Erbverzicht 136 ff.

[105] Vgl *Kogler*, Erbverzicht 121 ff.

[106] *Nippel*, Bürgerliches Gesetzbuch VIII/2, 19; vgl auch *Zeiller*, Commentar IV 64; *Hasenöhrl*, Obligationenrecht² II 311; s dazu auch Kogler, Erbverzicht 126 mwN.

sicht der Parteien im Zeitpunkt des Verzichts das vom Verzicht erfasste Recht im Erbfall abwerfen würde.[107] Da ein geringfügiges Abweichen für ein Nachgeben ausreicht, stellt eine Abfindung, die knapp hinter dem Wert des verzichteten Rechts zurückbleibt, jedenfalls keine übermäßige Abfindung dar.[108] Wenn also beide Vertragspartner davon ausgehen, dass der Erblasser durch den Verzicht um € 100.000 im Erbfall befreit würde, liegt eine entgeltliche Nachgebensabfindung vor, wenn sie sich auf eine Abfindung von € 99.000 einigen, aber auch bei einer Abfindung in der Höhe von € 1.000. Ob tatsächlich im Erbfall eine Befreiung von € 100.000 eingetreten ist, spielt keine Rolle. Die Abfindung von € 99.000 würde also selbst dann nicht übermäßig sein, wenn sich im Erbfall eine Befreiung von nur € 50.000 oder gar € 0 herausstellt.

e) Erbverzicht gegen Abfindung durch Dritte und gegen Abfindung an Dritte

Die Abfindung muss nicht vom Erblasser stammen, auch ein Dritter kann sich zu ihrer Leistung verpflichten. Denkbar ist weiters, dass die Abfindung nicht an den Verzichtenden erfolgen soll, sondern an Dritte. In diesen Fällen liegt ein mehrpersonales Verhältnis vor, weshalb das Verhältnis zwischen Drittem und Verzichtendem, das Verhältnis zwischen Verzichtendem und Erblasser sowie das Verhältnis zwischen Erblasser und Drittem jeweils getrennt voneinander beurteilt werden müssen.[109] **38**

V. Anrechnung der Abfindung

Besteht die Abfindung in einer Zuwendung von Todes wegen – zB erbvertragliches Erbrecht oder ist der Verzicht mit dem Erhalt einer letztwilligen Zuwendung bedingt – stellt sich die Frage der Anrechnung nicht, weil die Abfindung im Nachlass vorhanden ist.[110] **39**

Nach der hier vertretenen Qualifikation des Erbverzichts gegen Abfindung als entgeltliches oder unentgeltliches Rechtsgeschäft gibt es im Prinzip nur zwei Arten von Abfindungen:[111] Wird für den Verzicht auf entziehbare Anwartschaften – das sind das gesetzliche Erbrecht sowie letztwillige Zuwendungen – eine „Abfindung" geleistet, liegt in der Abfindung eine normale Schenkung iSd §§ 938 f. Bei einem Verzicht gegen Abfindung auf eine nicht entziehbare Anwartschaft – also Pflichtteil, gesetzliches Vorausvermächtnis nach § 758 und erbvertragliche Zuwendungen – liegt ein Vergleich iSd § 1380 vor und die Abfindung stellt das (entgeltliche) Nachgeben auf der einen Seite dar. Wie bei jedem entgeltlichen Rechtsgeschäft kann aber zu einer „Nachgebensabfindung" ein unentgeltlicher Abfindungsteil hinzutreten, sodass hier auch ein **40**

---

[107] S dazu *Kogler*, Erbverzicht 127 ff mwN.
[108] Vgl *Zeiller*, Commentar IV 64; *Hruza*, Novation 173 f; *Wolff* in Klang² VI 275.
[109] S dazu *Kogler*, Erbverzicht 138 ff.
[110] Zur Frage, wie eine Schenkung auf den Todesfall zu behandeln ist, s nur *Rabl*, NZ 2005/32, 129 ff und *Koziol/Welser/Zöchling-Jud*[14] II Rz 2270 jeweils mwN.
[111] Zur theoretischen Möglichkeit eines Mitwirkungsentgelts und seine Nicht-Anrechenbarkeit, weil es sich um ein normales Entgelt handelt, s *Kogler*, Erbverzicht 153.

Schenkungsabfindungsteil vorliegen kann. Insofern gibt es also nur Schenkungsabfindungen und Nachgebensabfindungen.

41 Abfindungen und Abfindungsteile, die Schenkungen iSd §§ 938 f darstellen, sind wie jede andere Schenkung zu behandeln. Insofern sind darauf die §§ 785, 787, 951 anzuwenden. Solche Abfindungen sind daher beim Pflichtteil anzurechnen.[112] Nachgebensabfindungen für den Verzicht auf den Pflichtteil sind Vorschüsse iSd § 789[113] und daher auf den Pflichtteil und unter Kindern auch bei gesetzlicher Erbfolge anzurechnen.[114] Auf Nachgebensabfindungen für den Verzicht auf das gesetzliche Vorausvermächtnis nach § 758 und auf erbvertragliche Zuwendungen ist § 789 analog anzuwenden. Diese sind daher beim Pflichtteil anzurechnen, nicht aber bei gesetzlicher Erbfolge.[115]

VI. Abschluss des Erbverzichtsvertrages

1. Form

42 Der Erbverzicht bedarf nach § 551 S 2 der Aufnahme eines Notariatsakts oder der Beurkundung durch gerichtliches Protokoll. Diese Formvorschrift erfasst sowohl das Verpflichtungsgeschäft als auch das Verfügungsgeschäft.[116] Sobald aber der verfügende Erbverzicht formgerecht abgeschlossen wird, liegt ein wirksamer Erbverzicht vor, weil ein allenfalls formfehlerhaftes Verpflichtungsgeschäft nach § 1432 geheilt ist.[117]

43 Die Form des Erbverzichts erstreckt sich nicht nur auf die (verpflichtende und verfügende) Verzichtserklärung, sondern auch auf die (verpflichtende und verfügende) Annahme durch den Erblasser.[118] Verzichtserklärung und ihre Annahme können aber getrennt voneinander erfolgen.[119] Die Form des Erbverzichts nach § 551 S 2 gilt allerdings nicht für den „Abfindungsbereich", sodass hinsichtlich der Form für diesen Teil die Natur der Abfindung entscheidend ist.[120]

44 Für einen Erbverzicht in Notariatsaktsform genügt – selbst wenn damit ein Verzicht auf eine erbvertragliche Zuwendung verbunden ist – die „normale" Nota-

---

[112] Vgl *Kogler*, Erbverzicht 153; vgl auch *Hofmann-Wellenhof*, NZ 1984, 19.
[113] Vgl EB 29 BlgHH 18. Sess 103; EB 136 BlgNR 14. GP 18; *Umlauft*, Anrechnung 300 (allerdings jede Abfindung); *Kogler*, Erbverzicht 153; aA *Rabl*, NZ 2016/64, 203; vgl auch *Apathy* in KBB⁴ § 551 Rz 3.
[114] Rechenbeispiele finden sich bei *Kogler*, Erbverzicht 154 ff.
[115] Vgl *Kogler*, Erbverzicht 157 f.
[116] Vgl *Dehn*, Formnichtige Rechtsgeschäfte 73; *Kogler*, Erbverzicht 10.
[117] Vgl *Dehn*, Formnichtige Rechtsgeschäfte 73.
[118] Vgl *Kogler*, Erbverzicht 10.
[119] Vgl *Deinlein*, NZ 1956, 117 f; *Brunner*, NZ 1979, 101; *Kralik*, Erbrecht 47 f; *Hofmann-Wellenhof*, NZ 1984, 20; *W. Tschugguel*, iFamZ 2010, 163; *Eccher* in Schwimann/Kodek⁴ III § 551 Rz 8; *Kogler*, Erbverzicht 6 ff, *dens*, EF-Z 2014/3, 13; *Welser* in Rummel/Lukas⁴ § 551 Rz 2; OGH 8.10.2013, 3 Ob 165/13f, NZ 2014/23 (*Kogler*) = iFamZ 2014/39 (*Mondel*) = JBl 2014, 200 = EF-Z 2014/54 = JEV 2014/3 = Zak 2013/766; aA nur *Handl* in Klang II/1, 113 und *Weiß* in Klang² III 188 f.
[120] Vgl *Dehn*, Formnichtige Rechtsgeschäfte 75; *Kogler*, Erbverzicht 12 ff; OGH 19.1.2010, 4 Ob 219/09y, JBl 2010, 440 (*Kogler*) = NZ 2010/62 = EF-Z 2010/114 = Zak 2010/188; 21.12.2010, 8 Ob 13/10k, ecolex 2011/278.

riatsaktsform iSd § 52 NO.[121] Die Zuziehung weiterer Zeugen oder Notare ist also nicht erforderlich.[122] Eine gerichtliche Protokollierung des Erbverzichts kann zum einen im Rahmen eines Verfahrens vorkommen,[123] so etwa wenn ein Vergleich im streitigen oder außerstreitigen Verfahren oder ein einfacher prätorischer Vergleich[124] einen Erbverzicht enthalten. Dies gilt auch, wenn ein Notar in seiner Funktion als Gerichtskommissär einen Erbverzicht iSd § 551 protokolliert.[125] Zum anderen ist eine selbstständige Protokollierung möglich. Nach § 121 JN kann die Aufnahme letztwilliger Anordnungen von jedem Bezirksgericht (außer dem BGHS Wien) vorgenommen werden, was auch für den Erbverzicht gilt.[126]

2. Geschäftsfähigkeit und Vertretung

Auf der Seite des Verzichtenden gelten für den Erbverzicht iSd § 551 die allgemeinen Regeln über die Geschäftsfähigkeit. Dies ergibt sich bereits aus seinem Einleitungssatz.[127] Der Erbverzicht eines Minderjährigen richtet sich nach § 167 Abs 3: Der im Namen des Kindes verzichtende Elternteil bedarf der Zustimmung des anderen Elternteils und der Genehmigung durch das Gericht. § 167 Abs 3 ist aber nicht anzuwenden, weil sich ein Verzicht nach § 551 S 3 auf Nachkommen erstreckt.[128] Der Erblasser bedarf für die Annahme eines Erbverzichts hingegen zumindest der beschränkten Testierfreiheit iSd § 569 (Vollendung des 14. Lebensjahres).[129]

Sowohl der Erblasser als auch der Verzichtende können sich vertreten lassen.[130] Für eine wirksame Stellvertretung ist auf der Seite des Verzichtenden

---

121 *Welser* in Rummel/Lukas⁴ § 551 Rz 1; OGH 4.4.1979, 6 Ob 766/78, SZ 52/58; teilweise aA *Handl* in Klang II/1, 110.

122 Vgl *Wychodil*, NZ 1920, 95; *Ehrenzweig*, System II/2², 378; *Wagner/Knechtel*, NO⁶ § 52 Rz 1 ff, § 56 Rz 2.

123 Vgl *Kralik*, Erbrecht 47; OGH 5.7.1966, 8 Ob 158/66, JBl 1966, 616 = Rz 1967, 14 (Verlassenschaftsverfahren eines Dritten).

124 Vgl OGH 29.5.2001, 5 Ob 123/01a, SZ 74/98 = EvBl 2001/202 = NZ 2002/117; s dazu *Kogler*, Erbverzicht 4 (FN 24).

125 Vgl *Kogler*, Erbverzicht 5.

126 Vgl *Fucik* in Fasching/Konecny³ I § 121 JN Rz 13; *Kogler*, Erbverzicht 5; aA offenbar *Kralik*, Erbrecht 47. Ein gültiger Verzicht liegt auch dann vor, wenn der Richter außerhalb seines Sprengels tätig wird, auch wenn kein Fall des § 33 JN gegeben ist; vgl *Kralik*, Erbrecht 140; *Fucik* in Fasching/Konecny³ I § 121 JN Rz 12.

127 Vgl *Jud*, Erbschaftskauf 96 mwN; *Rabl*, NZ 2002/39, 105.

128 Vgl *Zankl*, NZ 1990, 6; *Eccher* in Schwimann/Kodek⁴ III § 551 Rz 10; *Welser* in Rummel/Lukas⁴ § 551 Rz 2; OGH 30.1.1990, 5 Ob 512/90, SZ 63/10 = NZ 1990, 231; aA *Zemen*, JBl 2004, 359.

129 Vgl *Gschnitzer*, Erbrecht 44; *Gschnitzer/Faistenberger*, Erbrecht² 53; *Kralik*, Erbrecht 47; *Rabl*, NZ 2002/39, 109; *Kogler*, Erbverzicht 19; aA *Pfaff/Hofmann*, Commentar II/1, 56; *dies*, Excurse II/1, 49; *Ehrenzweig*, System II/2², 379; *Handl* in Klang II/1, 108; *Weiß* in Klang² III 186; *Deinlein*, NZ 1956, 103; *Brunner*, NZ 1979, 101; *Hofmann-Wellenhof*, NZ 1984, 20.

130 Vgl *Ehrenzweig*, System II/2², 378; *Weiß* in Klang² III 187; *Deinlein*, NZ 1956, 104; *Hofmann-Wellenhof*, NZ 1984, 20; *Rabl*, NZ 2002/39, 106, 108; *Likar-Peer* in Ferrari/Likar-Peer, Erbrecht 303; *Wall* in Gruber/Kalss/Müller/Schauer, Erbrecht und Vermögensnachfolge 668 f; *Eccher* in Schwimann/Kodek⁴ III § 551 Rz 7; *Kogler*, Erbverzicht 19; *Apathy* in KBB⁴ § 551 Rz 1; *Welser* in Rummel/Lukas⁴ § 551 Rz 2; *Werkusch-Christ* in Kletečka/Schauer, ABGB-ON 1.03

nach § 1008 S 2 (analog) eine Spezialvollmacht erforderlich,[131] auf der Seite des Erblassers hingegen nach § 69 Abs 1a NO zumindest eine Gattungsvollmacht.[132] Aus § 69 Abs 1a NO ergibt sich weiters, dass die Vollmachtsurkunde entweder eine öffentliche Urkunde sein muss oder eine solche Privaturkunde, auf der die Unterschrift des Vollmachtgebers gerichtlich, notariell oder von einer österreichischen Vertretungsbehörde im Ausland beglaubigt ist; ein Notariatsakt oder ein gerichtliches Protokoll für die Vollmacht ist demnach nicht erforderlich.[133] All dies gilt unabhängig davon, ob der Erbverzicht in Notariatsaktsform oder in einem gerichtlichen Protokoll geschlossen wird,[134] aber nur für den eigentlichen Erbverzicht iSd § 551. Soll daher – neben einem Verzicht – auch eine Abfindungsverpflichtung begründet werden, so kann sich für diesen Bereich aus der Natur der Abfindung etwas anderes ergeben.[135]

3. Bedingungen und Verzicht zu Gunsten eines Dritten

47 Nach hA kann ein Erbverzicht iSd § 551 unter (aufschiebender oder auflösender) Bedingung geschlossen werden.[136] Möglich ist daher, dass ein Kind – durch zwei entsprechend bedingte Verzichtsverträge – gegenüber seinen Eltern nur hinsichtlich des früher Versterbenden verzichtet.[137] Ebenso ist denkbar, dass der Erbverzicht mit einer „Überlebensklausel", „für den Fall einer bestimmten Eheschließung"[138] oder damit bedingt ist, dass kein erbloser Nachlass vorliegt[139] oder der Verzichtende letztwillig oder zu Lebzeiten eine bestimmte Abfindung erhält.

---

§ 551 Rz 1; RIS-Justiz RS0015357; (teilweise) aA *Handl* in Klang II/1, 108; *Gschnitzer/Faistenberger*, Erbrecht² 53; *Kralik*, Erbrecht 47. Vgl auch *Gschnitzer*, Erbrecht 44 f.

[131] Vgl *Pfaff/Hofmann*, Commentar II/1, 56; *dies*, Excurse II/1, 49; *Ehrenzweig*, System II/2², 379; *Stöckl*, ÖJZ 1955, 186; *Deinlein*, NZ 1956, 103; *Kralik*, Erbrecht 47; *Rabl*, NZ 2002/39, 111; *Wall* in Gruber/Kalss/Müller/Schauer, Erbrecht und Vermögensnachfolge 668; *Eccher* in Schwimann/Kodek⁴ III § 551 Rz 7; *Kogler*, Erbverzicht 20; *Welser* in Rummel/Lukas⁴ § 551 Rz 2; aA *Weiß* in Klang² III 187.

[132] Vgl *Rabl*, NZ 2002/39, 111; *Likar-Peer* in Ferrari/Likar-Peer, Erbrecht 303; *Werkusch-Christ* in Kletečka/Schauer, ABGB-ON 1.03 § 551 Rz 1; *Wall* in Gruber/Kalss/Müller/Schauer, Erbrecht und Vermögensnachfolge 668 f; *Eccher* in Schwimann/Kodek⁴ III § 551 Rz 7.

[133] Vgl *Rabl*, NZ 2002/39, 110; *Wall* in Gruber/Kalss/Müller/Schauer, Erbrecht und Vermögensnachfolge 668; *Eccher* in Schwimann/Kodek⁴ III § 551 Rz 7; *Werkusch-Christ* in Kletečka/Schauer, ABGB-ON 1.03 § 551 Rz 1.

[134] Vgl *Kogler*, Erbverzicht 21 f.

[135] S *Kogler*, Erbverzicht 22 f.

[136] Vgl *Pfaff/Hofmann*, Commentar II/1, 55; *Deinlein*, NZ 1956, 104 f; *Wall* in Gruber/Kalss/Müller/Schauer, Erbrecht und Vermögensnachfolge 665; *Eccher* in Schwimann/Kodek⁴ III § 551 Rz 5; *Kogler*, Erbverzicht 23 ff; *Welser* in Rummel/Lukas⁴ § 551 Rz 2; RIS-Justiz RS0012323.

[137] Vgl *Kogler*, Erbverzicht 24; *Schotten* in Staudinger, BGB (2016) § 2346 Rz 54 mwN; s auch OGH 5.12.1973, 1 Ob 201/73, SZ 47/117 = EvBl 1974/113 = NZ 1974, 60; vgl aber *Handl* in Klang II/1, 109; *Deinlein*, NZ 1956, 104; *Samek*, Pflichtteilsrecht 12, die hier (offenbar) von einem teilweisen Verzicht ausgehen.

[138] *Wall* in Gruber/Kalss/Müller/Schauer, Erbrecht und Vermögensnachfolge 665; *Eccher* in Schwimann/Kodek⁴ III § 551 Rz 5; RIS-Justiz RS0012323.

[139] *Wall* in Gruber/Kalss/Müller/Schauer, Erbrecht und Vermögensnachfolge 665.

Die Parteien können auch eine aufschiebende oder auflösende Bedingung **48** vereinbaren, die erst nach dem Tod erfüllt werden kann. Hier sind die Regeln über die konstruktive Nacherbschaft (§§ 707 f) analog anzuwenden.[140]

Ein Sonderfall eines bedingten Verzichts ist der Verzicht zu Gunsten eines **49** Dritten. Weil nämlich die Aufzählung in § 533 taxativ ist, kann durch einen Erbverzicht kein neuer Berufungsgrund geschaffen und ein Dritter unmittelbar eingesetzt werden.[141] Möglich ist daher nur, den Erbverzicht damit zu bedingen, dass dem Dritten der freiwerdende Teil tatsächlich zukommt.[142] Nach der Rsp ist bei ausdrücklicher Verzichtsleistung zugunsten eines Dritten, dies als Bedingung zu verstehen, wonach der Erbverzicht nur wirksam sein soll, wenn der Dritte die Erbschaft auch erlangt.[143]

VII. Beseitigung des Erbverzichtsvertrages

1. Einvernehmliche Aufhebung

Ein Erbverzicht iSd § 551 kann durch den Erblasser nicht einseitig wieder **50** aufgehoben werden, sondern nur einvernehmlich mit dem Verzichtenden. Ein solcher Aufhebungsvertrag bedarf keiner Form und kann daher auch mündlich abgeschlossen werden.[144]

2. Laesio enormis, Willensmängel und Leistungsstörungen

Eine Aufhebung wegen Verkürzung über die Hälfte kommt nicht in Be- **51** tracht. Bei einem Erbverzicht ohne Abfindung versteht sich dies mangels Gegenleistung von selbst. Aber selbst wenn ein Erbverzicht gegen Abfindung ein entgeltliches Rechtsgeschäft darstellen würde, wäre diese grundsätzlich – wegen Vorliegens eines Vergleichs (oder nach hM eines Glücksvertrages) – nach den §§ 1268, 1386 ausgeschlossen.[145]

Eine Anfechtung wegen List oder Drohung kommt bei einem Erbverzicht **52** hingegen unabhängig davon in Betracht, ob man diesen als entgeltliches oder unentgeltliches Rechtsgeschäft qualifiziert. Hinsichtlich der Irrtumsanfechtung ist zu differenzieren. Liegt ein Erbverzicht ohne Abfindung vor, kommt

---

140 *Pfaff/Hofmann*, Commentar II/1, 55; *dies*, Excurse II/1, 45; *Handl* in Klang II/1, 110; *Deinlein*, NZ 1956, 105; *Kogler*, Erbverzicht 26; aA *Kralik*, Erbrecht 45; *Wall* in Gruber/Kalss/Müller/Schauer, Erbrecht und Vermögensnachfolge 665.
141 Vgl *Demelius*, NZ 1930, 101; *Brunner*, NZ 1979, 102; *Hofmann-Wellenhof*, NZ 1984, 21; *Jud*, Erbschaftskauf 97; *Eccher* in Schwimann/Kodek[4] III § 533 Rz 7, § 551 Rz 7; *Apathy* in KBB[4] § 551 Rz 2; *Welser* in Rummel/Lukas[4] §§ 533, 534 Rz 1, § 551 Rz 10.
142 S dazu auch *Kogler*, Erbverzicht 24 f.
143 RIS-Justiz RS0012327.
144 *Ehrenzweig*, System II/2[2], 381; *Gschnitzer*, Erbrecht 45; *Gschnitzer/Faistenberger*, Erbrecht[2] 53; *Kralik*, Erbrecht 48; *Eccher* in Schwimann/Kodek[4] III § 551 Rz 8; *Kogler*, Erbverzicht 27 f; *Apathy* in KBB[4] § 551 Rz 1; *Welser* in Rummel/Lukas[4] § 551 Rz 4; *Werkusch-Christ* in Kletečka/Schauer, ABGB-ON 1.03 § 551 Rz 6; *Koziol/Welser/Zöchling-Jud*[14] II Rz 1909; RIS-Justiz RS0012321; OGH 17.12.1949, 1 Ob 131/49, EvBl 1950/114.
145 Vgl *Kogler*, Erbverzicht 145; aA (offenbar) *Gschnitzer*, Erbrecht 44; *Gschnitzer/Faistenberger*, Erbrecht[2] 52.

nicht nur eine Anfechtung wegen eines Geschäftsirrtums in Betracht, sondern grundsätzlich auch wegen eines Motivirrtums, weil dieser jedenfalls ein unentgeltliches Rechtsgeschäft darstellt.[146] Liegt aber ein (entgeltlicher) Vergleich vor, ist ein Motivirrtum unbeachtlich und die Irrtumsanfechtung richtet sich nach § 1385.[147]

53   Die Verjährungsfrist der Anfechtung wegen List, Drohung oder Irrtum beginnt auch beim Erbverzicht mit Vertragsschluss oder dem Wegfall der Zwangslage zu laufen.[148] Weil eine Anfechtung wegen List, Drohung oder Irrtum sachenrechtlich *ex tunc* wirkt, ist bei erfolgreicher Anfechtung – selbst nach dem Tod des Erblassers – der (verfügende) Erbverzicht als nie erfolgt anzusehen.[149]

54   Damit die §§ 918 ff (Verzug, nachträgliche Unmöglichkeit) anwendbar sind, muss ein entgeltlicher Erbverzicht vorliegen und das Verpflichtungsgeschäft und seine Erfüllung (verfügender Erbverzicht) auseinanderfallen, weil andernfalls Verpflichtung und Verfügung „automatisch" übereinstimmen. Liegt also ein gesondertes Verpflichtungsgeschäft vor, kann der Verzichtende mit der Abgabe des verfügenden Verzichts in Verzug geraten oder der Erblasser vorversterben, sodass ein verfügender Erbverzicht – sofern nicht eine Konversion in einen schuldrechtlichen Verzicht stattfindet (s unten Rz 62 ff) – unmöglich ist.[150] Freilich kann auch der Erblasser mit der Abfindung in Verzug sein oder diese unmöglich werden. Liegt ein entgeltlicher Erbverzicht vor, kommen zudem die §§ 922 ff zur Anwendung. Vor allem hat also der Erblasser für die Abfindung gewährleistungsrechtlich einzustehen.[151]

55   Hinsichtlich eines Rücktritts (Wandlung) bei einer Leistungsstörung gilt aufgrund der bloß schuldrechtlichen *ex tunc*-Wirkung folgendes: Vor dem Tod des Erblassers ist ein Rücktritt problemlos möglich;[152] die Rückabwicklung des Verzichts liegt im Abschluss eines Aufhebungsvertrages mit dem Erblasser. Die Rückabwicklung von geleisteten Abfindungen richtet sich nach ihrer Natur.[153] Nach dem Tod des Erblassers ist allerdings eine Beseitigung des verfügenden Erbverzichts nicht mehr möglich;[154] der Verzichtende ist auf den Er-

---

[146] Vgl *Hofmann-Wellenhof*, NZ 1984, 21; *Welser*, NZ 1991, 85; *Lukas*, JEV 2009, 10; *Kogler*, Erbverzicht 142; *Apathy* in KBB[4] § 551 Rz 3; aA OGH 5.12.1973, 7 Ob 202/7, NZ 1974, 155.

[147] S dazu und zu den aleatorischen Elementen der hA *Kogler*, Erbverzicht 142 ff, 133 f.

[148] Vgl *Hendel*, GZ 1912, 553; *Handl* in Klang II/1, 115; *Eccher* in Schwimann/Kodek[4] III § 551 Rz 5; OGH 5.12.1973, 7 Ob 202/7, NZ 1974, 155; *Kogler*, Erbverzicht 141, 143; vgl auch 18.1.1962, 5 Ob 8/62, SZ 35/7.

[149] Vgl *Kogler*, Erbverzicht 141 f, 143 f.

[150] Vgl *Lange/Kuchinke*, Erbrecht[5] 187 f; *Kogler*, Erbverzicht 146 f; *Schotten* in Staudinger, BGB (2016) § 2346 Rz 167 ff; vgl aber OGH 8.10.2013, 3 Ob 165/13f, NZ 2014/23 (*Kogler*) = iFamZ 2014/39 (*Mondel*) = JBl 2014, 200 = EF-Z 2014/54 = JEV 2014/3 = Zak 2013/766 (Annahme auch nach dem Tod möglich).

[151] Vgl *Kogler*, Erbverzicht 146.

[152] AA *Weiß* in Klang[2] III 191 f.

[153] Vgl *Kogler*, Erbverzicht 146; *Schotten* in Staudinger, BGB (2016) § 2346 Rz 158.

[154] S dazu *Kogler*, Erbverzicht 146 f mwN; aA (offenbar) OGH 8.10.2013, 3 Ob 165/13f, NZ 2014/23 (*Kogler*) = iFamZ 2014/39 (*Mondel*) = JBl 2014, 200 = EF-Z 2014/54 = JEV 2014/3 = Zak 2013/766.

füllungsanspruch verwiesen.¹⁵⁵ Dies ist insbesondere dann der Fall, wenn die Abfindung eine letztwillige Zuwendung ist, weil hier naturgemäß Leistungsstörungen erst nach dem Tod des Erblassers auftreten können. Die Rückabwicklung hinsichtlich der Abfindung ist grundsätzlich auch nach dem Tod des Erblassers möglich, hängt aber wiederum von ihrer Natur ab.¹⁵⁶

3. Wucher

Eine Anfechtung wegen Wucher setzt einen entgeltlichen Erbverzicht voraus. Für das Missverhältnis der beiden Leistungen sind aber die (einem Vergleich oder Glücksvertrag immanenten) aleatorischen Elemente zu berücksichtigen.¹⁵⁷ Nur in Ausnahmefällen kann daher die Anfechtung wegen Wucher Erfolg haben.¹⁵⁸ Auch hier gilt, dass sich – nur weil ein Erbverzicht vorliegt – an der Verjährung nichts ändert.¹⁵⁹ Nach hA steht dem Bewucherten nur ein Anfechtungsrecht zu, es liegt also relative Nichtigkeit vor.¹⁶⁰ Bei Geltendmachung wird aber nicht nur der Titel, sondern auch das Erfüllungsgeschäft rückwirkend beseitigt, was bei einem Erbverzicht nichts anderes bedeutet, als dass – auch bei Geltendmachung nach dem Tod des Erblassers – der (verfügende) Erbverzicht als nicht vorhanden zu gelten hat.

56

4. Schenkungswiderruf

Nach der hier vertretenen Ansicht kann ein Erbverzicht ohne Abfindung eine Schenkung iSd §§ 938 ff darstellen. In diesen Fällen kann der Erbverzicht nach den §§ 947 ff widerrufen werden.¹⁶¹

57

VIII. Internationales Privatrecht

Nach Art 3 Abs 1 lit b EuErbVO liegt ein Erbvertrag auch dann vor, wenn durch eine Vereinbarung Rechte an einem künftigen Nachlass entzogen werden. Erbverzichtsverträge (iSd § 551) sind daher Erbverträge iSd EuErbVO.¹⁶²

58

---

¹⁵⁵ Vgl *Kogler*, Erbverzicht 147; *Schotten* in Staudinger, BGB (2016) § 2346 Rz 147. Im Ergebnis auch *Weiß* in Klang² III 192; vgl auch *Kralik*, Erbrecht 45; *Wall* in Gruber/Kalss/Müller/Schauer, Erbrecht und Vermögensnachfolge 665, die den Wegfall oder das Wirksamwerden eines Erbverzichts nach dem Tod des Erblassers generell ausschließen wollen.
¹⁵⁶ Vgl auch *Schotten* in Staudinger, BGB (2016) § 2346 Rz 158, 169.
¹⁵⁷ Vgl *Kogler*, Erbverzicht 133 f, 144 f.
¹⁵⁸ Vgl OGH 20.3.1936, 3 Ob 541/35, SZ 18/51; 18.12.1957, 2 Ob 578/57, EvBl 1958/94.
¹⁵⁹ Vgl *Kogler*, Erbverzicht 144 f.
¹⁶⁰ Vgl etwa *Gschnitzer* in Klang² IV/1, 207 f; *Apathy/Riedler* in Schwimann/Kodek⁴ IV § 879 Rz 47; *Graf* in Kletečka/Schauer, ABGB-ON 1.02 § 879 Rz 272 jeweils mwN.
¹⁶¹ AA *Weiß* in Klang² III 185; *Welser* in Rummel/Lukas⁴ § 551 Rz 4; *Koziol/Welser/Zöchling-Jud*¹⁴ II Rz 1908.
¹⁶² Vgl *Rudolf*, NZ 2010/99, 360; *Cach/Weber*, ZfRV 2013/33, 264; *Rudolf*, NZ 2013/103, 235; *Döbereiner*, MittBayNot 2013, 442; *Bonomi/Öztürk* in Dutta/Herrler, Europäische Erbrechtsverordnung 59; *Rudolf/Zöchling-Jud/Kogler* in Rechberger/Zöchling-Jud, EU-Erbrechtsverordnung 157 f; *Deixler-Hübner/Schauer* in Deixler-Hübner/Schauer, EuErbVO Art 3 Rz 20; *Lunzer* in Deixler-Hübner/Schauer, EuErbVO Art 27 Rz 9.

Das Haager Testamentsübereinkommen, dessen Vertragsstaat Österreich ist, genießt zwar gegenüber der EuErbVO Vorrang (Art 75 Abs 1 UAbs 2 EuErbVO), doch erfasst dieses keine Erbverzichtsverträge. Hinsichtlich ihrer Form sind also Erbverzichtsverträge nach Art 27 EuErbVO anzuknüpfen.[163] Ein formgültiger Erbverzicht liegt daher dann vor, wenn er (a) dem Recht des Staates entspricht, in dem der Erbverzicht geschlossen wurde, (b) dem Recht eines Staates entspricht, dem der Erblasser entweder im Zeitpunkt des Vertragsschlusses oder im Zeitpunkt des Todes angehörte, (c) dem Recht eines Staates entspricht, in dem der Erblasser entweder im Zeitpunkt des Vertragsschlusses oder im Zeitpunkt des Todes seinen Wohnsitz hatte, (d) dem Recht des Staates entspricht, in dem der Erblasser entweder im Zeitpunkt des Vertragsschlusses seinen gewöhnlichen Aufenthalt hatte, oder (e) dem Recht des Staates entspricht, in dem sich unbewegliches Vermögen befindet, soweit es sich um dieses handelt (Art 27 EuErbVO).[164] Bei einem Erbverzichtsvertrag, der die Nachfolge mehrerer Personen regelt, vervielfachen sich die möglichen Anknüpfungspunkte entsprechend.[165]

59 Die Zulässigkeit, die materielle Wirksamkeit und die Bindungswirkung eines Erbverzichts richten sich demgegenüber nach Art 25 EuErbVO. Betrifft der Erbverzicht nur den Nachlass einer Person, ist jenes Recht anzuwenden, das nach der EuErbVO anzuwenden wäre, wenn die Person im Zeitpunkt des Abschlusses verstorben wäre (Art 25 Abs 1 EuErbVO). Regelt der Erbverzicht hingegen den Nachlass mehrerer Personen, ist dieser nur zulässig, wenn er nach jedem der Rechte zulässig ist, die nach der EuErbVO auf die Rechtsnachfolge der einzelnen beteiligten Personen anzuwenden wären, wenn sie im Zeitpunkt des Abschlusses verstorben wären, während sich die materielle Wirksamkeit und Bindungswirkungen nach dem Recht richten, zu dem der Vertrag die engste Verbindung hat (Art 25 Abs 2 EuErbVO). Art 25 Abs 3 EuErbVO ermöglicht den Vertragspartnern aber eine Teilrechtswahl hinsichtlich der Zulässigkeit, der materiellen Wirksamkeit und der Bindungswirkungen.

60 Zumindest theoretisch kann es sein, dass ein formgültiger, zulässiger und materiell wirksamer Erbverzicht nach einem Recht vorliegt, das nicht das Recht ist, das auf die Rechtsnachfolge von Todes wegen nach den Art 21 f EuErbVO anzuwenden ist. Es kann daher sogar der Sonderfall eintreten, dass nach dem allgemein auf die Rechtsnachfolge von Todes wegen anwendbaren Recht Erbverzichte unzulässig sind. Trotzdem sind solche Erbverzichte in derartigen Fällen als zulässig und wirksam anzusehen, weil Zulässigkeit sowie formelle und materielle Wirksamkeit nach der EuErbVO gesondert – nach den Art 25 ff EuErbVO – anzuknüpfen sind und damit gerade nicht dem allgemeinen Erbstatut (Art 23 EuErbVO) unterstellt werden.[166]

---

[163] Vgl *Rudolf/Zöchling-Jud/Kogler* in Rechberger/Zöchling-Jud, EU-Erbrechtsverordnung 185. Vgl auch *Lunzer* in Deixler-Hübner/Schauer, EuErbVO Art 27 Rz 13.

[164] Denkbar etwa bei einem Vermächtnisverzicht hinsichtlich einer Liegenschaft.

[165] *Fischer-Czermak* in Schauer/Scheuba, Europäische Erbrechtsverordnung 53; *Rudolf/Zöchling-Jud/Kogler* in Rechberger/Zöchling-Jud, EU-Erbrechtsverordnung 186.

[166] Vgl *Weber*, ZEV 2015, 506 f (mit Meinungsüberblick); *Fischer-Czermak* in Deixler-Hübner/Schauer, EuErbVO Art 25 Rz 9 mwN; aA etwa *Döbereiner*, MittBayNot 2013, 443; *Odersky*, notar 2014, 140 f; *Dutta* in MüKoBGB⁶ Art 23 EuErbVO Rz 23.

Die Anrechnung von Abfindungen für einen Erbverzicht richtet sich nach **61** dem allgemeinen Erbstatut. Auch wenn in Art 23 Abs 2 lit i EuErbVO nur von unentgeltlichen Zuwendungen die Rede ist, sind darunter sowohl entgeltliche als auch unentgeltliche Zuwendungen zu verstehen; die Qualifikation des Erbverzichts gegen Abfindung als entgeltliches Rechtsgeschäft schadet insofern nicht.[167]

IX. Abgrenzung und verwandte Rechtsgeschäfte

1. Ausschlagungsvertrag und andere schuldrechtliche Erbverzichte

Die – gegenüber dem Erblasser oder einem anderen Anwärter – vertraglich **62** begründete Verpflichtung, im Erbfall ein gesetzliches, vertragliches oder letztwilliges Erbrecht auszuschlagen (Ausschlagungsvertrag, *pactum de repudianda hereditate*) ist kein Erbverzicht iSd § 551. Hier wird nur eine schuldrechtliche Verpflichtung begründet, die einen Anfall nicht verhindert, sondern einen solchen voraussetzt.[168] Da das Erbrecht anfällt, könnte der Verzichtende die Erbschaft trotz einer Ausschlagungsverpflichtung – im Unterschied zu einem (erbrechtlich wirkenden) Erbverzicht iSd § 551 – antreten, wobei er freilich vertragswidrig handeln und sich schadenersatzpflichtig machen würde.[169] Entsprechendes gilt für die Verpflichtung, den Pflichtteils(ergänzungs)anspruch oder ein Vermächtnis auszuschlagen,[170] nicht geltend zu machen (*pactum de non petendo*) oder mit dem Belasteten einen Erlass-/Verzichtsvertrag abzuschließen[171] oder die Anrechnung einer lebzeitigen Zuwendung auf den Pflichtteil oder den gesetzlichen Erbteil nicht zu verlangen.[172]

Eine andere Frage ist freilich, ob solche Vereinbarungen überhaupt zulässig **63** sig sind. Der jüngeren L und Rsp sind Ausschlagungsverträge und schuldrechtliche Erbverzichte – und zwar sowohl mit dem Erblasser als auch unter Dritten – grundsätzlich fremd. Die ältere L hatte sich (aufgrund eines anderen Normenumfelds[173]) mit der Zulässigkeit eines Erbverzichts iSd § 551 unter Dritten auseinanderzusetzen, wobei ein Teil der L[174] und auch der OGH[175] diesen (oder bestimmte Formen davon) als mit dem § 879 Z 4 aF (heute § 879 Abs 2

---

[167] Vgl *Rudolf/Zöchling-Jud/Kogler* in Rechberger/Zöchling-Jud, EU-Erbrechtsverordnung 154 f.

[168] Vgl *Pfaff/Hofmann*, Excurse II/1, 36 f; *Kogler*, Erbverzicht 188 ff; s dazu auch *Damrau*, ZEV 1995, 427; *Daniels*, Verträge mit Bezug auf den Nachlaß 141 ff.

[169] Vgl *Kogler*, EF-Z 2014/3, 10

[170] Vgl *Volgger*, Antritt und Ausschlagung 18 ff; *Koziol/Welser/Zöchling-Jud*[14] II Rz 2249.

[171] Vgl *Kogler*, Erbverzicht 187; *dens*, Anmerkung zu OGH 3 Ob 165/13 f, NZ 2014/23, 95.

[172] Vgl *Kogler*, Erbverzicht 187; vgl auch OGH 27.4.2011, 9 Ob 7/11m, EvBl 2011/118 = EF-Z 2011/141 = iFamZ 2011/210 (s dazu *Kogler*, Erbverzicht 187 [FN 1128]).

[173] S dazu *Kogler*, Erbverzicht 191 f.

[174] Vgl *Ellinger*, Civilrecht[7] 402; *Verus*, Gerichtshalle 1897, 566; *Lakner*, Testamente[2] 8 f; *Winiwarter*, Bürgerliches Recht III 35 ff; *dens*, Bürgerliches Recht[2] III 42; s dazu auch *Pfaff/Hofmann*, Excurse II/1, 36; *Perthaler*, Der Jurist IX 423.

[175] OGH 22.10.1879, 8174/1879, GlU 7618 = JBl 1880, 351 = *Riehl*, Bürgerliches Gesetzbuch[2] II 623.

Z 3) vereinbar ansahen.[176] Diese Ansicht kann zwar insofern nicht aufrechterhalten werden, als in § 551 nunmehr ein Vertrag mit dem Erblasser verlangt wird. Einen erbrechtlichen Verzicht unter Dritten kann es daher nicht mehr geben. Dieses Verständnis des § 879 Abs 2 Z 3 würde aber bedeuten, dass schuldrechtliche Erbverzichte (zum Teil) zulässig wären.

64 Ein schuldrechtlicher Erbverzicht zwischen Anwärter und Erblasser ist bereits nach seinem Wortlaut nicht von § 879 Abs 2 Z 3 erfasst und aufgrund der Privatautonomie zuzulassen.[177] Nach historischer und teleologisch-systematischer Interpretation ist weiters davon auszugehen, dass unter „Veräußern" in § 879 Abs 2 Z 3 nur Rechtsübertragungen zu subsumieren sind, sodass schuldrechtliche Erbverzichte auch ohne Beteiligung des Erblassers mit § 879 Abs 2 Z 3 vereinbar und daher wirksam sind.[178]

65 Die Existenz schuldrechtlicher Erbverzichte ist dann relevant – und dies hat sich bereits in einer jüngeren Entscheidung des OGH gezeigt[179] –, wenn ein Erbverzicht nicht formgültig oder nicht rechtzeitig (nämlich vor dem Tod des Erblassers) geschlossen wurde. In solchen Fällen kommt nämlich eine Umdeutung in einen schuldrechtlichen Erbverzicht in Betracht.[180]

2. Vorschuss iSd § 789

66 Ein Teil der L sieht in einem Vorschuss auf den Pflichtteil iSd § 789 nur einen Sonderfall eines Pflichtteilsverzichts gegen Abfindung,[181] während ein anderer Teil der L darin etwas Eigenständiges erblickt.[182] Diese Frage ist allerdings weitgehend rein dogmatischer Natur. Gerade was die Form des Vorschusses betrifft, ergeben sich im Ergebnis keine Unterschiede. Beide Lager gehen nämlich davon aus, dass der Vorschuss iSd § 789 vor oder bei Hingabe formfrei vereinbart werden kann (was nach einem Teil eine teleologische Reduktion des § 551 voraussetzt), während ein nachträglicher Vorschuss (nach dem anderen Teil analog) der Form des Erbverzichts iSd § 551 bedarf.[183]

---

176 AA *Pfaff/Hofmann*, Excurse II/1, 36 mwN; *Unger*, Erbrecht[4] 154; *Stubenrauch/Wehli*, Commentar[8] I 757 (FN 2); *Perthaler*, Der Jurist IX 422 ff; *Michel*, Haimerl's Magazin VII 295 ff.
177 Vgl *Kogler*, Erbverzicht 188 f.
178 Vgl *Kogler*, Erbverzicht 195 ff. Vgl auch *dens*, EF-Z 2014/3, 10 f.
179 OGH 8.10.2013, 3 Ob 165/13f, NZ 2014/23 (*Kogler*) = iFamZ 2014/39 (*Mondel*) = JBl 2014, 200 = EF-Z 2014/54 = JEV 2014/3 = Zak 2013/766.
180 Vgl *Damrau*, ZEV 1995, 425; *Reul*, MittRhNotK 1997, 383; *Kogler*, Erbverzicht 189; *dens*, EF-Z 2014/3, 11; *Schotten* in Staudinger, BGB (2016) § 2346 Rz 114.
181 Vgl *Kogler*, Erbverzicht 132, 153 f, 162 ff; s dazu auch *Umlauft*, Anrechnung 298 ff und *Welser* in Rummel/Lukas[4] §§ 788, 789 Rz 12.
182 Vgl insbesondere *Apathy* in KBB[4] §§ 788, 789 Rz 3.
183 Vgl *Deinlein*, NZ 1956, 104; *Umlauft*, Anrechnung 31, 42; *Likar-Peer* in Ferrari/Likar-Peer, Erbrecht 407 f; *Eccher* in Schwimann/Kodek[4] III §§ 788, 789 Rz 13; *Kogler*, Erbverzicht 172 ff; *Apathy* in KBB[4] §§ 788, 789 Rz 3; OGH 15.6.1965, 1 Ob 103/65, SZ 38/98 = JBl 1966, 84 = EvBl 1966/25; 8 Ob 527/86 = EvBl 1987/198; 2 Ob 609/86 = SZ 59/146; 6 Ob 627/91 = JBl 1992, 709.

3. Anrechnungsvereinbarungen[184]

Die Vereinbarung der Anrechnung auf den Pflichtteil ist nichts anderes als ein Vorschuss iSd § 789. Dieser liegt nämlich dann vor, wenn es sich bei einer Zuwendung vereinbarungsgemäß um eine Vorleistung des Pflichtteils handelt, was sich aus der Vereinbarung der Anrechnung auf den Pflichtteil „automatisch" ergibt. Rein technisch wird aber der Vorschuss auf den Pflichtteil nicht aufgrund der Vereinbarung angerechnet – daraus folgt nur sein Vorschusscharakter –, sondern kraft Gesetzes; andernfalls wäre ja § 789 überflüssig.[185] Sieht man im Vorschuss iSd § 789 einen Unterfall des Erbverzichts iSd § 551, also einen (teilweisen) Pflichtteilsverzicht gegen Abfindung, liegt auch bei einer „Vereinbarung der Anrechnung auf den Pflichtteil" letztlich ein Erbverzicht vor, der allerdings teilweise formerleichtert abgeschlossen werden kann.

67

Ganz anders stellt sich die Situation bei einer Vereinbarung der Anrechnung auf einen Erbteil dar. Richtig ist, dass ein Vorschuss auf den Pflichtteil bei der gesetzlichen Erbfolge unter Kindern angerechnet wird (§ 790).[186] Die „vereinbarte" Anrechnung des Vorschusses auf den Pflichtteil ist damit bei Kindern untrennbar mit der Anrechnung auf den gesetzlichen Erbteil verbunden.[187] Etwas anderes kann nur dann gelten, wenn die Vorschussvereinbarung entsprechend bedingt ist und damit bei Eintritt der gesetzlichen Erbfolge kein Vorschuss auf den Pflichtteil – sondern eine normale Schenkung – vorliegt.[188] Die Vereinbarung der Anrechnung nur auf das gesetzliche Erbrecht hat damit ebenso wenig zu tun wie die Vereinbarung der Anrechnung auf ein letztwilliges Erbrecht. Die Zulässigkeit solcher Vereinbarungen wird in der L verschieden beantwortet,[189] der OGH hat sie vor kurzem bejaht.[190] Nach wörtlich-systematischer und historischer Interpretation ergibt sich allerdings klar, dass eine Anrechnung auf den Erbteil nur durch eine letztwillige Verfügung des Erblassers erreicht werden kann.[191] Selbst wenn man ihre Zulässigkeit bejaht, kann darin aber niemals – also weder bei einer Vereinbarung, die spätestens bei Hingabe erfolgt, noch bei

68

---

184 Zur Differenzierung zwischen (erbrechtlicher) Anrechnungsvereinbarung und schuldrechtlicher Erstattungspflicht im Erbfall s *Kogler*, Erbverzicht 179 ff.
185 Vgl *Kogler*, Erbverzicht 163 ff.
186 Vgl *Welser*, NZ 1978, 162; *Migsch* in Floretta, Ehe- und Kindschaftsrecht 54, 56; *Likar-Peer* in Ferrari/Likar-Peer, Erbrecht 430; *Eccher* in Schwimann/Kodek⁴ III §§ 790–792 Rz 2; *Kogler*, Erbverzicht 170; *Apathy* in KBB⁴ § 790 Rz 2; *Welser* in Rummel/Lukas⁴ §§ 790–793 Rz 6; *Kogler*, NZ 2015/1, 1.
187 AA *Umlauft*, Anrechnung 34 f; *Bittner/Hawel* in Kletečka/Schauer, ABGB-ON 1.02 § 790 Rz 2; s dazu auch *Kogler*, NZ 2015/1, 4.
188 Vgl *Kogler*, Erbverzicht 171.
189 S dazu den Meinungsüberblick bei *Kogler*, NZ 2015/1, 2 f. Die jüngste Stellungnahme zu diesem Thema stammt von *Bittner/Hawel* in Kletečka/Schauer, ABGB-ON 1.02 § 790 Rz 2, die aber unklar ist. Diesen zufolge ordne nämlich § 790 „dasselbe" (gemeint Vorschuss auf den Pflichtteil) für den Bereich der gesetzlichen Erbfolge an, sodass auch nichts gegen Anrechnungsvereinbarungen bei gewillkürter Erbfolge spreche. Sie lassen aber offen, ob – trotz einer solchen zulässigen Vereinbarung – die Anrechnung vom Erblasser zusätzlich auch noch angeordnet werden muss.
190 OGH 23.4.2014, 10 Ob 50/13w, EF-Z 2015/25 (*A. Tschugguel*) = iFamZ 2014/153 (*Mondel*) = EvBl 2014/137 = NZ 2015/5 = Zak 2014/362 (dazu *Kogler*, NZ 2015/1, 1).
191 Vgl *Kogler*, Erbverzicht 179 ff; jedenfalls im Ergebnis auch *Schauer*, JBl 1980, 450 ff; *Kralik*, Erbrecht 341; *Kozilo/Welser/Zöchling-Jud*¹⁴ II Rz 2339.

einer solchen danach – ein Erbverzicht iSd § 551 liegen.[192] Ein Erbverzicht iSd § 551 hat nämlich nur eine negative, dh nur eine die Rechte des Verzichtenden ausschließende Wirkung und kann keine Anordnungen des Erblassers ersetzen.[193] Andernfalls müsste es ja auch möglich sein, in einem Erbverzicht jemandem ein Vermächtnis auszusetzen oder darin einen Erben zu bestimmen.[194]

X. Änderungen durch das ErbRÄG 2015

1. Pflichtteilsverzicht ist Erbverzicht

69 Nach § 551 Abs 2 nF erstreckt sich der Erbverzicht – „soweit nichts anderes vereinbart ist" – nicht nur auf die Nachkommen, sondern auch auf den Pflichtteil. Auch wenn in den Materialien von einer Zweifelsregel die Rede ist,[195] handelt es sich dabei um eine Dispositivnorm.[196] Nach dem ErbRÄG 2015 ist also der Pflichtteilsverzicht jedenfalls ein Erbverzicht. Einer analogen Anwendung des § 551 für den Pflichtteilsverzicht – so ein Teil der L zum geltenden Recht[197] – bedarf es daher in Zukunft nicht mehr.

2. Wirkungserstreckung auf die Nachkommen nach § 551 Abs 2 nF

70 Wie nach altem Recht erstreckt sich ein Erbverzicht nach § 551 Abs 2 nF, soweit nichts anderes vereinbart ist, auch auf die Nachkommen. Nach § 758 Abs 2 nF erstreckt sich ein Verzicht auf den Pflichtteil hingegen „im Zweifel auch auf die Nachkommen." Hinsichtlich der Wirkungserstreckung auf die Nachkommen liegt damit ein Widerspruch innerhalb des Gesetzes vor, weil der Wortlaut des § 551 Abs 2 nF für eine Dispositivnorm spricht, während nach § 758 Abs 2 nF von einer Zweifelsregel auszugehen ist. Wie bisher handelt es sich aber bei der Wirkungserstreckung auf die Nachkommen um eine Dispositivnorm.[198] Zur (Wieder-)Begründung der Wirkungserstreckung auf die Nachkommen nach § 551 Abs 2 nF ist ein Erbverzicht in der Form eines Notariatsaktes oder gerichtlichen Protokolls notwendig. Das (nachträgliche) Abgehen von der Wirkungserstreckung bedarf als Teil-Aufhebung des Erbverzichts nach dem ErbRÄG 2015 der Schriftform iSd § 886.[199]

---

[192] Vgl *Kogler*, Erbverzicht 178; *dens* NZ 2015/1, 5 f.
[193] Vgl *Lange/Kuchinke*, Erbrecht[5] 174 (FN 53); *Wegerhoff* in MüKoBGB[6] § 2346 Rz 16; *Schotten* in Staudinger, BGB (2016) § 2346 Rz 41, 46; *J. Mayer* in Bamberger/Roth, Beck-OK[36] § 2346 Rz 15 jeweils mwN. Vgl auch *Kogler*, Erbverzicht 46; *dens*, NZ 2015/1, 5.
[194] Vgl *Kogler*, NZ 2015/1, 6.
[195] EB RV 688 BlgNR XXV. GP 7.
[196] Vgl *Kogler*, JBl 2015, 617. S (aber) auch *Pesendorfer* in Barth/Pesendorfer, Erbrecht 31 f.
[197] Vgl *Likar-Peer* in Ferrari/Likar-Peer, Erbrecht 299; *Welser* in Rummel/Lukas[4] § 551 Rz 1; *Werkusch-Christ* in Kletečka/Schauer, ABGB-ON 1.03 § 551 Rz 2; so offenbar auch *Hofmann-Wellenhof*, NZ 1984, 17.
[198] Vgl *Kogler*, JBl 2015, 618 f; s (aber) auch *Barth* in Barth/Pesendorfer, Erbrecht 169 f; *Pesendorfer* in Barth/Pesendorfer, Erbrecht 32; *Rabl*, NZ 2016/64, 205 (FN 50), dessen Verweise auf eine gegenteilige Ansicht von *Kogler*, JBl 2015, 616 f allerdings unrichtig sind.
[199] Vgl *Kogler*, Formvorschriften 31 f (nach FN 117). Siehe dazu auch *Barth/Pesendorfer*, Erbrechtsreform 14. AA *Barth* in Barth/Pesendorfer, Erbrecht 173. Zur (neuen) Form der Aufhebung des Erbverzichts siehe Rz 76.

3. Ausmessung der Pflichtteile nach § 760 Abs 1 nF

Nach § 760 nF sollen bei einem Pflichtteilsverzicht „im Zweifel" die Pflicht- 71
teile anderer nicht größer werden. Unter einem Pflichtteilsverzicht ist hier – unabhängig von der Leistung einer Abfindung – aber nicht nur der reine Pflichtteilsverzicht zu verstehen, sondern auch ein Verzicht auf das gesetzliche Erbrecht und den Pflichtteil.[200] Die (hier abgelehnte) Differenzierung der hA gibt es also jedenfalls nach neuem Recht nicht mehr.

Nach dem ErbRÄG 2015 besteht der Grundsatz, den Verzichtenden mitzu- 72
zählen. Etwas anderes gilt nämlich nur „im Zweifel", wobei in den Materialien (auch) von einer Vereinbarung hinsichtlich des Mitzählens die Rede ist.[201] Tatsächlich handelt es sich dabei weder um eine Zweifelsregel noch gibt es nach dem ErbRÄG 2015 eine eigenständige Vereinbarung über das Nicht-Mitzählen (Quotenerhöhung bei anderen/Nicht-Vergrößerung der Testierfreiheit).[202] Vielmehr wird nur auf die Wirkungserstreckung auf die Nachkommen Bezug genommen, sodass – was inhaltlich der hier vertretenen Ansicht zum alten Recht entspricht – folgendes gilt: Erstreckt sich der Pflichtteilsverzicht auf die Nachkommen, so sind der Verzichtende oder seine Nachkommen mitzuzählen. Wurde hingegen von der Wirkungserstreckung abgegangen und treten Nachkommen ein, sind diese pflichtteilsberechtigt und daher mitzuzählen, gibt es solche nicht (mehr), ist der Verzichtende nicht mitzuzählen, was die Erhöhung der Pflichtteilsquote der Geschwister oder des Ehegatten/eingetragenen Partners mit sich bringt.[203] Selbstverständlich kann der Verzicht bedingt abgeschlossen werden,[204] um eine solche Erhöhung bei anderen Pflichtteilsberechtigten zu verhindern. So kann der Verzicht, der sich nicht auf die Nachkommen erstreckt, damit bedingt sein, dass diese tatsächlich zum Zug kommen. Soll bei Nicht-Eintritt von Nachkommen der Verzichtende wieder pflichtteilsberechtigt sein, ist der ganze Verzicht bedingt. Er entfaltet also keine Wirkung, wenn keine Nachkommen eintreten. Dann kann der Verzichtende einen Pflichtteil verlangen und muss mitgezählt werden. Soll hingegen nur die Nicht-Wirkungserstreckung bei Nicht-Eintritt von Nachkommen des Verzichtenden wegfallen, liegt bei Nicht-Eintritt ein Pflichtteilsverzicht samt Wirkungserstreckung vor. Der Verzichtende ist nach § 760 Abs 1 nF mitzuzählen, kann aber keinen Pflichtteil verlangen. Die Ermittlung der Pflichtteile erfolgt insofern objektiv anhand des (Nicht-)Vorliegens eines Verzichts auf den Pflichtteil und der Wirkungserstreckung.[205] Freilich kann der Verstorbene – „wie immer" und natürlich auch gleichzeitig mit dem Verzicht – einem, manchen oder allen Pflichtteilsberechtigten mehr als ihren gesetzlichen (nach den §§ 759 ff nF ermittelten) Pflichtteil zukommen lassen,[206] und zwar

---
[200] EB RV 688 BlgNR XXV. GP 25. Vgl auch *Kletečka* in Rabl/Zöchling-Jud, Erbrecht 99; *Kogler*, JBl 2015, 619.
[201] EB RV 688 BlgNR XXV. GP 25.
[202] AA *Rabl*, NZ 2016/64, 205, der aber Bindung und Form einer solchen Vereinbarung nicht erörtert. Unklar *Barth* in Barth/Pesendorfer, Erbrecht 172f.
[203] Vgl *Kogler*, JBl 2015, 619 ff.
[204] Zur Bedingungsfreundlichkeit des Erbverzichts s Rz 47 ff.
[205] Vgl *Kogler*, JBl 2015, 620 ff. AA *Rabl*, NZ 2016/64, 205. Unklar *Barth* in Barth/Pesendorfer, Erbrecht 172 f.
[206] Vgl *Kogler*, JBl 2015, 622.

durch Einsetzung als Erben oder durch Aussetzung eines Vermächtnisses (in Geld). Auch durch eine Schenkung auf den Todesfall könnte er einem Pflichtteilsberechtigten einen Geldbetrag zuwenden, der über dem gesetzlichen Pflichtteil liegt. Einzuhaltende Form und Bindung des Verstorbenen ergeben sich insofern von selbst. Feststeht, dass es sich bei jeder angeordneten oder vereinbarten Überdeckung des gesetzlichen Pflichtteils zumindest hinsichtlich der Differenz zwischen gesetzlichem Pflichtteil und dem gewillkürten Mehr nicht mehr um den gesetzlichen Pflichtteil handelt.[207] Bejahte man daher eine eigenständige Vereinbarung iSd § 760 Abs 1 nF, so würde diese keine Vergrößerung der gesetzlichen Pflichtteile mit sich bringen.[208] Dieses Phänomen – aufgrund einer Vereinbarung Verteilung von „Pflichtteilen", die aber (zumindest teilweise) keine gesetzlichen Pflichtteile mehr sind – gibt es allerdings im neuen Erbrecht an anderen Stellen. So können bei einem vereinbarten Erlass der Anrechnung auf den Pflichtteil iSd § 785 nF und bei einer Vereinbarung der Hinzurechnung einer Schenkung größere „Pflichtteile" zugewendet werden. Diese Vereinbarungen bedürfen der Schriftform iSd § 886 und sind für den Verstorbenen nicht bindend.[209] Insofern könnte fraglich sein, ob nicht dem Gesetzgeber auch bei der „Erhöhung der Pflichtteile" nach § 760 Abs 1 nF eine solche nicht bindende Vereinbarung vorgeschwebt ist, durch die mehr als der gesetzliche Pflichtteil zugewendet werden kann.[210] Eine solche Vereinbarung würde gleichsam neben die oben genannten Zuwendungsmöglichkeiten treten, hätte aber ebenfalls nichts mit der Vereinbarung einer Änderung der gesetzlichen Pflichtteile zu tun; diese bleiben im Hintergrund „klein" und berechnen sich nach den §§ 759 f nF.

4. Anrechnung der Abfindung

73   Das ErbRÄG 2015 kennt nur mehr ein System der Anrechnung, und zwar die Anrechnung von Schenkungen. Die Differenzierung zwischen Schenkungen einerseits und Vorempfängen und Vorschüssen iSd § 788 f andererseits gibt es nach dem ErbRÄG 2015 nicht mehr. Die Schenkung an ein Kind ist grundsätzlich auf den Pflichtteil und auch bei gesetzlicher Erbfolge unter Kindern anzurechnen, der beschenkte Ehegatte/eingetragene Partner muss sich seine Schenkung hingegen nur auf den Pflichtteil, nicht aber auf den gesetzlichen Erbteil anrechnen lassen (§§ 753, 783 nF).

74   Sämtliche Abfindungen für einen Erbverzicht werden nach § 781 Abs 2 Z 3 nF für den Bereich der Anrechnung als Schenkungen definiert. Die Abfindung für einen Pflichtteil ist damit ebenso Schenkung iSd § 781 nF wie die „Abfindung" für den Verzicht auf das gesetzliche Erbrecht oder auf eine letztwillige Zuwendung. Diese Pauschalbehandlung ist insofern missverständlich, als Ab-

---

207   Vgl *Kogler*, JBl 2015, 622. Vgl auch *Kogler*, EF-Z 2016/27, 63; *dens*, Formvorschriften 111 ff (nach FN 335) zur Parallelsituation hinsichtlich des Erlasses der Anrechnung auf den Pflichtteil iSd § 785 nF.
208   AA *Rabl*, NZ 2016/64, 205. Unklar *Barth* in Barth/Pesendorfer, Erbrecht 172 f.
209   Dh er kann sie jederzeit einseitig durch letztwillige Verfügung in der Form der §§ 577 ff nF aufheben; vgl *Kogler*, Formvorschriften 93 ff (nach FN 287), 125 ff (nach FN 360).
210   Vgl aber *Barth* in Barth/Pesendorfer, Erbrecht 172 f (Form des Erbverzichts), wobei ohnehin nicht klar ist, was vereinbart werden kann.

findungen für den Verzicht auf entziehbare Anwartschaften (gesetzliches Erbrecht, letztwillige Zuwendungen) ohnehin echte Schenkungen iSd § 781 Abs 1 nF sind und daher gar nicht in Abs 2 aufgenommen werden hätten müssen.

Abgesehen von der einheitlichen Anrechnungsmethode (kein gesonderter Schenkungspflichtteil) entspricht die Anrechnung „aller Abfindungen" der hier zum geltenden Recht vertretenen Ansicht, liegt doch in der Abfindung entweder eine Schenkung oder ein Vorschuss iSd § 789. Ein völliges Novum ist aber, dass nunmehr alle Schenkungen (ausgenommen solcher ohne Schmälerung des Stammvermögens) bei gesetzlicher Erbfolge unter Kindern anzurechnen sind. Abfindungen, die echte Schenkungen iSd §§ 938 f sind – etwa die Abfindung für den Verzicht auf ein letztwilliges Erbrecht –, müssen daher in Zukunft auf Verlangen bei gesetzlicher Erbfolge unter Kindern angerechnet werden. Dies kann nur dadurch verhindert werden, dass der Erblasser den Erlass letztwillig anordnet oder mit dem beschenkten Kind vereinbart (§ 753 nF).[211]

5. Schriftliche Aufhebung

In § 551 Abs 1 nF ist explizit vorgesehen, dass die Aufhebung des Erbverzichtsvertrags der Schriftform bedarf. Auch wenn es der Wortlaut zuließe, kann der Erbverzicht nicht einseitig aufgehoben werden. Auch nach dem ErbRÄG 2015 kann also der Erbverzicht nur durch Vereinbarung zwischen Verzichtendem und Erblasser aufgehoben werden; die Formpflicht erstreckt sich auf beide Seiten.[212]

---

[211] Dies ist bereits jetzt möglich, obwohl es nach geltendem Recht keine Erlassvereinbarungen gibt; s dazu *Kogler*, JBl 2015, 628 f.
[212] Vgl *Kogler*, JBl 2015, 614.

Stichwortverzeichnis

aberratio ictus **§ 540** Rz 21
Abfindung
   – Anrechnung **§ 551** Rz 39 ff, 61, 73 ff
   – durch Dritte oder an Dritte **§ 551** Rz 38
   – Erbrecht, für Verzicht auf **§ 551** Rz 35 ff
   – Pflichtteil, für Verzicht auf **§ 551** Rz 36 f
   – Vermächtnis, für Verzicht auf **§ 551** Rz 35 ff
   – Vorausvermächtnis nach § 758, für Verzicht auf **§ 551** Rz 36 f
Absicht, böse s Vorsatz
Absichtlichkeit s Vereitelungsabsicht
absolutes Recht **§ 532** Rz 10
Akkreszenz **§ 540** Rz 48, 89
Amortisationsgesetzgebung **§ 539** Rz 3 f
Amortisationspatent **§ 539** Rz 4 ff
Aneignungsrecht **Vor § 531** Rz 19
AnerbenG **§ 551** Rz 4, 7
Anerbenrecht **§ 551** Rz 4, 7
Anfall s Erbanfall
Anfallsverhinderung **§§ 545, 546** Rz 5 ff; **§ 551** Rz 17 ff
Angehörige, nahe **§ 540** Rz 6, 24, 74 ff
Anrechnung
   – Abfindung **§ 551** Rz 39 ff, 61, 73 ff
   – Vereinbarung der **§ 551** Rz 9, 12, 67 ff
   – Verzicht auf **§ 551** Rz 9, 12
   – von Schenkungen **§ 540** Rz 59 f, 94
   – von Vorempfängen, Vorschüssen **§ 540** Rz 61, 94
Anrechnungsvereinbarung **§ 551** Rz 9, 12, 67 ff
Anwartschaft **§ 551** Rz 1
Anwartschaftsrecht **§ 551** Rz 1
Armutsgelübde **§ 538** Rz 3 ff; **§ 539** Rz 7, 10 f
Aufgriffsrecht **§ 535** Rz 9; **§ 550** Rz 12 ff
   – Übernahmspreis **§ 550** Rz 15
   – Vererblichkeit **§ 550** Rz 16
Aufhebung
   – Erbverzicht **§ 551** Rz 50 ff, 76
auflösende Bedingung **§ 537** Rz 9, 21
aufschiebende Bedingung **§ 536** Rz 2, 10, 24; **§ 537** Rz 9 f
Aufspaltung von Verzichtserklärung und Annahme **§ 551** Rz 43
   – von gesetzlichem Erbrecht und Pflichtteil **§ 551** Rz 7
   – von Verpflichtungs- und Verfügungsgeschäft **§ 551** Rz 42

Ausfallsfiktion § **540** Rz 26
Ausführungsvorschriften § **544** Rz 3 ff
Auslegung
 – Erbverträge § **535** Rz 20
 – Erbverzicht § **551** Rz 15 f
 – letztwillige Verfügungen § **535** Rz 11 ff
Ausschlagung § **551** Rz 2
Ausschlagungsvertrag § **551** Rz 62 f
Ausschluss
 – vom Erbrecht § **540** Rz 2 f, 46 ff, 88; § **541** Rz 12; § **542** Rz 4 ff, 45; § **543** Rz 1
 – vom Pflichtteilsrecht § **540** Rz 51, 92; § **542** Rz 45
 – vom Vermächtnis § **540** Rz 54, 91; § **542** Rz 45
Außerordentliche Kündigung § **531** Rz 27
Außerordentliches Erbrecht der Vermächtnisnehmer § **533** Rz 15 f
Auswanderer §§ **545, 546** Rz 5, 9, 13
Auswanderung, unbefugte § **544** Rz 4
Auswanderungsfreiheit § **544** Rz 4, 7

Bäuerliche Erbteilungsvorschriften § **534** Rz 9
Bedingung
 – Erbverzicht § **551** Rz 34, 47 ff
 – Vorschuss § **551** Rz 68
Befreiungsvermächtnis § **535** Rz 3
Begegnung, anständige s Gebot, einander mit Achtung zu begegnen § **540** Rz 37
Begehung im Familienkreis § **540** Rz 14, 69
Begräbnis § **549** Rz 1, 16
Begräbniskosten § **549** Rz 2
 – Höchstbetrag § **549** Rz 18
 – Steuerrecht § **549** Rz 18
 – Umfang § **549** Rz 7
Begriffsbestimmungsnorm § **532** Rz 2 f
Behandlungsabbruch s Sterbehilfe
Beistandspflicht, familiäre § **540** Rz 32, 34, 38, 84
Berufung noch nicht existenter Personen
 – juristische Personen § **536** Rz 21
 – natürliche Personen § **536** Rz 12
Berufungsgrund § **533** Rz 1 ff
 – Konkurrenz § **533** Rz 19 ff
 – Nebeneinanderbestehen § **534** Rz 10 ff
 – Zusammentreffen § **534** Rz 4 ff

beschränkter Erbverzicht § 551 Rz 6 ff
Bestandverträge § 535 Rz 28
Bestattung s Begräbnis
betragsmäßig beschränkter Erbverzicht § 551 Rz 9, 12, 14
Betrug § 542 Rz 1, 9, 13, 15, 17 f, 44, 64
Beweislast, Erbeinsetzung oder Vermächtnis § 535 Rz 22 ff
Beweismaß § 540 Rz 20
Blutschande § 543 Rz 1 f

condictio causa data causa non secuta § 540 Rz 61, 94
condictio indebiti § 540 Rz 56; § 542 Rz 9

Damnationslegat § 535 Rz 6, 31
Dauerrechtsverhältnisse § 531 Rz 27
Deserteur §§ 545, 546 Rz 5, 9, 13
Desertion § 544 Rz 5
dingliches Recht § 532 Rz 10
dolus coloratus § 542 Rz 49
dolus directus s Vereitelungsabsicht § 542 Rz 36, 60
dolus eventualis s Vereitelungsabsicht § 540 Rz 6; § 542 Rz *36,* 52, 60
Drohung § 542 Rz 10 f, 15, 64; § 551 Rz 52

Ehebruch § 543 Rz 1 f, 4
Eingetragene Partnerschaft
    – Erbvertrag § 537a Rz 8 f, 17
    – Gemeinschaftliches Testament § 537a Rz 8 f, 18
    – Gleichstellung § 537a Rz 1 ff
Eintrittsberechtigte s Eintrittsberechtigte § 541 Rz 7 ff, 25 ff
Eintrittsrecht
    – bei Erbunfähigkeit § 541 Rz 13, 29; § 544 Rz 5
    – bei Erbunwürdigkeit § 541 Rz 1 ff, 24 ff
    – bei gesetzlicher Erbfolge § 541 Rz 1 ff, 24 ff
    – im Pflichtteilsrecht § 541 Rz 19, 34 ff
    – nach Kleingartengesetz § 531 Rz 50
    – nach MRG § 531 Rz 49
Eintrittsrecht, formelles s formelle Repräsentation § 541 Rz 1 f, 5, 12 f, 15, 24, 28, 32; § 544 Rz 5
Einzelrechtsnachfolge § 535 Rz 5 ff, 9

Enterbung § 540 Rz 3, 7, 27 ff, 33 f, 38, 57, 63, 65, 70 ff, 78, 80 ff, 87, 94;
   § 542 Rz 16, 42, 48, 69
   – Erbverzicht trotz Vorliegens eines Enterbungsgrundes § 551 Rz 36
Entgeltlichkeit s Qualifikation als entgeltliches oder unentgeltliches
   Rechtsgeschäft
Entsagung der Erwerbsfähigkeit §§ 545, 546 Rz 5, 9
Entstehungsgeschichte
   – § 540 (§§ 539, 541 nF) § 540 Rz 2 ff, 4, 27 f
   – § 541 (§ 542 nF) § 541 Rz 2 ff
   – § 542 (§ 540 nF) § 542 Rz 1
   – § 544 § 544 Rz 1
Erbanfall § 536 Rz 2, 23, 24; § 538 Rz 1; § 539 Rz 8
   – Erbfähigkeit, als Beurteilungszeitpunkt für §§ 545, 546 Rz 2 f
   – Rückbeziehung der nachträglich eintretenden Erbunwürdigkeit s nachträglich eintretende Erbunwürdigkeit
   – Verhinderung des § 540 Rz 2, 46, 48, 62, 88; § 542 Rz 9, 23
   – Zeitpunkt des § 540 Rz 15, 25; § 542 Rz 23
Erbengemeinschaft § 550 Rz 1
   – Aufhebung § 550 Rz 6
   – Entstehung § 550 Rz 2
   – Gegenstand § 550 Rz 3
Erbenhaftung § 548 Rz 2, 7
Erbfähigkeit § 538 Rz 1 ff, 7; § 539 Rz 1 f, 11
   – Auswanderer §§ 545, 546 Rz 5, 9, 13
   – bei Transmission § 537 Rz 13 ff, 45
   – Beurteilungszeitpunkt §§ 545, 546 Rz 2 f, 16 ff
   – eingetragene Personengesellschaften § 536 Rz 15 ff
   – Entsagung der Erwerbsfähigkeit §§ 545, 546 Rz 5, 9, 13
   – Erbanfall, wirklicher §§ 545, 546 Rz 3
   – Fahnenflüchtiger §§ 545, 546 Rz 5, 9, 13
   – Gesellschaft bürgerlichen Rechts § 536 Rz 17
   – Internationales Privatrecht §§ 545, 546 Rz 10 f
   – juristische Person § 536 Rz 14, §§ 545, 546 Rz 5, 13
   – *nasciturus* §§ 545, 546 Rz 5, 13
   – Ordensleute §§ 545, 546 Rz 3, 5, 9, 14
   – Personengesellschaft des UGB §§ 545, 546 Rz 5, 13
   – Pflichtteil, als Voraussetzung für §§ 545, 546 Rz 1
   – Retorsionsrecht nach § 33 §§ 545, 546 Rz 5, 9, 13, 15
   – Vermächtnis, als Voraussetzung für §§ 545, 546 Rz 1
   – Zeitpunkt § 536 Rz 24
Erbfall § 536 Rz 2, 24; § 538 Rz 1; § 539 Rz 7
Erbfallschulden § 549 Rz 2
Erbgangschulden § 548 Rz 3

Erblasserschulden § 548 Rz 3, 4
- Geldstrafen § 548 Rz 8
- Unterhaltspflicht § 548 Rz 5

Erbrecht
- als absolutes Recht **Vor § 531** Rz 26
- Geltendmachung **Vor § 531** Rz 26
- im engeren Sinn **Vor § 531** Rz 4
- im objektiven Sinn **Vor § 531** Rz 3, **§ 532** Rz 4 ff
- im subjektiven Sinn **Vor § 531** Rz 3, **§ 532** Rz 4 ff
- im weiteren Sinn **Vor § 531** Rz 4
- Rechtsquellen **Vor § 531** Rz 32 ff
- Wirkungen § 547 Rz 20

Erbrechtstitel s Berufungsgrund
Erbschaft **§ 531** Rz 1, 4
Erbschaftsklage **§ 540** Rz 56, 97; **§ 542** Rz 9, 50
Erbschaftssteuer **Vor § 531** Rz 20
Erbteilungsklage **§ 550** Rz 9, 23
Erbteilungsübereinkommen **§ 550** Rz 7
Erbunfähigkeit **§ 538** Rz 2, 4, 10; **§ 539** Rz 2, 4, 10, 12 ff
- absolute **§ 540** Rz 46; **§ 541** Rz 13, 29; **§ 544** Rz 1, 3 ff; **§§ 545, 546** Rz 5 f; **§ 551** Rz 19
- Beurteilungszeitpunkt **§§ 545, 546** Rz 2 f, 16 ff
- Erbverzicht **§§ 545, 546** Rz 5 ff; **§ 551** Rz 17 ff
- relative **§ 540** Rz 2 f, 46 ff, 88; **§ 542** Rz 2; **§§ 545, 546** Rz 5 f; **§ 551** Rz 19

Erbunwürdigkeit **§ 540** Rz 1 ff, 46 ff; **§ 542** Rz 4 ff, 45, 60 ff
- absolute **§ 540** Rz 63, 66 f; **§ 542** Rz 55
- Erbverzicht trotz Vorliegens eines Erbunwürdigkeitsgrundes **§ 551** Rz 36
- Geltendmachung **§ 540** Rz 55, 88
- Rechtsfolgen **§ 540** Rz 46 ff, 88 ff; **§ 542** Rz 45 ff, 67 f
- relative **§ 540** Rz 63, 71 ff

Erbunwürdigkeitsgründe **§ 540** Rz 1, 2 ff, 27 ff, 64, 66 ff, 71 ff; **§ 542** Rz 7 ff, 63 f
- absolute **§ 540** Rz 63, 66 ff; **§ 542** Rz 55
- relative **§ 540** Rz 63, 71 ff; **§ 542** Rz 2 ff, 45, 70
- „subsidiäre" s relative

Erbvertrag **§ 533** Rz 10
Erbverzicht **§ 538** Rz 1 f, 5 f
- Abfindung **§ 551** Rz 32 ff, 39 ff, 73 ff
- Abgrenzung **§ 551** Rz 62 ff
- Anerbenrecht **§ 551** Rz 4, 7
- Anfallsverhinderung **§§ 545, 546** Rz 5 ff; **§ 551** Rz 17 ff

- Anrechnung der Abfindung § 551 Rz 39 ff, 73 ff
- Anwachsung § 551 Rz 17
- Aufhebung § 551 Rz 50, 76
- Auslegung § 551 Rz 15 f
- bedingter § 551 Rz 34, 47 ff
- Beschränkung § 551 Rz 6 ff
- betragsmäßig beschränkter § 551 Rz 9, 12, 14
- Drohung § 551 Rz 52
- Enterbungsgrundes, trotz Vorliegens eines § 551 Rz 36
- Entgeltlichkeit § 551 Rz 29 ff
- Erbrecht (gesetzliches, letztwilliges, vertragliches) § 551 Rz 4, 7, 8 ff, 31, 35 ff
- Erbunwürdigkeitsgrundes, trotz Vorliegens eines § 551 Rz 36
- Ersatzerbenberufung nach § 779 § 551 Rz 28
- Form § 551 Rz 42 ff, 76
- gegen Abfindung § 551 Rz 32 ff, 38
- Gegenstand § 551 Rz 4 f
- gegenständlich beschränkter § 551 Rz 10, 14
- gerichtliches Protokoll § 551 Rz 44
- Geschäftsfähigkeit § 551 Rz 45
- Gewährleistung § 551 Rz 54 f
- Internationales Privatrecht § 551 Rz 58 ff
- Irrtum § 551 Rz 52
- *laesio enormis* § 551 Rz 51
- Leistungsstörungen § 551 Rz 54 f
- List § 551 Rz 52
- Notariatsakt § 551 Rz 44
- ohne Abfindung § 551 Rz 31
- Pflichtteil § 551 Rz 4, 7, 11 ff, 31, 36 f, 69
- Pflichtteilsberechtigung der Eltern (§ 762) § 551 Rz 27
- Qualifikation als entgeltliches oder unentgeltliches Rechtsgeschäft § 551 Rz 29 ff
- Quotenerhöhung (§ 767 aF/§ 760 nF) § 551 Rz 23 ff, 71 ff
- quotenmäßig beschränkter § 551 Rz 8, 12, 14
- Schenkung iSd §§ 938 f § 551 Rz 31
- Schenkungswiderruf § 551 Rz 57
- schuldrechtliche § 551 Rz 62 ff
- Stellvertretung § 551 Rz 45 f
- Stundung des Pflichtteils § 551 Rz 13
- Stundung eines Vermächtnisses § 551 Rz 14
- teilweiser § 551 Rz 6 ff
- Umfang nach der Vereinbarung § 551 Rz 15 f
- Unentgeltlichkeit § 551 Rz 29 ff

- Unmöglichkeit, nachträgliche § 551 Rz 54 f
- Unterhaltsanspruch nach § 795 § 551 Rz 4
- Vergleich iSd § 1380 § 551 Rz 36 f
- Vermächtnis (gesetzliches, letztwilliges, vertragliches) § 551 Rz 4, 7, 14, 31, 35 ff
- Vertretung § 551 Rz 45 f
- Verzug § 551 Rz 54 f
- Vollmacht § 551 Rz 46
- Vorausvermächtnis nach § 758 § 551 Rz 4 f, 16, 36 f
- Wegfall von Belastungen nach § 774 § 551 Rz 13
- wertmäßig beschränkter § 551 Rz 9, 12, 14
- Wirkungserstreckung auf die Nachkommen § 551 Rz 20 ff, 70
- Wucher § 551 Rz 56
- zu Gunsten eines Dritten § 551 Rz 49
- Zweifelsregel § 551 Rz 16

Ereption § 540 Rz 2; § 542 Rz 1
Erlebensbedingung
- juristische Personen § 536 Rz 20
- natürliche Personen § 536 Rz 10

error in persona, error in persona vel objecto § 540 Rz 20, 68
Ersatzerbschaft § 540 Rz 26, 48, 89; § 541 Rz 22 f, 37
- angeordnete § 540 Rz 48, 89; § 541 Rz 21, 37
- gesetzliche § 541 Rz 8, 22 f, 37; § 544 Rz 3
- vermutete § 541 Rz 22 f, 37

Erwerbsfähigkeit § 538 Rz 1 f, 5 f; § 539 Rz 1, 4 f, 7, 9, 13
Europäische Erbrechtsverordnung **Vor § 531** Rz 35, 43 ff; **§ 535** Rz 31
Europäisches Nachlasszeugnis **Vor § 531** Rz 44; **§ 535** Rz 31

Fahnenflüchtiger §§ 545, 546 Rz 5, 9, 13
Fahrlässigkeit
- Schadenersatzanspruch wegen Vereitelung
- Straftaten § 540 Rz 9, 21,
- Vernachlässigung von Pflichten im Eltern-Kind-Verhältnis § 540 Rz 35, 38, 84
    - Zufügen von schwerem seelischem Leid § 540 Rz 80
    - Vereitelung eines letzten Willens § 542 Rz 20, 36

Fälligkeit
- Pflichtteil, Änderung durch Erbverzicht § 551 Rz 13
- Vermächtnis, Änderung durch Erbverzicht § 551 Rz 14

Fälschung eines Testaments s Unterschiebung
Familienerbfolge **Vor § 531** Rz 11 f, 13 ff
familienrechtliche Pflichten s Pflichten im Eltern-Kind-Verhältnis

Form
 – Anrechnungsvereinbarungen
 – Erbverzicht (Aufhebung) § 551 Rz 50, 76
 – Erbverzicht (Begründung) § 551 Rz 42 ff
 – Vorschuss iSd § 789 § 551 Rz 66
Freiheitsstrafe, mehr als einjährige § 540 Rz 1, 8 f

Gebot, einander mit Achtung zu begegnen § 540 Rz 30, 32
Gegenstand des Erbverzichts § 551 Rz 4 ff
gegenständlich beschränkter Erbverzicht § 551 Rz 10, 14
Geldpflichtteil **Vor § 531** Rz 12
Geldstrafen § 548 Rz 1
Geliebtentestament § 543 Rz 4
Gelübde
 – einfaches § 539 10
 – feierliches § 538 Rz 4; § 539 10 f
gemischte Erbfolge § 534 Rz 2
Genugtuung, volle § 542 Rz 49
gerichtlich strafbare Handlung § 540 Rz 9 ff, 64 ff, 77
gerichtliches Protokoll § 551 Rz 44
Gesamtrechtsnachfolge **Vor § 531** Rz 21 ff; § 531 Rz 1; § 532 Rz 11 f, 10 ff;
 § 535 Rz 12, 14, 16
 – im Gesellschaftsrecht § 531 Rz 14
Geschäftsfähigkeit § 551 Rz 45
gesetzliche Erbfolge **Vor § 531** Rz 12
gesetzliche Vertretung § 551 Rz 46
Gewährleistung § 551 Rz 54 f
Gewalt § 542 Rz 10 ff, 15
Gewaltverbot § 540 Rz 31
gewöhnlicher Aufenthalt § 538 Rz 3
Grabstätte, Benutzungsrecht § 531 Rz 39
Gröblichkeit s Verletzung von Pflichten im Eltern-Kind-Verhältnis

Haager Testamentsübereinkommen § 551 Rz 58
Haftung § 550 Rz 24
 – nach Einantwortung § 550 Rz 24
 – vor Einantwortung § 550 Rz 24
Hinderung an der Errichtung eines letzten Willens s Verhinderung eines
 letzten Willens
Hineinvermächtnis § 535 Rz 21
 – Hinzu- und Anrechnung von Schenkungen s Anrechnung

Hirntod § 536 Rz 7 f
Hofdekrete § 538 Rz 4, 7; § 539 Rz 9, 14
Hofübernahmerecht § 535 Rz 18; § 537 Rz 39

in dubio pro vita § 540 Rz 10
Inbesitznahme der Verlassenschaft § 532 Rz 13 ff
incapacitas s Inkapazität
indignitas § 540 Rz 2 f
 – *ratione definitiv* § 540 Rz 3
 – *ratione testamenti* § 540 Rz 3, § 542 Rz 4
 – *ratione testatoris* § 540 Rz 3
Inkapazität § 543 1
Internationales Privatrecht § 538 Rz 3
 – Erbfähigkeit §§ 545, 546 Rz 10 f
 – Erbverzicht § 551 Rz 58 ff
Intestaterbfolge s gesetzliche Erbfolge
Inzest s Blutschande
Irrtum § 542 Rz 13, 21; § 551 Rz 52
ius alienum § 541 Rz 3
ius praedefuncti parentis § 541 Rz 3
ius proprium (auch: eigenes Recht) § 541 Rz 1, 5, 9, 12
ius repraesentationis § 541 Rz 3, 5, 30

Josephinisches Erbfolgegesetz § 540 Rz 4

Kenntnis
 – relativer Erbunwürdigkeitsgrund § 540 Rz 71 f
 – Straftat § 540 Rz 18, 40
 – Täter § 540 Rz 17
Klostertod § 538 Rz 7; § 539 Rz 2, 7, 14
Kodizill
 – Abgrenzung zum Testament § 535 Rz 11 ff, 22 ff
Kollisionskurator § 547 Rz 15
Konfiskation s Ereption § 544 Rz 5
Kongregation § 539 Rz 11
konstruktive Nacherbfolge § 536 Rz 12, 21; § 551 Rz 48
Konversion § 551 Rz 9, 10, 65
Kränkung des Erblassers/Verstorbenen § 540 Rz 6, 20, 25, 68
KrntErbHöfeG § 551 Rz 4, 7

laesio enormis § 551 Rz 51
Lebensversicherung **Vor § 531** Rz 5; **§ 531** Rz 16, 56; 101
Legat s Vermächtnis § 535 Rz 32
legatum partitionis s Quotenlegat
legatum venditionis § 535 Rz 9
Leichnam § 531 Rz 34, 37 ff
Leistungskondiktion s *condictio indebiti, condictio causa data causa non secuta* § 540 Rz 97
Leistungsstörungen § 551 Rz 54 f
letztwillige Stiftungserrichtung § 536 Rz 22
List § 542 Rz 13, 15, 17 f, 36, 38, 64; § 551 Rz 52

materielles Noterbrecht **Vor § 531** Rz 12
Medizinisch unterstützte Fortpflanzung § 536 Rz 13 ff
Mehrzahl von Erben § 532 Rz 18 f
Miteigentum § 532 Rz 19
Mord § 540 Rz 22 f
Mutwille s *dolus coloratus*

Nacherbschaft § 535 Rz 19; § 540 Rz 26
Nachkommen des Erbunfähigen, Rechtsstellung des
 – bei Erbunfähigkeit § 541 Rz 13, 29
  – bei gesetzlicher Erbfolge § 541 Rz 13, 29
  – bei testamentarischer Erbfolg § 541 Rz 20 ff, 37
  – im Pflichtteilsrecht § 541 Rz 19, 34 ff
 – bei Erbunwürdigkeit § 541 Rz 1 ff
  – bei gesetzlicher Erbfolge § 541 Rz 5 ff, 24 f
  – bei testamentarischer Erbfolg § 541 Rz 20 ff, 37
  – im Pflichtteilsrecht § 541 Rz 19, 34 ff
Nachlass § 531 Rz 1, 4 f, 99; § 535 Rz 32; § 547 Rz 3 ff
 – digitaler § 547 Rz 22
 – Gesamtsache § 531 Rz 5
 – juristische Person § 531 Rz 6, 100
 – Legaldefinition § 531 Rz 3,5
 – nach Einantwortung § 547 Rz 18
 – Rechtsobjekt § 531 Rz 7 ff
 – ruhender § 547 Rz 3
  – Grundbuchsfähigkeit § 547 Rz 7
  – Handlungsvollmacht § 547 Rz 10
  – Insolvenzfähigkeit § 547 Rz 11
  – Nationalität § 547 Rz 5

Stichwortverzeichnis

    – Parteifähigkeit § 547 Rz 6
    – Straftat gegen den § 540 Rz 25, 66 ff
  – Sondervermögen § 531 Rz 8
  – Verwaltung § 550 Rz 4
  – vor Einantwortung § 547 Rz 3
Nachlasseinheit § 531 Rz 12
Nachlassspaltung § 531 Rz 13
nachträglich eintretende Erbunwürdigkeit § 540 Rz 6 f, 25, 66 ff, 73; § 542 Rz 23, 33, 70
Nachvermächtnis § 535 Rz 19
nasciturus § 536 Rz 11, 13, 20; § 537 Rz 12
  – Erbfähigkeit §§ 545, 546 Rz 5, 13
negatives Testament § 533 Rz 17
Nichterfüllungsfiktion § 540 Rz 26
Nichtverpartnerung, Bedingung § 537a Rz 7, 16
Normzweck
  – § 540 idgF (§ 539 nF, § 541 nF) § 540 Rz 1, 11, 18, 20, 24, 25, 57, 68, 76
  – § 542 idgF (§ 540 nF) § 541 Rz 12; § 542 Rz 4 ff
Notariatsakt § 551 Rz 44

Obduktion § 531 Rz 35
objektives Erbrecht § 532 Rz 4 ff
Obsorgepflicht, Verletzung der § 540 Rz 28, 31 ff, 38
Öffentliche Interessen Vor § 531 Rz 15 ff
Orden § 539 Rz 2, 4, 8 f, 10 ff
Ordensangehörige § 538 Rz 4, 6 f; § 539 Rz 4 ff
Ordensleute §§ 545, 546 Rz 3, 5, 9, 14
Organentnahme § 531 Rz 36

pactum de hereditate tertii viventis § 551 Rz 63 f
pactum de non petendo § 551 Rz 62 ff
pactum de repudiandia hereditate § 551 Rz 62 ff
personae coniunctissimae § 540 Rz 6, 24, 74 ff
Persönlichkeitsschutz, postmortaler § 531 Rz 33 ff
Pfändbarkeit des Erbrechts § 532 Rz 26
Pflichten im Eltern-Kind-Verhältnis § 540 Rz 27 ff, 81 ff
  – Schwere der Pflichtverletzung § 540 Rz 37
  – umfasster Pflichtenkatalog § 540 Rz 30 ff
Pflichtteil
  – Ausmessung § 551 Rz 23 ff, 71 ff

Pflichtteilsberechtigung der Eltern bei Erbverzicht des einzigen Kindes
§ 551 Rz 27
Pflichtteilsrecht **Vor § 531** Rz 11 ff
– Verfassungsrecht **Vor § 531** Rz 36
Pflichtteilsverzicht (reiner) s auch Erbverzicht
– Quotenerhöhung (§ 767 aF/§ 760 nF) **§ 551** Rz 23 ff, 71 ff
– Zulässigkeit **§ 551** Rz 7
politische Vorschriften **§ 538** Rz 4 ff; **§ 539** 1 ff, 7, 9, 12
Prinzip der globalen Nachlasseinheit **Vor § 531** Rz 44
Privatautonomie s Testierfreiheit
Privatstiftung **Vor § 531** Rz 5 f; **§ 531** Rz 16
Profess s Gelübde

Qualifikation als entgeltliches oder unentgeltliches Rechtsgeschäft
– Erbverzicht gegen Abfindung **§ 551** Rz 32 ff
– Erbverzicht ohne Abfindung **§ 551** Rz 31
Quotenerhöhung (§ 767 aF/§ 760 nF) **§ 551** Rz 23 ff, 71 ff
Quotenerhöhung
– bei Erbunwürdigkeit **§ 540** Rz 48, 53, 92
Quotenlegat **§ 535** Rz 12
quotenmäßig beschränkter Erbverzicht **§ 551** Rz 8, 12, 14

Rechtfertigungsgrund **§ 540** Rz 10
Rechtsnatur
– der Verzeihung **§ 540** Rz 43 f
– des § 542 idgF **§ 542** Rz 4 ff, 41, 55 f; **§ 541** Rz 12, 55 f
– des § 544 **§ 544** Rz 2
Rechtswidrigkeit **§ 540** Rz 9 f, **§ 542** Rz 40
Religiose **§ 538** Rz 4, 6; **§ 539** Rz 2, 4 ff
Repräsentation
– formelle s Eintrittsrecht, formelles
– materielle **§ 541** Rz 3
Repräsentation (Eintrittsrecht) bei
– Enterbung und gesetzlicher Erbfolge **§ 541** Rz 16 f, 31 f
– Erbsentschlagung (Ausschlagung) **§ 541** Rz 18, 33
– Erbunfähigkeit (absoluter) **§ 541** Rz 13, 29
– Erbunwürdigkeit **§ 541** Rz 1 ff, 12,
– Erbverzicht **§ 541** Rz 15, 30
– negativem Testament **§ 541** Rz 17, 32
– Pflichtteilsminderung **§ 541** Rz 15
– Repräsentationsfälle, gesetzlich nicht geregelte **§ 541** Rz 15 ff, 30 ff

Stichwortverzeichnis

Reskript 1974 § 538 Rz 11 f
Retorsionsrecht nach § 33 §§ 545, 546 Rz 5, 9, 13, 15
Reue s tätige Reue
Rücktritt wegen Verzug/nachträglicher Unmöglichkeit § 551 Rz 54 f

Schadenersatz bei Vereitelung des letzten Willens § 542 Rz 49 ff, 68
Schädigungsabsicht § 542 Rz 52 f, 60, 68
Scheinerbe § 540 Rz 2, 56, 97; § 542 Rz 23
 – gutgläubiger Erwerb vom § 540 Rz 56, § 542 Rz 23, 50
 – gutgläubiger Verbrauch des § 542 Rz 50
 – Schadenersatzanspruch des § 542 Rz 50
Schenkung auf den Todesfall und Erbunwürdigkeit § 540 Rz 54, 96
Schenkungsanrechnung s Anrechnung
Schenkungswiderruf § 551 Rz 57
Schuld § 540 Rz 11
 – Schuldausschließungsgründe § 540 Rz 11
Schuldbeitritt § 535 Rz 29
schuldrechtliche Erbverzichte § 551 Rz 62 ff
Schuldvermächtnis § 535 Rz 3
Schutz der Testierfreiheit
Schutzzweck des § 542 (§ 540 nF) § 542 Rz 2 ff
seelisches Leid s Zufügen von schwerem seelischem Leid
Selbstmord, Beihilfe zum § 540 Rz 22 f
Singularsukzession s Einzelrechtsnachfolge
Sittenwidrigkeit
 – Geliebtentestament § 543 Rz 4
 – Vereitelung des letzten Willens § 542 Rz 40
Sondererbfolge § 531 Rz 16
Sondernachfolge § 531 Rz 16, 90
Sonderrechtsnachfolge s Sondernachfolge
Staatsbürgerschaft § 538 Rz 3
Stellvertretung
 – Erbverzicht § 551 Rz 45 f
Sterbehilfe und Erbunwürdigkeit § 540 Rz 10, 23
Sterbewille § 540 Rz 10, 23
Strafausschließungsgründe § 540 Rz 9
Strafbarkeit § 540 Rz 11; § 542 Rz 16, § 543 Rz 2
Strafdrohung § 540 Rz 13, 15, 19, 77 f; § 542 Rz 26
Strafrahmen § 540 Rz 13, 15, 19
Strafrecht, anwendbares § 540 Rz 16
Strafrechtsreform § 540 Rz 8

Straftat
- gegen den Erblasser/Verstorbenen § 540 Rz 2 ff, 9 ff, 66 ff
- gegen den Nachlass/die Verlassenschaft § 540 Rz 25, 66 ff
- gegen nahe Angehörige § 540 Rz 24, 74 ff
- Kenntnis von der § 540 Rz 18, 40
- nach dem Tod des Erblassers/Verstorbenen § 540 Rz 6 f, 15, 25, 66 ff, 73

Stundung
- Pflichtteil § 551 Rz 13
- Vermächtnis § 551 Rz 14

subjektives Erbrecht § 532 Rz 4 ff
Surrogation § 531 Rz 9

tätige Reue § 542 Rz 32, 43, 66
Teilungsanordnung § 535 Rz 21; § 550 Rz10 ff; § 551 Rz 10 f
teilweiser Erbverzicht § 551 Rz 6 ff
Testament
- Abgrenzung zum Kodizill § 535 Rz 11 ff, 22 ff
- Auslegung § 535 Rz 11 ff

testamenti factio passiva, mangelnde § 543 Rz 1
Testierfreiheit § 540 Rz 3, § 542
- Prinzip Vor § 531 Rz 9 f; 13 ff
- Verfassungsrecht Vor § 531 Rz 9, 36

Testierunfähigkeit
- bei Verzeihung § 540 Rz 28, 42 ff, 86; § 542

TirHöfeG § 551 Rz 4, 7
Titel zum Erbrecht s Berufungsgrund
Todesbegriff § 536 Rz 7 f
Todeserklärung § 531 Rz 15; § 536 Rz 9
Totenfürsorge § 531 Rz 37 ff
Tötung
- auf Verlangen § 540 Rz 22 f
- des Erblassers § 540 Rz 2 f
- des Instituten durch den Substituten § 540 Rz 26
- des Vorerben durch den Nacherben § 540 Rz 26

transmissio ex iure sanguinis § 541 Rz 3, 21
Transmission § 537 Rz 1 ff
- Anwachsung § 537 Rz 16, 29, 42
- Ausschluss § 537 Rz 16 ff
- bei Heimfall § 531 Rz 72; § 537 Rz 22 ff
- Ersatzerbschaft § 535 Rz 26, § 537 16, 42
- Gegenstand § 537 Rz 5 ff
- Haftung § 537 Rz 37 f

- im engeren Sinn § 537 Rz 3 f
- im weiteren Sinn § 537 Rz 3 f
- Immaterialgüterrecht § 531 Rz 85
- Nacherbschaft § 537 Rz 10, 16 f, 41
- Pflichtteilsanspruch § 531 Rz 77
- Pflichtteilsrecht § 537 Rz 6
- Übernahmerecht § 531 Rz 72; § 537 Rz 39
- uneigentliche § 541 Rz 3
- Verlassenschaftsverfahren § 531 Rz 74 f; § 537 Rz 26 ff
- Vermächtnis § 531 Rz 76; § 537 Rz 7 ff; 44

Trauerkleidung § 549 Rz 11
treuwidriges Herbeiführen
- des Bedingungseintritts § 540 Rz 26
- des Fristablaufs § 540 Rz 26

turpitudinem suam allegans nemo auditur § 540 Rz 26

Übergangsbestimmungen (ErbRÄG 2015) § 540 Rz 97; § 541 Rz 38; § 542 (§ 540 nF) Rz 71; § 543 Rz 3
Überlassung an Zahlungs statt § 532 Rz 16
Überlebensbedingung
- juristische Personen § 536 Rz 18
- natürliche Personen § 536 Rz 10

Umdeutung s Konversion
Umfang des Erbverzichts nach der Vereinbarung § 551 Rz 15 f
Unentgeltlichkeit s Qualifikation als entgeltliches oder unentgeltliches Rechtsgeschäft
Universalsukzession s Gesamtrechtsnachfolge
Unkenntnis vom relativen Erbunwürdigkeitsgrund s Kenntnis ungültiger letzter Wille, Vereitelung eines § 542 Rz 8, 16, 21
Unmöglichkeit
- nachträgliche § 551 Rz 54 f

Unterbleiben der Abhandlung § 532 Rz 16
Unterdrückung eines letzten Willens § 542 Rz 19 ff, 39, 63
- nach dem Tod des Erblassers § 542 Rz 23, 70
- zur Verwirklichung des wahren Erblasserwillens § 542 Rz 21 f, 39

Unterhalt
- notwendiger § 540 Rz 52, 95
- Unterhaltspflicht § 540 Rz 3, 28, 31 ff, 38 f

Unterhaltsanspruch nach § 795 § 551 Rz 4
- Unternehmens- und Vermögensveräußerungen § 535 Rz 29

Unternehmenserwerb § 535 Rz 6, 29
Unternehmensfortführung § 550 Rz 17
- Einzelunternehmen § 550 Rz 17

- GesBR § 550 Rz 21
- Kapitalgesellschaft § 550 Rz 22
- KG § 550 Rz 19
- OG § 550 Rz 18
- Stille Gesellschaft § 550 Rz 20

Unternehmensschutz Vor § 531 Rz 18

Unterschiebung eines gefälschten letzten Willens § 542 Rz 12, 26 ff, 33, 39, 65
- nach dem Tod des Erblassers/Verstorbenen § 542 Rz 33, 70
- versuchte Irreführung § 542 Rz 32
- zur Verwirklichung des wahren Erblasserwillens § 542 Rz 31, 39

Untervermächtnis § 535 Rz 8

Unvererblichkeit s auch bei Vererblichkeit
- akademische Grade, Führung § 531 Rz 98
- Angehörigenvertretung § 531 Rz 40
- Auftrag § 531 Rz 47
- Ausgedinge § 531 Rz 59
- Dienstvertrag § 531 Rz 52
- Ehe § 531 Rz 62
- Eingetragene Partnerschaft § 531 Rz 62
- freiberufliche Tätigkeit § 531 Rz 89
- Gewerberecht § 531 Rz 87
- Handlungsvollmacht § 531 Rz 42
- Leibrente
- Namensrecht § 531 Rz 30
- Obsorge § 531 Rz 40, 63
- Offerte § 531 Rz 41
- Personaldienstbarkeiten s Personalservituten
- Personalservituten § 531 Rz 59
- Personenversicherung § 531 Rz 54
- Persönlichkeitsrechte § 531 Rz 30
- Privatstiftung
  - Änderungsrecht § 531 Rz 83
  - Privatstiftung, Stifterrechte § 531 Rz 83
  - Widerrufsrecht § 531 Rz 83
- Prokura § 531 Rz 42
- Sachversicherung, personenbezogene § 531 Rz 54
- Sachwalterschaft § 531 Rz 40
- Sozialversicherung § 531 Rz 90
- Strafen § 531 Rz 97
- Unterhaltsanspruch
  - Eltern § 531 Rz 66
- Veräußerungsund Belastungsverbot § 531 Rz 60
- Verfahren in Ehesachen § 531 Rz 92

– Vollmacht § **531** Rz 42
– Vorkaufsrecht § **531** Rz 46
– Wahlrecht § **531** Rz 98
– Wiederkaufsrecht § **531** Rz 46
– Wohnrecht, Ehegatte § **531** Rz 67
Urfassung
– des § 540 § **540** Rz 6
– des § 541 § **541** Rz 2 ff

Veräußerungsverbot § **539** Rz 3
Verbrechen § **540** Rz 7
Vereinbarung
– der Anrechnung § **551** Rz 67 f
– der Nichtgeltendmachung des Pflichtteils § **551** Rz 62 ff
– der Nichtgeltendmachung eines Vermächtnisses § **551** Rz 62 ff
– der Verpflichtung zur Ausschlagung § **551** Rz 62 ff
– des Nichtverlangens der Anrechnung § **551** Rz 62 ff
Vereitelung des letzten Willens § **542** Rz 1 ff
– versuchte § **542** Rz 37 f, 61
Vereitelungsabsicht § **542** Rz 36, 52, 60, 68
Vereitelungserfolg § **542** Rz 37 f, 43, 61
Vereitelungshandlung § **542** Rz 37 f, 43, 58, 61 f
– versuchte § **542** Rz 37 f, 61
– vollendete § **542** Rz 37 f, 61
Vererblichkeit s auch bei Unvererblichkeit
– Abgaben § **531** Rz 95
– Adoptionsvertrag § **531** Rz 66
– aktive § **531** Rz 20
– Aufteilungsanspruch, Ehe § **531** Rz 71
– Ausstattung § **531** Rz 69
– Bereicherungsrecht § **531** Rz 57
– Besitz § **531** Rz 58
– Bestandvertrag § **531** Rz 48 ff
– Betriebshaftpflichtversicherung § **531** Rz 54
– Bürgschaftsvertrag § **531** Rz 45
– dingliche Rechte § **531** Rz 5
– Eigentumsrecht § **531** Rz 58
– Erbrecht § **531** Rz 72
– Ersitzung § **531** Rz 61
– Exekutionsverfahren § **531** Rz 93
– Feststellung der Abstammung § **531** Rz 64
– Gebrauchsmuster § **531** Rz 85

– Geschäftsführung ohne Auftrag § 531 Rz 57
– Gesellschaft, Mitgliedschaft s Gesellschaftsanteil
– Gesellschaftsanteil § 531 Rz 79 f
– Gestaltungsrecht § 531 Rz 44
– Gewerberecht, Fortbetriebsrecht § 531 Rz 87 f
– Haftpflichtversicherung, sachbezogene § 531 Rz 54
– höchstpersönliche Rechte § 531 Rz 25 f, 62, 99
– Insolvenzverfahren § 531 Rz 94
– kraft Gesetz § 531 Rz 23
– kraft Vereinbarung § 531 Rz 23
– Markenrecht § 531 Rz 85
– Mietvertrag § 531 Rz 48 f
– Mitwirkung im Erwerb des Ehegatten § 531 Rz 70
– Musterrecht § 531 Rz 85
– öffentlich-rechtliche Rechtsverhältnisse § 531 Rz 28 f
– passive § 531 Rz 20
– Patentrecht § 531 Rz 85
– Pflichtteilsanspruch § 531 Rz 77
– privatrechtliche Rechtsverhältnisse § 531 Rz 30 ff
– Rechtsschein § 531 Rz 86
– Sachversicherungsvertrag § 531 Rz 54
– Schadenersatzanspruch § 531 Rz 57
– Schmerzengeldanspruch § 531 Rz 57
– Sozialversicherung
  – Sondernachfolge naher Angehöriger § 531 Rz 90
– Steuern § 531 Rz 95
– Stiftung
  – Begünstigtenanspruch § 531 Rz 84
  – Stifterrechte § 531 Rz 83
– Übernahmerecht § 531 Rz 81 f
– Unterhaltsanspruch
  – Ehegatte § 531 Rz 66
  – Eingetragener Partner § 531 Rz 66
  – geschiedener Ehegatte § 531 Rz 68
  – Kind § 531 Rz 66
– Unternehmen § 531 Rz 78
– Urheberrecht § 531 Rz 85
– verfahrensrechtliche Rechtsverhältnisse § 531 Rz 91 ff
– Vermächtnis § 531 Rz 76
– Versicherungsvertrag § 531 Rz 57
– vertragliche Schuldverhältnisse § 531 Rz 44
– Werkvertrag § 531 Rz 51
– Zivilprozess § 531 Rz 91 f

Verfälschung eines letzten Willens § 542 Rz 26 ff, 65
 – nach dem Tod des Erblassers/Verstorbenen § 542 Rz 33, 70
 – zur Verwirklichung des wahren Erblasserwillens § 542 Rz 39, 62
Vergebung s Verzeihung
Vergleich iSd § 1380 § 551 Rz 36 f
Verhinderung
 – des Erbanfalls s Anfallsverhinderung § 540 Rz 2, 46, 48, 62, 88; § 542 Rz 9, 23
 – eines letzten Willens § 542 Rz 14 ff, 63
Verjährung
 – Anfechtung eines letzten Willens § 542 Rz 9, 509
 – *condictio indebiti* § 540 Rz 56, 97; § 542 Rz 9, 50
 – des Erbrechts § 532 Rz 30
 – Drohung § 551 Rz 53
 – Erbschaftsklage § 540 Rz 56, 97; § 542 Rz 9, 50; § 543 Rz 3
 – Fristen nach neuem Recht § 540 Rz 97, § 542 Rz 9, 50; § 543 Rz 3
 – Irrtum § 551 Rz 53
 – List § 551 Rz 53
 – Schadenersatz § 540 Rz 15, § 542 Rz 50
 – Wucher § 551 Rz 56
Verlassenschaft s auch Nachlass § 531 Rz 1, 3, 4, 99
 – ruhende
 – Straftaten gegen die § 540 Rz 25, 66 ff
Verlassenschaftsinsolvenzverfahren § 532 Rz 16
Verlassenschaftskurator § 547 Rz 15
Verlassenschaftsverfahren **Vor § 531** Rz 30 f, 33; § 535 Rz 22, § 537 Rz 26 ff
Verleitung zu einem letzten Willen § 542 Rz 7 ff, 64
 – durch Betrug (Arglist) § 542 Rz 13, 64
 – durch Zwang § 542 Rz 10 ff, 64
Vermächtnis
 – Abgrenzung zur Auflage § 535 Rz 7
 – Abgrenzung zur Bedingung § 535 Rz 7
 – Abgrenzung zur Erbeinsetzung § 535 Rz 3, 11 ff
 – Anfall § 535 Rz 26
 – Ausschlagung § 535 Rz 34
 – Berufungsgründe § 535 Rz 10
 – Erfüllung § 535 Rz 6
 – Form § 535 Rz 10
 – Gegenstand § 535 Rz 8
 – Vermächtnisanspruch § 535 Rz 7 ff
Vermächtnisnehmer
 – Haftung § 535 Rz 29

Vermächtnisvertrag § 535 Rz 8, 20, 34
vermuteter Erblasserwille (Wille des Verstorbenen) § 540 Rz 1, 6, 11, 18, 20, 25, 57, 68, 76; § 542
Vernachlässigung von Pflichten § 540 Rz 27 ff, 81 ff
– gröbliche § 540 Rz 37, 83 f
Verpfändbarkeit des Erbrechts § 532 Rz 27 ff
Verschaffungsvermächtnis § 535 Rz 3
Verschuldensfähigkeit § 540 Rz 36
Verschuldensgrad
– Schadenersatz nach § 542 (§ 540 nF) § 542 Rz 52 f, 68
– Straftaten § 540 Rz 9
– Vereitelung eines letzten Willens § 542 Rz 13, 20, 36, 53, 60, 68
– Vernachlässigung von Pflichten im Eltern-Kind-Verhältnis § 540 Rz 35, 38, 84
– Zufügen von schwerem seelischem Leid § 540 Rz 80
Verstorbener § 531 Rz 14
Versuch
– versuchte Irreführung mit gefälschtem Testament § 542 Rz 32
– versuchte Straftat § 540 Rz 12, 21
– versuchte Vereitelung eines letzten Willens § 542 Rz 37 f, 61
Vertrag zu Gunsten Dritter § 531 Rz 16; § 551 Rz 36 (FN 103), Rz 38
Vertretung
– Erbverzicht § 551 Rz 45 f
Verweisungsnorm § 544 Rz 2
Verwerflichkeit des Zufügens von schwerem seelischem Leid § 540 Rz 79
Verwirklichung des wahren Erblasserwillens § 542 Rz 21 f, 31, 39, 59, 62
Verzeihung § 540 Rz 40 ff, 85; § 542 Rz 41 f, 66
Verzug § 551 Rz 54 f
Vindikationslegat § 535 Rz 6, 10, 26
vis absoluta § 542 Rz 12, 15, 64
vivi nulla repraesentatio § 541 Rz 3 ff, 35
Vollmacht
– Erbverzicht § 551 Rz 46
Vorausvermächtnis § 535 Rz 21
– des Ehegatten § 535 Rz 10
– nach § 758 § 551 Rz 4 f, 16, 36 f
Vorerbschaft s Nacherbschaft
Vorsatz
– bei Vereitelung des letzten Willens § 542 Rz 36, 50 ff, 60
– bei Verletzung familienrechtlicher Pflichten § 540 Rz 35, 84
– bei Zufügen schweren seelischen Leides § 540 Rz 80
– gegen den Erblasser § 540 Rz 20 f, 68
– gegen die ruhende Verlassenschaft § 540 Rz 68

– und Schadenersatzanspruch nach § 542 (§ 540 nF) § 542 Rz 50 ff, 68
  – vorsätzliche Straftat § 540 Rz 9, 66 ff
Vorschuss iSd § 789 § 551 Rz 66, 67
Vulgarsubstitution § 541 Rz 22

wahrer Wille des Erblassers § 542 Rz 21 f, 31, 39, 59, 62
Wandlung § 551 Rz 54 f
Wehrpflicht § 544 Rz 4, 5, 7
wertmäßig beschränkter Erbverzicht § 551 Rz 9, 12, 14
Westgalizisches Gesetzbuch (WGB) § 540 Rz 4; § 542 Rz 1; § 544 Rz 1
Widerruf
  – Schenkung § 551 Rz 57
Wille zu sterben s Sterbewille
Wille, letzter § 542 Rz 1 ff
will-substitutes **Vor § 531** Rz 5
Wirkungserstreckung auf die Nachkommen bei Erbverzicht § 541 Rz 15, 30
Wohnungseigentumsrechtliche Anwachsung § 535 Rz 10
Wucher § 551 Rz 56

Zufügen von schwerem seelischem Leid § 540 Rz 72, 78 ff
  – in verwerflicher Weise § 540 Rz 79
Zuwachs
  – des Erbteils § 540 Rz 48, 89
  – des halben Mindestanteils § 540 Rz 58
Zwang § 542 Rz 15, 17 f, 36, 44